Thomas Ellwein · Joachim Jens Hesse

Das Regierungssystem der Bundesrepublik Deutschland

6., neubearbeitete und erweiterte Auflage

Sonderausgabe des Textteils

Westdeutscher Verlag

6., neubearbeitete und erweiterte Auflage 1987 (Originalausgabe)

Der Westdeutsche Verlag ist ein Unternehmen der Verlagsgruppe Bertelsmann.

Umschlaggestaltung: Horst Dieter Bürkle, Darmstadt
Druck und buchbinderische Verarbeitung: Lengericher Handelsdruckerei, Lengerich
Printed in Germany

ISBN 3-531-11192-2 (Originalausgabe)

Inhalt

3. Kapitel
Partizipation und Repräsentation

4. Kapitel
Organisation der politischen Beteiligung

5. Kapitel
Parlament und Regierung

6. Kapitel
Verwaltung und Vollzug

Quellenteil

(Siehe „Zur Sonderausgabe des Textteils", S. XIII.)

Quellen zum 1. Kapitel

Quellen zum 2. Kapitel

Quellen zum 3. Kapitel

Quellen zum 4. Kapitel

Quellen zum 5. Kapitel

Quellen zum 6. Kapitel

Quellen zum 7. Kapitel

Zur Sonderausgabe des Textteils

Diese Sonderausgabe umfaßt den vollständigen Textteil des Buches „Das Regierungssystem der Bundesrepublik Deutschland"; sie unterscheidet sich von der Originalausgabe dadurch, daß in ihr aus Kostengründen der Quellenteil fehlt. Was der Quellenteil enthält, ergibt sich aus dem Inhaltsverzeichnis; dieses ist mit abgedruckt, weil sich im Text immer wieder Hinweise auf die Quellen in der Originalausgabe finden. Auch die Register und das Literaturverzeichnis stammen aus der Originalausgabe und beziehen den dortigen Quellenteil mit ein, verweisen also teilweise auf Seiten, die es in dieser Sonderausgabe nicht gibt, oder auf Veröffentlichungen, die nur im Quellenteil erwähnt sind. Die Lesbarkeit des Textes wird dadurch aber sicher nicht beeinträchtigt.
Wir Autoren freuen uns über diese Sonderausgabe und hoffen, daß ihre Benutzer und Leser sich gewinnbringend und kritisch mit unserem Text auseinandersetzen.

Juli 1988

Thomas Ellwein und *Joachim Jens Hesse*

Vorwort zur sechsten Auflage

Die sechste Auflage dieses Buches ist von zwei Autoren bearbeitet. Der bisherige Autor hat dabei die kritische Durchsicht und Ergänzung der Kapitel 3, 5 und 7 übernommen; der ‚neue' Autor, der künftig allein die Bearbeitung vornehmen wird, widmete sich den Kapiteln 2, 4 und 6; Kapitel 1 und die Schlußbemerkungen wurden gemeinsam überarbeitet. Die Bearbeitungsgrundsätze sind abgesprochen; das Buch bildet nach wie vor eine Einheit; an seiner Zweckbestimmung hat sich nichts geändert. Warum es zu dem allmählichen Wechsel in der Autorenschaft kommt, klingt schon im Vorwort zur fünften Auflage an: Der bisherige Autor hält einen solchen Wechsel in der Sache für notwendig, und er freut sich, mit Joachim Jens Hesse einen Partner gefunden zu haben, der die Reibungslosigkeit des Wechsels gewährleistet. Wir beide sind selbstverständlich nicht in allem und jedem einer Meinung, wir haben aber eine sehr weitgehend übereinstimmende Auffassung von dem, was Wissenschaft kann und soll. Deswegen wird sich ‚der Ellwein' an neue Verhältnisse und Entwicklungen anpassen, ohne seine Identität zu verlieren.
Die Bearbeitung dieser Auflage ist in Konstanz und in Speyer erfolgt. In Konstanz ist Joe Weingarten, in Speyer Christopher Wilkes vor allem für die Bearbeitung der entsprechenden Quellenteile herzlich zu danken. Dem Verlag sind wir verbunden, weil er die Unannehmlichkeiten der Übergangsphase auf sich genommen und bewältigt hat. Der bisherige Autor dankt dem Verlag zugleich für eine inzwischen über zwanzigjährige, immer reibungslose Zusammenarbeit. Der Verlag ist eine Institution. Sie wird seit vielen Jahren von Manfred Müller vertreten. Er sei in besonderer Weise in diesen Dank einbezogen.

Konstanz und Speyer, im Sommer 1987

Thomas Ellwein und *Joachim Jens Hesse*

Einführung

I. Eine Darstellung des Regierungssystems der Bundesrepublik Deutschland sollte von einer plausiblen Bestimmung ihres Gegenstandes ausgehen, diesem Gegenstand gerecht werden und nach Möglichkeit den ‚Stand' der wissenschaftlichen Forschungen und Erörterungen zum Thema widerspiegeln. Das verweist auf drei unterschiedliche Schwierigkeiten, die es anzusprechen gilt, um die eigene Vorgehensweise zu erklären.

Zum ersten: Das *Regierungssystem* eines Landes ist ein *theoretisches Konstrukt*. Als solches bildet es einen der zentralen Gegenstandsbereiche der Politikwissenschaft[1]. Inhaltlich geht er auf die ‚Politik' zurück, die in Deutschland noch im 19. Jahrhundert gelehrt wurde, später auf die Lehre vom ‚government', die sich in der angelsächsischen political science ausbildete, und – angereichert durch den modernen Systembegriff – auf die Arbeiten im Bereich des ‚comparative government', der vergleichenden Analyse politischer Systeme. Zum Regierungssystem zählt man in der Regel die obersten Staatsorgane des Bundes und der Länder, ihre Organisation, Verfahrensweisen und Beziehungen untereinander sowie einige ihrer institutionellen wie sozialen Voraussetzungen. Dieses Regierungssystem der Politikwissenschaft läßt sich mit dem vergleichen, was innerhalb der Jurisprudenz in Zusammenhang mit dem Verfassungsrecht verhandelt wird. Die Rechtswissenschaft findet aber ihren Gegenstand, eben die Verfassung, vor; die Politikwissenschaft muß ihn dagegen bestimmen und eingrenzen. Dabei ist unumstritten, daß jener Organbereich, also die ‚politische Führung', zum Thema Regierungssystem gehört, einigermaßen unumstritten ist auch die Berücksichtigung der Verwaltung und des kommunalen Bereichs sowie der Einrichtungen und Gruppen, aus denen das Personal der politischen Führung hervorgeht und die auf die politische Führung Einfluß nehmen. In der folgenden Darstellung entsprechen dem vorwiegend die Kapitel 4 bis 7. Weniger klar ist, inwieweit die sozialen und ökonomischen Voraussetzungen des Regierungssystems im engeren Sinn berücksichtigt werden müssen (und können), wieweit man also das Regierungssystem in seinen Einzelheiten darstellen und bewerten kann, ohne auf die ökonomischen und sozialen Bedingungsfaktoren einzugehen; wir bemühen uns hier um einen ‚mittleren' Weg, der unter II. kurz beschrieben wird.

Zum zweiten: Das Regierungssystem als wissenschaftliches Konstrukt, das einen auf inhaltlichen und methodischen Überlegungen beruhenden Ausschnitt aus der Wirklichkeit darstellt, soll in einer Weise beschrieben werden, die dem *Gegenstand gerecht wird* (vgl. *H. Stachowiak*, 1982). Eine solche Forderung ist zunächst unerfüllbar. Wenn schon das Konstrukt umstritten ist, von dem die Beschreibung ausgeht, müssen es noch viel mehr die Darstellungs- und Bewertungsmöglichkeiten sein. Dies gilt prinzipiell, weil es prinzipiell unterschiedliche Sichtweisen gibt, und es gilt nahezu für alle Einzelfragen,

1 Nähere Literaturangaben und Hinweise über deren Auswahl sowie zur Zitierweise finden sich in Abschnitt V. dieser Einführung.

die man je für sich oder auch vor dem jeweiligen Hintergrund unterschiedlich beantworten kann. Wissenschaft macht deshalb ihre Regeln geltend. Sie beruht immer auf Auswahl, sie zeichnet den von ihr gewählten Wirklichkeitsausschnitt mit Hilfe der von ihr konstruierten Modelle nach, macht damit Wirklichkeit, indem sie sie um viele Einzelheiten reduziert, gedanklich hantierbar, um so ihrem Zweck zu dienen (vgl. *J. Mittelstraß*, 1972, S. 135 ff.). Das erstere vollzieht sich nach weitgehend anerkannten Regeln: Die Modellkonstruktion, die thematische Auswahl, die Zuordnung von Wirklichkeitsbefunden zum Modell sollen nachvollziehbar und damit nachprüfbar erfolgen; die Bewertungen sollen so offenkundig sein, daß jedermann ohne Mühe entscheiden kann, ob er sie übernehmen will oder nicht. Der Zweck solchen Tuns wird dagegen von sehr unterschiedlichen Auffassungen bestimmt: Man kann sich mit einer ‚richtigen' Reduktion von Wirklichkeit begnügen, man kann Wirklichkeit untersuchen, um einzelne Entwicklungen zu erklären oder um Gesetzlichkeiten der Wirklichkeit zu erkennen, was dann künftige Entwicklungen ggf. prognostizierbar macht, und man kann Wirklichkeit schließlich erforschen, um sie zu verändern. In Zusammenhang mit unserem Thema bedeutet dies notwendigerweise, daß man entweder das System ‚immanent' verbessern oder aber es mehr oder weniger grundlegend verändern will[2]. Die Verbindung der zweiten mit der ersten Stufe wird dabei zum zentralen wissenschaftstheoretischen Problem: Wer (nur) verbessern und wer (grundlegend) verändern will, läßt unterschiedliche Prämissen in sein analytisches Verfahren eingehen. In unserer Darstellung soll die Analyse im Vordergrund stehen; es kommen aber auch Bewertungen ins Spiel, die auf Verbesserungen des politischen Systems zielen oder sich aus kritischer Distanz zu ihm ergeben. Das führt gelegentlich zu einer Zweigleisigkeit, die es nach Vermögen der Autoren sichtbar zu machen gilt.

Zum dritten: Eine wissenschaftliche Darstellung soll den *Stand der Forschung* widerspiegeln. Sie soll es wenigstens ‚nach Möglichkeit' tun. Wieder ist sogleich zu sagen, daß sich eine solche Forderung kaum erfüllen läßt. Kein deutscher Sozialwissenschaftler – Sozialwissenschaft umfaßt in unserem Verständnis Rechts-, Wirtschafts-, Politikwissenschaft und Soziologie, damit auch die Staatswissenschaft im herkömmlichen Sinne – vermag zu übersehen, was im In- und Ausland an empirischen Untersuchungen und an theoretischen Erörterungen zum Thema vorliegt. Infolgedessen trifft er auch hier eine Auswahl, die von ‚seinen' Möglichkeiten bestimmt ist, etwa von seinen intellektuellen Fähigkeiten, seiner moralischen Redlichkeit, von seinen Arbeitsbedingungen, von seinen eigenen Forschungsinteressen und von ähnlichem mehr. Anders ausgedrückt:

2 Wenn man nicht von vornherein den Gegner in der wissenschaftlichen Auseinandersetzung diskriminieren will, wie das z. B. *U. Albrecht/F. Deppe u. a.*, 1979, tun, indem sie ihre eigene marxistische Position als „demokratisch" bezeichnen, mit der Konsequenz, daß eben alle anderen Positionen nicht demokratisch sind, läßt sich die Unterscheidung im Text vereinfachend auf den Unterschied zwischen normativen und empirischen Demokratiemodellen bringen. Die ersteren beruhen auf Wertvorstellungen, welche verwirklicht werden sollen, die aber der Wirklichkeit durchaus mit dem Anspruch entgegentreten, verwirklicht werden zu müssen; die letzteren beruhen auf der Analyse der real gegebenen Demokratien und führen von dem Analyseergebnis zu der Frage nach der „möglichen" Demokratie. Vgl. dazu die Einführung von *E. Wiesendahl* und weiter unten Kapitel 3. Im übrigen gehört „Demokratie" selbstverständlich zu den Kampfbegriffen, die man für sich reklamiert, um sie anderen abzusprechen. Vgl. dazu *M. Th. Greven* 1977, S. 22, und den Sammelband „Kampf um Wörter", hrsg. von *M. Greiffenhagen*, 1980.

Wer darstellt, wird sich um vieles bemühen, muß aber auch seine Grenzen sehen und erkennbar machen. Eine ‚Darstellung' ist kein Handbuch. Geht alles mit rechten Dingen zu, verbindet sich mit ihr der Vorteil der Übersichtlichkeit und der Darbietung ‚aus einem Guß', während ein Handbuch vollständiger sein und die verschiedenen wissenschaftlichen (und politischen) Positionen widerspiegeln müßte. Einzelne Autoren gehen zum Ende immer nur ihren Weg. Ihr Bemühen um Vollständigkeit wie ihr Bemühen um Objektivität stoßen auf Grenzen. Auch dies gilt es möglichst transparent zu machen.

II. Unsere Darstellung des Regierungssystems der Bundesrepublik Deutschland wendet sich in der Hauptsache dem Staat und dem in seinem Rahmen stattfindenden Prozeß der politischen Willensbildung zu: Der *Staat* ist heute durch die ihm zuzurechnenden Institutionen eindeutig und durch die von ihm benutzten Mittel relativ eindeutig bestimmt. Dies gilt nicht mehr für seine Zuständigkeit; eine präzise Abgrenzung seiner Tätigkeit von anderen Funktionen der Gesellschaft oder ihrer Subsysteme gelingt nicht. Mit dem Regierungssystem der Bundesrepublik stehen die Institutionen (und die sich in ihnen vollziehenden Prozesse) des Bundes zwangsläufig im Mittelpunkt. Zum Staat gehören aber auch Länder, Gemeindeverbände und Gemeinden. Deshalb muß einerseits von der Aufgabenverteilung zwischen den verschiedenen ‚Ebenen' des Staates die Rede sein und andererseits auch von der Aufgabenvermischung, die u. a. eine mehr oder weniger enge Verzahnung der jeweiligen Entscheidungsprozesse zur Folge hat.
Weniger eindeutig erscheint der Begriff der *politischen Willensbildung*. Er läßt sich in einem engeren Sinne begreifen als die Summe der Entscheidungsvorgänge, die das Grundgesetz in sein Modell der Willensbildung (vgl. Kapitel 3.1.2.) aufnimmt. Dies deckt jedoch nur den formalen Aspekt ab und berücksichtigt außer den staatlichen Organen nur die Parteien. Es scheint aber von vornherein unerläßlich, neben den Parteien mindestens die Sphäre der Massenkommunikation und den Bereich der Verbände einzubeziehen. Beiden Bereichen wendet sich der ‚Staat' ggf. regelnd zu; sie ‚gehören' aber nicht zu ihm. Deshalb wird empfohlen, auf ein abstrakteres und damit dem wissenschaftlichen Zugriff eher geöffnetes Modell – *das politisch-administrative System* – auszuweichen[3]. Wir tun dies nicht explizit, wenngleich in der Darstellung immer wieder Begriffe aus der Systemtheorie eine Rolle spielen. Auch das politische System läßt sich nicht trennscharf gegen seine Umwelt abgrenzen: Entsprechende Entwürfe verschleiern eher die Wirklichkeit, also die vielen Einflußbahnen, die Umsetzung wirtschaftlicher in politische Macht, die Berücksichtigung von Gruppeninteressen, die sich außerhalb der legalen, kritischer Öffentlichkeit einsichtigen Wege der Willensbildung Geltung verschaffen. Für ein die Darstellung ordnendes Modell des politischen Systems gilt damit, was auch für den Staat gilt: Die Abgrenzung zur Umwelt gelingt nicht oder nur unzureichend.

3 Über die moderne Systemtheorie geben die in Abschnitt V. zu nennenden Einführungen in die Politikwissenschaft Auskunft. Die angelsächsischen Ansätze v.a. von T. Parsons (vgl. *T. Parsons*, 1976) und – für die Politikwissenschaft – D. Easton hat in der Bundesrepublik in erster Linie N. Luhmann aufgegriffen und weiterentwickelt, der sich hinsichtlich der Möglichkeiten, ein „politisches System" auszugrenzen, allerdings eher zögernd äußert. Vgl. *N. Luhmann*, Soziologie des politischen Systems, in: *derselbe*, 1972, und zusammenfassend 1984.

An diese nicht weiter erstaunliche Feststellung knüpft sich verbreitet das Postulat nach einer ‚gesamtgesellschaftlichen' Sichtweise. Ihm folgen wir nicht. Die Erkenntnis, daß Staat oder politisch-administratives System nicht unbedingt autonom sind, daß ihre Position in der Gesellschaft nicht eindeutig geklärt ist, daß um den Staat und seine Mittel ein ständiger Kampf stattfindet, in dem oft machtvolle Gruppen obsiegen, führt hier nur dazu, daß wir nach den *Möglichkeiten der Erweiterung von Autonomie* fragen[4]. Diese Erkenntnis kann jedoch nicht dazu führen, auf eine unvermeidliche wissenschaftliche Arbeitsteilung zu verzichten. Im Rahmen dieser Arbeitsteilung muß man allerdings die sich aus ihr ergebenden Schwierigkeiten sehen: In die nun folgenden Darstellungen lassen sich nicht alle Einfluß- und Bedingungsgrößen einbeziehen, die man bei einer umfassenden Einordnung des derzeitigen Regierungssystems in Gesellschaft und historischen Prozeß berücksichtigen müßte.
Insgesamt verstehen wir als Staat ein (willkürliches) Konstrukt, das historisch gewachsen ist, mit dessen Hilfe die Gesellschaft geordnet und Herrschaft ausgeübt wird, um das mithin die politischen Auseinandersetzungen gehen, auf das hin entschieden werden muß, wer oder welche Gruppen oder Teile der Gesellschaft sich seiner in besonderer Weise zur Durchsetzung oder Sicherung eigener Interessen bedienen können (vgl. *H. Buchheim*, 1981, S. 137 ff.). Der Staat kann allerdings weder in seinen sämtlichen Institutionen und Verfahrensweisen unser Thema sein, erst recht können es nicht alle Prozesse, durch die auf ihn eingewirkt wird. Wir *fragen* vielmehr zur weiteren Eingrenzung – wie in allen bisherigen Auflagen auch –, wie in der Bundesrepublik

- die politisch verantwortlich Handelnden beauftragt, beeinflußt und kontrolliert werden,
- die politischen Entscheidungen zustande kommen und dann ausgeführt werden,
- die Bürger am Prozeß der politischen Willensbildung beteiligt und zugleich vom Staat und seinen Organen abhängig sind und
- zu welchen Ergebnissen das politische Handeln führt.

Damit stehen das ‚wie' und (eingeschränkter) das ‚wer' und das ‚was' im Vordergrund; politische Auswahl- und Entscheidungsprozesse mitsamt den Institutionen, in denen sie sich abspielen, dominieren. Die ersten beiden Kapitel bedeuten lediglich einen Versuch, das engere Thema in das *Problemumfeld nationaler und internationaler Entwicklung* einzuordnen, weil sich die Leistungsfähigkeit eines Regierungssystems selbstverständlich nur beurteilen läßt, wenn man seine Handlungen und deren Auswirkungen auf das davon betroffene soziale und ökonomische Umfeld bezieht.

III. Das verweist schon auf Bewertungsprobleme. Unsere *Auswahl-* und (wo erforderlich) *Bewertungskriterien* ergeben sich aus einer Situationsbestimmung, die im 1. Kapitel, und aus einem Verfassungsverständnis, das im 3. Kapitel vorgetragen wird. Ihm

4 Die Diskussion über diese „Autonomie" knüpft an die Unterscheidung von Staat und Gesellschaft und an die Systemtheorie insofern an, als sie von der Frage ausgeht, ob die Gesellschaft oder Teile davon den Staat dominieren oder umgekehrt die Inhaber der Staatsmacht der Gesellschaft uneingeschränkt ihren Willen aufzwingen. Systemtheoretisch betrachtet geht es um ein wechselseitiges Verhältnis, in dem sich dann von Autonomie des politischen Systems sprechen läßt, wenn dieses System nach seinen eigenen Regeln, also z. B. gemäß den Interessen der in ihm gegebenen Mehrheit entscheiden kann, mithin nicht gezwungen ist, dem Willen anderer Machtgruppen zu folgen.

zufolge handelt es sich bei der Verfassung um einen Rahmen, der immer wieder neu interpretiert werden muß und innerhalb dessen unterschiedliche politische Programme möglich sind. Das Grundgesetz soll so die *Herrschaft einer Mehrheit*[5] ermöglichen, die sich an den wandelnden Bedürfnissen und Erwartungen orientiert. Unbeschadet des notwendigen Minderheitenschutzes ist unser erstes Beurteilungskriterium mithin, in welchem Umfang Mehrheitsherrschaft möglich und wie in ihrem Rahmen sowohl die *Regierungsfähigkeit* schlechthin, als auch die Wandlungsfähigkeit oder *Innovationsfähigkeit* des politischen Systems, seine Anpassung an wechselnde Erfordernisse also, gewährleistet sind. Der damit angesprochene Beurteilungshorizont erschließt sich, wenn man der Vorstellung folgt, das Regierungssystem müsse sowohl dem sozialen und ökonomischen Strukturwandel (vgl. *M. Schmid*, 1982) gerecht werden, ihn zum Teil steuern und dabei den gleichzeitigen Wertewandel (vgl. *H. Stachowiak*, 1982) berücksichtigen, als auch ein hohes Maß von Stabilität und damit Berechenbarkeit gewährleisten. Nach der verbreiteten, in der Regel idealistisch überhöhten Demokratietheorie sollen wechselnde Mehrheiten das eine und eine rechtsstaatliche Verfassung das andere bewirken oder – besser – den Widerspruch, der zwischen beiden Postulaten besteht, nach Möglichkeit vermindern. Im Blick auf die Gewährleistung des Wandels und mit ihm der Verbesserung muß das Regierungssystem sensibel und flexibel sein; im Blick auf die Gewährleistung von Stabilität (auch im Wandel) muß es anderen Anforderungen genügen (vgl. *Th. Ellwein*, 1976). Hierbei lassen sich die Gewichte ungleich verteilen; wer von den gegenwärtigen Verhältnissen begünstigt ist, wird mehr auf Stabilität pochen als derjenige, der sich von Verbesserungen für sich selbst etwas erhofft.

Aus dem hier zugrundeliegenden Verfassungsverständnis ergibt sich weiter die Vorstellung von einer auf Emanzipation hin angelegten *partizipatorischen Demokratie* (vgl. *O. Stammer/P. Weingart*, 1972). Ohne dies hier näher theoretisch zu begründen, sei erläutert: ‚Demokratie' läßt verschiedene Möglichkeiten zu, auch die der Herrschaftshandhabung durch wechselnde Eliten. Eine partizipatorische Demokratie steht politisch-praktisch der „Zuschauerdemokratie" gegenüber, in der von Zeit zu Zeit der Wähler als Schiedsrichter die Machtverteilung zwischen konkurrierenden Herrschaftsgruppen regelt. Partizipatorisch wendet sie sich aber auch gegen den in verschiedenen Kreisen noch immer ungebrochenen Glauben an die Möglichkeit einer unmittelbaren, von der Basis aus gesteuerten und auf umfassendem Konsens beruhenden Demokratie. Partizipation meint Teilnahme und Mitwirkung, was die Teilnahme und Mitwirkung anderer ebenso voraussetzt wie Interessenunterschiede, die sich nicht immer ausgleichen

5 Wir verwenden diesen Begriff ohne weiteren Hinweis. Bekanntlich wendet die kritische Theorie gegen ihn ein, der Mehrheitswille komme gar nicht zur Geltung, weil die tatsächlich Mächtigen entweder die Mehrheit durch Manipulation daran hindern, ihre eigenen Interessen zu erkennen und wahrzunehmen, oder weil der Mehrheit die Entscheidungskompetenz längst entzogen sei. Als Beispiel dient das Parlament, das mit der Verbreitung der Wahlbasis immer auch an Macht verloren habe – vgl. z. B. *J. Blank/J. Hirsch* in: *G. Schäfer/I. Nedelmann* 1969, *C. Offe* in: *G. Kress/D. Senghaas* 1969 oder *J. Hirsch* (1970, 1980); neuere Diskussion bei *B. Guggenberger/C. Offe*, 1984. Diese Einwände sind nicht von der Hand zu weisen; sie setzen jedoch voraus, daß der ‚tatsächliche' Wille der Mehrheit zu ermitteln und gegen den statistisch oder wahltechnisch festgestellten, in seinem Kern manipulierten Mehrheitswillen zu setzen sei. Hier kommt Willkür ins Spiel. Wer ‚objektive' Mehrheitsinteressen gegen durch Wahl ermittelte Mehrheit ins Spiel bringt, läuft Gefahr, seine Theorie gegen die Realität zu setzen. Umgekehrt erscheint eine Gesellschaft ohne jede Manipulation als Utopie. Für unsere Darstellung genügt dieser Hinweis. Er soll nicht besagen, daß es kein theoretisches Bemühen um objektive Mehrheitsinteressen geben muß. Vgl. dazu *Th. Ellwein/E. Lippert/R. Zoll*, 1975.

lassen. Partizipation meint nicht individuelle Freiheit und Entfaltung, sondern Teilnahme an kollektiven Prozessen (vgl. *C. Bärsch*, 1979). Der Modus, der dann obwaltet, ist der Beschluß der (legal zustandegekommenen und nur dadurch für die Minderheit erträglichen) Mehrheit. Partizipation beschränkt sich auch nicht nur auf die geregelten Mitbestimmungsvorgänge wie etwa die politischen Wahlen. Mit ihr verbindet sich deshalb das Postulat einer möglichst weitgehenden Öffnung des Staates und seiner Institutionen hin zum Bürger und zu kooperativen Verhaltensformen (vgl. Kapitel 3.2).
Das genannte Beurteilungskriterium wird ergänzt durch eine *emanzipatorische Vorstellung*. Dabei geht es inhaltlich um ein Anknüpfen an den Emanzipationsbegriff (vgl. Emanzipation, in: *Geschichtliche Grundbegriffe*, Band 2) der Aufklärung und der bürgerlichen Revolution. Nimmt man ihn als Maß, sind viele der ursprünglichen Emanzipationsforderungen erfüllt. Andere sind neu entstanden. Mit ihnen verbindet sich wie mit dem Begriff selbst, daß Emanzipation oft in ihren Möglichkeiten überschätzt wird, daß das anzustrebende oder erhoffte Ziel dem im Wege steht, was sich hic et nunc und im Sinne des Aufeinanderangewiesenseins aller erreichen läßt. Diese Einschränkung mitgedacht sprechen wir von einem emanzipatorischen Demokratieverständnis, solange es um das Ziel geht, Abhängigkeit des Menschen zu vermindern und sie in ihrem unvermeidlichen Rest in eine berechenbare Form zu bringen. Dies kann sich nicht auf den staatlichen Bereich beschränken, es kann sich auch nicht auf jeden gesellschaftlichen Bereich erstrecken. Emanzipation deckt sich mithin stellenweise mit ‚Demokratisierung' – gemeint: außerhalb des institutionell abgegrenzten staatlichen Bereichs –, ohne daß sich daraus ein klares und umfassendes Programm ergibt. Wie weit das Postulat reicht und wie es sich verwirklichen läßt, ist wiederum Thema der politischen Auseinandersetzungen (vgl. *M. Greiffenhagen*, 1973, *F. Vilmar*, 1973).
Vor dem Horizont des ersten Beurteilungskriteriums, das sich auf Herrschaft, Entscheidungsfähigkeit, Anpassung wie Stabilität bezieht, geht es um die *Existenz* des Gemeinwesens – dieser Begriff als Gesellschaft und Staat übergreifend benutzt –, um die Überlebensfähigkeit im Sinne der Systemtheorie. Daß es damit zugleich auch um die Existenz des Einzelnen geht, brauchen wir nicht hinzuzufügen. Vor dem Horizont des zweiten Beurteilungskriteriums geht es um die *Freiheit* des Einzelnen und um die *Gleichheit* der Bürger. Partizipation zielt auf mehr Freiheit, Emanzipation gleichfalls und zudem als Voraussetzung dafür auf mehr rechtliche, demokratische und – in unvermeidlichen Grenzen – soziale Gleichheit. Man kann dies weiter ausführen, alle Hoffnungen und Einschränkungen hinzufügen, sich aber nie dem Streit entziehen. Deshalb soll hier die lapidare Feststellung genügen.
Auf einer ganz anderen Ebene der Diskussion läßt sich das dritte Beurteilungskriterium einordnen. Die ersten beiden sprachen allgemeine Probleme der modernen Industriegesellschaft an; sie ergeben sich dort aus dem Mehr an Regelungsbedürftigkeit, aus der zunehmenden Kompliziertheit der Lebensverhältnisse, aus der wachsenden Interdependenz usw., was es insgesamt erforderlich macht, den ‚Staat' strukturell und funktional an neue Gegebenheiten anzupassen und ihn zugleich – auch in seinen Möglichkeiten und Instrumenten – zu öffnen für zukünftige Entwicklungen. Das dritte Kriterium bezieht sich demgegenüber auf *Besonderheiten der deutschen Entwicklung*; es läßt sich hier nicht theoretisch entfalten, seine historische Ableitung würde zu viel Raum erfordern. Wir müssen uns mit folgender plakativer Feststellung begnügen: Die deutsche Entwicklung hat sich der allgemeinen demokratischen und rechtsstaatlichen Entwicklung nicht entzogen, sich ihr jedoch nur mit erheblichen Verspätungen angeschlossen.

Das hat die deutsche Demokratie verletzlich gemacht. 1919 auch verfassungsmäßig etabliert, ging sie schon nach 14 Jahren zugrunde, weil die ,Demokraten' in der Minderheit waren, weil die Staatsform ungeliebt war und weil es so an einem Integrationsfaktor fehlte, welcher der Gesellschaft den Weg aus den mannigfachen Krisen, zuletzt aus der Weltwirtschaftskrise, erleichtert hätte. Nach 1945 hat man versucht, diese Erfahrungen zu verarbeiten. Zu den Erfahrungen gehört wohl eine *geringere Belastungsfähigkeit der Demokratie* als anderswo. Um ihretwillen müssen Demokraten zum Schutz der Demokratie beitragen. Dazu gehört, daß man den gewährten Freiraum nicht überdehnt, aber auch Macht nicht im Übermaß nutzt. Der Realität treten wir deshalb auch mit dem Kriterium gegenüber, daß dieser demokratische Rechtsstaat des Schutzes durch wirkliche *Liberalität* bedarf und daß er durch *Illiberalität* bedroht ist[6].
Im historischen Prozeß gab es eine solche Bedrohung in den sicher in vielen Ausprägungen illiberalen Formen der Studenten- und Jugendbewegung; auch hier hat es selbstverständlich Willkür gegeben, weil Willkür stets dort beginnt, wo man eine Mehrheit schrankenlos gegen eine Minderheit ausspielt oder eine Minderheit durch manipulative Maßnahmen zur Mehrheit erklärt. Inzwischen kommt die Reaktion von der anderen Seite; es kommt zu einer ,Trendwende', die offenkundig zu ganz ähnlichen Entartungserscheinungen neigt. Dies wird in erster Linie an der Sprache sichtbar; Kampf und Krieg beginnen immer mit rhetorischen Vorleistungen. Illiberal wirken eine Sprache und ein sich darin ausdrückendes Verhalten, wenn sie den Dialog ausschließen und an der – zunächst verbalen – Vernichtung des Gegners orientiert sind. Liberalität hat es demgegenüber nicht mit einer politischen Richtung zu tun, wohl aber mit einem Grundverständnis von Politik, das auf Auseinandersetzung, der Möglichkeit des Irrens, Lernprozessen, der Fähigkeit, Irrtümer zu korrigieren, und schließlich auf der Bereitschaft beruht, den ,anderen' Weg als einen auch möglichen Weg zu akzeptieren. Auch dies läßt sich nie unstrittig formulieren. Worauf es ankommt, ist indessen deutlich: Es geht um das Miteinanderumgehen in der Politik. Wir befürchten, daß die deutsche Demokratie

6 Besonderheiten eines Regierungssystems, die sich u. a. darin äußern, daß eine Institution, die es auch in anderen Ländern gibt, hier anders wirkt als dort, erfaßt man analytisch gern mit Hilfe des Konzepts *,politische Kultur'*. Seine amerikanischen Väter wollen damit überwiegend die Symbole und gemeinsamen Orientierungen eines Kollektivs ansprechen. Das kann nur im Vergleich geschehen – entweder international oder auch historisch, wenn man für zwei unterschiedliche Zeiträume über wirklich vergleichbare Unterlagen verfügt (in der jüngeren Zeit meist Ergebnisse der Umfrageforschung). ,Politische Kultur' ist nicht nur analytisches Instrument, sondern auch Schlagwort. Das hängt vorwiegend mit dem Problem zusammen, daß in Zusammenhang mit ihm oft empirische Vorgehensweisen und normative Vorgaben unzulässig vermischt werden. Empirisch kann man ein Modell konstruieren, das z. B. unterschiedliche Formen politischer Beteiligung und Konsensbildungsprozesse erfaßt, dann mit Hilfe dieses Modells in verschiedenen Ländern entsprechendes Material erheben, um anschließend Unterschiede und damit Teile der jeweiligen politischen Kultur festzustellen. Deutsche Wissenschaftler gehen auch von einem normativen Modell – z. B. von dem einer partizipatorischen Demokratie – aus, ordnen ihm das entsprechende Material zu und gelangen dann zu Schlüssen. Im ersten Fall steht die Analyse im Vordergrund, im zweiten Fall die Bewertung; beides wird aber häufig vermischt und in der Vermischung wird Fragwürdiges produziert. Unsinnig ist es z. B., von einer ,Krise der politischen Kultur' zu sprechen, wie es heute oft geschieht; empirisch lassen sich allenfalls Wandlungstendenzen feststellen. Vgl. den Literaturüberblick in PVS-Literatur 2/1981, S. 123 ff. von *K. Megerle* und *P. Steinbach*. Kritisch zur deutschen Diskussion *M. Kaase*, Sinn oder Unsinn des Konzepts ,Politische Kultur' für die vergleichende Politikforschung, in: *derselbe/H. D. Klingemann*, 1983.

einen schlechten Stil des Miteinanderumgehens weniger gut verarbeiten kann als andere Demokratien und daß sie deshalb nicht nur von den allgemeinen Gefahren dieser Zeit bedroht ist. Die Frage nach dem Maß von Liberalität oder Illiberalität wird deshalb in unterschiedlichen Zusammenhängen einzubringen sein.

IV. Eine Darstellung soll vorhandenes Wissen übersichtlich und plausibel zusammenfassen, nicht selbst systematisch Wissen hervorbringen. Da das Zusammenfassen etwas mit Zusammenschau, also mit Erkenntnis zu tun hat, handelt es sich um ein wissenschaftliches Bemühen; da es nicht um systematische Hervorbringung von Wissen geht, können die Methoden der wissenschaftlichen Forschung nur zum Teil verwendet werden. Dabei muß Methodenvielfalt herrschen. Zwei Verfahren stehen hier im Vordergrund. Zum einen wird historisch-genetisch vorgegangen, d.h. es wird in der geschichtlichen Entwicklung eine Phase ausgemacht und näher definiert, um dann an Hand dieser Definition die Veränderungen sichtbar zu machen und ggf. zu bewerten, die nach jener Phase erkennbar sind. Zum anderen wird gelegentlich ein Modell vorgestellt, mit Hilfe dieses Modells Wirklichkeit aufgearbeitet und dann ermittelt, wo sich Modell und Wirklichkeit entsprechen und wo sie es nicht tun. Das letztere kann dann wieder unterschiedlich bewertet werden. Ohne hier näher auf die Methoden der Politik- und der Sozialwissenschaft einzugehen (vgl. *R. H. Schmidt*, 1967, *U. v. Alemann/E. Forndran*, 1974), sei nur festgestellt, daß für uns Wissenschaft nicht darin besteht, für als unumstößlich geltende Behauptungen die erforderlichen Beweise zu erbringen. Den Glauben eines anderen kann man nur teilen, nicht nachvollziehen. ‚Gläubige‘ gibt es freilich in allen politischen und wissenschaftlichen Lagern. Wissenschaft beruht demgegenüber auf begründeter Behauptung und gelungenem oder mißlungenem Beleg, nicht zuletzt auch – bei aller Entschiedenheit – auf beträchtlichem Relativismus. Wenn der eine Part den andern auffordert, ‚einzig-richtige‘ Positionen zu übernehmen, ist der wissenschaftliche Disput beendet. Umgekehrt führt er gerade in politicis nur selten zu eindeutigen Ergebnissen. Dies gilt auch für die folgende Darstellung.

V. Nachdem somit alle notwendigen Einschränkungen vorgetragen sind, ist noch eine Bemerkung zur *Literatur* und zu ihrer Verwendung in diesem Buch erforderlich. Auch in diesem Zusammenhang wäre Vollständigkeit weder möglich noch wünschenswert. Wir bauen auf vorliegenden Veröffentlichungen auf, weil eine Auseinandersetzung mit ihnen erforderlich scheint, weil sie sich ausführlicher mit einem Thema, das hier nur kurz angerissen wird, befassen, weil sie zu einem Thema weitere und wichtige Nachweise bringen, weil sie die hier vorgetragene Position verständlich machen oder, umgekehrt, weil sie zum gleichen Thema eine andere Position enthalten. Da die meisten Hinweise in den Text eingefügt werden, kann die Absicht, in der ein Hinweis jeweils erfolgt, nicht hinreichend verdeutlicht werden. In der Regel bedeutet ‚vgl.‘, daß sich in dem betreffenden Werk Bestätigungen, Ergänzungen oder Erklärungen zu den Feststellungen im Text finden. Wird nur der Autorenname genannt und die Seite hinzugefügt, handelt es sich um den Nachweis eines Zitats. Im Falle kontroverser Positionen steht ‚a.A.‘ für ‚andere Ansicht‘. Die Zitierweise beschränkt sich im Text auf den Autorennamen oder eine entsprechende Abkürzung und auf das Jahr des Erscheinens der betreffenden Veröffentlichung; im Literaturverzeichnis findet sich jeweils der vollständige Titel. Eine Ausnahme bilden Zeitschriftenaufsätze. Ihre Titel werden im Text meist miterwähnt, um das Literaturverzeichnis nicht zu überfrachten.

Zur Einführung noch folgende Hinweise:

An *Bibliographien*, die zum Thema selbstverständlich auch die Veröffentlichungen aus anderen Wissenschaften enthalten, sind in erster Linie die umfassende *Hamburger Bibliographie* und die handliche Zusammenstellung von *D. Thränhardt* zu nennen sowie die themenspezifische, vor allem vergleichende Bibliographie in: *G. Brunner*, 1979. Unter den einschlägigen *Lexika* ragt neuerdings das von *D. Nohlen* herausgegebene ‚Pipers Wörterbuch zur Politik' (6 Bde., 1983 ff.) hervor. Außerdem ist auf das von *A. Görlitz* herausgegebene *Handlexikon* und auf das von *K. Sontheimer* und *H. H. Röhring* herausgegebene *Handbuch* zu verweisen. Von den ‚großen' Lexika steht das *HdSW* (Handwörterbuch der Sozialwissenschaften) der Politik- und der Staatswissenschaft wohl am nächsten. Über Ansätze und Stand der *Politikwissenschaft* informieren in jüngerer Zeit, verbunden auch mit entsprechenden Literaturhinweisen: *K. v. Beyme* (1986), *H. H. Hartwich* (1985) und *J. J. Hesse* (1982). Als *Einführungen* in diese Wissenschaft sind z. B. zu nennen die von *C. Böhret* u. a. (1979), die vier Bände des ‚Grundkurses Politik' von *U. v. Alemann/E. Forndran* (1974), *W. Schlangen* (1974), *K. Günther* (1975) und *J. Hütter* (1976), oder *W. Röhrich* (1977), *A. Görlitz* (1980) und *O. Gabriel* (1978). Eine solche Auswahl dient nur als erster Hinweis; die Politikwissenschaft ist seit ihrer Erneuerung in der Nachkriegszeit in der verschiedensten Weise wissenschaftstheoretisch und inhaltlich-systematisch begründet und auch in ihrer Existenz gerechtfertigt worden, was einen erheblichen Publikationsausstoß zur Folge hatte. Über ihn unterrichtet man sich am vollständigsten wohl im Literaturteil der *Politischen Vierteljahresschrift* (PVS), die es seit 1961 gibt und innerhalb derer dieser Literaturteil seit einigen Jahren gesondert in der *PVS-Literatur* (zweimal jährlich) erscheint. Für 1987 sind ansonsten nachzutragen *D. Berg-Schlosser/F. Müller-Rommel* und *A. Windhoff-Héritier*.
Dem ‚Regierungssystem' eng verbunden ist die verfassungs- und staatsrechtliche Literatur: Auf den Grundgesetz-Kommentar von *Th. Maunz/G. Dürig* u.a., das ‚große' Staatsrecht von *K. Stern* und die Lehrbücher etwa von *K. Hesse* (1984) und *E. Stein* (1986) sowie auf das Handbuch von *E. Benda/W. Maihofer/H. J. Vogel* (1983) wird deshalb generell verwiesen. Der ‚Sartorius' gehört immer dazu.
An Veröffentlichungen, die der vorliegenden benachbart sind, eine Gesamtdarstellung oder eine Bilanz der Bundesrepublik, eine Darstellung ihres Regierungssystems oder einen Vergleich mit anderen Regierungssystemen versuchen, gibt es keinen Mangel. Wir nennen exemplarisch: *F. Glum* (1950/1965); *K. Loewenstein* (1959); *A. Grosser* (1960, 1967, 1970, 1985); *J. Herz/G. M. Carter* (1962); *Th. Eschenburg* (1956/1963); *R. Wildenmann* (1963); *F. A. Hermens* (1964); *Th. Stammen* (1967 und 1976); *K. v. Beyme*, (1970 und 1985); *G. Doecker* (1971); *O. Stammer/P. Weingart* (1972); *K. Sontheimer* (1971); *D. Thränhardt* (1974); *F. Pils* (1977); *G. Brunner* (1979); *E. Jesse* (1978 und 1986); *W. Rudzio* (1983) und als einen Sonderfall die ‚Materialien zum Bericht zur Lage der Nation 1974' (Bundesratsdrucksache 536/74) sowie deren Vorläufer 1971 und 1972, bearbeitet von einer unabhängigen Kommission unter Leitung von *P. C. Ludz*. Die Materialien enthalten den bis heute umfassendsten Systemvergleich zwischen der BRD und der DDR, die im übrigen hier meist ausgeklammert bleibt. *D. P. Conradt* (1978) bringt einen guten Überblick über die bis dahin erschienene angelsächsische Literatur. Von den zusammenfassenden Übersichten seien nur die von *G. Schäfer/C. Nedelmann* (1969), *R. Loewenthal/H. P. Schwarz* (1974) und *W. D. Narr/D. Thränhardt* (1979) genannt. In diesen Zusammenhang gehören auch die Darstellungen zur *Geschichte der Bundesrepublik*. Hier sind als Gesamtdarstellung zu nennen die von *H. K. Rupp* (1978) und die von *D. Thränhardt* (1986); mit Chronologie, Materialzusammenstellung, Literaturhinweisen und Kurztexten liegt der ‚PLOETZ: Die Bundesrepublik Deutschland' vor. Hinzuweisen ist weiter auf die verschiedenen Bände der handlichen Reihe ‚Deutsche Geschichte der neuesten Zeit', hrsg. von *M. Broszat* u. a. (dtv), die jeweils auch wegen ihrer Literaturübersicht hilfreich sind, sowie auf die monumentalen fünf Bände der von *K. D. Bracher* u. a. herausgegebenen ‚Geschichte der Bundesrepublik Deutschland' (1. Bd. *Th. Eschenburg*: Jahre der Besatzung 1945–1949; 2. und 3. Band *H. P. Schwarz*: Die Ära Adenauer usw.). Speziellere Literaturhinweise folgen in den ersten beiden Abschnitten des 1. Kapitels.

1. Kapitel
Die Bundesrepublik Deutschland

1.1. Gründungsbedingungen und Entwicklungsphasen

Als im Frühjahr 1949 das Grundgesetz der Bundesrepublik Deutschland verabschiedet wurde und daraufhin im Herbst desselben Jahres (mit Ausnahme des Bundesverfassungsgerichtes) die obersten Organe des Bundes ihre Aufgaben übernahmen, handelte es sich – im Nachhinein deutlicher als im Zeitpunkt des Miterlebens – nur um eine Etappe in einer Entwicklung. Auf dieser Etappe waren gewichtige Einzelentscheidungen in mehr oder weniger großer Souveränität der Entscheidenden möglich; die grundlegenden Entscheidungen waren hingegen bereits getroffen. Die Gründung der Bundesrepublik beginnt unmittelbar nach 1945; für die späteren konstitutiven Akte waren Gründungsbedingungen maßgeblich, die längst vorher bestanden.

Zunächst: Bei allem fundamentalen Charakter des Zusammenbruchs und der bedingungslosen *Kapitulation* von 1945 (vgl. Quellen 1.1., vor allem den Potsdamer Text – noch immer das anschaulichste Dokument über die Situation Deutschlands 1945) gab es in diesem Jahr keine „Stunde Null". Die deutsche Geschichte hatte, gerade auch aufgrund ihrer zerstörerischen Kräfte, tiefe Spuren hinterlassen. Diejenigen deutschen Politiker, welche in Zusammenarbeit und in Auseinandersetzung mit den Alliierten für den Wiederbeginn einer geordneten öffentlichen Verwaltung, für die Wahrnehmung der dringendsten öffentlichen Aufgaben und schließlich für die neue Tätigkeit demokratischer Organe in Gemeinden und Staat sorgten und zuerst Verantwortung übernahmen, waren selbst von der deutschen *Tradition* geprägt. Ihre unmittelbaren Erfahrungen mußten eine entscheidende Rolle spielen. Das kam z. B. dem Föderalismus, dem Berufsbeamtentum, dem Sozialstaatsprinzip oder dem Bekenntnis zum Rechtsstaat zugute und hatte erhebliche Wirkungen auf die kommunale Selbstverwaltung, auf den Wiederaufbau der Justiz oder auf die Art und Weise, wie man sich gegenüber dem Befund öffentlicher Aufgaben verhielt. Vieles davon stellt sich heute als bloße Reaktion dar, als Handeln unter dem unmittelbaren Zwang, handeln zu müssen und deshalb gar nicht anders zu können, als an die eigene Überlieferung anzuknüpfen. Wenngleich in vieler Hinsicht gebrochen oder auch direkt und wohlüberlegt korrigiert: Die Gründung der Bundesrepublik steht innerhalb der deutschen sozialen und politischen Tradition.

Auch für die *Besatzungsmächte* wirkte diese Tradition als Realität. Alle vier Besatzungsmächte machten sich zwar in unterschiedlicher Weise anheischig, eigene Denkmuster in die sich neu abzeichnende politische Landschaft einzubringen; aber sie stellten dabei doch die Bezüge zu dem her, was sie vorfanden. Die Franzosen und die Amerikaner übernahmen – aus unterschiedlichen Motiven – die föderalistische Tradition. Die Engländer betonten stärker die Selbstverwaltung und zögerten hinsichtlich des Länderaufbaues. Die Franzosen bemühten sich um eine gewisse Isolierung ihrer Besatzungszone gegenüber den anderen und um eine stärkere Annäherung an das eigene Land. Die Amerikaner betonten stärker Demokratisierung und Entnazifizierung. Die

Engländer bekannten sich unbefangener zu ihren eigenen wirtschaftlichen Interessen. Die Russen bildeten darin keine Besonderheit, daß für sie die endgültige Zuordnung der eigenen Zone zum sowjetischen Machtbereich ein ganz eindeutiges Ziel war. Das Übermaß an Reparationen und wirtschaftlicher Ausbeutung, welches sie ihrer Zone zumuteten, verwies jedoch weder auf eine feste Überzeugung hinsichtlich der Durchsetzbarkeit des Ziels noch auf die Vorstellung, man müsse, wen man gewinnen wolle, auch pfleglich behandeln. Jedenfalls erfolgte die Abkehr von der deutschen Tradition in der sowjetischen Besatzungszone früher, um dann zu einem völlig neuen Staat auf deutschem Gebiet zu führen. Es bleibt jedoch eine historische Streitfrage, wann die Inkorporation ihrer Zone für die sowjetische Führung zur beschlossenen Sache wurde.
Im Rahmen der Tradition oder auch gegen sie gewendet, kam es dann unter Duldung oder unter direkter Einwirkung der Besatzungsmächte zu *politisch konstitutiven Akten*. Die Lizenzierung von Parteien zählt hierzu ebenso wie die erste Installierung öffentlicher Rundfunkanstalten oder der zögernde Beginn eines neuen deutschen Pressewesens. Neben solchen konstitutiven Akten zeigten sich alle Besatzungsmächte daran interessiert, die deutsche *Verwaltung in Gang zu bringen* und auf sie die wichtigsten, von der Not diktierten kommunalen und staatlichen Aufgaben abzuwälzen – die Versorgung mit Lebensmitteln, die Lösung der dringendsten Wohnbedürfnisse, die Unterbringung der Vertriebenen und Flüchtlinge, die Inangriffnahme der ersten Produktion und die intensive Nutzung wie möglichst gleichmäßige Verteilung der landwirtschaftlichen Erzeugnisse, gefolgt von der allmählichen Wiederinbetriebnahme öffentlicher Einrichtungen, wie z. B. Schulen und Hochschulen.[1]
Dieser Entwicklung entsprechend fand der Parlamentarische Rat als verfassungsgebendes Organ konstitutionell bereits vor: *Länder* mit inzwischen entwickeltem Eigenleben; eine *Verwaltung* mit einem riesigen Aufgabenbestand; *Parteien* mit ersten Verständigungsbemühungen innerhalb der Besatzungszonen und über sie hinaus sowie eine deutsche *Staatstradition*, die es als selbstverständlich erscheinen ließ, daß Beseitigung der unmittelbaren Not und allmählicher Wiederaufbau weithin Sache der Politik seien, und zwar einer Politik, welche sich auf die begrenzte Wirtschaftskraft der einzelnen vorläufigen Länder nicht stützen konnte. Diese Einsicht hatte schon früher zu länder- und dann besatzungszonenübergreifenden Einrichtungen geführt. Sie bestimmte zweifelsfrei auch die Anweisung der drei westlichen Besatzungsmächte an die Ministerpräsidenten, den Prozeß der Verfassungsgebung einzuleiten. An ihr scheiterte wohl auch das Bemühen des Herrenchiemseer Verfassungskonvents um einen konsequenten Föderalismus, zudem führte sie später zur Aufgabenverteilung zwischen Bund und Ländern im Grundgesetz.

1 Über die Vorgeschichte der alliierten Deutschlandpolitik nach der Kapitulation und die Entwicklung von 1945 bis 1949 liegen eine große Zahl von Darstellungen, Einzeluntersuchungen und auch einige Dokumentensammlungen vor. Ergänzend zu den Hinweisen auf S. 9 sind zu nennen *W. Cornides*, 1957, *E. Deuerlein*, 1965, *Th. Vogelsang*, 1966, vor allem aber *H. P. Schwarz*, 1966, und *Institut für Zeitgeschichte*, 1979, sowie *H. Graml*, 1985. Einzelne wichtige Weichenstellungen im Nachkriegsdeutschland werden von *H. A. Winkler*, 1979, und *W. D. Narr/D. Thränhardt*, 1979, behandelt. Ein gut dokumentierter Leitfaden liegt von *M. Overesch*, 1979, vor. Die marxistische Kritik an der Nachkriegsentwicklung findet man bei *U. Albrecht/F. Deppe u. a.*, 1979, zusammengefaßt.

Ergeben sich derart auf der einen Seite aus Tradition, Entscheidungen unmittelbar nach 1945, alliierten Festlegungen und Einflüssen sowie aus dem enormen Aufgabenbestand relevante staatlich-politische Gründungsbedingungen für die spätere Bundesrepublik, so müssen auf der anderen Seite die internationalen Entwicklungen berücksichtigt werden. Die Unterschiedlichkeit der weltpolitischen Interessen der Sowjetunion und der Westalliierten führte dazu, daß die gemeinsame Besatzungspolitik von Anfang an nicht die beiderseits gewünschten Ergebnisse erbrachte und sich deshalb beide Seiten darauf einließen, jeweils dem von ihnen besetzten Teil Deutschlands eine staatliche Entwicklung und zunehmende Souveränität im völkerrechtlichen Sinne zuzubilligen. Unter diesem Aspekt stellt sich die *Gründung der Bundesrepublik Deutschland als ein Akt der Weltpolitik* dar. Der Widerspruch ist damit der Bundesrepublik in die Wiege gelegt, daß ihre Gründung zwar unter dem Vorbehalt einer späteren *Wiedervereinigung* erfolgte, zugleich aber den vorläufigen Verzicht auf eine gesamtdeutsche Lösung bedeutete. Uns geht es in diesem Zusammenhang nicht um die historische Schuldfrage, nicht darum, wer mit der Separation seiner Besatzungszone(n) den Anfang machte, sondern nur um die nüchterne Feststellung: Wie stark man auch immer deutscherseits den provisorischen Charakter des Grundgesetzes betonen mochte, so änderte dies von Anfang an nichts daran, daß mit dem isolierten Entstehen der Bundesrepublik auch das Entstehen der DDR verbunden war, daß beide deutsche Teilstaaten zugleich Glieder des westlichen oder des östlichen Bündnissystems wurden und damit die Wiedervereinigung sich mit Ansprüchen verbinden mußte, auf die sich ohne weltweite Niederlage der eigenen Politik keine der beiden streitenden Gruppen einlassen konnte.

Dies alles hat auch die weitere *internationale Entwicklung* bestimmt: 1949 entstand ein nichtsouveräner Staat, angelegt auf Zusammenarbeit mit den Westmächten. Für ihn war politische und rechtliche Eigenexistenz nur zu erreichen, indem man fortsetzte, was mit der Entstehung der Bundesrepublik schon begonnen war, also die *Westintegration* und damit die noch stärkere Verminderung einer Wiedervereinigungschance (vgl. Quellen 1.2. und 2.3.). In diesem Sinne kam es in der Ära Adenauers zu einer konsequenten Politik. Sie bewirkte Versöhnung mit dem Westen, Anschluß an ihn, im Verbund damit wirtschaftliche Stabilisierung, Gewinn der nominellen Souveränität (vgl. Quelle 1.1.4.) und Komplettierung der staatlichen Eigenexistenz mit eigener Außenpolitik, gleichberechtigter Teilhabe am westlichen Bündnissystem und Wiederaufrüstung als deren unvermeidliche und von vielen auch erwünschte Folge. Die Sowjets und die DDR zogen jeweils in ihrem Machtbereich schrittweise nach. Der Westintegration der Bundesrepublik entspricht die *Ostintegration der DDR*. Das im Grundgesetz erhobene Postulat der *Wiedervereinigung* war mit großer Wahrscheinlichkeit von Anfang an unerfüllbar; die Politik des Souveränitätsgewinnes für die Bundesrepublik, ihrerseits Legitimation einer Politik des Souveränitätsgewinnes für die DDR, bewirkte aber jedenfalls, daß man sich von der Realisierung jenes Postulates immer weiter entfernte. Unter dem Schutz des Eisernen Vorhanges wie unter dem des auch im Westen stabilisierten Status quo konnte sich dann in der DDR ein staatsmonopolistischer Sozialismus etablieren und mit starker Verzögerung Bevölkerung und Wirtschaft des beherrschten Gebietes aus der unmittelbaren Notsituation herausführen. Die Eindeutigkeit der Politik der Westintegration hat so zur Stabilisierung der DDR beigetragen. Die, wenn auch wirtschaftlich höchst ungleiche Stabilisierung beider deutscher Teilstaaten, bedeutet ihrerseits eine wesentliche Voraussetzung für die Stabilität des europäischen Status quo. Eine Wiedervereinigung im früher gemeinten Sinne, als vom Volk ausgehender Akt der Verfassungsgebung, nicht als von zwei selbständigen Staaten angeleiteter Vorgang, erscheint damit kaum mehr möglich. Die dies mitbestimmenden Entscheidungen fielen im wesentlichen in den fünfziger Jahren; die Politik der sechziger Jahre konnte nur verstärken, was schon vorhanden war.

Vor dem Hintergrund der genannten Gründungsbedingungen lassen sich drei innere Entwicklungsstadien der Bundesrepublik ansprechen. Die *erste Phase* der Entwicklung umfaßt im wesentlichen die fünfziger Jahre. Sie ist bestimmt durch die im Grundgesetz ermöglichte Option für die freie oder soziale Marktwirtschaft. In ihrem Rahmen wurde eine Politik des staatsangeleiteten Wiederaufbaus betrieben. Man kann hinsichtlich dieser Phase von Restauration sprechen, weil die Beseitigung der unmittelbar drängenden Not, die Vertriebenen- und Flüchtlingseingliederung, die Gewährleistung und Stimulierung der Wirtschaftstätigkeit usw. weithin an Maßstäben der Vergangenheit orientiert waren. Der Begriff *Wiederaufbau*, anstelle z. B. von Neubeginn, kennzeichnet sicher das verbreitete Bewußtsein, daß es damals nicht darum ging, sich auf eine neue Lage einzustellen und die Umwälzung politisch zu nutzen, um Neues zu schaffen. Man wollte vielmehr Zerstörung beseitigen, den früheren Lebensstandard wieder erreichen, das alte System der sozialen Sicherung wieder in Kraft setzen, und man unterstellte dabei, daß dies im Rahmen einer freien Wirtschaft schneller vor sich ginge als im Rahmen eines stärker planenden Systems. Dessen Identifizierung mit Kommunismus und Sozialismus, das unmittelbare Erleben brutaler kommunistischer Herrschaft in Deutschland selbst und die zunächst wenig überschaubaren und vergleichbaren wirtschaftlichen Leistungen der DDR, unterstützt von noch immer verbreiteter bürgerlicher Denkweise, erleichterten die nahezu weltanschauliche Fundierung jener sozialen Marktwirtschaft als der angeblich vom Grundgesetz geforderten Wirtschaftsweise. Auf diesem Wege konnten auch die staatssozialistischen Vorbehalte des Nationalsozialismus gegenüber dem Kapitalismus, die nach 1945 noch verbreitet waren, abgebaut werden. Der Glaube an die Richtigkeit, und zwar: an die alleinige Richtigkeit der eigenen Wirtschaftsweise bürgerte sich weit über die ihn ursprünglich tragenden Schichten hinaus ein. Die erste Phase der Entwicklung erweist sich im Nachhinein als die Phase großer wirtschaftlicher Erfolge und der Gewöhnung an die politische Maxime, erst müsse die Wirtschaft florieren, damit die Politik dann das von ihr Erwartete auch tun könne.[2]

Zur ‚Restauration' gehörte das Verdrängen dessen, was nach 1933 in Deutschland geschehen war. Das Verdrängen fiel leicht, nachdem sich die grobschlächtige *Entnazifizierung* kaum zur Aufarbeitung der Vergangenheit eignete und das Los der Vertriebenen aktueller war und wirkte als das, was es herbeigeführt hatte. Daß dem Verdrängen Grenzen gesetzt sind, zeigte sich erst später, vielfach erst unter dem Eindruck von Fragen einer jüngeren und unbefangeneren Generation. Die Antworten darauf fielen freilich sehr unterschiedlich aus. Sie reichten von der Rede Richard von Weizsäckers zum 8. Mai 1985 bis zu der Vorstellung von Franz Josef Strauß, daß kein Volk mit einer „kriminalisierten Geschichte" leben könne. Deshalb spricht er von der „unerschöpflichen Leidensfähigkeit" der Deutschen, mit der sie das Hitler-Regime ertrugen, aber doch keine Verbrecher wurden. „Die moralische Substanz der Nation blieb erhalten. Man schätzt, daß rund 50 000 Deutsche an den furchtbaren Gewalttaten mittelbar oder unmittelbar beteiligt waren. Selbstverständlich sind das

2 Diese Denkweise offenbart sich besonders gut in den offiziösen Bilanzen aus jener Zeit, z. B. *Presse- und Informationsamt der Bundesregierung*, 1959, 1960. Auch aus späterer Zeit gibt es über die Ära Adenauer viele Veröffentlichungen, neuerdings überragt wohl alle anderen *H. P. Schwarz*, 1981, 1983 (Bde. 2 und 3 in *K. D. Bracher* u. a.) und 1986.

50 000 zu viel – aber bei einem 65-Millionen-Volk bilden sie doch eine sehr kleine Minderheit, die mit einer ungeheuren politkriminellen Energie unter Anwendung aller Methoden des Schreckens und der Propaganda das eigene Land eroberte und vergewaltigte" (aus den ,Reden über das eigene Land', München 1984; zit. u. a. in DIE ZEIT v. 15.11.1985). Einige Historiker liefern mit dem Versuch, nationalsozialistische Verbrechen mit früheren Verbrechen anderer zu vergleichen, die dazu passende Begleitmusik (,Historikerstreit', vgl. dazu *H. Rudolph*, in: Anno 86, S. 124 ff. mit den wichtigsten Zitaten). Sie kann aber wohl kaum die Absurdität einer Vorstellung verhüllen, derzufolge 65 Millionen Leidende von 50 000 Politkriminellen unterdrückt worden sind. Im Kern besteht das Problem jener Verdrängung darin, daß die Feigheit der vielen, sich nach 1945 Mitläufer- und Zuschauertum, vor allem aber Feigheit einzugestehen, eine aufgeklärte Beschäftigung mit der Vergangenheit vielfach behinderte. Das „hat nebenbei auch die Situation derer begünstigt, die nach 1945 zu verurteilen waren, weil es eine Art Kumpanei zwischen den wegen Tatenlosigkeit Schuldigen und den wegen ihrer Taten Schuldigen schuf" (*Th. Ellwein*, 1985, S. 235 f.).

In der *zweiten Phase* der Entwicklung, die etwa von 1960 bis 1968 reicht, ging trotz überdurchschnittlich hoher volkswirtschaftlicher Zuwachsraten das Stimulans des bloßen Wiederaufbaues zurück. Wirtschaftlich ergab sich ein Ausgleich im schon vorher kräftig gewachsenen Export. Im übrigen trat insofern eine *Normalisierung* ein, als man sich nicht mehr wie früher an Not und Zerstörung, also an der Situation bei und nach Kriegsende orientieren konnte, sondern sich stärker in einer den anderen westlichen Industrienationen vergleichbaren Situation fand. Vereinfacht kann man sagen, daß nach 1960 der Stolz auf das Erreichte nachließ, das Nichterreichte einen größeren Stellenwert erhielt und punktuelle und prinzipielle Kritik stärkeres Gewicht erlangten. Diese Kritik wandte sich vielen Aufgabenbereichen zu, wobei sich allerdings deutliche Schwerpunkte ausbildeten. Das führte grundsätzlich auch zum Thema der Demokratie, welches erst gegen den individualistischen Ökonomismus und seine Zeitwidrigkeit und später mehr in Richtung der uneingelösten Ansprüche auf Mitbestimmung entfaltet wurde, was politisch in die Studenten- und Jugendunruhen einmündete. Diesen Unruhen gegenüber zeigten sich Stabilisierungsmaßnahmen, wie der Erlaß der Notstandsverfassung, aber auch Anpassungsprozesse und Opportunismus als ungeeignete Gegenmittel. Da es abgesehen vom Beginn der fünfziger Jahre in der Bundesrepublik bis 1966 nicht zu harten Auseinandersetzungen und schon gar nicht zu einer prinzipiellen Kritik am Zustand des Gemeinwesens gekommen war, bewirkte jene Unruhe auch Verängstigung. Sie verstärkte sich angesichts der Rezession von 1966 und erleichterte das Experiment der Großen Koalition samt den Maßnahmen, welche zur Überwindung der Rezession führten. Für den Konsens der beiden großen Parteien bestanden aber eindeutige Grenzen. Man führte gemeinsam einige wichtige Entscheidungen herbei, ohne dabei zu einer politischen Annäherung zu gelangen. Der Wahlkampf 1969 konnte nach dem üblichen Muster durchgeführt werden und mündete in die sozialliberale Koalition (vgl. die Literaturangaben bei *H. K. Rupp*, 1982, *R. Löwenthal/ H. P. Schwarz*, 1974, und die Darstellung von *A. Baring*, 1982).

Obgleich sich in der zweiten Phase die innere Entwicklung weniger geradlinig vollzog als in der Wiederaufbauphase, erwies sich in beiden Phasen das politische System der *Bundesrepublik* als erstaunlich *stabil*. Das Grundgesetz ermöglichte eine ausreichende Flexibilität, um das Land von seinem provisorischen Zustand in die volle Staatlichkeit zu überführen. Die politischen Institutionen festigten sich. Der traditionelle Antiparteienaffekt schien sich abzubauen, extreme Parteien blieben nahezu ohne Chance. Der wirtschaftliche Aufschwung wurde durch das wirtschaftspolitische Instrumentarium offenkundig gut unterstützt, und dieses Instrumentarium bewährte sich auch noch in der ersten Rezessionsphase. Sozialpolitisch hatte man schon in den fünfziger Jahren soweit an die deutsche Tradition angeknüpft, daß der soziale Friede in aller Regel gewahrt blieb, sich zwischen den Tarifpartnern ein modus vivendi herausbildete und Randgruppen zwar bestanden, aber nicht in den Vordergrund traten. Wer die Zeit des Zusammenbruchs miterlebt hatte, mußte die danach erzielten materiellen Fortschritte anerkennen. Staat und Politik erbrachten Leistungen, die zu ihrer grundsätzlichen Legitimation beitrugen. An Kritik fehlte es zwar nicht, wenngleich die prinzipielle Systemkritik wenig Chancen hatte, und in der politischen Diskussion offenbarten sich einige Widersprüche und Defizite in der Entwicklung, die aber insgesamt doch folgerichtig zu verlaufen schien. Während der Zeit der Studentenunruhen, vor allem also 1967 und 1968, wurden zwar einige der Probleme sichtbar, mit denen man sich später auseinanderzusetzen hatte; zunächst führte das aber nur zu einer normalen demokratischen Entwicklung, zur Ablösung der zwanzig Jahre lang durch die CDU/ CSU gebildeten Bundesregierung.

Die *dritte Phase* beginnt demzufolge mit der Aufbruchstimmung zu Beginn der sozialliberalen Koalition, mit der Erweiterung des außenpolitischen Handlungsfeldes in Richtung Osten, mit der Ankündigung und dem Versuch innerer Reformen und mit der ersten großen Entfaltung des Friedensthemas im Jahre 1972. Diesem Stadium folgte ein Stadium der Enttäuschung und Ernüchterung, das durch wachsende wirtschaftliche Schwierigkeiten, durch eine deutliche Schwächung des wirtschaftspolitischen Instrumentariums, später auch durch zunehmende Arbeitslosigkeit gekennzeichnet war. Nun kam es im Vergleich zu den 50er und 60er Jahren zu Entwicklungen, die das politische wie das ökonomische System vor neue Herausforderungen stellten und mit grundlegenden Veränderungen im gesellschaftlichen Bereich verbunden waren. Umrißhaft ist davon in den Abschnitten 1.4. und 1.5. die Rede. Hier sei nur dies vorweggenommen:

In den 70er Jahren zeichnete sich immer deutlicher das Problem eines *Wirtschaftssystems* ab, das zwar am Wachstum orientiert ist, allmählich aber der traditionellen Wachstumsimpulse entbehrt, weil Bevölkerungsvermehrung und – in Grenzen – Konsumorientierung nachlassen und längerfristig Gewinnchancen nur noch mit Rationalisierungsinvestitionen zu erzielen sind, die dann auf den Arbeitsmarkt rückwirken. Dieser wurde jedenfalls trotz der großen Ausweitung des Dienstleistungsbereichs immer weniger in Anspruch genommen, so daß sich die Basisarbeitslosigkeit vergrößerte. Das wiederum verstärkte die seit längerem sichtbaren Probleme der ausländischen Arbeitnehmer in der Bundesrepublik.

In Zusammenhang mit der stürmischen industriellen und ökonomischen Entwicklung der Bundesrepublik in den 50er und 60er Jahren haben sich die Belastungen der Umwelt erheblich schneller vergrößert als in früheren Zeiten. Überlieferte Schutzvorkehrungen, etwa in der Gewerbeordnung, wurden oft nur zögernd angewandt, weil man den Aufbau nicht behindern wollte, vielfach reichten sie angesichts neuer Entwicklungsprozesse nicht mehr aus. Die Sensibilität für diesen Bereich wuchs aber nur langsam. Erst mit Beginn der 70er Jahre kann von einem verbreiteten Umweltbewußtsein und einer *Umweltschutzpolitik* gesprochen werden (vgl. *K. G. Wey*, 1972). Letztere konnte aber offenbar viele Entwicklungen nur bremsen, ihnen dagegen nicht Einhalt gebieten. Das führte zu Enttäuschungen, auch zu Halbherzigkeiten, zu Verzögerungen im Investitionsprozeß, aber nicht zu einem umfassend wirksamen Umweltschutz. Dieser drängte infolgedessen als öffentliche Aufgabe immer mehr in den Vordergrund und trat in Konkurrenz mit Prinzipien der Wirtschaftspolitik (vgl. *G. Hartkopf/E.*

Bohne, 1983). Wirtschaftliche Entwicklung, nunmehr stärker in ihrer Widersprüchlichkeit gesehen, und soziale Prozesse veränderten insofern in den 60er und 70er Jahren die Politik, als die klassische Konjunkturpolitik an Gewicht verlor und neue Formen der *Strukturpolitik* an Bedeutung gewannen. Im Bereich der Raumordnung, der Wirtschafts- und der Forschungsförderung oder der Energiepolitik machte sich der Staat mehr als früher anheischig, die Entwicklung der räumlichen, ökonomischen und bedingt auch sozialen Strukturen des Landes zu steuern. Damit wuchs ihm mehr Verantwortung zu, wurden zusätzliche Erwartungen geweckt, kam es zu einer Veränderung des staatlichen Instrumentariums, mußte der öffentliche Anteil am Sozialprodukt steigen und die Abhängigkeit der Politik von der wirtschaftlichen Situation, äußerlich vermittelt durch das ausschließliche Angewiesensein der öffentlichen Hand auf Steuereinnahmen (Steuerstaat), zunehmen. Die Verzahnung von Politik und Ökonomie, der Druck auf die Politik, in erster Linie die Wirtschaft zu fördern, nahmen zu. Mängel in der Wirtschaftsentwicklung mußen umgekehrt auf die Politik zurückwirken.
Insgesamt ließ sich zum Ende der 70er Jahre ein gewisser *Autoritätsverlust des politischen Systems* und seiner Institutionen beobachten. Er wurde verstärkt durch das Entstehen *alternativer Lebensvorstellungen* und einen weitreichenden *Wandel sozialer Werte*. Beides wurde insbesondere am Verhalten und den Einstellungen der jüngeren Generation sichtbar, zeichnete sich aber auch in vielen konkreten Entwicklungen, wie der partizipatorischen Bewegung, der Konfliktbereitschaft immer größerer Gruppen, der Radikalisierung von Teilgruppen oder dem Abbau der Scheu vor Gewaltanwendung ab. Durch eine umfassende *Sozialpolitik*, die auch in Zeiten wirtschaftlicher Schwierigkeiten einen gewissen Mindeststandard gewährleistete oder zu gewährleisten schien, blieb zwar insgesamt der soziale Friede gewahrt, es kam aber auch zur sichtbaren Abkehr vom politischen System, zur Absonderung von der überlieferten Gesellschaft und ihren, allerdings immer seltener überzeugend vorgelebten Werten. Diese Abkehr wurde am Sonderfall des *Terrorismus*, der politisch zu sein vorgab, besonders deutlich (vgl. *I. Fetscher*, 1977). Es gab allerdings keinen Anlaß, zwischen diesem Terrorismus und sonstigen politisch-sozialen Entwicklungen eine Brücke zu schlagen, auch wenn sich das in der politischen Auseinandersetzung anbot und dieses Angebot bereitwillig genutzt wurde. Im Vergleich zu der immer wieder behaupteten Stabilität des politischen Systems in den späten 50er und in den 60er Jahren kann man hingegen von Steuerungsschwierigkeiten sprechen, denen sich der Staat, dessen Instrumente offenbar immer weniger ‚greifen', zu stellen hat und auf die er oft durch einfache Vermehrung der Steuerungsmechanismen reagiert. Dies wiederum fördert die *Kritik an der Bürokratie* und an Umfang, Dichte und Tiefe der staatlichen Regelungssysteme mitsamt der Reaktion von Politik darauf, die ‚Bürgernähe' herzustellen verspricht, sich aber aus der Grundsituation nicht herausbegeben kann, in der es zum Widerspruch zwischen der hochkomplexen Organisation des politischen Systems und seiner besonderen Form von Rationalität einerseits und der Umwelt dieses Systems, welche weithin einer ganz anderen Rationalität folgt, kommen muß. Auch eine institutionelle Schwächung läßt sich konstatieren – am ehesten bei den *Parteien*, die zu Beginn der 70er Jahre, in einer Phase starker Politisierung, noch einmal einen großen Zulauf hatten, dann aber eher Mitgliederstagnation oder sogar -schwund verzeichneten und beobachten mußten, daß viele politisch Engagierte sich in Bewegungen außerhalb der Parteien fanden und finden: Die ‚partizipatorische Revolution' ereignet sich zwar, erhöht aber offenkundig kaum die Zahl derer, die sich politisch aktiv beteiligen, und kommt damit bei gleichzeitiger Schwächung

der Parteien den Gruppen zugute, die einen ggf. noch wachsenden Teil der Engagierten anziehen können. Insgesamt geriet die Bundesrepublik zu Beginn der 80er Jahre in Gefahr, zum ‚Dinosaurier' (Hans Heigert) zu werden, der noch die Last seiner großen Aufgaben und Gewährleistungen tragen, zu prinzipiellen Neuerungen sich aber nicht mehr aufraffen kann und dessen Steuerungszentralen zunehmende Zeichen von Schwäche zeigen, zu denen auch der mangelnde Zusammenhalt zwischen den politischen Mandatsträgern im weitesten Sinn und dem großen Teil der Bevölkerung gehört, von dessen Loyalität sie abhängig sind.[3]
Ob ein derartiges Bild Wirklichkeit zureichend erfaßt, muß dahingestellt bleiben, solange nicht Punkt für Punkt die Auswahl- und Beurteilungskriterien genannt und die in die Analyse eingehenden Materialien vorgestellt sind. Fehlt es daran, handelt es sich nur um eines der vielen möglichen Bilder: Die Realität der Bundesrepublik kann und muß, wie es die tägliche Auseinandersetzung zeigt, höchst unterschiedlich dargestellt werden. Unterschiedlich sind auch die Hoffnungen, so vor allem die, es könne gelingen, den Staat in neuer Weise auf Ordnungsfunktionen zu begrenzen und ihn damit zugleich stärker zu machen. Unser Bild soll den Rahmen abstecken, aus dem sich ergibt, welche Entwicklungstendenzen im Blick auf das Regierungssystem im engeren Sinn wir berücksichtigen wollen, um dann die analytischen Möglichkeiten zu prüfen, die hier einigermaßen gesicherte, dort aber nur vorläufige Aussagen erlauben. Diesen Rahmen gilt es in den folgenden Abschnitten noch näher auszufüllen.

1.2. Internationale Position

Die Gründung der Bundesrepublik ist (auch) ein Ergebnis internationaler Politik. Karl Kaiser nimmt (in: *E. O. Czempiel*, 1969) an, die Bundesrepublik sei von vornherein entscheidend von außen bestimmt gewesen; Wolfram Hanrieder (1971) benutzt das Konzept des ‚penetrierten Systems', um die Abhängigkeit der Bundesrepublik von internationaler Politik und ihren Entwicklungen analysieren zu können. Im folgenden Abschnitt sollen die offenkundigen Widersprüchlichkeiten in der internationalen Position der Bundesrepublik kurz dargestellt werden.
Klammert man die deutsche auswärtige Kulturpolitik und die vielfältigen internationalen Verflechtungen etwa im Bereich der staatsübergreifenden Umweltgefährdungen aus, ist auf fünf Hauptproblemfelder in den Außenbeziehungen der Bundesrepublik zu verweisen (vgl. *H. P. Schwarz*, 1975, und *F. Pfetsch*, 1981b): die Einbindung des Landes in den Ost-West-Konflikt, die sicherheitspolitische Abhängigkeit, die Konsequenzen der der deutsch-deutschen Politik, die Rolle der Bundesrepublik in der Nord-Süd-Entwicklung und die Mitgliedschaft in der Europäischen Gemeinschaft. In allen Problemfeldern muß die Bundesrepublik aus nationalem Interesse zunächst bestimmte Optionen vertreten: Sie ist als exportabhängiges Industrieland auf möglichst reibungslose Wirtschaftsbeziehungen mit aller Welt angewiesen und muß Bedrohung abbauen, weil sie aus hi-

3 Für eine solche Zusammenfassung lassen sich kaum ergänzende Literaturangaben machen. ‚Stimmungsbilder' und Problemerörterungen in Zusammenhang mit den Ausführungen im Text sind: *H. v. Hentig*, 1970, *K. Sontheimer*, 1979 und 1983, *M. u. S. Greiffenhagen*, 1979, *J. Raschke*, 1982, und *W. D. Narr/C. Offe*, 1975, *C. Fenner/U. Heyder u. a.*, 1978, *R. R. Grauhan/R. Hickel*, 1978 sowie *S. Ruß-Mohl*, 1981.

storischen, geographischen und politischen Gründen besonders bedroht ist, so wie sie umgekehrt in ihren Beziehungen zur DDR eine potentielle Bedrohung darstellt; selbstverständlich würde eine Wiedervereinigung Deutschlands als Zusammenschluß der beiden deutschen Staaten oder auch nur als engeres Bündnis in West und Ost immer auch als Bedrohung angesehen. Zur Bedrohung der Bundesrepublik trägt bei, daß gegenüber (West-)Berlin zwar Verpflichtungen der westlichen Alliierten bestehen, Berlin-Politik aber zunächst von Bonn aus betrieben werden muß und Berlin und Bonn immer zuerst von Maßnahmen betroffen sind, die sich gegen Berlin, den freien Zugang zu ihm und die politischen, wirtschaftlichen und kulturellen Beziehungen zwischen Berlin und der Bundesrepublik richten.
Innerhalb der *Ost-West-Politik* (vgl. *W. Link*, 1980) und ihrem Schwanken zwischen massiver Konfrontation und Entspannungsbemühungen erweist sich die Bundesrepublik als relativ abhängig. Sie hat durch ihre Gründung für die Westintegration optiert (vgl. Quellen 1.1.1. und 2.3.) und daraus weitreichende Konsequenzen in der europäischen wirtschaftlichen Integration wie in der Einbeziehung der deutschen Streitkräfte in das westliche Bündnis gezogen. Als Gegenleistung der westlichen Alliierten kam es zu einer Art Sicherheitsgarantie und einer wohlwollenden Unterstützung der anfänglichen Deutschlandpolitik, welche auf Isolierung der DDR und auf den Anspruch der Bundesrepublik, allein die deutschen Interessen in aller Welt zu vertreten, hinauslief. In dem Maße, in dem einerseits die Einbindung der Bundesrepublik in das westliche Bündnis selbstverständlich und andererseits die Problematik der genannten Deutschlandpolitik sichtbar wurden, erhielt die Bundesrepublik einen gewissen Spielraum zu einer eigenen Ostpolitik, zu intensiveren Verhandlungen mit der Sowjetunion und Polen als Voraussetzung für deutsch-deutsche Vereinbarungen, die 1972 zum Grundvertrag führten (vgl. Quellen 1.2.2. ff.). Es handelte sich aber nur um einen ‚Spielraum', nicht um selbständige Politik. Die Bundesrepublik brauchte stets die Zustimmung, mindestens die Duldung ihrer wichtigsten Bündnispartner, vor allem der USA. Sie konnte auf ihre Partner, auch nach Maßgabe ihres wirtschaftlichen Gewichts und ihres bedeutsamen Beitrags zur NATO immer Einfluß nehmen, war aber nie in der Lage, sich in irgendeiner Form vom Bündnis abzukoppeln. Die Bundesrepublik ist souverän im völkerrechtlichen, nicht aber im machtpolitischen Sinne. Dies gilt praktisch für alle Staaten ‚mittlerer Größe' (vgl. *W. Besson*, 1970), die zu groß sind, um sich in einen Windschatten der Weltpolitik zu begeben, aber zu schwach, um in der Weltpolitik ihren Willen durchzusetzen. Insofern kann man von ‚anachronistischer Souveränität' und von neuen Formen der Verhandlungspolitik sprechen, die zu einem möglichst weitgehenden Interessenausgleich führen müssen. Die Bundesrepublik erscheint in dieser Situation aber noch schwächer als andere vergleichbare Staaten: Sie ist unmittelbar abhängig von westlicher Unterstützung (Berlin) und sie sieht sich – angesichts der Geschichte selbstverständlich – auch größerem Mißtrauen ausgesetzt.
Eindeutig wirkt sich diese Abhängigkeit im Bereich der *Sicherheitspolitik* aus. Die Bundesrepublik ist uneingeschränkt Mitglied der NATO; alle ihre Streitkräfte unterstehen dem internationalen Kommando. Sie hat auf den Besitz von atomaren Waffen verzichtet und damit zugestanden, daß sie sich in dem Maße, in dem sich militärische Konfrontationen zwischen Ost und West auf atomare Waffen stützen, der Politik derer anschließen wird, welche im Westen über solche Waffen verfügen – in der Hauptsache also den USA. Auch wenn die NATO-Vereinbarungen die regelmäßige Konsultation, den Konsens über strategische Konzepte und im Zweifelsfalle gemeinsames Handeln vorse-

hen, macht es einen erheblichen Unterschied in der jeweiligen Position aus, ob und in welchem Umfange man am wichtigsten Kampfmittel beteiligt ist (vgl. *K. Lauk*, 1979). Die Problematik erhöht sich für die Bundesrepublik, weil sie im Kriegsfalle mit großer Wahrscheinlichkeit atomares Kampffeld sein würde. In der Bundesrepublik ist deshalb auch die Furcht vor atomaren Waffen besonders groß, wurde der Nachrüstungsbeschluß der NATO besonders heftig diskutiert und bekämpft, mit dem diese durch cruise-missiles-Raketen (ab 1983) die angenommene Überlegenheit der Sowjets im Bereich der Raketen in der Größenordnung von Pershing 2 (über 700 Raketen, davon etwa 200 SS-20) ausgleichen wollte, und ertönt der Ruf nach Entspannungs- und Abrüstungspolitik schon länger und erheblich lauter als in anderen westlichen Ländern (vgl. *C. F. v. Weizsäcker*, 1981, *W. Bittorf*, 1981, *A. Mechtersheimer*, 1981). Das kann wieder Anlaß zu Mißtrauen geben, während der weitgehende Verzicht auf wirklichen Zivilschutz größten Pessimismus im Hinblick auf kriegerische Auseinandersetzungen zu signalisieren scheint. Kriegsfurcht kam allerdings bereits unmittelbar nach 1945 wieder auf. Sobald sich zeigte, daß die Spannungen zwischen Ost und West nicht abzubauen waren, sprach etwa Adenauer 1950 ganz öffentlich von einem möglichen dritten Weltkrieg, aber auch von dem Konzept, das seitdem die Ost-West-Beziehungen kennzeichnet, dem des militärischen Gleichgewichts, des ‚Gleichgewichts des Schreckens'. Adenauer: Man werde den dritten Weltkrieg vielleicht verhindern können, aber nur dann, „wenn jeder vom anderen weiß, daß er keinen leichten Sieg haben wird, wenn jeder weiß, daß ein dritter Weltkrieg auch die Zerstörung des Landes des Siegers bedeutet". Der derzeitige Zustand sei deshalb höchst unbefriedigend. „Darum dürfen wir Deutsche und darf insbesondere die Bundesregierung nicht nachlassen in der Forderung, in Westdeutschland einen entsprechenden militärischen Schutz aufzubauen. Diesen Schutz können – das ist eine Binsenwahrheit – in allererster Linie die Vereinigten Staaten von Nordamerika gewähren. Sie sind das wirtschaftlich stärkste Land ... und das Schicksal hat (ihnen) in dieser Periode der Geschichte der Menschheit eine Rolle zugeteilt, wie sie vielleicht früher einmal das Reich der Römer in gewissen Perioden gehabt hat" (zit. nach *K. v. Schubert*, 1978, Band 1, S. 72 f.) Zum Ende der 80er Jahre entspricht dem, daß die offizielle Politik der atomwaffenlosen Bundesrepublik vielfach skeptisch auf die Angebote Gorbatschows reagiert.

Wegen seiner langen Dauer und wegen der Unveränderlichkeit gewisser Grundpositionen bilden sich hinsichtlich des Ost-West-Konfliktes Gewöhnungen aus. Sie erklären, daß in den 70er Jahren auf die *Entspannungspolitik* große Hoffnungen gesetzt wurden (vgl. *M. Görtemaker*, 1979, *P. Bender*, 1986), während die Ereignisse in Afghanistan und 1981/82 in Polen die einen enttäuschte und die anderen in ihrer Überzeugung bestärkte, man könne nur von einer Position der Stärke aus mit Moskau verhandeln. Solche Verhandlungen finden statt. Sie zielen auf eine Begrenzung strategischer Waffen, letztlich auf eine geringere gegenseitige Bedrohung der Supermächte, zeigen aber auch, daß sicherheitspolitisch andere Länder mehr oder weniger untergeordnete Rollen spielen. Die Bundesrepublik steht hier vornean. Angesichts ihrer Bedrohung ist sie von der NATO, in der Hauptsache aber von den USA und manchen Unwägbarkeiten deren Außenpolitik (vgl. *E. O. Czempiel*, 1979, *H. Haftendorn*, 1986) abhängig. Überlegungen, die einen Austritt aus dem Bündnis oder eine eigenständige Neutralitätspolitik zum Ziel haben, sind insofern illusionär, als man auf diesem Wege auf unerläßliche Stabilisierungsmechanismen verzichten würde, ohne sich für sie neue einhandeln zu können – eine ‚eigene' Politik der Bundesrepublik würde nichts am prinzipiellen Ost-West-

Konflikt ändern. Dieser Abhängigkeit der Bundesrepublik entspricht eine Abhängigkeit der Deutschen Demokratischen Republik. Das kennzeichnet die *deutsch-deutsche Politik*. Die Bewertung ihrer Erfolge und Mißerfolge richtet sich nach höchst unterschiedlichen Ausgangspositionen, die von der Beibehaltung des Zieles der Wiedervereinigung ‚in Frieden und Freiheit' bis zu kleinen und kleinsten ‚menschlichen Erleichterungen' reichen, von der Furcht, die internationale Aufwertung der DDR durch den innerdeutschen Abbau von Spannung würde das dortige politische System stabilisieren, bis zu der Hoffnung, solche Stabilisierung würde die enge Anlehnung der DDR an die UdSSR etwas schwächen und eher eigene deutsche Wege im ‚entwickelten Sozialismus' ermöglichen. Solche unterschiedlichen Ausgangspositionen hängen mit ebenso unterschiedlichen Bewertungen dessen zusammen, was sich im Ostblock ereignet und was offenkundig die Unterschiede zwischen den einzelnen Ländern des Ostblocks vermehrt. Dabei wird der höhere Lebensstandard des Westens zwangsläufig zu einer immer größeren Herausforderung für diese Länder, je mehr ihre eigenen wirtschaftlichen Schwierigkeiten wachsen. Sie können darauf mit aggressiver Außenpolitik ebenso reagieren wie mit einem besseren modus vivendi, der dann dem Wirtschaftsaustausch zugute kommt. In der Sowjetunion setzt neuerdings Gorbatschow wohl eindeutig auf das letztere, wobei offen bleibt, ob und wie ihm darin seine Bündnispartner folgen.
Vor diesem Hintergrund erscheinen die Spielräume deutsch-deutscher Politik gering, es gibt sie aber. Beide Partner entbehren hier allerdings der Autonomie. Sie verhandeln nur mit Rückendeckung. Geraten die Dinge zwischen den Großmächten in Bewegung, kann man besser verhandeln. Es kann sich aber auch Unsicherheit vermehren. Auf diese Weise entsteht ein merkwürdiges Verhältnis, entstehen ‚innerdeutsche Beziehungen' besonderer Art, in der Bundesrepublik zudem noch durch das grundgesetzliche Gebot der Wiedervereinigung erschwert (vgl. 1.3.).
In ihrem Verhalten gegenüber der Dritten Welt und – was die realen Verhältnisse besser kennzeichnet – im *Nord-Süd-Konflikt* erweist sich die Bundesrepublik als relativ handlungsfähig. Für diese Politik gibt es abgesehen von den jeweiligen unmittelbaren Interessen, in der Regel also wirtschaftlichen Interessen, und vereinzelt auch traditionellen Beziehungen, wie sie etwa Frankreich mit vielen seiner ehemaligen innerafrikanischen Kolonien pflegt, kein wirklich gemeinsames Konzept (vgl. *K. Grimm,* 1979, *F. Nuscheler,* 1975, *H. Elsenhans,* 1984, *D. Oberndörfer/Th. Hauf,* 1976 mit Literaturüberblick, das von *D. Nohlen/F. Nuscheler* hrsg. Handbuch und Bd. 6 des von *D. Nohlen* hrsg. Wörterbuchs). Die Industrieländer sollten nach einem Beschluß der Vereinten Nationen jährlich 0,7 % ihres Bruttosozialproduktes als Entwicklungshilfe aus öffentlichen Mitteln leisten. 1986 erreichten nur die drei skandinavischen Länder und die Niederlande diese Marge; die Bundesrepublik, nach den USA, Japan und Frankreich der viertgrößte Entwicklungshelfer, kam mit ca. 3,9 Mrd. Dollar auf 0,43 %. Die Weltentwicklungshilfe betrug 1984 etwa 37 Mrd. Dollar (OECD 28,9, OPEC 4,5, RGW 3,0, übrige 0,3 Mrd.), die man notgedrungen mit den mehr als 800 Mrd. Dollar vergleichen muß, welche in die Welt für Rüstung ausgegeben wurden (davon USA fast 200 und UdSSR ca. 140 Mrd.). Wichtiger als die unmittelbare Entwicklungshilfe werden allgemein die Normalität und Gleichwertigkeit der Handelsbeziehungen eingeschätzt. Hier rühmt sich die EG, 57 Entwicklungsländern freien Zugang zum Gemeinsamen Markt eröffnet zu haben (z. B. Abkommen von Lomé/Togo, 1979). Die Handelsbilanzen zeigen aber nur wenig Chancen für die Hilfsbedürftigen. Hinsichtlich der konkreten Entwicklungshilfe diskutiert man unterschiedliche Konzepte, die bei der Landwirt-

schaft, der Kleinindustrie, dem Ausbildungswesen oder der Kapitalausstattung ansetzen, im übrigen aber eine teils moralische (Zwang zum Helfen), teils politisch-drohende (Aufbruch der Armut) Position beinhalten. Die Bundesrepublik versucht sich nach mehreren Anläufen inzwischen in einer gewissen Konzentration ihrer Bemühungen, kann sich damit im internationalen Vergleich durchaus sehen lassen, muß aber erhebliche innere Schwierigkeiten überwinden. Entwicklungshilfe ist kaum populär und wird angesichts der Tatsache, daß die Bundesrepublik mehr und mehr zu einem Einwanderungsland wird, wohl kaum populärer.

Abgesehen von den freiwillig auferlegten Verpflichtungen aus dem Vertrag über die *Europäische Gemeinschaft*, die sie mit den anderen Partnern teilt, kann man für die Bundesrepublik im Bereich der Politik, die zu einer engeren wirtschaftlichen Zusammenarbeit und möglicherweise zu einem politisch vereinigten Europa führen soll, von einer relativ großen Selbständigkeit ausgehen. Das gilt weniger für die Vorgeschichte und die Anfangszeit der europäischen Politik, unbedingt aber von dem Zeitpunkt an, ab dem die Bundesrepublik zu einer wirtschaftlichen Macht wurde und zwangsläufig in der EG eine dominante Rolle spielte, alles in allem wohl auch von ihr am meisten profitierte (Industrieexport), was sie zwang, anderes hinzunehmen (Folgen der Agrarpolitik). Andererseits wirkt die EG so unmittelbar auf die deutsche Politik zurück, daß sie entsprechend der Systematik dieses Buches im nächsten Kapitel behandelt werden muß, in dem wir zwischen den drei Ebenen der Politik (Gemeinde – Staat – übernationaler Bereich), auf denen unmittelbar dem Bürger gegenüber wirksame Beschlüsse gefaßt werden können, unterscheiden. An dieser Stelle genügt der Hinweis, daß die Bundesrepublik euro-politisch keinen anderen Handlungszwängen unterliegt als ihre Partner auch; Behinderungen durch deutschland-politische Verpflichtungen werden durch analoge Verpflichtungen der anderen Partner kompensiert. Die Europa-Politik schwankt so in merkwürdiger Weise zwischen dem innen- und dem außenpolitischen Bereich und macht damit sichtbar, wie wenig von einer solchen Unterscheidung heute noch zu halten ist.

Auf den fünf Hauptproblemfeldern der internationalen Politik nimmt, davon gingen wir aus, die Bundesrepublik Deutschland widersprüchliche Positionen ein: Wirtschaftlich stark und an möglichst geringen Handelsbeschränkungen interessiert, damit der eigene Export nicht behindert wird; wirtschaftlich aber auch weiter in Strukturschwierigkeiten (Kohle, Stahl, Werftenbereich), welche zu dem Postulat nach Einfuhrbeschränkungen führen und auf die Zollpolitik des Gemeinsamen Marktes zurückwirken; militärisch stark (größte NATO-Landmacht in Europa) und zugleich fast ohnmächtig angesichts der atomaren Bedrohung, jedenfalls völlig abhängig davon, ob im Zweifelsfalle die Mechanismen des Bündnisses funktionieren; an einer bestimmten Deutschlandpolitik, die zu Erleichterungen und Verbesserungen, vor allem aber dazu führt, daß sich die beiden Teile Deutschlands nicht zu sehr auseinanderleben, fast allein interessiert, in ihr voll auf die Duldung und oft auch die Unterstützung der westlichen Alliierten angewiesen, dennoch genötigt, den Handlungsspielraum innerhalb des Ostblocks selbst auszuloten – all das führt zu Rahmenbedingungen einer deutschen Interessen folgenden internationalen Politik, welche diese nur dann als ‚eindeutig' oder widerspruchsfrei erscheinen lassen, wenn man auf bestimmte Optionen verzichtet, nicht alle Spielräume nutzt. Wer eng eingegrenzt agieren muß, stößt häufiger an seine Grenzen. Die internationale Position der Bundesrepublik ist überaus verletzlich.

1.3. Innerdeutsche Beziehungen

Nach der Gründung der Bundesrepublik, ihrer Verfassung nach ein ‚Provisorium' oder ‚Transitorium', konnte man längere Zeit nicht unbefangen über die Entwicklung dieses Teils Deutschlands sprechen. Der andere Teil war stets präsent – zumindest verbal. Die Bundesrepublik, vertreten durch ihre Regierung und durch eine in diesen Fragen überaus große Mehrheit, wollte unter voller Ausschöpfung der eigenen Interessen auch die Interessen der Deutschen jenseits der innerdeutschen Grenze vertreten. Sie konnte das um so leichter, als jahrelang jenseits dieser Grenze eine ‚Abstimmung mit den Füßen', als Abwanderung in den Westen erfolgte, welche die DDR-Führung zum Bau der Mauer (1961) und damit zum sichtbaren Eingeständnis zwang, die eigene Substanz nur mit Hilfe von weitreichenden Zwangsmitteln retten zu können. Die Zwangsmittel, vor allem aber die unbedingte Zugehörigkeit zum Ostblock und wohl auch die immer längere Lebensdauer der DDR stabilisierten sie allmählich (vgl. *H. Weber*, 1972). Das wiederum führte in der Bundesrepublik zu der Frage, ob man am bisherigen Alleinvertretungsanspruch festhalten und die entsprechende Politik betreiben oder sich in irgendeiner Form mit der DDR arrangieren sollte – letztlich um das noch vorhandene Maß an Gemeinsamkeiten zu retten.

Eine solche Frage ließ sich nicht pragmatisch beantworten. Die Bundesrepublik war eben zunächst nur ‚Provisorium', sie sollte nach dem Grundgesetz eine ihrer Hauptaufgaben in der Wiedervereinigung Deutschlands sehen, mußte also um ihre *äußere Legitimität* besorgt sein, wenn man durch Schaffung endgültiger Zustände im eigenen Land gewissermaßen die Zustände in der DDR akzeptierte. Im Grundgesetz steht, daß sich das deutsche Volk, nicht also ein Teil davon (die Einschränkung erfolgt durch die Nennung der 1949 bestehenden Bundesländer), „für eine Übergangszeit" eine neue Ordnung geschaffen und dabei auch „für jene Deutsche gehandelt (habe), denen mitzuwirken versagt war. Das gesamte deutsche Volk bleibt aufgefordert, in freier Selbstbestimmung die Einheit und Freiheit Deutschlands zu vollenden". Diesem Schluß der Präambel des Grundgesetzes entspricht dessen letzter Artikel, in dem es heißt, das Grundgesetz verliere seine Gültigkeit, „wenn eine Verfassung in Kraft tritt, die von dem deutschen Volk in freier Entscheidung beschlossen ist". Daraus ergeben sich vorwiegend zwei praktische Konsequenzen: Legt man das Grundgesetz eng aus, kann die Bundesrepublik nicht auf einen Friedensvertrag des status quo hinarbeiten, den es deshalb tatsächlich auch noch nicht gibt, und in ihrer Politik nichts vorwegnehmen, was in einem Friedensvertrag mit ‚ganz' Deutschland geregelt werden müßte (z. B. die Grenzziehung). Zum zweiten kann man alle innerdeutsche Politik danach bemessen, ob und inwieweit sie mit dem Grundgesetz vereinbar ist. Im Zweifel ist das Bundesverfassungsgericht zu befragen. Um diese Konsequenzen zu verstehen, müssen wir auf die Diskussion über die *Rechtslage Deutschlands* zurückgreifen, die in den 50er Jahren eine entscheidende Rolle gespielt hat. In dieser Diskussion traten drei Theorien hervor (vgl. *I. v. Münch*, 1968 und 1974, die *Verfassungskommentare, D. Rauschning*, 1962 und 1975):

Nach der ersten gilt das Deutsche Reich als 1945 untergegangen; auf seinem Gebiet sind zwei neue Staaten entstanden und je für sich sein Rechtsnachfolger geworden. Diese Theorie kommt dem Selbstverständnis der DDR entgegen. Nach der zweiten Theorie gibt es nach wie vor einen ‚Reichsrahmen', innerhalb dessen die Bundesrepublik und die DDR nur vorläufige Teilordnungen sind und legal nichts tun dürfen, was diese Vorläufigkeit überwindet. Nach der dritten Theorie gilt die Bundesrepublik als, wenn auch vorläufige, derzeit alleinige Erscheinungsform des Deutschen Reiches. „Die Bundesrepublik ist die legitime Gestalt des Deutschen Reiches. Sie ist identisch mit dem deutschen Staat, wie er 1867 in der Gestalt unter dem Namen des Norddeutschen Bundes, 1871 als Deutsches Reich und 1919, in einem tiefgreifenden Wandel in der Verfassung, in der Weimarer Republik in Erscheinung getreten ist. Allerdings kann die deutsche Staatsgewalt, repräsentiert durch die Verfassungsorgane der Bundesrepublik, zur Zeit nur in einem Teil des deutschen Gebietes geltend gemacht werden" (*Presse- und Informationsamt*, 1959, S. 98). Die Bundesrepublik ist demgemäß nicht der ganze deutsche Staat; sie repräsentiert ihn aber und beansprucht deshalb z. B. auch alleinige völkerrechtliche Anerkennung. Betrachtet man die dritte Theorie als sich aus dem GG ergebender Handlungsauftrag an die Politik, kann und darf sie keinen Akt vollziehen, der als ‚Anerkennung' der DDR betrachtet werden könnte. Sie muß vielmehr diese Anerkennung verhindern und von ihrer Seite aus alles tun, damit ihre Staatsgewalt wieder für das gesamte Staatsgebiet zuständig wird.

In politische Praxis übersetzt, hätte man diesem *Verfassungsauftrag* folgend nach 1949 nichts tun dürfen, was die *Wiedervereinigung* erschwert hätte. In solchem Verständnis wäre im Grunde die gesamte Politik der Westintegration verfassungswidrig, weil sie zu politisch-praktischen Verhältnissen geführt hat, die eine Wiedervereinigung mit freier Option des gesamten deutschen Volkes kaum mehr erlauben. In ähnlicher Weise gelangt man hinsichtlich der zweiten Rechtsposition zu dem Ergebnis, daß Bundesrepublik und DDR ihr zuwidergehandelt haben, weil sie – die Motive beiseite gelassen – nicht die Konsequenzen ihrer eigenen Vorläufigkeit auf sich nehmen wollten.

Anders liegen die Dinge bei der ersten, der *Zweistaatentheorie*: Sie entspricht mehr und mehr den tatsächlichen Verhältnissen und liegt – verbal zwar vielfach ausgeklammert – auch der Staatspraxis im Rahmen der seit 1970 eingeleiteten Ostpolitik zugrunde. Die frühere Staatspraxis verhielt sich anders und konnte auch die völkerrechtliche Anerkennung der DDR weitgehend verhindern. Sie konnte aber nicht verhindern, daß sich die DDR wie ein Staat verhielt, darin auch von denjenigen nicht beeinträchtigt, die ihr die Anerkennung verweigerten. Es ließen sich allenfalls Tabuzonen errichten – auch sprachlich.

Die Umorientierung der Bonner Ostpolitik zum Ende der 60er Jahre löste solche Tabus etwas auf (vgl. *G. Schmid*, 1980, *W. E. Griffith*, 1981, *P. Bender*, 1986). Es wurde dabei deutlich, daß unmittelbare Verhandlungen zwischen den beiden deutschen Staaten ergebnislos bleiben würden, man vielmehr den Umweg über Moskau und – wegen der Oder-Neiße-Linie – über Warschau gehen mußte (vgl. Quellen 1.2.2.–1.2.4.), um dann die Berlin-Vereinbarungen der ehemaligen vier Alliierten und den innerdeutschen Grundvertrag herbeiführen zu können (vgl. Quellen 1.3.). In allen Fällen formulierte man den Vorbehalt des endgültigen Friedensvertrages, ließ aber deutscherseits keinen Zweifel, daß nur friedliche Regelungen in Frage kämen, wenn je etwas geändert werden sollte. Damit trat die Wiedervereinigung sowohl als Nahziel als auch als mittelfristiges Ziel deutscher Politik in den Hintergrund. Im Vordergrund ging es um normale Beziehungen zwischen den beiden deutschen Staaten, um die ‚Einheit der Nation', um das Verhindern des weiteren Auseinanderlebens.

War diese Politik legitim, mit dem Grundgesetz vereinbar? Das *Bundesverfassungsgericht*, von der Opposition gegen die Vereinbarungen der Regierung Brandt-Scheel mit Ost-Berlin angerufen, hat dem nur mit Einschränkungen zugestimmt (vgl. Quelle 1.3.2. e.). Nimmt man alle kritischen Erwägungen ernst, müßte man die Bundesrepublik nach wie vor als das Produkt des Ost-West-Konfliktes betrachten, welches das Abflauen oder das Ende dieses Konfliktes abwarten muß, um zum verfassungsgebotenen Ziel der Wiedervereinigung zu gelangen. Angesichts der tatsächlichen Verhältnisse läßt sich eine solche Politik aber nicht durchhalten; an der äußeren Legitimität der Bundesrepublik wird im Ausland nicht gezweifelt. Im Inneren schweigt man in der Regel und bekundet nur die Absicht, die Verträge mit der UdSSR, Polen und der DDR jedenfalls einzuhalten. Es wird aber immer wieder darauf hingewiesen, daß die Bundesregierung nur zu leicht in den Bereich des Illegitimen geraten kann (zum Legitimitätsbegriff vgl. *P. Graf Kielmansegg*, 1971) – illegitim dann nicht in dem Sinne, daß sie für ihre Politik keine Mehrheit im Volke hätte, sondern daß die Politik nicht von dem zu befragenden ‚deutschen Volk' gebilligt sei. Wortführer dieses Volkes kann im Grunde jeder sein. Wie sich das praktisch auswirkt, sei nur an einem Beispiel illustriert:

In der 211. Sitzung des Deutschen Bundestages am 17.4.1980 wurde folgende Frage des Abgeordneten Dr. Czaja aufgerufen: „Wieso weist die Bundesregierung einerseits immer wieder auf den deutschen Vertragsvorbehalt, keinen Friedensvertrag zu Lasten Deutschlands vorwegzunehmen, hin und erklärt, am Gebot der Grundgesetzpräambel, die staatliche Einheit ganz Deutschlands zu wahren, an den Beschlüssen des Bundesverfassungsgerichts vom Juli 1973 und 1975 mit dem Verbot, Rechtspositionen ganz Deutschlands zu mindern, und an Artikel 7 des Deutschlandvertrages festzuhalten, macht aber Staatsminister von Dohnanyi bereits jetzt (Bulletin 24/1980) Zukunftsaussagen zur Oder-Neiße-Linie als endgültiger Grenze ganz Deutschlands." Dohnanyi antwortete für die Bundesregierung, er habe ausdrücklich festgestellt, daß ein wiedervereinigtes Deutschland durch den Warschauer Vertrag zwischen der Bundesrepublik Deutschland und Polen „nicht gebunden werden kann. Ich habe hinzugefügt, daß jedoch die übereinstimmende Feststellung beider Staaten im Warschauer Vertrag zwischen der Bundesrepublik Deutschland und der Volksrepublik Polen wesentlich ist, daß die Oder-Neiße-Linie die Westgrenze Polens bildet und daß sich daran in Zukunft nichts ändern wird". Nach Zusatzfragen Dr. Czaja's (CDU) eilte der SPD-Abgeordnete Polkehn mit einer weiteren Zusatzfrage dem Staatsminister zur Hilfe: „Herr Staatsminister, sind Sie mit mir der Auffassung, daß die Oder-Neiße-Grenze, die ja eine Realität des verlorenen Hitlerkrieges ist, heute nach 35 Jahren, durch die in diesem Gebiet inzwischen geborenen Hunderttausende von Polen auch eine moralische Bestätigung gefunden hat und eine revanchistische Änderung, wie sie von einigen offenbar gefordert wird, eine neue Vertreibung zur Folge hätte?"

Innerdeutsche Politik erscheint vor diesem Hintergrund oft verkrampft. Die Verkrampfung ergibt sich zu einem Teil aus Schwierigkeiten des deutschen Verfassungsdenkens, das nicht nur den greifbaren, von einer Minderheit in der Wahl zum Ausdruck gebrachten Konsens voraussetzt, sondern immer wieder einen hypothetischen Volkswillen anspricht, welcher der Interpretation bedarf. Die Mehrheit gilt nicht als der einzige Interpret. Im konkreten Fall hat das Bundesverfassungsgericht den hypothetischen Volkswillen interpretiert und den Grundlagenvertrag zwar akzeptiert, ihn aber strikt an die Wiedervereinigungsklausel des Grundgesetzes gebunden. Bis zu einem gewissen Maße erklärt auch das den *Immobilismus der innerdeutschen Politik*. Kann in Zusammenhang mit der innerdeutschen Politik nicht ausgelotet werden, welche politischen Möglichkeiten wirklich offenstehen, weil sich stets die Frage in den Vordergrund drängt, was man entsprechend der Verfassung politisch überhaupt ‚darf', dann erweist sich dies als eine besondere Form der Verrechtlichung von Politik und der Bindung heutiger Mehrheiten durch ganz andere Mehrheiten in der Zeit um 1949. In Deutschland blickt das auf eine lange Tradition zurück. K. O. v. Aretin (1967) hat in seiner Analyse der deutschen Reichsverfassung in der Zeit vor 1806 sorgfältig die Unterschiede zwischen dem politischen Verhalten Österreichs und Preußens auf der einen

Seite – beides ‚Staaten' und auch außerhalb der Reichsverfassung voll handlungsfähig – und den übrigen ‚Reichsständen' herausgearbeitet, die ihre Existenz auf die Reichsverfassung gründeten und in ihrer Politik auf Rechtswahrung und Rechtsnutzung beschränkt waren. Obgleich Vergleiche dieser Art allenfalls illustrativen Charakter haben: Die innerdeutsche Politik der Bundesregierungen, eingebunden in rechtliche Schranken, welche insoweit die Legitimation einer diese Schranken sprengenden Mehrheit aufheben, welche damit überhaupt politische Legitimität zu einem Teil aus ihren demokratischen Bezügen lösen, muß als *verrechtlichte Politik* immer wieder auch dort machtlos oder ohnmächtig wirken, wo die Bundesrepublik an sich politisches Potential einzusetzen hätte. Das übermäßige Pochen auf Rechtspositionen erweist sich nicht nur im internationalen Geschäft vielfach als die Verhaltensweise des Schwachen, es schwächt auch den Mächtigen, schränkt seinen Bewegungsspielraum ein. In der Zeit der Gültigkeit der ‚Hallstein-Doktrin' (keine förmlichen internationalen Beziehungen mit Ländern, welche solche Beziehungen mit der DDR unterhielten) wurde dies sehr deutlich. Freilich muß auch angemerkt werden, daß jene Verrechtlichung nicht nur viel mit deutscher Tradition und mit der Besonderheit des deutschen ‚Rechtsstaates' zu tun hat (vgl. dazu Kapitel 3.1.). Sie stellt sich auch als einen der Wege dar, in den internationalen Beziehungen die Möglichkeiten friedlicher Konfliktbeilegung zu vergrößern. Im innerdeutschen Verhältnis ist von solcher Möglichkeit allerdings wenig die Rede. Hier wirkt sich die Verrechtlichung (nur) als eine Bestimmungsgröße bei der Konzeption von Strategien aus.

Selbstverständlich verweisen solche Legitimitätsfragen nur auf einen Teil des Problems der *innerdeutschen Verkrampfung*. In der Hauptsache ist sie Folge der Realität – auch der innerdeutschen. Beide Länder sind sich zu nahe, um nicht sehr viel voneinander zu wissen. (Dementsprechend ist auch die DDR-Literatur uferlos. Bewährt hat sich u.E.v.a. das *DDR-Handbuch*, 1985). Der Vergleich stabilisiert das eine und bedroht das andere, gleichgültig ob es um den Lebensstandard oder Freizügigkeit und wirkliche Freiheit geht. Die ‚Mauer' behält bedrückenden Symbolwert, selbst wenn man sie heute eher als „Ausdruck der Schwäche und nicht der Aggression der kommunistischen Führung" (Klaus Bölling) sehen mag. Indessen ändert sich auch vieles. 1987 ist die DDR jedenfalls stabiler als einige Jahre zuvor. Ihre politische Führung zielt auf Kontinuität und setzt Sozialismus immer deutlicher „mit kurz- und mittelfristigen Leistungen des Staates gleich ... und orientiert sich immer weniger an langfristigen politischen Idealen" (*N. Grunenberg*, Die DDR. Ein Musterland? in: anno 1986, S. 55). Das erleichtert auch Annäherungen von hüben wie von drüben, die deutliche Impulse aus wirtschaftlichen Bedürfnissen beider Länder erhalten. Auch hat sich – anders als in der Zeit totaler Konfrontation gewollt – ein erstaunliches Zusammengehörigkeitsgefühl ‚der Deutschen' erhalten, kommt man sich hinsichtlich der gemeinsamen Geschichte und Kultur wieder näher und setzt sich anders als früher mit gemeinsamen Problemen auseinander – das der Umwelt als Beispiel (vgl. *Redaktion Deutschland Archiv*, 1985). Normalität bedeutet das alles (noch) nicht. Der angesprochene Immobilismus und die Verkrampfung bleiben. Politiker tun sich ebenso schwer wie Bürger, die ins jeweils ‚andere' Deutschland fahren (auch hier bleibt jeder Literaturhinweis zufällig; als Beispiel sei aber genannt *V. Ronge*, 1985). Immerhin zeichnen sich Möglichkeiten eines modus vivendi ab, der andere Handlungsperspektiven als das innerdeutsche Szenario der 60er und auch weithin der 70er Jahre bietet (vgl. dazu *W. Bruns*, 1982). Die Möglichkeiten haben viel mit Pragmatismus und auch mit Geduld auf beiden Seiten zu tun. Zur entschiedenen innerdeutschen Politik reicht es nicht. Zu vielen und oft wirklich nur sehr kleinen Schritten reicht es aber sehr wohl.

1.4. Land und Leute

In der Bundesrepublik lebten 1985 etwa 61 Millionen *Menschen*.[1] Von ihnen stammte der größte Teil aus der Bundesrepublik selbst, ein erheblicher Teil rekrutierte sich aus den Vertriebenen, ihren Nachkommen, den Flüchtlingen aus Mitteldeutschland/der DDR und den deutsch-stämmigen Zuwanderern aus Ländern des Ostblocks; ein immer noch großer Teil, nämlich 4,3 Millionen oder 7 % bestand aus Ausländern, überwiegend Gastarbeitern und ihren Familien. Von den Ausländern bilden (1985) die Türken mit 1,4 Millionen die größte Teilgruppe; aus den EG-Ländern, vor allem aus Italien, stammen 1,4 Millionen und aus Jugoslawien 0,6 Millionen Bewohner. Nach 1945 hat sich trotz mancher Anfangsschwierigkeiten eine unerwartet rasche *Integration der Vertriebenen* ergeben. Hinsichtlich der *Integration der Ausländer* oder doch des Teiles von ihnen, der dauerhaft im Lande bleiben will, herrscht dagegen Unsicherheit, die sich in Zusammenhang mit inneren Strukturproblemen, der Arbeitslosigkeit vornean, und mit dem Immigrationsdruck aus Ländern der Dritten Welt noch steigert. Dabei sollte unstrittig sein, daß ein großer Teil der hier lebenden Ausländer seßhaft werden will und – mangels anderer vergleichbarer Möglichkeiten – werden muß (1984 befanden sich 65 % der Ausländer mehr als acht Jahre in der Bundesrepublik), zudem die dazu erforderliche Integrationsbereitschaft mitbringt. Eine Ausnahme scheinen nur Türken zu bilden, die sich in zahlreichen Städten der Bundesrepublik, so z. B. in Köln, zwar problemlos eingliedern, kulturell aber jede weitergehende Anpassung vermeiden. Mit ihnen und ähnlichen Teilen der Bevölkerung werden Ausländer als Gruppe besonders erkennbar. Ihr gilt (1987) eine wachsende Ausländerfeindlichkeit, eine wachsende Furcht vor Überfremdung und eine zunehmend restriktive *Ausländerpolitik*. Neben den Türken sind besonders *Asylsuchende* aus Entwicklungsländern Ziel von Protesten und Anfeindungen, wobei auch die Einschränkung bzw. Abschaffung des Grundrechtes auf politisches Asyl gefordert wird. Die Bundesregierung bemüht sich, durch eine Verkürzung des Rechtsweges und den Aufbau administrativer Hürden die Zahl der Asylsuchenden erheblich zu reduzieren. Die Eingliederung der Ausländer – in der deutschen Geschichte kein Novum – stößt im übrigen auch deshalb auf Schwierigkeiten,

1 Alle Zahlenangaben im folgenden Abschnitt stammen aus *Statistisches Bundesamt* (Hrsg.), Statistisches Jahrbuch 1986 für die Bundesrepublik Deutschland, Stuttgart 1986 (und früheren Ausgaben); *Deutscher Städtetag* (Hrsg.), Statistisches Jahrbuch Deutscher Gemeinden 1986, Köln 1986 und dem Sozialbericht der Bundesregierung 1986 sowie aus Zusammenstellungen verschiedener Pressedienste, wie z. B. GLOBUS. Die eher darstellende wissenschaftliche Literatur ist uferlos. Als Einführung scheint uns *B. Schäfers*, 1979, besonders geeignet. Hinsichtlich der Schilderung der verschiedenen Betrachtungsmodelle ist auch *R. Dahrendorf*, 1965, noch immer unentbehrlich. Ein historischer Versuch liegt von *Th. Schuon*, 1979, vor. Als Gesamtdarstellung ist *D. Claessens* u. a., 1979, gut eingeführt.

weil sich der Anteil der Ausländer über das Land höchst ungleich verteilt und damit den *räumlichen Ungleichheiten im Lande* folgt.[2]
Die Grundzüge des heutigen „räumlichen Gefüges der Bundesrepublik stammen aus den Lebens-, Siedlungs- und Wirtschaftsformen des agrargesellschaftlichen Deutschlands bis zum 19. Jahrhundert; das gegenwärtige Raumbild und die sozio-ökonomische Struktur aus der Entwicklung zur Industriegesellschaft; die sich abzeichnenden Probleme aus dem Übergang in eine nachindustrielle Gesellschaftsform und deren Art, sich im Raum einzurichten" (*G. Fuchs*, 1980, S. 11). Gegenüber der Agrargesellschaft, gekennzeichnet durch eine ‚stationäre Gleichverteilung' der Bevölkerung, geringes Bevölkerungswachstum, Selbstversorgung und überwiegende Besiedelung auf dem Land (90% in Mitteleuropa), brachte die *Industrialisierung* ein erhebliches Mehr an Arbeitsplätzen, durch das die rasche *Bevölkerungsvermehrung* des 19. Jahrhunderts aufgefangen wurde, das aber immer größere Teile der Bevölkerung zu beruflicher *Mobilität* zwang: Die an agrarischer Flächenproduktion orientierte Siedlungsstruktur wurde durch standortgebundene Verdichtungen allmählich aufgelöst, was die agrarischen Gebiete vom Bevölkerungsdruck entlastete, in den *Verdichtungsräumen* aber zu neuartigen Problemstellungen führte, z. B. zur Verkehrsabhängigkeit – mit der staatlichen Eisenbahnpolitik wurde die Industrialisierung zum Teil gesteuert –, zur Rohstoff- und Energieabhängigkeit, zu Wohnungs- und Sozialproblemen und insgesamt zu einer ungleichmäßigen Verstädterung, weil die Städte an der industriellen Entwicklung zwar ungleich partizipierten, wohl aber zu einer unaufhaltsamen *Urbanisierung* im Sinne der Veränderung von Lebensgewohnheiten beitrugen. Mit ihr wurde vor allem in den Ballungs- und Verdichtungsräumen die unmittelbare Bindung an Landschaft und Boden abgelöst, bildete sich eine neue Form des Stadt-Land-Gegensatzes heraus und kam es zu der räumlichen Ungleichverteilung, die sich heute im Nebeneinander von *10 großen Ballungsräumen und etwa 25 mittleren Verdichtungsräumen* einerseits und den eher bevölkerungsarmen, meist strukturschwachen *peripheren Regionen* andererseits widerspiegelt. Insgesamt umfaßt die Bundesrepublik 248 Tsd. Quadratkilometer Fläche, auf der die Bevölkerungsdichte (Einwohner je qkm) 1939 etwa 173, 1950 etwa 204 und 1985 etwa 245 betrug. Die Extreme bildeten 1939 (abgesehen von den Stadtstaaten) der Regierungsbezirk Düsseldorf mit einer Bevölkerungsdichte von 761 und der Regierungsbezirk Lüneburg mit 50 Einwohnern je qkm. Auch 1984 ‚führte' Düsseldorf mit nunmehr 956, während Lüneburg und der Regierungsbezirk Trier mit jeweils 96 Einwohnern je qkm die geringste Bevölkerungsdichte aufwiesen. Zwischen den heutigen (Flächen-)Bundesländern ergeben sich damit große Unterschiede in der Bevölkerungsdichte: Nordrhein-Westfalen (490) und dem Saarland (409) stehen Bayern (155), Niedersachsen (152) oder auch Schleswig-Holstein (166) gegenüber. Diese Unter-

2 Die Ausländer folgen wie während der Binnenwanderung der Nachkriegszeit die Vertriebenen in der Regel den industriellen Arbeitsplätzen und dem stärker gemischten Arbeitsplatzangebot in den Großstädten. In den Städten über 100 000 Einwohnern ist deshalb der Ausländeranteil höher als in den übrigen Städten und Gemeinden; absolut haben den größten Ausländeranteil (West-)Berlin mit 249 000 und München mit 206 000 ausländischen Einwohnern, relativ führt Frankfurt mit 22,0% vor Offenbach mit 19,0% und Stuttgart mit 17,9%. Zur Ungleichverteilung gehört die relative Ballung einzelner Nationalitäten. So bilden etwa die Jugoslawen in München, Frankfurt und Stuttgart jeweils die stärkste Gruppe, während die Türken in Berlin, Köln und Dortmund den größten Teil der Ausländer stellen.

schiede gehen aber auf Vorgänge im 19. Jahrhundert zurück. Nach 1949 ergaben sich meist nur Verstärkungen bisheriger Entwicklungstendenzen und kaum strukturelle Veränderungen[3].

Die Ballungsräume streuen nicht gleichmäßig über die Bundesrepublik. Süddeutschland mit fünf solcher Räume erweist sich als ausgeglichener strukturiert. In Verbindung mit dem seit Mitte der siebziger Jahre stärkeren wirtschaftlichen Wachstum dieser Räume hat dies zu einer Nord-Süd Wanderung beigetragen. Ihr entspricht umgekehrt ein Nord-Süd-Gefälle der landwirtschaftlichen Einkommen, die in Schleswig-Holstein mit Abstand am höchsten sind (1984/85 etwa 35 Tsd. DM je Familienarbeitskraft) und in Hessen am niedrigsten (etwa 18). Das zeigt, daß die traditionell ‚reichen' Agrargebiete sich der Industrialisierung weniger geöffnet haben, weshalb in einer Regionalstatistik, die den ‚Industriebesatz' (Anteil der in der Industrie Beschäftigten auf 1 000 Einwohner) in den Mittelpunkt stellt, traditionell eher wohlhabende Gebiete als strukturschwach erscheinen. Industriebesatz einerseits und regionale Arbeitslosigkeit sind dennoch Schlüsselzahlen für die jeweilige Entwicklung, wobei sich Arbeitslosigkeit in Räumen mit sozialen Auffangmechanismen (etwa durch landwirtschaftliche Kleinbetriebe) anders auswirkt als in Räumen, wo solche Mechanismen fehlen (vgl. *W. Bruder/ Th. Ellwein*, 1980).

Die *regionalen Disparitäten* zu überwinden oder zumindest zu vermindern, ist Aufgabe der *Raumordnungspolitik*. Sie hat in Deutschland eine gewisse Tradition, wurde unmittelbar nach 1949 in der Förderung der gefährdeten Zonenrandgebiete neu mobilisiert und in den 60er Jahren mit einem Bundesraumordnungsgesetz aktualisiert. In diesem Politikbereich sollen Bund und Länder kooperieren. Praktisch handelt es sich um eine *Querschnittsfunktion der Politik*, die sich nur schwer gegenüber sektoralen Politiken mit ihren meist konsistenteren Zielsystemen und ihrer stärkeren Lobby durchsetzen kann (vgl. *D. Fürst/J. J. Hesse*, 1981). In engem Zusammenhang mit ihr steht die sogenannte Mittelstandspolitik: Regionale Disparitäten kann man in den 80er Jahren kaum mehr durch Industrieansiedlung in peripheren Regionen abbauen, da die Zahl verlagerungswilliger Betriebe sehr geschrumpft ist. Man muß deshalb die endogenen Kräfte einer Region mobilisieren, indem die am Ort bereits ansässigen Firmen unterstützt und Neugründungen aus der Region angeregt werden. Da typischerweise in peripheren Räumen keine Großindustrie ansässig ist und mittlere und kleine Betriebe dominieren, müßten diese in besonderem Maße Andressat einer solchen Politik sein. Aus vielen, hier nicht näher zu erläuternden Gründen, war die Mittelstandspolitik in der Bundesrepublik aber nicht besonders erfolgreich. Das hat Rückwirkungen auf die räumliche Entwicklung. Ob die Raumordnungspolitik insgesamt erfolgreich war oder nicht, läßt sich dagegen kaum sagen. An ihren Zielen gemessen, hat sie wenig erreicht; ob sie aber nicht ein Mehr an Abwanderung aus peripheren Regionen verhindert hat, muß zumindest gefragt werden.

Im Zusammenhang mit der Nutzung des Raumes steht als weitere Querschnittsfunktion der Politik die *Umweltpolitik*. Für sie wurde in den 60er Jahren mühsam erstes Terrain erobert, indem zunächst Luft und Wasser als schützenswerte Güter anerkannt und Forderungen der Natur- und Tierschützer nach der Pflege bedrohter Pflanzen, Tiere und Teilräume politisch übernommen wurden. Erste umfassendere Zielvorstellungen,

3 Über die räumliche Entwicklung informieren am aktuellsten die seit 1968 erscheinenden Raumordnungsberichte der Bundesregierung.

basierend auf einer gründlichen Bestandsaufnahme, enthielt das Umweltprogramm der Bundesregierung von 1971. Der übergreifende Anspruch dieses Programms erwies sich aber als politisch nicht umsetzbar. In der Zwischenzeit ist die Entwicklung weitergegangen. Die Erkenntnis, daß das *ökologische Gleichgewicht* (ein problematischer Begriff, der auf die Fähigkeit abzielt, immer wieder ausgeglichene Zustände herstellen zu können) nicht nur gefährdet, sondern z.T. schon zerstört ist, müßte auf die praktische Politik zurückwirken und die Position der Raumordnungs- und der Umweltpolitik verstärken. Tatsächlich wendet sich Politik diesem Arbeitsfeld aber nur zögernd zu, teils weil das mit erheblichen Eingriffen in das ökonomische und private Verhalten verbunden wäre, teils auch weil die wissenschaftlichen Erkenntnisse hinsichtlich der faktischen Schädigung der Natur oft langsamer wachsen als die Schädigungen selbst: Als man in der zweiten Hälfte der 70er Jahre das ‚Tannensterben' als eine Folge von Umweltbelastung analysierte, benötigte man mehrere Jahre, um zu erkennen, daß die Laubbäume nicht weniger bedroht sind, sich lediglich länger zur Wehr setzen können, weil sie ihre Blätter jährlich wechseln. Die Konsequenzen aus der Überdüngung großer landwirtschaftlicher Flächen werden im Gegensatz zu den Wirkungen der Pestizide erst z. Z. ernstlich verhandelt, und ob sich das Klima langfristig erwärmt, was im 21. Jahrhundert zu Dürrekatastrophen führen könnte, weiß die Wissenschaft noch nicht genau. Umweltpolitik war zunächst gekennzeichnet durch Reaktion auf jeweils akute Problemlagen. Dabei wurden die Maßnahmen auf einzelne Umweltmedien konzentriert, ohne die Rückwirkungen auf andere Bereiche ausreichend zu beachten. Erst seit neuerem wird versucht, den komplexen ökologischen Zusammenhängen durch umfassende Konzepte gerecht zu werden. Politik sieht sich dabei höchst unterschiedlichen Anforderungen ausgesetzt und steht mit Raumordnung und Umweltschutz als Aufgaben vor dem Dilemma, ein *Gesamtkonzept* zu benötigen, um aus ihm stringent Einzelmaßnahmen ableiten und sie aufeinander abstimmen zu können, über ein solches Konzept aber nur dann zu verfügen, wenn sie entschlossen auf jedes weitere Wachstum und auf alle weiteren Eingriffe in die Natur verzichten würde. Dies jedoch will niemand, auch nicht der entschiedenste Verfechter eines kaum im Konsens zu definierenden ökologischen Gleichgewichts, das sich zudem stets wieder selbst verändern müßte, also als politische Zielvorgabe recht ungeeignet ist. Ob die durch die Reaktorkatastrophe von Tschernobyl verstärkte Sensibilität für die Risiken der Technik langfristig Bestand haben und politisch wirksam werden wird, ist bisher (1987) nicht absehbar.

Daß Politik gegenüber Raum und Natur weiterreichende Verpflichtungen hat als früher, erscheint heute nicht umstritten. Umstritten ist dagegen, ob es auch staatliche Aufgabe ist, im Sinne der *Bevölkerungspolitik* den Bestand des deutschen Volkes in der Bundesrepublik zu pflegen. Die Frage stellt sich, seitdem der langfristige Trend des Geburtenrückgangs (ungefähr seit 1870 sinkt die Sterberate, ab etwa 1900 verringern sich auch die Geburtenwerte) sich zum Ende der 60er Jahre noch einmal verstärkte, um 1974 in einen ‚Sterbeüberschuß' der deutschen Bevölkerung umzuschlagen (vgl. Quellen 1.4.1.). Dabei sind nur die allgemeineren Größenordnungen bekannt. Die vielgerühmte deutsche Statistik beruht oft auf Fortschreibungen, zumal die für 1983 geplante *Volkszählung* am Bundesverfassungsgericht scheiterte, und die Volkszählung 1987 auf erhebliche Widerstände stößt. Die Fortschreibungen zeichnen eine Kurve, die 1950 bei etwa 50 Millionen Einwohnern beginnt, um 1974 bei etwa 62,1 Millionen ihren Scheitelpunkt erreicht und dann trotz des wachsenden Ausländeranteils allmählich wieder abfällt. Die Reichweite dieses Rückganges ist umstritten. Folgt man

einer Prognose der Bundesregierung, so wird unter Annahme einer in der Zukunft konstanten Geburtenhäufigkeit die deutsche Bevölkerungszahl im Jahre 2030 bei ca. 43 Mio. Einwohnern liegen. Die Prognosen zur Entwicklung der ausländischen Bevölkerung sind dabei sehr von den jeweiligen Annahmen über das Wanderungsverhalten und damit auch von Annahmen über die Ausländerpolitik bestimmt.
Aus der Bevölkerungsentwicklung ergibt sich eine Fülle von Problemen. Wir zählen nur auf: Bevölkerungsvermehrung bewirkt einen Nachfrageschub. Er hat in den 50er und 60er Jahren die deutsche Wirtschaft kräftig stimuliert. Diese Stimulans und ein sich darin andeutender Wertewandel haben den Anteil der *Frauen* an den Erwerbstätigen erheblich vergrößert, was umgekehrt das generative Verhalten beeinflußt hat. Der Rückgang der Geburtenhäufigkeit führt unmittelbar dazu, daß Planung und Unterhalt einer Fülle öffentlicher Einrichtungen immer schwieriger werden. Es wird prognostiziert, daß bis 2030 der Anteil der Bevölkerung im Alter von unter 20 Jahren von 23,5 % (1985) auf ca. 15 % sinken, während der Anteil der über 60jährigen von 20,3 % auf 37 bis 38 % steigen wird. Der Anteil der in der Regel im Erwerbsleben stehenden 20 bis 60jährigen soll sich von 62 % auf ca. 53 % verringern. Während sich der Anteil der Jugendlichen durch Veränderungen des generativen Verhaltens auch anders entwickeln könnte, gilt dies für den Anteil der über 60jährigen nicht. Die Bevölkerungsentwicklung wird die Ansprüche an die soziale Infrastruktur also erheblich verlagern und die Alterssicherung wesentlich verteuern. In diesem Zusammenhang läßt sich verstehen, daß die Bevölkerungsentwicklung politisch diskutiert wird, daß Bildungspolitik vorwiegend unter dem Gesichtspunkt der Gewährleistung von gesellschaftlichem Leistungsstandard gesehen wird, daß man *Familien- und Jugendpolitik* je nachdem des Versagens beschuldigt oder die Stellung der Frau in der Gesellschaft als Problem erscheint, welches weit über die relative Benachteiligung der Frau im Berufsleben hinausreicht.
In der Hauptsache deutet das generative Verhalten aber doch auf einen tiefgreifenden *Wertewandel* (vgl. *B. Guggenberger*, Wertwandel und gesellschaftliche Fundamentalpolarisierung, in: *Th. Ellwein*, 1980), der sich in Ergebnissen der Umfrageforschung ablesen läßt (vgl. z.B. *P. Kmieciak*, 1976), hinsichtlich dessen aber die verschiedensten Interpretationen möglich sind (vgl. z.B. *H. Klages/P. Kmieciak*, 1980, und *H. Stachowiak*, 1982). Abgesehen von Folgen für die persönliche Lebensführung wird dieser Wertewandel zu einer Frage zunächst an die Leistungsgesellschaft, dann aber auch an die gegenwärtige Friedens- und Sicherheitspolitik. Der politische Streit hat deshalb unvermeidbar *zwei Dimensionen*. Auf der einen geht es darum, ob man das Verhalten der nachwachsenden Generation durch praktische Politik, mehr Hilfen etwa für Kinder, durch die Gestaltung des Elternrechts, durch die Entlastung der Hausfrau oder durch finanziell sichtbare Aufwertung ihres Berufes nennenswert beeinflussen kann. Der wissenschaftliche Beirat beim Bundesministerium der Wirtschaft hatte das in einem Gutachten 1980 ausdrücklich verneint, die CDU/CSU als Opposition der sozialliberalen Koalition aber immer wieder den Vorwurf gemacht, politisch zum Bevölkerungsrückgang beigetragen zu haben. Seit dem Regierungswechsel 1982 bemüht sich die Bundesregierung durch verschiedene familienpolitische Maßnahmen, die Geburtenzahlen wieder zu steigern.

Zum zweiten geht es um die Werte selbst, um die Frage also, wieweit sich der Wertewandel ungesteuert von selbst vollzieht, wieweit er durch politische, ökonomische und soziale Entwicklungen bedingt ist, auf die man Einfluß nehmen könnte, inwieweit die Politik Werte setzen, vertreten und für sie kämpfen soll, etwa indem sie der ‚Emanzipationshysterie' (*E.M. Geier*, MdB, 25.1.1979, im Bundestag) entgegentritt und sich mit ,hysterischen Feministinnen' auseinandersetzt. Die um 1976 in der Bundesrepublik erkennbare Debatte über die *Grundwerte* (vgl. *G. Gorschenek*, 1977) kreiste immer wieder um die Frage nach der Rolle des Staates, d.h. der politischen Führung in der Entwicklung sozialer Werte. Nichts kann besser die Unsicherheit im politischen Bewußtsein belegen als der sich darin äußernde Dissens zwischen denen, die alle Wertentwicklung den gesellschaftlichen Kräften zuschreiben wollen, und denen, welche die Möglichkeiten des Staates notorisch überschätzen (vgl. *Th. Ellwein*, in: *H. Stachowiak*, 1982, S. 29 ff.).

Betrachtet man den Wertewandel der letzten 20 Jahre, so läßt sich feststellen, daß weithin Disziplin, Gehorsam, Fleiß und Enthaltsamkeit an Bedeutung verloren haben gegenüber Werten wie Emanzipation, Partizipation und eher hedonistischer Lebensführung. Dies gilt besonders für den jüngeren, besser gebildeten Teil der Bevölkerung. Diese veränderte Wertorientierung ist allerdings nur teilweise mit verstärktem politischen Bewußtsein und Engagement verbunden. Der Wunsch nach überschaubaren, Geborgenheit vermittelnden Lebensbereichen wächst und ist verbunden mit einem zunehmenden Mißtrauen gegenüber Institutionen und einer vermeintlich unkontrollierten Technik. Der Wertewandel wurde dabei befördert durch den wachsenden Wohlstand, die Ausweitung der schulischen Bildung, die Technisierung und Verwissenschaftlichung der Gesellschaft sowie durch die Auflösung traditionaler Bindungen. Versucht man, den Wertewandel stärker auf die Politik und das, was sie leisten soll und kann, zu beziehen, lassen sich eine Reihe von Problemen an den Begriffen Fortschritt, Leistung und Gleichheit festmachen. *Fortschritt* ist für die (heute) jüngere Generation nicht mehr der Leitgedanke wie für viele Generationen der jüngeren Neuzeit, weil die negativen Folgen des (technischen) Fortschritts in der Diskussion eine immer größere Rolle spielen und Angst auslösen. Auch *Leistung* bleibt nicht unbefragt, sondern sieht sich neuen Bewertungen ausgesetzt, wobei seit einiger Zeit Leistungs- und Aufstiegsorientierung der jungen Generation wieder zunehmen. Diese Umorientierung drückt aber keine Rückbesinnung auf alte Werte aus, sondern – eher im Gegenteil – verstärktes Streben nach individueller Selbstverwirklichung. Die Programmierung auf die isolierte Leistung hin – im Spitzensport besonders gut sichtbar – und das Bemühen um Selbstverwirklichung unter den Bedingungen dieser Zeit schließen sich wohl nicht aus, fügen sich jedoch auch nicht nahtlos ineinander. Die isolierte Leistung erscheint aber besonders hoch honoriert. Leistung und *Gleichheit* hängen eng zusammen – auch in der gegenwärtigen Diskussion, wie sie außerhalb der politischen Auseinandersetzung geführt wird. Zwei Denkschulen seien erwähnt. Die eine fordert im Rahmen der (konservativen) ,Tendenzwende' seit Ende der 70er Jahre das politische ,Bekenntnis' zur Ungleichheit, meist ohne dabei zwischen der bürgerlichen Gleichheitsvorstellung, die erst zu Wettbewerb und Leistungsdruck geführt hat, und dem Postulat nach sozialer Gleichheit, also nach einer entsprechenden Verteilungspolitik, zu unterscheiden. Die andere hält empirisch den ,Mut zur Ungleichheit' für geboten (*H. Heigert*, in: SZ 13.1.1979), weil sich die vielen Veränderungen der Gesellschaft nicht mit Hilfe verfestigter Großorganisationen bewältigen ließen, welche Besitzstände wahren und für alle Mitglieder ,gleiche' Leistungen erbringen müßten, sondern nur in dem Maße, in dem man auch unterschiedliche Verhaltensweisen in den Dienst der Entwicklung stellen könne. Tatsächlich konkurriert das ursprünglich soziale Gebot nach möglichst viel Gleichheit mehr und mehr mit dem Postulat nach größerer individueller *Lebensqualität* mit dann notwendig ungleichem Inhalt. Soziale Auseinandersetzungen früherer Zeiten werden dabei überlagert von nicht mehr gruppenbezogenen, sondern eher individualistischen und damit viel weiter ausdifferenzierten Lebensvorstellungen. Viele Forderungen, die man früher mit dem Gleichheitsgebot begründet hat, erscheinen deshalb in einem neuen Licht.

Eine verbesserte *Chancengleichheit* war ein wichtiges Ziel der Bildungsreform in den 60er Jahren. Der Ausbau des Bildungssystems sollte die Bedeutung der Schichtzugehörigkeit für die berufliche Zukunft verringern. Die Reform hatte insofern Erfolg, als das Bildungsniveau der Bevölkerung generell gehoben und der Ausbildung allgemein eine steigende Bedeutung zugesprochen wurde. So besuchten 1960 70 % der 13jährigen die Hauptschule, während es 1983 nur noch 37 % waren; der Anteil der Gymnasiasten in diesem Alter stieg von 15 % auf 27 %. Die Schüler-Lehrer-Relation verbesserte sich an Grund- und Hauptschulen von 31,6 (1970) auf 19,1 (1983). Die Zahl der Studenten erhöhte sich von 1960 bis 1984 von 250 000 auf 1,3 Mio., was sowohl auf den Eintritt der geburtenstarken Jahrgänge in die Hochschule als auch auf den höheren Anteil der Studenten in der jeweiligen Altersgruppe zurückzuführen ist. Trotz dieser Entwicklungen korreliert die Ausbildung der Kinder weiterhin eng mit dem Bildungsabschluß und dem Beruf der Eltern. Angehörige besser ausgebildeter Bevölkerungsgruppen legen noch immer wesentlich größeren Wert auf Weiterbildung als Personen mit niedrigerem Schulabschluß, so daß diese kaum weitere Fertigkeiten erwerben.

Die formale Ausbildung wird immer bedeutender für die berufliche Laufbahn. Personen mit Fachschul- und höherem Bildungsabschluß sind unter Selbständigen und Beamten überdurchschnittlich häufig vertreten, während bei Angestellten und Arbeitern die Lehr- bzw. Anlernausbildung dominieren. Seit Gründung der Bundesrepublik hat sich die Struktur der *Erwerbstätigkeit* erheblich gewandelt. Der Anteil der Angestellten und Beamten wuchs bis 1984 auf 38,0 % bzw. 9,5 %, während der Anteil der Arbeiter leicht auf 39,7 % schrumpfte. Hier spiegelt sich der Bedeutungsgewinn der Bürotätigkeit gegenüber der Fertigung wider. Dies zeigt auch die Entwicklung der Erwerbstätigkeit nach *Wirtschaftsbereichen*. Der Anteil des tertiären Sektors (Dienstleistungen etc.) wuchs von 33,4 % (1950) auf 53,0 % (1984), während der des sekundären Sektors (produzierendes Gewerbe) von 43,3 % auf 41,6 % zurückging. Der starke Rückgang der Selbständigen und mithelfenden Familienangehörigen auf 9,4 % bzw. 3,5 % der Erwerbstätigen ist in erster Linie auf den Bedeutungsverlust des primären Sektors (Landwirtschaft) zurückzuführen. Sein Anteil an den Erwerbstätigen sank von 23,3 % (1950) auf 5,4 % (1984). Insgesamt lag der Anteil der Erwerbspersonen (Erwerbstätige plus Arbeitslose) an der Gesamtbevölkerung 1984 bei 47,1 %. Die Erwerbsquote der Frauen lag bei 43 %, während sie in 1950 lediglich 25 % betrug.

Die seit Mitte der 70er Jahre herrschende hohe *Arbeitslosigkeit* ist Ursache erheblicher gesellschaftlicher und individueller Probleme. Die offiziellen Zahlen geben dabei nur die der Arbeitsverwaltung gemeldeten Arbeitslosen wieder. Nicht erfaßt sind diejenigen, die auf die Meldung beim Arbeitsamt verzichten, weil sie sich keine Vermittlungserfolge erwarten oder keinen Anspruch auf Arbeitslosenunterstützung haben. Problemgruppen des Arbeitsmarktes sind Jugendliche und ältere Arbeitnehmer, Schwerbehinderte, Frauen, Ausländer sowie Personen ohne abgeschlossene Berufsausbildung. Die Zahl der längerfristig Arbeitslosen – besonders in den genannten Problemgruppen – wächst und damit der Anteil derjenigen, die den Anspruch auf Arbeitslosenunterstützung verloren haben und nun auf die Sozialhilfe oder auf Angehörige angewiesen sind.

Unbeschadet prinzipieller Auffassungsunterschiede wird man angesichts ihres *Einkom-*

mengefälles die Gesellschaft der Bundesrepublik kaum als ‚nivellierte Mittelstandsgesellschaft' apostrophieren oder das Fehlen gravierender Ungleichheiten behaupten können. Wohl aber gibt es eine große Gruppe mittlerer Einkommen, die einen von Modellen sozialer Schichten (vgl. *R. Dahrendorf*, 1965, *J. Handl* u. a., 1977, *W. Zapf*, 1978) unabhängigen Vergleich ermöglicht.

1985 betrug das verfügbare Einkommen aller deutschen Haushalte knapp 1 163 Mrd. DM, was einem Durchschnittseinkommen von mtl. 3 706 DM pro Haushalt entsprach (vgl. DIW Wochenbericht 51/52, 1986). Das verfügbare Einkommen beinhaltet Arbeitseinkommen, Gewinne, Renten und soziale Transferleistungen abzüglich der Steuern und Sozialabgaben. Im Ergebnis hatten die Rentnerhaushalte durchschnittlich 2 338 DM zur Verfügung, die der Arbeiter 3 180 DM, die der Pensionäre 3 202 DM, die der selbständigen Landwirte 3 734 DM, die der Angestellten 4 137 DM, die der Beamten 4 483 DM und die der Selbständigen 11 806 DM. Innerhalb der Gruppen bestehen erhebliche Einkommensunterschiede. So wurde ermittelt, daß 75,5 % der Rentner, 51,8 % der Pensionäre, 51,3 % der Arbeiter, 35 % der selbständigen Landwirte, 31,5 % der Angestellten, 22,9 % der Beamten und praktisch keiner der Selbständigen ein Haushaltseinkommen von weniger als 3 000 DM mtl. bezogen. Über 8 000 DM und mehr verfügten: 69 % der Selbständigen, 5,7 % der Beamten, 4,6 % der Angestellten, 2,9 % der selbständigen Landwirte, 0,6 % der Pensionäre, 0,4 % der Arbeiter und 0,3 % der Rentner.

Die Einkommensunterschiede können allerdings nur unter Berücksichtigung von zwei Einschränkungen betrachtet werden. Zum einen handelt es sich innerhalb der genannten Gruppen um Durchschnittswerte, die entscheidend von der Zahl derer bestimmt werden, die jeweils der Gruppe angehören – je kleiner die Gesamtgruppe, desto weniger besagt in diesem Fall der Mittelwert. Zum anderen gehört zwar das Sozialeinkommen (z. B. Kinder- oder Wohngeld) zum monatlichen Nettoeinkommen; die einschlägigen Berechnungen scheitern aber an den Lohnnebenkosten, die ca. 70 Prozent des wirklichen Entgeltes betragen, aus den Sozialversicherungsbeträgen, der Lohnfortzahlung im Krankheitsfall, den gezahlten Feier- und Urlaubstagen, den Zuwendungen zur Vermögensbildung, der betrieblichen Altersversorgung, den Gratifikationen usw. bestehen und in einer Monatsrechnung nur zum Teil auftauchen können.
Die übliche *Monatsrechnung* ist eindeutig verbrauchsbestimmt. Der statistische Homunkulus des 4-Personen-Arbeitnehmerhaushalts gab 1985 etwa 3142 DM für diesen *Verbrauch* aus: 737 DM für Nahrung, 331 DM für das Auto, 563 DM für Miete, 209 DM für Heizung, Strom, Gas, 229 DM für Kleidung, 229 DM für Möbel und Hausrat. Rücklagen spielen trotz einer großen Spartätigkeit keine wesentliche Rolle. Das beweist ein Blick auf die *Vermögensverteilung*. Sie ist statistisch nur mit erheblichen Schwierigkeiten zu ermitteln. Das Geldvermögen der Privathaushalte betrug 1985 2,2 Bill. DM (vgl. DIW Wochenbericht 28, 1986). Dies entspricht einer Summe von 90 000 DM pro Haushalt und ca. 36 000 DM pro Kopf. Hinzu kommt Haus- und Grundbesitz im Wert von 2,9 Bill. DM (1982). 1985 waren fast 10 % der Haushalte verschuldet und 5 % der Haushalte verzeichneten kein Geldvermögen. 50 % der Haushalte mit Vermögen verfügten insgesamt über 10 % des Geldvermögens, die reichsten 10 % hingegen über 45 %. Die Vermögenskonzentration hat sich gegenüber 1973 etwas erhöht. Die Vermögenseinkommen der Haushalte betrugen 1985 bei Selbständigen 12 620 DM pro Jahr, bei Arbeitnehmern 3 730 DM und bei Nicht-Erwerbspersonen 2 740 DM. Anders ausgedrückt: einer gewissen Annäherung im mittleren Bereich der Einkommen, die auch etwas mit der Einkommenspolitik der vergangenen Jahrzehnte zu tun hat und die im internationalen Vergleich zu einer Spitzenstellung führt, entspricht keine Annäherung

im Bereich der Vermögen. Vielmehr verfügt weniger als ein halbes Prozent aller Haushalte über die wirklich großen Vermögen; allenfalls 5 bis 8 Prozent aller Haushalte könnten im Notfall von ihrem Vermögen leben. Die übrigen sind – in welcher Form auch immer – abhängig vom staatlichen System der sozialen Sicherung, von dessen gesellschaftlichem Rahmen und von der jeweiligen Wirtschaftslage.

Unabhängig von den durch die Soziologie entwickelten Modellen sozialer Schichtung geben die wenigen hier vorgetragenen empirischen Daten schon die wichtigsten Hinweise auf den Befund einer Gesellschaft, in der es neben wenigen ‚Reichen' und wesentlich mehr ‚Armen' – ihre Zahl ist seit Jahren umstritten und muß es so lange sein, wie man sich nicht auf bestimmte Sozialindikatoren verständigt – fast ausschließlich Gruppen und Individuen gibt, die zwar hier und heute auskömmlich leben können, aber völlig davon abhängig sind, über einen Arbeitsplatz zu verfügen und im Falle der Nichterwerbstätigkeit vom *System der sozialen Sicherung* getragen zu werden. Deshalb erwartet man von der Politik Gewährleistungen im Bereich des Arbeitsmarktes und der sozialen Sicherung, welche jene Abhängigkeit erträglich machen (vgl. *W. Zapf*, 1978).

Während von Arbeitsmarktpolitik und Arbeitslosigkeit in Zusammenhang mit der wirtschaftlichen Entwicklung der Bundesrepublik die Rede sein wird, soll hier noch ein Blick auf das System der sozialen Sicherung folgen. Es besteht in der Hauptsache aus zwei Teilen: Den Erwerbstätigen ist die Arbeitslosenversicherung zugewandt, die aktuell oder dauernd nicht mehr Erwerbsfähigen betreuen die Renten- und die Unfallversicherung sowie die Krankenversicherung. Die vier *Versicherungszweige* sind unterschiedlich differenziert: Der Arbeitslosenversicherung dient einheitlich die Arbeitsverwaltung – mit der Bundesanstalt für Arbeit an der Spitze; in der Krankenversicherung ist auf die Allgemeinen Ortskrankenkassen und die Innungs-, Betriebs- und Ersatzkassen zu verweisen; in der Rentenversicherung stehen die Bundesversicherungsanstalt für Angestellte, die 18 Landesversicherungsanstalten und drei Sondereinrichtungen nebeneinander, während bei der Unfallversicherung öffentliche und gewerbliche Einrichtungen mit je einem Dachverband zu verzeichnen sind. In allen vier Zweigen findet sich eine mehr oder weniger gut funktionierende Selbstverwaltung, an der Vertreter der Arbeitgeber und Arbeitnehmer beteiligt sind, von denen die Einnahmen der Versicherungen zum größten Teil aufgebracht werden. Zwischen den (Renten-)Versicherungsanstalten bestehen große Leistungsunterschiede, die einen Ausgleich durch die Staatsaufsicht notwendig machen, die wiederum die jeweilige Selbstverwaltung zur Farce werden läßt, weil es nichts wesentliches zu entscheiden gibt. Bei Defiziten der Versicherungen muß der Bund im Notfall Fehlbeträge abdecken. Die Zuständigkeit des Bundes ergibt sich aus verschiedenen rechtlichen und historischen Gegebenheiten. Die wichtigste von ihnen ist – vereinfacht –, daß sich die bei Beginn des Versicherungszeitalters gebildete Regel, die Versicherungen sollten aus den jeweiligen Einnahmen und einem aus der Vermögenspflege entstehenden Überschuß leben, in der Kriegs- und in der Inflationszeit nicht beibehalten ließ. Zum System der sozialen Sicherung gehören schließlich die von den Gemeinden und Gemeindeverbänden als staatliche Aufgabe gewährte *Sozialhilfe* und verschiedene staatliche Ausgleichszahlungen aufgrund besonderer Bedürftigkeit, unter denen das Wohngeld eine besondere Rolle spielt. Die Sozialhilfe entspringt dem Gedanken der Fürsorge: Unabhängig von einer bestehenden Versicherung soll in Notlagen wenigstens das Existenzminimum gewährleistet sein.

Das geschilderte System der sozialen Sicherung funktioniert zu Beginn der 80er Jahre unter erschwerten Bedingungen. Besonders belastet wurde zunächst die Arbeitslosenversicherung. In ‚guten' Zeiten hat die Bundesanstalt für Arbeit viele zusätzliche Aufgaben übernommen, die zusammen mit den seit Mitte der 70er Jahre stark gestiegenen Arbeitslosenzahlen Defizite hervorriefen, die der Bund ausgleichen mußte. Durch Leistungskürzungen wurden Lasten auf die Arbeitslosen und indirekt auf die gemeindliche Sozialhilfe verlagert, so daß seit 1984 die Beitragseinnahmen die Ausgaben wieder decken. In Zukunft ist allerdings erneut mit Defiziten zu rechnen. Eine zunehmende Zahl jugendlicher Arbeitsloser und Langzeitarbeitsloser erhält keine Arbeitslosenunterstützung. Maßnahmen zur Steigerung der beruflichen Qualifikation und zur beruflichen Wiedereingliederung sowie – auf der anderen Seite – Vorruhestandsregelungen gewinnen daher an Bedeutung gegenüber der reinen Zahlung von Arbeitslosenunterstützung. Die Krankenversicherung schlägt sich mit der Kostenexplosion im Gesundheitswesen herum und auch damit, daß allein die Ortskrankenkassen eine wirkliche Pflichtversicherung bilden und damit alle Versicherungsgruppen, auch die mit hohen Risiken aufnehmen müssen. Verschiedene politische Initiativen, die Kostensteigerung im Gesundheitswesen zu begrenzen, waren bisher erfolglos.

Das System der sozialen Sicherung ist weitgehend verstaatlicht, politisiert und verrechtlicht, weil sich soziale Normen nur in Gesetzesform begründen und sozialstaatliche Gewährleistungen nur so durchführen lassen, daß soziale Leistungen auf konkreten, rechtlich einklagbaren Ansprüchen beruhen. Niemand soll – dies der *Sinn des Sozialstaates* – auf unberechenbare Hilfe angewiesen oder von dem Maß seiner eigenen Dankbarkeit abhängig sein. In der Konsequenz daraus bildet die *Sozialpolitik* ein Kernstück aller Politik und bestimmt sich das Verhältnis vieler Bürger zum Staat nach eben dieser Sozialpolitik, deren Ergebnisse jeweils individuell greifbarer sind als die wirtschaftlichen Rahmenbedingungen, innerhalb derer sie zustande kommen. Abstriche vom System, wie sie seit 1982 vorgenommen werden, lastet man der Politik an. Diese wiederum steht vor der Schwierigkeit, daß sich solche Abstriche am ehesten dort durchsetzen lassen, wo der Politik keine mächtige Lobby gegenübertritt.

Das System der Alterssicherung wird zunehmend Thema der politischen Diskussion. Zwar fallen die Leistungen der Versicherungen bei den Rentnern relativ günstig aus, doch trügt hier der Durchschnitt. Betriebliche und sonstige Zusatzversicherungen sowie die besondere Pensionsregelung der Beamten führen zu erheblichen Versorgungsunterschieden. Die betriebliche Altersversorgung wird durch demographische und ökonomische Veränderungen zu einer zunehmenden Belastung der Unternehmen. Die individuelle Vorsorge hat, sehr begünstigt durch Steuerbefreiungen, daher in den letzten Jahrzehnten erheblich an Bedeutung gewonnen.

Viele Rentner sind arm. Krankheit und Isolation kommen hinzu, um dem Sozialsystem mehr Tadel als Lob einzutragen. Zu den benachteiligten Gruppen gehören vor allem die alleinstehenden Frauen, die häufig Opfer der relativen Unterbewertung der Frauenarbeit sind. Seit 1986 sind Witwen und Witwer bei der Hinterbliebenenversorgung gleichgestellt, außerdem werden den Frauen nun bestimmte Zeiten der Kindererziehung angerechnet. Aus der Gruppe der alleinstehenden Frauen stammt ein erheblicher Teil jener „Armen" in der Bundesrepublik, deren monatliches Einkommen unterhalb des nach örtlichen Gegebenheiten variierenden Sozialhilfesatzes liegt. Dabei wird die Sozialhilfe nicht voll beansprucht, weil es viele „verschämte Arme" gibt. Anzumerken bleibt auch, daß das System der sozialen Sicherung eher die Seßhaften erreicht als Angehörige von *Randgruppen* mit besonderen Eigenschaften oder Schwierigkeiten, wobei man einerseits an die Drogen-, Rauschgift- und Alkoholabhängigen und andererseits an die Gruppen denken muß, welche in § 72 des Bundessozialhilfegesetzes genannt sind, vor allem die Obdachlosen, die Nichtseßhaften, die Landfahrer, die aus der Freiheitsentziehung Entlassenen und Verhaltensgestörte. Weitgehend in das System der sozialen Sicherung sind dagegen die ausländischen Arbeitnehmer integriert; daß sie bei nur vorübergehender Arbeit in der Bundesrepublik einige Vorteile aus diesem System ziehen können, wird häufiger beklagt als ihr Leistungsbeitrag begrüßt wird.

Neben den hohen Arbeitslosenzahlen und der Kostenexplosion im Gesundheitswesen bedroht besonders die demographische Entwicklung das System der sozialen Sicherung. Von 1974 bis 1986 sind die Transferzahlungen von den Abgabepflichtigen und den Steuerzahlern an die Empfänger sozialer Leistungen um mehr als das Doppelte angewachsen (1986: 604 Mrd. DM). Davon benötigte man 180 Mrd. DM für die Renten, 119 Mrd. DM für die Krankenversicherung, 44 Mrd. DM für die Arbeitsförderung, 38 Mrd. DM für die Beamtenpensionen, 27 Mrd. DM für die Lohnfortzahlung, 24 Mrd. DM für die Sozialhilfe, 15 Mrd. DM für das Kindergeld, 14 Mrd. DM für die Kriegsopferversorgung, jeweils 12 Mrd. DM für die Unfallversicherung und die betriebliche Altersversicherung, 10 Mrd. DM für die Vermögensbildung – die Familienzuschläge und die Beihilfen für die Beamten, die Ausbildungsförderung, die Jugendhilfe, das Wohngeld und weitere Arbeitgeberleistungen kommen hinzu (vgl. Quellen 1.4.5.).

Für die Zukunft sind weiter steigende Soziallasten zu erwarten. Eine Reform des Systems der sozialen Sicherung erscheint daher unausweichlich. In diesem Zusammenhang werden u. a. die Erhöhung des Rentenalters und die Angleichung der Versorgung von Rentnern und Pensionären diskutiert. Grundsätzliche Änderungen erforderten die Einführung einer „Maschinensteuer" zur Rentenfinanzierung, die Schaffung einer gesetzlichen Grundrente (die durch individuelle Vorsorge ergänzt werden kann) und – als weitestgehender Vorschlag – die Einführung einer allgemeinen, beitragsunabhängigen Grundsicherung.

1.5. Volkseinkommen und Wirtschaftspolitik

In dem Maße, in dem der ‚soziale Besitzstand' von gewährleistender Sozialpolitik abhängt (vgl. *R. Voigt*, Sozialpolitik zwischen Verrechtlichung und Entstaatlichung, in: Leviathan 1981, S. 62 ff.), ist die praktische Politik einerseits von der gesellschaftlichen Entwicklung beeinflußt, aus der sich konkrete Aufgaben ergeben, und andererseits von der wirtschaftlichen Entwicklung, welche die Leistungsfähigkeit von Politik entscheidend bestimmt. Je mehr es in der gesellschaftlichen Entwicklung zu Strukturbrüchen kommt[1], desto stärker wird die Abhängigkeit der Politik von der Wirtschaft empfunden.

Da das Volkseinkommen die den öffentlichen und privaten Haushalten zur Verfügung stehenden Einkünfte ausweist, bildet dessen Entwicklung (vgl. Quellen 1.4.4.) Gegenstand ständiger politischer Aufmerksamkeit und Auseinandersetzung. Seine Berechnungsgrundlage läßt allerdings einige Fragen offen. Die Warenproduktion und die

1 Dieser Terminus ist plastischer als der vom ‚sozialen Wandel', mit dem man versucht, die Entwicklungsmobilität der modernen Gesellschaft mitsamt sozialem Auf- und Abstieg, Verhaltensänderungen, Wertewandel usw. zu erfassen, durch welche sie sich von früheren, mehr statischen Gesellschaften unterscheidet. Vgl. dazu *W. Zapf*, 1979, und *H. P. Dreitzel*, 1972.

Dienstleistungen lassen sich rechnerisch viel präziser erfassen als alle Bereiche mit Selbstversorgungsanteilen. Auch werden die Produktion von Mißständen und die Kosten ihrer Beseitigung ganz ebenso erfaßt wie alle anderen Güter (vgl. *M. Jänicke*, 1978 und 1979). Dennoch benötigt man die Meßgröße als Vergleichsgrundlage, um mit ihrer Hilfe zunächst den Vorsprung der Industrieländer zu ermitteln und um zwischen den ‚reichen' und den ‚armen' Ländern der Welt zu unterscheiden. Die Bundesrepublik schneidet hier stets gut ab. Das Bruttosozialprodukt (BSP) betrug 1986 1 949 Mrd. DM.[2] Die durchschnittlichen realen Wachstumsraten des BSP lagen von 1974 bis 1986 bei durchschnittlich 1,9 % jährlich, während die Steigerungsraten zwischen 1961 und 1973 durchschnittlich 4,4 % betrugen. Davor, in der Phase des Wiederaufbaus, wurden Werte von ca. 8 % jährlich erreicht.

Die *Produktionsstruktur* der Bundesrepublik wandelt sich seit 1950 kontinuierlich. Der Beitrag von Landwirtschaft, Industrie und Handwerk zur Entstehung des BSP sinkt langsam ab. Während die Landwirtschaft 1960 noch einen Anteil von 5,8 % an der Bruttowertschöpfung aufwies, waren es 1985 nur noch 1,7 %; die Vergleichswerte für die Industrie und das Handwerk betragen 53,2 % und 42,2 %. Der Beitrag von Handel und Verkehr sank im selben Zeitraum von 18,5 % auf 15,4 %, während der des Dienstleistungsbereichs von 13,6 % auf 27,0 % anstieg. Der Staat erhöhte seinen Anteil von 7,2 % auf 11,1 %. Diese Zahlen geben eine Entwicklung wieder, die auch im veränderten Tätigkeitsprofil der Beschäftigten zum Ausdruck kommt (s. o. Kapitel 1.4., vgl. Quelle 1.4.3.). Innerhalb des industriellen Sektors nimmt die Bedeutung von Planungs-, Verwaltungs- und Servicetätigkeiten zu. Wichtige Ursache dieser Entwicklung sind die – gegenüber dem Dienstleistungssektor – bisher größeren Rationalisierungserfolge in der industriellen Fertigung und nicht zuletzt in der Landwirtschaft. Auch die Gewerkschaften wurden durch diesen Wandel betroffen. Die wachsende Zahl der im Dienstleistungsbereich Tätigen ist wesentlich schwerer zu organisieren und zu vertreten als die Arbeiterschaft in der Produktion.

Das Bruttosozialprodukt wurde 1986 zu 56 % für den privaten Verbrauch verwandt, 20 % beanspruchte der Staat und 19 % wurden investiert. Die verbleibenden 5 % entsprechen dem Überschuß der Exporte über die Importe. Während sich der Anteil des privaten *Verbrauchs* seit 1960 nur wenig verändert hat, erhöhte sich die Staatsquote und die der *Investitionen* sank. Nach dem Ölpreisschock von 1973 gingen in allen westlichen Industrieländern die Neu- und Erweiterungsinvestitionen aufgrund gestiegener Zinsen, schlechterer Auslastung der Produktionsanlagen und ungünstigerer Absatzerwartungen zurück. Inwieweit die Entwicklung der Gewinn- und Vermögenseinkommen herangezogen werden kann, die Investitionsschwäche seit 1973 zu erklären, ist umstritten. Der Anteil des Bruttoeinkommens aus unselbständiger Arbeit am Volkseinkommen stieg seit 1950, erreichte nach Zuwächsen besonders in den 70er Jahren 1981 seinen bisherigen Höhepunkt (mit 74 %) und ist seitdem auf 69 % (1986) gefallen. Der Anstieg wurde in erster Linie durch schrumpfende Anteile von Selbständigen hervorgerufen und in geringerem Maße durch die aktive gewerkschaftliche Einkommenspolitik vor allem in den 70er Jahren.

2 Alle Zahlenangaben im folgenden Abschnitt stammen aus: Statistisches Jahrbuch für die Bundesrepublik Deutschland, verschiedene Jahrgänge; Sachverständigenrat zur Begutachtung der gesamtwirtschaftlichen Entwicklung, Jahresgutachten 1986/87; Westdeutsche Landesbank, Prognose '91, 1987 sowie aus Zusammenstellungen verschiedener Pressedienste.

Innerhalb des industriellen Sektors ist der Anteil von Bergbau und Energie rückläufig. Im Bereich des Verarbeitenden Gewerbes wuchs das Gewicht der Chemischen Industrie, des Automobilbaus sowie der Elektrotechnischen, Optischen und Feinmechanischen Industrie, während die Kleidungs- und die Nahrungsmittelindustrie sowie die Metallerzeugung an Bedeutung verloren. Der Fall der Investitionsraten seit 1974 traf besonders das Baugewerbe und reduzierte auch die Wachstumsraten der Investitionsgüterindustrie erheblich. Seit 1983 hat sich die Lage hier jedoch wesentlich gebessert. Vor allem die Ausweitung der Exporte, begünstigt durch die unterbewertete DM, sorgten dafür, daß die Investitionsgüterindustrie zusammen mit der dauerhafte Verbrauchsgüter produzierenden Industrie wieder zu den wachstumsstärksten Sektoren gehören. Innerhalb des Dienstleistungssektors wuchsen besonders das private Bildungs- und Gesundheitswesen sowie Banken und andere wirtschaftsorientierte Dienste (vgl. Quelle 1.4.3., zur Entwicklung des öffentlichen Bereichs vgl. Kapitel 6.1.).

In solchen Entwicklungen werden grundlegende Probleme der Wirtschaftsstruktur und -verfassung sichtbar: Die Hierarchie der Funktionen etwa, deren Konsequenzen man durch eine umfassende Arbeitsschutzgesetzgebung und die Arbeitsgerichte, vor allem aber durch das Institut der Mitbestimmung abzumildern versucht, und das Problem der *Bildungspolitik*, von der man erwartet, daß immer mehr Jugendliche für schwierige Berufe qualifiziert werden, was dann umgekehrt trotz Arbeitslosigkeit bei traditionellen Berufen zu Nachwuchsproblemen führt. Ein besonders wichtiges Problem bildet das der unterschiedlichen *Produktivität*, wie es sich aus dem Nebeneinander von menschlicher Arbeitskraft und maschineller Ausstattung im Produktionsprozeß ergibt. Hier sind aufgrund der technologischen Entwicklung Arbeitsplätze bedroht, wenn die Rationalisierung nicht durch ein entsprechendes Wachstum ausgeglichen wird. In den 50er Jahren gab es, auch bedingt durch den Zustrom von Flüchtlingen, viele und ausreichend qualifizierte Arbeitskräfte. Danach wurde der bis 1973 wachsende Bedarf durch den Gewinn ausländischer Arbeitskräfte gedeckt, wobei qualifizierte Arbeitskräfte zunehmend knapp wurden. Das verminderte Wirtschaftswachstum führte seit 1974 dann zu steigenden Arbeitslosenzahlen trotz eines seit 1973 bestehenden Anwerbestops für Ausländer aus Nicht-EG-Ländern. Die Arbeitsmarktlage wurde schließlich dadurch verschärft, daß geburtenstarke Jahrgänge zunehmend auf den Arbeitsmarkt drängten und die Erwerbsquote der Frauen weiter stieg. Von 1978 bis 1984 wuchs daher das Erwerbspersonenpotential um 1,6 Mio.

Ihre Produktivität (Arbeitsergebnis je Beschäftigtenstunde) konnten in den 70er Jahren vor allem die Textil-, die Elektro-, die kunststoffverarbeitende, die Nahrungs- und Genußmittel- und die chemische Industrie steigern, während der Straßenfahrzeugbau, der den ersten Automatisierungsschub schon früher erlebt hatte, ebenso wie der Maschinenbau zurückblieben. Zur Zeit erlebt der Straßenfahrzeugbau als Pionier des Einsatzes von Industrierobotern einen weiteren Rationalisierungsschub. Die Auswirkungen der neuen Informations-, Kommunikations- und Steuerungstechniken sind bisher nur in Ansätzen erkennbar. Ihre breite Anwendbarkeit und hohe Flexibilität scheinen neue Organisations- und Kooperationsformen zu ermöglichen sowie die Vorteile der Massenproduktion zu reduzieren. Dies kommt besonders auch kleineren und mittleren Unternehmen zugute. Allgemein stellten sich solche Betriebe in den letzten Jahren besser auf den wirtschaftlichen Strukturwandel ein und entwickelten sich insgesamt günstiger als Großbetriebe. Produktivität und Lohn bedingen sich, wobei man in der Regel davon ausgeht, daß in Deutschland der Stundenlohn einschließlich der Lohnnebenkosten relativ hoch ist (1985: 29,30 DM, ähnlich wie in der Schweiz und in Schweden; USA dagegen 37,70 DM); dies gilt auch für die *Produktivität*, hinsichtlich derer die Bundesrepublik hinter den USA und der Schweiz weltweit an dritter Stelle steht, noch vor Japan, mit dem es so oft verglichen wird (1985 BRD ≙ 100, Japan ≙ 88) und das in den 70er Jahren eine sehr viel höhere Produktivitätssteigerung aufwies. Die Qualität solcher Vergleiche leidet freilich unter schwankenden Wechselkursen, dies galt in den letzten Jahren besonders im Verhältnis zu den USA.

Der relativ hohen Produktivität entsprechen in der Regel sinkende Preise: Die durchschnittliche Verteuerung des Warenangebots wird durch die vermehrte Kaufkraft des Lohnes meist ausgeglichen – 1968 mußte ein Arbeiter für den Erwerb eines Radios über 60 Stunden arbeiten, während 1978 für ein gleiches Gerät nur noch 21 Stunden aufzuwenden waren. Solche Angaben, aus den üblichen Quellen entnommen, kennzeichnen im übrigen allenfalls Größenordnungen – die Exaktheit der Zahlen trügt. Die Reallöhne stiegen bisher kontinuierlich bis 1980, sanken dann und steigen seit 1985 wieder leicht.

Obgleich der wachsende *Konsum* in der Bundesrepublik immer auch ein gewichtiges Stimulans für die Wirtschaftsentwicklung war, wurde diese von 1949 ab entscheidend vom *Export* bestimmt, was sich verstärkte, als sich im innerstaatlichen Konsumbereich deutliche Sättigungserscheinungen zeigten. 1950 wurden 8 % des Bruttosozialprodukts exportiert, 1985 waren es 29 %. Die Verteuerung der zu importierenden Rohstoffe, vor allem des Öls bis Anfang der achtziger Jahre, kam hinzu. 1985 exportierte die Bundesrepublik Güter im Wert von etwa 537 Mrd. DM. 45,9 % entfielen auf Maschinenbau, elektrotechnische Industrie und Fahrzeugbau (davon allein 16,1 % auf Straßenfahrzeuge), 13,2 % auf die Chemische Industrie. Das bedeutet umgekehrt, daß 1985 von den 184 Mrd. DM Umsatz des Straßenfahrzeugbaus 92 Mrd. DM auf den Export entfielen, im Maschinenbau lag die Relation bei 79 von 179 Mrd. DM, in der Chemie bei 75 von 174 Mrd. DM. Damit gehört die Bundesrepublik zu den größten Handelsnationen der Welt, die in vielen Branchen die erste Position im Export einnimmt (z. B. Möbel, Kunststoffe, Maschinenbau, Fahrräder, Lkw und Busse usw.) oder doch zumindest erfolgreich mit den anderen großen Exportländern konkurriert. Die wichtigsten Außenhandelspartner der Bundesrepublik sind Frankreich, die Niederlande, Großbritannien, Italien und die USA. Insgesamt entfallen fast 70 % des Außenhandels auf die 10 größten Liefer- und Abnehmerländer, während sich die restlichen 30 % auf die anderen 150 Staaten ungleichmäßig verteilen.

Die *Investitionsgüterindustrie*, die sehr stark exportorientiert ist, profitierte von der Unterbewertung der DM in der ersten Hälfte der 80er Jahre. Entsprechend geriet sie bei steigendem Außenwert der deutschen Währung seit Mitte 1985 wieder stärker unter Druck. Die Exporte der Industriestaaten sind, besonders was einfachere Produkte angeht, der zunehmenden Konkurrenz aus Schwellenländern ausgesetzt. Wachsende Bedeutung für die bundesdeutschen Exporte haben zudem protektionistische Maßnahmen der EG, die längst nicht mehr auf die Landwirtschaft beschränkt sind, sondern auch die eisenschaffende Industrie und eine Reihe weiterer Branchen betreffen.

Um im nationalen und internationalen Wettbewerb Marktpositionen sichern oder aufbauen zu können sowie um Handelsschranken zu umgehen, schließen sich Unternehmen zu immer größeren Einheiten zusammen. Meist geschieht dies durch Übernahme einzelner Unternehmen durch einen Konzern, dem dann die Marktanteile und das know-how des aufgekauften Unternehmens zugute kommen. Die Kapitalanlage und die Spekulation sind weitere Motive für den Aufkauf von Unternehmen. Die damit verbundene *Konzentration* führt zu wachsender gesellschaftlicher und politischer Macht der Großunternehmen. Eine wichtige Rolle spielen hier die Banken, die als Gläubiger, Anteilseigner und zusätzlich mit Hilfe der Depotstimmrechte über große Einflußmöglichkeiten verfügen. Starke Konzentrationstendenzen bestehen auch in Krisenbranchen, wo zur Rettung von Betrieben und Arbeitsplätzen Fusionen oft staatlich unterstützt werden. Industriezweige mit hohem Konzentrationsgrad sind vor allem die Luft- und Raumfahrtindustrie, die Computerherstellung, der Bergbau, die Tabakindustrie, die Mineralölverarbeitung, der Schiffbau und der Straßenfahrzeugbau. Die größten Unternehmen, gemessen an der Zahl der Beschäftigten, waren 1984, nach Bahn und Post, Siemens, VW, Daimler Benz, die Ruhrkohle AG, Thyssen, Bayer, Bosch, BASF, Hoechst und Mannesmann. Nach außen noch deutlicher sichtbar ist der Konzentrationsprozeß im Einzelhandel: Hier erreichen die ‚Großen' (Warenhäuser, Versandhandel, Verbrauchermärkte, Filialunternehmen) über die Hälfte des gesamten Umsatzes. Politisch sucht man diesen Prozeß zumindest zu begrenzen. Das Bundeskartellamt kann aufgrund der einschlägigen Gesetze in manchen spektakulären Fällen Einhalt gebieten, Kommissionen erstatten regelmäßig Bericht; die Entwicklung erscheint dennoch unaufhaltsam; das Thema ‚Wirtschaftliche Macht' (*H. Arndt*, 1977) bleibt aktuell.

Die bundesdeutsche Wirtschaft ist sowohl durch Lieferbeziehungen als auch durch Eigentumsverhältnisse eng mit der anderer Industriestaaten verflochten und damit in erheblichem Maße von der globalen Wirtschaftsentwicklung abhängig. Seit Mitte der 70er Jahre leidet ein größerer Teil der Industriestaaten unter erheblichen wirtschaftlichen Schwierigkeiten. Die Ölpreissteigerungen drückten die Wachstumsraten und verursachten in vielen Staaten beträchtliche Handelsbilanzdefizite. Die geschrumpften Wachstumsraten erschwerten in wirtschaftlicher und sozialer Hinsicht die zur Anpassung an die veränderten Bedingungen notwendigen Strukturveränderungen. Expandierende Märkte wurden seltener und der Anteil schrumpfender Branchen erhöhte sich. Die Arbeitslosigkeit wuchs, da die wenigen prosperierenden Branchen nicht alle Arbeitskräfte aufnehmen konnten. Das Vordringen neuer Techniken ermöglichte verbesserte Produkte und veränderte, effizientere Produktionsverfahren. Die erforderliche Umstellung von Sortiment und Herstellungsverfahren rief bei vielen Unternehmen erhebliche Anpassungsprobleme hervor. Zudem richteten sich die Konsumpräferenzen zunehmend auf höherwertige Güter, wechselten häufiger und erhöhten dadurch ebenfalls die Anforderungen an die Flexibilität der Unternehmen. Die seit Anfang der 80er Jahre sinkenden Ölpreise haben die wirtschaftlichen Probleme zwar gelindert, die strukturellen Schwierigkeiten aber nicht beseitigt. In vielen Industrieländern ließen Probleme einzelner Branchen und Leistungsbilanzdefizite die Forderung nach stärkerer staatlicher Intervention in Form von Handelsbeschränkungen oder Exportförderung aufkommen.

Der Staat betreibt vor diesem Hintergrund *Wirtschaftspolitik und Wirtschaftsförderung* nach traditionellem Muster, nur mit anderen Zielen und Mitteln. Die Bundesrepublik war lange Zeit konjunkturell begünstigt. Die besonderen Umstände der Nachkriegszeit und eine auf staatliche Steuerung und Eingriffe weitgehend verzichtende, die Möglichkeit eines unbehinderten Außenhandels nach Kräften fördernde Wirtschaftspolitik trug das ihre dazu bei. In den Nachkriegsjahren stand die wirtschaftliche Wiederbelebung im Vordergrund. Marktwirtschaftliche Konzepte setzten sich gegenüber eher interventionsstaatlichen Vorstellungen durch. Sozialpolitische Ziele sollten in erster

Linie durch Wachstum und nicht durch Umverteilung und staatliche Eingriffe erreicht werden. Die private Kapitalbildung wurde zunächst durch die westlichen Besatzungsmächte und seit Ende 1949 durch die Bundesregierung gefördert. Auf diese Weise stützten sie die Kapitalkonzentration und förderten eine vergleichsweise einseitige Vermögensbildung. Dieser Entwicklung konnte auch nicht durch ordnungspolitische Korrekturversuche, wie das Gesetz gegen Wettbewerbsbeschränkungen und Maßnahmen zur breiteren Vermögensbildung, wirksam begegnet werden. Marktkonforme Wirtschaftspolitik war aber kein Dogma: Der Kohlebergbau, die eisenschaffende Industrie, die Elektrizitätswirtschaft und der Wohnungsbau wurden intensiv staatlich gefördert, um kriegsbedingte Schäden möglichst schnell zu beseitigen. Die wirtschaftliche Entwicklung vollzog sich zwar schnell, jedoch nicht so schnell, daß nicht im allgemeinen Anpassungen an neue Marktgegebenheiten möglich und notwendig waren. In der Folge verlief die konjunkturelle Entwicklung nicht ganz gleichmäßig, die *Konjunkturhöhepunkte* folgten einander aber rasch (1950, 1955, 1960, 1964, 1969, 1973, 1979, 1984), wenngleich sich die Zuwachsraten des BSP auch aufgrund der günstigen Ausgangssituation meist verringerten.

Unterscheidet man vereinfachend zwischen den Angebots- und den Nachfrageimpulsen der Konjunktur, lassen sich auf der Angebotsseite langfristig die grundlegenden technischen Innovationen und die mit ihnen erforderlichen, aber eben auch möglichen ***Investitionen*** als die wichtigsten Impulsgeber ausmachen. Um 1800 waren das z. B. die mechanischen Webstühle, die Dampfschiffe und die neuen Kohle- und Eisentechnologien, um 1850 Eisenbahn, Telegraphie, Photographie oder der Zement, um 1900 die Elektrifizierung, die Entwicklung in der Chemie, der Aufbau der Automobilindustrie oder der Siegeszug des Aluminiums, während man dem Zeitalter um 1950 die Elektronik, das Fernsehen, die Computer, die Raumfahrt, die Kunststoffe und die Nutzung der Kernkraft zuordnen kann. Das ‚Wirtschaftswunder' in der Bundesrepublik der 50er Jahre fiel mit einem neuen Höhepunkt der Weltkonjunktur zusammen und wurde auf der Nachfrageseite durch einen Nachfragestau, die starke Bevölkerungsvermehrung, die gewaltige Binnenmobilität und die Einkommensentwicklung gefördert, die überwiegend dem Konsum zugute kam. Der Konjunkturschub um 1950 hielt auch in den 60er Jahren an – in der Bundesrepublik ‚Die goldenen 60er Jahre' –, wobei sich wieder die Angebots- und die Nachfrageseite glücklich ergänzten, obgleich sich die Zuwachsraten abflachten. Allerdings traten in den 60er Jahren zunehmend wirtschaftliche Probleme auf. Die Inflationsrate stieg und die Verteilungskämpfe intensivierten sich. 1966/67 kam es zur ersten Rezession der Nachkriegszeit. Die Große Koalition wurde gegründet; um den wirtschaftlichen Schwierigkeiten zu begegnen, kam es zu einer Neuorientierung der Wirtschaftspolitik, zu einer entschlossenen Übernahme keynesianischer Prinzipien. Der Staat ergriff mit dem Konzept der Globalsteuerung eine aktivere Rolle und übernahm größere Verantwortung für den Wirtschaftsablauf. Durch Steuerung der gesamtwirtschaftlichen Nachfrage sollten in Zusammenarbeit mit Arbeitgebern und Gewerkschaften die im Stabilitätsgesetz von 1967 festgelegten Ziele erreicht werden: stabiles Preisniveau, hoher Beschäftigungsstand, außenwirtschaftliches Gleichgewicht, stetiges und angemessenes Wirtschaftswachstum. Aufgrund dieser Politiken und weil sich international die Dinge wieder günstiger entwickelten, wurde die Krise überwunden. Anfang der 70er Jahre kam es zu einem neuen Aufschwung, der dem BSP 1969 einen Zuwachs von etwa 8,2 % und 1973 von immer noch 5,1 % brachte.

1974 leitete die ***zweite Rezession*** eine länger anhaltende Wirtschaftskrise ein, die auf der Nachfrageseite durch nachlassenden Konsum und auf der Angebotsseite durch das Fehlen größerer technologischer Innovationen, die in den Konsumbereich hineinwirken, verursacht war. Deshalb werden heute auch so große Hoffnungen in eine Weiterentwicklung der Informations- und Kommunikationstechniken gesetzt, die den Markt erweitern könnten. Im übrigen ist ungewiß, ob zur Jahrhundert- und Jahrtausendwende wieder ein neuer, großer Entwicklungsschub kommt, ähnlich dem um 1800, 1850, 1900 und 1950 und auch mit ähnlichen Folgen, die in der Regel die staatliche Wirtschaftspolitik erleichtert, dagegen der Sozialpolitik Probleme aufgegeben haben.

Die wirtschaftliche Entwicklung seit 1974 gefährdete insbesondere die Ziele „hoher Beschäftigungsstand" und „stabiles Preisniveau". Zunächst wurde versucht, den wirtschaftlichen Problemen mit Hilfe ***beschäftigungspolitischer Programme*** zu begegnen, welche die Nachfrage anregen und dadurch Wirtschaftswachstum und Beschäftigung steigern sollten. Allerdings war die Wirtschaftspolitik der 70er Jahre gekennzeichnet von dem Unvermögen, Vollbeschäftigung und geringe Preissteigerungsraten gleichzeitig zu erreichen. Dieses Dilemma und die wachsende Einsicht, daß gegen strukturelle und regionale wirtschaftliche Probleme die Globalsteuerung nur wenig wirksam ist, führten in der zweiten Hälfte der 70er Jahre zu einer schrittweisen Umorientierung der Wirtschaftspolitik; weg von kurzfristigen konjunkturpolitischen Programmen und hin zu eher langfristig orientierten strukturpolitischen Maßnahmen, die u. a. die Rentabilität der Unternehmen steigern sollten. Die Bundesbank konzentrierte sich seit Mitte der 70er Jahre darauf, durch eine restriktive ***Geldmengenpolitik*** die Inflation zu bekämpfen. Sie konterkarierte damit zumindest zeitweilig die staatlichen fiskalpolitischen Maßnahmen.

Auf der Angebots- wie auf der Nachfrageseite fehlt es heute an nachhaltigeren Wachstumsimpulsen und infolgedessen auch an Wachstum. Nachdem man sich in den vergangenen Jahrzehnten daran gewöhnt hatte, Entscheidendes von den Steuerungsbemühungen des Staates zu erwarten und der Staat unzweifelhaft auch ein bedeutender Wirtschaftsfaktor wurde, erhielt die Wirtschaftspolitik neuen Rang und wurde *die Sozialpolitik zu einer Funktion der Wirtschaftspolitik*, ungleich mehr jedenfalls als in der Zeit, als man das Sozialsystem vorwiegend aus den Zuwachsraten des BSP und mithin ohne große Verteilungskämpfe gewährleisten konnte. Die Wirtschaftspolitik verfügt allerdings nach wie vor nur über die bislang eingesetzten *Instrumente*.
Das Festhalten an wirtschaftlichem Wachstum als Ziel, die Hoffnung, Arbeitslosigkeit lasse sich durch wachstumsgeförderte neue Arbeitsplätze überwinden, muß zum Problem werden, wenn sich weltweit dieses Wachstum als instabil erweist, wenn ihm im Landesinnern die Bedürfnisvoraussetzungen fehlen und wenn es zu erheblichen Teilen auch in Mißkredit geraten ist, weil man inzwischen gelernt hat, die *ökologischen Folgen* von Wirtschaftswachstum zu berücksichtigen, was verbreitet zu einer entschiedenen Absage an ein ‚Wachstum um jeden Preis' führt.
Angesichts der zunehmenden wirtschaftlichen Schwierigkeiten wurde die betriebene *Globalsteuerung* daher auch zunehmend kritisiert. Während die Gewerkschaften und eine Minderheit der Wirtschaftswissenschaftler monierten, daß die Instrumente nicht konsequent genug eingesetzt würden und stärkere staatliche Eingriffe forderten, optierten die Arbeitgeber und die Mehrheit der Wirtschaftswissenschaftler für die Aufgabe des Konzeptes der Globalsteuerung zugunsten einer stärker angebotsorientierten Wirtschaftspolitik und einer stetigen Geldpolitik. Staatliche Eingriffe, die, so die Diagnose, die unternehmerische Initiative zu ersticken drohten, sollten abgebaut und die Staatsverschuldung sowie der Staatsanteil reduziert werden. Der Regierungswechsel von 1982 bestätigte den schon vorher zum Teil vollzogenen Wandel der wirtschaftspolitischen Konzeption. Der unternehmerischen Initiative wurde nun die tragende Rolle bei der Bewältigung der wirtschaftlichen Probleme zugeordnet. Entsprechend sollten die staatliche Einflußnahme zurückgeschraubt und die Gewinnchancen weiter erhöht werden. Außerdem sollten „Inflexibilitäten" des Arbeitsmarktes beseitigt werden, um Neueinstellungen zu erleichtern.
Die Wirtschaftspolitik profitierte seit dem Regierungswechsel von einer günstigen konjunkturellen Entwicklung mit jährlichen Wachstumsraten von real durchschnittlich 2,5 % (1983–1986). Die restriktivere Geldpolitik der Bundesbank, eine Senkung der Neuverschuldung der öffentlichen Haushalte und fallende Preise für Rohstoffe,

besonders für Erdöl, senkten die Inflationsraten gegenüber den 70er Jahren erheblich. Die Leistungsbilanz wurde wieder positiv, nachdem sie 1979–1981, vor allem durch die Erdölpreissteigerungen, defizitär war. Angesichts der hohen Überschüsse kann aber von einem außenwirtschaftlichen Gleichgewicht nicht die Rede sein. Einige Handelspartner reagieren angesichts ihrer eigenen Defizite zunehmend ungehalten auf diesen Zustand. Die Arbeitsmarktlage hat sich trotz der günstigen konjunkturellen Entwicklung nicht gebessert. Die Bundesregierung steht offensichtlich aber unter geringerem politischen Druck als ihre Vorgänger, hier Gegenmaßnahmen zu ergreifen. Allerdings hat auch das Vertrauen in den Erfolg staatlicher beschäftigungspolitischer Maßnahmen nachgelassen. Die staatliche Arbeitsmarktpolitik ist von den Beschäftigungsprogrammen der 70er Jahre zur Qualifikations- und Wiedereingliederungsförderung übergegangen. Um die Lebensarbeitszeit und damit die Zahl der Erwerbspersonen zu verringern, wurden in Zusammenarbeit mit Unternehmen und Gewerkschaften Vorruhestandsregelungen entwickelt. Zwischen den Tarifpartnern umstritten ist die weitere Verkürzung der Wochenarbeitszeit; die Gewerkschaften erwarten Neueinstellungen, die Unternehmen befürchten vor allem steigende Kosten. Ein weiterer wichtiger Streitpunkt ist die „Flexibilisierung" der Arbeitszeit und, damit in engem Zusammenhang stehend, die Ausdehnung der Teilzeitarbeit zu Lasten des „Normalarbeitsverhältnisses". Die Unternehmen versprechen sich hiervon eine erhöhte Auslastung der Produktionsanlagen und einen besseren Ausgleich von Belastungsspitzen. Die Gewerkschaften fürchten eine Vereinzelung der Arbeitnehmer, den Verlust des freien Wochenendes sowie einen verstärkten Mitglieder- und Einflußschwund.

Im Bereich der Wirtschaftsstrukturpolitik ist der Staat weiterhin sehr aktiv. Als Beispiele seien genannt: Der ***Straßenbau*** fordert die Kritik der ökologisch Interessierten heraus und wird als indirekte Förderung der Automobilindustrie hingestellt. Die ***Wohnungsbaupolitik*** hat einerseits dazu beigetragen, daß es in der Bundesrepublik einen viel größeren Wohnungsbestand gibt als je zuvor, wird andererseits aber mitverantwortlich gemacht für ein deutliches Gefälle zwischen den Verdichtungs- und den peripheren Räumen. In letzteren sind die Bodenpreise niedriger und vielfach auch die Möglichkeiten zur Selbsthilfe beim Bau größer. Verteilungsprobleme gibt es außerdem, weil die Zahl der kleinen Privathaushalte ständig steigt und es innerhalb der Verdichtungsräume zu Verzerrungen kommt. In der ersten Hälfte der achtziger Jahre hat sich die Lage auf dem Wohnungsmarkt etwas entspannt. Vor allem aber spielen soziale Verteilungsprobleme eine entscheidende Rolle: Ein nicht unerheblicher Teil von Wohnungen eines gewissen Standards (sozialer Wohnungsbau) ist von Mietern belegt, die mit der Miete weit unter ihrem Lebensstandard bleiben, also sparen, während für die sozial Schwächeren das Wohnungsangebot unzureichend ist und viele von ihnen Wohnkosten aufbringen müssen, die weit über ihrem Einkommensstandard liegen. Man streitet deshalb, ob der Staat weiterhin direkte Förderung betreiben soll (1985 wandte der Bund etwa 2,6 Mrd. DM auf, vorwiegend in Form von Steuervergünstigungen, Subventionen des sozialen Wohnungsbaues, Modernisierungsmaßnahmen, Bausparförderung), also sich dem Objekt Wohnung zuwenden oder ob er sich aus dieser Förderung zurückziehen und auf die soziale Umverteilung beschränken, mithin Wohngeld (1985 etwa 2,5 Mrd. DM durch Bund und Länder) an sozial Schwächere zahlen soll.

Ein besonders umstrittenes Arbeitsgebiet ist neben der ***Landwirtschaft***, bei der allerdings die Eingriffe in den Markt von der EG ausgehen, oder der ***Forschungsförderung*** die ***Energiepolitik***. Vom Staat wird mehr oder weniger reflektiert erwartet, daß er für eine der unterschiedlichen Annahmen über den künftigen Energiebedarf optiert und dafür Sorge trägt, daß dieser Bedarf durch die verschiedenen Energiearten befriedigt wird. Dabei hat die Politik vor allem in den 60er Jahren die allgemeine Option für das Öl nachvollzogen – 1950 betrug der Energieverbrauch in der Bundesrepublik 135 Mio. t Steinkohleeinheiten und wurde zu 88 % mit Hilfe der Kohle gedeckt. 1985 war der Primärenergiebedarf auf 385 Mio.t angewachsen, von dem 41,5 % durch Öl, 29,7 % durch Kohle, 15,7 % durch Erdgas und 10,7 % durch Kernenergie gedeckt wurden. Diese Option wurde in der Ölkrise fragwürdig, als

es zur Verteuerung des Öls und zu neuem Nachdenken über Abhängigkeiten und langfristige Bedarfsdeckung kam. Die Diskussion über die Möglichkeiten und Risiken der Kernenergie verbot eine neue eindeutige Option. Man förderte deshalb stärker den Erdgasbezug, mobilisierte wieder den Kohlebergbau, der in der Zwischenzeit nur mit Hilfe staatlicher Lenkung und aufgrund von Subventionen sein Leben gefristet hatte, propagierte das Energiesparen und betrachtete es als Erfolg, daß der Ölverbrauch von 1973 bis 1984 um rund 18 % zurückging. Das war Folge der Kostensprünge, bewußteren Umgangs mit der Energie, aber natürlich auch des nachlassenden Wirtschaftswachstums. Angesichts dieser Entwicklung wird die Prognose des künftigen Bedarfs immer schwieriger; außerdem werden die Gefahren nahezu aller Energiearten deutlicher: Die Kernkraftproblematik ist in aller Munde und im Blick auf die unmittelbaren Gefahren bei Störungen in Kernkraftwerken auch greifbar; die von der Kohle ausgehende Immissionsgefahr ist durch das Waldsterben sehr deutlich geworden. Durch vermehrte Filter ist hier allerdings Besserung zu erwarten.
Ein bedeutender Teil der staatlichen Strukturpolitik besteht in Krisenpolitiken gegenüber einzelnen Branchen. Vor allem die Stahl- und die Werftindustrie, die jeweils seit Mitte der 70er Jahre mit Strukturproblemen zu kämpfen haben, waren das Ziel staatlicher Eingriffe. In Zusammenarbeit von Bund, Ländern, Unternehmen, Gewerkschaften und Banken wurde nach Lösungen gesucht, Strukturbrüche mit plötzlichen hohen Arbeitsplatzverlusten zu vermeiden. Diese Art der Politik ist immer wieder wegen des Tatbestandes kritisiert worden, nicht wettbewerbsfähige Strukturen mit staatlichen Mitteln zu konservieren. Die Forschungsförderung ist in letzter Zeit ein Feld verstärkten staatlichen Engagements. Sie soll technologischen Rückstand verhindern und die internationale Wettbewerbsfähigkeit der bundesdeutschen Wirtschaft erhalten.

Die Beispiele illustrieren, auf wie unterschiedlichen Arbeitsfeldern die öffentliche Hand im Blick auf die Wirtschaft tätig ist, unter welchem Entscheidungszwang sie steht, welche oft geradezu konträren Ratschläge ihr erteilt werden. Praktisch handelt es sich um eine fast unbegrenzte Ausweitung der *wirtschaftlichen Zuständigkeit*. Auf sie wird überwiegend mit den überlieferten Vorstellungen von marktwirtschaftlich orientierter Strukturpolitik, die auf direkte Subventionen möglichst verzichtet, oder von imperativer Investitionslenkung mitsamt der Verstaatlichung von Schlüsselindustrien reagiert. Als Mittelweg hat *F. W. Scharpf* (1979) das Konzept der kooperativen Planung einer strukturellen Entwicklung durch Staat, Unternehmen und Gewerkschaften entwikkelt. Dieses Konzept kommt der Realität in der Bundesrepublik am nächsten, weil in ihr zwar viel von der Beschränkung auf *Strukturpolitik* die Rede ist, man sich aber seit langem an zahlreiche direkte *Subventionen* gewöhnt hat, mittels derer größere wie kleinere Wirtschaftssektoren zumindest teilweise aus dem Wettbewerb gezogen und von politischen Entscheidungen abhängig werden (Landwirtschaft, Kohle, Werften, Stahlindustrie, Luftfahrtindustrie usw.).

1986 ermittelte das Kieler Institut für Weltwirtschaft im Auftrag der Monopolkommission in einer Studie „Staatliche Interventionen in der Bundesrepublik Deutschland", daß das Subventionsvolumen (direkt oder indirekt) etwa 122 Mrd. DM betrage (1985). Damit würde der Strukturwandel behindert, weil der überwiegende Teil der bloßen Erhaltung, allenfalls der Anpassung diene. Gravierende Eingriffe in den Marktprozeß, die erhebliche Strukturverzerrungen bewirkt hätten, konzentrierten sich auf wenige Wirtschaftsbereiche. Diese seien vor allem: die Landwirtschaft, die Energie- und Wasserversorgung, der Bergbau, der Verkehr und die Nachrichtenübermittlung, die Wohnungsvermietung. Nur 53 % der Wertschöpfung seien in unverfälschtem Wettbewerb entstanden, der Interventionsgrad im verarbeitenden Gewerbe sei mit 31 % der Wertschöpfung auffällig gering. Ausnahmen bildeten hier die Eisen- und Stahlerzeugung, der Schiffbau sowie der Luft- und Raumfahrzeugbau.

Wer nach einem Blick auf einzelne Bereiche der Wirtschaftspolitik und auf ihr Instrumentarium eine beschreibende Zusammenfassung versucht, vermag auf *kein Konzept der Wirtschaftspolitik* zu verweisen, das eindeutig formuliert ist und aus dem sich die verschiedensten Maßnahmen stringent ableiten lassen. Ein solches Konzept erscheint auch nur schwer vorstellbar, nachdem Wirtschaftspolitik keinesfalls an einer Stelle allein formuliert und verwirklicht wird, vielmehr schon im öffentlichen Sektor zahlreiche divergierende Akteure im Spiel sind. Die *soziale Marktwirtschaft*, in der praktischen Prägung, die ihr Ludwig Erhard als Bundeswirtschaftsminister gegeben hat, deutet auf ein in sich kompromißhaftes Konzept hin. Schon zu Erhards Zeiten wurden aber *Aufweichungen* erkennbar, beginnend mit einer Strukturpolitik im Zonengrenzgebiet, welche direkte Finanzhilfen nicht ausschloß – die Geburtsstunde von Steuererleichterungen, Investitionshilfen, Zuschüssen bei der Schaffung von Arbeitsplätzen, Zuschüssen zur unternehmenseigenen Forschung, Ausgleichszahlungen bei erhöhten Transportkosten usw. Es entwickelte sich ein System, das noch immer viele marktwirtschaftliche Elemente enthält und die Dispositionsfreiheit des einzelnen Unternehmers nur selten direkt beeinträchtigt, das aber gleichzeitig neben Vorschriften, die sich aus der örtlichen Planung, aus der Arbeitsschutzgesetzgebung oder aus der Mitbestimmung ergeben, viele Lenkungsimpulse oder -hemmnisse vorsieht. Sie entstammen der Finanz- oder Zollpolitik, den Maßnahmen zur Sicherung des Wettbewerbs und den staatlichen Wettbewerbsverzerrungen mit Hilfe unmittelbarer Finanzleistungen an Unternehmer, den Staatsaufträgen, die nicht gleichmäßig über eine Branche streuen müssen oder schließlich den finanziellen Anreizen, wie sie sich etwa aus der Forschungsförderung ergeben, aus der Absicherung von Krediten im internationalen Handel und aus vielem anderen mehr.

Das *System ist unübersichtlich* genug, um alle Beteiligten zu lautstarken Forderungen an die öffentliche Hand zu veranlassen; die Wirtschaftslobby im weitesten Sinne wendet sich keineswegs nur wegen wirtschaftspolitischer Generalia an die politische Führung, sondern auch wegen diverser Einzelheiten. Der Mangel an Langfristigkeit und die ständige, nicht nur durch die Lobby erzwungene Diskussion der wirtschaftspolitischen Maßnahmen ermöglichen aber oft auch *kurzfristige Reaktionen* auf Mißstände oder neue Probleme.

Angesichts solcher Widersprüche erscheinen die konzeptionsorientierten *wirtschaftspolitischen Auseinandersetzungen* in der Bundesrepublik vergleichsweise irreal. Tatsächlich muß man die Dinge wohl so sehen, daß sie die praktische Wirtschaftspolitik nicht bestimmen, jedoch begrenzen. Der Vorwurf der einen Seite, die andere habe nur ein gebrochenes Verhältnis zur sozialen Marktwirtschaft, und der Vorwurf der anderen Seite, die Anhänger der reinen Lehre der Marktwirtschaft rückten deren soziale Komponente beiseite, relativieren sich gegenseitig. Das schließt wirkliche Experimente aus: Der Versuch des Abwasser-Abgabengesetzes etwa, statt der sonst in der Umweltgesetzgebung üblichen Ge- und Verbote mitsamt den dazugehörigen Überwachungssystemen auf das ökonomische Kalkül zu setzen, Emissionen nicht zu verbieten, sie aber zu verteuern, bedeutete ein solches, marktgerechtes Experiment, stieß jedoch gerade bei Anhängern der Marktwirtschaft auf entschiedene Ablehnung (vgl. *H. Bonus*, Ein ökologischer Rahmen für die soziale Marktwirtschaft, in: Wirtschaftsdienst 3/1979, S. 141 ff.). Umgekehrt kritisierten diese Anhänger Hans-Ulrich Klose heftig, der als Bürgermeister Hamburgs öffentlich und empirisch sicher zutreffend erklärte, die Analyse vom Ansatz des staatsmonopolistischen Kapitalismus her sei vielleicht doch nicht ganz falsch. Er müsse als Bürgermeister intervenieren, um Arbeitsplätze zu erhalten und ginge damit an den Grenzen des Marktes vorbei. „Und weil ich interveniere, will ich auch lenken. Denn wenn ich denen Steuergelder gebe, dann will ich auch wissen, was sie damit machen. Dann übe ich eine Investitionskontrolle aus. Und wenn wir intervenieren, und zwar ziemlich massiv, ist es nur noch ein kleiner Schritt zu der Frage, ob die vergleichsweise untergeordnete Form der Intervention, die wir bisher betreiben, die richtige ist, ob wir nicht übergeordnete Ordnungsprinzipien vorgeben müssen" (SZ 1.12.1978). Die Kritik an solchen Überlegungen behindert nicht die Überlegungen selbst, verhindert aber ihre Umsetzung in die Tat. Es wird mithin nicht experimentiert, man begnügt sich mit Steuerungsmitteln, die gerade noch marktgerecht sind – die staatliche Forschungsförderung mit ihren Schwerpunkten als Beispiel, der Einfluß der Großindustrie auf die Formulierung der Schwerpunktprogramme als Negativposten dieses Beispiels. Die wirtschaftspolitische Diskussion und die zum Teil harten Auseinandersetzungen stecken also einen Rahmen ab, innerhalb dessen sich *Wirtschaftspolitik zwischen Markt und Staat* bewegen kann und muß. In diesem Rahmen sind die soziale Komponente und ein gewichtiges Stück unternehmerischer Dispositionsfreiheit geschützt, ohne daß der Staat über ein langfristig eindeutiges Konzept verfügt. Zwischen den gesetzlich festgelegten Zielen: Preisstabilität, Vollbeschäftigung, außenwirtschaftliches Gleichgewicht und stetiges Wachstum, die man um das Ziel des ökologischen Gleichgewichtes erweitern könnte, wird nicht prinzipiell gestritten, sondern es werden aktuelle Probleme eher schrittweise gelöst, Ziele und Mittel einander angepaßt. Im Anpassungsprozeß konkurriert eine relativ unkoordinierte Zahl von Entscheidungsträgern miteinander und verstärkt ihn. Alle politisch Beteiligten stehen dabei gemeinsam vor dem Problem, daß die Wirtschaftsentwicklung und die Bewältigung des wirtschaftlichen Strukturwandels verbreitet zunächst als politische Aufgaben gesehen werden. Die Abhängigkeit vom Wirtschaftsverlauf wird als Staatsabhängigkeit verstanden.

1.6. Die Rolle des Staates

Historisch betrachtet sind *Staat und Politik* seit und während der Industrialisierung ständig neue Aufgaben zugewachsen. Sie reichen von eher globalen Ordnungsleistungen über weitreichende Steuerungsfunktionen bis hin zu konkreten Planungen und einer kaum überschaubaren Fülle von Einzelmaßnahmen. Dabei sind seit Beginn des Industrialisierungsprozesses insbesondere die gestaltenden und planenden Tätigkeiten des Staates ausgeweitet worden, um den wachsenden Anforderungen einer sich ständig ausdifferenzierenden Gesellschaft und einer zunehmend arbeitsteiligen Wirtschaft gerecht zu werden. Daneben wuchs der Umfang ordnender und eingreifender Staatstätigkeit in dem Maße, in dem rechts- und sozialstaatliche Ziele Gestalt annahmen.
Die Wahrnehmung der wachsenden staatlichen Aufgaben verlangte entsprechend umfangreiche Aufwendungen. Diese konnten nur durch eine in gleicher Weise zunehmende wirtschaftliche Leistungsfähigkeit der Gesellschaft gedeckt werden. Dabei wuchs der Anteil staatlicher Ausgaben am Bruttosozialprodukt (BSP) nicht kontinuierlich, sondern in Schüben.[1] Während er, soweit das überhaupt zu ermitteln ist,

1 Alle Zahlenangaben im folgenden Abschnitt stammen aus: *H. C. Recktenwald*, Umfang und Struktur öffentlicher Ausgaben in säkularer Entwicklung, in: Handbuch der Finanzwissenschaft Bd. 1, 1977; Finanzbericht 1987, hrsg. vom *Bundesministerium der Finanzen*; Statistisches Jahrbuch Deutscher Gemeinden, 1986, sowie aus Zusammenstellungen verschiedener Pressedienste.

vom Anfang des 19. Jahrhunderts bis zum Ersten Weltkrieg wohl eine sinkende bis gleichbleibende Tendenz aufwies, stieg er zwischen 1913 und 1938 von 15 auf 34% des BSP. Nach dem Zweiten Weltkrieg sank die „Staatsquote" zunächst unter den Wert von 1938, lag dann bis 1973 bei etwa 30% und stieg seitdem wenig darüber (1980: 33%, 1985: 31%). Berücksichtigt man bei der Bestimmung des Staatsanteils am BSP nicht nur die Gebietskörperschaften, sondern bezieht auch die Sozialversicherung mit ein, so ergibt sich ein allerdings erheblich verändertes Bild. Danach lag die Staatsquote 1960 noch bei 33%, stieg dann bis 1975 auf 50% und zeigt seitdem eine leicht fallende Tendenz (1979: 48%, 1982: 50%, 1986: 46%). Ein erheblicher Teil der damit verbundenen Ausgaben dient der Umverteilung von Einkommen, fließt also wieder an Private zurück, wobei der Staat Richtung und Umfang des Umverteilungsprozesses bestimmt.

Der Höhe der *Staats- und Umverteilungsquote* gilt meist das politische Interesse. Die angegebenen Werte verweisen dabei lediglich auf die „sichtbare" Entwicklung, während weitere Leistungen kaum präzise zu errechnen und zuzuordnen sind. Zu ihnen gehören etwa Betriebsrenten, Pensionsleistungen von Bahn und Post, Lohnfortzahlungen oder entschädigungslos zu erbringende Leistungen von Unternehmen für die öffentliche Hand (Steuerinkasso, Statistiken). Die Kosten dieser Tätigkeiten, die insbesondere kleinere und mittlere Unternehmen hart treffen, wuchsen zwischen 1957 und 1983 von 0,5 % auf 3,7 % des BSP; entsprechend laut sind die Klagen über Prozesse einer „Bürokratieüberwälzung". Aber auch davon unabhängig wird die Höhe der Staats- und Umverteilungsquote zumeist kritisiert, ist von „öffentlicher Verschwendung" (Bund der Steuerzahler) die Rede, von Belastungsgrenzen, von „Übersteuerung" und „Überregelung", schließlich gar von einem spezifischen „Staatsversagen". Niemand vermag umgekehrt zu sagen, was Sozialstaat und soziale Gerechtigkeit gebieten (vgl. *E. Forsthoff,* 1968, *H. H. Hartwich,* 1970, *H. Recktenwald,* 1978, *M. Greven u.a.,* 1980, *M. Jänicke,* 1986).

Im übrigen empfiehlt sich bei der Wahrnehmung öffentlicher Aufgaben nicht „vom Staat" als gleichsam monolithischer Einheit auszugehen, vielmehr auf seine äußerst komplexe Binnenstruktur zu verweisen. Dabei kennt die Bundesrepublik eine weitgehende *Dezentralisierung des Vollzugs* politischer Entscheidungen. Ihr korrespondiert eine gewisse *Zentralisierung von Steuerungsleistungen*, die sich allerdings im Laufe des vergangenen Jahrzehnts nicht unerheblich abgeschwächt hat. Zwischen diesen Polen sind Koordinationsleistungen vielfältigster Art von Bedeutung: Die große Zahl der Vollzugseinheiten, der Gemeinden, der Kreise, der unteren staatlichen Behörden usw. läßt sich zwar in ihrem Tun an das Gesetz binden, soweit es konkrete Handlungsanweisungen enthält, aber nicht so koordinieren, daß Ressourcen- und Fachplanungen miteinander abgestimmt sind, die Unterschiede zwischen einzelnen Regionen zur Geltung kommen oder Konjunkturimpulse der öffentlichen Hand gleich- und damit rechtzeitig wirken. Umgekehrt sind die zentralen Steuerungsbemühungen zu einem großen Teil vom dezentralen Vollzug abhängig oder sie wirken kontraproduktiv zu dem, was örtlich geschieht. Betreibt z. B. der Bund mit Hilfe eines konsequenten Mieterschutzes zugleich Sozial- und Preispolitik, so behindert er damit nicht nur private Initiativen im Mietwohnungsbau, sondern eben auch örtliche Maßnahmen der Wohnungsbeschaffung. Der größer werdende Handlungsspielraum unterschiedlicher administrativer Einheiten, die wachsende ökonomische und soziale Komplexität und eine entsprechend abnehmende gesellschaftliche Integration verlangen dabei eine gewisse Anpassung staatlicher Handlungsmuster. Der Staat ist auf die Zusammenarbeit mit wirtschaftlichen und anderen gesellschaftlichen Handlungsträgern angewiesen, wobei die entsprechende Kooperation immer weniger erzwungen werden kann, vielmehr eingeworben werden muß. Neben die hoheitliche, eher rechtsförmige Steuerung und die Leistungserbringung im Rahmen der Daseinsvorsorge treten daher zunehmend Aufgaben, durch Kooperation, Motivation, Überzeugung und Übereinkunft gesellschaftliche Prozesse zu organisieren und zu steuern.

Die Vermischung von staatlichen *Steuerungsfunktionen* und konkreten *öffentlichen Aufgaben*, die Überschneidung vielfältiger Funktionen und ihrer jeweiligen Ziele und Zielbündel werden oft dadurch verdeckt, daß man entweder die einzelnen Ebenen des politischen Systems je für sich betrachtet (vgl. Kap. 2.) oder aber sich auf Teilpolitiken (Wirtschafts-, Sozial-, Bildungs-, Verkehrs-, Rechtspolitiken usw.) konzentriert, neben denen darüber hinaus Querschnittsaufgaben (etwa die Raumordnung, die Mittelstandsförderung oder der Umweltschutz) berücksichtigt werden müssen. Praktische Politik findet meist in solchen (vergleichsweise künstlichen) Begrenzungen statt. Dies wird durch die Organisation der staatlichen Leistungserbringung – Organisation ist immer auch organisierte und damit segmentierte Aufmerksamkeitslenkung –, durch Ressort- oder Verwaltungsinteressen und schließlich durch entsprechende Routinen verstärkt. Jede ausschnitthafte Aneignung der Wirklichkeit wird dieser aber nur bedingt gerecht. Auf der anderen Seite werden an „die Politik" umfassende Rationalitätserwartungen herangetragen, wird von ihr eine zukunftsorientierte Steuerung der gesellschaftlichen Entwicklung verlangt (vgl. *J. J. Hesse/Ch. Zöpel*, 1987). Je weiter Zuständigkeit und Einfluß der Politik reichen, desto stärker wird natürlich durch verbindliche Entscheidungen, an denen andere ihr Verhalten orientieren, Zukunft vorweggenommen, gleichgültig, ob die jeweils benutzten Informationen und Prognosen dies auch rechtfertigen.

Angesichts des Funktionszuwachses, den Staat und Politik erfahren haben – ob es auch ein Machtzuwachs ist oder ob man nicht einfach Ausgleichs- und Korrekturfunktionen auf den Staat überträgt, bildet einen Teil der gegenwärtigen staatstheoretischen Auseinandersetzung –, wird es immer schwieriger, die *konkreten öffentlichen Aufgaben* systematisch zu erfassen[2] und sie auf *Staatsziele* oder *Staatszwecke* bzw.

2 Die verschiedenen Bemühungen um eine Systematik schildert *G. F. Schuppert*, Die öffentliche Aufgabe als Schlüsselbegriff der Verwaltungswissenschaft, in: Verwaltungsarchiv 1980, S. 309 ff. Einen wichtigen historischen Bezug bringt *E. Mäding*, Verwaltungsgeschichte als Aufgabengeschichte, in: Die Verwaltung 1982, S. 193 ff. Theoretisch verweist die Frage nach den öffentlichen Aufgaben vor allem auf die Unterfragen nach den Staatszwecken, nach den Grenzen der Staatstätigkeit, nach dem Nebeneinander von allgemeinen Steuerungsfunktionen und konkreten Aufgaben, nach der sinnvollen Verteilung der öffentlichen Aufgaben auf Ebenen und Träger und schließlich nach den Funktionen des Staates in der Gesellschaft. M.a.W.: von den konkreten Aufgaben führt ein unmittelbarer Weg in die Staatstheorie, der – anders als etwa die ‚Staatsableitung' aus den Bedingungen kapitalistischer Produktion – stärker der Realität verhaftet ist. Das erklärt sich zu einem erheblichen Teil daraus, daß die konkreten öffentlichen Aufgaben immer historisch bedingt sind, sich von Land zu Land entsprechend unterscheiden und sich deshalb einer allgemeinen Systematik eher entziehen, was inkrementalistisch betrachtet auch nicht problematisch ist – die öffentliche Hand tut eher, was getan werden muß –, während über Staatszwecke und Staatsfunktionen sehr wohl systematisch gearbeitet werden kann, was dann zu verschiedenen Positionen von der paretianischen Wohlfahrtsökonomie über die Theorie der meritorischen Güter bis hin zur marxistischen Theorie oder auch zu der Frage führt, ob die hier benutzten Denkmuster noch gültig sein können (diese Frage, leider wenig konkret gestellt, aber Anlaß für eine große Materialfülle, bei *G. Hesse*, 1979).

Staatsfunktionen zu beziehen. Die Frage nach den Aufgaben erscheint sogar diskreditiert, seitdem es in der Nachfolge von Max Weber heißt, der moderne Staat sei nicht über seine (sich gegebenenfalls wandelnden) Zwecke, sondern nur über seine (nur ihm eigenen) Mittel zu bestimmen. Um so heftiger kommt es zum Streit zwischen unterschiedlichen Staatstheorien, in denen sich häufig noch immer konservative, liberale, sozialistische, neomarxistische und marxistische Positionen abbilden.

Ihnen gegenüber wird hier ein historisch informierter und eher empirisch-analytisch ausgerichteter Ansatz vertreten und der folgenden Darstellung zugrunde gelegt, demzufolge es für die nach Zielen, Funktionen und Akteuren derart stark ausdifferenzierte Politik in der modernen Gesellschaft *kein einheitliches Konzept* geben kann. Die ,Politik aus einem Guß' erscheint vielmehr als – noch nicht einmal wünschenswerter – Idealtypus, dem das realistische Bild eines meist eher reaktiv handelnden Staates gegenüberzustellen ist, in einer Art rückwärtigen Auffangstellung der modernen industriellen und postindustriellen Gesellschaft, in der einige Entwicklungen wieder zurechtgerückt, andere stabilisiert und vor allem Fristen im Entwicklungsverlauf gewonnen werden. Das einfachere Bild: Der Staat stellt in einer sich noch immer schnell wandelnden, durch Strukturbrüche gekennzeichneten Gesellschaft die einzige flächendeckende Organisation bereit, auf die man immer zurückgreifen kann, wenn partielle oder regionale Problemlösungen untunlich erscheinen. Ihm sind hier bedingt nur die Kirchen vergleichbar, die deshalb auch in mancher Hinsicht zum ,quasi-öffentlichen' Bereich gehören, während die (politischen) Gemeinden für die Flächendeckung unentbehrlich sind; ihre Staatsbindung verstärkte sich mit dem Funktionszuwachs beim Staat.

Wird der *Staat* derart als Instrument der Gesellschaft, *als* Auffangstellung oder *Lückenbüßer* (vgl. *Th. Ellwein*, Der Staat: Moloch oder Lückenbüßer? in: *H. G. Wehling*, 1982) verstanden, bedeutet dies zunächst eine weitgehende Absage an Vorstellungen von aktiven Gruppen, welche zweckrational den Staat in ihren Dienst nehmen, damit er als Diener oder Agent des Kapitals, als Garant bürgerlicher Herrschaft, als Medium gesellschaftlicher Nivellierung und damit zugleich als aktiver Gegner individueller Freiheit wirke. Den Staatsapparat beeinflussen unterschiedliche Gruppen und Interessen, in ihm dominieren manche Interessen über andere und kommt es zu Ungerechtigkeiten und Benachteiligungen. Nur: Der Staat läßt sich nicht in Dienst nehmen, weil es ihn zwar ausweislich bestimmter Systemelemente gibt, er aber keinesfalls so rational konstruiert und damit lenkbar ist, wie es zu seiner Indienstnahme notwendig wäre (vgl. *B. Guggenberger*, 1974, S. 37). Die Rede ist vom Staat der bürgerlichen Gesellschaft mit einem weitverzweigten und hochkomplexen Institutionengefüge, aber ohne einheitliche Leitung. Politische Führung ist damit jedoch weder überflüssig noch ausgeschlossen.

Dieser Staat läßt sich empirisch am angemessensten analysieren, wenn man die mit ihm verbundenen *Rationalitätsbehauptungen* – die rationale Aufgabenverteilung zwischen Bund, Ländern und Gemeinden, die verfassungsmäßige Gewaltenteilung, die verbindliche Zuständigkeitsverteilung in der Verwaltung im Sinne Max Webers oder auch die uneingeschränkte Bindung der Verwaltung an das Gesetz – *mit Skepsis* aufnimmt und im Sinne von Charles E. Lindblom und seiner Auseinandersetzung mit rationalen Modellen der Entscheidungsfindung (z. B. von H. Simon) dem Ansatz vom ,muddling-through', vom ,Sich-Durchwursteln' folgt. Nach diesem Ansatz ist für den Staat (immer: synonym für öffentliche Hand oder Regierungssystem) von einer nur eingeschränkten, meist nur bereichsspezifischen Rationalität auszugehen, funktioniert seine Organisation nur begrenzt und meist nur bereichsspezifisch zweckrational[3]. Lindblom meint, daß politische Akteure in aller Regel nicht zuerst Ziele ermitteln und an ihnen denkbare Strategien überprüfen, um dann die besten auszuwählen. *Politik* finde vielmehr vorwiegend *in kleinen Schritten* statt (disjointed incrementalism), die beim status quo ansetzen, nur geringfügige Verbesserungen oder marginale Veränderungen erbringen, aber doch zu einer schrittweisen Problemlösung führen. Zwecke und Mittel werden dabei einander angepaßt; Handlungsimpulse gehen in der Regel aus der Erkenntnis von Mißständen hervor, nicht einfach aus Mißständen als solchen. Der kritische Vergleich von politischen Zielen und Realanalysen spielt keine sonderliche Rolle. Wesentlich für die *inkrementale Politik* ist weiter, daß es mehrere oder viele Entscheidungsträger gibt, von denen keiner dominiert und die keiner wirklich koordiniert, die unterschiedlich auf Informationen und Interessen reagieren und insgesamt im Gegen- und Miteinander mehr auf Anpassung angewiesen sind.

Lindblom hält diesen Ansatz nicht nur für wirklichkeitsadäquat, er hält ein solches Verhalten auch für das in der Demokratie angemessene, weil es niemanden überfordert, keinen Zwang zur Vollständigkeit und umfassenden Planung enthält und der Unsicherheit des Wissens über die Zukunft gerecht wird, weshalb „die schrittweise Veränderung des status quo der sicherste Weg (ist), um Risiken zu vermeiden" (*C. Böhret u. a.*, 1979, S. 287) und Entscheidungen revidierbar zu halten. Zudem kann man sich auf kleine Änderungen leichter einigen. Inkrementalismus ist „die dem Pluralismus angemessene Form der Entscheidungsfindung. Ähnlich wie im ökonomischen Marktmodell entsteht durch die marginalen und unkoordinierten Entscheidungen der isolierten Entscheidungsträger ein gesellschaftlich optimaler Zustand" (ebenda, S. 288).

Bei diesem ‚optimalen Zustand' setzt die Kritik ein. Das jeweilige Optimum ist status-quo-verhaftet, begünstigt weiter die von diesem status Profitierenden und benachteiligt die durch ihn Belasteten. Auch wenn man dies ernst nimmt: Solange wir das politische System immanent betrachten und bewerten, hilft jedes Modell eingeschränkter Rationalität weiter als eines, das die Rationalitätsbehauptungen des Systems übernimmt. Die Beschreibung gelingt mit Hilfe des ‚muddling-through'-Ansatzes besser. Inkrementale Politik erscheint auch inhaltlich als angemessene Politik, weil sie die Gefahr vermindert, die prognostischen und rationalen Fähigkeiten des Menschen zu überschätzen.

Wenn historisch betrachtet eine Politik der kleinen Schritte also als angemessen gilt, dann liegt, wie ausgeführt, dem die empirische Annahme zugrunde, daß der Staat der bürgerlichen und der Industriegesellschaft in aller Regel nur auf Entwicklungen in dieser Gesellschaft reagiert hat, insoweit *Markt und Staat in einem Komplementärverhältnis* stehen und es ohne neuerliche Überschätzung menschlicher und politischer

3 Vgl. hierzu auch neben *Th. Ellwein*, 1976, und vielen anderen *F. W. Scharpf*, 1979, mit einem ergänzenden Hinweis auf *F. A. von Hayek*, 1972, und: Arten der Ordnung, in: Ordo, Band 14, 1963, S. 1 ff., der zeigt, „daß das jeweilige aktuelle Verhalten komplexer Systeme aus prinzipiellen Gründen weder im einzelnen vorhergesagt noch durch irgendeine Steuerungsinstanz präzise beeinflußt werden kann. Zugleich hat er aber darauf hingewiesen, daß auch intellektuell nicht im Ganzen zu reproduzierende Systeme stabile Gesamt-Ordnungen mit charakteristischen Eigenschaften und Leistungstendenzen bilden können, die ihren Ursprung in der Fähigkeit von Individuen und Organisationen zur dezentralen Informationsverarbeitung, zur intelligenten Verfolgung eigener Zwecke und zur Anpassung an die durch das Verhalten anderer gesetzten Rahmenbedingungen haben" (Scharpf, S. 27).

Vernunft keine Notwendigkeit gibt, diesen Zustand hier und heute zu verändern. Die Begründung: In jüngerer Zeit ereigneten sich in keiner Epoche so viele Veränderungen, ging die Mutation von einer überkommenen Form (der Industriegesellschaft) in eine neue Form (vielleicht und ggf. als Gefahr: der programmierten Gesellschaft) so rasch vonstatten, wurden so viele Straßen und Kirchen oder öffentliche Einrichtungen gebaut, so viele Landesteile zersiedelt oder so viele traditionelle Berufe aufgelöst und neue Berufe eingebürgert. Das muß zu Unsicherheit führen. Ihr wird inkrementale Politik, die nicht vergangene oder auf die Zukunft hin ideologisch festgelegte Gewißheit suggeriert und ihr gemäß handelt, am ehesten gerecht.

Selbstverständlich befriedigt das nicht. Der *Systemtheorie*, in der die *Überlebensfähigkeit von Systemen* eine zentrale Rolle spielt, ist mit dem Glauben an die der Entwicklung innewohnende Harmonie, an einen Ausgleich im freien Spiel der Kräfte, eine normative Komponente zu eigen. Man optiert (*R. Dahrendorf*, 1965) für ‚Marktrationalität', nicht für ‚Planrationalität' und akzeptiert eine notwendigerweise zukunftsorientierte und damit zukunftantizipierende politische Planung und die ihr entsprechende Planungs- oder Steuerungswissenschaft nur, wenn sie und soweit sie in jenes freie Spiel lediglich regulierend eingreift, nicht wenn sie autoritativ ‚lenkt'. Ihre bloße Korrekturfunktion wird umgekehrt von neomarxistischer Seite einer Steuerungswissenschaft zum Vorwurf gemacht; sie gilt als systemstabilisierender Faktor, mit dessen Hilfe man Ungereimtheiten der Entwicklung reduziert, nicht als Möglichkeit der Systemverbesserung.[4]

Solche *Kritik* ist nicht einfach von der Hand zu weisen. Auch beschreibende und beschreibend-erklärende Bemühungen um Realität, die sich mit dem ausdrücklichen Verzicht auf Handlungsanweisungen verbinden, wirken in die Praxis hinein. Noch mehr tut es eine ‚Steuerungswissenschaft', die mehr oder weniger begrenzte Ausschnitte aus der Wirklichkeit benutzt, um Steuerungsmöglichkeiten zu erkunden. Dem können keine übergreifenden ‚Ziele' zugrunde liegen. Die Ziele ergeben sich vielmehr aus jenen Ausschnitten und sind realitätsverhaftet, dem Gegenwärtigen verbunden, zumal Individuen wie Organisationen kaum je im Blick auf die Wirklichkeit selbst, sondern meist auf stark vereinfachende Deutungsmuster reagieren, auf Denkmodelle also, wie sie auch die Theorie anbietet und die man oft in ebenso einprägsamen wie an sich irrealen Schemata dargeboten findet. Anders: Theorien haben unabhängig von ihrer ‚Reichweite' praktische Folgen. Das Postulat, sich gefälligst nicht nur um Ausschnitte aus der Wirklichkeit zu bemühen, mit denen man leichter zu operationalisierbaren Konsequenzen gelangt, liegt in der Luft und wird nicht nur von den ‚linken' Kritikern jener Steuerungswissenschaft erhoben, welche den gesamtgesellschaftlichen Bezug, den Bezug auf einen umfassenden Erklärungsansatz fordern.

Wir wollen hier darstellen, bisherige Entwicklungen erklären oder doch verständlich machen, nicht zukünftige prognostizieren. Selbstverständlich liegt dem auch eine *Vorstellung von Wissenschaft* zugrunde, derzufolge diese in erster Linie der Analyse und der Aufarbeitung von Optionsmöglichkeiten dient, während sie das Risiko (politi-

4 Vgl. z.B. *Th. Blanke/U. Jürgens/H. Kastendiek*, 1975, und den Beitrag dieser Autoren in *W.D. Narr*, 1975, wo sich noch mehrere, thematisch einschlägige Beiträge finden – häufig in Auseinandersetzung mit N. Luhmann und seiner Interpretation der Systemtheorie oder auch in Auseinandersetzung mit dem Policy-Science-Ansatz, der vor allem bei *F. W. Scharpf*, 1973, vermutet und angegriffen wird.

scher) Optionen nicht wirklich vermindern kann. Dennoch soll auf die *Begrenzung dieses Ansatzes* deutlich hingewiesen werden: Auch beschreibende und damit den gegenwärtigen Verhältnissen verbundene Erklärung bestimmt Handeln und bringt Handelnde in Gefahr, sich nur an der gegenwärtigen Realität und nicht auch an ihren besseren Möglichkeiten zu orientieren. Unversehens setzen sich dann die ‚Sachzwänge' durch, das von Karl Popper geschilderte piecemeal social engineering kommt zum Zuge, Handelnde entziehen sich der Notwendigkeit, Partei zu ergreifen. Auch politische Theorie ergreift Partei: Empirische Theorie ergreift Partei für die Realität, normative Theorie wendet sich einer Norm oder einem Normenbündel zu. In unserer Darstellung steht die Realität im Vordergrund: Auch die unvermeidliche Kritik ist in erster Linie dieser Realität verbunden. Eine solche Begrenzung ist anzusprechen. Vermeidbar erscheint sie uns nicht. Eine Analyse des Regierungssystems der Bundesrepublik, die von dem Axiom ausgeht, in der Bundesrepublik seien Gleichheit oder Freiheit gefährdet oder alle politischen Entwicklungen würden vom Privateigentum an Produktionsmitteln bestimmt, kann zu vielen interessanten Ergebnissen gelangen, kaum aber zu einer Darstellung, die auch für denjenigen hilfreich ist, der sich auf ein solches Axiom nicht einlassen will.

In der Bundesrepublik hat der Begriff ‚inkrementale Politik' im übrigen meist mit negativem Vorzeichen Eingang gefunden. Man kennzeichnet mit ihm das Fehlen der Gesamtschau, der Zukunftsperspektive oder der Vision von Politik. Die Politik der kleinen Schritte erschöpfe sich, so heißt es, in mühsamer Kleinarbeit, in zähem Niederringen eines immer wieder neu auflebenden Widerstandes, in bestenfalls gutgemeintem, zuletzt aber doch fruchtlosem Aktionismus. Politiker nehmen das durchaus ernst. Sie wollen ‚führen', keine ‚Macher' sein und beteiligen sich deshalb eifrig an der ideologischen Auseinandersetzung. Diese erhält dadurch scheinbar Gewicht. Dennoch wird man nur selten erleben, daß sich ein Konzept oder ein Erklärungsansatz in der politischen Praxis wirklich durchsetzt. Natürlich spielen Modelle und die Lehren unterschiedlicher Schulen eine große Rolle. Aber man formuliert sie meist im Sinne des ‚muddling through' auf Realität hin um.

Ähnlich kann man die oft sehr heftigen ideologischen Auseinandersetzungen sehen. Wenn die eine Seite der anderen ‚Kulturrevolution' (z.B. *G. Rohrmoser*, 1978) vorwirft oder in Zusammenhang mit § 218 StGB von Mord spricht, während umgekehrt von schrankenlosem Egoismus oder von Gefährdung des sozialen Friedens die Rede ist und man die jeweiligen Vorwürfe auf programmatische Grundlagen des politischen Gegners rückbezieht, dann hat das ebenso wie der häufige Vorwurf der Verfassungsfeindlichkeit mit der Staatspraxis wenig zu tun. Sie unterscheidet sich zwar in SPD-regierten Ländern von der in CDU-regierten, ohne daß es sich dabei allerdings um fundamentale Unterschiede handelt (vgl. international *K. v. Beyme*, Do parties matter?, in: PVS 1981, S. 343 ff.). In der Staatspraxis gelingen den Parteien nur tendenzielle Auseinanderentwicklungen, weil und solange sie pragmatisch vorgehen. Eine solche Feststellung gilt nicht für alle Bereiche. Dennoch bleibt die Wertung erlaubt, daß vielfach heftige Kontroversen zuletzt nur Extreme pointieren, um den mittleren Weg zu markieren. Der Aspekt des ‚muddling through' erweist sich in der Bundesrepublik als angemessener Ansatz, solange es um praktische Politik geht.

Im Rückblick auf die vergangenen zwanzig Jahre wird man darüber hinaus empirisch feststellen können, daß nach jenen politischen Handlungs- und Gestaltungsbedarfen, die ab etwa Mitte der 60er Jahre Fragen der Willensbildung und Entscheidung, der politischen Planung, der Verwaltungsorganisation, der Programmentwicklung und der Personalstruktur in den Vordergrund des Interesses rückten, auftretende Realisationsprobleme die schrittweise „Rücknahme" zu anspruchsvoller Konzepte förderten. Während die sich verstärkende sektorspezifische Vorgehensweise auf ihre Grenzen stieß, gewannen im Gefolge der eher allgemeinen öffentlichen Kritik an „Unregierbarkeit", „Politikverflechtung", „Verrechtlichung" und „Bürokratisierung" der Entwurf von Konsolidierungspolitiken, von Entstaatlichungs- und Reprivatisierungsmaßnahmen sowie schließlich Forderungen nach einer Rückkehr zur Subsidiarität und zur Selbsthilfe an Aufmerksamkeit. In der Erkenntnis, regelungsbedürftige Tatbestände nicht länger standardisiert und mit hohem Ressourcenaufwand zentralstaatlich regeln zu können, kam zudem Dezentralisierungs- und Regionalisierungsansätzen eine auch für die staatliche und kommunale Praxis wachsende Bedeutung zu.

Die heutige Situation verweist auf eine erneut veränderte Ausgangslage. So stellen laufende wie insbesondere künftige Anforderungen an Staat und Verwaltung neue, zumindest aber veränderte Fragestellungen. Ausgangspunkt sind dabei zunächst einige eher allgemeine *Einschätzungen künftigen staatlichen Handelns* (vgl. *J. J. Hesse*, in: Jahrbuch zur Staats- und Verwaltungswissenschaft 1987, S. 55 ff.):

- Danach gilt der Wohlfahrtsstaat der 50er und 60er Jahre aufgrund des inzwischen wesentlich differenzierteren Parteienwettbewerbs, der offensichtlichen sozialen Kosten der Industrialisierung und überholter staatlicher Paradigmata (Staat als omnipotente autonome Steuerungsinstanz einer Gesellschaft) als eine eher historische Zwischenphase in der Entwicklung des Verhältnisses von Staat und Gesellschaft;
- die Staatsfunktionen verschieben sich zunehmend vom Leistungs- zum Steuerungs- und Ordnungsstaat im Sinne der Organisation gesellschaftlicher Interaktions-, Produktions- und Entscheidungsprozesse;
- dabei verlagern sich die Leistungsfunktionen zu einem nicht unbeträchtlichen Teil auf dezentrale politisch-administrative Ebenen, die das Leistungsangebot den unterschiedlichen Ansprüchen präziser anzupassen vermögen, die Nachfrage wirksamer in die Angebotsgestaltung einbeziehen können und besser als zentralstaatliche Institutionen in der Lage sind, die erforderlichen Akzeptanz- und Konsensbildungsprozesse zu gestalten;
- die Autonomie des Staates – obwohl faktisch nie gegeben, wenngleich von den Handlungsträgern subjektiv so empfunden – wird immer weiter zugunsten kooperativer Strukturen zwischen Staat und gesellschaftlichen Handlungsträgern aufgelöst; die Aufgabe des Staates konzentriert sich danach auf die Wahrnehmung von Führungsfunktionen: Kooperation, Koordination und Moderation stehen dabei im Vordergrund;
- dieser Kooperationsbedarf entspricht aber durchaus auch staatlichen Eigeninteressen: zur Sicherung der finanziellen Voraussetzungen staatlichen Handelns (Steuermoral, Abdeckung öffentlicher Aufgaben über Entgeltfinanzierungen), zur Verhinderung von Legitimationsverlusten („anonymer Staat", „Großbürokratie", Informationsmißbrauch) und zur Verbesserung der Vollzugs-Effizienz (Verhinderung von Regelungsmißbrauch durch Adressaten, Gewährleistung von Kooperationsbereitschaft);
- die gesellschaftliche Komplexität, die unübersehbare Optionenmehrung individueller Interessendurchsetzung als Folge neuer Technologien, die Unsicherheit über

Wirkungsverläufe gesellschaftlicher Großentscheidungen (etwa im Bereich der Informationstechnik, der Kernenergie, der Rüstungswirtschaft etc.) erhöhen ständig die individuellen Risiken. Der Staat tritt dabei immer häufiger in die Rolle des „Großversicherers", der allerdings nicht nachträglich Schäden beseitigen, sondern sie vorausschauend verhindern soll. Das setzt Planung, Risikokalkulation und neue Verfahren der Entscheidungsvorbereitung voraus, die ohne gesellschaftliche Konsensbildung wiederum nicht funktionsfähig werden;

– gesellschaftliche Konsensbildung schließlich wird – bei zunehmender Desintegration durch gesellschaftliche Subkulturen, dezentrale Steuerungsstrukturen und gruppengebundene „Weltbilder" – immer mehr zum knappen Gut. Die Konsensbildungskosten wachsen progressiv, wenn jeweils problembezogene Übereinstimmungen hergestellt werden müssen, d.h. wenn ein differenzierter Grundkonsens fehlt. Aufgabe des Staates wird es dann, die Kosten der Konsensbildung zu senken, sei es durch neue Organisationsformen im Bereich der Willensbildung und Entscheidung, sei es durch Erneuerung eines differenzierteren Grundkonsenses.

Diese Prämissen bestimmen latent bereits heute staatliches Handeln, jedoch zeigen die Handlungsstrukturen, daß politisch-administrative Steuerungsprozesse sich nur schwer hierauf „einlassen" können. Sie werden eben beherrscht vom schnellen, vorzeigbaren, mediengerechten Erfolg, der tagespolitische Pragmatik an die Stelle mittelfristigen strategischen Handelns setzt. Vereinfacht und generalisiert formuliert bleibt politisches Handeln dabei charakterisiert durch sektorale, fragmentierte Politikwahrnehmung und -bearbeitung, durch reaktive Politikformulierung gegenüber sektoral artikulierten und von entsprechenden Interessen durchsetzten Problemdeutungen, schließlich durch erratische Reaktionen, die häufig eher stärker fremdbestimmt sind (von denen, die Probleme erzeugen oder sie zumindest politisieren können) als daß sie von den politischen Handlungsträgern planvoll gesteuert werden.

Als Korrektiv dazu wurde bereits in den 60er Jahren die staatliche aufgabenbezogene Planung eingeführt, die aber von vergleichsweise idealtypischen Vorstellungen gesamthafter Politikbearbeitung ausging und an institutionellen wie politischen Widerständen scheiterte. So entstanden Gegenpositionen, die stärker auf eine Selbststeuerung sozialer Systeme setzten, sei es über den Markt (Privatisierung, Entstaatlichung, Deregulierung), sei es über kleine soziale Netzwerke (Dezentralisierung, genossenschaftliche Selbsthilfe), sei es (im Wege höherer Rationalität der gesellschaftlichen Handlungsträger) über Selbstdisziplinierungen im „wohlverstandenen Eigeninteresse" (Anspruchsverzicht, Selbstkontrolle von Gruppen, „diskursiver Konsens"). Diese Positionen gehen jedoch von einem insofern illusionären Gesellschafts- und Politikverständnis aus, als sie gesellschaftliche Rationalitätssteigerungen empfehlen, ohne die damit wachsenden Kosten der Konsensfindung zu berücksichtigen, integrierte Aufgabenplanung durch einen Abbau politisch-administrativer Arbeitsteilung anstreben, ohne die informatorischen und konsensbezogenen Vorteile der Arbeitsteilung in Rechnung zu stellen, dezentralisierte Selbststeuerung propagieren, ohne zu erkennen, daß ausdifferenzierte Gesellschaften und pluralistisch-fragmentierte Institutionensysteme einen wachsenden Bedarf an Steuerung, Planung und Konsensbildung erzeugen.

Daher bietet sich auch ein eher pragmatischer Ansatz an, der politikfeldbezogen vorgeht, aber versucht, die einer „rationalen" Politikbearbeitung entgegenstehenden Widerstände (aus verflochtenen institutionalisierten Zuständigkeiten, aus der Heterogenität und Vielfalt privater wie öffentlicher Entscheidungsträger, aus materiellen

Verteilungskonflikten über Ressourcen, Kompetenzen und andere Handlungsvorteile) konstruktiv aufzugreifen und zu nutzen. *Staatliche Politik* wäre danach primär als *Führungsaufgabe* zu verstehen, der drei „strategische" Funktionen zuzuordnen sind: eine Orientierungsfunktion zur Bestimmung und Definition von Problemen, zur Festlegung von „Fluchtlinien" des Handelns und zur Präzisierung der erwarteten (und nachprüfbaren) Handlungsergebnisse; eine Organisationsfunktion, die sicherstellen muß, daß alle wichtigen Handlungsträger für ein Politikfeld mobilisiert und zu gemeinsamer Handlung zusammengeführt werden (der Staat/die öffentliche Hand kann immer weniger alle Probleme einer Gesellschaft an sich ziehen und aus eigener Kraft zu lösen versuchen, da die Problemfelder nur zu einem Teil von Variablen gebildet werden, auf die der Staat direkt Einfluß nehmen kann; darüber hinaus verfügen Private über ein zunehmend wachsendes Störpotential, das sie – auch ungewollt, etwa durch egoistisches Verhalten – gegen den Staat einsetzen); eine Vermittlungsfunktion, die zur Aufgabe hat, Konsens und Akzeptanz für gemeinsame Handlungswege zu schaffen und die verschiedenen Handlungsträger zu motivieren.

Die *Orientierungsfunktion* geht davon aus, daß die Arbeitsteilung der Gesellschaft und die Erkenntnis, daß in komplexen Gesellschaften Entscheidungen/Handlungen lange Wirkungsketten auslösen, deren Ergebnisse häufig Folgeprobleme schaffen, den Staat immer mehr in Steuerungsfunktionen gedrängt hat, die eine Vielzahl von Adressaten beeinflussen müssen. Orientierung geben heißt dann: Probleme frühzeitig aufzugreifen und zu benennen, Optionen für die Problembearbeitung zu schaffen, Ziele und Leitlinien für Problemlösungswege zu bezeichnen, Handlungen daraufhin abzuschätzen, welche ungewollten Folgewirkungen sie haben („Aktivitätsfolgenabschätzung": Umweltverträglichkeitsprüfung, Technologiefolgenabschätzung, Sozialverträglichkeitsprüfung, Raumverträglichkeitsprüfung). Orientierung ist aber nicht nur handlungsstrategisch zu verstehen, sondern wirkt auch auf die Grundwerte einer Gesellschaft ein, die letztlich den Möglichkeitsrahmen des Handelns mitbestimmen, aber auch Voraussetzung für kollektives Handeln sind (etwa: Solidarität).

Die *Organisationsfunktion* stellt gleichsam das materielle Korrelat zur Orientierungsfunktion dar. Sie unterscheidet die Organisation von Interaktionsprozessen zur Konsensfindung und Akzeptanzgewinnung und die Organisation der Kompetenz- und Ressourcenbereitstellung, um kollektives Handeln materiell zu ermöglichen. Die interaktionsbezogene Organisationsfunktion kann dabei politische Verhandlungssysteme zum Gegenstand haben (etwa: konzertierte Aktionen, Regionalkonferenzen) oder aber ordnungspolitische Regelungen schaffen, die das Handeln Dritter strukturell gestalten (Beispiel: Marktordnungen).

Die *Vermittlungsfunktion* schließlich verweist darauf, daß kollektives Handeln nicht nur initiiert, sondern auch motiviert und moderiert werden muß, zumal der Staat immer stärker auf die Mitwirkung von Privaten oder nichtstaatlichen Organisationen angewiesen ist, denen gegenüber Weisungen/Gebote/Verbote häufig wirkungslos bleiben, weil sie von den Adressaten unterlaufen bzw. von den ausführenden Behörden nicht adäquat umgesetzt werden. Vermittlung besteht dann nicht nur in der Verkündung von Zielen, Programmen oder in der Gewinnung von Kooperationspartnern, es geht vielmehr auch um den Einbezug derer, die an der kollektiven Aktion beteiligt sind – und dies bereits bei der Entwicklung und Planung von Zielen und Maßnahmen. Die Aufgabe ist sowohl intern (bezogen auf öffentliche Handlungsträger) als auch extern (bezogen auf nichtstaatliche Handlungsträger) zu realisieren. Sie kann umgesetzt werden über Beratungsleistungen, Überzeugungsarbeit, Tauschhandlungen und Verhandlungsprozesse. Die Wahrnehmung der Vermittlungsfunktion geht dabei häufig weit über den Informationsaustausch hinaus, meist handelt es sich auch um einen Prozeß politischer Konfliktregelung, der wiederum Rückwirkungen auf die Organisationsfunktion haben kann.

Solche Überlegungen zu veränderten Anforderungen an Rolle und Funktion staatlicher wie kommunaler Institutionen dürften die kommende Diskussion prägen.

2. Kapitel
Aufgabenverteilung und Politikverflechtung

Komplexe demokratische Gesellschaften sind durch ein hohes Maß an Macht- und Aufgabenteilung geprägt. Während Parteien, Verbände und Medien dabei je spezifische Aufgaben im Prozeß der politischen Beteiligung wahrnehmen (vgl. Kap. 4), ist für den staatlichen und den kommunalen Bereich von einer gleichzeitigen Aufgabenteilung wie Aufgabenvermischung auszugehen. Föderalstaatliche Entwicklung, kommunale Selbstverwaltung und Verflechtungsprozesse zwischen den Ebenen des politischen Systems stehen dabei im Vordergrund des Interesses. Sie verweisen auf das Spannungsverhältnis zwischen zentraler und dezentraler Politik, auf Fragen der Handlungsfähigkeit fragmentierter politischer Systeme, schließlich auf die wechselseitige Beeinflussung von gesellschaftlicher Entwicklung und staatlicher wie kommunaler Reaktion.

2.1. Gemeinden und Staat

2.1.1. Die Entwicklung der kommunalen Selbstverwaltung

Nach Anfängen im 17. und insbesondere 18. Jahrhundert, die durch den Erlaß von Landes- und Polizeiordnungen, Markt- und Stadtinstruktionen sowie Commune-Ordnungen gekennzeichnet waren, brachte das Preußische Allgemeine Landrecht von 1794 erstmals die Eingliederung der Städte wie auch der Landgemeinden in ein einheitliches Rechtssystem des souveränen Staates – ein Rechtssystem, in dem gleichermaßen aufgeklärte Staatsplanung und ständisches Herkommen vereint waren (*C. Engeli/W. Haus*, 1975 ff., S. 11). Die eigentliche Entwicklung des modernen Gemeindeverfassungsrechts und damit der kommunalen Selbstverwaltung in Deutschland war dann eng verbunden mit dem Zusammenbruch der ständischen Ordnung in und nach den Napoleonischen Kriegen. Die daraus resultierenden Reformpolitiken insbesondere des Preußischen Staates verfolgten primär zwei Ziele: die Wiederherstellung der im absolutistischen Feudalstaat verlorenen Bindung des Bürgers an den Staat sowie die Verbesserung der durch die Kriegsentschädigungen an Frankreich sowie die Folgen der Kontinentalsperre katastrophalen ökonomischen Situation. Die Stein-Hardenberg'schen Reformen (Städteordnung von 1808, Gewerbefreiheit, Bauernbefreiung, Trennung von Justiz und Verwaltung) sahen deshalb konsequenterweise in der kommunalen Selbstverwaltung eine Möglichkeit, den geänderten Legitimitätsgrundlagen Rechnung zu tragen und den politischen Entscheidungsprozeß auf die bürgerschaftliche Willensbildung zurückzuführen. Die Städteordnung normierte demzufolge die sogenannte unechte Magistratsverfassung, nach der die politische Willensbildung Aufgabe der Gemeindevertretung, die Vorbereitung und der Vollzug hingegen

Aufgabe eines kollegialen Gemeindevorstandes, des Magistrats, waren. Allerdings blieben diese gegen den Obrigkeitsstaat gerichteten, freilich gruppenspezifischen Freiheiten und Reformbemühungen letztlich stecken, wurden aufgrund zunehmender Bürokratisierungstendenzen und externer Eingriffe der nach der Städteordnung an sich nur die Wahl des Bürgermeisters bestätigenden Staatsbürokratie zunehmend restaurative Tendenzen erkennbar, denen erst durch die Revolution von 1848 zu begegnen versucht wurde. So erklärt sich auch das Urteil Hefften, der als charakteristischen Zug der Preußischen Städtereform „die konservative Tendenz, den politischen Reformwillen auf das engere Verwaltungsgebiet zu beschränken, die kommunale und provinzielle Selbstverwaltung als ausreichenden Ersatz für eine parlamentarische Staatsverfassung zu nehmen" (*H. Heffter*, 1969, S. 100), beklagte. Entscheidend und für die künftige Entwicklung prägend aber blieb die Forderung nach „Gemeindefreiheit" als naturrechtlichem Gedankengut verpflichtetes Element liberalistischen Denkens, das Postulat der Unabhängigkeit kommunaler Körperschaften gegenüber dem Staat (vgl. auch *Th. Nipperdey*, 1980, S. 38).

Das Scheitern der bürgerlichen Revolution von 1848 hatte dann zunächst wenig Einfluß auf die formale Ausgestaltung der kommunalen Selbstverwaltung. Materiell wurden die Gemeinden sogar zum Träger des jetzt beschleunigten Industrialisierungsprozesses, da aufgrund fehlender nationaler Organisationsformen die Städte zu den Zentren der Produktion und ihrer Folgewirkungen wurden. Die fortschreitende Verstädterung als Folge des Bevölkerungswachstums und der Binnenwanderung vom agrarischen Osten in die sich herausbildenden Produktionszentren des Westens, die zunehmende Produktions- und Kapitalkonzentration, schließlich die sozialen Folgewirkungen eines noch weitgehend anarchischen Wachstumsprozesses ließen den Aufgabenbestand der Städte erheblich anwachsen. So traten zu den Maßnahmen der Kapitalentfaltung (Bank- und Kreditwesen, Zollverein etc.) und ersten infrastrukturellen Vorleistungen für den Produktionsprozeß (Wasser-, Gas- und Elektrizitätsversorgung, Verkehrsinfrastrukturen u. a. m.) soziale Aufgaben wie die der Krankenversicherung, des Arbeitsschutzes und des Wohnungsbaus. Träger dieser Maßnahmen war zunächst noch das durch das Dreiklassen-Wahlrecht abgesicherte städtische Honoratiorentum, das durch das Auffangen von Proletarisierungstendenzen ein Aufbrechen der sozialen Gegensätze zu verhindern suchte.

Die weitere Beschleunigung des Industrialisierungsprozesses sprengte dann jedoch den Aufgabenbestand und die Leistungsfähigkeit der lokalen Ebene. Die zunehmend nationale Dimension der Produktions- und Wachtsumsprozesse war von einer entsprechenden Ausrichtung komplementärer Politiken und Institutionen begleitet. Die ehrenamtlich tätige Honoratiorenverwaltung wurde zurückgedrängt, zudem die Reform des Wahlrechts deren strukturelle Dominanz beeinträchtigte; die politischen Parteien gewannen an Einfluß (*H. Croon/W. Hofmann/G. C. von Unruh*, 1971, S. 15 ff.), die Verwaltung wurde professionalisiert, ihr Charakter als Leistungsverwaltung etabliert. Dezentrale Vorleistungs- und (soziale) Ausgleichsfunktionen wurden allmählich abgelöst von einer gesamtstaatlich orientierten Problemverarbeitung. Schließlich wurde die kommunale Selbstverwaltung stärker genossenschaftlich begriffen. Standen sich bislang das herrschaftlich-obrigkeitliche Element der monarchistischen Regierung mit einer bürokratischen Verwaltung und das freiheitlich-genossenschaftliche Element der Volksvertretung mit der Gemeindefreiheit gegenüber, so verband Hugo Preuß diese beiden Elemente jetzt im genossenschaftlichen Prinzip, das sich als Selbstregierung der gesamten Nation und als Selbstverwaltung der örtlichen Gemeinden darstellte. Der Staat sollte sich auf die Zentralverwaltung und die Rechtsaufsicht über die Kommunalverwaltung beschränken, die im übrigen ihre Angelegenheiten selbst regeln könnte (*H. Preuß*, 1906). Der bis dahin existente Gegensatz zwischen Obrigkeitsstaat und kommunaler Selbstverwaltung wurde zunächst gedanklich aufgelöst.

Durch den Einbezug der Gemeinden in den Gesamtstaat wurden ihnen – wie bereits 1848 kurz durch die Frankfurter Nationalversammlung – in der Weimarer Republik dann Grundrechte zugesprochen. Der Art. 127 der Weimarer Verfassung garantierte als gleichsam liberales Element des Sozialstaates den Gemeinden und Gemeindeverbänden das Recht der Selbstverwaltung innerhalb der Schranken der Gesetze. Diese Formalgarantie für die Existenz der kommunalen Selbstverwaltung blieb allerdings weitgehend Verfassungstheorie, da eine entsprechende ausfüllende Gesetzgebung nicht erfolgte und die Gemeindeordnungen des 19. Jahrhunderts unverändert blieben. Die Verfassung beließ es demnach auf der einen Seite bei dem historischen Zustand, daß Gemeindeangelegenheiten in Gesetzgebung und Verwaltung nach wie vor dem Hoheitsbereich der Länder zugeteilt waren, auf der anderen Seite verstärkte sie aber vor allem im Bereich der Gesetzgebung und Finanzwirtschaft die zentralistischen Machtbefugnisse des Reiches so sehr, daß unvermeidlich auch die Selbstverwaltung in den Sog der verstärkten Position des Reiches geriet (*H. Herzfeld*, 1957, S. 19 f.). Da der materielle Schutz der kommunalen Selbstverwaltung durch eine kommunalverfassungsrechtliche Gesetzgebung sowie durch eine finanzielle Absicherung der Kommunen nicht gegeben war und darüber hinaus die gemeindewirtschaftlichen Aktivitäten einer konfliktreichen öffentlichen Auseinandersetzung unterlagen, geriet die Selbstverwaltung schließlich in eine Abhängigkeit gegenüber dem Zentralstaat, die Forsthoff 1931 zu der häufig zitierten Feststellung veranlaßte, bei der kommunalen Verwaltung handele es sich um eine unpolitische Verwaltung in Angelegenheiten der örtlichen Gemeinschaft, die zweifelsfrei und allgemein als Verwaltungseinrichtung des Staates mit einem beschränkten eigenen Existenzrecht als „vom Staat abgeleitete Gewalt" aufgefaßt werde. Der materielle Niederschlag eines solchen Selbstverwaltungsverständnisses, das der faktischen demokratischen Entwicklung nicht mehr entsprach, welche die Parteien zu Nachfolgern der ehedem rein bürgerlichen kommunalen Honoratiorenpolitik hatte werden lassen, kulminierte schließlich Ende der 20er Jahre in der Zahlungsunfähigkeit einer großen Zahl von Kommunen, die nicht mehr in der Lage waren, die vom Zentralstaat überwiesenen Aufgaben insbesondere im Sozialbereich wahrzunehmen (*K.-H. Hansmeyer*, 1973). Daraus folgte nicht nur eine zum Teil erhebliche soziale Unterversorgung in den Städten und Gemeinden, sondern darüber hinaus eine zunehmende Illoyalität der Kommunen gegenüber dem Staat, die das Ende der Weimarer Republik beschleunigte.

Der nationalsozialistischen Regierung war es daher ein Leichtes, auf das ihrer Meinung nach totale Versagen der demokratischen Selbstverwaltung im Weimarer Staat zu verweisen. Der Einsatz sogenannter Staatskommissare zur Durchführung staatlicher Besteuerungsmaßnahmen etwa wurde in diesem Zusammenhang als sichtbarster Ausdruck des Verfalls gekennzeichnet. Die Zerstörung der kommunalen Selbstverwaltung als politischer Institution, die ideologisch durch die völkisch-kulturkritische Großstadtfeindlichkeit und das Konzept der Reagrarisierung gefördert wurde, vollzog sich dann in mehreren Stufen. Die Deutsche Gemeindeordnung (DGO) von 1935 ersetzte schließlich sämtliche bestehenden Städte- und Gemeindeordnungen und faßte die Gemeinden aller Größenordnung auf einer einheitlichen verwaltungsrechtlichen Basis zusammen. Die Zentralisierung der gesamtstaatlichen politischen Willensbildung war damit abgeschlossen. Die dann folgenden Jahre waren geprägt von einer Zersplitterung und schließlich Auflösung der Aufgabenbereiche der kommunalen Selbstverwaltung. Die spätere intensive Beteiligung der Städte und Gemeinden an den kriegswirtschaftlichen Maßnahmen ließ zwar die Notwendigkeit und Bedeutung dezentraler Initiativen und Aktivitäten erkennen, eine Selbstverwaltungsfunktion kann in ihnen jedoch kaum erkannt werden (*H. Matzerath*, 1970).

Nach dem Zusammenbruch des nationalsozialistischen Staates waren die kommunalen Behörden dann die einzigen noch intakten Verwaltungseinheiten, die ihre Arbeit sofort nach der Kapitulation wieder aufnahmen. Dies stand im Einklang mit den Zielen und Richtlinien der Jalta-Erklärung und den Beschlüssen der Potsdamer Konferenz, die für den politisch-administrativen Wiederaufbau vorsahen, daß „die Verwaltung Deutschlands in Richtung auf eine Dezentralisierung der politischen Strukturen und der Entwicklung einer örtlichen Selbstverwaltung durchgeführt werden muß". Insbesondere 1945 und 1946 waren die Gemeinden der nahezu alleinige Träger der notwendigsten Wiederaufbauarbeiten, so daß sie nicht nur zu Zentren des administrativen, sondern auch des wirtschaftlichen Neubeginns wurden. Letzteres zumindest so lange, bis nach der Währungsreform, dem Marshall-Plan und der Bizonengründung die Eigendynamik des Wachstumsprozesses zu einer Konsolidierung der wirtschaftlichen Entwicklung führte und Vorleistungen der Kommunen an Bedeutung verloren.

Die Entwicklung des Gemeindeverfassungsrechts verlief in den einzelnen Zonen uneinheitlich (*C. Engeli*, 1981; *Th. Eschenburg*, 1983, S. 262 ff.). In den Ländern der amerikanischen Zone knüpften die Neuordnungen sowohl an älteres Landesrecht als auch an die gesäuberte DGO an. Auch die französische Besatzungsmacht begnügte sich in ihrer Zone mit der Wiederherstellung des älteren Gemeindeverfassungsrechts durch die Länder und überwachte die Abänderung der NS-Vorschriften. Nur in der britischen Zone trat eine einheitliche neue Gemeindeordnung in Kraft, und zwar die abgeänderte DGO vom April 1946. Die innere Gemeindeverfassung wurde dabei nach englischem Vorbild gestaltet, wobei von einer scharfen Trennung zwischen politischer Verwaltungsführung und Verwaltungsvollzug ausgegangen wurde. Die Entwicklung in der sowjetischen Besatzungszone war insofern untypisch, als die im Herbst 1946 für alle Länder und Provinzen erlassene Demokratische Gemeindeordnung zwar auf eine Demokratisierung der kommunalen Selbstverwaltung zielte, das „Prinzip des demokratischen Sozialismus" mit der Folge einer vertikalen Dekonzentration des Verwaltungsaufbaus die Gemeindeorgane jedoch zu örtlichen Organen des Staates werden ließ.

In den rechtlichen Grundlagen der Gemeindefinanzverfassung änderte sich nach 1945 kaum etwas. Den Aufsichtsbehörden der Länder oblag nicht nur die gesetzesformale Aufsicht, sondern auch die Genehmigung der Haushaltssatzung hinsichtlich der Höhe der Steuersätze und des Höchstbetrages der Kreditaufnahme. Insgesamt war die Finanzlage der Gemeinden äußerst prekär. Wegen des Fehlens eines funktionsfähigen Kapitalmarktes konnten die Gemeinden nur geringfügig auf Kredite zurückgreifen. Aber auch die Finanzierung durch den laufenden Haushalt war unzureichend, da in Folge der Kriegszerstörungen (Grundsteuer) und der anfänglichen Wirtschaftsschrumpfung bzw. der relativ langsamen Erholung der deutschen Wirtschaft (Gewerbesteuer)

das gemeindliche Steueraufkommen gering war. Die durch die Kriegseinflüsse zu einem System fester Zuweisungen mit einer Bedeutungssteigerung des kommunalen Finanzausgleichs umgestellte Finanzverfassung wurde nach dem Zusammenbruch nahezu unverändert beibehalten (*H. Sattler*, 1959, S. 9 f.). Nur übernahmen im Finanzausgleich jetzt die Länder die Rolle des Reiches gegenüber den Gemeinden.
Der weitgehenden Kontinuität der kommunalen Verwaltungsstrukturen standen Versuche eines umfassenderen Neuaufbaus im politischen Bereich gegenüber. Allerdings scheiterten alternative Formen der gesellschaftlichen Organisation (wie die antifaschistischen Aktionskomitees) schnell, zumal bereits im Juni 1945 die sowjetische Militäradministration die Wiederzulassung der politischen Parteien beschloß, ein Schritt, dem sich die anderen Alliierten rasch anschlossen. Dezentralisierung der politischen Strukturen, Personalrekrutierung und Herstellung demokratischer Legitimation waren dabei entscheidende Antriebe. Nach einer ersten, auf die Landgemeinden beschränkten Wahl in der amerikanischen Besatzungszone (Januar 1946) folgten in den anderen Besatzungszonen die Wahlen zu den kommunalen Vertretungskörperschaften im Herbst 1946.

2.1.2. Die Stellung der Gemeinden in den deutschen Verfassungen von 1949

Nach der wirtschaftlichen Konsolidierung formierten sich mit der Verabschiedung des Grundgesetzes 1949 die politisch-administrativen Ebenen in der Bundesrepublik Deutschland: Bund, Ländern und Gemeinden wurden jeweils begrenzte Zuständigkeiten zugesprochen.
Art. 28 Abs. 2 Satz 1 GG garantiert dabei den Gemeinden das Recht, alle Angelegenheiten der örtlichen Gemeinschaft im Rahmen der Gesetze in eigener Verantwortung zu regeln. Der Aufgabenkreis ist demnach gegenständlich unbeschränkt („alle Angelegenheiten"), wohl aber durch die räumliche Komponente („Angelegenheiten der örtlichen Gemeinschaft") beschränkt. Nach h.M. bedeutet der Begriff im „Rahmen der Gesetze" nicht lediglich die Festschreibung des kommunalen Handelns auf die Gesetzmäßigkeit der lokalen Verwaltung, die Zuständigkeitsvermutung zugunsten der Gemeinden kann in Einzelfällen vielmehr durch den Gesetzgeber widerlegt und eingeschränkt werden, so daß Wanderungsverluste im Kompetenzgefüge nicht juristisch verhindert werden können. Das Bundesverfassungsgericht hat lediglich den „Kern der Selbstverwaltung" für unantastbar erklärt und diesen bislang nur negativ in der Rechtsprechungspraxis abgegrenzt. Weitere Grenzen der Allzuständigkeit der Gemeinden sind in der wirtschaftlichen Betätigung zu sehen, die nur dann möglich ist, wenn sie in angemessenem Verhältnis zur Leistungsfähigkeit der Gemeinden steht und der Zweck nicht besser und wirtschaftlicher durch einen anderen Träger erfüllt werden kann (Subsidiaritätsprinzip). Nach Stern impliziert der Grundsatz der Allzuständigkeit auch das Prinzip der Einheit der örtlichen Verwaltung (dezentrale Konzentration) (*K. Stern*, 1964, Rdnr. 93). Allerdings gibt Art. 86 GG dem Bund des Recht zur Errichtung bundeseigener Behörden, wodurch dieses Prinzip auch in der Verfassungswirklichkeit durch eine Vielzahl staatlicher Sonderbehörden beeinträchtigt wurde.
Art. 28 Abs. 2 Satz 1 GG zufolge haben die Gemeinden das Recht, die betreffenden Aufgaben „ohne Weisung und Vormundschaft des Staates zu erfüllen, wie dies nach Maßgabe der Rechtsordnung zweckmäßig erscheint". In ihren eigenen Angelegenheiten

unterliegen die Gemeinden deshalb nur der Rechtsaufsicht. Der Begriff der Eigenverantwortlichkeit wird im allgemeinen aufgefächert in Personal-, Gebiets-, Finanz-, Planungs-, Organisations- und Rechtsetzungshoheitsrechte.
Eingriffe der Gesetzgeber, die sich auf die Allzuständigkeit wie auf die Eigenverantwortlichkeit beziehen können, müssen durch ein Gesetz für unmittelbare Eingriffe oder aufgrund eines Gesetzes für mittelbare Eingriffe über Rechtsverordnungen erfolgen. Hinsichtlich der Finanzverfassung formulierte der Parlamentarische Rat aufgrund einer Intervention der Besatzungsmächte und wegen der damaligen Unsicherheit über die künftige finanzwirtschaftliche Entwicklung erst eine vorläufige Regelung, die nur auf das Bund-Länder-Verhältnis bezogen war und die Finanzausstattung der Gemeinden voll den Ländern überließ (Art. 106 Abs. 2 a.F.) (*H. Elsner/M. Schüler*, 1970, S. 38). Mit der Finanzverfassungsreform 1956 wurde die unmittelbare Finanzverantwortung des Bundes dann gegenüber den Gemeinden festgeschrieben und den Kommunen nach Art. 106 Abs. 6 Satz 1 GG die sogenannte „Realsteuergarantie" zugewiesen. Außerdem wurde festgelegt, daß den Gemeinden ein von der Landesgesetzgebung zu bestimmender Prozentsatz am Länderanteil der Einkommen- und Körperschaftsteuer zufließen (Art. 106 Abs. 6 Satz 3 GG) soll. Nach Art. 106 Abs. 7 GG verpflichtete sich der Bund zudem, für Sonderbelastungen, die durch den Bund induziert werden, einen Sonderausgleich an Länder und Gemeinden (Gemeindeverbände) zu gewähren. Damit wurde die finanzverfassungsrechtliche Stellung der Gemeinden endgültig im Grundgesetz gesichert.
Die Verfassung der DDR (1949) benennt das Recht der Selbstverwaltung in Art. 139: „Gemeinden und Gemeindeverbände haben das Recht der Selbstverwaltung innerhalb der Gesetze der Republik und der Länder. Zu den Selbstverwaltungsaufgaben gehören die Entscheidung und Durchführung aller öffentlicher Angelegenheiten, die das wirtschaftliche, soziale und kulturelle Leben der Gemeinde oder des Gemeindeverbandes betreffen. Jede Aufgabe ist vom untersten dazu geeigneten Verband zu erfüllen". Art. 140–142 normieren dabei das Wahlrecht und das staatliche Aufsichtsrecht.
Entgegen den Bestimmungen der DDR-Verfassung wurde die politische und wirtschaftliche Selbständigkeit der Gemeinden jedoch im Zuge des Aufbaus zunächst der zonalen und später der Staatsverwaltung nach den Grundsätzen des demokratischen Zentralismus systematisch abgebaut (*W. Ribhegge*, 1973). Die in der Demokratischen Gemeindeordnung von 1946 angelegten Selbstverwaltungselemente wurden nicht realisiert. Die Gemeinden wandelten sich im Zuge der weiteren Entwicklung auch formal zu „örtlichen Organen der Staatsmacht" (*J. Türke*, 1960). Das so bezeichnete Gesetz, das 1957 die Demokratische Gemeindeordnung aufhob, konstituierte die Gemeinden als staatliche Organe mit örtlich begrenzter Zuständigkeit und ordnete sie den Weisungsbefugnissen der übergeordneten Räte und des Ministerrats unter.

2.1.3. Das Verhältnis von Stadt und Staat

Die in der unmittelbaren Nachkriegsphase zentrale Bedeutung der kommunalen Selbstverwaltung und ihr vergleichsweise hoher Autonomiegrad wurden im Zuge der sich beschleunigenden ökonomischen Entwicklung und der Herausbildung und Festigung der staatlichen Institutionen reduziert. Grund hierfür war zum einen der sich weitgehend verselbständigende ökonomische Wachstumsprozeß, zum anderen die allmähliche Integration der Gemeinden in den Staat (Bund und Länder) – über die Reglementierung von Selbstverwaltungsaufgaben und die Einführung und Expansion der Auftragsverwaltung. Diese Entwicklungsprozesse wurden dadurch erleichtert, daß man den Ländern die originäre Kompetenz zur Regelung des Kommunalrechts zusprach und sie somit die verfassungsmäßige Ordnung, den Wirkungskreis und die Eigenverantwortlichkeit der Gemeinden sowie die Zuständigkeitsordnung der Gemeindeorgane verändern konnten (*J. Bertram*, 1967, S. 31).

Eine weitere Ebene der Beeinflussung der Gemeinden ergab sich durch die finanzwirtschaftliche Situation der Kommunen. So sank der Steueranteil an den gemeindlichen Gesamteinnahmen allein zwischen 1958 und 1966 von 35 % auf 28 %. Die Zweckzuweisungen der Länder sowie das Aufkommen aus der Fondswirtschaft des Bundes wuchsen hingegen an. Die Steuereinnahmen der Gemeinden übertrafen 1958 die Zuweisungen von Bund und Ländern noch um 78,1 %. Diese Spanne sank bis 1967 auf 2,6 %. Hieran wird deutlich, wie gering (trotz der 1956 eingeräumten Realsteuergarantie) der originäre Finanzanteil der Gemeinden an der Aufgabenerfüllung war und wie stark das Dotationssystem übergeordneter Gebietskörperschaften in die Gemeindefinanzen einbrechen konnte, was zu einer erheblichen Beeinflussung der kommunalen Willensbildung vor allem im Investitionsbereich führte.

In dieser Phase der Nachkriegsentwicklung fand gleichwohl noch keine Konzentration der Haushaltspolitik statt, da diese gesamtwirtschaftlich nicht erforderlich war. Die Wachstumsorientierung der Gemeinden war weitgehend durch die Gewerbesteuerabhängigkeit gesichert. Überregionale Infrastrukturengpässe traten noch nicht auf und die Sozialstaatspolitik konnte durch das Instrumentarium der Auftragsverwaltung realisiert werden (Sozialgesetzgebung, Lastenausgleich, Sozialhilfen). Für die staatlich propagierte Mittelstandspolitik (Eigenheimbau u. a. m.) waren die relativ großen Spielräume in der Flächennutzungsplanung zumindest nicht dysfunktional und übergeordnete Niveauprobleme konnten durch das Wohnungsförderungsgesetz geregelt werden.

Die Einbindung der Kommunen in die gesamtstaatliche Problemverarbeitung verstärkte sich dann jedoch im Gefolge der durch eine Überlagerung struktureller und konjunktureller Gründe zu interpretierenden Krise von 1966/67. Die Verfassungsreformgesetzgebung der Jahre 1967–1969 (Einführung der Gemeinschaftsaufgaben zwischen Bund und Ländern nach Art. 91a und b GG, Finanzhilfen des Bundes für besonders bedeutsame Investitionsvorhaben der Länder und Gemeinden nach Art. 104a Abs. 4 GG., Stabilitäts- und Wachstumsförderungsgesetz, Haushaltsgrundsätzegesetz, Gemeindefinanzreformgesetz), welche die Rationalität der staatlichen Problemverarbeitung zu erhöhen suchte, setzte dabei u. a. an dem prozyklischen Verhalten der Gebietskörperschaften an, die in Phasen reduzierten Wachstums den – unter gegebenen Systemprämissen – für unabdingbar erachteten Infrastrukturausbau verlangsamten, während in konjunkturellen boom-Perioden der ohnehin überhitzte Wachstumsprozeß durch zusätzliche Investitionen noch verstärkt wurde. Dies traf insbesondere für die Gemeinden zu, deren Einnahmenstruktur durch die Gewerbesteuerabhängigkeit außerordentlich konjunkturreagibel war und die darüber hinaus ca. 2/3 der gesamten öffentlichen Sachinvestitionen tätigten. Hinzu kam, daß Infrastrukturengpässe in Bereichen auftraten, die den kommunalen Finanzrahmen quantitativ überforderten und aufgrund von Dezentralisierungsproblemen eine übergeordnete Abstimmung notwendig machten.

Neben den meist konjunktur- und wachstumspolitisch begründeten Eingriffen in die kommunale Ressourcenstruktur und Mittelverwendung wurden die Gemeinden schließlich auch im Bereich der Aufgaben- und Entscheidungsstrukturen in ein System staatlicher, hierarchisch organisierter Arbeitsteilung einzupassen versucht. Dies zum einen über Tendenzen der Kompetenzzentralisierung bei gleichzeitiger Vollzugsdezentralisierung, zum anderen über die Intensivierung von Planungsansätzen auf allen Ebenen, wobei eine Hierarchie von Planungsstufen angestrebt wurde. So konstatierte auch trotz einer Vielzahl von Reformversuchen (z. B. sind den kommunalen Spitzenverbänden die Entwürfe zu Rechts- und Verwaltungsvorschriften des Bundes, soweit sie die Kommunen berühren, möglichst frühzeitig mitzuteilen; darüber hinaus werden wesentlich abweichende Stellungnahmen der kommunalen Spitzenverbände in die Begründung eines Gesetzentwurfs aufgenommen) der Schlußbericht der Enquête-Kommission Verfassungsreform des Deutschen Bundestages: „Der in der Verfassungswirklichkeit sichtbare Bedeutungswandel in den Beziehungen zwischen Staatsverwaltung und Kommunalverwaltung, der auf eine stärkere Verzahnung der örtlichen Verwaltung mit überregionalen Entscheidungsträgern dringt, sowie die stärkere Steuerung der kommunalen Selbstverwaltung durch Bundes- und Landesgesetze und durch zentrale Entwicklungs- und Fachplanungen, die Zunahme finanzieller Abhängigkeiten vom Staat bei steigendem kommunalen Investitionsbedürfnis für Infrastrukturaufgaben sind offenkundig. Die Herstellung gleichwertiger Lebensverhältnisse im gesamten Bundesgebiet und der gesteigerte Anspruch des Bürgers auf öffentliche Daseinsvorsorge sind die bestimmenden Einflußgrößen dieser Entwicklung" (Schlußbericht der *Enquête-Kommission Verfassungsreform* des Deutschen Bundestages, 1977, S. 219).

Damit ist das bereits angesprochene, grundsätzliche Problem noch einmal verdeutlicht: gestiegene, sich dezentral artikulierende gesellschaftliche Anspruchshaltungen, die in Verbindung mit der Entwicklung sozialstaatlicher Standards den Eingriff zentralstaatlicher Institutionen notwendig erscheinen ließen. Dies zum einen aufgrund der damit verbundenen Verteilungsproblematik, zum anderen wegen der offensichtlich nicht mehr auf lokale Einheiten zu beschränkenden Daseinsvorsorge, die zumindest in einigen Infrastrukturbereichen quantitativ wie qualitativ eine Größenordnung erreichte, die lokale, je regionale Bezüge überschritt.

Dieser Rückblick auf die Stellung der Gemeinden im politischen Gesamtsystem der Bundesrepublik verdeutlicht, daß nach der Phase des Wiederaufbaus (nicht des Neubeginns), in der die Erbringung notwendigster Versorgungsleistungen den Begriff der kommunalen Daseinsvorsorge in besonderer Weise prägte, die zu diesem Zeitpunkt über 24.000 Gemeinden mit Bund und Ländern zu Garanten eines weitgehend ungebrochenen Wachstumsprozesses wurden. Dabei war die ökonomische Entwicklung von einer gleichermaßen bedeutsamen räumlichen wie soziokulturellen Veränderung begleitet. Der Urbanisierungsprozeß mit seiner Herausbildung von 25 Verdichtungsräumen führte zu einem erheblichen Flächenwachstum und starken insbesondere innerstädtischen Funktionsverlusten, das Stadt-Land-Gefälle wurde abgebaut, eine Angleichung der Lebensverhältnisse beförderte gesellschaftliche Uniformierungstendenzen. Die Ambivalenz dieser Entwicklung wurde häufig beschrieben, ihre Folgen prägen bis heute die Siedlungs- und Gesellschaftsstruktur der Bundesrepublik.

Mit der Abschwächung der Wachstumsimpulse und den sich ändernden Funktionsanforderungen an den Staat wurde in den 60er Jahren die Interessenhomogenität der

gebietskörperschaftlichen Akteure aufgelöst, gewannen Strukturpolitiken und Planungs- wie Koordinationsprozesse an Bedeutung. Der Einbezug der Gemeinden in den Mehrebenen-Verbund, ihre Funktionalisierung für gesamtstaatliche Politiken war dabei sicher Ausdruck eines Bedeutungsverlustes dezentraler Politik, andererseits aber auch Chance zur Herausbildung einer eigenen Identität, zumal die Gebietsreform die Zahl der Gemeinden zwar auf ca. 8.500 verringerte, sie damit aber auch politisch artikulationsfähiger machte.
Daß die Gemeinden gleichwohl nicht zu einer ihrer gesellschaftlichen Bedeutung entsprechenden Rolle fanden, mag zum einen historisch erklärbar sein, ist zum anderen aber auch Folge der hohen Fragmentierung der kommunalen Ebene und der nicht unerheblichen interkommunalen Interessengegensätze. Anfang der 80er Jahre sind hier jedoch Veränderungen erkennbar. Sie gründen sich zum einen auf die zunehmenden Verteilungskämpfe zwischen den gebietskörperschaftlichen Ebenen, die insbesondere in den Städten und Gemeinden aufbrechenden gesellschaftlichen Widersprüche in einer Reihe von Problem- und Politikfeldern (Arbeitsmarkt, Wirtschaftsförderung, Umweltpolitik, soziale Versorgung) sowie schließlich auf den steigenden gesamtgesellschaftlichen Integrationsbedarf. Eine deutliche Veränderung der Rahmenbedingungen tritt hinzu. Dabei ist zu verweisen auf die erwartbare Bevölkerungsentwicklung mit den Konsequenzen für die Erwerbsbeteiligung und die Erwerbsquote, das veränderte Nachfrageverhalten und die zum Teil eruptive Entwicklung in den Bereichen Technologie und Produktivität, die Konsequenzen für den Arbeitsmarkt und die öffentlichen Haushalte sowie schließlich auf die veränderten Werthaltungen „post-industrieller" Gesellschaften.
Die lokalen und regionalen Ausprägungen dieser allgemeinen Entwicklungsprozesse dürften zu einer Bedeutungssteigerung der kommunalen Ebene und hier wiederum insbesondere der Großstädte führen: *strukturell* durch eine Aufwertung der Verdichtungsräume, die aufgrund des ökonomischen und kulturellen Strukturwandels gerade in Knappheitssituationen als Zentren der politisch-administrativen, ökonomischen und soziokulturellen Entwicklung und Innovation verstärkte Aufmerksamkeit erfahren; *prozessual* durch die zentrale Stellung der dezentralen Gebietskörperschaften als Umsetzungsebene von Bundes- und Landespolitiken sowie aufgrund aktueller Dezentralisierungs- und Regionalisierungstendenzen in einzelnen Politikbereichen, die als Ergebnis einer defizitären zentralstaatlichen Problemverarbeitung und/oder als Entlastungspolitiken von Bund und Ländern zu interpretieren sind; *inhaltlich* durch die sich auf lokaler Ebene massierenden gesellschaftlichen Probleme und die Wahrnehmung der politischen Integrationsfunktion, der aufgrund aktueller Veränderungen im Prozeß der politischen Willensbildung wachsende Bedeutung zukommt (*J. J. Hesse*, 1983, S. 18 ff.; s. auch unter 2.1.5.).

2.1.4. Die Aufgaben der Gemeinden

Sucht man die kommunale Aufgabenstruktur nun näher zu kennzeichnen, ist zunächst von dem angesprochenen Tatbestand auszugehen, daß die Verfassungwirklichkeit mit dem normativen Postulat des Art. 28 Abs. 2 GG (länderverfassungsrechtliche Garantien: Art. 69–71 Baden-Württemberg; Art. 10 f., 83 Bayern; Art. 137 Hessen; Art. 44 Niedersachsen; Art. 1, 3, 78 Nordrhein-Westfalen; Art. 49 Rheinland-Pfalz; Art. 117–123 Saarland; Art. 39 Schleswig-Holstein), nach dem den Gemeinden das Recht gewährleistet sein muß, alle Angelegenheiten der örtlichen Gemeinschaft im Rahmen der Gesetze in eigener Verantwortung zu regeln, kaum mehr in Einklang zu bringen ist. Wie bereits der historische Überblick zeigte, sind die Gemeinden in einem derartigen Umfang in gesamtstaatliche Entscheidungsprozesse und Problemlösungen einbezogen, daß selbst die vielfältigen Bemühungen, einen „Kernbereich" der Selbstverwaltung zu bestimmen, von der Entwicklung gesellschaftlicher Bedarfe und gesamtstaatlicher Problemlösungsansätze gleichsam überholt wurden und werden. Der Einbezug des örtlichen Wirkungsraumes in die staatliche Struktur- und Konjunkturpolitik, die finanzielle Verflechtung kommunalen und staatlichen Finanzgebarens sowie zwischengemeindliche Koordinationszwänge lassen eine kategorische Trennung der anstehenden Sachaufgaben in solche des örtlichen und solche des überörtlichen Wirkungskreises kaum noch zu, so daß nach Meinung einiger Autoren die Widersprüchlichkeit der Verfassungsnorm möglicherweise sogar nur über eine zeitgerechte Interpretation des Begriffes der Eigenverantwortlichkeit oder gar eine Verfassungsänderung aufzuheben ist (vgl. etwa *W. Roters*, 1975, *J. Burmeister*, 1977). Die Ausführungen zu Verflechtungsprozessen auch im Bereich der Entscheidungsstruktur werden dieses Problem und hierauf bezogene Reformvorstellungen diskutieren, wobei entscheidend sein wird, ob das Verständnis der kommunalen Selbstverwaltung eher in Richtung einer gesellschaftlichen Selbstverwaltung oder einer bloßen mittelbaren Staatsverwaltung geht.

Die eher traditionelle verfassungsrechtliche Diskussion kreist freilich noch immer um das Verständnis und die Ausgestaltung des schon vom Preußischen Oberverwaltungsgericht (PrOVGE 2, S. 186ff.) vor über 100 Jahren bestätigten *Universalitätsprinzips* (Prinzip der Allzuständigkeit), nach dem die Gemeinden nicht auf Einzelaufgaben fixierte, sondern auf universelle Wirksamkeit angelegte Körperschaften seien. Aus diesem Universalitätsprinzip folgt zum einen ein Enumerationsverbot (keine abschließende Benennung öffentlicher Aufgaben; es muß vielmehr die Möglichkeit verbleiben, in eigener Verantwortung neue Aufgaben als öffentliche Aufgaben aufzugreifen), damit verbunden ein Spontaneitätsrecht zur Aufnahme von Aufgaben, schließlich die Garantie eines breitgefächerten Wirkungskreises, nach der die Gemeinden und Kreise nicht durch Aufgabenentzug oder Mittelverknappung gleichsam zu „Spezialverwaltungen" gemacht werden dürfen (*K. Stern*, 1964, 1977; *G. Püttner*, 1983, S. 6). Der damit formulierte Verweis auf den Zusammenhang von Ressourcenrahmen und Aufgabenwahrnehmung verdeutlicht allerdings den für die Praxis eher theoretischen Charakter des Universalitätsprinzips.

Konkreter erscheint daher auch der Versuch, nach der unterschiedlichen Rechtsqualität der Kommunalaufgaben in den Gemeindeordnungen der deutschen Bundesländer zu fragen, Gemeinde- und Kreisaufgaben zu unterscheiden sowie schließlich die Realität der Aufgabenwahrnehmung in den Vordergrund des Interesses zu rücken. Verweist das Grundgesetz in Art. 28 Abs. 2 mit seiner Trennung zwischen „Angelegenheiten der örtlichen Gemeinschaft" und sonstigen, überörtlichen Angelegenheiten auf ein gleichsam dualistisches Modell der Aufgabenzuordnung und -wahrnehmung, nach dem das Recht auf Selbstverwaltung nur für die Angelegenheiten der örtlichen Gemeinschaft gewährleistet ist, die Verwaltungsgrundsätze für die übrigen Aufgaben hingegen der Kompetenz der Landesgesetzgeber überlassen sind, bleiben die Gemeindeordnungen der Bundesländer von einem unterschiedlichen Aufgabenbegriff gekennzeichnet. So folgte der überwiegende Teil der Länder (Schleswig-Holstein, Bremen, Nordrhein-Westfalen, Hessen, Baden-Württemberg) dem eher monistischen Aufgabenverständnis des sogenannten Weinheimer Entwurfs (Aufgabe der Trennung zwischen Selbstverwaltungsangelegenheiten und Auftragsangelegenheiten), während Niedersachsen, Rheinland-Pfalz und das Saarland bei der historisch begründeten Unterscheidung zwischen einem eigenen und einem übertragenen Wirkungskreis verblieben (dualistischer Aufgabenbegriff). Die Vertreter des monistischen Modells sahen ihre Aufgabenbeschreibung dabei als Ausfluß eines neuen demokratischen Staatsverständnisses, nach dem die Gemeinden in ihrem Gebiet als ausschließliche und eigenverantwortliche Träger der gesamten öffentlichen Verwaltung gesehen wurden. Sie sollten – soweit die Gesetze nichts anders bestimmen – in ihrem Gebiet alle öffentlichen Aufgaben wahrnehmen, wobei nach freiwilligen und Pflichtaufgaben zu unterscheiden wäre. Sollten die Gemeinden Grundlage und Zentrum des demokratischen Lebens sein, so sei eine Funktion als nur ausführendes Organ von Staatsaufträgen, verbunden mit der Unterstellung unter eine uneingeschränkte Staatsaufsicht, damit nicht zu vereinbaren (vgl. *G. Schmidt-Eichstaedt*, 1983, S. 15 ff.).

Die umfassenden Diskussionen etwa zur Rechtsnatur der „Pflichtaufgaben nach Weisung" oder zur Definition der „Angelegenheiten der örtlichen Gemeinschaft" lassen zusammenfassend etwa drei Anschauungen über die Rechtsqualität der Kommunalaufgaben erkennen:

(1) Die Lehre vom ursprünglichen (natürlichen) eigenen Wirkungskreis der Kommunen als vorstaatlichen Verbänden. Nach Aufnahme der Kommunen in einen Staatsverband kann diesem eigenen Wirkungskreis ein übertragener Aufgabenkreis von staatlichen Obliegenheiten hinzugefügt werden. In den eigenen Wirkungskreis darf in jedem Fall nur kraft Gesetzes eingegriffen werden.

(2) Die dualistische Einteilung der kommunalen Aufgaben in Selbstverwaltungsangelegenheiten, die nur der Rechtsaufsicht des Staates unterstehen, und Auftragsangelegenheiten, die der Rechts- und Fachaufsicht unterliegen, wobei die Kommunen in ihrer gesamten Verwaltungstätigkeit mindestens tendenziell als mittelbare Staatsverwaltung verstanden werden. Die Einführung von Selbstverwaltungsaufgaben erfolgt in diesem Modell kraft staatlicher Entscheidung zur Überwindung des Gegensatzes zwischen Staat und Gesellschaft, zur Dezentralisation, zur Effizienzsteigerung der öffentlichen Verwaltung. Die Garantie der Selbstverwaltung ist primär institutionelle Garantie, nicht Aufgabengarantie. Die Gewährleistung eines Kerns von Selbstverwaltungsaufgaben ist nur Mittel zum Zweck der Erhaltung des Wesensgehalts der Selbstverwaltung.

(3) Die Lehre vom einheitlichen (monistischen) Aufgabenfeld der Kommunen als den alleinigen und – soweit Gesetze nichts anderes bestimmen – ausschließlichen Trägern der öffentlichen Verwaltung auf ihrem Gebiet. Die Eingriffsrechte des sich auf den kommunalen Gebietskörperschaften über die Länder föderalistisch von unten nach oben aufbauenden Staates in dieses einheitliche Aufgabenfeld richten sich in jedem Fall nach einer gesetzlichen Grundlage. Die Intensität der Eingriffsrechte ist nach Notwendigkeit und Verhältnismäßigkeit abzustufen. Dadurch entstehen freiwillige Aufgaben, Pflichtaufgaben und Pflichtaufgaben nach Weisung. Grundlage dieser Aufgabenverteilung zwischen Staat und Kommunen ist ein Verfassungsverständnis, nach dem die kommunalen Gebietskörperschaften in der Aufgabenwahrnehmung gleichberechtigt neben Bund und Ländern stehen (*ebenda*, S. 26 f.).

Wie meist, hat freilich auch diese Klassifikation kaum Bestand vor der Verfassungswirklichkeit. Eine Reihe typischer Sonderbehörden (von der Steuer- über die Wehr- zur Arbeitsverwaltung), die Nutzung des Instituts der Organleihe sowie schließlich die Verflechtungsformen, die in den Gemeinschaftsaufgaben und den Investitionshilfen ihren sichtbarsten Niederschlag gefunden haben und von einer Vielzahl weiterer

Verbundpolitiken begleitet sind, verdeutlichen Notwendigkeit und Ausmaß der Abweichungen vom „Modell".
Diese eher allgemeine Diskussion um die Systematik kommunaler Aufgaben ist darüber hinaus durch die Unterscheidung nach Gemeinde- und Kreisaufgaben zu konkretisieren, also nach der Frage, ob eine im kommunalen Verantwortungsbereich liegende Aufgabe von der Gemeinde (in Ländern mit zwischengemeindlichen Verbandsformen auch Samtgemeinde, Amt, Verbandsgemeinde, Verwaltungsgemeinschaft) oder vom Kreis (Landkreis) wahrzunehmen ist („Auch die Gemeindeverbände haben im Rahmen ihres gesetzlichen Aufgabenbereichs nach Maßgabe der Gesetze das Recht der Selbstverwaltung"). Ohne hier auf die in Einzelfragen noch immer andauernde intensive Auseinandersetzung zur Verfassungsgarantie und das von ihr bestimmte Aufgabenverhältnis zwischen dem Kreis als Gemeindevorstand und den ihm angehörenden Gemeinden intensiver eingehen zu können (vgl. u. a. *W. Blümel*, 1978, S. 171 ff.; neueste Literatur in *J. J. Hesse/A. Benz*, 1987), kann der Stand der Diskussion dahingehend zusammengefaßt werden, daß den Gemeinden die Allzuständigkeit und das Aufgabenfindungsrecht für alle örtlichen Angelegenheiten verbleiben muß, während der Gesetzgeber den Gemeindeverbänden „einen dem Herkommen entsprechenden Wirkungskreis" zu übertragen hat. Neben der Universalität des gemeindlichen Wirkungskreises besteht also ein verfassungsrechtlich gebotener kommunaler Aufgabenanspruch der Kreise, den der Gesetzgeber auszufüllen hat. Das ist – neben konkreten gesetzlichen Zuordnungen – in den Kreisordnungen der Länder regelmäßig dadurch geschehen, daß den Kreisen die Wahrnehmung der „überörtlichen" Selbstverwaltungsangelegenheiten übertragen wurde. Aus der objektiven Rechtsinstitutionsgarantie ergibt sich für beide kommunale Körperschaftsgruppen damit ein verfassungsrechtlich garantierter Bestand an Selbstverwaltungsaufgaben; er orientiert sich in der konkreten gesetzlichen Ausprägung an den Begriffen „örtlich" und „überörtlich" (*H. Köstering*, 1983, S. 44).
Auch hier freilich erweist sich, daß die unterschiedlichen lokalen und regionalen Ausgangsbedingungen, die je spezifischen Auswirkungen der Gebiets- und Funktionalreform sowie schließlich die Dynamik des gesellschaftlichen Wandels einer durchgängigen Aufgabenabgrenzung zwischen Kreisen und Gemeinden entgegenstehen, Differenzierungen wie die nach übergemeindlichen, ergänzenden und ausgleichenden (weisungsfreien) Selbstverwaltungsaufgaben des Kreises (u. a. *H. Siedentopf*, 1975) bestenfalls Anhaltspunkte geben können.
Gleichwohl hat sich bundesweit das folgende „Grundmuster" typischer Selbstverwaltungsaufgaben von Gemeinden und Kreisen herausgebildet (vgl. *H. Köstering*, 1983, S. 50 f.):

Verwaltungsbereich	Gemeinde	Kreis
Verwaltung	Rathaus und Verwaltungsnebenstellen	Kreishaus und dezentralisierte Nebenstellen
	Statistik	Statistik
	Datenverarbeitung	Datenverarbeitung
	Öffentlichkeitsarbeit	Öffentlichkeitsarbeit
	Rechnungsprüfung	Rechnungsprüfung
Schulen und Bildung	Kindergärten	–
	Grundschulen	–
	Hauptschulen	–
	Realschulen	Realschulen
	Gymnasien	Gymnasien
	Gesamtschulen	Gesamtschulen
	–	Schullandheime
	Sonderschulen	Sonderschulen
	–	Berufsschulen
	–	Berufsfachschulen
	Schülerbeförderung	Schülerbeförderung
	Volkshochschulen	Volkshochschulen
	Jugendmusikschulen	Jugendmusikschulen
	Schulentwicklungsplanung	Schulentwicklungsplanung
		Kreisbildstelle
Kultur	Gemeindebücherei	Kreisfahrbücherei
	Kulturelle Veranstaltungen (Konzerte, Theater)	–
	Volks- u. Heimatpflege (Heimatmuseum)	Volks- u. Heimatpflege (Kreisheimatmuseum)
	Gemeindearchiv	Kreisarchiv
	Denkmalpflege	Denkmalpflege
	Städtepartnerschaften	Kreispartnerschaften
Sozialwesen	Altenheime	Altenheime
	Altenpflegeheime	Altenpflegeheime
	Altenhilfe	Altenhilfe
	Obdachlosenunterbringung	–
	Jugendheime	Jugendheime
	Jugendhilfe u. -pflege	Jugendhilfe u. -pflege
	Sozialhilfevollzug	Sozialhilfeträger
	–	Erziehungsberatung
	–	Kindererholungsheime
Gesundheitswesen	Sozialstationen	–
	Krankenhäuser	Krankenhäuser
Veterinärwesen	Schlachthof	–
Sport und Unterhaltung	Sportplätze	–
	Sporthallen	–
	Hallen- u. Freibäder	–
	Kinderspielplätze	–
	Bürgerhäuser	–
	Campingplätze	–
	Jugendherbergen	–
	Förderung von örtlichen Vereinen	Förderung von überörtlichen Vereinen

Verwaltungsbereich	Gemeinde	Kreis
Ver- und Entsorgung	Energieversorgung	–
	(in regionalen Verbänden)	
	Abfallbeseitigung	Abfallbeseitigung
	(Einsammeln der Abfälle)	(Beseitigung der Abfälle)
	–	Tierkörperbeseitigung
	Wasserversorgung	Wasserversorgung
	Abwasserbeseitigung	–
	(Kanäle, Kläranlagen)	
Bauwesen	Bauleitplanung	–
	Städtebau	–
	Erschließung	–
	Grundstücksan- u. -verkauf	Grundstücksbewertung
	Liegenschaftsverwaltung	Liegenschaftsverwaltung
	Bau u. Unterhaltung von	Bau u. Unterhaltung v.
	Gemeindestraßen u. Plätzen	Kreisstraßen
	Hoch- u. Tiefbau	Hoch- u. Tiefbau
	Bauhof	Bauhof
Wirtschaft, Verkehr	Industrie- u. Gewerbeansiedlung	Wirtschaftsförderung
	Fremdenverkehrsförderung	Fremdenverkehrsförderung
	Gemeinde- oder	Kreissparkassen
	Zweckverbandssparkassen	
	–	Öffentlicher Personennahverkehr
	–	Verkehrslandeplätze
Umweltpflege	Grün- u. Parkanlagen	–
	Wander- u. Reitwege	–
	–	Naturparke
	Freizeiteinrichtungen	Freizeiteinrichtungen
	Landschaftspflege	Landschaftspflege
	–	Landschaftsplanung
	Friedhöfe	–

Erheblich differenzierter hingegen stellt sich die Situation bei den weisungsgebundenen Aufgaben dar. So sind die Landesverfassungen durch unterschiedliche Formen der Aufgabenübertragung (staatliche Aufgaben, Auftragsangelegenheiten, Pflichtaufgaben nach Weisung) gekennzeichnet und die Kreisverwaltungen in der Mehrheit der Bundesländer neben ihrer kommunalen Stellung gleichzeitig untere Landesbehörden (zu einer Übersicht vgl. *ebenda,* S. 55 ff.).

Ein letzter hier vorzutragender Ansatz zur Systematisierung kommunaler Aufgaben ist schließlich eng mit der kommunalen Organisationspraxis verbunden und zielt auf eine pragmatische, sachlogische Ordnung (Gliederung) einzelner kommunaler Aufgaben. Der von der Kommunalen Gemeinschaftsstelle für Verwaltungsvereinfachung (KGSt) in Köln vorgelegte Aufgabengliederungsplan wurde dabei von nahezu allen Gemeinden in der Bundesrepublik übernommen. In seiner Grundstruktur wird zunächst nach großen Aufgabenbereichen unterschieden, eine Untergliederung in Aufgabengruppen und Untergruppen schließt sich an. Das dabei entstehende Bild verdeutlicht die Heterogenität des kommunalen Aufgabenbestandes, dem meist eine ihm korrespondierende organisatorische Grundstruktur folgt:

1 Allgemeine Verwaltung	2 Finanzverwaltung	3 Rechts-, Sicherheits- und Ordnungsverwaltung	4 Schul- und Kulturverwaltung	5 Sozial- u. Gesundheitsverwaltung	6 Bauverwaltung	7 Verwaltung für öffentliche Einrichtungen	8 Verwaltung für Wirtschaft und Verkehr
10 Hauptamt	20 Stadtkämmerei	30 Rechtsamt	40 Schulverwaltungsamt	50 Sozialamt	60 Bauverwaltungsamt	70 Stadtreinigungsamt	80 Amt für Wirtschafts- u. Verkehrsförderung
11 Personalamt	21 Stadtkasse	31 Polizei	41 Kulturamt	51 Jugendamt	61 Stadtplanungsamt	71 Schlacht- und Viehhof	81 Eigenbetriebe
12 Statistisches Amt	22 Stadtsteueramt	32 Amt für öffentl. Ordnung		52 Sportamt	62 Vermessungs- u. Katasteramt	72 Marktamt	82 Forstamt
13 Presseamt	23 Liegenschaftsamt	33 Einwohnermeldeamt		53 Gesundheitsamt	63 Bauordnungsamt	73 Leihamt	
14 Rechnungsprüfungsamt	24 Amt für Verteidigungslasten	34 Standesamt		54 Amt für Krankenanstalten	64 Amt für Wohnungswesen	74 Bäderamt	
		35 Versicherungsamt		55 Ausgleichsamt	65 Hochbauamt		
		36			66 Tiefbauamt		
		37 Feuerwehr			67 Garten- und Friedhofsamt		
		38 Amt für Zivilschutz					

2.1.5. Zur Situation der kommunalen Selbstverwaltung heute

Nach diesem Überblick über die kommunale Aufgabenstruktur soll abschließend versucht werden, die gegenwärtige Situation der kommunalen Selbstverwaltung durch einen Blick auf einzelne Problem- und Politikfelder zu kennzeichnen. Hier wird unter dem Einfluß zunehmend differenzierterer Aufgabenstellungen, knapper werdender oder doch zumindest zyklisch flukturierender Ressourcen sowie eines veränderten Nachfrageverhaltens vor allem zweierlei erkennbar: eine nicht unbeträchtliche Abkehr von den Routinen der kommunalen Leistungserbringung und Problemverarbeitung sowie eine mit der Unsicherheit über künftige Entwicklungswege verbundene Suche nach einem neuen Selbstverständnis. Dabei sind die kommunalen Vertreter gleichzeitig Adressat wie Träger von „Erneuerungs"-Prozessen. Adressat, weil sie sich einer zunehmend intensiveren und differenzierteren Nachfrage „alter" wie „neuer" Interessen ausgesetzt sehen, Träger, weil auch in den Rathäusern selbst das Unbehagen und die Kritik an traditionellen Verhaltensmustern wächst und zu zunehmend flexibleren und „sensibleren" Formen der Reaktion führt. Sucht man dies am Beispiel einzelner Handlungsfelder zu umreißen, soll im folgenden gleichsam exemplarisch auf die erkennbaren Ansätze zur *Bewältigung des ökonomischen und soziokulturellen Strukturwandels* (Wirtschaftsförderung und Arbeitsmarktpolitik, Sozialpolitik, Kulturpolitik), auf *veränderte Werthaltungen und Orientierungen* (Stadterneuerung, Umweltbewußtsein) sowie schließlich auf *Anpassungs- oder Innovationsprozesse im Bereich der Handlungsvoraussetzungen* (Kommunalverfassung, Ressourcenrahmen, Planung und Entscheidung) abgestellt werden (*J. J. Hesse*, 1986, S. 15 ff.).

Die Bewältigung des ökonomischen Strukturwandels hat dabei nicht nur in den besonders betroffenen alten Industrieregionen zu einer nahezu durchgängigen *Umorientierung der kommunalen Wirtschaftsförderung* in der Bundesrepublik geführt. Bestandssicherung und Bestandspflege sind an die Stelle von Ansiedlungs- und Umsiedlungspolitiken getreten, einzelbetriebliche Gewerbeförderung und lokales Marketing ersetzen die eher flächendeckenden, aggregierten Konzepte der „klassischen" Wirtschaftsförderung. Dabei ist interessant, daß aus gesamtstaatlicher Perspektive durchaus von einer nicht unbeträchtlichen „Lokalisierung der Problemverarbeitung" ausgegangen werden kann. Zwar bleiben regionale Steuerungs- und Ausgleichspolitiken durch den Bund gefördert und von Länderseite formuliert, ihre Umsetzung jedoch wird meist und weit intensiver als bisher auf lokaler Ebene betrieben. Dabei sucht sich die Landesebene durch ein Netz von „vor Ort"-Aktivitäten Transparenz und Steuerungskapazität zu sichern; eine gezielte und Erfolg versprechende Förderung wird allerdings erst durch die Gegenüberstellung der spezifischen lokalen Angebots- und Nachfragekonstellationen möglich. Der betriebsindividuellen Förderung kommt hierbei ein inzwischen wesentlich stärkeres Gewicht zu als den traditionellen Instrumentarien des unspezifischen Flächenangebotes, der Erbringung von Ver- und Entsorgungsleistungen sowie des Ausbaus sonstiger wirtschaftsnaher Infrastrukturen.

Die eigentliche *Innovationsförderung* (etwa über Maßnahmen der Technologiepolitik, die Hilfe bei Existenzgründungen, die Bereitstellung von Wagniskapital) scheint nach den bis jetzt vorliegenden empirischen Erkenntnissen in ihrer Wirkung auf den ökonomischen Strukturwandel eher überschätzt. Zwar ist richtig, daß die Förderung von als besonders innovationsträchtig und weniger konjunkturanfällig geltenden kleineren und mittleren Unternehmen sowie die Förderung von Produktinnovationen unverzichtbares „Kernstück" einer innovationsorientierten Wirtschaftsförderung sind, doch wird gerade hierbei deutlich, wie wichtig überlokale und überregionale Ausgleichs- und Steuerungspolitiken sind. So ist offensichtlich, daß die einzelnen Wirtschaftsräume der Bundesrepublik nicht gleich „begabt" für technische Innovationen sein können (so daß eine „flächendeckende" Technologiepolitik entweder wirkungslos bleibt oder Mitnahmeeffekte produziert), daß die allgemeine Förderung kleiner und mittlerer Unternehmen deren informellen Verflechtungsgrad mit dem großindustriellen Bereich unterschätzt und daß schließlich der Ausweis von Technologieparks und Existenzgründungszentren schon deshalb häufig zu kurz greift, weil diese gleichsam ubiquitär angeboten werden. Ohne Berücksichtigung auch der Nachfragestrukturen dürften die benannten Technologiepolitiken daher an ihre Grenze stoßen.

Von einer lokalen *Arbeitsmarktpolitik* spricht man erst seit einigen Jahren. Mag dies zunächst auf die besondere Trägerschaft arbeitsmarktpolitischer Maßnahmen zurückzuführen sein sowie auf ein Verständnis, nach dem man den Arbeitsmarkt lange Zeit als von der wirtschaftlichen Entwicklung abhängige und gleichsam „abgeleitete" Kategorie begriff, so ist auch hier von einem inzwischen nicht unbeträchtlichen Umdenken auszugehen. Haupttriebfeder ist dabei die Einschätzung, daß die Bundespolitik offenbar zu wenig wirksam ist oder die falschen Maßnahmen ergreift, um der herrschenden Massenarbeitslosigkeit wirksam zu begegnen; hinzu kommt die steigende Belastung der Kommunen mit den Folgeproblemen der Arbeitslosigkeit. Kommunale Arbeitsmarkt- und Beschäftigungspolitik ist so gesehen ein Akt politischer Notwehr oder Selbsthilfe und zugleich ein Akt der Bekämpfung eines sozialen Notstandes, der auf kommunaler Ebene am sichtbarsten und spürbarsten aufbricht. Die explizit angenommene arbeitsmarktpolitische Rolle der Städte und Gemeinden steht dabei in einem offensichtlich engen Wechselverhältnis zu der aufgezeigten Neuorientierung der kommunalen Wirtschaftsförderung. Hier wird es darauf ankommen, zum lokalen Ausgleich von Arbeitsangebot und Arbeitsnachfrage beizutragen, sei es durch spezifische Qualifikationspolitiken, Mobilitätshilfen und den Ausweis neuer oder zusätzlicher Arbeitsfelder und Arbeitsformen (etwa in den Bereichen Umwelt, Stadterneuerung, Landschaftsschutz und -pflege), sei es durch Maßnahmen der Arbeitszeitverkürzung.

Die *Sozialpolitik*, noch vor wenigen Jahren auf dem Weg zum Spielfeld für Spezialisten der sozialen Sicherungssysteme, hat eine inzwischen beträchtliche Repolitisierung erfahren. Sie ist eng mit der Lage auf dem Arbeitsmarkt verbunden, spiegelt sich in Begriffen wie dem der „neuen Armut" und wird im kommunalen Raum am ehesten in der Diskussion um die steigenden Ausgaben für die Sozialhilfe dokumentiert. Hier ist unbestritten, daß die Zahl der Arbeitslosen ohne bzw. ohne ausreichenden Leistungsanspruch nach dem Arbeitsförderungsgesetz seit Jahren stark ansteigt. Der Entlastung des Haushaltes der Bundesanstalt für Arbeit stehen dabei aufgrund der steigenden Inanspruchnahme der Sozialhilfe durch Arbeitslose erhebliche Belastungen der kommunalen Sozialhaushalte gegenüber. Verstärkt durch die generelle Diskussion um Finanzierungsfragen der sozialen Sicherungssysteme hat dieser Prozeß zu einer gewissen Umorientierung oder wenigstens Ausweitung der lokalen Sozialpolitik geführt. So wird zum einen gegenüber dem Bund etwa auf Änderungen im Bundessozialhilfegesetz, im Jugendwohlfahrtsgesetz, im Bundesversorgungsgesetz und bei der Reichsversicherungsordnung gedrängt, zum anderen nachhaltiger als bisher das traditionelle kommunale Leistungsspektrum selbst überprüft. Während dabei Maßnahmen zur

Bekämpfung der Jugendarbeitslosigkeit und zum Ausbau der Arbeitsbeschaffung eine gewisse Priorität zukommt, gewinnen auch Aktivitäten einer eher unorthodoxen Hilfe zur Selbsthilfe sowie einer Förderung „alternativer" Hilfestellungen (Nachbarschaftspflege, soziale Netzwerke, Ausbau informeller Arbeitsmärkte) an Raum.

Die *Kulturpolitik* hat bei der Bewältigung des benannten ökonomischen und soziokulturellen Strukturwandels in den Städten und Gemeinden der Bundesrepublik eine beträchtliche Aufwertung erfahren. Während sich Kulturpolitik im eher traditionellen Verständnis dabei auf das grundlegende Angebot kultureller Infrastruktur (Theater, Museen, Bibliotheken) erstreckt, ist durch die vielfältigen Versuche, auch dezentrale, stadtteil-, ja nachbarschaftsbezogene Aktivitäten zu fördern, das Verständnis und der Geltungsbereich von Kulturpolitik erheblich erweitert worden. Zur „großen" Kultur der Theater tritt die „kleine" Kultur der bis zum Individualangebot und einer entsprechenden Förderung reichenden gesellschaftlichen Sinnvermittlung. Dabei ist unwesentlich, ob die kommunale Kulturpolitik hier aktiv bei der Verbreiterung des Angebotes („Bürgerrecht auf Kultur") und der Ausweitung der Förderung mitwirkte oder sich eher reaktiv ohnehin vorliegenden Dezentralisierungsansätzen anschloß. Entscheidender ist, ob sich in der skizzierten Entwicklung ein qualitativer Umschlag der gesellschaftlichen Nachfrage nach kulturellen Angeboten niederschlägt oder ob hier – wie seitens der kommunalen Spitzenverbände – lediglich von einem kulturpolitischen Gegentrend (Basis- bzw. Lokalbezug gegen funktionelle Rationalität, Bürokratieabbau gegen Verwaltungszentralismus, kulturelle Öffentlichkeit gegen Hochkultur) zu sprechen ist. Blickt man auf die gegenwärtige kulturpolitische „Szene" der Bundesrepublik, ist das Bild nicht eindeutig. So stehen sich hier zum Teil blühende städtische Subkulturen und gleichermaßen prestigeträchtige wie aufmerksamkeitsheischende kulturelle Großprojekte gegenüber. Während die Schaffung etwa des „neuen Frankfurt", der Umschlag des traditionellen Museumsbaus in eine Bestandsaufnahme zeitgenössischer Architektur und schließlich die Renaissance historischer Großausstellungen sowie ambitionierter Theater- und Musikwochen dabei Zeugnis eines wieder intensiver werdenden kulturellen Interesses weiter Kreise der Bürgerschaft und der ihnen verbundenen politischen Institutionen sein dürften, ist die Nachfrage nach Experimentierbühnen, kulturellen „Werkstätten" und alternativen Formen des kulturellen Angebotes unverändert eher altersgruppen- und sozialisationstypisch geprägt. Es wird daher entscheidend auf die Durchlässigkeit der beiden „Kulturformen" ankommen, ob die Erwartungen in die Ausweitung lokaler kultureller Aktivitäten erfüllt werden. Nimmt man die identitätsstiftende Funktion der Kulturpolitik ernst, so ist das erkennbare Nebeneinander der „großen" und der „kleinen" Kultur ein Problem, könnte die sicher begrüßenswerte Ausweitung sowohl der kulturellen Nachfrage wie des Angebotes bestehende gesellschaftliche Ausgrenzungsansätze eher noch verschärfen.

Wurden Wirtschaftsförderung, Sozialpolitik und Kulturpolitik hier gleichsam stellvertretend für jene Politikbereiche benannt, die bei der Bewältigung des ökonomischen und soziokulturellen Strukturwandels von besonderer Bedeutung sind, so verweisen Stadterneuerung und Umweltpolitik auf jene veränderten Werthaltungen und -orientierungen, die wir als zweite Begründungsebene für eine Umbruchsituation im Bereich der Stadtpolitik und der kommunalen Selbstverwaltung benannten. *Stadterneuerung* ist dabei offensichtlich mehr als in den engen Gegenstandsbereichen etwa des Städtebauförderungsgesetzes oder der wohnungspolitischen Diskussion der vergangenen Jahre unterstellt. Der Begriff sucht vielmehr zweierlei. Die endgültige Überwindung

von Ideologie und Praxis eines Städtebaus, der sich primär als Bau- und hier als Neubauaktivität verstand, sowie die Anerkennung jener vielfältigen Funktionsanforderungen, die den städtischen Raum zum wohl am schwersten planbaren Objektbereich politisch-administrativer Aufmerksamkeit machen. Der „Wertewandel", den die Begrifflichkeit der Stadterneuerung dabei zusammenfaßt, kommt wohl am besten in der Forderung nach einer organischen Entwicklung der städtebaulichen Qualität zum Ausdruck, die Zeit, Maß und Bedachtsamkeit erfordert. Erweiterung und Ergänzung, Korrektur und Verbesserung des Bestehenden, Verschönerung und Ausschmückung, aus Erleben und Erfahrung resultierende „Optimierung" der Funktionsabläufe gelten dabei als bessere Gewähr für die Zufriedenheit der Menschen als der totale Zugriff auf den Stadtorganismus mit dem Anspruch, ihn in einem Zug komplett und voraussetzungslos neu erschaffen zu wollen. So erklärt sich die Umorientierung der Städtebaupolitik der vergangenen Jahre, erschließt sich die Funktion von Modernisierungs- und Wohnumfeldmaßnahmen, wird die Verkehrsberuhigung zum Gegenstand politischer Förderung. Bedenkt man darüber hinaus, daß die als Aufbau, Ausbau, Umbau und heute „Rückbau" zu kennzeichnende Entwicklung des Städtebaus seit Kriegsende in besonders eindrucksvoller Weise auf die verhängnisvollen Moden eines wachstumsorientierten Planungsverständnisses verweist, das scheinbar umstandslos vom „mehr" über das „besser" zum heutigen „weniger" überging, so erscheint der Ruf nach einem substantielleren und weniger kurzatmigen Verständnis von Stadterneuerung überfällig.
Noch leichter nachvollziehbar dürfte einem breiteren Publikum jener Einstellungswandel sein, der sich in einer inzwischen nachdrücklichen Unterstützung auch kommunaler *Umweltpolitiken* ausdrückt. So ist kaum mehr strittig, daß sich in den Städten eher als in anderen Räumen Umweltprobleme massieren. Lärmbelastungen, Luftverunreinigungen, Schadstoffbelastungen in Boden und Wasser sowie eine erhebliche Flächenbeanspruchung durch Gebäude, Verkehrsanlagen und anderen infrastrukturellen Besatz sind täglich erfahrbare Probleme, die die Sensibilität weiter Kreise der Bevölkerung geschärft haben. Strittig jedoch bleibt, wie den – lange geleugneten – Problemen begegnet werden soll. Immerhin ist davon auszugehen, daß die Umweltpolitik ihrem Gegenstandsbereich quantitativ, qualitativ und zeitlich bislang kaum zu entsprechen vermochte. So gilt der Versuch einer eher technischen Lösung von Umweltproblemen als meist zu spät und als nur punktuell ansetzend, verliert die Diskussion großflächiger Gemeinlast- oder Verursacherprinzipien angesichts fortschreitender Problematik an Reiz und Bedeutung und erscheinen manche kommunale Einzelpolitiken wie die Anpflanzung symbolischer Gehölze im Stadtinneren oder der umweltfreundliche Anstrich der Rathausfassade eher rührend als beispielgebend. Zwar ist es gerade die Summe der Einzelmaßnahmen, die Umweltpolitik Realität werden läßt, wichtig jedoch erscheint insbesondere auch eine konzeptionelle Erweiterung. Sie sollte Vorsorgeprinzipien bei gleichzeitiger Nachsorgepolitik betonen, sieht Bund, Länder und Gemeinden als Träger miteinander koordinierter Politiken und schafft die Voraussetzungen für eine „Stadtökologie", die jenseits romantisch verklärter Machbarkeitsideale sehr konkret auf die Möglichkeiten lokal ansetzender ökologischer Maßnahmen zielt. Hierzu zählen insbesondere Initiativen zur Erhöhung der Bodenmobilität und zur Steuerung der Bodennutzung, eine konsequent ökologischen Kriterien folgende Verkehrspolitik, abgabenorientierte Energiepolitiken sowie eine Reihe flankierender finanzpolitischer Maßnahmen. Dabei wird dann deutlich, daß auch im Bereich der Umweltpolitik von einem hohen Koordinationsbedarf auszugehen ist und daß zudem lokal

ansetzende Politiken vorangehender bundes- wie landespolitischer Steuerung bedürfen.

Folgt man schließlich der Diskussion um *kommunale Handlungsvoraussetzungen*, so ist hier Bewegung auf sehr unterschiedlichen Ebenen erkennbar. Dies gilt sowohl für die Anregung zu einer erneuten Überprüfung der unterschiedlichen Kommunalverfassungssysteme, für die Erkenntnis, daß aufgrund der ungleichen Ressourcenentwicklung der Städte und Gemeinden einer Fortsetzung der Gemeindefinanzreform auf Dauer nicht auszuweichen sein wird, für eine nicht unbeträchtliche Renaissance der Planungs- und Entscheidungsdiskussion sowie schließlich auch für die Bemühungen um eine ihren Namen verdienende Gesetzes- und Verwaltungsvereinfachung. Hintergrund dieser Diskussionen sind zum einen zumindest auch institutionell bedingte Steuerungs- und Führungsprobleme, zum anderen Verfahrensfragen, die auf mögliche Flexibilitäts- und Anpassungsdefizite der kommunalen Leistungserbringung verweisen und Rationalitätsreserven erkennen lassen.

So wird etwa hinsichtlich der *kommunalen Verfassungssysteme* in der Bundesrepublik hervorgehoben, daß sich die Führungsorganisation der süddeutschen Ratsverfassung, der südwestdeutschen Bürgermeisterverfassung und der norddeutschen Magistratsverfassung zwar insgesamt bewährt habe, die Direktorialverfassung in Nordrhein-Westfalen und Niedersachsen hingegen Züge einer Scheinverfassung aufwiese, bei der die Trennung von Politik und Verwaltung, die Ehrenamtlichkeit des Ratsvorsitzes, aber auch der nicht ausgeprägte und unzureichend organisierte Einfluß der Räte auf die Verwaltungsleitung immer mehr Unzuträglichkeiten und Lähmungserscheinungen hervorgerufen hätten. Dieser Scheincharakter der Verfassung schwäche die Steuerbarkeit der Kommunalpolitik.

Ob dies angesichts der gegenwärtigen populistischen Grundströmungen in der politischen Diskussion der Bundesrepublik zu einer Reform der kommunalen Verfassungssysteme führen wird, muß jedoch ebenso bezweifelt werden wie die politische Bereitschaft zur Fortsetzung der *Gemeindefinanzreform*. Sie – von den Betroffenen seit Jahren gleichsam stereotyp gefordert – schien zu Beginn der 80er Jahre unausweichlich: zu offensichtlich die Krise der Gemeindefinanzen, zu problematisch die Folgewirkungen in den Investitionshaushalten und bei der sozialen Versorgung, zu konfliktgeladen die Verteilungskämpfe zwischen den Gebietskörperschaften. Doch das Bild trog einmal mehr. Mit den ersten Anzeichen einer konjunkturellen Erholung und den entsprechenden Folgen für die Einnahmensituation der Städte und Gemeinden in den wirtschaftlich prosperierenden Räumen der Bundesrepublik verringerte sich der politische Handlungsbedarf, kehrten Beteiligte und Betroffene zu den Routinen der im Vorfeld der jeweiligen Gemeindefinanzierungsgesetze stattfindenden Auseinandersetzungen zurück. Allerdings gelingt der damit meist verbundene Prozeß der Interessenkanalisierung und -pazifizierung diesmal nur zum Teil, da gerade der als „Erholungsphase" apostrophierte Zeitraum die zum Teil beträchtlichen strukturellen Unterschiede in der Ressourcenbasis der immerhin rd. 8.500 kommunalen Gebietskörperschaften (mit entsprechenden Einzeletats) hat erkennen lassen. Wer sich auf eine differenzierte Analyse der Situation der kommunalen Haushalte einläßt (und hier reicht es einfach nicht mehr aus, nach Nord-Süd, Stadt-Land, A- und B-Ländern etc. zu unterscheiden), hat von offensichtlich strukturell verfestigten Unterschieden auszugehen, die nicht länger mit dem Verweis auf „bessere Zeiten" zu kommentieren sind, sondern politischer Handlung bedürfen. Zwar ist offensichtlich, daß die negativ betroffenen

Städte und Gemeinden das von ihnen beklagte „Wohlstandsgefälle" mitzuvertreten haben, doch sind die gesellschaftlichen und insbesondere die sozialen Konsequenzen einer „Spaltung der kommunalen Familie" inzwischen so beträchtlich, daß Ausgleichspolitiken unabwendbar scheinen. Geht man dabei davon aus, daß die Einführung einer Wertschöpfungsteuer politisch wohl nicht realisierbar sein wird, bleiben zunächst die Bestätigung und Restaurierung der Gewerbesteuer (unter Einschluß einer regional differenzierten Wiedereinführung der Lohnsummensteuer) als Ansatzpunkt der Reform.

Wie unsere Übersicht über einzelne Problem- und Politikfelder gezeigt hat, haben wir offensichtlich von erheblich veränderten materiellen Herausforderungen an die Politik in den Städten und Gemeinden der Bundesrepublik auszugehen: So bleibt die Bewältigung des ökonomischen Strukturwandels mit seinen Folgewirkungen für das Arbeitsplatzangebot, die Realeinkommen der privaten Haushalte und die erkennbaren teilräumlichen Entwicklungsprozesse ein auch längerfristig zentrales Problem, fordern die erkennbaren technologischen und ökologischen Herausforderungen ein Überprüfen langjährig routinisierter Problemverarbeitung und zwingen schließlich begrenzte öffentliche Ressourcen sowie eine zunehmend sensiblere Bevölkerung zu untypischen Formen der politischen Reaktion. Dabei kommt erschwerend hinzu, daß die hier an Einzelbeispielen verdeutlichten Probleme ja meist in einem äußerst komplexen Sach- und Organisationszusammenhang stehen. Während etwa die kommunale Wirtschaftspolitik nie nur Gewerbeförderung oder besser ökonomische Bestandssicherung sein kann, sondern immer auch in ihren Konsequenzen für die lokalen Arbeitsmärkte, die städtischen Sozialleistungen und die umweltpolitischen Zielvorstellungen zu sehen ist, muß auch bei der institutionellen Trägerschaft einzelner Politiken meist von verflochtenen Steuerungsstrukturen ausgegangen werden. Angesichts geringer originärer Aufgabenzuständigkeit der Gemeinden gilt dies bereits mit Blick auf die vielfältigen Abstimmungsprozesse zwischen Bund, Länder und Gemeinden, erst recht aber bei Berücksichtigung auch der Reaktionen von Politikadressaten – seien es Verbände, Unternehmen oder einzelne Bürgergruppen. Daher stellt sich auch das Verhältnis von Stadt und Staat, von zentralstaatlichen und dezentralen Gebietskörperschaften in veränderter Form. Kompetenzregelungen im Sinne eines Über/Unterordnungsverhältnisses, dem hierarchischen Staatsaufbau folgende Funktionszuordnungen und ihm korrespondierende Willensbildungsprozesse sind – wenn nicht unmöglich – so doch erschwert, neue Kommunikations- und Kooperationserfordernisse fördern vielmehr ein verändertes föderalstaatliches Verhältnis. Und hier gewinnt die kommunale Ebene trotz materieller Beschränkungen an Handlungspotential, wird sie – als Umsetzungs-, Bündelungs- und Integrationsinstanz – zu einer zunehmend wichtiger werdenden Größe der gesamtstaatlichen Leistungserbringung und Problemverarbeitung. Während staatliche Politik eher Führungsaufgaben übernimmt, die primär auf Problemdefinition und Orientierung, auf die Organisation von Problemlösungen und auf die Vermittlung zwischen unterschiedlichen Handlungsträgern zielen, gehen die Leistungsfunktionen der Politik verstärkt auf die kommunale Ebene über. Gefordert ist daher eine *Politik der örtlichen Nähe*, die sich der dezentral zu erbringenden Integrations- und Innovationsleistungen erinnert, ohne den Steuerungsbedarf komplexer Gesellschaften zu negieren.

2.2. *Länder und Bund*

2.2.1. Zur Aufgabenteilung

Grundsätzlich gilt es als Rechtfertigung des Föderalismus, daß in ihm die staatlichen Aufgaben verteilt sind. Wie es aber trotz des hilfreichen Begriffs „Angelegenheiten der örtlichen Gemeinschaft" keine klare Bestimmung der Gemeindeaufgaben mehr gibt, so lassen sich die *Aufgaben der Länder* kaum eindeutig von denen des Bundes abgrenzen. Bemüht man sich gleichwohl darum, so steht die *Kulturhoheit* der Länder – nach H. Schelsky eigentlich eine Kulturverwaltungshoheit –, in zwei bedeutsamen Streifragen vom Bundesverfassungsgericht nachdrücklich unterstrichen (vgl. *M. Abelein*, 1970, *F. Giese/F. A. v. d. Heydte*, 1957 ff., BVerfGE 12/259 ff.), zunächst im Vordergrund des Interesses. In diesen Bereich fällt u. a. das Recht, das Schulwesen gesetzlich zu ordnen, die Aufsicht über die Schulen auszuüben und Richtlinien für Unterricht, Erziehung, Abschlüsse und Prüfungen zu erlassen. Angesichts der Tendenz der Verstaatlichung des Schulwesens ergibt sich daraus weiter die Zuständigkeit für ein großes, sich bislang eher vermehrendes Personal und für seine Ausbildung. Zur Kulturhoheit zählen weiter der Bau und die Unterhaltung von Hochschulen, die Förderung von Wissenschaft und Kunst, die Gesetzgebung über Presse, Funk und Fernsehen. Alle diese Zuständigkeiten lassen sich aber in zunehmendem Maße nicht mehr vom einzelnen Land allein wahrnehmen: Aus der dem Bund zustehenden Förderung der wissenschaftlichen Forschung (Art. 74 Nr. 13 GG) erwuchs – durch Grundgesetzänderung – dem Bund eine Rahmenkompetenz für das Hochschulwesen (Art. 75 Abs. 1 Nr. 1a GG), ein später weitgehend aufgegebenes Mitwirkungsrecht bei der Bildungsplanung (Art. 91b GG) und – im Rahmen der sogenannten Gemeinschaftsaufgaben – eine Mitzuständigkeit für den Hochschulbau und seine Finanzierung (Art. 91a Abs. 1 Nr. 1 GG). Damit wird eine Entwicklung sichtbar, innerhalb derer die Länder die eigene Kulturhoheit zunächst betont, sich dann aber doch mehr und mehr auf ein eher gemeinsames Vorgehen verständigt haben, das sie in der Kultusminister- und der Ministerpräsidentenkonferenz vorbereiteten und dem später der Wissenschaftsrat und der Bildungsrat, an denen auch der Bund beteiligt ist, dienten, bis es angesichts der vermehrten Bundeszuständigkeit zur Errichtung der gemeinsamen (Bund-Länder-)Kommission für Bildungsplanung kam, die heute allerdings wieder erheblich an Bedeutung verloren hat.

Weniger starken Veränderungen unterliegt dagegen die umfassende *Verwaltungszuständigkeit* der Länder. Sie umfaßt die für die Gemeinden relevante Gesetzgebung, die Gemeinde- und Kreisordnungen, den kommunalen Finanzausgleich, die Festlegung der Gemeindegrenzen usw., große Teile des Wasserrechts, des Forst- und Wegerechts, die Bestimmung von Feiertagen, Teile des Bau- oder des Beamtenrechts oder auch das gesamte Polizeirecht. Mit all dem ergibt sich eine doppelte Zuständigkeit: die für die eigenen Angelegenheiten und die für die Ausführung von Bundesgesetzen. Auch im letzteren Fall liegen die Behördenorganisation und vielfach die Gestaltung des Verfahrens bei den Ländern. Diese haben damit neben dem bildungspolitischen Schwerpunkt einen Tätigkeitsschwerpunkt im klassischen Bereich der Innenverwaltung, ergänzt durch Kompetenzen in der Landesplanung und im Umweltschutz und durch zahlreiche Zuständigkeiten, welche – z. B. in der Wirtschaftsförderung – Aufgaben des Bundes überlagern.

Die *Aufgaben des Bundes* lassen sich genauer benennen, weil wie alle föderalistischen Verfassungen auch das Grundgesetz von der Zuständigkeitsvermutung zugunsten der (den Bund bildenden) Länder ausgeht und deshalb die Kompetenzen des Bundes präzise umschreibt. Die Besonderheit des Grundgesetzes besteht darin, daß es zwischen der ausschließlichen und der konkurrierenden Gesetzgebung des Bundes und dessen Recht zur Rahmengesetzgebung in bestimmten Fällen unterscheidet (Art. 71–75), diesen Gesetzgebungsbereichen aber, in denen es dank einer klaren Kompetenzverteilung kaum zu Streitigkeiten kommen kann, noch die ‚Gemeinschaftsaufgaben' nach Art. 91a GG zur Seite stellt. Hier kann der Bund „bei der Erfüllung von Aufgaben der Länder" mitwirken. Das führt zu einer doppelten Vermischung von Bundes- und Landeszuständigkeiten, weil zum einen fast bei allen Bundesaufgaben die Länder am Vollzug beteiligt sind (Verwaltungsföderalismus) und zum anderen der Bund an Landesaufgaben in einer Weise mitwirkt, die zu einer gesonderten Form der Willensbildung (Politikverflechtung) führt. In den drei vorgenannten Bereichen kann der Bund dagegen seine Zuständigkeit nur aktualisieren, indem er den Weg der Gesetzgebung einschlägt. Der deutsche Föderalismus gründet daher nicht auf einer realen Aufgabenteilung, sondern auf der Aufteilung von Gesetzgebungskompetenzen; er ist gesetzgebungsträchtig. Das wird heute beklagt, muß aber auch aus der deutschen Geschichte verstanden werden.

Art. 73 nennt elf Bereiche der ausschließlichen *Gesetzgebung des Bundes*, nämlich die Außenpolitik, die Verteidigung und den Zivilschutz, das Staatsangehörigkeits-, Paß- und Einwanderungswesen, das Währungs- und Münzwesen, die Einheit des Zoll- und Handelsgebietes mit allen die Bundesgrenzen berührenden Fragen, die Bundeseisenbahnen, den Luftverkehr, das Post- und Fernmeldewesen, die Rechtsverhältnisse des im Bundesdienst stehenden Personals, den gewerblichen Rechtsschutz, das Urheber- und das Verlagsrecht, zentrale Polizeiaufgaben und die Statistik für Bundeszwecke. In diesen Bereichen haben die Länder gemäß Art. 71 GG eine Gesetzgebungsbefugnis nur aufgrund ausdrücklicher Ermächtigung in einem Bundesgesetz.

Im Falle der *konkurrierenden Gesetzgebung des Bundes* behalten dagegen die Länder die Gesetzgebungsbefugnis bis der Bund von seinem Gesetzgebungsrecht Gebrauch macht. Das kann er gemäß Art. 72 (2) unter drei verschiedenen Voraussetzungen: Entweder läßt sich etwas durch die Gesetzgebung einzelner Länder nicht wirksam regeln oder aber eine landesrechtliche Regelung beeinträchtigt die Interessen anderer Länder oder der Gesamtheit. Diese beiden Voraussetzungen haben sich trotz unterschiedlicher Verfassungskommentare als problemlos erwiesen. Die dritte, nach der ein Bedürfnis nach bundesgesetzlicher Regelung besteht, wenn die „Wahrung der Rechts- oder Wirtschaftseinheit, insbesondere die Wahrung der Einheitlichkeit der Lebensverhältnisse über das Gebiet eines Landes hinaus sie erfordert", bildet dagegen nach verbreiteter Meinung das *trojanische Pferd des Zentralismus* im föderalistischen System. Tatsächlich sind fast alle Möglichkeiten der konkurrierenden Gesetzgebung, wie sie Art. 74 in – nach mehreren Verfassungsänderungen – heute 28 Ziffern aufzählt, inzwischen vom Bund aktualisiert, wobei sich in der Regel die ‚Einheitlichkeit der Lebensverhältnisse' als das Vehikel bewährt hat, auf dem man unter Umgehung einer klaren Bedürfnisprüfung die Kompetenzverschiebung zum Bund hin vornehmen konnte.

Zu den genannten Bereichen gehören in der Hauptsache: Das bürgerliche und das Strafrecht, der Strafvollzug und die Gerichtsverfassung, das Personenstandswesen, das Vereins- und Versammlungsrecht, das Aufenthalts- und Niederlassungsrecht der Ausländer, die Angelegenheiten der Vertriebenen und Flüchtlinge, die Wiedergutmachung und die

Fürsorge, das Wirtschaftsrecht, das Recht der Kernenergie, das Arbeitsrecht und die Sozialversicherung, das Kartellrecht, die Forschungsförderung, die Landwirtschaftsförderung, das Boden-, das Gesundheits- und das Lebensmittelrecht, das Straßenverkehrsrecht und – Ziff. 24 – „die Abfallbeseitigung, die Luftreinhaltung und die Lärmbekämpfung".

Dieser Katalog, seit 1949 mehrfach erweitert, weist den Hauptteil der ‚großen' Politikbereiche – neben der internationalen vor allem die Rechts-, Wirtschafts-, Agrar-, Verkehrs- und Sozialpolitik – dem Bund zu. Das bedeutet umgekehrt, daß den *Ländern*, abgesehen von ihren umfangreichen *Mitwirkungsrechten* (in der Bundespolitik) und ihrer mit der Bundeskompetenz gleichmäßig angewachsenen *Verwaltungsmacht*, nur wenig ‚große' Gestaltungsbereiche geblieben sind – Teile des Bildungswesens und das Verwaltungsorganisationsrecht hier in erster Linie zu nennen. Diese Feststellung gilt um so mehr, als man 1969 das Institut der Gemeinschaftsaufgaben in die Verfassung eingeführt und mit der Einfügung von Art. 74a, der die „Besoldung und Versorgung der Angehörigen des öffentlichen Dienstes" in den Bereich der konkurrierenden Gesetzgebung verweist, auch im engeren Organisationsbereich auf die Möglichkeit landesindividueller Gestaltung verzichtet hat. Das offenbart ein deutliches Bemühen, die ‚Einheitlichkeit der Lebensverhältnisse' stärker zu betonen als die Möglichkeit, von Land zu Land Unterschiede zu bewahren.

Neben der ausschließlichen und der konkurrierenden Gesetzgebung ist schließlich noch die Rahmengesetzgebung nach Art. 75 GG zu nennen, die dem Bund unter den Voraussetzungen des Art. 72 hinsichtlich der allgemeinen Grundsätze des Hochschulwesens, der allgemeinen Rechtsverhältnisse von Presse und Film, des Jagdwesens, des Naturschutzes, der Landschaftspflege, der Bodenverteilung, der Raumordnung, des Wasserhaushaltes, des Melde- und Ausweiswesens zusteht.

Während die Regelungen der Art. 70 ff. im Grundgesetz deutlich dem Prinzip der Aufgabenteilung folgen, also auf der Annahme beruhen, daß im Bundesstaat die staatlichen Aufgaben entweder vom Bund oder von den Ländern wahrzunehmen sind, hat man in der Bundesrepublik im weiteren Zusammenhang mit der *Raumordnung* (vgl. *W. Väth*, 1980) schon sehr früh (Förderung des Zonenrandgebietes) auch eine *Aufgabenvermischung* für notwendig und nützlich gehalten und sie mit der durch die Große Koalition 1969 herbeigeführten Verfassungsänderung weitgehend institutionalisiert. Die auf die Theorie vom *kooperativen Föderalismus* (vgl. *Kommission für die Finanzreform*, 1966, *G. Kisker*, 1971, *R. Kunze*, 1968) zurückgehenden Gemeinschaftsaufgaben sind nach Art. 91a zwar auf den Aus- und Neubau von Hochschulen, die Verbesserung der regionalen Wirtschaftsstruktur und die Verbesserung der Agrarstruktur und des Küstenschutzes beschränkt – ergänzt durch die Bestimmung des Art. 91b, daß Bund und Länder bei der Bildungsplanung und der Förderung von Einrichtungen und Vorhaben der wissenschaftlichen Forschung zusammenwirken können. Die Beschränkung ist scheinbar noch verstärkt, weil es einleitend heißt, der Bund wirke „bei der Erfüllung von Aufgaben der Länder" mit, „wenn diese Aufgaben für die Gesamtheit bedeutsam sind und die Mitwirkung des Bundes zur Verbesserung der Lebensverhältnisse erforderlich ist", was man durchaus restriktiv auslegen könnte. Tatsächlich hat sich aber die Gemeinschaftsaufgabe „Verbesserung der regionalen Wirtschaftsstruktur" in Verbindung mit dem Bundesraumordnungsgesetz und dem zwischen Bund und Ländern vereinbarten Bundesraumordnungsprogramm als der Motor einer Entwicklung erwiesen, in der es zu einer noch engeren Verflechtung von Bund und Ländern gekommen ist als es schon die Mitfinanzierung vieler Landes- und Gemeindevorhaben durch den Bund mit sich gebracht hat (vgl. *F. W. Scharpf* u. a., 1976, und *J. J. Hesse*, 1978). Die *Gemeinschaftsaufgaben* lassen sich – hier setzt die prinzipielle verfassungspolitische Kritik an, die seit etwa 1978 ständig lauter geworden ist und zu dem politischen Postulat einer deutlichen Rückkehr zum Prinzip der klaren Aufgabentrennung führte – verfassungspolitisch sowohl als Versuch interpretieren, ein hohes Maß an ‚Einheitlichkeit der Lebensverhältnisse' mit der Möglichkeit raumbezogen anpassungsfähiger Politik zu verbinden, als auch als die Aufhebung des in Bund und Ländern parlamentarisch bestimmten Föderalismus zu betreiben. Eine solche Kritik muß einbeziehen, daß sich im Verhältnis von Staat und Gemeinden eine ähnliche Entwicklung vollzieht, weil immer mehr Gemeindeaufgaben vermittelt über die Mitfinanzierung des Staates in staatliche Planungen einbezogen und damit zugleich stärker als früher zentralen Richtlinien unterworfen werden. Im Verhältnis zwischen Bund und Ländern wie in dem zwischen Staat und Gemeinden wird so ein Nebeneinander von eher zentralisierter *Steuerung* und *Vollzugsdezentralisierung* sichtbar. Wegen dieses Nebeneinanders erweist sich die Aufgabenteilung zwischen Bund und Ländern wohl als scheinrational.

Allerdings muß eingeräumt werden, daß seit Anfang der 80er Jahre hier ein allmähliches Umdenken erkennbar wird. Scheiterten die Entflechtungsbemühungen der sozialliberalen Koalition noch an den finanziellen Ausgleichsleistungen für die Länder, ist seit dem Regierungswechsel 1982 auf eine Reihe von Veränderungen zu verweisen. Da eine Neuverteilung von Gesetzgebungsbefugnissen zugunsten der Länder sowie die Abschaffung der echten Gemeinschaftsaufgaben Grundgesetzänderungen notwendig machen würden, gilt dabei der Aufgaben- und Kompetenzentflechtung bei den Mischfinanzierungen das primäre Interesse. Diskutierte und zum Teil bereits „reformierte" Politikbereiche sind: die Graduiertenförderung, der Krankenhausbau, die Bildungsplanung, die Städtebauförderung und der soziale Wohnungsbau. Ob der damit beschrittene Weg allerdings zu einer nachhaltigen Strukturveränderung des föderativen Staates, zu einer umfassenderen „Entzerrung" der gebietskörperschaftlichen Ebenen führt, darf bezweifelt werden. Dies gilt insbesondere mit Blick auf die sich intensivierenden strukturpolitischen Erfordernisse, die notwendigen Steuerungsprozesse in den Bereichen Forschung und Technologie, schließlich auch für den Gestaltungsbedarf im medienpolitischen Bereich. Hinzu kommt, daß die ordnungspolitischen Optionen der Regierung Kohl zwar zum Teil Subsidiaritätspolitiken zugunsten der Länder beinhalten, gleichzeitige Privatisierungsbemühungen potentielle „Aufgabengewinne" aber wieder konterkarieren (vgl. u. a. *H. Klatt*, 1986).

2.2.2. Verwaltungsföderalismus und Politikverflechtung

Das Grundgesetz gewährleistet den Föderalismus in Artikel 79 ausdrücklich. Damit sind auch die 11 Bundesländer in ihrer Existenz gesichert; an Neugliederungspläne früherer Zeiten, welche im ursprünglichen Art. 29 GG ihren Ausgang nahmen, wird niemand mehr anknüpfen. Zugleich erledigt sich die Frage nach der historischen Substanz der Bundesländer. Sie blicken zwar auf sehr unterschiedliche (oder gar keine) Traditionen zurück, es gibt aber keine regionalistischen Bewegungen in der Bundesrepublik, welche den Ländergrenzen gefährlich werden könnten. Ostfriesland und

Oldenburg haben im Lande Niedersachsen auf den verwaltungsmäßigen Ausdruck ihrer Selbständigkeit zwar mit Murren, aber doch ohne Widerstand verzichtet, und die drei fränkischen Bezirke in Bayern haben sich längst mit der allseits sichtbaren Dominanz der altbayerischen Bezirke abgefunden. Der westdeutsche Föderalismus erscheint institutionell unantastbar.

In seiner Grundstruktur beruht dieser Föderalismus auf einer Fehlinterpretation der amerikanischen Verfassung. Von 1815 an existierte Deutschland in der lockeren Ordnung eines Staatenbundes (Deutscher Bund). Im Zuge des Einheitsstrebens entstand dann 1866 und 1871 eine bundesstaatliche Ordnung. Sie folgte in wesentlichen Zügen der Reichsverfassung von 1849, die Entwurf geblieben war. Die Paulskirche hatte sich mit ihrer Verfassung, soweit es den künftigen Bundesstaat anging, an das Modell der Verfassung der Vereinigten Staaten gehalten. Da man aber in Deutschland damals am Souveränitätsbegriff als Merkmal des Staates festhielt, sah man die nordamerikanischen Gliedstaaten nicht als Staaten, hielt sie vielmehr für bevorrechtigte Provinzen und verkannte das tatsächliche Nebeneinander von Union und Einzelstaaten, das sich u. a. auch in einer völligen Trennung der Verwaltung, der Finanzen und des gesamten Organbestandes ausdrückte. Infolgedessen übernahm man in die Verfassung von 1848 wohl wesentliche Teile der nordamerikanischen bundesstaatlichen Ordnung, stellte aber abweichend vom Modell die Einzelstaaten unter das Reich, sprach diesem eine Oberaufsicht zu und ließ es sich der einzelstaatlichen Verwaltung bedienen. Das war politisch folgerichtig. Die deutschen Länder waren vorwiegend Verwaltungsstaaten. Es wäre ein Unding gewesen, neben ihre umfangreiche Verwaltung noch eine eigene Reichsverwaltung zu setzen. Die amerikanische Lösung beruhte umgekehrt weitgehend darauf, daß es im Zeitpunkt der Verfassungsberatung eine Verwaltung im kontinentalen Sinne überhaupt noch nicht gab; später ist es in den Vereinigten Staaten zu oft verwirrenden Verwaltungszuständen gekommen, die freilich nur z. T. mit den besonderen Formen der dortigen föderativen Ordnung zusammenhängen (vgl. *E. Fraenkel*, 1976 und *K. Loewenstein*, 1969). Weiter wirkten 1848 die Unterschiede zwischen den deutschen Ländern mit (s. a. *Th. Nipperdey*, Der Föderalismus in der deutschen Geschichte, in: J. C. Boogman/G. N. van der Plaat, 1980, S. 125 ff.). Bismarck hat das mit seiner *Reichsverfassung* überspielt, indem er die Reichsgewalt mit der Regierung des größten Einzelstaates so weitgehend verband, daß dieser kein eigentlicher Konkurrent des Reiches werden konnte. 1919 war diese Lösung nicht mehr möglich. Preussen stand mit 37 Millionen Einwohnern im Reich (60 Millionen Einwohner) diesem gegenüber, was nur erträglich schien, solange die Parteikoalitionen hier und dort eine ähnliche Grundlage aufwiesen. In der Krisenzeit kam es in Preussen zum Staatsstreich.

Die heutigen Bundesländer unterscheiden sich zwar erheblich, die Unterschiede destabilisieren aber offenkundig nicht das System. Tatsächlich wird man den deutschen Föderalismus zunächst als historische Gegebenheit begreifen müssen. Die systematischen Rechtfertigungen, die auf eine weitere Gewaltenteilung, den Wettbewerb im staatlichen Bereich (Polyzentrismus statt Monozentrismus, wie er etwa der Theorie von Max Weber entspräche) und auf das eher weltanschauliche Subsidiaritätsprinzip abzielen, spielen zwar eine große Rolle, wirken aber kaum auf die durch die Institutionen abgesicherte politische Praxis ein (vgl. neben den Verfassungskommentaren z. B. *E. Deuerlein*, 1972, *H. Laufer*, 1981, *K. H. Walper*, 1966). Die wichtigste Institution bildet der Bundesrat (vgl. Kapitel 5.4.). Entscheidende Wechselwirkungen bestehen zudem zwischen dem Parteiensystem und dem deutschen Föderalismus, solange das erstere eher die Konkurrenzdemokratie begünstigt, während der letztere mehr den Prinzipien der Konkordanzdemokratie entspricht (vgl. *G. Lehmbruch*, 1976, und Kapitel 4.3.). Im folgenden steht im Vordergrund die Frage, wie und warum die ‚an sich' beabsichtigte Aufgabenteilung zwischen Bund und Ländern begrenzt, überspielt oder durch eine zunehmende Aufgabenvermischung ersetzt wird. Dabei sind drei miteinander verbundene Tendenzen zu unterscheiden.

Der deutsche Föderalismus ist erstens durch die Herausbildung einer *dritten Ebene zwischen Bund und Ländern* verändert worden. Auf dieser Ebene werden Entscheidungen, für die an sich ausschließlich die Länder zuständig sind, so weitgehend zentral vorbereitet, daß die Landesparlamente nur ohne Änderungsmöglichkeiten zustimmen können oder aber einen Verständigungsprozeß außer Kraft setzen müssen, der zeit- und kostenaufwendig war und oft unter dem Druck einer öffentlichen Meinung zustande gekommen ist, die in vielen Bereichen die Unterschiede nicht goutiert, welche im Föderalismus selbstverständlich sein müßten. Auf dieser dritten Ebene wurden z. B. praktisch gleichlautende Pressegesetze der Länder vorbereitet, vereinbarten die Innenminister oder die Ministerpräsidenten auf regelmäßigen Konferenzen gemeinsame Aktionen oder Stillhalteabkommen in bestimmten Bereichen oder bemühten sich die Kultusminister um eine Einheit im Bildungswesen, der folgerichtig eine Bundeszuständigkeit entsprechen müßte. Leidtragende dieser Entwicklung sind zuerst die Länderparlamente, deren Mitwirkungsmöglichkeiten beschnitten werden, und dann die Bürger, deren Beteiligungsmöglichkeiten in solchen Bereichen fast völlig aufgehoben sind. Als Nutznießer erscheinen die Exekutiven, die auf dem Konferenzwege Entscheidungen herbeiführen können, ohne nennenswerter parlamentarischer Kontrolle zu unterliegen.

Als zumindest zwischenzeitlich herausragendes Beispiel für die Wirksamkeit der dritten Ebene sei das Tun der *Ständigen Konferenz der Kultusminister der Länder* (KMK) erwähnt, ohne dabei allerdings auf die inhaltlichen Entscheidungen einzugehen. Bildungspolitik ist so kompliziert, daß nur das sorgfältige Darlegen der jeweiligen Beurteilungsposition in der Diskussion weiterhilft (den u. E. besten Überblick geben *Projektgruppe Bildungsbericht*, 1980, und *Arbeitsgruppe* am MPI für Bildungsforschung, 1979). Deshalb sei von einer einfachen Gegenüberstellung ausgegangen: Föderalistische Bildungspolitik könnte einerseits bedeuten, daß traditionelle soziale und politische Unterschiede zwischen den Ländern auch im Bildungswesen zum Ausdruck kommen. Im Ergebnis führt das zu einer Vielfalt, die für die Beteiligten erträglich ist, wenn die nationale Kultur einen gewissen Rahmen setzt und innerhalb dieser Vielfalt eine relativ große Freiheit herrscht, so daß man z. B. einen Schüler, der aus einem anderen Land und damit aus anderen Schulverhältnissen kommt, großzügig integrieren und seine Sondersitutation berücksichtigen kann. Föderalistische Bildungspolitik bedeutet andererseits in der Realität in der Bundesrepublik, in einem sehr weitgehend staatlich reglementierten Bildungssystem die Unterschiede wenigstens so weit zu vermindern, daß Übergänge von einem Land zum anderen nicht völlig unerträglich werden. Das Verdienst der KMK besteht darin, eben dies erreicht und vor allem in den ersten beiden Jahrzehnten der Bundesrepublik mitsamt ihren großen Bevölkerungsumschichtungen eine gewisse Einheitlichkeit des Schulwesens gewährleistet zu haben. Umgekehrt setzt die Kritik an der KMK, soweit sie nicht auf die weitgehende Ausschaltung der Landtage zielt, dort an, wo das nicht gelingt, weil Verstaatlichung, Bürokratisierung und Politisierung des Bildungswesens eine Phase erreicht haben, in der ein Ausgleich nicht mehr möglich erscheint.

Insgesamt bewegt sich die *Bildungspolitik der Länder zwischen zwei Gefahren*: Einerseits kann sie eine gewisse Übereinstimmung nur durch weitgehende Ausschaltung der Parlamente erreichen, was die oberste Rechtsprechung moniert. Andererseits veranlaßt die in den letzten Jahren weitergehende Politisierung der grundlegenden Entscheidungen über das Bildungswesen manche Länder zu Alleingängen, welche unter dem Gesichtspunkt der „Einheitlichkeit der Lebensverhältnisse" (Art. 72 (2) Ziff. 2 GG) zu Bedenken Anlaß geben, die ebenfalls von den obersten Gerichten aufgegriffen werden können. Das führt zur Diskussion der Notwendigkeit einer Bundeszuständigkeit. 1978 hat die Bundesregierung einen von den Ländern heftig angegriffenen „Bericht über die strukturellen Probleme des föderativen Bildungssystems" vorgelegt (kurz: ‚Mängelbericht') und darin mehr Bundeszuständigkeiten wegen mangelnder Kooperation der Länder gefordert. Ausschaltung der Länderparlamente oder Bundeszuständigkeit? Der Streit macht auf seine Weise sichtbar, daß es sich weithin nicht um ein föderalistisches, sondern um ein bürokratisches Phänomen handelt. Die KMK muß 11 zentralistische Bildungspolitiken koordinieren, die je für sich mehr oder weniger inflexibel sind und der Frage danach, wieviel Staat etwa im Schulbereich überhaupt notwendig ist (vgl. neben den Verfassungskommentaren *C. Berg*, 1973, *S. Jenkner*, 1980 und *H. U. Evers*, 1979), eher ausweichen. Die Koordination erfolgt durch Abkommen, welche die politische Handlungsfreiheit des einzelnen Landes beeinträchtigen, ohne daß wirklich Freizügigkeit gewährleistet ist. Deshalb greift die Rechtsprechung ein. So beweist das Beispiel der KMK auch wohl nur, daß die ‚Dritte Ebene' dysfunktional wird, sobald es zum politischen Streit kommt, und daß die Ausschaltung der Landesparlamente funktional auf die Notwendigkeit einer Bundeszuständigkeit verweist.

Eindeutiger liegen die Dinge in dem hier mit *Verwaltungsföderalismus* umschriebenen Bereich – die zweite der anzusprechenden Tendenzen. Der Begriff soll den Tatbestand umschreiben, daß der Bund nur in wenigen Ausnahmebereichen über eine eigene Verwaltung verfügt (vgl. Kapitel 6.1.), im übrigen aber die Ausführung der Bundesgesetze Sache der Länder ist, die (verfassungspolitisch: dafür) an der Willensbildung des Bundes beteiligt sind. Diese Beteiligung erfolgt im *Bundesrat*, der am Gesetzgebungsprozess teilnimmt und ohne dessen Zustimmung mindestens die Hälfte aller Gesetze nicht zustande kommen dürfte. Dieser Bundesrat, beteiligt auch an der Verordnungsgewalt des Bundes, arbeitet, wie noch auszuführen sein wird, rein äußerlich ‚wie' ein Parlament. Er besteht aber aus Mitgliedern der einzelnen Landesregierungen, auf deren Votum die Landesparlamente keinen legalen und faktischen Einfluß haben. Damit kommt die ‚Macht' des Bundesrates der Exekutive zugute, die in den Ländern zugleich durch die aus der Ausführung der Bundesgesetze fließende Verwaltungsmacht ergänzt wird. Vereinfacht: Was die den Ländern vorbehaltenen Politikbereiche angeht, gibt man föderalistischer Vielfalt eher weniger Raum, so daß für den Bürger diese Vielfalt auch nicht recht greifbar wird. Greifbar erscheint demgegenüber die den Ländern zufließende Verwaltungsmacht, welche das Gewicht des Bundes deutlich vermindert. Innerhalb der Länder kommt das aber nur den Regierungen und Verwaltungen zugute; es vermehrt keinesfalls die Beteiligungsmöglichkeiten des Bürgers. Die Landesbürokratie wird zum wichtigsten Gesprächspartner der Bundesministerien. Ihre faktische Macht auch in Bonn ist der der Bundesbürokratie in vieler Hinsicht gleichwertig, zumal der Gesetzesinitiative der Bundesministerien die Gesetzgebungsbefugnis des Bundesrates zur Seite steht. In ihm geben wiederum die obersten Länderbeamten oft den Ausschlag und können damit korrigierend auf die Gesetzesentwürfe ihrer Kollegen im Bund einwirken.

Nun sieht das Grundgesetz allerdings im Artikel 84 auch eine Bundesaufsicht über die Länder vor, und in Artikel 37 ist für Ausnahmesituationen dem Bund sogar ein Zwangsrecht eingeräumt. Allerdings handelt es sich hier um eine Rechtsaufsicht, die nur die Gesetzmäßigkeit der einzelnen Verwaltungsmaßnahmen umfaßt und aus der nur mit Zustimmung des Bundesrates, also der Landesregierungen, Folgerungen gezogen werden können, welche wiederum vom Bundesverfassungsgericht auf Antrag des betroffenen Landes zu überprüfen sind. Unmittelbare Einwirkungsmöglichkeiten auf die innere Ordnung hat der Bund hingegen ebensowenig wie das Recht, den Verwaltungen Einzelanweisungen zu erteilen.

Die sich daraus ergebenden Probleme werden nicht sichtbar, solange die innere Ordnung nicht ernstlich gestört wird und im Sinne der Marktwirtschaft die Wirtschafts- und Sozialpolitik überwiegend auf zentralen Maßnahmen beruht und geringer Lenkung im einzelnen bedarf. Außerdem liegt es auf der Hand, daß viele Schwierigkeiten nicht auftauchen, solange Bundesregierung und Landesregierungen auf vergleichbarer Basis stehen, parteipolitisch verwandt sind oder doch voneinander um den Respekt vor der Verfassungsordnung wissen und die *Bundestreue* der Länder ausreicht, um in der Verwaltung den Willen des Bundesgesetzgebers zu vollziehen und ihn an die örtlichen Verhältnisse anzupassen, nicht aber ihn umzudeuten. Zu Differenzen ist es zwar immer wieder gekommen; ernstliche Systemstörungen blieben jedoch aus. Die großen Kompetenzkonflikte sind in der vorgesehenen Weise vom Bundesverfassungsgericht beendet worden.

Der geschilderte Verwaltungsföderalismus ist weithin Voraussetzung auch für die *Politikverflechtung* zwischen Bund und Ländern – die letzte der drei anzusprechenden Tendenzen. Die in Bonn präsente, bürokratisch handlungsfähige Verwaltungsmacht der Länder bewirkte seit 1949 einen Politikabstimmungsprozeß, der der Gesetzgebung im engeren Sinne nicht immer, aber doch häufig vorausging. In diesem Prozeß lotete man seitens des Bundes aus, wofür man die Zustimmung der Länder erhalten würde. Man beschaffte sich bürokratischen Konsens, wobei man oft bisherige Landeskompetenzen übernehmen konnte, wenn man nur die Zustimmungsrechte des Bundesrates und die Verwaltungsautonomie der Länder respektierte. Politikverflechtung in dem Sinne des Aufeinander-Zugehens erhielt dann mit den Grundgesetzänderungen von 1969 eine neue Dimension, weil nunmehr ‚Gemeinschaftsaufgaben' gestellt waren, die man legal nur im Konsens zwischen Bund und Ländern bewältigen konnte. Seither wird mit dem Begriff im wesentlichen umschrieben, welche Konsequenzen das Bemühen um Konsens hat: In erster Linie setzt sich der kleinste gemeinsame Nenner durch, zudem gerät wieder die parlamentarische Ebene ins Hintertreffen, weil die Bürokratie den Konsensfindungsprozeß dominieren muß. Wissenschaftlich ist dies in verschiedenen Tagungen aufgearbeitet worden (vgl. *Hochschule Speyer*, 1975, *F. W. Scharpf* u.a., 1977); F.W. Scharpf hat verschiedene Fallstudien selbst durchgeführt oder veranlaßt (vgl. *F. W. Scharpf* u. a., 1976, *K. Bentele*, 1979, *D. Garlichs*, 1980); bei J. J. Hesse (1978) findet sich eine Zusammenfassung des Diskussionsstandes sowie eine Erweiterung der traditionellen Föderalismusanalysen durch den Einbezug dezentraler Gebietskörperschaften (vgl. auch *D. Fürst/J. J. Hesse/H. Richter*, 1984). In der Diskussion geht es generell um den Tatbestand, daß „hochinterdependente gesellschaftliche Problemstrukturen und demgegenüber horizontal wie vertikal stark differenzierte Entscheidungsstrukturen" auseinanderfallen (*D. Fürst/J. J. Hesse*, in: Akademie für Raumforschung, 1980, S. 166). D. Garlichs beschreibt dies am Fernstraßenbau, dessen Planung und Finanzierung dem

Bund obliegt (Art. 74 Ziff. 22 GG), den aber verwaltungsmäßig die Länder durchführen (Bundesauftragsverwaltung). Aufgrund der Planungs- und Vorbereitungsfristen und wegen der Mitwirkung an der Bundesplanung führt dies weithin dazu, daß der Bund nur eingeschränkt souverän sektoral planen und Pläne durchsetzen kann, daß sich eindeutige Länderquoten einbürgern, welche ggf. unabhängig vom feststellbaren Bedarf auch befriedigt werden, oder daß Länder Forderungen nach Fernstraßen schon deshalb unverblümt anmelden, weil sie zu den entstehenden Kosten später nichts beisteuern müssen. Zu einem Teil ist diese Entwicklung dadurch bedingt, daß wegen der vielen örtlichen Widerstände die örtliche Planung ein immer größeres Gewicht erhalten muß, was umgekehrt das Gewicht der zentralen Planungen vermindert. Außerdem spielen die Informationen eine ausschlaggebende Rolle. Die Länder können sich nicht nur gegenüber dem Bund solidarisieren, sie können auch den Informationsfluß zu ihm hin kanalisieren und tun das vielfach. Im Ergebnis, so Garlichs, dominieren die Länder die Fernstraßenplanung und den Fernstraßenbau des Bundes, treten zentrale Planungsintentionen zugunsten der quotenmäßigen Beteiligung der Länder zurück und findet ein Prozeß der Dezentralisierung (einer ‚reinen' Bundesaufgabe) statt, den die Politikverflechtung begünstigt, der aber auch durch die kräftigere Partizipation erzwungen wird.

In der Bundesrepublik hat man mit der Finanzreform von 1969 die Hoffnung verbunden, der *kooperative Föderalismus* könne die Leistungsfähigkeit des politischen Systems befruchten. Die Analysen zur ‚Politikverflechtung' verweisen jedoch auf gegenteilige Erfahrungen, denenzufolge die Zunahme unausweichlicher Kooperation zwischen hierarchisch Gleichgestellten noch weniger als unkoordinierte Dezentralisation bewirkt, den denkbaren Wettbewerb vermindert, konsequente Planung verhindert und das politische System eher ‚blockiert' – Erscheinungen, die insgesamt für stärker verflochtene Politiken (für die USA vgl. die Literaturübersicht bei *D. Fürst*, 1980), aber auch für komplexe Industriegesellschaften (das Beispiel Frankreich bei *M. Crozier*, 1970) mit blockierenden Mechanismen der politischen Willensbildung festgestellt worden sind. Da unter den besonderen föderalistischen Bedingungen der Bundesrepublik kaum anzunehmen ist, daß sich die Nachteile der Politikverflechtung beseitigen lassen, setzt sich in Praxis und Wissenschaft eher die Forderung nach einer Rückkehr zu möglichst konsequenter Aufgabenteilung durch. Dabei spielen neben den Erfahrungen mit der verflochtenen Forschungsförderung (vgl. *K. Bentele*, 1979) vor allem die mit der Gemeinschaftsaufgabe „Verbesserung der regionalen Wirtschaftsstruktur" eine Rolle. Hier hat die Verflechtung zu einer fast irrationalen Quotierung der Fördermittel auf die Länder geführt und sind in den Ländern so große Gebiete als Fördergebiete angemeldet und zugelassen worden, daß von einer sinnvollen Mittelverteilung und Schwerpunktbildung nicht mehr die Rede sein kann (vgl. *W. Väth*, 1980, *W. Bruder/Th. Ellwein*, 1980, *P. Klemmer*, 1986). Das viel kritisierte ‚Gießkannenprinzip' erscheint so als eine fast unvermeidliche Folge eines Konsensbildungsprozesses, bei dem sich die Länder gegenüber dem Bund durchsetzen, indem sie sich solidarisieren, d. h. die Differenzen, die zwischen ihnen bestehen, nicht zum Austrag bringen.

Unter dem Aspekt *inkrementalistischer Politik* stellt sich der kooperative Föderalismus als Versuch einer Rationalitätssteigerung des politischen Systems dar. Der analytische Ertrag, den der Politikverflechtungsansatz erbringt, beweist demgegenüber jedoch einen Verlust an Rationalität. Weder Bund noch Land können konsequent ihre Politik betreiben. Damit werden Experimente unmöglich, bleiben Erfahrungen mit unterschiedlichen Entwicklungen aus, blockieren sich unterschiedliche Mehrheiten, werden Konfliktregelungen auf die beteiligten Bürokratien abgeschoben und die Parlamente mehr oder weniger ausgeschaltet, ohne daß man sich dafür eine ‚bessere' Politik einhandelt. Auch inkrementalistisch betrachtet kann das Postulat daher nur heißen: Abbau der Verflechtungen, wo immer das geht, und Abbau der meist nur bürokratiestärkenden Mitwirkung der Landesexekutiven bei der Willensbildung des Bundes. Daß man sich auf Verfassungsänderungen zu dem ersten Postulat verständigt, erscheint dabei schon schwierig; die Machtverschiebung zugunsten des Bundesrates (vgl. Kapitel 5.4.) wird sich aber kaum mehr rückgängig machen lassen.

2.2.3. Zur föderalistischen Finanzverfassung

Faßt man bewertend zusammen, haben im deutschen Föderalismus die Verbundbemühungen in der Regel nicht die mit ihnen verbundenen Hoffnungen erfüllt. Das müßte zu einer Präferenz für Trennsysteme führen. Sie wird sich aber auch wegen der spezifisch deutschen Finanzverfassung nicht durchsetzen, in der die Politikverflechtung ihren Höhepunkt findet. Dabei sind wieder die Gemeinden voll einbezogen. Situation und Probleme lassen sich in Kürze so zusammenfassen:
In den Verhandlungen des Parlamentarischen Rates war die Erinnerung an die finanzielle Unselbständigkeit der Länder in der Weimarer Zeit noch sehr lebendig. Man bemühte sich deshalb um eine Finanzverfassung, die eine solche Entwicklung verhindern konnte. Das führte zu der Aufnahme eines eigenen Abschnittes in das Grundgesetz, innerhalb dessen die Artikel 105–109 die Verteilung der Finanzhoheit auf Bund und Ländern regeln, während die Artikel 110–115 einige Grundsätze für das Haushaltsrecht des Bundes enthalten. 1955 und 1956 änderte man die Artikel 106 und 107. Danach ergab sich dem Grundsatz nach folgende Finanzverfassung: Die gesamte *Steuergesetzgebung* fällt in die Bundeszuständigkeit. Für Zölle und Finanzmonopole hat der Bund die ausschließliche Zuständigkeit, für alle anderen Steuern die konkurrierende – dies unter Voraussetzungen, die von Anfang an gegeben waren, weshalb das verbleibende Recht der Länder zur „Steuerfindung" letztlich obsolet ist. Sofern Gesetze Steuern betreffen, welche ganz oder teilweise den Ländern oder Gemeinden zufließen, bedürfen sie der Zustimmung des Bundesrates. Das Aufkommen eines Teiles der Steuern (Umsatzsteuer, einige Verbrauchsteuern, außerdem Zölle und Finanzmonopole usw.) steht dem Bund zu, das Aufkommen eines anderen Teiles (Vermögensteuer, Erbschaftsteuer, Kraftfahrzeugsteuer usw.) den Ländern. Damit gilt für die Masse der Steuern ein *Trennsystem*, für die wichtigste Steuerart, nämlich die Einkommensteuer und Körperschaftsteuer, dagegen ein *Verbundsystem*. Hierfür sieht Artikel 106 Abs. 3 ein vorläufiges Beteiligungsverhältnis vor, das jedoch durch Bundesgesetz mit Zustimmung des Bundesrates geändert werden kann (Artikel 106 Abs. 4). In der Verfassung selbst finden sich zur Beurteilung der jeweiligen Notwendigkeit drei Grundsätze: Bund und Länder sollen gesondert die Ausgaben tragen, die sich aus der Wahrnehmung ihrer Aufgaben ergeben; beide haben „gleichmäßigen Anspruch" auf Deckung ihrer notwendigen Ausgaben; beider Bedürfnisse sind so aufeinander abzustimmen, daß ein Ausgleich erzielt, die Steuerpflichtigen nicht überbelastet werden und die Einheitlichkeit der Lebensverhältnisse gewahrt bleibt. Außerdem spricht Artikel 106 die Realsteuern den Gemeinden zu. Artikel 107 regelt sodann den Finanzausgleich

zwischen den Ländern; Artikel 108 formuliert Grundsätze der Finanzverwaltung, nach denen neben einer Bundesfinanzverwaltung mit begrenztem Aufgabenbereich in der Hauptsache die Landesfinanzbehörden zuständig sind, ihnen gegenüber aber bestimmte Mitwirkungsrechte des Bundes bestehen. Artikel 109 schließlich legt die voneinander unabhängige Haushaltswirtschaft des Bundes und der Länder fest. 1967 wurde Artikel 109 in Zusammenhang mit der Schaffung eines konjunkturpolitischen Instrumentariums erweitert. Der Bund erhielt nunmehr das Recht, durch Gesetz – mit Zustimmung des Bundesrates – Grundsätze für eine konjunkturgerechte Haushaltswirtschaft und für eine mehrjährige Finanzplanung aufzustellen und Bestimmungen für die Kreditaufnahme sowie für die Bildung von Konjunkturausgleichsrücklagen zu erlassen.

Obgleich man das Grundgesetz in diesem Bereich zwischen 1953 und 1963 fünfmal änderte, bedeutete das keine *Finanzreform*. Über sie wurde indessen von 1949 an diskutiert, wobei man weitgehend die allgemeine Entwicklung reflektierte: In der Wiederaufbauphase kamen die allgemeinen Zuwachsraten auch dem öffentlichen Haushalt zugute, die Problematik gewann keine wirkliche Aktualität. Seit 1960 änderte sich das. Die Benachteiligung der Gemeinden, welche zu deren hoher Verschuldung führte und vor allem darauf beruhte, daß sie einen großen Teil der öffentlichen Infrastruktur bereitstellten, ließ sich nicht mehr übersehen (Neuverschuldung bis 1959 = Bund: 662 Mio, Länder: 4381 Mio, Gemeinden: 7798 Mio DM). Außerdem zeichnete sich immer deutlicher eine Überforderung der Länder ab. Hinzu kam die unterschiedliche Konjunkturabhängigkeit: Vom wachsenden Einkommen profitierten die Länder stärker als der Bund, weil sich bei ihnen die progressive Steigerung der Einkommensteuer voll auswirkte, während Umsatzsteuer und Zölle nur einen linear steigenden Ertrag erbrachten. Aus solchen Gründen kamen 1964 Bundeskanzler und Ministerpräsidenten überein, eine „Kommission für die Finanzreform" (Vorsitzender Dr. Troeger) einzuberufen. Diese Kommission erstattete 1965 ihr Gutachten, das die Bundesregierung der Großen Koalition gemäß Regierungserklärung vom 13.12.1966 zur Grundlage für die Finanzreform machen wollte. 1967 begann der legislatorische Geschäftsgang, der 1969 durch die Beschlüsse des Bundestages beendet wurde, die in Zusammenhang mit der Stabilitätsgesetzgebung und der Erweiterung der Zuständigkeit des Bundes zu sehen sind.

Die *Finanzreform von 1969* brachte neben der neuen Aufgabenregelung nach Art. 91a und b GG (Gemeinschaftsaufgaben, Bildungsplanung, Förderung der wissenschaftlichen Forschung) dem Bund das Recht, unter bestimmten Voraussetzungen Investitionen der Länder und Gemeinden mitzufinanzieren (Artikel 104a Abs. 4). Darüber hinaus wurde die *Lastenverteilung zwischen Bund und Ländern* zwar dem Prinzip nach wieder unter den Grundsatz einer klaren Trennung gestellt (Artikel 104 Abs. 1), neben dem entweder – oder aber eine neue Mischform gemeinsamer Finanzierung eingeführt (Artikel 104a Abs. 3), wobei eine Beteiligung des Bundes von über 50% automatisch die Verwaltung des Gesetzes im Auftrag des Bundes bedeutet. Drittens erweiterte man den *Steuerverbund*, verkleinerte also den Teil der Steuern, die unter das Trennsystem fallen; die Lohn-, Einkommen-, Körperschaft- und Umsatzsteuer stehen nun Bund und Ländern gemeinsam zu (vgl. Quelle 2.8). Dabei gelang es allerdings nicht, überall einen festen Beteiligungssatz vorzusehen. Lohn-, Einkommen- und Körperschaftsteuer werden nach Abzug des Gemeindeanteils zwischen Bund und Ländern geteilt. Die Aufteilung der Umsatzsteuer erfolgt dagegen durch Gesetz, das der Zustimmung des Bundesrates bedarf. Damit hält der Streit weiterhin an, obwohl eine gleichmäßigere Entwicklung für Bund und Länder erzielt und außerdem eine gemeinsame mehrjährige Finanzplanung vereinbart wurde (Artikel 106 Abs. 3 Nr. 1). Viertens beschloß man im Sinne eines *Finanzausgleiches* zwischen den Ländern, bis zu einem Viertel des Länderanteils an der Umsatzsteuer vorweg den finanzschwächeren Ländern zuzuweisen und im übrigen diesen Länderanteil nicht nach örtlichem Aufkommen, sondern nach der jeweiligen Einwohnerzahl auf die Länder zu verteilen. Der Anteil an der Einkommen- und Körperschaftsteuer verblieb dagegen dort, wo er aufkommt. Fünftens fand sich neben weiteren Regelungen zum Finanzausgleich zwischen den Ländern, zum Ausbau der Gesetzgebungszuständigkeit des Bundes und zum Ausbau der Finanzverwaltungszuständigkeit der Länder eine Verbesserung der *Gemeindefinanzen*, nach der die Gemeinden einen Anteil an der Lohn- und Einkommenssteuer erhalten. Dieser Teil der Neuregelung in Artikel 106 Abs. 5 GG sollte die Bedeutung der Gewerbesteuer einschränken, die aber eine wichtige Einnahmequelle der Gemeinden blieb. Einzelheiten finden sich im Gemeindefinanzreformgesetz.

Die Reform bedeutete sicher einen *Fortschritt*, weil sie Mängel der bisherigen Finanzverfassung beseitigte. Die erkennbaren Probleme des deutschen Föderalismus löste sie dagegen nicht. Nach wie vor wählt der *Bürger* nur einen *Steuergesetzgeber*. Man mutet ihm also zu, bei der Bundestagswahl daran zu denken, daß er gleichzeitig den Landes- und Gemeindesteuergesetzgeber wählt. Damit fehlt es weiterhin an dem unmittelbaren Zusammenhang zwischen der politischen Verantwortung für öffentliche Aufgaben und für ihre Finanzierung und bleibt es bei einem kontrollbehindernden Mischsystem von Aufgabenerledigung und -finanzierung. Mit ihm sind hohe bürokratische Kosten verbunden. Niemand kann auch ausschließen, daß Mischfinanzierungen einem „großzügigen Ausgabeverhalten Vorschub (leisten). Dadurch, daß andere Ebenen sich an den Kosten beteiligen, werden nur allzuleicht Ausgaben vorgenommen, die bei alleiniger Finanzierung nicht oder zumindest in sparsameren Rahmen durchgeführt worden wären“ (*R. Borell*, 1981, S. 5). Der Föderalismus begünstigt also wieder die Verwaltung; er stellt sich unter finanziellem Aspekt als *Verschiebebahnhof von Verantwortung* dar. 1984 beliefen sich dic Bundesausgaben zur Mitfinanzierung von Länderaufgaben i. w. S. auf knapp 18 Mrd. DM. Davon entfielen nahezu 40 % auf Geldleistungsgesetze nach Art. 104a Abs. 3 GG (z. B. Ausbildungsförderung, Wohngeld, Kindergeld für Bedienstete, Sparprämie). Mehr als ein Fünftel benötigte man für die Investitionshilfegesetze nach Art. 104a Abs. 4 GG (z. B. Kommunaler Straßenbau/Öffentlicher Nahverkehr, Sozialer Wohnungsbau, Krankenhausfinanzierung), während die Gemeinschaftsaufgaben nach Art. 91a und Art. 91b rund 15 % der Mittel beanspruchten. Die Übersicht kann nicht vollständig sein; nicht einmal der Begriff *Mischfinanzierung* erweist sich als eindeutig. Auf der kommunalen Ebene wird das noch mehr sichtbar, weil hier einerseits ein hoher Anteil des Gemeindehaushalts durch Bundes- und Landesvorschriften festgelegt ist, andererseits ein unüberschaubares Hin und Her von Zuwendungen und Umlagen erfolgt. Der Staat gibt Steueranteile, Schlüsselzuweisungen, allgemeine Zuschüsse und Zuschüsse für besondere Aufgaben oder Projekte. Die Gemeinden wiederum führen einen Teil ihrer Gewerbesteuereinnahmen ab und finanzieren den Kreis mit Hilfe einer – in der Höhe von diesem festgesetzten – Kreisumlage, um umgekehrt Zuschüsse aus dem Kreishaushalt zu erhalten.

In Nordrhein-Westfalen gab es bis 1982 rund 150 Haushaltsansätze des Landes, aus denen Gemeinden projektgebundene Zuschüsse erhalten konnten. Daneben verfügten auch die beiden Landschaftsverbände über entsprechende Töpfe. Vom Bund können ERP-Mittel dazukommen, von der EG unter bestimmten Voraussetzungen Mittel aus dem EG-Regionalfonds. Auch ein Gemeindekämmerer muß unter diesen Umständen nicht zuletzt Zuschußspezialist sein. Ein Landesfinanzminister nimmt eine Mittlerrolle nach beiden Seiten hin ein, zum Bund und zu den Gemeinden. Die Mischfinanzierung erstreckt sich aber auch auf das Verhältnis der Länder untereinander. So zahlten 1985 die drei ‚reichen' Länder der Bundesrepublik (Baden-Württemberg, Hamburg und Hessen) an fünf ‚arme' etwa 2,5 Mrd DM im Länderfinanzausgleich, wovon Niedersachsen allein etwa 1 Mrd erhielt. Im vertikalen Finanzausgleich kamen noch 1,8 Mrd. DM hinzu, mit denen der Bund zu den Haushalten der Länder beitrug.

Dieses System des bundesstaatlichen Finanzausgleichs, das seit 1969 zu einer weitgehenden Harmonisierung der Finanzkraftunterschiede zwischen den Bundesländern geführt hatte, hielt jedoch den offensichtlichen Veränderungen der finanzwirtschaftlichen Rahmenbedingungen nicht stand. So verschlechterte sich die Finanzkraft von Nordrhein-Westfalen und Bremen infolge der Kohle-, Stahl- und Werftenkrisen, erhöhte sich Niedersachsens Finanzkraft aufgrund der Abschöpfung der Windfallprofite bei der Erdöl- und Erdgasförderung, ohne daß diese Einnahmen hinreichend berücksichtigt wurden, verloren die Stadtstaaten Hamburg und Bremen aufgrund der Abwanderung in das Umland die Lohnsteuer von etwa 20 bis 25 % der Arbeitsplätze in ihrer Region und verschoben sich generell die Lasten des Länderfinanzausgleichs derart, daß nicht mehr wie ursprünglich Baden-Württemberg, Hamburg, Hessen und Nordrhein-Westfalen zu etwa je einem Viertel den Finanzausgleich gewährleisten, sondern Baden-Württemberg etwa zwei Drittel, Hessen ein Fünftel und Hamburg – bei höchster Pro-Kopf-Last – gut ein Achtel des Länderfinanzausgleichs tragen. Diese ungleichgewichtige Entwicklung führte nach ersten Anträgen im Sommer 1983 (Nordrhein-Westfalen) zu einem von sechs Bundesländern eingeleiteten Normenkontrollverfahren. Im einzelnen ging es um den Einbezug der Ölförderzinsen in die Finanzkraftberechnung für den Länderfinanzausgleich, um den Einbezug weiterer Ländersteuern (Grunderwerbsteuer, Feuerschutzsteuer etc.), um eine Korrektur der Verteilung der Bundesergänzungszuweisungen, um die Anerkennung von neuen bzw. die Erhöhung von anerkannten Sonderlasten (Kohle und Stahl, Hafenlasten), um eine Verbesserung bzw. die Gewährung einer Einwohnerveredelung, um eine Korrektur des Steuerzerlegungsgesetzes (Pendlerproblematik) sowie (seitens des größten Geberlandes Baden-Württemberg) um eine generelle Streichung von Sonderlasten und weiterer Sicherungen der Stadtstaaten. Dabei wurde offensichtlich, daß die Interessen der Bundesländer zum Teil sehr unterschiedlich waren und sich in Ansätzen konterkarierten.

Am 24. Juni 1986 entschied das Bundesverfassungsgericht, daß der horizontale Finanzausgleich in seiner gegenwärtigen Form nicht mit dem Grundgesetz vereinbar und deswegen zu korrigieren ist. Dem Bundesgesetzgeber werden für die notwendige Neuregelung dabei zum Teil sehr enge Auflagen erteilt und das Inkrafttreten eines neuen Finanzausgleichsgesetzes spätestens zum 1. Januar 1988 verlangt. Nachteile einzelner Länder aus einem Vollzug des nicht verfassungskonformen Gesetzes im Jahre 1987 sind auszugleichen. Nachdem der Bund vom Bundesverfassungsgericht aufgrund seiner Untätigkeit gerügt worden ist, treibt nun die Bundesregierung eine Neuregelung voran, die sich auf unumgängliche Korrekturen beschränken und möglichst nah am finanziellen status quo bleiben soll. Für die weitere Entwicklung des bundesstaatlichen Finanzausgleichs ist das Urteil des Bundesverfassungsgerichts dabei insofern von Bedeutung, als es in seiner Argumentation das „bündische Prinzip des Einstehens füreinander" und die daraus folgende Pflicht zur Hilfeleistung in der Solidargemeinschaft, aber auch die finanzpolitische Eigenverantwortung der Länder herausstellt. Weil die Finanzverfassung tragender Pfeiler der föderalen Ordnung ist, verlangen die Regelungen für den Finanzausgleich mehr als ein „tragbares Ergebnis", sie verlangen vielmehr ein in sich verfassungskonformes Regelwerk. Das Finanzausgleichssystem dient dabei einer sachgerechten Beteiligung des Gesamtstaates und der Gliedstaaten am Ertrag der Volkswirtschaft, wobei eine hinreichende Finanzausstattung Voraussetzung für die Entfaltung der Staatlichkeit von Bund und Ländern ist. Das Finanzverfassungsrecht ist daher kein „minderes Recht", das bis zur Grenze der offensichtlichen Willkür dem politischen Verhandeln offen ist. Der Finanzausgleich muß vielmehr nach objektiven Kriterien erfolgen und in seiner Begründung nachprüfbar sein. Grundsätzlich sind dabei alle Länder gleich zu behandeln. Angesichts des Umstandes, das für die Verabschiedung des Finanzausgleichsgesetzes im Bundestag und Bundesrat im Unterschied zu anderen Bereichen der Bund-Länder-Koordinierung nur einfache Mehrheiten – keine qualifizierten oder gar einstimmigen – erforderlich sind, betont das Bundesverfassungsgericht die materiell-rechtlichen Vorgaben des Grundgesetzes für einen politischen Finanzausgleichskompromiß. Das Gericht sieht die Gefahr, daß „die Bundesratsmehrheit (die nicht notwendigerweise die Mehrheit der Länder umfassen muß) sich auf Kosten der Minderheit rechtlich durchsetzen kann" und bindet über das Herausstellen der Verfassungsnormen die parlamentarischen Mehrheiten. Damit ist nach Meinung von Beobachtern die politische Strategie der Kompromißfindung in der jeweiligen „Mehrheitsfraktion" des Bundesrates und der Durchsetzung ohne Rücksicht auf Interessen und Belange der Minderheit erheblich erschwert worden. Begünstigungen des einen oder anderen Landes um der Mehrheitsbildung willen sind mit dem Grundsatz der Gleichbehandlung der Länder nicht zu vereinbaren. In der politischen Praxis dürfte daher vom Urteil ein erheblicher Druck auf eine konsensorientierte Entscheidungsfindung unter den Ländern ausgehen (*W. Renzsch*, 1986).

2.3. Die internationale Einbindung der Bundesrepublik

Vieles spricht dafür, ähnlich der Gegenüberstellung von Gemeinde und Staat oder der von Ländern und Bund auch eine Gegenüberstellung von Bundesrepublik Deutschland und internationalen Organisationen vorzunehmen, um auf diese Weise der internationalen Verflechtung und der faktischen Aufgabenteilung zwischen nationalem und transnationalem Bereich gerecht zu werden. Man stößt dabei jedoch rasch auf Grenzen. Materiell gibt es zwar viele Verflechtungen nationaler und transnationaler Kompetenzen und formal gibt es zahlreiche internationale Vereinbarungen und die Abtretung nationaler Kompetenzen. Noch immer fehlt aber ein wirklich neues (Völker-)Rechtssubjekt, dem die Bundesrepublik Deutschland unumstößlich angehört und dem in legal einwandfreier Form Kompetenzen übertragen worden sind. Auch die Europäische Gemeinschaft bedeutet wohl eine greifbare wirtschaftspolitische Potenz mit mannigfachen, z. T. unmittelbar wirksamen Zuständigkeiten. Sie ist aber nur bedingt ‚Ebene' oberhalb von Gemeinden, Ländern und Bund, eher die Vorform eines neuen Bundesstaates, für den es in späterer Zukunft einmal eine Verfassung und damit eine Kompetenzabklärung zwischen europäischer Zentrale und nationalen Gliedern geben kann. Insofern bleibt eine aus der wissenschaftlichen Arbeitsteilung wie aus der Sache sich ergebende Unterscheidung zwischen innerer und äußerer oder internationaler Politik nach wie vor bestehen. Das rechtfertigt es, die Einbindung der Bundesrepublik Deutschland in das Gefüge der internationalen Politik nur am Rande zu streifen (vgl. Kap. 1.2.) und im folgenden das Schwergewicht auf Bereiche zu legen, aus denen sich Rückwirkungen auf den Willensbildungsprozeß ergeben, der im Mittelpunkt unserer Darstellung steht.

2.3.1. Institutionelle Vorgaben

Die Bundesrepublik Deutschland, wirtschaftlich eindeutig ‚Großmacht', läßt sich politisch denjenigen mittleren und kleineren Ländern zurechnen, an denen der Bedeutungswandel des vorwiegend im 19. Jahrhundert popularisierten *Souveränitätsbegriffes* deutlich wird. Man kann, schon wegen seiner völkerrechtlichen Bedeutung, auf diesen Begriff nicht verzichten. Versucht man aber eine Darstellung, braucht man kaum zu begründen, daß es sich im internationalen Bereich für die meisten Staaten nur um ein mehr oder weniger großes Maß von Autonomie handelt, um die Chance der Selbstbestimmung innerhalb eines Rahmens, auf dessen Entwicklung Einfluß zu nehmen, keineswegs immer gelingt. Eine solche Autonomie wuchs der Bundesrepublik Deutschland nach ihrer Gründung schrittweise zu; die formelle Souveränität erhielt sie in der Hauptsache am 5. Mai 1955, als durch das Inkrafttreten des *Deutschlandvertrages* (Quelle 1.1.4.) die Rechte aus der Besatzungszeit bis auf diejenigen Vorbehaltsrechte abgelöst wurden, die erst 1968 in Zusammenhang mit der Verabschiedung der Notstandsverfassung (vgl. Kap. 7.1.3.) entfielen. Die Grenzen der so erlangten Souveränität waren aber von vorneherein deutlich angesprochen: Teils aus politischer Überzeugung, teils auch einfach einer Entwicklung folgend, die bei der Gründung der Bundesrepublik schon eingeleitet war, nahm man in das Grundgesetz die Artikel 24 und 25 auf und ging damit erheblich über das hinaus, was in einer bundesstaatlichen Verfassung ohnehin stehen muß. Man sprach mithin dem Bund die ausschließliche Kompetenz für die internationale Politik zu (Art. 32 und 73 Ziff. 1) und regelte die partielle Mitzuständigkeit der Länder bei sie betreffenden Angelegenheiten (Art. 32 Abs. 2 und 3), legte aber den Bund zugleich in seiner Zuständigkeit tendenziell fest.

Diese Festlegung erfolgt zum einen durch die Transformationsklausel des Artikels 25, derzufolge „*die allgemeinen Regeln des Völkerrechts*" Bestandteil des innerstaatlichen Rechtes sind, in diesem vor den Gesetzen gelten und unmittelbare Rechte und Pflichten der Bewohner des Bundesgebietes erzeugen (vgl. dazu *K. Hesse*, 1975, S. 40. f., *E. Stein*, 1978, 276 f.). Man kann sagen, daß der Artikel nur deklamatorische Bedeutung habe, da die allgemeinen Regeln des Völkerrechts keineswegs unumstritten sind. Angesichts der zunehmenden Verfestigung internationaler Rechtsgebräuche erscheint der Einwand jedoch nicht stichhaltig. Artikel 25 legt nicht nur ein aus den besonderen Zeitumständen nach 1945 zu erklärendes Bekenntnis ab: Er eröffnet das innerstaatliche Recht unmittelbar der internationalen Rechtsentwicklung, ohne daß jeweils der Gesetzgeber tätig werden muß.

Weniger deklamatorisch wirkte von Anfang an der Artikel 24, nachdem es bereits unmittelbar nach der Gründung der Bundesrepublik Anwendungsfälle dieser Verfassungsbestimmung gab (z. B. OEEC, Ruhr-Behörde) – inzwischen gibt es sie in kaum mehr überschaubarer Zahl und Bedeutung. Artikel 24 ermächtigt den Bund, Hoheitsrechte durch Gesetz auf zwischenstaatliche Einrichtungen zu übertragen. Er gibt ihm weiter (Abs. 2) die Möglichkeit, „sich zur Wahrung des Friedens einem System gegenseitiger kollektiver Sicherheit" einzuordnen und dazu in die Beschränkungen von Hoheitsrechten einzuwilligen, „die eine friedliche und dauerhafte Ordnung in Europa und zwischen den Völkern der Welt herbeiführen und sichern." Schließlich beauftragt das Grundgesetz den Bund, Vereinbarungen über eine allgemeine internationale Schiedsgerichtsbarkeit beizutreten (Abs. 3). Mit diesem Artikel entsteht eine verfassungsrechtliche Integrationskompetenz. Sie wurde von Carlo Schmid schon in der Vorbereitungszeit des Grundgesetzes damit begründet, daß „es in dieser Zeit ... keine Probleme mehr (gibt), die ausschließlich mit nationalen Mitteln gelöst werden könnten" (*H. v. Mangoldt/F. Klein*, 1966, S. 656 f.).

Artikel 24 ist nicht zweifelsfrei formuliert und kann es wohl auch nicht sein. Innerstaatlich ist dies zu bedenken:

„Art. 24 GG stellt zugleich eine Beschränkung und eine Erweiterung des Anwendungsbereichs der auswärtigen Gewalt dar. Daß die Abgabe von Zuständigkeiten eine Beschränkung der Aktionsmöglichkeiten für die auswärtige Gewalt zur Folge hat, ist offensichtlich. Eine – wenn auch nur momentane Erweiterung des Zugriffsbereichs der auswärtigen Gewalt durch Art. 24 GG besteht dagegen darin, daß aufgrund dieser Vorschrift der Bund nach überwiegender Auffassung Zuständigkeiten auch dann übertragen kann, wenn sie ihm nach der innerstaatlichen Kompetenzverteilung zwischen Bund und Ländern überhaupt nicht zustehen, er also letztlich fremde, d. h. den Ländern zukommende Souveränitätsrechte abzugeben die Möglichkeit hat." (*W. Kewenig*, Auswärtige Gewalt, in: *H. P. Schwarz*, 1975, S. 43)

Zwischenstaatlich bleibt vor allem Absatz 2 undeutlich. Auf diese Verfassungsvorschrift stützen sich z. B. der Beitritt zur NATO und zur WEU. Die Vorschrift läßt sich indessen auch so lesen, daß nur der Beitritt zu einem wirklich allgemeinen „System gegenseitiger kollektiver Sicherheit" als Ziel gemeint war. Dem würde der Beitritt zu einem Bündnis, das vom Gegenbündnis her verstanden werden muß, widersprechen. Die heute übliche Verfassungsinterpretation sieht einen solchen Widerspruch jedoch nicht. In ihr herrscht die Tendenz vor, auch regionale Verteidigungsbündnisse im Rahmen des Artikels 24 Abs. 2 zu rechtfertigen. So oder so: Aus Artikel 24 oder durch ihn frühzeitig legalisiert sind inzwischen derart viele Konsequenzen gezogen worden, daß es immer schwieriger wird, die Grenze zwischen den nationalen und den übertragenen Kompetenzen zu ziehen. Hierin äußert sich nicht nur der bereits angesprochene Bedeutungswandel von ‚Souveränität', es zeigt sich darin auch die zunehmende Entwicklung der *Außenpolitik zur Internationalen Politik*, samt der Verflechtung zwischen beiden und der Innenpolitik mit höchst ambivalenten Rückwirkungen auf den Prozeß der politischen Willensbildung und die ihn in der Hauptsache tragenden Institutionen. Konrad Hesse (1975, S. 44) faßt das im Blick auf die Verfassung und monopolitistische Staatstheorien so zusammen:

„In dem Maße, in dem staatliche Ordnungsaufgaben von zwischenstaatlichen Einrichtungen übernommen werden, verändert sich der Charakter der Verfassung als rechtlicher Grundordnung des Gemeinwesens. Wenn Art. 24 GG es zuläßt, daß außerhalb der Verfassung und ihrer Bindungen stehende öffentliche Gewalt geschaffen werden kann, daß grundlegende Änderungen des bestehenden Gesamtrechtszustandes ohne Änderung der Verfassung herbeigeführt werden können und daß der Geltungsbereich des Rechts zwischenstaatlicher Einrichtungen zunehmend erweitert werden kann, so bedeutet das zwar nicht die Preisgabe systematischer Geschlossenheit der Verfassung, die diese ohnehin nicht beanspruchen kann, wohl aber einen Verzicht auf ihre allumfassende Geltung und ihren Primat in der rechtlichen Ordnung des Gemeinwesens: ... Die Verfassung weist damit – dies ist das grundsätzlich Neue – in Art. 24 GG über sich selbst hinaus. In ähnlicher Weise wird dem durch das Grundgesetz konstituierten Staat zwar nicht, wie eine verbreitete Auffassung dies annimmt, sein Charakter als Träger prinzipiell unumschränkter Gewalt genommen, weil eine solche im modernen Verfassungsstaat ohnehin nicht besteht; wohl aber werden die dem Staat bisher eigene Geschlossenheit und sein Monopol der Ausübung (begrenzter) öffentlicher Gewalt relativiert. Dies macht ein Verständnis des Staates und seiner Aufgaben notwendig, das den Staat mehr als bisher als offenes, bewegliches Gebilde begreift und schließt endgültig Staatsauffassungen aus, die ihren Mittelpunkt lediglich in dem Monopol legitimer physischer Gewaltsamkeit (Max Weber) finden."

Innerstaatlich führt die Entwicklung des Staates zu einem prinzipiell offenen Gebilde vor allem zu der Schwierigkeit, die *Außenpolitik* zuständigkeitshalber auf Regierungschef und Auswärtiges Amt zu konzentrieren. Formal ist an der Außenpolitik, abgesehen von der völkerrechtlichen Vertretungsmacht des Bundespräsidenten nach Artikel 59 GG und der partiellen Mitzuständigkeit der Bundesländer nach Artikel 32 GG jedes oberste Bundesorgan beteiligt (vgl. dazu die Beiträge in: *H. P. Schwarz*, 1975). Im Bundestag soll der in Artikel 45 ausdrücklich erwähnte Ausschuß für Auswärtige Angelegenheiten kontinuierlich mit der Regierung zusammenarbeiten. Bundestag und Bundesrat kommt außerdem selbstverständlich eine Beteiligung an der treaty-making-power zu (Artikel 59 Abs. 2). Vorwiegend über das mit dieser Beteiligung notwendige Gesetzgebungsverfahren gerät auch das Bundesverfassungsgericht ins Spiel; es ist seit 1952 von den Beteiligten immer häufiger angerufen worden und hat dabei selbst seinen Spielraum ständig erweitert – bis hin zum Urteil über den Grundlagenvertrag (vgl. Quelle 1.3.2. e), in dem „das Prinzip der verfassungskonformen Auslegung ... nicht dazu benutzt wird, um realiter – trotz anderslautender verbaler Beteuerungen – den vertragschließenden Organen einen weiten Spielraum für politische Gestaltung zu belassen, sondern um im Wege eines judicial activism die verfassungsrechtlichen Grenzen der auswärtigen Gewalt aufzuzeigen und damit den künftigen Handlungsspielraum der Bundesregierung in der Deutschlandpolitik durch richterliche Entscheidungen einzugrenzen" (*W. Billing*, Bundesverfassungsgericht und Außenpolitik, in: *H. P. Schwarz*, 1975, S. 171 f.).

Billing kommentiert weiter – wegen des Verfassungsverständnisses, von dem im folgenden Kapitel die Rede ist, beziehen wir dies hier ein –, es sei ungewöhnlich, alle Ausführungen der Urteilsbegründung – auch die, die sich nicht unmittelbar auf den Vertragsinhalt beziehen – an der Bindungswirkung nach § 31 BVerfGG teilnehmen zu lassen. Er fährt fort: „Das Gericht behandelt den Vertrag wie ein normales Gesetz und läßt damit die spezifischen Grenzen außer acht, die einer Vertragsauslegung gesetzt sind. Dieser Widerspruch wird dann mit dem Kunstgriff behoben, daß sich alle Ausführungen zur verfassungskonformen Auslegung des Vertrages auf den *einen* Grunddissens, die ‚nationale Frage' zurückführen lassen. Aus diesem Dissens zieht das Bundesverfassungsgericht für die Auslegung des Vertrages schließlich alle Konsequenzen, die die Bundesrepublik seiner Ansicht nach als Vertragspartner nach dem Grundgesetz für sich in Anspruch nehmen muß. Auch in der völkerrechtlichen Auseinandersetzung und gegenüber dem Vertragspartner kann nach Auffassung des Gerichts dem Vertrag allgemeinem Völkergewohnheitsrecht entsprechend diese Auslegung gegeben werden, da die DDR hätte erkennen können und erkennen müssen, daß eine bestimmte Vertragsauslegung dem Grundgesetz widerspricht. Dieser auf die Auswirkung des Urteils gerichteten Interpretation des Bundesverfassungsgerichts sind jedoch durch das allgemeine völkerrechtliche Vertragsrecht – zu beachten sind hier vor allem die Art. 26f., 31ff. und 46 der Wiener Vertragskonvention vom 25.5.1969 – deutliche Grenzen gezogen."

Trotz solcher, im konkreten Zusammenhang oft erheblichen Beeinträchtigungen bleibt die auswärtige Politik überwiegend in der Hand der Exekutive. „Zwar hat der Bundestag über seine Beteiligung an der treaty-making-power hinaus etwa durch Entschließungen zu auswärtigen Angelegenheiten an die Adresse der Regierung und auch unmittelbar an die Adresse fremder Staaten, durch eine Beteiligung von Parlamentariern an internationalen Verhandlungen und durch einen intensiven Meinungsaustausch mit Regierungsvertretern im auswärtigen Ausschuß über alle laufenden Geschäfte seine Einwirkungsmöglichkeit zu steigern versucht. Trotzdem ist nicht zu übersehen, daß das tatsächliche Gewicht der Einflußnahme durch Bundestag und Bundesrat sogar bei der Ausübung der treaty-making-power, also im zentralen Bereich der auswärtigen Gewalt, relativ begrenzt ist" (*W. Kewenig*, a. a. O., S. 41). Die Begrenzung ergibt sich formal schon daraus, daß Änderungsanträge zu Verträgen mit auswärtigen Staaten nach § 81 Abs. 3 der Geschäftsordnung des Bundestages nicht zulässig sind. Materiell schlägt immer wieder der Informationsvorsprung der Regierung durch, die Verhandlungen führt, über den Verhandlungsstand berichtet, vertrauliche Mitteilungen über die Motive der Verhandlungspartner vertraulich behandeln und vor allem mittels des eigenen Apparates über ein riesiges Material verfügen und es verarbeiten kann, was dem einzelnen Abgeordneten wie dem Ausschuß verwehrt bleibt. Das Parlament sieht sich in der Hauptsache auf Informationen angewiesen, welche die Regierung aufarbeitet. Wer aber informiert, hat meist auch recht.

Innerhalb der Regierung sind nahezu alle Ressorts, viele davon ausdrücklich mit eigenen Referaten, am internationalen Geschäft beteiligt; im supranationalen Bereich gibt es eigene Fachministerkonferenzen und ihnen zugeordnete Bürokratien. Das bringt die immer stärkere Verflochtenheit der Lebensverhältnisse zum Ausdruck, welche saubere Funktionsunterscheidungen früheren Gepräges weithin verbietet. Der Vorrang des Auswärtigen Amtes reduziert sich, von prinzipiellen Entwicklungen wie der einer neuen Ostpolitik einmal abgesehen, auf die Personalzuständigkeit für den gesamten auswärtigen Dienst und auf die primäre Zuständigkeit für die Betreuung und Information der eigenen und der in die Bundesrepublik entsandten Diplomaten anderer Länder. Die Diplomatie hat allerdings einen gewissen Bedeutungsverlust erlitten, da die Konferenzen der Außenminister und der Regierungschefs zahlreicher geworden sind und sich überall eine eher informelle Reisediplomatie mit Spezialaufträgen entwickelt, an der man sowohl Abgeordnete als auch Industrielle beteiligt, deren persönliches Entrée die Durchführung eines amtlichen Auftrages erleichtert. Andererseits obliegt dem Auswärtigen Amt immer die Federführung bei internationalen Verhandlungen (GO der Bundesregierung § 11), es muß also koordinieren. Oft werden auch Fachbeamte aus den Ressorts in das Auswärtige Amt abgeordnet. Dessen Stellung ist demnach interpretationsfähig und abhängig vom politischen Gewicht des Außenministers, von seinem Verhältnis zum Bundeskanzler wie von den außenpolitischen Ambitionen des Kanzlers, dem seinerseits ein eigener einschlägiger Apparat zur Seite steht (vgl. *Auswärtiges Amt*, 1972).

Da Außenpolitik traditionell Politik gegenüber anderen Regierungen und Gesellschaften – hier ist an die publizistische Vertretung eigener Interessen in anderen Ländern zu erinnern – war, muß heute meist von *internationaler Politik* gesprochen werden. Das bringt zum einen zum Ausdruck, daß angesichts der Interdependenz der Lebensverhältnisse die vorwiegend zweiseitigen Beziehungen zwischen verschiedenen Ländern an Bedeutung verloren haben, das sogenannte multilaterale Element also überwiegt, und daß zum anderen die internationale Ordnung heute nicht weniger wichtig ist als die innerstaatliche. Diese Ordnung kann mit dem herkömmlichen außenpolitischen Instrumentarium nicht geschaffen und aufrechterhalten werden; Gegenwart und Zukunft bedürfen der Wirksamkeit internationaler Organisationen, die für die internationale Sicherheit, für das Ordnen der internationalen Wirtschaftsverflechtung und für gemeinsame Aufgaben der Staaten und Völker zuständig sind. Die Zugehörigkeit zu einem umfassenden Netz solcher Organisationen hat Rückwirkungen auf die innerstaatliche Willensbildung und Politik (vgl. dazu *R. Wildenmann*, 1963, *M. Beloff*, 1961, *E. O. Czempiel*, 1969 mit den Beiträgen von *K. Faupel* und *K. Kaiser*, sowie *K. J. Gantzel*, 1973, *H. Haftendorn*, 1983, 1986, und *dieselbe* u. a., 1982). Dabei ist im allgemeinen zu unterscheiden zwischen den mehr im Sinne traditioneller Bündnisse und Vereinbarungen geschaffenen internationalen Organisationen, deren Beschlüsse die Mitglieder nur binden, wenn sie ihnen zugestimmt haben, oder deren Mehrheitsbeschlüsse man sich entziehen kann, und den neueren supranationalen Organisationen, denen Zuständigkeiten derart übertragen werden, daß die beteiligten Staaten auf Teile ihrer Zuständigkeit verzichten. Im ersteren Falle handelt es sich um die Bereitschaft zu internationaler Kooperation bei gleichzeitiger Wahrung der einzelstaatlichen Souveränität; im letzteren Fall kommt es zum Souveränitätsverzicht, der die Volkssouveränität nur dann nicht entscheidend tangiert, wenn das gemeinte Volk sich vergrößert und seine Souveränität nun in anderem Rahmen wahrnimmt, eingeschränkt nur durch die größere Zahl der Beteiligten.

2.3.2. Die Bundesrepublik in internationalen Organisationen

Es ist an dieser Stelle nicht möglich, einen Überblick über die Fülle von internationalen Organisationen zu geben, denen die Bundesrepublik angehört (vgl. z. B. *Auswärtiges Amt*, 1972, die jeweiligen Jahresberichte der Bundesregierung sowie die Übersicht der Deutschen Bundesbank, 1986). Sie sind zumeist durch die technische, wirtschaftliche und die Verkehrsentwicklung notwendig geworden und beruhen auf Vereinbarungen, die entweder nur regelmäßige ad-hoc-Konferenzen oder auch feste Sekretariate und gemeinsame Behörden vorsehen. Solche Organisationen regeln z. B. die Wellenverteilung für den Rundfunk, stimmen die Fahrpläne der internationelen Bahnstrecken ab, führen den Zahlungsausgleich im internationalen Postverkehr durch, klären Usancen des Schiffsverkehrs, begründen Regeln für den internationalen Zahlungsaustausch und ähnliches mehr. Dabei stehen quantitativ wirtschaftliche Probleme, solche des Verkehrs und solche des Gesundheitswesens im Vordergrund. Gelegentlich sind auch schon Organisationen für international gemeinsame Aufgaben geschaffen worden. Unter ihnen spielen die Sonderorganisationen der UN eine größere Rolle. Die Bundesrepublik Deutschland ist hier meist seit geraumer Zeit Mitglied. Mitglied der UN selbst wurde sie erst 1973, nachdem deutschlandpolitische Voraussetzungen dafür geschaffen worden waren.

Im *wirtschaftlichen Bereich* gewinnt neben der EG, von der sogleich die Rede ist, die OECD (Organization for Economic Cooperation and Development) zunehmend Bedeutung. Sie geht auf die Wirtschaftshilfe der USA für europäische Demokratien in der

Nachkriegszeit zurück und sollte später einen gewissen Ausgleich zwischen der Europäischen Wirtschaftsgemeinschaft und der Europäischen Freihandelszone auf der einen und den USA sowie Kanada auf der anderen Seite schaffen. Der Rat der OECD, der (einstimmig) verbindliche Entscheidungen, Abkommen mit Dritten, Empfehlungen an Mitgliedstaaten und Resolutionen beschließen kann, hat in der Hauptsache folgende Aufgabenbereiche: „Koordinierung der Wirtschafts- und Konjunkturpolitik in den Mitgliedsländern; Koordinierung und Ordnung der Entwicklungshilfe der Mitgliedsländer; Beseitigung von Hemmnissen im internationalen Handels- und Zahlungsverkehr ...; Umweltfragen, Atomenergie ...; Fragen des Arbeitsmarktes und des Sozialwesens; Industrie und Energie, Wissenschaft und Ausbildung sowie Landwirtschaft und Fischerei." Auf die OECD gehen einige Organisationen zurück, so die ENEA (European Nuclear Energy Agency) oder das Europäische Währungsabkommen. Als Kontrollorgan ist die beratende Versammlung des 1949 gegründeten Europarates bestimmt.

Die NATO ist 1949 von 12 Staaten errichtet worden, später traten Griechenland und die Türkei bei und 1955 auch die Bundesrepublik (vgl. Dokumente und Literaturangaben bei *K. v. Schubert*, 1978, und Quellen 1.2.1.). Die NATO soll die Mitglieder dann gemeinsam *verteidigen*, wenn eines oder mehrere von ihnen in Europa oder Nordamerika, im Mittelmeer oder im nördlichen Atlantik angegriffen wird oder werden. Oberstes Organ ist der Nordatlantikrat, der mehrmals im Jahr tagt und dessen Entscheidungen wie die der OECD einstimmig getroffen werden müssen. Ein wichtiges Gremium ist die sogenannte Ständige Gruppe in Washington, außerdem gibt es zahlreiche militärische und zivile Organe, an deren Spitze der jeweilige Generalsekretär steht. Seine Behörde ist nach dem Austritt Frankreichs aus der NATO von Paris nach Brüssel verlegt worden. Die NATO-Vereinbarungen sehen u. a. eine Aufteilung der Kosten für die Infrastruktur, also für die feststehenden Verteidigungsanlagen vor. Die Bundesrepublik muß z. Z. 26,8 % dieser Kosten tragen. In der Organisation nimmt die Bundesrepublik insofern eine Sonderstellung ein, als ihre gesamten mobilen Streitkräfte der NATO unterstehen und damit Verteidigungspolitik nur im engen Verbund mit der NATO betrieben werden kann. Die übrigen größeren Länder unterstellen der NATO nur vertraglich vereinbarte Truppenkontingente; die USA und England sind auch noch in weiteren vergleichbaren Verteidigungsbündnissen mit anderen Teilen ihrer Truppe engagiert.

Ihrer *Rechtsform* nach ist die NATO eine internationale Organisation traditionellen Gepräges. In ihrer *politischen Bedeutung* für die Bundespolitik wirkt sie wie eine supranationale Organisation, solange jedenfalls die Bundesrepublik durch Vereinbarungen mit den ehemaligen Besatzungsmächten, die praktisch das NATO-Vertragswerk ergänzen, stärker als andere Mitglieder von der Willensbildung in der NATO abhängt. Hinzuweisen ist deshalb auf das Protokoll zum Nordatlantikvertrag über den Beitritt der Bundesrepublik Deutschland vom 22. Oktober 1954, durch das Erklärungen der Bundesrepublik zum Vertragsinhalt wurden. Ihnen zufolge schließt sich die Bundesrepublik der in Artikel 2 der Satzung der Vereinten Nationen niedergelegten Verpflichtung an, sich jeder Handlung zu enthalten, die mit dem rein defensiven Charakter des Vertrages unvereinbar ist. Dies gilt auch für die Wiedervereinigung Deutschlands und die Änderung der gegenwärtigen Grenzen der Bundesrepublik. Umgekehrt erkennen die NATO-Mitglieder den Anspruch der Bundesregierung an, die einzige deutsche Regierung zu sein, „die frei und rechtmäßig gebildet und daher berechtigt ist, für Deutschland als Vertreterin des deutschen Volkes in internationalen Angelegenheiten zu sprechen."

Der Beitritt der NATO war für die Bundesrepublik mit der Aufstellung eigener *Streitkräfte* verbunden. Dies hatte Rückwirkungen auf den Verfassungszustand. Vor allem ergab sich eine neuerliche Gewichtsverlagerung von den Ländern zum Bund, der mit der Wehrverwaltung die größte bundeseigene Verwaltung begründete. Gleichzeitig wurden wesentliche Kernbereiche der militärischen Planung in die Mitzuständigkeit der NATO-Organe verlagert. Damit wurde die im Gegensatz zur deutschen Tradition verstärkte Einschaltung des Parlaments in die Aufsicht über das Verteidigungsministerium teilweise wieder neutralisiert, weil Auswärtiges Amt und zivile und militärische Führung der Bundeswehr, nicht aber das Parlament an der internationalen Willensbildung beteiligt sind, so daß das Parlament vielfach auf eine nachträgliche Kontrolle beschränkt bleibt (vgl. Kap. 6.4. und aus der umfangreichen Literatur *H. Haftendorn*, 1974/1986, *H. Schmidt*, 1970, *K. v. Schubert*, 1970, *R. Zoll* u. a., 1977).

2.3.3. Die Europäischen Gemeinschaften

Im Blick auf die Friedensordnung, auf Handel und Wirtschaft, Rechtsentwicklung und soziale Sicherung, auf Rüstung und Rüstungskontrolle, auf Großforschung oder Verkehr entsteht und verdichtet sich ein Geflecht wechselseitiger Abhängigkeit, in dem die Großmächte zwar eine Sonderstellung einnehmen, dem sie sich aber nicht entziehen können. Dabei überwiegen die im 19. Jahrhundert ausgebildeten Bedürfnisse der bürgerlichen Gesellschaft. Wie es früher galt, entscheidend auch wegen der ökonomischen Entwicklung die Verhältnisse innerhalb des sich ausbildenden modernen Staates berechenbar zu machen und Ordnung zu stabilisieren, überträgt die seit einigen Jahrzehnten andauernde internationale Entwicklung diese Bedürfnisse auf größere Verhältnisse. Verkehr, Handel, Wirtschaft sprengen die nationalen Grenzen; die grenzübergreifende Wirtschaft samt ihrer Folgen etwa für den Umweltschutz nimmt neben der bloß nationalen ökonomischen Bedürfnisbefriedigung dabei einen immer größeren Platz ein; erste Anzeichen einer künftigen Weltinnenpolitik lassen sich erkennen – die Entwicklungshilfe mit all ihren ökonomischen und politischen Problemen geht ihr voraus.

Unter dem Aspekt der zunehmenden internationalen Interdependenz gewinnt die Europäische Wirtschaftsgemeinschaft besondere Bedeutung, weil sie beispielhaft für den Zusammenschluß hochentwickelter Industriestaaten mit partieller Verlagerung nationaler Kompetenzen auf gemeinsame *supranationale Einrichtungen* mit eigener Kompetenz ist – auch in ihren vielen Reibungen und Rückschlägen. Generell kann man davon ausgehen, daß sich die Existenz einer derartigen supranationalen Einrichtung um so mehr innerstaatlich auswirkt, je umfassender und damit allgemeiner ihre Aufgaben und Befugnisse sind, während bei stärkerer Präzision des Vertragszweckes leichter auch nachgeordnete Organe Verantwortung und Entscheidungsmacht übernehmen können. Immer führt allerdings eine Verlagerung nationaler Kompetenzen auf supranationale Einrichtungen innerstaatlich zu einem relativen Machtgewinn der nationalen Regierungen, die allein die Mitgliedschaft ausüben können.

Institutionell steht am *Beginn der Europäischen Gemeinschaften* die Gründung des Vorgängers der OECD am 16.8.1948, errichtet aufgrund des amerikanischen Wunsches nach europäischer Zusammenarbeit (Marshall-Plan). Kurze Zeit später entstand der Europarat (5.5.1949), ein Gremium ohne tatsächliche Befugnisse, das 1950 die Europäische Konvention zum Schutze der Menschenrechte und Grundfreiheiten und 1960 die Europäische Sozialcharta beschloß (vgl. *E. Stein*, 1978, S. 291 f.), um im übrigen Anregungen zur Errichtung europäischer Organisationen zu geben. Als solche scheiterten 1954 die Europäische Verteidigungsgemeinschaft (EVG) und die Europäische Politische Gemeinschaft (EPG) am Widerspruch Frankreichs. In den ersten Verhandlungen des Europarates ließen sich Unionisten (England, Skandinavien), Föderalisten (BRD, Frankreich, Italien) und Funktionalisten unterscheiden. Die ersteren dachten an eine europäische Behörde mit beratender Versammlung ohne Souveränitätsverzicht; die Föderalisten forderten den Aufbau supranationaler Organe als Vorstufe zu den Vereinigten Staaten von Europa, während die Funktionalisten einen mittleren und zunächst auch nicht einheitlichen Weg gehen wollten.

Diesen Weg nahm der bisherige europäische Einigungsprozeß (wir nennen aus der umfassenden Literatur und den vielen Zeitschriften nur: *H. P. Schwarz*, 1975, und *W. Weidenfeld/W. Wessels*, 1986). 1950/51 kam die *Montanunion* (Europäische Gemeinschaft für Kohle und Stahl, EGKS) zustande. In ihr schlossen sich die Bundesrepublik Deutschland, Frankreich, Italien und die drei Beneluxländer zu einem gemeinsamen Markt zusammen, der durch einen Ministerrat und die Hohe Behörde koordiniert und gesteuert werden sollte, wobei die Hohe Behörde insofern supranationale Einrichtung war, als sie frei von einzelstaatlichen Weisungen Eingriffsmöglichkeiten in die Belange der Mitgliedstaaten erhielt. Man ordnete ihr einen Beratenden Ausschuß (Arbeitnehmer-, Arbeitgeber-, Verbrauchervertreter) und eine Gemeinsame Versammlung zu, regelte die Diskussion des Jahresberichtes der Behörde in dieser Versammlung und errichtete einen Europäischen Gerichtshof. Am 25.3.1957 unterzeichneten die Mitgliedsstaaten der EGKS die Römischen Verträge, aufgrund derer seit dem 1.1.1958 die *Europäische Wirtschaftsgemeinschaft* und die *Europäische Atomgemeinschaft* (EWG und EAG) bestehen. Die letztere sollte zum Aufbau einer gemeinsamen Kernenergie beitragen, die erstere in Etappen zu einer Zoll- und Wirtschaftsunion, also zu einem gemeinsamen Markt führen. Im Gegensatz zur EGKS gestaltete man das supranationale Element weniger stark aus. Die Entscheidungsbefugnisse verblieben dem Ministerrat. Allerdings errichtete man mit der Kommission in Brüssel eine ebenfalls supranationale Behörde und beschränkte nur ihre Befugnisse. Für EWG und EAG wurden die Gemeinsame Versammlung und der Europäische Gerichtshof ebenfalls als zuständig erklärt, die erstere lediglich als beratendes, nicht als kontrollierendes Organ zu denken. Schließlich vereinbarte man, die Organe der drei Gemeinschaften zusammenzulegen, was 1967 geschah, so daß die Montanunion den Beginn der EWG bedeutet, die EWG nach dem *Vertrag von 1957* aber im wesentlichen die spätere Entwicklung bestimmt. Sie befindet sich seit dem Anschluß von Großbritannien, Irland und Dänemark – Norwegen hatte verhandelt, seine Regierung unterlag jedoch später in einer Volksabstimmung –, der 1972 in Brüssel paraphiert und 1973 in Kraft getreten ist (vgl. Quellen 2.12.), in einer neuen Phase, welche wegen der Süderweiterung in den 80er Jahren anhält, in der sich die Schwierigkeiten vermehren dürften, zumal inzwischen auch die Türkei ihre Mitgliedschaft beantragt hat.

Die im Februar 1986 von den Außenministern der Mitgliedstaaten unterzeichnete Einheitliche Europäische Akte (EEA) ist die erste wesentliche Ergänzung und Revision der Gründungsverträge der Europäischen Gemeinschaften (EG). Die Anfänge der EEA gehen dabei bis auf den Pariser Gipfel im Jahre 1972 zurück, auf dem der Europäische Rat angesichts der bevorstehenden Beitritte von Großbritannien, Irland und Dänemark eine Reform der Gemeinschaft für dringend geboten hielt. Nach einer deutsch-italienischen Initiative für eine Europäische Union im November 1981, der „Feierlichen Deklaration zur Europäischen Union" anläßlich des Stuttgarter Gipfels 1983 und der Einsetzung einer Regierungskonferenz auf dem Mailänder Gipfel 1985 wurde im Dezember desselben Jahres der beschlußreife Entwurf der Akte vorgelegt. Kernpunkte der EEA betreffen die Verwirklichung des Binnenmarktes der Gemeinschaft bis Ende 1992, das institutionelle Gefüge der Europäischen Gemeinschaften und die Abstimmungsverfahren, schließlich die Definition neuer Politikbereiche bzw. die vertragliche Fixierung bereits bestehender, jedoch nicht gesicherter Formen der Kooperation wie etwa die Europäische Politische Zusammenarbeit (EPZ) und das Europäische Währungssystem (EWS). Während der Beschluß zur Verwirklichung des Binnenmarktes bis Ende 1992 „keine rechtliche Wirkung mit sich bringt" und lediglich den „festen politischen Willen" zum Ausdruck gebracht hat, vor dem 1.1.1993 die Beschlüsse zu fassen, „die zur Verwirklichung des in diesem Artikel beschriebenen Binnenmarktes erforderlich sind", wird die Entscheidungseffizienz der EG durch die erweiterten Möglichkeiten von Abstimmungen mit qualifizierter Mehrheit im Rat erhöht. Der auf den Luxemburger Kompromiß von 1966 zurückgehende Grundsatz der Einstimmigkeit wird damit eingeschränkt, allerdings nicht aufgehoben. Nach wie vor unterliegen dem Einstimmigkeitsprinzip z. B. Vorhaben, die die Berufsordnung oder Rechtsvorschriften zu den indirekten Steuern betreffen. Als neue Politikbereiche schließlich werden in der EEA Arbeitsschutzmaßnahmen im Bereich der Sozialpolitik, der wirtschaftliche und soziale Zusammenhalt, die Forschungs- und Technologiepolitik sowie die Umweltpolitik benannt. Insgesamt wurde das Inkrafttreten der Akte (1.7.1987) beträchtlich verzögert, da sich aufgrund einer Klage die irische Bevölkerung in einem Referendum zunächst für die Ratifizierung der Akte aussprechen mußte. Die Interessen von Gliedstaaten und einzelnen gesellschaftlichen Gruppierungen verdeutlichen demnach auch in diesem Fall, daß den Einigungsbemühungen auf europäischer Ebene noch beträchtliche Vorbehalte gegenüberstehen. So sehen optimistische Beobachter in der Einheitlichen Europäischen Akte eine erhebliche Beschleunigung des europäischen Einigungswerkes, während Kritiker wesentliche Fortschritte auf dem Wege zur Europäischen Union auch weiterhin vermissen.

Von den skizzierten Politikbereichen abgesehen, gelten als *Hauptaufgaben der EG*: die Koordinierung von Wirtschafts-, Währungs- und Sozialpolitik; eine Angleichung der entsprechenden Rechts- und Verwaltungsvorschriften; die Vereinheitlichung der wirtschaftspolitischen Ziele und Grundsätze der Mitgliedstaaten. Als Mittel dienen Maßnahmen im Bereich der Wettbewerbspolitik, der Handelspolitik, der Konjunkturpolitik, der Währungspolitik, der Struktur-, Investitions- und Verkehrspolitik. Ohne hier auf Einzelheiten eingehen zu können, läßt sich dazu festhalten: Unbestritten erreichte die EG den Abbau der Handelsschranken und eine weitgehende Zollunion. Unbestritten bereitet sich damit eine Wirtschafts*gemeinschaft* vor – Verflechtungen der Industrie, eine relativ große Mobilität in der Gemeinschaft, Ansätze einer gemeinsamen Sozialpolitik, zumindest zu wechselseitiger Gleichbehandlung deuten das an. Umgekehrt bleiben diejenigen enttäuscht, die sich einen rascheren Abbau nationaler Vorbehalte, die Stärkung des suprantionalen Elements und die Beschleunigung einer dezidiert politischen Einigung erhofften. Hauptkritikpunkt bleibt hier meist die *Agrarpolitik* der Gemeinschaft, deren Bedeutung ein Blick auf die Struktur des EG-Haushalts 1987 erschließt (Agrarinterventionen: 60,1 %, Ausgaben im Rahmen der Regional-, Sozial- und Agrarfonds: 16,8 %, Rückerstattungen an Mitgliedstaaten: 17,0 %, andere Aktivitäten: 6,1 %). Nach Jahren intensiver Diskussion und eine breite Öffentlichkeit beunruhigender Produktion von Überschüssen (Anfang 1987: 15 Mio. t Getreide, 1,3 Mio. t Butter, 900.000 t Magermilchpulver, 600.000 t Rindfleisch) ist hier jetzt immerhin Bewegung erkennbar, zumal der von den Überschüssen ausgehende Kostendruck auf den EG-Haushalt so stark geworden ist, daß andere EG-Politiken bedroht werden. Orientierungspunkt einer Reform der Agrarpolitik der Gemeinschaft ist dabei zunächst das 1985 veröffentlichte Grünbuch „Perspektiven für die Gemeinsame Agrarpolitik". Ihm liegt die Erkenntnis zugrunde, daß es zu einer Reform nur kommen kann, wenn es gelingt, zu einem Marktgleichgewicht von Angebot und Nachfrage zurückzukehren und dies von einem Ausbau soziostruktureller Politiken und einer Valorisierung nicht marktwirtschaftlicher Funktionen begleiten zu lassen. Offensichtlich bilden dabei die in den letzten Jahrzehnten erzielten Produktivitätssteigerungen in der Landwirtschaft mit ihren immer höheren Erträgen je Hektar und Tier sowie die damit verbundenen Produktionsausweitungen den Kern des Problems. Zusammen mit der bisher praktizierten Preis- und Garantiepolitik hat dies dazu geführt, daß die Gemeinschaft bei den meisten Agrarprodukten die Schwelle der Selbstversorgung längst überschritten hat – mit weiter zunehmender Tendenz. Daher ist die Kommission jetzt auch bemüht, das Problem mit produktionsdämpfenden Maßnahmen anzugehen. Die notwendigen Quotenkürzungen werden dabei allerdings meist mit einem Einkommensausgleich erkauft. Gleiches gilt für die angestrebten oder durchgeführten Reformen des Interventionsmechanismus bei einzelnen Produktgruppen. Die Wiederherstellung des Marktgleichgewichts (auch durch ein Einfrieren von Preisen, strengere Qualitätsanforderungen, geänderte Interventionsbedingungen und die Einführung einer Mitverantwortungsabgabe) sowie eine Reduzierung der Ausgaben sollten dabei flankiert werden von Maßnahmen soziostruktureller Art, die etwa auf die Förderung der Mobilität landwirtschaftlicher Produktionsfaktoren, die Extensivierung der Erzeugung, alternative Bodennutzung, die Erhaltung kleinerer Betriebe in benachteiligten ländlichen Gebieten sowie auf den Umweltschutz und die Landschaftspflege zielen (*F. Andriessen*, 1987). Dabei ist in entsprechenden soziokulturellen Vorschlägen der Kommission eine stärker umweltorientierte Produktionsweise als förderungswürdig herausgestellt worden. Die angebotenen Maßnahmen reichen von Unterstützungen für eine Rückkehr zu umweltfreundlichen Produktionsmethoden über die Umstellung auf biologische Erzeugungsweisen bis hin zum Übergang von intensiven zu extensiven Produktionssystemen. Auch wird damit dem offensichtlich geschärften Bewußtsein von Konsumenten entsprochen, die für qualitativ bessere landwirtschaftliche Produkte auch höhere Preise zu zahlen bereit scheinen. Ob mit diesen Maßnahmen freilich die angestrebte Reform der Agrarpolitik realisiert und der Anteil der Agrarinterventionen im Haushalt auf 51,5 % (1992) gesenkt werden kann, unterliegt kritischer Diskussion. Die wie immer mühsamen Prozeduren zur Verabschiedung des EG-Haushaltes 1987 sowie die zunehmend härter werdenden Auseinandersetzungen um Einzelheiten der Reform des Agrarmarktes lassen eher erwarten, daß sich die Probleme der vergangenen Jahre fortsetzen werden.

Trotz dieser Einschränkungen ist im Verlauf der vergangenen Jahre aber deutlich geworden, daß die EG nicht nur existiert, sondern auch für alle Mitglieder ökonomische Vorteile mit sich bringt und von daher unverzichtbar geworden ist. Ob sie sich damit auch politisch weiterentwickeln läßt und in welchem Stadium und mit welchen

Schwerpunkten dies geschehen könnte, muß freilich dahingestellt bleiben. Entscheidend wird auch sein, ob es gelingt, die Entwicklung der Gemeinschaft über ein Europa der Wirtschaft hinaus in ein „Europa der Bürger" zu überführen, und zwar hinsichtlich einer Erweiterung des Aufenthaltsrechtes, aber auch einer Förderung der sozialen Gleichstellung und einer Gewährleistung politischer Rechte der Gemeinschaftsangehörigen in den anderen Mitgliedstaaten. Ziel der Gemeinschaft müßte es dabei sein, Bürger, die von der ihnen gewährten Freizügigkeit Gebrauch machen, davor zu bewahren, in ihrer Persönlichkeit gleichsam gespalten zu werden, indem sie sich zwar in jedem anderen Mitgliedstaat wirtschaftlich integrieren dürfen, ihre übrige Persönlichkeit aber in ihrem jeweiligen Heimatland zurücklassen müssen (*S. Magiera*, 1987).

Die EG bildet eine *supranationale Einrichtung*. Artikel 189 des EWG-Vertrages legt fest, daß zur Erfüllung ihrer Aufgaben im Sinne des Vertrages (Minister-)Rat und Kommission *Verordnungen, Richtlinien und Entscheidungen* erlassen, außerdem Empfehlungen aussprechen und Stellungnahmen abgeben: „Die Verordnung hat allgemeine Geltung. Sie ist in allen ihren Teilen verbindlich und gilt unmittelbar in jedem Mitgliedstaat. Die Richtlinie ist für jeden Mitgliedstaat, an den sie gerichtet wird, hinsichtlich der zu erreichenden Ziele verbindlich, überläßt jedoch den innerstaatlichen Stellen die Wahl der Form und Mittel. Die Entscheidung ist in allen ihren Teilen für diejenigen verbindlich, die sie bezeichnet." Der Rat benötigt nach dem Vertrag meist (nur) die Mehrheit. Dazu werden die Stimmen gewichtet (Bundesrepublik Deutschland, Frankreich, Großbritannien und Italien je 10 Stimmen, Spanien 8 Stimmen, Belgien, Griechenland, Niederlande und Portugal je 5 Stimmen, Dänemark und Irland je 3, Luxemburg 2), als qualifizierte Mehrheit sind 54 von 76 Stimmen erforderlich (Art. 148 EWG-Vertrag, durch den Fusionsvertrag für die EG übernommen). Der EWG-Vertrag stellt damit eine *Quasi-Verfassung* dar. Er überträgt oder benennt in seinen Artikeln 9 bis 136 Aufgaben – teils sehr allgemein nur als Ziele formuliert – und schafft in den nachfolgenden Artikeln Organe der EG, nämlich die Versammlung, von der sogleich die Rede sein wird, den (Minister-)Rat, die Kommission und den Gerichtshof sowie einen besonderen Wirtschafts- und Sozialausschuß. Außerdem gibt es einen umfangreichen Vertragsteil, der sich mit der Finanzierung der EWG beschäftigt. Mit alldem entsteht noch kein europäischer Bundesstaat, wohl aber ein *supranationales autonomes Völkerrechtssubjekt*.

Vor diesem Hintergrund stellt sich innerstaatlich die Frage, wie der Machtgewinn der Regierung gegenüber dem Parlament, den die Beteiligung an der supranationalen Willensbildung ebenso verursacht wie die Beteiligung der Landesregierungen an der Willensbildung des Bundes, aufgefangen oder relativiert werden kann. Im supranationalen Bereich stellt sich umgekehrt die Frage, wann und wie das staatsähnliche Gebilde durch eine unmittelbare Beteiligung der Betroffenen stärker legitimiert werden kann als bisher, wann also aus der EG sich eine ‚Europäische Union' entwickelt, wie das die EG-Kommission im Juni 1975 vorgeschlagen hat (nach dem Vorschlag mit parlamentarischem Zweikammersystem und einer nach dem Kollegialprinzip arbeitenden europäischen Regierung).

Als einen wichtigen Schritt zur politischen Einigung sieht man unverändert das *Europäische Parlament*. Nach Vorformen schon in der Vorkriegszeit kam es 1949 zur Bildung des heute noch bestehenden Europarates und seiner Beratenden Versammlung. 1951 entstand in Zusammenhang mit der Europäischen Gemeinschaft für Kohle und Stahl die Gemeinsame Versammlung, die – das Zwischenspiel des Plans einer Europäischen Verteidigungsgemeinschaft EVG klammern wir hier aus – 1957 durch die Ver-

sammlung der drei Europäischen Gemeinschaften abelöst wurde. 1958 konnte sich das Europäische Parlament konstituieren, bestehend aus 142 Delegierten der Mitgliedstaaten, die sich als Fraktionen organisierten, ohne die Heimatparlamente prozentual zu repräsentieren. Dies ermöglichte der recht unverbindliche EWG-Vertrag in Art. 138 (1): „Die Versammlung besteht aus Abgeordneten, die nach einem von jedem Mitgliedstaat bestimmten Verfahren von den Parlamenten aus ihrer Mitte ernannt werden.“ Das war unbefriedigend und führte bald zur Forderung nach der *Direktwahl*, mit der sich wiederum Forderungen nach größeren Kompetenzen des Parlaments verbanden.
Die Direktwahl bereitete ein Beschluß der Regierungschefs aus dem Juli 1976 vor, der lange Auseinandersetzungen über die Verteilung der Abgeordnetenmandate beendete, während man der Kompetenzfrage auswich. Es erhielten die BRD, Frankreich, Großbritannien und Italien je 81 Mandate, die Niederlande 25, Belgien und Griechenland je 24, Dänemark 16, Irland 15 und Luxemburg 6. Das Wahlverfahren blieb den Mitgliedern überantwortet. Die seitdem durchgeführten Wahlkämpfe (Wahlergebnisse finden sich in Quelle 4.4.3.) enttäuschten; die Wahlbeteiligung blieb überall unter den gewohnten Werten und kam in Großbritannien einer Verweigerung gleich, so daß das in der Fraktionsbildung sich abzeichnende Ergebnis der Wahl 1984 (130 Sozialisten, 110 Christliche Demokraten, 50 Konservative, 43 Kommunisten, 31 Liberale, 29 National-Konservative, 19 „Alternative“, 16 Rechte, 6 Fraktionslose) nur bedingt mit der Entwicklung in den Mitgliedsländern korrespondiert und auch von der europäischen Fraktionsbildung kaum nennenswerte Rückwirkungen auf das nationale Parteiensystem ausgehen. Sicher hängt das mangelnde Interesse auch damit zusammen, daß dem Europaparlament nennenswerte Befugnisse fehlen: Seine Kontrollrechte gegenüber Kommission und Ministerrat sind eingeschränkt, seine Haushaltsrechte begrenzt, Gesetzgebungsbefugnisse fehlen abgesehen von einer beratenden Funktion ganz. Auch die Frage nach einem ständigen Sitz des Parlaments ist noch immer nicht entschieden. Insofern hat die Direktwahl weniger gebracht als man erhofft hat: Weder von den transnationalen Parteienbündnissen noch vom Parlament, in dem wenig ‚geschieht‘ und das oft nur Forderungen erhebt wie andere Petenten auch, gehen sonderliche Integrationswirkungen aus (bilanzierende Beiträge zu diesem Thema bringt die ZParl Heft 2 1982, vgl. auch Heft 3 1985; die wichtigsten Rechtsgrundlagen finden sich in ROP Teil II).
Die EG verbleibt damit in einer vorwiegend *bürokratischen Struktur*. Sie verfügte 1986 über einen eigenen Haushalt mit einem Volumen von über 78 Mrd., wozu die Bundesrepublik fast 14 Mrd. an Steuern und etwa 7 Mrd. Mark an Zöllen u. ä. beitrug. Das ergibt ein geringes Volumen im Vergleich zum Gesamthaushalt aller Mitgliedsländer. Andererseits handelt es sich doch um eine beachtliche Größe, aus der viele Maßnahmen vor allem aus dem EG-Regionalfonds und aus der Forschungsförderung der EG finanziert werden – auch in der Bundesrepublik. Nur bleibt eben offenkundig, daß der EG-Agrarmarkt nicht funktionsfähig ist, daß auch von einer gemeinsamen Währung nicht ausgegangen werden kann und daß die Disparitäten zwischen den reichen und den armen Regionen der EG wachsen, anstatt durch eine gemeinsame Regionalpolitik abgebaut zu werden. Die Süderweiterung hat dies Problem eher noch verschärft. Vor dem Hintergrund relativer Erfolgslosigkeit – die Bedeutung der EG für den deutschen Export wird nur selten angesprochen – erscheint die EG-Bürokratie als Ärgernis. „Am 1. Januar 1981 galten in der Bundesrepublik Deutschland 3161 EG-Verordnungen unmittelbar... Darüber hinaus haben zwischen 1958 und 1981 EG-Richtlinien den Rahmen gezogen, insgesamt 661, in dem Bundestag und Bundesregierung Ausführungsbestimmungen zu beschließen oder

zu erlassen hatten. Geregelt durch EG-Recht ist Naheliegendes wie die Verpflichtung zur ‚Unterrichtung über den Energieverbrauch auf den Etiketten von elektrischen Küchengeräten' und Fernliegendes, wie der ‚Abschluß eines Kooperationsabkommens zwischen den EG- und den Mitgliedsländern des Verbandes südostasiatischer Nationen'. EG-bestimmt ist unmittelbar Einsichtiges wie der ‚Schutz der Arbeitnehmer am Arbeitsplatz gegen Gefährdung durch metallisches Blei und seine Ionenverbindungen' und offenbar Unsinniges wie die ‚zulässige Größe der Luftblase in Hühnereiern'. (*K. Hänsch*, Bürgernahes Europa – ein Widerspruch in sich selbst? In: *J. Raschke*, 1982, hier S. 250).
Bürokratische Herrschaft in der EG: Die Kommission könnte vom Parlament gestürzt, nicht aber neu ernannt werden. Der Rat entzieht sich ohnehin dem Parlament, das ihn allenfalls vor dem Europäischen Gerichtshof verklagen kann. Die Ratsmitglieder sind ihrer jeweiligen Regierung und dem nationalen Parlament verantwortlich. Daß die nationalen Parlamente bereitwillig Kompetenzen an das Europäische Parlament abgeben, braucht man dabei nicht anzunehmen – von den Sprach- und Parteienproblemen und dem manifesten Widerstand in einzelnen Ländern ganz abgesehen. Das alles erbringt Gründe genug, um noch für eine längere Übergangszeit bestenfalls den derzeitigen Zustand der EG als gesichert anzusehen. In ihm lebt man wenigstens ansatzweise in zwei Rechtsordnungen, ohne sich dessen bewußt zu sein und ohne daß das gewählte Parlament beim Entstehen beider beteiligt ist. Im übrigen bleibt die EG eine Veranstaltung der Regierungen. Ob sich später eine Europäische Union entwickelt, ist nicht sicher. Solange es sie nicht gibt, erscheint die nationale Souveränität nur eingeschränkt, ohne daß Souveränität an anderer Stelle, im Zusammenschluß also, erwächst. Allerdings ist ein Europa der Regierungen noch immer mehr als eine pure Zersplitterung, zumal im Europa der Regierungen nur zum Ausdruck kommt, was sich innerstaatlich seit eh und je abzeichnet, ein latentes Demokratiedefizit im Bereich der Außenpolitik. Deshalb stellt sich primär die Frage, was das Europa der Regierungen erbringt – in der EG und in anderen Formen einer institutionalisierten Zusammenarbeit.

2.3.4. Nationale, internationale, supranationale Willensbildung

Wie ausgeführt, bedeutet die Zugehörigkeit zu einer internationalen Organisation in jedem Fall einen Machtzuwachs für die nationale Exekutive. Das gilt in doppelter Weise: Zum einen findet im Zusammenspiel der nationalen Organe eine Machtverschiebung zugunsten der Regierung statt, die hinsichtlich der internationalen Willensbildung so selbständig sein muß, daß in den jeweiligen internationalen Organen überhaupt eine gemeinsame Beschlußfassung möglich wird. Internationale Verhandlungen sind nur denkbar, wenn die Verhandlungspartner einen Verhandlungsspielraum haben. Für diesen müssen sie durch die anderen nationalen Organe eine Legitimation, in der Sache einen Vertrauensvorschuß erhalten, was zugleich für die anderen Organe einen Einflußverzicht bedeutet. Zum anderen ergibt sich aber auch daraus ein Machtzuwachs, daß in internationalen Organisationen nicht einfach Stücke der jeweiligen nationale Zuständigkeit addiert und miteinander koordiniert werden. In ihnen vollzieht sich vielmehr internationale Willensbildung, und wer an dieser teilhat, übernimmt eine Verantwortung, die über die Vertretung der eigenen nationalen Interessen hinausreicht.

Die damit angedeutete Entwicklungstendenz läßt sich in allen Staaten der Welt feststellen. Hinsichtlich der Bundesrepublik ergeben sich wenig Besonderheiten, wenn man von dem absieht, was sich bereits aus den Intentionen des Grundgesetzes ergibt. Einen Sonderfall stellen lediglich die Auswirkungen der Zugehörigkeit der Bundesrepublik zur NATO dar. Entscheidend für das Verständnis der Gewichtsverlagerung auf die Regierung innerhalb der Bundesrepublik ist jedoch, daß diese Gewichtsverlagerung in erster Linie der *Ministerialverwaltung* zugute kommt. In der Teilnahme an Verhandlungen internationaler Organisationen und in der Teilnahme an der Willensbildung supranationaler Einrichtungen sind Regierung und Ministerialverwaltung faktisch eine Handlungseinheit. Dabei ist der Führungsanspruch der politisch verantwortlichen Minister rechtlich nirgendwo tangiert, praktisch aber überall begrenzt, wo in internationalen Organisationen eine neue Bürokratie entsteht und sich daraus ein vielfältiges Beziehungsgeflecht zwischen nationaler und internationaler Bürokratie ergibt. Dieses Beziehungsgeflecht bilden zahllose informelle Kontakte, die den wirksamen Hintergrund abgeben, vor dem erst die formelle, vertraglich vereinbarte Willensbildung funktioniert und funktionieren kann. Die Verwaltung der EG etwa umfaßt inzwischen ca. 9000 Personen, die in Brüssel das Heft der Koordination, Information und Beschluß-Vorbereitung in der Hand halten.[1]

Der *Willensbildungsprozeß* in der *Europäischen Gemeinschaft* ist in keiner Weise analog zu dem zu sehen, der sich innerstaatlich abspielt. Dies gilt um so mehr, als das Europäische Parlament sich in der Praxis auf Empfehlungen allgemeiner Art beschränkt. Infolgedessen ist die Willensbildung in der EG konzentriert auf die Gespräche und Verhandlungen zwischen den nationalen Verwaltungen, der supranationalen Exekutive und dem Ministerrat. Ausgangspunkt aller Verordnungen, Richtlinien, Entscheidungen und Empfehlungen sind Anregungen, die von den nationalen Regierungen oder von der Exekutive der Gemeinschaft stammen. Zwischen ihr und den Ministerien der Mitgliedstaaten findet ein ständiger Gedankenaustausch statt, der weitgehend schon einem vorbereitenden Interessenausgleich und einer gewissen Koordinierung dient. Erst danach wird die Tagesordnung der jeweiligen Gemeinschaftssitzung vorbereitet. Dafür ist die supranationale Exekutive zuständig. Aufgrund der Tagesordnung muß dann im nationalen Bereich eine interministerielle Besprechung erfolgen, für die in der Bundesrepublik das Bundesministerium für Wirtschaft federführend ist und an der in der Regel nicht die Minister selbst, sondern die zuständigen Fachleute aus den Ministerien teilnehmen. Das in der Hauptsache betroffene Fachreferat gibt einen Bericht und formuliert einen Antrag, die anderen Fachvertreter nehmen Stellung. Zum Schluß wird der Wortlaut der Instruktionen für den deutschen Vertreter bei der Gemeinschaft entworfen. Anschließend befassen sich die Minister mit der Angelegenheit und wird ggf. das Kabinett eingeschaltet. Dann trägt der deutsche Vertreter in demjenigen Gremium der Gemeinschaft vor, das die Sitzung des Ministerrats vorbereitet und in dem die nationalen Vertreter normalerweise noch keinen Verhandlungsspielraum haben. In dem Vorbereitungsgremium erfährt das deutsche Mitglied, welche Instruktionen seine Kollegen

1 Die EG-Kommissare haben sich 1985 in 44 Sitzungen getroffen, um 7442 Rechtsakte zu verabschieden und dem Rat 918 Vorschläge, Mitteilungen und Berichte zuzuleiten. Der Ministerrat kam zu 75 Tagungen zusammen und verabschiedete dabei 59 Richtlinien, 447 Verordnungen und 109 Beschlüsse. Das Europäische Parlament nahm bei 12 Plenartagungen 440 Entschließungen an und befaßte sich mit 3332 schriftlichen sowie 1267 mündlichen Anfragen. Im 19. Gesamtbericht der EG sind weiter die dazugehörigen Materialien und Übersetzungsarbeiten erwähnt.

aus den anderen Ländern haben. Es berichtet darüber. Anschließend findet eine neue nationale Ressortbesprechung statt, über die auch das Kabinett unterrichtet werden muß. Erst nach diesen Vorbereitungen tagt der *Ministerrat der Gemeinschaft* selbst und führt einen Beschluß herbei oder scheitert damit. Im Ministerrat haben die einzelnen Minister meist einen etwas größeren Verhandlungsspielraum, der allerdings einerseits durch die Vorbesprechung auf der Gemeinschaftsebene und andererseits in der Regel durch Kabinettsbeschlüsse begrenzt ist.

Entscheidungen dieser Art haben entweder grundlegende Bedeutung oder betreffen nur mehr oder weniger wichtige Einzelheiten. Bei den letzteren ist zwangsläufig die nationale Bürokratie in der Vorhand, bei den ersteren liegt das politische Gewicht beim Ministerrat und bei der supranationalen Behörde, in deren Händen die notwendigen Koordinationsaufgaben liegen. Die Parlamente sind ohnehin ausgeschaltet; im Zeitraum der Vorbereitung wird im allgemeinen auch die Öffentlichkeit nur unzureichend unterrichtet; von den nationalen politischen Kräften sind außerhalb von Bundesregierung und Ministerialbürokratie nur einige Länderregierungen und die großen Verbände besser informiert, weil sie inzwischen längst eigene Büros in Brüssel oder Luxemburg eingerichtet haben und in engem Kontakt mit den supranationalen Bürokratien stehen. Gleichwohl werden die meisten Beschlüsse des Ministerrats den nationalen Parlamenten nur nachrichtlich vorgetragen. Diese haben mit der einmal gegebenen Zustimmung zu den drei grundlegenden Verträgen die durch die Verträge begründeten Spitzenorgane beauftragt, im Rahmen der Verträge verbindlich zu handeln. Ohne Frage trägt all dies entscheidend zur *Entpolitisierung der nationalen Parlamente* bei, sofern es ihnen nicht gelingt, wirksame Kontrollfunktionen gegenüber ihren Regierungen in der Hand zu behalten.[2] Betrachtet man diese Entwicklung unter dem Aspekt der politischen Beteiligung, ergibt sich eine recht eindeutige Bewertung: Nur der auch politische Zusammenschluß Europas entspricht dem Beteiligungserfordernis; daß supranationale Beschlüsse von nationalen Ministern herbeigeführt werden, die ihrerseits parlamentarischer Beauftragung und nur noch sehr bedingt parlamentarischer Kontrolle unterliegen, genügt dagegen nicht. Nationale Souveränität erscheint vor diesem Hintergrund zum einen zwangsläufig durch zunehmende internationale Interdependenz und in ihrem Gefolge durch verringerten Handlungsspielraum eingeschränkt, zum anderen aber auch durch freiwillige Kompetenzabtretungen, die zuletzt demokratisch nur dann als legitimiert gelten können, wenn sich aus ihnen nicht auf Dauer eine Einbuße der Kompetenz des Souveräns ergibt.

2 Hier ist allerdings zu berücksichtigen, daß sich das Interesse der (Bundes-)Länder an direkten EG-Kontakten inzwischen erheblich ausgeweitet hat. Hintergrund ist dabei zum einen der Versuch, unmittelbarer auf EG-Politiken einwirken und von ihnen partizipieren zu können, zum anderen das Bestreben, angesichts der Beihilfekontrollen der EG Verständnis für Subventions- und Protektionspolitiken einzuwerben. Hinzu kommt, daß das Gesetz zur Einheitlichen Europäischen Akte die Beteiligungschancen des Bundesrates (§ 2) verbessert hat. Um den Kontakt zur europäischen Politik generell zu intensivieren, richtete der Bundestag 1983 zudem die Europa-Kommission ein, die sich aus jeweils 11 Mitgliedern des Bundestages und des Europäischen Parlaments zusammensetzt.

3. Kapitel
Partizipation und Repräsentation

3.1. Schwierigkeiten im deutschen Verfassungsdenken

3.1.1. Das Grundgesetz als Rahmen

Aufgabenentwicklung, Aufgabenverteilung und Aufgabenerledigung der öffentlichen Hand, politische Reaktion auf nationale und internationale soziale und ökonomische Veränderungen und alle Versuche, auf Gesellschaft und Wirtschaft Einfluß zu nehmen, um ihren Bestand zu sichern und weiterzuentwickeln, ereignen sich in einem Rahmen, den seit 1949 das Grundgesetz bestimmt. In ihm bewegen sich auch die Länderverfassungen und die Gemeinde- und Kreisordnungen, selbst wenn sie z. T. vor 1949 beraten und beschlossen worden sind. Das Grundgesetz regelt außerdem und in der Hauptsache das Zusammenspiel der politischen Institutionen und Kräfte und macht mit der Kodifikation der Grundrechte den Versuch, Grenzen zwischen der Freiheitssphäre des Einzelnen und der Zuständigkeit des Gemeinwesens zu ziehen.

Das Grundgesetz spiegelt Besonderheiten der deutsche politischen Tradition und Randbedingungen deutscher Politik im Jahre 1949 wider. Der Tradition folgend regelt es z.B. relativ viele Einzelheiten und erlaubt in großem Umfange eine rechtliche Nachprüfung von politischen Entscheidungen oder auch Verfassungsänderungen. Die Randbedingungen kommen dem Föderalismus und der Beteiligung der Landesregierungen an der Bundespolitik zugute. Sie bewirkten, daß das Parlament ein Legitimationsmonopol erhielt: An anderer Stelle kommt der Wählerwille nicht (legitim) zum Ausdruck. Die repräsentative Komponente ist deutlich betont. Eine gewisse Ängstlichkeit gegenüber dem unmittelbaren Einfluß des Volkswillens ist unverkennbar. Auch der Versuch, zur ‚streitbaren Demokratie' zu werden, hat zeitgeschichtliche Hintergründe (vgl. *O. Kirchheimer*, 1965, und die Verfassungskommentare zu den Artikeln 18 und 21 GG). Dennoch entspricht das Grundgesetz zunächst einmal einem in der *westlichen Verfassungsentwicklung* verbreiteten Typus. Es intendiert eine parlamentarische, im Unterschied zur präsidentiellen Demokratie (vgl. *W. Steffani*, 1979) und vollzieht die allgemeine Gewichtsverlagerung vom Parlament zur Regierung nach. Auch finden sich viele zentrale Bestimmungen, die man im 19. Jahrhundert entwickelt und mit denen man sich zum Teil mit den Erfahrungen des 18. Jahrhunderts auseinandergesetzt hat (zum Problem der damit verbundenen „Maßstäbe" vgl. *E. Schütt-Wetschky*, 1984). Artikel 20 bekennt sich zur Gewaltenteilung und zu besonderen Organen für die damit geteilten Funktionen. Artikel 38 privilegiert den unabhängigen und nur seinem Gewissen verantwortlichen Abgeordneten als Vertreter des ganzen Volkes, was empirisch der Partei- und Fraktionsbindung nicht entspricht, aber eine klare Absage an jedes imperative Mandat enthält. Der Grundrechtsteil beruht auf der Entwicklung der Menschenrechte und konkretisiert diese besonders, wenn es um die Abwehr von Staatseingriffen in die private Sphäre geht. Der Erkenntnis, daß Menschenrechte auch anderweitig eingeschränkt werden, folgt er nur zögernd; die rechtstheoretische Diskussion um die Drittwirkung der Grundrechte kann deshalb nicht mehr aus dem Verfassungstext herausholen als dieser tatsächlich enthält.

Als Typus gliedert sich das Grundgesetz in die allgemeine Verfassungsentwicklung ein, deren spätes Produkt es ist (vgl. *K. v. Beyme,* 1970). Im Rahmen der allgemeinen Entwicklung läßt es sich deshalb befragen, ob es dem *Wandel der bürgerlichen zur Industriegesellschaft* oder vom liberalen Ordnungs- zum sozialen Maßnahmestaat gerecht wird. Diese Frage verbindet sich mit der anderen nach dem Charakter oder dem Wesen einer Verfassung. Hier gilt als beliebtes Beispiel die Verfassung der Vereinigten Staaten, die ohne große Veränderungen einen Entwicklungs- und Veränderungsprozeß über fast zwei Jahrhunderte durchstehen konnte, was offenkundig ein Verfassungsdenken der Amerikaner voraussetzt, welches sich von dem der Deutschen erheblich unterscheidet (vgl. *E. Fraenkel,* 1976). Das Grundgesetz erfuhr seit seinem Bestehen durchschnittlich mehr als eine Änderung im Jahr, darunter die grundlegende Veränderung durch das Einfügen der gesamten Notstandsverfassung (vgl. Quellen 3.1.). Das hat schon zu der Einsetzung einer *Enquete-Kommission Verfassungsreform* des Deutschen Bundestages (vgl. *Enquete-Kommission,* 1976/7 und *H. Laufer,* 1979) oder auch zu der Frage nach der „Identität des Grundgesetzes nach 30 Jahren“ geführt (so ein Aufsatz von *H. Vorländer,* in: Juristische Schulung, 1979, S. 131 ff.). Noch mehr scheint sich von der deutschen Verfassungspraxis die englische zu unterscheiden. In ihr verzichtet man seit eh und je auf eine systematische Kodifikation und begnügt sich teils mit faktischer Weiterentwicklung, teils mit isolierten Grundsatzbeschlüssen, welche frühere Beschlüsse zumeist weder ansprechen noch direkt aufheben. Die englische Königin könnte deshalb „nach Gutdünken — at pleasure — den vom Recht gar nicht vorgesehenen Premierminister, die Inhaber aller hohen Staatsämter, fast alle Richter, wenn es ihr so einfällt, entlassen, nach Gutdünken neu berufen, sie könnte Krieg erklären, Frankreich die Kanalinseln verkaufen usw. In der ‚Verfassungswirklichkeit‘ wird sie nicht einmal ihrem Sohn den Hosenbandorden verleihen, ohne den Premier vorher zu fragen“ (*W. Hennis,* 1973, S. 57).

Wir wollen wegen solcher Unterschiede nicht den Typus zu sehr verallgemeinern, unter den auch das Grundgesetz fällt. Diese Verfassung will fraglos eine freiheitliche demokratische Ordnung, eine Demokratie parlamentarischer Observanz mit starker Betonung der rechtsstaatlichen und mit Hinweisen wenigstens auf eine sozialstaatliche Komponente, beruhend auf einer föderalistischen Struktur und auf gewährleisteter Selbstverwaltung. Dies alles umreißt aber vorwiegend den *institutionellen Rahmen.* Begnügt man sich damit, setzt man sich zunächst dem Vorwurf aus, man verharre bei einem Verfassungsverständnis, demzufolge das Verfassungsrecht mit der sozialen Ordnung nichts zu tun habe (vgl. *W. Abendroth,* 1966). Tatsächlich übernimmt das Grundgesetz nicht nur die Funktion, den politischen Prozeß zu regeln und den Bereich der politischen Führung verbindlich zu organisieren. Es geht mindestens den Schritt weiter, daß es mit den Grundrechten die staatliche Zuständigkeit eingrenzt und mit Verfassungsprinzipien und Staatszielbestimmungen für die weitere Entwicklung Ziele und Beurteilungskriterien vorgibt. Damit kann es Probleme hinsichtlich der Akzeptanz des Grundgesetzes (Verfassungskonsens) sowohl wegen seiner prozeßregulierenden Funktion als auch wegen seiner Programmfunktion geben. Solche Probleme sind anzusprechen, auch wenn man — wie wir — davon ausgeht, daß sich das Grundgesetz in seiner nun fast vierzigjährigen Gültigkeit ‚bewährt' hat. Die Problementfaltung soll in der Weise geschehen, daß zuerst von der politischen Willensbildung und sodann von programmatischen Gehalten des Grundgesetzes die Rede ist, um anschließend aufgrund eines noch vorzustellenden ‚pragmatischen' Verfassungsverständnisses etwas über die Forderung nach einem Verfassungskonsens zu sagen und schließlich das Beispiel des ‚sozialen Rechtsstaates' zu einer Art Zusammenfassung zu nutzen. Bei allem steht die systematische Betrachtungsweise im Vordergrund. Von Verfassungsproblemen, die sich aus der deutschen politischen Tradition ergeben, ist unter 3.2. die Rede; Überlegungen zur Nutzung demokratischer Rechte schließen sich an.

3.1.2. Die politische Willensbildung im GG – Modell und Modellkritik

Der Begriff der politischen Willensbildung findet sich im Grundgesetz in Artikel 21. In ihm ist die Rede von den Parteien, die bei der politischen Willensbildung „mitwirken". Die Mitwirkung muß man in Zusammenhang mit Artikel 20 sehen. Er gibt neben Artikel 1 dem Grundgesetz die Basis und enthält eine Art „Verfassung in Kurzform". Für die Willensbildung ist Absatz 2 entscheidend. Ihm liegt vereinfacht zunächst folgendes Modell zugrunde:

Alle Staatsgewalt soll vom Volke ausgehen (Prinzip der Volkssouveränität). Das bedeutet negativ, daß die Staatsgewalt weder einem erbberechtigten Monarchen zusteht noch sich auf ein höheres Wesen bezieht. Praktisch bedeutet es, daß die Organe des Gemeinwesens durch Wahlen bestellt werden und im Sinne des Volkes tätig sein sollen. Das Grundgesetz führt deshalb weiter aus, die Staatsgewalt werde „vom Volke in Wahlen und Abstimmungen und durch besondere Organe der Gesetzgebung, der vollziehenden Gewalt und der Rechtsprechung ausgeübt." Infolgedessen artikuliert sich in der Wahl die Summe der im Volk vorhandenen Meinungen und Auffassungen, die man häufig als den „empirischen Volkswillen" bezeichnet, und trägt der Wähler zugleich den Repräsentanten auf, in den genannten Organen für das Volk die Staatsgewalt auszuüben. Der Begriff Repräsentation bedürfte nun wieder einer ausführlichen Erklärung. Wir begnügen uns mit dem Hinweis, daß sich aus Artikel 38 GG das sogenannte freie Mandat ergibt. Mit der Wahl sind keine verbindlichen Aufträge und Weisungen verbunden, die Repräsentanten sind idealtypisch betrachtet nur ihrem Gewissen unterworfen, sie haben dabei – so heißt es oft wertbezogen – den tatsächlich vorhandenen Volkswillen zu verbessern und damit den sogenannten legitimen hypothetischen Volkswillen zu formulieren (vgl. *E. Fraenkel*, 1964, S. 71 ff.). Die Legitimität ergibt sich in diesem Zusammenhang aus der Wahl und aus dem Amt der Repräsentanten; anders zu betrachten ist der von nicht in gleicher Weise legitimierten Personen vorgetragene oder behauptete hypothetische Volkswille.

Verfassung und Gesetz erweitern dieses einfache *Modell des Artikel 20* in vieler Hinsicht und komplizieren es zugleich. Eine wichtige Erweiterung ergibt sich durch das föderalistische Prinzip. Die Abfolge: Meinungsbildung im Volk – Wahlakt und Beauftragung der Repräsentanten – legitime Formulierung des hypothetischen Volkswillens, vollzieht sich nebeneinander in Ländern und Bund, wobei im Bund der Bundesrat das Nebeneinander verschränken soll. Außerdem bezieht das Grundgesetz die kommunale Selbstverwaltung mit ein und legitimiert dadurch eine weitere unmittelbare Betätigung des Volkes, ohne sie allerdings institutionell direkt mit der Willensbildung in den Ländern und im Bund zu verkoppeln. Da schließlich die Verfassungen nur über die obersten Organe des Gemeinwesens in Ländern und Bund Auskunft geben, verbleibt eine Fülle von öffentlichen Einrichtungen, welche an der Herrschaftsausübung beteiligt sind, ihre Grundlagen aber nur in einfachen Gesetzen haben. Man spricht deshalb von unmittelbarer und mittelbarer Repräsentation oder verwendet den Begriff nur im Zusammenhang mit den gewählten Organen (Parlament und Regierung) und unterscheidet von ihnen alle ernannten Personen, die dann als Angehörige des sogenannten öffentlichen Dienstes im Auftrag der Repräsentanten handeln. Die Unterscheidung wird allerdings an einigen Stellen problematisch, da sie z.B. den Sonderfall der unabhängigen Richter nicht erfaßt, die ernannt sind, aber unmittelbar „im Namen des Volkes" Recht sprechen.

Die komplizierte *Organisation der politischen Herrschaft*, wie sie durch die Verfassung institutionalisiert und zugleich begrenzt ist, schließt einige Gebote ein, welche in der modernen rechtsstaatlichen Demokratie den Herrschenden auf Zeit – in dieser Einschränkung liegt der Sinn der ständigen Wiederkehr von *Wahlen* – auferlegt sind. Das Grundgesetz gibt dem in Absatz 3 des Artikel 20 Ausdruck, indem es zunächst die *Bindung der einzelnen Organe* an die verfassungsmäßige Ordnung und an Gesetz und Recht feststellt. Mit dem Begriff der verfassungsmäßigen Ordnung sind sowohl das Verfassungsrecht im einzelnen als auch seine wichtigsten Sinngehalte gemeint. Der Bindung an Recht, Verfassung und Gesetz entspricht die *Kontrollierbarkeit* des Tuns der obersten und aller nachgeordneten Organe, wobei es sich um gegenseitige Kontrolle wie auch um Kontrolle durch Bürger und Wähler handelt. Kontrollierbarkeit setzt ein Höchstmaß von Öffentlichkeit des Handelns jener Organe voraus, auch wenn von dieser Öffentlichkeit in der Verfassung nicht ausdrücklich die Rede ist. Wir gelangen damit zu dem, hier natürlich stark vereinfachten Wesensmerkmal des Modells der rechtsstaatlichen Demokratie. Die mit *Herrschaftsaufgaben Betrauten sind nur auf Zeit beauftragt, und ihr eigenes Tun wie das der von ihnen zu beauftragenden Einrichtungen müssen kontrollierbar sein.* Beides soll bewirken, daß die Herrschaftsverhältnisse nicht zementiert sind, vielmehr ein Konkurrenzkampf um die Ausübung der Herrschaft stattfindet. Zugleich ergibt sich eine ständige Auseinandersetzung zwischen den Herrschaftsträgern, die in der Öffentlichkeit am liebsten nur ihre eigene Sicht der Dinge vertreten sehen möchten, und den übrigen Kräften, die entweder selbst an die Herrschaft gelangen oder bestimmte Ideen und Interessen vertreten wollen und dazu öffentlich Kritik üben müssen. Der Konkurrenzkampf um die Herrschaft findet aber innerhalb eines Systems statt, das die konkurrierenden Gruppen bejahen: Das Prinzip der Demokratie ist die freie geistige Auseinandersetzung darüber, was zu tun notwendig sei; eine Auseinandersetzung, in der nach der Wertordnung des Grundgesetzes um der Freiheit und der Gerechtigkeit der Bürger willen möglichst viele beteiligt sein sollen.

Damit erhält der *Begriff der Öffentlichkeit* seinen Platz im vorgetragenen Modell (vgl. *J. Habermas*, 1965, *H. Krüger*, 1964). Öffentlichkeit bezieht sich auf Kontrollierbarkeit der Herrschaft und richtet sich damit als Gebot gegen den Versuch der Geheimhaltung des Tuns der Herrschaftsorgane. Gleichzeitig bezeichnet sie die Sphäre oder den Bereich, in dem das Tun der Organe „veröffentlicht" und kritisch diskutiert wird oder auch Anregungen für dieses Tun erfolgen. Spricht man vom Bereich der Öffentlichkeit, setzt man sich allerdings wieder der Gefahr einer statischen Betrachtungsweise aus. Tatsächlich handelt es sich um einen Prozess, der insofern Teil des Willensbildungsprozesses ist, als in ihm zwischen dem empirischen und dem hypothetischen Volkswillen vermittelt wird. Dabei findet ein Kommunikationskreislauf zwischen den Veröffentlichenden (Kommunikatoren) und den Empfängern (Publikum) statt, dessen Ergebnisse wesentlich davon abhängen, welche Dispositionen beim Empfänger vorhanden sind, wieweit diese Dispositionen sich erforschen lassen (Meinungsforschung) und wieweit sich die Kommunikatoren den mutmaßlichen Dispositionen der Empfänger anpassen (vgl. *W. Hennis,* Meinungsforschung und repräsentative Demokratie, in: ders., 1968).

Das hier referierte Modell der Willensbildung nach den Intentionen des Grundgesetzes läßt eine Systematik der Darstellung des Regierungssystems zu, welche auf der Unterscheidung zwischen zwei Bereichen beruht. In beiden geht es dem Modell gemäß um die Willensbildung des Volkes. Sie findet aber in dem einen Fall eher unmittelbar statt – Teilnahme an der Meinungsbildung, an der Willensbildung in Verbänden und Parteien, an Wahlen – während sie in dem anderen Bereich nur mittelbar erfolgt. Hier handelt es sich dann um den engeren Bereich der Repräsentation, im Zentrum um Parlament und Regierung und um die von ihnen beauftragten, beaufsichtigten und kontrollierten Vollzugsorgane. Dieser Unterscheidung folgt auch unsere Darstellung in den Kapiteln 4 bis 7. Damit sich die Darstellung aber nicht in eine Scheinwirklichkeit verläuft, muß von vornherein von den *einschränkenden Bedingungen* die Rede sein, unter denen sich die im Modell aufgezeigten Willensbildungs- und Entscheidungsprozesse vollziehen. – Das vorgetragene Modell der politischen Willensbildung enthält, ohne daß dies hier näher ausgeführt werden muß (zur Modellkonstruktion und -verwendung vgl. z.B. *H. Stachowiak*, 1982, Band 1, S. 280 ff.), empirische und normative Elemente. Es soll Wirklichkeit und mögliche Wirklichkeit abbilden und dabei Strukturen sichtbar machen. Damit taugt es sowohl zur Erfassung einer konkreten Wirklichkeit als auch zur kritischen Auseinandersetzung mit ihr, solange es wenigstens annähernd der Wirklichkeit entspricht. Solche Entsprechung wird z.B. von denen verneint, die einen greifbaren höheren Willen behaupten und deshalb Volkssouveränität ablehnen, oder auch von denen, welche prinzipiell den Menschen für zu egoistisch, dumm oder bequem halten, um die im Modell unterstellten Voraussetzungen zu erbringen. Solche Entsprechung kann aber auch von denen verneint werden, die dem Modell vorwerfen, daß es historisch oder systematisch heutige Wirklichkeit verfehle oder sogar verfehlen soll.

Eine *historisch orientierte Kritik* in diesem Sinne stellt in den Mittelpunkt ihrer Analyse, daß jenes Modell das des frühen 19. Jahrhunderts sei. Die ursprünglich bürgerliche Demokratie habe damals das Modell übernehmen können, weil seine Verfechter von der Interessenhomogenität der bürgerlichen Oberschicht, von relativ geringen Ansprüchen dieser Oberschicht an den Staat und deshalb auch von einem begrenzten Anspruch auf Beteiligung an der Willensbildung ausgegangen seien. Man habe mithin schichtenspezifisch konstruiert und die Interessen anderer Schichten außer acht gelassen. Die spätere Entwicklung habe dann zwar eine Erweiterung des Kreises der Beteiligten gebracht (Allgemeines Wahlrecht). Damit aber auf diesem Wege nicht andere Interessen ins Spiel kamen, habe man zugleich mit der Erweiterung der Zahl der Beteiligten deren Rechte beschränkt. Praktisch gebe es seither nur eine formale Demokratie. In ihr trete das Volk in der Wahl die ihm theoretisch zustehende Gewalt an Repräsentanten ab; diese wiederum seien, schon wegen ihrer weitaus geringeren Zahl, leichter dem Einfluß mächtiger Interessen zugänglich. Man könne derart die tatsächlichen Interessen der großen Mehrheit umfunktionieren und mittels der angeblichen Mehrheit die wirkliche Machtlage wie die ihr zugrunde liegende Klassenlage verschleiern. Dementsprechend könne auch von einer Sphäre der Öffentlichkeit, in der es einen Kommunikationskreislauf gibt, nicht die Rede sein. Öffentlichkeit sei vielmehr instrumentalisiert und die vorhandenen Instrumente dienten der Manipulation der Massen. Was sich als legitim ausgebe, sei nicht auf das Volk bezogen, nicht durch Herkunft aus dem Volk gerechtfertigt. Im Ergebnis sei die ursprüngliche bürgerliche Demokratie keine wirkliche Volksherrschaft gewesen und die spätere scheinbare Erweiterung des Kreises der Beteiligten verschleiere nur, daß inzwischen sogar die früheren demokratischen Ansätze verlorengehen. Als ausschlaggebende Ursache für das alles gilt meist die ungleiche ökonomische Verfügungsmacht, welche das Gleichheitspostulat zur Farce mache und mit ihm auch die Freiheit – die politische Freiheit im engeren Sinne eingeschlossen (vgl. z.B. die Reader *Politisches Verhalten*, Band 1 und 2, *J. Agnoli/P. Brückner*, 1967, *U. Jäggi*, 1969, *R. Kühnl*, 1972, oder *C. Offe*, 1973).

Eine eher *systematisch angelegte Kritik* konfrontiert das Modell der Willensbildung im Grundgesetz mit zwei Phänomenen und kommt zu dem Ergebnis, das Modell berücksichtige beide nicht zureichend. Gemeint sind die reale *Machtstruktur* und das Problem der zunehmenden Komplexität. Dem Modell zufolge müßte die politische Macht eng dem Volk verbunden sein. Da es aber auch andere Machtpositionen gibt und sie die politische Machtstruktur überlagern, werden sie zum Problem der Demokratie, gleichgültig ob von ihnen ein übermäßiger Einfluß auf Denken und Konsumverhalten der Bürger oder auf die demokratischen Institutionen und auf die Wirtschafts- und Sozialpolitik ausgeht. Zumeist ereigne sich jene Überlagerung derart, daß sich eine praktische Interessenidentität zwischen Politik und Kapital ergibt, Politik in erster Linie an Wirtschaftsförderung denkt und das kapitalistische Prinzip der Profitmaximierung zum politischen Ziel des Wirtschaftswachstums und des Produktivitätszuwachses wird, womit sich Politik nicht mehr zureichend mit der Frage verbindet, welchen Vorstellungen von einer künftigen Gesellschaft man damit entsprechen will. Da sich der Hinweis auf die vorhandene Machtstruktur nicht beiseiteschieben läßt, muß man entweder resignierend erklären, Macht ließe sich nicht aus der Welt schaffen, Demokratie habe sie aber wenigstens gebändigt und erlaube so einen Ausgleich zwischen allgemeinen Interessen und denen der Mächtigen, oder hoffnungsvoll von der Chance der allmählichen Überwindung jener Machtpositionen ausgehen. Freilich liegen die Einwände auf der Hand, weil offenkundig die Bändigung von ökonomischer Macht gerade nicht gelingt und erst recht nicht der Aufgleich zwischen allgemeinen und mächtigen Interessen – die ungelösten Probleme des Umweltschutzes genügen dafür als Beispiel.

Das *Komplexitätsproblem* kann man teils als Variante des Machtproblems, teils als eigentlichen Kern der modernen Demokratieproblematik sehen. Im ersteren Fall wird das Augenmerk darauf gerichtet, daß Macht dem einzelnen immer seltener mit dem Anspruch der Führungsbefugnis gegenübertritt. Macht erscheint heute eher als Verfügungsgewalt über Sachen und Verfahren, beruht auf Kenntnis der Dinge, der Techniken des Produzierens von Gütern wie ihres Absatzes oder der Techniken des Einsatzes von Menschen, eine Kenntnis, die sich dann mit ererbter, erworbener oder verliehener Verfügungsgewalt verbinden kann. Die modernen Techniker der Macht sind Besitzer, aber auch Experten der einzuschlagenden Wege, Funktionäre, die den Apparat beherrschen, Spezialisten, die durch unendliches Differenzieren der Lösungsmöglichkeiten auch über den Problemkern selbst verfügen – und diese Techniker der Macht erhalten nicht nur die bestehende Macht, sie verhüllen sie auch, indem sie den Schleier der Komplexität über alles und jedes legen und so Anspruch oder Möglichkeit von Teilhabe und Mitbestimmung beiseite schieben. M. Crozier und E. Friedberg (1979)

haben das mit ihrem ‚Akteur' auf den Punkt und zugleich ‚Macht' in Bezug zu jedem (geordneten) kollektiven Handeln gebracht. Die Reduktion von Komplexität im Sinne Niklas Luhmanns stellt sich als andere Form der Machthandhabung dar.
Im zweiten Fall geht es mehr um die tatsächliche Komplexität, um die umfassende Interdependenz, um die immer geringere Chance isoliert wirkender menschliche Spontanität, um die Notwendigkeit zu planen, mit der sich immanent die Notwendigkeit verbindet, um des Erreichens von Planzielen willen immer mehr zu planen. Vereinfacht: Moderne Politik stellt sich als ein verschlungener Prozeß dar. In ihm kommen nur selten große richtungsweisende Entscheidungen zustande. In der Regel werden im Blick auf einen riesigen Bestand von öffentlichen Aufgaben immer wieder neu steuernde Akzente gesetzt, die jeweils das vielschichtige politische Zielsystem ergeben. Dabei kann letztlich nur der ‚mitwirken', der das Geschäft professionell betreibt, viel Zeit aufwendet, die einschlägigen Wege, Verfahren und Tricks kennt.

3.1.3. Das Grundgesetz als Programm

Mehr Unsicherheit und weniger Konsens gibt es im Blick auf die zweite Funktion des Grundgesetzes. Ein kurzer Rückblick:
Der moderne Verfassungsstaat stand in Deutschland zunächst in der Tradition der *Staatszwecklehre*. Man bemühte sich um umfassende und normative Vorstellungen, die am ‚Gemeinwohl', an der ‚Glückseligkeit' oder auch an der ‚Freiheit der Person' orientiert und im Blick auf die unterschiedliche historische Entwicklung ‚des' Staates leicht als ‚ideologisch' zu entlarven waren – als Ideen, die ggf. eher denen nutzen, welche sie verbreiten, als der angesprochenen Gesamtheit. Deshalb kam es im 19. Jahrhundert einerseits zur Ausbildung einer Theorie der ‚relativen Staatszwecke' im deutschen Rechtspositivismus (vgl. *G. Jellinek*, 1905) und andererseits zum Verzicht auf die Frage nach den Staatszwecken mitsamt der ethischen Tradition, in der sie sich stellt, zugunsten einer stärker instrumentalen Bestimmung des Staates (Staat als technischer Apparat, als Instrument der Gesellschaft, als Inhaber des Monopols physischer Gewaltsamkeit) oder einer Interpretation des Staates als ‚System', mit der man ebenfalls Grundfragen der Politik ausweichen kann. Wenngleich sich diese Entwicklung nicht ausschließlich vollzog – *C. J. Friedrich* (1953) diene als Beispiel einer Staatsbestimmung aus westlicher Tradition und *H. Krüger* (1964) als Beispiel für eine Staatslehre, die an Hegel anknüpft und den Staat als Verwirklichung eines sittlichen Prinzips begreift –, wird man nach 1949 in der Bundesrepublik eher von dem Bemühen sprechen können, weniger Staatslehre und mehr Verfassungslehre zu betreiben und zu akzeptieren, daß „in der pluralistischen Dissonanz der politischen und staatstheoretischen Anschauungen der Gegenwart . . . eine Lehre vom Staatszweck im Sinne der älteren Auffassung als einer vorgegebenen Anlage und Ordnung nicht aufzubauen sein" wird (*U. Scheuner*, Staatszielbestimmungen, in: Festschrift für E. Forsthoff, S. 343; abgedr. in *M. Friedrich*, 1976).
Das gilt jedoch nur eingeschränkt. In der neueren Entwicklung tritt zwar zunächst mehr der zurückhaltende Begriff *Staatszielbestimmungen* hervor. Er ist aber erweiterungsfähig. H. P. Ipsen bezeichnete 1950 die Formel vom sozialen Rechtsstaat so (*H. P. Ipsen*, 1950, S. 14; vgl. *U. Scheuner* a.a.O., S. 328 ff.) und Scheuner schlägt vor, „den Begriff der Staatszielbestimmung als einen besonderen Unterfall der Kategorie der

Verfassungsprinzipien von anderen auf Sachinhalte gerichteten normativen Aussagen der Verfassung abzugrenzen" (a.a.O., S. 330). Dabei nennt er besonders die Grundrechte, institutionelle Gewährleistungen (z.B. Garantie der Selbstverwaltung), und Gesetzgebungsaufträge (z.B. Regelung der Kriegsdienstverweigerung gemäß Art. 4 Abs. 3 GG, Errichtung der Bundesbank gemäß Art. 88 GG). Staatszielbestimmungen stellen „Grundsätze und Richtlinien für das staatliche Handeln (auf und geben) ihm in bestimmten Richtungen durch Gebote und Weisungen Orientierungen und sachliche Aufgaben" (S. 335), was sich nicht in engeren Gesetzgebungsaufträgen auswirkt, sondern „entweder sehr allgemeine Grundeinstellungen des staatlichen Tuns (betrifft), wie beim Gebot des Sozialstaates oder sich doch auf die grundsätzliche Behandlung bestimmter Sachgebiete (bezieht), wie dies beim Verbot des Angriffskrieges (Friedensgebot) oder bei dem neu eingeführten Grundsatz des gesamtwirtschaftlichen Gleichgewichts (Art. 109 Abs. 4) zu beobachten ist". Während bei den Verfassungsprinzipien („formende und richtungsgebende Sachgehalte der Verfassung", z.B. Rechtsstaatsprinzip) der Bezug auf die Zukunft nicht entscheidend ist, man sie sich eher als Beurteilungsmaßstäbe von besonderem Rang denken muß, handelt es sich bei den Staatszielbestimmungen um solche, „die einen dynamischen Zug tragen, die auf künftige noch zu gestaltende Fragen hinweisen und der staatlichen Aktivität weniger Grenzen ziehen als vielmehr die Bahn weisen. Das gilt vom Sozialstaatsprinzip, das in seiner Bestimmung auf staatliche Aktivität zur Förderung sozial schwächerer Kreise, auf Ausgestaltung egalitärer und vorsorgender Bestrebungen der Gemeinschaft hinweist. ... Auch die in Art. 109 Abs. 4 GG eingeführte Aufgabe der Erhaltung eines ‚gesamtwirtschaftlichen Gleichgewichts' enthält eine Zielbestimmung. Wiewohl formal nur für die öffentliche Haushaltsgebarung verbindlich, reicht doch die verfassungsrechtliche Bedeutung dieser, durch § 1 StabG vom 8. Juni 1967 in seinen besonderen Zielen gesamtwirtschaftlicher Lenkung erläuterter und präzisierter Bestimmung weit darüber hinaus. Sie gewährt dem Staat die bislang zwar angenommene, aber nicht festgelegte Ermächtigung zu globaler wirtschaftlicher Lenkung. ... Damit wird aber zugleich die Aufgabe der Konjunktursteuerung, die heute immer mehr zum zentralen Gebiet staatlicher Politik wird, ausdrücklich aufgetragen" (S. 337). Zum Ende der 80er Jahre diskutiert man das ‚Staatsziel' Umweltschutz („Schöpfung bewahren"), wobei wieder einmal deutlich wird, daß man sich leicht über ein abstraktes Ziel verständigen kann, aber nur schwer über eine konkrete Politik, die dorthin führt.

Staatszielbestimmungen, zu denen auch ‚Kompetenzgewährungen' gehören, mit denen sich keine unmittelbaren Aufträge, wohl aber Ziele verbinden (z.B. Förderung der wissenschaftlichen Forschung), und Verfassungsprinzipien erweisen sich als schwierige Begriffe, wenn man sich nun den grundlegenden Meinungsverschiedenheiten zuwendet, welche es in der Bundesrepublik im Zusammenhang mit dem Verständnis der Verfassung gibt. Die eine Auseinandersetzung kreist darum, ob die Verfassung vorwiegend den demokratischen Prozeß regeln oder auch inhaltliche ‚Aufträge' usw. enthalten soll. Daß es solche Aufträge gibt, ist nicht strittig. Der Streit geht also um die Konsequenzen, um die Funktion von Staatszielen, etwa darum, ob aus dem Recht auf die freie Wahl von Beruf und Ausbildungsstätte (Art. 12 GG) auch eine Pflicht des Staates abzuleiten ist, überall genügend nachgefragte Ausbildungsplätze bereitzustellen. Wer eher eng interpretiert, erinnert in diesem Zusammenhang gern an das (nüchternere) angelsächsische Verfassungsverständnis. Demgegenüber entspricht es deutscher Verfassungstradition, die nicht auf von vorneherein unbestrittener Volkssouveränität gründet, wie das etwa in den USA und praktisch auch in Großbritannien der Fall ist, möglichst die Mitwirkung aller denkbaren Kräfte zu regeln – deshalb der ungewöhnliche Artikel 21 und deshalb die Diskussion darüber, ob man nicht auch die Verbände in die Verfassung aufnehmen und sie damit an Verfassungspflichten binden könne – und zugleich ein Stück Staatsprogramm aufzustellen, womit man in Weimar erfolgreich begonnen hat.

Hennis schreibt ironisch: „Belastet man das Schifflein der Verfassung nicht zu schwer, wenn man aus ihr eine komplette Konzeption der Wirtschaftsverfassung, ja die materielle Wertordnung des ganzen politischen Lebens herauslesen will? Sehe ich es falsch, wenn ich meine, daß die neuere deutsche Staatsrechtslehre allzusehr versucht ist, die Verfassung als eine Art Generalauftrag, als Ensemble von Befehlen an Regierung und Parlament zu verstehen, den sozialen Rechtsstaat, Freiheit, Menschenwürde usw. zu ‚konkretisieren' und zu ‚aktualisieren'? Erfolgt eine Anhebung der Renten, weil Geld in der Kasse ist und Regierung und Parlamentsmehrheit es für richtig halten oder um den ‚Verfassungsauftrag' des ‚sozialen Rechtsstaats' zu erfüllen? Sollte eine Verfassung wirklich die ganze geistige und politische Entwicklung der Nation vorwegnehmen können? . . . Ich glaube, die Tendenz ist unübersehbar, dem Grundgesetz über die gebotene Normativität hinaus einen geradezu sakralen Gebotsrang zuzuschreiben. Wenn der gegenwärtige Bundesjustizminister (1968) das Grundgesetz als ein ‚großes Angebot' bezeichnet, dann sind die pastoralen Nebentöne unüberhörbar. Das Wort soll Fleisch werden. Es ist nicht gegeben, sondern aufgegeben" (*W. Hennis*, 1973, S. 62 f.).

Tatsächlich gerät eine Verfassung, welche nicht nur den demokratischen Prozess regelt und gewährleistet, damit es immer wieder neu zu einer *Legitimation durch Verfahren* kommt, sondern auch inhaltliche Festlegungen oder Andeutungen enthält, in Gefahr, daß solche inhaltlichen Komponenten zum Gegenstand des Streites werden und damit den Verfassungskonsens gefährden. Die bekanntesten Beispiele dafür sind die Inanspruchnahme der „Würde des Menschen" für eine bestimmte Weltanschauung oder die Behauptung, die Kann-Bestimmung des Artikels 15 sei ‚eigentlich' eine Muß-Bestimmung, Grund und Boden, Naturschätze und Produktionsmittel müßten vergesellschaftet werden (so *W. Abendroth*, 1966). Umgekehrt lassen sich jene inhaltlichen Komponenten auch nicht einfach wegschieben. Erwin Stein, der hinsichtlich der Länderverfassungen anschaulich zwischen eher christlichen und eher laizistischen Staatszielen unterscheidet, faßt für die hessische Verfassung zusammen:

„Sie beschränkt die Demokratie nicht auf ein Verfahren zur Legitimation, Machtbeschränkung und Kontrolle staatlicher Machtausübung. Sie verbindet das empirische Demokratieverständnis mit normativen Postulaten einer materiellen Demokratie, d.h. einer wertgebundenen offenen Ordnung. Sie ist Verfahren und Lebensform zugleich. Der rechtsdogmatische Aussagewert dieses materiellen Demokratieverständnisses liegt in seiner Verbindung demokratischer Prinzipien, die um plebiszitäre Elemente und Partizipationsrechte erweitert worden sind, und den Grundrechten wie den rechts- und sozialstaatlichen Prinzipien, die wiederum der staatlichen Funktionalisierung und der staatlichen Organisation Grenzen setzen. Deshalb stehen die Grundrechte mit Demokratie als dem Gedanken der Selbst- und Mitbestimmung in einem wechselseitigen Verhältnis.
Wie dieser Zusammenhang stete Beachtung verdient, so darf auch die politische Grundlage des Rechtsstaates nicht außer acht gelassen werden. Ohne diese politische Komponente ist der Rechtsstaat steril. Rechtsstaat und politisches Verfaßtsein des Staates bedürfen zugleich der Ergänzung durch die Freiheit. Nur in Freiheit kann der Rechtsstaat gedeihen. . . . Darin liegt ein noch keineswegs ausgeschöpfter Demokratiebegriff, der geeignet ist, der Utopie einer Radikaldemokratie mit neomarxistischen Denkansätzen ebenso Herr zu werden wie den systemtheoretischen Bestrebungen zu begegnen, die darauf gerichtet sind, individuelle Freiheit und Teilhabe am politischen Geschehen zu eliminieren, absolute Werte im Wege einer ‚Legitimation durch Verfahren' zu ersetzen und im demokratischen Staat nur einen bürokratischen und technokratischen Apparat zu sehen" (*E. Stein*, 1976, S. 202 f.).

Damit enthält das Grundgesetz auf der einen Seite – vereinfacht – Verfahrensregeln und der Verfassungskonsens besteht im engsten Sinne darin, daß diese Regeln akzeptiert werden und die Beteiligten darauf verzichten, Gewalt anzuwenden, wenn sie regulär nicht zu dem von ihnen gewünschten Ziel kommen. Auf der anderen Seite kann man mit den Grundrechten und der ihnen zugrundeliegenden Vorstellung von der ‚Menschenwürde' auch mit ‚Grundwerten', mit Verfassungsprinzipien, Verfassungsaufträgen, Staatszielbestimmungen von einem eher programmatisch-inhaltlichen Teil des Grundgesetzes sprechen. Mit ihm verbinden sich ganz andere Anforderungen an den Verfassungskonsens, weil damit nicht mehr nur ein ‚wie' (der Willensbildung), sondern auch ein ‚was' (was nämlich der Staat mit welchem Ziel tun soll) verbunden sind. Solche inhaltliche Festlegungen könnten zwar entlasten, weil insoweit eben schon entschieden ist. Sie werden vielfach aber auch belasten, wenn sich der politische Streit über das, was geschehen soll, in einen Streit über die Verfassung verwandelt. Deshalb ist ein ‚mittlerer Weg" zu suchen, auf dem man in den Genuß der Entlastung kommt, aber sich auch zureichende ‚Offenheit' für künftige Entwicklungen und für sich ändernde Auffassungen der Mehrheit bewahrt. „Diesen wesentlichen Gesichtspunkt verkennt ein heute verbreitetes Denken", das hier die Verfassung als Gewährleistung des gesellschaftlichen und ökonomischen status quo oder dort als ein festgeschriebenes Zukunftsprogramm mißversteht. „In beiden Fällen geht die Fähigkeit zur Bewältigung künftiger Problemlagen, zur Anpassung und Fortentwicklung des Rechts verloren" (*K. Hesse* in: *E. Benda* u.a., 1983, S. 27). In beiden Fällen kann der politische Gegner unversehens zum ‚Verfassungsfeind' werden, weil er im ersten Falle verändern und im zweiten Veränderung verhindern will. In beiden Fällen kann man aus der normalen politischen Auseinandersetzung heraus- und in einen Streit über die Verfassung eintreten, um sich einander ‚Aushöhlung der Verfassung' oder ‚ideologisches Verkennen der Wirklichkeit' vorzuwerfen.

Man muß außerdem auch auf einen grundlegenden *Widerspruch zwischen dem Verfahrensteil und dem Programmteil der Verfassung* hinweisen: Zum Verfahren gehört die Möglichkeit des Wechsels, die Chance der Minderheit, selbst zur Mehrheit zu werden und dann die Dinge im eigenen Sinn zu gestalten, d.h. ggf. konstitutive Akte wieder rückgängig zu machen (etwa eine Enteignung wieder aufzuheben) oder neue konstitutive Akte zu beschließen. Im Programmteil muß es sich dagegen mehr um zu erreichende Ziele handeln, auf die hin einzelne Schritte, nicht aber auch gezielte Rückschritte möglich sind. Im Ergebnis steht man vor dem Dilemma, entweder mit dem Verfahren zugleich möglichst viele Grundentscheidungen offenzuhalten oder aber Grundentscheidungen der Disposition zu entziehen und damit die Offenheit des Verfahrens zu beeinträchtigen. In der Bundesrepublik ist z.B. immer wieder behauptet worden, die Ordnung der sozialen Marktwirtschaft gehöre wesensmäßig zur freiheitlich demokratischen Grundordnung und sei verfassungsmäßig gewährleistet. Das Grundgesetz hält sich aber in dieser Frage offen, jedenfalls läßt es Vergesellschaftung von Eigentum ausdrücklich zu. Umgekehrt haben die Anhänger einer Vergesellschaftung immer wieder so getan, als ob der „Prozeß der Umkonstituierung der Gesellschaft" materialiter zum Wesensgehalt der Demokratie gehöre. In beiden Fällen wurde Demokratie zum Parteibegriff und wurde der demokratische Prozeß deutlich begrenzt: Eine Mehrheit soll die Marktwirtschaft abschaffen dürfen, der neue Zustand soll dann aber endgültig sein. Genau an dieser Stelle hört Demokratie auf. Grundlegende gesellschaftsgestaltende Akte müssen möglich, aber auch rückgängig zu machen sein. Das zu denken, fällt

schwer – man muß nur an die fatale Endgültigkeit von Straßenbauten oder Landschaftszersiedlung erinnern –, dennoch muß genau dies gedacht und muß das sich dahinter verbergende Dilemma der Demokratie ertragen werden (zur Kontroverse vgl. *W. Abendroth*, 1966, und *W. Hättich*, 1967, S. 50 ff., sowie die Diskussion zwischen *W. Abendroth* und *Th. Ellwein* in: *J. Mück* – Band 5 – 1967, v. a. 467 ff.).
In Wahrheit verläuft menschliches Leben zumeist weniger prinzipiell. Deshalb erträgt man in anderen Ländern solche Widersprüche wohl eher (vgl. *W. Hennis*, 1973). In Deutschland wird man dagegen immer wieder daran erinnert, daß hier die Geschichtsphilosophie einen besonderen Rang gewonnen hat, daß hier Hegel und Marx ihre Gedankengebäude errichtet haben, der erstere als Prophet der Lehre, daß „die Menschen durch philosophisches Wissen die Beschränktheiten der Wirklichkeit zu überwinden haben" (W. Becker), der letztere als Künder der Theorie, es käme nicht auf die Interpretation der Wirklichkeit an sondern darauf, sie zu verändern. In Deutschland muß man jedenfalls damit rechnen, auf unzumutbare Extreme im Rechts- und Verfassungsdenken zu stoßen: Auf die Verteufelung der Wirklichkeit mit rein normativen Maßstäben, welche die sich wandelnden sozialen Voraussetzungen von Recht und Verfassung negieren und aus denen sich kaum wirklichkeitsadäquate Praxisanleitungen ableiten lassen. Das andere Extrem bildet das Sichbegnügen mit bloß legalistischen Normen, welche das Begehen von schreiendem Unrecht ohne jedes Unrechtsbewußtsein ermöglichen. Wieweit beide Gefahren auch in anderen Ländern bestehen, braucht hier nicht zu interessieren. Interessieren muß aber die Möglichkeit eines weiten Pendelausschlages, der von der moralischen, auf eine Verfassungsinterpretation sich stützenden Verachtung der Wirklichkeit bis zur völlig unkritischen Hinnahme der Wirklichkeit reicht, bis zum Exzeß des deutschen Rechspositivismus, dem Recht war, was im Gesetz steht, und der sich gleichgültig der Tatsache verschloß, daß ein Führerbefehl und ein Gesetz nicht dasselbe sein können. –
Vor diesem Hintergrund beruht unser pragmatisches Verfassungsverständnis in der Hauptsache auf zwei Erwägungen. Die eine bezieht sich auf die Teile der *Verfassung*, welche ein *Organisations- und Verfahrensmuster* entwerfen, nach dem sich der Prozeß der politischen Willens- und Entscheidungsbildung vollziehen soll. Unbeschadet aller weiterreichenden theoretischen Überlegungen halten wir es für plausibel, daß jenes Muster nicht nach Art der Zivil- oder Strafprozeßordnung verbindliche Verfahrensvorschriften setzt und damit den Verhaltensspielraum aller Beteiligten genau umschreibt, sondern einen Rahmen bildet, innerhalb dessen verschiedenen Verfahrensausprägungen, Stilformen des Miteinanderumgehens und Macht- wie auch Initiativkonstellationen möglich sind. In diesem Sinne setzt die Verfassung Organe in Tätigkeit und gibt Beteiligungsgarantien; sie löst die Organe aber nicht von ihren eigenen sozialen Voraussetzungen ab, hält sich also auch offen für veränderte soziale Voraussetzungen. In dem Maße, in dem das Grundgesetz den gemeinten Rahmen mehr konkretisiert als das etwa die Verfassung der Vereinigten Staaten tut, verbindet sich das allerdings mit der Notwendigkeit, ggf. rascher auch den Rahmen anzupassen (vgl. Quellen 3.1.). Deshalb muß man das Grundgesetz daraufhin befragen, ob seine Organisationsbestimmungen entweder von der Praxis unterlaufen werden oder einer sinnvollen Weiterentwicklung im Wege stehen. Die Frage bezieht sich auf die dem Grundgesetz innewohnende Elastizität. Elastizität kann sich darin erweisen, daß der verfassungsmäßig entwickelte Organisationsrahmen nicht Schaden erleidet, wenn Kräfte, welche die Verfassung nicht anspricht, sich am Willensbildungsprozeß beteiligen. Elastizität kann aber auch den Inter-

pretationsspielraum meinen, den eine Verfassungsbestimmung gibt und der bewirkt, daß sich die übliche Interpretation mit den sozialen Voraussetzungen ändert. So verstanden enthält die Verfassung zwingende, aber nicht unbedingt konkrete Vorschriften, und es scheint plausibel, nicht von einer notwendigen Konfrontation oder Spannung zwischen Norm und Wirklichkeit auszugehen, sondern von einem Wechselverhältnis, in dem sich auch die Verfassung offenhält für das sich ändernde Denken der mit ihr Umgehenden. Das Ergebnis kann man dann als ‚informalen Verfassungsstaat' bezeichnen (*H. Schulze-Fielitz*, 1984) und daraufhin befragen, ob Gepflogenheiten noch dem ggf. klaren Wortlaut des Grundgesetzes entsprechen (z.B. das inzwischen faktische Recht von Koalitionspartnern, ihre Minister vorzuschlagen). Man wird aber bei nicht rigider Interpretation erkennen, daß zwischen großzügiger Interpretation und Verfassungsverletzung meist doch eine gut sichtbare Grenze verläuft. Diesseits der Grenze kann ein ‚Verfassungswandel' stattfinden (kritisch dazu *E. Benda* in *ders.* u.a., 1983, S. 1349 ff.), wenn solche Interpretationen allmählich zur allgemeinen Übung werden.

Die zweite Erwägung geht von der Einsicht aus, daß eine demokratische *Verfassung* zunächst *Voraussetzung für alternative politische Programme*, für die mit ihnen verbundenen politischen Auseinandersetzungen, für die sie immer wieder beendenden Wahlentscheidungen und für die dann folgende Programmdurchsetzung ist und deshalb nicht selbst Programm sein kann. Was das Grundgesetz an programmatischen Aussagen enthält, erweist sich demgemäß als interpretationsbedürftig, aber zugleich auch als Interpretationsgrundlage: Der vom Grundgesetz proklamierte Rechtsstaat bedarf trotz seiner traditionellen Ausprägung einer immer neuen Konkretisierung auf die sich verändernden sozialen Voraussetzungen hin. Auch in dem vom Grundgesetz angesprochenen Sozialstaat liegt noch keine konkrete Realität beschlossen, wohl aber eine Legitimationsgrundlage für die, welche sich um ein Programm bemühen, das ihren Vorstellungen vom Sozialstaat entspricht. Gerade hier erweist sich die Interpretationsfähigkeit der Verfassung als Voraussetzung der Wandlungsfähigkeit des politisch-gesellschaftlichen Systems. Weil das Grundgesetz fraglos auch Aufforderungen enthält, geht es über eine bloße Summation von Organisations- und Rahmenvorschriften, innerhalb deren beliebiger politischer Wille entstehen kann, hinaus. Es deutet zumindest einen Weg an und benennt für ihn in aller Vorsicht einige Wertvorstellungen. Auf sie müßte sich der Minimalkonsens beziehen. Er bezieht sich aber – realistisch betrachtet – weniger auf Inhalte und mehr auf Formen, wenngleich es auch solche Inhalte gibt. Im Ergebnis wirkt z. B. die Sozialstaatsklausel nicht als verbindlicher Maßstab, wohl aber als Aufforderung dazu, sich um solche Maßstäbe, und darum zu bemühen, daß man ihnen auch entspricht. Mit dieser Aufforderung ist noch kein Programm als solches legitimiert und schon gar nicht hat sich die Verfassungswirklichkeit so weit vom Grundgesetz entfernt, daß das unbedingte Festhalten an ihm „bereits systemoppositionellen Charakter" trägt (so *A. Neusüss*, in: *H. J. Schoeps/C. Dannemann*, 1968, S. 60); man kann sich jedoch um ein Programm und seine Durchsetzung legitim bemühen, selbst wenn man damit bestehende Verhältnisse verändern will. Legitimiert findet sich so auch der, welcher die vom Grundgesetz intendierte demokratische Ordnung, bezogen auf die Würde des Menschen, nicht auf einen angeblich abgrenzbaren politischen Bereich beschränkt sehen möchte.

3.1.4. Verfassungskonsens

Von einem solchen pragmatischen Verfassungsverständnis aus – also bewertend – seien nur kurz Notwendigkeit und Reichweite eines Verfassungskonsens diskutiert. Dabei sollte in die Überlegungen einbezogen werden, daß das Grundgesetz im Zweifel einen höheren Rang einnimmt als andere Verfassungen, weil es mehr als sie die Identität des Gemeinwesens verkörpert, weil es in gewisser Weise an die Stelle von Vaterland oder Nation und so zu einem Teil auch von Tradition tritt.

Der geforderte Konsens läßt sich zum einen begreifen als *Minimalkonsens*, der sich, wie ausgeführt, insgesamt auf die Regeln des demokratischen Prozesses, d.h. insbesondere auf die Anerkennung der Mehrheitsregel und auf die des staatlichen Gewaltmonopols bezieht, was Gewaltverzicht selbstverständlich einbezieht. Dem Minimalkonsens wird man die uninterpretierte Achtung der Menschenwürde hinzurechnen, von der her Art. 1 GG den Staat begreift (vgl. dazu etwa *S. Eisele*, 1986).

Während sich der Minimalkonsens im Prinzip auf die Akzeptanz des Verfahrens bezieht, zu dem Beschränkungen der Mehrheitsherrschaft durch das Grundgesetz gehören, umfaßt jeder darüber hinausgehende Anspruch auf Konsens auch Inhaltlich-Programmatisches. In diesem Sinne ist das Grundgesetz nach Ulrich Scheuner ein „verbindlicher Entwurf gemeinsamer Entwicklung" und der Konsens darüber trägt „den Staat und seine Organe" (dazu zustimmend *E. Benda* in: *ders.* u.a., 1983, S. 1338). Das Konsensproblem bezieht sich damit einerseits auf ‚Werte' und ihre Rolle in der Politik und andererseits auf inhaltliche Festlegungen oder doch Zielvorgaben.

Die Rolle der *Werte* in der Politik ist aber in der Bundesrepublik umstritten. Das hat die Grundwertedebatte in der zweiten Hälfte der 70er Jahre offenbart (vgl. *G. Gorschenek*, 1977b); es läßt sich auch ganz einfach aus programmatischen Äußerungen der Parteien ablesen. So heißt es im Godesberger Programm der SPD, diese Partei wolle „in gleichberechtigtem Wettstreit mit den anderen demokratischen Parteien die Mehrheit des Volkes gewinnen, um Staat und Gesellschaft nach den Grundforderungen des demokratischen Sozialismus zu formen", was die eigenen Wertvorstellungen hier und heute relativiert (Wettstreit), während zukünftig etwas „geformt" und insoweit ggf. endgültig sein soll. Die CDU meint dagegen: „Die Grundwerte dienen nicht der Politik einer Partei, sondern dem Gemeinwesen im Ganzen", sie wären damit mehr oder weniger verbindlich vorgegeben (vgl. *H. Kremendahl* in: *G. Göhler*, 1978, S. 130f.). Im ersten Fall kann sich demnach der Konsens auf die Mehrheitsregel beschränken. Im zweiten bilden die Grundwerte eine Art gemeinsamer Basis, ist „Einigkeit im Grundsätzlichen" gefordert und ist allenfalls zu klären, wieweit der Interpretationsspielraum reicht (zu den Werten in der Politik, denen dann auch ‚Un-Werte' entsprechen, vgl. *Th. Ellwein*, in: *H. Stachowiak*, 1982, S. 29ff.).

Im politischen Alltag könnte sich das Problem entschärfen – ein Gegenbeispiel bietet die Diskussion über den § 218 StGB –, weil Grundwerte kaum zu eindeutigen Handlungsanweisungen führen. „Die inhaltliche Vagheit politischer Grundbegriffe ist in einem positiven Sinne typisch für die Programmatik politischer Massenparteien in der liberalen Demokratie. Sie spiegelt keineswegs einen Mangel wider, etwa ein Defizit an Rationalität im politischen Bereich" (*W. Becker*, 1982, S. 103 im Kapitel „Das Wesen demokratischer Rationalität"). Insofern bleibt Interpretationsspielraum und kommt es nur darauf an, wie er genutzt wird, was man zu den Problemen des ‚politischen Stils' oder der ‚politischen Kultur' zählen mag. In jedem Falle droht in Zusammenhang mit einem wertbezogenen Verfassungsverständnis die Gefahr, daß man in der Auseinandersetzung mit dem politisch Andersdenkenden den Bereich der sach- oder problemorientierten Argumentation verläßt und die Auseinandersetzung auf der ,Ebene' der Verfassung führt, um den Andersdenkenden dann ggf. von dieser Ebene zu verstoßen, ihm verfassungswidrige Absichten im konkreten Fall, allgemeine Verfassungsfremdheit, Gegnerschaft zur Verfassung und schließlich Verfassungsfeindschaft vorzuwerfen. Am ,Verfassungsauftrag' zur Wiedervereinigung kann man das gut exemplifizieren. Im übrigen hat die Ausgrenzung als Stilmittel der Politik in Deutschland Tradition. Früher umschloß das Vaterland die ,Gutgesinnten' und wurden die ,vaterlandslosen Gesellen' ausgegrenzt. Heute entzieht man ihnen auf andere Weise Legitimation und Gleichberechtigung. Immer setzt das Verabsolutierung der eigenen Ansicht voraus. Pluralismus und Konsensgebot geraten in Widerstreit.

Zum Problem können aber nicht nur Werte, sondern mehr noch *Inhalte* werden. Zumindest wird immer wieder versucht, den erforderlichen Konsens auf konkrete Handlungsfelder etwa der Sozial- oder der Umweltpolitik auszudehnen. Damit kann die Diskussion darüber, ob etwas von der öffentlichen Hand getan werden soll, abgeblockt werden und es steht nur noch zur Debatte, wer etwas mit welchen Mitteln und in welchem Verfahren erledigen soll. In dem Maße, in dem die prinzipielle Diskussion über die Aufgaben, Möglichkeiten und Grenzen der Politik vorweggenommen ist, ist das politische System fast wie naturwüchsig auf Aktion verwiesen. Das Sozialstaatspostulat etwa läßt sich im Prinzip nie erfüllen, weshalb immer noch mehr getan werden muß und man Staatsverdrossenheit anmelden kann, wenn es nicht geschieht. Nicht die, welche (gerade) die Mehrheit haben und Herrschaft ausüben, geraten ins Kreuzfeuer der Auseinandersetzung, sondern das ganze, durch die Verfassung auch nach der Aufgabenseite hin strukturierte ,System'. Angeblich objektive Notwendigkeiten und Gebote verbergen so, daß Politik von Mehrheiten und durch deren Interessen relativiert gemacht wird, daß das ,Gemeinwohl' nicht vorgegeben sein kann, sondern im politischen Kampf und Wechsel immer wieder neu zum Ausdruck gebracht werden muß, und daß sich die ,Lage' ändert. 1949 dachte alles an Wiederaufbau der Städte und der Wirtschaft, kaum jemand an die Zerstörung der Natur, die es zu verhindern gilt. Deshalb schweigt das Grundgesetz hier, kann Bewahrung der Natur aber dennoch ein ,Grundwert' schlechthin sein. Fazit: Je mehr man dem ,Konsens der Demokraten' abfordert und je häufiger man eine politische zu einer Auseinandersetzung über die Verfassung macht, desto eher erliegt man der Versuchung, den Kampf um Mehrheit und Macht zu einem Kampf um Wahrheiten und Erledigung längst gestellter Aufgaben zu stilisieren. Eine in Deutschland besonders drastisch gezogene Konsequenz ist dann die des Freund-Feind-Denkens in der Politik – die Übertragung des ,Wer nicht für mich ist, ist wider mich' aus dem religiösen in den politischen Bereich. Eine ganz andere Konsequenz zeigt sich in der Herrschaftsrolle der privilegierten Verfassungsinterpreten, der deutschen Staatsrechtslehrer also. Sie konnten sich diese Rolle über alle Zeiten bewahren und in der Bundesrepublik angesichts der machtvollen Stellung des Bundesverfassungsgerichtes, dessen ureigene Materie das Verfassungsrecht ist, sogar noch ausbauen.

3.1.5. Der soziale Rechtsstaat

Der Mangel an Konsens darüber, worüber es Konsens geben und wie weit er reichen müßte, macht nicht einmal vor den beiden Verfassungsprinzipien halt, die im Grundgesetz an prominenter Stelle angesprochen sind: Die Bundesrepublik ist gemäß Art. 20 (1) ein demokratischer und sozialer Bundesstaat und das Grundgesetz selbst ist gemäß Art. 28 (1) nach den „Grundsätzen des republikanischen, demokratischen und sozialen Rechtsstaates" entstanden und anzuwenden. Ohne daß hier auch nur annähernd die einschlägige Diskussion nachvollzogen werden kann, soll doch auf Eindeutigkeiten und Uneindeutigkeiten des Begriffes ‚sozialer Rechtsstaat' wenigstens noch soweit verwiesen werden, daß daraus einerseits Verfassungsinterpretations- und Konsensprobleme, andererseits aber auch Probleme der deutschen politischen und damit auch Verfassungs-Tradition verständlich oder doch in den hier gegebenen gedanklichen Zusammenhang eingeordnet werden. Von der Tradition ist dann im folgenden Abschnitt die Rede.

Mit *Rechtsstaat* und mit der Auseinandersetzung über ihn erfolgte zu Beginn des 19. Jahrhunderts die gedankliche und tatsächliche Abkehr vom Verwaltungsstaat (Polizeistaat im damaligen Sinne) des Absolutismus und die Zuwendung zum (liberalen) Verfassungsstaat. Beide wurzelten in der Aufklärung, beide wurden ihr entsprechend mit rationalistischen Methoden begründet. Der grundlegende Unterschied bestand aber darin, daß der alte Polizeistaat von der Autonomie des Ganzen ausging (‚interesse status publici'), aus ihm einen kollektivistischen Auftrag der Sorge für die ‚Wohlfahrt' ableitete und um seinetwillen einen zentral zu lenkenden Machtapparat aufbaute, während der Rechtsstaat begrifflich an die Staatszwecklehren anknüpfte, von der Autonomie des Individuums ausging und demzufolge die Autonomie des Ganzen auf ein Minimum beschränken wollte. Das konnte zum Postulat nach Einengung des Staatszweckes auf die Wahrung des Rechts oder zu der liberalen Vorstellung von der lediglich subsidiären Aufgabe des Staates führen: Zunächst bedeutete Rechtsstaat jedenfalls Eingrenzung der inhaltlichen Staatstätigkeit. Mit Robert von Mohl (1832, S. 7):

> „Ein Rechtsstaat kann also keinen anderen Zweck haben, als den: das Zusammenleben des Volkes so zu ordnen, daß jedes Mitglied desselben in der möglichst freien und allseitigen Übung und Benützung seiner sämtlichen Kräfte unterstützt und gefördert werde. In was aber diese Unterstützung und Förderung zu bestehen hat, ist leicht einzusehen. Die Freiheit des Bürgers ist bei dieser Lebensansicht der oberste Grundsatz; er selbst soll handeln und sich bewegen innerhalb der Grenzen der Vernunft und des Rechts. ... Die Unterstützung des Staates kann daher nur negativer Art sein, und bloß in der Wegräumung solcher Hindernisse bestehen, deren Beseitigung den Kräften des Einzelnen zu schwer wäre."

Daß diese Auffassung nicht zu einer konsequenten Minimierung der Staatstätigkeit führen mußte, machte Mohl in seiner ersten Polizeiwissenschaft klar; daß der Weg des Rechtsstaates von einem materialen zu einem formalen Prinzip führen mußte, schildert u.a. sein Biograph Erich Angermann (1962). An die Stelle einer Staatszweckbestimmung tritt damit in einer längeren Entwicklung eine Staatsformbestimmung (vgl. z.B. *E. Forsthoff*, 1968). Sie ist aber nicht durch Tradition und Kultur gesichert – im Gegenteil: Das Erlebnis des Dritten Reiches beweist, wie gering die Sicherung war. Heute ist sie von der Verfassung her sehr viel ausgeprägter und es ist zugleich häufiger auch vom materialen Gehalt des Rechtsstaates die Rede (vgl. z.B. *E. Benda*, in: *ders.* u.a., 1983, S. 479), wie er sich aus der „Verpflichtung zur Wahrung und Verwirklichung der Grundrechte" ergeben soll. Das beendet aber nicht Unsicherheit. Mit Konrad Hesse (1974, S. 76) wird man eher sagen müssen, daß die Frage nach Inhalt und Bedeutung der prinzipiellen Festlegung auf den sozialen Rechtsstaat „eine gesicherte Antwort noch nicht gefunden (hat). Es besteht Einigkeit darüber, daß bestimmte Rechte oder Grundsätze wie die Grundrechte, der Grundsatz der Gesetzmäßigkeit der Verwaltung oder der der Gewaltenteilung wesentliche Elemente der rechtsstaatlichen Ordnung des Grundgesetzes sind. Aber diese Elemente werden durchaus unterschiedlich gedeutet, und über die Gesamtgestalt heutiger rechtsstaatlicher Ordnung wie ihre Bedeutung im Verfassungsgefüge des Grundgesetzes bestehen bisher nur divergierende Auffassungen."

Prinzipien bieten zunächst Beurteilungs- und Bewertungskriterien. Wer sie verabsolutiert, diskreditiert jede Realität. Auf diese Weise hat einmal Carl Schmitt (1928) höchst erfolgreich die Weimarer Republik bekämpft. Er hat sie ‚beim Wort' genommen, das Wort aber vorher mittels seiner Verfassungsinterpretation erst selbst formuliert. Absolute Prinzipien hier – die ihnen nicht entsprechende Realität dort: Wieder sind wir beim Nebeneinander von Verfassung und Verfassungswirklichkeit, sind wir bei einer Gewaltenteilung, die – beim Wort genommen – mit dem parlamentarischen System nur schwer zu vereinbaren ist, oder bei der Gesetzmäßigkeit der Verwaltung, die durch jeden der Tausende täglicher Aushandlungsprozesse zwischen der Verwaltung und ihrer Umwelt durchbrochen wird, wenn man den Gesetzesbefehl nicht einfach vollzieht, sondern eben vereinbart, wie er vollzogen werden soll. Zum Rechtsstaat gehört der ‚informale Rechtsstaat'! In pragmatischem Verständnis wird es auch hier darum gehen, Prinzipien und Realität in ‚vernünftigem Diskurs' aufeinander zu beziehen und allmählich eine Tradition auszubilden, in der man ungefähr weiß, was rechtsstaatlich geht und was nicht. Je mehr ‚Übung' – man kann auch ‚politische Kultur' sagen – es in dieser Hinsicht gibt, desto stärker ist der Rechtsstaat gesichert. Gerichtsurteile können dazu beitragen, die Übung aber nicht ersetzen.

Damit sind die unmittelbar formenden Wirkungen des Rechtsstaatsprinzips nicht in Abrede gestellt. Sie wirken sich überall aus, wo klare Entscheidungen zu treffen sind. Die weitgehende Überprüfbarkeit von Verwaltungsakten im Widerspruchs- und im Verwaltungsgerichtsverfahren sei dafür als ein Beispiel genannt. Das Beispiel steht auch dafür, daß der Rechtsstaat des Grundgesetzes weniger (demokratische) Beteiligung und mehr den Schutz des Individuums gewährleistet und daß der Rechtsstaat überhaupt zu einer besonderen Form der Demokratie führt: Die *rechtsstaatliche Demokratie* erkennt die Mehrheitsregel nur unter der Voraussetzung an, daß der Mehrheit vorher vereinbarte Grenzen gezogen sind. Im Grundgesetz ergeben sich diese Grenzen aus den Grundrechten, aus der notwendigen Einhaltung der Rechtsform, aus der Überprüfbarkeit von Mehrheitsentscheidungen, die durchaus dazu führen kann, daß sich durch einen Senat des Bundesverfassungsgerichtes im konkreten Zusammenhang eine andere Auffassung von Gerechtigkeit durchsetzt, und anderem mehr. Dabei stehen ‚Formen' im Vordergrund; ‚Inhalte' kommen aber über die Grundrechte hinzu und geben deren Interpretation besondere Bedeutung. Ob man z.B. aus dem in Art. 2 GG gewährleisteten Recht auf „Leben und körperliche Unversehrheit" Anforderungen an den Schutz der natürlichen Umgebung, in der dieses Leben stattfindet, ableiten kann, wird im Rahmen von Diskussion vorentschieden. Ursprünglich sollte das Grundrecht den Menschen vor dem Menschen schützen, das Recht des Stärkeren einschränken. Daß zahllose Menschen die Umwelt bedrohen und auf diesem Umweg andere Menschen, ist neuere

Erfahrung. So gesehen sind die Grundrechte weiter Auslegung fähig, lassen sich Verfassungsprinzipien fortentwickeln. Es bedeutet dies aber doch auch einen merkwürdigen Umweg: Vernünftige Politik sollte sich aus Vernunftgründen den Schutz der Umwelt zur Aufgabe machen und diese Aufgabe wie alle anderen auch zunächst durch Gesetze und dann durch deren Anwendung und ggf. Vollzug ihrer Strafandrohungen erfüllen, wobei sich Gesetzgebung und Vollzug in einen Aufklärungsprozeß eingebettet finden müßten, der beides ermöglicht und zu großen Teilen aber auch erübrigt, weil die Aufgeklärten mehr und mehr von sich aus vernünftig, d.h. hier die Umwelt entlastend, handeln. Eine Schutzbestimmung im Grundgesetz kann Aufklärung nicht ersetzen, Unvernünftige nicht vernünftig machen.

Der Rechtsstaat des Grundgesetzes tritt uns damit relativ eindeutig in Fragen der Form des politischen Prozesses und der Beteiligung Einzelner an ihm gegenüber. Er tritt uns weiter berechenbar dort gegenüber, wo er der Mehrheitsherrschaft Grenzen setzt. Viel undeutlicher wird er in seiner materialen Erscheinung: Die Verfassung vermag Gerechtigkeit anzuvisieren, sie muß aber auch respektieren, daß es sehr unterschiedliche Vorstellungen von Gerechtigkeit gibt und zwischen ihnen immer wieder neu ein Ausgleich erforderlich wird. Der *Sozialstaat* bereitet uns noch mehr Probleme. Auch er ist zunächst historisch zu verstehen. 1949 wollte man eindeutig feststellen, daß nicht ein ‚bürgerlicher' Rechtsstaat im Sinne eines im 19. Jahrhunderts verbreiteten Leitbildes wiederentstehen, sondern eine Verpflichtung des Staates festgeschrieben werden sollte, auf die Entwicklung der Gesellschaft im Sinne eines sozialen Ausgleichs, einer sozialen Sicherung und der ‚Freiheit von Not' als Voraussetzung von Freiheit überhaupt steuernd einzuwirken. Die berufenen Verfassungsinterpreten konnten damit zunächst bemerkenswert wenig anfangen; in den Parteien diskutierte man über den Sozialstaat als das Gegenüber des Wohlfahrtsstaates (vgl. dazu *H. H. Hartwich*, 1970). Erst im Laufe der Zeit wurde die ‚Sozialstaatsklausel' zunehmend aufgewertet. Dies kann aber nicht verdecken, daß die Formel ursprünglich einen weitgehenden Formelkompromiß darstellt, unter dem sich bis heute höchst verschiedene, ja gegensätzliche Vorstellungen verbergen können. Der Sozialstaat des Grundgesetzes ist also nicht definiert; die Sozialstaatsklausel deutet nur relativ vage eine Richtung an; allenfalls die Kombination von Rechts- und Sozialstaat präzisiert stärker, weil sich aus ihr ergibt, daß soziale Ansprüche an den Staat rechtens werden sollen, niemand also um ihre Erfüllung bitten muß.

Was noch zu sagen bliebe, erschließt sich nur der Bewertung. Je nach Maßstab kann man von einer höchst umfänglichen Sozialpolitik oder deutlichen Schwächen der sozialen Ordnung ausgehen (die neuere Literatur z.B. in *M. Th. Greven* u.a., 1980 und *P. Koslowski* u.a., 1983, hier v.a. in dem Beitrag von *D. Grimm*). Auch hinsichtlich des grundgesetzlich gebotenen Sozialstaates reichen die Interpretationen weit: Helmut Ridder (in: *J. Mück*, Band 5, 1976, S. 125) proklamiert die „gleichschrittliche Entfaltung von Demokratie in der ‚staatlichen' und in der ‚gesellschaftlichen' Sphäre; Ernst Benda betont die ‚Offenheit' auch dieses Verfassungsbegriffes und meint: „Die Sozialstaatsklausel bescheinigt der bestehenden Gesellschafts- und Wirtschaftsordnung nicht ihre immanente Gerechtigkeit. Sie ist aber auch nicht als eine polemische Kampfansage gegen diese Ordnung zu verstehen" (in: *ders.* u.a., 1983, S. 521). Kaum jemand beschwört aber heute das Gegenüber von Rechts- und Sozialstaat im Sinne einer unaufhebbaren Antinomie, wie das Ernst Forsthoff (u.a. 1968) einmal getan hat, den auch die Sorge bewegte, die Formel vom ‚sozialen Rechtsstaat' verkleinere den Rechtsstaat adjektivisch. In pragmatischer Sicht heißt dies: Im Grundgesetz findet sich ein Prinzip eingeführt, das höchst unterschiedliche Deutungen zuläßt, die politische Auseinandersetzung über Art und Umfang der Sozialpolitik keinesfalls erübrigt und deshalb unmittelbar nur hilft, indem es in jene ‚Richtung' weist, die man zögernd einschlagen, aber nicht eindeutig verlassen kann.

3.2. Das Übergewicht repräsentativer Elemente in der deutschen Demokratie

3.2.1. Repräsentationssystem und Beteiligung

Die Bundesrepublik Deutschland ist nach Verfassungsordnung und bisheriger Praxis *repräsentative Demokratie* (vgl. *W. Röhrich*, 1981). Die Möglichkeiten der politischen Beteiligung sind deshalb überwiegend formal geregelt: Im Wahlrecht, in den Gemeindeordnungen, die Bürgerbegehren und Bürgerentscheid oder auch nur regelmäßig zu veranstaltende Bürgerversammlungen vorsehen, in den Landesverfassungen, welche den Volksentscheid kennen, in Partei- und Verbandssatzungen oder in mancherlei Schutzrechten – auch das Verwaltungsverfahren mit Widerspruch und Anrufung des Verwaltungsgerichtes enthält Beteiligungsmöglichkeiten, die dann allerdings mehr im Bereich der Abwehr als in dem positiver Gestaltung liegen (die tatsächlichen Beteiligungsmöglichkeiten bei *Th. Ellwein*, 1972). Zu positiver Gestaltung sind dagegen in erster Linie diejenigen befähigt, welche andere als Mandatsträger repräsentieren oder zur jeweiligen Exekutive gehören. Auf sie können Bürger Einfluß nehmen. Die Einflußnahme erfolgt meist über Parteien oder Verbände und damit in geregelten Formen. Spontane Aktivität oder Einflußnahme auf bisher ungeregeltem Wege, etwa in Form von Bürgerinitiativen, kommen zwar vor und haben sich in den letzten Jahren mehr Platz geschaffen, diese Entwicklung hat aber eher noch mehr sichtbar gemacht, wie stark in der deutschen Demokratie die repräsentativen Komponenten sind, wie wenig man dem Bürger unmittelbar anvertraut und – man denke an die Ängstlichkeit im Parlamentarischen Rat – auch ‚vertraut'.

Die repräsentative Demokratie soll damit nicht schon von Hause aus als partizipationsfeindlich erscheinen (a.A. z.B. *U. Jäggi*, 1969, S. 217). Wohl aber gilt es, die systemadäquate Konsequenz zu sehen: Die Beteiligung des Bürgers ist soweit wie möglich in bestimmte Formen gebracht; plebiszitäre Elemente können sich in der Regel nur auf Umwegen durchsetzen – etwa in einer Wahl, in der die Auseinandersetzung zwischen den Spitzenkandidaten dominiert; unmittelbare Beteiligung außerhalb der gebahnten Pfade muß erkämpft werden. Als sich in den relativen Unruhen der Jahre nach 1966 Demonstrationen einbürgerten, als man lernte, Bürgerinitiativen zu bilden und mit ihnen Erfolg zu erzielen, als man die Möglichkeiten außerhalb der etablierten Parteien erkundete, beunruhigte das viele – es gehörte nicht einfach zum System der repräsentativen Demokratie und fand auch bald konservative Kritiker, welche die Gefahr der Anarchie beschworen (vgl. z.B. *W. Leisner*, 1982).

Eine konsequent repräsentative Demokratie schließt Partizipation nicht aus, bedarf ihrer aber nicht unbedingt. Ob viele Wähler an ihre Abgeordneten schreiben, ob viele von ihrem Wahlrecht Gebrauch machen, ob viele interessiert die politischen Ereignisse verfolgen, bedeutet unmittelbar nur wenig für das politische System. Deshalb erscheint es zunächst als folgerichtig, wenn Partizipation im formalen (Zugehörigkeit zu Vereinigungen) und im materiellen Sinn (Teilnahme an entsprechenden Veranstaltungen)

dort besonders intensiv erfolgt, wo soziale und ökonomische Interessen vertreten werden. Die Interessenverbände brauchen sich weder über den Mangel an Mitgliedern noch über zu geringe Beitragsdisziplin zu beklagen. Wo man sich *an* das politische System wendet, fehlt es nicht am Engagement. Wo man *in* ihm mitwirken kann, finden sich schon deutlich weniger Engagierte, und sie müssen sich, soweit sie nicht selbst Repräsentanten sind, auch sagen, daß die Dinge im Zweifel ohne solche Beteiligung funktionieren. Unter Beteiligungsaspekt bietet das demokratische System in der Bundesrepublik wenig an. Dem Prozess der politischen Willensbildung ist der Rückgriff auf bürgerliche Spontaneität fremd. Er stützt und verläßt sich auf die verbindlich organisierte Informationsaufnahme und -verarbeitung, Entscheidungsvorbereitung und -durchführung. Auch die von P. C. Dienel propagierte ‚Planungszelle' – die Beiziehung von Bürgern in Planungsprozessen – stellt sich als ein ggf. erfolgreicher, aber eben doch als ein formaler Weg dar (vgl. *P. C. Dienel*, 1978 und 1980). Außerhalb des formalen Weges stattfindende Aktionen machen oft beides sichtbar:
Die Verlegenheit eines ganz auf berechenbare Repräsentation angelegten Systems gegenüber der spontanen, also nicht berechenbaren Partizipation und die Unkenntnis der realen Systembedingungen auch bei solchen, die sich gern ihres systemkritischen und analytischen Ansatzes rühmen, um dann doch in blinden Aktionismus zu verfallen. Insgesamt läßt sich allerdings vermuten, daß das repräsentative System auf die unberechenbare Aktion vielfach geschickt reagiert: Es nimmt sie gerade so weit ernst, daß die Aktion nicht direkt trifft, läßt sie im übrigen aber auslaufen – dauerhafte Aktion bedarf wieder der Organisation und damit der Repräsentation; Repräsentanten aber lassen sich leichter integrieren als in dumpfer Wut verharrende Massen, die sich nur zufällig zusammenfinden. Das Geschick vieler Aktionisten, die darum genau wissen, besteht deshalb oft darin, in geeigneten Situationen als Wortführer, nicht als Repräsentanten aufzutreten – z. B. in einer umfunktionierten Vorlesung – und sich damit auch der Frage zu entziehen, für wen man denn eigentlich spreche.

Das eine wie das andere bezieht sich allerdings nur auf die Oberfläche des Systems. Geht man den Dingen auf den Grund, zeigt sich im heute verbreiteten *Aktionismus* Hilflosigkeit gegenüber einem durch und durch repräsentativen System, das spontane Willensbildung ausschließt und – seiner Anlage nach – vielleicht ausschließen muß. Umgekehrt bedeutet es ebenfalls *Hilflosigkeit,* wenn man das politische System auf den Ausgang der Staatsgewalt beim Volk gründet und die Teilhabe aller propagiert, um dann keine andere Beteiligung als eine in formal streng geregelten Bahnen zu ermöglichen. Zudem stellt sich das System insgesamt nahezu unabhängig von solcher Beteiligung. Daß man nur mit Hilfe umständlicher theoretischer Konstruktionen einen Einfluß der Massenmedien, der spontanen Aktionen, der wenigen bürgerlichen Mitwirkungsmöglichkeiten individualistischen Gepräges nachweisen kann, bedeutet eine erhebliche Schwäche des repräsentativen Systems.

3.2.2. Staat und Gesellschaft in Deutschland

Die Schwierigkeiten, in eine deutsche Demokratie neben den rechtsstaatlichen genügend partizipatorische Elemente zu integrieren, hängen zu einem großen Teil damit zusammen, daß die deutsche Verfassungsentwicklung lange Zeit von einem Dualismus zwischen Staat und Gesellschaft geprägt war, welcher eher zu klaren Rechtsbeziehungen zwischen beiden Größen als zur – im Sinne der Volkssouveränität: selbstverständlichen – Beherrschung des Staates durch die Gesellschaft oder ihre jeweiligen Mehrheiten führte. Der eigenständige Staat deutscher Tradition bedarf einer besonderen Konstruktion. In ihr erhält das Recht eine besondere Funktion, Form und Inhalt der Mehrheitsherrschaft komplizieren sich (vgl. zum folgenden *Th. Ellwein*, 1954 und 1976).

Den Hintergrund jenes Staatsdenkens bildet historisch die absolute Monarchie und die mit ihr verbundene weitgehende *Auflösung genossenschaftlicher Elemente im Gemeinwesen.* Beides setzte soziale und ökonomische Veränderungen ebenso voraus wie die Verdrängung des alten Volksrechtes durch das römische und durch ‚gesetztes' Recht. Mit dem neuen Recht, das überwiegend durch Willensakt der politischen Herrschaft zustande kam, ohne in seiner Gültigkeit von der Zustimmung der Rechtsgenossen abhängig zu sein, entstand der ‚Flächenstaat' mit einheitlicher Untertanenschaft und mit dem Monarchen, der selbst außerhalb des Rechtes stand, zugleich aber alleiniger Gesetzgeber war (vgl. *O. Brunner*, 1959, und die Reader von *H. H. Hofmann*, 1967, und *H. U. Wehler*, 1966). Zwischen dem Monarchen und dem allmählich sich ausbildenden Staat (der Neuzeit) bestand längerhin Identität, vorbereitet schon im dualistischen Ständestaat, in dem Fürst und Land sich gegenüberstanden, zum Fürsten aber auch derjenige Teil des Landes rechnete, in dem es keine selbständigen ‚Stände' gab. Die Stände repräsentierten immer nur den von ihnen beherrschten oder verwalteten Teil des Landes; der Absolutismus setzte sich in dem Maße durch, in dem es gelang, die ständischen Rechte zu vermindern und den unmittelbaren Zugriff des Fürsten – später des Staates – auf Gerichtsbarkeit, Verwaltung, Steuereinzug usw. zu ermöglichen. Dazu bedurfte es einer tragenden Idee, als die sich nicht zuletzt unter dem Einfluß der lutherischen Theologie die des Staates anbot – Friedrich Wilhelm I. von Preußen stellte auch den Fürsten unter den Staat und machte ihn zu seinem ‚ersten Diener'. Obgleich man im 19. Jahrhundert nach Einführung der Verfassungen das monarchische Prinzip bewahrte, kam es unter diesen Verfassungen zu einer so weitgehenden Verselbständigung des Staates, der nun sogar zur eigenen Rechtspersönlichkeit, zur juristischen Person wurde, daß nach 1918 die Monarchie fast ersatzlos beseitigt werden, im übrigen aber alles beim alten bleiben konnte. Der *Staat* erhielt sich als *Gebilde eigener Art*; sein Verhältnis zur Gesellschaft blieb jeweils näher zu bestimmen. Das ausschließlich auf den Staat bezogene Recht mußte diesen Weg mitgehen.

Jenes Gebilde eigener Art stellte sich in der Realität als juristische Person dar, welche je nachdem mit hoheitlichem Anspruch oder – vor dem Recht dann gleich – als Fiskus dem Bürger entgegentrat. Ihm war – so die Glaubenslehre vom liberalen und aufgabenbegrenzten Rechtsstaat – eine bestimmte *Zuständigkeit* zugewiesen. Jede Kompetenzerweiterung bedurfte eines Aktes, der sich zwar als Gesetzgebung innerhalb des Staates vollzog, bei dem sich aber über das Parlament eine Begegnung zwischen eben diesem Staat und der Gesellschaft ereignete. Letztere hatte damit den Staat nie okkupiert. Auch als es zur parlamentarischen Demokratie kam, ging es nicht darum, daß nun die Mehrheit über die gemeinsamen Einrichtungen bestimmen und Politik festlegen sollte. Man meinte vielmehr weithin, an der alten Auffassung festhalten zu können, daß nämlich *Mehrheitsherrschaft begrenzt* sei, daß es einen eigenen Bereich des Staates gebe und der Staat gefährlich, ihm gegenüber mithin Abwehr geboten sei. Ein wesentlicher Teil der ‚Rechte' des Bürgers, viele Grundrechte eingeschlossen, stellt sich deshalb als Abwehrrecht, nicht als Beteiligungs-, geschweige denn Herrschaftsrecht dar.

Bis zu einem gewissen Grade kann man auch diesen Staat instrumentalisieren. Man kann ihn nüchtern als eine ‚Funktion' der Gesellschaft darstellen, man kann ihm abverlangen – so Rudolf Smend –, daß er eine Form sein soll, in der sich die Gesellschaft integriert. Eine solche Erörterung sieht sich aber durch die im 19. Jahrhundert vorherrschende Auffassung behindert, der *Staat* als eigenständige Größe neben der Gesellschaft sei mit einer *eigenen Wertewelt* verbunden. Er sei – so Hegel – die Wirklichkeit der sittlichen Idee, er sei – so durchgängig die nationalliberale Vorstellung – ein ‚Mysterium', ein kostbares, gegen die Gesellschaft zu schützendes Gut. Die Gesellschaft verfügt dann nicht über eigene Wertbezüge; sie erscheint als Summe individueller Egoismen und Parteilichkeiten. Der Staat verkörpert dagegen in jedem Beamten das Allgemeine. An Amtstüren hing denn auch der Hinweis auf den ‚Parteiverkehr', und Politik stellte sich noch nach dem zweiten Weltkrieg manchem, der so dachte, als ein Nebeneinander von ‚Staatskunst' und ‚Parteipolitik' dar, wobei, wer Staatskunst betreibt, „den Standpunkt eines über den Parteien stehenden Richters" einnimmt (*H. Helfritz*, 1949, S. 29).

Im historischen Kontext, so läßt sich zusammenfassen, ging mit dem Entstehen des Dualismus von Staat und Gesellschaft – also seit dem 18. Jahrhundert – die Einheit der früheren *societas civilis* verloren. Für diese galt ein eindeutiges Primat des Politischen (vgl. den Beitrag von *W. Conze* in: *H. U. Wehler,* 1966). Im Dualismus verlagerte sich die Politik auf den Staat, die bürgerliche Gesellschaft wurde vornehmlich von der Wirtschaft her verstanden. Zwischen dem einen und dem anderen Part mußte es immer wieder zum Ausgleich kommen – ein Postulat, an dem sich z. B. der Innenpolitiker Bismarck recht eindeutig orientierte und um dessentwillen er die Politik des do ut des zum System erhob. Die Werthaftigkeit des Staates bedeutete einen Teil des Ausgleiches, denn – so meint Niklas Luhmann – dem dualistischen Denken lag „der Eindruck der Unvollständigkeit des neuen bürgerlich-ökonomischen Gesellschaftskonzepts" zugrunde. „Der Staat hatte seine Einheit als Gegensatz und als Kompensation der Gesellschaft. Seine Identität bedurfte keiner weiteren Reflexion. Bei Bedarf griff man, auch im 19. Jahrhundert, auf die ethisch-politische Tradition zurück." Im übrigen fehle aber der Unterscheidung von Staat und Gesellschaft für „die Einheit des so Differenzierten ein Begriff. Diese Überlegung erzwingt die Rückkehr zu einer Theorie des umfassenden Gesellschaftssystems, das den Staat nicht außer sich, sondern in sich hat" (*N. Luhmann,* Politische Verfassungen im Kontext des Gesellschaftssystems, in: Der Staat 1973, S. 1 ff. und S. 165 ff., hier S. 5).

Der von der Gesellschaft abgehobene Staat, in dem wir dem Begriff nach leben, wird nun unter sehr verschiedenen Gesichtspunkten zum Problem. Zwei seien wenigstens angedeutet. Zum ersten kann man diesen Staat historisch-politisch höchst gegensätzlich bewerten: Für die einen handelt es sich um einen Trick, mit dem der *monarchische Obrigkeitsstaat* sich zwar der *bürgerlichen Gesellschaft* im 19. Jahrhundert zugewandt, ja sogar sich selbst in einen ‚Verfassungsstaat' umgewandelt, dabei aber die volle Macht des Fürsten und mit ihm zusammen der Repräsentanten des Staates – vornehmlich Aristokratie, Militär und Beamtentum – bewahrt hat. Der überparteiliche, angeblich keiner besonderen Gruppe besonders verbundene Staat – deshalb gab es in Deutschland lange Zeit einen Antiparteienaffekt und eine Verbändephobie – konnte tatsächlich sein ‚Innenleben' relativ rechtsfrei und damit dem gesellschaftlichen Zugriff fernhalten (vgl. *H.H. Rupp*, 1965), er konnte damit Verwaltungsmacht kontinuierlich entwickeln und sich zugleich unentbehrlich machen. Nur in seinen Außenbeziehungen, zum Bürger hin, gab es eingeschränkte Mitwirkungsrechte. Noch der Gegensatz zwi-

schen Staats- und Selbstverwaltung entschleiert sich dieser Kritik als ein nur kleines Stück Beteiligung, die man der Gesellschaft zwar gewährt, aber doch eng in die Sphäre des Staates eingebunden habe. Dergestalt hat es der *Dualismus* mit dem Obrigkeitsstaat zu tun und ist damit *demokratiefremd* oder auch einfach eine Stütze der Klassenherrschaft. Die Kritiker wandten sich jedenfalls nach 1945 vom Staat zunächst einmal ab (vgl. dazu die Kontroverse zwischen *W. Hennis* und *J. Habermas*, in: *P. Graf Kielmansegg*, 1976).
Für eine andere Denkrichtung stellt sich die *Kontinuität* der Entwicklung, in der die absolute durch die konstitutionelle Monarchie und diese durch die parlamentarische Demokratie abgelöst wird, insofern positiv dar, als es dabei zunehmend zu einer *Verrechtlichung* des Verhältnisses zwischen Bürger und Staat kam und sich damit das bürgerliche Prinzip der Berechenbarkeit vor allem des öffentlichen Bereichs durchsetzte (vgl. z. B. den Reader von *F. Forsthoff*, 1968). Tatsächlich ermöglichten der Dualismus und die ihm zugrunde liegende Abwehrhaltung den Ausbau der Grundrechte, des Rechtsschutzes, der Legalisierung der Staatstätigkeit und damit deren (richterliche) Nachprüfbarkeit. Das alles bedeutete nicht Selbstherrschaft des Volkes – auf sie hat der deutsche Liberalismus nach 1848 verzichtet –, wohl aber Schutz. Der Rechtsstaat wird freilich in spezifischer Weise zur Veranstaltung von Juristen. Seine Entartungsmöglichkeit zum Justizstaat ist dort angelegt, wo nicht nur überprüft wird, ob die Verwaltung sich an das Gesetz oder der Gesetzgeber sich an die Verfassung gehalten habe, sondern es auch um die Deutung pauschaler, per se mehrdeutiger Begriffe geht. Auch ohne Entartung: Rechtsstaatliche Demokratie meint Begrenzung der Mehrheitsherrschaft und führt notwendig zum Übergewicht der repräsentativen Elemente im politischen Prozeß.

3.2.3. Demokratie und Demokraten

Wendet man das Ergebnis unserer bisherigen Ausführungen ins Pragmatische, so hat sich in der Bundesrepublik *eine der möglichen Formen von Demokratie* entwickelt. Sie steht im Widerstreit zu jeder normativen Demokratietheorie; die empirische Demokratie kann keiner (normativen) Demokratietheorie entsprechen, sondern bestenfalls Elemente aus verschiedenen Theorien in sich aufnehmen. Damit bleibt die Weiterentwicklung der Demokratie im Streit. Politische Auseinandersetzung ist oft auch von unterschiedlichen Theorien geprägt, denen man sich nicht gleichzeitig annähern kann. In der Bundesrepublik wird man in der Hauptsache unterscheiden können zwischen denen, welche die Macht der Mehrheit und damit die Zuständigkeit des Staates eher begrenzen wollen (Dualismustradition), und denen, welche den Zugriff der Politik eher vergrößern und die (kollektiven, nicht individuellen) Formen politischer Willensbildung auch auf bisher nicht unmittelbar von der Politik erfaßten Lebensbereiche anwenden wollen. Vereinfacht kann man diese Auseinandersetzung auf den Begriff *Demokratisierung* und die Auseinandersetzung mit ihm bringen (vgl. oben S. 5 f. und *U. v. Alemann*, 1975). Begrifflich oft nicht klar davon unterschieden geht gleichzeitig eine andere Auseinandersetzung um die *Beteiligung*, darum also, wieweit in der Demokratie neben ihrer unvermeidlichen und nicht umstrittenen repräsentativen Komponente die Möglichkeit unmittelbarer Beteiligung, die Möglichkeit auch der gesonderten Beteiligung unmittelbar

Betroffener reichen soll. Wieder kann man tendenziell zwei Richtungen unterscheiden, von denen die eine (oft in Erinnerung an Weimar) eher die repräsentative Demokratie festigen, die andere dagegen mehr Elemente plebiszitärer und unmittelbarer Demokratie durchsetzen will. In beiden Streitpunkten gibt es keine festen ‚Lager'. Umgekehrt sind die Positionen auch nicht beliebig austauschbar; niemand kann prinzipielle Gegensätze verkennen. Sie machen jedoch nur deutlich, was jede theoretische Diskussion offenbart: Es gibt nicht ‚die' Demokratie, vielmehr bestenfalls die Verständigung darüber, den eigenen Weg zur gewünschten Demokratie nur im vereinbarten Rahmen zu beschreiten. Wieweit der eben erwähnte *Konsens der Demokraten* in der Bundesrepublik reicht, vermag niemand zu beantworten. So erscheint die immer wieder vertretene These nicht abwegig, die Demokratie in der Bundesrepublik lebe mehr von ihren Institutionen und Verfahren als von dem sie tragenden Konsens. Sie existiere, weil (und solange) sie funktioniert und leistet, was man von ihr erwartet. Träfe dies zu, käme es zur Gefährdung, wenn der Erwartungsdruck zu groß wird – diese Behauptung spielt in der Unregierbarkeits-Diskussion eine große Rolle – oder die Leistungen nachlassen, was manche als notwendige Konsequenz einer inkrementalistischen Politik vorhersagen, welche in ihren kleinen Schritten die großen Veränderungen übersieht und sich nicht auf sie einstellt. Solche Veränderungen können sich aus den neuen Bedingungen und aus der neuen Sicht der Gefahren wirtschaftlichen Wachstums ergeben oder auch aus dem Wertewandel, der beides begleitet. Demokratische Politik bewegt sich, würde das zutreffen, in der Spannung zwischen einem Inkrementalismus, für den allein der manifeste Konsens einer großen Mehrheit zu beschaffen ist, und der Notwendigkeit einer möglichst großen Beteiligung möglichst vieler, aus der die Politik sowohl die Sensibilität für größere Veränderungen als auch die Zustimmung für Entscheidungen und Maßnahmen gewinnen kann, mit denen man auf solche Veränderungen angemessen reagiert. Wenn sich nicht eindeutig beweisen läßt, wieweit der ‚Konsens der Demokraten' und überhaupt der Konsens reicht – im allgemeinen wird man sich mit der manifesten Zustimmung in Wahlen oder in sonstiger Akzeptanz des politischen Systems begnügen (kritisch dazu *W. Becker*, Pluralismus contra Konsens, in: *K. W. Hempfer* u.a. 1987) –, so läßt sich allerdings noch weniger klären, wieviel *Beteiligung* die Demokratie benötigt, um die eben angesprochene Sensibilität und den Konsens auch in schwierigen Zeiten zu gewinnen. Die repräsentative Demokratie kann, wie ausgeführt wurde, im täglichen Geschäft der politischen Beteiligung lange Zeit entraten. Solche Beteiligung kann sogar als lästig oder hinderlich gelten, wenn sie die gebahnten Pfade verläßt oder diese Pfade zu sehr ausweitet. Einschlägige Klagen sind längst verbreitet, so die über die Bundesrepublik als Rechtsmittelstaat (Übermaß an Einsprüchen, Verwaltungsgerichtsprozessen usw.) oder die über den Verlust an Ordnung oder den Ausbruch von Anarchie. Tatsächlich wird man eine gewisse Schlagseite der empirisch feststellbaren Beteiligung nicht übersehen dürfen: Sie zielt und entspricht damit durchaus deutscher Tradition in erster Linie auf *Abwehr*. Die Übung kollektiven Verhaltens zum Durchsetzen positiver Ziele ist geringer als die Bereitschaft, (individuelle) Abwehrrechte zu nutzen und die riesige Heerschar der Juristen, der Zunft nach vielfach Abwehrexperten, entsprechend einzusetzen. Die Zahl der deutschen Anwälte, der Prozesse, der Verfahren in zweiter Instanz und vor allem der Prozesse gegen den Staat (vgl. Kapitel 7.1.) spricht – auch im internationalen Vergleich – Bände. An dieser Schlagseite hat auch die seit einigen Jahren wachsende Bereitschaft zur Partizipation wenig verändert – daß sie die Zahl der Partizipanten nicht nennenswert vergrößert hat, wird im folgenden Abschnitt auszuführen sein. Noch immer dominieren die Abwehrreaktionen, und der Dualismus kommt schon darin zum Ausdruck, daß sich z. B. Naturschützer kaum gegen die verursachende Industrie wenden, sondern an den Staat, von dem man Verbote und Eingriffe erwartet – innergesellschaftliche Auseinandersetzung derart (scheinbar) in die Sphäre des Staates verschiebend. Anders haben sich aber auch die deutschen Gewerkschaften selten verhalten. Mit den Arbeitgebern stritt man um den Lohn und die Lohnnebenkosten. Die Arbeits- und die Sozialverfassung, den Kündigungsschutz oder die Mitbestimmung sollte der Staat verordnen und gewährleisten; wenn sich die Mitbestimmung nicht im gewünschten Maß durchsetzen ließ, waren Staat und Politik schuld, nicht etwa die Sozialpartner. Der ‚Staat' erhält in dualistischer Tradition einen besonderen Rang.

Wieviel Beteiligung braucht Demokratie? Die Frage läßt sich nicht beantworten. Unsere Beispiele illustrieren nur, daß politische Beteiligung in Deutschland nicht einfach ein Kontinuum ist, das von gelegentlicher Beteiligung (aus Interesse, weil es Spaß macht, man sich betroffen fühlt oder einem Freund helfen will) bis zur konsequenten Beteiligung reicht, mit der man bestimmte Rollen übernimmt. Es gibt vielmehr deutliche Schwellen. Die überwiegend repräsentative Demokratie bietet Beteiligungsmöglichkeiten zumeist nur im Rahmen verfaßter Beziehungen. Man muß eine prinzipielle Vorentscheidung treffen, muß Mitglied werden, Satzungen respektieren, formale und informelle Kontakte pflegen, muß sich ‚binden' oder doch deutlich erklären. Vereinfacht: Die repräsentative Demokratie erschwert dem Gelegenheitspolitiker das Leben und begünstigt denjenigen, der eine politische Rolle übernimmt. Sie verstärkt den allgemeinen Unterschied zwischen der größeren Produzentenfreiheit und der geringeren Konsumentenfreiheit in der Politik (vgl. *W. Becker*, Klassischer und demokratischer Liberalismus, in: *F. W. Korff*, 1981). Sie ermöglicht das Übertragen ökonomischer Gesichtspunkte auf die Politik – etwa im Konzept der bloßen Wiederwahlmaximierung – und damit Untersuchungen, die geradezu auf der reinlichen Unterscheidung von Produzenten und Konsumenten der Politik beruhen (vgl. z.B. *B. S. Frey*, 1977, *P. Herder-Dorneich*, 1980 und aus der Kritik an der „neuen politischen Ökonomie" *R. Dinkel*, Berlin 1977). Sie legt insgesamt auf den Weg zur Beteiligung zwar wenig Hindernisse, aber sie verlangt, daß man ihn (entschieden) beschreitet. Die repräsentative Demokratie bedeutet weithin Verzicht auf die Mithilfe derer, die allenfalls gelegentlich aktiv sein wollen, und auf die spontane Kreativität. Ihr Merkmal ist die Organisation. Die deutsche Demokratie ist eine (vorzüglich) organisierte Demokratie.

Auch wenn niemand weiß, wieviele Engagierte eine Demokratie benötigt, so gibt es doch einen engen Zusammenhang zwischen der Zahl der Engagierten und der Wirkungsweise des politischen Systems, jedenfalls für den, der eher (normativ) einer partizipatorischen Demokratievorstellung zuneigt (vgl. *E. Wiesendahl*, 1981, S. 103 ff.) und sich für Fragen interessiert, die über die allgemeine Akzeptanz des politischen Systems zumindest in folgender Weise hinausreichen: Je geringer die Zahl der Beteiligten, desto geringer die Außenbeziehungen des politischen Systems, desto größer auch die Gefahr, daß seine Angehörigen zur in-group werden und ihre sozialen Beziehungen und Erfahrungen, aus denen sie stammen, verlieren. Daraus können sich Legitimationsprobleme ergeben, die im Kern ja nur besagen, daß die in-group des politischen Systems sich der übrigen Gesellschaft nicht mehr verständlich machen kann und von ihr nicht mehr ‚getragen' wird. Als Beispiel dafür können die Parteifinanzierungs- und -spendenskandale dienen. Pragmatisch betrachtet bedeuten Legitimationsprobleme Mangel an Blutaustausch oder Blutzufuhr im politischen System. Ein geringes Maß an Beteiligung vermindert die Personalfluktuation in der Politik, was zu deren Erstarrung und zu ihrer Desensibilisierung führen kann und was unter allen Umständen wohl dazu führt, daß die größte Schwierigkeit komplexer und inkrementalistischer Politik nicht mehr bewältigt wird, in den ‚kleinen Schritten' nämlich die Akzente sichtbar zu machen, die über die unmittelbaren Belange der Gegenwart hinausweisen, im Alltag, der sein Recht hat, die Perspektiven zu eröffnen, aufgrund derer man Politik macht. Es gibt in der Bundesrepublik Leute, die lauthals diese Bundesrepublik für stabil erklären, was aufgrund der relativen Akzeptanz des Systems einiges für sich hat, oder die umgekehrt ihre immer stärkere Gefährdung voraussagen, wofür zumindest Protestbewegungen und Verdrossenheitssymptome sprechen. Wer sich allerdings auf Analysen beruft, müßte hinzufügen, daß und in welchem Umfang auch solche Analysen von Wünschen und Hoffnungen geprägt sind. Deshalb sei noch einmal wiederholt, daß niemand präzise sagen kann, wieweit das politische System der Bundesrepublik akzeptiert wird, wieviele Demokraten im engeren Sinne es gibt, wie weit der Konsens der Demokraten reicht und wieviel Beteiligung überhaupt eine Demokratie benötigt. Wir können Hoffnungen und Befürchtungen äußern, können international vergleichen und unsere Ergebnisse einem Plausibilitätstest unterziehen. Die Ergebnisse selbst werden nur näherungsweise zutreffen, ihre Interpretation wird offen bleiben. (Eine gute Zusammenfassung bringt *M. Kaase* in: *D. Berg-Schlosser/F. Müller-Rommel,* 1987.)

3.3. Partizipationsbereitschaft und Partizipationsanspruch

3.3.1. Engagement und Apathie in der Bundesrepublik

Die Weimarer Demokratie galt einmal als ‚Demokratie ohne Demokraten'. Man konnte begründet (also ohne Meinungsforschung) davon ausgehen, daß ein erheblicher Teil der Bevölkerung der Verfassung und dem durch sie bedingten Verlauf des politischen Prozesses mit Skepsis gegenüberstand. Einflußreiche Teile der Gesellschaft machten aus ihrer Ablehnung der demokratischen Verfassung keinen Hehl und insbesondere Beamte in wichtigen Positionen repräsentierten *diese* Verfassung eben nicht. Andere, unter ihnen vor allem namhafte Professoren bekämpften sie sogar erbittert. Die damit verbundenen Erfahrungen ruhen als Erblast auf der Bundesrepublik. Ihre ‚Verfassungsväter' — daß es nicht auch ‚Verfassungsmütter' waren, wird inzwischen moniert — haben jedenfalls um den ‚Konsens' gerungen und die ‚streitbare Demokratie' erfunden. Sie setzt begrifflich voraus, daß sich eine große Mehrheit der Demokraten und eine kleine Minderheit von solchen auszugrenzenden Individuen und Gruppen gegenüberstehen, welche die Verfassung und insbesondere das Mehrheitsprinzip beseitigen wollen. Damit gibt es so etwas wie ‚die' Demokraten, die untereinander zwar erbittert ringen und sich dabei fast alle guten Absichten absprechen dürfen, dabei aber immer gemeinsam auf dem Boden der Verfassung stehen. Aus solchem, zuletzt nur historisch deutbaren Konsensbedürfnis ging die Vorstellung von ‚Grundwerten' hervor, die bis heute niemand definieren kann, ohne einem erheblichen Teil der politisch Denkenden den Stuhl vor das Haus der gemeinsamen Verfassung zu setzen, so daß zuletzt nur der Rückgriff auf die Fanale der französischen Revolution: Freiheit, Gleichheit und Brüderlichkeit übrig bleibt. Diese relativ modernen ‚Werte' — die Diskussion von Werten in der Politik ist eine Angelegenheit des 20. Jahrhunderts und hier vor allem in Deutschland beheimatet (vgl. *Th. Ellwein* in: *H. Stachowiak*, 1982, S. 29 ff.) – lassen zwar einen erheblichen Interpretationsspielraum. Wenn aber jemand laut darüber nachdenkt, ob man nicht entschieden von einer Freiheit, die aus der Sicht der Staatsgewalt und ihrer Ordnungshüter, von einer Gleichheit, die aus der Sicht der Besitzenden, und von einer Solidarität, die aus der Sicht der Mächtigen definiert sei, reden müsse, geht es sofort um Verletzung der Grundwerte, um Aufkündigung des Konsens oder wie die Vorwürfe auch immer heißen. Ein so naheligender Vergleich wie der zwischen dem Rechtsbewußtsein von Hausbesetzern und dem von Steuerhinterziehern kann dann rasch als Parteinahme für die ersteren gelten. Auch die Kritik an denen, welche dem mit einer erheblichen Geldstrafe wegen Steuerhinterziehung verurteilten Graf Lambsdorf diese Geldstrafe nicht nur erstatten wollten, sondern das auch noch öffentlich ankündigten, ist in der Öffentlichkeit relativ bescheiden gewesen.

Auf derartige interpretatorische Schwierigkeiten und auf solche der jeweiligen Bewertung sei hier nur hingewiesen, um noch einmal zu erklären, daß in der Bundesrepublik der nüchterne Umgang mit Demokratie und damit Mehrheit erschwert ist, daß eine verbreitete Neigung besteht, auf der ‚Wertebene' sehr viel und damit zu viel zu diskutieren, von der Eigentumsordnung angefangen und bei dem NATO-Nachrüstungsbeschluß oder vielen Umweltfragen aufgehört, und daß damit Freund-Feind-Positionen entstehen und Verfassung, Verfassungskonsens oder Grundwerte zu häufig benutzten Waffen werden müssen. Homosexuelle Beziehungen, so meinen der Vorsitzende der Katholischen Bischofskonferenz und der bayerische Kultusminister seien nicht mit der Lebensform Ehe und Familie gleichzustellen. Dies wird sich schwer bestreiten lassen. Die Folgerung, daß sie damit auch gegen das Grundgesetz verstießen (vgl. SZ 4.4.1987, S. 9), ist u.E. unverantwortlich und vor allem unnötig. Aber sie bringt wie vieles andere das Grundgesetz selbst immer wieder in Streit.

Vor diesem Hintergrund wird eine theoretisch geklärte und empirisch gesicherte Antwort auf die Frage nach der Stabilität der Demokratie in der Bundesrepublik von vorneherein nur in Grenzen möglich, weil die Diffamierung dieser Antwort als Parteiansicht immer auf dem Fuße folgt. Es stoßen aber auch begrenztere Fragen auf große Schwierigkeiten. Das gilt z.B. für die Frage nach dem wünschenswerten und dem empirisch feststellbaren politischen Engagement und für die interessante, weiterführende Frage nach den Möglichkeiten des historischen und internationalen, hier also interkulturellen Vergleichs. Die Schwierigkeiten sind teils theoretischer Art (vgl. *G. Almond / S. Verba*, 1965), teils erhebungstechnisch, entscheidend aber auch axiomatisch bedingt, der ‚Forschungsstand' (vgl. *W. Adrian*, 1977) ist relativ schwer zu überschauen. Immerhin wird man anknüpfend an die Untersuchungen zum *politischen Verhalten* (vgl. *Th. Ellwein / R. Zoll*, 1982, mit einer Übersicht) sinnvoll zwischen Engagement und Apathie unterscheiden können, wobei man den ersten Begriff, die politische Beteiligung i.w.S. also, „weder zu eng fassen – ihn z.B. auf systemkonforme Aktivitäten einschränken – noch ihn zu sehr ausweiten (sollte), so daß z.B. Bereiche wie Familie oder Betrieb darunter fallen würden" (*K. Shell*, 1981, S. 49).

Derart eingeschränkt gibt es dann wohl eine gewisse Übereinstimmung dahingehend, daß der Prozentsatz derer, die sich aktiv politisch beteiligen und die damit im obigen Verständnis das politische System stabilisieren, es für Impulse offen und ggf. für Veränderungen sensibel halten, relativ gering und deutlich schichtenspezifisch gebunden ist. Amerikanische Untersuchungen kommen letztendlich zu dem Ergebnis, daß politische Aktivitäten, welche ein Mindestmaß von Zeit und Energie erfordern, tendenziell allenfalls von 10–15 % der amerikanischen Bürger ausgeübt werden (vgl. *L.M. Milbrath*, 1976, *S. Verba/N.H. Nie*, 1972, *K. Shell*, 1981). In der Bundesrepublik liegt es kaum anders. Hier läßt sich (Einzelnachweise in der 5. Auflage) approximativ zwischen drei großen Gruppen unterscheiden: Die nicht zum Engagement Bereiten (etwa 50 %), die im folgenden als (politisch) ‚apathisch' bezeichnet werden; die tatsächlich Engagierten (etwa 16 %) und die Zwischengruppe von über 30 %, die politischer Beteiligung nicht unbedingt ablehnend gegenübersteht, sie aber auch nicht ausübt. Nach den üblichen sozialen Merkmalen gibt es deutliche Unterschiede zwischen den Gruppen: Tatsächliches Engagement findet sich z.B. bei den 31–40jährigen besonders häufig; Engagementbereitschaft wird mehr von den Heranwachsenden geäußert. Bei den politisch Engagierten überwiegen deutlich die Männer; das Ausbildungsniveau der Engagierten ist durchschnittlich höher als das der Apathischen. Auch zwischen politischem oder/und sozialem Engagement und sonstiger Freizeitaktivität gibt es eine eindeutige Beziehung (vgl. z.B. *H. U. Kohr* u.a., Soziales und politisches Engagement in der Bevölkerung, in: PVS 1981, S. 210ff.). Sehr viel weniger eindeutig läßt sich das Entstehen von politischem und / oder sozialen Engagement ermitteln (vgl. *Politisches Verhalten* Band 6 und 7). Man wird aber von einem starken Einfluß des Elternhauses und einem eher geringen Einfluß der Schule ausgehen und innerhalb des Elternhauses zwischen einem eher für Konflikte (und ggf. ihre Lösung) offenen und einer eher konfliktausklammernden Atmosphäre sprechen können. Faktische politische Beteiligung und die Bereitschaft zu ihr gehören in den größeren Zusammenhang der ‚politischen Sozialisation' (vgl. *G. Behrmann*, 1979), auf den wir hier nicht eingehen. –

Unterscheidet man nun generell zwischen der *Akzeptanz* des politischen Systems und politischer *Beteiligung*, ergeben sich für die genannten Gruppen ganz unterschiedliche Problemlagen und Interpretationsmöglichkeiten. Politische Apathie kann z.B. mangelndes Interesse verbunden mit Akzeptanz zum Ausdruck bringen; sie kann auch mit Verdrossenheit gekoppelt sein. Zu den Apathischen können die neofaschistisch Eingestellten gehören, die es in der Bundesrepublik mit Sicherheit gibt, wenn man auch hinsichtlich der Größenordnung und der Konsequenz, in der sie ggf. auftauchen, vorsichtig sein muß. Umgekehrt bedienen die tatsächlich Engagierten nicht nur die politischen Parteien. Von ihnen leben auch die meisten Bürgerinitiativen und jene alternativen Gruppen, in denen man sich schon engagiert, ohne daß die (zukünftigen) Formen dieses Engagements festliegen. Und: Wenn der Größenordnung nach die Gruppe der politisch Engagierten festliegt – wir meinen: etwas unter 10 % der erwachsenen Bevölkerung –, kommt alles darauf an, wie sich diese Engagierten auf Parteien, in die Politik hineinwirkende Verbände, Bewegungen außerhalb der Parteien und gelegentliche Spontanaktionen verteilen.

Keine von den sich damit andeutenden Fragen soll hier beantwortet werden. Wir versuchen auch nicht, die verschiedenen, vergleichbaren Untersuchungen vorzustellen: Jugenduntersuchungen, wie sie etwa von W. Jaide (1978) stammen oder mehrfach von der Deutschen Shell in Auftrag gegeben wurden; die Studentenuntersuchung des Instituts für Demoskopie (vgl. *E. Noelle-Neumann*, Wie demokratisch sind unsere Studenten! In: FAZ 2.10.1978), die von der Anlage her zu dem Ergebnis einer gewissen Linkslastigkeit kommen wollte und im Leitartikel der FAZ (am gleichen Tag) den Kommentar fand: „In diesem Klima kann demokratisches Potential schwerlich gedeihen. (Über die Hälfte der Studenten) steht links der Mitte auf Positionen, die sich im Selbstverständnis noch demokratisch ausnehmen mögen, die aber objektiv wegen ihrer Intoleranz und der aggressiven Fixierung auf einen orthodoxen Sozialismus oder Kommunismus weithin demokratiefeindliche Züge tragen. Eine nicht gerade komfortable Erkenntnis." Noch grotesker erscheint die Jugendextremistenstudie der gleichen Autorin (*E. Noelle-Neumann / E. Ring*, 1984), die der Bundesminister des Innern in Auftrag gegeben und die Friedhelm Neidhardt mit „Meinungsbefragung als Meinungsmache" abqualifiziert hat (vgl. auch den Kommentar in *Th. Ellwein*, 1987). Von den ernstzunehmenden Untersuchungen seien nur erwähnt das ‚Staatssympathie'-Projekt von H. Klages und W. Herbert (1981) und die international vergleichende Studie von M. Kaase u.a. (vgl. *M. Kaase*, Partizipatorische Revolution – Ende der Parteien? In: *J. Raschke*, 1982). Der Befund ist insgesamt in seinem beteiligungsorientierten Kern nicht strittig, wenn man zum Kern rechnet, daß sich nur relativ wenige politisch wirklich beteiligen und es eine überaus große Gruppe der (zunächst) Apathischen gibt. Was dazu u.E. interpretierend gesagt werden kann, soll in den folgenden Abschnitten unter drei verschiedenen Gesichtspunkten ausgeführt werden.

3.3.2. Staatsverdrossenheit und Abkehr vom politischen System

In der Bundesrepublik werden mehr und mehr Zeichen von Staatsmüdigkeit oder Staatsverdrossenheit wahrgenommen. Zumindest stoßen Politiker auf einschlägige Phänomene und reagieren darauf. Eine ihrer Reaktionen besteht in den Bemühungen um mehr Bürgernähe in der Verwaltung, Verwaltungsvereinfachung usw. Die angebliche Verdrossenheit' wird auf viele Gründe zurückgeführt, die von der Perspektivenlosigkeit der Wohlfahrtsgesellschaft, über die ‚Verkrustung' des Parteiensystems bis zu der Resignation derer reichen, die sich politisch beteiligen wollen, damit aber scheitern (aus der umfangreichen Literatur verweisen wir nur auf *H. Klages*, 1984, und den Beitrag von *M. Küchler*, in: *P. Raschke*, 1982). Im übrigen gibt es handfeste Gründe für Politiker, über Staatsverdrossenheit und Abkehr vom politischen System nachzudenken: Das Erstarken der Bürgerinitiativen und die Ausweitung der alternativen Szene(n) (vgl. *J. Huber*, 1981, *K. Jarchow / N. Klugmann*, 1981); die zunehmende Bereitschaft zu ggf. auch regelverletzender Selbsthilfe – vornean die Hausbesetzer; das immer häufigere Reden von der Angst (der Deutschen); krisenhafte Entwicklungen in der öffentlichen Meinung auf beiden Seiten des Atlantiks und damit Probleme des westlichen Bündnisses; der internationale Terrorismus und der spezifisch deutsche Terrorismus von Extremisten, die man entweder der linken oder der rechten Seite des politischen Spektrums zuordnet und damit u.a. verdeutlicht, wie wenig solche Unterscheidungen heute noch taugen (vgl. dazu *P. Murphy* u.a., Haben ‚links' und ‚rechts' noch Zukunft? In: PVS 1981, S. 398ff.); das Anwachsen des Rechtsextremismus (SINUS-Studie 1979/1980, vgl. SZ 23.3.1981; vgl. auch *P. Lersch*, 1981). Dies alles kulminiert immer wieder in konkreten Ereignissen, z.B. in den Krawallen anläßlich einer öffentlichen Vereidigung der Bundeswehr in Bremen, im Anschlag auf dem Münchner Oktoberfest, in den Vorgängen um Brokdorf oder Wackersdorf, in den militanten Auseinandersetzungen um die Startbahn-West am Frankfurter Flughafen oder in den Straßenschlachten in Berlin aus unterschiedlichsten Anlässen. Verbreitete Angstgefühle und zunehmende Kriegsfurcht hier – Eskalation in der politischen Auseinandersetzung dort: Man muß gar nicht an die brutale terroristische Gewaltanwendung denken, um die Frage nach dem Befund des Gemeinwesens zu stellen.

Damit steht man allerdings vor einem Problem: W. Jaide (1979) etwa ermittelt deutlich mehr *Zustimmung zum politischen System*. Die Shell-Studie 80 (*Deutsche Shell AG*, 1980) nimmt zwar recht kritische Bemerkungen der Jugendlichen wahr – fast die Hälfte der Befragten hält es für richtig, in Betrieb und Schule die eigene Meinung nicht zum Ausdruck zu bringen –, ermittelt aber auch wachsende Zustimmung zur Marktwirtschaft und ihren Mechanismen. E. Noelle-Neumann hält es für widersprüchlich, wenn 85 % der von ihr befragten Studenten in der gegenwärtigen Demokratie ein großes Maß von Freiheit und Rechtssicherheit verwirklicht sehen, viele davon aber gleichzeitig meinen, Parlament und Regierung verträten nicht mehr die Interessen des Volkes; im Vordergrund steht aber doch die Systembejahung, eine ‚diffuse Staatssympathie', wie sie H. Klages feststellt. Die EMNID-Umfrage (für den SPIEGEL) sowie die FGW-Umfrage vom April 1980 zum Thema Staatsverdrossenheit brachten nur wenig solche Verdrossenheit zutage (vgl. *M. Küchler*, a.a.O., S. 41 ff.). M. Kaase gelangt zwar zu anderen Ergebnissen als Ellwein / Zoll, was den Anteil der Apathischen anlangt (in: *J. Raschke*, 1982, hier u.a. S. 179 ff.), meint aber, daß – klammert man die Wahlen als Beteiligungsfeld einmal aus – insgesamt ein ‚mittleres Partizipationsniveau' gegeben sei und auch die Bundesrepublik im ‚Beteiligungs-Mittelfeld' liege. Das von Almond und Verba 1963 konstatierte Partizipationsdefizit in der Bundesrepublik bestehe also nicht mehr, was wieder nicht auf Staatsverdrossenheit schließen läßt, keinesfalls aber auf deutliche Abkehr vom politischen System. Der Hinweis auf die früheren Untersuchungen von Almond und Verba ist hier auch deshalb wichtig, weil sich möglicherweise das Maß der Beteiligung in den letzten zehn Jahren nicht sonderlich vergrößert, aber eben auch nicht verringert hat. Eine SINUS-Studie von 1983 ermittelt dagegen, daß 51 % der Jugendlichen eher unzufrieden mit dem politischen System sind, während zeitgleich G. Schmidtchen und H.M. Vehlinger (1983) zu einem etwas besseren Ergebnis kommen (vgl. *K. Wasmund*, Politische Orientierungen Jugendlicher ..., in: Soz.wiss. Informationen im Unterricht und Studium 3/1984, S. 5 ff.).
Das hier angesprochene Problem bleibt ungelöst. In den deutschen Medien ist z.B. eine eindeutige Bürokratiekritik verbreitet. Auch befragte Bürger übernehmen diese Kritik und bestätigen die gängigen Vorurteile gegenüber den Beamten, um in der gleichen Befragung insgesamt mehr positive Erfahrungen im Umgang mit Behörden zu schildern und die konkreten Beamten von den Vorurteilen auszunehmen. Ähnlich wird man in Umfragen auf ein allgemeines ‚Unbehagen' wegen der angewachsenen Staatstätigkeit treffen, aber weder auf entschiedene Forderungen in Richtung Aufgabenabbau noch gar auf konkrete Vorschläge. Weiter ist eindeutig, daß die Meinungsführer stärker in der Kritik und auch standfester in ihr sind – bei E. Noelle-Neumann wird das insgesamt für die Studenten sichtbar, in der Shell-Studie 1980 für die meinungsführenden jungen Arbeiter. Wenn Verdrossenheit zum Ausdruck kommt, kann das mithin auch gruppenspezifisch sein; manifeste Kritik einiger Gruppen kann mit latenter Zustimmung einer Mehrheit im Widerstreit liegen.
Insgesamt wird man deshalb mit der Behauptung von wirksamer Staatsverdrossenheit oder gar von Abkehr vom politischen System vorsichtig sein müssen. Belegbar ist hier in Wahrheit nur wenig. Zu vermuten ist allenfalls, daß in der Gruppe der tatsächlich Engagierten eine Wanderung von den traditionellen Beteiligungsformen zu den (bisher) unkonventionellen stattfindet, wie das auch M. Kaase in seiner vergleichenden Untersuchung ermittelt hat (a.a.O., S. 181) – hier allerdings ohne Zeitvergleich, denn die unkonventionellen Beteiligungsformen (Stichwort: Protestpotential) sind allenthalben

neueren Datums. Dies läßt sich allerdings auch ganz anders diskutieren als nur unter dem Stichwort: Staatsverdrossenheit. Neue Formen der Beteiligung und des Engagements können die parlamentarische Demokratie auch revitalisieren, sie brauchen sie nicht nur zu bedrohen, sofern jedenfalls die Formen zuletzt im Rahmen der Demokratie bleiben und diese Demokratie sich als wandlungsfähig erweist.

3.3.3. Zum Problem des Wertewandels

Unklarheiten hinsichtlich der Art und des Ausmaßes politischer Beteiligung interessieren hier in zweierlei Hinsicht: Zum einen bleibt offen, ob sich das für eine Demokratie ‚notwendige' Engagement überhaupt bestimmen läßt. Zum anderen wäre es von Interesse, Veränderungen genauer ermitteln und damit feststellen zu können, ob sich überhaupt sehr viel verändert hat. In der Zeit der Bundesrepublik kann man z.B. wohl davon ausgehen, daß sich das in der Informationsaufnahme gezeigte politische ‚Interesse' nicht erheblich verändert hat. Wirklicher Klarheit stehen aber der Mangel an vergleichbaren Daten aus früheren Zeiten und Interpretationsprobleme entgegen. Diese beginnen bei der Einordnung des politischen Verhaltens in menschliches Verhalten überhaupt. Hat solches Verhalten etwas mit den ‚Werten' zu tun, wenn man darunter mit Emile Durkheim das versteht, was eine Gesellschaft trotz zunehmender Differenzierung zusammenhält? Nach diesem Verständnis treten ‚Werte' an die Stelle gemeinsamer religiöser Vorstellungen und sichern in modernen Gesellschaften die soziale Integration. Diese wandelt sich dementsprechend mit dem Wandel und vor allem mit der Individualisierung von Werten (vgl. *H.Meulemann*, Säkularisierung und Politik, in: PVS 1985, S. 29 ff.). Das Konzept erscheint einfach, ist aber empirisch kaum nachzuvollziehen, weil die ‚Werte' über unterschiedliche Lebensbereiche weit streuen, sich der Wandel bereichsunterschiedlich vollziehen kann und vieles nicht ‚neu' ist (vgl. die Beiträge von *R. Stöss, H. D. Klingemann* u.a. in: *J. W. Falter* u.a., 1984). Ein Wertewandel läßt sich z.B. in Zusammenhang mit der Leistungsethik, mit dem Rollenverständnis von Mann und Frau und hier insbesondere mit dem generativen Verhalten, aber auch mit politischer Teilhabe und mit Erziehungszielen oder dem Verhältnis des Menschen zur Natur (dazu *K. H. Hillmann*, 1986a) feststellen. Dabei ist nie endgültig geklärt, was jeweils Ursache und was Wirkung ist, ob also z.B. ein neues Bedürfnis nach Zärtlichkeit die Folge übermäßiger Ausdifferenzierung der Gesellschaft und der Festlegung des Individuums auf verschiedene Rollen oder aber die Folge davon ist, daß mit der Abschwächung von Leistungswerten mehr Zeit für Formen des Miteinanders gewonnen wird. Auch ist offen, ob Leistungswerte in stärkerer Korrespondenz mit Selbstentfaltungswerten nicht wieder an Intensität gewinnen.

Wertveränderungen sagen zugleich etwas über die gesellschaftliche Entwicklung aus, wobei es wieder schwierig oder unmöglich ist, plausible Gesamtkonzepte zu entwikkeln. Tendenziell scheint das Konzept der ‚postindustriellen Gesellschaft' noch am überschaubarsten; es läßt sich zumindest in engen Zusammenhang mit gesellschaftsstrukturellen Veränderungen (z.B. den Verschiebungen in den Dienstleistungsbereich) bringen (vgl. dazu den Reader von *L. Kern*, 1976/1984). Konkrete Ausdrucksformen des Wandels von Werten hat umfassend zuerst P. Kmieciak (1976) dargestellt; die Auswertungsaspekte kann man sich etwa bei H. Klages/P. Kmieciak (1979), H. Stachowiak (1982) und H. Klages (1984) oder in den Arbeiten von R. Inglehart (eine Zusammen-

fassung „Traditionelle politische Trennungslinien und die Entwicklung der neuen Politik in westlichen Gesellschaften", in: PVS 1983, S. 139 ff. und in *D. Berg-Schlosser/ F. Müller-Rommel,* 1987) vergegenwärtigen (vgl. auch *K. H. Hillmann,* 1986b).
Wertewandel verweist auf Veränderungen, welche zwar nicht die gesamte Gesellschaft gleichmäßig erfassen, aber doch über die gesamte Gesellschaft streuen. Die Gesellschaft befindet sich in einem anhand objektiver Daten feststellbaren sozialen Wandel, der begleitet wird von einem teils allmählichen, teils schon spektakulären Wandel auch in den Einstellungen und Identifikationsmustern. Mit Wandlungsprozessen solcher Art wird sich gemeinhin eine gewisse *Unsicherheit* verbinden. Sie muß man als den Hintergrund für einen zweiten Aspekt betrachten, unter dem sich ein Wertwandel viel radikalerer Art erschließt und der sich auf die *Zukunft* bezieht. In seiner Wahlumfrage (EMNID-Institut) zur Bundestagswahl 1980 ließ der SPIEGEL unter anderem fragen, ob die heutige Jugend einmal besser leben werde als die jetzige Erwachsenengeneration. Diese Frage wurde nur von 22 % bejaht. Umgekehrt meinten 33 % der Befragten dezidiert, die Kinder würden es einmal schlechter haben. Wie immer man das interpretiert, so handelt es sich dabei um eine klare Abkehr vom früheren Fortschrittsglauben, um eine Relativierung des Wertes ‚Wachstum', ggf. auch um Unsicherheit und Angst. Dabei bringen die Erwachsenen nur zum Ausdruck, was innerhalb der *Jugend* noch virulenter ist. Die Shell-Studie 81, diesmal vom Frankfurter Psychodata-Institut erarbeitet, belegte z.B. einen erschreckenden Pessimismus der jungen Generation. 76 % der befragten Jugendlichen fürchteten, daß „Technik und Chemie die Umwelt zerstören", 58 % schätzten die Zukunft „eher düster" und zeigten damit, daß sie wenig von den großen Gesellschaftsentwürfen angetan sind, um die in Gesellschaft und Politik gerungen wird. Pessimismus in der Jugend führt, so die Studie, nicht zu Resignation, sondern eher zu *Protest* und dies vor allem bei den besser gebildeten Jugendlichen. 45 % sahen die Hausbesetzer positiv, und während äußere Erscheinungsformen wie Discobesuche oder Fußballbegeisterung eher ein geringes Echo fanden, rechneten sich etwa 55 % zu den Kernkraftgegnern (die Friedensbewegung des Jahres 1981 findet in der Studie noch kein Echo). Dramatisch erscheint auch der Wandel in der *Einstellung zu den Parteien.* Im Frühjahr 1981 standen nur 24 % der Jugendlichen der SPD besonders nahe, noch kurz zuvor die klassische Partei der Jungen, während sich 20 % bei den ‚Grünen' ansiedelten und 18 % der CDU zuneigten. Dabei muß es als das große Problem der SPD gelten, daß die Neigung zur CDU und die zu den Grünen mit klaren gesellschaftlichen Vorstellungen verbunden ist (konventionell oder eher gegenkulturell), während die SPD-Anhänger ohne eigenes Profil bleiben. Sie können also zwischen diesen Strömungen zerrieben und schließlich ‚vereinnahmt' werden.
Die Jugend zeigt sich nicht einheitlich. Der Wertewandel wird an ihr nicht als Weg von einem Zustand in einen anderen sichtbar. Die gegenwärtige Gesellschaft und ihre Lebensformen spiegeln sich wider. Dennoch scheint es *generationsspezifische Gemeinsamkeiten* oder doch überwiegende Übereinstimmungen in der Jugend zu geben, in denen sich Pessimismus gegenüber der Zukunft, Distanz zur Gesellschaft, das Bedürfnis nach einer eigenen Welt oder Kultur, jedenfalls einer eigenen Sprache und nach eigenen Stereotypen äußert (‚Make love not war', ‚Wer sich nicht wehrt, lebt verkehrt', Legal – illegal – scheißegal – letzteres in der Studie von gut der Hälfte der Befragten bejaht).
Erst innerhalb dieser Jugend, aber nicht nur auf sie beschränkt, wird man unter einem dritten Aspekt dann den Wertewandel festmachen können, der zum mehr oder weniger vollständigen *Entwurf einer Gegenkultur* führt. Von „zwei Kulturen" hat zuerst Peter

Glotz gesprochen (vgl. DER SPIEGEL 3.10.1977). Man wird dies aber nicht überdehnen dürfen. Schon der ,Aussteiger', der ,Verweigerer' begibt sich aus der Normalität und in irgendeine Subkultur. Die Summe der Subkulturen, die verschiedenen theoretischen Ansätze, die man auch hier findet, die oft gegensätzlichen Sprachweisen (vgl. z. B. *H. Hübsch*, 1980) und Verhaltensformen, in denen radikale Ablehnung der Wohlstandsgesellschaft ebenso zum Ausdruck kommen kann wie die Sehnsucht nach neuen Gemeinschaftsformen, machen insgesamt noch keine eigene ,neue' Kultur aus. Sie offenbaren aber die relative Integrationsunfähigkeit der überlieferten Kultur, die Schwierigkeiten einer sich selbst verändernden Gesellschaft, die nachwachsende Generation in sich aufzunehmen. Diese verbreitete Distanz der Jugend zur Gesellschaft wird durch die völlige Distanz derjenigen überhöht, welche aus den unterschiedlichsten Motiven (eines davon ist die Abkehr von der ,kalten' Rationalität und die Zuwendung zu einer neuen Sinnlichkeit) im Lande bleiben, aber die Gesellschaft verlassen. Sie stellen als Gruppe noch kein unlösbares quantitatives Problem dar, fordern aber als Phänomen sehr wohl die Gesellschaft heraus.

Übernimmt man diese provisorische Dreiteilung eines komplexen Erscheinungsbildes, werden unterschiedliche *Probleme der Politik* sichtbar. Der *allgemeine Wertewandel* bedeutet für die Politik ein Auswechseln der Themen oder doch ihrer Rangfolge. Noch stehen Arbeitsplatzsicherung und Wohlstandsverteilung für viele an der Spitze ihrer Präferenzen, zugleich drängen Umweltthemen nach vorn, schwindet der Wachstumsglaube und stellen sich damit Fragen etwa an eine neue Verteilung von Arbeit. Die Behauptung erscheint z. B. plausibel, die Bundesrepublik hätte noch vor einigen Jahren auf die heutige Arbeitslosigkeit ganz anders reagiert, weil heute neben der sozialen Sicherung auch der Wertewandel etwas auffängt. Immer weniger schämen sich, wenn sie keine Arbeit haben. Mit den neuen Themen gerät aber die Politik aus ihrer Förder- und Verteilerrolle. Umweltorientierung erfordert ein größeres Maß an Eingriffen, bedeutet Streitschlichtung zwischen gesellschaftlichen Gruppen, die derzeit den Streit auf die Politik überwälzen: Es kann keine Rede von einem Rückzug der Politik sein.

Das gilt noch weniger im Blick auf den *generationsspezifischen Wertewandel*. Soweit er gesellschaftliches Versagen oder gesellschaftliche Probleme zum Ausdruck bringt, steht fast zwangsläufig der Staat wieder als Auffangstellung bereit, und Politik müßte die Perspektiven eröffnen, welche die Gesellschaft nicht hat, müßte einen zukunftsbezogenen Pessimismus abbauen, indem sie mit Zukunftszielen Zukunft überhaupt ausleuchtet – ,no future' ist in vieler Hinsicht der erschreckendste der heute gängigen Slogans. Und im Blick auf die *Aussteiger* kann die Politik zwar keine Integrationsleistung vollbringen, welche der Gesellschaft mißlingt, sie muß aber die Überlappungsbereiche zwischen den beiden Kulturen offenhalten, Wechsel und Rückkehr ermöglichen und verhindern, daß aus individualistischem Aussteigertum mit seiner notwendigen Gesellschaftskritik Staatsfeindlichkeit erwächst. *Keinesfalls gehört in diesen Zusammenhang der Terrorismus*: Eine politische Auseinandersetzung, der es nicht gelingt, den Terrorismus als ein Phänomen eigener Art zu behandeln und zu bekämpfen, die ihn vielmehr nach links und nach rechts in seinen Wurzeln in die Normalität politischer Einstellungen verweist und sich damit in (wechselseitige, da inzwischen der deutsche Rechtsterrorismus den anarchistischen ,eingeholt' hat) Schuldzuweisungen ergeht, zeigt nicht nur, daß es ihr an Konsens fehlt, sie zeigt vor allem den völligen Mangel an Bereitschaft, aus der Auseinandersetzung Konsequenzen zu ziehen. Daß und inwieweit dies generell für Schuldzuweisungen gilt, sei hier nicht erörtert.

Alles in allem läuft, soweit erkennbar, der Prozeß des Wertewandels quer zu der Forderung nach einem Rückzug des Staates. Zumindest bildet sich eine neue, schwer auflösbare Gemengelage aus: Man wendet sich – ‚man' sind auch und gerade Wortführer und Interpreten des Wertewandels – gegen die Steuerung und Gängelung individuellen Lebens durch Staat und organisierte Gesellschaft, verlangt stürmisch nach Freiräumen individueller Entfaltung und ist zu persönlichem Einsatz für solche Freiräume bereit. Zugleich wird immer wieder die Vorstellung sichtbar, angesichts einer nur in Grenzen pluralistischen, in der Wahrung ihrer Konventionen immer nur eingeschränkt liberalen oder toleranten Gesellschaft müsse der Staat Ordnung ‚stiften', Freiräume schützen, Toleranz gewährleisten: Auf wachsenden Ausländerhaß soll in Deutschland nicht Aufklärung reagieren, sondern Ausländerpolitik; auf Zukunfts- und Integrationsprobleme der nachwachsenden Generation soll in Deutschland nicht die Generation der Erwachsenen, nicht einfach die Gesellschaft in ihren Gruppen reagieren, sondern – merkwürdig arbeitsteilig gedacht – die Politik. Besondere Leistungen eines Betriebes oder eines Vereines werden durchaus als vorbildlich gewürdigt, gesellschaftliche Initiativen neben dem Bemühen oder Versagen der Politik als notwendig anerkannt, alles Entscheidende wird aber positiv wie negativ von der Politik erwartet. Auch wenn das deutlich vereinfacht: Aus dem Wertewandel in seinen vielen Facetten, der die Politik vor nicht weniger Probleme stellt als Gesellschaft und Individuen, ergeben sich neue politische Aufgaben – zunächst gleich die schwierigste, die eigenen Präferenzen nämlich zu überdenken. Immerhin spricht einiges dafür, daß die von Konservativen beklagte ‚Sinnkrise' (Orientierungslosigkeit, Minderung überkommener Lebensinhalte usw.) im Kampf mit sogenannten ‚linken' Tendenzen (Kulturrevolution, Zersetzung, Subkultur, Geschichtslosigkeit usw.) und in neuer Zuwendung zu überkommenen Idealen genauso wenig zu überwinden ist, wie es ein unaufhaltsames Vordringen des Sozialismus gibt. In ihrem Leistungs- und Fortschrittsdenken unterscheiden sich der industriegesellschaftliche Konservatismus und ihr Sozialismus vielmehr nur wenig.

Die Gemeinsamkeit konservativer und neomarxistischer Krisenscenarios und ihr Hang zu ‚unheilschwangerem Pragmatismus' verwundert immer weniger (erstaunt dagegen *C. Offe*, Unregierbarkeit. Zur Renaissance konservativer Krisentheorien, in: *J. Habermas*, 1979). Im Verhalten der jungen Generation kann entgegen beiden Tendenzen die Vorstellung zum Ausdruck kommen, daß weniger das Verändern und mehr das Bewahren eine Rolle spiele. B. Guggenberger stellt sein Buch über die Bürgerinitiativen (1980) ganz unter die These, Werte des ‚Seins' träten an die Stelle der Werte des ‚Habens', in der Bürgerinitiativbewegung werde nicht zuletzt der Protest gegen die ständigen sich beschleunigenden Veränderungen sichtbar, der Ärger darüber, in einer Welt leben zu müssen, „die mehr und mehr einer Baustelle gleicht, aus der Bagger und Kräne nie mehr verschwinden". Auch ein Begriff wurde dafür mit dem ‚Postmaterialismus' geschaffen (*R. Inglehart*, 1979), was freilich Gewißheit suggeriert, wo bislang allenfalls Vermutungen möglich sind. Befindet man sich in einem Übergang, muß es an Gewißheit fehlen – man kann nicht einmal gewiß sein, daß einmal langfristig Stabilität wiederkehrt.

3.3.4. Die partizipatorische Revolution

Das alles ergibt ein viel zu widersprüchliches Bild, als daß man im Blick auf politische Beteiligung von einer wirklich neuen und in ihrer Neuheit eindeutigen Situation sprechen könnte – trotz des Erstarkens der Bürgerinitiativen, trotz der neuen sozialen Bewegungen, trotz der großen Demonstrationsbereitschaft, trotz der Bereitschaft, sich in Sprache, Verhalten und Kleidung rasch neuen Entwicklungen hinzugeben. Die große Zahl der ‚Apathischen' läßt sich ebenso wenig wegdiskutieren wie der Tatbestand, daß sich ein erhebliches Engagement außerhalb des politischen Bereichs bewährt und dabei zum Teil diesen Bereich ausdrücklich ablehnt. Dennoch gibt es Veränderungen, und im Blick auf das festgefügte politische System der Bundesrepublik, wie es zu Beginn der 70er Jahre bestanden hat, kann man durchaus von einer partizipatorischen Revolution sprechen.

Diese Revolution wird zunächst sichtbar an *Reaktionen des repräsentativen Systems.* Die ‚außerparlamentarische Opposition' (APO) der späten 60er Jahre hat z.B. zu einer deutlichen Liberalisierung des *Demonstrationsrechtes* geführt. Sie wird inzwischen, weil die Zahl der unfriedlichen Demonstrationen zunimmt, von vielen beklagt. Auch dieses Recht kann mißbraucht werden. Andererseits läßt sich nicht bestreiten, daß das neue Demonstrationsrecht zur Integration der APO beigetragen und ein wesentliches Ventil für Beteiligung geöffnet hat. 1981 fanden in der Bundesrepublik 5772 Demonstrationen statt. Selbst wenn diese präzise Zahl wieder nur eine Scheinrealität vortäuscht, weil der addierende Bundesinnenminister nicht im Griff hat, was die Bundesländer jeweils als Demonstration registrieren, so zeigt sie doch den Umfang an, in dem man jene Möglichkeit nutzt. Dabei wird ‚Dampf abgelassen', aber eben auch Politik beeinflußt: Die Friedensdemonstration in Bonn im Herbst 1981 forderte die Parteien recht sicht- und hörbar heraus und hat Nachfolger gefunden.

Auf andere Weise hat das repräsentative System reagiert, indem es die *Möglichkeiten unmittelbarer Bürgerbeteiligung* erheblich erweiterte. Wir nennen als Beispiele nur die Einführung von Bürgerbegehren und Bürgerentscheid in der Gemeindeordnung von Baden-Württemberg, die Bürgerbeteiligung in der Stadtsanierung und die ihr folgenden Beteiligungsformen bei allen möglichen Planungsverfahren (vgl. *W. Blümel*, 1982).

Auch die aus seiner ‚Planungszelle' entwickelten ‚Bürgergutachten' von P.C. Dienel (vgl. oben S. 124) wären in diesem Zusammenhang zu nennen, in dem es um eine ernstliche Beteiligung im Rahmen normierter oder doch geordneter Verfahren geht.

Stärker haben sich demgegenüber die *Bürgerinitiativen* dem repräsentativen System aufgezwungen (aus der umfangreichen Literatur vgl. z.B. *Th. Ellwein* u.a., 1975, *B. Guggenberger,* 1980, *P. C. Mayer-Tasch,* 1981, *B. Guggenberger/U. Kempf,* 1982). Dabei läßt sich nach einer längeren Entwicklung deutlich zwischen zwei Richtungen unterscheiden. Die eine zielt auf mehr und unmittelbare örtliche Beteiligung. Einschlägige Initiativen konzentrieren sich meist auf das Erreichen eines bestimmten Zieles, was zur Einübung in der Vorgehensweise und zum raschen Wiederaufleben der Initiative angesichts eines anderen Zieles oder auch dazu führen kann, daß zwischen Verwaltung und Initiativen dauerhafte Kontakte entstehen und damit eine Annäherung der Initiativen an das repräsentative System erfolgt. Ihm wollen sich die Initiativen ‚an sich' entziehen, um ihre Spontaneität, unmittelbare Beteiligung der Initianten, Selbständigkeit und Unberechenbarkeit (für die anzusprechenden Partner) nicht zu gefährden.

Schwieriger läßt sich die Bewegung charakterisieren, welche mit den örtlichen Initiativen vielfach eng verbunden insgesamt eher in die andere Richtung führt. Sie zielt mehr auf bestimmte Themen, die vor allem aus dem Umweltbereich i.w.S. stammen, sich auch örtlich stellen, der Natur der Sache nach aber überörtlich erörtert und zum Politikum gemacht werden müssen. Das erzwingt eine etwas auf Dauer gestellte Organisation, erzwingt überörtliche Zusammenschlüsse (der Bundesverband Bürgerinitiativen Umweltschutz [BBU] ist der wichtigste) und führt wohl zwangsläufig aus dem Verbändefeld heraus in den Politikbereich hinein. Die ‚Grünen', die ‚Alternativen Listen', die GAL usw. sind diesen Weg gegangen und hatten mit im einzelnen unterschiedlichen, im Kern aber doch einander nahen Programmen in den Parlamentswahlen der 80er Jahre wechselnden, aber sich doch stabilisierenden Erfolg.

Damit kann man die ‚partizipatorische Revolution' unter zwei Aspekten sehen. Zum einen hat sich das potentielle *Handlungsfeld von Bürgern* erweitert, die betroffen sind und/oder sich beteiligen wollen, ohne dabei den mühsamen, zeitraubenden und in seinen Erfolgsaussichten unsicheren Weg gehen zu wollen, der in den Prozeß der politischen Willensbildung hineinführt. Die Erweiterung findet vor allem im kommunalen Bereich statt, was der stärker als die staatliche an ‚Land und Leuten' orientierten Politik im Sinne Otto Hintzes ein neues Element hinzugefügt. Es erscheint durchaus ausbaufähig, wenngleich die vermehrte örtliche Bürgerbeteiligung gemeinsam mit der kommunalen Politik ständig an die Grenze stößt, welche die Einbindung der kommunalen Selbstverwaltung in staatliche Politik und in überörtliche Planungen ziehen. Trotz solcher Einwände war die partizipatorische Revolution in diesem Sinne erfolgreich, und es läßt sich absehen, daß sie noch weitere Erfolge erzielen könnte.

Zum anderen wendet sich die *Revolution* erklärtermaßen *gegen Strukturen des politischen Systems*, vor allem gegen die Parteien, teils indem sie sich funktional und in den Verhaltensweisen quer zu den Parteien legt, teils auch indem sie zu einer Konkurrenz mit den Parteien führt. Darin mag sichtbar werden, daß die *Parteien* Konfliktlinien in der Gesellschaft symbolisieren, welche eher früheren Gegebenheiten entsprechen (zu dieser Diskussion mehrere Beiträge und damit eine informative Zusammenfassung in *J. W. Falter* u.a., 1984). Es mag auch sichtbar werden, daß die Parteien nicht mehr fähig sind, „Probleme aus der ‚neuen' und aus der ‚alten' Politik miteinander in Übereinklang zu bringen, (was) z.B. zu der Spaltung von Parteien führen (kann), wie das in England bereits bei Labour geschehen ist und den deutschen Sozialdemokraten ins Haus steht" (*M. Kaase*, in: *P. Raschke*, 1982, S. 185). Dies würde noch nicht die Parteien als Institution, wohl aber manche konkrete Parteien treffen und hat sie, z.B. in den Niederlanden, schon getroffen und verändert. Schließlich kann in dem Nebeneinander von neuen Bewegungen und Parteien auch sichtbar werden, daß die Parteien vielen partizipatorischen Ansprüchen nicht genügen und wohl auch nicht genügen können, weil ihre Organisation schwerfällig sein muß und zwischen dem Bestreben, eine möglichst große Mitgliederzahl zu haben, und dem Ziel, diese Mitglieder auch zu aktivieren, eine kaum überbrückbare Spannung besteht. Die alternativen Gruppen entgehen diesem Dilemma (bisher), indem sie ausdrücklich nicht Partei werden. Wieweit sie damit imstande sind, Gruppen zu integrieren, Bedürfnisse, Vorstellungen und Ziele zu aggregieren, bleibt offen und gehört für uns auch thematisch in Zusammenhang mit den Parteien. Von ihnen muß jedenfalls erwartet werden, daß sie auf ihre Weise die politische Integration der Bürger ermöglichen. Ohne die Parteien oder bei ihrer deutlichen Schwächung würden sich politische Bedürfnisse und Ziele in einer Weise ausdifferenzieren, daß dies in einem geregelten Willensbildungsprozeß nicht mehr aufzufangen wäre (zur Artikulation von Bedürfnissen vgl. *B. Badura*, 1972, und Beiträge in *S. Moser* u.a., 1978, sowie *H. Stachowiak*, 1982; zum Bedürfnisbegriff *J. B. Müller* in: *Geschichtliche Grundbegriffe*).

Die partizipatorische Revolution läßt sich mithin bisher darin ablesen, daß die Forderung nach (ernstzunehmenden) *Beteiligungsmöglichkeiten* der Bürger in der Politik in den vergangenen Jahren mit immer größerem Nachdruck erhoben worden ist. Die Politik hat darauf in gewissem Umfange schon reagiert; wieweit ihr eine positive Reaktion auch im Bereich der Parteien gelingt, bleibt offen. Man muß dabei auch an die den Parteien gezogenen Grenzen denken (vgl. z.B. *H. Lenz*, Grenzsituationen der Demokratie, in: Krit.Vj. für Gesetzgebung und Rechtswissenschaft 1987/1). Man wird dagegen nicht in dem Sinne von einer partizipatorischen Revolution sprechen können, daß sich die *Zahl der Partizipanten* nennenswert verändert hätte. Alle Umfragen deuten vielmehr auf ein eher gleiches Niveau zumindest seit dem Ende der 60er Jahre hin. Träfe dies zu, hätten sich innerhalb eines in etwa gleichen Beteiligungspotentials Verschiebungen zu den neuen Formen der Beteiligung hin ergeben, die neuen Beteiligungsformen hätten sich innerhalb des Potentials auf Kosten der Parteien durchgesetzt. Auswirkungen der partizipatorischen Revolution wären allenfalls darin zu erblicken, daß die eindeutig sich nicht Beteiligenden ein größeres Verständnis für neue Beteiligungsformen aufbringen: Demonstrative Teilhabe unterliegt nicht mehr dem nämlichen gesellschaftlichen Verdikt wie zum Ende der 60er Jahre, wo noch einfache Demonstrationen verpönt waren. All das muß jedoch eher spekulativ ausgeführt werden: Die ‚partizipatorische Revolution' vollzieht sich wie der Wertewandel als Prozeß, den man tendenziell festmachen, auf verschiedene Ursachen zurückführen, nicht aber auf den Punkt oder das Ereignis bringen kann, an dem die ‚Wende' erfolgt und von dem aus halbwegs gesicherte Aussagen über die weitere Entwicklung möglich werden. Daß die *partizipatorische Revolution im Gemenge mit der herkömmlichen Politik* erfolgt, macht ihre Bestimmung so schwierig und macht Politik so schwierig. Es gehört zu den gefährlichen und unerlaubten Vereinfachungen, wenn man im Kampf um mehr unmittelbare Beteiligung Schwierigkeiten der Politik nur auf den Mangel an Entschiedenheit und Konsequenz zurückführt und verschweigt, wie stark die eigene Entschiedenheit gruppenspezifisch ist. Jene Schwierigkeiten spiegeln in Wahrheit allgemeine Entwicklungen wider, von denen hier schon deshalb nur vereinfachend die Rede war, weil die internationale Perspektive ausgeklammert blieb: Die inneren Probleme moderner Industriegesellschaften und ihre denkbaren Bewältigungsansätze werden weltweit von den ganz anderen Problemen der übrigen Gesellschaften überlagert. Die Zeitbomben ticken nicht im Wertewandel oder im neuen Ringen um zeitgemäße Formen der Demokratie. Beides trägt allenfalls dazu bei, daß man das Ticken überhört. Die Beschäftigung mit sich selbst war allerdings stets ein gewichtiger Abwehrmechanismus.

4. Kapitel
Organisation der politischen Beteiligung

Die folgende Darstellung bürgerschaftlicher Beteiligung orientiert sich am Modell der politischen Willensbildung im Grundgesetz. Dabei unterscheiden wir zwischen einer Sphäre der unmittelbaren und mittelbaren *Beteiligung am Kommunikationsprozeß*, einer *Mitwirkung in Verbänden und Parteien*, schließlich der *Beteiligung an politischen Wahlen*. Diese Unterscheidung besagt nicht, daß Massenmedien, Verbände oder Parteien dem direkten Zugriff des Bürgers offenstehen, die Einschränkungen des Modells sind diesem vielmehr von vorneherein mitgegeben. Allerdings gewinnt man auf diesem Weg Fragestellungen, welche die komplexe Materie und das nahezu uferlose Material strukturieren. Dabei sprechen wir von „Organisation" der politischen Beteiligung, um gegenüber den eher grundsätzlichen Erörterungen des Kapitels 3 jetzt auch jene institutionellen und organisatorischen Vorkehrungen einzubeziehen, ohne die demokratische Gesellschaften nicht lebensfähig wären.

4.1. Massenmedien und Meinungsbildung

Menschliches Zusammenleben beruht auf Kommunikation. In entwickelten Industriegesellschaften tritt neben den unmittelbaren Austauschprozeß zwischen Individuen dabei die Massenkommunikation (vgl. die Angaben etwa in der *Hamburger Bibliographie*, der Bibliographie von *A. Silbermann*, 1986, sowie aus der Fülle der zusammenfassenden Darstellungen *K. Koszyk/K. H. Pruys*, 1981, *W. von La Roche/ L. Maaßen*, 1983, *H. Meyn*, 1985). Man versteht darunter, „daß sich ein großes, heterogenes Publikum relativ gleichzeitig Aussagen aussetzt, die eine Institution durch Medien übermittelt, wobei das Publikum dem Sender unbekannt ist" (*O. N. Larsen*, zit. nach *Politisches Verhalten* Bd. 4, S. 11). Bezieht man Massenkommunikation auf politische Beteiligung, interessieren in erster Linie die aktive, auch auf eigener Auswahl beruhende, und die passive, stärker Einflüssen ausgesetzte Meinungsbildung des Individuums. Die erstere hängt von individuellen Merkmalen und von objektiven Möglichkeiten ab (Medienvielfalt, unterschiedliche Berichterstattung usw.), die letztere weithin von der Struktur der Massenkommunikation und von den Chancen, welche diese Struktur machtvollen Akteuren in Staat und Gesellschaft bietet. Daß es solche Akteure gibt und im Bereich der Massenkommunikation wie in anderen gesellschaftlichen Bereichen auch die Produzentenfreiheit größer ist als die Konsumentenfreiheit, sei nur als selbstverständlich vermerkt. Für den Konsumenten ergibt sich daraus die Frage, ob ihm die Medien wenigstens die Möglichkeit zu einer relativ selbständigen Information bieten. Angesichts der Produzenten stellt sich die Frage, ob Teileinheiten – etwa Journalisten – über eine ausreichend große Selbständigkeit verfügen oder ob Verleger und andere Verfügungsberechtigte ihre ökonomische Macht zu Lasten der Informationsfreiheit einzusetzen vermögen. Die grundlegende Frage zum Verhältnis sich ständig vervielfachender Information einerseits und den Möglichkeiten wie Grenzen massenkommunikatorischer Prozesse andererseits ist dabei jeweils mitzudenken. Denn befindet sich die Bundesrepublik tatsächlich „auf dem Wege in die Informationsgesellschaft" (Lothar Späth) und ist richtig, daß der Informationsfortschritt „den letztinstanzlichen Grund für unsere sich beschleunigende zivilisatorische Evolution" darstellt (Hermann Lübbe), so bedarf es sicher weitergehender Überlegungen, will man verhindern, daß Massenkommunikation und Medienpolitik nur aus der Marktperspektive betrachtet werden, ihre kulturellen und ethischen Implikationen hingegen unberücksichtigt bleiben.

4.1.1. Meinungsfreiheit als Rechtsfigur

Das Grundgesetz garantiert Meinungsfreiheit, weil es von der Volkssouveränität und damit von der Beteiligungschance eines jeden ausgeht. Artikel 5 konkretisiert die Meinungsfreiheit auf ungehinderte (passive) Unterrichtung und auf ungehinderte (aktive) Meinungsäußerung hin. Die Pressefreiheit und die ungehinderte Berichterstattung in Rundfunk, Film und Fernsehen sollen als Voraussetzung für beides gewährleistet sein. Von der Meinungs*bildung* braucht die Verfassung dagegen nicht zu sprechen; sie stellt einen inneren, sich rechtlichem Zugriff versagenden Vorgang dar. So erscheint wohl der einzelne Bürger als Adressat des Grundrechts, praktisch erfolgt aber nur eine Wendung gegen den Staat. Ihm untersagt man etwas. Seine Organe dürfen nicht zensieren und die freie Berichterstattung nicht behindern. Abwehr tritt in den Vordergrund. Daneben stellt sich dem Staat die Aufgabe, den Bereich der Massenkommunikation rechtlich zu ordnen. Die ökonomischen Voraussetzungen ungehinderter Meinungsbildung haben dagegen verfassungssystematisch den Staat nur bedingt zu interessieren.
Gemäß Absatz 2 des Artikel 5 GG steht das Grundrecht der freien Meinungsäußerung in den Schranken der Gesetze, der Schutzbestimmungen für die Jugend und des Rechtes der „persönlichen Ehre". Absatz 3 berücksichtigt die Erfahrungen der Weimarer Zeit, indem er gesondert die Freiheit der Kunst, Wissenschaft, Forschung und Lehre gewährleistet, aber auch erklärt, die Freiheit der Lehre entbinde nicht von der Treue zur Verfassung. Insgesamt beschreibt der Artikel den Bereich der „Geistesfreiheit", die nach Auffassung des Bundesverfassungsgerichts „für das System der freiheitlichen Demokratie entscheidend wichtig (ist, ja) geradezu eine Voraussetzung für das Funktionieren dieser Ordnung" darstellt (vgl. Quelle 3.2.).
Seinem Wesen nach ist das Recht auf freie Meinungsäußerung und ungehinderte Unterrichtung als *reines Abwehrrecht* zu begreifen. Der Staat und seine Organe sollen nicht jedermann die Möglichkeit geben, sich öffentlich zu äußern oder sich aller Informationsmöglichkeiten zu bedienen; sie sollen nur niemanden daran hindern. Das betrifft vor allem die Meinungsäußerung: Ansprüche gegenüber Redaktionen auf Veröffentlichung von Meinungen gibt es rechtlich begründet nicht. Nur das Recht auf Gegendarstellung ist in den Landespressegesetzen geregelt (vgl. Quelle 3.2.1.); es erlaubt aber nur Tatsachenbehauptungen. Auch schließt etwa das Verbot der Zensur nicht aus, daß eine Selbstkontrolle stattfindet, wie sie etwa der Deutsche Presserat[1] anstrebt. Insgesamt

1 Der Deutsche Presserat gibt jährlich über seine Tätigkeit Auskunft. Er besteht aus je zehn von den Verleger- und Journalistenverbänden benannten Mitgliedern. Sie sollen durch Empfehlungen, Stel-

relativiert sich das Grundrecht aufgrund der vorhandenen Möglichkeiten, die ungleich verteilt sind. Es bietet selbstverständlich auch keinen Schutz gegen Tendenzpublikationen, falsche Informationen oder einseitige Rundfunksendungen. Mit den angesprochenen Freiheitsrechten sind die unterschiedlichen Abhängigkeiten, die sich unbeschadet der politischen Ordnung oder auch durch sie bedingt ergeben, nur zu einem Teil eingeschränkt. Im Blick auf die Presse erhält dagegen Artikel 5 eine auch institutionelle Garantie. Das Bundesverfassungsgericht spricht von einer „institutionellen Sicherung der Presse als einem der Träger und Verbreiter öffentlicher Meinung" (BVerfGE 10/121). Daraus haben die Pressegesetze der Länder z. B. die Folge gezogen, daß der Presse – und damit auch dem Funk – ein ausgesprochenes Informationsrecht zusteht, dem umgekehrt das Zeugnisverweigerungsrecht der Journalisten entspricht.

Bei der *rechtlichen Einschränkung* des Grundrechts nach Artikel 5 stehen strafrechtliche Tatbestände oder auch Sonderbestimmungen z. B. für Beamte oder Soldaten im Vordergrund. Zu den ersteren zählen Beleidigung, üble Nachrede, Verleumdung usw.; durch das „Recht der persönlichen Ehre" können weitere hinzukommen. Ein „Indiskretionsdelikt", demzufolge es strafrechtliche Folgen haben kann, wenn man ohne „überzeugendes öffentliches Interesse" Privatangelegenheiten öffentlich erörtert, war lange im Gespräch. Komplizierter als die üblichen Delikte sind die auf die Presse besonders zugeschnittenen politischen Straftatbestände. Von ihnen wurde vor allem das, was mit dem Landesverrat zusammenhängt, anläßlich der *Spiegel-Affäre* diskutiert und fand dabei einen großen publizistischen Niederschlag (vgl. die Dokumentationen von *J. Seifert*, 1966 und *D. Schoenbaum*, 1968; zum Presserecht vgl. *H. Löffler/R. Richter*, 1978).

Bis heute erscheint das Verhältnis zwischen *Presse und Informationsfreiheit* auf der einen *und* dem *Staatsschutz* auf der anderen Seite problematisch. Vor allem erweist sich hier mehr noch als bei vielen anderen einschränkenden Gesetzen die Notwendigkeit als störend, auf willkürlich interpretierbare Sammelbegriffe ausweichen zu müssen. Was eine staatsgefährdende Publikation sein soll, läßt sich niemals so genau definieren wie etwa der Tatbestand eines Diebstahls (als Wegnahme einer fremden beweglichen Sache). So bleibt die Frage immer offen, ob das Grundrecht der Meinungsfreiheit durch die Gesetzgebung mehr als erforderlich beschränkt ist. Vielen Beispielen, die das zu belegen scheinen, stehen andere gegenüber, in denen die Justiz sich sehr offen zeigt

Fortsetzung Fußnote 1

lungnahmen und Rügen die Pressefreiheit schützen, Mißstände im Pressewesen feststellen, die strukturelle Entwicklung beobachten, freiheitsbedrohende Konzernbildungen abwehren und die Presse gegenüber Politik und Öffentlichkeit vertreten. Einen Schwerpunkt der Tätigkeiten bildeten mehr und mehr die Beschwerden (Beschwerde-Ordnung in der Fassung vom 25.2.1985), deren Behandlung als öffentliche Aufgabe anerkannt und vom Bund seit 1976 finanziell unterstützt wird. Die Beschwerdebescheide werden veröffentlicht und haben gelegentlich zu heftigen Reaktionen der Betroffenen geführt. Zu ihnen gehörte immer wieder BILD. 1980 wollten sich die Journalistenvertreter im Presserat grundsätzlich mit dieser Zeitung auseinandersetzen und für einen Mißstand erklären, „daß Journalisten bei der BILD-Zeitung unter Bedingungen und Erwartungen arbeiten müssen, die Falschberichterstattung, Sensationsmache, Einbrüche in die Intimsphäre und andere Verstöße gegen den Pressekodex fördern" (SZ 11.9.1980). Die Verlegervertreter wollten diesen Schritt so nicht mitmachen, so daß es öffentlich zu einer Spaltung des Presserates kam, was zunächst den publizistischen Niedergang des Rates einleitete. Ende 1985 konstituierte sich der Presserat neu, nachdem sich die Verleger zum Abdruck von Rügen des Presserates verpflichtet hatten.

für die Erfordernisse des Meinungsaustausches und des Meinungskampfes. Das schließt allerdings eine kapitalisierende Tendenz nicht aus, innerhalb derer sich immer höhere Schmerzensgelder einbürgern, was publizistische Auseinandersetzungen auf diejenigen einschränken kann, die über entsprechende Mittel verfügen.

Insgesamt ist in den letzten Jahren die Debatte über straf- und zivilrechtliche Beeinträchtigungen der Pressefreiheit etwas abgeflaut, ohne daß damit jedoch die Rechtslage deutlicher geworden wäre. Der Journalist bewegt sich vielmehr auf einem schmalen Grat. Dies wird er um so leichter können, je mehr er sich an selbstverständliche Grundsätze journalistischer Arbeit hält, wie sie etwa der *Deutsche Presserat* in seinen ‚publizistischen Grundsätzen' (Pressekodex) zusammengefaßt hat. Daß sich auch solche Grundsätze auf einer mittleren Linie bewegen, Illiberalität also nicht ausschließen, versteht sich von selbst. In ihrem Mißbrauch liegt eine Gefährdung der Presse und damit der Meinungsfreiheit. In den Medien zeigt sich besonders deutlich, worin sich Liberalität und Illiberalität unterscheiden, weil die Sprache der differenzierenden Berichterstattung eben eine andere ist als die des Kampfjournalismus.

Bei aller rechtlichen Problematik: Die Schwierigkeiten der Pressefreiheit – hier als Oberbegriff verwandt – und die Möglichkeiten, Freiheitsrechte zu mißbrauchen, liegen heute sicher stärker im ökonomischen Bereich verankert – in den Kosten von Zeitungen und anderen Medien, in den Konzentrationsprozessen, in den Wettbewerbsbedingungen und ihren Rückwirkungen auf die Eigentumsverhältnisse, schließlich in der Stellung des Journalisten und Redakteurs, in seiner Mitbestimmung und Abhängigkeit, wie sie heute, angesichts der Pressekonzentration und des damit verbundenen Verlustes von Arbeitsplätzen, ständig wachsen muß.

Erwartet man vom Staat *Medienpolitik*, müßte sie in diese Richtungen wirken. Sie müßte die ‚innere' Pressefreiheit gewährleisten, also das Verhältnis zwischen Verlegern und ‚Zeitungsmachern' vernünftig regeln, und den Bereich der Medien insgesamt so ‚ordnen', daß ein vielfältiges und nicht allzu verzerrtes Angebot an Informationen und Meinungen an den Konsumenten herangetragen wird. Der inneren Pressefreiheit dienen einige Redaktionsstatute (vgl. Quelle 4.1.2.b.); das immer wieder neu erörterte Presserechtsrahmengesetz (gemäß Art. 75 Ziff. 2 GG) scheiterte 1978 endgültig. Die Bundesregierung begnügte sich mit einer im Pressebereich verstärkten Fusionskontrolle (3. Kartellgesetznovelle 1976), um den Konzentrationsprozeß wenigstens annähernd steuern zu können. Im übrigen geht Medienpolitik in der Bundesrepublik noch immer tendenziell von der Arbeitsteilung aus, die bisher zwischen dem privatwirtschaftlich geordneten und betriebenen Bereich der Zeitungen, Zeitschriften und sonstigen Publikationen und den öffentlich-rechtlichen Funk- und Fernseh-Anstalten bestand. Allerdings sind hier deutliche Veränderungen in Richtung einer erweiterten dualen Struktur erkennbar.

4.1.2. Die Presse

Zeitungen und Zeitschriften bilden das älteste Massenmedium (*O. Groth*, 1928 ff.). Ihnen hat sich schon früh die Rechtsordnung zugewandt. Der Kampf gegen die Zensur und für die uneingeschränkte Pressefreiheit zählte zu den wichtigsten „sozialen Bewegungen" bei der Herausbildung der bürgerlichen Gesellschaft. Die damit verbundenen Auseinandersetzungen dauern fort, sie sind in der Logik von Massenmedien angelegt:

So dienen sie immer der ungehinderten wie der zielgerichteten Information, üben Informationsweitergabe und Informationsunterdrückung zugleich. Erweist sich dabei eine „Auswahl" als notwendig, weil sich ein vollständiges Informationsangebot nicht denken läßt, werden deren Kriterien bedeutsam.
Die Zeitungen in der Bundesrepublik üben sich in der Auswahl von Information auf höchst unterschiedliche Weise. Die meisten von ihnen sind zunächst *Lokalzeitungen*, als solche am lokalen Markt orientiert und darauf bedacht, in der lokalen Berichterstattung ein möglichst großes Angebot zu erbringen. Die einschlägige Leistung führt im guten Fall dazu, daß ein großer und ‚treuer' Abonnentenstamm das Geschäft verläßlich macht und die Nutzung des örtlichen Anzeigenmarktes es auch ökonomisch auf eine gesunde Basis stellt. Eine kleinere Gruppe bilden die ausgesprochenen *Regionalzeitungen*, die in einem größeren Mantel mehrere Lokalteile anbieten. Nur vier Zeitungen können im strengeren Sinne des Wortes als überregionale Zeitungen gelten: die FRANKFURTER ALLGEMEINE ZEITUNG und die SÜDDEUTSCHE ZEITUNG sowie in einigem Abstand, was die Auflagenhöhe anlangt, DIE WELT und – schon eingeschränkt – die FRANKFURTER RUNDSCHAU. Die vier Zeitungen haben unterschiedliche redaktionelle und ökonomische Probleme. Von ihnen werden hier nur einige wenige angesprochen, vornean die, welche für die Gesamtheit der Tageszeitungen und bedingt auch der Wochenzeitungen bedeutsam sind.
Trotz aller Klagen der Zeitungsverleger, deren Verband sich zäh um einen Anteil an den ‚neuen Medien' bemüht, haben die Zeitungen insgesamt den Konkurrenzkampf der Medien bisher gut überstanden. Ihre *Gesamtauflage* betrug 1954 etwa 13,4 Millionen und erreichte 1977 einen gewissen Sättigungsgrad mit etwa 23 Millionen täglicher Druckauflage. Heute werden über 25 Mio. Zeitungen täglich gedruckt (vgl. Statistisches Jahrbuch und die Berichterstattung in *Media Perspektiven*). Hinter diesem Ergebnis steht ein ökonomisch erfreuliches Verhältnis zwischen den Einnahmen aus Anzeigen, Abonnementgebühren und Straßenverkauf (vgl. Quellen 4.1.1.), mit deutlichem Vorrang der *Anzeigen*. Das gibt mächtigen oder zumindest regelmäßigen Anzeigenauftraggebern immer wieder einen gewissen Einfluß. Die Anzeigen setzen sich aber aus so unterschiedlichen Arten zusammen, daß hier nennenswerte Gefahren nicht drohen. Sie können sich dagegen mit wirtschaftlichen Einbrüchen verbinden.
Erscheint die Gesamtauflage auch im internationalen Vergleich als gut und die Zeitungsdichte in der Bundesrepublik als groß, so ist dieses Wachstum doch nur aufgrund einer erheblichen *Konzentration* im Pressebereich zustandegekommen, in dem sich wiederum die Konzentration im gesamten privaten Medienbereich widerspiegelt. Nach 1945 erschienen sehr bald von den Besatzungsmächten lizenzierte Zeitungen, die zumeist ein Gebietsmonopol erhielten. Nach Aufhebung des Lizenzzwanges entstanden viele der traditionellen Heimat- und Regionalzeitungen neu. In Zahlen: 1949 gab es 137 ‚publizistische Einheiten', 1954 bereits 225 (vgl. Quelle 4.1.1.a.). In den folgenden 20 Jahren halbierte sich der Bestand wieder, weil vor allem die kleineren Zeitungsverlage der Kostenentwicklung nicht zu folgen vermochten. Häufig führte das zur Vereinigung kleinerer Lokalzeitungen mit größeren Regionalzeitungen, die verschiedene Lokalteile, häufig mit uneingeschränktem Monopol, anbieten (vgl. Quelle 4.1.1.b.). Im Konzentrationsprozeß muß man deshalb die allgemeine Pressekonzentration, wie sie etwa die *Axel Springer AG* betreibt, und die regionale Konzentration unterscheiden, mit der *Gruppe Stuttgarter Zeitungsverlag* und der Gruppe um die *Westdeutsche Allgemeine Zeitung* als Beispielen. In diesen Fällen stoßen Regionalzeitungen in Auflagenbereiche

vor, welche die überregionalen Zeitungen nie erreichen können. Beim Springer-Verlag geht es dagegen um einen gewaltigen Marktanteil, der in der Hauptsache durch BILD im Bereich der Tageszeitungen und durch HÖR ZU und die beiden Sonntagszeitungen im Bereich der Wochenzeitungen zustande kommt, mit dem sich aber auch örtliche Monopole, vor allem in Berlin, Hamburg und Teilen von Schleswig-Holstein verbinden. BILD bildet nach Auflagenhöhe, Vertriebsart, redaktioneller Gestaltung – nach A. Grosser „Prototyp eines verdummenden und abstumpfenden Sensationsblattes" – und der Häufigkeit der mit ihm verbundenen Presseskandale einen in der Bundesrepublik aber eher vereinzelten Fall. Außerhalb des Zeitungs- und Zeitschriftenbereichs bildet den größten Medienkonzern die *Bertelsmann AG*, unter ökonomischen Gesichtspunkten als Konzentrationsphänomen zu würdigen, politisch aber weniger umstritten, weil im Konzern eine relativ große Meinungsvielfalt herrscht und seitens der Verlagsleitung keine nennenswerten inhaltlichen Vorgaben gemacht werden.

Die Pressekonzentration gehörte gegen Ende der 60er Jahre zu den politischen Dauerthemen. Man forderte u. a. eine ‚Fusionskontrolle' und erreichte 1976 neue Fusions-Regeln, welche den Zusammenschluß größerer Einheiten erschweren oder verhindern sollten (so den von Springer und Burda 1982). In der Sache war aber wohl die ökonomisch gebotene Verringerung der Tageszeitungsbetriebe inzwischen abgeschlossen. Das ökonomische Gebot ergab sich aus den *wachsenden Herstellungs- und Vertriebskosten* und aus der Bedeutung der örtlichen und regionalen Anzeigenmärkte, in denen der jeweils auflagenstärkste Konkurrent dominierte. Dieser war und ist auch weniger als kleinere Zeitungen durch die zahlreichen, meist kostenlos verteilten reinen *Anzeigenblätter* bedroht, ganz abgesehen davon, daß sich viele Zeitungsverleger inzwischen an den Anzeigenblättern, die sie zuerst erbittert bekämpft haben, gewinnreich beteiligen. Nur die größeren Zeitungen wären auch in der Lage, etwa das Monopol des Springer-Verlages im Bereich der Sonntagszeitungen zu brechen. Einschlägige Versuche im Südwesten wurden aber 1979 vom Bundeskartellamt untersagt, weil sie kleinere Tageszeitungen stark gefährdet hätten.

Die ökonomisch bedingte Entwicklung der Tageszeitungen hat gewichtige *redaktionelle Probleme* zur Folge. Ein erstes ergibt sich daraus, daß die Zeitungskonzentration die Zahl der potentiellen Arbeitgeber vermindert hat. Das schränkt den Spielraum der Journalisten ein und vermehrt ihre Abhängigkeit, vor allem dann, wenn sie beginnen, immobil zu werden (s. auch *W. Donsbach*, 1982, *M. Zeiß*, 1981). Der Lokalredakteur, der sich am Ort fest niedergelassen hat, erscheint besonders abhängig. Das zweite, auffälligere Problem der Konzentration besteht darin, daß etwa die Hälfte des Bundesgebietes nur noch von einer Zeitung ‚versorgt' wird (örtliches Pressemonopol, ‚Ein-Zeitungs-Kreis'). Das hat Rückwirkungen auf die *Lokalberichterstattung* und wie jedes Monopol unerwünschte Nebenwirkungen. Zu den Nebenwirkungen gehört etwa, daß lokal Interessierte mit dem Lokalteil einen Hauptteil abonnieren müssen, mit dem sie politisch nicht einverstanden sind und der sie in ihrem Verständnis einseitig informiert. Dieses Problem taucht vor allem bei solchen Regionalzeitungen auf, die eindeutig eine politische Richtung vertreten und deren Tendenz die gesamte Redaktionstätigkeit prägt. Als Beispiel sei der MÜNCHNER MERKUR genannt. Die Rückwirkungen auf die Lokalberichterstattung lassen sich kaum in Kürze charakterisieren; in der wissenschaftlichen Zeitungskritik spielen die Lokalteile eine herausgehobene Rolle. In der Mehrzahl der Fälle wird auf den Mangel an kritischer Distanz verwiesen, verbunden mit großer Bereitschaft, die örtlichen Machtstrukturen auch in der Zeitung abzubilden. Vereinfacht: Die Lokalteile tendieren häufig dazu, die eigene Welt eher als ‚heile Welt' darzustellen. Sie enthalten mehr Lob als Kritik, lassen bereitwillig die, über welche es zu berichten gilt, selbst zu Worte kommen, sparen politische Kontroversen eher aus und übernehmen in Sachen der örtlichen Politik oft frühzeitig die Position der örtlichen Eliten (vgl. *R. Zoll*, 1971, *Politisches Verhalten*, Bände 4 und 9). Seltener schlägt die politische Linie der Hauptredaktion örtlich so durch, daß entgegengesetzte politische Richtungen pressemäßig deutlich schlechter behandelt werden. Auch eine klare Konfrontation zwischen der Zeitung mit Lokalmonopol und lokaler politischer Führung ergibt sich selten. Insgesamt wird man eher befürchten müssen, daß die politische Enthaltsamkeit der Lokalpresse die Konflikte, die es lokal gibt, tendenziell herunterspielt, so daß sich auch aus diesem Grunde lokale Politik gerade nicht als ‚Übungsfeld' für politische Auseinandersetzung und zum Erwerb politischer Konfliktfähigkeit eignet.

Wenn hier nur Andeutungen möglich und die vielen Untersuchungen zum Lokalteil und zur besonderen sozialen Situation von Lokaljournalisten nicht aufzuarbeiten sind, so versteht sich von selbst, daß auf weitergehende Wertungen ganz verzichtet werden muß. Es gibt in der Bundesrepublik einen breiten *mittleren Weg für redaktionelle Arbeit* in Zeitungen. Auf ihm tritt innerhalb der politischen Berichterstattung und Kommentierung die Landespolitik gegenüber der Bundes- und Kommunalpolitik sowie der internationalen Politik eindeutig zurück, gibt es wohl auch einige Themenpräferenzen – offenkundig genießt der Umweltbereich inzwischen Priorität –, haben die örtlichen Vereine, die Bürgerinitiativen und die überörtlichen kritischen Verbände wie der BBU und der BUND keine großen Probleme, ‚in die Zeitung' zu kommen, wird man aber auch außerordentliche Schwierigkeiten feststellen, über neue soziale oder technologische Entwicklungen zuverlässig und verständlich zu informieren; so wird auch der Mangel an Wissenschaftsberichterstattung häufig beklagt. Tendenziell steht die Mehrzahl der Zeitungen den bürgerlichen Parteien näher, was aber zu keiner Zeit die SPD ernstlich behindert hat, so wie es heute auch andere politische Gruppierungen nicht ernstlich behindert. *Jenseits dieses mittleren Weges* begegnet man politisch missionarischen Verlegern, Redaktionsmitgliedern, welche sich dem politischen Kampfjournalismus hingeben und dabei im Eifer des Kämpfens gelegentlich die Regeln des journalistischen Anstandes vergessen, Enthüllungsjournalisten, denen jedes Mittel der Informationsbeschaffung recht ist, und schließlich schreibenden ‚Schmutzfinken', die jenseits akzeptierter Grenzen operieren. Zur freien Presse gehören freilich auch ihre Entartungserscheinungen. Man muß mit ihnen leben. Probleme, die sich auf dem mittleren Weg abzeichnen, sind gewichtiger. Mit den Auswahlmechanismen der Zeitungen, mit deren Hilfe sie der wachsenden Informationsflut, dem Nachrichtenüberangebot der Presseagenturen, den bereitwillig verschickten Pressediensten aller möglichen öffentlichen und privaten Institutionen, den angedienten Nachrichten aus der regionalen und lokalen Sphäre usw. begegnen, muß man sich immer wieder auseinandersetzen. Jede Zeitung ist redaktionell durch ihre Routine gefährdet, zumal die relative Gewißheit über die Struktur einer Zeitung ein wichtiges Angebot an den Leser ist, welches immer wieder dazu führt, daß die Zeitungsnachricht mit größerer Bereitschaft aufgenommen wird als die des Fernsehens. In ‚seiner' Zeitung findet man sich leichter zurecht.

Man kann vermutlich Tendenzaussagen über die politischen Neigungen vieler Redaktionen machen. Dennoch ist die noch immer relativ große Zahl von Zeitungen und Redak-

tionen politisch nicht ohne weiteres beeinflußbar. Pressionsversuche hat es zwar häufig gegeben. Wirkliche Pressionsstrategien werden dagegen nur selten öffentlich diskutiert. Fraglos wiegen solche Bemühungen auch gering im Vergleich zu dem, was sich innerhalb der Zeitungen und im unmittelbaren Austausch zwischen regionalen Eliten, Verlegern und Redaktionen abspielt. Im übrigen bietet sich von der Organisation her die öffentlich-rechtliche Anstalt viel eher für Pressionen an.
Neben den Zeitungen sind die *Zeitschriften* wenigstens kurz zu erwähnen. Sie gewährleisten in ihrer Vielfalt ein weiteres Stück Pressefreiheit; ihre Abhängigkeit von technischen und ökonomischen Entwicklungen ist – von den Illustrierten und den großen Wochenzeitschriften einmal abgesehen – geringer; ihre Chance, bestimmte Positionen zu vertreten, deshalb größer. Das Meinungsspektrum in diesem Bereich greift weit über das der Zeitungen und Funk- wie Fernsehanstalten hinaus. Die angesprochene Gruppe umfaßt die großen politischen Wochenzeitungen wie DER SPIEGEL und DIE ZEIT, die Wochenzeitungen der Parteien und die vielen politischen Monatszeitschriften wie auch den gesamten fachlich orientierten oder einer spezifischen Unterhaltung dienenden Zeitschriftenmarkt. Zu den Wochenzeitungen gehört zudem ein großer Teil der Kirchenpresse. Eine Sonderstellung nehmen die *Illustrierten* ein. Ihr Einfluß reicht wegen der Lesezirkel weit über die Verkaufszahlen hinaus. Zu den Illustrierten kann man bedingt auch die großen Programmzeitschriften rechnen, in der Hauptsache geht es aber um STERN, QUICK und BUNTE ILLUSTRIERTE, letztere noch am ehesten den Typ der Familienillustrierten verkörpernd. Der STERN hat zuerst den (erfolgreichen) Versuch gemacht, eine Illustrierte auch politisch anzureichern; QUICK folgte ihm darin später. Dabei orientiert sich der STERN noch immer an eher sozialliberaler Politik, während QUICK sie bekämpft. Beide benutzen dabei die üblichen Illustriertenmethoden, wobei nicht erst seit den vermeintlichen Tagebüchern Hitlers eine kritische Überprüfung angezeigt erscheint.

4.1.3. Funk und Fernsehen

Ebenso eindeutig wie man die Presse trotz oder gerade wegen ihrer öffentlichen Aufgabe bislang ökonomisch in den privatwirtschaftlichen Bereich verweist, zählte man in der Bundesrepublik Funk und Fernsehen bislang zum öffentlichen Bereich. In ihm kommt es zu einer öffentlich-rechtlichen Konstruktion, zu geregelten Gebühreneinnahmen, zu regionalen Sendemonopolen und zu einem Verbund zwischen den Programmanstalten und der Bundespost, welche die technischen Sendevoraussetzungen bereitstellt und dies durch einen Anteil an den von ihr erhobenen Funk- und Fernsehgebühren finanziert.
Werfen wir zuerst einen Blick auf einige *Rechts- und Organisationsfragen*. Die westdeutschen Rundfunkanstalten wurden im Rahmen der zunächst vorhandenen Möglichkeiten von den Besatzungsmächten sogleich nach 1945 errichtet und dabei an eine teilföderalistische Konstruktion gebunden (USA: Bayerischer Rundfunk, Süddeutscher Rundfunk, Hessischer Rundfunk, Radio Bremen; Frankreich: Südwestfunk für die gesamte Besatzungszone und Saarländischer Rundfunk; Großbritannien: Westdeutscher und Norddeutscher Rundfunk, ursprünglich stärker vereinigt, für die gesamte Besatzungszone; später gemeinsam: Sender Freies Berlin). Da diese Grundstruktur später beibehalten blieb, gibt es zwar keine volle Entsprechung zwischen Ländern und Rundfunkanstalten, aber auch keinen Zweifel daran, daß der Funk als „kulturelles Phäno-

men" zunächst Ländersache sein soll – unbeschadet einiger zentraler Besonderheiten und der durch die Länder gemeinsam betriebenen Gründung der ARD und eines Zweiten Deutschen Fernsehens (vgl. Quellen 4.1.2.e. und f.).
Der Gründung des ZDF war ein heftiger *Fernsehstreit* zwischen Bund und Ländern vorausgegangen, nachdem Bundeskanzler Adenauer versucht hatte, eine regierungseigene Deutschland-Fernseh-GmbH zu gründen, um dem Fernsehprogramm der Arbeitsgemeinschaft der öffentlich-rechtlichen Rundfunkanstalten (ARD) Konkurrenz zu machen. Der Versuch scheiterte an einem Urteil des Bundesverfassungsgerichtes, welches für die weitere Entwicklung der öffentlich-rechtlichen Anstalten konstitutive Bedeutung erlangte (vgl. 4.1.2.c.). Das Gericht stellte fest, Artikel 5 GG schließe aus, „daß der Staat unmittelbar eine Anstalt oder Gesellschaft beherrscht, die Rundfunksendungen veranstaltet". Die von Adenauer gegründete Gesellschaft sei aber völlig in der Hand des Staates. „Sie ist ein Instrument des Bundes, sie wird kraft der verfassungsmäßigen Kompetenzen der Bundesregierung und des Bundeskanzlers von diesem beherrscht ... Selbst wenn man unterstellt, daß die Gesellschaftsorgane, insbesondere der Aufsichtsrat und der Intendant, in relativer Unabhängigkeit arbeiten und daß die satzungsmäßigen Grundsätze für die Programmgestaltung dem Gebot des Artikels 5, der institutionellen Freiheit des Rundfunks, zur Zeit Rechnung tragen, bleibt entscheidend, daß das Gesellschaftsrecht ... keine Gewähr gegen eine Veränderung der gegenwärtigen Gestalt der Gesellschaft bietet."

Seinerseits stellte das Bundesverfassungsgericht folgende *Maximen* auf: Artikel 5 verlange, daß neben der individuellen Freiheit die institutionelle Freiheit der Berichterstattung gewährleistet sei und diese vom Staat weder reglementiert noch gesteuert werden dürfe. „Eines der diesem Zweck dienlichen Mittel ist das Prinzip, nach dem die bestehenden Rundfunkanstalten aufgebaut sind: Für die Veranstaltung von Rundfunksendungen wird durch das Gesetz eine juristische Person des öffentlichen Rechts geschaffen, die dem staatlichen Einfluß entzogen oder höchstens einer beschränkten staatlichen Rechtsaufsicht unterworfen ist. Ihre kollegialen Organe sind faktisch in angemessenem Verhältnis aus Repräsentanten aller bedeutsamen politischen, weltanschaulichen und gesellschaftlichen Gruppen zusammengesetzt. Sie haben die Macht, die für die Programmgestaltung maßgeblichen oder mitentscheidenden Kräfte darauf zu kontrollieren und dahin zu korrigieren, daß den im Gesetz genannten Grundsätzen für eine angemessen anteilige Heranziehung aller am Rundfunk Interessierten Genüge getan wird."
1971, zehn Jahre nach dem Fernsehurteil, entschied das Bundesverfassungsgericht, Rundfunkanstalten müßten keine Mehrwertsteuer zahlen, da sie im öffentlich-rechtlichen Bereich tätig seien. In diesem Zusammenhang stellte das Gericht fest, daß nach wie vor im Rundfunkbereich „eine dem Pressewesen entsprechende Vielfalt von miteinander konkurrierenden Darbietungen nicht möglich sei." Vergleichbar äußerte sich am 10.12.1971 das Bundesverwaltungsgericht, als es ein Urteil der Vorinstanzen bestätigte, welches der privaten „Fernsehgesellschaft der Berliner Tageszeitungen" die Sendegenehmigung verweigert hatte. Während das Bundesverfassungsgericht 1961 generell auch die Möglichkeit von privaten Rundfunk- und Fernsehanstalten bejaht hatte, sofern nur gesichert sei, daß alle gesellschaftlichen Kräfte berücksichtigt würden, präzisierte das Bundesverwaltungsgericht diese Überlegung dahingehend: „Die Rundfunkfreiheit eröffnet aber nicht den Zugang zum Rundfunk in gleicher Weise, wie das bei der Presse der Fall ist ... Bei dem Vergleich der beiden Freiheiten muß bedacht werden, daß die Presse nicht nur aus Zeitungsverlagen, Zeitungsdruckereien ... besteht, sondern aus allen Erzeugnissen der Buchdruckerpresse ... Durch solche Presseerzeugnisse kann unter dem Schutz des Grundrechts jede, auch die kleinste Gruppe ihre Meinung äußern und verbreiten. Das hat die sog. außerparlamentarische Opposition hinlänglich nachgewiesen ..." Demgegenüber sei die Zahl der verfügbaren Frequenzen zu niedrig.
Gebe es genügend Frequenzen, daß man jeder gesellschaftlichen Gruppe eine davon zuteilen könne, müsse überdies geklärt sein, ob die Gruppen von der Frequenz auch Gebrauch machen können. „Das würde nur dann der Fall sein, wenn diese Kräfte auch finanziell zur Ausnützung der ihnen gebotenen

Chance in der Lage wären." Zusätzlich erklärte das Gericht: „Die ausschließliche Finanzierung durch Werbesendungen würde ... die einseitige Beeinflussung der öffentlichen Meinung durch die werbenden Firmen, also durch Kreise der Industrie, des Handels und des Gewerbes zur Folge haben. Das aber läßt sich mit dem im Grundgesetz verankerten Begriff der Informationsfreiheit in der Demokratie nicht vereinbaren."

Die *obersten Gerichte* erklärten also die seit 1945 bestehende Ordnung, vorbereitet durch die Rundfunkentwicklung schon in der Weimarer Zeit, als ordnungspolitisch vom Grundgesetz geboten. Die reine Privatisierung stieß ebenso auf Bedenken wie die allzu enge Bindung an den Staat. Dabei befand das Bundesverfassungsgericht (Juni 1981), daß auch eine private Anstalt den nämlichen Bedingungen unterliege wie eine öffentlich-rechtliche: Es müsse eine „freie, umfassende und wahrheitsgemäße Meinungsbildung" möglich, die Anstalt dürfe nicht „einer oder einzelnen gesellschaftlichen Gruppen ausgeliefert" sein, und der Gesetzgeber könne sich der Aufgabe nicht entziehen, dies klar zu regeln. Dabei kann er auf ein ‚binnenpluralistisches' und ein ‚außenpluralistisches' Modell zurückgreifen. Das erstere kommt den bestehenden öffentlichen Anstalten sehr nahe. Nach dem letzteren müßte der Gesetzgeber dafür Sorge tragen, daß die Summe der Privatanstalten die relevanten gesellschaftlichen Gruppen widerspiegelt. Am binnenpluralistischen Modell können private Interessenten wenig Freude haben; mit dem außenpluralistischen verbinden sich finanzielle Probleme, weil z. B. im Wettbewerb eine Anstalt alle übrigen weit überrunden könnte, oder auch konstitutionelle Probleme, weil es gesellschaftliche Gruppen geben mag, die gar nicht an einer eigenen Anstalt interessiert sind und damit das Modell gefährden. Zudem wäre ein ständiger Überprüfungsprozeß notwendig, da sich die Dinge laufend ändern können.
Die vorläufig letzte und wohl auch langfristig entscheidende Rechtsprechung des Bundesverfassungsgerichtes datiert vom 4.11.1986 („Viertes Rundfunkurteil"; vgl. Quelle 4.1.2.d.). Hier hatte der Erste Senat des Verfassungsgerichtes in einem Verfahren der abstrakten Normenkontrolle die Verfassungsmäßigkeit des Niedersächsischen Landesrundfunkgesetzes aus dem Jahre 1984 zu prüfen, das zu den ersten der neuen Landesmediengesetze gehörte, die auf die Regelung privater Rundfunkangebote zielten. Das Bundesverfassungsgericht hat dabei entschieden, daß das Gesetz in seinen Grundlinien mit dem Grundgesetz vereinbar sei. Allerdings gewährleiste eine Reihe seiner Vorschriften die Freiheit des Rundfunks nicht in der verfassungsrechtlich gebotenen Weise. Diese Vorschriften seien deshalb mit dem Grundgesetz ganz oder zum Teil unvereinbar. Aus der Begründung:

„In der dualen Ordnung des Rundfunks, wie sie sich gegenwärtig in der Mehrzahl der deutschen Länder auf der Grundlage der neuen Mediengesetze herausbildet, ist die unerläßliche „Grundversorgung" Sache der öffentlich-rechtlichen Anstalten, deren terrestrische Programme nahezu die gesamte Bevölkerung erreichen und die zu einem inhaltlich umfassenden Programmangebot in der Lage sind. Die damit gestellte Aufgabe umfaßt die essentiellen Funktionen des Rundfunks für die demokratische Ordnung ebenso wie für das kulturelle Leben in der Bundesrepublik. Darin finden der öffentlich-rechtliche Rundfunk und seine besondere Eigenart ihre Rechtfertigung. Die Aufgaben, welche ihnen insoweit gestellt sind, machen es notwendig, die technischen, organisatorischen, personellen und finanziellen Vorbedingungen ihrer Erfüllung sicherzustellen.
Solange und soweit die Wahrnehmung der genannten Aufgaben durch den öffentlich-rechtlichen Rundfunk wirksam gesichert ist, erscheint es gerechtfertigt, an die Breite des Programmangebots und die Sicherung gleichgewichtiger Vielfalt im privaten Rundfunk nicht gleich hohe Anforderungen zu stellen wie im öffentlich-rechtlichen Rundfunk. Die Vorkehrungen, welche der Gesetzgeber zu treffen hat, müssen aber bestimmt und geeignet sein, ein möglichst hohes Maß gleichgewichtiger

Vielfalt im privaten Rundfunk zu erreichen und zu sichern. Für die Kontrolle durch die zur Sicherung der Vielfalt geschaffenen (externen) Gremien und die Gerichte maßgebend ist ein Grundstandard, der die wesentlichen Voraussetzungen von Meinungsvielfalt umfaßt: die Möglichkeit für alle Meinungsrichtungen – auch diejenige von Minderheiten –, im privaten Rundfunk zum Ausdruck zu gelangen, und den Ausschluß einseitigen, in hohem Maße ungleichgewichtigen Einflusses einzelner Veranstalter oder Programme auf die Bildung der öffentlichen Meinung, namentlich die Verhinderung des Entstehens vorherrschender Meinungsmacht. Aufgabe des Gesetzgebers ist es, die strikte Durchsetzung dieses Grundstandards durch materielle, organisatorische und Verfahrensregelungen sicherzustellen.
Grundsätzlich genügt diesen und den übrigen Anforderungen der Rundfunkfreiheit eine Konzeption der Ordnung privaten, durch Werbeeinnahmen finanzierten Rundfunks, welche neben allgemeinen Mindestanforderungen die Voraussetzungen der gebotenen Sicherung von Vielfalt und Ausgewogenheit der Programme klar bestimmt, die Sorge für deren Einhaltung sowie alle für den Inhalt der Programme bedeutsamen Entscheidungen einem externen, vom Staat unabhängigen, unter dem Einfluß der maßgeblichen gesellschaftlichen Kräfte und Richtungen stehenden Organ überträgt und wirksame gesetzliche Vorkehrungen gegen eine Konzentration von Meinungsmacht trifft" (Az. 1 BvF 1/84).

Das sich in die vorangehenden Rundfunkurteile einpassende Urteil des Bundesverfassungsgerichts hat sich damit anders als vielfach erwartet im Verhältnis von öffentlich-rechtlichem zu privatem Rundfunk nicht für ein Entweder-Oder und auch nicht für ein gleichrangiges Nebeneinander entschieden. Es wird vielmehr eine deutliche Stufung in der Rundfunkordnung vorgenommen, bei der nur ein funktionierender öffentlich-rechtlicher Rundfunk als umfassender Garant der Rundfunkfreiheit das Experiment eines kommerziellen Hörfunks und Fernsehens zuläßt. Diese grundlegende Unterscheidung, die den öffentlich-rechtlichen Rundfunk zur unverzichtbaren Basis des Rundfunksystems bestimmt und ihn deshalb mit der Aufgabe der Grundversorgung und der Erfüllung „der essentiellen Funktion des Rundfunks für die demokratische Ordnung" betraut, gewinnt das Gericht aus einer Analyse des Erscheinungsbildes und der Funktionsfähigkeit des privaten Rundfunks. Die Programme privater Anbieter vermögen nach Ansicht des Gerichtes der Aufgabe umfassender Informationen nicht gerecht zu werden. Diese zentrale Aussage stützt sich auf drei Erwägungen: Soweit die Programme über Kabel und Satellit verbreitet werden, wird nicht die Gesamtheit des Publikums erreicht. Im Fernsehen ist schon wegen der geringen Zahl der privaten Anbieter damit zu rechnen, daß nicht Information in der vollen Breite der Meinungen und kulturellen Strömungen vermittelt wird. Weit grundsätzlicher jedoch ist der generelle Hinweis, daß vom privaten Rundfunk, der von Einnahmen aus der Wirtschaftswerbung abhängig ist, kein in seinem Inhalt breit angelegtes Angebot erwartet werden kann. Hohe Einschaltquoten bedingen massenattraktive Programme mit möglichst geringen Kosten. Minderheitensendungen, insbesondere kulturell anspruchsvoller Art, die zudem meist mit hohem Kostenaufwand verbunden sind, werden im kommerziellen Rundfunk zurücktreten oder gänzlich fehlen. Nur aber mit ihnen zusammen läßt sich die ganze Breite der umfassenden Information erreichen, die wiederum die Grundlage für die Garantie der freien Meinungsbildung in Art. 5 Abs. 1 S. 2 des Grundgesetzes beinhaltet (*Media Perspektiven* 11/86).
In Reaktion auf das Vierte Karlsruher Rundfunkurteil kam es dann zu verstärkten Bemühungen um einen bundeseinheitlichen Medienstaatsvertrag, der – nach den Teilstaatsverträgen des sogenannten Nord- und Südverbundes – einer total auseinanderlaufenden Entwicklung des Rundfunkwesens entgegenwirken sollte. Dieser Staatsvertrag, nach 16 Versuchen als „Staatsvertrag zur Neuordnung des Rundfunkwesens"

(Rundfunkstaatsvertrag) am 12.3.1987 zustande gekommen, ermöglicht es nun, daß die öffentlich-rechtlichen Rundfunkanstalten und die privaten Programmanbieter in der Bundesrepublik künftig ihre Aufgaben auf der Grundlage einer einheitlichen, für alle Bundesländer verbindlichen Regelung wahrnehmen können (vgl. Quelle 4.1.2.g.). Die Vereinbarung schafft die Voraussetzung für die technische Nutzung des Satellitenrundfunks (sowohl im Fernsehbereich als auch als Hörfunk). Sie regelt die Finanzierung der von privaten Programmanbietern veranstalteten Fernseh- und Hörfunksendungen sowie die Verteilung der Rundfunkgebühren. Sie ordnet die Werbemöglichkeiten und enthält Regelungen über die Kontrollorgane des privaten Rundfunks. Die Kapazitäten des direkt empfangbaren Rundfunksatelliten TV-Sat können die öffentlich-rechtlichen und die privaten Rundfunkveranstalter künftig gemeinsam nutzen. Die ersten beiden Kanäle werden dabei privaten Programmanbietern auf der Grundlage der Teilstaatsverträge zugeteilt (Sat 1 und RTL-Plus), den dritten Kanal nutzt ebenfalls ein privater Programmanbieter, die vierten und fünften die ARD und das ZDF. 15 Rundfunkkanäle wurden nach Landesgesichtspunkten aufgeteilt. Das Echo auf den Staatsvertrag ist bislang eher zwiespältig. Während die Vertreter der politischen Parteien auf die Funktionsfähigkeit des föderativen Systems verweisen und die Vertreter der öffentlich-rechtlichen Anstalten das nunmehr vereinbarte duale Rundfunksystem hervorheben, äußern sich die Privatanbieter deutlich zurückhaltend. Hier wird insbesondere bemängelt, daß die für die Werbung getroffenen Entscheidungen ein chancengleiches Nebeneinander der beiden Rundfunksysteme beeinträchtigen könnten. Die schärfste Kritik kommt vom Deutschen Journalistenverband, der den Staatsvertrag als absolut unzureichend bezeichnet. Der Wunsch nach einer zukunftsorientierten Medienordnung sei unerfüllt geblieben. Die Regierungschefs hätten sich darauf beschränkt, bereits geschaffene Fakten festzuschreiben, ihre Chance aber, medienpolitisch ordnend einzugreifen, sei vertan worden: Wirtschaftliche Erwägungen hätten eindeutig vor publizistischen rangiert (FAZ vom 16.3.1987).

Während man auf Erfahrungen mit dem neugeschaffenen dualen System des Rundfunkwesens noch nicht zurückgreifen kann, interessieren für unseren Zusammenhang darüber hinaus noch die Funktionsweisen des binnenpluralistischen Modells (vgl. Quelle 4.1.2.f.). Relative Distanz zum Staat, d.h. zur (jeweiligen) Regierung sowie ein gewisser Pluralismus werden in den Anstalten zunächst durch das Nebeneinander von Intendant und zwei Gremien gewährleistet, von denen das eine in der Regel mehr mit dem Programm und seiner Finanzierung beschäftigt ist, während sich das andere stärker der Verwaltung und der Überwachung des Intendanten zuwendet (Fernseh- oder Rundfunkrat, Verwaltungsrat). Entscheidend ist die Zusammensetzung dieser Räte, in denen sich als *gesellschaftliche Kräfte* neben den Parteien vor allem die Kirchen, die Verbände der Arbeitgeber und -nehmer sowie eine Gruppe von Verbänden präsentieren und die mit einem gemeinsamen Kern von Anstalt zu Anstalt etwas variiert. Im allgemeinen wird man in den Anstalten diejenigen Kräfte stärker repräsentiert finden, welche auch im jeweiligen Land das Übergewicht haben. Kommt es lange Zeit nicht zum Wechsel in der politischen Mehrheit des Landes, wirkt sich das auch auf die Anstalt aus. Das bildet den Hintergrund dafür, daß in den meisten Anstalten eine schleichende Politisierung zunächst im Bereich der Personalpolitik stattfindet, die im besseren Falle zum Proporz in den Spitzenpositionen führt, im schlechteren die einseitige Leitung des Senders durch eine politische Richtung zur Folge hat. Ein SPD-Mitglied ist in einer wichtigen Position des Bayerischen Rundfunks kaum vorstellbar, ein Wolf Feller um so eher.

Proporz oder Machtergreifung im Sender bringen vielfach Politiker in einschlägige Ämter; der qualifizierte Journalist ist in der Intendantenrolle immer seltener geworden. Allerdings bleibt offen, ob man unbedingt Journalisten in der Anstaltsleitung braucht und ob es nicht vielmehr die Aufgabe der Leitung ist, die *Unabhängigkeit des Programmes* und seiner Mitarbeiter zu sichern. Diese Aufgabe stellt sich auch den Räten und wird von ihnen punktuell wahrgenommen. Wie alle ehrenamtlichen Gremien dieser Art leiden sie aber an zeitlicher Überforderung. Nahezu kein Rundfunkratsmitglied kann regelmäßig das Programm seines Senders verfolgen, es mit anderen Programmen vergleichen und damit zu begründeten Wertungen gelangen. In der Regel geraten nur einzelne Sendungen ins Kreuzfeuer der Kritik, wobei die Räte meist nur nachvollziehen, was sich anderenorts an Unmutsäußerung und Entschuldigung oder Verteidigung schon ergeben hat. Die Kritik zielt überwiegend auf politische Sendungen oder auf Sendungen mit politischen Inhalten. Damit sind wir bei dem Thema, das hier interessiert.

Die öffentlich-rechtlichen Anstalten unterliegen *Programmverpflichtungen*, die sich aus dem Gesetz oder Verträgen zwischen den Ländern ergeben. Sie haben den Auftrag (so im NDR-Staatsvertrag vom August 1980), den Rundfunkteilnehmern „einen objektiven und umfassenden Überblick über das internationale, nationale und länderbezogene Geschehen in allen wesentlichen Lebensbereichen zu geben", sich dabei an die freiheitlich-demokratische Grundordnung zu halten, die Würde des Menschen zu achten und für die internationale Verständigung einzutreten. „Der NDR ist in seinen Sendungen verpflichtet" und muß dafür sorgen, daß die bedeutsamen politischen, weltanschaulichen und gesellschaftlichen Kräfte angemessen zu Wort kommen, niemand einseitig bevorzugt und darauf geachtet wird, daß z. B. die Nachrichtengebung „allgemein, unabhängig und objektiv" ist. Verständlicherweise handelt es sich hier um Postulate, die unerfüllbar sind – was ist Wahrheit, was ist objektiv? –, sobald es am wirksamen Konsens der Aufsichtsführenden fehlt. Besteht Konsens, wird man die Freiheit und Unabhängigkeit der Redaktionen so lange wie möglich gewährleisten, auf alles, was an Zensur erinnert, verzichten, und ‚Aufsicht' in der Form einer rationalen Programmkritik üben, mit der sich die Programmverantwortlichen auseinandersetzen können und müssen. Fehlt es am Konsens, wird man sich an die Programmgrundsätze klammern und immer wieder ihre Verletzung feststellen: Viele Formulierungen sind zu verkürzt, um ‚objektiv' zu sein; die ‚Wahrheit' hat mehrere Gesichter; was eine gründliche und gewissenhafte Recherche im Einzelfall bedeutet, läßt sich nie dem Streit entziehen; wie man Auffassungen ‚angemessen' berücksichtigt, bleibt stets umstritten.

In politicis *schwindet der Konsens* gegenüber den öffentlich-rechtlichen Anstalten und zum Teil auch in ihnen immer mehr. Das hat in der Hauptsache zwei Gründe: Die Annahme oder Furcht, der Funk und vor allem das Fernsehen trügen entscheidend zur politischen Meinungsbildung bei und hätten damit unmittelbaren Einfluß auf Wahlergebnisse, sowie den Drang nach privaten Sendern, der in der Hauptsache wohl ökonomische Ursachen hat, aber auch politisch begründet ist. Beide Gründe führen zu einer Reihe von Maßnahmen ‚gegen' die bestehenden Anstalten, die mit der Programm- und Journalistenschelte zum Zwecke der Verunsicherung beginnen, sich in gezielter Personalpolitik fortsetzen, um sich anschließend wie folgt zu steigern: Drohung mit dem Austritt aus der ARD; Drohung mit der Auflösung von Staatsverträgen; Realisierung solcher Drohungen; Drohung mit der Einführung oder inzwischen Ausweitung des privaten Fernsehens.

Auf diese *Stufen des Konflikts* hier näher einzugehen, ist weder möglich noch notwendig. Die Tatbestände sind eindeutig, strittig sind nur die Bewertungen. *Programm- und Journalistenschelte* finden sich fast wöchentlich in den Medien. Zählt man das nicht über längere Zeit aus, kann man nicht nachweisen, wer sich hier kräftiger übt. Den Hintergrund bildet eben die Annahme eines großen Einflusses von Funk- und Fernsehprogrammen auf Meinungsbildung und Wahlentscheidung. Diese Annahme geht vor allem auf E. Noelle-Neumann zurück (1980 und 1982), die sich entschieden von der Hypothese losgesagt hat, daß die Massenmedien lediglich eine Verstärkerfunktion ausüben, um unmittelbaren Einfluß nachzuweisen. Das geschah in Zusammenhang mit der Bundestagswahl 1976 (vgl. dazu die Kontroverse zwischen *E. Noelle-Neumann* und *P. Atteslander* sowie die Beiträge von *E. Lippert* usw., in: *Th. Ellwein*, 1980), gipfelte in der Behauptung, das Fernsehen habe die Wahl zuungunsten der CDU/CSU entschieden (neben den Journalisten vor allem die Kameraleute, vgl. *H. M. Kepplinger* a.a.O.) und veranlaßte eine Intensivierung der Funk- und Fernsehschelte. Will man sich nicht auf die zugrundeliegende methodische Diskussion zum Thema Medieneinfluß in der Politik einlassen, könnte man es sich einfach machen und nur darauf hinweisen, daß das angebliche Übergewicht der Anhänger der sozialliberalen Koalition in den Funk- und Fernsehanstalten die starken Verluste der SPD in den Wahlen nach 1980 ebensowenig verhindert hat wie das deutliche Erstarken der CDU. Ähnlich könnte man darauf hinweisen, daß die CSU in Bayern mit großer Mehrheit regiert, den Bayerischen Rundfunk fest in der Hand hat, dennoch aber ständig an einigen wenigen Sendungen Kritik übt, in denen politische Ansichten zum Ausdruck kommen, welche nicht mit denen der CSU übereinstimmen. In Wahrheit ist aber wohl beides offen: Der Medieneinfluß ist weiterhin ungeklärt und niemand wird bestreiten können, daß nicht doch die eine oder andere Entscheidung von Redakteuren unsichere Wähler beeinflußt. Allerdings wird es auch unmöglich sein, hier Grenzen zwischen den Wirkungen der öffentlichen Anstalten und der privaten Zeitungen zu ziehen. Sicher ist nur, daß die ständige Schelte zu Verunsicherung und Ängstlichkeit führt: ARD und ZDF dürften in ihrer politischen Berichterstattung wohl weniger durch extreme Beiträge als durch die ständige Vorsicht gefährdet sein, aller nur denkbaren Kritik auszuweichen.

Penible Beobachtung derer, die das Programm machen, und Druck auf sie stellen die erste Maßnahmenstufe dar – hier wohl mit einem eindeutigen Übergewicht bei der CDU/CSU. Auf der zweiten Stufe nimmt man auf das Programm (vermeintlich) unmittelbar Einfluß, indem man *Personalpolitik* betreibt. Hier dürften sich die beiden großen Parteien gegenseitig nichts vorzuwerfen haben. Wenn sie einen Sender mehr oder weniger in der Hand hatten oder haben, wird das auch in der Personalpolitik genutzt – durchaus bis in die unteren Ränge. Auf Beispiele kann hier verzichtet werden; die Auswirkungen lassen sich ohnehin kaum ermitteln, weil niemand über längere Zeit das Programm von Sendern verfolgen und vergleichen kann, die politisch unterschiedlich geprägt sind. Die dritte Stufe schließlich beinhaltet die Drohung eines Austritts aus der ARD, in der Hoffnung, durch Änderungskündigung Einfluß auf den jeweiligen Staatsvertrag zu nehmen (vgl. Quelle 4.1.2.e.). Hier bleibt zu hoffen, daß der jetzt vereinbarte, allerdings noch der Ratifizierung durch die Länderparlamente unterliegende Staatsvertrag zur Neuordnung des Rundfunkwesens weniger Anknüpfungspunkte für Drohgesten bietet. Auch läßt der außerordentlich konfliktreiche Prozeß seiner Vorbereitung auf eine längere Konsensphase hoffen. Allerdings stehen im Vollzug des neuen Staatsvertrages wieder Verteilungsentscheidungen zur Diskussion, die die alten Grundsatzpositionen erneut zutage treten lassen könnten.

4.1.4. Medienangebot und Medienpolitik

Medienangebot und Medienpolitik sind von der Unsicherheit darüber bestimmt, in welcher Weise die ‚neuen Medien' (Bildschirmtext, Videotext, Kabelrundfunk, Satellitenrundfunk, Video und Bildplatte etc.) das bisherige Medienangebot erweitern und verändern und welches Nutzungsverhalten sich entwickeln wird. So vermischen sich in der Diskussion die am Erhalt höchst gegenwärtiger Macht- oder Marktpositionen orientierten Interessen mit visionären Vorstellungen (Überblicke zur Diskussion bei *H. Kubicek*, 1984, *H. Meyn*, 1985, *R. Wolfrum*, 1986 sowie in den Verlautbarungen der beiden großen politischen Parteien). Da zudem die Kommunikationstechniken einen Teilmarkt bezeichnen, auf dem man größere Wachstumsschübe und von dem man entsprechende Impulse erwartet, reichen die auf den Medienbereich einwirkenden Interessen weit über den engeren Bereich hinaus.

Faktisch kann man davon ausgehen, daß *in allen Medienteilbereichen die Veränderungsmöglichkeiten schon sichtbar sind*, kaum aber gesichert erscheint, was sich mit welchen Konsequenzen durchsetzt. So hat sich z. B. im (technisch verstandenen) Bereich des *Buchs* und buchähnlicher Zeitschriften das Angebot außerordentlich erweitert (1985 gab es über 45 000 Neuerscheinungen auf dem Buchmarkt), was ebenso auf eine gestiegene Nachfrage (die kulturkritischen Behauptungen, es würde weniger gelesen, werden durch das Wachsen der Zeitungsauflagen, der Buchhandelsumsätze, der Bücherkäufe von Studenten oder der Entleihzahlen in Bibliotheken widerlegt) wie auf technische Neuerungen im Satz und zunehmend auch im Druck zurückzuführen ist. Wie bei den Zeitungen setzt dieses Wachstum aber offenkundig Konzentrationsprozesse voraus, weshalb es ein ‚Verlagssterben' und die Entwicklung von marktbeherrschenden Verlagskonzernen gibt. Gleichzeitig kann angesichts moderner elektronischer Speicher- und Übermittlungsverfahren das Buch zum ‚altmodischen' Informationsmittel werden. Im wissenschaftlichen Bereich zeigt sich das heute schon deutlich. Manche meinen, das Buch werde sich nur noch für schöngeistige, unterhaltende oder bilddokumentarische Werke als Form rentieren. Allerdings wird man von ‚vielleicht' sprechen müssen. Vieles spricht dafür, daß sich das Buch doch als unentbehrliches Informationsmittel auf dem Markt hält und nur die Zahl der hochspezialisierten Buchveröffentlichungen zurückgehen wird. Ähnlich offen ist die *Entwicklung der Filmbranche* mit ihren großen Schwankungen in den letzten Jahrzehnten, während der *Zeitschriftensektor* im weitesten Sinn wieder ein Wachstum verzeichnet (bei gleichzeitigen Konzentrationsprozessen) und sich von den ‚neuen Medien' auch weniger bedroht sieht als die Zeitungen.

Bei den privatwirtschaftlich orientierten Medien lassen sich alle grundlegenden Entwicklungen am Markt ablesen; die Marktentwicklungen können auch (eingeschränkt) prognostiziert werden. Für *Funk und Fernsehen* gilt das nicht in gleicher Weise. Zwar lassen sich Einschaltzahlen und Teilnehmergewohnheiten einigermaßen genau ermitteln; die quantitative Mediennutzung erscheint alters- und schichtenspezifisch bekannt. Relativ ungewiß ist jedoch, ob sich durch die privaten Fernsehanbieter hier viel ändern wird. Ebenso ungewiß ist, ob das größere Angebot für individuelle Nutzungen etwa via *Videotext* und *Bildschirmtext* eine entsprechende Nachfrage auslöst und welche Zukunft den anderen medialen Innovationen beschieden sein wird.

Diese hier nur angedeutete Ungewißheit kann nicht innerhalb reiner Marktprozesse ausgeräumt werden. Bei den ‚neuen Medien' ist der Staat im Spiel, z. T. weil die Bundespost die technischen Voraussetzungen schafft oder auch selbst Angebote erbringt, z. T.

weil einschlägige Versuche (etwa die Kabelpilotprojekte) direkt oder indirekt aus öffentlichen Mitteln (indirekt = Zuschlag zu den Funk- und Fernsehgebühren) bezahlt und weil die gesetzlichen Voraussetzungen innerhalb des von den obersten Gerichten gezogenen Rahmens geschaffen werden müssen. Auch wollen die potentiellen privaten Programmanbieter zwar die Programmkosten übernehmen, nicht aber die infrastrukturellen Vorleistungen, die zudem meist schon bestehen – etwa im Telefonnetz der Bundespost, das sich vielseitig anderweitig nutzen ließe. Damit ist der Staat zur *Medienpolitik* gezwungen und kommt unter den Druck von Industrieinteressen, welche auf den Verkauf einschlägiger Apparaturen zielen, und von Programminteressen, welche die denkbaren Werbeeinnahmen ausschöpfen, das eigene Medium ggf. in neue Formen transformieren oder Informationsmacht in anderer Weise ausüben wollen. Da medienpolitische Entscheidungen ins Ungewisse hinein erfolgen, weil die technologischen und ökonomischen Konsequenzen noch nicht wirklich überschaubar sind und das Nutzerverhalten eine nahezu unbekannte Variable bleibt, ergibt sich eine große Chance für wissenschaftliche Beratung etwa im Rahmen der *Wirkungsforschung* oder in dem der *Meinungsforschung* und eine noch größere Chance für ideologische Auseinandersetzungen. Man kann, wie die Erfahrung lehrt, unter dem Vorzeichen der Freiheit und insbesondere der Informationsfreiheit des Einzelnen ebenso für die Beibehaltung des bisherigen Zustandes wie für eine zuletzt unbegrenzte Angebotserweiterung eintreten. Auch die Kritik an den öffentlichen Anstalten und ihren Programmen gehört in diesen Rahmen; sie dient nicht in erster Linie der Überlegung, wie man die Programme verbessern könnte, sondern erweist sich mehr und mehr als Strukturkritik.

Medien- oder Kommunikationspolitik (vgl. die Darstellungen von *F. Ronneberger*, 1978 und 1980, *H. J. Kleinsteuber*, 1982, *H. Schatz/K. Lange*, 1982 sowie das Handbuch von *A. Silbermann*, 1986) steht dabei jenseits der parteipolitischen Auseinandersetzungen vor der grundlegenden Frage, ob der ‚Strukturwandel der Öffentlichkeit' (*J. Habermas*, 1965, vgl. *H. Krüger*, 1964, *W. Hennis*, 1968, *H. Klein*, 1973) anhalten und ob sich seine Richtung verändern wird. Möglicherweise hat sich das allgemeine Interesse auch zu sehr auf die ‚großen' Medien als den Teil der politischen Machtstruktur konzentriert, in dem Öffentlichkeit ‚hergestellt' werden kann, was zum Unterschied zwischen der ‚veröffentlichten' und der ‚verbreiteten' Meinung führt, ein Unterschied, der dann wieder die Meinungsforscher mit ihren eigenen Ansprüchen ins Spiel bringt. Andere Wandlungstendenzen darf man aber nicht übersehen. Jedenfalls spricht manches dafür, daß im Zuge des ‚Wertewandels' die örtliche und kleinräumige Kommunikation an Gewicht gewinnt (vgl. auch die Diskussion zum sog. Lokalfunk) und örtliche Erfahrung neben der individuellen Sozialisation wieder zu einem bestimmenden Faktor im Prozeß der individuellen Meinungsbildung wird (wenn sie es nicht schon immer war, sich also nur der Untersuchung entzogen hat).

Schließlich geht es auch um die Rolle des Staates; *Medienpolitik* erweist sich als ein Problemfeld, auf dem sich unterschiedliche und z. T. in sich widersprüchliche *Staatsvorstellungen* besonders kontrovers gegenübertreten, auf dem höchst gegensätzliche Freiheitsvorstellungen erörtert werden. Dabei bleibt es, so darf subjektiv angemerkt werden, für den Beobachter immer ein Rätsel, warum politische Kräfte, die bei bestimmten Sendungen ‚ihren' Sender durchaus in deutlicher Zensurattitüde abschalten wollen, mit aller Macht nach privatem Fernsehen streben und dies damit begründen, der Bürger sei durchaus selbst imstande, sein Programm auszuwählen. Umgekehrt bleibt es ein Rätsel, warum sich so viele gegen vernünftige und kontrollierte Experimente wenden: Die faktische Unsicherheit in der Medienentwicklung erzwingt geradezu inkrementale Politik, die Zeit gewinnt, indem sie den ‚großen' Entscheidungen ausweicht und ‚kleine' fällt, die wenigstens Experimente und das Sammeln von Erfahrungen erlauben. Dabei bleiben prinzipielle Erwägungen zu bedenken, die in einer Ausweitung des Medienangebotes erhebliche Gefahren für die menschliche Identität und Handlungsfähigkeit sehen (besonders prononciert hierzu *H. Schelsky*, 1983).

4.2. Die Organisation von Interessen

Die Meinungsbildung des Bürgers wird von persönlichen Einflüssen wie von Informationen und Meinungsäußerungen der öffentlichen Nachrichtenträger bestimmt. Zudem steht sie in engem Verhältnis zu politischen, sozialen und weltanschaulichen Einstellungen und ist von wirtschaftlichen Interessen wie von der Zugehörigkeit zu bestimmten Gruppen beeinflußt. Faktoren der individuellen Meinungsbildung sind deshalb auch die Organisationen solcher Gruppen, die oft eine eigene Teilöffentlichkeit bilden. Außerdem haben sie Funktionen im Prozeß der politischen Willensbildung, wenn sie auf die Wahl einwirken oder Einfluß auf die staatlichen Organe ausüben. Daß sie zugleich in besonderer Weise die Machtstruktur widerspiegeln, wurde einleitend ausgeführt (Einführungen und Literaturverzeichnisse bringen: *K.v. Beyme,* 1980 und *J. Weber,* 1977; ein wichtiger Teil der Diskussion findet sich bei *H.J. Varain,* 1973, eine Übersicht bei *R. Steinberg,* 1985).

4.2.1. Grundlegung

Interessenvereinigungen gibt es wie überall auch in Deutschland seit langer Zeit. Sie sind meist enstanden, als die ständischen Lebensordnungen an Kraft verloren, und haben sich um so mehr entfaltet, je weniger das Leben des einzelnen durch Herkunft oder Beruf vorbestimmt und in eine umfassend gültige Ordnung, wie etwa die Zunftordnung, eingefügt war. Als sich im 19. Jahrhundert Parteien in Deutschland entwickelten und allmählich vorsichtig tastend eigene Organisationsformen fanden, kam es noch nicht gleich zu ausdrücklichen Begegnungen zwischen organisierten Interessen und Parteien, da diese zunächst nicht so sehr an ökonomischen und sozialen Fragen orientiert waren, sondern mehr prinzipiellen Charakter annahmen. Erst in der Bismarckzeit änderte sich das, wobei die zunehmende Industrialisierung und damit die Umschichtung der Gesellschaft ebenso mitwirkten wie der von Bismarck geprägte politische Stil eines do ut des. Für Bismarck repräsentierte das Parlament die Gesellschaft und die Regierung den Staat; im Verhältnis beider zueinander sollte es – nicht nur, aber auch – darum gehen, daß die Gesellschaft dem Staat politische Forderungen bewilligte und dafür Zugeständnisse auf anderen Gebieten, z.B. den Schutzzoll, erhielt. In dieser Zeit wurden viele Interessenvereinigungen Gesprächspartner der Parteien; andere Gesprächspartner waren Vereine mit eher politischen, geistigen, kulturellen, sozialen und geselligen Zielen, die aufgrund des Vereinigungsrechts und einer oft weitreichenden genossenschaftlichen Tradition eine erhebliche Rolle spielten.

Organisierte Gruppen, eingebürgerte Organisationsformen und Elemente eines Verhaltensstils waren demnach bereits vorhanden, als sich nach 1918 der moderne Sozialstaat aus dem früheren liberalen Rechtsstaat entwickelte. In dem Maße, in dem die Politik neben dem prinzipiellen Ordnungsgefüge des Gemeinwesens auch das soziale und wirtschaftliche Gefüge mitzugestalten sich anschickte und darüber hinaus umfassend die Daseinsvorsorge zu ihren Aufgaben zu rechnen begann, brachten Verbände die von ihnen vertretenen Interessen ins Spiel und bemühten sie sich um für sie nützliche Einzelmaßnahmen der Politik. Sie paßten sich dabei der gesellschaftlichen Entwicklung an: Massenverbände entsprachen der stärkeren Egalisierung, kleinere Verbände brachten eher die Differenzierung der arbeitsteiligen Gesellschaft, sozial gesehen der offenen Gesellschaft und politisch oder weltanschaulich gesehen der pluralistischen Gesellschaft zum Ausdruck. „Die mannigfaltigen größeren und kleineren Verbände, die soziale, wirtschaftliche, kulturelle oder politische Interessen vertreten, verkörpern ein antagonistisches soziales System differenzierter Gruppeninteressen, die in der Regel auf gesellschaftlichen Gegensätzen und Spannungen beruhen, und unter denen sich einige große beherrschende Organisationen wie Gipfel über einem Meer anderer Erscheinungen emporheben." So ergab sich auch ein Unterschied zu den Parteien. Während sich diese um eine Gesamtkonzeption bemühen und schon wegen des Zieles, die Mehrheit zu erringen, darauf verzichten müssen, sich allzu eng an einzelne Gruppen und ihre Interessen zu binden, können die Verbände unbefangen „partikulare, soziale oder wirtschaftliche – gelegentlich auch immaterielle – Interessen wahrnehmen, ohne nach der Übernahme der Gesamtverantwortung im Staate zu streben. Sie begnügen sich vielmehr damit, ihre Forderungen durch Einflußnahme auf Parlament, Regierung und Verwaltung, in erster Linie auch auf die Parteien, zur Geltung zu bringen, ohne selbst die staatliche Durchführung der von ihnen erstrebten Maßnahmen in die Hand nehmen zu wollen" (*Parteienrechtskommission,* 1958, S. 79 u. 82).

Der zunehmende Einfluß der Verbände auf die Politik und die deutliche Bindung politischer Parteien an einzelne Verbände und Interessengruppen stieß nach 1919 hart auf das überlieferte Staatsideal, das von der Überparteilichkeit des Staates und seiner ordnenden Funktion, von seiner schiedsrichterlichen Stellung über den sozialen Gegensätzen geprägt war. Die Realität der vielschichtig gegliederten und aus offenen, variablen Gruppen bestehenden Gesellschaft wurde negativ beurteilt. Gegen die Zersplitterung oder den Zerfall in Interessenblöcke konnte man erfolgreich eine Gemeinschaftsideologie mobilisieren, die gefühlsmäßig vorbereitet war und aus dem Risiko des Wirtschaftskampfes ebenso herauszuführen versprach wie aus der Unbequemlichkeit, sich in der verwirrenden Vielfalt von Interessen, Programmen und Ansprüchen zurechtfinden zu müssen. Je weniger der Bürger gewohnt war, einen Ausgleich von Fall zu Fall herbeizuführen und am sozialen Kompromiß zu arbeiten, desto mehr mußte der Staat, dem damit diese Aufgabe zufiel, verdächtigt werden, wenn er selbst nun den Parteien und Interessen ausgeliefert schien. Auf diesem Boden hatten die autoritären Vorstellungen ihre Chance: Volksgemeinschaft, Ständestaat, plebiszitäre Diktatur oder auch der Traum von der verwirklichten Gleichheit aller waren die Parolen. Der Siegeszug der Unpolitischen begann mit dem Verzicht auf die Voraussetzung freiheitlicher Demokratie, in der von jedem Bürger gefordert ist, „seine Interessen und Ideen mit denen der anderen auszugleichen", sich mit den anderen also auch auseinanderzusetzen.

Die darin erkennbaren Widersprüche der Zeit vor 1933 – vor allem der Widerspruch zwischen einer konservativ-etatistischen Einstellung und einer reichhaltigen und wirksamen Verbändepraxis – blieben der Zeit nach 1945 erhalten (vgl. z.B. *H. Krüger,*

1964, S. 379 ff.). Es blieb bei Organisationsbedürfnis und Verbandsfreudigkeit, bei der Macht der Verbände und bei einer dem Antiparteienaffekt vergleichbaren Einstellung gegenüber den Verbänden und ihrer politischen Wirksamkeit. ,,Der Parteienprüderie unter der Weimarer Verfassung entspricht eine Interessenverbandsprüderie unter dem Bonner Grundgesetz" (*E. Fraenkel,* 1964, S. 108). Das gilt gerade für Verbände und Verbandsmitglieder selbst, die den neutralen Begriff Verband bevorzugen, ,,Interessenverband" ablehnen, es meist leugnen, lobbyistisch tätig zu sein, und in Verbandsveranstaltungen gern die Gemeinwohlverpflichtung betonen. Es gilt indessen auch in einem weiteren Sinne: Ludwig Erhards Versuch der konservativen Erneuerung einer ,,formierten Gesellschaft" kam einer Antiverbändeeinstellung entgegen, deren faktische Verbreitung niemand genau zu bestimmen vermag, die es aber auch im folgenden stets mitzudenken gilt.

Vielfältig reagierte auch die *Wissenschaft* auf die Entwicklung. Sie brachte zunächst den konservativen Fundus in die Nachkriegsdiskussion ein, wandte sich dann aber bereitwilliger der angelsächsischen Verbandsforschung zu und wollte mit einer oft wenig durchdachten Pluralismustheorie (zu ihr v.a. *F. Nuscheler/W. Steffani,* 1972) den Verbänden ihren Platz im politisch-sozialen System zuweisen, um schließlich eine Reihe von Tatbeständen sichtbar zu machen, denen gegenüber konservative und gesellschaftskritische Analysen eine lange Wegstrecke gemeinsam zu gehen vermögen. Nach 1945 machte in diesem Sinne zuerst Werner Weber Schule, der von der Mediatisierung des Volkes durch die Parteien und von der „wirklichen" Verfassung Westdeutschlands als einem ,,Pluralismus (d.h. einer ungeordneten Vielzahl) oligarchischer Herrschaftsgruppen" sprach (1958, S. 50). Theodor Eschenburg folgte und stellte Staatsautorität und Gruppenegoismus gegenüber; der spätere Titel des Vortrages ,,Herrschaft der Verbände?" wurde zum Schlagwort (1955, 1956). Etwas später legte man derart bloß konservative Entwürfe beiseite, wandte sich der angelsächsischen Interessengruppen- und Pluralismustheorie (vgl. *W.D. Narr/F. Naschold*, 1971, und *F. Naschold*, 1969) zu, übernahm daraus viele Begriffe wie lobby oder pressure group und stellte sich die Aufgabe, die Erscheinungsformen der Verbände zu beschreiben, Ausmaß und Form ihres politischen Einflusses zu untersuchen, dann ihren Platz im engeren politischen Gefüge genauer zu bestimmen und sich kritisch vor allem der politischen Rolle der Verbände zuzuwenden, wenn diese sich der Öffentlichkeit entziehen (vgl. z.B. *G. Schmölders,* 1965, *H. Schneider,* 1965, *O. Stammer,* 1965, *H.J. Varain,* 1964, und *G.W. Wittkämper,* 1963).

Auch diese nüchterne Einordnung der Verbände ins politische System erkannte man aber bald als unzureichend, weil die Einsicht wuchs, daß die mit dem landläufigen Pluralismusbild verbundenen Ausgleichshoffnungen sich nicht erfüllen. Orientiert an Staatsvorstellungen des 19. Jahrhunderts und an einer vielleicht unreflektierten, im Zusammenhang aber plausiblen Gemeinwohltheorie stellte z.B. Ernst Forsthoff fest, daß die Chance für ein Interesse, befriedigt zu werden, in einem Gemeinwesen wie der BRD „wächst mit der sozialen Mächtigkeit des gesellschaftlichen Patrons (Verbandes), der dieses Interesse vertritt. Dem ist jedoch eine Grenze gesetzt. Es gibt Interessen, die so allgemein sind, daß sie nicht nur keinen gesellschaftlichen Patron finden können, sondern sogar die gesellschaftlichen Patrone entgegenstehender partikularer Interessen gegen sich haben... Die demokratischen Grundsätze, nach denen die Realisationschance eines Interesses um so größer sein sollte, je allgemeiner es ist, verkehren sich also in einer verbandsförmig organisierten Gesellschaft ohne politisch mächtige öffentliche Meinung in ihr Gegenteil" (*E. Forsthoff,* 1964, S. 203). Dem gemeinwohlorientierten

Ansatz gesellte sich der antagonistische zu. Ihm zufolge verdecken die gängigen Pluralismustheorien und -behauptungen nur unzulänglich den Klassencharakter der Gesellschaft (vgl. z.B. *U. Jäggi,* 1969). Dieser äußert sich auch in der Verbändestruktur, die insgesamt ein konservierendes Gebilde darstellt, innerhalb dessen sich die großen sozialen Gruppen nicht gegen die kleineren, aber mächtigeren durchzusetzen vermögen. Ein solcher grundlegender Vorwurf verbindet sich mit dem mangelnder innerverbandlicher Demokratie und der Kritik, die Verbände lenkten dank ihres tatsächlichen Einflusses von den wirklichen, den objektiven öffentlichen Interessen ab. Wendet man so die spezielle Verbändeproblematik auf die gesamtgesellschaftliche Situation, erscheint es nahezu widersinnig, sich in der Hauptsache mit der Analyse und Kritik von Verbandsstrategien politischer Einflußnahme zu begnügen. Denn die beruhigende Feststellung, von „einer Herrschaft der Verbände", einer unausweichlichen Beeinträchtigung der Prärogative des Parlaments, einer Verminderung der Aktionsfähigkeit der Parteien und einer Ausschaltung der politisch interessierten Öffentlichkeit könne nicht die Rede sein, trifft allenfalls zu, solange man das auf den „politischen Prozeß der Gesetzgebung" beschränkt, ohne die diesem auferlegten restriktiven Bedingungen zu berücksichtigen (*O. Stammer,* 1965, S. 226).

Die jüngere Kritik an der bloßen „Einflußforschung" geht vor allem von den Vertretern des *Neokorporatismus* aus (vgl. dazu insbes. *Ph. Schmitter/G. Lehmbruch*, 1979 und *G. Lehmbruch/Ph. Schmitter*, 1982 sowie *U.v. Alemann/R.G. Heinze*, 1979 und *R.G. Heinze*, 1981). Die Neokorporatismus-Hypothese, anknüpfend an eine ganze Reihe von historischen Vorläufern und wissenschaftlich schon seit den 60er Jahren allmählich Boden gewinnend, thematisiert den Tatbestand enger Zusammenarbeit zwischen politischen Körperschaften und den Verbänden von Kapital und Arbeit, ein ‚Verbundsystem', das weder mit den konkurrenzdemokratischen Modellen noch mit den verschiedenen Pluralismus-Konzepten übereinstimmt. Dieses System führt zu einem ‚tripartism' von Staat, Kapital und Arbeit, bindet Kapital und Arbeit mit staatsentlastender Wirkung in den politischen Prozeß ein, wofür den Verbänden Bestandsgarantien und gewichtige Beteiligungsrechte zugesprochen werden. Im Ergebnis kommt es zu einem „Mechanismus der formlosen Konzertierung zwischen gesellschaftlichen Machtgruppen ..., welcher die offiziellen Formen der politischen Konfliktaustragung und -regelung (z.B. Parteienkonkurrenz, Tarifsystem, pluralistische Interessengruppenpolitik) nicht so sehr verdrängt wie leerlaufen läßt" (*C. Offe,* in: *R.G. Heinze,* 1981, S. 8). Folgt man dieser Hypothese, dürfte man konsequenterweise die Verbände der Tarifpartner nicht mit den übrigen Verbänden zusammen behandeln, müßte ihnen mindestens eine Sonderstellung einräumen. Wir erkennen eine solche Sonderstellung aber nur in Grenzen. Deshalb sei nachfolgend zunächst das Gesamtsystem der Verbände in einem deskriptiven Überblick angesprochen. Anschließend wenden wir uns den Beteiligungsmöglichkeiten zu und zum Schluß dem Verbandseinfluß in der Politik – hier dann notwendigerweise in starker Differenzierung. Im Blick auf die Politik gelten die Verbände im übrigen durch den Umstand definiert, daß sie nicht Parteien sind, dennoch primär oder wenigstens sekundär ihre Interessen und Ideen in die Politik einzubringen versuchen. Daß eine solche Ausgrenzung aber nur in erster Annäherung weiterhilft, macht ein Blick etwa auf die Kirchen oder auf die Bürgerinitiativen sichtbar.

4.2.2. Das System der Vereinigungen als Interessenrepräsentation

Die Zahl der Vereinigungen in der Bundesrepublik ist unbekannt und muß es sein, weil es weder eine zentrale Registrierstelle für eingetragene Vereine, noch einen präzisen Begriff dafür gibt, was man als Verband, Verein, Vereinigung, Gruppierung, Ausschuß, Bürgerkomitee usw. betrachten und entsprechend zusammenfassen will. Allenfalls umschreibt eine Faustregel die Größenordnung, mit der wir es zu tun haben. Ihr zufolge kommen in der Bundesrepublik auf 1000 Einwohner wenigsten 3 bis 4 Vereinigungen, was einer Gesamtzahl von mindestens 200 000 entspräche. Da sich damit kaum arbeiten läßt und örtliche oder regionale Totalerhebungen nicht vorliegen (vgl. *Politisches Verhalten,* Band 5 und 9), kann man verstehen, warum die Wissenschaft sich zurückhält oder von vorneherein mit Hilfe eines engen Verbands- und eines ebenso verengten Interessenbegriffes (zuletzt *U. v. Alemann/E. Forndran,* 1983) ihr Thema einschränkt. Tatsächlich erscheinen in Zusammenhang mit der politisch-sozialen Struktur eines Landes und mit seinem Regierungssystem die vielen tausend kleiner Sport- und Gesangvereine wenig bedeutsam, selbst wenn man nicht bestreitet, daß jeder kleinste Sportverein sich politisch-lobbyistisch betätigen kann (es braucht nur um Zuschüsse zum örtlichen Sportplatz zu gehen) und die Summe dieser Vereine im Deutschen Sportbund erheblichen Einfluß (etwa auf das Fernsehprogramm) ausübt. Umgekehrt führen die verbreiteten Typologien zu einer Vorauswahl, welche auf bestimmten Vorstellungen von Interesse, Macht und Einfluß beruht. Dabei erscheint gelegentlich die Gesellschaft nur noch als Aggregat von Interessen oder es ist zuletzt nur noch von Wirtschaftsverbänden und denen der Arbeitspartner die Rede oder man klassifiziert lediglich die Formen der Einflußnahme, was über das Regierungssystem viel, über die in den Vereinigungen sich widerspiegelnde Struktur aber nur wenig aussagt (zu einem internationalen Vergleich s. *J. Hartmann,* 1985).

Um zu einem im Prinzip vollständigen Überblick zu gelangen, stellen wir in der Hauptsache vier große Gruppen und eine Sondergruppe nebeneinander:

1. Vereinigungen innerhalb des *Wirtschafts- und Arbeitssystems.* Zu ihnen gehören vor allem die Produzentenvereinigungen (Wirtschaftsverbände, Innungen, Kammern, deren Zusammenschlüsse usw.), die – weithin fehlenden, jedenfalls aber machtlosen – Konsumentenvereinigungen, die Vereinigungen der Arbeitspartner i. w. S.; die Berufsvereinigungen einschließlich der Berufsgenossenschaften.
2. Vereinigungen des *sozialen Bereiches,* gleichgültig, ob es sich dabei um Verbände handelt, die gemeinsam soziale Interessen wahrnehmen – Beispiel: Vertriebenenverbände – oder um Vereinigungen jedweder Art, welche unbestimmten oder bestimmten Personengruppen helfen oder deren Selbsthilfe organisieren wollen.
3. Vereinigungen des *Freizeitbereiches,* welche der gemeinsamen Pflege von Sport, Hobbys, Geselligkeit, Musik usw. und ggf. auch der Wahrnehmung sich damit verbindender Interessen dienen.
4. Vereinigungen im *Bereich von Kultur, Religion und Politik,* deren gemeinsames Merkmal sich aus der Wertorientierung ergibt, und im *Bereich der Wissenschaft,* soweit sie von Berufsvereinigungen zu unterscheiden sind.
5. Vereinigungen von politischen *Körperschaften des öffentlichen Rechts,* also in der Hauptsache von Gebietskörperschaften und ihren Einrichtungen. Diese letzte Gruppe bildet einen Sonderfall, weil sie der demokratischen Theorie nach keine „eigenen" oder „Gruppeninteressen" repräsentieren soll und weil sich hinsichtlich des Mandats der Organe dieser Vereinigungen Schwierigkeiten ergeben können.

Vergleichsweise leicht öffnen sich die *Freizeitvereinigungen* der Beschreibung. Sie bilden nach der Zahl der Vereinigungen – meist eingetragene Vereine – die größte Gruppe; mit den Zusammenschlüssen von Vereinstypen wie Sport- oder Gesangvereinen zu Bünden oder Dachverbänden verfügen sie auch über Mitgliederzahlen, welche mit denen des Deutschen Gewerkschaftsbundes – nach den Kirchen der mitgliederstärkste Verband – konkurrieren können. Als ihr gemeinsames Merkmal kann gelten, daß sie in erster Linie Dienstleistungen erbringen: Der ADAC gegenüber den meisten Mitgliedern als fast anonyme Organisation; ein Gesang- oder Wanderverein in unmittelbarer Kommunikation von Mitgliedern, welche der Verein organisatorisch erleichtert und ggf. initiiert. Das Dienstleistungsangebot motiviert auch zur Mitgliedschaft. Daß sich in Dachverbänden dieses Bild verwandelt und es sich bei ihnen auch um greifbare Repräsentation organisierter Interessen, um Interessenwahrnehmung gegenüber Öffentlichkeit und politischer Führung handelt, man als Lobby für den Bau von Sportanlagen oder die Pflege des Musikunterrichtes in Schulen eintritt, es personale Beziehungen zwischen Mitarbeitern der Dachverbände und Bürokratie und Politik gibt, widerspricht der ersten Feststellung nicht, verdeutlicht nur die Mehrdimensionalität von Freizeit und Freizeitinteressen. Sport gehört z.B. so lange in diesen Bereich, als er nicht als Disziplinierungsmittel gegenüber der Gesellschaft dient oder sich mit ihm nicht überwiegend kommerzielle Interessen verbinden. Umgekehrt wird auch deutlich, wie eng im Freizeitbereich der Zusammenhang zwischen organisatorischer Basis und Dachverbänden ist und wie sehr deren Einfluß von jener Basis abhängt – gleichgültig offenbar, ob die Dachverbände wirklich jene Basis repräsentieren.

Im Rahmen der allgemeinen Verbändeentwicklung erscheint die der *Sportvereine* besonders wichtig. Das gilt zunächst zahlenmäßig: Die Sportvereine haben in den letzten zwanzig Jahren mit Abstand die höchsten Mitgliederzuwächse zu verzeichnen. Es gilt sodann qualitativ: Ohne daß der Primärzweck der Vereine, gemeinsam Sport zu betreiben, gefährdet wird, tritt der Sekundärzweck der Geselligkeit immer mehr in den Vordergrund. Die Sportvereine haben in diesem Sinne eine wichtige Integrationsfunktion übernommen, sie übernehmen mehr und mehr auch soziale Funktionen und können vielfach als der Inbegriff örtlicher Aktivität gelten, von einer Partizipation getragen, von der Parteien, Kirchen oder Gewerkschaften in ganz unterschiedlicher Weise nur träumen können (vgl. *K. Schlagenhauf, 1977, und W. Timm,* 1979). – Gewissermaßen das Gegenstück zu diesem mitgliederaktivierenden Typus von Verein bilden der ADAC oder der TÜV, beides praktisch Dienstleistungsunternehmen, von denen der ADAC betont auf Mitgliedschaft abstellt, deren engere Vereinsstruktur sich weithin der Öffentlichkeit entzieht. In beiden Fällen hat das mit ökonomischen Interessen zu tun. Sie werden im Falle des TÜV vielfach dadurch gesichert, daß er als ‚neutral' oder sogar als Behörde gilt, was die ständige Hinzuziehung von TÜV-Sachverständigen mitbewirkt, die wiederum nicht selten neue Prüfaufträge und damit Einnahmen zur Folge hat.

Vergleichsweise wenig problematisch erscheinen auch die *Sozialvereinigungen*. Ihr gemeinsames Merkmal ist der Hilfscharakter, ihr gemeinsames Unterscheidungsmerkmal zu den Vereinigungen des Wirtschafts- und Arbeitssystems ist der Mangel an Orientierung zum Berufsfeld. In der Regel kommt es zum Zusammenschluß, weil Besonderheiten der sozialen Position als benachteiligend empfunden werden und man diese Benachteiligung durch eigene Organisation mindern oder beseitigen will. Zu den Sozialvereinigungen zählen deshalb als Selbsthilfeorganisationen ebenso die Clubs der Langen wie die Vertriebenenverbände, sofern diese sich überwiegend als Sozialverbände betrachten, Einrichtungen der älteren Generationen oder auch Hausfrauenverbände. Zu den (zahlreichen) Sozialvereinigungen, welche eher der Hilfe für andere dienen, zählen die Caritas oder die Innere Mission, Vereinigungen zur Förderung von Kindergärten oder bestimmter Schulen, Vereinigungen der Gefangenenfürsorge, der Verein der Freundinnen junger Mädchen, der Seerettungsdienst, die Freiwillige Feuerwehr, der Mütterdienst usw. Insgesamt hat man es hier mit einem Bereich zu tun, in dem zum einen Teil Selbstregulierung innerhalb der Gesellschaft stattfindet, gleichgültig ob dabei Mängel im gesellschaftlichen System nur verhüllt oder ob sie zureichend transparent werden, während zu einem anderen Teil spezifische Vereinigungen deutlich machen, daß Selbsthilfe nur begrenzt wirkt, mithin der Staat eingreifen muß. Ein Teil der großen Sozialverbände konzentriert sich ganz auf die Lobby. Eine mittlere Position nehmen die Wohlfahrtsverbände ein, wenn sie arbeitsteilig mit der öffentlichen Hand Aufgaben erledigen (vgl. z.B. *R. Wegener,* 1978).

Nur schwer lassen sich die *wertorientierten Vereinigungen* auf ein gemeinsames Merkmal festlegen. Gemeinsam soll ihnen hier das negative Kennzeichen sein, daß sie für sich selbst und für ihre Mitglieder keine ökonomischen Vorteile und keine soziale Sicherung anstreben und im Gegensatz zu Freizeitvereinigungen auch die Geselligkeit oder sonstige Freizeitgestaltung keine sonderliche Rolle spielt. Positiv könnte ihnen gemeinsam sein, daß sie von der Überzeugung ausgehen, die eigene Wertorientierung müsse eigentlich auch die vieler anderer sein: Alle müßten den Prinzipien des katholischen Naturrechts zustimmen, alle Engagierten müßten die europäische Einigung oder das Mehrheitswahlrecht wollen, alle Nachdenklichen müßten sich als Natur- oder Tierschützer verstehen usw. Damit zeigt sich schon die Spannweite des Bereichs, der als politische Vereinigungen die Europa-Union oder eine Landsmannschaft umfaßt, als weltanschauliche die Kirchen oder besondere Gesinnungsbände, als kulturelle die Tier- oder Naturschützer, aber auch solche Vereinigungen, die sich der Erhaltung von Brauchtum oder Kunstwerken widmen – ein Bereich, der hierzulande äußerst gering besetzt ist. Ein besonderes Problem bilden in diesem Zusammenhang die beiden großen christlichen *Kirchen*, weil sie nicht in den Zusammenhang gehören, allenfalls nur Vereinigungen sui generis sein wollen, und weil ihre besondere Privilegierung ihnen tatsächlich einen Sonderstatus verleiht. Zweifellos repräsentieren aber auch die Kirchen Interessen, vertreten sie gegenüber der Öffentlichkeit und politischer Führung und bedienen sie sich der verbreiteten Formen politischer Einflußnahme. Umgekehrt ergeben sich für den einzelnen Kirchenangehörigen Mitgliedschaft, Beitragspflicht und Mitwirkungsmöglichkeiten, verbunden auch mit der Frage, ob Kirchenvertreter durch solche Mitwirkung legitimiert sind, so in seinem Namen zu sprechen, wie sie es tun, und ob er sich mit der von den Kirchen beanspruchten Legitimation abfindet, Stellungnahmen auch ohne Zustimmung der Kirchenangehörigen abgeben zu können – eben weil die Kirchen kein demokratisch sich legitimierender Verband, sondern eine eigenen Gesetzen unterworfene societas seien.

Zu den wertorientierten Vereinigungen zählen wir ferner einen großen Teil der *Bürgerinitiativen,* die sich mehr oder weniger konkret mit Fragen des Umweltschutzes befassen und dies dauerhaft tun. Zuordnungsschwierigkeiten gibt es dagegen bei solchen Bürgerinitiativen, welche ad hoc entstehen, eine bestimmte Maßnahme der öffentlichen Hand verhindern oder herbeiführen oder auf eine konkrete Planung Einfluß nehmen wollen, um sich anschließend wieder aufzulösen. Man sollte solche eher spontanen Aktionen als eine besondere Form der politischen Beteiligung betrachten, sie aber weder den Verbänden noch den Parteien zurechnen – z.T. einfach deshalb, weil Verbände wie Parteien der spezifischen Organisation bedürfen. Auch erscheint es problematisch, weitergehende und weniger punktuell ansetzende „soziale Bewegungen" als Beleg für sich verflüssigende und verflüchtigende Positionsbestimmungen zu sehen und damit auf einen Zerfall der strukturellen und subjektiven Grundlagen von Gruppeninteressen zu verweisen (vgl. *Th. Schiller* in: *J. W. Falter/Ch. Fenner/M. Greven*, 1984). Ähnliches gilt für jene noch weitergehenden Thesen, welche die „neuen sozialen Bewegungen" auch als Funktionsverluste der traditionellen Mitgliederverbände interpretieren oder gar von einer Erosion organisierter Interessen in der Bundesrepublik ausgehen. Hier dürften ablaufende Veränderungen des politischen Willensbildungsprozesses über- und die notwendigen Organisationsbedürfnisse von Interessen unterschätzt werden. Eher sind jene Erklärungsansätze nachzuvollziehen, die in Anerkenntnis der genannten Transformationsprozesse auf Selbstregelungs- und Selbstverwaltungspotentiale verweisen und dem Subsidiaritätsprinzip einen wieder erweiterten Gehalt zu geben versuchen.

Einen Sonderfall bilden weiter die *wissenschaftlichen Vereinigungen,* bei denen sich Überschneidungen zu berufsständischen Vereinigungen mit Fortbildungsambitionen und Überschneidungen zu eher kulturellen Vereinigungen ergeben. Gemeinsam ist den wissenschaftlichen Verbänden das Merkmal, wissenschaftliche Interessen zu vereinigen, die anders nicht genügend zum Zuge kommen. In diesem Sinne ist die Gesellschaft für Schleswig-Holsteinische Geschichte, Beispiel für einen der zahllosen historischen Vereine, eine wissenschaftliche Vereinigung, ähnlich wie die Deutsche Gesellschaft für Auswärtige Politik, die Deutsche Vereinigung für Parlamentsfragen oder ein Verein zur Förderung einer Expedition. Die Westdeutsche Rektorenkonferenz gehört dagegen nicht in diese Gruppe, weil sie nicht gemeinsame wissenschaftliche Interessen, sondern institutionelle Belange fördert. Hieran wird schon deutlich, daß die nähere Bestimmung dieser Gruppe schwierig ist. Das hängt aber nicht damit zusammen, daß die Kategorie problematisch erscheint, sondern daß zweck- und interessenfreie Wissenschaftsförderung relativ selten ist. Nur in eher traditionellen Bereichen wie denen der Geschichte, Literatur, Sprache, Musik und Geographie gibt es vielfältige eigene Organisationen, deren Mitglieder überwiegend keine ständischen oder beruflichen Interessen haben und durch Mitgliedschaft etwas ermöglichen – sei es auch nur das Verfügbarmachen eines Sockelbetrages, mit dessen Hilfe man dann öffentliche Zuschüsse erhalten kann. Demgegenüber fungieren die Deutsche Forschungsgemeinschaft oder die Max-Planck-Gesellschaft als Selbstverwaltungseinrichtungen, denen der Staat bestimmte Kompetenzen im Bereich der Wissenschaftsförderung abgetreten hat.

Das leitet über zu den Vereinigungen von *politischen Körperschaften des öffentlichen Rechts,* an ihrer Spitze die bundesweiten und Ländervereinigungen der Städte, Gemeinden und Gemeindeverbände. Derartige Vereinigungen (Deutscher Städtetag, Deutscher Städte- und Gemeindebund, Deutscher Landkreistag) bilden eine Interessenvertretung gegenüber Öffentlichkeit und politischer Führung. Ergänzt durch Arbeitsgemeinschaften kommunaler Arbeitgeber lassen sie sich verschiedenen Bereichen zuordnen, bilden aber immer einen Sonderfall: Die Mitglieder sind mit Hoheitsrechten ausgestattete Gebietskörperschaften; der Zusammenschluß ist ein Rechtsgebilde eigener Art, welches Dienstleistungsfunktionen (Kommunale Gemeinschaftsstelle für Verwaltungsvereinfachung), Lobbyfunktionen oder Funktionen eines Sozialpartners in gleicher Weise wahrnimmt und sich mit seinen Lobbyfunktionen in dem staatstheoretischen Zwiespalt befindet, daß kommunale Beauftragte des Volkssouveräns mit staatlichen Beauftragten des gleichen Souveräns einen Interessenkonflikt (um Steueranteile) austragen. In der Staatspraxis ist der Zwiespalt neutralisiert. Ob dies im Sinne des Souveräns geschieht, sei dahingestellt. Bei der relativen Sonderstellung der Gruppe aber bleibt es.

Erst zum Schluß wenden wir uns der am meisten diskutierten Gruppe, den *Vereinigun-*

gen innerhalb des Wirtschafts- und Arbeitssystems zu. Von ihren Mitgliedern aus betrachtet, kann man es als das gemeinsame Merkmal dieser Vereinigungen bezeichnen, daß sie es fast immer mit primären beruflichen oder ökonomischen Interessen der Mitglieder zu tun haben. Dabei sind auch Dienstleistungsbedürfnisse zu befriedigen, in der Hauptsache geht es aber um die Vertretung ökonomischer Interessen nach außen, gleichgültig ob dabei der Interessenkontrahent als Gesprächspartner auftritt oder der Staat. Im übrigen kann man so unterscheiden: Zum *engeren Wirtschaftsbereich* gehören die Vereinigungen der Produzenten – die Industrie- und Handelskammern, die Handwerkskammern, die Wirtschaftsvereinigungen, die Innungen usw., allesamt in ihrer Organisation orientiert an den verschiedenen Branchen der Produktion und Verteilung von Gütern. Da in diesem Bereich die Mitgliedschaft fast ausnahmslos den Betrieben zukommt und diese meist allein durch ihre Inhaber oder durch Beauftragte der Inhaber vertreten werden, stellen die Produzentenvereinigungen weitgehend zugleich Arbeitgebervereinigungen dar; beschränkte Mitwirkungsmöglichkeiten der Arbeitnehmer in Kammern und Innungen ändern daran nichts. Partner im Verbandsbereich müßten für die Produzentenvereinigungen dann Konsumentenvereinigungen sein. Sie gewinnen allmählich an Einfluß; er wiegt aber gering, wenn man etwa an die Verbände der Automobilhersteller denkt und an ihre Möglichkeit, wirksame Maßnahmen gegen Autoabgase zu verhindern. Zum *engeren Arbeitsbereich* gehören die Organisationen der Arbeitspartner. Wegen der bestehenden Wirtschaftsvereinigungen und der eigenen Dominanz in ihnen begnügen sich dabei die Arbeitgeber mit reinen Arbeitgeberverbänden; die Gewerkschaften dienen zwar im Vordergrund sozialpartnerschaftlichen Funktionen, übernehmen für ihre Mitglieder aber auch viele andere Dienstleistungen. Als Hauptorganisation stehen die Bundesvereinigung Deutscher Arbeitgeberverbände und die Vertreter öffentlicher Dienstherren den Gewerkschaften gegenüber, vor allem den Mitgliedsverbänden des DGB, der DAG und dem DBB (vgl. Quellen 4.2.1. und 4.2.2.).

Einen Sonderfall bilden *Berufsvereinigungen,* welche nicht zugleich Produzentenvereinigungen sind: in erster Linie die Vereinigungen der freien Berufe und deren Kammern, wie es sie z. B. für Ärzte und Rechtsanwälte gibt, sowie die Vereinigungen der Landwirtschaft, zu denen wiederum das entsprechende Kammersystem gehört, oder schließlich der Hochschulverband, eine Berufsvereinigung von Professoren, während der Bund Freiheit der Wissenschaft den wertorientierten Vereinigungen zuzurechnen ist.

Es erleichtert unsere weiteren Überlegungen, wenn wir den Sonderfall der öffentlichrechtlichen Körperschaften außer acht lassen und fragen, *welche Interessen das Vereinigungssystem als ein Ganzes repräsentiert.* Formal findet sich die Antwort durch jene vier Gruppen schon gegeben. Sie sprechen an: ökonomische und berufliche Interessen, Interessen am sozialen Ausgleich, Freizeitinteressen, wertorientierte Interessen im weiteren Sinne und wissenschaftliche Interessen, soweit diese über die Fortbildung im (wissenschaftlichen oder wissenschaftlich angeleiteten) Beruf hinausgehen – der VDI erscheint im Sinne dieser Bestimmung als Berufsverband. Die solchen Interessen dienenden Vereinigungen sind aber nahezu alle potentiell multifunktional. Die meisten erbringen nach innen, für die Mitglieder, Dienstleistungen unterschiedlichster Art, während sie nach außen als Verband Interessen öffentlich vertreten. Dabei fällt diese Interessenvertretung recht unterschiedlich aus: Einen hohen Organisationsgrad weisen die Produzenten- und die Berufsvereinigungen auf. Alle Handwerksbetriebe, alle Werften, alle Ärzte, Rechtsanwälte oder fast alle Landwirte sind in ihnen organisiert, manchmal in einem Nebeneinander von Zwangsmitgliedschaft (in der kassenärztlichen Vereinigung oder in der Landwirtschaftskammer) und freiwilliger Mitgliedschaft (im Hartmannbund oder im Deutschen Bauernverband). Weniger hoch ist der Organisationsgrad im Arbeitsbereich: Die Arbeitgeber sind weithin organisiert, von den Arbeitnehmern gehört nur ein gutes Drittel einer Arbeitnehmerorganisation an. Ohne nennenswerten Organisationsgrad präsentiert sich der Verbraucherbereich (vgl. *H. Schatz*, 1984; zuvor *H. G. Brune*, 1981); den Produzenten fehlt das Gegenüber oder es ist ihnen gelungen, diesem Gegenüber keine Organisationschance zu lassen (zu Ansätzen möglicher Selbstorganisation *W. Nelles/W. Beywl*, 1984). Wir gelangen zu der Feststellung: Der *höchste Organisationsgrad* findet sich im Erwerbsbereich, wobei das Organisationssystem der Arbeitgeber und Produzenten im engeren Sinne dichter und differenzierter ist als das der Arbeitnehmer.

Im Blick auf die *Mitgliederzahl* können wir weiter von einem besonders gut organisierten Freizeitbereich ausgehen. Die ihm zuzurechnenden Vereinigungen kommen ihrem selbstgestellten Auftrag mit Hilfe der persönlichen und finanziellen Beiträge der Mitglieder nach. Die wertorientierten Vereinigungen haben als Gesamtgruppe zwar die höchsten Mitgliederzahlen, weil die Bevölkerung bis auf einen geringfügigen Rest den beiden großen Kirchen angehört. Sieht man davon aber ab, bleibt nur ein geringer *Organisationsgrad* übrig: Die Erwachsenenbildung, die Kulturpflege i.w.S. und ähnliche Bereiche werden zwar vielfältig konsumiert, aber nur von wenigen Vereinigungen und deren Mitgliedern getragen. Tier- oder Naturschutzverbände – die Vereinigungen der Jäger, der Förster, der Landwirtschaftsexperten sind Berufsvereinigungen – vereinigen meist etwas mehr Mitglieder, aber immer nur einen Bruchteil der Interessierten. Die Umweltverbände haben ebenfalls keine hohen Mitgliederzahlen, gleichen das aber durch große Aktivität aus. Weltanschauliche oder politische Gruppierungen wie die Humanistische Union oder die Deutsche Atlantische Gesellschaft leiden allesamt unter Mitgliedermangel und viele von ihnen existieren nur aufgrund öffentlicher Zuschüsse, die allerdings auch mitgliederstärkeren Einrichtungen dieser Gesamtgruppe, wie z.B. den Jugendgruppen, das Leben sehr erleichtern. Ähnliches läßt sich für die meisten wissenschaftlichen Vereinigungen sagen. Stark differenziert zeigt sich schließlich der Komplex sozialer Vereinigungen. Der Bundesverband der Vertriebenen mit einer ziemlich hohen Mitgliederzahl und die Kriegsopferverbände können dabei aber ebenso als Ausnahme gelten wie die großen Wohlfahrtsverbände, das Deutsche Rote Kreuz und ähnliche Einrichtungen. Den Bereich füllen meist kleinere Vereinigungen aus, von denen nur einige wenige über eine komplette örtliche oder regionale Organisation samt zureichendem Dach verfügen.

Positiv läßt sich dem entnehmen, daß ökonomische Interessen im Erwerbsbereich die größte Repräsentationschance haben, Arbeitnehmerorganisationen die größten Mitgliederzahlen und Freizeitbedürfnisse die größte Vereinigungschance. *Negativ* läßt sich ermitteln, was fehlt: Im Wirtschafts- und Arbeitssystem die Organisation der Konsumenten; im Sozialbereich die Organisation der Betroffenen, in der Hauptsache der Versicherten, der Krankenhausinsassen, der Altenheimbewohner usw., sofern man nicht die jeweilige Selbstverwaltung und die Beteiligung der Gewerkschaften als Ersatz dafür ansieht. Es fehlt weiter fast gänzlich die Organisation einer besonders problematischen Gruppe, nämlich die der Alten. Im Bereich der wertorientierten Vereinigungen fehlte es früher weithin an Organisationen ‚für das Allgemeine', das nach konservativer Kritik im kapitalistischen System keinen Patron findet. Heute wird man dies nur noch mit Einschränkungen sagen können: Die *Umweltschutzbewegung* erweist sich zwar als organisatorisch äußerst zersplittert und findet im Verbändesystem nicht ohne weiteres ihren Platz. Es gibt sie aber, und sie hat erheblichen Einfluß gewonnen, so daß ‚allgemeine Werte' des Umwelt-, Landschafts- und Naturschutzes zum einen intensiv vertreten werden und zum anderen die Parteien dem Tatbestand jener Bewegung nicht mehr ausweichen können (vgl. *M. Leonhard*, 1986). Demgegenüber haben es die Eltern noch nicht verstanden, sich machtvoll zu organisieren und gegen die Kinderfeindlichkeit der Umwelt anzugehen, oder sind die Fernsehzuschauer überhaupt nicht organisiert, also Objekt einer Medienpolitik, die von ökonomischen und herrschaftssichernden Interessen mehr bestimmt wird als von den Betroffenen. Sicher fehlt es auch in solchen Bereichen nicht an Repräsentanten. Häufig sind es aber Verbände von Gruppen, welche dem jeweiligen Bereich beruflich eng verbunden sind. Man sollte mit Blick auf die Schule aber nicht nur die Lehrer und mit Blick auf die Massenmedien nicht nur die Journalisten hören.

4.2.3. Vereinigungen als Beteiligungsfeld

Unter dem Aspekt demokratischer Legitimität, so wurde bereits ausgeführt, bleibt es gleichgültig, ob die Vereinigungen auch innerverbandliche Demokratie pflegen und sich, sofern die Mitglieder nur jederzeit austreten können, an deren Willen halten. Legitimitätsfragen tauchen erst auf, wenn Verbandsvorsitzende öffentlich namens ihrer Mitglieder sprechen und ihre Legitimation zweifelhaft ist – zweifelhaft in der Sache selbst und zweifelhaft im Blick auf das Zustandekommen des Mandats. Unter dem hier interessierenden Beteiligungsaspekt können wir deshalb vieles einfach ausklammern: Daß es im ADAC kein reges Mitgliedsleben gibt und daß anderswo die rechtlich angebotene Vereinsform für ganz einseitig erbrachte Dienstleistungen mit Gewinnabsichten benutzt wird, spielt solange keine Rolle, als der ADAC sich nicht im Namen seiner Mitglieder politisch äußert. In Kfz-bezogenen verkehrspolitischen Fragen darf er es bei gebotener Zurückhaltung. Daß es weiter unzählige Vereinigungen mit einem harten Mitgliederkern, welcher die innerverbandliche Willensbildung monopolisiert, gibt und sich dann Mitglieder außerhalb des Kerns schwer tun, braucht kein Problem zu sein, kann es aber werden, wenn es um Fragen des Vereinsvermögens geht.

Die Frage nach der realen Beteiligungschance wird demnach nur unter bestimmten Bedingungen interessant. Gemeint sind folgende: *Erstens* muß eine demokratische Struktur der Willensbildung und Mandatszuteilung in allen Vereinigungen mit Zwangsmitgliedschaft gewährleistet sein, gleichgültig ob diese Zwangsmitgliedschaft auf Gesetzesbefehl oder auf faktischen Monopolen beruht. *Zweitens* muß es eine solche Struktur dort geben, wo im Namen des Mitglieds gehandelt und entschieden wird – auch außerhalb der Vereinigung selbst. Unter diesem Aspekt muß man z.B. die Legitimation der Verbandsvertreter in Rundfunkräten kritisch befragen oder umgekehrt: die Verfahren, durch welche die Rundfunkratsmitglieder innerverbandlich benannt werden. *Drittens* bedarf es einer solchen Struktur dort, wo es sich um grundlegende Interessen handelt und Austritt oder Neugründung nicht zumutbar sind.

Damit verfügen wir über drei Kriterien mit unterschiedlichen Adressaten: Stattet der Staat eine Vereinigung mit Zwangsmitgliedschaft aus, muß er für eine Struktur der Vereinigung Sorge tragen, die seinen eigenen Strukturprinzipien entspricht. Dieses Prinzip gilt im allgemeinen nicht als bestritten. Selbstverwaltungskörperschaften wie den Sozialversicherungsträgern oder der Bundesanstalt für Arbeit, Anstalten mit Zwangsmitgliedschaft fast aller Arbeitnehmer, stehen diesen Vertretungsrechte zu; ähnlich liegt es bei den Landwirtschaftskammern in Norddeutschland, bei den IHK's, den Handwerks-, Ärzte- oder Rechtsanwaltskammern. Das zweite Kriterium wendet sich von außen an die Vereinigungen. Es läßt sich aus der derzeitigen Praxis nicht ableiten, da in ihr Verbandsvorsitzende kaum nach ihrer Legitimation gefragt werden. Wir postulieren dennoch, weil sich jene Legitimation von selbst verstehen muß: für die Öffentlichkeit wie für das Mitglied. Unklar erscheint das dritte Kriterium. Was grundlegend ist, bestimmt sich unterschiedlich und überwiegend durch Bewertung. Wir gehen davon aus, daß sich dennoch in der Regel feststellen läßt, ob ein besonderes Interesse des Mitglieds besteht, angesichts dessen ihm wirksame Mitsprache nicht mit dem Hinweis streitig gemacht werden darf, es könne jederzeit austreten und sich anderweitig organisieren. Wer sich als Gewerkschaftsmitglied auf den Rechtsschutz der Gewerkschaft im Arbeitsstreit verläßt, gerät im Falle eines Rechtsstreites in direkte Abhängigkeit. Die Gewerkschaft bedarf deshalb einer demokratischen Struktur.

Hält man derartige *Maßstäbe* für annehmbar, muß man zwei *Einschränkungen* beim Anwenden dieser Maßstäbe gelten lassen: Zum einen fehlt es nahezu gänzlich an empirischen Untersuchungen; jedes Urteil gründet zuletzt nur auf plausiblen Annahmen und teilnehmender Beobachtung. Zum zweiten gilt für Großorganisationen eine gewisse Gesetzlichkeit: Sie bedürfen eines Mindestmaßes an bürokratischer Organisation, eines Apparates, vieler Funktionäre – zwischen Mitglied und Erfüllung des Organisationszwecks steht nicht nur die spontane Teilnahme des Mitgliedes und der anderen Mitglieder, sondern auch und überwiegend alles das, was der Apparat selbst leistet. Dazu gehören Information, das Festlegen der Tagesordnung, die Wahl des Zeitpunktes der Entscheidung und vieles andere mehr. Je größer die Organisation, desto ordnungsbedürftiger und damit formalisierter die Teilnahme: Wer mit „ungebrochenen" Teilnahmevorstellungen an solche Organisationen herantritt, tut ihnen unrecht. Die IG Metall wird durch andere Teilnahmemöglichkeiten bestimmt als der Fremdenverkehrsverein in einem kleinen Dorf, dessen 25 Mitglieder sich mit den drei Gastwirten, die ebenfalls Mitglied sind, auseinandersetzen müssen. Man kann mithin nicht den Großorganisationen zum Vorwurf machen, was unter den gegenwärtigen Bedingungen unvermeidlich ist. Man muß sogar akzeptieren, daß für Interessenverbände die Binnenbeteiligung durch den Gruppenzweck eingeschränkt sein kann, wenn nämlich die öffentliche Diskussion die Gruppenstrategie beeinträchtigt. Die gemeinsame Diskussion in großen Verbänden findet aber immer mehr oder weniger öffentlich statt. Deshalb lassen sie sich nicht mit kleineren Bürgerinitiativen oder solchen Vereinigungen gemeinsam betrachten, deren interne Meinungsbildung die Öffentlichkeit nicht interessiert.

Vor dem Hintergrund solcher Einschränkungen relativiert sich das durch viele Umfragen erhärtete Ergebnis, daß über die Hälfte aller Erwachsenen in der Bundesrepublik in einem Verein oder Verband Mitglied ist und immer noch ein großer Teil der Befragten zwei und mehr Mitgliedschaften nennt. Formal ist der *Beteiligungsgrad* also hoch. Wie häufig ‚wirkliche' Beteiligung ist, vermag niemand zu sagen; sie reicht natürlich weit über die in Kapitel 3.3.1. vorgestellten ‚sozial Engagierten' hinaus, weil nun z.B. die zahlreichen aktiven Mitglieder von Sportvereinen hinzukommen. Gesichert erscheint allerdings auch in diesem Zusammenhang, daß Mitgliedschaft und sogar Aktivität in Vereinen und Verbänden noch nichts über soziales oder politisches Engagement aussagen. Der hohe Organisationsgrad vor allem der Vereinigungen des Wirtschafts- und Arbeitssystems rückt diese, nicht schon ihre Mitglieder, in die Nähe der Politik.

Dennoch bieten die Vereinigungen eine Plattform auch für *politische Beteiligung.* Unter diesem Aspekt läßt sich zusammenfassen, daß die meisten Vereinigungen mit Zwangsmitgliedschaft wenigstens formal eine demokratische Struktur aufweisen. Sie findet sich weithin auch in den Vereinigungen des Freizeitbereichs, was durch merkwürdige Ereignisse in Vereinen des Spitzensports nicht widerlegt wird, in den wertorientierten Vereinigungen, in den meisten wissenschaftlichen und in denen des Sozialbereichs. Auch die Verbände der Arbeitspartner sind hier zu nennen. Bei manchen Produzentenvereinigungen wird man dagegen nur noch einen Rest von Ehrenamt mit gelegentlicher Bestätigung feststellen. Insgesamt kann man von einem eher hohen Stand formaler Verbandsdemokratie sprechen. Das Vereinsrecht schützt die Mitglieder. Die Probleme liegen mithin weniger bei den Satzungen oder Statuten (Gegenbeispiele in *Politisches Verhalten*, Band 5), sondern in der Satzungspraxis. Sie zeigt, daß in allen Großorganisationen *die Organisation dem Mitglied überlegen* ist und es wohl auch sein muß. Was in kleinen örtlich fixierten Vereinen in täglicher Praxis gelingen kann, verändert sich, wenn turnusmäßig Mitglieder- oder Delegiertenversammlungen stattfinden und über etwas beschließen, was zumeist der Vorstand oder der Verbandsapparat vorbereitet und worüber er informiert. Massenverbände sind unbestreitbar notwendig; eine unmittelbare Beteiligung erlauben sie nicht, wenngleich eine Beteiligungschance für die besteht, welche sich genügend Zeit nehmen — oder sie haben. Sollte man angesichts dieses kaum zu bestreitenden Tatbestandes eine Änderung anstreben, muß man entweder von den Massenverbänden eine größere Zurückhaltung bei öffentlichen Erklärungen verlangen oder diesen eine entsprechende innerverbandliche Diskussion vorausgehen lassen. Das erstere widerspräche der Funktion solcher öffentlicher Erklärungen, welche sich ja nicht nur an die Öffentlichkeit, sondern durchaus auch an die Mitglieder richten, das letztere entwertet die spätere Erklärung: Was man aus langer innerverbandlicher Diskussion bis zum Überdruß kennt, interessiert nicht mehr, wenn es von Vorstand oder Delegiertenkonferenz förmlich verabschiedet und mitgeteilt wird. Pressure groups bedürfen der aktiven Spitze; in ihnen sind richtliniengebende Versammlungen nur schwer vorstellbar. Was eigentlich übrigbleibt, ist die Kontrolle, die Möglichkeit der Abwahl. Allerdings setzt das voraus, daß andere Kandidaten für das Amt verfügbar sind.

Vereinfacht: Dort, wo die Beteiligung wichtig wäre, wo es um primäre Interessen des Mitgliedes geht, wird sie häufig stark eingeschränkt — jedenfalls in den Massenverbänden, die eine entsprechende Organisation benötigen. Von *innerverbandlicher Demokratie* wird zwar viel gesprochen, was sie realiter bedeuten könnte, bleibt ungeklärt, selbst wenn man generell der Forderung nach mehr Diskussion, mehr Information und mehr Beeinflussung durch die Basis zustimmt. Die Verhältnisse in großen Verbänden können nicht anders sein als in großen Parteien. Deshalb läßt sich das System der Vereinigungen, bezogen auf die politische Willensbildung, als eine weitere Ebene der Repräsentation bezeichnen, was vor allem besagen will, daß auch diesem System, sofern es in die Sphäre politischer und ökonomischer Macht vorstößt, spontane und unmittelbare Teilnahme fremd und die Verfahren der Repräsentation nicht einmal denen politischer Repräsentation gleichwertig sind. Ob man daraus den Vereinigungen einen Vorwurf machen will, gleicht fast einer Geschmacksfrage: Im gegebenen System wird der mehr Erfolg haben, der sich dem repräsentativen System anpaßt, also z.B. seinem Vorsitzenden einerseits Verhandlungsspielraum, andererseits die Möglichkeit läßt, sich in brisanten Verhandlungen gänzlich anders auszudrücken als in der Öffentlichkeit auch des eigenen Verbandes. Deshalb geht es zuletzt um das System selbst, das — alle Gesellschafts-

kritik einmal beiseite gelassen – politisch ein durch und durch repräsentatives System ist und sich als solches auch dem sogenannten vorpolitischen oder vorparlamentarischen Raum anpaßt. Die Anpassung führt dazu, daß viele Vereinigungen politischen Einfluß haben, die damit angesprochene Machtausübung jedoch mehr Sache von Vorständen und Organisationsspitzen ist als die von Mitgliedern.
Dem System der Vereinigungen liegt hierzulande jeder Gedanke an ein *imperatives Mandat* fern. Die formal weitreichend gesicherte demokratische Struktur legt Demokratie auf Repräsentation hin aus. Unter dem Aspekt der politischen Beteiligung wächst somit dem Bürger, sofern er in politisch einflußreichen Vereinigungen Mitglied ist, eine zusätzliche Form der Mitwirkung zu. Entsprechend den Strukturen repräsentativer Demokratie verbindet sie sich aber nicht schon mit der bloßen Mitgliedsrolle. Unter dem Aspekt politischer Machtverteilung und Machtausübung steht das einfache Mitglied eher am Rande des Geschehens. Ihm bleibt oft nur die Möglichkeit, seinem Verdruß gegenüber ‚Funktionären' freien Lauf zu lassen oder sich solchen Vereinigungen zuzuwenden, die zumindest in den ersten Anläufen sich den Bedingungen des repräsentativen Systems vermeintlich oder tatsächlich entziehen. Im übrigen gehört es umgekehrt doch zur Mitgliedsrolle, daß in der Regel Verbandsspitzen auf die Stimmung im Verband Rücksicht nehmen müssen. Die ‚Stimmung' der einfachen Gewerkschaftsmitglieder, wie fragwürdig sie ‚nach oben' transportiert und dort interpretiert werden mag, bestimmt selbstverständlich die Grenzen mit, innerhalb derer die Gewerkschaftsspitze handeln kann. Diese Feststellung widerspricht aber nicht dem vorher Gesagten. Zwischen der Möglichkeit, aktiv Einfluß zu nehmen, und der Chance, daß man mit seiner ‚Stimmung' berücksichtigt wird, besteht im Sinne demokratische Partizipation ein grundlegender Unterschied.

4.2.4. Verbandseinfluß in der Politik

Für pressure groups steht, wenn man dies zunächst abstrakt betrachtet, ein Bündel von Möglichkeiten bereit, die eigenen Interessen in die Sphäre politischer Willensbildung einzubringen (vgl. *K. v. Beyme*, 1981, mit weiteren Nachweisen). Von diesen Möglichkeiten kommt ein Teil eher mit Blick auf eine kommende Wahl, ein anderer Teil eher nach einer Wahl zum Zuge. *Vor der Wahl* bestimmt sich der Einfluß eines Verbandes danach, ob er über eine größere Stimmenzahl verfügt, Zutritt zur Sphäre der Massenkommunikation findet, genügend Finanzen für Wahlwerbung mobilisieren kann und enge Verbindung mit einer oder mehreren Parteien hat. Damit scheidet der zahlenmäßig größte Teil aller Vereinigungen, aber auch der Verbände (im engeren Sinn von Interessenverband) aus dem Rennen aus: Der ersten Voraussetzung entsprechen von vornherein nur Massenverbände oder etwas kleinere, dafür aber homogene Verbände. Beides gilt auch für die zweite Voraussetzung. Wer über ausreichende Ressourcen verfügt, kann die ersten beiden Voraussetzungen allerdings ausgleichen. Über die vierte Voraussetzung wird noch zu reden sein. Eine weitere Einschränkung für Einfluß vor der Wahl ergibt sich daraus, daß nur ein kleiner Teil der großen Verbände wirklich mit Mitgliederstimmen operieren kann. Der Einfluß, den etwa die Tierschutzvereine auf die Massenpresse ausüben, wenn diese Presse mit der Sentimentalität vieler Leser rechnet, bedeutet keinerlei Einfluß auf die Stimmabgabe. Nur vorrangige Interessen bestimmen die Wahlentscheidung. Großverbände, welche keine vorrangigen Interessen vertreten, wissen das und hüten sich, unter diesen Umständen politische Erklärungen abzugeben.

Nach der Wahl können Verbände Einfluß auf die politische Willensbildung nehmen, wenn sie enge Beziehungen zu einer Partei oder wenigstens zu einzelnen Abgeordneten, gute Kontakte zur Regierung und zur Ministerialbürokratie, weiterhin Zutritt zur Sphäre der Massenkommunikation haben und über Sachverstand wie Informationen verfügen, die sich zweckentsprechend andienen lassen – der Regierung, der man damit Arbeit erspart, oder Abgeordneten der Opposition, welche man instand setzt, wirkungsvoll Kontrolle auszuüben. Damit erweitert sich das Spektrum einflußreicher Verbände. Viele kleine Wirtschaftsverbände und viele Berufsverbände, die vor der Wahl schweigen, kommen nach der Wahl, im politischen Alltag, durchaus zu Wort. Nimmt man die genannten Voraussetzungen – sechs also – als Gesamtheit, läßt sich die Einflußfrage differenzierter stellen und ergibt sich, daß sehr viele Verbände als Spezialverbände aus dem Produktions- und Distributionsbereich nur Sachverstand und Informationen anbieten und über gute Kontakte zur Bürokratie verfügen können, im übrigen aber vor dem Hintergrund mächtiger Wirtschaftsverbände gesehen werden müssen.

Der *Bundesverband der Deutschen Industrie* und die *Bundesvereinigung der Deutschen Arbeitgeberverbände* verfügen zumindest über fünf der genannten Voraussetzungen ganz uneingeschränkt. Mit Hilfe finanzieller Unterstützung vor allem der CDU/CSU können sie das fehlende Stimmenpaket bedingt ausgleichen. Der *Bauernverband* hantiert dagegen nicht mit Geld, sondern mit Stimmen, wobei allerdings sein Einfluß schwinden kann, wenn sich die Stimmen nicht mehr alternativ verwenden lassen. Um jemand, der gar nicht anders wählen kann, bemüht sich eine Partei nicht wirklich. Gegenüber dem faktischen Stimmenangebot stellt sich nuancierter dar das Angebot von Massenverbänden an Parteien, die *Verbandsöffentlichkeit für die Partei zur Verfügung zu stellen.* Hier können viele Verbandsvorsitzende souverän verfahren, obgleich nur selten Verbände sich ausschließlich auf eine Partei festlegen. Die Präferenzen aller Wirtschaftsverbände, des DBB oder des Bauernverbandes für die CDU/CSU und die des DGB für die SPD sind eindeutig. Dennoch tragen DGB und DBB stets dafür Sorge, ein CDU- bzw. ein SPD-Mitglied im Vorstand zu haben – schon um des Kontaktes willen. Schwieriger steht es mit dem Zutritt zur allgemeinen Sphäre der Massenkommunikation. Er gelingt im allgemeinen nur den Vorsitzenden großer Verbände oder solcher Verbände, die wie die Ärztevereinigungen vom Sozialprestige ihrer Mitglieder zehren. Kleinere Verbände vermögen oft dann vergleichsweise viel, wenn sie homogen sind und sich ihren Abgeordneten sichern können. Meist kommt ihr Einfluß aber nach der Wahl mit Sachverstand und Spezialinformationen zum Zuge.

Vor der Wahl befinden sich demzufolge vor allem Massenverbände und solche, welche über viel Geld verfügen, auf dem Spielfeld; nach der Wahl erweitert sich das Feld. Unabhängig von der Verbandsfärbung der Parteifraktionen selbst kommt es zu einer Ergänzung zwischen den Fraktionen und vor allem den Verbänden des Wirtschafts- und Arbeitssystems (vgl. *J. Domes,* 1964, *G. Loewenberg,* 1969, *H.J. Varain*, 1964). Die letzteren übernehmen Funktionen des Vorsortierens von Interessen und des vorläufigen Ausgleichs; sie formulieren Wünsche und bringen sie oft auch in eine gesetzestechnische Form, die auf dem Weg über die Ministerialbürokratie oder über nahestehende Abgeordnete oder Parteien in den Willensbildungsprozeß gelangt. *Verbandseinfluß auf die Politik* bewirkt demnach dies: Einmal sind Parteien und Verbände so verbunden, daß das Parlament selten Adressat der Verbandsforderungen ist, sondern meist eher das Gremium, in dem sich die verschiedenen Verbandsforderungen begegnen und in dem sie ausgeglichen werden müssen, weil die Vorklärung der Verbände nur eine erste Auswahl aus der

Fülle von Wünschen und Hoffnungen darstellt. Zum anderen ist für viele Verbände das Parlament besonders gut zugänglich; alle aber suchen und finden Einfluß auf die Regierung. Die Bundesregierung räumt dafür geschäftsordnungsmäßig sogar Privilegien ein (vgl. Quelle 4.2.4.), die zur Zentralisierung des Verbandswesens beitragen. Dabei sind viele Verbände informandi causa unentbehrlich. Da der größte Teil der Gesetze von der Regierung im Parlament eingebracht wird, ergibt sich so ein erheblicher Einfluß der Verbände auf die Gesetzgebung, wobei nach außen allein die Regierung Verantwortung trägt und das Wirken der Verbände im Anonymen verbleibt.
Die meisten der angesprochenen *Verbandsfunktionen* erscheinen im Prozeß der politischen Willensbildung unverzichtbar. Interessen müssen abgeklärt und Gruppeninteressen müssen zusammengefaßt werden. In der Öffentlichkeit müssen die Meinungen und Forderungen der Gruppen vorgetragen werden, damit sich der Bürger orientieren kann und das politische Geschäft des Ausgleichs überschaubar wird. Die Parteien benötigen Diskussionsimpulse, Informationen, Wahlhilfe. Parlament und Regierung können auf den Sachverstand der Verbände nicht verzichten und noch weniger auf ihre Informationen. Der Bürger selbst mag gegenüber mächtigen Verbänden und ihrem Einfluß skeptisch sein. Er wird aber auch auf diesem Wege Forderungen und Wünsche anmelden wollen und den Rechts- oder sogar Freiheitsschutz, den manche Verbände gewähren oder vermehren, in Anspruch nehmen (vgl. *K. Shell*, 1981, S. 89 f. und *J.H. Kaiser*, 1956, S. 181 ff.). Deshalb stehen nicht die Verbände an sich zur Debatte, sondern die Unterschiede in der Machtstruktur, die auch sie zum Ausdruck bringen, die Herrschaft hinter verschlossenen Türen, zu der sie beitragen, und der Mangel an wirklicher Verantwortung, der ggf. lautstarke Forderungen und übermäßige Pressionen begünstigt. Schließlich wird man immer wieder neu fragen müssen, welche ‚Interessen' die bestehenden Verbände, den status quo damit stabilisierend, vertreten und welche anderen unvertreten bleiben. Die Kritik an der *Herrschaft der Verbände* wird also aus ganz verschiedenen Quellen gespeist. Eine ist verfassungspolitischer Art: Verbände üben Einfluß aus, entziehen sich aber oft der Öffentlichkeit und weithin der kontrollierenden Kritik. Hier läßt sich vergleichsweise leicht Abhilfe schaffen. Ein erster Schritt ist die Registrierpflicht für Verbände und ihre Vertreter in Bonn, beschlossen vom 6. Deutschen Bundestag. Ein zweiter Schritt wäre es, entsprechend einem Vorschlag von Wilhelm Hennis, den ministeriellen Begründungen von Gesetzen die Stellungnahmen der Verbände beizufügen, damit diese dann festgelegt sind. Ein dritter Schritt würde mit der strikten Einhaltung der Geschäftsordnungen getan; Informationsprivilegien lassen sich auch abbauen. Wenig sinnvoll erscheint dagegen der vierte Schritt, nämlich die Aufnahme einer Gemeinwohlverpflichtung der Verbände ins Grundgesetz.
Die Hinweise machen schon deutlich, daß die gravierenden Probleme nicht verfassungspolitischer Natur sind. Das politische Problem der Verbände bleibt nach wie vor die eigentümliche Form ihrer *Macht*. Sie formulieren Forderungen und üben Druck auf die politische Führung aus, damit diese solche Forderungen erfüllt. Wer stärkeren Druck ausüben kann als andere, setzt mehr Forderungen durch. Ein stabiles Verbändesystem stabilisiert damit die bestehenden Machtstrukturen; es wirkt anders als die Parteien, welche sich zum gleichen Zeitpunkt allesamt der Wahl stellen und das Wahlergebnis gegen sich gelten lassen müssen. Auch die Parteienstruktur mag ‚verkrusten', und es mag schwer sein, in sie Veränderungen hineinzutragen. Potentiell ist das aber immer möglich und auch immer vorgekommen. Ganz anders bei den Verbänden: Es gibt sie. Ihre internen Veränderungen können ggf. öffentlich interessieren. Das Gefüge, das sie ge-

meinsam bilden, erweist sich aber als viel konstanter als das Nebeneinander der Parteien. Ihm fehlt das Element des Wettbewerbs. Einflußverschiebungen ereignen sich häufig nur, weil sich in den Außenbeziehungen dieses Gefüges etwas ändert: Nach einem Mehrheitswechsel kann die Position der Arbeitgeber oder die der Arbeitnehmer stärker werden. Nur sehr vermittelt bringt das jedoch Verschiebungen in den Präferenzen der Wähler zum Ausdruck, sofern man solche Wirkungen überhaupt feststellen kann.

Bezieht man demnach die ‚Macht' der Verbände auf ihre *status-quo-Orientierung*, gelangt man zu einer neuerlichen Differenzierung: Die meisten Freizeitvereinigungen und viele Wohlfahrtsverbände interessieren nunmehr weniger, selbst wenn früher manche Sportvereine von Arbeitgebern mit der Absicht gegründet wurden, auf diese Weise ein Angebot zu machen, welches Arbeiter mit ihren Lebensbedingungen versöhnt. Umgekehrt gibt es eine ganze Reihe von Verbänden, welche insofern aus dem Rahmen fallen, als sie explizit und ggf. auch entschieden für Veränderungen eintreten. Der BBU und der BUND sind selbstverständlich nicht am status quo orientiert. Sie wollen Veränderungen im Umweltdenken und in der Umweltpolitik erreichen. Aber: Verbände, die nicht nur an ‚neuen' oder doch nicht stark verbreiteten Werten orientiert sind, sondern auch aktiv für sie eintreten, sind eher die Ausnahme. Sie unterscheiden sich so stark von den übrigen, politisch einflußreichen Verbänden, daß sie auf deren Einfluß ein bezeichnendes Licht werfen.

Zur Binnendifferenzierung des Verbändesystems gehört vor diesem Hintergrund auch die Heraushebung und partielle Privilegierung der Verbände der Arbeitspartner und der Kirchen. Die *Verbände der Arbeitspartner* sind aus zwei Gründen hervorgehoben: Zum einen kommt ihnen mit der Tarifautonomie entsprechend Art. 9 Abs. 3 GG eine Sonderstellung zu. Der Staat hat in diesem Bereich „seine Zuständigkeit zur Rechtsetzung weit zurückgenommen und die Bestimmungen über die regelungsbedürftigen Einzelheiten des Arbeitsvertrages grundsätzlich den Koalitionen überlassen" (Erster Senat des *Bundesarbeitsgerichts*, vgl. Quelle 4.2.3., auch zum folgenden). Das reicht weit über das (selbstverständliche) Recht von Gruppen hinaus, Beziehungen im Rahmen des geltenden Rechtes selbständig zu regeln, weil von der *Tarifautonomie* der Verbände der Arbeitspartner weithin auch diejenigen Arbeitgeber und Arbeitnehmer betroffen sind, welche nicht den Verbänden angehören. Die Gewerkschaften vereinigen gute 40 % aller Arbeitnehmer, schließen aber Vereinbarungen im Rahmen von ebenfalls vereinbarten Regeln ab, die sich auf nahezu alle Arbeitnehmer direkt oder – eher seltener – indirekt auswirken. Es gibt zahlreiche kleine und mittlere Unternehmen, deren Eigentümer nicht dem zuständigen Arbeitgeberverband und deren Mitarbeiter nicht der zuständigen Gewerkschaft angehören, die hausintern vereinbaren, Tarifverträge gegen sich gelten zu lassen. Sie entziehen sich damit den Streitigkeiten, tragen die Verhandlungskosten nicht mit, kommen aber in den Genuß entsprechender Regelungen. Andere Besonderheiten folgen diesem Grundtatbestand: die Auswirkungen von *Streik und Aussperrung* als Mittel des Arbeitskampfes auf die kämpfenden Partner und andere Betroffene; die Bereitwilligkeit des Staates, mit der Arbeitsgerichtsbarkeit eine Judikatur bereitzustellen, die weitgehend Tarifvereinbarungen usw. interpretiert; die innerbetriebliche und bei den Großbetrieben die z.T. auch überbetriebliche *Mitbestimmung*, die der Gesetzgeber einführt, mit der er aber Entwicklungen der Arbeitsbeziehungen berücksichtigt.

Vor allem die Mitbestimmung beschwört Kritik von zwei Seiten herauf: Die an faktischer Verstaatlichung der Wirtschaft Interessierten fürchten den Ausbau partnerschaftlicher Verfahrensmodelle im Gefolge der gesetzlich geregelten Mitbestimmung, die

Anhänger der mehr oder weniger unbedingten und alleinigen Verfügungsmacht der Kapitaleigner sehen mit der Mitbestimmung überhaupt, insbesondere aber mit der überbetrieblichen Mitbestimmung, welche neben den Belegschaften auch den Gewerkschaften als Organisation Einfluß (und die Möglichkeit der Information) einräumt, die bisherige Wirtschaftsordnung bedroht (vgl. z.B. *B. Rüthers,* 1981, oder *J. Isensee,* Wirtschaftsdemokratie usw., in: Der Staat, 1978, S. 161 ff.). Politisch-institutionell ist der Streit durch das am 1.3.1979 verkündete Urteil des Bundesverfassungsgerichtes entschieden, demzufolge das Mitbestimmungsrecht von 1976, rechtspolitisch eine Weiterentwicklung des Betriebsverfassungsgesetzes von 1952, mit dem Grundgesetz vereinbar ist. Das Gericht leitete seine Urteilsgründe mit dem Hinweis darauf ein, „der Gedanke einer Mitbestimmung der Arbeitnehmer im Sinne einer Beteiligung an wirtschaftlichen und sozialen Entscheidungen in Betrieb und Unternehmungen (reiche) in Deutschland in die Anfänge der Industrialisierung zurück". Damit wird das eigentümliche Verhältnis der deutschen Gewerkschaften zum Staat angesprochen (vgl. *Th. Ellwein,* 1980).

Obgleich die derzeitigen Gewerkschaften überwiegend aus der Arbeiterbewegung hervorgegangen und Träger einer sozialistischen und sozialdemokratischen Tradition sind, haben sie doch schon vor dem Ersten Weltkrieg versucht, neben den unmittelbaren Verhandlungen mit den Arbeitgebern auch Beziehungen zum Staat anzuknüpfen, um von diesem unterstützt zu werden. Das führte zu dem Nebeneinander von staatlich entwickelter Arbeitsverfassung i.w.S. und Tarifautonomie, zu einem ‚eigenen Weg' der deutschen Gewerkschaftsentwicklung, der wenig konsequent und eher pragmatisch war und von konsequenteren Positionen aus immer wieder seine heftige Kritik fand (aus neomarxistischer Perspektive zuletzt *J. Esser,* 1982, mit einem Überblick über die Diskussion; zur neueren Diskussion s. auch *W. Bernschneider,* 1986). Das Nebeneinander hat in der Bundesrepublik früher schon manchen Verbänden ‚öffentliche' Funktionen eingetragen (vgl. *G.W. Wittkämper,* 1963) und später zur ‚konzertierten Aktion' in Bonn, zur engen Zusammenarbeit von staatlicher Administration und den Verbänden der Tarifpartner in Situationen der Krisenbewältigung (Kohle- und Stahlkrisen, Werftenproblematik, Textilkrise) und damit zum *Neokorporatismus* geführt, zur formellen und informellen Einbeziehung vor allem der Gewerkschaften in staatliche Steuerungsprozesse, die nicht nur in der angesprochenen konzertierten Aktion zur Verschränkung von Staat und Verbänden führte (vgl. *H. Willke,* 1982). Das macht die zweite Dimension der Betrachtung aus. Die beteiligten Verbände gewinnen auf diesem Wege Einfluß und direkte Mitwirkungsmöglichkeiten; sie übernehmen damit aber auch Mitverantwortung und gefährden ihre Unabhängigkeit. Insofern widerspricht der Neokorporatismus sowohl einem konsequent pluralistisch-liberalen Modell der Zugehörigkeit der Verbände zum politischen System als auch einem antagonistischen Modell, in dem die Gewerkschaften als ‚Klassenorganisationen' begriffen werden und hinsichtlich dessen man annimmt, daß „Lohnabhängige trotz aller ökonomischen und sozialen Verbesserungen ihrer Lebenslage die ‚Ahnung' einer gemeinsamen Klassenlage nicht aufgegeben" haben (*J. Esser,* 1982, S. 225), was man glauben, aber empirisch weder beweisen noch näher belegen kann. Unstrittig bleibt, daß neokorporatistische Staatsnähe sich auf Gewerkschaften anders auswirkt – hier gibt es also Unterschiede in der ‚Klassenlage' – als auf die ohnehin staatsnäheren Arbeitgeberverände und daß die mit der Zugehörigkeit zum Verbändesystem erfolgende Integration der Gewerkschaften durch eine weitergehende Integration in das engere politische System ergänzt wird, welche die Gewerkschaften mitsamt ihrem straffen ‚demokratischen Zentralismus' und ihrer starken Funktionärsgruppe (vgl. *M. Wilke,* 1979) von ihrer Basis entfremden kann. Die in dieser Richtung erkennbaren Tendenzen haben sich in den vergangenen Jahren – nicht zuletzt durch die vom Neue Heimat-Skandal ausgelöste Vertrauenskrise – weiter verschärft.

Ist hier von Gewerkschaften die Rede, ist überwiegend der *DGB* gemeint. Er bildet mit den gut 8 Mio. Mitgliedern seiner 17 *Einzelgewerkschaften* zum einen die mit Abstand größte gewerkschaftliche Organisation, neben der die anderen – vor allem die Deutsche Angestellten-Gewerkschaft und der Deutsche Beamtenbund – zahlenmäßig weit abfallen, wobei der DBB, weil er in der Beamtenpolitik voll mit dem DGB konkurriert (der DGB hat etwas mehr beamtete Mitglieder als der DBB, beide gleichen sich aber politisch aus), über einen erheblichen Einfluß verfügt. Ansonsten ist der DGB nach den Kirchen und dem Deutschen Sportbund die zahlenmäßig größte Organisation. Ihr Einfluß konkurriert sicher mit dem der Arbeitgeberverbände. Auch ihr *Vermögen* ist nicht klein und war immer Gegenstand der Kritik. Faktisch verhalten sich die DGB-Gewerkschaften systemgerecht. Sie gründen Unternehmen, legen in ihnen ihr Vermögen, in der Hauptsache ihre Streikkassen an und lassen es arbeiten. Daß die Gewerkschaften auf ihrem Wege lange wirtschaftlich recht erfolgreich waren, hat manche gestört. Als es 1982 zum Skandal um die ‚Neue Heimat' kam, sahen sich viele Kritiker bestätigt. Faktisch muß man diesen Skandal aber einerseits als ein Aufsichtsproblem begreifen (Vernachlässigung der Pflichten von Aufsichtsräten, meist hohen Gewerkschaftsfunktionären) und andererseits als einen Indikator für die moralische Tradition der Arbeiterbewegung: Die Gewerkschaften haben unter dem Skandal gelitten, aber Konsequenzen zu ziehen versucht – bis hin zur Aufgabe von Gewerkschaftsvermögen (Verkauf der Bank für Gemeinwirtschaft).

Das Verhältnis der Gewerkschaften zur Politik kann unter verschiedenen Gesichtspunkten typisiert werden (eine vorzügliche Aufarbeitung findet sich bei *A. Markovits,* 1986). Die eine Unterscheidung zielt auf den klassenkämpferischen, den pluralistisch-antagonistischen und schließlich den sozialpartnerschaftlichen Ansatz; als Beispiele werden dafür etwa die Gewerkschaften in Frankreich, den USA und in der Bundesrepublik genannt. Ph.C. Schmitter, der den Korporatismus-Ansatz neu popularisiert hat, schlägt vor, zwischen einem pluralistischen, einem korporatistischen und einem syndikalistischen Typus zu unterscheiden. Zum pluralistischen Typus gehören viele konkurrierende Verbände ohne Repräsentationsmonopol, zum korporatistischen Typus gehören wenige Verbände, oft mit Zwangsmitgliedschaft und mit ausdrücklich zugestandenem Repräsentationsmonopol, während es im syndikalistischen Typus wieder mehr Verbände, aber geringen Wettbewerb und keinerlei Bezug zur Politik gibt (vgl. *Ph. C. Schmitter,* in: *U.v. Alemann/R. G. Heinze,* 1979, S. 94 f.). Bedient man sich solcher Unterscheidungen, gelangt man zu dem Ergebnis, daß der Deutsche Gewerkschaftsbund trotz seiner nie verleugneten Herkunft aus der Arbeiterbewegung eher eine *sozialpartnerschaftliche Linie* vertritt, ein deutliches Repräsentationsmonopol beansprucht, als Einheitsgewerkschaft sektoral, regional und national flächendeckend arbeiten will und sich (als Teil der Arbeiterbewegung) zugleich als politische Kraft versteht. In den DGB-Grundsatzprogrammen, das dritte wurde im Frühjahr 1981 verabschiedet, geht es thematisch um viel mehr als nur um Arbeitsbeziehungen und -bedingungen. Zumindest kommen die Wirtschafts- und die Sozialordnung umfassend zu Wort. Die Staatszuwendung stellt aber in der Bundesrepublik keinen Sonderfall dar, weil es die Staatsorientierung sehr vieler Interessenverbände, die etwas durchsetzen (lassen) wollen, gibt. Die Besonderheit erwächst erst aus der Einbindung in konzertierte Aktionen von Staat und Verbänden, mit der mächtige Verbände privilegiert und in gewissem Umfang domestiziert werden, sich also die Verbandsrolle ändert. Darauf deutlich hingewiesen zu haben, ist das Verdienst der (neuen) Korporatismus-Theoretiker, die allerdings z.T. übersehen, daß es sich für Deutschland nicht um eine wirklich neue Entwicklung handelt; zudem steht die Empirie der Korporatismusforschung auf äußerst tönernen Füßen.

Die Orientierung am Staat und das Postulat, er solle durchsetzen, was man selbst als gemeinwohlfördernd betrachtet, sind hierzulande älteren Datums. Sie gehen übrigens auch mit der häufig pejorativen Verwendung von ‚Interesse' und mit dem schamhaften Verschweigen der eigenen Interessen in Verbandsforderungen zugunsten von Gemeinwohlbehauptungen einher. Mit ihrer Gemeinwohlattitüde haben die Verbände in der Bundesrepublik zweifellos zu einer *Moralisierung der politischen Auseinandersetzung* beigetragen, lange bevor es zur neueren Erscheinung der ‚Wiedertäufer' in der Politik (*E.K. Scheuch*, 1968) gekommen ist. Die moralische Entrüstung über das kapitalistische System mit seinen Ungerechtigkeiten, seiner Überflußproduktion und Umweltzerstörung oder die moralische Entrüstung über Berufsverbote und militante Polizei-Einsätze unterscheidet sich qualitativ kaum von der, welche Bauernverbände, Vertriebenenverbände, Kirchen, Arbeitgeberverbände und Gewerkschaften – beileibe nicht alle in einen Topf zu werfen, sondern nach der Qualität ihrer Ansprüche sorgfältig zu unterscheiden – jahrelang in ihren Versammlungen hervorgerufen, in ihren Publikationen veröffentlicht und in ihren Forderungen an die Politik zum Ausdruck gebracht haben. Sie alle wandten sich damit überwiegend an den Staat – zur innergesellschaftlichen Auseinandersetzung kommt es immer noch am ehesten zwischen den Arbeitspartnern – und unterstellten dabei, dieser Staat sei ein starker, von den Verbänden unabhängiger Schiedsrichter, also gegenüber der Gesellschaft und den in ihr wirkenden Machtgruppen weithin autonom. Das sind natürlich ganz irreale Erwartungen. Tatsächlich kommt dem politischen System im engeren Sinne nur eine eingeschränkte Autonomie zu, weithin davon abhängig, ob sich die einwirkenden Kräfte wenigsten annähernd ausgleichen. Die Einbindung in konzertierte Aktionen stärkt diese Autonomie, schwächt sie aber zugleich, weil nun die Berücksichtigung der nicht einbezogenen Kräfte schwerer fällt. Das Verbandssystem insgesamt bleibt damit in seinen Beziehungen zum politischen System im engeren Sinne widersprüchlich. Zu den Widersprüchen trägt entscheidend bei, daß das Verbandssystem langsamer auf neue Entwicklungen reagiert als das politische System.

Ein Sonderfall sei abschließend erwähnt. Die *Kirchen* reagieren allergisch auf die Behauptung, sie seien Verbände, lassen sich aber bereitwillig wie Verbände behandeln, wenn es um die Berücksichtigung in pluralistischen Gremien (z.B. Rundfunkräten, Planungsbeiräten) oder bei Anhörungsverfahren in der Gesetzgebung geht. Beide Kirchen, sonst in ihrem Verhältnis zum Staat und in ihrer konkreten Zuwendung zur Politik doch sehr unterschiedlich, legen größten Wert darauf, ‚öffentliche' Gebilde zu sein und vom Staat Privilegien beanspruchen zu können (z.B. den Einzug der Kirchen*steuer* durch die Arbeitgeber und Finanzämter). Sie haben allerdings Schwierigkeiten, sich auf eine gemeinsame Formel für ihr Verhältnis zum Staat und zur Politik zu einigen. Als Holger Börner als hessischer Ministerpräsident von einer „balancierten *Trennung von Staat und Kirchen* auf der Basis der Religionsfreiheit" sprach, von der „Eigenständigkeit" beider Partner, die eben das Ausbalancieren notwendig mache, stieß das in evangelischen Kreisen auf Zurückhaltung. Hier will man eine durch Verfassung und Recht ‚modifizierte' Trennung, aber keine balancierte, weil die Balance immer wieder hergestellt werden muß. In aller Vorsicht kann man sagen, daß weite Teile der evangelischen Kirche ihre institutionelle Sicherung eher im und durch den Staat gewährleistet sehen, während der Anspruch der katholischen Kirche weitergeht. Die Tradition von ‚Thron

und Altar' und die der ,societas perfecta' stehen nebeneinander. Im übrigen haben beide Kirchen in der Bundesrepublik zahlenmäßig ein in etwa gleiches Gewicht (jeweils etwas über 26 Mio. Getaufte), bei finanziellem Vorsprung der evangelischen Kirchen und politisch wohl etwas größerem Einfluß der geschlosseneren katholischen Kirche. Auch die internen Probleme sind bedingt vergleichbar: Die evangelischen Kirchen haben den Rückzug aus der ,Volkskirche' schon lange eingeleitet; in der katholischen Kirche findet er statt. In beiden Fällen bedeutet das Verluste an Angehörigen, noch mehr und vor allem aber Verluste an aktiven Angehörigen.
Im thematischen Zusammenhang interessieren einige Besonderheiten. Die Kirchen vereinigen zwar über 50 Mio. Getaufte, *repräsentieren* sie aber nicht, weil es in der Regel keine innerkirchliche Demokratie, sondern nur Ansätze von Mitwirkung gibt, und weil Kirchen nach ihrem ,Auftrag' es nicht mit abstimmungsfähigen Erkenntnissen, sondern mit ,Glauben' und ,Wahrheit' zu tun haben, die man erforschen, bedenken, disputieren, über die man aber nicht entscheiden kann. Die Kirchen können deshalb in der Regel nicht ,namens ihrer Angehörigen' sprechen. Ihre grundsätzliche, wenn auch in vieler Hinsicht kooperative Trennung vom Staat macht sie zu *Institutionen* eigener Art, die sie z.B. veranlaßt, sich mit kirchlichen Einrichtungen der Mitbestimmung zu entziehen und den Gewerkschaften den Zutritt zu verwehren, die aber auch zu dem Widerspruch zwischen staatlichem Recht (etwa dem Beamtenstatus eines katholischen Theologieprofessors) und kirchlicher Erteilung oder Entziehung der Lehrbefugnis führt. Kirchen sind sich weiterhin nicht einig. Die katholische Kirche tritt zwar in der Regel geschlossen auf, muß aber doch mit einem großen Meinungsspektrum auskommen, während die evangelischen Kirchen zwar über einen gemeinsamen Dachverband verfügen (EKD), schon als Kirchen sich aber deutlich unterscheiden und innerhalb der einzelnen Kirchen weit in die Politik hineinwirkende Unterschiede festzustellen und auszutragen sind. Vor allem die jüngere Theologengeneration ist von der Entwicklung seit Mitte der 60er Jahre selbstverständlich nicht unberührt geblieben. Dies alles macht es schwer, plausibel über den *Einfluß der Kirchen* zu sprechen, während man auf empirisch gesicherte Aussagen ganz verzichten muß. Es erscheint aber plausibel, daß in der Bundesrepublik der Respekt, den die Politik auf allen Ebenen den Kirchen entgegenbringt, größer ist als der faktische Einfluß der Kirchen. Betrachtet man etwa die Bereitwilligkeit, mit der in der Bundeswehr die Militärseelsorge ausgebaut worden ist und noch immer unterstützt wird, dann steht das in keinem rechten Verhältnis zur (erkennbaren) Wirksamkeit der vielen Militärseelsorger. Ähnliches mag für den Religionsunterricht gelten, für den institutionell stark abgesicherten Kirchenfunk oder für den Schutz der kirchlichen Feiertage. Die Kirchen werden respektiert, man setzt sich mit der von ihnen verkündeten ,Wahrheit' auseinander; Politik kann und muß aber davon ausgehen, daß in der von ihr zu berücksichtigenden gesellschaftlichen Realität die Dinge anders liegen als sie von den Kirchen gedeutet werden. Der oft mit merkwürdigen Nebentönen geführte Kampf um den § 218 StGB ging an dieser Realität wohl ebenso vorbei wie es manche Hirtenbriefe tun. Auch kirchliche Würdenträger haben eine politische Gesinnung, ergreifen Partei und machen davon recht lautstark Gebrauch. Sie finden meist ein größeres Echo als andere Bürger, weil auch die Presse die genannte Position respektiert. Politisch unmittelbar wirkenden Einfluß wird man daraus nur bedingt ablesen können. Im Zuge der immer deutlicheren ,Trennung' von Kirche und Staat haben sich die Fronten weithin verändert, die es zu Beginn der Bundesrepublik gab, als der Konfessionalismus im Sinne des Gegensatzes der Konfessionen viel größer und auch der Klerikalismus viel virulenter war, dieser mit

dem Ziel, staatliche Einrichtungen für kirchliche Zwecke in Anspruch zu nehmen. Heute steht eher zur Debatte, daß Staat und Kirche, wenn auch in unterschiedlicher Weise, von den angesprochenen Veränderungen betroffen sind und bisher oft sehr unsicher auf sie reagieren. (Aus der Fülle der einschlägigen Literatur nennen wir nur die Einführungsbände von *H. W. Hessler,* 1975 und 1978, sowie *J. Wichmann,* 1978, *G. Gorschenek,* 1977, und die seit 1969 erscheinenden Essener Gespräche zum Thema Staat und Kirche.)

4.3. Die Parteien

Deutschland gehörte bis 1933 zu den Ländern mit einem *Vielparteiensystem.* Vor 1914 ließ sich das aus der besonderen Stellung des Reichstages und der Landtage erklären. Die Parlamente hatten nur Einfluß auf die Gesetzgebung, nicht auf die Zusammensetzung der Regierung. Das Machtstreben der Parteien verkümmerte deshalb. Sie brauchten sich nicht um Mehrheitsfähigkeit zu bemühen, konnten sich notfalls auf kleine Interessenbereiche konzentrieren und damit der Notwendigkeit ausweichen, Kompromisse herbeizuführen. Sie konnten auch ihren weltanschaulichen Charakter stärker ausbilden und ihr Schwergewicht aus dem Parlament heraus in selbständige Parteiorganisationen hineinverlegen. Dabei entwickelte sich insgesamt eher eine Abwehrhaltung gegenüber dem Staat – zumindest im Vergleich etwa zu England, wo Parteien schon im 19. Jahrhundert vorwiegend auf das Erkämpfen und Verteidigen staatlicher Machtpositionen hin angelegt waren.

Nach 1918 begünstigte das uneingeschränkte *Verhältniswahlrecht* die Existenz einer vielfältigen Parteienlandschaft. Der Parlamentarismus forderte zwar handlungsfähige Mehrheiten. Sie ließen sich aber auch auf dem Wege über Koalitionen erreichen – in den ersten zehn oder zwölf Jahren der Republik für die (größeren) Parteien der leichtere Weg. Auf ihm brauchte man an der herkömmlichen Formierung der einzelnen Partei als Klassen- oder Weltanschauungsgemeinschaft, als Honoratiorenverein, als Interessenkampfverband oder als revolutionäre Kaderpartei nichts zu verändern. Man mußte sich auch nicht ernstlich mit dem verbreiteten Antiparteienaffekt der Bevölkerung auseinandersetzen, solange jedenfalls die parteiinternen Integrationsmechanismen funktionierten, und konnte doch das politische System mit dem bedienen, was es von den Parteien erwartete: eine Mehrheit im Parlament, eine von dieser Mehrheit gestellte Regierung und einen Stamm politischer Beamter als Nahtstelle zwischen dem parteipolitisch geprägten Führungsbereich und der von der Idee (nicht der Praxis) des unparteiischen Berufsbeamtentums beherrschten öffentlichen Verwaltung. In der Krise der Republik reichte das alles aber nicht mehr aus. Man verlor die Koalitionsmöglichkeit und -fähigkeit; eine antidemokratische ‚Bewegung' stellte Gemeinschaftsvorstellungen und Antiparteienaffekte erfolgreich in ihren Dienst; das Vielparteiensystem wurde durch die Alleinherrschaft einer Partei abgelöst.

Nach 1945 bestimmten neben der Tradition solche Erfahrungen und entsprechende Entscheidungen der Alliierten die Entwicklung. Es wurden nur *wenige Parteien* zugelassen. Mit dem verbesserten oder personalisierten Verhältniswahlrecht erschwerte man den Start neuer Parteien. Die ‚Männer der ersten Stunde', mit denen sich bald die Erfahrung des Wiederaufbaus verband, gehörten ganz selbstverständlich den Parteien an. Das verminderte den Antiparteienaffekt. Die Bundesrepublik wurde zur *Parteiendemo-*

kratie. An ihr partizipierten von vornherein erfolgreich und mit einem großen Verdrängungseffekt gegenüber kleineren Konkurrenten die SPD, die CDU und die bayrische CSU sowie die FDP. Diese Konstellation räumte der FDP Chancen ein, die mit ihrem zahlenmäßigen Gewicht wenig zu tun hatten, sich vielmehr zuletzt daraus ergaben, daß die beiden großen Parteien in Bund und Ländern zwar oft in die Nähe einer parlamentarischen Mehrheit gelangten, noch häufiger aber einen Schritt davor steckenblieben, während extreme Parteien, wie die DKP und die NPD, keine ins Gewicht fallende Rolle übernehmen konnten. Zum Ende der 70er Jahre trat dann eine neue Veränderung der Parteienlandschaft ein, weil politische Gruppierungen im grünen und alternativen Lager sich an Parlamentswahlen zu beteiligen begannen, dabei sichtbare Erfolge erzielten und zum Teil die FDP überflügelten. Heute (1987) ist die Tendenz zu einem Vier-Parteien-System unübersehbar.
In demokratischen Gesellschaften nehmen die Parteien eine *Doppelrolle* ein. Sie gehören als Vereinigungen oder als soziale Gebilde der ‚Gesellschaft' an. Zugleich übernehmen die von ihnen vorgeschlagenen oder bestimmten Mandatsträger im ‚Staat' oder im politischen System politische Verantwortung (zu diesem Begriff vgl. *Th. Ellwein*, 1978). Man erwartet deshalb von den Parteien, daß sie „politische Führung und Handlungsfähigkeit des demokratischen Staates zur Lösung zentraler gesellschaftlicher Probleme ... gewährleisten. Dazu müssen (sie) politische Konzepte, Programme und Handlungsalternativen formulieren (politische Artikulation), die zentralen Probleme, Interessen, Weltanschauungen und politischen Vorstellungen gesellschaftlicher Gruppen berücksichtigen (politische Integration), den ständigen Dialog mit dem Bürger und den gesellschaftlichen Gruppen suchen (politische Kommunikation) und entsprechendes Führungspersonal für politische Ämter und Mandate zur Verfügung stellen (Personalauswahl)" (*H. Geißler*, in: *J. Raschke*, 1982, S. 265). Angesichts dieser unterschiedlichen, im Wettbewerb zu erfüllenden und einen schwer zu bestimmenden Konsens voraussetzenden Funktionen der Parteien (in der Gesellschaft und im politischen System), sind viele Zugänge zur Wirklichkeit der Parteien möglich. Aus Gründen der Materialaufbereitung soll hier zunächst von politischen und rechtlichen Bedingungen die Rede sein, unter denen Parteien in der Bundesrepublik agieren, dann von den bestehenden Parteien als sozialen Gebilden, und im Anschluß daran von den spezifischen Problemen der innerparteilichen Demokratie. Im vierten Abschnitt wird gefragt, welche Ideen die Parteien repräsentieren, und zum Schluß ist vom Verhältnis zwischen den Parteien und den Institutionen des politischen Systems die Rede.[1]

1 Die Literatur über die Parteien in der Bundesrepublik ist uferlos, weshalb hier nur auf die allgemeinen Bibliographien verwiesen und eine kleine Zahl von grundlegenden Werken genannt werden kann, etwa: *H. Kaack*, 1971, *M. Th. Greven*, 1977, *P. Haungs*, 1980, *H. Kaack/R. Roth*, 1980, *F. Wende*, 1981, *J. Raschke*, 1982, *H. Oberreuter*, 1983, *C. v. Krockow*, 1983, *R. Stöss*, 1983/4, *K. v. Beyme*, 1984, *C. v. Krockow/P. Lösche*, 1986. Von den zahlreichen Einführungen nennen wir die von *R. Wichard*, 1977, von den älteren Readern zur Parteitheorie, -geschichte und -realität *O. K. Flechtheim*, 1973, *K. Lenk/F. Neumann*, 1968, und *G. Ziebura*, 1969.

4.3.1. Parteien in Staat und Recht

In der Parteiendemokratie (vgl. dazu *P. Haungs*, 1980, und seine Auseinandersetzung mit *G. Leibholz*, 1967) dominieren die Parteien die Wahlen und besetzen die demokratischen Gremien in Bund, Ländern, Kreisen und Gemeinden. Sie stellen auf diesem Wege das Personal der engeren politischen Führung. Dabei gibt es ein *Parteienmonopol* in der Legislative und an der Spitze der Exekutive und einen unübersehbaren Einfluß auf die gesamte Personalpolitik in der öffentlichen Verwaltung. Ihn üben in erster Linie die jeweiligen Mehrheitsparteien aus. Aber auch die Minderheitsparteien bemühen sich um Zugang zum Verwaltungsbereich, schon weil sie oft nur auf diesem Wege Informationen erlangen können. Eine Partei, welche wie die CSU lange in einem Land herrscht und es zuwege bringt, daß der SPD als Opposition große Teile des öffentlichen Dienstes verschlossen bleiben, trocknet so den politischen Gegner nicht nur personell aus, sie verwehrt ihm auch Zugang zu Informationen. Das beginnt bereits auf der Kreisebene. An diesem Sachverhalt wird deutlich, wie sich das Verhältnis zwischen Legislative und Exekutive verändert hat. Für Parteien ist es oft weniger interessant, Kontrolle auszuüben, als Einfluß zu haben.

Das Parteienmonopol wirkt sich auch auf andere Bereiche aus und wird dort stärker kritisiert. Einen Bereich bildet die Justiz, bilden insbesondere die obersten Gerichte. Darüber hinaus ist auf die öffentlichen Anstalten, die Funk- und Fernsehanstalten vornean, zu verweisen. Außerdem gibt es viele personelle und ideelle Verflechtungen zwischen den Parteien und wichtigen Verbänden. Von ihnen wird die enge Beziehung zwischen SPD und Gewerkschaften, die beide aus der Arbeiterbewegung hervorgegangen sind, häufig kritisiert, wird die Zuneigung des Bauernverbandes zur CDU immer wieder mit Nachdruck behauptet oder ist die Zuwendung des Vorsitzenden des Deutschen Beamtenbundes zur CDU offensichtlich. Der Einfluß der Parteien läßt sich also nicht auf den engeren politischen Bereich begrenzen. Er ist auch groß genug, um ständig neu die Frage nach der *Legitimation* der Parteien hervorzurufen. Solche Legitimation wird man insgesamt weniger in der Zahl der Mitglieder und in der Art ihrer Mitwirkung in den Parteien sehen, sondern mehr darin, daß die Parteien jedermann offenstehen, sich also Mitwirkungsmöglichkeiten ergeben, und daß mehrere Parteien zur Auswahl stehen.

Die *Rechts- und Verfassungsordnung* hat zu der in den 50er bis 70er Jahren erfolgenden Stabilisierung der Parteien einerseits durch das *Wahlrecht* und zum anderen durch den *Artikel 21 GG* beigetragen. Dieser Artikel ermöglicht das Verbot von Parteien, „die nach ihren Zielen oder nach dem Verhalten ihrer Anhänger darauf ausgehen, die freiheitliche demokratische Grundordnung zu beeinträchtigen oder zu beseitigen". Das Verbotsinstrument wurde bisher zweimal benutzt (Sozialistische Reichspartei und KPD) und dämmte in der Frühzeit der Republik das Entstehen einer denkbaren radikalen Entwicklung ein (vgl. Quellen 4.3.1.a. und c.). Die sich darin ausdrückende ‚streitbare Demokratie' blieb allerdings auch nicht unkritisiert. So weisen Beobachter darauf hin, daß es wenig sinnvoll ist, kleine Parteien zu verbieten oder neue Parteien dazu zu zwingen, sich ein demokratisches Mäntelchen umzuhängen. Beides lasse im Wahlergebnis nicht das volle Spektrum der Meinungen erkennen. Im übrigen könne man nur kleine Parteien verbieten, große Bewegungen ließen sich so nicht bekämpfen. Zugleich entstehe das Problem der ‚politischen Justiz' (vgl. *O. Kirchheimer*, 1965, und *A. v. Brünneck*, 1978). Die Kritik blieb nicht ohne Wirkung. Sie hat u. a. wohl dazu geführt, daß man in Zusammenhang mit der NPD und der DKP auf einen Verbotsantrag der Bundesregierung verzichtet und sich der Hoffnung hingegeben hat, das Problem solcher radikaler Parteien würde sich angesichts ihrer geringen Erfolgschancen von selbst erledigen. Über die Tatsächlichkeit von Rechts- und Linksradikalismus ist damit nichts gesagt; Art. 21 GG wendet sich (gefährlichen) Organisationen, nicht Gesinnungen zu.[2]

In der Hauptsache ist im Artikel 21 aber der Absatz 1 von Interesse. Ihmzufolge wirken die Parteien an der politischen Willensbildung des Volkes mit. Die Formulierung ist offen. ‚Mitwirkung' läßt viele Deutungen zu und ‚politische Willensbildung' umschreibt keinen präzise definierten Bereich. Immerhin erhalten durch diese Formulierung die Parteien nach Meinung des Bundesverfassungsgerichts den „Rang einer verfassungsrechtlichen Institution" (BVerfGE 2/13, vgl. auch *K. Hesse*, Die verfassungsrechtliche Stellung der Parteien im modernen Staat, in: VVDStRL 17/1959). In diesem Sinne formuliert dann das Grundgesetz ganz konsequent weitere Anforderungen: Die Gründung von Parteien soll frei sein. Ihre innere Ordnung soll demokratischen Grundsätzen entsprechen. Über die Herkunft ihrer Mittel sollen sie Rechenschaft ablegen. Der Gesetzgeber soll die Einzelheiten in einem Gesetz festlegen. Der Gesetzgeber beeilte sich damit allerdings nicht sonderlich. Erst als man mit den Parteifinanzen und dem Verfassungsgebot in Schwierigkeiten geriet, über die Herkunft der Mittel öffentlich Rechenschaft abzulegen, kam in Bonn der Gesetzgebungsprozeß in Gang.

Dieses Verfassungsgebot nahm der Parlamentarische Rat auf Betreiben des Zentrums-Abgeordneten Brockmann in das Grundgesetz auf. Brockmann erinnerte an die Weimarer Zeit und hatte wohl auch Furcht vor der Überlegenheit der CDU. Im 1. Bundestag nahm er sich der Sache wieder an, allerdings ohne Erfolg (vgl. *U. Dübber*, 1962 und *H. Kaack*, 1971). 1955 setzte man eine Kommission ein, deren Bericht 1957 vorlag (*Parteienrechtskommission*, 1958). In Gang kamen die Dinge dann durch ein Urteil des Bundesverfassungsgerichts, das die steuerliche Abzugsfähigkeit von Spenden an die Parteien für verfassungswidrig erklärte (BVerfGE 8/51 ff.), wodurch vor allem CDU, CSU und FDP in Schwierigkeiten gerieten. Deshalb diskutierte man das Parteiengesetz intensiver, allerdings längerhin kontrovers, da die SPD wegen ihrer relativ hohen Mitgliedsbeiträge auf eine Fremdfinanzierung weniger angewiesen war. Sie leistete aber keinen entschiedenen Widerstand gegen eine Nutzung der öffentlichen Haushalte, mit der man in Bonn begann. Auch das untersagte das Bundesverfassungsgericht (vgl. Quelle 4.3.1.b.), woraufhin man sich nun auf das Parteiengesetz verständigte. Seine erste Fassung rief noch einmal das Bundesverfassungsgericht auf den Plan (BVerfGE 24, 301 ff.); es hielt die Bestimmung, daß Spenden juristischer Personen erst ab DM 200.000,– mit dem Namen des Spenders verbunden ausgewiesen werden sollten, nicht mit dem Grundgesetz für vereinbar. Im Zusammenhang mit der sogenannten „Flick-Parteispenden-Affaire" kam es dann Anfang der 80er Jahre erneut zu einer umfassenden Diskussion der Parteienfinanzierung. Es wurde bekannt, daß die etablierten Parteien das Parteiengesetz insofern grob mißachtet hatten, als für steuerbegünstigte Spenden Sammelorganisationen, die sogenannten „Spendenwaschanlagen", eingerichtet wurden, um die Namen von Großspendern zu verschleiern. Die so „steuerbegünstigten" Spenden wurden an die Parteien weitergeleitet und entsprechend Steuern hinterzogen. Im Dezember 1983 wurde das Parteiengesetz novelliert und u. a. die Zahlung eines „Chancenausgleichs" für Parteien mit unterdurchschnittlichem Spendenaufkommen vorgesehen. Außerdem sollten Spenden nun unbegrenzt steuerlich abzugsfähig sein, eine Regelung, die das Bundesverfassungsgericht im Juli 1986 auf DM 100.000,– begrenzte.

2 Das kann z. B. dazu führen, daß der bundesdeutsche Rechtsradikalismus im Verborgenen blüht, so daß öffentlich weithin nur Gewalttäter und die einschlägige Presse sichtbar werden und unklar bleibt, welche Phänomene man dem Rechtsradikalismus zuordnen muß oder welche Phänomene (z. B. die Ausländerfeindlichkeit) durch ihn verstärkt werden. Die einschlägige Literatur ist äußerst umfangreich; wir halten noch immer den Band von *I. Fetscher/H. Grebing*, 1967, für besonders ergiebig.

Insgesamt hat das Bundesverfassungsgericht im Vorfeld des Parteiengesetzes in einem gewissen Zick-Zack-Kurs (vgl. dazu *H. H. v. Arnim*, 1982, S. 33 ff.) erst die staatliche Parteienfinanzierung ganz unterbunden, dann aber die Erstattung von Wahlkampfkosten erlaubt. Um diese Erlaubnis realisieren zu können, was in Bund und Ländern eilfertig und großzügig geschah, mußte man das Parteiengesetz verabschieden und damit eine Reihe von grundsätzlichen Fragen auch außerhalb des Finanzierungskomplexes klären. Das Bundesverfassungsgericht hielt in seiner Entscheidung vom Juli 1986 die Regelung des Chancenausgleichs für verfassungsgemäß und erlaubte damit die Einführung der staatlichen Parteienfinanzierung „durch die Hintertür". Nachdem 1958 die Steuerbegünstigung von Parteispenden noch für verfassungswidrig erklärt wurde, da dies mit dem Recht auf die gleiche Teilhabe an der politischen Willensbildung nicht vereinbar sei, erschien es dem Gericht jetzt verfassungsgemäß, die steuerliche Abzugsfähigkeit von Parteispenden in einer Höhe von bis zu DM 100.000 vorzusehen.

Das Gesetz (vgl. Quelle 4.3.1.d.) von 1984 umfaßt acht Abschnitte. Im ersten finden sich grundlegende Definitionen. Parteien „sind ein verfassungsrechtlich notwendiger Bestandteil der freiheitlichen demokratischen Grundordnung ... (Sie) wirken an der Bildung des politischen Willens des Volkes ... mit, indem sie insbesondere auf die Gestaltung der öffentlichen Meinung Einfluß nehmen, die politische Bildung anregen und vertiefen, die aktive Teilnahme der Bürger am politischen Leben fördern, zur Übernahme öffentlicher Verantwortung befähigte Bürger heranbilden, sich durch Aufstellung von Bewerbern an den Wahlen in Bund, Ländern und Gemeinden beteiligen, auf die politische Entwicklung in Parlament und Regierung Einfluß nehmen, die von ihnen erarbeiteten Ziele in den Prozeß der staatlichen Willensbildung einführen und für eine ständige lebendige Verbindung zwischen dem Volk und den Staatsorganen sorgen" (§ 1).[3] Parteien sind „Vereinigungen von Bürgern, die dauernd oder für längere Zeit für den Bereich des Bundes oder eines Landes auf die politische Willensbildung Einfluß nehmen und an der Vertretung des Deutschen Volkes im Deutschen Bundestag oder einem Landtag mitwirken wollen, wenn sie nach dem Gesamtbild der tatsächlichen Verhältnisse, insbesondere nach Umfang und Festigkeit ihrer Organisation, nach der Zahl ihrer Mitglieder und nach ihrem Hervortreten in der Öffentlichkeit eine ausreichende Gewähr für die Ernsthaftigkeit dieser Zielsetzung bieten" (§ 2). Die Rechtsstellung der Partei geht verloren, wenn die Vereinigung sechs Jahre lang an keiner Bundes- oder Landtagswahl teilnimmt. Parteien haben Anspruch auf Gleichbehandlung durch Träger öffentlicher Gewalt (§ 5), wobei die Gleichbehandlung nach dem letzten Wahlergebnis abgestuft sein kann.

Der zweite Abschnitt des Gesetzes enthält die Vorschriften für die innere Ordnung der Parteien, von denen die bedeutsam sein können, welche sich auf den Ausschluß von Mitgliedern beziehen. Der dritte Abschnitt hat überwiegend nachrichtlichen Wert; die Aufstellung von Wahlbewerbern regeln die Wahlgesetze. Im vierten Abschnitt wird die Erstattung von Wahlkampfkosten angesprochen. Sie werden mit einem bestimmten Betrag für jeden Wahlberechtigten (nicht Wähler!) pauschaliert (bei der Bundestagswahl 1987: 5 DM) und entsprechend den Zweitstimmen auf die Parteien verteilt, sofern mindestens 0,5 % der Stimmen oder bei Parteien ohne Landesliste 10 % der Erststimmen in einem Wahlkreis erreicht sind. Die Wahlkampfkostenerstattungen dürfen die Gesamteinnahmen einer Partei nicht

3 Der letzte Absatz entspricht in veränderter Form dem § 1 des CDU/FDP-Entwurfs zu einem Parteiengesetz vom Dezember 1964. Ihm zufolge sollten die Parteien „auf die Verbundenheit des Volkes mit dem Staat und seiner verfassungsmäßigen Ordnung hinwirken" und die Teilnahme der Bürger am politischen Leben fördern. *D. Sternberger*, 1964, S. 64, kommentierte: „Aber was soll man dazu sagen, daß (der Entwurf) den Parteien u. a. die Aufgabe zuweist, die innere Anteilnahme des Volkes am politischen Leben wachzuhalten! Daß uns allen, dem Volke also, auf diese Weise Vormünder, Pfleger, Lehrer oder Gouvernanten bestellt werden, die uns auf die Finger sehen sollen, ... welch eine Verwirrung der Begriffe!"

überwiegen. Die Auszahlung nimmt der Bundestagspräsident vor, Abschlagszahlungen sind möglich. Die Länder werden ermächtigt, analog zu verfahren. In Bayern setzte man entsprechend die untere Grenze der erforderlichen Stimmen bei 1,25 % an, zahlte 1986 DM 5,– je Wahlberechtigtem, was DM 7,11 je Wähler entsprach und ca. 41 Mio. DM für die Parteien ergab. (CSU: 23,1; SPD: 11,4; Die Grünen: 3,1; FDP: 1,6 Mio. DM). Der fünfte, im Dezember 1983 eingefügte Absatz regelt den Chancenausgleich für Parteien mit unterdurchschnittlichem Spendenaufkommen. Im sechsten Abschnitt geht es dann um die „Rechenschaftslegung". Der Parteivorstand muß einen geprüften Rechenschaftsbericht vorlegen, der zusammen mit einem Bericht des Bundestagspräsidenten über die Entwicklung der Parteienfinanzen als Bundestagsdrucksache veröffentlicht wird. Der Rechenschaftsbericht besteht aus Einnahmen- und Ausgabenrechnung sowie einer Vermögensrechnung, aufgeteilt nach Landesverbänden und Gesamtpartei. Bei den Einnahmen muß zwischen Mitgliedsbeiträgen, Vermögenseinnahmen, Veranstaltungseinnahmen, Spenden, Chancenausgleich, Wahlkampfkostenerstattungen, Zuschüssen von Gliederungen und sonstigen Einnahmen unterschieden werden. Die Spenden über DM 20.000 sind einzeln und verbunden mit dem Namen des Spenders zu erwähnen. Seit Dezember 1983 ist es verboten, Spenden politischer Stiftungen, gemeinnütziger Organisationen und aus dem Ausland kommende sowie anonyme Spenden von mehr als DM 1.000 anzunehmen.

Sehen wir von den Finanzierungsproblemen zunächst noch ab, verdeutlicht das Parteiengesetz, wie die Bundestagsparteien in den 60er Jahren ihre Situation und ihren Auftrag sahen: Stabilität, Berechenbarkeit und feste Organisation standen im Vordergrund. Auf sie bezog man Aufgaben, welche vorübergehende Gruppierungen oder lose Zusammenschlüsse nicht übernehmen können. Das erschwert bis heute eine Parteigründung. Gründungsversuche, wie etwa die ‚Bürgerpartei', die ‚Republikaner' oder Abspaltungen links und rechts der SPD, sind meist zur Erfolglosigkeit verdammt. Umgekehrt erhalten einmal bestehende Parteien sichtbare Privilegien, die von dem Zugriff auf öffentliche Ämter und Kassen unabhängig sind und die man z. B. den Rathausparteien oder Freien Wählervereinigungen verwehrt. Mit den Privilegien ergeben sich allerdings auch Verpflichtungen: Eine Partei kann sich in der Bundesrepublik kaum als ‚geschlossene Gesellschaft' verstehen; sie muß sich erst einmal für jeden öffnen, der mittun will. Unabhängig von den Vorstellungen des Parteiengesetzgebers verdeutlicht das Gesetz aber noch eine andere Entwicklung: Die Parteien gehörten in Deutschland vor 1914 eindeutig in den Bereich der ‚Gesellschaft'. Der ‚Staat' blieb ihnen verschlossen, nachdem das Parlament keinen Einfluß auf die Regierungsbildung und auf die Zusammensetzung der Beamtenschaft hatte. Die parlamentarische Mitwirkung am Staatshandeln beschränkte sich auf die Gesetzgebung. In ihr kam es nach dualistischer Vorstellung zu Vereinbarungen zwischen Staat und Gesellschaft. Derartig dualistische Erwägungen spielten auch nach 1945 durchaus eine Rolle. Das Bundesverfassungsgericht begründete z. B. 1965 sein Verbot der staatlichen Parteienfinanzierung damit, daß der Prozeß der politischen Willensbildung im Volke, der in die Wahlen einmünde, die Staatsorgane erst hervorbringe. Deshalb sei es den Staatsorganen grundsätzlich verwehrt, sich in bezug auf den Prozeß der Meinungs- und Willensbildung des Volkes zu betätigen. Der Prozeß müsse vielmehr ‚staatsfrei' bleiben. „Ohne nähere inhaltliche Erläuterung sah das Bundesverfassungsgericht die Abhängigkeit der Parteien von staatlichen Organen bei der bisherigen Finanzierungsform als gegeben an. Es verzichtete auf eine ‚empirische' Beweisführung, weil es den Grundsatz der freien Meinungs- und Willensbildung als verletzt erkannte: ‚Die im Bundeshaushaltsgesetz 1965 vorgesehene Regelung der staatlichen Parteienfinanzierung ist mit dem Verfassungsgebot der grundsätzlich staatsfreien politischen Meinungs- und Willensbildung ... sowie mit Art. 21 Abs. 1 GG, der die Struktur der Parteien als aus eigener Kraft wirkender und vom Staat unabhängiger Gruppen verfassungsmäßig festgelegt, unvereinbar und deshalb nichtig'." (*H. Kaack*, 1971, S. 378 f., vgl. auch *H. H. v. Arnim*, 1982). Der ‚Staat' wären demnach Regierung und Verwaltung, die Parteien gehörten zur Gesellschaft, um von dort aus allenfalls in den staatlichen Bereich hineinzuragen.

Schon in der Weimarer Zeit war indessen aus faktischen Gründen das Festhalten am Dualismus von Staat und Gesellschaft (dessen theoretische Entwicklung *Th. Ellwein*, 1954, schildert) kaum mehr möglich. Man unterschied deshalb häufiger zwischen einer Sphäre der *Volkssouveränität* und einer Sphäre der *Repräsentation*, denen beide die Parteien zugehören können. Spielt die erstere Sphäre eine größere Rolle, geht es mehr um unmittelbare Selbstregierung des Volkes, um die Bindung an den Volkswillen, um das Plebiszit, um das imperative Mandat, also den unmittelbaren Auftrag der Wähler an den Gewählten (vgl. *G. Radbruch*, in: *G. Anschütz/R. Thoma*, 1930, *E. Fraenkel*, 1964, *W. Steffani*, 1979). Im Blick auf die Sphäre der Repräsentation steht die Regierungsfähigkeit im Vordergrund, will man den (unmittelbaren) Volkswillen verbessern (z. B. dadurch, daß die Repräsentanten nicht die von einer deutlichen Mehrheit gewünschte Todesstrafe einführen) und die Ebene der Repräsentation personell reibungslos ausstatten. Im ersten Fall sind die sozialen Gegebenheiten der Parteien wichtig (z. B. Zahl und Mitarbeit ihrer Mitglieder und das von äußeren Einflüssen unabhängig machende Beitragsaufkommen). Im zweiten Falle betont man eher den Zweck der Parteien, treten Bedürfnisse der Repräsentationsebene in den Vordergrund, erscheint auch eine staatliche Finanzierung unbedenklich. Im ersten Fall wird das flexible Reagieren auf Bedürfnisse der Bevölkerung hervorgehoben, im zweiten die Stabilität des Systems. Die üblichen typologischen Versuche der Parteiensoziologie lassen sich hier unschwer einordnen: Mitglieder- oder Wählerparteien, Interessen- oder Mehrheitsparteien, Weltanschauungs- oder Volksparteien bringen je nachdem eher unmittelbar Volkssouveränität zum Ausdruck oder entsprechen den Bedürfnissen eines ‚repräsentativen Systems'.

Fraglos geht im Sinne des alten Dualismus das Parteiengesetz einen großen *Schritt in Richtung Staat*. Folgt man dem systemtheoretischen Ansatz, gefährdet es so die ‚Doppelrolle' der Parteien, die, im sozio-kulturellen System (Gesellschaft) verankert, dessen Bedürfnisse und Erwartungen politisch artikulieren und in das politische System transportieren sollen. Aus der Vermittlerrolle kann eine Verankerung (nur oder überwiegend) im politischen System hervorgehen. Von ihm und seinen Handlungsbedingungen werden dann die ‚Rollen' der Mandatsträger geprägt, was zur Entfremdung zwischen ihnen und den ‚einfachen' Parteimitgliedern führen kann, die aus allgemeinem, nicht (bloß) aus persönlichem Interesse in der Partei mitwirken wollen. Insgesamt hat sicher die Hereinnahme der Parteien in die Verfassungs- und die Rechtsordnung den Trend zur *organisatorischen und formalistischen Verfestigung der Parteien* verstärkt. Das hat zunächst stabilisiert, dann aber auch wieder Destabilisierungstrends ausgelöst. Der Antiparteienaffekt der Weimarer Zeit wurde in den 70er Jahren von einem deutlichen Zweifel an der Legitimation und Kompetenz der voll ins politische System integrierten Parteien und von einer Art Parteienverdrossenheit, die in der Mitglieds- und Beitragsentwicklung zutage trat, abgelöst. Von der grünen und alternativen Bewegung wurden politische Themen in den Mittelpunkt gestellt, die man seitens der ‚etablierten' Parteien vernachlässigt glaubte; in der Hauptsache brachten sie aber Kritik an der mangelhaften Partizipationsmöglichkeit innerhalb der Parteien zum Ausdruck, an der Hintanstellung des Mitglieds zugunsten der Sphäre der Repräsentation. Die (vereinfacht)

Grünen haben damit eine Kritik aufgenommen, die auch schon in den etablierten Parteien geäußert worden war. Nicht wenige Grüne kamen aus der SPD und wollten nun entschieden einen neuen Weg gehen. Sie distanzierten sich dabei häufig von der *Form*, in der Politik nach den Bedingungen der staatlichen Ordnung auch in den Parteien gemacht werden soll, oder erhoben sogar die ‚Entförmlichung' zum Programm. Damit stellt sich die Frage nach der Möglichkeit und den Konsequenzen der ‚Doppelrolle' der Parteien zwischen Staat und Gesellschaft mit neuer Dringlichkeit. Neben dem Programm der Parteien steht auch der Weg zur Debatte, auf dem sie zu ihrem Programm kommen und es durchsetzen. Wir haben deshalb im folgenden stets mitzubedenken, ob und wie die immer stärkere Einbindung der Parteien in das politische System sie ihrem sozialen Umfeld entfremdet, dem sie entstammen und aus dem sie spätestens am Wahltag ihre faktische Legitimation beziehen (vgl. die Beiträge von *Th. Ellwein* und *J. J. Hesse*, in: *J. Raschke*, 1982).

4.3.2. Parteien als Sozialgebilde

Im Gegensatz zu verschiedenen Parteigründungen nach 1945, die sich dezidiert einer Gruppe zuwandten , wollten die späteren Bundestagsparteien (SPD, CDU, CSU, FDP) von vorneherein für ‚jedermann' offenstehen. Sie nannten sich deshalb bald Volksparteien und betonten in unterschiedlicher Weise die Chance für Mitglieder, am innerparteilichen Willensbildungsprozeß unabhängig von der sozialen Position teilzuhaben. Mit dieser ‚Offenheit' hatten sie insofern Erfolg, als sie die übrigen Parteien von der Bildfläche verdrängten, neue Parteigründungen erschwerten und sich einen erdrückenden Anteil an den Wählerstimmen verschafften. Dieser Erfolg und jene Offenheit standen sich aber zum Teil im Wege. Die Herausbildung und Stabilisierung ‚alternativer' Parteien signalisiert jedenfalls auch einen deutlichen Zweifel an solcher Offenheit, die programmatische und partizipatorische Erwartungen der Mitglieder ebenso befriedigen muß wie sie auf Wähler anziehend wirken soll.

Die genannten Parteien wollten und mußten bis zu einem gewissen Grade *Volks- und Mitgliederparteien* zugleich sein. Als Volksparteien (zum Begriff und seiner Fragwürdigkeit vgl. 4.3.4.) bemühen sie sich – die SPD konnte das erst nach langen Auseinandersetzungen, die zum Godesberger Programm und damit zur Absage an für alle Mitglieder gültige Weltanschauungselemente führten – um ein Programm, das (mehr oder weniger) für ‚alle' Gruppen in der Gesellschaft annehmbar ist und möglichst viele Wähler anspricht. Als Mitgliederpartei versuchen sie, aus der Mitgliederschaft Programmanstöße zu gewinnen, die Programmentwürfe zu diskutieren und aus Mitgliedermehrheiten Aufträge für politisches Handeln abzuleiten. Dabei müssen von der Parteiführung ausgehende, ‚nach unten' wirkende Impulse und Anregungen ‚von unten' nebeneinanderstehen. Weil letztere oft in isolierten Diskussionssituationen zustande kommen und auf dem Weg ‚nach oben' in der Parteiorganisation ‚abgefiltert' werden, entsteht ein zwiespältiger Eindruck von der innerparteilichen Demokratie.

Als Volks- und Wählerparteien müssen die ‚etablierten' Parteien weiter mit ihrem Programm und der Form seines Zustandekommens Rücksicht auf die *Wähler* nehmen, was das Gewicht der Meinungsforschung in der Politik erklärt, aber auch die Furcht der Parteien davor, als zerstritten zu gelten. So sieht sich *Diskussion* oft *behindert.*

Unter Adenauer wirkte die CDU überwiegend wie eine Wählerpartei, die ihre Werbung an tatsächlichen oder vermeintlichen Wählerwünschen orientierte und auf Programmdiskussionen ganz verzichtete. Der CSU ist die öffentliche Diskussion bis heute eher fremd; ihre Parteitage wirken als Heerschau, nicht als Ort von Diskussion und Abstimmung. In der SPD spielt dagegen traditionell die Diskussion eine größere Rolle, hat aber auch immer wieder zu Flügelbildung, Flügelkämpfen und in ihrem Gefolge zu Mitglieder- und Wählerverlusten geführt – so etwa in den 70er Jahren (vgl. *H. Scheer*, 1982). Auch die FDP, anfänglich eher Honoratiorenpartei, kennt die heftige und unversöhnliche innerparteiliche Diskussion und die Gefahr der Spaltung – zuletzt kam das nach der Regierungsumbildung in Bonn 1982 zum Ausdruck. Insgesamt kann man von der Erfahrung ausgehen, daß innerparteiliche Diskussion beim Wähler eher schadet als nützt, zumal in der Auseinandersetzung zwischen den Parteien der Hinweis auf solche Diskussionen und damit auf mangelnde Geschlossenheit nie fehlt. Die Rücksicht auf die Mitglieder und die auf die Wähler stehen sich im Wege.

Der Typus der Volks- und Mitgliederpartei benötigt viele *Mitglieder*, damit sich die Organisation stabilisiert, Wahlkämpfe erfolgreich durchgeführt werden können, eigene Einnahmen entstehen und es eben auch zu Impulsen der Basis kommt. Ein eindeutiger Zusammenhang zwischen Mitgliederzahl und Wahlergebnis besteht allerdings weder örtlich noch überörtlich. Im Wahlergebnis kann sich zwar die örtliche Stärke der Partei widerspiegeln, mehr noch tun das aber traditionelle Strukturen (konfessionelle, standortbedingte, berufliche), die ihrerseits auch die Mitgliederschaft der Parteien prägen. In dem Maße, in dem sich bei den Wählern eine gewisse Abkehr von solchen Strukturen abzeichnet, weil sich soziale Umschichtungen (neue Mittelschicht) oder neue Wertorientierungen bemerkbar machen, vermehrt sich auch die Zahl der Wechselwähler. Örtliche Gegebenheiten verlieren an Gewicht. Insofern ist die Zahl der Mitglieder nicht von überragender Bedeutung, zumal sie ohnehin in keinem nennenswerten Verhältnis zur Zahl der Wähler steht. Außerdem dürften allenfalls die Größenordnungen festliegen; keine Partei kann ihre Mitglieder wirklich exakt ermitteln, ihre ‚Karteileichen' ausscheiden und die Meldungen von unten nach oben gewährleisten. Dennoch zeichnen auch die *Mitgliederzahlen* eine Entwicklung nach. Die SPD meldete um 1948 etwa 800 000 Mitglieder, ging um 1955 auf unter 500 000 Mitglieder zurück, um dann bis 1976 ständig zu wachsen (1965 ca. 700 000, 1970 ca. 820 000, 1972 zur Zeit des Mißtrauensvotums gegen W. Brandt und der Diskussion um die Ostverträge ca. 954 000 und 1976 ca. 1 022 000). Dieses Niveau ließ sich aber nicht halten. Bis 1980 verlor die SPD knapp 40 000 Mitglieder und 1981 gingen ihr 3 % des Bestandes verloren, so daß sie 1982 mit ca. 950 000 Mitgliedern wieder dort anlangte, wo sie schon vor zehn Jahren stand. Die Folgejahre waren von weiteren Mitgliederverlusten geprägt. Die CDU startete auf einem wesentlich geringeren Niveau, zählte Ende der 60er Jahre 300 000 Mitglieder und baute in ihrer Oppositionszeit die Mitgliederschaft kräftig aus, um 1984 auf etwa 735 000 Mitglieder zu kommen, eine Zahl, die sich seitdem leicht abgeschwächt hat. Im Vergleich dazu steht die CSU als reine Landespartei mit hervorragender Organisation etwas besser da. Sie überschritt um 1972 die 100 000-Grenze und meldete für 1985 etwa 183 000 Mitglieder. Die FDP wies immer relativ große Schwankungen und nie eine sonderlich hohe Mitgliederzahl auf. 1969, bei Eintritt in die sozialliberale Koalition, hatte sie etwa 58 000 Mitglieder und wuchs von 1973 an einigermaßen regelmäßig. Vor dem Regierungswechsel 1982 erreichte die FDP ihren höchsten Mitgliederstand mit ca.

87 000; er schrumpfte bis Ende 1985 um 21 000. Die Grünen schließlich stagnieren nach beträchtlichen Anfangszuwächsen inzwischen bei ca. 40 000 Mitgliedern.
Die Entwicklung der Mitgliederzahlen der Parteien verweist auch unabhängig von den regionalen oder den Stadt-Land-Unterschieden auf eine erhebliche *Fluktuation*. Auf die in der SPD wies Willy Brandt als Parteivorsitzender 1973 während des Parteitages in Hannover hin: „Die Partei wächst; sie verändert sich; sie hat Wachstumsprobleme. ... Von den knapp 650 000 Mitgliedern, die wir zählten, als ich vor gut neun Jahren Parteivorsitzender wurde, sind mehr als 350 000 nicht mehr unter uns. Der Tod hat also kaum vorstellbare Lücken gerissen. Heute zählt die Partei fast 1 Million Mitglieder. Das bedeutet: 300 000 Mitglieder gehörten der Partei schon vor zehn Jahren an; rund 670 000 sind seit damals beigetreten" (Prot. S. 102 f.). Die Veränderungen sind offenkundig. Die Parteien verjüngen sich, die Bindungen an Tradition und Milieu, sofern sie bestanden haben, verringern sich. Peter Glotz hat das (zuerst 1975) anschaulich für die SPD beschrieben. In der CDU kann man es eher dort miterleben, wo diese Partei z. B. an die Zentrumstradition angeknüpft und sich in das katholische Arbeitermilieu hineinbegeben hat; der Gewinn der ‚neuen Mittelschichten' kommt hinzu. In der CSU liegen die Dinge deshalb anders, weil sie sich ihr Milieu durch die totale Inanspruchnahme Bayerns und des Bayrischen sichert und deshalb trotz großer Mitgliederfluktuationen recht konsequent Milieupartei bleibt, das örtliche Milieu also besetzt und damit erreicht, daß man nur schwer Mitglied einer anderen Partei sein und dennoch diesem Milieu angehören kann. Da die CSU als einzige Partei einen wirklichen Biographen gefunden hat (vgl. *A. Mintzel*, 1975, 1977 und 1983), kann man das anschaulich nachlesen. Auf die Konsequenzen kommen wir zurück.
Volksparteien betonen gern, die *soziale Struktur der jeweiligen Mitgliedschaft* entspreche in etwa der der Gesamtbevölkerung. Die Behauptung ist zum einen falsch – alle Parteien sind bisher Männerparteien (die SPD und FDP zu 75 %, die CDU zu 78 %, die CSU zu 86 %; jeweils 1984), wobei sich allerdings bei den Grünen eine stärkere Beteiligung der Frauen abzeichnet (1984: 30 %) – und zum anderen unerheblich, weil es keine deutlichen Bezüge zwischen der sozialen Zusammensetzung der Mitgliedschaften und dem jeweiligen Wahlergebnis gibt. Wir begnügen uns deshalb mit dem Hinweis, daß im Vergleich zu ihrem Anteil an der Bevölkerung die ungelernten Arbeiter deutlich unterrepräsentiert, die Angestellten etwas und die Beamten weit überrepräsentiert sind, während die Selbständigen jedenfalls in der CDU und in der FDP klar überrepräsentiert erscheinen und die Facharbeiter mit ca. 30 % nur in der SPD angemessen vertreten sind (INFAS-Untersuchung 1978, u. a. mitgeteilt in: Sozialdemokrat-Magazin 4/1978). Die SPD zieht daraus seit geraumer Zeit die Konsequenz, von sich selbst nicht mehr als Arbeiter-, sondern als *Arbeitnehmerpartei* zu sprechen. 1982 (Parteitag in München) sprach man von 28 % Arbeitern, 25 % Angestellten und 10 % Beamten unter den Mitgliedern – eine Relation, die sich bis heute kaum verändert hat. Jedermann wußte aber zu diesem Zeitpunkt, daß das innere Problem der SPD in dem noch *ungeklärten Nebeneinander von Arbeitertradition und Intellektuellenverhalten* besteht, wie es eben durch das Schrumpfen des Arbeiteranteils in der Mitgliedschaft, der früher meist über 50 % lag, und in dem Zustrom neuer Schichten entstanden ist, und das vor allem in Großstädten zu einem dramatischen Rückgang der Mitgliederzahlen in den 70er Jahren führte (München – 27 %, Frankfurt – 21,9 %, Köln – 20 % usw.). In allen Parteien ist zudem nur bedingt interessant, wie sich die Mitglieder zusammensetzen. Wichtiger

erscheint, aus welchen Gruppen sich die Funktionäre und Mandatsträger rekrutieren. Funktionärsanalysen führen zu ganz anderen Ergebnissen als Mitgliederanalysen (vgl. *O. Niedermayer*, 1981), weshalb man forschungstechnisch wohl mehr zwischen Amateuren und Professionellen unterscheiden muß, letztere nicht als festgefügte Gruppe zu verstehen, sondern als ein Bündel ‚multipler und rivalisierender Eliten' (*K. Reif*).

Wie wenig eng der Zusammenhang zwischen Mitglieder- und Wählerstruktur ist, zeigt das Beispiel der SPD, nach ihrer Mitgliederzusammensetzung lange Zeit unzweifelhaft *Arbeiterpartei*. In den Wahlen ergab sich oft ein ganz anderes Bild. „1953 wählten lediglich 48 % der Arbeiter die SPD, und immerhin bekam die Union 35 % der Arbeiterstimmen. Bei allen Wahlen seit 1949 wählte immer eine mehr oder weniger deutliche Mehrheit der nicht-katholischen Arbeiter die SPD, und bis auf eine Ausnahme eine Mehrheit der katholischen Arbeiter die Union. Erst seit der Bundestagswahl 1961 wählte eine Mehrheit der Arbeiter die SPD. Im Jahre 1972 waren es 70 %, ... die der SPD ihre Stimme gaben! Der Abstand zwischen SPD und Union bei den Arbeiterwählerstimmen betrug 1953 13 %, 1961 20 %, 1965 11 %, 1969 10 %, 1972 45 % (!), 1976 10 % und 1980 24 %. ... Das für die SPD interessanteste Ergebnis in dieser Zahlenreihe ist der Anteil der Arbeiterstimmen von 70 % im Jahre 1972. Dies zeigt eindeutig, daß das bisher beste Wahlergebnis der SPD in ihrer Geschichte in erster Linie durch die Arbeiter zustande kam. Willy Brandt war 1972 vor allem der Kanzler der Arbeiter. ... Der in den sechziger und siebziger Jahren erfolgte Gewinn an Arbeiterstimmen ist (aber) nicht sehr stabil. Bei den Arbeitern liegen die größten Zuwachsmöglichkeiten für die SPD, aber auch die größten Verlustmöglichkeiten, wobei für viele Arbeiter die Alternative nicht zwischen SPD und Union, sondern zwischen der Wahl der SPD und genereller Wahlverweigerung besteht" (*H. Scheer*, 1982, S. 36 ff.).

Vor diesem Hintergrund erscheint einigermaßen unstrittig, daß heute die politischen Motive beim *Eintritt in eine Partei* überwiegen. Persönliche Vorteile kann sich nur ein kleiner Teil der Mitglieder erhoffen; der Freizeitwert der Parteien ist gering und schwächt sich eher ab; kaum eine örtliche Partei kann mit dem Vereinsleben wirklich konkurrieren. Auch die von kleinen Gruppen dominierten, sich nach außen eher absondernden Parteigliederungen, von denen man in den 60er Jahren noch eine gewisse Entpolitisierung befürchtete (vgl. *U. Lohmar*, 1963, S. 39), verlieren an Bedeutung. Das gilt ebenso für viele *Mitgliederversammlungen*. Mitglieder sind oft eher bei außenorientierten Veranstaltungen zu finden und weniger an Streit oder an der ritualisierten Selbstdarstellung der Funktionäre oder derer, die ein Mandat anstreben, interessiert. Insofern lassen sich örtliche Gremien leicht erobern und ‚umfunktionieren', was besonders engagierten Gruppen auch innerhalb der formalen Rahmenbedingungen immer wieder Chancen gibt. Insgesamt kann man als Mitglied eintreten, um sich zu engagieren, man kann es aber auch ohne sonderliches Engagement – in der CDU noch immer wohl leichter als in der SPD.

Örtlich können, vor allem unter kleinräumigen Bedingungen, Parteigliederungen ein sehr individuelles Gepräge haben. Ihm sind aber durch das ‚Bild' der Partei, das über die Massenmedien vermittelt wird, durch die Vorstellungen des politischen Gegners und in der Hauptsache durch die *Organisation* der Parteien und die entsprechende Einbindung der örtlichen Gliederungen Grenzen gesetzt. Diese Organisation war Anfang der 60er Jahre im wesentlichen ausgebildet; die Erfahrungen der großen Parteien fanden Eingang in das Parteiengesetz. Ihmzufolge muß die gebietliche Organisation so weit ausgebaut sein, „daß den einzelnen Mitgliedern eine angemessene Mitwirkung an der Willensbildung der Partei möglich ist". Dem dienen Gebietsverbände (vgl. Quellen 4.3.2.), in denen es Mitgliederversammlungen und Vorstände und auf höherer Ebene dann auch eine Vertreterversammlung gibt. SPD, CDU und CSU verfügen über eine ausgedehnte örtliche Organisation (Ortsverband, Ortsverein), zusammengefaßt auf der Ebene des Kreises oder des Bundestagswahlkreises (Kreisverbände, SPD-Unterbezirke), die für die FDP oft als unterste Ebene dienen. Als nächstes folgen die Bezirksebene, die nicht unbedingt den Regierungsbezirken entsprechen muß, und darüber der Landesverband, sofern es ihn gibt. Insgesamt bemühen sich die Parteien darum, den politischen ‚Ebenen' in ihrer Organisation zu entsprechen. Sie benötigen dazu eine nur eingeschränkt hierarchische Organisation, mit allerdings sehr deutlichen Delegationsstufen. Unter ihnen nimmt der Kreisverband eine Sonderstellung ein, weil auf dieser Ebene Ortsvereine von sehr unterschiedlicher Zahl und Größe zusammengefaßt werden, die später nie mehr zum Zuge kommen. H. Kaack (1971, S. 500) spricht vom Nadelöhr der mittleren Parteiebene, durch das nur wenige Ortsvereine mittels ausgeprägter Führerpersönlichkeiten mit ihren politischen Impulsen gelangen.

Auf der Kreis- oder Unterbezirksebene beginnt in der Regel auch die *büromäßige Organisation* der Parteien, in diesem Fall ‚von oben' finanziert, so daß das hauptamtliche Personal in zweifachen Loyalitätsbezügen steht. Bei dem Personal handelt es sich gebietlich um eine eher kleine und auch nicht sonderlich gut besoldete Gruppe von bürokratischen ‚Einzelkämpfern'. Erst auf der Bezirksebene gibt es richtige Büros mit entsprechender Ausstattung. Die Bezirke bilden auch lt. § 8 (2) des Organisationsstatus der SPD die „Grundlage der Organisation". In der CSU, die als am besten und straffsten organisiert gilt, ist der organisatorische Zentralismus noch ausgeprägter (vgl. *A. Mintzel*, 1975, S. 732 ff.). Er bewirkt (vereinfacht), daß auf der örtlichen Ebene die Mitglieder und die von ihnen gewählten Funktionäre noch ‚unter sich' sind, während auf allen anderen Ebenen Funktionäre und hauptamtliche Mitarbeiter das Feld beherrschen. Das Laienelement und das professionelle Element sind räumlich und organisatorisch deutlich voneinander unterschieden.

An der Spitze der büromäßigen Organisation stehen zuletzt die *Generalsekretäre* der Parteien, die über den Bonner und im Falle der CSU über den Münchner Apparat der Parteizentralen verfügen, denen die Parteisprecher unterstehen und die organisatorische, publizistische und programmatische Aufgaben zugleich haben. Ihr Gewicht ist mit dem Anwachsen der Parteien mitgewachsen. Es vermehrt sich auch deshalb, weil in aller Regel der Parteivorsitzende Regierungs- oder Oppositionschef ist und seine Stellvertreter meist auch zeit- und kraftraubende öffentliche Ämter innehaben. Damit fällt vieles auf den Generalsekretär zurück, was der Vorstand nicht leisten kann, ohne daß dies (sieht man von dem Sonderfall Heiner Geißlers ab) das Gewicht des *Parteivorsitzenden* und der übrigen Vorstandsgremien schmälert. Nur am Rande sei vermerkt, daß man es wohl als Ausnahme betrachten muß, daß im Falle des Bundeskanzlers Helmut Schmidt und des Parteivorsitzenden Willy Brandt die beiden zentralen Funktionen im parlamentarischen System getrennt wahrgenommen wurden. Die SPD hat das auch relativ teuer bezahlt. Es verschaffte der Partei Diskussionsspielraum, schwächte aber die Regierung.

Die Diskussion findet in allen Gremien statt, relativ öffentlich aber doch nur in den Mitglieder- und Delegiertenversammlungen. Domäne der Mitgliederversammlungen ist die Kommunalpolitik. Auch im Kreisverband dominieren oft noch die lokalen Angelegenheiten. Auf den ‚höheren' Stufen setzt sich entsprechend dem Verhältnis von Bundes- und Landespolitik meist die Bundespolitik durch. Deshalb erscheinen hinsichtlich der Gesamtstruktur der Partei die (Bundes-)*Parteitage* als das zentrale und ausschlaggebende Gremium, weil sie über das Programm entscheiden und den Vorstand wählen, der seinerseits in allen Parteien wegen seiner ständigen Präsenz und der Zuordnung der Parteiapparatur entscheidend für das öffentliche Auftreten und damit Image der Parteien und dessen Rückwirkung auf die Mitglieder ist. Organisation und Tätigkeit der (nur) durch Delegierte gewählten Parteitage haben unter dem Aspekt innerparteilicher Demokratie vor allem drei Mängel: Zum ersten eröffnet das Parteiengesetz die Möglichkeit, neben den gewählten Delegierten Parteitagsmitglieder mit Stimmrecht auszustatten. Das geht auf die frühere Verfahrenspraxis der CDU zurück und wird heute weniger auf den Bundesparteitagen – in der SPD: Stimmrecht des Vorstandes –, wohl aber in den Landesverbänden noch immer ausgenutzt. Nur ein Teil der Stimmberechtigten ist mithin gewählt. Zum zweiten legalisiert das Parteiengesetz ein anderes in der CDU ausgebildetes Verfahren, demzufolge die Parteitagsdelegierten nicht ausschließlich nach dem Stärkeanteil der verschiedenen Untergliederungen, sondern auch nach dem Wahlergebnis ermittelt werden. Ein Landesverband mit geringer Mitgliederzahl, aber hohem CDU-Stimmenanteil kann infolgedessen auf dem CDU-Bundesparteitag relativ mehr Delegierte stellen als ihm gemessen an seiner Mitgliederzahl zustünden. Das Parteiengesetz erlaubt es, bis zur Hälfte der Parteitagsmandate nach diesem Modus zu verteilen; CDU und FDP machen davon im Gegensatz zu SPD und CSU Gebrauch. Pragmatisch gibt es für diese Regelung Gründe; demokratietheoretisch ist sie unhaltbar, weil die Delegierten nur Mitglieder, nicht aber Wähler vertreten können. Zum dritten endlich gilt für die Parteitage, was generell für parlamentsähnliche Versammlungen von Verbänden gilt, denen alle Voraussetzungen eines Parlaments fehlen, also vor allem die Möglichkeit der internen Arbeitsteilung und die der klaren Fraktionsbildung mit entsprechendem Interessenausgleich. Praktisch dominieren in Vorbereitung, Aktion und zum Teil auch Anspruch auf Rederecht die Vorstände, während etwaige Minoritäten vergleichsweise lange mit Geschäftsordnungsmaßnahmen überspielt werden können.

Gibt die in der Praxis wohl unvermeidbare Delegationstechnik der Parteien schon zu einigen Bedenken Anlaß, sofern man Parteien vorwiegend unter partizipatorischem Aspekt betrachtet, so stimmen die vielfältigen *Nebenorganisationen* noch bedenklicher, welche meist dauerhafter und damit auch einflußreicher sind als die Delegiertenversammlungen der Gebietsorganisationen über dem Ortsverein. In der CDU ist das Vereinigungswesen sogar zu einem zweiten Prinzip erhoben. Nach § 39 des Parteistatuts handelt es sich um „organisatorische Zusammenschlüsse mit dem Ziel, das Gedankengut der CDU in ihren Wirkungskreisen (junge Generation, Frauen, Arbeitnehmer, Kommunalpolitik, Mittelstand, Wirtschaft, Vertriebene und Flüchtlinge) zu vertreten und zu verbreiten sowie die besonderen Anliegen der von ihnen repräsentierten Gruppen in der Politik der CDU zu wahren. Ihr organisatorischer Aufbau entspricht dem der Partei. Sie haben eine eigene Satzung, die der Genehmigung durch den Bundesausschuß bedarf". Außerdem kennt die CDU noch ihr nahestehende Vereinigungen, so vor allem den Wirtschaftsrat e. V., den Evangelischen Arbeitskreis und den Ring Christlich Demokratischer Studenten. „Gerade die Vereinigungen der CDU/CSU spiegeln die soziologische Breite der in der Bevölkerung der Bundesrepublik vorhandenen und in der CDU/CSU vertretenen Interessenkonstellation wider. Die Interessenvertretungen der CDU/CSU durch die Vereinigungen wird ergänzt durch Bundesfachausschüsse der CDU, wie den Agrarausschuß, den Bundeskulturausschuß, den Sportausschuß usw., in denen Abgeordnete, Vertreter der Landesverbände und Mitglieder der CDU sowie Fachleute aus allen politischen Bereichen an der konkreten politischen Arbeit der CDU mitwirken" (*H. Pütz*, 1971, S. 46 ff.). Da sich mit solchen Nebenvereinigungen automatisch Machtansprüche verbinden, vermeidet die SPD diesen Weg, obgleich auch sie mehrere Arbeitsgemeinschaften und sehr viele Ausschüsse kennt, welche nicht nur beraten, sondern auch besondere Interessen repräsentieren. Damit verbindet sich schwer wägbarer Einfluß, zumindest kann man im Parteivorstand ein- und ausgehen und seine Wünsche unmittelbar vorbringen. Einen Sonderfall stellen überall die Jugendorganisationen der Parteien dar.

Insgesamt dient der *Parteiapparat* primär der Wahlkampfführung und sodann der Schaffung von Voraussetzungen dafür, das erstere erfolgreich betreiben zu können. Die Partei wirbt. Sie wirbt Mitglieder und künftige Wähler; sie versucht, die vorhandenen Mitglieder bei der Stange zu halten und sie zu aktivieren; sie bemüht sich darum, mittels Pressearbeit, Veröffentlichungen und Mitgliedern ihre Sicht der Dinge darzustellen. Der Parteiapparat, der dies alles erledigen muß, dazu finanzieller Voraussetzungen und einer bürokratischen Struktur bedarf, arbeitet mit dem Blick nach außen, mit dem Blick auf die künftige Wahl und den unbekannten, durch Meinungsbefragung immer nur bedingt erschlossenen Wähler. Der Parteiapparat, so wie er sich z. Z. darstellt und systemgerecht erscheint, orientiert sich damit weniger nach innen, nicht an Postulaten innerparteilicher Demokratie. In ihm geht es um die innere Verwaltung der Partei, um deren Organisation, um Personalplanung, Öffentlichkeitsarbeit, Information und natürlich um die Politik, die in all dem zur Geltung kommen soll. In ihm sind Menschen tätig, die sicher zumeist voll engagiert sind und sich eines hervorragenden Überblicks erfreuen – damit zwangsläufig aber auch der Distanz zum einfachen Mitglied. Das Problemfeld innerparteilicher Demokratie läßt sich durch eine Vielzahl fast natürlicher Spannungsverhältnisse erklären.

Ein Organisationsproblem besonderer Art stellt das Nebeneinander von CDU und CSU dar. Es ergab sich 1945 und danach aus der relativen Sonderstellung Bayerns, hat historische Vorläufer (Zentrum – Bayerische Volkspartei), erlaubt gewisse programmatische Unterschiede und beruht zuletzt auf einem Stillhalteabkommen: Die CSU beschränkt sich auf Bayern, wird also nicht bundesweit Partei; die CDU verzichtet darauf, in Bayern einen eigenen Landesverband einzurichten. Beide Maßnahmen würden jeweils die Position des anderen Partners erheblich schwächen. Solange das Stillhalteabkommen funktionsfähig ist, kann man in Bonn eine gemeinsame Fraktion bilden, gemeinsame Wahlkampftreffen durchführen und sich auf Verfahren einigen, wie man gemeinsam zu einem Kanzlerkandidaten für die nächste Bundestagswahl kommt. Wenn es nicht mehr funktioniert, ergeben sich viele Reibungsmöglichkeiten. Die CSU hat das 1976 mit ihrem Beschluß von Kreuth demonstriert, der als Kündigung der bisherigen Fraktionsgemeinschaft zu einer neuen Vereinbarung führte und von der ab es immer wieder Streitigkeiten gab – die heftigsten vor der Nominierung von F. J. Strauß zum gemeinsamen Kanzlerkandidaten (die CDU hatte vorher E. Albrecht benannt) und nicht minder heftige während der Auflösungsphase der sozialliberalen Koalition im Herbst 1982. Viele dieser Turbulenzen gehen auf F. J. Strauß als Parteivorsitzenden zurück. Insgesamt wird man sie nicht überbewerten dürfen. Das Risiko einer ernstlichen Konfrontation ist für beide Teile zu groß. Auch in Bayern würde ein größerer Teil der CSU den Aufbau eines Landesverbandes der CDU unterstützen, wenn es dazu käme, während umgekehrt die Aussichten der CSU als einer bundesweiten Partei zwar nicht schlecht, aber doch nicht von der Art sind, daß man eine dominierende bundespolitische Position erwarten könnte. Die CDU hingegen würde ernstlich geschädigt.

Die Einbindung der Parteien in das politische System – und das Problem der Grünen, diese Einbindung zu vermeiden – wird in Zusammenhang mit der Parteiorganisation bei der Verflechtung von öffentlichen Ämtern und Parteifunktionen sichtbar. Noch deutlicher wird sie in Zusammenhang mit den *Finanzen der Parteien*. Um ihretwillen ist recht eigentlich das Parteiengesetz entstanden (vulgo: Parteienfinanzierungsgesetz), und ist es zu den meisten der einschlägigen Urteile des Bundesverfassungsgerichts gekommen. Ohne weiter auf die Entwicklung vor diesem Gesetz einzugehen (vgl. *U. Dübber*, 1962 und 1970, *H. Kaack*, 1971), kann man nach dem Gesetz zunächst von folgenden *Einnahmearten* ausgehen: Mitgliedsbeiträge, Spenden, Vermögenserträge, Beiträge des Staates und Einnahmen aus Veranstaltungen. Abgaben von Mandatsträgern und Kredite werden seit der Änderung des Parteiengesetzes 1983 nicht mehr gesondert aufgeführt. Die Vermögenserträge und die sonstigen Einnahmen spielen nur eine geringe Rolle. Das Interesse konzentriert sich auf die Mitgliedsbeiträge, die Spenden und die Staatsbeiträge. Letztere speisen sich aus fünf Quellen: Einnahmeverzicht durch die Steuerbegünstigung von Spenden; Zahlungen an die Fraktionen des Bundestages und der Länderparlamente, vereinzelt auch in Gemeinden; Zuwendungen an die parteinahen Stiftungen, die allein aus den Haushaltsplänen des Bundes 1987 eine Größenordnung von etwa 122 Mio Mark erreichen; Wahlkampfkostenerstattung nach dem Parteiengesetz; und neuerdings Zahlungen im Rahmen des Chancenausgleichs. Nur diese Erstattung und seit 1984 der Chancenausgleich sind in den Rechenschaftsberichten der Parteien erwähnt; insgesamt ergeben sich dabei für 1987: 184,8 Mio. DM (zu einer früheren Übersicht vgl. *H. H. v. Arnim*, 1982).

In ihren Rechenschaftsberichten (1968 bis 1984 vgl. Quelle 4.3.3.a.) unterscheiden sich die Parteien deutlich. Die SPD kann stolz auf ihre Mitgliedsbeiträge verweisen, die CDU hat hier aber nachgezogen. CDU, CSU und FDP verfügen über ein erhebliches Spendenaufkommen. Das verweist noch immer auf eher traditionelle Strukturen. Die Wahlkampfkostenerstattung verteilt sich gleichmäßig auf die Parteien und meist auch auf die Jahre. Nur 1979 und 1984 gab es jeweils einen Schub, weil die Erstattung für die Europawahl noch nicht in Abschlagszahlungen erfolgte. Betrachtet man die Größenordnung der jeweiligen Einnahmearten, so ergibt sich für 1984 und 1985 folgendes Bild:

	SPD		CDU/CSU		FDP		Die Grünen		Summe in Mio. DM	
	1984	1985	1984	1985	1984	1985	1984	1985	1984	1985
Beiträge	98	101	98	98	8	9	4	4	208	212
Spenden	16	15	36	32	9	10	6	9	67	66
Wahlkampfkostenerstattung	71	61	85	67	10	9	24	9	190	146
Zinsen und andere Einnahmen	13	16	16	19	2	2	1	5	32	42

Die Einnahmen der Parteien sind von etwa 107 Mio. DM im Jahre 1968 auf etwa 519 Mio. DM im Jahre 1984 gestiegen. Die Mitgliedsbeiträge einschließlich der Mandatsträgerabgaben haben sich in dieser Zeit fast versechsfacht, die Spenden ebenfalls, die Wahlkampfkostenerstattungen nahezu vervierfacht. Mit Abgaben belasten vor allem die SPD und die CDU ihre Mandatsträger, um so aus staatlichen Gehältern noch einmal eine Einnahmequelle zu erschließen. Sie belief sich 1982 auf etwa 40 Mio. DM, von denen die Mandatsträger der SPD etwa 16 und die der CDU etwa 17 Mio. DM aufbringen mußten. Am drastischsten haben sich die *Kreditaufnahmen* erhöht. 1968 handelte es sich hier wohl nur um den Ausgleich vorübergehender Kassenschwierigkeiten, später bemühte man sich immer deutlicher um diese Finanzierungsquelle (Kreditaufnahmen aller Parteien 1976: 30,5 Mio.; 1978: 42,4 Mio.; 1980: 77,8 Mio.) und machte damit drei Probleme sichtbar: Zum einen wurde es schwieriger, sich auf die ‚an sich' legitime Finanzierung, die nämlich durch die Mitglieder, zu konzentrieren, die Belastung der Mitglieder wurde vielmehr zu einem eigenen Problem[4]; zum zweiten geriet man damit in immer größere Abhängigkeit von Fremdfinanzierungen; zum dritten schließlich wurde immer deutlicher, daß sich die Einnahmeprobleme nur von der Ausgabenseite her lösen lassen. Die Abhängigkeit von der Fremdfinanzierung brachte die Parteien zudem auf mehreren Wegen ins Zwielicht: Die Diätenerhöhungen werden unsauber, wenn sie auch der Parteienfinanzierung dienen, und die Spenden sind den Parteien zwar höchst erwünscht, vom Gesetz aber zunehmend kontrolliert, weil sich gerade auf sie die ‚Rechenschaftspflicht' bezieht. Das führt dann immer wieder zur Umgehung des Gesetzes, zu unerquicklichen Spendenaffären und zu staatsanwaltschaftlichen Verfahren gegen Spender und Empfänger, die 1981 in Ermittlungen gegen mehrere Bundesminister einen Höhepunkt fanden.

4 Die Mitgliedsbeiträge bilden ein eigenes Problem: Die lapidare Feststellung in den Rechenschaftsberichten über ihre absolute Höhe sagt wenig aus. Parteiintern geht es um die Beitragshäufigkeit und um die Beitragsehrlichkeit. Die SPD – vgl. z. B. Jahrbuch 1984–1985 – gibt zu ersterem Auskunft. Danach hat sich die Kassenwirksamkeit der Mitgliedsbeiträge durch den fortschreitenden Einsatz des Bankeinzugsverfahrens verbessert. Dies gilt auch für die Beitragsehrlichkeit. Der durchschnittliche Monatsbeitrag betrug 1985 7,24 DM. Nach dem ab Anfang 1979 geltenden Statut entspricht dies etwa dem Mindestbeitrag von Mitgliedern, die über ein Nettoeinkommen in Höhe von DM 1500,– verfügen. Der Mindestbetrag für Mitglieder ohne Einkommen liegt bei 3,– DM. Im übrigen reicht die Beitragsskala sehr weit: Wer netto über DM 3000,– verdient, soll schon DM 50,– Beitrag zahlen, über DM 7000,– sind es dann DM 400,–. Trotz der großen Zahl der Hausfrauen, Schüler usw., die über kein eigenes Einkommen verfügen, ist nicht anzunehmen, daß der Durchschnittsbeitrag den tatsächlichen Einkommen entspricht. Die früher immer gerühmte Beitragsehrlichkeit in der SPD scheint also nachgelassen, der die Beitragssätze beschließende Parteitag scheint den Kontakt mit seiner ‚Basis' verloren zu haben. In der SPD selbst ist davon die Rede, die hohen Beitragssätze würden oft als Motiv für Austritte genannt und behinderten die Mitgliederwerbung.
Im Hintergrund dessen, was sich hier nur andeuten, nicht belegen läßt, steht das Problem der *innerparteilichen Finanzverteilung*. Die Ortsvereine kassieren die Mitgliedsbeiträge, behalten einen Teil ein und führen den größeren Teil ab. In der SPD behält man für die örtliche Arbeit knapp 30 % der Beitragseinnahmen. Die übrigen Prozente werden an den Bezirk abgeführt, der nach oben den Parteivorstand und nach unten die Unterbezirke sowie die Kreise beteiligt. Der Parteivorstand erhält etwa 20 %; rund 50 % erhält der Bezirk, was seine ‚Macht' in der Parteiorganisation unterstreicht. Das bürokratische Korsett verfügt über das meiste Geld. Der Parteivorstand und die Bezirke sind überdies auch die Empfänger der staatlichen Wahlkampfkostenerstattung. Das ermöglicht es ihnen u. a., die gesamte zentrale Wahlkampfführung zu übernehmen. Diejenige Ebene, auf der die Breitenarbeit geleistet wird, also die örtliche Ebene, verfügt nicht über zusätzliche Einnahmen. Das wirft psychologische Barrieren gegenüber der eigenen Parteiorganisation und -bürokratie auf. Ein offenkundig häufig beschrittener Ausweg ist dann der, daß Mitglieder nur einen Mindestbeitrag zahlen, um im übrigen dem Ortsverein eine größere Spende zu geben, die nicht abgeführt werden muß. Die Beiträge der Mandatsträger fließen zu 80 %, die Spenden zu 90 % an die den Bezirken nachgeordneten Gliederungen. Man entflieht so schon den eigenen Statuten und Prinzipien – ähnlich wie CDU und FDP es jahrzehntelang zugelassen haben, daß die Mitgliedsbeiträge einfach auf den unteren Ebenen ‚versickert' sind. Im Ergebnis belegt das Beispiel der SPD, daß die Finanzverfassung den innerparteilichen Zentralismus stärkt und daß sich dagegen wohl innerparteiliche Widerstände regen. Die Auseinandersetzung zwischen Parteiorganisation und ‚Basis' hat es keinesfalls nur mit politischen oder gar ideologischen Gegensätzen zu tun.

Das alles war bisher für die Parteien allerdings eher Anlaß, über eine Erhöhung der Staatszuschüsse oder über das Niederschlagen von Ermittlungsverfahren nachzudenken und vom Bundespräsidenten das Einsetzen einer einschlägigen Kommission zu erzwingen, als die *Wurzel des Übels* ins Auge zu fassen. Sie liegt eindeutig in den zum Teil absurd aufwendigen Wahlkämpfen, in den unsinnigen Anzeigenschlachten, Postwurfsendungen, Kleingeschenken, in der Broschürenflut und ähnlichem mehr. K.H. Naßmacher hat das in Beiträgen mit internationalem Vergleich nachgewiesen (zuletzt in PVS 1987, S. 101 ff.). Im Gesamtvergleich, der je einen vollständigen Wahlzyklus umfaßt und unter Berücksichtigung der notwendigen Bereinigungen kommt er zu dem Ergebnis, daß die Parteienausgaben pro Wahlberechtigtem 1977 bis 1980 in der Bundesrepublik etwa 34,25 DM betragen hätten, in den USA dagegen 7,65 DM, wobei in der Bundesrepublik ein Anteil von etwa 31 % auf die öffentlichen Mittel entfallen sei, der in den USA 19 % und in Kanada 20 % betragen habe. Auch wenn sich Parteien und Wahlkämpfe nur schwer vergleichen lassen: Daß in der Bundesrepublik die Aufwendungen für die Wahlkämpfe besonders hoch sind – zumal Sendezeiten in den öffentlichen Anstalten kostenlos zur Verfügung gestellt werden, welche die Parteien anderswo teuer erwerben müssen –, ist kaum zu bestreiten. Auf der Ausgabenseite läge also bereits ein Ansatz zur Lösung des Problems. Löst man es nicht, werden in Kürze die gesamten staatlichen Zuwendungen mehr als die Hälfte der Parteieinnahmen ausmachen. Niemand sollte sich auch (nicht nur wegen der innerparteilichen Demokratie und der internen Wirkungen von globalen Zuschüssen) der Auffassung des Bundesverfassungsgerichts verschließen, daß „eine völlige oder auch nur überwiegende Deckung des Finanzbedarfs der Parteien aus öffentlichen Mitteln ... mit der Funktion und Stellung der politischen Parteien, wie sie Art. 21 GG umschreibt, nicht vereinbar" ist (BVerfGE 52/63, hier S. 85). Die Parteien sollen ins politische System ‚hineinragen', nicht aber überwiegend in ihm aufgehen, sich nicht mit ihm identifizieren. Immerhin verdeutlicht die 1982 bereits rapide gesunkene Kreditaufnahme (16,6 Mio. DM) erste Anzeichen eines Umdenkens, auch wenn die Unsicherheit über die zukünftige Entwicklung hier eine nicht unbeträchtliche Rolle gespielt haben dürfte.

4.3.3. Die innerparteiliche Demokratie

Das Parteimitglied, welches seinen Verpflichtungen nachkommt, wählt die örtlichen Funktionäre und die Delegierten, wirkt bei der Auswahl der örtlichen Amtsträger mit, leistet mit seinem finanziellen Beitrag ein kleines Stück der Parteifinanzierung, bleibt mit all dem aber Teil einer Großorganisation, die bis zu einem gewissen Maße auch unabhängig von ihren eigenen Angehörigen ein Eigenleben führt. Die Voraussetzungen für innerparteiliche Demokratie sind in den Parteien, eben weil sie auf Dauer gestellte Großorganisationen sind, nicht günstig; die Mitwirkung des einzelnen Mitglieds erfolgt unter eingeschränkten Bedingungen. Dies wiederum liegt auf der Linie auch theoretischer Explikationen, die vor allem bei R. Michels (1957) ihren Ausgang nehmen. Michels traf die empirische Feststellung, daß gerade in den sozialistischen Parteien ein erheblicher Oligarchisierungstrend erkennbar sei. Später hat man das dem Augenschein nach oder auch aufgrund von Untersuchungen bestätigt und mehr oder weniger gerechtfertigt (z. B. *U. Lohmar*, 1963; *U. Müller*, 1967). Die Rechtfertigung läuft darauf hinaus, daß eine konsequente innerparteiliche Demokratie mit der repräsentativen

Demokratie unvereinbar und im übrigen auch gar nicht durchführbar sei. Der repräsentativen Demokratie mit ihrer klaren Rollenunterscheidung zwischen Wählern und Gewählten entspreche die klare Rollenunterscheidung zwischen den Parteimitgliedern und den von ihnen benannten Mandatsträgern. Sobald jemand ein politisches Mandat erhalten habe, bleibe er zwar in enger Verbindung zu seiner Partei, könne aber von den Mitgliedern keine Weisungen entgegennehmen. Dies sei zum einen technisch unmöglich, zum anderen widerspräche es den demokratischen Grundprinzipien, weil damit die kleine Zahl von Parteimitgliedern plötzlich an die Stelle der gesamten Wählerschaft trete.

Tatsächlich läßt sich nicht bestreiten, daß dem vorherrschenden Demokratietypus mit allen seinen Varianten eine konsequente innerparteiliche Demokratie mit der Folge direkter Abhängigkeit politischer Mandatsträger von der innerparteilichen Willensbildung nicht entsprechen kann. Wo so etwas im Einzelfall versucht worden ist, mußte es scheitern (vgl. die Diskussion über das ‚imperative Mandat' in der *ZParl* 1970, 1971 und 1974). Deshalb kann es sich systementsprechend bei praktizierter innerparteilicher Demokratie nicht um die Konsequenz eines Typus handeln, sondern lediglich um ein *praktikables Miteinanderumgehen von Mitgliedern, Funktionären und Mandatsträgern*, eine bewußt vage Formulierung. Die in der Vergangenheit immer wieder versuchten Funktionsunterscheidungen zwischen der handelnden Fraktion und der werbenden Partei, zwischen den entscheidungsorientierten Mandatsträgern und der prinzipienorientierten innerparteilichen Willensbildung gehen an der Realität vorbei. Zu dieser Realität gehört auch eine merkwürdige Diskrepanz: Die örtlichen Parteigremien üben Herrschaft über ihre Mandatsträger zumindest in der Form aus, daß strenge Anwesenheitspflicht besteht. Es gibt durchaus so etwas wie örtliche Abhängigkeit, wenn auch kaum im Programmatischen und nur selten mit Blick auf konkrete Entscheidungen – von der Ortspolitik selbst abgesehen. Insofern haben wir es mit einer Wechselbeziehung zwischen unten und oben zu tun. Zu ihr gehört einerseits, daß ein gewichtiges Stück der Integration innerhalb der Parteien auf dem Wege über die Massenmedien erfolgt, was die Position der Parteiführer stärkt, und andererseits, daß die örtliche innerparteiliche Diskussion zwar wenig bewirken mag, von einer gewissen Größenordnung an aber keine Parteiführung sich über Stimmungen und Meinungen der sogenannten Basis – ein Begriff, der mehr verschleiert als präzisiert – einfach hinwegsetzen kann. Versucht sie es doch, kommt es zum Konflikt. Die SPD konnte das Godesberger Programm nur beschließen, weil dem Beschluß eine lange, mühsame und in der Wirkung beruhigende Diskussion vorausgegangen war. Die FDP konnte den Kurswechsel zur sozialliberalen Koalition, der mit der Wahl Heinemanns zum Bundespräsidenten einsetzte, nur vornehmen, weil sie vorher ihre Mitglieder informiert und befragt hatte – im Landesverband Bayern ergab eine schriftliche Abstimmung eine Mehrheit von über 60 Prozent. Der Kurswechsel im Jahre 1982 wurde dagegen publizistisch zwar lange signalisiert, innerparteilich aber nicht thematisiert. Da man die öffentlichen Angriffe von Genscher und Graf Lambsdorff auf die SPD weithin als taktische Manöver empfand, kam der faktische Koalitionswechsel überraschend und führte zu einer Existenzkrise der Partei. Das sich darin ausdrückende Wechselverhältnis zwischen ‚oben und unten' ist aber weder berechenbar noch wirklich auf den Begriff zu bringen. Es stellt sich tatsächlich immer wieder her oder es geht eben verloren, was Wissenschaft bestenfalls deskriptiv nachzeichnen, kaum präskriptiv aufgrund klarer theoretischer Prämissen voraussagen kann. Der wichtigste Grund: Wenn immer Charisma, Führertum, persönliche Verehrung und

ähnliches im Spiel sind – ohne sie existiert keine große demokratische Partei, deren innerer Zusammenhang nur teilweise über Programm, Gesinnungen, Interessen gewährleistet sein kann –, geht es um theoretisch nicht aufzuarbeitende Unwägbarkeiten.[5]
Indessen ist nicht nur das Wechselverhältnis zwischen unten und oben zu beachten: Innerparteiliche Demokratie bewährt sich auch und gerade im Nebeneinander der verschiedenen Standpunkte, in der Diskussion, im Erarbeiten neuer Positionen, im Ertragen und Nutzen innerparteilicher Diskussion (vgl. *J. Raschke*, 1977). Sie bewährt sich formal, indem alle Beteiligten die innerparteilichen Regeln in fairer Weise einhalten. Daß dies keinesfalls selbstverständlich ist, sei nur am Rande erwähnt. Die Flügelkämpfe in der SPD haben auch und gerade eine formale Komponente, weil Formalien unfair genutzt werden können, um den jeweiligen Parteikern zu sichern. Das bekam früher eher die ‚Linke' in der SPD zu spüren (Beispiele bei *J. Raschke*, 1974), später trumpften die Linken formalistisch auf – Georg Kronawitter (1979) hat das aus persönlichem Erleben und mit viel Erbitterung nachgezeichnet. Wie oft ‚Gemäßigte' in der SPD das Feld räumten, weil ihnen der innerparteiliche Umgangston nicht mehr behagte, wird sich kaum ermitteln lassen, die über 4000 Parteiaustritte allein in München zu Beginn der 70er Jahre lassen aber die Größe dieser Gruppe ahnen. Umgekehrt sieht man bei prominenten Politikern auch dann lange zu, wenn sie sich deutlich parteischädigend verhalten. Die SPD-Führung tat sich z. B. 1981 schwer, gegen den Bundestagsabgeordneten Hansen vorzugehen und mußte dann noch heftige innerparteiliche Kritik hinnehmen – der letzte Fall eines spektakulären Ausschlusses, wie er in der SPD immer wieder, wenngleich insgesamt nicht sehr häufig, vorgekommen ist und jedesmal zu der Frage nach der innerparteilichen Diskussionsfreiheit geführt hat.
Wichtiger als die formale ist die *inhaltliche Bewährung der innerparteilichen Demokratie*. Sie allein gewährleistet, daß in der Partei ein großes Spektrum von Ideen und Interessen zur Geltung kommt. Dabei ist nicht allein entscheidend, was davon zur eindeutigen Mehrheitsmeinung wird, sondern auch, was man von den Minderheitsmeinungen berücksichtigt. Nur so kann man die Dinge immer neu überdenken und behält die Fähigkeit, Positionen langsam zu erarbeiten und in Reserve zu halten, bis man auf sie zurückgreifen will oder muß. Das Verhältnis von Parteimehrheit zur Parteiminderheit läßt sich nicht ähnlich formalistisch betrachten wie das von Mehrheit und Minderheit im Parlament; die Minderheit ist vielmehr ein unentbehrlicher Teil der Partei: 1982 bewiesen

5 Die Wissenschaft ergeht sich deshalb eher in Typologien in der Art von *M. Weber* oder in biographischen Bemühungen, die gelegentlich psychologische Erklärungsmuster einbeziehen. Daß Führertum und die Anforderungen an politische Führer immer weithin unbestimmt bleiben, sich vielmehr an den Eigentümlichkeiten von Personen und an den Besonderheiten von Situationen (Führer ist, wer aus der Situation herausführt), also sehr unterschiedlich, manifestieren, hat oft unerwartete Konsequenzen. Als R. Hochhuth dem baden-württembergischen Ministerpräsidenten Filbinger nachwies, als Kriegsrichter 1945 an einem Todesurteil beteiligt gewesen zu sein, hätte Filbinger als politischer Führer reagieren, d. h. sein Fehlverhalten zugeben und aus der Zeit erklären müssen. Er berief sich aber auf die Befehle, die für ihn galten, war zu keinem Bedauern fähig und reagierte nur äußerst polemisch. Das führte zur Eskalation. Man wies Filbinger weitere Todesurteile nach, die dieser ‚vergessen' haben wollte, was dann allmählich Kritik auch innerhalb der CDU erzeugte und schließlich den Rücktritt Filbingers erzwang. Dieser fühlte sich als Opfer einer ‚Rufmordkampagne', stürzte aber in Wahrheit nicht wegen seines Verhaltens 1945, sondern wegen seiner Unfähigkeit, sich 1978 so zu verhalten, wie man es von einem führenden Politiker erwartete. Entscheidend bleibt, daß sich diese Erwartungen nicht auf den Begriff bringen lassen und vielfach variieren; ein Betroffener mag das durchaus als ungerecht empfinden.

die Wahlen in Hamburg, Hessen und Bayern, daß der wirtschaftsliberale Flügel der FDP allein nicht über die 5-Prozent-Hürde kam und der sozialliberale Flügel, mit Programmschwerpunkten in der Rechts- oder in der Friedenspolitik, eher noch schwächer war. Das Beispiel zeigt aber auch, daß man Flügelkämpfe in einer Partei nicht durch Abstimmungen beenden kann, sondern sie ausdiskutieren und dabei ihres Kampfcharakters entkleiden muß.

Im Blick auf die Entwicklung bis etwa 1980 erscheint die Bewertung erlaubt, daß die etablierten Parteien nicht zureichend in der Lage waren, die in ihnen enthaltenen Positionen fruchtbar zu machen. Positionsunterschiede wurden eher tabuisiert, ausgebrochene Flügelkämpfe wurden nicht sinnvoll beendet. Das hinderte die Parteien daran, alle politischen Strömungen aufzugreifen und widerzuspiegeln. So gerieten sie in den Sog einer Kritik, auf die etwa die ‚Grundwerte-Kommission‘ der SPD mit einem Thesenpapier ‚Zur politischen Kultur in der Demokratie‘ reagierte (Januar 1980), die H. Scheer zu seinem Buchtitel ‚Parteien kontra Bürger?‘ provozierte und auf die die Junge Union im August 1982 mit Vorschlägen zur ‚Reform des Parlamentarismus und der Parteien‘ einging. Sie alle konstatierten eine Entfremdung zwischen Bürgerschaft und Parteien, was partizipatorisch (Erstarrung, Bürokratisierung der Parteien) und inhaltlich (Kompetenzverlust der Parteien, ‚knappe Personaldecke‘) interpretiert werden kann. In der Hauptsache kam solche Kritik den *alternativen Bewegungen* zugute. Sie griffen Problemkomplexe auf, welchen die etablierten Parteien wegen der vielfältigen Probleminterdependenz auswichen, und versprachen neue Formen der politischen Meinungs- und Willensbildung, in denen die äußere Form nie über das Individuum und seine Spontaneität obsiegen sollte. Sie wollten deshalb ‚alternativ‘, ‚Bewegung‘, also nicht Partei, und vor allem unmittelbar sein, ihre Angehörigen selbst zu Wort kommen und nicht durch ‚Stellvertreter‘ repräsentieren lassen. Die unvermeidliche Beeinträchtigung der innerparteilichen Demokratie einerseits und eine deutliche Erstarrung der ‚etablierten‘ Parteien andererseits, die zum Verlust eines Teiles der jedenfalls möglichen innerparteilichen Partizipation beitrug, führten den alternativen Bewegungen ein sichtbares Potential an politischem Engagement zu und dienten ihnen gleichzeitig als Folie für alles das, was man unbedingt vermeiden wollte. Auch insofern bleibt es gerechtfertigt, das ‚Alternative‘ an den neuen sozialen Bewegungen deutlich hervorzuheben und es bei Benutzung des Begriffes ‚Grüne‘ stets mitzudenken – mit ‚grün‘ beginnen ja bereits programmatische Verengungen.

Die *Grünen* stehen hier für den auf Mitwirkung im Parlament zielenden Teil der neuen sozialen und politischen Bewegungen. Man kann sie insofern mit den Bürgerinitiativen vergleichen, als diese eine Reaktion auf Erstarrungen im Verbände- und im örtlichen Parteiensystem darstellen. Der Vergleich führt dann auch zu ähnlichen Problemen. Abgesehen von dem Vorrang einiger politischer Themenkomplexe (Umwelt, Friedenspolitik) erweist sich als eindeutig eher, was man negiert, während umstritten oder unklar bleibt, wie man sich im Rahmen der repräsentativen Demokratie und ihrer ohne revolutionäre Prozesse kaum zu ändernden Handlungsbedingungen weiterhin verhalten will. Die Ablehnung der ‚Stellvertreterdemokratie‘ und das Postulat, den Mitgliedern der Gruppe möglichst Mitspracherechte einzuräumen, vermögen zwar großes Engagement zu erzeugen. Es handelt sich aber offenkundig um ein Engagement, welches sich nur schwer in großräumige und flächendeckende Organisation und Aktion umsetzen läßt. Tatsächlich wird zunächst die soziale Nähe der Akteure und ihre enge Einbindung in das Umfeld der Sympathisanten vorausgesetzt – ein Element, das frühere Klassen- und/

oder Weltanschauungsparteien wie die SPD und das Zentrum in der örtlichen Gruppe bereithielten. Den Grünen fehlt die Möglichkeit eines gewissermaßen selbstverständlichen Rückgriffes auf solche Gruppen. Bis jetzt ist noch immer von eher zufällig örtlich entstehenden Gruppen mit stark individualistischem Gepräge auszugehen, die erst überörtlich einem gewissen Organisationsgrad unterliegen. Die Sensibilität gegenüber dem ‚Politikum der Form' (so der Titel eines Aufsatzes von *W. D. Narr*, in: Leviathan 1980, S. 143 ff.) vermindert dabei die eigene organisatorische Entfaltung, zumal die Positionen von ‚Fundamentalisten' und ‚Realpolitikern' hier nahezu unversöhnlich aufeinanderprallen. Die ‚Entförmlichung' (C. Offe) als Programm verhindert das Ausbilden von ‚Rollen' und macht alles weitere von einem jeweils zureichenden Maß an Spontaneität abhängig. Diese ‚gegenkulturelle' Bewegung gegen Triebkräfte der modernen Gesellschaft muß deshalb auf die Stelle zielen, an der Spontaneität ihre Chance hat. Staatstheoretisch bieten sich daher Aufgabenabbau, Dezentralisierung und Förderung autonomer Bemühungen an. Politisch sind nicht die flächendeckenden, sondern die konkreten Programme gefragt, aber auch sofort wieder umstritten. Die Auseinandersetzungen um Joschka Fischers Rolle im Rahmen der rot-grünen Koalition in Hessen haben dies exemplarisch verdeutlicht.

Immerhin gelang es den Grünen, mit ihrem Einzug in Kommunalvertretungen und Landesparlamente ab Ende der 70er Jahre die Parteienlandschaft deutlich zu verändern. Während sie dabei im kommunalen Raum häufig auch politische Verantwortung übernahmen, blieb die Beteiligung an der Koalition in Hessen der bislang einzige Fall auf Bundes- oder Landesebene. Die hierbei gemachten Erfahrungen verweisen auf Interessengegensätze, in denen eine Bruch- oder sogar Spaltungskonstellation angelegt sein könnte. Je länger auch parlamentarisch vertretene Grüne in einer Fundamentalopposition verharren, je problematischer dürfte sich dies auf ihre erwachsener werdende und in Verantwortungsrollen hineinwachsende Stammwählerschaft auswirken. Dies könnte sich insbesondere dann sehr schnell als Problem erweisen, wenn – ähnlich der Friedensbewegung – die ökologischen Belange nicht mehr jene öffentliche Aufmerksamkeit erfahren, die ihnen in den vergangenen Jahren zukam. Bei den wachsenden Erfolgen auch der großen Parteien, dieses zentrale Themenfeld zu ‚besetzen', ist nicht auszuschließen, daß dies mit einer Existenzgefährdung grüner und alternativer politischer Gruppierungen in der Bundesrepublik verbunden ist (zu weiteren Nachweisen *B. Guggenberger/U. Kempf*, 1984, *K. W. Brand*, 1985, *J. Raschke*, 1985).

Idealtypisch könnte man die ‚etablierten' Parteien und die alternativen ‚Bewegungen' im Blick auf innerverbandliche Demokratie unter den Handlungsbedingungen eines repräsentativen politischen Systems so vergleichen, daß die *Etablierten* dieses politischen Systems sich verläßlich bedienen, sich dazu gut organisieren und in der Organisation zwar das Mitglied mitwirken lassen, sich aber keinesfalls von dieser Mitwirkung abhängig machen, während die *Alternativen* ohne Rücksicht auf das System und auf ihren denkbaren Einfluß vorwiegend an die (innerverbandliche) Mitgliederbeteiligung denken. Die Etablierten geraten damit in Gefahr, auf die Anregungen zu verzichten, welche von Mitgliedern, Gruppen und Minderheiten ausgehen können; die Alternativen wiederum konzentrieren sich ganz auf diese Anregungen und punktualisieren so ihr Programm im Verbund mit einer deutlichen in-group-Bildung. Damit prägen idealtypisch die Etablierten ihre Fähigkeit aus, Wegweiser für Problemlösungen zu sein, die das politische System anbieten muß, während die Alternativen eher als Suchsysteme fungieren. Allerdings galten die Polarisierungen „Ortsbezug statt gesamtstaatlicher Perspektive, pragmatisch-lebensweltliche statt theoretisch-ideologischer Orientierung, Flexibilität und punktuelle Aktion statt flächendeckender Programmatik, Entbürokratisierung und Selbsthilfe statt administrativer Problemverarbeitung, wechselnde Interessenvertretung statt Professionalisierung der Mandatsträger" nur für die Frühphasen alternativer Parteibildungen. Insbesondere die im parlamentarischen Raum gewonnenen Erfahrungen verweisen inzwischen auf deutliche Professionalisierungsprozesse, wenn dies auch in der – personalisiert gesehenen – Gegenüberstellung von J. Ditfurth und O. Schily nicht zum Ausdruck zu kommen scheint. Entscheidend wird sein, ob reale oder vermeintliche „funktionale Erfordernisse" dabei den Weg in Richtung der „Altparteien" vorzeichnen oder ob es diesen Gruppierungen gelingt, ihren Charakter als partizipatorische Herausforderung des Parteiensystems zu erhalten. Damit ist gleichzeitig auch wieder das Thema der innerparteilichen Demokratie angesprochen. Täuscht die Erfahrung in den anderen Parteien nicht, werden auch die Politiker alternativer Parteien jenen mittleren Weg finden müssen, auf dem Engagierte zum Zug kommen, ohne daß die einfachen Mitglieder den Eindruck gewinnen, unberücksichtigt zu bleiben.

4.3.4. Programme und politische Schwerpunkte der Parteien

Parteien benötigen, um Anhänger und Wähler zu gewinnen, ein politisches Profil. Mit ihnen müssen sich, wollen sie Erfolg haben, mehr oder weniger bestimmte Erwartungen verbinden. Ihr Profil ergibt sich zu einem gewichtigen Teil aus ihrem eigenen Befund, also aus ihrer sichtbaren Existenz, aus dem Auftritt ihrer Repräsentanten, aus den Erfahrungen, die man mit ihnen gemacht hat. Es ergibt sich sicher nur zu einem (kleineren) Teil aus ihrer rationalen Bemühung um den jeweiligen politischen Standort, eine Bemühung, die sich in Deutschland meist in politischen Programmen niederschlägt. Die Programme dienen der internen Verständigung und machen nach außen die Identität der Partei sichtbar. Sie müssen dazu einigermaßen dauerhaft und deshalb auch relativ abstrakt sein. Zugleich spiegeln sie aber auch eine bestimmte Situation wider.
In der Bundesrepublik waren längerhin deren Gründungsbedingungen auch für die Parteiprogramme bestimmend: Die SPD knüpfte 1945 weithin an 1932 an, bekannte sich zum *demokratischen Sozialismus*, um diesen später im Godesberger Programm von 1959 neu zu interpretieren, und distanzierte sich noch deutlicher als früher vom *Kommunismus*. Dieser war allerdings angesichts dessen, was sich in der Sowjetischen Besatzungszone und dann in der DDR abspielte, ohnehin diskreditiert und hatte keinerlei politische Chance. Er konnte nur dazu dienen, eine angebliche Einheit von Sozialismus und Kommunismus zu behaupten, um so den ersteren in der politischen Auseinandersetzung zu denunzieren. Schwieriger lag es im bürgerlichen Lager. Die *Liberalen* waren bis 1933 völlig zerrieben, so daß man nach 1945 kaum an eine Tradition anknüpfen konnte und sich die neue liberale Partei eher in einzelnen Gruppen mit gelegentlich recht zufälligen Ausprägungen des Liberalismus formierte. Die CDU war dagegen ganz weitgehend eine *Neugründung*, welche zwar an das Zentrum anknüpfte, dessen Begrenzungen aber von vorneherein überwinden wollte – die CSU ging ähnlich vor, blieb aber der Bayrischen Volkspartei doch stärker verbunden – und sich deshalb unbefangen einer programmatischen Neuorientierung zuwandte, in der *christliche, bürgerliche und soziale Elemente* zusammenflossen.

Die genannten Parteien, neben der KPD von den Besatzungsmächten lizenziert, erwiesen nach dem Fortfall einschlägiger Begrenzungen eine vor allem im Vergleich zur Weimarer Zeit erstaunliche *Integrationskraft*. Sie integrierten sehr bald den 1950 in Schleswig-Holstein entstandenen BHE (Block der Heimatvertriebenen und Entrechteten), später GD-BHE (Gesamtdeutscher Block). Dieser erwies sich trotz zum Teil drastischer nationalistischer Untertöne als Prototyp einer Interessenpartei, welche die von ihr vertretenen Belange nur durch Regierungsbeteiligung befriedigen kann, was in Schleswig-Holstein, Bayern, Hessen, Niedersachsen und Baden-Württemberg auch gelang. Die Integration der Heimatvertriebenen vollzog sich – unterstützt durch die einschlägige Politik – dann aber so rasch, daß die Interessenbasis des BHE verschwand und diese Partei von den anderen aufgesogen werden konnte. Ähnlich ging es mit ganz anderen Vorzeichen den beiden Landesparteien, der Bayernpartei und der Deutschen Partei in Niedersachsen. Beide boten nur vorübergehend und stark personenabhängig eine gewisse Alternative zu den bürgerlichen Parteien ihres Landes und ließen sich bald rückstandslos integrieren. Von anderen Nachkriegserscheinungen – z. B. der WAV (Wirtschaftliche Wiederaufbauvereinigung) – zu reden, lohnt nicht.

Die *Integrationskraft* der Bundestagsparteien der 60er und 70er Jahre erstreckte sich nicht nur auf derartige kleinere Konkurrenten, sie wirkte sich auf das *ganze denkbare politische Spektrum* aus. Jedenfalls entstand rechts und links von diesen Parteien nur begrenzt das Bedürfnis nach Bildung eigener, radikaler Parteien, nachdem die SRP (Sozialistische Reichspartei) und die KPD, wie erwähnt, vom Bundesverfassungsgericht verboten worden waren. Die radikalen Nachfolgeparteien der 60er und 70er Jahre, die NPD und die DKP (die KPD gibt es als weitere Splittergruppe) stehen insofern im Schatten dieser Urteile, als sie immer wieder ihre Verfassungstreue betonen und damit Erwartungen potentieller Anhänger enttäuschen müssen. Sie bedrohen mit ihren Wahlergebnissen die etablierten Parteien kaum, was allerdings weder etwas über den Rechts- noch etwas über den Linksradikalismus in der Bundesrepublik aussagt. Erst zum Ende der 70er Jahre schwächte sich die Integrationskraft der etablierten Parteien wieder ab, nachdem sie sich gegenüber der APO (Außerparlamentarische Opposition) der späten 60er Jahre noch einmal glänzend bewährt hatte. Jedenfalls reagierten die Parteien nicht offen genug auf den sich abzeichnenden Wertewandel auch in der Politik, schenkten zentralen Themen wie der Umwelt- und Friedensdiskussion zu geringe Aufmerksamkeit und vermochten sich in Organisation und Parteileben nicht den neuen partizipatorischen Erwartungen anzupassen. Die Alternativen traten auf den Plan, als ‚Alternative' erst einmal in der Form deutlicher Abkehr vom etablierten Parteiensystem.

Die programmatische Entwicklung der (vereinfacht) Bundestagsparteien (und ihre Integrationskraft) weisen zwei Eigentümlichkeiten auf. Zum einen konnte man am traditionellen *rechts-links-Schema*, ursprünglich mit der Sitzordnung im Parlament entstanden, dann ein ebenso undifferenziertes wie wirkungsvolles Modell der Wirklichkeitserfassung, festhalten. Damit ließ sich verkennen, daß sich in allen Parteien bewahrende und verändernde Kräfte finden, daß die Veränderung der Gesellschaft durch Wirtschafts- und Gesellschaftspolitik mit beeinflußt werden kann – die CDU hat z. B. kräftig zum Entstehen der ‚nivellierten Mittelstandsgesellschaft' beigetragen, welche sie mit ihrer Schulpolitik eher bekämpfen will – und deshalb Parteien widersprüchliche Ziele verfolgen und ‚Fortschritt' einem Bedeutungswandel unterliegt, es z. B. manchmal durchaus fortschrittlich sein kann, wenn man sich Veränderungen widersetzt. Das genannte Schema, ursprünglich inhaltlich vorwiegend an der Eigentumsverteilung orientiert, verengt deshalb die politische Perspektive und wird den Parteien mitsamt ihrer internen Vielfalt kaum gerecht. Das mag aber auch mit der zweiten Eigentümlichkeit zusammenhängen, nach der die gewaltigen sozialen und ökonomischen Umwälzungen der Zeit nach 1945 im wesentlichen mit einem (internationalen) Parteiensystem bewältigt worden sind, das um 1920 ‚eingefroren' ist. Dies kann – positiv – auf eine große Anpassungsleistung verweisen, die der innerparteilichen Opposition immer wieder Zugang verschafft und das politische Spektrum erweitert hat (vgl. *J. Raschke*, 1977, und zur Einfrierungsthese z. B. *M. R. Lepsius*, 1966, oder *S. Lipset/St. Rokkan*, 1967). Negativ kann es aber auch einen ‚natürlichen' Konservatismus von Großorganisationen belegen, welche einen Teil der Veränderungen nicht wahrnehmen oder doch nicht auf ihn reagieren und die deshalb oft erst von externen Kräften zu einem angemessenen Verhalten gezwungen werden. Solche externe Kräfte können Verbände oder eben auch alternative politische Bewegungen sein, die die Anpassungsfähigkeit des Parteiensystems erheblich zu stimulieren vermögen.

Die (vier) Parteien traten nach 1945 zunächst mit ‚Grundsätzen', ‚Erklärungen' oder ‚Manifesten' an die Öffentlichkeit (ausführlich dokumentiert von *O. K. Flechtheim*, 1962 ff.), die sich einzelnen Problembereichen zuwandten. Die eigentliche *Programmarbeit* begann erst nach Gründung der Bundesrepublik, mit der einige grundlegende Entscheidungen verbunden waren – so die für die soziale Marktwirtschaft. 1953 legte die CDU ihr Hamburger Programm vor, 1957 folgten das Grundsatzprogramm der CSU und das Berliner Programm der CDU, 1959 beendete die SPD die erste Runde mit ihrem Godesberger Programm. In dieser Zeit bürgerte sich die Unterscheidung zwischen Grundsatz-, Aktions-, Wahl- und Regierungsprogrammen ein (vgl. *H. Flohr*, 1968). H. Kaack (1971, S. 401 ff.) unterschied zwischen Funktionen nach außen (Werbung, Profilierung, Agitation) und nach innen (Integration, Identifikation, Stimulation, Legitimation usw.). Später folgten Bekundungen für Teilbereiche oder programmatische Erklärungen im Zusammenhang mit Wahlen, aber in begrenztem Umfange auch deutliche programmatische Neuorientierungen, wie die ‚Freiburger Thesen' von 1971, mit denen die FDP die sozialliberale Koalition absicherte und denen sie 1977 die ergänzenden ‚Kieler Thesen' folgen ließ, oder wie der Orientierungsrahmen '85 der SPD, mit dem diese den Weg in die 80er Jahre vorbereiten wollte, ohne sich im Beratungszeitraum schon mit den tatsächlichen Veränderungen auseinandersetzen zu können. Auch das neue Grundsatzprogramm der CSU (1976) gehörte hierher; die CDU beschloß überhaupt erst 1978 ein ausgesprochenes Grundsatzprogramm. Thesen, Orientierungsrahmen, Programme oder später die gemeinsamen Bemühungen von CDU und CSU in Berlin 1980 führten immer wieder zu mehr oder weniger heftigen innerparteilichen Diskussionen. Sie konnten und können aber eine gewisse *Programmüdigkeit* oder sogar -verdrossenheit nicht überdecken. Sie konnten auch nicht überdecken, daß zwischen den Parteien zwar viele Unterschiede bestehen, man sie aus den programmatischen Unterlagen aber mühsam herausdestillieren muß. Unterschiede in der praktischen Politik sind hingegen klarer sichtbar. Behauptungen über einen gefährlichen Kurs des politischen Gegners stützen sich auch selten auf dessen Programm, eher schon auf seine Tradition. Die Parole ‚Freiheit oder Sozialismus' läßt sich nicht auf sozialistische Thesen in SPD-Programmen gründen; ihr Siegeszug setzte ein verbreitetes Verständnis von Sozialismus mit überwiegend negativer Besetzung voraus.

Wenn man den Parteien und den Unterschieden zwischen ihnen über die Programme nur schwer beikommt und wenn andererseits in einem Lande mit einer ausgeprägten

Tradition von Weltanschauungsparteien die späteren Bundestagsparteien bald nach 1945 ‚ideologisch' dem Wähler völlig genügten, liegen zwei Erklärungen auf der Hand. Die erste: *Alle politischen Weltanschauungen des 19. Jahrhunderts haben* – mit Ausnahme des programmatisch blassen Konservatismus – *gesiegt*. Jedermann will heute liberal und sozial sein, nahezu alle politischen Gruppierungen bekennen sich zu irgendeiner Form des Pluralismus, womit (auf einem Umweg freilich) christliche Ideen und Kräfte in der Politik einen ganz legitimen Platz finden. Jedermann ist mithin nur gegen ideologische oder militante Übersteigerungen, ist gegen den ‚Klerikalismus in der Politik' (so der Titel eines von Th. Ellwein 1955 veröffentlichten Buches), ist gegen allzu liberalistisches Gewährenlassen oder gegen sozialistische Politik, die sich wieder auf die ursprünglichen weltanschaulichen Elemente des Sozialismus stützt – ein Weg, vor dem Gesine Schwan (1979) eindrucksvoll warnte. Jener Siegeszug setzte einen gewissen Angleichungsprozeß, ein Aufeinanderzugehen voraus. Dem haben die Parteien in der Bundesrepublik durch das Aufgreifen des Begriffs von der *Volkspartei* zu entsprechen versucht. Zugleich war häufig von einer *Entideologisierung* die Rede. Beides kann gewisse Widersprüchlichkeiten verständlich machen, mit denen jede Partei lebt: Die CSU, wenn sie sich als Hüter des Föderalismus präsentiert und in Bayern im Vergleich zu den anderen Bundesländern ein hartes zentralistisches Regiment führt; die FDP, wenn sie marktwirtschaftlich konsequenter sein möchte als die CDU, um zugleich eine Bildungspolitik zu propagieren, welche deutlich Gleichheitsvorstellungen entspricht; die CDU, wenn sie einerseits das nationale Erbe wahren will, zugleich aber konsequent den Weg der internationalen Zusammenschlüsse geht, während die SPD, einstmals Hüterin eines (klassenorientierten) Internationalismus zum Wortführer einer nationorientierten Politik wird.

Die zweite Erklärung für die ideologische Genügsamkeit des Wählers und für das Abflachen der eindeutigen Unterschiede zwischen den Parteien ergibt sich aus der Politik selbst: *Die Kernfragen der Politik des 19. Jahrhunderts scheinen beantwortet*. Das ‚Gesetz der wachsenden Staatstätigkeit' hat sich durchgesetzt. Keine Partei kann rückgängig machen, was seit der zweiten Hälfte des 19. Jahrhunderts an Aufgaben auf den Staat zugekommen ist. Keine Partei kann sich auch einer Situation entziehen, in der jede (neue) Regierung erst einmal einen gegebenen Aufgabenbestand verläßlich zu bewältigen hat. Das ‚System' muß bedient werden. Damit wird es immer schwieriger, politische ‚Akzente' zu setzen, einen oft behaupteten ‚Kurswechsel' vorzunehmen, sich ‚Handlungsspielräume' (des Staates) zu erkämpfen, um dann Politik nach den eigenen Vorstellungen zu machen. Die inkrementalistische Politik, von der die Rede war, zwingt sich auf.

Angesichts der Annäherung in den Wertvorstellungen und der vielfach übereinstimmenden Anpassung der Parteien an die neuen Gegebenheiten, angesichts auch einer Art *Ideologie der Entideologisierung* kam es zu manchen Befürchtungen: „Wenn Parteien keine bestimmten Gesellschaftsschichten mehr repräsentieren und deren Machtpotential politisch vertreten, fallen die politischen Alternativen weg. Das Wechselspiel von Regierung und Opposition im Parteienstaat hört auf. Parteienpolitik ist dann nicht mehr der Kampf zwischen verschiedenen Ordnungsvorstellungen; vielmehr befriedigt, wer einmal in der Regierung ist, die wichtigsten Wählerwünsche, ohne daß die Opposition mithalten kann" (*U. Jäggi*, 1969, S. 123 f., der hier *W. Besson*, Viele Parteien tragen den Staat, in: *H. J. Netzer*, 1965, zitiert, welcher seinerseits die These *E. Krippendorf*(s) vom Ende des Parteienstaates, in: *O. K. Flechtheim*, 1973, aufgreift). Entspre-

chend war von der ‚Opposition ohne Alternative' die Rede (*M. Friedrich*, 1962) oder kam Urs Jäggi (1969, S. 124) zu dem bedrückenden Bild: „Die Parteien, die sämtliche wichtigen sozialen Kräfte gleichzeitig zu repräsentieren und in ihrer Politik zu berücksichtigen suchen, müssen sich gegenüber den sozialen Gegensätzen für neutral erklären; sie blockieren die sozialen Kontrahenten wechselseitig, drängen sie aus dem Bereich der Politik heraus. Die entscheidenden Konflikte finden dann im vorstaatlichen Bereich ihren Ort, während sich die Politik im gesellschaftsfreien, d. h. luftleeren Raum vollzieht. Die Parteien betreiben Überintegration; der Preis sind politische Stagnation, Handlungsunfähigkeit der Parteien und damit auch des Staates, Verschleppung regelungsbedürftiger Probleme, verdrängte Reformimpulse und frustrierte Bürger."
15 Jahre später, in der Endphase der sozialliberalen Koalition, als Manfred G. Schmidt (1980) in der Landespolitik von CDU- und SPD-regierten Bundesländern deutliche Unterschiede nachwies, schrieb Wolf-Dieter Narr dazu im Vorwort fast beleidigt, weil seine These von der völligen Vergleichbarkeit angepaßter Parteien im kapitalistischen System gefährdet war: „Wenn man nicht ein Mikroskop benutzt, wo dann jedes Härchen wichtig wird und wie ein Balken erscheint, verschwinden und verschwimmen die von Personen bewirkten Unterschiede, selbst die von ganzen Parteien erzielten Differenzen. Die gleichbleibenden Strukturen schieben sich in den Vordergrund." Und: „Wieviele einzelne und Gruppen sind immer wieder ausgezogen, ‚das System' das Fürchten zu lehren, sprich: Veränderungen in Gang zu setzen, und wieviele sind früher oder später zu einem Teil dieses Systems geworden." Aber das muß eben so sein. „Die Freiheit des Politikers und die Freiheit seiner Entscheidungen ist fast genauso scheinhaft wie die Mündigkeit des so oft beschworenen ‚mündigen Bürgers'. Diese Figur ... bleibt fast nur ein ökonomischer und politischer Werbegag, ein sehr gewitzter und einflußreicher freilich. Pauschal gesagt, produziert das gegenwärtige politische Willensbildungssystem ‚westlicher Demokratien' ganz im Gegensatz zu seiner Verheißung eine bürokratisch-zentralisierte Form der Politik und einen Typus des politischen Professionals, die beide keine neuen politischen Wege zu finden und zu gehen erlauben." Manches davon klingt bei den Alternativen an, wenn sie sich gegen alle ‚Etablierten' wenden. Vieles von dieser Kritik war auch schon zu hören, als man sich des Widerspruchs zwischen der etwa im Bundestag praktizierten Konkurrenzdemokratie mit ihren harten Auseinandersetzungen und der durch den Föderalismus bedingten, aber offenkundig bereitwillig angenommenen Konkordanzdemokratie, die auf Vereinbarung drängt, bewußt wurde. Gerhard Lehmbruch hat (1976) diesen Widerspruch thematisiert (vgl. auch *Ph. Herder-Dorneich*, 1980).
Dennoch kommt es in der Bundesrepublik gelegentlich zu harten *Polarisierungen*, wurde mit ‚Freiheit oder Sozialismus?' erfolgreich Wahlkampf geführt, binden sich gewichtige Gruppen der pluralistischen Gesellschaft an jeweils eine Partei und betonen die Distanz zur anderen (großen) oder gehen viele Medien ganz selbstverständlich von grundlegenden Unterschieden aus. Eine dem einen wie dem anderen gerecht werdende Deskription und (vorläufige) Analyse muß wohl folgendes einbeziehen:
Wenn die SPD in ihrem Orientierungsrahmen Freiheit, Gerechtigkeit und Solidarität als Grundwerte bezeichnet, die für alle Mitglieder Gültigkeit haben können, auch wenn es darüber keine „einheitliche religiöse, philosophische oder wissenschaftliche Anschauung" gibt, oder wenn die CDU zu Beginn ihres Grundsatzprogrammes lapidar feststellt: „Keiner von uns verfügt über die absolute Wahrheit", dann bringen sie damit sowohl *Strukturbrüche in der Gesellschaft* als auch einen *grundlegenden Wandel der Parteien*

selbst zum Ausdruck. Bis 1933 waren die Parteien als Klassen-, Weltanschauungs- und Milieuparteien Interessen- und Kampfgemeinschaften mit mehr oder weniger eindeutigen Beziehungen zum politischen Gegner. Damit waren sie in einer ganz bestimmten Weise konfliktfähig. Sie konnten sich im Konflikt immer auf sich selbst zurückziehen. Heute fehlt allen Parteien, auch den Grünen, der harte Kern, der über eine gemeinsame Sprache, identische Interessen und ein integrierendes Weltbild verfügt. Deshalb müssen in den Parteien *Meinungsbildungsprozesse* stattfinden, muß man die Ergebnisse auch vor den eigenen Mitgliedern und Anhängern rechtfertigen, benötigen Parteien aber auch Ergebnisse für weit auseinanderliegende Politikfelder, für die sich Teile der Partei jeweils ganz unterschiedlich interessieren. Breite rangiert vor Durchschlagskraft; die unmittelbare Greifbarkeit der Ziele von Parteien nimmt ab (vgl. *F. Lehner*, 1979, z. B. S. 160 f.). Das ‚normale' Mitglied wie der ‚normale' Wähler werden deshalb selten nur eine Partei ganz und gar überzeugend finden. Das ‚kleinere Übel' kommt ins Spiel. Zugleich gibt es nur noch selten Streitfragen, für die sich ‚alle' mobilisieren lassen. In einer etwas diffusen Weise *öffnen sich die Parteien letztlich doch der ganzen Gesellschaft* und allen ihren Problemen, um erst in der Auswahl ihres Führungspersonals, in der Gewichtung von Programmteilen und in der praktischen Politik allenfalls *Schwerpunkte* zu setzen oder zu erkennen zu geben. Damit entsprechen sie aber auch der Entwicklung der Gesellschaft selbst, die noch immer antagonistisch, jedoch nicht mehr durch einen einzigen Antagonismus gekennzeichnet ist, in der Wertewandel Wertunsicherheit signalisiert und in der hinsichtlich der möglichen Zukünfte ein viel zu großes Angebot herrscht, als daß sich der gesellschaftliche Konsens in seinem Kern auf etwas anderes beziehen könnte als auf das Bewahren wirklicher oder erlebter Errungenschaften. Die Parteien spiegeln – darin sind sie Volksparteien – diese Unsicherheit in der Gesellschaft wider. Die Auseinandersetzung zwischen ihnen bis hin zur harten Konfrontation bedeutet sehr häufig, daß man die eigene Unsicherheit hinter Unterstellungen verbirgt, mit denen man umdeutet, was der politische Gegner wirklich sagt und tut. Die SPD hat sich z. B. früher als die CDU zum notwendigen Relativismus in der Politik bekannt (vgl. oben S. 118 und *H. Kremendahl*, in: *G. Göhler*, 1978, *G. Schwan*, 1979). Dennoch erklärte Kurt Biedenkopf als Generalsekretär der CDU auf deren Parteitag 1976 in Hannover, die SPD definiere den Begriff Freiheit um, damit er mit einer sozialistischen Gesellschaftsordnung vereinbar sei, „vereinbar im Sinne der Einbringung eines neuen Bewußtseins in diesen Begriff, eines Bewußtseins, das festgelegt ist auf eine bestimmte Philosophie, auf eine bestimmte Weltanschauung, die für sich das Prädikat der objektiven Richtigkeit in Anspruch nimmt und deshalb jede andersartige Meinung nicht als Äußerung von Freiheit, sondern als geistige Verwirrung abtut". Die SPD läuft ihrerseits Sturm gegen eine ‚Ellbogengesellschaft' oder – in Zusammenhang mit der Auseinandersetzung um das Schulwesen – gegen eine angeblich von der CDU angestrebte ‚Drei-Klassen-Gesellschaft', ohne das in irgendeiner Weise aus dem Programm der CDU ablesen zu können. Der Gegner, also das von ihm zu zeichnende Feindbild, stabilisiert die eigene Politik, verdeckt einen Teil der ihr notwendig innewohnenden Unsicherheit. Der Austausch von Feindbildern überwölbt zudem die faktisch gegebenen Unterschiede.

Die großen Parteien sind Volksparteien, weil sie nichts anderes sein können. Sie nehmen die Kritik auf sich, die Kurt Biedenkopf 1979 gegen die CDU erhoben hat, daß sie nämlich als Volks- und Wohlstandspartei die Fähigkeit verloren habe, Wählerwünsche abzuwehren, öffentliche Leistungen zu verweigern, Staat und Politik auf das Maß des Möglichen zurückzuführen. Die ,Droge Wachstum' hat es der CDU erspart, den pragmatischen, aber doch sehr losen Zusammenhalt der einzelnen Gruppen in der Partei zu festigen. Wird sie dazu gezwungen, wird sich nach Meinung vieler zeigen, daß eine ,Volkspartei' kein konsequentes Programm entwickeln und durchsetzen kann. Der neoliberale oder auch orthodox-liberale ,Minimalstaat', wie ihn etwa F. A. v. Hayek verficht, findet in einer Volkspartei keine Mehrheit. Sie muß lavieren. Das Feindbild erhält seine Funktion.

Der *SPD* wirft dagegen die CDU vor (und in der SPD greift man das auch auf), keine Volkspartei, sondern ein *Konglomerat* von sozialistischen, ökologischen und traditionell-gewerkschaftlichen Elementen zu sein. Demgegenüber verweist Joseph Rovan in seiner Geschichte der SPD (1980) auf die einschlägige Tradition dieser Partei, die immer Widersprüche in sich barg, immer Flügel ausbildete, immer zwischen der revolutionären Vision und den praktischen, d. h. auch durchsetzbaren Reformen eine Verbindung erkämpfen mußte. Zwischen beiden Polen könne die Partei nicht wählen, sie müsse ihnen beiden Raum geben. „Entweder ist die Sozialdemokratie widerspruchsvoll, oder sie kann gar nicht bestehen." Der Weg, den es zu finden gilt, ist durch den demokratischen oder freiheitlichen Sozialismus, wie man ihn um die Wende von den 60er zu den 70er Jahren diskutierte (vgl. z. B. *H. Flohr* u. a., 1973, *Th. Meyer*, 1980) und innerparteilich kritisierte (vgl. z. B. *C. Fenner*, 1977), ebensowenig dauerhaft festgelegt wie etwa durch Interpretationen und Ergänzungen, die das Godesberger Programm durch den „Ökonomisch-Politischen Orientierungsrahmen der SPD für die Jahre 1975–1985" erfahren und die etwa Wilhelm Hennis (1977) heftig kritisiert hat. Wo immer man sich auf ,Reformen' einläßt, läßt man sich auch programmatisch auf deren Zeitbedingtheit ein, muß sich also korrigieren. Daraus dauerhaften ,Reformismus' zu entwickeln (so *P. Glotz*, 1975), ist kaum möglich. Die Brücke zwischen Vision und Reform muß immer wieder neu gebaut werden. Ob diese Brücke in den 80er Jahren über die SPD hinaus zu den Grünen führt, weil diese einen Teil jener Visionen ,besetzt' haben, bleibt auch angesichts der Beschlüsse des Nürnberger Parteitages 1986 offen. Inhalte oder Schwerpunkte der Politik können und müssen sich ändern. Ihre Identität wird die SPD über Erfolge und Mißerfolge in Wahlen hinaus gewinnen oder behalten in dem Maße, in dem sie sich jeweils um jenen Weg bemüht, d. h. die Vision einer demokratischen und gütigen Gesellschaft präzisiert und reformistisch auslotet, welche Steuerungsmöglichkeiten diejenigen Teile von Politik und Ökonomie auf dem Weg in jene Gesellschaft bieten, über welche die Mehrheit verfügen oder auf die sie faktisch Einfluß nehmen kann. Günter Grass hat in diesem Zusammenhang bildhaft von der ,Schneckenstrategie' gesprochen, aber auch (reformistisch) vom „Triumph der Mäßigung, der Anerkennung der Wirklichkeit, der Achtung vor Personen und Gruppen, der Langsamkeit und der Weisheit", um sich damit gegen die ,Systemveränderer' zu wenden.

Daß die SPD tatsächlich oder vermeintlich mehr *Veränderungen* anstrebt als die bürgerlichen Parteien, ihr auch die ,Neue Gesellschaft' tatsächlich oder vermeintlich näher liegt (vgl. hierzu die laufenden Diskussionen zur Fortschreibung des Godesberger Programms), wird ihr vom politischen Gegner keineswegs nur zum Vorwurf gemacht. Es wird ihr auch als Leistung unterstellt: Eine Version der ,neuen Mehrheit' von Kurt Biedenkopf ging z. B. davon aus, in den 60er und 70er Jahren hätten sich breite, früher durch Interessengegensätze geprägte Wählergruppen aufeinander zubewegt. Die Verbesserung der materiellen Lebensbedingungen und des Bildungs-, Ausbildungs-, und Informationsstandes bewirkten, daß man stärker an einer auf Bewahrung seines Lebenszuschnittes gerichtete Politik interessiert und damit offener für die CDU werde, welche eine solche Politik anbiete. Negativ lag dagegen der Wahlslogan ‚Freiheit oder Sozialismus?' in der Tradition einer Sozialismuskritik, die im praktischen Sozialismus immer wieder den Schuldigen für strukturelle Änderungen suchte und fand, was in der politischen Praxis die Auseinandersetzung um das tatsächliche Verhältnis zu Markt und Staat nur erschwerte und die kritische Erörterung der Konsequenzen einer sozialdemokratischen Reformpolitik, vor allem der Vermischung von Ordnungs- und Steuerfunktionen, behinderte. Nicht die Sozialdemokratie trägt ja ‚Schuld' daran, daß sich die moderne Gesellschaft als Arbeitnehmergesellschaft präsentiert, das Individuum also in Großorganisationen eingefangen ist und zu diesen kein unmittelbares Verhältnis entwickelt, sie eher ausbeutet, anstatt Verantwortung zu übernehmen – eine der üblichen kritischen Vorhaltungen gegen die Sozialpolitik der letzten Jahrzehnte, zugleich als Begründung für ein Mehr an Marktwirtschaft gedacht, obwohl es allenfalls als Begründung für mehr kleinräumige genossenschaftliche Organisationen (auch im Versicherungsbereich) dienen könnte (vgl. für viele andere Kritiker *H. Bonus*, Soziale Marktwirtschaft: Doch viele folgen den Rattenfängern, in: Rheinischer Merkur/Christ und Welt 9.4.1982).

Die Parole ‚Freiheit oder Sozialismus?' hat im übrigen zur Aktivierung des Wahlkampfes 1976 beigetragen. Ob das ihrem Urheber nützte, ist umstritten (vgl. *W. Kaltefleiter*, Der Gewinner hat nicht gesiegt ... in: Aus Politik und Zeitgeschichte B 50/76). Weniger umstritten ist, daß es zumindest hinsichtlich des ‚Grundwertes' Freiheit deutliche Differenzen zwischen SPD und CDU gibt. Sie können auch mit dem christlichen, zuletzt nicht relativierbaren Menschenbild der CDU zusammenhängen (vgl. dazu *H. Kremendahl* – s.o. 118 – S. 124ff.), das sich aus Überzeugung wie aus einer (heute weniger als früher deutlichen) *Nähe der CDU und der CSU zur Katholischen Kirche* ergibt.

Die *CDU als Volkspartei* (vgl. zum Programm *W. Schönbohm/G. E. Braun*, 1981, und zu der unübersehbaren Literatur über die CDU und die CSU die Bibliographie von *G. Hahn*, 1982) hatte in ihrer bisherigen Geschichte sehr viel weniger innerparteiliche Auseinandersetzungen oder gar Flügelkämpfe zu bewältigen als die SPD. Zu einem Teil erklärt sich das daraus, daß sie stärker gruppenorientiert ist und die angesprochenen Gruppen sich zufrieden geben, wenn ihre Präferenzen zum Zuge kommen. Eine andere Erklärung ergibt sich wohl daraus, daß die CDU die Partei des wirtschaftlichen Erfolges ist. Als 1966 ein Einbruch in das allgemeine Wirtschaftswachstum erfolgte, kam es in Bonn zur Regierungsumbildung. Danach bestimmte die SPD die Wirtschafts- und Finanzpolitik der Bundesrepublik so entscheidend mit und hatte sich dabei auch mit den Strukturveränderungen nach der Wiederaufbauphase auseinanderzusetzen, daß sich die CDU einerseits mit Kritik begnügen und andererseits auf ihre Erfolge vor 1966 verweisen konnte.

Nach der Regierungsübernahme im Herbst 1982 stellte sich für die CDU allerdings die Frage, mit welchen Konzepten der veränderten wirtschaftlichen Ausgangssituation begegnet werden sollte. Da das Grundsatzprogramm aus dem Jahr 1978 konkreteren Zukunftsperspektiven und Konsequenzen aus den veränderten Wachstumserwartungen auswich, wurden anläßlich des Stuttgarter Parteitages 1984 die „Stuttgarter Leitsätze für die 80er Jahre" verabschiedet. Sie stellen einen ersten Versuch dar, sich wirtschaftspolitisch auf die veränderten wirtschaftlichen und sozialen Bedingungen einzustellen, wobei nicht nur auf die Anpassungs- und Leistungsfähigkeit der Sozialen Marktwirtschaft hingewiesen, sondern auch Perspektiven und Ziele aufgezeigt, verbesserte Rahmenbedingungen für Wirtschaft, Forschung und moderne Technik gefordert und schließlich der Umweltschutz als Aufgabe der Marktwirtschaft benannt werden. Dieser Versuch, wirtschaftspolitische Kompetenz zurückzugewinnen, ist von der konjunkturellen Erholung ab 1982/83 begleitet. Allerdings gelang es trotz verbesserter wirtschaftspolitischer Rahmenbedingungen dabei nicht, die Arbeitslosenzahlen nachdrücklich zu verringern. Inwieweit die ordnungspolitischen Maßnahmen im weiteren Sinne (Entbürokratisierung, Privatisierung, Stärkung des Subsidiaritätsprinzips etc.) die beabsichtigte strukturelle Veränderung innerhalb der deutschen Gesellschaft und ihres Wirtschaftssystems sowie eine erweiterte Hinwendung zur Leistungsorientierung gefördert haben, ist noch umstritten. Angesichts eines inzwischen wieder unsicheren Konjunkturverlaufs, der Schwierigkeiten, die beabsichtigte Steuerreform 1990 auch finanzieren zu können sowie der großen Probleme, die sich mit Blick auf die Reform der sozialen Sicherungssysteme stellen, ist Skepsis angezeigt. Im Blick der Wähler allerdings hat sich die wirtschaftspolitische Kompetenz der CDU erneut bestätigt, das Bundestagswahlergebnis 1987 weist dies aus.

Die *FDP*, nach dem Bruch der sozialliberalen Koalition im Oktober 1982 als Wendepartei kritisiert und vor erhebliche innerparteiliche Auseinandersetzungen gestellt, hat sich zwischenzeitlich deutlich stabilisiert. Zwar geriet die Partei im Verlauf der Jahre 1983/84 in eine Art Identitätskrise und drohte aufgrund von Wahlverlusten in sechs Landtagswahlen zu einer Ministerpartei auf Bundesebene zu werden, doch gelang es, durch einen Führungswechsel im Anschluß an den „Flick"-Skandal und die geplante Amnestiegesetzgebung wieder Stabilität zu gewinnen. Während der neue Generalsekretär Haussmann sich um die Wiederherstellung verlorenen Vertrauens zwischen Parteiführung und Basis bemühte, wurde dem neuen Parteivorsitzenden M. Bangemann die Aufgabe zuteil, die durch H. D. Genschers Politiken irritierte Wähler- und Mitgliederschaft mit den Zielen der FDP zu versöhnen. Dem galten auch die programmatischen Bemühungen des Karlsruher Parteitages 1983 und des „Liberalen Manifests" vom Februar 1985. Hier ist von einer dritten technologischen Revolution die Rede, die in eine Informations- und Technologiegesellschaft einmünde, auf die man sich einzustellen habe. Verstärkte Persönlichkeits- und Freiheitsschutzrechte sowie die konsequente Verfolgung von Marktprinzipien (auch im Medienbereich) seien dabei zentral. Die personellen und programmatischen Erneuerungen wirkten insofern, als die Wahlen der Jahre 1985/86 eine wieder stabilisierte FDP sahen. Die Rückkehr in das Abgeordnetenhaus von Berlin und in den Landtag von Nordrhein-Westfalen sowie die Gewinne im Saarland und der Erhalt der Position in Niedersachsen sind hierfür Belege. Als strukturelles Problem der Partei verbleibt gleichwohl ihre Funktion als *Mehrheitsbeschaffer* für die jeweiligen Regierungsparteien, eine die Eigenständigkeit kaum fördernde und dem Wähler auch nicht immer zu verdeutlichende Position. Hier ergibt sich die Gefahr, daß die FDP aufgrund zu starker Fixierungen auf eine der großen Parteien ihre Eigenständigkeit verlieren und zur Splitterpartei werden könnte. Allerdings ist im Verlauf der letzten Jahrzehnte deutlich geworden, daß verunsicherte bürgerliche Wähler gern von dem jeweiligen Kompensationsangebot der FDP Gebrauch machen. Eine eigenständige Basis verleiht dies der Partei jedoch kaum.

Die *CSU* steht programmatisch der CDU nahe, wenngleich sich bei ihr deutlicher konservative Züge ausmachen lassen. Ihre Besonderheiten ergeben sich einerseits aus einer, vor allem in den überwiegend katholischen Landesteilen, tiefgreifenden Milieubindung und zum anderen daraus, daß sie seit 1948, von einer kurzen Zwischenperiode abgesehen, den Freistaat Bayern allein regiert. Für diese Dominanz der Partei werden unterschiedlichste Begründungen ins Feld geführt. Dabei ist die erfolgreiche Wirtschaftspolitik der CSU mitentscheidend. Bayern hat nach 1945 einen Modernisierungs- und Industrialisierungsprozeß durchlaufen wie nie zuvor. Ihm kamen die Gunst der Lage, der Flüchtlingsstrom, später der Nord-Süd-Trend von Wanderungsprozessen in der Bundesrepublik zugute. Was landespolitisch zu tun war, wurde getan; was vom Bund eingeworben werden mußte, wurde durchgesetzt. Die CSU stellte den ersten Postminister und den ersten Verteidigungsminister in Bonn; die einschlägigen Anteile der bayerischen Industrie sind bis heute überdurchschnittlich. Insoweit ist die CSU also eine außerordentlich moderne Partei; dies dokumentiert sich auch in ihrer Parteiorganisation: aufgrund straffer, organisatorisch weit ausdifferenzierter Leitung und mit einem großen hauptamtlichen Personal im Lande, das die Mitgliedschaft mobilisiert und für die Präsenz der Partei überall, im Vereinsleben, bei Volksfesten, bei staatlichen Veranstaltungen etc. sorgt. Die Präsenz wird dabei durch die Milieubindung erleichtert: Die Partei gehört zum Milieu und dominiert es, sobald es um politische Belange im weiteren Sinne geht. Das Milieu ist dabei scheinbar „offen", jedermann ist zunächst willkommen, hat aber eindeutige und unmittelbar wirksame Ausschließungstendenzen gegenüber dem, der anders denkt oder sich anders verhält. Daß die bayerische SPD sich aus diesem Milieu so völlig verdrängen ließ, hat unübersehbare Wirkungen; ihr Diaspora-Charakter ist in vielen Regionen deutlich. Die Nutzung des Milieus wird durch die Alleinherrschaft in Bayern unterstützt, die es zum einen erlaubt, eine umstandslose Personalpolitik gegen andere politische Gruppierungen zu führen, was in einer entsprechenden Zusammensetzung des öffentlichen Dienstes und Informationsmonopolen zutage tritt, zugleich aber auch in eine gewisse soziale Austrocknung mündet, die in problematischen Berufungsverfahren, Kulturpolitiken und einer Reihe von Polizei- und Justizskandalen erkennbar wird. Die dabei zutage tretenden Züge einer gewissen Illiberalität stehen im Hintergrund eines Parteibildes, das ansonsten durch offensichtliche Erfolge, große Modernität und die Persönlichkeit von Franz-Josef Strauß geprägt ist.

4.3.5. Leistung und Probleme des Parteiensystems

CDU und CSU sowie die SPD und bedingt, d. h. in sehr viel geringerem Umfang, auch die FDP, haben in den 50er und 60er Jahren eine erhebliche politische Integrationsleistung erbracht. In dem von ihnen bestimmten Gesamtspektrum konnten sich die meisten Wähler zurecht- und wohl auch wiederfinden. Es gelang diesen Parteien auch, das politische System personell und programmatisch „zu bedienen". Dabei bewiesen sie eine erhebliche Kooperationsbereitschaft. Lange Zeit galt, alle demokratischen Parteien müßten miteinander koalieren können. Diese Bereitschaft verhinderte nicht die harte Konfrontation, wie sie etwa seitens der SPD angesichts der Westoption und der Wiederaufrüstungspolitik Adenauers und später seitens der CDU und der CSU angesichts der Ostpolitik Brandts geübt wurde. Auch in wirtschaftspolitischer und – sehr viel eingeschränkter – in sozialpolitischer Hinsicht gab es solche Konfrontationen, denen sich auf der Länderebene vor allem schulpolitische hinzugesellten. Mit alldem übte man *Konkurrenzdemokratie* ein: 1957 erhielten die CDU und die CSU im Bundestag die absolute Mehrheit, was die SPD zur Zurücknahme ihrer Opposition gegen die bis dahin geübte Deutschland- und Bündnispolitik zwang – der Wähler hatte ja eindeutig votiert –, und Ende 1972 erklärte angesichts eines wiederum eindeutigen Wählervotums die CDU, die Ost- und Deutschlandverträge jedenfalls korrekt einhalten zu wollen. In der Auseinandersetzung gelang es derart immer wieder, Streitfragen zu entscheiden und sie nicht zum Gegenstand von Dauerauseinandersetzungen werden zu lassen. Zugleich bewährte sich die *Konkordanzdemokratie*: In den allermeisten Fragen kam es zu einer umfassenden oder wenigstens kompromißhaften Verständigung zwischen den großen Parteien innerhalb des föderalistischen Beziehungsgeflechts und im Nebeneinander von Bundestag und Bundesrat. Die Parteienkonkordanz wurde zudem durch eine sich auf die Politik auswirkende Bereitschaft der großen Verbände unterstützt, sich auf berechenbare Verfahren auch im Verhältnis zum Staat einzulassen, also sich innerhalb einer gewissen Formierung – die ‚formierte Gesellschaft' war in den 60er Jahren ein politischer Begriff, den die Wissenschaft später in der Neo-Korporatismusdiskussion aufnahm – zu bewegen und so eine Art Arbeitsteilung anzuerkennen.

Die Leistungsfähigkeit des Parteiensystems setzte an den Wahltagen Mehrheiten oder klare Koalitionsmöglichkeiten voraus, verbunden mit einem gewissen Respekt der Parteien voreinander und mit Grenzen der Parteilichkeit (etwa in der Ausübung der Rechtsaufsicht durch einen SPD-Regierungspräsidenten über einen CDU-Bürgermeister), verbunden weiter mit der Fähigkeit und Bereitschaft, sich als Partei an den jeweiligen Rändern wirklich offenzuhalten. Daß CDU und CSU einem erheblichen Teil ehemaliger Nationalsozialisten und kämpferischen Nationalisten eine politische Heimat geboten haben, durfte man ihnen niemals zum Vorwurf machen; es mußte immer als Leistung verstanden werden. Das gilt ebenso für die SPD: Leistungsfähige sozialdemokratische Politik in Westdeutschland hat ganz sicher neben dem Schreckensbild, das der real existierende Sozialismus täglich neu entwarf, dazu beigetragen, die Hoffnung auf eine Verbindung von rechtsstaatlicher Demokratie mit der Politik eines humanen Sozialismus zu bestärken. Damit hatten auf beiden Seiten diejenigen keinen ernstzunehmenden Zulauf, welche nicht innerhalb des gegebenen politischen Systems Politik machen, sondern dieses System verändern oder überwinden wollten. Zugleich ergaben sich aber auch Gefahren für die Parteien: Ihre Integrationsleistung konnte ihnen zum Vorwurf gemacht werden, man konnte die eine Seite als latent faschistisch denunzieren und die andere als die Heimstätte der Systemveränderer. Die Leistungsfähigkeit des Parteiensystems setzte weiter voraus, daß die Parteien und das politische System insgesamt sensibel für internationale, für soziale und ökonomische Entwicklungen und zugleich fähig waren, Probleme und Aufgaben nicht nur wahrzunehmen, sondern auch in Politik umzusetzen oder doch politische Instrumentarien zu benutzen, um solchen Problemen zu begegnen oder sie wenigstens zu begrenzen, die sich unabhängig von der politischen Ordnung entwickelten.

Auch ohne das theoretisch näher zu begründen, läßt sich feststellen, daß sich in den 70er Jahren die *Leistungsfähigkeit des Parteiensystems abschwächte*. In der Hauptsache bieten sich dafür drei Erklärungen an: Zum einen veränderte sich das *Verhältnis zwischen den Parteien und ihren Mitgliedern*. Die Parteien wurden größer, reicher, besser organisiert und damit immer abhängiger von hauptamtlichen Mandatsträgern und Funktionären. Hier summieren sich die Möglichkeiten derer, welche man jeweils ‚repräsentiert'. In der Hauptsache kommt aber hinzu, daß diese Gruppe in einen arbeitsteiligen Prozeß hineinwächst, in dem jeder an seinem Platz und in seinem Wirkungsbereich ein

Vielfaches der faktisch repräsentierten Beteiligungsmöglichkeiten wahrnehmen kann und muß, solange er eben in der Arbeitsteilung bleibt. Die Unterscheidung zwischen Laien und Professionellen ist zugleich die Unterscheidung zwischen einer höchst fragwürdigen und schwer zu gewichtenden ‚allgemeinen' Teilnahme und einer Mitwirkung an jenem arbeitsteiligen Prozeß, der sich dem Laien allemal entzieht. Deshalb sind Bundestagsfraktionen in der Regel auch konservativer als Parteitage und Parteitage konservativer als viele Mitgliederversammlungen.

Die Parteien haben sich dieser Entwicklung ohne nähere Reflexion hingegeben, haben ihr mithin nicht gegengesteuert. Sie mußten damit ein *Potential an Engagement* verlieren, sobald solches Engagement sich in der Weise von Laien, aber zugleich doch einflußreich betätigen wollte. Dem konnten die Parteien zu wenig Raum bieten, so daß sich die entsprechenden Kräfte am Rande des Parteiensystems in neuen, organisatorisch brüchigen, aber beteiligungsoffeneren Formen zusammenfanden. Damit entsteht ein neues Gegenüber: Gelingt den Parteien die Aufklärung und eine moderate Ungleichverteilung von Teilhabe nicht, müssen sie zum Engagement bereite Mitglieder enttäuschen. Ihr Dilemma wird darin bestehen, daß zwischen solcher Enttäuschung und dem Verzicht auf eine flächendeckende Politikteilhabe zu wählen ist. Die Enttäuschten können am Rande des Parteiensystems eine neue politische Heimat finden. Dort greift ihr Engagement Platz. Voraussetzung dafür ist die Konzentration auf einige wenige Themen, weil jeder andere Weg schon innerorganisatorisch Arbeitsteilung voraussetzt. Das Dilemma der alternativen Gruppierungen stellt sich mithin als bloße Umkehrung des Dilemmas der etablierten Parteien dar. Sie haben bisher nur gegenteilig optiert und waren damit relativ erfolgreich. Das Dilemma wurde aber nicht aufgehoben, weil es sich nicht aufheben, sondern allenfalls im Rahmen einer Politik stetiger Dezentralisierung vermindern läßt. Hier aber stehen auch die Grünen am Scheideweg, die parteiinternen Auseinandersetzungen verdeutlichen dies nachdrücklich.

Die zweite Erklärung zielt auf *politische Inhalte*. Wie ausgeführt, erscheint das europäische Parteiensystem auf einer bestimmten Stufe seiner Entwicklung ‚eingefroren' (vgl. *S. Lipset/St. Rokkan*, 1967). In der Bundesrepublik konnte sich das erst 1945 auswirken, trug hier aber vermutlich mit dazu bei, daß die Wirtschafts- und Sozialpolitik so völlig in den Vordergrund des Interesses rückten, sich aus ihnen die (politischen) Erfolgsmaßstäbe ableiteten, der ordnende, fördernde und zunehmend auch steuernde Staat und die Wirtschaft eng zusammenwirkten und damit das jeweils aktuelle Handlungsfeld eine Bedeutung weit vor jeder Zukunftsbewältigung erhielt. Es kam zur „imperialistischen Durchdringung unserer Gesellschaft mit ökonomischen Denkfiguren und Verhaltensweisen" (*H. P. Widmaier*, Politik der Knappheit, in: *W. Zapf*, 1974, hier S. 102 f.). Das legte auch die Parteien thematisch fest und zwang sie zugleich, stärker auf Mitwirkung als auf Zukunftsorientierung zu drängen. Die ‚handelnde' Fraktion erhielt den Vorrang vor der diskutierenden Partei. Das Parteiensystem insgesamt geriet in eine gewisse Abhängigkeit vom Konjunkturverlauf; das Wirtschaftswachstum wurde zu einer für CDU und SPD in ganz ähnlicher Weise verbindlichen Zielgröße, deren Folgen eher unbeachtet blieben. Damit wurden aber wichtige Felder nicht besetzt, und als diese wegen der sich auf ihnen ergebenden Probleme und in Zusammenhang mit einem zumindest beginnenden Wertewandel politische Bedeutung erhielten, übte das unvermeidlich eine Sogwirkung auf Kräfte am Rande des Parteiensystems aus, die mit der bisherigen Politik weniger verflochten waren. Der Umweltbereich ist hierfür das illustrativste Beispiel.

Die dritte Erklärung ergibt sich aus Veränderungen im *Verhältnis der Parteien zueinander.* Dieses Verhältnis war lange Zeit durch ein Nebeneinander konkurrenz- und konkordanzdemokratischer Handlungsmuster bestimmt. Die konkordanzdemokratischen Mechanismen überspielten Probleme des Nebeneinanders unterschiedlicher Mehrheiten auf den verschiedenen Ebenen des politischen Systems, bewirkten aber zunehmend auch, daß der niedrigste gemeinsame Nenner anvisiert und damit die Problemverarbeitung des politischen Systems inkonsistent oder doch geschwächt wurde. Das führte zur Kritik und zu der Frage nach der Leistungsfähigkeit des Systems schlechthin. Zu einem Teil funktionieren Konkordanzmechanismen natürlich auch schlechter, wenn die konkurrenzdemokratischen mehr und mehr durch Verhaltensweisen ersetzt werden, die auf *Polarisierung* gründen und zielen. Diese Polarisierung geht auf alte Entgegensetzungen, vor allem auf das vereinfachende ‚Rechts-Links-Modell' zurück (vgl. dazu *W. P. Bürklin*, Konzept und Fakten: Zur Notwendigkeit der konzeptionellen Fundierung der Diskussion der politischen Richtungsbegriffe ‚Links' und ‚Rechts', in: PVS 1982, S. 339 ff.), brach nach 1949 immer wieder auf, um sich nach der Gründung der sozialliberalen Koalition allerdings stärker durchzusetzen. Schon im Bundestagswahlkampf 1972 wurde dieser Koalition immer häufiger die Legitimität ihrer Existenz und ihres Tuns abgesprochen, was sie umgekehrt zum Zweifel an der Friedensbereitschaft der Gegenseite veranlaßte (Nachweise in der 4. Aufl., S. 209 ff.). Im Bundestagswahlkampf 1976 steigerte sich das noch einmal. 1977 kam die Identifikation des Terrors mit ‚Links' hinzu – die einschlägige Dokumentation H. Geißlers als Generalsekretär der CDU erregte großes Aufsehen. Seither erscheint ein Bündnis zwischen der CDU und der SPD kaum mehr möglich. Die Mehrheitsbeschaffer gleich welcher Couleur erhalten ihre Chance. Zugleich droht Illiberalität: Wenn die eigene Position in der Nähe der Mehrheit bedroht wird, gerät man in Versuchung zu manipulieren. Der den Intentionen des Parteien- und des Wahlgesetzes völlig entgegenstehende Vorschlag von F. J. Strauß (Oktober 1982), durch ‚Zulassung' Parteien zu behindern, welche nur ins Parlament kommen, nicht aber am Regieren teilnehmen wollen, zielt auf eine solche Manipulation und verdeutlicht zugleich ein prinzipielles Dilemma der Grünen.

Die Polarisierung entspricht einerseits einer verbreiteten Denkweise, weil es rechts und links ‚Gläubige' gibt, andererseits stößt sie viele ab, denen das konkurrenzdemokratische Handlungsmuster mitsamt seiner Möglichkeit des Mehrheitswechsels näherliegt – ein großer Teil der insgesamt zunehmenden Gruppe der Wechselwähler gehört hierher. Während des Bundestagswahlkampfes 1987 ließ sich das gut beobachten. Er brachte nur eine wenig spürbare Emotionalisierung, vielfach aber ein eher angewidertes oder auch belustigtes Abseitsstehen. Wieder sind die Parteien damit vor ein Dilemma gestellt: Sie müssen offen sein für ‚Gläubige' oder sogar fanatische Anhänger und für Bürger wie Wähler, welche in ihren Optionen frei bleiben. Die Gläubigen wollen das ‚Wer nicht für mich ist, ...' als Maxime, wollen Zugehörigkeit und notfalls den Gegner als Bedrohung empfinden. Das Denken im Freund-Feind-Schema liegt ihnen nahe. Die hier antimoralische und irrationale Lehre von Carl Schmitt wird von ihnen gern übernommen: „Die Höhepunkte der großen Politik sind zugleich die Augenblicke, in denen der Feind in konkreter Deutlichkeit als Feind erblickt wird." Und: „Der politische Gegensatz ist der intensivste und äußerste Gegensatz, und jede konkrete Gegensätzlichkeit ist um so politischer, je mehr sie sich dem äußersten Punkte, der Freund-Feind-Gruppierung, nähert." Das Freund-Feind-Schema spiegelt sich im Freiheit-statt-Sozialismus-Schema mitsamt seiner Implikation wider, daß es in Wahrheit nur die Freiheit

des Nicht-Sozialisten gebe, und wird dann häufig ins Moralische gewandt: Da der Gegner nicht Freiheit, sondern Sozialismus will, bedroht er Freiheit und wird zum Feind, Freiheit dabei verstanden im Sinne des Idealbildes einer bürgerlichen Freiheit des 19. Jahrhunderts und unter unhistorischer Ausblendung der sozialen Realität, welche die gemeinte Freiheit nur für einige wenige konkret erlebbar werden ließ.
Wer sich demgegenüber seine Optionen offenhält und um die historische Bedingtheit von Freiheit weiß, wägt ab, bemerkt graduelle, nicht prinzipielle Unterschiede zwischen den polarisierten Parteien und erkennt auch die Rahmenbedingungen politischen Handelns. Er akzeptiert „die inhaltliche Vagheit politischer Grundbegriffe" (*W. Becker*, 1982, S. 103), die als Werbeträger oder Waffen fungieren, um Anhänger in großer Zahl zu gewinnen. Ein sowohl dogmatisch als auch intellektuell konsequentes Parteiprogramm würde sich nie für eine große Partei eignen. Die Parteien zogen daraus den (richtigen) Schluß und bekannten sich zu einem liberalen Demokratieverhältnis in typischer Unbestimmtheit. In dem Maße, in dem sie sich aber auf gegenseitige Polarisierung einließen und so taten, als ob es unaufhebbare Gegensätze zwischen ihnen gäbe, verloren sie die Fähigkeit, miteinander legitim zu konkurrieren, voneinander zu lernen und sich denen zu öffnen, die einen pragmatischen Weg in die Parteien finden wollen. Polarisierung ist nicht identisch mit Ideologisierung, sie ist vielmehr eine Art Ersatz dafür, weil sie stärker vom Feindbild gespeist wird als von der Überzeugungskraft der eigenen Position oder – im Sinne der Aufklärung – von einem überzeugenden Ringen um eine (vorläufige und revidierbare) eigene Position (vgl. hierzu auch die Analysen in: *C. v. Krockow/P. Lösche*, 1986).

4.4. Wahlkampf und Wahlentscheidung

4.4.1. Wahlrecht und Kandidatenaufstellung

Wahlen in der Bundesrepublik legitimieren Kommunalparlamente, Landtage, den Bundestag sowie die deutschen Vertreter im Europäischen Parlament. In der Regel finden im Vier-Jahres-Turnus mindestens drei Wahlen statt. Dabei soll der Wähler sehr verschiedene Gesichtspunkte berücksichtigen und tut das auch, wie es die Unterschiede zwischen den jeweiligen Wahlergebnissen verdeutlichen. Für die Wahl zum Deutschen Bundestag gilt ein Wahlrecht (*E. Jesse*, 1986, *W. Schreiber*, 1986, *D. Nohlen*, 1986), das zunächst entsprechend Art. 38 (1) GG den Grundsätzen der allgemeinen, gleichen, geheimen und unmittelbaren Wahl entsprechen soll. Im Grundgesetz ist darüber hinaus auch noch von ‚freien' Wahlen die Rede, was sich aber nur aus der Situation der Jahre 1948/49 verstehen läßt. Wahlen, die nicht ‚frei' sind, sind keine Wahlen. Im Rahmen dieser Grundsätze bleiben die verschiedenen Varianten des Mehrheits- und des Verhältniswahlsystems. In der Bundesrepublik entschied man sich nach 1945 ohne großen Streit für ein ‚verbessertes' Verhältniswahlsystem (vgl. prinzipiell *B. Vogel* u. a., 1971). In ihm wird ein erheblicher Teil der künftigen Abgeordneten ‚direkt' im Wahl- oder Stimmkreis gewählt oder aber (im kommunalen Bereich) dem Wähler die Möglichkeit zugestanden, innerhalb der Parteienvorschläge einzelne Personen besonders hervorzuheben. Damit wird das Wählen relativ kompliziert. Bei der Bundestags- und bei der Landtagswahl in Bayern etwa sind zwei Stimmzettel auszufüllen, einer mit den Namen der Direktkandidaten im örtlichen Stimmkreis, einer mit den Landeslisten der Parteien. Die zweite, die Listenstimme, entscheidet über die relative Stärke der Parteien im Parlament; mit der ersten Stimme findet eine örtliche Vorabauswahl der Parlamentsmitglieder statt, von denen auf diese Weise etwa die Hälfte direkt gewählt und dem örtlichen Stimmkreis besonders eng verbunden ist. In den Kommunen wird das System noch komplizierter, weil es meist so viele Stimmen wie zu wählende Gemeindevertreter gibt, die man als Paket einer Liste zuführen, innerhalb einer Liste auf die besonders genehmen Bewerber verteilen oder auch quer über alle Listen unterschiedlichen Bewerbern zukommen lassen kann. Außerdem kennt man im Kommunalwahlrecht vielfach das Kumulieren, das Häufeln von Stimmen zugunsten eines Bewerbers. Damit kann der Wähler die von den Parteien bestimmte Reihenfolge der Liste verändern, wovon in erheblichem Umfange Gebrauch gemacht wird.

Die Wahlen vermitteln in der Regel ein vierjähriges Mandat; der nordrhein-westfälische und der saarländische Landtag werden auf fünf Jahre gewählt. Damit liegen auch die Wahltermine fest. Sie sollen bis auf den wirklichen Notfall der Manipulation entzogen sein. Im Notfall kann es nach einigen Landesverfassungen zur Selbstauflösung des Landtages kommen; für den Bundestag gilt dies aus guten Gründen nicht. Er kann nur in einem komplizierten und als Ausnahme geltenden Verfahren aufgelöst werden. Die Ankündigung von Neuwahlen durch eine ausreichende und regierungsfähige Mehrheit nach der Regierungsneubildung im Herbst 1982 war deshalb von vorneherein mit einem Schönheitsfehler behaftet.

An ein Wahlsystem (vgl. *H. Meyer*, 1973, *D. Nohlen*, 1978, *U. Andersen/W. Woyke*, 1986) stellt man in der Demokratie zwei sehr verschiedene Anforderungen. Es soll auf der einen Seite zu regierungsfähigen Mehrheiten verhelfen und auf der anderen möglichst genau das Meinungsspektrum in der Wählerschaft widerspiegeln, was zugleich bedeutet, daß man die Hürde nicht zu hoch legt, die eine neue Partei überwinden muß, bevor sie „bei der politischen Willensbildung des Volkes" mitwirken kann. Der ersten Anforderung an ein Wahlsystem entspricht in der Regel eher ein Mehrheits-, der zweiten eher ein Verhältniswahlsystem. In der Bundesrepublik waren nach der Lizenzierung von mindestens vier Parteien die Weichen in Richtung Verhältniswahlsystem gestellt. Da aber auch die negativen Erfahrungen mit dem uneingeschränkten Verhältniswahlsystem der Weimarer Republik eine große Rolle spielten, kam es zu den ‚Verbesserungen' oder zur ‚Personalisierung' der Verhältniswahl. Zu ihr gehören die 5-Prozent-Hürde, die eine Partei (1949 in einem Land, später bundesweit) überwinden muß, damit sie mit ihren Stimmen überhaupt bei der Verteilung der Mandate berücksichtigt wird, und zu ihr gehört die Aufteilung in Direkt- und Listenmandate. Direktmandate bleiben dabei meist den Kandidaten großer Parteien vorbehalten, die damit einen gewissen Vorteil vor den kleineren Parteien besitzen.

Trotz der genannten Weichenstellung ist für die Bundesrepublik auf eine mehr oder weniger heftige *Wahlrechtsdiskussion* zu verweisen (vgl. u. a. *F. A. Hermens*, 1968, als Verfechter der Mehrheitswahl, und *Th. v. d. Vring*, 1968, als einer ihrer Kontrahenten). Sie konnte allerdings nie im luftleeren Raum geführt werden. Die Einführung des Mehrheitswahlrechtes hätte über viele Jahre hin die FDP bedroht; im Rahmen dieses Wahlrechts hätten heute die Grünen keine Chance. Demzufolge würde jede Wahlrechtsänderung als unmittelbar wirksame politische Waffe interpretiert, was sie diskreditieren muß. Man hat deshalb auch auf sie verzichtet, obgleich es vor allem in der Zeit der Großen Koalition entsprechende Bemühungen gab. Über sie ging aber die Zeit hinweg (vgl. *R. Bredthauer*, 1973, *E. Hübner*, 1976, *E. Schütt*, 1973).

Seit der Bundestagswahl von 1972 gibt es keine aktuelle Wahlrechtsfrage mehr. Das folgt nicht aus der theoretischen Behandlung des Problems, sondern aus einer spezifisch politischen Komponente. Nach 1949 zeigte sich in der Regel eher die CDU und noch mehr die CSU dem Mehrheitswahlrecht zugeneigt. Da aber 1953 und 1957 deren Mehrheit wuchs, drängte sich das Thema nicht gerade auf. Die SPD dagegen befürchtete, bei Einführung des Mehrheitswahlrechtes hoffnungslos in die Defensive gedrängt zu sein. Für die FDP und für alle anderen kleineren Parteien stellte sich eine entsprechende Frage überhaupt nicht. Erst nach 1961 ergab sich eine gewisse Änderung. Die SPD brauchte nicht mehr davon auszugehen, bei einer Mehrheitswahl ohne jede Chance zu sein; die CDU/CSU stieß zum ersten Mal mit der FDP als Koalitionspartner auf Schwierigkeiten. 1965 verstärkten sich diese Trends. So löste der wissenschaftliche Versuch, nachzuweisen, daß bei „Mehrheitswahl in der BRD eine realistische Chance des Machtwechsels bestehen würde" (*R. Wildenmann* u. a., Auswirkungen von Wahlsystemen auf das Parteien- und Regierungssystem ..., in: *E. K. Scheuch*, 1965), eine heftige Diskussion aus (als Gegenpart z. B. *K. Liepelt/A. Mitscherlich*, 1968). Nach der Bildung der Großen Koalition kam es 1967 zur Berufung eines (zweiten) Beirates für die Wahlrechtsreform durch den Bundesinnenminister (vgl. *Wahlrechtskommission*, 1955, *Wahlrechtsbeirat*, 1968). Zugleich arbeiteten Kommissionen der CDU und der SPD. Der Beirat legte seine Empfehlungen im Frühjahr 1968 vor; sie liefen auf die Einführung der relativen Mehrheitswahl hinaus. Das erschien auch als die einzige reale Alternative; die sonstigen Kombinationsmöglichkeiten einschließlich der „Verhältniswahl in kleineren Wahlkreisen" (vgl. *J. A. Frowein/R. Herzog*) hatten nie eine reale Chance. Nach Vorlage des Beiratsberichtes scheiterte eine Wahlrechtsreform zunächst an der SPD (vgl. *W. Hennis*, 1968 b); ob sie nicht auch an Kräften innerhalb der CDU gescheitert wäre, die eine Land(CDU)-Stadt (SPD)-Polarisierung und anderes fürchteten, sei dahingestellt.

Betrachtet man rückblickend die jüngere Debatte um das Wahlrecht, erscheint ihr theoretischer Ertrag gering. Die Argumente sind bekannt. Jedes Wahlsystem bietet Vor- und Nachteile. Sie seien hier nicht aufgezählt (vgl. die Literaturberichte in *ZParl*, 1975, S. 582 ff. und *PVS* 1975, S. 243 ff.). Dabei gehen wir davon aus, daß prinzipiell der größte Nachteil des Mehrheitssystems in der Verödung des politischen Lebens in den Hochburgen der Parteien liegt, dort also, wo es gar nicht lohnt, Gegenkandidaten zu nominieren. Umgekehrt halten wir es für den größten Vorteil dieses Wahlsystems, daß meistens mit der Wahl selbst der Entscheid über die Regierung fällt. Entsprechend sehen wir den größten Nachteil des Verhältniswahlsystems darin, daß die Möglichkeit der politischen Zersplitterung von dem Zwang entbindet, in den Parteien selbst Spielraum für Mehrheit und Minderheit, Mitte und Flügel zu lassen und sich dort zusammenzufinden. Dem stehen als Vorteile vor allem die Chance besserer Fraktionsausgewogenheit und die, auch in den Hochburgen des Gegners zu arbeiten, gegenüber. Der Terminus Gerechtigkeit erscheint in diesem Zusammenhang problematisch; ein Wahlrecht muß politisch zweckmäßig sein. Zweckmäßig erscheint es dann, wenn es z. B. den Wechsel ermöglicht. Von dieser Frage war die Wahlrechtsdiskussion nach 1966 maßgeblich bestimmt, weil angeblich nur der Wechsel eine Auflösung der Großen Koalition bringen könnte. Tatsächlich erfolgte der Wechsel auch mit dem bisherigen Wahlrecht; es kam zu einer entscheidenden Veränderung nicht im Wahlsystem, sondern im Parteiensystem.

Auf längere Sicht hin haben wir also von dem seit 1956 gültigen *Bundestagswahlrecht* auszugehen (vgl. Quelle 4.4.1.). Ihm zufolge wird die eine Hälfte der Abgeordneten direkt, die andere über Landeslisten der Parteien gewählt. Der Wähler hat zwei Stimmen. Die Zweitstimme wird für eine Landesliste abgegeben, später zählt man die gesamten Zweitstimmen jeder Partei im Bundesgebiet und verteilt nach dem Hare-Niemeyer-Verfahren (nach einer Änderung des Bundeswahlgesetzes vom März 1985 erstmals auch für die Sitzverteilung im 11. Deutschen Bundestag angewandt; vgl. Quelle 4.4.2.) die Mandate erst auf die Bundesparteien und dann auf die Landeslisten der Parteien. Davon zieht man die Mandate ab, die durch Direktwahl ermittelt sind. Die Direktmandate sind wegen der festgelegten Wahlkreisgrenzen für die einzelnen Länder zahlenmäßig fixiert, der andere Teil ist flexibel. Die Gesamtzahl der auf ein Bundesland entfallenden Mandate kann von der Höhe der Wahlbeteiligung abhängen. Die Direktwahl erfolgt durch die Erststimme. Jede Partei benennt einen Kandidaten für den

Wahlkreis; der mit den meisten Stimmen ist gewählt. Bei der Verteilung der Mandate nach den Landeslisten bleiben diejenigen Kandidaten unberücksichtigt, die schon ein Direktmandat erhalten haben. Parteien, die im Bundesgebiet nicht mindestens 5 % der abgegebenen Stimmen erhalten oder drei Direktmandate errungen haben, scheiden bei der Sitzverteilung aus. Erhalten Parteien in einem Bundesland mehr Direktmandate als ihnen nach dem Zweitstimmenergebnis zustehen, vermehren sich die Gesamtsitze im Bundestag um die „Überhangmandate". Die 22 Abgeordneten Berlins im Bundestag haben der besonderen Rechtsstellung Berlins wegen nur beratende Stimme und werden auch nicht direkt gewählt, sondern am Wahltag den Fraktionsstärken entsprechend durch das Berliner Abgeordnetenhaus bestimmt.

Bei den *Landtagswahlen* sind die Vergleichszahlen unterschiedlich, es gibt aber meist mehr Direkt- als Listenmandate. Die Wahl erfolgt nur mit einer Stimme; die ‚Liste' dient dem Ausgleich. Eine charakteristische Ausnahme macht Bayern, dessen Landtagswahlgesetz einen Schritt in Richtung Persönlichkeitswahl weitergeht: Hier zählt man Erst- und Zweitstimmen zusammen, ermittelt dann, wie viele Mandate einer Partei zustehen und zieht von ihnen die im direkten Wahlgang erworbenen Mandate ab. Die übrigen Mandate werden nicht nach der Reihenfolge der Liste verteilt, sondern man berücksichtigt die Kandidaten, die jeweils die höchste Stimmenzahl auf sich vereinigen. Der Wähler gibt entsprechend seine Zweitstimme nicht einfach für eine Liste ab, sondern sucht sich auf dieser den von ihm besonders gewünschten Kandidaten aus. Damit die persönliche Kenntnis des Kandidaten vorausgesetzt werden kann, gibt es keine Landeslisten, sondern statt dessen Listen innerhalb der sieben Regierungsbezirke. Der im einzelnen Stimmkreis knapp unterliegende Kandidat kann so damit rechnen, daß ihm sein einmal gewonnenes Erststimmenpaket zuzüglich der Zweitstimmen aus anderen Stimmkreisen doch noch zum Mandat verhilft, und zwar unabhängig davon, welchen Listenplatz er einnimmt (vgl. *E. Hübner*, Das bayrische Landestagswahlrecht, in: *R. Bocklet*, B. II, 1979 mit einer Analyse der Verschiebungswirkungen).

In allen Ländern, in denen ganz oder teilweise Prinzipien der Mehrheitswahl herrschen, ist die Frage der *Wahlkreiseinteilung* schwierig zu lösen. Im Vergleich zu so extremen Verhältnissen, wie sie früher in den USA herrschten (vgl. *K. Köpp*, 1978), kennt die deutsche Wahlkreiseinteilung keine groben, wohl aber erhebliche Ungleichheiten. Sie sind zunächst technisch bedingt, da sich die Wahlkreise nach den politischen Grenzen richten, also eine größere Stadt oder mehrere Landkreise umfassen müssen. Schon das führt zu Unterschieden. Die Mobilität der Bevölkerung kommt hinzu. Sie bedingt ein ständiges Arbeiten an der Wahlkreiseinteilung. Dennoch sind Abweichungen bis zu einem Drittel von der durchschnittlichen Bevölkerungszahl der Wahlkreise nach dem Gesetz legal. Dadurch ist in den bevölkerungsschwächeren Wahlkreisen die relativ stärkste Partei bevorzugt, zumal, wenn ihr die zusätzlich gewonnenen Direktmandate als Überhangmandate erhalten bleiben, der rechnerisch volle Ausgleich über die Landeslisten insoweit also nicht erfolgt. Verfahrenstechnisch gibt es für die Wahlkreiseinteilung eine ständige Kommission und feste Termine (vgl. Quelle 4.4.1., § 3), so daß grober Mißbrauch vermieden ist. Im übrigen machen einschlägige Änderungen im wesentlichen den Nord-Süd-Wanderungstrend im Lande sichtbar und die Wachstumsintensität ballungsnaher Verdichtungsräume.

Nach dem Wahlgesetz müssen *Wahlkreisbewerber* von den Mitgliedern der betreffenden Parteien oder von eigens dazu gewählten Delegierten geheim gewählt werden. Der Einspruch des Parteivorstandes kann in einem zweiten Wahlgang überstimmt werden.

Auch die Landeslisten werden von dazu beauftragten Delegiertenversammlungen beschlossen, wobei jedoch unterschiedlich vorgegangen werden kann. In der Regel gilt, da die meisten Wahl- oder Stimmkreise aus mehreren kommunalen Bezirken bestehen, daß Delegiertenversammlungen (Wahl- oder Stimmkreiskonferenzen) die Direktkandidaten auswählen und die Parteivorstände ihren Einfluß vorwiegend bei der Aufstellung der Landeslisten geltend machen. Die Bundesvorstände haben keinen unmittelbaren Einfluß. Für die bayerischen Landtagswahlen gilt dies auch mit Blick auf die Landesvorstände, weil hier die Bezirkslisten von Bezirksdelegiertenversammlungen beschlossen werden und außerdem alle Direktkandidaten nennen müssen, die wegen ihrer Erststimmen einen erheblichen Vorsprung vor den Kandidaten haben, die nur auf der Liste genannt sind.

Bei der Kandidatenaufstellung der Parteien (vgl. z. B. *B. Zeuner*, 1970, *R. Stöss*, 1983, *K. v. Beyme*, 1982) ist zu unterscheiden zwischen Personen, die in der Partei auf eine Kandidatur hinarbeiten oder wiedergewählt werden möchten, und denen, die die Partei zur Kandidatur gewinnen will. Gerade für die letzteren gilt, daß die Mühe eines Wahlkampfes erheblich und die Bürde eines Mandates neben einem Beruf groß sind, daß weiter das Ansehen der Politiker hierzulande sinkt und die private Sphäre politischer Funktionsträger nicht sonderlich geschützt ist. Noch mehr scheint es an einer zureichenden öffentlichen Einstellung denen gegenüber zu fehlen, die das Risiko einer Wahlniederlage auf sich nehmen und erst dadurch dem Wähler das Auswählen, also eine Wahl ermöglichen. Dennoch haben die großen Parteien heute keine Mühe mehr, die erforderlichen Kandidaten zu benennen. Zwei Entwicklungen kommen ihnen zugute: der zunehmend plebiszitäre Charakter der Landtags- und Bundestagswahlen, durch den das Profil des örtlichen Kandidaten an Gewicht verliert, und die ständig wachsende Besoldung der Abgeordneten, die vielen früher Zögernden den Entschluß erleichtert.

Faktisch liegt die Kandidatenaufstellung in Händen der relativ kleinen Zahl von aktiven Parteimitgliedern und Angehörigen des engeren Parteiführungskerns. In der Bundesrepublik gibt es keine Vorwahlen als Test. Generell bemüht man sich, bei der Kandidatenaufstellung sehr verschiedenen Gesichtspunkten zu entsprechen. Der Kandidat sollte wenn möglich örtlich bekannt sein und außerhalb der Partei über Reputation verfügen. Die Kandidaten zusammen sollen die Wählergruppen widerspiegeln, die man ansprechen will. Endlich müssen die Erfordernisse der Arbeit in der zukünftigen Fraktion im Auge behalten werden. Popularität, die zum örtlichen Wahlerfolg verhilft, bedeutet noch nicht, daß sich in der Fraktion genügend Fachleute für die einzelnen Arbeitskreise finden und genügend Politiker auch überörtlich die Reputation der Partei mehren. Auf der Liste müssen mitgliederstarke Orts- und Kreisvereine berücksichtigt werden, und zwischen den Landesteilen muß ein Ausgleich erfolgen. Daß eine berufsständische Aufteilung versucht wird und die Liste insgesamt zugkräftig sein sollte, versteht sich zudem von selbst.

Obgleich die Bundestagswahl weithin plebiszitären Charakter hat, also die örtlichen Kandidaten keine erhebliche Rolle spielen und den Wählern oft sogar unbekannt sind, wirken bei der Aufstellung von Direktkandidaten *örtliche Gesichtspunkte* doch wesentlich mit. So werden fast alle Abgeordneten weniger nach ihren allgemeinen Leistungen in der Partei und mehr nach ihren Leistungen im und für den Wahlkreis beurteilt. Das übt einen starken Druck auf die Abgeordneten aus, sich regelmäßig um den Wahlkreis und die Parteiorganisation zu kümmern. Damit fällt es allerdings einem Abgeordneten meist auch leichter als einem Neuling, wieder als Kandidat aufgestellt zu werden. Da-

gegen versteht sich nicht von selbst, daß die Parteiführung den örtlichen Gremien einen prominenten Politiker erfolgreich anbieten kann. Zumeist gelingt das nur, wenn man sich davon auch für die örtlichen Belange etwas versprechen kann.
Größer ist der Einfluß der zentralen Gremien auf die *Landeslisten*. In Baden-Württemberg wurden etwa 1957 mit einer Ausnahme alle Bundestagswahlkreise von Direktkandidaten der CDU erobert. Infolgedessen hatte die Landesspitze der Partei nur insofern legitimen Einfluß, als noch 5 weitere Mandate nach der Landesliste vergeben wurden. Die SPD brachte dagegen nur einen Direktkandidaten durch. 17 wurden über die Liste gewählt. Das die Liste beschließende Gremium war damit von ausschlaggebendem Einfluß. Das galt ähnlich für die FDP im gesamten Bundesgebiet, da diese Partei über keinen sicheren Wahlkreis verfügt. Die Liste ist aber für alle Parteien wichtig. Über sie werden vorwiegend die optisch notwendigen Ausgleiche geschaffen – etwa weibliche Kandidaten aufgestellt – und die Verbandswünsche erfüllt, außerdem muß man auf ihr oft Parteiprominenz unterbringen, die wegen ihrer Aufgaben in Bonn nur bedingt Gelegenheit hat, sich um einen Wahlkreis zu kümmern. Die ersten Plätze der Liste müssen ohnehin mit Prominenten besetzt werden, weil nur sie dem Wähler auf dem Stimmzettel und auf dessen Vorankündigungen mitgeteilt werden. Die restlichen Listenplätze bleiben bei der Bundestagswahl im dunkeln, der Wähler wird kaum orientiert.
Betrachtet man die Kandidatenaufstellung für Bundestag und Landtag insgesamt, fällt die *Macht der örtlichen Parteigremien* auf. Sie führt dazu, daß in aller Regel für den Kandidaten Bewährung in der Partei Vorbedingung ist. Dabei braucht der Kandidat nicht unbedingt wichtige Funktionen in der Partei wahrzunehmen; diese erhält er vielfach erst aufgrund seines Abgeordnetenmandats und seines damit erfolgenden Eintritts in die Berufspolitik. Eine zweite Vorbedingung ist für die Masse der Kandidaten örtliches Renommee. Es ist Ausnahme, daß ein örtlich relativ Unbekannter Kandidat wird. Nur in den kleineren Verhältnissen eines Landes läßt sich dies überspielen. Hier ist häufig auch die wohnungsmäßige Bindung an den Wahlort nicht entscheidend. Daß jeweils für zahlreiche Kandidaten die örtlichen Verhältnisse maßgeblich sind, bedeutet für die Parteien, mit unerwünschten Abgeordneten rechnen zu müssen, bedeutet aber auch, daß die Parteispitze nicht so souverän „steuern" kann wie etwa vor 1933. In diesem Zusammenhang ist weiter die Möglichkeit zu erwähnen, daß in kleinen Stimmkreisen mit wenigen Parteimitgliedern die Stimmkreiskonferenz unterwandert oder manipuliert wird.
Insgesamt geht es also örtlich um ein ziemlich nüchternes Geschäft, bei dem die künftige *Fraktionsfärbung* nur in einigen Richtungen vorbestimmt wird. So werden die Vertreter zahlenmäßig ins Gewicht fallender Verbände (etwa der Gewerkschaften) meist örtlich nominiert. Alle übrigen Verbände kommen häufig erst auf den Listen zum Zuge, weshalb der Kampf um die Listenplätze bei der CDU mehr außengesteuert erscheint, während er in der SPD insgesamt mehr von innerparteilichen, vorwiegend von regionalen Erwägungen bestimmt wird. Auch bei der Aufstellung der Landeslisten versuchen die Parteien, die Direktkandidaten auf der Liste abzusichern, damit Abgeordnete aus den einzelnen Kreisen durch regelmäßige Arbeit die Voraussetzungen dafür schaffen, später einmal in Direktwahl durchzukommen. Das verstärkt noch einmal die Tendenz der Wiederaufstellung von Abgeordneten. Sie besteht auch, wenn immer jüngere Abgeordnete nachrücken, die ihr Mandat längere Zeit behalten wollen und sich entsprechend darum bemühen. Je mehr das der Fall ist, desto enger wird die Bindung der Abgeordne-

ten an die örtlichen Parteigremien und desto stärker bildet sich der Typ des Berufspolitikers aus, der bemüht sein muß, in der örtlichen Parteiorganisation entscheidenden Einfluß zu erlangen.

Im Ergebnis engt sich der Spielraum bei der Kandidatenaufstellung also ein. Man nominiert entweder vorhandene Abgeordnete erneut oder aber die personelle Alternative steht schon seit längerem bereit. Damit gewinnen die örtlichen Parteigremien nicht unbeträchtlichen Einfluß auf ihre Abgeordneten. Da die Wahlkreisgeographie es zuläßt, zwischen sicheren, offenen und aussichtslosen Wahlkreiskandidaturen einerseits und den zusätzlich auf Listenplätzen abgesicherten andererseits zu unterscheiden, muß man allerdings hinzufügen, daß die engere örtliche Parteibindung nur bedingt der innerparteilichen Demokratie zugute kommt. Die Parteibindung des Abgeordneten erweist sich als Bindung an Mitglieder in Wahrheit zumeist nur in der ersten Funktionsstufe. Dieser Bindung kann der rührige Parteimann bis zu einem gewissen Maße entgehen, wenn er sich auf der Delegiertenkonferenz seines Listenplatzes sicher sein kann. Da er dort aber in der Regel die Nominierung im Wahlkreis vorweisen muß, braucht er auch wieder die Mitglieder.

Die Kandidatenaufstellung ist durch das Parteiengesetz und durch das Wahlgesetz eindeutig geregelt. Die geforderten Formalitäten müssen streng eingehalten werden. Das liegt auf der Linie einer Parteien- und Wahlgesetzgebung, welche die Gründung der Parteien zwar uneingeschränkt freigibt, die *Teilnahme an der Wahl* aber *von* bestimmten *Bedingungen abhängig* macht. Diese Bedingungen erfüllen Parteien, welche im Bundestag oder einem Landtag vertreten sind, von vorneherein. Wer sich sonst zur Wahl stellen will, muß dem (Bundes-)Wahlleiter und dem ihm beigegebenen Ausschuß Programm und Satzung einreichen – das Programm verschickt der Bundeswahlleiter auf Anfrage kostenlos an jedermann – und für jede Landesliste 2000 sowie für jeden örtlichen Vorschlag 200 Unterschriften von wahlberechtigten Bürgern beibringen, die in dem betreffenden Land oder Wahlkreis ihren ersten Wohnsitz haben. Jede Unterschrift muß auf einem eigenen Formblatt erfolgen und mit Adresse und Geburtsdatum versehen dem Einwohnermeldeamt zur Beglaubigung vorgelegt werden. Es muß sich mithin um ‚echte' Listen handeln. An diesem Erfordernis scheitern viele der kleinen Parteien – 60 Parteien insgesamt hatten sich im Februar 1980 beim Bundeswahlleiter gemeldet, Ende August hatte der Bundeswahlausschuß alle Voraussetzungen geprüft, wonach noch 20 übrigblieben, von denen aber schließlich nur 15 zur Wahl antreten konnten (8 davon mit Landeslisten in allen Bundesländern). Die *formale Prüfung* steht hier im Vordergrund, so wie in den weiteren Teilen der Wahlgesetze vor allem Formvorschriften dazu dienen, Wahlmißbräuche, Verletzungen der Wahlprinzipien, Zählfehler usw. zu vermeiden. Wahlen in der Bundesrepublik verlaufen daher meist auch ohne jeden Zwischenfall, und in den vielen tausend Wahllokalen kommt es zwar gelegentlich zu Unstimmigkeiten, nur selten aber zu Vorkommnissen, die Grund für eine Wahlanfechtung abgeben.

Ein Problemfeld bietet lediglich die *Briefwahl*, mit der man dem Wähler entgegenkommen wollte, mit der man jedoch mehr seine Bequemlichkeit herausgefordert – Briefwähleranteile von mehr als 10 Prozent sind inzwischen die Regel – und Möglichkeiten zum Mißbrauch geschaffen hat. Bei der Briefwahl greifen die üblichen Kontrollen nicht. Was sich in der Wohnung oder Krankenanstalt abspielt, bleibt unbekannt. Wohl alle erfolgreichen Wahlanfechtungen bezogen sich auf briefliche Abstimmungen, an denen trotz der entgegenstehenden eidesstattlichen Versicherungen Wahlinteressenten tatkräftig mitgewirkt hatten. So mußte im Dezember 1979 die Stadtratswahl in Vilseck „wegen Verdunkelung und Verfälschung des Wahlergebnisses" (Verwaltungsgericht Regensburg) wiederholt werden; das Landratsamt Amberg hatte vorher eine Verfälschung nicht erkennen können. Ende 1978 wurde eine Bürgermeisterwahl in Lichtenfels (Oberfranken) vom Verwaltungsgericht Bayreuth für ungültig erklärt. Hier gab es über 30 Prozent Briefwähler, die fast alle den bisherigen, der CSU angehörigen Bürgermeister wählten, während bei der normalen Stimmabgabe der Herausforderer sehr viel besser abschnitt. Aufsichtsbehörde und Gericht ermittelten dann, daß vor allem im Altersheim den Insassen nicht nur bei der Unterschrift, sondern auch beim Ausfüllen des Stimmzettels direkt geholfen worden war. Allerdings ist die Briefwahl nicht nur wegen solcher Mißbrauchsmöglichkeiten problematisch. Man muß auch fragen, ob man es dem Wähler so bequem machen sollte, nur um eine hohe Wahlbeteiligung zu erzielen, und man muß weiter fragen, ob nicht doch der Wahltag als Stichtag seinen Sinn hat. Bei der Landtagswahl in Hessen, kurz nach der Auflösung der sozialliberalen Koalition in Bonn im Herbst 1982, zeigte sich jedenfalls, daß die Briefwähler anders gewählt hatten als die Wähler am Wahltag. Außerdem hatte es vor der Wahl zahllose Versuche gegeben, die Briefwahlunterlagen zurückzuerhalten, um am eigentlichen Wahltermin teilnehmen zu können.

Insgesamt sei wiederholt: Unter politischem Aspekt ist zunächst das Wahlsystem von Interesse und darüber hinaus von Bedeutung, wie die Kandidaten der Parteien aufgestellt werden. Viel hängt aber auch von der Funktionsfähigkeit des Wahlrechts im engeren Sinne ab, dessen Formvorschriften sicherstellen, daß die Wahlgrundsätze wirklich eingehalten werden. Das Nebeneinander von Inhalt und Form und das Eigengewicht der Form wird am Wahlrecht besonders gut sichtbar.

4.4.2. Wählerverhalten und Wahlergebnis

In oft widersprüchlicher Weise wird nach jeder Wahl sowohl nach den langfristigen Wählergewohnheiten als auch nach den Unterschieden zu früheren Ergebnissen gefragt. Die *Wahlforschung* bemüht sich um gesicherte Daten über Zusammenhänge zwischen Geschlecht, Beruf, Bildungsstand usw. und dem Wahlverhalten, aber auch um das Potential an Wechselbereitschaft, welches jene Zusammenhänge sprengt oder doch relativiert. Die Parteien möchten gern möglichst genau über ihre Stammwähler informiert sein und wissen, unter welchen Bedingungen man Wechselwähler wird oder werden kann. Einschlägige Untersuchungen haben deshalb in demokratischen Systemen immer Konjunktur, finden ein großes Echo, fordern aber auch Widerspruch heraus. Jede Erklärung muß den einen zu Lasten des anderen begünstigen. Im Rahmen unserer Darstellung will dies alles berücksichtigt sein, ohne ein herausragendes Thema bilden zu können: Die Wahlergebnisse liegen vor (vgl. Quellen 4.4.3.); sie sind meist eindeutig im Blick auf die sich aus ihnen ergebenden unmittelbaren Konsequenzen und verweisen zugleich auf mancherlei langfristige Entwicklungen, welche die Situation und Denkweise der Wähler wie die der Gewählten verändert haben. Was man an solchen Entwicklungen festmachen oder begründet vermuten kann, sei kurz zusammengefaßt.

Im internationalen Vergleich liegt in der Bundesrepublik die *Wahlbeteiligung* – von den Kommunal- und Landtagswahlen zu den Bundestagswahlen ansteigend – besonders hoch. Deshalb erscheint der Typus des konsequenten Nicht-Wählers nicht ganz so interessant, zumal es sich hier offenbar nicht um eine Gruppe mit einheitlicher Tendenz handelt (vgl. *K. v. Beyme*, 1979, S. 56 ff.). Die Wahlbeteiligung provoziert in aller Regel zwei Interpretationen. Die eine, häufig von Parteivertretern vorgetragen, sieht darin eine immer wieder neue Legitimierung des politischen Systems und der Parteien durch die Wähler. Tatsächlich wird man in einem Land ohne Wahlpflicht eine hohe Wahlbeteiligung nicht einfach als politisch irrelevant abtun können. Daß es sich um eine Art Konsumverhalten, um eine bloße Gewohnheit handele, ist dagegen Ergebnis der zweiten Interpretation, zumeist von (Sozial-)Wissenschaftlern vorgetragen (vgl. *F. U. Pappi*, 1970). Eine weitere Variante dieser Diskussion: In der Bundesrepublik werde oft Angst geschürt und entsprechend vor dem politischen Gegner gewarnt, so daß an sich politisch Uninteressierte zu bloßen Angstwählern würden. Nun läßt sich sicher nicht verkennen, daß die Wahlbeteiligung nicht nur politisches Interesse beweist (vgl. *Politisches Verhalten*, Band 6), sondern es in Zusammenhang mit der Wahl Mechanismen gibt, welche auch Unpolitische bewegen, zur Wahl zu gehen. Auch hier aber liegen keine eindeutigen Gegebenheiten vor. Jede Mikroanalyse (z. B. die in Wertheim am Main, in: *Politisches Verhalten*, Band 9, S. 151 ff.) zeigt vielmehr erhebliche Schwankungen in der Wahlbeteiligung auf, die auf vorgängige, von Wahl zu Wahl sich unterscheidende Überlegungen einer nicht geringen Wählergruppe schließen lassen. Frühere Vermutungen, daß die Wahlbeteiligung z. B. auch vom Wetter abhängig sei oder daß die Wähler bürgerlicher Parteien potentiell eher bequem seien als die der SPD, waren noch nie sehr plausibel. Heute wären sie abwegig. Es gibt auch keinen eindeutigen Zusammenhang mehr zwischen der Wahlbeteiligung und dem Wahlerfolg einer Partei; alle Parteien können von einer hohen oder einer niedrigen Wahlbeteiligung profitieren.

Das *konkrete Wahlverhalten* wird von der einschlägigen Forschung (vgl. *N. Diederich*, 1965, *W. Kaltefleiter/P. Nissen*, 1980, *R.-O. Schultze*, in: *H.-G. Wehling*, 1983) zunächst unter dem Aspekt des Wählers untersucht. Sein Wahlverhalten ist bedingt durch persönliche und soziale Merkmale, durch seine primäre und seine sekundäre Umwelt, von der die erstere möglicherweise an Gewicht gewinnt, während die letztere besser untersucht ist. Leicht zu ermitteln waren und sind aufgrund getrennter Auszählung in einzelnen Stimmlokalen die Wahlpräferenzen der verschiedenen *Altersgruppen* und bedingt die der *Geschlechter*. In dieser Hinsicht galt lange Zeit als gesichert, daß die Erst- und Jungwähler tendenziell (d.h. in der konkreten Wahl überdurchschnittlich, nicht unbedingt schon einheitlich) mehr zur SPD und die Älteren mehr zur CDU neigen und daß Frauen relativ häufiger CDU wählen als Männer. Weiter spielen die *Ortsgröße* und die *Konfession* eine größere Rolle. Überschaubare Mittelstädte bieten das beste Klima für politische Beteiligung. Aktive Katholiken finden nur schwer Zugang zur SPD, diese gewinnt leichter in der Stadt als auf dem Land Zulauf. Statistisch konnte man dergestalt lange – und kann es vereinzelt noch – einige Bedingungen zusammenfassen, die für die eine oder die andere Partei besonders günstig sind: In einem eher ländlichen Gebiet mit einem überdurchschnittlichen Anteil von Katholiken und älteren Wählern mußte die CDU besonders gut abschneiden, während für die SPD die Dinge in einer Großstadt mit überwiegend evangelischer Bevölkerung besser standen. Deutlich schwieriger liegt es, wenn man Beziehungen zwischen dem ausgeübten Beruf und den Wahlpräferenzen herstellt. Die Landwirte kommen dann zwar ziemlich eindeutig nicht als SPD-Wähler in Frage. Um die Arbeiter und die Angestellten konkurrieren dagegen CDU und SPD, während bei den Selbständigen CDU und FDP dominieren. Auch der Bildungsstand spielt eine erhebliche Rolle. Hier übt die SPD eher Anziehungskraft auf die Intellektuellen aus. Mittlere Reife und Abitur je für sich zielen mehr auf die CDU.

Weiter ist das *soziale Milieu* als eine wichtige Variable zu erwähnen. Gibt es zwischen ihm und einer Partei, so wie zwischen der CSU und weiten Teilen des Milieus in der Oberpfalz oder zwischen der SPD und dem Milieu in Dortmund, eindeutige Beziehungen, wird über das Milieu die Stimmabgabe zugunsten der betreffenden Partei angeregt. Viele wollen auf keinen Fall Außenseiter sein. Neben dem Milieu ist die *Tradition* zu erwähnen. In der Bundesrepublik gibt es, wenn auch sich deutlich abschwächend, traditionelle Muster der Parteiidentifikation (vgl. dazu die Beiträge von *U. Feist/H. Krieger*, in: AusPuZ 12/1987, S. 33 ff., *R.-O. Schultze*, a. a. O.).

Was hinsichtlich des Wählers und unabhängig von dessen eher aktuellen politischen Meinungen, Ängsten usw. angesprochen wurde, kann bei vielen Wählern zu einer potentiellen Festlegung auf eine Partei oder auf ein Parteilager führen. Die Festlegung ist dann stark durch individuelle Merkmale bestimmt. Gilt das für viele Wähler, kann die Wahl uninteressant werden. Es gilt aber schon deshalb immer nur eingeschränkt, weil sich die Situation des Wählers verändert. Jeder Wähler wird älter, viele verändern sich in ihrer beruflichen Position, räumliche Mobilität mitsamt Wechsel oder Verlust des Milieus können hinzukommen: Die sozialen ‚Aufsteiger', welche den sogenannten neuen Mittelstand bilden, stellen auch weiterhin ein Problem der SPD dar; Heiner Geißlers Hoffnung auf eine neue Mehrheit gründet nicht zuletzt auf solchem Aufsteigertum. Tatsächlich wird man vorsichtig sein, zwischen individuellen Merkmalen im weitesten Sinne und Wahlverhalten dauerhafte Beziehungen herzustellen. Auch die ‚Stabilität regionaler Wählerstrukturen' (so ein Beitrag von *P. Hoschka* u. a., in: *M. Kaase*, 1977 = PVS 2/3 1977) gilt nicht mehr als gesichert.

Die individuelle Wahlentscheidung ist von langfristigen Gegebenheiten der angesprochenen Art abhängig und von länger- wie kurzfristigen *Einschätzungen der politischen Lage und der um den Wähler werbenden Parteien*. Im Blick auf diesen Bereich wird Wahlforschung sehr viel komplizierter. Sie rückt in den Mittelpunkt das allgemeine Image von Parteien und ihre jeweilige Kompetenz in bestimmten Problemfeldern der Politik, sodann die Präferenzen der Wähler für einzelne Problemfelder, weiter die Popularität der Spitzenbewerber usf. Das alles läßt sich nur auf dem Weg über Umfragen erschließen und nur auf methodisch komplizierten Wegen mit den Beziehungen zwischen Persönlichkeitsmerkmalen und Wahlverhalten in plausible Zusammenhänge bringen. Die Untersuchungen zu den Bundestagswahlen machen das sehr deutlich (etwa 1976: *D. Oberndörfer*, 1978, *D. Just/P. Röhrig*, 1978, *M. Kaase*, 1977; 1980: *M. Kaase/H.-D. Klingemann*, 1983; 1983: *H.-G. Wehling*, 1983), zumal dort, wo sie sich auf dem inzwischen erreichten hohen methodischen Niveau der Wahlforschung bewegen, das frühere, meist stärker deskriptive Darstellungen von Bundestagswahlen kaum erreichen konnten (1953: *W. Hirsch-Weber/K. Schütz*, 1957; 1957: *U. Kitzinger*, 1960; 1961: *B. Vogel/P. Haungs*, 1965 usw.). Auch die regelmäßig in der Zeitschrift für Parlamentsfragen veröffentlichten Analysen der Landtagswahlen verweisen auf ähnlich komplizierte Zusammenhänge, wobei es bei diesen Wahlen der Einfluß der Bundespolitik zunehmend erschwert, die landesspezifischen Überlegungen von Wählern zu identifizieren.

Längerfristig wird man davon ausgehen können, daß sich in den 50er und in den 60er Jahren zuerst die *potentielle Wählbarkeit aller etablierten Parteien* durchgesetzt hat. Für eine wachsende Zahl von Wählern war es möglich, die Barriere zu überwinden, die vorher zwischen einem katholischen Arbeiter und der SPD oder einem engagierten Liberalen und der CDU (und ihrer Konfessionsschule) stand (vgl. *P. Gluchowski/H. J. Veen*, Nivellierungstendenzen in den Wähler- und Mitgliedschaften von CDU/CSU und SPD 1959 bis 1979, in *ZParl* 1979, S. 312 ff.). Im Rahmen dieses Prozesses baute die CDU ihre Position auf Kosten der kleineren bürgerlichen Parteien aus und stieß die SPD aus einer potentiellen Minderheitenposition in eine Dimension vor, auf der sie in einigen Bundesländern die absolute Mehrheit und im Bund zumindest die Möglichkeit erhielt, mit einem kleinen Partner zu koalieren. Das Fallen von Wählbarkeitsschranken kam also den großen Parteien zugute. Es setzte allerdings den Verzicht auf harte programmatische und politische Eindeutigkeit voraus. Insofern ist Erfolg immer auch Ursache für potentielle Mißerfolge. Die auf Wählbarkeit zielende Strategie der SPD erleichterte es früheren SPD-Wählern, nunmehr die CDU zu wählen, und erschwerte es auf Konsequenz drängenden Wählern, bei der Stange zu bleiben. Zugleich nahm die Bedeutung der Stammwähler als einer sicheren Größe ab, während die der Wechselwähler zunahm, wobei immer ein erheblicher Teil des Wechsels auch zwischen den großen Parteien erfolgte. Tendenziell kann man von einer in Grenzen *wachsenden Mobilität des Wählers* sprechen, die sowohl Änderungen der Parteien und des Parteiensystems als auch Veränderungen in der Sozialstruktur i. w. S. voraussetzt. Die Wahlen 1987, die erstmals Verluste der beiden großen und entsprechende Gewinne der kleineren Parteien erbrachten, verstärken diese Aussage.

Ein Mehr an Flexibilität des Wählers bewirkt aber auch, daß kurzfristige Eindrücke oder mittelfristig wirkende Aktualitäten der Politik unmittelbar das Wahlergebnis bestimmen. Praktisch braucht das nur zu bedeuten, daß eine relativ kleine Gruppe von Wählern aus den eigenen Gewohnheiten ausbricht und damit aktuelle Trends verstärkt. So wird man die hohe *Emotionalisierung* etwa in der Bundestagswahl von 1972 nicht unterschätzen dürfen, die vor allem der SPD zugute kam und ihr zum besten Wahlergebnis in ihrer Geschichte verhalf. Wie stark aktuelle Emotionen ein Wahlergebnis bestimmen können, wurde auch 1982 bei der Landtagswahl in Hessen sichtbar, in der offenkundig viele Wähler auf die Regierungsumbildung in Bonn, auf den Austritt der FDP aus der sozialliberalen Koalition und auf dessen Begleitumstände reagierten. Nach den Umfragen zwei Wochen vor der Wahl hätte die CDU auf 51,2 % der Stimmen, die SPD auf 34 % und die FDP, die sich in Hessen bereits auf eine Koalition mit der CDU festgelegt hatte, auf 4 % kommen müssen. Kurz danach kam es zum Rücktritt der FDP-Minister und zu den bis in moralische Kategorien reichenden Auseinandersetzungen zwischen den bisherigen Koalitionspartnern. Davon profitierte eindeutig die SPD, die immerhin auf 42,8 % der Stimmen kam, während die CDU sich entgegen den Voraussagen mit 45,6 % zufriedengeben mußte. Die FDP hatte die Talfahrt schon angetreten. Daß ihr noch einmal ein Prozent verlorenging, blieb ohne Belang. Noch deutlicher wird der Stimmungsumschwung, wenn man die Urnenwahl und die Briefwahl getrennt auswertet und dabei berücksichtigt, daß angeblich die Briefwahl eher den bürgerlichen Parteien zugute kommt. In Frankfurt hatten, meist vor den Ereignissen in Bonn und vor dem Erlebnis des Streites innerhalb der CDU und der CSU 51,9 % der Briefwähler für die CDU votiert. Am Wahltag waren es dann nur 43,1 % der Urnenwähler. Das Gesamtergebnis wäre für die CDU (in Frankfurt: 44,8 %) noch schlechter ausgefallen, wenn es nicht die Briefwähler gegeben hätte. Bei der SPD lagen die Dinge umgekehrt: Für sie votierten 30,4 % der Briefwähler und 41,8 % der Urnenwähler, während die FDP wieder bei den Urnenwählern drastisch abfiel (4 % Brief, 2,9 % Urne).

Wer in der ‚heißen Wahlkampfphase' für sich ein entsprechendes Thema reklamieren kann, darf mithin durchaus davon ausgehen, daß buchstäblich in letzter Minute noch Wähler ihre Absichten ändern. Auch das kann zu einer Repolitisierung der Wahlkämpfe beitragen.

Die *Wahlkampfstrategie* der Parteien fällt unterschiedlich aus, wenn man es hier mit einem großen Anteil an Stammwählern und eindeutigen Hochburgen der einzelnen Parteien zu tun hat, während dort die Wechselwähler das Ergebnis entscheidend mitbestimmen und alle Hochburgen an Eindeutigkeit verlieren, in ihnen also die jeweilige Minderheit Gewinne erzielen kann. In diesem Falle braucht sich an der politischen Landkarte nichts zu verändern; es kommt nur zu Niveauverschiebungen.

Je mehr Wahlen im Ergebnis neben festgefügten Strukturen auch von der Beweglichkeit einer größeren Wählergruppe abhängen, desto spannender werden sie, desto genauer betrachten die Parteien die Ergebnisse der Wahlforschung, desto größer wird der Einfluß der *Meinungsforschung*. Um diesen Einfluß gibt es seit langem mehr oder weniger heftige Auseinandersetzungen, an der früher z. B. Wilhelm Hennis (1968) und Elisabeth Noelle-Neumann (1968) teilgenommen haben. Über die weitere Entwicklung wird man sich bei Edgar Traugott (1970) und in den Sammelschriften von Max Kaase (1977 und 1983, hier mit H.-D. Klingemann) und Dietrich Oberndörfer (1978) informieren. In der Diskussion wird unter eher moralischem Aspekt verhandelt, ob Politiker Meinungsumfragen ernst nehmen oder tun sollen, was sie für richtig halten, und wieweit Meinungsforscher einer politischen Verantwortung unterliegen, wenn sie Ergebnisse veröffentlichen, die dann politische Entscheidungen stimulieren. Der Hauptvorwurf in diesem Zusammenhang lautet, daß Meinungsforschungsinstitute einige Zeit vor der Wahl Daten veröffentlichen, deren einschränkende Bedingungen nicht zureichend mitgenannt oder mitberücksichtigt werden und die nur momentane Stimmungsbilder wiedergeben, jedoch mit dem künftigen Wahlergebnis verwechselt werden. Tatsächlich gibt es Beispiele, vor allem im Zusammenhang mit dem Institut für Demoskopie in Allensbach, daß einer Partei ein günstiges Ergebnis prognostiziert wird und viele Beteiligte eine solche Prognose nur als eine Wahl- und Mobilisierungshilfe für die andere Partei betrachten (können). Vereinfacht: Ergebnisse der Meinungsforschung können auf einem von vorheriger Parteinahme bestimmten Wege zustande kommen oder mißbraucht werden.

Zu einem größeren Problem wird diejenige Meinungsforschung, welche die sich verändernde politische Einschätzung von Befragten mit Annahmen über Ursachen kombiniert. Hier hat sich in der Bundesrepublik vor allem E. Noelle-Neumann hervorgetan – nach der Bundestagswahl 1972 mit der Theorie der Schweigespirale und nach der Bundestagswahl 1976 mit der Behauptung, einen erheblichen Einfluß des Fernsehens auf die Wahlentscheidung nachweisen zu können, der in diesem Falle der SPD zugute gekommen sei. Die ‚Schweigespirale' beruhte auf der einfachen Annahme, daß Siegesgewißheit eher gezeigt wird und zu einem Meinungsklima führt, in dem die sich unterlegen Fühlenden eher schweigen. Auf Bundestagswahlkämpfe angewandt provozierte das den Einwand, daß angesichts sehr unterschiedlicher Parteilandschaften und -hochburgen auch unterschiedliche Klimata eine Rolle spielen müßten. E. Noelle-Neumann ließ sich davon aber nicht beeindrucken. Sie konstruierte später einen Unterschied zwischen der Meinung von Journalisten und der der Öffentlichkeit, behauptete, die Journalisten seien frühzeitig von einem Wahlsieg der sozialliberalen Koalition im Jahre 1976 ausgegangen und hätten dies vor allem im Fernsehen zum Ausdruck gebracht, was zu Diffu-

sion und Unsicherheit auch bei engagierten CDU-Sympathisanten und zu einem doppelten Meinungsklima geführt habe (vgl. *E. Noelle-Neumann*, Das doppelte Meinungsklima, in: *M. Kaase*, 1977, S. 408), in dem es zum Sieg der sozialliberalen Koalition gekommen sei. Hier werden mehrere Ergebnisse eigener Untersuchungen miteinander kombiniert: längere Zeit vor der Wahl mehr Neigung zur CDU als am Wahltag; andere Einschätzungen der Journalisten; Auswirkungen dieser Journalisteneinschätzung auf die Tätigkeit in den Medien; Einfluß der Medien auf die Wahlentscheidung. Daß sich dabei viele methodische Fragen ergeben, daß vor allem sehr viel auf die Formulierung der Fragen ankommt, wobei man E. Noelle-Neumann immer wieder Nachlässigkeit vorwirft (vgl. z.B. DER SPIEGEL 43/1978, oder *P. Atteslander*, Vom Holzschnitt zum Holzhammer?, in: *Th. Ellwein*, 1980, hier in Auseinandersetzung mit einem Beitrag von *E. Noelle-Neumann*, Medieneinfluß bei der Wahl), sei nur erwähnt.
Die politisch-praktischen Folgen liegen auf der Hand: Einschlägige Thesen werden von in der Wahl unterlegenen Parteien gern übernommen und verstärken den Druck auf die Journalisten in den öffentlich-rechtlichen Anstalten, zumal hier die Forschung schnell beliebig werden kann. Als man 1976 feststellte, daß im Fernsehen die beiden Kanzlerkandidaten weithin ‚ausgewogen' gezeigt wurden und Journalisten ihre (etwaige) eigene Meinung deutlich hintangehalten hätten, konterten E. Noelle-Neumann und ihre Mitarbeiter schnell mit dem Hinweis, es käme nicht nur auf die Journalisten, sondern in erheblichem Umfange auch auf die Kameraleute an (vgl. *H.M. Kepplinger*, Optische Kommentierung in der Fernsehberichterstattung über den Bundestagswahlkampf 1976, in: *Th. Ellwein*, 1980). Die unmittelbare Wirkung einschlägiger Forschungen ist unstrittig, der Einfluß auf das Meinungsklima dementsprechend groß (s. auch die Beiträge in: *F. Plasser/P. Ulram/M. Welan*, 1985). Ob ihre Untersuchungsergebnisse dagegen vom Ansatz her tragfähig sind, bleibt ganz offen. Ihnen steht jedenfalls der entscheidende Einwand entgegen, daß hier isolierte Zusammenhänge konstruiert werden, die sich im komplexen Kommunikationsprozeß in Wahrheit gar nicht auffinden lassen, eben weil man sie nicht isolieren kann. Im Blick auf spätere Wahlkämpfe erscheint aber die bedrückende Vision denkbar, daß Zeitungen und Zeitschriften unverblümt Partei ergreifen, die öffentlich-rechtlichen Anstalten dagegen zu einer völlig sterilen Berichterstattung verurteilt sind und viele Beteiligten letztlich das Bild vom unmündigen, jederzeit beeinflußbaren Wähler vor Augen haben.

4.4.3. Wahlkampf und Wahlkampferfahrungen

Moderne Wahlkämpfe werden unter den heutigen Bedingungen von allen Parteien in vergleichbarer Weise vorbereitet und durchgeführt. Die *Wahlkampfplanung* muß berücksichtigen, daß ein großer Apparat über mehrere Monate hin bewegt sein will, man die Themenbereiche nicht allzu früh verschleißen darf, die verfügbaren Mittel rechtzeitig einsetzen sollte und sich zugleich darauf einstellen muß, durch das Verhalten des Gegners oder durch aktuelle politische Ereignisse gestört und zu flexiblen Reaktionen gezwungen zu werden. Eine solche Planung kann nur in der jeweiligen Parteizentrale erfolgen. Sie setzt einen Stab, die Verfügung über einen beträchtlichen Teil der Mittel, die Zusammenarbeit mit Werbeagenturen usw. voraus, vor allem aber professionelle Akteure, welche langfristig nüchtern planen, was später als heftige Emotionalisierung oder Erregung sich abspielen soll.

In dem Buch von Breme und D'hein (1980) findet sich ein Überblick über die *Wahlkampfdrehbücher der drei großen Parteien für den Bundestagswahlkampf 1980*. Ihnen zufolge wollte die Union den Wahlkampf in vier Phasen führen, einer Informations- und Vorbereitungsphase (bis Dezember 1979), zwei Vorwahlkampfphasen (bis 18. Mai und bis 5. September 1980) und einer ‚heißen' Wahlkampfphase im September. Jeder Phase wurden bestimmte Ziele und Mittel zugeordnet und der Service für die 203 Direktkandidaten der Union vorbereitet. Zu ihm gehörten das Bereitstellen von Plakaten, finanzielle Hilfen, Informationen, Argumentationshilfen, die Betreuung der Plakatherstellung usw. Örtlich muß ein solches Angebot vom Kandidaten und seinem Wahlkampfleiter verarbeitet und müssen die örtlichen Spezifika eingebracht werden. Ein besonderes Augenmerk gilt den Parteipublikationen. Sie müssen aus Kostengründen zentral hergestellt und können allenfalls mit einer lokalen Einlage versehen werden. Ihre Herstellung kann nur langfristig erfolgen; bei Änderungen in der Wahlkampfstrategie kann sich das negativ auswirken. Auch die notwendigerweise langfristige Terminplanung für die prominenten Politiker einer Partei, die ebenfalls zentral erfolgen muß und der meist ein hartes Ringen zwischen den unteren Parteiorganisationen vorausgeht, macht die einmal beschlossene Planung starr. So kommt alles darauf an, daß man den Einsatz von Parolen, Mitteln und Personen einerseits so sorgfältig wie möglich vorbereitet, andererseits sich auch auf Überraschungen gefaßt macht: Adenauer reagierte z. B. auf den Mauerbau in Berlin 1961 höchst ungeschickt; die SPD war 1976 nicht auf das Rententhema vorbereitet; die FDP mußte 1980 mühsam taktieren, als der Wahlkampf auf eine große Polarisierung hinauslief, an der sie nicht beteiligt war. Im taktischsten aller ihrer bisherigen Wahlkämpfe errang sie dann aber doch einen großen Erfolg, weil anders als erwartet die Konfrontation Schmidt-Strauß auch Negativwirkungen hatte. Daß Taktik allein nichts nützt, bewiesen dagegen die Wahlen im Herbst 1982, in der die FDP trotz eines scheinbar großen Erfolges in Bonn in Hessen und Bayern die parlamentarische Bühne verlassen mußte, und auch Johannes Raus Erfahrungen 1987 deuten darauf hin, daß die Anlage erfolgreicher Landtagswahlkämpfe nicht ungestraft auf Bundestagswahlkämpfe zu übertragen ist.

In dem Problemkreis, einerseits eine sorgfältige, andererseits aber auch eine flexible Wahlkampfplanung machen zu müssen, spielt die jeweilige *Wahlaussage* oder auch nur die Parole im engeren Sinne eine große Rolle. Das gilt planerisch, weil man einen roten Faden braucht, an dem sich die Herstellung der Wahlkampfmittel, der Transparente, der Anzeigen, der Fernsehspots usw. orientieren kann. Es gilt mehr noch inhaltlich, weil in all ihrer Vagheit die Parole für die Mitglieder eben doch etwas bedeutet. Sieht man von den umfangreichen *Wahlprogrammen* einmal ab, die hauptsächlich zustande kommen, um eine präzise Zielgruppenarbeit leisten zu können, deuten die Wahlkampfparolen gelegentlich sehr genau den Kurs an, den man im Wahlkampf und danach steuert. ‚Keine Experimente' (1965) oder ‚Auf den Kanzler kommt es an' (1969 zugunsten von Bundeskanzler Kiesinger) verwiesen auf eine eher zurückhaltende Strategie von Regierungsparteien, während die Freiheit-Sozialimus-Parole auf die offensive Strategie einer Oppositionspartei verwies, auf die übrigens 1976 die SPD, die mit ihrem ‚Modell Deutschland' in die Schlacht ziehen wollte, ausgesprochen unsicher reagierte, so wie sich auch 1980 ‚Sicherheit für Deutschland' nicht gerade stimulierend für die SPD auswirkte. Parolen dieser Art sind aber unentbehrlich. Sie stellen eine erkennbare Schwerpunktsetzung dar, die im Wahlkampf eine große Rolle spielt und damit die konsequente Durchführung der Wahlkampfplanung erleichtert, die aber auch unbeachtet bleiben kann. Eine besondere Schwierigkeit bereitete dieses Problem immer der FDP, die in Wahrheit eigene Kampfparolen durch Koalitionsaussagen ersetzen mußte. Sie konnten entweder auf Selbstverständliches verweisen – so als die FDP 1980 für Bundeskanzler Helmut Schmidt ins Feld zog –, weil es keine Handlungsalternative gab oder auch einen Kurswechsel oder nur eine Bündnisbereitschaft andeuten, was sich häufig als recht risikoreich erwies. Mit ihren Parolen können jedenfalls nur die großen Parteien das Wahlkampffeld beherrschen. Die kleinen müssen sich bemühen, daneben und angereichert durch gute Einfälle zu bestehen.

Die Wahlkampfaussagen und die strategischen *Wahlkampfziele* müssen nicht übereinstimmen. Strategisch handelt es sich hier meist um den Ausweis von Maximalzielen. Man will stärker werden, die absolute Mehrheit erreichen, die absolute Mehrheit verhindern, die 5-Prozent-Hürde überwinden, an der Regierung beteiligt werden oder bleiben. Aus diesen Zielen ergeben sich Handlungsnotwendigkeiten. Wer auf Koalitionen ausgeht, wird seinen denkbaren Partner nicht heftig bekämpfen. Wer um die absolute Mehrheit ringt, wird niemanden schonen. Wer vor allem um die eigene Stärke besorgt ist, wird einen parteibezogenen Wahlkampf führen, und wer den Hauptpartner in einer Regierungskoalition bildet, wird sich vorwiegend mit der Opposition anlegen, aber den kleineren Partner nicht als gleichberechtigt behandeln, weil sonst Stimmen zu ihm abwandern könnten. Ziele dieser Art liegen meist auf der Hand, auch wenn man sich vor der Wahl nur zu den Maximalzielen bekennt. Weniger deutlich sind oft die Zusammenhänge zwischen Zielen und Wahlkampfstrategie und -taktik. Das kann mit einer gewissen Zielunklarheit zusammenhängen: In den Vorphasen des Wahlkampfes kann noch unsicher sein, was sich später erwarten läßt. Zu den wichtigsten Zielen eines jeden Wahlkampfes gehört immer die *Mobilisierung* der eigenen Anhänger oder Sympathisanten. So sehr man sich an einzelne Zielgruppen wendet, Wechselwähler für sich zu gewinnen sucht, potentielle Nichtwähler anspricht: Wahlerfolge beruhen entscheidend darauf, daß ein möglichst großer Teil der denkbaren Parteigänger nicht nur zur Wahl geht, sondern seine Bereitschaft dazu auch zeigt, für seine Überzeugung eintritt.

Gegenüber solcher Identifikationsbereitschaft wiegen die üblichen *Wahlkampfmittel* nicht sehr viel. Ihre Herstellung und Verteilung erfordert meistens ungewöhnlich hohe Geldaufwendungen. Der Wert der großen Anzeigenkampagnen ist umstritten. Aber auch die Luftballons, Kugelschreiber, Zündhölzer, Spielkarten, kurz: die Parteidevotionalien unterliegen immer wieder dem Verdacht, daß man den Wähler nicht ganz ernst nimmt. Ob die großen Postwurfsendungen, die Sonderillustrierten und schließlich und vor allem die Plakatierungen viel bringen, ist ungewiß. Die Parteizentralen unterscheiden auch deutlich zwischen einer Binnen- und einer Werbewirkung. Die Parteidevotionalien werden nur durch eigene Mitglieder an den Mann gebracht. Diese sind ggf. eher zum Einsatz bereit, wenn sich ein gewisser Aufwand treiben läßt. Geschenke werden nur selten direkt abgelehnt. Der Kandidat, der Blumen in der Parteifarbe verteilt, stößt damit nur selten auf Widerspruch. Kinderfeste der Parteien in der Wahlzeit, für die durch Luftballons geworben wird, finden ihren Zulauf. Der Zulauf wiederum vermittelt ein gewisses Erfolgsbewußtsein. Aktionen motivieren nicht zuletzt die Mitglieder, von denen viele am Straßenrand im direkten Gespräch sich auch lieber auf Allgemeinplätze einlassen als auf tiefgründige politische Diskussionen. Der Wahlkampf erzwingt in seiner vollen Breite ein gewisses Maß von Banalität, die Wahlkampfmittel entsprechen ihm, die Banalität mancher Parteipublikationen ist erschütternd, aber eben kein Problem. Wer sich daran stößt, wirft sie weg.

Wahlkämpfer und Wahlhelfer bestimmen das äußere Bild. Die Direktansprache wird bevorzugt. Versammlungen ‚ziehen' meist mehr, wenn der Show-Charakter hinzukommt, gleichgültig ob über Musik und Darbietungen oder über die große Zahl von Beteiligten vermittelt, die ein Prominenter anzieht. Dennoch setzt sich die normale Wahlversammlung immer wieder durch. Der örtliche Kandidat tritt als Redner auf. Seine Parteifreunde hören ihm zu. Interessierte und ggf. ein paar Gegner bestimmen die Atomsphäre mit. Man verschafft sich einen persönlichen Eindruck, beurteilt das Reaktionsvermögen, ist am Prozeß der Themendiffusion beteiligt. Die Standardreden der Kandidaten variieren, weil die Wahlkampfplanung ggf. die eigenen Themen zwar vorbereiten konnte, man aber nicht mit den eigenen Planungen das Feld dominiert. Die Wahlversammlung allein gewährleistet auch die Flächendeckung. Zur normalen Plakatierung tritt die örtliche Ankündigung; die örtliche Presse muß ggf. Notiz nehmen. Mit all dem verbindet sich viel Ritual, das man aber in den Veranstaltungen der Parteispitze auf andere Weise wiederfindet. Die Art, wie man sie empfängt und vorher für massenhaften Zulauf sorgt, die Tricks, wie man Gelächter oder Empörung hervorruft, unterscheiden sich von Partei zu Partei wenig. Auch die Standardreden der Prominenten nähern sich mehr und mehr an. Die Ritualisierung nimmt dann im Laufe des Wahlkampfes zu, weil sich bei den Akteuren Gewohnheiten ausbilden, sich ihre Variationsmöglichen erschöpfen, sie überhaupt zunehmend unter Erschöpfung leiden. Wer als lokaler Kandidat seine 100 bis 150 öffentlichen Auftritte hinter sich hat, oder wer als Spitzenkandidat wochenlang im Großeinsatz war – oft mehrmals täglich –, muß psychisch wie physisch Wirkung zeigen. Es gibt nur wenige geborene Wahlkämpfer, denen das alles Spaß macht.

Was abgesehen von den langfristigen Erfahrungen der Wähler im Wahlkampf an Wahlkampfmethoden wirkt und welche Wahlkampfmittel wirklich werben, ist ungewiß. Deshalb scheuen die Parteien keine *Kosten* und setzen das Instrumentarium in voller Breite ein. Man wird aber vermuten können, daß zum einen die direkte Begegnung mit dem Kandidaten und zum anderen die Selbstdarstellung der Spitzenkandidaten in den Medien ausschlaggebend sind. Trifft diese Vermutung zu, wäre ein großer Teil des Aufwandes für Wahlkampfmittel pure Verschwendung, während der persönliche Auftritt vor Werkstoren oder S-Bahnhöfen, der Straßenwahlkampf und die Hausbesuche, die Versammlungen mit Sachthemen und offener Diskussion, die Information über den Kandidaten und die Grundzüge des Wahlprogramms sowie die persönlich gestaltete Zielgruppenarbeit das kurzfristig zu beeinflußende Ergebnis des Wahlkampfes stärker bestimmen. Jene Vermutung hängt auch mit der Erfahrung zusammen, daß die aufwendigen Wahlkämpfe, mit denen man 1957 begonnen hat, eine gewisse Entpolitisierung signalisierten, während man seit den 70er Jahren eine deutliche Repolitisierung feststellen kann. Die Rentenproblematik von 1976, die Staatsschulden von 1980, der Koalitionswechsel 1983 und schließlich die vermeintliche Rot-Grün-Gefahr 1987 waren Themen, denen man nicht ausweichen konnte, die sich für die Polarisierung besonders eigneten, weil man Schuldzuweisungen treffen konnte. Politisierung zwingt zur Argumentation. Das gute Argument läßt sich nicht mit dem Kugelschreiber verkaufen. Die Parteien haben also Gründe, über eine neue Wahlkampftaktik nachzudenken.

Der Wahlkampfplanung entziehen sich zu einem großen Teil die Hilfen, welche die Parteien erfahren. Von ihnen ist am umstrittensten der *Einsatz des Regierungsapparates im Wahlkampf*. Niemand kann und will verhindern, daß der Regierungschef seinen Amtsbonus nützt und z.B. außerhalb der vereinbarten und in Zeilen und Sekunden auszurechnenden Sendezeiten seinen Regierungsgeschäften nachgeht mit dem Ziel, die Berichterstattung darüber in den Dienst des Wahlkampfes zu stellen. Niemand kann auch verhindern, daß politische Entscheidungen im Blick auf den Wahltag terminiert werden – der Abschluß des Grundvertrages im Spätherbst 1972 bietet dafür ein Beispiel. Kritisiert werden dagegen die Wahlgeschenke früherer Zeiten (Rentenerhöhungen im Wahlmonat), wird die Inanspruchnahme von Regierungsgeldern für den persönlichen Wahlkampf des Regierungschefs und seiner Minister, wird vor allem der Einsatz von Regierungspublikationen im Wahlkampf, gleichgültig, ob sie mehr oder weniger ausdrücklich für die Regierungsmitglieder und ihre Parteizugehörigkeit werben. Dieses Thema hat mehrfach die Gerichte beschäftigt und Ende der 70er Jahre die Regierungssprecher zu der Absprache veranlaßt, sich fünf Monate vor der Wahl äußerste Zurückhaltung aufzuerlegen.

Von den Parteien gern gesehen, für sie aber nicht voll kalkulierbar, sind die verschiedenen *Wählerinitiativen* und ihre Aktionen. Sie gehen auf amerikanische Vorbilder zurück, nahmen in der Bundesrepublik ihren Ausgang beim außerparteilichen Einsatz von Schriftstellern und Künstlern für die SPD und bürgerten sich dann ab 1972 in großer Variationsbreite ein. Wieweit sie jeweils spontan zustande kommen, von Parteien doch gesteuert sind, etwas mit zusätzlichem Geld für den politischen Kampf zu tun haben oder inzwischen einfach einer Gewohnheit entsprechen, wird man nicht immer entscheiden können. Das Instrument gehört jedenfalls zu modernen Wahlkämpfen.

Der *Wahlkampf der Verbände* hat demgegenüber eher an Bedeutung verloren. Noch immer stellen Verbände den Kandidaten, mit denen sie sympathisieren, ein Podium oder ihre Presse zur Verfügung. Noch immer versucht sich auch der DGB in ‚Wahlprüfsteinen' oder anderen Fragen an die Parteien. Noch immer gibt es Hirtenbriefe der katholischen Kirche zur Wahl. In dem Maße der zunehmenden Verfestigung der Verbändelandschaft und damit auch der politischen Zuordnung der Verbände übt das aber wohl weniger Wirkung aus als früher. Es fiel zwar 1980 auf, daß die katholische Kirche, die sich in den Wahlen zuvor meist mit eher unverbindlichen Aufrufen begnügt hatte, man möge seiner Wahlpflicht nachkommen, nunmehr wieder deutlich Partei für die CDU und die CSU nahm. Das war nach den Beschlüssen des Vatikanischen Konzils von 1965 für manche etwas überraschend und wurde sogleich auch mit einem personellen Wechsel in der Bundesrepublik erklärt (Tod des Kardinals J. Döpfner, 1976). Alle Beobachter waren sich aber einig, daß eine solche neue oder erneute Verhaltensweise dieser Kirche das Wahlergebnis nicht beeinflussen werde. Das gilt ähnlich für die Aktivitäten des DGB. Das Verbändesystem insgesamt erscheint heute weniger beweglich als die Wahllandschaft, was in dieser zu einem relativen Gewichtsverlust (im Vergleich zu den ersten Wahlen in der Bundesrepublik) der Verbände führt.

Einen erheblichen Bedeutungsgewinn haben demgegenüber die *Medien* erfahren, gleichgültig, ob sie ein Instrument bieten, das die Parteien mehr oder weniger geschickt benutzen können, oder ob sie selbst eine kritische Funktion bewahren. Dem Instrument treten die Parteien aus einer Position der Macht gegenüber: Die öffentlich-rechtlichen Medien werden barsch zur Ausgewogenheit und zum kostenlosen Angebot von Sendezeiten aufgefordert, während man sich um die private Presse in anderer Weise bemüht. Aber auch hier liegen die Strukturen fest. Um eine gewisse Neutralität bemühte Tageszeitungen werden sich gerade im Wahlkampf nicht aus der Reserve locken lassen und das Zeilenzählen als Ersatz für eine eigene Berichterstattung benutzen. Politisch engagierte und festgelegte Zeitungen werden sich im Wahlkampf nur noch mehr festlegen. In beiden Fällen ändert sich qualitativ wenig.

Über die denkbare kritische Funktion von Medien sei hier nicht reflektiert. Selbstverständlich gibt es in der Bundesrepublik Zeitungen, die auch Hintergründe eines Wahlkampfes erörtern, Wahlkampfplanungen vorstellen, in Stilfragen Position beziehen und prominente Wahlkämpfer nicht aus der Kritik entlassen. Es gibt auch die eine oder andere Veranstaltung in den öffentlich-rechtlichen Anstalten, die man so einordnen kann. Insgesamt muß man aber eher den Eindruck gewinnen, daß Anstalten und Zeitungen gerade während des Wahlkampfes zu bloßen Medien werden, zu unkritischen Vermittlern, die vielfach nur ihre technischen Möglichkeiten zur Verfügung stellen.
Die Wahlkampfplanung bezieht sich zunächst auf die eigene Partei. Was von außen als Hilfe dazukommt, läßt sich bis zu einem gewissen Maße einkalkulieren. Zum Problem wird der *politische Gegner*, werden seine Planungen, sein finanzieller Einsatz, ggf. seine politische Aussage, seine Polemik. Um die hieraus resultierenden Unsicherheiten wenigstens zum Teil zu vermindern, hat man immer wieder *Wahlkampfabkommen* geschlossen, durch die die „heiße Phase" des Wahlkampfs und der Mitteleinsatz eingegrenzt werden sollten. Man hat sich auch immer wieder versichert, einen fairen Wahlkampf führen zu wollen und hat dazu eigene, von den Parteien mit- oder alleingetragene Schiedsstellen eingesetzt.
Im Wahlkampfabkommen für 1980 (1982/83 verhinderten die Auseinandersetzungen nach Auflösung der sozialliberalen Koalition den Abschluß eines Wahlkampfabkommens) verpflichteten sich die vier Parteien, auf jede Art von persönlicher Verunglimpfung und Beleidigung des politischen Gegners zu verzichten. Wahlveranstaltungen des Gegners sollten nicht gestört, Plakate nicht beschädigt werden. Über verbale Entgleisungen sollte die Schiedsstelle entscheiden und sie dann ggf. rügen. Das kam einige Male vor, befriedigte aber niemanden, weil die moralische Autorität des Gremiums nicht sonderlich groß und sein faktischer Einfluß denkbar gering waren. Im Ergebnis zeigte sich, daß es *allein an den Parteien liegt, einen Wahlkampfstil zu finden* und durchzuhalten, der in der Bevölkerung akzeptiert und verstanden wird (aktuelle Übersicht bei *P. Radunski*, 1986). Auch die Gerichte können ihnen das nicht abnehmen. Die CSU, von einem SPD-Kandidaten im Europawahlkampf 1979 als „die NPD von Europa" bezeichnet, setzte vor dem Landgericht und dann vor dem Oberlandesgericht Nürnberg eine (Einstweilige) Verfügung auf Unterlassung dieser Behauptung durch, gegen die der Kandidat mit einer Verfassungsbeschwerde beim Bundesverfassungsgericht erfolgreich war. Der Erste Senat meinte (Oktober 1982), das Grundrecht der freien Meinungsäußerung gewährleiste es jedermann, „ohne ausdrücklich zwischen Werturteil und Tatsachenbehauptung zu unterscheiden", seine Meinung frei, auch in scharfen und überzogenen Äußerungen zu formulieren. Das gelte besonders im Wahlkampf. Die beanstandete Formulierung sei ein im Wahlkampf typisches Mittel, gegen den politischen Gegner in der Absicht zu polemisieren, „sich einprägsam von ihm abzugrenzen, wofür allgemeine, unsubstantiierte Formeln als besonders geeignet angesehen werden". Artikel 5 und 21 GG müßten im Zusammenhang gesehen werden, letzterer mit seinem Auftrag an die Parteien verstärke die Vermutung im Sinne der Grundrechtsnorm des Artikels 5 „für die Zulässigkeit der freien Rede mit der Folge, daß gegen das Äußern einer freien Meinung nur in äußersten Fällen eingeschritten werden darf". Die Parteien können also Probleme ihres Geschäftes nicht auf Schiedsstellen oder Gerichte überwälzen. Sie müssen die praktizierte Polarisierung und die mit ihr verbundene Fixierung des politischen Gegners überprüfen. Da es nach Meinung vieler einen Zusammenhang zwischen der *verbalen Kriegsführung* der Parteispitzen und der *Parteienverdrossenheit* gibt, dürfte die Aufgabe nicht leicht sein.

In der Entwicklung der Bundesrepublik gab es Wahlkämpfe unterschiedlichster Art. Einige wirkten eher schicksalhaft, einige waren eher dem Show-Geschäft verwandt; hier standen die Ergebnisse von vorneherein fest, dort ging es um Entscheidungen am Wahltag selbst; manchmal dominierte ein Thema, während zu anderer Zeit die Palette größer war oder die eigenen (z. B. Landes-)Themen von anderen überlagert wurden. Langfristig gesehen mag es erstaunen, wie stark wirtschafts- und sozialpolitische Probleme in den Wahlkämpfen dominierten. Das könnte vereinfacht auf Probleme einer *Schönwetter-Demokratie* verweisen. Forschungstechnisch entsprechen dem Ansätze, welche die Bedeutung des Wirtschaftswachstums für das Wählerverhalten betonten (z. B. *W. Kaltefleiter*, 1966) oder die im Sinne der Neuen Politischen Ökonomie eine durch Meinungsforschung ermöglichte, Wählerstimmungen berücksichtigende Dauerorientierung der Regierung an der nächsten Wahl voraussetzten und dann untersuchten, wie der Wahltermin und die Umfrageergebnisse in Regierungsmaßnahmen zum Ausdruck kommen (vgl. *B. S. Frey*, 1977). Überlegungen dieser Art können Erklärungsgründe beisteuern. Ob sie tatsächlich Politik erklären, muß zweifelhaft sein. Aus heutiger Sicht (1987) erscheint die Hoffnung auf eine Prognostizierbarkeit von Wahlen vergleichsweise naiv: zu komplex die zu berücksichtigenden möglichen Themenbereiche, zu fluktuierend das öffentliche Interesse, zu gefährdet der gesellschaftliche Konsens. Bedenkt man darüber hinaus, daß die Mobilität der Wählerschaft sich verstärkt hat, Werte und Einstellungen eher flexibel geworden sind und schließlich der Industriestaat eine Vielzahl neuer und zum Teil unvorhergesehener Probleme erzeugt, ist Skepsis gegenüber einem allzu technischen Verständnis von Wahlkampf und Wahlvorgang angezeigt. Positiv formuliert könnte dies dazu führen, daß die Wahlentscheidung wieder zu einer wirklichen Auswahl unter Alternativen werden könnte, negativ gesehen bleibt der Verweis auf das Spannungsverhältnis zwischen täglichem Steuerungsbedarf und punktueller demokratischer Legitimation.

4.4.4. Anmerkungen zur Bundestagswahl 1987

Die Wahlen zum 11. Deutschen Bundestag am 25. Januar 1987 erbrachten eine Reihe überraschender Ergebnisse. So ging die Koalition aus CDU/CSU und FDP geschwächt, aber mit weiterhin stabiler Mehrheit aus ihr hervor. Die Unionsparteien mußten erhebliche Verluste hinnehmen und erreichten das schlechteste Wahlergebnis seit 1949. Einbußen erlitt auch die SPD, während FDP und Grüne erhebliche Gewinne verzeichneten (Zweitstimmen CDU/CSU: 44,3 %, SPD: 37,0 %, FPD: 9,1 %, Grüne: 8,3 %). Vor dem Hintergrund der von den beiden großen Parteien selbst gesteckten und in der Öffentlichkeit auch „gehandelten" Zielwerte ist der Rückgang der Unionsstimmen um 4,5 % und der SPD-Anteile um 1,2 Prozentpunkte in der Tat politisch bedeutsam und die Reduzierung der Stimmenanteile für den „Block der Großen" auf 81,3 % wahlhistorisch bemerkenswert (vgl. Infas-Analyse, 1987). Dies gilt auch für die geringe Wahlbeteiligung (84,3 %), die nur 1949 unterschritten wurde.

Die Wählerwanderungsbilanzen machen dabei deutlich, daß es zwischen 1983 und 1987 nicht einen dominierenden Trend zugunsten oder zulasten einer politischen Gruppierung gegeben hat, sondern daß mehrere Bewegungen nebeneinander und zum Teil auch gegeneinander verlaufen sind. So hat die CDU/CSU rund 2,2 Mio. Stimmen weniger auf sich ziehen können, wobei diese Verluste nicht nur der stärkeren Wahlenthaltung, sondern auch und gerade Abwanderungen, in erster Linie zur FDP und in geringerem Ausmaß zur SPD zuzuschreiben sind. Bei der SPD, deren Nettoverlust sich mit 0,8 Mio. Wahlstimmen in Grenzen hielt, ergab sich gegenüber der Union ein positiver Saldo, negativ hingegen entwickelten sich die Austauschprozesse mit der FDP und insbesondere den Grünen, die 600.000 ehemalige SPD-Wähler gewinnen konnten. Die beiden kleineren Parteien verbuchten absolut wie relativ Gewinne, wobei in koalitionspolitischer Perspektive die der FDP die deutlichen Verluste der CDU/CSU zumindest begrenzen konnten.

Ein genauerer Blick auf die Wählerwanderungen und die Veränderung der Stimmenpotentiale zeigt für die CDU/CSU, daß vor allem Stimmen im ländlichen Raum und hier wiederum insbesondere im Norden der Bundesrepublik verloren gingen. In agrarisch geprägten Gebieten mit einem hohen Anteil an Katholiken lagen die Unionsverluste weit über dem Durchschnitt. Hinzu kommen einige Regionen im Südwesten und am Mittelrhein, die durch erhebliche Abwanderungen oder Zweitstimmenanteile zugunsten der FDP gekennzeichnet sind. Bei der SPD liegen die Gewinn- und Verlustzonen eindeutiger. Einen Teil ihrer Zugewinne verbuchte die Partei in den ländlichen Kreisen Westfalens und Niedersachsens, und auch im Ruhrgebiet konnte die Partei noch einmal zulegen. Während die SPD-Hochburgen also dem Wahlkampfkonzept Johannes Raus zu folgen schienen, verzeichneten andere Großstädte mit zum Teil jahrzehntelanger sozialdemokratischer Tradition große Verluste. Dies gilt gleichermaßen für München, Hamburg, Frankfurt und Stuttgart, wobei die Negativentwicklung auch deutlich in das Umland ausstrahlt. Entsprechend liegen die CDU-Verluste hier auch unter dem Bundesdurchschnitt, die Gewinne der FDP (mit Ausnahme Frankfurts) und der Grünen hier über dem Normalen. Damit wird ein Trend bestätigt, der sich schon seit längerem abzeichnet. „Der langfristige Strukturwandel im sekundären und tertiären Bereich, die demographischen Veränderungen und die sozialen Konflikte in diesen hochurbanisierten Regionen haben zu einer schärferen politischen Polarisierung geführt, die inzwischen die großen Parteien in politische Atemnot bringt“ (SZ vom 27.1.87). So liegen die kombinierten Stimmenanteile von Grünen und FDP heute in Stuttgart bei 29, in Bremen und München bei 25, in Frankfurt bei 23 und in Hamburg bei 21%. Eine Sonderentwicklung ist hingegen in den kleinen und mittleren Universitätsstädten auszumachen, da hier die Grünen Anteile von bis zu 14 Prozentpunkten auf sich ziehen konnten (dies gilt u. a. für Freiburg, Heidelberg, Konstanz, Tübingen oder Münster).

Im Vergleich der Bundesländer wird deutlich, daß Nordrhein-Westfalen, Niedersachsen und das Saarland für die SPD vergleichsweise günstige Entwicklungen aufweisen, ein Tatbestand, der zum Teil sicher auf die Person des Kanzlerkandidaten, die gewachsene Statur des saarländischen Ministerpräsidenten und entsprechende Nachholeffekte in Niedersachsen zurückzuführen sein dürfte. Die Entwicklung in Bayern wird von einigen Beobachtern hingegen als Sonderfall eingestuft, da hier die Wahlbeteiligung stärker zurückfiel als anderswo. Auch mag die „öffentlich ausgestrahlte Siegessicherheit“ lähmend auf das Wahlverhalten gewirkt haben und jene 4,3 Prozentpunkte erklären, die die CSU in Bayern verlor. In Baden-Württemberg wurde erneut am stärksten von der Möglichkeit des Stimmensplitting Gebrauch gemacht. Ansonsten hat es trotz der starken CDU-Verluste zugunsten der FDP hier keinen Mandatswechsel gegeben, da die beiden großen Parteien ihre Wahlkreise jeweils mit großem Vorsprung beherrschten.

In der Zusammensetzung des Bundestages hat sich naturgemäß vergleichsweise wenig verändert. 143 der insgesamt 497 Parlamentarier (1 Überhangmandat) stellt das bevölkerungsreichste Bundesland Nordrhein-Westfalen, es folgen Bayern (87 Abgeordnete),

Baden-Württemberg (74), Niedersachsen (63) und Hessen (45). Die meisten Direktmandate wurden von der CDU gewonnen (124), gefolgt von der SPD (79) und der CSU (45). Das einzige Überhangmandat erhielt die CDU in Baden-Württemberg, weil dort mehr Kandidaten direkt gewählt wurden als der Partei nach dem Anteil der Zweitstimmen zugestanden hätten. Über die Landeslisten entsenden die CDU insgesamt 50 Abgeordnete, die SPD 107, die CSU 4, die FDP 46 und die Grünen 42. Die Zahl der direkt gewählten Abgeordneten (248) ist mit den über die Landeslisten einziehenden Bewerbern (249) fast gleich. Bemerkenswert ist ferner, daß im neugewählten Bundestag (einschließlich der Berliner Abgeordneten) mit 81 Parlamentarierinnen so viel Frauen wie nie zuvor vertreten sind. Damit stieg der Anteil der Frauen im Parlament von bisher 10 auf 15,4 %. In der Fraktion der Grünen sind die Frauen mit 25 Mandatsträgern sogar in der Mehrheit. In der Unionsfraktion hingegen ist die Zahl der Frauen von 17 auf 19 kaum gestiegen. Kraß unterrepräsentiert bleiben weibliche Parlamentarier auch in der CSU: 47 Männern stehen nur 2 Frauen gegenüber .

Die ersten politischen Reaktionen auf das Wahlergebnis waren im wesentlichen durch routinehafte Aussagen gekennzeichnet. Während der wiedergewählte Kanzler nur mühsam begründen konnte, daß das Wahlergebnis eine eindrucksvolle Bestätigung der Koalition darstellte, mußte Johannes Rau das Scheitern seiner Wahlkampfstrategie eingestehen; sein Rückzug aus einer bundespolitisch verantwortlichen Rolle erfolgte wenige Stunden später. Besonders schmerzlich für die Sozialdemokratie, daß das Wahlergebnis noch unter dem des untypischen Jahres 1983 lag und das schlechteste seit 1961 darstellte. Unverhohlene Zufriedenheit hingegen herrschte bei der FDP, der das Wahlergebnis nicht nur beträchtliche Zuwächse bescherte, sondern darüber hinaus auch darauf verwies, daß die Turbulenzen bei Bildung der christlich-liberalen Koalition der Vergangenheit angehören dürften. Die Grünen schließlich feierten gleichfalls ihren Stimmengewinn, der trotz erheblicher Konflikte innerhalb der Partei auf eine verbreiterte Stammwählerschaft verweist.

So überraschend einzelne Aspekte der Wahlentscheidung waren, so deutlich zeigt sich andererseits auch eine gewisse Kontinuität im Wählerverhalten, zumindest in Anbetracht jener Entwicklungen, die seit Ende der 70er Jahre erkennbar sind. Die Bestätigung der Regierungskoalition, eine gewisse Dekonzentration im Parteiensystem, die durch einen Rückgang der Parteiidentifikation und eine Zunahme der Wählermobilität gekennzeichnet ist, der stabilisierte Wahlerfolg der Grünen, die Ergänzung traditioneller Themenfelder um eine ökologische Dimension, sowie schließlich die Gewißheit, daß im Gegensatz zur Wahlpraxis in vielen anderen westlichen Demokratien Regierungen in der Bundesrepublik fast nie abgewählt, sondern nur durch Koalitionswechsel parlamentarisch abgelöst werden, sind hier zu benennen. Insgesamt gesehen kann dies als eine weitere Stabilisierung und Normalisierung der parlamentarischen Demokratie interpretiert werden. Deutet eine mobiler werdende Wählerschaft dabei auf prinzipiell erfreuliche Flexibilitäten und auf einen gewissen Umbruch in der Wahrnehmung politischer Parteien hin, bleibt die sinkende Wahlbeteiligung freilich ein Warnzeichen, das weiterer Beobachtung bedarf.

5. Kapitel
Parlament und Regierung

5.1. Parlamentarismus in der Bundesrepublik

5.1.1. Parlamentarismus zwischen Herrschaft und Beteiligung

Die Darstellung des Regierungssystems der Bundesrepublik Deutschland wendet sich mit dem nun folgenden Thema dem institutionellen Kern des Regierungssystems zu. Dieser Kern bestimmt entscheidend, wenn auch nicht ausschließlich, die Leistungsfähigkeit des ‚Systems'. In ihm wird festgelegt, welche Aufgaben sich das System im einzelnen stellt, welche Ressourcen der Gesellschaft es in Anspruch nimmt und wie es diese Ressourcen zur Umverteilung in der Gesellschaft und zur Erledigung der Systemaufgaben benutzt. An ihm werden auch das Problem sozialwissenschaftlicher Theoriebildung und die Folgen solcher Theoriebildung gut sichtbar: Der Parlamentarismus ist ein historisches Phänomen, das sich mit den jeweiligen Bedingungen verändert. Bildet man einen Idealtypus, kann die Realanalyse nur mehr oder weniger große Abweichungen von ihm ergeben. Dieses Verfahren hat in Deutschland vor allem Carl Schmitt (1923 und 1928) vorexerziert (Parlamentarismuskritik von rechts). Ihm sind dann viele Parlamentarismus-Forscher oder -interpreten gefolgt. Verzichtet man andererseits auf einen solchen Idealtypus oder überhaupt auf jedes Modell, entsteht beiläufig ein Begriff ‚Parlamentarismus', unter den sich jedes Land subsumieren läßt, in dem es irgendeine Art von Parlament gibt. Wer sich um eine empirische Bestandsaufnahme und um eine wenigstens vorläufige Bewertung bemüht, steht deshalb zwischen der Scylla einer Vorgabe, welche vorwiegend Schwächen jedes konkreten Parlamentarismus erhellt, und der Charybdis einer nicht näher definierten Begrifflichkeit, die keine Unterscheidungen mehr ermöglicht. Unser Weg zwischen beiden Gefahren soll etwa so verlaufen:

Erstens wird ‚Parlamentarismus' als Oberbegriff für alle Verhältnisse benutzt, in denen ein frei gewähltes Parlament mit originärer Kompetenz handelt. Damit ergeben sich einige Einschränkungen. Der Begriff läßt sich nicht auf Länder mit Parlamenten ohne freie Wahl anwenden. Freie Wahl meint konkret die ernstliche Auswahlmöglichkeit des Wählers und Offenheit des Wahlergebnisses. Er läßt sich auch nicht auf die Vorformen parlamentarischer Mitwirkung in parlamentsähnlichen Gebilden anwenden, in denen teils die Wahlen stark eingeschränkt waren, man teils auch dem Gremium aufgrund von Geburt, Besitz oder beruflicher Position angehörte. Daß man den modernen Parlamentarismus ohne seine Vorformen, seine Geschichte also, nicht verstehen kann, bleibt davon unberührt (einen guten Überblick über die historisch interessanten Fragestellungen zu diesem Thema vermitteln die Reader von *K. Kluxen,* 1969, und *H. Rausch,* 1980; landesbezogen hat u. E. besonderen Wert: *K. Bosl*, 1974). Der Begriff in unserer Fassung trifft schließlich auch nicht auf diejenigen Vertretungskörperschaften etwa der

Gemeinden zu, welche zwar in der Art eines Parlamentes organisiert sind, aber keine originären Kompetenzen haben, sondern nur die ihnen in der Gemeindeordnung und durch Gesetz zugewiesenen und in der Regel nur unter staatlicher Aufsicht wahrzunehmenden Kompetenzen. Staatstheoretisch halten wir es für richtig, trotz vieler möglicher Analogien die kommunale Selbstverwaltung der Verwaltung zuzuweisen; staatspraktisch läuft sie auf eine partielle Politisierung der Verwaltung hinaus, für die es viele theoretische Begründungen gibt, die aber Stadt- und Gemeinderäte nicht aus der Rolle dessen herausnehmen, der in der Regel Beschlüsse in einem ihm verbindlich gesetzten Rahmen faßt.

Zweitens wird neben ‚Parlamentarismus' als Oberbegriff im Sinne der verbreiteten Meinung (vgl. z.B. *H.H. Röhring*, Parlamentarismus, in: *K. Sontheimer/H.H. Röhring*, 1977, oder *H. Rausch*, 1976, S. 17 f.) vom ‚parlamentarischen System' als einem Sonderfall des Parlamentarismus gesprochen (vgl. *H.P. Schneider* in: *E. Benda* u.a. 1984, S. 239 ff.). In ihm hat das Parlament entscheidenden Einfluß auf Zustandekommen und Bestand der Regierung, was sich mit Konsequenzen für das Zusammenwirken von Parlament und Regierung verbindet. Wieder gibt es die kommunale Analogie: Zwischen der im wesentlichen britisch beeinflußten Kommunalverfassung (etwa in Nordrhein-Westfalen), nach der Bürgermeister und Gemeindedirektor vom Rat gewählt werden, und der süddeutschen, nach der der Bürgermeister vom Volk gewählt ist, nach seiner Wahl den Vorsitz im Rat übernimmt und zugleich Chef der kommunalen Verwaltung wird, bestehen nicht nur rechtliche Unterschiede. Es ergeben sich auch viele und augenfällige praktische Unterschiede, weil die Volkswahl den Bürgermeister stärkt, während die theoretische Möglichkeit der Abwahl den Gemeindedirektor schwächt, der sich überdies in der unguten Situation befindet, dem Rat nicht direkt anzugehören, ggf. aber Ratsbeschlüsse rechtlich beanstanden zu müssen und damit ihren Vollzug auszusetzen. Der Hinweis steht hier aber nur, um noch einmal auf die Möglichkeiten einer analogen Betrachtungsweise aufmerksam zu machen, ohne daß deshalb der kommunale Rat wirklich Parlament oder der Bürgermeister so etwas wie ‚Regierung' wird.

Drittens betrachten wir das parlamentarische System als eine geschichtliche Gegebenheit. In ein entsprechendes Grundmodell sind deshalb nur ganz wenige Merkmale einzubringen; im übrigen muß Rücksicht auf die Rahmenbedingungen genommen werden. Zu den Merkmalen gehören in erster Linie das der *Repräsentation,* das des auch funktionalen Nebeneinanders von *Mehrheit und Minderheit* sowie das der *politischen Verbundenheit von Parlamentsmehrheit und Regierung* als Regelfall, gleichgültig, ob sich diese Verbundenheit als Abhängigkeit der Regierung von der Mehrheit oder umgekehrt als Führung der Mehrheit durch die Regierung auswirkt. Schließlich muß, wie im Parlamentarismus überhaupt, eine *originäre Kompetenz des Parlaments* gegeben sein, während sich die der Regierung von selbst versteht. Parlamentarismus und parlamentarisches System sind nirgendwo herrschaftsbegründend zustande gekommen, gehören vielmehr Entwicklungen an, in denen mehr oder weniger ausgeprägt Beteiligung an der Herrschaft oder sogar ihre Übernahme erkämpft worden sind. Das Merkmal ‚Repräsentation' soll unabhängig von der deutschen Theorieentwicklung (zu ihrer Geschichte vgl. *V. Hartmann,* 1979; ihre Konsequenz – ‚Verbesserung' des Volkswillens z.B. bei *H. Krüger,* 1964; im übrigen vgl. auch unten S. 249) verwendet werden. Auch die ‚Verbundenheit' von Mehrheit und Regierung ist absichtlich etwas vage gehalten. Auf die sich darin andeutenden Theorieprobleme der Gewaltenteilung, der Führung

zur gesamten Hand oder des ‚mitregierenden Parlaments' gehen wir hier nicht ein (vgl. *S. Magiera*, 1979, und *G. Zimmer*, 1979).
Vor dem Hintergrund dieser Merkmale haben es die Bürger und Wähler in der Bundesrepublik – abgesehen vom aus den angegebenen Gründen ausgeklammerten Bereich – mit *drei Ebenen zu tun, auf denen sie durch ein Parlament repräsentiert* werden und auf dessen Zusammensetzung sie Einfluß haben: die Ebenen der Länder, des Bundes und der EG. Dabei bilden die Stadtstaaten einen Sonderfall, weil ihre Parlamente auch kommunale Funktionen wahrnehmen – z. B. Bebauungspläne beschließen –, darin aber eine weitaus größere originäre Kompetenz haben als die Räte anderer Gemeinden. Wir gehen auf diesen Sonderfall im folgenden nicht weiter ein. Die zweite Besonderheit ergibt sich beim Europäischen Parlament, weil in der EG kein parlamentarisches System herrscht und hinsichtlich des europäischen Parlamentarismus noch gefragt werden muß, wie weit es originäre Kompetenzen des Europäischen Parlaments wirklich gibt. Auch diesen Problembereich klammern wir weithin aus (vgl. die Beiträge in *ZParl* 1982, S. 197 ff.). Damit steht im Mittelpunkt der Darstellung das parlamentarische System in Bund und Ländern. Es hat darin seine *Gemeinsamkeit*, daß zwischen den Wählern und der Sphäre der Repräsentation zuletzt allein die *Parteien* vermitteln und daß zumindest der Regierungschef vom Vertrauen der *Parlamentsmehrheit* abhängig ist. Die Konsequenzen daraus und die vielen Abweichungen, die es im übrigen gibt, werden – ohne Anspruch auf Vollständigkeit – zu schildern sein.
Zwischen den parlamentarischen Systemen des Bundes und der Länder gibt es einen charakteristischen Unterschied in der politischen wie wissenschaftlichen Diskussion. Im Blick auf den *Bund* wird allgemein die Funktionsfähigkeit des Parlaments kritisch befragt. Dies kann systemimmanent geschehen und zielt dann vor allem auf das Verhältnis zwischen dem Bundestag und seinen geringen Hilfsmitteln und der Bundesregierung, die über den (riesigen) Verwaltungsapparat verfügt. Es kann auch systemkritisch geschehen, wobei man entweder den Vorwurf erhebt, das Parlament gewährleiste nach Funktion und Position nicht die der bürgerlichen Demokratie zugesprochene Beteiligung, oder die prinzipiell systemkritische Behauptung, das Parlament habe praktisch nur eine ‚Integrations- und Legitimationsfunktion' zum Zwecke der ‚Stabilisierung bürgerlich-kapitalistischer Herrschaft' (die ‚Urschrift' der jüngeren linken Parlamentarismuskritik ist wohl die von *J. Agnoli/P. Brückner,* 1968; Zusammenfassungen der Kritik von rechts und links bei *W. Steffani,* 1971, *U. v. Alemann,* 1973, *H. Wasser,* 1974, und *U. Thaysen,* 1976; eine gute Einführung in die Diskussion bei *C. Böhret* u. a., 1979, S. 221 ff.). Der Bundestag steht also synonym für Parlament. An ihm werden in der Bundesrepublik die Probleme des Parlamentarismus wie des parlamentarischen Regierungssystems verhandelt.
Gänzlich anders verläuft die Diskussion über das parlamentarische System in den *Ländern,* insonderheit über Funktion und Position der Landesparlamente. Hier steht ernstlich die Notwendigkeit der Parlamente, jedenfalls aber ihrer Größe und der hauptberuflichen Stellung ihrer Mitglieder zur Debatte. Die Gründe ergeben sich in der Regel aus der im 2. Kapitel angesprochenen Entwicklung des föderalistischen Systems. In ihr hat es eine weitgehende Aufgabenverlagerung zur politischen Zentrale hin gegeben. Diese Aufgabenverlagerung wurde zwar kompensiert durch einen ständigen Einflußgewinn des Bundesrates. Er kam aber nur den Regierungen der Länder zugute. Damit ist die Funktion der Bestellung des Regierungschefs auch in den Landtagen ungeschmälert. Die übrigen Aufgaben erscheinen aber stark reduziert. Die strukturierende

Gesetzgebung – Gemeinde- und Kreisordnungen usw. – ist in den ersten zwanzig Jahren der Republik geleistet worden; die politisch relevante Gesetzgebung ist weithin auf den Bund übergegangen. Den Landtagen verbleibt so nur eine quantitativ wie qualitativ unerhebliche Gesetzgebungsarbeit, die seit den späten 70er Jahren meist in einem bloßen Änderungsdienst besteht, der rechtsstaatlich gebotenen Aktualisierung des Gesetzesbestandes (vgl. Quellen zu Kapitel 7.1.). Quantitativ sieht das so aus, daß der Landtag von Nordrhein-Westfalen 1978 bis 1981 im Jahresdurchschnitt 26 mal im Plenum tagte, dafür durchschnittlich etwas mehr als 5 Stunden benötigte und innerhalb dieser Zeit zwar die knappe Hälfte (45,5 %) auf die Gesetzgebung verwandte, zu diesem Ergebnis aber nur wegen der ausführlichen Behandlung des jeweiligen Haushalts- und des Finanzausgleichsgesetzes kam. Auf die übrigen Gesetze entfiel weniger als die Hälfte der Beratungszeit. Das Parlament benötigte im Plenum als Gesetzgeber eine durchschnittliche Beratungs- oder Arbeitszeit von etwa 35 Stunden im Jahr. Dem entspricht auch sein Echo im Lande. Jedenfalls kann man leicht nachweisen, daß die Berichterstattung über die Landespolitik in ausgewählten Zeitungen Nordrhein-Westfalens relativ geringfügig war und ist. Innerhalb der Berichterstattung spielt wiederum der Landtag nur eine zu vernachlässigende Rolle. Der übliche Hinweis auf die umfangreiche Ausschußarbeit (237 Sitzungen 1982) verfängt in diesem Zusammenhang nicht. In ihr ist der Anteil der Arbeit an Gesetzen kaum größer als im Plenum.

Tatsächlich muß man zwischen der Landespolitik als Teilhabe an der Bundespolitik, der Landespolitik im Rahmen des Vollzugs von Bundesgesetzen und der originären Landespolitik unterscheiden. Nur an letzterer sind die Landtage wirklich beteiligt. Sie sehen sich dabei, weil es vielfach um Veränderungen an einem komplizierten Bestand geht, weithin von der Ministerialbürokratie abhängig, die nach Meinung des CSU-Landtagsabgeordneten Kurt Falthauser auch heute noch so denkt wie vor 75 Jahren der preußische Justizminister von Beseler: „Dieses ganze parlamentarische Treiben und Getriebe erscheint mir sinnlos und zumindest überflüssig. Unsere Vorlagen werden vor ihrer Einbringung so sorgfältig geprüft, so eingehend erörtert und peinlich gesiebt, daß wirklich nichts übersehen ist, und wenn sie dann in den Landtag gelangen, wird mit ungeheurer Weitschweifigkeit und Wichtigkeit darüber geredet, ohne daß auch nur ein Gedanke zutage träte, den wir nicht auch schon gehabt und überlegt hätten" (vgl. *M. Stiller*, Volksvertreter unter der Fuchtel der Verwaltung, in: SZ 15.7.1978). Anders ausgedrückt: Der politische Gestaltungsspielraum ist in dem verbliebenen Zuständigkeitsbereich der Landtage geringer als im Bundestag. Das bindet Landtag und Mehrheit wegen der unerläßlichen Spezialisierung an die Verwaltung und entzieht weithin die Landesgesetzgebung der ernstlichen politischen Kontroverse. Es verdeutlicht auch (so *H. Oberreuter*, 1977, S. 75) „das Minimum, auf das die Landesgesetzgebung qualitativ und übrigens auch quantitativ zusammengeschrumpft ist" und führt zu der Frage, mit welchen Gegenständen sich denn die Parlamente ersatzweise beschäftigen. Die Antwort liegt auf der Hand: Das Petitionswesen ist stärker gefragt (ca. 15 000 Petitionen in Bayern 1982–1986; vgl. auch *ZParl* 1986, S. 49 ff.), die Mitwirkung der Ausschüsse bei der Zuschußvergabe aus Fonds spielt eine große Rolle, die Haushaltsausschüsse gewinnen an Bedeutung (vgl. dazu *I. Welz*, 1982), Abgeordnete verstehen sich gern als Mittelsmänner zwischen Wahlkreis und Landesregierung, Abgeordnete unterrichten gern die Öffentlichkeit im Wahlkreis darüber, daß Zuschüsse bewilligt oder Projekte beschlossen worden sind – sie bewegen sich ‚zwischen Bürgerinitiativen und Verwaltungsmacht', wie Paul Noack das in einem Vortrag „Die Krankheit der Landesparla-

mente" (SZ 29.6.1982) geschildert hat, was ihrem Ansehen nicht zu schaden braucht. Die zahlreichen Petitionen allüberall sind alles andere als eine Mißtrauenskundgebung gegenüber der Institution Landtag. Bei dieser Aufgabenverschiebung ändert sich unter der Hand allerdings auch der Herrschaftsstil: Die Landtagsmehrheiten neigen eher dazu, die Landtagsminderheiten deutlich zu benachteiligen. Das geht auf Kosten der öffentlichen Kontrolle, der sich die Landesregierung ohnehin im Bereich ihrer Tätigkeit im Bundesrat und im Blick auf den Vollzug von Bundesgesetzen entzieht (zu den Kontrolldefekten der Landtage vgl. vor allem *M. Friedrich*, 1975, S. 30 ff. und *I. Welz*, 1982).
Die Frage nach der Notwendigkeit der Landtage erscheint zunächst akademisch. Ohne Revolution läßt sich weder der deutsche Föderalismus noch lassen sich die Landtage abschaffen. Die Diskussion hat deshalb nur dort ihren Sinn, wo durch sie der Blick für die Parlamentsfunktionen geschärft wird, wo sich ernstzunehmende Kriterien für die ‚Arbeit', die ein Parlament leistet, und für seine Arbeitsweise ergeben und wo sie Strukturen ausleuchtet, innerhalb deren Bundestag und Landtage tätig sind. Fragt man nur nach den konkreten Aufgaben der Landespolitik, gelangt man vermutlich zu dem Ergebnis, daß die Ende der 60er Jahre erdachten und beschlossenen Gemeinschaftsaufgaben nach Artikel 91a GG den Höhepunkt der Gewichtsverlagerung von den Ländern zum Bund hin darstellen, einer Gewichtsverlagerung, die insgesamt die ‚Staatlichkeit' der Länder gefährdet und vor allem die Landtage betrifft, denen Kompetenzen ersatzlos verlorengehen, während den Landesregierungen eine 1949 kaum vorstellbare Verwaltungsmacht zufällt. Indessen: So wichtig auch hier die Aufgabenorientierung sein mag, darf man den allgemeinen Unitarisierungsprozeß nicht übersehen, muß man die Rolle der Bundeshauptstadt, und vor allem den Zentralisierungsprozeß in den Parteien berücksichtigen, der die Landesverbände mehr und mehr zu Untergliederungen werden und damit immer weniger Spielraum für eine eigenständige Politik im Lände läßt. Das zunehmend parteigebundene Abstimmungsverhalten im Bundesrat ist dafür nur ein Beleg. Einen weiteren bietet Bayern, dessen relativ größere Eigenständigkeit sicher auch darauf beruht, daß die CSU eben nicht in die CDU eingebunden ist. Die *Unitarisierung der Parteien* ist wohl auch ein Grund für die ungenierte Personalpolitik in den meisten Bundesländern und die oft brutale Selbstverständlichkeit, in der man diese über den engeren Staatsbereich hinaus ausdehnt – der Umgang mit manchen Landesrundfunkanstalten dafür als Beispiel. Über die Revitalisierung der Länder und der Landtage wird diskutiert (vgl. *ZParl* 1984, S. 278 ff. und 1985, S. 179 ff.); eine Aufgabenrevision zugunsten der Länder und deren Beteiligung an der EG-Politik werden gefordert (vgl. zuletzt mit zahlreichen Literaturangaben *H. Klatt*, 1986). Bisher hat die Diskussion aber noch wenig bewirkt.
Es erscheint angebracht, das engere Thema vor diesem Problemhintergrund zu verhandeln. Das parlamentarische System der Länder gehört zum Regierungssystem der Bundesrepublik; Entwicklungsprozesse in Bonn und in den Landeshauptstädten sind miteinander verflochten. Allerdings muß man von höchst unterschiedlichen Rahmenbedingungen ausgehen, wenn man das jeweilige parlamentarische System im Sinne der genannten *Modellattribute* daraufhin befragt, wie die Repräsentation beschaffen ist, welche originären Kompetenzen das Parlament hat, ob das Nebeneinander von Mehrheit und Minderheit im Sinne einer Aufgabenteilung und eines möglichen Machtwechsels funktioniert und wie die politische Verbundenheit von Parlamentsmehrheit und Regierung (jeweils) beschaffen ist. Diese Fragen bestimmen die weitere Vorgehensweise. Sie ordnen Parlament und Regierung dem Spannungsfeld zwischen Notwendigkeiten politischer Herrschaft und demokratischer Beteiligung zu, das es auszuloten gilt.

5.1.2. Parlament und Regierung in der Literatur

Das Kernthema unserer Gesamtdarstellung ist mit den anderen Themen so eng verflochten, daß wir anders als bei den übrigen Kapiteln einige Material- und Literaturhinweise vorausschicken müssen. Sie können und sollen nicht vollständig sein, sondern in der Hauptsache den folgenden Text entlasten und ein paar Schwerpunkte benennen. Prinzipiell ist auf den Bericht von *Heinrich Oberreuter* (Parlamentarismusforschung in der Bundesrepublik Deutschland, in: *K. D. Bracher u. a.*, 1982, S. 100ff.) zu verweisen, dessen Wertungen wir uns weitgehend anschließen können.

Beginnen wir mit den mehr oder weniger offiziellen *Materialien* über die 12 Parlamente und Regierungen. Quantitativ führt eindeutig der *Bundestag*. Neben den Stenographischen Protokollen der Plenarsitzungen und den Parlamentsdrucksachen, die denen der Länder entsprechen und im Buchhandel erhältlich sind, und neben zahlreichen Informationsschriften über den Bundestag insgesamt und Einzelheiten seiner Organisation und Arbeitsweise liegt z. B. ‚wib' (Woche im Bundestag) vor und wird in der Schriftenreihe ‚Zur Sache' vor allem über Hearings von Bundestagsausschüssen informiert. Nach jeder Wahlperiode erscheint: ‚Chronik. Gesetze – Statistik – Dokumentation'. Über die Abgeordneten unterrichtet seit langer Zeit am präzisesten ‚Kürschners Volkshandbuch Deutscher Bundestag' (jeweils Darmstadt). 1979 erschien schließlich die von Peter Schindler bearbeitete Dokumentation ‚30 Jahre Deutscher Bundestag' (hrsg.: Deutscher Bundestag), wohl die beste Zusammenfassung und Systematisierung der bis dahin vorliegenden Fakten, umfassend ergänzt durch *P. Schindler* (1986).

Für *alle Parlamente* dürfte die wichtigste Materialsammlung die von Wolfgang Burhenne im Auftrag der *Interparlamentarischen Arbeitsgemeinschaft* bearbeitete Loseblattausgabe ‚Recht und Organisation der Parlamente' sein. Aus ihr ist seit vielen Jahren als Sonderausgabe die Textsammlung mit synoptischem Sachregister für das Grundgesetz und die Landesverfassungen entnommen (s. u. Burhenne). Im übrigen umfaßt die Ausgabe vier Bände (I: Verfassungen, Geschäftsordnungen der Parlamente und Regierungen; II: Wahl, Wahlprüfung, Verfassungsgerichtsbarkeit und Parlament; III: Rechte der Abgeordneten, Diäten, Mitwirkung in anderen Gremien etc.; IV: Abgeordnete, Fraktionen, Ausschüsse der Parlamente, Parlamentsverwaltungen, Parlamentsrechtsprechung und ein Anhang über das Europäische Parlament, den Europarat, die UN sowie eine auf Recht und Organisation bezogene Bibliographie. Die genannte Arbeitsgemeinschaft veröffentlicht weiter seit 1957 den ‚Parlamentsspiegel', der über die Arbeit des Bundestages, des Bundesrates, der Länderparlamente und des Europäischen Parlaments unterrichtet. – Öffentlich nicht ganz so leicht zugänglich sind die Materialien, welche die Wissenschaftlichen Dienste der Parlamente zunächst für die Abgeordneten vorlegen. Als Beispiele seien genannt die ‚Dokumentation(en) Parlamentsspiegel', die der Landtag von Nordrhein-Westfalen regelmäßig zu einzelnen Themenbereichen herausgibt und die den Nachweis von ‚Fundstellen über Initiativen, Anfragen usw.' in einem bestimmten Zeitraum (meist 1 Monat) in Bundestag, Bundesrat, Landesparlamenten und Europäischen Gremien führen. In Nordrhein-Westfalen bemüht man sich weiter um eine vollständige Dokumentation zu jedem neuen Gesetz, aus der sich die Fundstellen aller Vorgänger, Beratungen usw. ergeben. – Auch seitens der *Regierungen* liegt offizielles Material in großem Umfang vor, beginnend mit dem Bulletin in Bonn, sich fortsetzend im Jahresbericht der Bundesregierung und den größeren Publikationen des Presse- und Informationsamtes der Bundesregierung und endend mit Mitteilungsblättern und Einzelveröffentlichungen der einzelnen Ministerien. Die Länder stehen hier nur wenig zurück. Inhaltlich überwiegt die (werbende) Information. Internas finden sich nur selten. Die Parlamente arbeiten ungleich öffentlicher und haben auch wegen des Nebeneinanders von Mehrheit und Minderheit weithin einen Stil gefunden, in dem man über alles unterrichten kann, während die Regierungsmaterialien offenkundig ‚parteilicher' schon in der Auswahl sind, was nichts gegen die Bedeutung wichtiger Dokumentationen sagt. Der Bundesrat steht in etwa in der Mitte. Auf Einzelheiten kommen wir, wo notwendig, zurück.

Auch bei den *Darstellungen und empirischen Untersuchungen* gibt es eindeutige Unterschiede. Sie sind insgesamt so zahlreich, daß generell auf die *Hamburger Bibliographie* verwiesen und im übrigen nur kurz erläutert wird, worin die Unterschiede liegen. Zunächst führt wieder der Bundestag. Über ihn liegen die meisten Monographien vor (z. B. die von *J. Raschke*, 1968, *G. Loewenberg*, 1969, *F. Schäfer*,

1982, *U. Lohmar,* 1975, oder *H. Rausch,* 1976) und die meisten Untersuchungen zu Einzelproblemen, zur Rekrutierung und zum Selbstverständnis der Abgeordneten usw. Bei *G. Loewenberg,* 1969, und *M. Hereth,* 1971, findet man frühere Bibliographien. Auf den bereits erwähnten Aufsatz von *H. Oberreuter* nehmen wir auch hier Bezug. *A. Rengers* (1981) bringt viele wichtige Äußerungen zum Thema. Die Fülle auch der Details findet man am besten aufbereitet in der Zeitschrift für Parlamentsfragen (ZParl), in der zu fast jedem relevanten Problem inzwischen etwas erschienen ist, so daß in den später folgenden Literaturhinweisen nur in Ausnahmefällen diese Quelle noch erwähnt wird. Auch der *Bundesrat* hat seine Bearbeiter gefunden. Abgesehen von Rechtsfragen gibt es hier aber weniger Detailuntersuchungen. Immerhin umfaßt die von *P. Römer* bearbeitete Spezialbibliographie (1982) etwa 800 Titel. Die Landtage führen wissenschaftlich ein gewisses Schattendasein. Die wichtigste allgemeine Literatur findet sich bei *S. Mielke,* 1971, *M. Friedrich,* 1975, und *H. Schneider,* 1979; auf die schon erwähnte Bibliographie zu Recht und Organisation sei nur verwiesen. Länderorientiert kann man sich, wenn auch in unterschiedlicher Weise, u. a. bei *H. Nauber,* 1979 (Berlin), *H. Schneider,* in: *Landeszentrale für politische Bildung Baden-Württemberg,* 1979, *G. Strecker,* 1966 (Hessen), *J. Strelitz,* 30 Jahre Hessischer Landtag, in: *E. Stein,* 1976, *R. Bocklet,* 1977 und 1979, und *H. A. Kremer,* 1987 (Bayern), *W. Lenz,* 1971, und *B. Diesl* u. a., 1982 (NW), *E. Maletzke/K. Volquartz,* 1984 (Schleswig-Holstein), und *M. Asendorf* u. a., 1984 (Hamburg) sowie *H. Beyer* (Niedersachsen) informieren. *H. Klatt* nennt in seiner Rezension des Buches von H. Schneider, in: *ZParl* 1981, S. 46 ff. noch einige speziellere Arbeiten. Das Tun der Landesregierungen hat nur wenige Wissenschaftler interessiert; die Monographie von *A. Katz,* 1975, bildet eine deutliche Ausnahme. Etwas anders liegt es bei der *Bundesregierung,* wenngleich sich wieder ein ungleich weniger vollständiges Bild als beim Bundestag ergibt. Hinsichtlich der Ministerien überwiegen Befragungen von höheren Ministerialbeamten, *W. Bruder,* 1982, nennt die wichtigsten von ihnen; im folgenden Kapitel kommen wir auf sie zurück. Außerdem gibt es ein paar Fallstudien über einzelne Gesetzesvorhaben oder Reorganisationsmaßnahmen und einige eher biographische Materialien, bei denen das ‚Regieren' und seine organisatorischen und prozedualen Bedingungen aber allenfalls am Rande eine Rolle spielen. Als Beispiel sei die Darstellung von *A. Baring* (1982) über den Wechsel zur sozialliberalen Koalition erwähnt; der gleiche Autor hat (1969) die besondere Ausprägung der Adenauerschen Kanzlerdemokratie einfühlsam geschildert. Von den und über die nachfolgend zu behandelnden Institutionen gibt es demnach zahlreiche Materialien, viele Darstellungen und noch mehr Einzeluntersuchungen. Dabei tritt das Parlament besonders hervor, obgleich oder weil seine Position die am häufigsten problematisierte ist. Das kommt auch in den einleitend erwähnten Gesamtdarstellungen zum Ausdruck. Von ihnen heben wir für das folgende Kapitel *K. v. Beyme,* 1985, und den Reader von *Th. Stammen,* 1976, ausdrücklich hervor, weisen auf *U. Thaysen,* 1976, *H. Oberreuter,* 1977, *E. Hübner/H. Oberreuter,* 1977, *W. Zeh,* 1978 und auf die bewährte Einführung von *E. Jesse,* 1986, hin, nennen *W. Rudzio,* 1983, und erinnern daran, daß die Verfassungskommentare dem institutionellen Bereich besondere Aufmerksamkeit zuwenden und die Staatsrechtslehrbücher oder -monographien das auch in systematischer, nicht den Artikeln des GG zu ausschließlich folgender Weise tun. Unter diesem Aspekt seien *K. Stern,* 1984, *E. Benda* u. a., 1984, und – als Lehrbücher – *E. Stein,* 1986, und *H. H. v. Arnim,* 1984, genannt.

5.2. Abgeordnete und Fraktionen

In Artikel 21 erwähnt und bestätigt das Grundgesetz ausdrücklich die Funktion der Parteien und geht damit neue Wege. Der Abschnitt über den Bundestag verbleibt dagegen im herkömmlichen Rahmen. In ihm genießen die Abgeordneten Immunität, das Zeugnisverweigerungsrecht und eine umfassende Freiheitsgarantie für ihre Parlamentstätigkeiten. Sie gelten als Vertreter des „ganzen Volkes", „an Aufträge und Weisungen nicht gebunden und nur ihrem Gewissen unterworfen", als gleichberechtigte Mitglieder eines Parlaments, das öffentlich verhandelt. Bestimmungen dieser Art bürgerten sich zu Beginn des 19. Jahrhunderts ein, als man die neuen Volksvertretungen im bewußten Gegensatz zu den früheren Ständeversammlungen konstruierte, den Abgeordneten von besonderen Pflichten gegenüber einem ihn beauftragenden Stand entband und die Epo-

che der geheimen Sitzungen beendete. Unmittelbare Volkswahl, das freie im Gegensatz zum imperativen Mandat und die Öffentlichkeit der Sitzungen waren die leitenden Prinzipien. Daraus ergab sich zwar keine tragfähige Repräsentationstheorie, denn solange Monarchie und Bürokratie für sich erfolgreich „das Monopol beanspruchten, Wahrer und Interpreten des Gemeinwohles zu sein, mußten sie den Anspruch des Parlaments, den hypothetischen Willen des Volkes zu ‚repräsentieren', ablehnen; sie waren eher geneigt, das Parlament als Sprachrohr des (politisch als relativ ungewichtig angesehenen) empirischen Volkswillens anzuerkennen" (*E. Fraenkel,* 1964, S. 97). Heute bewahrt sich diese Einstellung noch immer etwas in der Bürokratie, in der man nicht selten das Parlament als lästig ansieht (vgl. *Th. Ellwein/R. Zoll,* 1973 a).
Von den Zielsetzungen des 19. Jahrhunderts blieb in der Praxis wenig übrig. Der moderne Parlamentarismus unterscheidet sich auch in der Bundesrepublik trotz des Art. 38 völlig vom früheren monarchischen Konstitutionalismus. Die unmittelbare Volkswahl findet sich durch Parteien vermittelt; die Gesetzgebung ist so umfangreich und kompliziert, daß das Plenum wohl noch beschließen, kaum aber noch beraten kann; es beraten Fraktionen und Ausschüsse, deren Sitzungen nicht öffentlich sind (die Ausnahmen: *H. Oberreuter,* Scheinpublizität oder Transparenz?, in: *ZParl,* 1975, S. 77 ff.). Auch die Stellung des Abgeordneten hat sich mit seiner starken Bindung an Partei und Fraktion grundlegend verändert. Er kann sich nicht mehr während einer erschöpfenden Diskussion eine eigene Meinung bilden, sondern nimmt an einem vielfach verzweigten Gruppenprozeß teil und gilt zunächst als Mitglied und Vertreter sciner Fraktion. Die Fraktionen bestimmen auch die Erscheinung des Parlaments. Sie machen es handlungsfähig und verfügen über Tagesordnung, Aufgabenteilung, Redezeiten und Rednerlisten. Sie bereiten die meisten Abstimmungen vor und erreichen, daß in der Regel alle Mitglieder bei der Stange bleiben. Fraktionszwang gibt es nirgends, und er wäre auch verboten (so Staatgerichtshof Bremen, Urteil vom 13.5.1953, abgedruckt z. B. bei *O. K. Flechtheim,* Bd. 1, S. 186 ff.); was man mit ihm erreichen könnte, vollzieht sich überall fast von selbst – noch bei der Abstimmung über die Verträge von Moskau und Warschau gab es in der CDU und der CSU kein einziges Ja! Praktisch vermag sich der Abgeordnete kaum als Vertreter des ganzen Volkes zu verstehen. Er orientiert sich zuerst an seiner Fraktion, welche über seinen Einfluß entscheidet. Partei- oder fraktionslose Abgeordnete sind nur noch Zufallserscheinungen. Von der liberal-parlamentarischen Überlieferung bleibt so nur der formale Schutz übrig, der sich aus Artikel 38 ergibt; im übrigen aber müssen wir den Blick auf die Fraktion richten, um die Stellung des Abgeordneten in den Griff zu bekommen.

5.2.1. Freiheit und Fraktionsbindung des Abgeordneten

Der Abgeordnete muß in der Bundesrepublik bei seiner Tätigkeit drei Größen im Auge behalten. Die erste bildet die Partei. Sie entscheidet in ihrer örtlichen Organisation über die Wiederwahl; bei den Listenplätzen schaltet sich der Landesverband ein. Die Partei sichert damit den Berufspolitiker, indem sie ihn von sich abhängig macht. Als zweite Größe kommt die Fraktion ins Spiel. Sie bestimmt in einiger Unabhängigkeit von der Partei durch Fraktionsämter, Ausschußmitgliedschaft oder Plenumsreden bei wichtigen Anlässen die Position des einzelnen Abgeordneten; sie entscheidet, wer Hinterbänkler bleibt und wer nicht. Das Parlament selbst stellt dann erst die dritte Größe dar. Erhält ein Abgeordneter wichtigere Aufgaben, bekommt er auch die Chance, sich inner- und außerhalb des Parlaments einen Ruf zu verschaffen, mit dessen Hilfe er dann womöglich wieder eine gewisse Selbständigkeit gegenüber der Fraktion erlangt, weil diese nicht auf ihn verzichten kann und will. Damit bestimmen drei Größen das einzige *politische Ausleseverfahren,* welches die Ordnung der Bundesrepublik zuläßt (vgl. *Th. Ellwein/A. Görlitz*, 1967, S. 24 ff., *K. v. Beyme*, 1974 und 1985 – hier S. 144 ff. die wichtigste Literatur –, *D. Herzog*, 1975 und 1982). In ihm kann man allenfalls Parteiarbeit durch Verbandszugehörigkeit ersetzen und sich durch Geld oder denkbare Stimmenpakete in die Partei hineinkaufen. In der Fraktion kann man nur noch erwarten, daß die Verbandszugehörigkeit z. B. bei der Zuteilung von Ausschußsitzungen berücksichtigt wird; im übrigen aber entscheidet die parlamentarische Leistung, nicht das, was ein Abgeordneter ggf. repräsentiert. Das gilt auch in den Landtagen, wenngleich in überschaubaren Verhältnissen das lokale Gewicht eine größere Rolle spielen kann.

Das genannte Ausleseverfahren bewirkt also *Abhängigkeit.* Unabhängige Abgeordnete stellen eine Ausnahme dar, weil sich Unabhängigkeit nur bei einer durch das Mandat nicht beeinträchtigten und mit ihm nicht verbundenen beruflichen Existenz und zugleich bei voller Unbefangenheit angesichts der Frage einer neuerlichen Kandidatur bewahren läßt. Ob dies den Vollblutpolitiker erfaßt, dürfte zweifelhaft sein. Zumeist handelt es sich um solche Industrielle, Landwirte oder auch Rechtsanwälte, die nicht in erster Linie als Verbandsvertreter zu gelten haben. Verbandsvertreter können ggf. von der Partei unabhängig sein, stehen dafür aber in einer anderen engen Bindung, die es allerdings erforderlich macht, sich eine sichere Position auch in der Fraktion zu erwerben, um die erwarteten Dienste überhaupt leisten zu können. Von den übrigen Abgeordneten erscheint am abhängigsten der Berufsabgeordnete ohne sonderliche parlamentarische Karriere, der sich ganz auf die Gunst der örtlichen Gremien angewiesen weiß und sich deshalb in der Fraktion gut anpaßt. Wer dagegen in der Fraktion als Fachmann gilt, erwirbt sich ein Stück Bewegungsfreiheit und kann Rücksichtnahme beanspruchen, solange die Fraktionsführung mit der Fraktion pfleglich umgeht. Der für einen bestimmten Bereich unentbehrliche oder zumindest wichtige Fachmann erfährt auch die Unterstützung von Partei und Fraktion bei der Wiederaufstellung – was nicht immer Sicherheit bedeutet – und kann z.B. Parteiprominenz für seinen Wahlkampf gewinnen. Diese Prominenz erscheint dann vordergründig wieder recht unabhängig, sofern man zu ihr auch aufgrund eines soliden persönlichen Rufes zählt, weil Partei und Fraktion auf die Prominenten ähnlich angewiesen sind wie diese auf Fraktion und Partei als Voraussetzung und Rahmen ihrer Wirksamkeit. Die Unabhängigkeit zeigt sich auch gegenüber den örtlichen Gremien; ein Prominenter muß in der Regel weniger um seine Wiederaufstellung bangen, wenn er seinen Wahlkreis vernachlässigt, als ein Hinterbänkler.

Insgesamt ergibt sich ein verwirrendes Geflecht von Abhängigkeitsformen, das weit über das Parlament und die Partei hinausgreift, weil viele Abgeordnete nicht Nur-Abgeordnete sind, sondern noch andere politische Funktionen ausüben, in denen sie wieder anderen Abhängigkeitsverhältnissen unterliegen. Das beginnt meist damit, daß man über seine Zeit nicht mehr frei verfügt.

Die *Abhängigkeit* in ihren vielen Variationen kommt ziemlich durchgängig in den inzwischen zahlreichen kritischen Auseinandersetzungen von Abgeordneten mit ihrem Tun und ihren Arbeitsbedingungen zum Ausdruck. Die schreibenden und die befragten Abgeordneten stammen fast ausnahmslos aus dem Bundestag. Wir nennen *H. G. Ritzel*, 1967, *E. Lemmer*, 1968, *H. Apel*, 1968 und 1972, *U. Loh-*

mar, 1975, *D. Lattmann*, 1977, *R. Barzel*, 1978, *C. C. Schweitzer*, 1979, *P. Glotz*, 1979 und 1985, *H. Brandt*, 1980, *H. Hamm-Brücher*, 1983, sowie die Studie von *E. Hübner* u. a., 1969.

Für den Abgeordneten bleibt normalerweise die Partei entscheidend, seitdem man in der Bundesrepublik den Weg zum Berufspolitiker eingeschlagen hat. An seiner Befestigung haben viele Abgeordneten selbst, die Parteien und die Parlamente, vor allem aber das Bundesverfassungsgericht gearbeitet. Auf diesem Weg haben sich einige Probleme, die früher viel diskutiert worden sind, mehr oder weniger aufgelöst oder völlig verändert. Das gilt für den denkbaren Widerspruch zwischen der in Artikel 38 GG gewährleisteten Freiheit und der Fraktionsbindung des Abgeordneten, es gilt für die Möglichkeit des Parteiwechsels, es gilt schließlich auch für die Besoldung der Abgeordneten.
Die *Fraktionsdisziplin* ist Ausfluß sowohl von Organisation und Arbeitsweise der Fraktion im Parlament als auch der Zugehörigkeit des Abgeordneten zur Partei und der Abhängigkeit von dieser. In beiderlei Hinsicht versteht sie sich zunächst von selbst. Wer sich einer Partei anschließt, teilt zwar heute nicht unbedingt deren Weltanschauung, aber er ist den übrigen Mitgliedern dieser Partei durch ein mehr oder minder gemeinsames Konzept darüber verbunden, wie das Gemeinwesen regiert werden soll. So ist die Fraktion keine Gesinnungs-, jedoch eine Aktionsgemeinschaft, in der eine unerläßliche Arbeitsteilung stattfindet. Das Parlament findet sich derart mit den verschiedenartigsten und teils ungemein spezialisierten Fragen überlastet, daß der Betrieb der Spezialisten bedarf. Sie bereiten für das Parlament als Ganzes in den Ausschüssen die Entscheidungen vor und tun dasselbe zugleich für ihre Fraktion. Im Rahmen der innerfraktionellen Arbeitsteilung bereiten Spezialisten die Einzelentscheidung der Fraktion vor, die Fraktionsmehrheit entschließt sich dann so oder so, und im Parlament selbst stimmt die Fraktion endlich geschlossen so ab, wie sich vorher ihre Mehrheit entschieden hat.
Die Fraktionsdisziplin läßt sich teilweise aus innerer Notwendigkeit begründen. Gleichzeitig sind mit ihr erhebliche Vorteile verbunden. Der feste Zusammenhalt der Fraktionen hat das westdeutsche Parlamentsleben seit 1945 deutlich stabilisiert. Abgesehen von den ersten Jahren der Bundesrepublik und den bis etwa 1962/63 andauernden Auflösungsprozessen in den kleineren Parteien stellt der *Parteiwechsel* eines Abgeordneten eine Ausnahme dar (vgl. *V.D. Adam,* Abgeordnetenmandat und Parteiwechsel, in: *PVS* 1972, S. 300 ff.). Er führt in der Regel zum späteren Verlust des Mandats, es sei denn, daß es sich um besonders renommierte Persönlichkeiten handelt, deren Übertritt man öffentlich motivieren kann.

H. Kaack schreibt dazu (Fraktions- und Parteiwechsler im Deutschen Bundestag, in *ZParl* 1972, S. 24): „Das Mehrparteienblocksystem der fünfziger Jahre schloß mit der scharfen Trennung zwischen bürgerlichen und sozialistischen Parteien einen Wechsel von einer bürgerlichen Partei zur SPD oder umgekehrt aus . . . Die SPD hatte bis 1960 keinen Abgang und keinen Zugang durch Wechsler . . . Fraktions- und Parteiwechsel waren also in den fünfziger Jahren ausschließlich eine Angelegenheit der bürgerlichen Parteien . . . Die Gesamtzahl der Partei- und Franktionswechsler im Deutschen Bundestag lag am 31.12.1971 bei 90. Davon sind vier Abgeordnete doppelt gezählt, da sie sowohl in der 2. wie auch in der 3. Wahlperiode Partei und Fraktion wechselten. Insgesamt sind also 86 von 1461 Abgeordneten, das sind 5,9 %, zu den Fraktionswechslern im engeren Sinne zu zählen."

Was bis 1969 als Bereinigung der Parteienlandschaft gelten kann, erhielt vorübergehend neue politische Bedeutung, als es angesichts knapper Mehrheitsverhältnisse zu einem Instrument der Politik wurde. Das gilt sowohl für den Übertritt der FDP-Abgeordneten

Dr. Mende, Dr. Starke und Zoglmann zur CDU/CSU ein Jahr nach Bildung der SPD/FDP-Koalition als auch für die spektakulären Übertritte von SPD- und FDP-Abgeordneten in Zusammenhang mit der Verabschiedung der Ostverträge. 1982 kam es zur nächsten spektakulären Entwicklung, als die FDP wegen der Auflösung der sozialliberalen Koalition in eine Krise geriet, in der sie von prominenten Politikern verlassen wurde, von denen einige in der SPD bereitwillig Aufnahme fanden. Auch das muß aber eher als Ausnahme gelten. In der Regel sind Fraktionen stabil, eine ‚Abwerbung' hat wenig Sinn; fraktionslose Abgeordnete kommen praktisch nur noch nach einem Parteiaustritt (-ausschluß) und jeweils nur bis zum Ende der Mandatsperiode vor (Daten bei *P. Schindler*, 1986, S. 358 ff.).

Zum Problem wird die Fraktionsbindung des Abgeordneten, wenn man sie erzwingt oder erwartet, daß ein Abgeordneter seine Überzeugung gänzlich zurückstellt. Im allgemeinen erweist sich die Praxis als großzügig (vgl. noch immer *G. Loewenberg*, 1969, Tabelle 33). Das hängt damit zusammen, daß man unüberbrückbare Gegensätze nach Möglichkeit auch in der Fraktionsarbeit ausklammert und zwischen Koalitionspartnern tabuisiert. Dennoch überprüft jede Fraktion ihr Verhältnis zu einem Abgeordneten, der in wichtigen Fragen öfters gegen die Fraktion stimmt und darüber womöglich öffentlich redet. Es gibt also durchaus so etwas wie eine praktische und eine über sozialen Druck erfolgende *Disziplinierung*. Sie stabilisiert Fraktionen und Parlamente, nimmt beidem aber auch einiges von ihrer möglichen Farbigkeit und Spontaneität. Im heutigen Parlament kann weder von einem wirklich *freien Mandat* im Sinne Edmund Burkes die Rede sein, noch auch von einem *imperativen Mandat*, wie es sein Wahlkonkurrent von 1774 proklamierte (vgl. *W. Steffani*, Edmund Burke: Zur Vereinbarkeit von freiem Mandat und Fraktionsdisziplin, in: *ZParl* 1981, S. 109 ff.).

Jener Konkurrent hatte damals seinen Wählern das Recht zugesprochen, ihm Weisungen zu erteilen. Er verstehe sich als ihr Diener, dem Willen der Wähler unterworfen, „nicht ihnen überlegen". Burke hielt es zwar für wünschenswert, als Repräsentant mit seinen Wählern „in der innigsten Eintracht" zu leben, er dürfe ihnen aber seine Meinung, sein Urteil und sein Gewissen nicht opfern, die er auch nicht den Wählern verdanke. Seinen ‚Willen' wolle er gern dem der Wähler unterordnen. „Das Regieren und die Gesetzgebung sind jedoch Angelegenheiten der Vernunft und des Urteils, nicht der Vorliebe." Man könne auch nicht vor der Diskussion entscheiden; die Wähler seien aber schon räumlich weit von der Diskussion im Parlament entfernt. Deshalb dürfe von einer 'Mandatserteilung' im Sinne ‚autoritativer Instruktionen' nicht die Rede sein. Burke wollte letztlich „the general good, resulting from the reason of whole" vertreten; er kann als historischer Kronzeuge des Art. 38 (1) gelten, dessen liberale Interpretation man bei Hildegard Hamm-Brücher (1983) findet. Schon bei Burke zeichnen sich aber zwei Interpretationsstränge ab: Der eine beruht auf der technischen Überlegung, daß bei gegebenem Zusammenhang zwischen Diskussion und Entscheidung auch nur die Diskussionsteilnehmer entscheidungsbefugt seien, die Volksvertreter mithin Stellvertreter mit aus technischen Gründen nicht begrenzbarer Vollmacht seien. Die andere Interpretation zielt auf vernunftgesteuerte Meinungsbildung, was dem Repräsentanten, wenn er nur einmal gewählt ist, zu einem anderen Rang verhilft.

Daß solche Unterschiede, von denen im 3. Kapitel die Rede war, nicht nur theoretisches Interesse beanspruchen, sondern auch in der Praxis eine große Rolle spielen, beweist die sog. Selbstverständnis-Debatte, die u. a. im Plenum des Deutschen Bundestages (20.9.1984) geführt worden ist, für die es eine Initiative von Bundestagsabgeordneten gab und die auch einen literarischen Niederschlag fand (vgl. *ZParl* 1985, S. 246 ff., *H. Oberreuter*, 1986, und die Kritik dieser Veröffentlichung in *ZParl* 1986, S. 613 ff.). Den unmittelbaren Anlaß der Debatte bildeten Enthüllungen über Beraterverträge von Abgeordneten, in der Hauptsache des Abg. Rainer Barzel im Flick-Ausschuß, angesichts derer eine ‚Vertrauenslücke' des Bundestages behauptet und bestritten und das Thema ‚Ehrenordnung' für Abgeordnete wieder in den Vordergrund gespielt worden ist (vgl. Anhörung im Wahlprüfungsausschuß am 24.10.1985, die Entwürfe zur Änderung des Abgeordnetengesetzes – BT-Drucksachen 10/3544 und 10/3557 – und schließlich das 7. Gesetz zur Änderung des Abgeordnetengesetzes) und vorübergehend das u. E. verfehlte Bild vom Abgeordneten mit den ‚gläsernen Taschen' eine Rolle spielte.

Keine moderne Diskussion über die Stellung des Abgeordneten kann an der Parteizugehörigkeit des Abgeordneten vorbeigehen. Sie läßt im Verhältnis zwischen Wählern und Repräsentanten kaum Rollenklarheit zu, weil zunächst das Verhältnis zur Partei und zu ihren Mitgliedern funktioniert und auch Probleme aufwirft. Für die Partei muß eine deutliche Abhängigkeit des Abgeordneten als normal gelten. In der Partei lassen sich bis zu einem gewissen Grade auch Zusammenhänge zwischen Diskussion und Entscheidung denken, während sie im Parlament offenkundig nur noch in den Fraktionen, keinesfalls im Plenum bestehen, nachdem die Plenardebatten längst nicht mehr dem Austausch von zu bedenkenden Argumenten, sondern dem Vortrag der eigenen, festgelegten Position dienen. Nur vor diesem Hintergrund läßt sich die Debatte über das *imperative Mandat* verstehen, die in jüngerer Zeit zunehmend mit dem Postulat nach innerparteilicher Demokratie verbunden war. Der Imperativ soll von der Parteibasis ausgehen und deren Beteiligung gegen die praktizierte Vorherrschaft von Parteigremien, Fraktionen und Ausschüssen ins Spiel bringen (vgl. den Reader von *B. Guggenberger/H. J. Veen/A. Zunker*, 1976). Das steht wiederum demokratietheoretisch in engem Zusammenhang mit Fragen nach dem ‚Grundkonsens' als Voraussetzung der Geltung der Mehrheitsregel und danach, ob die Mehrheitsentscheidung auch dort gilt, wo sich eine Minderheit existentiell betroffen oder bedroht fühlt, was etwa im Blick auf AKW-Genehmigungen oder unterlassene Entscheidungen im Umweltschutz der Fall sein kann (vgl. *B. Guggenberger/C. Offe*, 1984, und dazu kritisch *W. Steffani*, Mehrheitsentscheidungen und Minderheiten in der pluralistischen Verfassungsdemokratie, in: *ZParl* 1986, S. 569 ff.). Ohne dies hier theoretisch zu begründen, sei dazu nur festgestellt, daß empirisch alle Dichotomien versagen, weder ‚Freiheit' noch auch imperative Bindung des Abgeordneten funktionieren, es vielmehr unterschiedliche Arten von institutioneller und sozialer Einbindung des Abgeordneten gibt und geben muß, die ihm auch Handlungsspielräume in ganz unterschiedlichen Richtungen einräumen und ihn unterschiedlich koalitionsfähig machen: Mit der Basis gegen ‚die' Partei, mit der Partei gegen die Basis, mit Abgeordneten anderer Parteien gegen die eigene Partei, mit einer eigenen Position in der Öffentlichkeit gegen Basis und Partei usw., Koalitionen freilich, die der Abgeordnete kaum dauerhaft, sondern nur flexibel eingehen kann. Daß damit besondere Stärken und Schwächen des einzelnen Abgeordneten große Bedeutung gewinnen, versteht sich von selbst. In etwaige Typologien von Abgeordneten müßten auch sie eingehen; die Grenzen empirischer Forschung werden deutlich. ‚Freiheit oder Bindung' als Formel gibt jedenfalls nur wenig her. Der einzelne Abgeordnete befindet sich in einem Beziehungsgeflecht, in dem ihn vieles determiniert, in dem er aber auch Spielräume hat und nutzen kann.

Parteibindung im Sinne des „sentire cum ...“ wird erwartet vom Führungskern der Partei im weiteren Sinne und von solchen Mitgliedern, die, ohne ihr Amt zu gefährden – diese Einschränkung ist wesentlich –, im Amt für die Partei wirken können. Dabei ist zu unterscheiden zwischen Ämtern, welche mit Hilfe der Partei eingenommen worden sind, und solchen, die das betreffende Mitglied unabhängig von der Partei innehat. Insofern ist die Parteibindung weit vielschichtiger als die Fraktionsbindung. Diese erwächst unmittelbar aus den täglichen Arbeitsbeziehungen und der strengen, sich aber ganz von selbst ergebenden Gruppenkontrolle. Ziel der *Fraktionsbindung* ist die unmittelbar wirksame Schlagkraft der Fraktion als Gruppe. Als Abgeordneter und damit Fraktionsmitglied wird man Mitglied einer arbeitsteiligen Gruppe mit notwendig ausgeprägtem geschlossenem Auftreten. Das Mitglied ordnet sich ein, weil es die Technizität des Arbeitsstiles bejaht; nur in Ausnahmefällen ist eine Kollision in Gesinnungs- und Überzeugungsfragen denkbar. Ob unter solchen Verhältnissen der Abgeordnete in der Fraktion ‚entmündigt‘ wird, hängt von seiner Stellung in der Fraktion ab und davon, wieweit diese Fraktion sich intern auf Auseinandersetzungen und gegenseitiges Sich-Anhören einläßt. Fraglos liegt hier die entscheidende Gefährdung der Abgeordnetenfreiheit. Der parlamentarische Prozeß drängt auf ja oder nein, entweder – oder. Er drängt die Unentschiedenen, diejenigen, welche gerne die Argumente anderer hören und berücksichtigen, an den Rand, weil er von den Entschiedenen oder Entscheidungsbereiten beherrscht wird. Der zur unbedingten Parteinahme Fähige wird begünstigt; wer um die Relativität der eigenen Position nicht nur weiß, sondern daraus auch Konsequenzen ziehen will, wird benachteiligt.

Daß man in diesem Zusammenhang so eindeutig von Abhängigkeit sprechen muß, hängt entscheidend mit der *Besoldung des Abgeordneten* zusammen. Für die meisten Abgeordneten bedeutet Politik Beruf (vgl. u.a. *F.K. Fromme*, 1978, und *A. Renger*, 1979). Das berufsbedingte Einkommen entscheidet darüber, ob man den Beruf ergreifen und später wieder ohne Not aus ihm ausscheiden kann – das letztere gilt ja noch immer als wünschenswert. Das führt allerdings nicht zu einer plausiblen Antwort auf die Frage nach dem politischen Einkommen, zumal man auch hier an der Einheitlichkeit der Besoldung festhalten muß, also nicht das Vernünftige tun darf. Vernünftig wäre es, den Individualfall in einem gegebenen Rahmen zu regeln. Was sich immer nur unbefriedigend lösen läßt, ging man in der Nachkriegszeit zunächst mit spürbarer Zurückhaltung an. Später verfiel man auf den Trick, sich der unbeliebten Diätendiskussion zu entziehen, und band die Abgeordnetenbezüge in einem Umrechnungsverfahren an die Beamtenbesoldung (vgl. *G. Loewenberg*, 1969, und Quelle 5.1.2. b). Später baute man Hemmungen ab; die laufenden Bezüge erreichten vor allem in einigen Landtagen eine erstaunliche Höhe, und die insgesamt recht großzügige Pensionsregelung setzte sich in der ganzen Bundesrepublik durch. Beides erleichtert die Zuwendung zum Beruf und mindert viele persönliche Probleme, die es früher gab; die grundlegenden Probleme bleiben nach wie vor offen.

In der Bundesrepublik wurden diese Probleme lange unter dem Stichwort *Besteuerung der Abgeordnetendiäten* diskutiert. Dabei herrschte Übereinstimmung, daß die meisten Parlamentarier Berufspolitiker sind. Ihre Amtseinkünfte müssen mithin eine angemessene Lebensführung abdecken, dafür aber wie andere Einkommen auch besteuert werden (vgl. z.B. *H.H. v. Arnim*, 1975). Ein erstes Ergebnis dieser Diskussion war, daß sich im Juni 1973 im Bundestag eine ‚Kommission für Fragen der Besteuerung der Abgeordnetendiäten‘ unter dem Vorsitz der Bundestagspräsidentin A. Renger konstituierte. In der Kommission einigte man sich über die Besteuerung, ohne das Geschäft intensiv zu betreiben. In Zugzwang geriet man durch eine Verfassungsbeschwerde aus Saarbrücken, die im März 1974 beim Bundesverfassungsgericht einging und diesem Gelegenheit gab, seine bereits 1971 anläßlich einer Klage aus Hessen abgesteckte (parteienstaatliche) Position näher auszuführen. Dem Zugzwang ließ sich aber auch ausweichen; man konnte erklären, daß man erst das Urteil aus Karlsruhe abwarten müsse. Dieses selbst kam dann im Herbst 1975; eine Überraschung brachte es nicht (vgl. *U. Thaysen,* Die Volksvertretungen usw., in: *ZParl* 1976, S. 3 ff. mit Auszügen aus dem Urteil. Dessen Leitsätze: Quelle 5.1.2. a).

Die Diätenbesteuerung erweist sich bei näherem Zusehen kaum als materielles Problem. Um den Besitzstand zu wahren, muß man nur entsprechend dem durchschnittlichen Steueranteil die Diäten erhöhen. Das mag optisch unerwünscht sein und die Abgeordneteneinkünfte gegenüber begehrlichen Parteiorganisationen noch durchsichtiger machen, bleibt zuletzt aber doch im finanztechnischen Bereich. Schwieriger ist das Grundsatzproblem. Mit der Diätenbesteuerung wird der Abgeordnete endgültig zum Berufspolitiker. Empirisch ist er das – auch in vielen Landtagen – schon lange. Erzwingt man es endgültig, kann dies nicht ohne Folgen bleiben. Die erwähnte Abhängigkeit vermehrt sich; die Rückzugsmöglichkeiten werden geringer. Das kann mit Vorteilen verbunden sein. Mit dem Abgeordnetengehalt läßt sich in den Ehrenordnungen (1972 und 1986) schärfer gegen die problematischen *Nebentätigkeiten* vorgehen, die in einzelnen Fällen – im Bundestag ist an die Parlamentarischen Geschäftsführer Leo Wagner und Karl Wienand zu erinnern – bis in strafrechtlich zu würdigende Bereiche führten. Weiter beseitigt man auf diesem Wege die unerträglichen *Beamtenprivilegien*, die vom bezahlten Wahlkampfurlaub, den es künftig für jedermann oder niemand geben soll, über die Auszahlung eines ggf. sogar angereicherten Ruhegehaltes bis hin zu der Möglichkeit reichten, ohne das Mandat wirklich aufzugeben, im Vorübergehen auch noch befördert zu werden.

Solchen Regelungsvorteilen steht entgegen, daß der erzwungene ‚Beruf' des Abgeordneten dessen spezifischen Arbeitsbedingungen nur bedingt entspricht. Abgeordnete sollen nach dem Bundesverfassungsgericht extrem gleich behandelt werden; Funktionsunterschiede im Parlament sollen sich finanziell nicht auswirken. Abgeordnete sind aber nicht gleich: Zwischen politischen Führern, fleißigen Parlamentsarbeitern, fleißigen Wahlkreisbetreuern und Honoratioren in der Politik, die sich je nachdem verschiedenen Gruppen zuordnen lassen, bestehen erhebliche Unterschiede. Sieht man diese als notwendig an, erscheint eine offene finanzielle Regelung als besser. Die Gehaltsregelung, der die *Altersversorgung* nach dem Pensions-, nicht mehr nach dem allerdings problematischen Versicherungsprinzip entspricht, läßt solche Offenheit nicht mehr zu. Sie erzwingt geradezu das Streben nach Wiederwahl, was die ohnehin schon große Abhängigkeit der Abgeordneten im Zweifel eher vermehrt. So genügt man einem Gleichheitsgrundsatz und schafft Privilegien ab, schafft damit aber auch einen Typus des Abgeordneten, mit dem man auf längere Sicht das Parlament und das parlamentarische System verändert. Daß man dies hierzulande aufgrund eines Gerichtsurteils betrieb, weil sich das Parlament als unfähig erwies, seine eigenen Versorgungsregelungen in offener Weise an die veränderten Bedingungen anzupassen, muß als eine erhebliche Schwäche des parlamentarischen Systems gelten. Der bessere Weg wäre der über eine unabhängige, in aller Öffentlichkeit arbeitende Kommission gewesen. Für die jetzt in den Parlamenten geltenden Regelungen müßte im übrigen wenigstens als oberstes Ziel gelten, daß man nicht nur jedermann den Weg ins Parlament öffnen, sondern vor allem für jedermann den Weg aus dem Parlament wirklich freihalten muß. Der ‚Berufspolitiker', den das Bundesverfassungsgericht als empirische Größe seiner Rechtsprechung zugrunde legt, ist zuletzt ein Unding; Politik und Parlamentarismus bedürfen der Rotation, weil sonst die Auswahl nicht funktionieren kann. Bisher hat es diese Rotation gegeben. Eine ihrer Voraussetzungen war, daß die Bindung des Abgeordneten an den bisher ausgeübten Beruf nicht unter allen Umständen verlorengehen mußte. Nach Karlsruhe setzt sich immer mehr ein ‚Beruf ohne Berufsbild' durch, wie Walter Scheel (SZ 2.10.1978) das einmal genannt hat. Er beginnt immer häufiger unmittelbar nach der Ausbildung im parlamentarischen Hilfsdienst (vgl. *H. Herles,* Wie aus Bonner Dienern Bonner Herren werden, in: FAZ 19.2.1980, und den Beitrag von *H.K. Hirsch,* in: *ZParl* 1981, S. 203 ff.).

Noch einmal: Das grundlegende Problem besteht nicht in der jeweiligen Höhe der Parlamentarierbezüge (vgl. Quellen 5.1.2.), bei der allenfalls zu fragen ist, ob man im Vergleich zum Bundestag die hohen Bezüge etwa in Bayern rechtfertigen kann. Das Problem entsteht mit der unentrinnbaren Ausschließlichkeit des Typus ‚parteiorientierter Berufspolitiker', der immer häufiger in der politischen Sphäre allein seine beruflichen Erfahrungen sammelt, der aus ihr ohne deutlichen Statusverlust nicht ausscheiden kann und der ihr damit in einer ganz spezifischen Weise zugehört. Er kann ‚Repräsentant' nur sein, indem er sich den Bedingungen des politischen Systems anpaßt, und er kann Erfolg in diesem System nur haben, wenn er dessen Funktionsanforderungen entspricht, sich also professionalisiert. Professionals aber geraten in Distanz zu den Laien, hier zu den Repräsentierten. In den von den Grünen im 10. Deutschen Bundestag praktizierten Verfahren (Mandatsrotation, engere Bindung an die ‚Basis', Umgang mit den Diäten – vgl. *W. Ismayr*, Die GRÜNEN im Bundestag ..., in: *ZParl* 1985, S. 299 ff., und ebenda S. 451 ff. die Beiträge über die Rotation) kann man deshalb eine durchaus richtige Kritik an der bisherigen Entwicklung erkennen. Umgekehrt bleibt es aber bei der Professionalisierung, so daß von auszuwechselnden Abgeordneten wenig konkreter Arbeitsbeitrag zu erwarten sein dürfte. Zumindest muß man mit der Gefahr rechnen, daß Show-Gesichtspunkte überwiegen und daß das zu Ermüdungserscheinungen führt.

5.2.2. Zusammensetzung der Fraktionen: Beamte und Akademiker

Das Parlament wird durch die Fraktionen arbeitsfähig. Der einzelne Abgeordnete erhält durch die Fraktionen seinen Wirkungszusammenhang. Wirft man einen Blick auf die soziale Zusammensetzung der Fraktionen (vgl. Quellen 5.1.1.), kann man vielleicht für die ersten Jahre des deutschen Nachkriegsparlamentarismus von einer gewissen ‚Fraktionsplanung' (*R. Wildenmann,* 1956, S. 139 ff.) reden. Später verfestigten sich die Verhältnisse rasch. Die meisten Abgeordneten streben die Wiederwahl an, und mit dem sich ausbildenden Typus des Berufspolitikers vermindert sich die Fluktuation im Parlament (22,6 % Neulinge im 8. Bundestag, vgl. Quelle 5.1.1.d.) und bestimmen mehr und mehr die Wiedergewählten das Klima in den Fraktionen, beanspruchen Vorrechte bei der Vergabe wichtiger Funktionen und bewirken, daß die Neulinge rasch im Parlament sozialisiert werden, d.h. in der Fraktion und in ihrem arbeitsteiligen System ihre Heimstätte finden (vgl. *B. Badura/R. Reese,* 1976). Da die Wiederwahl angesichts meist geringer Schwankungen im Wahlergebnis für die meisten Parlamentarier relativ sicher ist, verlagert sich die *Entscheidung über die soziale Zusammensetzung des Parlaments fast ganz in die Parteiorganisation.* Sie reagiert vor allem auf der örtlichen und regionalen Ebene sensibler auf Veränderungen in der Parteistruktur als im Wählergefüge. Das erschwert es manchmal auch Prominenten, ‚sichere' Wahlkreise zu be- oder erhalten und läßt manchen Prominenten des zweiten Gliedes gern auf den Listenplatz ausweichen, für dessen Zuteilung man nur eine engere Parteiführungsgruppe mobilisieren muß, während man gleichzeitig der mühsamen Wahlkreisarbeit entgeht. Umgekehrt verstärkt sich der Einfluß der die Partei dominierenden Gruppen, weil sie auch das regionale Geschäft weithin in der Hand haben. Man findet also die Flügel oder die Verbandsfärbungen der Parteien bei den Kandidaten, bemerkt den besonders hohen Anteil von Gewerkschaftsmitgliedern, muß aber in der Hauptsache zwei Phänomene registrieren, nämlich den Anteil der Abgeordneten mit abgeschlossener Hochschulbildung und den Anteil der Abgeordneten, die Beamte sind oder aus dem öffentlichen und dem quasi-öffentlichen Dienst kommen (vgl. Quelle 5.1.1.b. und c., *H. Klatt*, Die Verbeamtung der Parlamente, in: aus politik und zeitgeschichte 1.11.1980, und *P. Schindler*, 1986).

Hier stellt sich erneut die Frage nach der *Repräsentation.* Sie kann in der Gegenwart nicht in irgendeinem Verständnis statistischer Repräsentation gestellt werden; die Abgeordneten können keinen repräsentativen Querschnitt der Bevölkerung bilden, sollen diese Bevölkerung vielmehr vertreten. Die Frage kann u. E. auch nicht im Sinne einer in Deutschland verbreiteten Repräsentationstheorie gestellt werden, derzufolge der Staat „das mittels Repräsentation sich selbst darstellende und verwirklichende Richtige der politischen Gruppe" ist und Repräsentation dazu dient, der politischen Gruppe (Gesellschaft) ihr „besseres Ich entgegenzusetzen". Repräsentative Demokratie wäre dann „eine Methode der autonomen Bildung eines Gesamtwillens durch die Bürger, die dadurch von deren ‚natürlichem' zum ‚besseren' Ich zu gelangen sucht, daß sie den Prozeß der Willensbildung in zwei Abschnitte zerlegt, erstens: Heraussetzung von repräsentativen Willensbildnern durch das Volk, und zweitens: Willensbildung des dergestalt aufbereiteten Volkes durch diese Repräsentanten" (*H. Krüger*, 1964, S. 241 und 249, der sich auf *C. Schmitt,* 1928, u.a. stützen kann; kritisch dazu *E. Fraenkel,* 1964, S. 71 ff.; ausführlicher zum Thema *Th. Ellwein/A. Görlitz,* 1967, v.a. S. 239 ff.). Die ‚richtige' Frage muß lauten, welche Repräsentation funktional erforderlich wäre und welche empirisch stattfindet. Was funktional erforderlich wäre, läßt sich selbstverständlich nicht einvernehmlich klären, weil es zum einen unterschiedliche Auffassungen von der Aufgabe des Parlaments und zum anderen noch unterschiedlichere Auffassungen von den Funktionen der Politik gibt und geben muß. Immerhin verhilft die Frage dazu, einige Kriterien wenigstens anzusprechen und an ihnen Probleme der Parlamentszusammensetzung zu erörtern (die neuere Literatur bei *A. Hess*, Politikerberufe und Politiker, in: *ZParl* 1985, S. 581 ff.).

Erstens: Die große Mehrzahl der Bundestagsabgeordneten stammt aus der *Mittelschicht* (vgl. z.B. *H. Klatt,* Das Sozialprofil des Deutschen Bundestages 1949–1976, in: Gegenwartskunde, Sonderheft 1, 1979). Da Frauen weitgehend fehlen und die verbleibenden sozialen Unterschiede durch den Homogenisierungseffekt, den der Hochschulabschluß mit sich bringt, stark relativiert werden, bildet sich eine ziemlich einheitliche ‚Gruppe' der Abgeordneten heraus. Sie hat Schwierigkeiten, die sozial höchst unterschiedlichen Bedürfnisse wirklich wahrzunehmen; sie hat ggf. auch sprachliche Schwierigkeiten.

Über topoi, wirkliche Gemeinplätze, Redestile und -gewohnheiten, sprachliches in-group-Verhalten kommt es zu einer fast unvermeidbaren Distanzierung. Der Bundestag entspricht in seinem Erscheinungsbild einer nivellierten Mittelstandsgesellschaft. In dem Maße, in dem die Kommunikation mit der sozialen Umwelt über bestimmte, Gewohnheiten hervorrufende Mechanismen vermittelt wird, wächst damit die Gefahr, daß dem Bundestag immer mehr Sensiblität für Wünsche und Bedürfnisse der Bevölkerung, für den Wertewandel, für den gesellschaftlichen Wandel überhaupt verlorengeht. Unsere These lautet in diesem Zusammenhang: Die in den Parteien relativ übereinstimmend verlaufenden Auswahlprozesse, angesichts derer sich gewisse Chancen der Grünen ergeben, verstärken den Isolierungstrend des politischen Systems, erschweren also dessen Kommunikation mit der (übrigen) Gesellschaft. Banal: Man ist in Bonn und weithin auch in den Landeshauptstädten immer häufiger ‚unter sich'. Diese These ist nicht identisch mit der verbreiteten Behauptung, Demokratie fördere das Mittelmaß in der Politik (vgl. dazu *H. Heigert*, Abgeordneter – eine Karriere, in: SZ 25.10.1986, S. IX). Zweitens: Mit etwa *80 % Akademikern und knapp 50 % Angehörigen des öffentlichen Dienstes,* die amtierenden und ehemaligen Minister und Parlamentarischen Staatssekretäre eingeschlossen, werden Fähigkeiten optimiert, die anderswo nicht oder nicht in gleichem Maße entwickelt werden. Im Repräsentantenhaus der Vereinigten Staaten findet man überwiegend Rechtsanwälte. Das erscheint ‚funktional', weil der Abgeordnete in erster Linie als Vertreter seiner Wähler (Direktwahl) gilt, viele konkrete Wählerwünsche durchsetzen muß (private bills) und mit der Lobby umzugehen hat. Der Anwalt hat das alles ‚gelernt' (vgl. z.B. *E. Hübner/H. Oberreuter,* 1977, S. 95 ff., und prinzipiell *E. Fraenkel,* 1976). Man erwartet von ihm, daß er konkrete Interessen wahrnehmen kann. Vom Akademiker und vom Beamten wird man das nicht ohne weiteres sagen können. Der letztere bringt häufig den Vorteil mit, daß sein unmittelbares Berufswissen ihm auch in der Politik zugute kommt. Er hat außerdem wenig Mühe, Beruf und Parteiarbeit unter einen Hut zu bringen, solange er sich um eine Wahl bemüht, und er verfügt nach der Wahl über Erfahrungen in arbeitsteiligen Organisationen – alle Statusvorteile einmal ausgeklammert. Insofern ist es nicht verwunderlich, daß in Deutschland die Angehörigen des öffentlichen Dienstes seit je eine große Rolle im Parlament spielen (Paulskirche = 52 % Beamte, Preußisches Abgeordnetenhaus 1862 = 47 %). Es ist auch nicht verwunderlich, daß Akademiker unter den Beamten und aus den übrigen Berufsgruppen Startvorteile haben. Beamte wie Akademiker üben in der Regel stark auf Kommunikation hin angelegte Tätigkeiten aus, bringen mithin in das politische Geschäft etwas ein, was sich ein Arbeiter meist erst mühsam erwerben muß und was ihn, wenn er es erworben hat, in der Regel rasch in andere Funktionen bringt (z.B. als Mandatsträger in der Gewerkschaft). Den Vorteilen stehen aber auch eindeutige Nachteile entgegen. Gelernter ‚Vertreter' ist man so nicht; das interpretierbare Gesamtinteresse liegt näher. Der wichtigste Nachteil dürfte aber sein, daß nach Herkunft und Erfahrung Akademiker und Beamte leicht als Spezialisten einsetzbar sind. Die Entwicklung des Bundestages zum Spezialistenparlament, aus dem heraus die Kommunikation mit den Wählern immer schwieriger wird, hat auch sozialstrukturelle Gründe. Das ‚Bild' des US-Repräsentantenhauses wird ungleich mehr über seine Mitglieder und ihre örtliche Tätigkeit vermittelt als das ‚Bild' des Bundestages, in dem die Masse der Abgeordneten wegen der Monopolisierung der Redechancen vor allem bei öffentlich interessanten Debatten nur als Claque auftaucht, was dann örtlich schwer zu korrigieren ist, wenn man über die Details der Beratungen des Arzneimittelgesetzes unterrichten müßte. Die

Abgeordnetenrekrutierung, so diese These, leistet dem *Spezialisierungstrend* Vorschub, der die Bedeutung des Parlaments, wie noch auszuführen sein wird, eher vermindert (dazu *K. Schrode*, 1977 und *K. Kremer*, 1984).
Drittens: Wenn die soziale Homogenisierung der Bundestagsabgeordneten einerseits den Trend zum Spezialistenparlament verstärkt und andererseits die Gefahr heraufbeschwört, daß sich die angesprochene Gruppe sozial eher isoliert, muß das notwendigerweise zu einer vorwiegend geregelten, sich *bürokratischer Verhaltens- und Verfahrensweisen bedienenden Politik* führen, die dabei Berechenbarkeit und die Fähigkeit gewinnt, gestellte Aufgaben zu bewältigen, dafür aber Spontaneität und eine bestimmte Form der Kreativität verliert. Polemisch: Die parteinehmende Vereinfachung setzt sich im streng geregelten Betrieb eher durch als die ‚offene Diskussion'. Die angesprochene Sozialstruktur, so unsere weitere These, ist eine unentbehrliche Voraussetzung für das reibungslose Funktionieren des Fraktionsbetriebes, wie ihn mit vielen interessanten Details C.C. Schweitzer (1979) wohl nur deshalb schildern konnte, weil er nach seinem Ausscheiden aus dem Bundestag nicht mehr auf Partei und Fraktion angewiesen war.

5.2.3. Zur formellen und informellen Fraktionsstruktur

Fraktionen müssen in der Bundesrepublik Mindestgrößen haben. In der Regel können erst 10 Abgeordnete eine Fraktion bilden und für sie die finanziellen und personellen Angebote des Parlaments in Anspruch nehmen[1]. Im Bundestag sind 25 Abgeordnete erforderlich. Hier wird allerdings die Fraktionsproblematik beherrscht von den zwei großen Fraktionen der SPD und der CDU/CSU. Letztere treten seit 1949 im Parlament einheitlich auf, bilden nach außen aber zwei Parteien, was viele Vorteile mit sich bringt: Im Parlament kann man ggf. Vorrechte als stärkste Fraktion geltend machen, erhält aber doch zweimal den Sockelbetrag aus der Parteifinanzierung oder bei zentralen Fernsehveranstaltungen eine doppelte Sendezeit (die Fraktionsvereinbarung 1980 z.B. in FAZ 8.10.1980). Die großen Fraktionen des Bundestages sind größer als die meisten Landesparlamente; sie müssen sich in der Fraktionssitzung ähnlich wie ein Parlament verhalten, um überhaupt zu Beschlüssen zu gelangen. Die Hoffnung, daß sich die Diskussion aus dem Parlamentsplenum in Fraktionen und Ausschüsse verlagert habe,

1 Das Parlament wird durch die Fraktionen handlungsfähig, umgekehrt sind Abgeordneten, die keiner Fraktion angehören, wesentliche Mitwirkungsrechte versagt. Damit wird zwangsläufig die in der Geschäftsordnung jedes Parlaments zu regelnde Frage, wie viele Abgeordnete eine Fraktion bilden, auch zu einem Disziplinierungsmittel. Es wurde 1974 gegenüber der FDP im Bayerischen Landtag angewandt, die nur über 8 Abgeordnete verfügte, während 10 gefordert waren. Umgekehrt kamen die Grünen 1980 nicht auf die Mindestzahl im Landtag von Baden-Württemberg, erhielten aber dennoch einen fraktionsähnlichen Status und damit in etwa die nämliche Ausstattung und die nämlichen Rechte wie die übrigen Fraktionen. Dazu änderte man die Geschäftsordnung, vergrößerte die Ausschüsse oder erweiterte den Ältestenrat und bewies so, daß jedes Parlament auch in Fragen der Beibehaltung oder Änderung der GO flexibel sein, d.h. politisch werten und damit eben disziplinieren oder sich großzügig verhalten kann. Zum Fraktionsstatus verweisen wir allgemein auf die parlamentsrechtliche Literatur (z.B. in der Bibliographie bei *W. Burhenne* erfaßt), auf *W.D. Hauenschild*, 1968, und auf die Kontroverse, zwischen *J. Link* und *H. Dellmann* in DÖV 1975, S. 689 ff. und 1976, S. 153 ff. Zu den Vorgängen in Bayern äußern sich *H.W. Arndt* und *M. Schweizer*, in: *ZParl* 1976, S. 71 ff.

zielt insoweit ins Leere. Wortmeldungen, Beachtung der sich ergebenden Reihenfolge usw. verbieten eine spontane Debatte im raschen Wechsel von Rede und Gegenrede; die Dominanz des Fraktionsvorstandes kommt erschwerend hinzu. Faktisch muß man die wirkliche Willensbildung in kleinere, noch anonymere Gebilde verlagern. Die Abhängigkeit der Fraktion von ihren Fachleuten wächst damit. Da bei mehr als 50 Mitgliedern die Größe einer Fraktion eigene Gesetzlichkeiten aufweist – hier unterschied sich die FDP im Bundestag von den anderen Parteien lange durch ein größeres Maß an Spontaneität und Liberalität – ergibt sich für die SPD und CDU/CSU eine mehrfache innere Strukturierung der Fraktionen – im Bundestag wie in den größeren Landtagen. Offiziell gliedern sich die Fraktionen in *Arbeitskreise* und Arbeitsgruppen (AK und AG; vgl. Quellen 5.2.2. und 5.2.3.). Sie gelten ähnlich wie die Ausschüsse des Parlaments als Hilfsorgane der Fraktionen und sollen „Entscheidungen der Gesamtfraktionen sachlich und fachlich vorbereiten und der Fraktion ein abschließendes politisches Urteil ermöglichen. Tatsächlich geht (aber) die Macht dieser Untergliederungen der Fraktion weit über die theoretisch fixierte Aufgabe hinaus. Wenn sich die Fachleute eines Fachbereiches einig geworden sind und ihre Festlegung nicht mit der Meinung und der Interessenlage anderer Fachbereiche und ihrer Repräsentation kollidiert, wird die Fraktion gemeinhin ohne viel Aufhebens den ihr vorgetragenen Sachverhalt und die dazu empfohlene Stellungnahme akzeptieren und zu ihrer eigenen machen“ (*H. Apel*, Die Willensbildung in den Bundestagsfraktionen, in *ZParl* 1970, S. 223). Man hat deshalb immer wieder auch mit anderen Untergliederungen experimentiert; es blieb aber meist dabei, daß jeweils einer Gruppe von Parlamentsausschüssen – und den dort tätigen Fraktionsmitgliedern – ein Arbeitskreis entspricht. Die CDU/CSU organisierte sich nach 1982 eher nach Ressorts um.

CDU/CSU 1986: Arbeitsgruppen 1. Recht, 2. Inneres, Umwelt, Sport, 3. Wirtschaft, 4. Ernährung, Landwirtschaft und Forsten, 5. Verkehr, 6. Post- und Fernmeldewesen, 7. Raumordnung, Bauwesen und Städtebau, 8. Finanzen, 9. Haushalt, 10. Arbeit und Sozialordnung, 11. Jugend, Familie und Gesundheit, 12. Außenpolitik, 13. Verteidigung, 14. Deutschlandpolitik und Berlinfragen, 15. Wirtschaftliche Zusammenarbeit, 16. Forschung und Technologie, 17. Bildung und Wissenschaft.
SPD 1986: Arbeitskreis I – Außen- und Sicherheitspolitik, Innerdeutsche Beziehungen, Europa- und Entwicklungspolitik; AK II – Inneres, Bildung, Sport; AK III – Wirtschaftspolitik; AK IV – Sozialpolitik; AK V – öffentliche Finanzwirtschaft; AK VI – Rechtswesen. Die AK sind durchschnittlich 4 Bundestagsausschüssen zugeordnet.
FDP 1986: AK I – Außen-, Deutschland-, Entwicklungs- und Sicherheitspolitik; AK II – Wirtschafts-, Finanz- und Agrarpolitik; AK III – Sozialpolitik; AK IV – Innen- und Rechtspolitik; AK V – Bildung und Technologie; AK VI – Europa.
GRÜNE 1986: AK I – Haushalt, Wirtschaft und Finanzen; AK II – Sozialpolitik; AK III – Recht und Gesellschaft; AK IV – Abrüstung, Frieden, Internationales; AK V – Umwelt; AK VI – Frauen.

Neben der formalen Arbeitsteilung in der Fraktion gilt es, deren *informale Struktur* zu sehen. Man versucht in verschiedener Weise, sie zu erfassen; meist spielt der ‚Hinterbänkler‘ dabei eine Rolle, von dem man z.B. die (unentbehrlichen) Fraktionsspezialisten oder die Fraktionsspitze unterscheiden kann. Immer gibt es auch näher bestimmbare Flügel oder Gruppen ganz unterschiedlicher Zusammensetzung – etwa den ‚Arbeitnehmerflügel‘ in der CDU/CSU oder die Kanalarbeiter in der SPD. Nur treffen die zugrunde gelegten Kriterien nie voll zu. Gleichgültig, ob man hier nach der beanspruchten Redezeit fragt oder dort alle von der Fraktion vermittelten Funktionen erfaßt und dann deren Träger als „führende Parlamentarier“ bezeichnet, immer geraten diffizilere

Positionen aus dem Blick. Hier wurde früh vorgeschlagen (2. Aufl. S. 199 f.), zwischen Hinterbänklern, Spezialisten, Fraktionsmitgliedern mit Einfluß aufgrund von Positionen außerhalb der Fraktion, der Gruppe der Abgeordneten mit besonderer Publizität und schließlich dem engeren Führungskern der Fraktion zu unterscheiden. Greifbar erscheint auch das „Management des Bundestages", dessen Ergründer ihm „die Kerngruppe der Initiatoren, Vermittler, Organisatoren, Koordinatoren sowie Repräsentanten politischer Entscheidungen und parlamentarischer Arbeit" zurechnen möchten. „Nur wer als Abgeordneter in deutlich erkennbarem Umfange diese Funktion ausübt und ein Mindestmaß an Verfügungsmöglichkeiten über die zu solcher Tätigkeit notwendigen parlamentarischen Apparaturen besitzt", soll zum Management gehören – etwa 15 % aller Abgeordneten, während G. Loewenberg früher über 25 % erfassen wollte (*F. Grube* u.a., Das Management des Bundestages, in: *ZParl* 1970, S. 152 ff.; vgl. auch *G. Müller,* Dreiklassenparlament in Bonn?, in: *E. Hübner* u.a., 1969). Man nähert sich auf diesem Wege sicher der Analyse der Machtkonstellation innerhalb der Fraktionen und erhält zusätzliche Beiträge zum Rekrutierungsproblem, weil sich die Karrieremuster jenes Managements mit den allgemeinen Daten vergleichen lassen; die Klärung der freilich auch ständig wechselnden informalen Struktur gelingt so nicht. Zu ihr tragen soziale Herkunft, Berufsvorbildung und in gewissem Umfange das Geschlecht bei – solange Frauen derartig unterpräsentiert sind, verfügen sie als Fraktionsmitglieder ggf. über größere Chancen (dazu noch immer *G. Bremme,* 1956, und *M. Fülles,* 1969) –, dann aber doch vor allem genuine Fähigkeiten: Fleiß und Verläßlichkeit, Reaktionsgeschwindigkeit, Redegewandtheit usw., mit deren Hilfe man sich unentbehrlich machen kann. Dabei scheint die Ochsentour nicht die ihr gern von jüngeren Abgeordneten zugesprochene Rolle zu spielen; wenn es auch nur selten zum Senkrechtstart kommt – in der zweiten Mandatsperiode kann die parlamentarische Karriere durchaus beginnen. Informal bieten die Fraktionen jedenfalls ein buntes, wenn auch schwer zu ergründendes Bild. Es läßt sich nur zeichnen, nicht quantitativ belegen. In ihm spielen Konfessionszugehörigkeit, soziale Herkunft und Parteifunktionen eine geringere Rolle, Beruf und spezifische Fähigkeiten, landsmannschaftliche Bindung und die Art des Mandats eine größere. Das letztere bedarf der Erläuterung: Der engere Fraktionsführungskern verfügt in der Regel über ein *Direktmandat* und kommt seinen Wahlkreisverpflichtungen mittels allgemeiner politischer Präsenz nach. Die meisten der *Listenabgeordneten* streben ein Direktmandat an, weil es als sicherer gilt; sie bemühen sich deshalb um eine Art Heimatwahlkreis. Das kommt der örtlichen Arbeit zugute. Fraglos können im Ergebnis deshalb viele Abgeordnete mit der Wiederaufstellung rechnen, weil sie gute Behördengänger oder Briefträger sind und die Wünsche einzelner Wähler energisch oder zäh vertreten. In den Landtagen spielt dieser Abgeordnetentyp, auf den man in der täglichen Parlamentsarbeit wenig rechnen kann, eine erhebliche Rolle. Im Bundestag wird der Vorteil der Hinterbänkler, mehr Zeit für den Wahlkreis zu haben, etwas durch den größeren Einfluß ausgeglichen, den die eigentlichen Parlamentsarbeiter ausüben. Kein Abgeordneter kann es sich jedoch leisten, seinen Wahlkreis zu vernachlässigen. Die sichere Position daheim kommt im Parlament ins Spiel oder es kommt umgekehrt die gute Position im Parlament daheim ins Spiel. So geht ein Teil der Abgeordneten ganz im Wahlkreis auf und genießt oder erleidet dort seine protokollarische Stellung (vor dem Regierungspräsidenten), andere lassen sich nur gelegentlich blicken, bringen aber für den Wahlkreis etwas zuwege, weil sie den Vorsitz in einem wichtigen Ausschuß und damit gute Beziehungen zu den Ministerien haben, deren Fonds sich wiederum örtlich unterschiedlich einsetzen lassen. Unter Wahlkreisaspekt sind trotz gelegentlicher Sprechstunden Kanzler oder Oppositionsführer durch die überörtliche Berichterstattung präsent, andere Abgeordnete durch sichtbare Leistungen, wieder andere mittels Teilnahme an örtlichen Veranstaltungen. Daneben gibt es Abgeordnete, die sich ganz auf die Partei – dann mindestens auf einen Landesverband – konzentrieren, um so das Listenmandat abzusichern, wobei sie sich entweder der Partei oder der Fraktion unentbehrlich machen oder den Umweg über Verbände gehen, an deren Unterstützung der Partei gelegen sein muß. In der Folge gibt es Abgeordnete, die sich keine Minute länger als notwendig in Bonn aufhalten, weil sie daheim oder in Verbandsveranstaltungen repräsentieren müssen, während andere sich in Bonn häuslich niederlassen und dort auch in der Lebensführung sich den höheren Beamten angleichen. Das Ganze folgt nicht festen Regeln; von Wahl zu Wahl gibt es Änderungen. Obgleich das Parlament zumeist aus Berufspolitikern besteht, verfehlt nichts so sehr die Realität wie das Klischee vom Typus ‚des' Funktionärs.

Der Wirklichkeit nähert man sich deshalb besser an, wenn man von einer funktionsbedingten *Hierarchie in den Fraktionen* ausgeht und sich deren Konsequenzen nach innen und außen vergegenwärtigt. Nach innen handelt es sich darum, das organisatorische Gebilde Fraktion möglichst reibungslos zu steuern. Die Steuerungsleistung besteht darin, die zu bewältigende Arbeit zu verteilen, den Zielbedarf zu befriedigen, sich den Konsens der Mehrheit zu verschaffen und Minderheiten oder Einzelne mit abweichenden Meinungen entweder bei der Stange zu halten oder zu isolieren – notfalls gegen sie auch die *Sanktionsmittel der Fraktion* einzusetzen. Über letztere hat in der zugänglichen Literatur bisher wohl nur C.C. Schweitzer (1979) einigermaßen offen berichtet. Sie bestehen z.B. darin, daß ein Brief eines Abgeordneten an seine Fraktionskollegen nicht weitergeleitet, daß eine kleine Anfrage gestoppt, daß eine Auslandsreise nicht befürwortet oder ein Redewunsch nicht berücksichtigt wird. In der Eskalation kommt es zum Ausschluß von wichtigeren Ämtern, zur Nichtberücksichtigung von Wünschen nach Mitarbeit in Ausschüssen, im Wahlkampf zur mangelnden Unterstützung durch Prominenz und letztlich zum Druck auf die Landes- und Regionalorganisation der Partei, diesen Abgeordneten nicht mehr erneut aufzustellen. Nach außen läßt sich die Hierarchisierung wohl am besten an der Zuteilung der *Redechancen* ablesen. Von ‚Zuteilung' muß man reden, weil die Debatten vom Ältestenrat und den Fraktionsgeschäftsführern weithin vorgeplant sind, es eine Rednerliste und nicht das Recht des Präsidenten gibt, um der Dramaturgie der Verhandlung willen diese zu unterbrechen. Die Folgen hat zuerst Wilhelm Hennis ‚ausgezählt' (Der Deutsche Bundestag 1949–1965; in: Der Monat 8/1966). Im 4. Bundestag haben 8 % der CDU/CSU-Abgeordneten 34 % aller Reden der Fraktion gehalten und 11 % der SPD-Abgeordneten 52 % der Reden ihrer Fraktion. Für das erste Jahr des 8. Bundestages mit 37 Sitzungen hat Peter Scholz (Rederecht und Redezeit im Deutschen Bundestag, in: *ZParl* 1982, S. 24 ff.) zusammengestellt, daß von den 254 Mitgliedern der CDU/CSU-Fraktion insgesamt 114 zu Wort kamen und 3948 Minuten Redezeit verbrauchten. Davon entfielen auf den Vorsitzenden 342 Minuten, auf 5 Vorstandsmitglieder 867, auf 30 sonstige Abgeordnete, die zwei- oder dreimal das Wort ergreifen konnten, 1194 und auf die übrigen 78 Abgeordneten 1545 Minuten. Anders ausgedrückt: Mehr als die Hälfte aller Abgeordneten hatte überhaupt keine Redechance im Plenum und auf etwa 15 % entfiel der größere Anteil der gesamten Fraktionsdarstellung. Dabei ‚darf' die Fraktion nur steuern; sie hat nach einer Entscheidung des Bundesverfassungsgerichts aus dem Jahre 1959

„kein ausschließliches Recht über die Redezeit", der Bundestagspräsident soll vielmehr über die Worterteilung befinden. Deshalb läßt man in der Praxis immer wieder Ausnahmen zu. In der Regel aber herrscht unerbittlich die erwähnte Hierarchie. Sie wirkt sich in den kleineren Parteien weniger aus als in den großen. Im 10. Bundestag dominierte Burkhard Hirsch (FDP) mit 76 Plenarreden, gefolgt von Norbert Blüm (CDU) mit 67, wobei Blüm als Minister besondere Rederechte hatte. Die Plätze 3–7 nahmen wieder FDP-Abgeordnete ein, den 12. der Oppositionsführer und den 15. der Kanzler.
Der Fraktionsvorstand steuert unter Berücksichtigung des informalen Befundes die Fraktion. Deren Stellung vermittelt seine Macht. Die *Fraktionen konstituieren das Parlament* (vgl. GO BT § 10 f.; Quelle 5.2.1.). Ihre Stärke bildet die Berechnungsgrundlage für die Zusammensetzung der Ausschüsse, für die Verteilung der Ausschußvorsitzenden und für die Zusammensetzung des Ältestenrates und des Parlamentspräsidiums. Im Ältestenrat verständigen sich die Fraktionen über den Arbeitsplan des Parlaments, über Verteilung und Besetzung von Parlamentsämtern, über die Tagesordnung und die Handhabung der Geschäftsordnung. Bei alldem findet sich der einzelne Abgeordnete stets nur repräsentiert. Für ihn entscheidet die Fraktion, von dem Schutzrecht einmal abgesehen, daß nichts beraten werden darf, was nicht vorher angekündigt war. Damit bleibt dem Abgeordneten nur übrig, sich gut vorzubereiten und vor allem die etwas weniger festgelegte Diskussion während der 2. Lesung von Gesetzen zu nutzen – manchmal sogar, um die Fraktion zu überspielen. Nur mit kleinen Anfragen kann sich der Abgeordnete den Weg ins Stenographische Protokoll erzwingen, wenn ihn die Geschäftsführung nicht stoppt.

In einer Entscheidung des Bundesverfassungsgerichtes vom 27.4.1982, über die Erich Röper berichtet (Weitere Mediatisierung des Abgeordneten, in *ZParl* 1982, S. 304 ff.), wird deutlich, wieweit die Bevorrechtigung der Fraktionen gehen kann. In Bremen war und ist es Usus, daß die Finanzdeputation anstelle des Plenums eine Reihe wichtiger Beschlüsse zum Haushaltsvollzug faßt. Dagegen wandten sich die Grünen, welche nur im Parlament, nicht in der Deputation vertreten waren und damit von jenen Beschlüssen ausgeschlossen waren. Das Gericht wies die Klage ab und führte u.a. aus: „Die Antragsteller machen zwar geltend, der Landtag habe durch Selbstaufgabe bestimmter Rechte und Zuständigkeiten zugleich ihre Mitwirkungsrechte aus Art. 83 Abs. 1 LV und § 31 GO sowie allgemein ihre Beteiligungsrechte an der parlamentarischen Arbeit eingeschränkt, weil sie diese Rechte nur im Rahmen der Zuständigkeiten des Landtags ausüben könnten. Damit ist jedoch kein Sachverhalt vorgetragen worden, der die Schlußfolgerung zuließe, daß in ihre eigene Rechtsstellung unmittelbar eingegriffen worden sei. Dies wäre etwa dann der Fall, wenn sie geschäftsordnungswidrig gehindert worden wären, bestimmte Anträge zu stellen, an bestimmten Abstimmungen teilzunehmen" usw. Röper kommentiert: „Dem einzelnen Abgeordneten verbleibt damit neben der Pflicht zur Teilnahme an der Arbeit des Parlaments vor allem das Recht auf einen Ausweis, allgemeine Unterlagen einschließlich der Parlamentsdrucksachen und grundsätzlich Einsicht in die Akten des Parlaments. Er kann persönliche Erklärungen, solche zu seinem Abstimmungsverhalten und zur Geschäftsordnung abgeben. (Im übrigen ist er) in ein sehr enges Geschäftsordnungskorsett eingeschnürt, . . . Ausgangspunkt der Überlegungen des Bundesverfassungsgerichts bei der vorliegenden Entscheidung war die Prämisse, daß die Kontrolle der Regierung und die Wahrnehmung parlamentarischer Rechte wie das Budgetrecht nicht dem einzelnen Abgeordneten, einzelnen Fraktionen oder Gruppen unterliegt, sondern dem körperschaftsähnlichen Verfassungsorgan Parlament als ganzem, das die Kontrolle nach Form und Inhalt im Rahmen der Geschäftsordnung frei gestalten, ja sogar Befugnisse auf einen Ausschuß übertragen kann. Folgerichtig ist dann die Ausübung der (sehr beschränkten) parlamentarischen Rechte durch eine Gruppe oder einen Einzelabgeordneten – wie etwa beim Fragerecht – nur eine Teilhabe an der Kontrollfunktion des Parlaments, kein Statusrecht" (S. 310 ff.).

‚Die Rechte eines Mitglieds des Deutschen Bundestages' hat Hans-Josef Vonderbeck 1983 übersichtlich und erschöpfend zusammengestellt (*ZParl*). Sie bilden einen wichtigen Teil des Parlamentsrechtes, das letztlich auf den norddeutschen Reichstag und dessen Geschäftsordnung von 1868 zurückgeht, also in ‚Altersschichten' überliefert ist (vgl. *N. Achterberg*, 1984). Empirisch muß man den Abgeordneten jedoch *in* der Fraktion sehen. Ihr wachsen neben den institutionellen auch die *praktischen Vorrechte* zu. An sich sind die Parlamente überfordert. Der Technizität der Gesetzgebung werden sie nur durch zunehmende Spezialisierung Herr. Kein Abgeordneter vermag allen Gesetzesvorlagen zu folgen – im 10. Bundestag gab es 1983–1986 255 Plenarsitzungen, 513 Gesetzentwürfe, 6727 Parlamentsdrucksachen, von denen nicht wenige mehrere hundert Seiten umfaßten, und über 12 000 Fragen an die Regierung (weitere Angaben Quelle 5.4.3.). Man muß sich deshalb in jeder Hinsicht (d. h. auch in der Verteilung des Lesegutes) auf die Kollegen verlassen, um sich selbst wenigstens in einigen Gebieten ein gewisses Mitspracherecht zu sichern. Damit fügt man sich in das schon erwähnte arbeitsteilige System ein und begibt sich in Abhängigkeit von spezialisierten Kollegen und der Führung. Bereichsbezogen bleibt man zunächst weithin unter sich. Sensibel gegenüber dem politisch Bedeutsamen oder auch nur Brisanten zu sein, fällt dem Vorstand zu.

Das etwa macht den Hintergrund aus, vor dem man die *Tätigkeit der Fraktionsvorsitzenden*, des engeren und des erweiterten Fraktionsvorstandes und auch der früher meist anonym wirkenden parlamentarischen *Fraktionsgeschäftsführer* sehen muß, die in der Regel das Geschäft unmittelbar mit dem Vorsitzenden beherrschen. Die besondere Färbung ergibt sich durch die Rolle als Regierungs- oder als Oppositionspartei. Die letzteren pflegen im Parlament möglichst geschlossen aufzutreten, was zu gewährleisten, dem Führungskern zukommt. Für Regierungsparteien ist das *Verhältnis zwischen Regierungschef und Fraktionsvorsitzendem* von Bedeutung. Im Bundestag spielte bis 1969 der Fraktionsvorsitzende der SPD immer eine große Rolle. In der zwanzigjährigen Regierungsphase der CDU/CSU profilierten sich dagegen die früheren, mit Dr. Adenauer konfrontierten Vorsitzenden kaum, weil der Bundeskanzler auch im Fraktionsvorstand praktisch den Vorsitz führte, wenn er anwesend war. Erst im 4. Bundestag errang sich Rainer Barzel eine selbständigere und einflußreiche Position, die im 5. Bundestag nach der Gründung der Großen Koalition ganz entscheidend auszubauen und für Barzel dann, als nach der Bundestagswahl von 1969 die CDU/CSU in die Opposition ging, auch nicht zu verlieren war. Nach 1969 wurde generell der CDU-Fraktionsvorsitzende aufgewertet. In der SPD übernahm lange Zeit Herbert Wehner eine Sonderrolle (vgl. *H. Knorr*, 1975).

Im engeren Fraktionsvorstand wird die Fraktion als formale Organisation hantierbar gemacht; hier entscheiden Experten der parlamentarischen Arbeit und der politischen Praxis über Organisation und Verlauf der ersteren. Dem Fraktionsvorsitzenden als Einzelfigur fallen die unübertragbaren Führungsfunktionen zu. Er bestimmt maßgeblich den Führungsstil, das Verhandlungsklima, die Arbeitsatmosphäre. So bestand z.B. Erich Ollenhauers wichtigste Fähigkeit darin, die widerstrebenden Flügel der SPD immer wieder auf einer mittleren Ebene zu einigen. Das grundlegende Führungsmittel bildet dabei das partielle Informationsmonopol des Fraktionsvorsitzenden und die Chance, Informationen zu kanalisieren. Wer informiert, hat recht und – so müssen wir hinzufügen – kann die zusammenhalten, die er informiert. Das schließt erfolgreiche parlamentarische Vorstöße von Einzelgängern nicht aus; hier geht es indessen um den Regelfall. Er resultiert aus den besonderen Fähigkeiten des Vorsitzenden in der Streitvermeidung, im Streitaustrag, in der Pflege und in der Begrenzung persönlicher Eitelkeiten, selbstverständlich auch im Erkennen spezifischer persönlicher Probleme, seien sie politischer Natur oder anderer Art. Ein guter Fraktionsvorsitzender hält darauf, daß Streit wirklich beendet wird oder daß man sich solcher Fraktionsmitglieder vornehm entledigt, die unsichere Kantonisten sind. Herbert Wehner, bekannt wegen seines sehr martialischen Führungsstils, konnte das Problem der 1971 und 1972 abspringenden SPD-Abgeordneten nicht lösen; ein im Umgang mit der Fraktion pfleglicher verfahrender Vorsitzender hätte es vermutlich gekonnt; man braucht dabei nur an die Spannungen in der Fraktion 1968 zu erinnern.

5.2.4. Fraktion und Partei

Die Fraktionen bestimmen den Geschäftsgang des Parlaments und dessen Entscheidungen. Sie nehmen außerdem eine eigenartige Position in der Partei ein. Von ihr fühlt sich die Fraktion abhängig, soweit die Partei die Wahl durchführt; zugleich dominiert die Fraktion im politischen Bereich. Unterschiede ergeben sich aus der nicht überall gleichen Verflechtung von Parteiführung und Fraktion und aus der nicht überall gleichen Disziplinierung. Formell kann keine Partei ihrer Fraktion das Verhalten im Parlament vorschreiben. Praktisch bleibt das unerheblich, wenn die Parteiführung in der Fraktion unmittelbar mitspricht, es also eine enge Vermischung von Parteiämtern und parlamentarischen Mandaten gibt, und wenn die innerparteiliche Willensbildung eher von oben nach unten verläuft als umgekehrt. Tritt das letztere ein, ergibt sich eine konfliktträchtige Lage, hinsichtlich derer unterschiedliche Urteile möglich sind. 1968 verbot die Partei der SPD-Fraktion im Landtag in Stuttgart die Teilnahme an der Regierung; die Fraktion setzte sich darüber hinweg. Vier Jahre später kam es in München zum Konflikt zwischen SPD-Unterbezirk und der neugewählten Stadtratsfraktion über die Besetzung wichtiger städtischer Ämter. Die Fraktion obsiegte. Der in der Legalordnung verfügte Vorrang der Repräsentanten setzte sich durch; eine immer selbstverständliche stärkere Einflußnahme der Parteien erscheint aber wahrscheinlich – über die Anhörung von Vorstandsgremien und Ausschüssen der Partei hinaus.

Anhörungen gab es bisher stets vor der Regierungsbildung, bei der sich früher die Fraktionen als sehr souverän erwiesen, was zu allen nur denkbaren *Koalitionen* in der Bundesrepublik führte. Die Bonner Entscheidung von 1949 gegen eine Große Koalition bewirkte nur in Bonn selbst eine jahrelange Verhärtung der Fronten; die Landtagsfraktionen fühlten sich dadurch nicht präjudiziert und mühten sich mehr noch als die Parteien, wenn irgend möglich an der Regierung beteiligt zu sein. Zudem haben Fraktionen, welche über die absolute Mehrheit verfügen, früher Koalitionen nicht abgelehnt. So nahm längere Zeit ein größerer Partner die FDP in Rheinland-Pfalz und Hamburg mit in die Regierung, oder die CDU wurde in Berlin beteiligt, obgleich die SPD allein regieren konnte. Insgesamt bewahrten sich offenkundig die Fraktionen in ihrem Bestreben nach Regierungsbeteiligung eine erhebliche Unabhängigkeit von der Partei, und dank der verbreiteten Fraktionsdisziplin konnten auch recht widersprüchliche Koalitionen funktionieren – bis in die 60er Jahre, die dann allmählich eine Bereinigung des parlamentarischen Spielfeldes durch Verminderung der Spielerzahl brachten. Seit dieser Zeit wird auch das Koalieren der beiden großen Parteien seltener, das bis dahin nur in Hamburg und Schleswig-Holstein noch nicht erfolgt war. Nach 1969 wirkte sich zunehmend die Polarisierung aus – auch das ergibt Indizien für einen Wandel im Parteiensystem.

Die Prärogative für die *Regierungsbildung* kommt den Fraktionen der CDU oder der SPD zu. Daß eine kleinere Fraktion den Ministerpräsidenten stellt, blieb mit Reinhold Maier in Baden-Württemberg und Heinrich Hellwege in Niedersachsen Ausnahme. Ausnahme blieb auch das Verdrängen der stärksten Partei von der Regierungsbank, womit man 1950 in Schleswig-Holstein zuungunsten der SPD begann; in Baden-Württemberg war etwa gleichzeitig die CDU betroffen. 1954 bildete sich in Bayern eine Vierer-Koalition gegen die CSU, 1955 kam es in Niedersachsen zu einer Viererkoalition gegen die SPD und 1956 beendete die FDP in Nordrhein-Westfalen ihre Koalition mit der CDU und verhalf der SPD zur Regierungsübernahme. Erfolg ließ sich damit aber nicht erzielen. In Nordrhein-Westfalen erlitt die FDP bei der nächsten Wahl erhebliche Einbußen; in Bayern löste sich die Koalition schon nach der nächsten Bundestagswahl auf; in Niedersachsen ließen sich die Reibungen zwischen CDU und DP einerseits und FDP und BHE andererseits nicht mehr ausgleichen und die ersteren wandten sich wieder der SPD zu. Die 1969 in Bonn eingeleitete Blockbildung von SPD und FDP erwies sich dagegen als stabil und wirkte sich auch auf einige Länder aus. Insgesamt waren die meisten Koalitionen aber dauerhaft und überstanden oft mehr als nur eine Legislaturperiode. Das verweist zunächst auf die Kompromiß- und Kooperationsbereitschaft der Fraktionen, auf eine pragmatische Wende in der Politik. Wenn man nicht meint, der Bewegungsspielraum in den Ländern sei nur deshalb größer gewesen, weil die *prinzipielle Entscheidung in Bonn* gefallen und dort auch durchgehalten worden sei, macht die zunehmende Polarisierung ab 1970 jedoch deutlich, daß mit der früheren noch keinesfalls eine endgültige Entwicklung eingeleitet war.

Zu jener Entscheidung kam es sogleich 1949. Daß sich damals CDU/CSU und SPD nicht zusammentaten, wie es angesichts der anstehenden Aufgaben nahelag, hing mit der ideologischen Spannung zwischen beiden Gruppen, mit dem Naturell der Partei- und Fraktionsführer Adenauer und Schumacher und mit der Akzentuierung der Wirtschafts- und Deutschlandpolitik zusammen. So regierte die CDU/CSU mit Hilfe *kleinerer Koalitionspartner,* was sich für diese als lebensgefährdend erwies. Als erster ging der BHE zugrunde, der 1953 zwei Minister in die Regierung entsandte, die später zur CDU übertraten. Als nächste war die FDP betroffen: In der Partei selbst kam es nach 1953 zu wachsendem Widerstand gegen die Politik der FDP-Kabinettsmitglieder, der diese samt einem kleineren Teil der Fraktion zu einer neuen Parteigründung veranlaßte, welche 1957 scheiterte, allerdings der CDU/CSU zur absoluten Mehrheit verhalf. Die geschwächte FDP war damit gewarnt und ging 1961 nur mit erheblichen Bedenken eine neue Koalition mit der CDU/CSU ein. Der letzte Partner der CDU endlich, die DP, zerfiel 1961, nachdem sie schon vorher die Unterstützung der niedersächsischen CDU gebraucht hatte. Daß in diesem Sinne Bundeskoalitionen dem kleineren Partner mehr schadeten als Landeskoalitionen, hing zweifellos mit der Politik und Person Dr. Adenauers zusammen, der seine Kabinettskollegen an sich zu binden vermochte, nicht aber die kleineren Fraktionen. Im übrigen bleibt der Unterschied sichtbar: Während die Landtagsfraktionen zumeist offen für alle denkbaren Koalitionen waren, kam es in Bonn zu einer langjährigen mehr oder weniger ausschließlichen Dominanz der CDU/CSU, erst in einer wirtschaftlichen Teilkrise zu einer Großen Koalition und dann zu einer über 13 Jahre dauernden Koalition einer besonderen Art (vgl. *W.F. Dexheimer,* 1973). Sie trug insofern die Merkmale einer Blockbildung, als die FDP zwar erstaunlich viele Programmteile durchsetzen und damit ihre Selbständigkeit bewahren konnte, andererseits das sozialliberale Element deutlichen Programmcharakter trug. Damit war eine ‚normale' Auflösung des Bündnisses erschwert. Bonn erlebte im Herbst 1982 eine Diskussion über die ‚Legitimität' eines Regierungswechsels, die als solche natürlich nie zur Debatte stand. Es ging um den konkreten Wechsel und um seine Begleiterscheinungen mitsamt der Folge, daß die FDP von nun an – mit oder ohne Parlamentsfraktion – wenig politische Bewegungsfreiheit mehr hat und damit auch im Bündnis mit der CDU weniger eigene Politik mehr machen kann. Bis 1982 konnte sie mit dem Koalitionsaustritt drohen. Danach entfiel jede Drohmöglichkeit (und damit Macht), die allerdings – so 1987 – der Wähler liefern kann.

In der Entwicklung des Verhältnisses von Partei und Fraktion läßt sich die zunehmende *Ausformung der parteienstaatlichen Demokratie* ablesen. Ihr fiel zunächst der unabhängige Abgeordnete zum Opfer. Wer als Abgeordneter Einfluß nehmen und mitwirken will, muß sich in den arbeitsteiligen Prozeß einfügen und dessen verschiedene Ausprägungen von Abhängigkeit hinnehmen. Praktisch kam die in Artikel 38 GG angesprochene Unabhängigkeit des Abgeordneten zunächst der Fraktion zugute. Das Leitbild übertrug sich also auf die Gruppe, die den einzelnen Abgeordneten organisiert, und wandte sich zunächst gegen die Partei. In den 50er Jahren diskutierte man idealtypisch das Nebeneinander von diskutierender Partei und handelnder Fraktion. Die aus den Repräsentanten bestehende Fraktion sollte in der politischen Praxis dafür sorgen, daß im Parlament nicht so heiß gegessen wird, wie man manchmal auf den Parteitagen kocht. Die Fraktionen gewährleisteten die politische Stabilität der 50er und 60er Jahre. Da die Stabilität auf Kosten der Partizipation in den Parteien ging und da sich die Parteien insofern veränderten, als in ihnen immer mehr politische Professionals mitwirkten, weil mehr Ämter zu vergeben waren und immer mehr Funktionen des politischen Systems den Parteien näherrückten, mußte das zu Unzuträglichkeiten führen. Die erwähnte Unabhängigkeit der Fraktion geriet in Konflikt mit dem wachsenden Selbstbewußtsein der Parteiorganisationen und mit dem zunehmenden Monopol der Parteien in allen Wahlangelegenheiten, was immer häufiger die Frage heraufbeschwor, ob die Fraktion den Willen der Partei erfüllen müsse. Das auf den einzelnen Abgeordneten gewendet nur akademische *Problem des imperativen Mandats* verwandelte sich in ein Problem des Verhältnisses zwischen Partei und Fraktion. Werner Kaltefleiter und Hans-Joachim Veen (Zwischen freiem und imperativem Mandat, wieder abgedruckt in: *B. Guggenberger/ H.J. Veen/A. Zunker,* 1976) haben u.E. sehr überzeugend die einzelnen Stufen unterschieden, auf denen dieses Problem sich entfaltet. Ihre praktischen Beispiele werden allerdings nur aus dem Bereich der SPD genommen, was eine gewisse Voreingenommenheit der Autoren oder auch mangelnde Kenntnis z.B. der bayerischen Verfassungswirklichkeit mitsamt ihren gelegentlich höchst harten Diktaten der Partei gegenüber der Fraktion offenbaren mag. An der Stringenz der Analyse ändert das aber nichts. Sie geht von dem idealtypischen freien Mandat aus. Es wird 1. eingeschränkt durch die Rücksichtnahme des Mandatsträgers auf Fraktion und Partei, 2. durch Beschlüsse von Parteitagen mit konkreten Anweisungen, 3. durch die Aufstellung von Spitzenkandidaten und die Klarstellung der Koalitionsabsichten durch Parteigremien – zunächst systemnotwendig, problematisch aber, wenn es während der Wahlperiode einen Wechsel gibt und die Partei der Fraktion ihren Willen aufoktroyiert, 4. durch die ex-post-Kontrolle von Mandatsträgern durch die (wählenden) Parteigremien, wenn sie zur handlungsleitenden

Kontrolle wird, 5. durch ein ex-ante-Informations- und Konsultationsrecht der Parteigremien vor wichtigen Fraktions- oder Regierungsentscheidungen, 6. durch konkrete Beschlüsse im Detail, wie sie vor allem im kommunalen Bereich immer wieder vorkommen, 7. durch die Mitwirkung der Partei in der Personalpolitik (hier wird an den Beispielen die Einseitigkeit der Autoren besonders deutlich), 8. durch die Bildung von eigenen Parteiausschüssen, 9. durch das Recht der Partei(gremien), an Sitzungen ihrer Fraktion und ggf. an Sitzungen der von ihr getragenen Regierung (Magistrat usw.) teilzunehmen, 10. durch Bestrebungen in den Parteien, die reinen Listenwahlen einzuführen, 11. durch die Trennung von Parteiamt und öffentliches Mandat, welche die Partei stärkt, und schließlich 12. durch das Recht, den Mandatsträger abzuberufen (recall), das praktisch in den Fraktionen der Grünen eine große Rolle spielt. In dieser Analyse sind die Freiheitsbeschränkungen ausgeklammert, die das Fraktionsmitglied hinnehmen muß, wobei hier nur an das von den Fraktionen beanspruchte Recht zu erinnern ist, einen Abgeordneten aus einem Ausschuß zurückzuziehen, wenn er dort nicht die Fraktionslinie vertritt (vgl. die Beispiele bei *M. Becker* in *ZParl* 1984, S. 24 ff.).
Diskutierte man diese Stufen im einzelnen, würde das verdeutlichen, wie stark der einzelne Abgeordnete in die Fraktion eingebunden, wie sehr aber auch die Fraktion mit der Partei verflochten ist. Ob in dieser Verflechtung mehr imperative oder mehr dialogische Elemente herrschen, mag ausschlaggebend sein für die Sensibilität und Kreativität von Partei, Fraktion und damit Parlament und Regierung. An dieser Stelle interessiert das eindeutige Ergebnis, daß das Parlament des Parteienstaates *primär die Parteien oder genauer: ihren aktiven Kern repräsentiert.* Ob man deshalb von einer ‚Mediatisierung des Volkes' durch die Parteien sprechen kann, hängt vom jeweiligen Standpunkt ab. Daß zwischen dem Volk und der Volksvertretung eine intermediäre Größe besteht, Volkswillen, so es ihn gibt, mithin ‚vermittelt' wird, läßt sich nicht bestreiten.

5.3. Aufgaben der Parlamente

Minister verfügen in Westdeutschlands Parlamenten über zwei Sitzplätze. Einer davon steht ihnen als Abgeordneter zu, da treu-fleißige Tugendvorstellungen und ein bestimmtes Gerechtigkeitsverständnis für jeden Abgeordneten einen eigenen und festen Platz erfordern. Der andere Platz befindet sich auf der Regierungsbank. Sie steht zumeist dem Parlamentshalbrund gegenüber, was auf ein Denken in Kategorien der Gewaltenteilung verweisen könnte, und außerdem oft noch etwas erhöht, was an die deutsche Tradition erinnert. Mit diesem Hinweis sprechen wir Schwierigkeiten an, welche eine Darstellung der Parlamentsaufgaben bereiten: Zum einen finden sich im parlamentarischen System Parlament und Regierung eng miteinander verbunden und nehmen die Aufgaben der politischen Führung gemeinsam wahr, ohne allerdings die Opposition umfassend zu beteiligen. Dieser Realität entsprechen alle diejenigen Maßstäbe nicht, die von einer materialen Gewaltenteilung ausgehend und ggf. durch Artikel 20 GG gestützt, zwischen Gesetzgebung und Vollzug unterscheiden und beide „besonderen Organen" zuweisen wollen. Zum anderen gibt es eine noch immer nachwirkende politische Tradition, eine politische Kultur, innerhalb derer sich in Deutschland Parlament und Regierung gegenüberstehen und innerhalb derer dem Parlament eher eine Abwehr-, eine Kontrollfunktion zukommt. Die Tradition steht weniger dem Praktizieren des parlamentarischen Systems im Wege, wohl aber dessen Verständnis. Zudem ergeben sich

Verschiebungen, weil – gemessen an der eigenen Tradition – der Bundestag unzweifelhaft an Macht gewonnen hat, während man hinsichtlich der allgemeinen Entwicklung eher von einem Funktionsverlust des Parlaments sprechen möchte – als Maßstab dann freilich das englische Parlament einer sehr kurzen Blütezeit im 19. Jahrhundert benutzend. Wir wollen diesen Schwierigkeiten hier nicht ausweichen, sie indessen auch nicht überbewerten. Es soll auch nicht, wie einleitend dargelegt, von einer klar definierbaren Rolle des Parlaments ausgegangen werden, wie man sie in der Nachfolge Montesquieu's und Bagehot's immer wieder zu systematisieren versucht hat (vgl. *W. Bagehot*, 1872, *K. v. Beyme*, 1985, *F. Schäfer*, 1982, *U. Lohmar*, 1975, oder *H. Rausch*, 1976). Die Situation, in der das Parlament arbeitet, ändert sich ständig. Das Parlament bleibt davon nicht unberührt. Unseren Ausgangspunkt bildet das einleitend erörterte Verständnis von parlamentarischem System. Wir wenden uns deshalb zuerst der Gesetzgebungstätigkeit der Parlamente zu, unstrittig einer originären Kompetenz, und dann dem Verhältnis zwischen Mehrheit und Regierung, wobei das Verhältnis zwischen Mehrheit und Minderheit sogleich miteinspielt. Um die Darstellung zu straffen, ist in einem dritten Unterabschnitt gesondert vom Parlament als Haushaltsgesetzgeber die Rede, ursprünglich die originärste aller Kompetenzen, mit der der Parlamentarismus überhaupt entstanden ist. Abschließend sind noch einige Organisationsfragen zu erörtern, was zweckmäßigerweise mit den seit vielen Jahren gepflogenen Erörterungen zur Parlamentsreform und mit den Ansätzen zu einer solchen Reform zu verbinden ist.

5.3.1. Gesetzgebung

Der Deutsche Bundestag hat in den 10 Wahlperioden von 1949 bis Ende 1986 insgesamt 6082 Gesetzentwürfe behandelt und 3708 Gesetze verabschiedet. Das entspricht einer Jahresleistung von gut 160 Entwürfen und etwa 100 Gesetzesbeschlüssen oder einem Aufkommen von etwa 640 Entwürfen und etwa 400 Beschlüssen je Mandatsperiode. Deutlich über diesem Schnitt lagen die ersten beiden Perioden bis 1957 (472 und 446 Beschlüsse) und später die siebente (1972–1976) mit 516 Beschlüssen. Danach ging die Zahl zurück, um im 10. Bundestag (1983–1987) mit 522 Entwürfen wieder etwas anzusteigen (vgl. dazu Quelle 5.4.3. sowie in erster Linie *P. Schindler*, 1979 und 1986), ohne daß sich das auf die Beschlüsse (320) voll auswirkte. Die Bearbeitungszeit von Gesetzesentwürfen im 8. und 9. Bundestag betrug jeweils durchschnittlich 162 und 128 Tage; vom Beschluß im Bundestag bis zur Verkündung vergingen dann noch einmal 72 bzw. 59 Tage (Verfahren im Bundesrat, Überprüfung durch den Bundespräsidenten). Diese Zahlen belegen zunächst, daß der Bundestag in erster Linie als Gesetzgeber arbeitet. Für die Landtage läßt sich das so nicht sagen. Der legislative Output ist drastisch geringer, die Tätigkeitsschwerpunkte verschieben sich. Der Landtag von Nordrhein-Westfalen kommt deshalb etwa mit der Hälfte der Plenarsitzungen im Vergleich zum Bundestag aus und behandelt in den Ausschüssen mehr Einzelfälle (Verwaltungsangelegenheiten) als der Bundestag. Dieser muß sich neben den Gesetzen noch den sog. EG-Vorlagen zuwenden (im 8. Bundestag 1 706).
‚Gesetz' ist als Begriff nur eindeutig in seinem formalen Gehalt. Formal ist Gesetz, was in dafür vorgesehenen Prozeduren vom Gesetzgeber als Gesetz beschlossen worden ist. Damit läßt sich weder das Verhältnis des Gesetzes zum Recht klären (vgl. Kapitel 7.1. und 7.2.), noch ergibt sich so ein Zugang zu den Inhalten der Gesetzgebung. Deshalb

wird in der Literatur häufig nach der Herkunft der Gesetzesinitiativen gefragt und teilt man die Initiativen der Bundesregierung gern nach den jeweils zuständigen Ministerien auf (Zahlen wieder bei *P. Schindler* a.a.O.). Eine weitere Unterscheidung folgt in anderer Weise formalen Kategorien, indem sie nach ‚Gesetzgebungsanlässen' fragt (vgl. *H. Hill*, 1982, S. 53 ff. und *H. Schneider*, 1982, S. 54 ff.). Peter Schindler (1986, S. 645 ff.) nimmt diese Unterscheidung mit folgenden Kategorien auf:

1) Gesetzgebungsauftrag des GG (mit Fristsetzung), 2) Gesetzgebungsauftrag des GG (ohne Fristsetzung), 3) Gesetzesvorbehalt des GG, 4) Zustimmungsgesetze (Ratifizierungsgesetze) zu völkerrechtlichen Verträgen, 5) Rechtsgrundlage zum Erlaß von Rechtsverordnungen, 6) Erlaß von Gesetzen aufgrund von Urteilen des Bundesverfassungsgerichtes, 7) Gesetzesvorbehalt aufgrund von Gerichtsentscheidungen (z.B. Wesentlichkeitstheorie des Bundesverfassungsgerichtes), 8) Regelungsauftrag des Bundesverfassungsgerichtes, 9) Ausfüllen von Gesetzeslücken aufgrund von Gerichtsentscheidungen, 10) Entgegenwirken gegen Richterrecht, 11) Verpflichtung zur Gesetzgebung aufgrund der EG-Mitgliedschaft, 12) Gebot zur Harmonisierung des Rechts der EG-Mitgliedstaaten, 13) Bedarf nach einheitlicher Regelung im Bundesgebiet, 14) Gesetzgebungsaufträge in bestehenden Gesetzen (Anpassung und Fortschreibung), 15) Folge- und Anpassungsgesetze zu bestehenden Programm- und Planungsgesetzen, 16) Gesetzesankündigungen in bestehenden Gesetzen (Vorschaltgesetze), 17) Aufhebung eines überflüssigen Gesetzes, 18) Aufhebung des zeitlich bestimmten Inkrafttretens eines Gesetzes, 19) Bemühungen um Anpassung, Vereinfachung, Vereinheitlichung usw. in bestimmten Rechtsbereichen (Gesetzbücher), 20) Maßnahmen infolge industrieller, technischer, konjunktureller oder sozialer Entwicklungen, 21) Maßnahmen infolge aktueller Ereignisse, 22) Parteitagsbeschlüsse, 23) Ankündigungen in Regierungserklärungen, 24) Empfehlungen von Untersuchungsausschüssen, Beiräten etc., 25) Forderungen und Empfehlungen, die über die öffentliche Diskussion an den Gesetzgeber herangetragen werden, 26) Forderungen, die sich aus Petitionen ergeben.

Für alle diese Gruppen lassen sich Beispiele benennen. Insgesamt verdeutlichen sie, daß der Gesetzgeber, hier also Parlament und Regierung, in sehr vielen Fällen auf Anstöße ‚von außen' reagiert, die sich jeglicher Gesetzesplanung entziehen. Nur ein Teil der Gesetzentwürfe geht demgegenüber auf ein zumindest mittelfristiges Programm zurück, wie es im Wahlkampf vorgetragen, in einer Koalitionsvereinbarung festgeschrieben und/oder in der Regierungserklärung verkündet werden kann. Wie die Anstöße ‚von außen' wirken die Selbstverpflichtungen des Gesetzgebers in Vorschaltgesetzen oder anderen Aufträgen. Schließlich muß man die Einbindung zahlreicher Gesetze in soziale und ökonomische Entwicklungen sehen, die zu Anpassungsbedarf führt, und die Verflechtung zwischen Gesetzen, welche bewirkt, daß Veränderungen in einem Gesetz Änderungen in anderen Gesetzen zur Folge haben (vgl. Quelle 7.1.3.). Hinsichtlich der politischen Ausgangslage erscheint es deshalb angebracht, zwischen drei Hauptgruppen von Gesetzen zu unterscheiden: Gesetze, die der Gesetzgeber erlassen muß, weil er dazu durch andere Instanzen oder durch Selbstverpflichtung gezwungen ist; Gesetze, mit denen politische Programme beschlossen oder bestehende Ordnungen (z.B. im Strafrecht) geändert oder ergänzt werden; Änderungs- und Anpassungsgesetze, die in der Regel aus Gründen der Gesetzessystematik erforderlich werden.

Die Unterscheidung soll zum einen erklären, warum es im Bundestag immer einen großen Prozentsatz von einvernehmlich verabschiedeten Gesetzen gegeben hat und warum es ‚viele' Gesetze geben muß. Was dabei ‚viel' ist, sei dahingestellt. Tatsache ist aber, daß der faktische Bestand an Gesetzen in Bund und Ländern sehr viel weniger umfangreich ist, als es die Zahl der Gesetzesbeschlüsse vermuten läßt. Das hängt damit zusammen, daß systematisch und inhaltlich die Mehrzahl aller Beschlüsse nur der Pflege und Fortschreibung des Bestandes dient: Auch das 20. Gesetz zur Änderung eines bestimmten Gesetzes geht irgendwann einmal in die Neubekanntmachung des Ursprungsgesetzes ein, so daß sich im Bestand viele Gesetze nur einmal finden, obgleich es zu ihnen mehrere Änderungsgesetze gab. Immer ist aber auch an der reinen Bestandspflege der Bundestag beteiligt. Die *Beteiligung des Parlaments* an der politischen Führung ist eine wesentliche Ursache einer etwaigen Ausweitung der Gesetzgebung (warum mit Ausdrücken wie ,Gesetzesflut' vorsichtig umgegangen werden muß, wird in Kapitel 7 und in den Quellen 7.1.3. dargetan). Diese Beteiligung wird vom Parlament selbst eingefordert; sie wird ihm auch vom Bundesverfassungsgericht zugesprochen (Wesentlichkeitstheorie). Die Regierung kann sich in der Regel nicht gegen eine Beteiligung wenden. Das Parlament hat darin eine originäre Kompetenz, daß es zuletzt allein beschließt, was im Gesetz geregelt wird und was nicht, soweit darüber nicht schon in einer höherrangigen Norm vorentschieden ist. Auch deshalb ist von einem Vorrang der Gesetzgebungsfunktion zu sprechen und wird im Vergleich zwischen Bundestag und Landtag ein Funktionsverlust des letzteren deutlich.

Für den formalen Ablauf der Gesetzgebungsprozedur bleibt es gleichgültig, welchen *Bedeutungsgehalt* ein Gesetz hat; für alle Gesetze gelten die gleichen Verfahrensvorschriften. Die Praxis kennt dagegen tiefgreifende Unterschiede. In der Länge der parlamentarischen Beratung, in der Zahl der beteiligten Ausschüsse, in der Intensität der Debatten zur ersten und ggf. dritten Lesung, im Anhörungsverfahren (Hearing) – kurz: in der höchst verschiedenartigen Nutzung dessen, was der formale Rahmen ermöglicht, kommt zum Ausdruck, daß dieses Gesetz wichtig ist, während ein anderes das Parlament nur passiert, weil das eben so sein muß. Das letztere gilt allerdings für zahllose Gesetze und für die meisten Verordnungen, welche im internationalen Bereich erst nach Beteiligung des Parlaments in Kraft treten, weshalb sich die Frage aufdrängt, von welcher Quantität an das Unwichtige so viel Platz einnimmt, daß für Wichtiges keiner mehr bleibt.

Wichtig oder unwichtig? Es gibt keine Kategorien, um die Bedeutung eines Gesetzes einigermaßen zu gewichten. Daß der Bundestag nach seinem Selbstverständnis viele eher unwichtige Gesetze verabschiedet, kann man aber aus der Art ihrer Behandlung entnehmen. Wilhelm Hennis (Der Deutsche Bundestag 1949–1965, in: Der Monat 8/1966) hat für den 4. Bundestag ermittelt, daß von den 429 beschlossenen Gesetzen 260 im Plenum überhaupt nicht beraten wurden und auf 41 eine Beratungszeit von weniger als 10 Minuten entfiel. Nur 25 Gesetze wurden länger als 3 Stunden debattiert. Zu denken gibt auch, daß von den Gesetzesbeschlüssen des 7. und 8. Bundestages nur 6,4 bzw. 7,3 % eindeutig kontrovers waren. Im 9. Bundestag waren es bis Ende 1982 12 von 139. Unabhängig davon, daß sich in der Gesetzgebung die politische Handschrift der Regierung abzeichnet oder abzeichnen sollte, ist die Opposition nicht nur voll beteiligt. Sie stimmt weitgehend auch dem Ergebnis zu. Das muß mit der Materie und mit dem Verfahren zusammenhängen (Einschränkungen bei *P. Schindler*, 1986, S. 457 ff.).

Von den 5 569 Entwürfen bis 1983 hat die Bundesregierung 3 405 eingebracht; von den Beschlüssen gingen fast 80 Prozent auf Entwürfe der Bundesregierung zurück. *Regierungsvorlagen* haben mithin eine viel größere Chance, verabschiedet zu werden, als Vorlagen aus der Mitte des Bundestages. Im parlamentarischen System verwundert das nicht: Wenn Regierung und Regierungsmehrheit eng miteinander verbunden sind, bedeutet das auch, daß die Führungsinitiative bei der Regierung liegt und man hinsichtlich der Gesetzesvorbereitung sich deren großen Apparates bedient. Eher muß also verwundern, daß es neben den Regierungsentwürfen so viele aus dem Parlament selbst gibt. Sie stammen indessen zu einem großen Teil von der *Opposition,* die es in einem Parlament, das sich primär als Gesetzgeber versteht, zu ihrer Oppositionsrolle rechnen muß, selbst Gesetzesinitiativen vorzulegen. Daß sie letztlich keine Chance haben, bedeutet keine ‚Entmachtung des Parlaments', wie das Urs Jäggi (1969, S. 103) behauptet, den Winfried Steffani (1971, S. 32 f.) korrigiert (über Oppositionsvorlagen vgl. *H.J. Veen,* 1973). Ob Oppositionsvorlagen sinnvoll sind, ist umstritten. Sie machen jedenfalls viel Arbeit.

Vor allem aus Oppositionskreisen hört man deshalb die Forderung nach einem *parlamentarischen Hilfsdienst.* Ihn kennt in erheblichem Umfange der amerikanische Kongreß, dort allerdings unter der Maßgabe, daß die Regierung kein förmliches Initiativrecht hat, also Entwürfe im Kongreß selbst ausgearbeitet werden (vgl. *E. Fraenkel,* 1973, und *W. Jann,* 1985). Parlamentarier im Bundestag und in Landtagen möchten neben den persönlichen Assistenten der Abgeordneten, die es im Bundestag gibt, und den Fraktionsassistenten, die der Bundestag und die meisten Landtage stellen, wenigstens einen wissenschaftlichen oder Hilfsdienst, der einerseits Auskünfte geben, Informationen beschaffen und den Zutritt zu den Datenbanken der Regierung vermitteln und andererseits konkret angeforderte Ausarbeitungen vornehmen kann. Hilfsdienste solcher Art entstehen meist in Zusammenhang mit der Parlamentsbibliothek; der des Bundestages hat inzwischen einen großen Umfang. Was der Landtag von Nordrhein-Westfalen in dieser Hinsicht leistet, ist ebenfalls beachtlich. Das hier interessierende Problem besteht dennoch weiter. Der quantitative Umfang der Gesetzgebung verweist auf ihre Komplexität. In ihr sich zurechtzufinden, erfordert Spezialisten, die sich dauernd mit der Materie beschäftigen und Materialberge bewältigen. Das können die zuständigen Referate und Abteilungen in den Ministerien, die den Überblick über die vorhandenen Bestimmungen besitzen und als erste über weitere legislatorische Bedürfnisse informiert werden. Wollte das Parlament mithalten, müßte es sich eine vergleichbare Bürokratie aufbauen; ein Hilfsdienst kann das nicht ersetzen. Wir gehen allerdings davon aus, daß er das auch nicht tun sollte, weil der gegenwärtige Zustand zwar verbesserungsbedürftig, jedoch dem parlamentarischen System adäquat erscheint. Das gilt zuletzt auch für die durch Information gestützte Teilnahme des Parlaments an langfristigen Planungen (vgl. *B. Lutterbeck*, 1977, *W. Vitztum*, 1978, und das paper von *H. J. Lange*, 1987; zu den Hilfsdiensten ist die Auswertung eines Symposiums durch *H. Oberreuter* zu erwarten).

Die *Bundesgesetzgebung* wird von Regierung und Parlament bestimmt, der Bundesrat tritt als dritter unmittelbar Mitwirkender hinzu. Das Verhältnis der drei Faktoren der Gesetzgebung zueinander regelt das Grundgesetz, ergänzt durch die Geschäftsordnungen von Parlament, Regierung und Länderkammer. Dabei hält sich der formale *Gang der Gesetzgebung* an die verbreiteten Usancen, so daß man in Bonn im Regelfall etwa von folgenden *Stationen* ausgehen kann: Referentenentwurf in einem Ministerium, Unterrichtung anderer Referate und Abteilungen im Ministerium selbst, Unterrichtung des Bundeskanzleramtes, ggf. Unterrichtung anderer Ministerien, Verständigung mit den zuständigen Verbänden, Kabinettsvorlage, Kabinettsbeschluß, Vorlage im Bundesrat, Stellungnahme des Bundesrates, Erarbeitung der Stellungnahme der Bundesregierung zur Stellungnahme des Bundesrates, Vorlage im Bundestag, Fraktionsberatungen, erste Lesung und Überweisung an die zuständigen Ausschüsse, Ausschußberatungen, Bericht darüber und zweite Lesung im Plenum, ggf. nochmalige Auschußberatungen und dritte Lesung im Plenum, Beschluß des Bundestages, zweiter Durchgang im Bundesrat, dessen

Zustimmung oder Bedenken und Einwände, im letzteren Falle Befassung des Vermittlungsausschusses, Billigung der Vorschläge des Vermittlungsausschusses durch Bundestag und Bundesrat, Unterzeichnung des Gesetzes durch Kanzler und Ressortminister, Unterzeichnung und Verkündigung durch den Bundespräsidenten (vgl. *Th. Ellwein* in: *E. Benda* u.a., 1984).

Seit 1949 hat sich noch keine einheitliche Übung dafür ergeben, wann das Parlament und wann die Regierung die *Gesetzesinitiative* ergreift. Ganz allgemein kann man nur sagen, daß politisch besonders umstrittene Entwürfe dann von Fraktionen im Parlament vorgelegt werden, wenn sie nicht zu umfangreich sind. Sonst beauftragt man in aller Regel die Regierung, die Vorlage auszuarbeiten. Zu beachten ist auch, daß ein Gesetzesentwurf, den eine Fraktion im Parlament einbringt, schneller verabschiedet werden kann, weil keine Kabinettssitzung nötig ist und der Bundesrat nur einmal Stellung zu nehmen hat. Insgesamt wird man in der Hauptsache *drei Arten von Gesetzen unterscheiden:* solche, die die geltende Rechtsordnung grundlegend ergänzen, umfangreiche Verwaltungsvorschriften enthalten, Einzelmaßnahmen dienen oder nur eine rechtsstaatlich notwendige Anpassung herbeiführen, solche, durch die Interessen einzelner Gruppen befriedigt werden, und solche, die aus welchen Gründen auch immer in besonderer Weise politisch umstritten sind. Die erste Gruppe wird stets von der Regierung vorgelegt, die zweite meistens, bei der dritten wird das Parlament eher aktiv, wenn es sich nicht um Ratifizierungsgesetze zu internationalen Verträgen oder dergleichen handelt, wenn also nicht der politische Führungsanspruch der Regierung in dem Entwurf zum Ausdruck kommt (von den einschlägigen Fallstudien erwähnen wir *O. Stammer*, 1965, und *G. Braunthal*, 1972). Zur ersten Gruppe gehören auch die großen Neukodifikationen und Zusammenfassungen, bei denen oft auf Ausschüsse des engeren Regierungsbereiches zurückgegriffen wird. Als Beispiel diene die 1970 eingesetzte Arbeitsgesetzbuchkommission (je 5 Arbeitnehmer- und Arbeitgebervertreter, 7 Professoren, 3 Richter, 2 Landesministerialbeamte), die einen ‚Verfassungsauftrag' bewältigen sollte, 1981 aber möglicherweise unter dem Druck der Verbände aufgelöst wurde.

Daß für die zahllosen Gesetze, die einzelne Bevölkerungsgruppen oder Wirtschaftszweige begünstigen, die Ministerien initiativ sind, beweist die *Einflußrichtung der Verbandsvertreter* in Bonn. Ihre Gesprächspartner sind vorwiegend Beamte, nicht Abgeordnete. In der Gemeinsamen Geschäftsordnung der Bundesministerien finden sich auch die wichtigsten Vorschriften für den Verkehr mit den Verbänden. Grundsätzlich sollen Ministerien nur mit Zentral- oder Gesamtverbänden verkehren, nicht mit örtlichen oder gebietlichen Unterverbänden. Das galt ursprünglich als Schutz des Ministeriums gegenüber zahllosen Besuchern, trug aber erheblich zur Zentralisierung des Verbandswesens bei. Wie viele der ministeriellen Gesetzesentwürfe auf die Einwirkung von Verbandsvertretern zurückzuführen sind, läßt sich nicht feststellen. Daß Vorlagen der Regierung im Parlament bereits mit den zuständigen Fachverbänden besprochen sind, darf dagegen als Regel gelten. Zum Teil läßt sich das damit begründen, daß die Ministerien vielfach auf die „Beschaffung von Unterlagen (durch) die Vertretungen der beteiligten Fachverbände" angewiesen sind.

Ein *Gesetzesentwurf* (vgl. Art. 76 ff. GG und die Geschäftsordnungen BT, BReg, GGO – auszugsweise im Quellenteil, vollständig jeweils bei: *W. Burhenne)* muß frühzeitig den anderen Ministerien und seit 1969/70 dem Kanzleramt – diesem mittels Formblatt – mitgeteilt werden. Unerläßlich sind die Prüfung der Rechtsförmlichkeit durch das Justizministerium und die Zustimmung des Finanzministeriums, sofern das

Gesetz Kosten verursacht. Wird ein politisch bedeutsamer Entwurf bearbeitet, entscheidet das Bundeskanzleramt, ob die Öffentlichkeit, der Bundestag oder andere „amtlich nicht beteiligten Stellen" unterrichtet werden sollen. Diese frühzeitige Unterrichtung führt dazu, daß Kabinettsvorlagen fast immer vom Kabinett angenommen werden. Anders liegt es mit den Haushaltsforderungen der Ministerien, über die oft erst vom Kabinett gegenteilig entschieden wird. Hier kommt es dann auch vor, daß Ministerialreferenten, die mit ihren Ressortwünschen gegenüber Finanzministerium oder Kabinett nicht durchgedrungen sind, versuchen, einzelne Abgeordnete zu gewinnen, um in den Ausschußberatungen noch etwas zu erreichen.
Nach dem *Kabinettsbeschluß* wird die Vorlage dem Bundesrat zugeleitet. Dieser kann innerhalb von sechs Wochen Stellung nehmen, sofern die Bundesregierung nicht von der Ausnahmeregelung des Art. 76 (2) GG Gebrauch macht. Meist liegt das Schwergewicht der Tätigkeit des Bundesrates jedoch nach der Verabschiedung des Entwurfes im Bundestag. Äußert er sich sogleich, gehen die Äußerungen mit der Stellungnahme der Regierung dem Bundestag zu. In diesem läßt der Präsident aus der Vorlage eine Bundestagsdrucksache machen, leitet sie den Abgeordneten zu und entscheidet gemeinsam mit dem Ältestenrat, wann die erste Lesung stattfinden soll. Vor der ersten Lesung des Entwurfes haben Abgeordnete und Fraktionen Gelegenheit, ihr Verhalten zu bedenken, falls sie von dem Entwurf nicht schon vorher das Nötige erfahren. Die erste Lesung selbst dient der allgemeinen Aussprache über die Grundsätze der Vorlage; Änderungsanträge können erst im Anschluß an die Debatte gestellt werden, die im übrigen mit der Überweisung an den zuständigen Ausschuß oder an die Ausschüsse endet. Daß ein Entwurf von vorneherein abgelehnt wird, ist Ausnahme und nur bei oppositionellen Entwürfen denkbar. Auch bei diesen wird aber in der Regel mindestens höflichkeitshalber die Überweisung an den Ausschuß vorgenommen – ggf. nur als Material. Im Bundestag hat sich allerdings – ähnlich wie in manchen Ländern (z. B. Hessen) – die Unsitte eingebürgert, sogar wichtige Gesetze sogleich an die zuständigen Ausschüsse zu überweisen (vgl. *W. Hennis* a.a.O. und *Th. Ellwein/A. Görlitz,* 1967).
Die Beratung im einzelnen erfolgt in den Ausschüssen. Die deutschen Parlamente haben im Vergleich zum britischen Unterhaus *wenig Plenar- und dafür viele Ausschußsitzungen.* Wilhelm Hennis (a.a.O.) hat für 1960 und 1961 ermittelt, daß der Bundestag täglich 1/2 Stunde debattierte und das Unterhaus 4 Stunden. Er nannte deshalb den Bundestag ‚mundfaul'. Tatsächlich ging die Sitzungszeit in Bonn zunächst stark zurück. Der 1. Bundestag benötigte insgesamt 1.800 Stunden für sein Plenum, der 2. nur noch 1.580, der 3. und der 4. kamen auf knapp über und unter 1.100 Stunden. Danach stieg die Sitzungszeit allerdings wieder an (1976 bis 1980 = 1.410 Stunden in 230 Sitzungen; 1983 bis 1987 = 1.618 Stunden in 255 Sitzungen), was mit stärkerer Konfrontation, aber auch mit den aktuellen Stunden und mit den Fragen an die Regierung zu tun hat (1983–1987 = 22.009). Die Plenarsitzungen müssen aber neben den Ausschußsitzungen gesehen werden – 1.856 in der 8. Wahlperiode (über 22.000 1949 bis 1980 im Vergleich zu 1.810 Plenarsitzungen). Alle Abgeordneten sind in Ausschüssen tätig. Die meisten von ihnen werden nur hier wirklich ‚eingesetzt', während sie im Plenum zum Zuhören verurteilt sind. Das erklärt die relativ hohe Präsenz in den Ausschüssen und die relativ geringe im Plenum. Über Ausschüsse in den Landtagen informiert, verbunden mit interessanten Anregungen Manfred Friedrich (1975). Wie in den Landtagen entsprechen auch im Bundestag die Ausschüsse (vgl. Quelle 5.3.3.) meistens dem Amtsbereich eines Ministeriums; dazu kommen die Petitions-, die Wahlprüfungs-, Immunitäts- und Ge-

schäftsordnungsausschüsse und Besonderheiten, wie Untersuchungsausschüsse oder Enquetekommissionen. Die Mitgliederzahlen variieren. Rechtlich sind die Ausschüsse Organe der Parlamente. Da sie den Fraktionsstärken entsprechen, repräsentieren sie das Parlament auch politisch im richtigen Stärkeverhältnis. Die Ausschußvorsitzenden werden im Ältestenrat auf die Fraktionen verteilt. Die Vorsitzenden leiten die Ausschußsitzungen entsprechend der Geschäftsordnung des Parlamentes. Allerdings erteilt man im Ausschuß das Wort in der Reihenfolge der Wortmeldungen, was eine lebendigere Aussprache gewährleistet. Diese ergibt sich auch daraus, daß die Sitzungen nicht öffentlich sind. „Der nichtöffentlichen Sitzung können auf Beschluß des Ausschusses öffentliche Informationssitzungen vorangehen. Zu diesen sind nach Bedarf Interessenvertreter, Auskunftspersonen und Sachverständige, die Presse sowie sonstige Zuhörer zugelassen, soweit es die Raumverhältnisse gestatten" (§ 73/2 GO des Bundestages). Von dieser Möglichkeit wird allerdings erst in jüngster Zeit häufiger Gebrauch gemacht – man könnte durch sie Verbandsvertreter zur öffentlichen Stellungnahme zwingen. Nichtöffentlichkeit ist im übrigen nicht Geheimhaltung: Vertraulichkeit muß eigens beschlossen werden. Außerdem haben Abgeordnete, die nicht Ausschußmitglieder sind, in der Regel und die Minister und ihre Beauftragten immer Zutritt zu den Sitzungen. Sie sollen allerdings die Öffentlichkeit nicht unterrichten, weil dies primär dem Ausschußvorsitzenden zusteht. Es gilt aber nirgendwo als schwierig zu erfahren, was in einem Ausschuß besprochen worden ist. Über den Verhandlungsstil in den Ausschüssen berichten die Beteiligten im großen und ganzen übereinstimmend, daß er ziemlich sachlich sei, sich oft rasche Wechselrede ergebe und man meist darauf verzichte, offenkundige Streitpunkte längerhin zu diskutieren, um dadurch Zeit für die Fragen zu gewinnen, in denen eine Einigung möglich ist.

Das Ausschußleben ist gekennzeichnet durch die *Teilnahme der Beamten.* Ministerielle Vorlagen werden häufig vom ursprünglich zuständigen Referenten vertreten, was diesem erheblichen Einfluß verschafft. Daß dennoch an den meisten Vorlagen im Ausschuß geändert wird, zeigt, wie einerseits nun noch politische Gesichtspunkte bedacht und wie andererseits die Dinge außerhalb der Verwaltung oft anders gesehen und beurteilt werden. Im Ergebnis läßt sich wohl sagen, daß die Ausschüsse gründlich beraten; die Ausführungen der Berichterstatter im Plenum haben sehr häufig hohes Niveau. Eine wesentliche Funktion haben die Ausschüsse darin, daß in ihnen vor allem das Gespräch zwischen Opposition und Ministern stattfindet.

Im Bundestag und in den größeren Landtagen gibt es eigene Ausschußassistenten, die für das Protokoll und andere Vorbereitungsarbeiten zuständig sind, dem Ausschußvorsitzenden zur Verfügung stehen und vor allem die wichtigen Arbeitsunterlagen bereitstellen. Eine Arbeitsunterlage sieht im Bundestag z. B. so aus, daß für den jeweiligen Ausschuß zusammengestellt werden: der Regierungsentwurf mit der Begründung, die bisherige gesetzliche Regelung, die Änderungsvorschläge des Bundesrates, die Äußerungen der Bundesregierung dazu und ggf. die Beschlüsse solcher Ausschüsse, die sich vorher mit dem Gesetzentwurf beschäftigt haben. Auch die Herstellung dieser Arbeitsunterlagen erfordert erhebliche Zeit, wie sich überhaupt manche merkwürdige Fristen durch technische Probleme erklären lassen.

Innerhalb des Gesetzgebungsverfahrens kann das Parlamentsplenum in der *zweiten Lesung* noch am ehesten offen diskutieren. In dieser Lesung findet keine allgemeine Debatte statt, sondern es sollen die einzelnen Bestimmungen einer Vorlage entsprechend dem mindestens drei Tage vorher den Abgeordneten zugänglichen Ausschußbericht beraten werden. Dabei kommt es gleichzeitig auch zu Abstimmungen. Während der Einzelberatung kann jeder Abgeordnete Änderungsvorschläge einbringen und relativ leicht zu Wort kommen. Das gilt natürlich nur, wenn überhaupt eine ausführliche zweite Lesung stattfindet, oft passieren die Bestimmungen reihenweise ohne Diskussion die Bühne. Am Ende der zweiten Lesung kann eine Gesamtabstimmung erfolgen. Im übrigen wird das Ergebnis dieser Lesung, wenn keine Rückverweisung an die Ausschüsse erfolgt, mit den eingetretenen Änderungen in *dritter Lesung* beraten, für die noch einmal Änderungsanträge gestellt werden können, allerdings nur noch von mehreren Abgeordneten gemeinsam (Fraktionsstärke). Die dritte Lesung wird meist von einer allgemeinen Beratung eingeleitet, dann werden die noch anstehenden Änderungswünsche einzeln beraten, am Ende steht die Schlußabstimmung. Abgesehen von außenpolitischen Debatten und vergleichbaren Anlässen geben also die erste und die dritte Lesung wichtiger Gesetze die beste Gelegenheit zu grundlegenden Äußerungen der Fraktionen, soweit man nicht zweite und dritte Lesung verbindet und auf die Schlußaussprache verzichtet. Das alles wird meist in der sachlichen und etwas trockenen Art genutzt, derer sich die westdeutschen Parlamente seit 1945 befleißigen und die oft etwas steril wirkt. Dies ist nicht zu ändern, sofern man nicht ernstlich das Ablesen von Reden verbietet – die Geschäftsordnungen geben dazu an sich Handhaben – und Sitzordnung und Redezeiten nicht anders handhabt. Ohne rasche Wechselrede kann sich kein attraktiver parlamentarischer Stil ergeben. Die große Debatte bleibt Ausnahme und kommt überwiegend dem Parlamentsestablishment zugute. Daß die Grünen mehr Farbe ins Bild des Bundestages bringen, muß nach den Erfahrungen in einigen Landtagen zweifelhaft sein. Der Schuß Komödiantentum kann immer nur gelegentlich wirken, also v. a. in den ‚großen' Debatten. Um Arbeitsparlamente zu verändern, ist anderes nötig.

In der Bundesgesetzgebung wird die vom Bundestag angenommene Vorlage nun dem *Bundesrat* zugeleitet. Stimmt dieser nicht zu, ruft er den *Vermittlungsausschuß* an, dem je 11 Mitglieder des Bundestages und des Bundesrates angehören. Sein Verfahren ist in einer eigenen Geschäftsordnung geregelt, die vor allem vorsieht, daß über Vorschläge des Vermittlungsausschusses, die von der Abstimmungsvorlage des Bundestages abweichen, keine neue umständliche Beratung mehr erfolgt. Wie noch in anderem Zusammenhang zu besprechen, hat sich das Institut des Vermittlungsausschusses so bewährt, daß der Bundesrat von seinem Einspruchsrecht gemäß Art. 77 (3) und (4) GG nur wenig Gebrauch macht.

Wie überall ist auch in der Bundesrepublik die *Gesetzesverkündung* Sache der Exekutive. In den Ländern sind dafür der Regierungschef und je ein Ressortminister zuständig, im Bund unterzeichnet außerdem der Bundespräsident. Im allgemeinen ist nicht umstritten, daß die Regierung nicht zur Ausfertigung eines Gesetzesbeschlusses des Parlaments gezwungen ist, wenn sie begründete Zweifel an dessen Verfassungsmäßigkeit hat. Praktisch kann dies nur vorkommen, wenn ein Entwurf zuerst im Parlament eingebracht worden und die Regierung mit ihrer ablehnenden Stellungnahme nicht durchgedrungen ist. Da andererseits das richterliche Prüfungsrecht und die Zuständigkeit des Verfassungsgerichtes unumstößlich auch in Fragen der Vereinbarkeit eines Gesetzes mit der Verfassung bestehen, dürfte die Berechtigung der Regierung, ein Gesetz nicht zu verkünden, aber nur einen äußersten Ausnahmefall darstellen, der jedenfalls eine Brüskierung des Parlaments bedeutet. Das gilt ähnlich für den *Bundespräsidenten,* dessen Amt ebenfalls Vorlagen auf ihre Verfassungsmäßigkeit hin zu überprüfen hat. Gesetze, die am Ende der Legislaturperiode nicht ordnungsgemäß verkündet sind, können dann auch nicht mehr verkündet werden und geraten in Vergessenheit. Im übrigen ist die Gesetzesverkündung durch die Regierung ein Überbleibsel aus der Zeit der Monarchie und im parlamentarischen System an sich systemwidrig, abgesehen von der damit verbundenen Möglichkeit eines Vetos der Regierung.

Wer den Gang der Gesetzgebung anhand der Geschäftsordnungen der Regierung und der gesetzgebenden Körperschaften verfolgt, berücksichtigt einige *wichtige Faktoren der Gesetzgebung* nicht. Das gilt zum einen für die *Fraktionen*. Die von ihnen entsandten Ausschußmitglieder sind faktisch Delegierte, denen gegenüber ein mehr oder minder ausgeprägtes Weisungsrecht der Fraktion besteht. Auch in den Ausschüssen wird in der Regel geschlossen abgestimmt. Zum anderen läßt sich die immerwährende Wirksamkeit der *Verbände* nicht recht fassen. Liegt deren Schwergewicht im Einfluß auf die Bürokratie, werden doch auch die Parlamentsverhandlungen aufmerksam verfolgt. Da dies legal zumeist durch verbandsangehörige Abgeordnete geschieht und da es in allen Fraktionen Brauch ist, bei der Vergabe von Ausschußsitzungen solche Verbandszugehörigkeit zu respektieren, gibt es hier für die Verbände keine größeren Schwierigkeiten. In einigen Fällen wird die Verbandsfärbung des Parlaments derart offenherzig auch in den Ausschüssen sichtbar, daß es dagegen entschiedenen, freilich wirkungslosen Protest gibt. Insgesamt zeigt sich der Prozeß der Gesetzgebung auch von den Bestimmungen her als zu vielschichtig, als daß man ihn auf die Formel von der Gewaltenteilung oder auf die vom Übergewicht der Exekutive oder des Parlaments bringen könnte.

Ein weiteres Problem ergibt sich in diesem Zusammenhang durch die relative *Kürze der Mandatsperiode*. Da sich jedes Parlament verfassungstheoretisch als eigenständige Körperschaft verstehen muß, für die nicht abgeschlossene Arbeiten ihres jeweiligen Vorgängers sachlich unerheblich sind, wird zumeist im ersten dreiviertel Jahr nach der Wahl die Gesetzgebungsmaschinerie nur mühsam angeworfen. Sodann beginnt ziemlich früh vor den Wahlen eine Periode, in der die Parlamentstätigkeit mehr oder minder vom Blick auf die Wahlen bestimmt wird. Damit ist zum einen die Notwendigkeit gemeint, sich als Abgeordneter um die Wiederaufstellung und also noch mehr als sonst um den Wahlkreis zu kümmern; zum anderen besteht die Versuchung, auf alle unpopulären Gesetzesberatungen zu verzichten. So sind nur das zweite und das dritte Jahr der Mandatsperiode in vollem Umfange fruchtbar, was in den Ländern noch durch Bundestags- und Gemeindewahlen eingeschränkt werden kann. Die Haushaltsgesetzgebung trifft das ganz besonders. Finden im Herbst Wahlen statt, kommt der nächste Haushalt fast immer zu spät, obgleich man früher aus ihm – mit dem Höhepunkt im Jahre 1965 – die Wahlgeschenke finanzierte. So gibt es beide: die Vorlagen, welche man zum Schluß einfach vertagt, und die, welche man nicht mehr gründlich berät, aber vom Tisch haben will. Dennoch ergeben sich daraus kaum Argumente gegen die Länge der Mandatsperiode, es zeigt sich nur, wie schwerfällig die Gesetzgebungsprozedur ist und wie dringend die Frage ist, ob man diese Prozedur nicht stärker entlasten kann (vgl. 5.3.4.).

Das Recht zur Gesetzgebung wird den Landtagen in der Bundesrepublik möglicherweise dadurch streitig gemacht, daß die *genuine Landeszuständigkeit sich verringert* und innerhalb dieser Zuständigkeit immer wieder die ‚dritte Ebene' zwischen Bund und Ländern eine Rolle spielt, auf der oft einvernehmlich Gesetzentwürfe erarbeitet werden. Den Landtagen wie dem Bundestag könnte weiter die Gesetzgebungskompetenz durch ein zu großes Übergewicht der Regierung und der hinter ihr stehenden Verwaltung bestritten werden. Im Rahmen unserer Vorstellung vom parlamentarischen

System halten wir dies aber für irrelevant, solange die Regierung nicht an die Stelle des Gesetzgebers treten kann, wenn dieser sich versagt. Davon kann aber staatspraktisch keine Rede sein. Das Parlament ist eher den umgekehrten Weg gegangen und hat bereitwillig den Bereich der Gesetzgebung ausgedehnt, was ganz sicher auch mit seinen eigenen Beteiligungsmöglichkeiten zu tun hat. Eine spezifische *Variante des Eingriffs in die originäre Gesetzgebungskompetenz* des Parlaments gibt es dagegen beim Bund. Niemand bestreitet dem Bundestag die Souveränität in der Entscheidung, ob etwas als Gesetz beschlossen werden soll oder nicht. Ob es dann aber wirklich zustande kommt, hängt oft vom Bundesrat ab. Diese Einflußmöglichkeit bewegt sich verfassungspolitisch und rechtlich auf einem ganz anderen Niveau als die Zuständigkeit des Bundesverfassungsgerichtes, das nur die Verfassungsmäßigkeit eines Gesetzes prüfen und ggf. verneinen darf. Der Bundesrat kann seine politische Wertung gegen die Wertung des Bundestages setzen. Über die Situation des Bundestages im Gesetzgebungsbereich läßt sich deshalb ein begründetes Urteil nur gewinnen, wenn man sich mit dem Tun des Bundesrates beschäftigt hat.

5.3.2. Das Parlament als Teil der politischen Führung

Die politische Führung soll aus den denkbaren Zukünften auswählen, also Ziele setzen, die für die Zielerreichung notwendigen Ressourcen mobilisieren, dann die erforderlichen Entscheidungen fällen und schließlich dafür sorgen, daß diese korrekt und zielentsprechend vollzogen werden. Im parlamentarischen System wird rein äußerlich die politische Führung zunächst von Parlament und Regierung gebildet, denen allerdings nur zu einem Teil die nämlichen Führungsfunktionen zufallen. Das ‚zunächst' verweist auf die mitzudenkenden Einschränkungen. Parlament und Regierung lassen sich ggf. nicht zureichend von den Parteien unterscheiden; der engere politische Bereich ist von den Verbänden zu beeinflussen; die oft die Regierung dominierende Position der Verwaltung ist unübersehbar. Unter dem Aspekt des Parlaments sind die wichtigsten Führungsfunktionen 1. die Bildung der Exekutivspitze, 2. die Besetzung weiterer wichtiger öffentlicher Ämter, 3. die Mitwirkung bei der Zielfestlegung und der Mittelbeschaffung, 4. die Mitwirkung im Entscheidungsprozeß und bei wichtigen Leitentscheidungen, soweit diese nicht ganz dem Parlament vorbehalten sein müssen – 1977 bezweifelte das OLG Münster, ob es verfassungsmäßig sei, wenn die Regierung allein ein Kernkraftwerk vom Typ Schneller Brüter genehmigen könne und später entwickelte das Bundesverfassungsgericht die ‚Wesentlichkeitstheorie', deren Akzeptanz den Beteiligungsanspruch der Parlamente deutlich erweitern muß, 5. die Kontrolle der Zielerreichung und 6. die Öffnung des politischen Prozesses nach außen, damit Beteiligung möglich wird. Eine solche Aufzählung ist in mancher Hinsicht beliebig. Sie soll hier nur die Darstellung gliedern und die Verflechtungen aufzeigen, innerhalb derer jeweils einzelne Funktionen wahrgenommen werden.

Beginnen wir mit der *Regierungsbildung*. Landtage und Bundestage wählen nach ihrer eigenen Wahl den Regierungschef. Die Regierungsmehrheit übt einen mehr oder weniger großen Einfluß auf die Zusammensetzung des Kabinetts aus. Die Einschränkungen ergeben sich daraus, daß die Bundes- und Landtagswahlen insofern plebiszitären Charakter angenommen haben, als vor der Wahl geklärt ist, welcher Spitzenkandidat in dem einen oder anderen Falle zum Zuge kommen würde. Auch die ‚Mannschaft' ist vielfach schon vorher benannt. Nach der Wahl hat die jeweilige Mehrheit nur noch die Konsequenzen zu ziehen. Ein solcher Einwand ist jedoch im parlamentarischen System nicht ernst zu nehmen. Zum einen bilden in der Regel die Mehrheit und ihr Spitzenkandidat wirklich eine Einheit – Überraschungskoalitionen mit einem bis dato nicht vorgesehenen Regierungschef sind denkbar, müssen aber Ausnahme sein – und beziehen sich auf die nämliche Wählermehrheit. Zum anderen kommt es nicht nur auf den einmaligen Akt der Regierungsbildung an (über diesen: Abschnitt 5.5.2.). Das Parlament bildet vielmehr die Stätte, an der sich der politische Nachwuchs bewährt und an der aus dem politischen Personal dessen Führungskräfte hervorgehen (diese These bei: *Th. Ellwein/ A. Görlitz*, 1967, S. 27). Der Spitzenkandidat ‚von außen' (z.B. H. J. Vogel in Berlin oder W. Leisler-Kiep in Hamburg) kommt zwar vor, bildet aber eine Ausnahmeerscheinung besonderer Art. Er beeinträchtigt auch kaum das Parlament und seine Auswahlprozesse. Als wichtige und vielfach problematische Erweiterung der Wahlfunktion ist dagegen die Besetzung öffentlicher oder halb-öffentlicher Ämter durch die Parlamente oder Fraktionen zu sehen (einige GO-Bestimmungen für den Bundestag in Quelle 5.3.2.).

Wahl, ggf. Mehrheitsbildung durch Koalition und Regierungsbildung führen im parlamentarischen System zum Nebeneinander von *Regierungsmehrheit und Opposition*. Das Nebeneinander erscheint teils in partnerschaftlichen Sinne durchbrochen, teils auch im Sinne eines bloßen Gegeneinanders. Partnerschaftliche Züge entstehen in Zusammenhang mit einer ausgedehnten Ausschußarbeit, in der kooperative Formen überwiegen, was im Bundestag weitaus häufiger ist als in vielen Landtagen. Der eindeutigen Konfrontation begegnet man vor allem dort, wo sich das ‚Freund-Feind-Denken' auf die persönlichen Beziehungen auswirkt, und bei den Gelegenheiten, die eine Stilisierung der Konfrontation fast erzwingen – etwa in den ‚großen' Debatten des Bundestages, die von diesem im Bewußtsein ihrer Öffentlichkeitswirkung geführt werden. Kooperation und Konfrontation ergeben zusammen eine Art Grundmuster, nach dem sich Politik im Parlament vollzieht, wobei je nach gestellter Aufgabe und situationsbedingt mehr die eine oder mehr die andere Möglichkeit zum Tragen kommt.

Das Nebeneinander wird am deutlichsten im parlamentarischen Alltag. Der *Arbeitsrhythmus des Bundestages* sieht z. B. vor, daß in den Sitzungswochen der Montag und der Dienstag ganz den Fraktionen vorbehalten sind, am Mittwoch finden in der Hauptsache Ausschußsitzungen und im Plenum die Fragestunde statt, am Donnerstag eine Plenarsitzung und am Freitag tagen entweder Plenum oder Ausschüsse. In der Praxis beraten am Montag die Fraktionsvorstände (unmittelbar nach den Parteivorständen), am Dienstag die Arbeitsgruppen und dann die Arbeitskreise der Fraktionen und nachmittags die Fraktionen selbst. In den Arbeitskreisen und Gruppen der Regierungsfraktionen sind immer die Parlamentarischen Staatssekretäre und häufig die Minister anwesend. Beide Gruppen findet man auch in den Fraktionssitzungen wieder. Damit sind Mehrheitsfraktion(en) und Regierung eng verzahnt, gibt es einen ständigen Gedankenaustausch und selbstverständlich auch eine starke *interne Kontrolle*. Spätestens in diesem Gedankenaustausch findet die Feinabstimmung zwischen der Regierung und der sie tragenden Mehrheit statt. Wer dabei ‚führt', hängt von der personellen Konstellation ab. Selbstverständlich ist mancher Vorsitzender eines Arbeitskreises oder Obmann einer Arbeitsgruppe führungsbegabter als das beteiligte Regierungsmitglied. Selbstverständlich spielen auch die Regierungschefs in der Mehrheitsfraktion eine ganz unterschiedliche Rolle. Adenauer dominierte auch hier; gegenüber Kiesinger setzte sich Barzel deutlich als Vorsitzender der Fraktion durch; zwischen Schmidt und Wehner gab es oft ein zwiespältiges Verhältnis. Wesentlich ist, daß eine intensive Kommunikation stattfindet, wenn auch unter den Bedingungen der gesamten Fraktionsarbeit, deutlich hierarchisiert also und deutlich auch bürokratisiert, relativ weit entfernt von einer Idee der weitgehenden Gleichheit der Abgeordneten. Wie diese Kontrolle sich im einzelnen abspielt, ist teils unbekannt, teils läßt es sich gar nicht zusammenfassen, weil die Unterschiede zwischen den Parlamenten und den Parteien zu groß sind. Man weiß aber, daß manche Minister lieber in den Parlamentsausschuß als in den Arbeitskreis ihrer Fraktion gehen, in dem der Umgangston nicht immer besonders freundlich ist. Die Gremien der Opposition tagen dagegen allein. Manchmal findet sich ein informierender Beamter ein; manchmal empfängt man einen Gast von der Regierungsbank. Im übrigen muß man sich ganz auf die Möglichkeit konzentrieren, die sich in den Gremien des Parlaments und in der Öffentlichkeit ergeben. Die Bonner Opposition gewinnt zusätzliche Möglichkeiten durch ihren Rückgriff auf die Bundesratsmitglieder der eigenen Partei und auf deren Personal. Das fördert den Informationsfluß. Es eröffnet auch andere taktische Möglichkeiten. Eine Opposition gar, die im Bundesrat über die Mehrheit verfügt, muß gelegentlich fast hofiert werden.

Während sich die interne Kontrolle der teilnehmenden Öffentlichkeit entzieht, findet ein großer Teil der *Kontrolle durch das Parlament* nicht nur formal öffentlich statt. Die Zuwendung zur Öffentlichkeit liegt vielmehr im System begründet. Es setzt zu seinem Funktionieren das Nebeneinander von Regierungsmehrheit und Opposition voraus. In den nicht-öffentlichen Ausschußsitzungen bleibt es bei solchem Nebeneinander; in den öffentlichen Plenarsitzungen kommt es dagegen häufig zum Gegeneinander. Ein Teil der geschichtlichen Parlamentsfunktionen scheint dabei auf die Opposition übergegangen zu sein (vgl. *H. P. Schneider* in: *E. Benda* u.a., 1984, S. 245). Bis in den Konstitutionalismus des 19. Jahrhunderts standen Parlamente in Deutschland einer vom Fürsten eingesetzten Regierung gegenüber und betrachteten sich als Sachwalter des Steuerzahlers oder als Vertreter bestimmter Gruppen. „Nur ein auf breiter Ebene einiger Reichstag konnte Druck auf die kaiserliche Regierung ausüben und verhindern, daß die einzelnen Fraktionen gegeneinander ausgespielt wurden. In dieser Zeit wurden kooperative Verfahrensweisen entwickelt, die in der gegenwärtigen Konstellation keinen Sinn haben" (*M. Hereth*, 1971, S. 25 f.; vgl. auch *N. Gehrig*, 1969, und *P. Gerlich*, 1973, letzterer mit Hervorhebung der Verhältnisse in Österreich). Im parlamentarischen System entfallen diese Voraussetzungen; Regierung und Parlamentsmehrheit tragen politische Führung, Gesetzgebung und Vollzug gesamthänderisch; Wille und Möglichkeiten zur Kontrolle erlahmen möglicherweise. Daß die Kontrollfunktionen deshalb auf die Opposition übergegangen seien, ist allerdings ein Ammenmärchen, wenn Kontrolle mehr sein soll als Aufzeigen von Mißständen. Zu effektiven Kontrollmaßnahmen bedarf es zum Schluß eines Mehrheitsentscheides und gerade ihn kann die Opposition nicht herbeiführen. Zudem verringert sich der Wille zur Kontrolle ohnehin, wenn der Wille zur Einflußnahme wächst. Mitwirkung in der Personalpolitik wirkt oft interessanter als distanziertes Gegenüber. Im Ergebnis finden sich manche grundsätzlichen Kontrollmöglichkeiten aus der früheren Verfassungstradition überliefert – besonders deutlich in der Rechnungskontrolle – und werden auch heute noch benutzt, ohne wesentlich mehr zu bewirken, als daß der

politische Kontrast zwischen Mehrheit und Minderheit zum Ausdruck kommt, es sei denn, man tritt doch wieder korporativ der Regierung gegenüber.
Weil die Opposition von vorneherein schwach ist, in dem Sinne, daß sie nur in Ausnahmen das Verhalten des ganzen Parlaments bestimmen kann, gilt ihr ein umfangreicher *Minderheitenschutz.* Er kommt wohl generell in Bonn besser zur Geltung als in manchen Landeshauptstädten, weil die Bonner Opposition immer noch einen Rückhalt im Bundesrat hat. Die Klagen der Opposition, sie würde in der Wahrnehmung ihrer Rechte benachteiligt, stammen jedenfalls meist aus Landesparlamenten. Wir kommen mit einigen Beispielen darauf zurück.

Die Schutzrechte für Minderheiten im BT zählt ZParl 1975 S. 150ff. auf; die Interpretation findet man bei *H. P. Schneider* (1974) und *F. Schäfer* (1982) und auch bei *H. J. Vonderbeck* (*ZParl* 1983). Zu den Schutzrechten gehören die *Immunität* und die *Indemnität* der Abgeordneten (Art. 46 GG); über sie geben die genannten Autoren Auskunft; eine wichtige Interpretation bei *W. Steffani* (1971, S. 35). Verfassungsrechtlich ordnen dieses Thema und die Stellung der Opposition v. a. ein *H. P. Schneider* (in: *E. Benda* u.a., 1984, und *K. Stern* (Bd. I, 1984, § 23). Um internationale Vergleiche bemühen sich *H. Wollmann* (1970) und *H. Oberreuter* (1975). Die Diskussion über Oppositionsstrategien geht weithin zurück auf *R. A. Dahl* (Patterns of Opposition) in: derselbe (1966), (dt. inzwischen in: *Th. Stammen*, 1976) und ergänzt durch *R. M. Punnett* (1973). Vgl. dazu die Literaturberichte in ZParl 1972 S. 253 ff. und 1975 S. 114 ff. Von den empirischen Untersuchungen seien erwähnt für den 1. BT *W. Kralewski/K. Neunreither* (1964) und für den 6. BT *H. J. Veen* (1973); eine Zusammenfassung versucht *M. Friedrich* (Opposition im Dt. BT: Phasen oppositionellen Verhaltens (1949–1972) in: *ZParl* 1973 S. 392 ff. Vgl. auch den Beitrag desselben Autors in *H. Oberreuter* (1975) und *M. Hereth* (1969). Umfangreiches Material zum Selbstverständnis von Bundestagen und den dabei bestehenden Unterschieden zwischen Angehörigen der Mehr- und der Minderheit bringt *E. Hübner* (1980).

Der Begriff der *parlamentarischen Kontrolle* hat Karriere gemacht, weil man verbreitet davon ausgeht, die internen Kontrollbeziehungen zwischen Mehrheitsfraktion(en) und Regierung enthielten zwar auch ein kontrollierendes Element, entsprächen damit aber nur bedingt den ‚eigentlichen' Parlamentsfunktionen. Auf diese Weise rückt die vorwiegend öffentlich veranstaltete Kontrolle, deren Motor die parlamentarische Opposition ist oder sein soll, in den Vordergrund des Interesses, auch wenn damit Kontrolle nur bis an die Grenzen der Mehrheitsmacht möglich wird. Dieser Kontrolle wegen gibt es die erwähnten Schutzrechte für die Minderheit und läßt sich zur Not sagen, daß die Opposition zu einem Teil den Gedanken der Gewaltenteilung verkörpert. Das Kontrollproblem entwickelt sich dann in zwei Richtungen: Zum einen geht es – so schon früh Theodor Eschenburg – um die politische ‚Richtung', um die Konsequenz, mit der ein (z. B. in der Regierungserklärung) angekündigter Weg beschritten wird. In dieser Hinsicht bilden Regierung und Mehrheit eine Erfolgsgemeinschaft. Seitens der Mehrheit muß dabei die interne Kontrolle überwiegen, während die Opposition einerseits Widersprüche zwischen Programm und Programmvollzug (Soll und Ist) aufdecken und andererseits klären kann, welchen Weg sie selbst gehen würde. Ihre ‚Kontrolle' kann nicht darin bestehen, „der Regierung den Willen des Parlaments aufzuzwingen (Aufsicht) oder das Heil in einer Zusammenarbeit hinter verschlossenen Türen zu suchen (Kooperation), sondern (sie muß) vor allem Publikation von Mißständen (Kritik), Aggregation vernachlässigter Interessen (Werbung) und Demonstration eines alternativen Willens (Kontrast)" anstreben (*H. P. Schneider,* in: *E. Benda* u.a., 1984, S. 273). Ob zu letzterem Opposition potentielle Regierungspartei, also mehrheitsfähig sein muß, ist ebenso umstritten wie die Antwort auf die Frage nach den Chancen von Opposition in der Bundesrepublik. Zu einschlägigen Überlegungen braucht hier aber nicht Stellung genommen zu werden, zumal die Bundesrepublik in dieser Hinsicht deutlich eine Entwicklung durchläuft. Das Theorem von der ,Opposition ohne Alternative' (so *M. Friedrichs*, 1962) wird heute überhaupt nicht mehr diskutiert und daß sich einer neuen Regierungsmehrheit keinerlei neue Handlungsspielräume eröffne (so etwa die Position von *W. D. Narr*, die in seinem Vorwort zu *M. Schmidt*, 1980, zum Ausdruck kommt, der dort in Grenzen Gegenteiliges ausführt), kann nur behaupten, wer ,Handlungsspielraum' lediglich in weiter Ausdehnung gelten läßt und das ,muddling through' (s. o. S. 49 f.) gänzlich ablehnt. 1987 erlebte man hierzulande zumindest, daß sowohl eine überhaupt nicht auf Beteiligung abzielende Fundamentalopposition als auch eine gezielte Opposition innerhalb der Koalition als Strategien im Wahlkampf erfolgreich waren.

Die zweite Richtung, in der sich das Kontrollproblem entwickelt, zielt auf konkrete Leistungs- und Sachkontrolle, auf Kontrolle vielfach der Vollzugsapparatur, welcher die politische Führung in ihrer Eigenschaft als Verwaltungsführung gegenübertritt. Hier können Mehrheit und Minderheit durchaus wieder gemeinsam auftreten und die Rolle des Parlamentariers gegenüber der von Bürokraten ins Spiel bringen. Verwaltungskontrolle genießt qualitativ wie quantitativ einen hohen Stellenwert im Bundestag und oft noch mehr in den Landtagen. Sie läßt sich vielfach von einzelnen Abgeordneten ausüben oder doch initiieren und sie wird – das beweisen die unzähligen und sich ständig vermehrenden Petitionen – vom Parlament auch erwartet.

Die *Kontrollinstrumente* des Parlaments dienen beidem, der Richtungs- wie der Sachkontrolle. Formale Kompetenzen lassen sich so oder so nutzen. Auch das kontrollierende Parlament bewegt sich deshalb zwischen Kooperation und Konfrontation hin und her; in ihm sind die unterschiedlichsten Koalitionen möglich. Das erklärt, warum in aller Regel von jenen Instrumenten eher formal die Rede ist und warum man bei genauerem Zusehen fast alle Verhaltensmöglichkeiten des Parlaments und der Gruppen in ihm der Kontrolle zurechnen muß. Legt die Regierung einen Gesetzentwurf vor und das Parlament nimmt ihn nur in veränderter Form an – in etwa 60 Prozent der Fälle geschieht das –, ereignet sich mit der Veränderung Kontrolle. Der Kontrolle dienen aber auch die Registrierung von Interessenverbänden durch das Parlament und die Behandlung von Petitionen. In der Praxis muß man die Kontroll- nicht als eine gesonderte Funktion des Parlaments begreifen, sondern als Querschnittsfunktion. Das schließt nicht aus, daß es instrumentell gesehen Kontrollschwerpunkte gibt. Von ihnen soll hier kurz die Rede sein (vgl. außer der bereits genannten Literatur – v. a. *H. P. Schneider – W. Krebs*, 1984, *K. U. Meyn*, 1984, und *P. M. Stadler*, 1984. Bei *P. Schindler*, 1986, S. 706 ff. finden sich eine umfassende Auflistung aller Kontrollmöglichkeiten und ihre quantitative Erfassung für den Bundestag).

Zu den verfassungsmäßig gesicherten Kontrollrechten zählen zunächst das konstruktive Mißtrauensvotum und die Vertrauensfrage (dazu 5.5.2.) und das Recht auf Herbeirufung eines Regierungsmitgliedes, von dem hierzulande sehr sparsam Gebrauch gemacht wird und werden muß, weil die Minister insoweit durch die Parlamentarischen Staatssekretäre entlastet sind. Im Regelungsvorfeld der Verfassung sind die Parlamentarischen Kontrollkommissionen zu sehen, die den gesetzlich fixierten Auftrag haben, die Nachrichtendienste des Bundes und ihre Wirtschaftspläne zu kontrollieren und Berichte des Innenministers über Eingriffe in Anwendung des Gesetzes zur Beschränkung des Brief-, Post- und Fernmeldegeheimnisses entgegenzunehmen (und zu diskutieren). Bei diesen Kontrollkommissionen gibt es Beteiligungsprobleme, weil die Beteiligung an ihnen nicht im Gesetz selbst festgelegt ist, sondern sich geschäftsordnungsmäßig bestimmen läßt. Damit kann man die GRÜNEN ausschalten.

Die bedeutsamsten Kontrollrechte, wenn man dabei an den parlamentarischen Alltag denkt, ergeben sich mit dem *Interpellationsrecht* bestehend aus den Großen, Kleinen und Mündlichen Fragen sowie den Aktuellen Stunden (vgl. *S. Morscher*, 1973, und *G. Witte-Wegmann*, 1972). Während es z. B. von 1949 bis 1983 nur zu 12 Mißbilligungsanträgen gegen Bundesminister kam, von denen 1 von der Tagesordnung abgesetzt und 11 abgelehnt wurden, beriet man in dieser Zeit über 520 Große und 3 719 Kleine Anfragen und stellte fast 86 000 Mündliche Fragen, die ohne weitere Diskussion beantwortet werden. Von der Möglichkeit der ‚aktuellen Stunde' wird sparsam Gebrauch gemacht (7. bis 9. Wahlperiode 41). Die Regeln für die Handhabung dieser Instrumente finden sich in der Geschäftsordnung des Bundestages. Mündliche Anfragen kann jeder Abgeordnete einbringen, für Kleine bedarf es 15 Unterschriften und für Große Fraktionsstärke. Damit sind Grenzen gezogen; nicht der Einzelne kann eine Debatte in Gang bringen; die Fraktion hat den Vorrang.

Was die Quantität anlangt, muß man das *Petitionswesen* hier gleich im Anschluß nennen. Das Petitionsrecht ist in der Verfassung verankert (Art. 17 GG) und gehört zum demokratischen Urbestand. Weniger klar sind die daraus zu ziehenden Konsequenzen (vgl. *P. Pietzner*, 1974). Das führte in Bonn zu längeren Diskussionen und 1975 zu einer Änderung des Grundgesetzes, in das der Art. 45 c aufgenommen wurde, der den Petitionsausschuß über die Ebene der Geschäftsordnung des Bundestages hinaus fest verankert und für sein Verfahren ein Gesetz vorschreibt. Das Gesetz wurde ebenfalls 1975 erlassen. Es räumt dem Ausschuß Auskunfts- und Anhörungsrechte, einen Amtshilfeanspruch und die Möglichkeit ein, die Ausübung der Befugnisse im Einzelfall auf ein einzelnes Mitglied zu übertragen. Der Ausschuß verfügt über eine größere Amtsausstattung (‚Petitionsstelle' mit 4 Eingabereferaten) und mithilfe regelmäßiger Berichte über eine entsprechende Publizität (vgl. die Daten bei *P. Schindler*, 1986, S. 858 ff.). Den besonderen Regelungen entspricht eine sich ständig steigernde Wahrnehmung des Petitionsrechtes. Im Bundestag gingen von vorneherein zahlreiche Einzel- und dazu in großem Umfange Massenpetitionen ein – über 48 000 Einzelpetitionen in der 8. Wahlperiode und über 29 000 in der (verkürzten) 9. Periode. Dazu kamen über 90 000 bzw. 444 000 Massenpetitionen. Zu einem Teil entspricht der Bundestag damit den umfangreichen Direktbeziehungen zwischen amerikanischen Bürgern und Mitgliedern des Repräsentantenhauses und des Kongresses (vgl. *W. Jann*, Kein Parlament wie andere, in: *ZParl* 1986, S. 224 ff.). Den Unterschied macht aus, daß in den USA der Parlamentarier selbst Adressat und auskunftspflichtig ist, während in der Bundesrepublik das Parlament als Institution auftritt und der Petitionsausschuß weder Gerichtsurteile aufgreifen noch der Exekutive Weisungen erteilen, sondern ihr gegenüber nur Empfehlungen aussprechen und aus seiner Tätigkeit Anregungen für die Gesetzgebung entwickeln kann. Relativ betrachtet sind die Petitionsausschüsse in den Ländern noch einflußreicher, teils weil die Landtage sonst weniger Kompetenzen haben, teils und vor allem auch weil man dort der Verwaltung näher ist, sich ggf. an Ort und Stelle umtun und derart Kontrolle direkter ins Spiel bringen kann.

Im Zusammenhang mit dem Petitionswesen wäre der *Wehrbeauftragte* des Deutschen Bundestages (Art. 45b GG) zu nennen, ist an die Datenschutzbeauftragten zu erinnern, die in der Regel nicht dem Parlament, sondern der Regierung zugeordnet sind, deren Berichte aber entweder direkt dem Parlament zugehen – so der Bremischen Bürgerschaft – oder doch von jedem Parlament aufgegriffen werden könnten. Dem Wehrbeauftragten entspricht cum grano salis der *Bürgerbeauftragte* in Rheinland-Pfalz, der in der Tradition des Ombudsmann stehend einige Aufmerksamkeit verdient und auch schon in einer größeren Arbeit gewürdigt worden ist (*U. Kempf/H. Uppendahl*, 1986). Die Grenzen zu Maßnahmen anderer Länder innerhalb der Verwaltung – Stichwort: ‚Bürgernähe' – sind hier fließend.
Klammert man die Haushaltskontrolle mit dem Bundesrechnungshof aus, die im folgenden Abschnitt behandelt wird, sollen aus dem Bereich der eher auch gestaltenden Kontrollen zwei Möglichkeiten und Aufgabenfelder nur erwähnt werden: Die Enquête-Kommission setzt den Bundestag instand, sich auch mit Hilfe von externen Experten in einem bestimmten Bereich umfassend zu informieren und Vorschläge zu erarbeiten, ohne dabei die Konfrontation in Kauf nehmen zu müssen, die sich meist in Untersuchungsausschüssen ereignet. Als Beispiele seien die Enquête-Kommission Verfassungsreform und im 10. Bundestag die Kommission ‚Chancen und Risiken der Gentechnologie' genannt (Daten und Untersuchungsaufträge bei *P. Schindler*, 1986, S. 601 ff.). Das zu nennende Aufgabenfeld ist die Technologiebewertung oder Technologiefolgenabschätzung (Technology-Assessment). Hier sieht man seit 1973 im Bundestag Handlungsbedarf, stellt Anträge und versucht, eigene institutionelle Formen zu finden. Das Ziel ist noch nicht erreicht; daß die Erweiterung des Kontrollspektrums notwendig ist, scheint aber nicht umstritten (vgl. *M. Dierkes* u. a., 1986, und die Arbeit der einschlägigen Enquête-Kommission, über die in *ZParl* 1986, S. 548 ff. berichtet wird).
Ein einerseits sehr effektives, andererseits aber auch sehr problematisches Kontrollrecht ergibt sich aus der Möglichkeit, *Untersuchungsausschüsse* einzusetzen. Der entsprechende Antrag muß von einer qualifizierten Zahl von Abgeordneten – meist von einem Viertel – eingebracht werden, wobei eine Aussprache nicht stattfindet. Das Parlament muß daraufhin den Untersuchungsausschuß einsetzen, „der in öffentlicher Verhandlung die erforderlichen Beweise erhebt". Während des Verfahrens wird die Strafprozeßordnung „sinngemäß" angewandt (Art. 44 GG). Derartige Bestimmungen haben eine längere Tradition und finden sich vergleichbar auch in anderen Ländern. Ihre Problematik ist ebenfalls allgemeiner Natur. Sie ergibt sich daraus, daß man schlechterdings kaum klären kann, was überhaupt in die Kompetenz solcher Ausschüsse fallen soll; außerdem lassen die Mehrheitsverhältnisse im Parlament eine sinngemäße Anwendung der Strafprozeßordnung kaum zu. Maßvoll angewandt kann das Recht zur Einsetzung von Untersuchungsausschüssen dem Parlament brauchbare Möglichkeiten einer unmittelbaren Kontrolle von Verwaltungszuständen geben; sobald politische Fragen auftauchen, entstehen Schwierigkeiten ganz ungewöhnlicher Natur. Entweder stellt die Minderheit den Antrag und die Mehrheit ist uninteressiert, muß aber mittun und im Ausschuß sogar die Leitung übernehmen, oder die Mehrheit will etwas gegen die Minderheit unternehmen und hat dann auch noch im Ausschuß die Mehrheit. Auch wenn es um Verwaltungsfragen geht, sind die Möglichkeiten eines Ausschusses begrenzt; Akteneinsicht und Zeugeneinvernahme nützen gegenüber einer gut eingespielten Verwaltung wenig.

Es sind wesentlich politische Untersuchungsausschüsse gewesen, welche die *Fragwürdigkeit des Verfahrens* deutlich gemacht haben. Dabei stehen am Beginn der Entwicklung der Spielbankenausschuß des Bayerischen Landtages, in dem Geldzuwendungen an die Bayernpartei untersucht wurden und dessen Verhandlungen mehrere Meineidsverfahren zur Folge hatten, und der Fibag-Ausschuß des Bundestages, in dem Beziehungen zwischen Bundesverteidigungsminister Strauß und einem gescheiterten Bauprojekt untersucht wurden. In dem Spielbankenausschuß wurde offenbar, daß die Strafprozeßordnung vor allem in Hinblick auf die Zeugenvereidigung problematisch ist, da vor einem solchen Ausschuß faktisch nur Zeugen vernommen werden, auch wenn es sich eigentlich um Angeklagte handelt. Im Fibag-Ausschuß zeigte sich, daß in hochpolitischen Fragen die beteiligten Abgeordneten kaum unabhängig genug sind, um eine ordnungsgemäße Verhandlung durchzuführen. Das vorläufige Ende der politischen Ausschüsse bilden der sog. Flick-Ausschuß (Parteispenden), der Neue-Heimat-Ausschuß und – ganz zum Ende des 10. Bundestages – der U-Boot-Ausschuß. In ihnen kam wie früher auch viel unerquickliches zutage; es geschah dies aber in einer Form, welche die „Wahrheitsfindung" eher beeinträchtigte als begünstigte. Reformvorschläge der Konferenz der Landtagspräsidenten (1962/1972) zielten deshalb vor allem darauf ab, Untersuchungsausschüsse nur einzusetzen, wenn sie dem Parlament Grundlagen für eine Beschlußfassung „im Rahmen seiner verfassungsmäßigen Zuständigkeit" vermitteln können. In Bayern hat man beschlossen, auf die obligatorische Zeugenvereidigung zu verzichten. Im übrigen bleibt es der Einsicht der Fraktionen überlassen, von dem einmal gegebenen Recht nur sparsamen Gebrauch zu machen und sich vor allem auf Fragen zu konzentrieren, die eher Sachergebnisse zeitigen können und nicht so sehr dem Meinungsstreit unterworfen sind. – Als potentieller Untersuchungsausschuß gilt der Verteidigungsausschuß gemäß Artikel 45a (2) GG. Zwischen zwei Wahlperioden gab es früher gemäß Artikel 45 den „Ständigen Ausschuß" mit gleichen Rechten. Dieses Institut blieb bedeutungslos; Verteidigungs- und Auswärtiger Ausschuß sind dagegen schon zwischen den Wahlperioden zusammengetreten (vgl. *R. Kipke*, 1985).

Die formellen Kontrollmöglichkeiten wären unter sehr verschiedenen Gesichtspunkten zu problematisieren. Drei davon seien kurz angesprochen: Zum einen fehlt es an der notwendigen Klarheit derjenigen Kontrollmittel, bei denen Mehrheit und Minderheit *zusammenwirken* müssen. Das gilt in erster Linie für die Untersuchungsausschüsse. Mehrere Länderparlamente sind mit ihnen auch in neuerer Zeit auf Schwierigkeiten gestoßen. In Bayern klagte 1980 die (SPD-)Opposition, weil die Regierungsmehrheit ihr einige Beweisanträge in einem Untersuchungsverfahren abgelehnt hatte. Schon 1978 war die gleiche Opposition aus einem Untersuchungsausschuß ausgezogen, weil die Mehrheit ebenfalls ihre Anträge abgelehnt hatte. 1979 kam es in Stuttgart zu einem Eklat; hier schloß die Mehrheit ein Mitglied des Untersuchungsausschusses aus, welcher der Minderheit angehörte, weil sie ihn für beteiligt hielt, und 1978 gab das Bundesverfassungsgericht der Klage der Opposition im Landtag in Kiel recht, daß die Mehrheit keinesfalls den von der Minderheit bezeichneten Untersuchungsgegenstand durch Zusatzfragen erweitern dürfe. In allen Fällen richtete sich das Untersuchungsbegehren gegen die Mehrheitspartei oder zumindest eines ihrer Mitglieder. Je stärker die jeweilige Mehrheit verankert ist, desto eher wird sie geneigt sein, das entsprechende Oppositionsrecht nach Möglichkeit zurechtzustutzen: Keine Ordnung kann das ausschließen, eben weil konkret gehandelt werden muß und es keinen Ausschuß der Opposition allein geben kann. Das gilt ähnlich auch für die Petitionen, die vom Ausschuß, praktisch also von der Mehrheit, zu behandeln sind. Über Petitionen kann die Opposition zur Akteneinsicht gelangen oder mithilfe der Anhörung von Petenten und Zeugen sich andere Einblicke verschaffen, sofern dies in der Geschäftsordnung entsprechend geregelt ist (Bund, einige Landtage, in Bayern von der Mehrheit wiederholt dezidiert abgelehnt). Es bedarf aber der Mitwirkung der Mehrheit. Damit ergeben sich zuletzt Stilfragen oder ergibt sich die Gefahr, daß langwährende Mehrheiten besonders kleinlich gegenüber der Minderheit sind.

Die *Vielzahl der Kontrollvorgänge* verweist weiter auf das Problem, daß einerseits viele Tausend mündliche Anfragen in einem Parlament das Mehrfache an Arbeitszeit in der Verwaltung erfordern, und daß andererseits kaum mehr auf das Gewicht des jeweiligen Gegenstandes wirklich geachtet wird, sondern eben auch viel Wichtigtuerei im Spiel ist. Nur der ‚fragende' Hinterbänkler kommt ins Protokoll und womöglich mit der Antwort der Regierung in die örtliche Tageszeitung. In allen Parlamenten wird deshalb überlegt, wie man zu entsprechenden Einschränkungen gelangen kann. Da es aber eine politische Wertung bleibt, ob man etwas für bedeutsam hält oder nicht, ist im Parlament insgesamt kaum Handlungsspielraum gegeben. Zahlreiche mündliche Fragen, aber auch viele Kleine Anfragen werfen zwar nur ein merkwürdiges Licht auf den Fragesteller, das Gleichheitsprinzip erzwingt aber die Antwort. Parlamentarier tragen zum Leerlauf in der Verwaltung bei. Das gilt inzwischen auch für Petitionsausschüsse, in denen in Landtagen nicht selten eine Arbeitsbefriedigung vermittelt wird, die dem Abgeordneten sonst kaum widerfährt. Die Voraussetzung ist sehr oft, daß man etwas macht, was mit geringerem Aufwand erfolgen könnte – etwa der Besuch eines ganzen Ausschusses am Ort des Geschehens, oder daß man massiv in die Verwaltung eingreift und diese womöglich lahmlegt, also insgesamt nur verzögernd wirkt.

Das dritte und entscheidende Problem: Wenn sich Kontrollvorgänge ins Tausendfache hin steigern, *vollzieht sich zugleich ein Abwertungsvorgang.* Knapp 5.000 Kleine Anfragen in einer bayrischen Wahlperiode bedeuten, daß kaum eine von ihnen allgemeines Interesse beanspruchen kann, allenfalls also die örtliche Öffentlichkeit beteiligt wird. Die massierte Kontrolle stellt sich bei näherem Zusehen als eine spezifische Form der *Flucht aus der Öffentlichkeit* dar. Wenn etwas halbwegs bedeutsam sein soll, muß es vom Fraktionsvorstand kommen – so die natürliche Reaktion der Journalisten. In der Konsequenz wird Kontrolle zu einem Teil abgewertet, zu einem anderen Teil vermindert sich das Kontrollelement zugunsten des Profilierungselementes. Von der Debatte und der ‚großen' Öffentlichkeit ausgeschlossene Abgeordnete müssen ihren Profilierungsbedarf auf ihre Weise befriedigen. Da sie örtlich nur präsent sein, nichts aber unmittelbar tun können, kann sich das Tätigkeitsgebiet nur im Vermittlungsbereich zwischen Wahlkreis und Zentrale finden lassen. Zu ihm gehört das ‚Verkünden' von frohen Botschaften über Zuschußzuteilungen usw., das man in der Regel den Abgeordneten der Mehrheitsparteien vorbehält, die Anfragen über lokale Angelegenheiten im Parlament, die Zuschußbewilligung im Ausschuß, die Unterstützung einer Petition oder die unterstützende Briefträgertätigkeit, d.h. das Überbringen örtlicher Wünsche in das zuständige Ministerium. In diesem Tätigkeitsbereich gibt es erhebliche Unterschiede zwischen Bundestag und Landtagen, aber auch deutliche Gemeinsamkeiten. Die über die ‚Telekratie' der Fraktionsbosse klagenden Hinterbänkler, die ‚wenigstens' mit derartigen Aktivitäten zum Zuge kommen wollen, verstärken nur die Telekratie und die ihr zugrunde liegende Hierarchie. Die vom Parlament erwartete Zuwendung zur Öffentlichkeit, die kommunikative Funktion zwischen Bevölkerung und engerer politischer

Führung wird zugleich zu einem erheblichen Teil eher im Detail wahrgenommen. Das Detail aber schließt Öffentlichkeit auf seine Weise aus und zwingt das Parlament zu bürokratischem Verhalten. Petitionen im Übermaß kann kein Ausschuß behandeln. Man muß eine Vorprüfung (durch Beamte) einrichten, was das Bundesverfassungsgericht zwar für zulässig erklärt, aber doch auch etwas bedenklich kommentiert. Die ‚praktischen Bedürfnisse' entscheiden jedoch auch hier (vgl. *H. A. Roll*, Zur Vorprüfung von Petitionen ..., in: *ZParl* 1982, S. 21 ff.).

5.3.3. Haushaltsberatung und Haushaltskontrolle

Das Grundgesetz beschäftigt sich im Anschluß an den Grundrechtsteil und an die mehr prinzipiellen Artikel des Abschnitts II mit den obersten Organen des Bundes (Abschnitt III bis VI) und mit den klassischen Staatsfunktionen der Gesetzgebung, des Vollzuges und der Rechtsprechung. Abweichend von dieser Systematik findet sich ein eigener Abschnitt X über das Finanzwesen. Er zerfällt in einen materiellen Teil, der vorwiegend durch den Föderalismus bedingt ist – Art. 104a: Getrennte Ausgabenfinanzierung durch Bund und Länder und deren Durchbrechung. Art. 105: Gesetzgebungskompetenz, Art. 106: Verteilung der Steuern, Art. 107: Finanzausgleich, Art. 108: Finanzverwaltung und Art. 109: Getrennte Haushaltsführung und Wahrung des gesamtwirtschaftlichen Gleichgewichts (vgl. oben S. 86 f.) – und in einen Teil mit Verfassungsregeln. Sie gelten ähnlich auch in den Ländern. Ihnen zufolge müssen alle Einnahmen und Ausgaben des Bundes in einen Haushaltsplan eingestellt und muß dieser durch Gesetz festgestellt sein, wobei abweichend vom sonstigen Verfahren der betreffende Entwurf dem Bundesrat und dem Bundestag zugleich zugeht (Art. 110). Das Haushaltsgesetz soll vor Beginn des in ihm angesprochenen Zeitraumes beschlossen sein; kommt es dazu nicht, kann die Bundesregierung unter bestimmten Kautelen auch ohne Gesetz wirtschaften (Art. 111). Überschreitungen des Planes im normalen Vollzug bedürfen der Genehmigung des Finanzministers (Art. 112), Gesetze mit finanziellen Folgen bedürfen der Zustimmung der Bundesregierung (Art. 113). Der Bundesminister der Finanzen legt für die Regierung Rechnung; der Bundesrechnungshof prüft diese Rechnung und „die Wirtschaftlichkeit und Ordnungsmäßigkeit der Haushalts- und Wirtschaftsführung" (Art. 114). Schließlich findet sich noch die öffentliche Kreditaufnahme geregelt.
Mit diesen Grundzügen des *Haushaltsrechtes* (vgl. *W. Krüger-Spitta/H. Bronck*, 1973) erwächst dem Parlament teils ein wirksames Kontroll- und teils ein erhebliches Mitwirkungsrecht im engeren Exekutivbereich. Während das Haushaltsgesetz nur den Gesamtumfang der Einnahmen und Ausgaben, den Kreditplafond und Ermächtigungen festlegt, enthält der beigefügte Haushaltsplan das gesamte finanzielle Gefüge, in dem sich Staatstätigkeit vollzieht, einschließlich sämtlicher Planstellen, Investitionen, Reisekosten usw. Dabei wird zwischen den verschiedenen Ausgabearten nur bedingt unterschieden; vor allem finden sich die Ausgaben aufgrund zwingender gesetzlicher Verpflichtungen nicht zureichend ausgesondert. Innerhalb des riesigen, im Bund mehrere Tausend Seiten umfassenden Gesamtplanes lassen sich deshalb nicht überall Korrekturen anbringen; die Macht des Parlaments zeigt sich nur, wenn Ausgabenerhöhung ohne gesetzliche Verpflichtung beantragt werden. Im übrigen verfährt man so (vgl. *J. Hirsch*, 1968, *A. Zunker*, 1972, *F. Schäfer*, 1982):

Spätestens im Frühsommer melden die *Ministerien* ihre Forderungen dem *Finanzministerium.* Diese Forderungen müssen sich seit deren Einführung an die Richtwerte der Mittelfristigen Finanzplanung halten. Sofern es sich um einen Doppelhaushalt handelt, den manche Länder bevorzugen, dürfen für das zweite Jahr Korrekturen nur unter bestimmten, engen Voraussetzungen beantragt werden. Über die Anforderungen verhandelt man zwischen Fach- und Finanzministerium erst auf Referenten- und Abteilungsleiterebene; ungeklärte Streitfragen suchen anschließend die Staatssekretäre und notfalls die Minister zu lösen; dem Kabinett legt man nach Möglichkeit keine Einzelfragen mehr vor. Hier bedeutet die *Mittelfristige Finanzplanung* ein wichtiges Führungsmittel des Finanzministers und des Kabinetts, sofern die Kabinettsdisziplin ausreicht und alle Minister sich bei der Planvorbereitung an den ihnen zugewiesenen Plafond halten. In den Verhandlungen muß der Finanzminister dafür sorgen, daß der Haushalt ausgeglichen ist, was durch Deckungsgleichheit von Einnahmen und Ausgaben oder – in der Regel – durch eine Kreditaufnahme in Höhe des voraussichtlichen Fehlbetrages geschehen kann. Den vom Kabinett beschlossenen *Entwurf* erhält das Parlament, im Bund Bundestag und Bundesrat. Der erstere beraumt wie die Landtage immer eine ausführliche erste Lesung an, die weitgehend einer Grundsatzdebatte über alle Ressortaufgaben dient, wobei der Einzelplan des Bundeskanzlers Anlaß für die allgemeine politische Aussprache bietet. Anschließend verhandelt der Haushaltsausschuß, dem dazu auch die Voten der Fachausschüsse vorliegen, wobei hier die enge Bindung der meisten Ausschüsse an ein bestimmtes Ressort besonders deutlich wird. Erfahrungsgemäß kann man sagen, daß die stark von der Anwesenheit der zuständigen Beamten bestimmten Ressortausschußverhandlungen einen ziemlich hektischen Verlauf nehmen, weil oft riesige Einzelhaushalte in wenigen Sitzungen beraten werden, während sich der Haushaltsausschuß etwas mehr Ruhe verschafft und meist auch nur die Spitze der Ministerien zu seinen Beratungen zuläßt (ein Vergleich mit den USA bei: *S. E. Pelny,* 1971). Ressort- und Haushaltsausschuß haben Berichterstatter für den Ressorthaushalt oder Teile davon, die ggf. schon vor den Ausschußsitzungen mit den Ressorts verhandeln und damit nach beiden Seiten eine führende und ausgleichende Expertenrolle übernehmen (können).

Kontrolle und Mitwirkung des Parlaments (vgl. prinzipiell *E. Moeser,* 1978) vollziehen sich vorwiegend in diesen Ausschußsitzungen. Dort bleibt die Möglichkeit zu kleineren Korrekturen; man kann am konkreten Titel im Haushalt seine Kritik anmelden, Beamte zur Rede stellen oder Anregungen für das nächste Jahr geben. Was vor- und nachher im Plenum geschieht, gewinnt seine Bedeutung eher wegen der Öffentlichkeitswirkung; im übrigen beschließt das Plenum entsprechend den Ausschußvorlagen und nur selten spontan. Da die Bundesregierung und jede Landesregierung im Haushaltsplan über den Teil der Politik, der Geld kostet, umfassend Auskunft geben müssen, kann sich bei alldem das Parlament auch in Einzelheiten vertiefen. Es kann gelegentlich in die Personalpolitik eingreifen und die Beförderung eines Beamten verhindern oder bewirken, es kann Einfluß auf den Straßenbau nehmen und vieles andere mehr – nur macht man auf diese Weise nicht Haushaltspolitik, die ganz bei der Regierung verbleibt, sondern man nimmt Einfluß, kontrolliert, inhibiert. Mit dieser Einschränkung zählen die Haushaltsausschüsse mehr noch in den Landtagen als im Bundestag zu den wichtigsten Ausschüssen, und die Haushaltsexperten der Parteien gelten als besonders einflußreich. Sie stehen in ständigem Kampf mit Ministerialbeamten, die ihrerseits eine große Fertigkeit entwickeln, für kleine Beträge fast lyrische Erläuterungen zu schreiben, und große mit

einem Nebensatz abtun. Das ändert aber für alle Beteiligten nichts daran, daß der politisch verfügbare Teil der Haushalte sich immer mehr verringert, also auch ein immer größerer Teil dieses aufwendigen Beschlußverfahrens eigentlich kaum bedürfte. Der ‚Spielraum' der Regierung vermindert sich jedenfalls und damit auch der des Parlaments (vgl. dazu mit weiterer Literatur *R. Sturm*, Entscheidungsstrukturen und -prozesse in der Haushaltspolitik, in: *PVS* 1985, S. 247 ff.).
Die deutschen Parlamente legen in Sachen Haushalt ihr Schwergewicht auf dessen *Beratung*. Sie erwarten hier ein intensives Zwiegespräch mit der Exekutive und verhalten sich entsprechend der deutschen Tradition als die eigentlich Bewilligenden. Das kommt auch der Opposition zugute. Sie kann zwar wiederum keine Beschlüsse herbeiführen, aber sie steht mitten in den Beratungen – Vorberatungen zwischen Ministern und Regierungsfraktionen kommen kaum vor. Was dagegen die *Haushaltsgestaltung* anlangt, finden sich die Parlamente mehr und mehr ausgeschaltet. Politisch entscheidend sind die Daten, an denen die Regierung die Richtwerte für die mehrjährige Finanzplanung bekanntgibt. Mit ihr hat man zwar die Probleme der früheren einjährigen Haushaltsfrist, die weder den Investitionsprogrammen noch der konjunkturpolitischen Funktion der Haushalte entsprach, etwas überwunden, dafür aber die haushaltspolitische *Entmachtung des Parlaments* noch ein Stück vorangetrieben. Wo immer politische Planung beginnt, stärkt das zunächst die Exekutive und schwächt die parlamentarischen Gremien, solange man nicht ein Verfahren findet, welches die Parlamente frühzeitig beteiligt, ohne die unterschiedlichen Formen der politischen Verantwortung gänzlich zu vermischen. Weil politische Planung vorderhand in erster Linie Finanzplanung ist, kommt diesem Zusammenhang besondere Bedeutung zu (vgl. unten S. 328 ff.). Bei aller Ausführlichkeit der Haushaltsberatungen des Bundestagsplenums – 1963 beanspruchten die Haushaltsberatungen des Bundestagsplenums immerhin 11 Prozent der Gesamtverhandlungen und 1964 15 %, 1978 bis 1981 entfielen 27 % der Plenardebatten von Nordrhein-Westfalen auf diesen Bereich – ist jedenfalls der Haushalt noch mehr als die Gesetzgebung zur Sache der Exekutive geworden. Die Planungsnotwendigkeiten verstärken diesen Trend. Ihn führt aber auch die Entwicklung der Haushaltsbewirtschaftung mit herbei. Sie räumt dem Finanzminister zunehmend mehr Handlungsspielraum ein; die ‚bewilligende' Rolle des Parlaments wird immer mehr zu einer ‚ermächtigenden'. Unter diesen Umständen ist das Haushaltsgrundsätzegesetz (1969) neben der Bundeshaushaltsordnung (eine handliche Zusammenstellung bringt *Bundesministerium der Finanzen*, 1983) eine wichtige Determinante staatlichen Handelns. Daß in der Haushaltsplanung und -bewirtschaftung das Parlament etwas zurücktritt, bedeutet nicht schon an sich Kontrollverluste. Planung und Vollzug gelangen in anderer Weise an die Öffentlichkeit – z. B. durch den jährlichen Finanzbericht des Bundesministers der Finanzen und die in ihm enthaltenen genauen Mitteilungen über den Finanzplan (Bericht 1986 mit Finanzplan bis 1990 – Ausgabensoll des Bundes 1987 = 271 Mrd, Ausgabensoll 1990 = 295 Mrd). Planungs- und Vollzugsmacht (vgl. *H. Mandelartz*, 1980, *I. Welz*, 1982) wachsen aber auf Kosten des Parlaments. Das macht jeder Vergleich mit Haushaltsplänen des vorigen Jahrhunderts deutlich, die im Bewilligungsteil meist viel konkreter und spezifischer waren als die Pläne der Gegenwart, die dafür eine beweglichere Haushaltspolitik zulassen.

Das wird auch an den beiden begrenzten Konflikten hinsichtlich der Haushaltsführung, die es in jüngerer Zeit gab, deutlich: 1972 erlitt die Bundesregierung in Zusammenhang mit dem Haushalt des Bundeskanzlers eine Abstimmungsniederlage. Sie erreichte aber mit ihrer Mehrheit in Geschäftsordnungsfragen (Berliner Abgeordnete) eine Rückverweisung an die Ausschüsse und bewirtschaftete dann die Haushaltsmittel gemäß Artikel 111 GG, wonach die Bundesregierung alle Ausgaben leisten kann, die gesetzlich vorgeschrieben sind, zu denen eine rechtliche Verpflichtung besteht oder die aus wirtschaftlichen Gründen unvermeidlich sind. Nach dem Wahlsieg im November 1972 wurde dann nachträglich ein Haushalt ohne größere Beanstandungen verabschiedet. In den 80er Jahren folgte man in Hamburg und Hessen diesem Muster. 1973 kam es zu erheblichen Haushaltsüberschreitungen gemäß Artikel 112 GG. Bundesfinanzminister H. Schmidt verfügte über 4,5 Mrd. DM. Die CDU/CSU-Opposition erhob dagegen Verfassungsklage, wobei es nicht um die Zweckmäßigkeit der Ausgaben ging, sondern um deren Vereinbarkeit mit dem GG und der Bundeshaushaltsordnung, die überplanmäßige Ausgaben nur zuläßt, wenn eine Maßnahme nicht bis zur Verabschiedung des nächsten Haushaltes oder Haushaltsnachtrages zurückgestellt werden kann. In beiden Fällen sind Stilbedenken geltend zu machen; im ersten Fall hätte es zu der später ohnehin erfolgenden Vertrauensfrage kommen müssen, im zweiten bot sich ein Nachtragshaushalt an. Die Grenzen des Parlamentseinflusses sind jedenfalls eng.[1]

Angesichts einer solchen Entmachtung könnte man mit einer Intensivierung der *Haushaltskontrolle* rechnen (vgl. *I. Weltz*, 1982). Das Gegenteil ist jedoch der Fall. Der Verwaltung steht zwar, letztlich auch als Parlamentshilfe, eine umfangreiche Rechnungsprüfung gegenüber und Landesrechnungshöfe sowie Bundesrechnungshof, in ihrem Spitzenpersonal mit richterlicher Unabhängigkeit ausgestattet, untersuchen die gesamte Haushaltsführung, nehmen Stichproben vor, prüfen unter Wirtschaftlichkeitsgesichtspunkten, erarbeiten daraus umfangreiche Berichte (vgl. *S. Tiemann*, 1974), das anschließende Verfahren nimmt alldem aber viel von der Wirkung. Die Berichte der Rechnungshöfe gehen zunächst der Regierung zu; die Ministerien nehmen Stellung; mit der Weiterleitung an das Parlament kann man sich Zeit lassen, zumal das Parlament vom Ergebnis nicht viel Aufhebens macht, nachdem es vorher (v. a. in den Ländern) meist zur Ausweitung des Haushaltes beigetragen hat. Das hängt auch damit zusammen, daß immer wieder Vorveröffentlichungen erfolgen, die zu öffentlichen Schuldzuweisungen und zu entsprechender Parteinahme führen. Viel später beschäftigt sich der Haushaltsausschuß oder der Rechnungsprüfungsausschuß – oft Unterausschuß des ersteren – mit der Prüfung und erstattet dem Plenum Bericht; dieses schweigt dann aber – 1964 konnten wir nur im hessischen Landtag einschlägige Debatten feststellen (*Th. Ellwein/A. Görlitz*, 1967, S. 234 f.; vgl. *Bundesrechnungshof*, 1964; *R. Hoffmann*, 1972; *F. Schä-*

1 Gegen die Entmachtungsthese wendet sich *H. Mandelartz* unter Hinweis auf die ‚mitwirkende Kontrolle' (ZParl 1982, S. 7 ff.). Dieser aus der Schweiz übernommene Begriff soll besagen, daß man den Haushaltsbeschluß und die spätere Rechnungsprüfung im Parlament nicht zu isoliert sehen dürfe, sondern den Zusammenhang zwischen der Beschäftigung mit dem Haushalt hier und der übrigen Gesetzgebung sowie vor allem dem Tun der Fachausschüsse berücksichtigen müsse. Auch die Kontroll- und Sperrvermerke im Haushalt gehören hierher. U. E. führt diese Betrachtungsweise aber nicht weiter. Sicher muß das Parlament sowohl an der politischen Führung mitwirken als auch den Partner in der politischen Führung kontrollieren, und man wird beides nie deutlich voneinander unterscheiden können. Mehrheit wie Minderheit hindert aber die Arbeitsteilung im Parlament, in größerem Umfange zwischen dem konkreten Haushaltsbeschluß und der übrigen Politik immer die Zusammenhänge herzustellen. Deshalb ist auch die ‚mitwirkende Kontrolle' am Haushaltsvollzug den Spezialisten überantwortet, die in den Ländern oft mehr an der Fondsverteilung als an einer Kontrolle interessiert sind, zu der vom Apparat her doch nur die Verwaltung befähigt ist.

fer, 1982, spricht der Rechnungsprüfung einen höheren Stellenwert zu; als Präsident des BRH: *K. Wittrock*, Möglichkeiten und Grenzen der Finanzkontrolle . . ., in: *ZParl* 1982, S. 209 ff.). *J. Hirsch* (1968, 143 ff.) kommt deshalb zu dem sicher zutreffenden Ergebnis, die Rechnungsprüfung funktioniere als Verwaltungskontrolle und habe Meriten, als Verfassungskontrolle dagegen, dort, wo die Rechnungshöfe als Hilfsorgan des Parlaments fungieren sollten, könne man nur von einer eingeschränkten Wirkung sprechen. Die Einschränkungen hängen nicht zuletzt damit zusammen, daß die Rechnungshofberichte eben primär Einzelheiten der Verwaltungsführung betreffen und nicht politische Randbedingungen. Deshalb ist es an dieser Stelle auch nicht von sonderlichem Interesse, festzustellen, daß sich die Verwaltung durch Schaffung privater Kostenträger und Zuschußempfänger der Kontrolle entziehen kann, daß es in der Rechnungsprüfung selbst manchmal recht menschlich zugeht – zwischen Pingeligkeit und Ranküne – und daß schließlich ihre Effektivität unter solchem Aspekt zumindest unterschiedlich beurteilt werden kann. Nach unseren persönlichen Erfahrungen ist die Rechnungsprüfung für Regierung und Verwaltung oft ärgerlich, sicher aber nicht hinderlich. Im Effekt gelingt offenbar das idealtypische Nebeneinander von eher bürokratischer und parlamentarisch-politischer Rechnungskontrolle mit ihren unterschiedlichen Formen der Wertung nicht.

5.3.4. Parlament und Öffentlichkeit

Die Stellung des Bundestages und im Prinzip auch der Landtage erscheint politisch-praktisch durch den *Anteil an der politischen Führung* gekennzeichnet, der sich in Zusammenarbeit und Auseinandersetzung mit der Regierung erringen oder bewahren läßt. Da zwischen Regierung und Verwaltung keine definierbare Grenze verläuft, greift das Parlament auch in den engeren Verwaltungsbereich hinein: Seine Instrumente sind konkrete Beschlüsse innerhalb des Haushaltes, Genehmigungsvorbehalte vor allem bei größeren Projekten (Sperrvermerke usw.), Thematisierung im Ausschuß usw. Solche Instrumente werden in den Landtagen häufiger angewandt, sie sind der Verwaltung, d.h. zunächst den Einzelentscheidungen der Regierung, näher. In den Stadtstaaten sind ohnehin die Übergänge zum Rat einer Großstadt fließend, was vor allem bei den Bausatzungen sichtbar wird. Sie werden in Hamburg auch für relativ kleine Gebiete beschlossen, müssen staatspraktisch als „Gesetz‘ zustande kommen und lassen deshalb Hamburg in der Statistik der legislativen Leistung immer, wenn eben auch nur scheinbar, führen. Im Blick auf den genannten Anteil geht es um das Inhaltliche dieses Teils und um die Form, in der er vom Parlament wahrgenommen wird. Inhaltlich ist die Wahlkompetenz des Parlaments zwar faktisch, nicht aber formal eingeschränkt, erscheint die Mitwirkung bei der Gesetzgebung zwar durch Mitwirkungsverfahren der Regierung überlagert, bestreitet jedoch niemand das Recht des letzten Beschlusses – die Ausnahme in Bonn wird noch zu erörtern sein – und geht jedermann davon aus, daß die Regierungsmehrheit am Regieren durch Rat und Tat beteiligt ist und der Opposition gewichtige Kontrollmöglichkeiten zustehen, die sie, gestützt auf den Minderheitenschutz, in irgendeiner Weise gemeinsam mit der Mehrheit wahrnehmen muß. Versagt sich die Mehrheit, kann man allenfalls klagen. Als Ministerpräsident F.J. Strauß sich 1980 weigerte, eine vom Landtagspräsidenten zugelassene Anfrage nach den Auslandsreisen der bayerischen Minister und ihre Kosten beantworten zu lassen (vgl. SZ 23.4.1980), warf er seine Mehrheitsmacht in die Waagschale; sein Vorgänger hatte 6 Jahre vorher eine ähnliche Frage anstandslos und rechtzeitig beantwortet. Strauß ließ den Fragesteller erst einmal 12 Wochen warten. Die Machtfrage ist zugleich eine Stilfrage. Beides wird halbwegs relevant, weil sich der Vorgang ‚öffentlich' abspielt. Das Verhältnis des Parlaments zur Öffentlichkeit mitsamt den etwaigen Voraussetzungen einer intensiven Öffentlichkeitszuwendung erweist sich als das Kernproblem des deutschen Parlamentarismus. Dies läßt sich u.a. so behaupten, weil nahezu alle Erörterungen über die *Parlamentsreform* in der Bundesrepublik zuletzt eben auf jenes Verhältnis hinausliefen.

Über die Diskussion und über die praktischen Versuche in reformerischer Absicht unterrichten zunächst *G. Loewenberg*, 1969, *M. Hereth*, 1971 (Bibliographie), *U. Thaysen*, 1972, *H. Rausch*, 1976 und *F. Schäfer*, zuletzt 1982. Die Vorschläge zur Parlamentsreform listen vor allem Thaysen und Hereth auf. Eine gute Dokumentation *C.F. Liesegang*, 1974. Bemühungen in Länderparlamenten schildert *M. Friedrich*, 1975. Über Einstellungen der Abgeordneten informieren *H. Maier, H. Rausch u.a.*, 1979, und *E. Hübner*, 1980. Über alle Einzelheiten unterrichtet zuverlässig die *ZParl.* Den neuesten Stand faßt *H. Oberreuter*, 1981, zusammen. In seinem Tagungsbericht findet sich auch ein guter Überblick zur gegenwärtigen Diskussion von *H. Rausch*.

Was sich tatsächlich in den Parlamenten ereignet hat und was häufig unter der nämlichen Überschrift ‚Parlamentsreform' verhandelt worden ist, läßt sich relativ leicht in zwei Bereiche zerlegen. In dem einen stehen die Arbeitsbedingungen zur Debatte, im zweiten geht es um den Arbeitsstil, ggf. auch um die Verhaltensweisen der Abgeordneten, insgesamt aber und vor allem um die politische Position des Parlaments. Sie muß immer wieder neu definiert, und daraus müssen dann Konsequenzen gezogen werden. Dazu ist Konsens erforderlich. Die ‚wirkliche' Parlamentsreform stößt auf Schwierigkeiten. Daß man sich dagegen über verbesserte *Arbeitsbedingungen* leicht verständigen kann, versteht sich von selbst. Die parlamentarische Arbeit begann 1949 provisorisch. Sparsamkeit galt lange als Tugend, die sich besonders vom ehrenamtlichen Abgeordneten erwarten ließ. Da dieser Abgeordnete in Wahrheit aber bald als Berufspolitiker arbeitete, ergaben sich Klassenunterschiede zwischen den Abgeordneten allein aufgrund der Arbeitsbedingungen. Im Parlament sparte man; nur einer Führungsgruppe standen Sekretariat und Assistent zur Verfügung. Begünstigt waren außerdem die Abgeordneten, die in Bonn oder in den Landeshauptstädten als Rechtsanwälte, Verbandsmitarbeiter oder Firmenvertreter über ihr Büro verfügten, sich damit Informationsbeschaffung, Wahlkreisbetreuung, Vorbereitung auf Reden usw. erleichtern und so einen Vorsprung vor den weniger begünstigten Abgeordneten erzielen konnten. Ähnlich wie bei den Diäten zog man dann aber doch allmählich Konsequenzen aus der veränderten Situation des Abgeordneten und bot ihm Büroanteil, die Schreibkraft, den Assistenten und auch innerhalb des Parlaments eine Amtsausstattung mit wissenschaftlichem Hilfsdienst oder Bibliothek, so daß wenigstens annähernd die Vorbedingungen für eine äußere Gleichbehandlung der Abgeordneten entstanden oder noch entstehen. Dieser gesamte Komplex, in dem selbstverständlich immer vieles umstritten ist (Wie groß soll der Hilfsdienst sein? Soll jeder Abgeordnete einen Assistenten haben?), wurde jahrelang unter dem Stichwort Parlamentsreform diskutiert. Wir können ihn hier ausklammern. (Vgl. zum engeren Informationsproblem *B. Lutterbeck*, 1977).

Die *Parlamentsreform im engeren Sinne* stellt sich zunächst als ein „notwendiger und ständiger Prozeß der Angleichung von Mitteln und Möglichkeiten des Parlaments an die Dynamik interdependenter Entwicklungen in allen Bereichen des gesellschaftlichen und staatlichen Lebens und an die Gegebenheiten einer sich wandelnden Welt" dar (*H. Rausch*, Parlamentsreform, in: *K. Sontheimer/H.H. Röhring*, 1977, S. 450). Insofern reagiert man mit der Diskussion über die Parlamentsreform auf ganz unterschiedliche Entwicklungen: auf Veränderungen im Planungsinstrumentarium, auf die Bevorzugung der Regierung in den Massenmedien oder auf die zunehmende internationale Verflechtung. Diese und andere Entwicklungen beeinträchtigen die Stellung des Parlaments und noch mehr die des einzelnen Abgeordneten; die Parlamentsreform soll Abhilfe schaffen, soweit das überhaupt (noch) geht.

Einen Konsens über die Parlamentsreform gibt es nicht, nur die Notwendigkeit ist nicht bestritten. Ein Konsens setzt eine klare *Zielorientierung* voraus, die sich sowohl auf die Einordnung der Parlamentsreform in einen umfassenden Reformprozeß als auch auf die konkrete Funktionsbestimmung des Parlaments selbst beziehen müßte. In der politischen Praxis der Bundesrepublik hängt man indessen (oft gleichzeitig) unterschiedlichen Modellvorstellungen an und beurteilt verständlicherweise die Realität höchst kontrovers. Hinsichtlich der Modelle widersprechen sich vor allem das eher am britischen Unterhaus entwickelte Bild vom *Redeparlament* und das eher der deutschen Tradition entsprechende Bild vom *Arbeitsparlament*. Zum ersteren gehören die strikte Gegenüberstellung von Regierungsmehrheit und Opposition, die große Zahl der Plenardebatten, der weitgehende Verzicht auf die Ausschußarbeit, die Gouvernementalisierung in dem Sinne des Verzichtes einer Teilhabe des ganzen Parlaments am Führungswissen der Regierung und an wichtigen Entscheidungen, also im Sinne eines Verzichtes der Opposition auf Mitwirkung. Da der Bundestag selbst kein eindeutiges Verständnis seiner Rolle entwickelt hat, lassen sich seine bisherigen Reformen auf den einen wie auf den anderen Typ beziehen und aus beiden Typen vom Parlament auch rechtfertigen. „Da es jedoch eine Illusion ist, zu glauben, beide Richtungen ließen sich ineinander verschmelzen, muß der Bundestag vor einer von ihm neuerdings angestrebten grundsätzlichen Reform sich darüber im klaren sein, wo das Schwergewicht seiner Tätigkeit liegen soll und wie dadurch seine innere Struktur verändert wird. Nur so aber ist eine Parlamentsreform auch echte Reform und nicht ein zusammenhangloses Konglomerat von Einzelmaßnahmen, die ... kurzfristig effektvoll sein mögen, auf die Dauer aber doch Notbehelfe bleiben werden" (*H. Rausch* a.a.O. in der 1. Auflage S. 364).

In der *wissenschaftlichen Auseinandersetzung* dürfte insgesamt eher das Modell des Redeparlaments bevorzugt werden. Dabei steht die Erwägung im Vordergrund, daß keine Parlamentsausstattung denkbar ist, die den Informationsvorsprung der Regierung überwindet und zwischen der kleinen Zahl von Abgeordneten und der großen Zahl von leitenden Ministerialbeamten ein Gleichgewicht herstellt, weshalb das Parlament trotz aller Spezialisierung und mühevoller Kleinarbeit in der Gesetzesberatung doch nur nachhinkt, bestenfalls korrigieren, niemals aber wirklich initiieren und damit Partner der Regierung sein kann. Demgemäß erscheint es konsequent, die politischen Funktionen des Parlaments zu betonen: die Wendung an die Öffentlichkeit; die ständige Auseinandersetzung zwischen Mehrheit und Minderheit; die Aufwertung des Parlaments als Stätte der politischen Erstinformation.

Die *bisher durchgeführten Parlamentsreformen* liegen zu einem gewichtigen Teil auf der Linie der Stärkung des redenden Parlaments. Zu erinnern ist an die Änderung der Richtlinien für die Fragestunden, an die Einführung der Aktuellen Stunde, an die Vereinbarungen über Zwischenfragen, an die vor allem seit etwa 1967 zunehmende Nutzung der Möglichkeit des Hearings und an die ständigen Bemühungen darum, der freien

Rede und der Wechselrede im Plenum mehr Raum zu verschaffen. 1969 trat eine neue Geschäftsordnung des Bundestages in Kraft, die u.a. den Verzicht auf die allgemeine Aussprache bei der 1. Lesung von Gesetzen legalisierte, technische Erleichterungen auch für die 2. Lesung und ein erstes Recht der Selbstbefassung für die Ausschüsse brachte, was sich wieder mehr an der Vorstellung von Arbeitsparlamenten orientierte. Die Kontrollinstanz des Wehrbeauftragten und das Institut der Parlamentarischen Staatssekretäre kann man dagegen so oder so zuordnen. Mit dem ersteren hat der Bundestag lange Zeit wenig anzufangen gewußt, die letzteren, auf die wir noch zu sprechen kommen, haben sich fest eingebürgert, sich aber wohl etwas dem Parlament entfremdet – zumindest in dem Maße, in dem sie sich im jeweiligen Ministerium einen festen Platz verschafften. Zu den institutionellen Reformen gehört schließlich die sogenannte Notstandsverfassung, zumal sie wirklich eine erhebliche und bedenkliche Veränderung der Parlamentsstruktur gebracht hat: Nach Artikel 53a GG gibt es einen *Gemeinsamen Ausschuß*, bestehend zu zwei Dritteln aus Abgeordneten des Bundestages und zu einem Drittel aus Mitgliedern des Bundesrates; die ersteren dürfen nicht der Regierung angehören und repräsentieren die Fraktionen entsprechend ihrer Stärke; die letzteren sind als Mitglieder dieses Ausschusses weisungsfrei gestellt. Das Nähere bestimmt eine Geschäftsordnung (vom 23.7.1969), derzufolge die dem Bundestag zuzurechnenden Ausschußmitglieder eine Zahl von 22 erreichen sollen, darunter der Parlamentspräsident, der zugleich als Vorsitzender fungiert. Mit diesem Ausschuß ist in normalen Zeiten eine Zweiteilung der Abgeordneten erreicht, weil nach Artikel 53a (2) nur die Mitglieder dieses Ausschusses von der Bundesregierung über die Planungen für den Verteidigungsfall zu unterrichten sind. In Krisenzeiten stellt sich der Ausschuß als Notparlament dar, das nach Artikel 115a (2) GG anstatt des Bundestages und des Bundesrates das Eintreten des Verteidigungsfalles feststellen und auch später nach Artikel 115e an die Stelle von Bundestag und Bundesrat treten kann, sofern der erstere nicht rechtzeitig zusammenzutreten vermag oder nicht beschlußfähig ist. Daß es in der legalistisch formulierten Notstandsverfassung keine Bestimmung gibt, die die Beteiligten verpflichtet, das Zusammentreten des Parlaments binnen einer gewissen Frist zu ermöglichen, gehört zu den deutlichsten Schönheitsfehlern der gesamten Notstandsverfassung (Abschnitt Xa GG: Verteidigungsfall). Es bringt zum Ausdruck, daß der Spannungs- oder Verteidigungsfall die Stunde der Exekutive ist, in der man sich wohl anheischig macht, die Streitkräfte einzusetzen, die Kriegswirtschaft sicherzustellen, Autos zu beschlagnahmen, Lebensmittelkarten und Notgeld auszugeben usw., nicht aber, innerhalb von 14 Tagen oder einer ähnlichen Frist den Bundestag an einem beliebigen Ort zusammentreten zu lassen. Wenn man dies nicht kann, will man es wohl auch nicht. Dies hat *Th. Ellwein* zuerst im Hearing im BT am 9.11.1967 vorgetragen (Protokoll als BT-Drucksache veröffentlicht). U. E. ist das Argument bislang nicht ausgeräumt. Damit ist dann auch der Gemeinsame Ausschuß zureichend definiert als ein eher der Exekutive zugehöriges Organ, das schon in normalen Zeiten etwas vom übrigen Parlament abgesondert wird.

Der Gemeinsame Ausschuß (bislang wohl eher charakteristisch für die Notstandsverfassung als für die Position des Parlamentes) stellt gemeinsam mit dem Verteidigungsausschuß und (bedingt) dem Auswärtigen Ausschuß einen Weg dar, auf dem das Parlament unmittelbar *Mitverantwortung für Exekutivmaßnahmen* übernimmt – für Vorbereitungen für den Verteidigungsfall hier und z.B. für Rüstungskäufe dort. Dies kann man als Stärkung des Arbeitsparlaments oder der Kontrollfunktionen des Parlaments interpretieren. Nüchtern betrachtet sehen sich die Dinge allerdings so an, daß die Mitglieder des Verteidigungsausschusses dem Ankauf eines Waffensystems aufgrund der Informationen zustimmen, welche die politische und militärische Führung im Verteidigungsbereich geben. Damit erschwert die Übernahme einer Mitverantwortung nur die spätere Kontrolle. Das Beispiel macht deutlich, daß es auch ohne Zugrundelegen eines Modells mit präziser Unterscheidung von Regierungs- und Parlamentsfunktionen sehr wohl Kriterien für solche Unterscheidungen gibt. Deshalb auch erscheint der Typus des redenden Parlaments eher plausibel. Das Parlament tritt in ihm weniger als ein Organ in der Sphäre der Repräsentation und mehr als die *Volksvertretung* hervor, der es bei aller Unterstützung der Regierung durch die Mehrheit in erster Linie zukommt, Forum der politischen Auseinandersetzung zu sein, Stätte der politischen Erstinformation, Garantie dafür, daß der Meinung der Regierung unmittelbar die der Opposition entgegengestellt werden kann. Dabei tritt die Elektoralfunktion zurück; über die Person des Bundeskanzlers oder Ministerpräsidenten entscheidet ohnehin in aller Regel schon die Wahl selbst. Auch das Gesetzgebungsverfahren kann vereinfacht werden, weil im Vordergrund die politische Auseinandersetzung über das Gesetz zu stehen hat; bedarf es dieser nicht, kann man das Ritual der drei Lesungen, der Ausschußverhandlungen und der Berichte einschränken, ein Weg, auf dem sich die Geschäftsordnungsreform von 1969 schon bewegt. Demgegenüber müssen Informations- und Kontrollmöglichkeiten verbessert werden, immer mit dem Ziel, die Volksvertretung der Regierung gegenüberzustellen und dadurch zu erreichen, daß im Parlament selbst der entscheidende Beitrag zur Meinungsbildung (des Volkes) erfolgt und hier die gegensätzlichen Positionen in verständlicher Form geklärt werden, was das Spezialistenparlament immer nur ungenügend tun kann. Solange wir indessen den deskriptiven Ansatz beibehalten, bleibt festzustellen: Der Bundestag orientiert sich eher am Vorbild des Arbeitsparlaments und ist damit eher auf Mitwirkung am Regierungsgeschäft hin angelegt als auf Auseinandersetzung und Klärung der unterschiedlichen Positionen und Interessen in der Bevölkerung. Notwendigerweise geraten ihm deshalb zwar auch große Debatten; sein Schwergewicht liegt jedoch mehr in der nach innen gewendeten Tätigkeit. Auch in dieser stößt das Parlament auf seine Grenzen. Sie lassen sich nur in einer umfassenden Reform erweitern. Für sie fehlen wohl aber alle Voraussetzungen, vor allem fehlt es an einem halbwegs gemeinsamen Leitbild über die Rolle des Parlaments, auf das sich Abgeordnete und interessierte Öffentlichkeit wirklich verständigen könnten (vgl. dazu *H. Maier/H. Rausch u.a.*, 1979, und *E. Hübner*, 1980).

Das Fehlen des Leitbildes wird auch an den Ergebnissen der *Enquete-Kommission* des Deutschen Bundestages sichtbar. Sie wurde 1970 und erneut im Frühjahr 1973 eingesetzt (7 Bundestagsabgeordnete, 7 Ländervertreter, 7 Sachverständige) und sollte sich mit einer grundlegenden Verfassungsreform beschäftigen. Die Vorschläge bezogen sich in der Hauptsache auf das Verhältnis zwischen Bund und Ländern, auf das Selbstauflösungsrecht des Bundestages, auf das Verfahren der Untersuchungsausschüsse, auf eine Änderung der 2. Lesung und ähnliches mehr. Sie wurden 1976 und 1977 veröffentlicht (in: ‚Zur Sache'), aber nicht sehr ausgiebig diskutiert.

Praktisch kommen meist nur technische Verfahrensänderungen zustande – zuletzt in den Änderungen zur Geschäftsordnung des Bundestages im Sommer 1980. Sie bringen Verfahrensvereinfachungen, keine Klärung der Position des Parlamentes. Sie bringen nicht einmal eine ‚Totalrevision' dieser Geschäftsordnung, wie sie seit langem erforderlich wäre, da man seit 1949 immer nur zusammengestellt und geflickt hat – übrigens mit dem Ergebnis, daß das Deutsche Parlamentsrecht übermäßig umfangreich und kompliziert, ja zuletzt nur von Geschäftsordnungsexperten zu begreifen und zu hantieren ist. Das machen die Kommentare von N. Achterberg (1984) und H. Trossmann (1977) ebenso deutlich wie die von Norbert Achterberg begründete Reihe ‚Beiträge zum Parlamentsrecht', aus der wir den Band über die parlamentarische Verhandlung (*N. Achterberg*, 1979) und den Band über die Plenarsitzungen des Bundestages (Festgabe für *W. Blischke*, 1982) hervorheben. Der Wunsch nach einem ‚lebendigeren Parlament' und die Bereitschaft, in der Geschäftsordnung daraus Konsequenzen zu ziehen, entsprechen einander nicht. Man verbietet das Ablesen von Reden nicht, verkürzt nicht die Redezeiten, gibt dem amtierenden Präsidenten keine Auswahlmöglichkeiten in der Rednerliste und damit keine dramaturgische Verantwortung für den Ablauf der Debatte, die jetzt von den Fraktionsgeschäftsführern vorbereitet und festgelegt wird, ohne Rücksicht auf das, was dann wirklich gesprochen wird. Die Konsequenzen sind bekannt und werden häufig kritisiert. Die ‚großen' Debatten werden von der Prominenz dominiert, die kleinen sind oft langweilig, finden jedenfalls kaum öffentliches Interesse. Der deutsche Parlamentarismus findet eher nur in Ausnahmefällen öffentlich statt.

Auch wenn sich die Kritik hier einig ist: In Wahrheit haben die meisten Abgeordneten und die Parteien eher für den Typus Arbeitsparlament votiert und wollen, daß Entscheidendes in den Ausschüssen geschieht, die Opposition mitbeteiligt und in gewissem Maße auch mitverantwortlich ist, und damit ‚gearbeitet', nicht zu dem Zwecke diskutiert wird, die jeweiligen Kontroversen auf ihre Wurzeln zurückzuführen oder auch die eigene Ungewißheit einzugestehen. Unter partizipatorischem Aspekt versagt sich das Parlament. Die Öffentlichkeit wird früher als das Parlament unterrichtet. Die kontroversen Positionen werden zuerst außerhalb des Parlaments vorgetragen. Will man das alles ernstlich nicht, müßte man eine grundlegende Änderung herbeiführen. An sie ist nicht zu denken, auch wenn man mehr im Plenum redet als früher und die Zahl der Ausschußsitzungen zurückgegangen ist. Damit bleibt auf der Strecke, was eine parlamentarische Debatte wohl auch noch heute leisten könnte und was die Tele-Deklamationen der Parteiführer nicht leisten, eben weil sie sich der Debatte entziehen: Nicht nur das Aufzeigen von Unterschieden, sondern eben auch das Aufzeigen von Gemeinsamkeiten, über die man nicht mehr zu reden braucht, und das Aufzeigen von Unsicherheit, die unserer Zeit wie eh und je mitgegeben ist. Sehr persönlich: Das größte Versäumnis des deutschen Parlamentarismus und entschieden Folge des Fehlens ernstlicher Debatten ist, daß die Notwendigkeit des Ringens um den besseren Weg, das Unsicherheit voraussetzt, ausgeblendet bleibt und Politik sich in der Regel so darbietet, als ob sie den besseren Weg kenne – nur widrige Umstände, zuletzt nur ‚die anderen' tragen dann die Schuld daran, daß man ihn nicht auch einschlägt. Schuldzuweisungen und Freund-Feind-Denken in der Politik führen aber kaum je zur besseren Politik. Das Parlament jedenfalls zeigt deutlich kommunikative Schwächen. Damit erscheint es der handelnden und leistenden Regierung potentiell unterlegen. In der durch die Medien hergestellten Öffentlichkeit liegt die Regierung vorn, es sei denn, Veränderungen des Parteiensystems wirkten auf das Parlament zurück.

5.4. Der Bundesrat

5.4.1. Entstehungsgeschichte und Aufgaben

Bundestag, Bundesregierung und Bundespräsident haben eine verfassungsrechtliche Stellung, die mehr oder minder im herkömmlichen Schema liegt und oft im Vergleich mit anderen Verfassungen erklärt werden kann. Seine eigene Note erhält das deutsche Regierungssystem im Nebeneinander und Zusammenwirken der obersten Staatsorgane durch den Bundesrat. Es verfügen zwar auch andere Bundesstaaten über eine Einrichtung, welche die föderale Ordnung repräsentiert, und es hat in den deutschen Reichsverfassungen von 1871 und 1919 den Bundesrat und den Reichsrat gegeben, man muß sich jedoch stets grundlegender Unterschiede bewußt sein. Die Zwiespältigkeit, die innere Heterogenität des Bundesrates ist neu. Deshalb ist eine kurze historische Einführung erforderlich.

Die bundesstaatliche Ordnung in Deutschland beruht auf dem zunächst 1848 unternommenen Versuch, anhand des Vorbildes der Vereinigten Staaten eine Verfassung zu schaffen, die der überlieferten Eigenständigkeit der Länder ebenso gerecht wird wie der erwünschten und notwendigen Einheit. Bismarck beteiligte in seiner *Verfassung von 1866 und 1871* die Landesfürsten an der Souveränität des Reiches, brachte dies im damaligen Bundesrat zum Ausdruck und fand so eine Konstruktion, in der Kaiser, Kanzler und Bundesrat auf der einen Seite standen und der Reichstag auf der anderen. In Artikel 7 der Reichsverfassung von 1871 hieß es: „Der Bundesrat beschließt: 1. über die dem Reichstage zu machenden Vorlagen und die von demselben gefaßten Beschlüsse; 2. über die zur Ausführung der Reichsgesetze erforderlichen allgemeinen Verwaltungsvorschriften und Einrichtungen, sofern nicht durch Reichsgesetz etwas anderes bestimmt ist . . ." Der Kaiser hatte nach der Verfassung das „Präsidium des Bundes" und ernannte in dieser Eigenschaft den Reichskanzler, der gleichzeitig Vorsitzender des Bundesrates war. Praktisch – und auch in den Verfassungskommentaren setzte sich dieser Begriff allmählich durch – war der Bundesrat ein (zweites) Regierungskollegium, das sich nach dem Schema der deutschen konstitutionellen Verfassung mit dem Reichstag in die Gesetzgebung teilte und im übrigen an den Rechten und Aufgaben der Regierung mehr oder minder voll partizipierte. Den durch die Verfassung nicht geregelten Problemen ging man durch die Identität von Reichskanzler und preußischem Bundesratsbevollmächtigten aus dem Wege (vgl. z.B. *E.R. Huber,* Band III, oder *Bundesrat,* 1974, *K. Neunreither,* 1959, *G. Ziller,* 1973).

1919 bestand keine Neigung, die Länder in gleichem Umfang an der Reichsgewalt zu beteiligen; auch war es mit dem neuen parlamentarischen System nicht zu vereinbaren, den nunmehrigen *Reichsrat* gleichberechtigt an der Gesetzgebung teilnehmen zu lassen (vgl. *G. Anschütz/R. Thoma,* 1930 und 1932). Der Vorrang des Reichstages wurde deshalb in der Verfassung deutlich betont (Art. 68): „Die Reichsgesetze werden vom Reichstag beschlossen." Der Reichsrat blieb jedoch beteiligt, weil ihm Gesetzesvorlagen der Reichsregierung zuerst vorzulegen waren und sein abweichendes Votum dem Reichstag mitzuteilen war. Der Reichsrat hatte außerdem ein Gesetzesinitiativrecht und ein Vetorecht, das der Reichstag aber aufheben konnte, wenn er einen Einspruch des Reichsrates mit einer Zweidrittelmehrheit überstimmte. Außerdem konnte in diesem Fall der Reichspräsident einen Volksentscheid anordnen. Dieses Verfahren galt analog auch für Verfassungsänderungen; hier mußte jedoch auf Verlangen des Reichsrates ein Volksentscheid herbeigeführt werden, wenn der Reichsrat nicht mit der Verfassungsänderung des Reichstages einverstanden war. Auch für Verwaltungsvorschriften war die Zustimmung des Reichsrates nötig, wenn es sich um Dinge handelte, die durch die Landesbehörden auszuführen waren. In der Haushaltsberatung hatte der Reichsrat ein Vorrecht gegenüber dem Reichstag, da dieser ohne Zustimmung des ersteren keine Haushaltsansätze erhöhen oder neu einfügen durfte. Außerdem war endlich die Zustimmung des Reichsrates bei einigen Verordnungen nötig, welche die Regierung für das Eisenbahn-, Post-, Telegraphenwesen und die Wasserstraßen erlassen wollte. Den Vorsitz im Reichsrat führte ein Mitglied der Reichsregierung; eine Personalunion mit dem preußischen Bevollmächtigten bestand nicht mehr. Auf diese Weise bildete der Reichsrat ein Organ in eigentümlicher Zwischenstellung: Er war weder Teil der Gesetzgebung, so wie etwa der Senat in Washington Teil des Kongresses ist, noch war er, wie früher der Bundesrat, ein Regierungskollegium. Die Regierungsbildung war Sache des Reichspräsidenten allein. Reichskanzler und jeder einzelne Minister waren vom Vertrauen des Reichstages abhängig und mußten zurücktreten, wenn ihnen das Mißtrauen ausgesprochen wurde; der Reichsrat blieb unbeteiligt. Er war eine Vertretung der Länder mit beschränkter, theoretisch überstimmbarer Einwirkung auf die Gesetzgebung und mit dem Recht, auf die Verwaltung des Reiches in gewissem Umfang Einfluß zu nehmen.

Der *Bundesrat des Grundgesetzes* entspricht insofern dem früheren Reichsrat, als auch er aus Mitgliedern der Landesregierungen besteht. Während es aber 1919 vorsichtig hieß (Art. 60): „Zur Vertretung der deutschen Länder bei der Gesetzgebung und Verwaltung des Reichs wird ein Reichsrat gebildet," ist 1949 viel eindeutiger festgelegt worden (Art. 50): „Durch den Bundesrat wirken die Länder bei der Gesetzgebung und Verwaltung des Bundes mit." Sodann ist die Selbständigkeit des Bundesrates im Grundgesetz mehr betont. Der Bundesrat organisiert sich selbst, wählt sich einen Präsidenten, dieser kann ihn unabhängig von der Bundesregierung einberufen, und es gibt eine Geschäftsordnung, so daß faktisch der Bundesrat „nach Art" eines Parlaments organisiert ist. Die Mitglieder des Bundesrates haben hingegen keine abgeordnetenähnliche Stellung, sondern befinden sich in der Rechtsstellung, die ihnen nach der Verfassung ihres Landes als Regierungsmitglied zukommt. Daß dieses Prinzip seit 1871 nicht durchbrochen worden ist, entspricht der Eigentümlichkeit des Bundesstaates in Deutschland, in dem sich der Bund der Länder bedient, um seine Gesetze und Weisungen vollziehen zu lassen. Sie werden zu Befehlsempfängern. Ihrer dennoch bestehenden Selbständigkeit entspricht die deutsche Regelung: Die Länder müssen für den Bund arbeiten, sind aber, repräsentiert durch ihre Regierungen, an seiner Willensbildung beteiligt. Ihre ‚Staatlichkeit' bringen sie zugleich durch ihre Landesvertretungen zum Ausdruck (vgl. *H. Laufer/ H. Wirth*, 1974).

In den Vereinigten Staaten war eine derartige Konstruktion schon deshalb nicht angebracht, weil verwaltungsmäßig und finanziell sowie auch in den Gesetzgebungskompetenzen eine strikte Trennung zwischen Union und Einzelstaat durchgeführt und beibehalten ist. Insofern konnte der Senat als zweite Kammer geplant werden, ein Charakter, der durch einige exekutive Mitwirkungsrechte nicht beeinträchtigt ist. – In Deutschland standen sich 1948/49 zunächst die Anhänger des Bundesrats- und die des Senatsprinzips schroff gegenüber; eine vermittelnde Gruppe v.a. in der CDU versuchte, beide Prinzipien miteinander zu verbinden. Den Ausschlag gab dann, daß der bayerische Ministerpräsident Dr. Ehard (CSU) mit dem Düsseldorfer Innenminister Dr. Menzel (SPD) eine Abmachung zugunsten des reinen Bundesratsprinzips traf. „Der Abg. Dr. Heuss hat in der 10. Sitzung des Plenums am 8. Mai (1949) zutreffend festgestellt, daß bei diesem ‚Legende gewordenen Frühstück des Herrn Abg. Menzel mit dem Ministerpräsidenten Ehard aus München . . . der Bundesrat entstanden' ist. Er hat dieses Ereignis fast den interessantesten Vorgang in der Arbeit des Parlamentarischen Rates genannt. Dr. Lehr habe in der Debatte noch so ein bißchen die Fiktion aufrechterhalten, der Bundesrat sei so etwas wie eine zweite Kammer. Das sei er nämlich nicht. Für den Historiker werde es ,eine sehr reizvolle Anekdote sein', einmal festzustellen, daß der rheinische Sozialist und der weiß-blaue Staatsmann sich bei Bismarck gefunden haben, und zwar über Weimar zurück noch bismärckischer geworden' seien. Diese beiden neuen Bismärcker hätten nur eines vergessen, daß nämlich die Bismarcksche Konstruktion und Wesenheit des deutschen Bundesstaates den Hintergrund von Preußen besaß. Wir ständen dadurch vor der großen Wahrscheinlichkeit, einen Föderalismus der Bürokratie zu bekommen" (*H. v. Mangoldt*, 1963, S. 265 f.).

Die Beteiligung ist durch das Grundgesetz jeweils ausschließlich normiert; weitere Rechte kann der Bundesrat nur durch eine Verfassungsänderung erhalten, abgesehen von Verwaltungskompetenzen, für die ein Gesetz ausreicht. Zu unterscheiden ist die *Beteiligung an der Gesetzgebung und an der Verwaltung;* letztere ergibt sich aus der Mitwirkung beim Erlaß von Verwaltungsverordnungen, bei einigen Regierungsakten, z.B. bei der Anwendung des Bundeszwanges gegen ein Land, und vereinzelt bei Verwaltungsakten, z.B. bei der Bestellung von Bundesverfassungsrichtern. Die Mitwirkung an der Gesetzgebung erfolgt mit unterschiedlichem Rechtscharakter. Bei der gesamten Gesetzgebung ist der Bundesrat insofern beteiligt, als seine Mitglieder Zutritt zu allen Sitzungen des Bundestages und seiner Ausschüsse haben und dort jederzeit gehört werden müssen, ein Recht, von dem in den Ausschüssen – und mehr und mehr auch im Plenum – auch Gebrauch gemacht wird. Weiter werden alle Gesetzesentwürfe der Bundesregierung zuerst dem Bundesrat zur Stellungnahme vorgelegt, und der Bundesrat kann selbst Entwürfe vorlegen. Hat der Bundestag dann seinen Beschluß gefaßt, wird der Bundesrat erneut tätig. Weicht seine Meinung von der des Bundestages ab, wird der Vermittlungsausschuß einberufen. Gelingt diesem keine Einigung oder weist der Bundestag Änderungen des Ausschusses zurück, kann der Bundesrat noch einmal Einspruch beim Bundestag erheben, den dieser nur mit einer gleichgroßen Mehrheit zurückweisen kann, die im Bundesrat den Einspruch beschlossen hat. Jedenfalls kann der Bundestag aber den Bundesrat überstimmen. Das gilt nicht für Gesetze, die der Zustimmung des Bundesrates bedürfen (Art. 77 f. GG).

Zustimmungsbedürftig ist erfahrungsgemäß etwa die *Hälfte aller Gesetze*, darunter die wichtigeren (vgl. *Th. Maunz/G. Dürig*, oder *E. Friesenhahn*, in: *Bundesrat*, 1974; generell verweisen wir auf die Bibliographie von *P. Römer*, 1982). In etwa drei Vierteln aller Fälle ergibt sich die Zustimmungsbedürftigkeit eines Gesetzes aus Artikel 84 (1): „Führen die Länder die Bundesgesetze als eigene Angelegenheiten aus, so regeln sie die Einrichtung der Behörden und das Verwaltungsverfahren, soweit nicht Bundesgesetze mit Zustimmung des Bundesrates etwas anderes bestimmen." Ohne Zweifel handelt es sich hierbei um einen Machtzuwachs des Bundesrates, um den sich dieser zielstrebig und zäh bemüht hat, obgleich die Rechtslage nicht eindeutig ist. Der Bundesrat vertritt die sogenannte Mitverantwortungstheorie, nach der ein Gesetz, in dem ein Teil z.B. die Behördenorganisation betrifft, insgesamt der Zustimmung unterliegen müsse. Das wird zwar bestritten, faktisch hat sich der Bundesrat aber mit dieser Auffassung durchgesetzt und sich ein wirksames Veto oder – umgekehrt – eine volle Mitwirkung mindestens bei der einen Hälfte der Gesetzgebung erkämpft. Eine Konsequenz ist, daß man über die Aufteilung von Gesetzen nach zustimmungs- und nicht-zustimmungsbedürftigen Teilen nachdenkt und sie in Einzelfällen auch praktiziert (vgl. *G. Fritz*, 1982). Außerdem ist die Selbständigkeit der Länder bei der Ausführung der Bundesgesetze stärker betont als in der Weimarer Zeit.

Zur Mitwirkung des Bundesrates bei der *Verwaltung des Bundes* gehört zunächst der Anspruch darauf, durch die Regierung regelmäßig unterrichtet zu werden. Weiter benötigen fast alle Rechtsverordnungen (Art. 80/2) sowie allgemeine Verwaltungsvorschriften des Bundes die Zustimmung des Bundesrates, wenn es sich um die Ausführung von Gesetzen des Bundes durch die Länder handelt. Dabei besteht kein Unterschied zwischen den Gesetzen, die die Länder als eigene Angelegenheiten ausführen und denen, durch die sie im Auftrag des Bundes tätig werden. Auch in diesem Fall, in dem die Bundesregierung Weisungen erteilen kann und die Aufsicht hat, ist sichergestellt, daß die Länder nur Weisungen befolgen müssen, an deren Zustandekommen sie prinzipiell beteiligt sind. Wird die Bundesaufsicht durch Beauftragte ausgeführt und werden diese zu nachgeordneten Behörden entsandt, bedarf auch das der Zustimmung der obersten Landesbehörden oder des Bundesrates. In einem Notstandsfall (Art. 91 GG), in dem die Bundesregierung die Polizei eines Landes ihren Weisungen unterstellt oder auch Polizeikräfte anderer Länder anfordert, gilt, daß solche Anordnungen auf Verlangen des Bundesrates sogleich aufzuheben sind. Hier wie beim Bundeszwang hat der Bundesrat also ein wirksames Vetorecht, das bisher noch nicht zum Zuge kam, innerhalb der Verfassungskonstruktion aber zeigt, wie sehr man sich darum bemüht hat, die Länder gegen Bundesübergriffe zu sichern. Umgekehrt ist in Notfällen, in denen das Zusammenspiel der obersten Bundesorgane nicht funktioniert, der Bundesrat nicht auszuschalten. Von seiner Zustimmung hängt z.B. die Möglichkeit ab, den Gesetzgebungsnotstand zu erklären (Art. 81 GG). Daß der Bundesratspräsident den Bundespräsidenten vertritt, wenn dieser im Ausland oder verhindert ist, sei nur erwähnt (vgl. *A. Pfitzer*, 1983).

Die Bundesgesetzgebung, an der zwei so wenig vergleichbare Partner beteiligt sind, funktioniert vorwiegend deshalb, weil es den *Vermittlungsausschuß* gibt (vgl. *E. Hasselsweiler*, 1981). Dieser wiederum ist ein Institut eigenen Gepräges. Das Grundgesetz legt seine Funktion fest und überläßt das weitere einer Geschäftsordnung. Nach ihr besteht der Vermittlungsausschuß aus je elf Mitgliedern des Bundestages und des Bundesrates. Sie können nur beschränkt ausgewechselt werden; die Mitglieder des Bundesrates sind nicht an Instruktionen gebunden. Der Vermittlungsausschuß kann vom Bundestag und vom Bundesrat angerufen werden, bei zustimmungsbedürftigen Gesetzen auch von der Bundesregierung. Aufgabe ist es, einen Einigungsvorschlag auszuarbeiten. Gelingt das, muß der Bundestag noch einmal ohne weitergehende Verhandlung abstimmen, falls der Vergleichsvorschlag von seinem ursprünglichen Beschluß abweicht. In der Praxis ist es so, daß der Vermittlungausschuß zumeist vom Bundesrat angerufen wird. Das erklärt sich aus dem Gang der Gesetzgebung: Der Bundestag beschließt, anschließend verhandelt der Bundesrat, und wenn er zu einem anderen Ergebnis als der Bundestag kommt, erfolgt die Anrufung des Vermittlungsausschusses. Nach seiner Geschäftsordnung arbeitet der Ausschuß insofern rasch, als bereits in der zweiten Sitzung, die für die gleiche Angelegenheit einberufen wird, der Abschluß des Verfahrens beantragt werden kann, falls ein Einigungsvorschlag nicht zustande kommt. Nach der nächsten Sitzung ist dann das Verfahren so oder so abgeschlossen.

Ausschuß und Geschäftsordnung haben sich hervorragend bewährt. Eine *Einigung gelingt fast immer.* In der Mehrzahl handelt es sich um einen Kompromiß, öfters schwenkt auch der Ausschuß auf die Linie des Bundesrates ein, seltener wird der ursprüngliche Beschluß des Bundestags zur Annahme empfohlen. Entscheidend für das gute Funktionieren ist sicher, daß im Ausschuß die Politiker unter sich sind und die durch ihr früheres Auftreten festgelegten Abgeordneten ebenso fehlen wie die Beamten, von denen die Gesetzesinitiative ausging. Derart wirkt der Ausschuß als Filter, und in etwa neun von zehn Fällen nehmen die beiden beteiligten Partner seinen Vorschlag an, wobei sich der Bundestag rein zahlenmäßig als etwas nachgiebiger erweist als der Bundesrat. Die günstigere Position des Bundesrates erklärt sich daraus, „daß der Bundestag mit der Bundesregierung an dem baldigen Zustandekommen der von ihm beschlossenen Gesetze lebhaft interessiert ist und daß andererseits der Bundesrat den überwiegenden Teil der Vermittlungsfälle durch ein bloßes Votum zum Scheitern bringen kann". Deshalb „kommt man dazu, dem Bundesrat die bei weitem bessere Verhandlungsposition zuzugestehen. Bei zustimmungsbedürftigen Gesetzen werden sich die Vertreter des Bundestages sehr genau überlegen, ob sie nicht lieber weitreichende Zugeständnisse in Kauf nehmen sollen, ehe sie eine Ablehnung riskieren" (*K. Neunreither*, 1959, S. 81; vgl. zu den Zahlen Quelle 5.4.3.). Außerdem ist nicht von der Hand zu weisen, daß die Mitglieder des Bundesrates im Ausschuß denen des Bundestages möglicherweise aus äußerlichen Gründen – bessere Vorbereitung durch die unterstellten Beamten – etwas überlegen sind. Wie dem auch immer: Bis zum Sommer 1969 scheiterte von etwa 260 Gesetzen, die in den Vermittlungsausschuß kamen, nur etwa jedes zehnte (1972–1980 vermehrten sich allerdings die Anrufungen des Ausschusses drastisch, 21 von den 48 Gesetzen, die im Verfahren scheiterten, stammen aus dieser Zeit.). Dabei ist nicht zu übersehen, daß sich das Verfahren bewährt, weil der Vermittlungsausschuß mit einem guten Schuß *Geheimniskrämerei* arbeitet. Er verhandelt nicht öffentlich, Zuhörer sind praktisch nicht zugelassen, Bindungen weithin ausgeschaltet. Neunreither spricht von dem Versuch, „im kleinen Gremium das zu verwirklichen, was ursprünglich dem Parlament selbst vorbehalten sein sollte". Endlich ist festzuhalten, daß die günstige Position des Bundesrates im Vermittlungsausschuß zwar durch das Zustimmungserfordernis vieler Gesetze bewirkt wird, daß aber durch den einmal funktionierenden Ausschuß die Autorität des Bundesrates insgesamt, also auch hinsichtlich der nichtzustimmungsbedürftigen Gesetze wächst. Der Anteil des Bundesrates an der Gesetzgebung ist dadurch so gewachsen, daß man von einem nahezu gleichberechtigten Partner der Gesetzgebung sprechen kann, obgleich dazu der Vermittlungsausschuß gar nicht allzu häufig angerufen werden muß. Er wirkt, auch wenn er nicht eingeschaltet ist (vgl. *M. Dietlein*, Der Vermittlungsausschuß ..., in: *Sekretariat des Bundesrates*, 1983; dort auch die Ausschußprotokolle für 1949–1972).

5.4.2. Zum politischen Standort

Der Bundesrat stellt sich als verfassungsmäßiges Bundesorgan eigener Art dar. Die Eigentümlichkeiten werden sichtbar, wenn man die *Position des Bundesratsmitgliedes* als Fachminister und Chef einer mehr oder weniger großen Verwaltung, als Regierungsmitglied im Lande, als Mitglied einer Partei und – in der Regel – als Landtagsabgeordneter dieser Partei sowie schließlich als Mitglied des Bundesrates betrachtet. Als *Fachminister* hat dieser Politiker teil am Fachverstand seiner Behörde. Als *Regierungsmitglied* weiß er sich den spezifischen Interessen seines Landes verpflichtet, ist in gewisser Weise vom Landtag abhängig und voll an Kabinettsbeschlüsse gebunden. Als *Mitglied einer Partei* bestehen Bindungen gegenüber der Mehrheit im Bundestag und damit gegenüber der

Regierung oder gegenüber der Opposition. Als *Bundesratsmitglied* endlich partizipiert er an den Vollmachten eines Bundesorgans, denn der Bundesrat ist nicht die Vertretung der Länder im Bund – auch wenn er faktisch so wirken kann –, sondern das Bundesorgan, in dem in besonderer Weise die Anliegen der Länder berücksichtigt werden. Vom einzelnen Bundesratsmitglied aus gesehen sind diese vier Aspekte einer Funktion zunächst nicht so deutlich, weil die Stimmen eines Landes – mindestens drei, höchstens fünf – nur einheitlich abgegeben werden können. So gesehen ist das Mitglied primär Regierungsmitglied und an die Instruktionen der Regierung gebunden. Da es seinerseits aber wiederum an der Abfassung der Instruktionen beteiligt ist, kann dieser Einwand zunächst unberücksichtigt bleiben.

In der Praxis tritt der *erste Aspekt* am deutlichsten hervor (vgl. *H. Fröchling*, 1972). In der Gesetzgebung und in der Beteiligung an der Verordnungsgewalt der Regierung bringt der Bundesrat zuvörderst seine Verwaltungserfahrung – und den jeweiligen Ressortegoismus – ein. Der Bund verfügt zwar über einige Verwaltungseinrichtungen, über die manche überzeugte Föderalisten nicht recht glücklich sind, im großen und ganzen hat aber der Bundesrat das Aufblähen der Bundesverwaltung verhindert und damit die Verwaltungsmacht der Länder verteidigt. Zugleich kommt in der Gesetzgebung selbst, in der Teilnahme an Ausschußsitzungen des Bundestages, in der Auseinandersetzung über Verwaltungsverordnungen und bei anderen Gelegenheiten wirksam das Gewicht der Landesbürokratie ins Spiel (vgl. *Th. Ellwein*, in: *Bundesrat*, 1974). Die verwaltungstechnische Brauchbarkeit unserer Gesetzgebung wird dadurch zweifellos verbessert. Dabei hat der Bundesrat keinen Anlaß, darauf hinzuwirken, daß insgesamt nur sparsam Gesetze gemacht werden. Wird der Bundestag entscheidend nur tätig, wenn es „in der Form" des Gesetzes geschieht, so gilt das ähnlich auch für den Bundesrat, obgleich dieser Einfluß auch auf die Verordnungspraxis hat und deshalb für ihn nicht die nämlichen Argumente gelten wie für den Bundestag.

Der *zweite Aspekt* ist immerhin noch deutlich genug. Der Bundesrat verteidigt die Interessen der Länder. Das gilt rechtlich: Der Bundesrat hat ziemlich argwöhnisch darüber gewacht, daß z.B. durch Bundesgesetze nicht in das Kommunalverfassungsrecht eingegriffen wird. Abwehr gegenüber dem Ausweiten der Bundeskompetenz ist selbstverständlich. Und es gilt faktisch: Der Bundesrat wird bei Änderung der Finanzverfassung kaum auf vorhandenen Besitzstand verzichten, während er selbst oder die Landesvertretungen sich stets bemüht haben, Bundesmittel in das eigene Land zu schleusen. In diesen Dingen wirkt der Bundesrat gelegentlich durchaus nach der Art einer Interessenvertretung. Die Bundesratsmitglieder tun das auch im Blick auf ihren Landtag. Ihm gegenüber schadet eine gelegentliche Rechtfertigung nicht, weshalb auch der Hinweis auf gute Kontakte zu den Dienststellen in Bonn nur selten fehlt. Das stellt sich, wie ausgeführt, zunächst als demokratietheoretisches Problem dar: Der Föderalismus soll zu einer zusätzlichen Machtverteilung und zu einer zusätzlichen Beteiligung des Bürgers führen; beides wird in der Bundesrepublik durch eine zunehmende Aufgabenvermischung und dadurch beeinträchtigt, daß der einflußreiche Bundesrat jeglicher parlamentarischen Kontrolle entzogen ist. Angesichts der allmählichen Aufgabenverlagerung zum Bund verstärkt das die „politische Auszehrung" der Landtage. Neben dem demokratietheoretischen wird deshalb zunehmend auch das praktisch-politische Problem gesehen; der Landtagspräsident in Stuttgart hat z.B. Ende 1972 vorgeschlagen, daß die Landesregierung dem Landtag vor den jeweiligen Entscheidungen im Bundesrat berichten und der Landtag von Zeit zu Zeit Landtagsdebatten über Bonner Gesetzesvorhaben durchführen soll. Der bayerische Landtag hat damit schon begonnen, als er in Zusammenhang mit der Debatte über die Ostverträge eine eigene (CSU-)Regierungserklärung entgegennahm, was dann der Opposition Anlaß gab, sich als Wahrer des föderalistischen Prinzips vorzustellen. Offenkundig ist dieser Weg aber untauglich; er schränkt die Handlungsfreiheit der Bundesratsmitglieder noch mehr ein als es die Bindung an die Kabinettsbeschlüsse ohnehin schon tut, verschafft aber dem Landtag und damit dem Bürger keinen wirklichen Einfluß. So bleibt es dabei, daß Landesminister im Bundesrat eine erhebliche politische Macht ausüben, ohne sich parlamentarisch verantworten zu müssen (vgl. u.a. *G. Kisker,* 1971).

Dies bedeutet zugleich, daß unter den beiden bisher genannten Aspekten der Bundesrat weit weniger als zweite Kammer und viel eher als *zweite Regierung* fungiert. Mit dem Typ der zweiten Kammer stimmt er äußerlich nur darin überein, daß er wenig politische Initiative entwickelt und besondere Wünsche meist der Regierung übermittelt, anstatt selbst einen Entwurf zu erarbeiten. Im Zusammenspiel mit dem Bundestag aber, der auch nach dem Eingangswortlaut der Gesetze der eigentliche Gesetzgeber ist, wirkt der Bundesrat nach Art einer Regierung (vgl. *R. Wildenmann,* 1963). Seine beauftragten Beamten gehen in die Bundestagsausschüsse und fordern dort Gehör; die Argumente entstammen häufig dem Verwaltungsbereich; in Bonn verhandeln Bundes- und Landesbürokratie miteinander. Erst wenn man den Bundesrat unter dem *dritten Aspekt,* unter dem der Parteizugehörigkeit der Bundesratsmitglieder betrachtet, verschiebt sich das Bild wieder, ohne allerdings klare Konturen zu gewinnen. Seit 1949 gab es unzweifelhaft immer wieder Versuche, die Argumente der im Parlament unterlegenen Opposition im Bundesrat noch einmal vorzutragen und dieses Gremium zum Gegenparlament zu machen. Umgekehrt läßt sich auch nachweisen, wie oft Landesregierungen im Bundesrat anders abgestimmt haben als die Fraktion ihrer Partei im Bundestag, was dann Bundesregierungen veranlaßte, recht deutlich und nachdrücklich auf die ihr nahestehenden Landesregierungen Einfluß zu nehmen.

Nach der Bundestagswahl 1969 schien sich dies zu verschieben: Die Politisierung des Bundesrates galt bald als ausgemachte Sache (vgl. die Beiträge in *ZParl* 1970, S. 318 ff., 1972, S. 148 f., 1974, S. 157 ff.), nachdem der knappen sozialliberalen Mehrheit im Parlament eine knappe, indessen verläßliche CDU/CSU-Mehrheit im Bundesrat gegenüberstand. Der Bundesrat gewann dadurch ein größeres publizistisches Interesse, und in einigen Fällen machte er auch spektakulär von seiner verfassungskonformen Möglichkeit Gebrauch, als Gesetzgeber ohne direktes Mandat den gewählten Gesetzgeber zu stoppen, ohne dabei auch nur so zu tun, als ob landespolitische Argumente eine Rolle spielten. Das führte zu der Warnung, „den Bundesrat nicht zum Gegenparlament der Volksvertretung und Antibundestag umzufunktionieren" (A. Osswald), zu der Überlegung, die Stimmenverteilung sei doch höchst ungerecht und benachteilige vor allem Nordrhein-Westfalen oder auch zu der Forderung des Berliner Regierenden Bürgermeisters, den Stimmen Berlins im Bundesrat volle Gültigkeit zu geben – vielleicht hängt auch das Postulat des niedersächsischen Ministerpräsidenten, man möge den Bundesratsmitgliedern mehr politische Freiheit geben und sie mehr ans Landesparlament binden, damit zusammen. Umgekehrt zog Heinz Laufer 1972 nüchtern legislatorische Bilanz und meinte, CDU und CSU hätten ihre Mehrheit nur behutsam und nie voll wirksam eingesetzt. „Lust am politischen Schaugeschäft und Drohung mit dem absoluten Veto zeichneten zwar die Bundesratsarbeit in den letzten zwei Jahren stärker als je zuvor aus, doch am Bundesrat ist bisher noch kein Gesetzesvorhaben der Regierungskoalition wirklich gescheitert, wenngleich gelegentlich die Regierungskonzeption durch Anrufung des Vermittlungsausschusses auf Beschluß der CDU/CSU-Bundesratsmehrheit geändert werden mußte und zeitliche Verzögerungen eintraten" (*H. Laufer,* 1972, S. 28).

Unser *vierter Aspekt:* Immer wieder berät der Bundesrat, ohne daß etwa Landesinteressen oder solche Themen im Vordergrund stehen, in denen sich die Parteien dezidiert festgelegt haben. In solchen Fällen kann der Bundesrat wie eine *zweite Kammer* wirken. Er erzwingt als solche eine weitere Diskussion in Ausschüssen und auch im Plenum und trägt zur sorgfältigen Gesetzgebung, zur Vorsicht bei Verfassungsänderungen und zu genauer Prüfung auch der Rechtsverordnungspraxis bei. Das wird vor allem in der Haushaltsberatung sichtbar, solange es in ihr weder um Landesinteressen noch um die Finanzverfassung geht. Die im Grunde unbeteiligte Landesbürokratie wirkt dann ggf. auflockernd, zumal die Bundesbürokratie ihren Entwurf nur verteidigen kann. Als zweite Kammer tut sich der Bundesrat auch hervor, wenn die Bundesregierung die Gesetzgebungsarbeit überstürzen will. –

Der Bundesrat ist *Bundesorgan.* Sein Beitrag zur Koordinierung der Länderpolitik blieb gering. Ministerpräsidenten- und Fachministerkonferenzen betreiben diese Koordinierung und schaffen damit eine ‚dritte Ebene', die zum verfassungspolitischen Problem wird, weil sie die Landtage noch weitergehend entmachtet. Der Bundesrat konzentriert sich dagegen auf die Bundespolitik. Die Absicht des Verfassungsgebers erscheint in diesem Punkt genau erfüllt. Die entscheidende Frage lautet, wie er das tut, wie sich das den Ländern zugeordnete Bundesorgan selbst versteht und einordnet, wie eine dem demokratischen Prozeß weithin entzogene Einrichtung, deren Mitglieder ein imperatives Mandat haben und ausschließlich der sie entsendenden Landesregierung verbunden sind, sich in das Dreieck von Volksvertretung, mehrheitsabhängiger Regierung und föderativem Organ einfügt. Der Verfassungsgeber ließ dabei wohl eindeutig den Landesbezug dominieren; er wollte ein politisches, keinesfalls ein parteipolitisches Organ und lehnte deshalb auch die von der SPD gewünschte, demokratienähere Senatslösung ab. Cum grano salis blieb es dabei bis etwa 1972. Danach kam es zur deutlicheren Konfrontation:

Im Dezember 1973 blockierte der BR die Steuerreform, um dabei Vorstellungen der CDU/CSU-Opposition in die neuen Gesetze einzubringen. Im Frühjahr 1974 stilisierte man – von beiden Seiten und in Erinnerung an das, was um 1953 in Zusammenhang mit dem Deutschland- und dem EVG-Vertrag sich ereignete (vgl. dazu *A. Baring,* 1969) – den Landtagswahlkampf in Niedersachsen zu einem Kampf um die Mehrheit im BR. Gleichzeitig bürgerte sich im BR ein Blockverhalten der CDU-regierten Länder und Bayerns immer mehr ein (SZ 11.4.1974 mit Beispielen). Am 18.4.1974 verlangte Ministerpräsident Stoltenberg, die Bundesregierung müsse die Vorschläge der BR-Mehrheit angemessen berücksichtigen. Daß nicht mehr die BT-Mehrheit das Sagen haben soll, wurde immer häufiger ausgesprochen. Wenig später (SZ 2.5.1974) beklagte Ministerpräsident Filbinger es als ‚verfassungswidrig', wenn man versuche, den BR, die zweite Kammer in Bonn, zu behindern. Die BR-Mitglieder hätten – es ging um den § 218 – das nämliche Recht auf Gewissensentscheidung wie die BT-Mitglieder. Anschließend lehnte man die Fristenlösung bei der Abtreibung ab. Im Juli 1974 erzwang die CDU als Partei einen Steuerkompromiß mit der Bundesregierung – Kohl, Stoltenberg und Strauß, der letztere noch nicht einmal BR-Mitglied, warfen das Gewicht des BR in die Waagschale. Die Bundesregierung wehrte sich. Es kam zu einem aufsehenerregenden Urteil des Bundesverfassungsgerichts (vgl. *ZParl* 1974, S. 475 ff.). Ihmzufolge „ist der BR nicht eine zweite Kammer eines einheitlichen Gesetzgebungsorgans, die gleichwertig mit der,ersten Kammer' entscheidend am Gesetzgebungsverfahren beteiligt wäre", wobei das Gericht auf *E. Friesenhahn* verwies (in: *Bundesrat,* 1974). Ministerpräsident Filbinger klagte, das Urteil werde den Funktionen des BR nicht gerecht (SZ 17.8.1974). Bundeskanzler H. Schmidt bat wenig später bei der Ablösung im Präsidentenamt des BR um Kooperation, was von Filbinger und Stoltenberg entschieden zurückgewiesen wurde. Stoltenberg meinte, die politischen Entscheidungen würden in den unionsregierten Ländern ausschließlich in den zuständigen Gremien, also in den Regierungen, fallen. Die Gruppenentscheidungen sind damit nicht zureichend erklärt. Der Kanzler ließ denn auch von seiner versöhnlichen Haltung ab und sprach (SZ 21.11.1974) vom „Mißbrauch des Bundesrates". Der bayerische Regierungschef Goppel wartete mit dem Vorschlag einer GG-Änderung auf; die Zahl der zustimmungspflichtigen Gesetze sollte erweitert werden (SZ 11.12.1974). Im Blick auf den BR kam es zum Kompromiß beim Hochschulrahmengesetz; im BR scheiterte das Bundeswahlgesetz und Goppel erklärte (13.3.1975), nach der Wahl in Nordrhein-Westfalen müsse man ggf. Bundestagsneuwahlen durchführen, da der Verlust der SPD-FDP-Mehrheit im Vermittlungsausschuß zur Funktionsunfähigkeit der Regierung führen könnte. Es sei möglich, daß zustimmungspflichtige Gesetze dann „nicht mehr zustande kommen". Der Bundesrat lehnte das Namensrecht ab, spielte bei internationalen Verträgen (Polen-Vertrag) eine zunehmende Rolle und bezeichnete sich in einer Werbebroschüre im Januar 1976 durchgängig als zweite Kammer. Vor dem Ende der Mandatsperiode 1976 kam es dann zum Verfassungskonflikt, weil der Bundesrat das Wehrdienstverweigerungsgesetz ablehnte, das die Bundesregierung als nicht zustimmungsbedürftig bezeichnete, und weil man sich in Sachen Ausbildungsplatzförderungsgesetz nicht einigen konnte. In beiden Fällen entschied das Bundesverfassungsgericht, ohne daß damit das jeweilige Problem gelöst gewesen wäre.

In ihrem Kern bedeutet die Entwicklung seit etwa 1973, die in der Zwischenzeit nicht einheitlich, vielmehr in Schwankungen verlaufen ist, daß der Bundesrat sich nicht nur als föderatives Korrektiv, sondern tendenziell als eigenständiges Bundesorgan verstehen will. Die sich daraus ergebenden Probleme werden nur sichtbar, wenn es im Bundesrat eine andere Parteienmehrheit gibt als im Bundestag. In diesem Falle – so die Erfahrungen 1973 bis 1982 in Bonn – gibt es in der Bundesrepublik *zwei Mehrheiten,* von denen zwar nur die eine demokratisch legitimiert ist, von denen dafür aber die andere über den längeren Atem verfügt. Hier muß man in der Wortwahl vorsichtig sein: Natürlich ist das Verhalten des Bundesrates dann, wenn er eindeutig seine politische Wertung gegen die der Bundestagsmehrheit setzt, nicht verfassungswidrig. Es zeigt aber, daß die *Demokratie im Sinne von Mehrheitsherrschaft in der Bundesrepublik im Zweifel deutlich begrenzt* ist. Im Zweifel gibt nicht die in der Bundestagswahl erkennbare Mehrheit den Ausschlag, sondern eine Gruppe von Landesministern mit imperativem Mandat, die sich weder vor ihrem Landtag noch vor dem Wähler rechtfertigen müssen. Damit erst ist die Parteiendemokratie in der Bundesrepublik komplett. Sie kann notfalls das Votum des Wählers relativieren. Eine Konsequenz ist die Denaturierung von Landtagswahlen zu Testwahlen für den Bund, verstärkt dadurch, daß es oft an wirklich interessanten Themen der Landespolitik fehlt. Eine andere Konsequenz ist die Denaturierung der öffentlichen Auseinandersetzung im Bundestag: Solange Mehrheit und Minderheit kooperieren, was sie bisher immer im weitaus größeren Teil der Entscheidungszusammenhänge getan haben, kommt nur bedingt eine Auseinandersetzung zustande. Entsteht dagegen ein wirklicher Konflikt, wird er – Verhältnisse wie bis 1982 vorausgesetzt – in Wahrheit nicht im Bundestag ausgetragen, sondern im nichtöffentlichen Vermittlungsausschuß und im nur wenig öffentlichen Bundesrat. Auch der Vermittlungsausschuß kann unter solchen Bedingungen von seiner üblichen Praxis abweichen: 1976 bis 1981 gab es in ihm ein Patt und während dieses Patt mehrere Beispiele für Nichteinigung.

Eine Bewertung sei in dreierlei Hinsicht unternommen: *Erstens* stabilisiert der Bundesrat den deutschen Verwaltungsföderalismus (siehe oben S. 80 ff.). Unterhalb der Ebene der Politik kommt es zum dauerhaften Arrangement zwischen den Bürokratien des Bundes und der Länder. Es jeweils zu erreichen, ist mühsam und zeitaufwendig, aber praktisch nie erfolglos. Dem Vermittlungsausschuß gelang gelegentlich keine Einigung. „Bis Ende 1980 hatte der Bundesrat 586 allgemeine Verwaltungsvorschriften zu beraten. Insgesamt wurde seit 1949 nur in 3 Fällen die Zustimmung verweigert, seit 1957 in keinem Fall" (*D. Posser,* in: *E. Benda* u.a., 1984, S. 917). Als besonders kooperationsfreudig gilt der Finanzbereich. Hier benötigt man zwar erhebliche Zeiten, um etwa die Einkommen- oder Lohnsteuerrichtlinien (Allgemeine Verwaltungsvorschriften) einvernehmlich zu beschließen und zu verändern, aber man hat Wege gefunden, die zeitaufwendige Koordination – und gelegentlich auch den Bundesrat – zu umgehen: Das Bundesfinanzministerium ‚schreibt' im Benehmen mit den Landesfinanzministerien und diese setzen das Schreiben in Erlasse um. Nur so kann man rasch z. B. auf Urteile des Bundesfinanzhofes reagieren. Auch in anderen sensiblen Bereichen (z. B. Gewerbeaufsicht) funktioniert derlei (vgl. dazu *G. Kisker* in: *H. H. v. Arnim/ H. Klages*, 1986).

Zweitens trägt der Bundesrat zur politischen Unitarisierung der Bundesrepublik bei, solange er die Aufgabenverschiebung zum Bund hinnimmt, wenn nur seine eigene Position gewahrt bleibt (Zustimmungspflichtigkeit von Gesetzen und ausschließlicher Vollzug durch die Landesverwaltung). Der Bundesrat stärkt derart die föderalistische Ordnung, indem er die föderalistische Aufgabenteilung schwächt. Dagegen gibt es zwar inzwischen Protest. Er kommt, wie ausgeführt, von den mehr und mehr ausgeschalteten Landtagen und zunehmend auch von Landesregierungen, die wirtschaftlich stark sind, der Hilfe des Bundes entbehren können, vom ‚Aufbruch der Teilstaaten' sprechen (*Bulling-Kommission*, 1985), Ansprüche auf Mitwirkung an der EG-Politik stellen und auf das wachsende ‚Landesbewußtsein' pochen. Die Klagen blieben nicht ganz ohne Erfolg. Nach dem Regierungswechsel 1982/3 wurden zwar barsche Durchsetzungsdrohungen von Bonn nach Wiesbaden oder Düsseldorf gerichtet, aber auch neue Akzente gesetzt (vgl. *H. Klatt*, 1986). Eigene Landesvertretungen in Brüssel bürgern sich ein (vgl. zu diesem Komplex *R. Hrbek/U. Thaysen*, 1986). Der Föderalismus läßt sich durchaus als „dynamisches System" begreifen (so der Titel von *A. Benz*, 1985). Auch eine Rückverlagerung von Kompetenzen auf die Länder ist nicht undenkbar und im übrigen der einzige Weg, um die Landtage wieder mehr ins Spiel zu bringen. Die Gemeinschaftsaufgaben und ihre Mischfinanzierung stehen ebenfalls zur Debatte. Die ‚Politikverflechtungsfalle' (F. W. Scharpf) wird als Gefahr gesehen. Das ändert aber nichts an der zwiespältigen Situation des Bundesrates, dessen starke Position etwas mit Unitarisierung zu tun hat, wohingegen eine Revitalisierung der Länder – politisch eines der möglichen Modernisierungskonzepte – seine Kompetenzen beeinträchtigen könnte. ‚Seine' Kompetenz ist nicht die der Länder! Er ist Bundesorgan. Daß z. B. 1986 der Bundesrat eine stärkere Beteiligung in europäischen Angelegenheiten forderte, bringt den Ländern unmittelbar nichts.

Drittens hat damit die bisherige Stärkung des Bundesrates staatstheoretisch nur sehr wenig mit den bisherigen Theorien der Gewaltenteilung oder mit der amerikanischen Lehre von den cheks und balances zu tun. Gewaltenteilend müßten im Bundesrat andere Gesichtspunkte zur Geltung kommen, in einem Balancesystem müßten die konkurrierenden Organe eine vergleichbare demokratische Legitimation haben – deshalb werden die amerikanischen Senatoren in freier Wahl gewählt und vom Wähler nach ihrem Verhalten im Senat beurteilt. Wenn sich der Bundesrat gern als eine zweite Kammer geriert, dann ist er dies im Sinn vorparlamentarischer Verfassungen, nach denen gewählte Volksvertreter in der einen Kammer mit Mitgliedern einer anderen Kammer konkurrieren und sich ggf. verständigen mußten, deren Mitgliedschaft auf anderen

Gründen beruhte. Noch einmal: *Die Bundesratsmitglieder verfügen im Bundesorgan Bundesrat über keine demokratische Legitimation.* Ihr Wirken mag der Bundespolitik zugute kommen. Hier steht aber nicht zur Debatte, ob z. B. die Bundestagsmehrheit vor 1982 eine in sich vernünftige Politik oder nicht gemacht und wie der Bundesrat diese Politik gebremst oder verbessert hat. Verfassungspolitisch geht es ausschließlich um den ‚Rang' der Volksvertretung im Bund. Da sie sich nicht immer, aber doch in vielen entscheidenden Fragen dem Bundesrat anpassen oder sogar vor ihm zurückstecken muß, ist ihr Rang geschmälert. Das wird wenig sichtbar, solange der kooperative Föderalismus funktioniert – meist analog zur Kooperation mit der Opposition. Ist das nicht der Fall, geht es mithin um reale Macht, dann ist im Bund die Mehrheitsherrschaft nicht nur durch die Verfassung und das diese schützende Bundesverfassungsgericht begrenzt, sondern im Zweifel eben durch eine andere Mehrheit ohne Legitimation. Dies mag – durch Machtverteilung – den Inkrementalismus der Politik fördern, es trägt aber doch zur Entmachtung des Parlaments bei, zur Bedrohung seiner wichtigsten originären Kompetenz. Deshalb bleibt auch die Frage nach dem Rede- oder dem Arbeitsparlament akademisch. Der ständig korrigierte Vertreter des Souveräns muß sich auf den Korrekturprozeß einlassen, was Rückwirkungen auf den Arbeitsstil hat.

5.5. Die Regierung

Parlament und Regierung bilden das Führungszentrum im politischen System. Innerhalb dieses Zentrums stellt sich gemeinhin die Regierung als der aktive, gestaltende Partner dar, vom Parlament variantenreich unterstützt, kontrolliert oder behindert. So wichtig die parlamentarischen Funktionen aber auch sein mögen: In der Hauptsache bedeuten sie nur den Weg zur unmittelbaren politischen Gestaltungsmacht. Das Streben der Parteien nach der Regierungsgewalt zeigt besser als jedes theoretische Modell des parlamentarischen Systems, wo die Grenzen des Parlaments liegen. 1961 erlebte denn auch die Bundesrepublik das Schauspiel einer ihrer Rolle völlig überdrüssigen Opposition, das sich 1965 nur deshalb nicht wiederholte, weil sich die – wenig später realisierte – Große Koalition und damit eine Regierungsbeteiligung der SPD schon abzeichneten. Nach 1969 erlebte die Bundesrepublik das Schauspiel einer nach zwanzig Jahren zum ersten Mal von der Regierungsbank verdrängten CDU, die um ihres Selbstbewußtseins willen den Gegner als regierungsunfähig bezeichnen mußte, weil sie nur auf diese Weise die eigene eigentliche Rolle wenigstens attitüdenhaft beibehalten konnte. Seit 1949 ist auch nur ganz selten ein Bundestagsmandat einem Amt als Landesminister vorgezogen worden, während es häufig zur gegenteiligen Entscheidung kam – bis hin zur Auszehrung der Oppositionsfraktion.

Feststellungen dieser Art bewahren davor, die Rolle des Parlaments im Gemeinwesen auch unabhängig von der möglichen Macht des Bundesrates zu überschätzen. Teilhabe an der Gesetzgebung, Kontrolle durch die Haushaltsberatung, Kritik der Regierung und manches mehr sind wichtig und machen auch Spaß, lassen sich aber mit der realen Macht eines Ressortministers nicht vergleichen. Auch dem Wähler gegenüber liegen die Dinge so, daß die Chancen für die nächsten Wahlen mit dem Regierungsamt wachsen, weil es publizistisch einen „Kanzlerbonus" und sachlich die Möglichkeit gibt, Wählerwünsche zu befriedigen oder sich doch diesen Anschein zu geben. Opposition ist ein undankbares Geschäft. Regieren fällt aufs erste jedenfalls leichter. Sicher ist auch die

Regierung durch Gesetze oder Sachzwänge gebunden. Ihr verbleibt aber doch ein Bereich freier Tätigkeit, der die internationale Politik, die Gesetzesinitiative, die Trends im Gesetzesvollzug, die Haushalts- und vor allem die Fondsbewirtschaftung, die regionale Mittelstreuung oder auch die Personalpolitik umfaßt, in dem sich Macht ausüben und ein Teil der eigenen Ziele verwirklichen läßt. Die Macht der Regierung ist durch die Verfassung und durch die sozio-ökonomischen Verhältnisse begrenzt, es gibt sie aber. Auch ‚amtierende Regierungen' (Hessen 1982) oder Regierungen ohne Mehrheit (Hamburg im 2. Halbjahr 1982, vorher Niedersachsen und Saarland, Bund während des Patt 1972) haben einen großen Teil dieser Macht. Deshalb stellen Fraktionen so bereitwillig programmatische und Interessengegensätze zurück, wenn es um die Teilnahme am Regieren geht. Allerdings mag sich das ändern. Zunehmende Schwierigkeiten der Politik können die Opposition in neuer Weise aufwerten.

Vgl. zusätzlich zu den erwähnten Bibliographien, den Verfassungskommentaren und den in 5.1.2. genannten Werken zum Folgenden: *Th. Stammen*, 1967 und 1976, *G. Doeker*, 1971 (hier vor allem den Beitrag von *J. Meynaud*), *K. Carstens*, 1971, *A. Katz*, 1975, *U. Scheuner*, 1978. *A. Baring*, 1982, schildert den Machtwechsel von 1969 und fügt eine kommentierte Bibliographie bei, auf die wir vor allem wegen der Zusammenfassung der zeitgenössischen Biographien und Autobiographien verweisen. Ein guter einführender Überblick bei *D. Bischoff* u. a., 1982, S. 138 ff.

5.5.1. Die Ministerien

Die deutschen Regierungen sind Kabinettsregierungen und bestehen aus dem Regierungschef und den Ministern oder Senatoren. Die jeweiligen Bezeichnungen stimmen außerhalb der Stadtstaaten weitgehend überein (vgl. dazu die Reihe ‚Ämter und Organisationen der Bundesrepublik Deutschland' seit 1966). In Bund und Ländern finden sich drei der klassischen Ressorts (Inneres, Finanzen, Justiz), ergänzt durch die Ressorts, die in der Hauptsache aus dem Innenministerium hervorgegangen sind (Kultus, Wirtschaft, Landwirtschaft, Soziales) (einen Vergleich der Landesinnenministerien hat *H. Dillkofer*, 1977, erarbeitet). Eine Landesbesonderheit bilden die Bundesratsministerien. Die Stadtstaaten weichen von diesem Schema ab und orientieren sich zum Teil mehr an der Referatsverteilung einer Großstadt, weil sie noch weniger als die Flächenstaaten zwischen Funktionen der politischen Führung und solchen der Verwaltung unterscheiden können (vgl. Quellen 6.2.). Der Bund komplettiert sodann die klassischen Ressorts durch das Auswärtige Amt und das Verteidigungsministerium und benötigt ein eigenes Verkehrsministerium, dem neben der allgemeinen Verkehrspolitik, dem Straßenbau und den Wasserstraßen die Bundesbahn zugeordnet ist. Andere Bundesministerien sind nachkriegs- oder koalitionsbedingt. Dabei herrschte bis in die sechziger Jahre die Tendenz, das Bundeskabinett von Wahl zu Wahl etwas zu vergrößern; 1969 kam es zur ersten Reduktion der Zahl der Ministerien und 1972 und 1986 wieder zu einer Vermehrung. Seither gibt es 16 nominelle Ressorts – im Vergleich zu anderen Ländern eine geringe Zahl (vgl. *R. Wildenmann*, 1963, und *Projektgruppe*, 1969).

Artikel 65 Grundgesetz spricht davon, daß jeder Bundesminister innerhalb der Richtlinien der Politik seinen *Geschäftsbereich* „selbständig und unter eigener Verantwortung" leiten soll. Diese Bestimmung schließt Bundesminister ohne eigenen Geschäftsbereich aus und setzt eine einigermaßen klare Zuständigkeitsverteilung zwischen den Ressorts voraus. Sie gelingt allerdings immer weniger, was teils mit der wachsenden

Interdependenz aller Lebensbereiche und damit aller Teilpolitiken, teils auch mit dem Widerstreit zwischen traditioneller Ressorteinteilung und modernen Erfordernissen zusammenhängt, soweit es nicht einfach Folge von Prestigeentscheidungen ist – als Beispiele dienen das Nebeneinander von Auswärtigem Amt und Gesamtdeutschem Ministerium und seinem Nachfolger oder auch der ständige Ressortstreit um die Entwicklungshilfe. Im übrigen sei hier dahingestellt, ob Unklarheiten in der Zuständigkeitsverteilung unvermeidbar sind oder ob man sie vielleicht sogar bewußt in Kauf nimmt, um die Macht der Koordinationsorgane zu vermehren (zur ,Zuständigkeit' und zur Koordination vgl. *Th. Ellwein,* 1976). Unbeschadet solcher Unklarheiten haben allenthalben die Ministerien einen sehr verschiedenen Rang. Überall gerät das Finanzministerium zu einem Superministerium, überall gibt es die Unterscheidung zwischen den Ministerien mit großem und mit kleinem Unterbau und nirgendwo gibt es demgemäß die volle Gleichheit im Kabinett, welche Verfassung und Geschäftsordnung postulieren (Ausnahme GO BReg § 26; vgl. Quelle 5.5.1.). In den Ländern ist generell die Ressortgliederung stabiler; es gibt weniger Möglichkeiten, eine Höchstzahl von 8 zu überschreiten. Die Länderministerien haben auch im größeren Umfange Verwaltungsaufgaben in dem klassischen Sinne der Aufsicht über nachgeordnete Behörden, der Personalplanung und -steuerung, der Mittelbewirtschaftung, der Entscheidung über schwierige Einzelfälle usw., während Politik im klassischen Sinne eher in Bonn gemacht wird. Auch wenn die Unterscheidung fragwürdig ist und z. B. die Mitwirkung der Landesbürokratie an der Bundespolitik nicht erfaßt, muß immer der administrative Schwerpunkt in den Landesministerien größer sein als in den Bundesministerien. Dem wollte man mit dem bisher einzigen, konsequenten Reformvorschlag begegnen, den die sog. Bulling-Kommission (1985) in Baden-Württemberg erarbeitet hat. Dieser Vorschlag zielte zum einen auf eine neue Ressortgliederung, die in etwa gleichgewichtige Landesressorts schaffen und zugleich die Ministerien administrativ entlasten sollte, und zum anderen allgemein auf eine Aktivierung der Landespolitik (Theorem vom ,Aufbruch der Teilstaaten'). Die Landesregierung ist den Vorschlägen weithin nicht gefolgt. Sie bleiben aber von Interesse wegen der zugrundeliegenden Überlegungen (Gutachten E. Laux und F. Wagener über den Zuschnitt von Ministerien und die dabei obwaltenden Gesichtspunkte) und wegen der Analyse einer ganzen Landesregierung, bei der Erstaunliches zutage trat (z. B. die große Zahl von Referaten ohne Mitarbeiter aus dem höheren Dienst) (vgl. dazu *Th. Ellwein,* Führungsstruktur im Bundesland, in: DÖV 1987, Heft 11 mit weiteren Beiträgen zum Thema).

Die Einrichtung der Ministerien fällt in die Organisationsgewalt des Regierungschefs. Bundestag oder Landtag sind insofern beteiligt, als sie im Haushaltsplan Gelder für das neue Ministerium bewilligen müssen. Das Haushaltsrecht des Parlaments ist aber nur eine notwendige Voraussetzung für die Tätigkeit der Regierung, nicht die verfassungsrechtliche Grundlage für deren Organisationsgewalt (vgl. *E. Böckenförde,* 1964, und *H. Kaja,* Ministerialverfassung und GG, in: AöR 1964, S. 381 ff. auch mit den entgegenstehenden Ansichten). Im Bund ergibt sich die Zuständigkeit des Bundeskanzlers für die Einrichtung von Ministerien aus Artikel 64 GG. Die Kompetenzzuteilung auf die Ministerien nimmt der Bundeskanzler nach Artikel 65 GG vor; außerdem ist die Organisationsgewalt noch in Artikel 86 GG und im § 9 der Geschäftsordnung der Bundesregierung verankert. Gelingt es mithin nicht, die Geschäftsbereiche der einzelnen Ministerien einigermaßen klar gegeneinander abzugrenzen, ist jeweils zu fragen, ob

es hier unüberwindbare sachliche Schwierigkeiten gibt oder Mängel in der Zuständigkeitsverteilung politisch bedingt sind.
Die Zuständigkeitsprobleme führen organisatorisch zu zwei Erfordernissen. Zum einen muß man ständig an der *Zuständigkeitsverteilung* arbeiten. Daraus lassen sich dann allerdings ohne Not nur bei einer Regierungsneu- oder -umbildung Konsequenzen ziehen, die aber Vorbereitungen erfordern. Um ihretwillen gab es in Bonn die interministerielle Projektgruppe Regierungs- und Verwaltungsreform, von der bei der Regierungsbildung 1969 einige Vorschläge übernommen wurden. Zum anderen muß man sich um eine sinnvolle *Koordination* bemühen. In der Koordination kann es um nachträglichen Ausgleich gehen, in der Hauptsache ist aber die funktionierende Frühkoordination anzustreben. Um diese Koordination kreisen die meisten Versuche, Planungsinstrumente zu finden, ein System der Aufgabenplanung einzuführen, den Informationsfluß zwischen Ministerien und Zentrale zu verbessern und anderes mehr. Wir kommen darauf zurück. Institutionell obliegt die Koordination zunächst dem Regierungschef und dem Kabinett; Bundeskanzleramt und Staatskanzlei sind in der Hauptsache dafür vorgesehene Apparaturen. Da – jedenfalls im Bund – das Kabinett zu groß ist, um als Koordinationsorgan immer fungieren zu können, kennt man die ad-hoc-Ausschüsse und die ständigen Kabinettsausschüsse wie den Bundessicherheitsrat oder den Kabinettsausschuß für Umweltfragen. Ihnen obliegt eine Verständigung zwischen den beteiligten Ressorts bis zu dem einheitlichen Auftreten im Kabinett (vgl. GO BReg §§ 16 f.). Die Koordinationsfunktion des Kabinetts wird hier also an ein Teilkabinett delegiert. Das ist der offizielle, der formelle Weg, ergänzt durch Staatssekretärsausschüsse und eine Vielzahl interministerieller Ausschüsse, in denen Beamte in ähnlicher Form einen Ausgleich versuchen (vgl. z. B. *H. Prior,* 1968). Daneben gibt es die informelle Willensbildung, also das Bemühen, sich die langwierigen formellen Verfahren zu ersparen, die eigenen Absichten als Referent mit Referenten anderer Ministerien im Gespräch abzusichern oder sich als Minister die Unterstützung befreundeter Kollegen zu holen. Ohne dies hier im einzelnen darzulegen, läßt sich zusammenfassen: Angesichts einer im ganzen unklaren Zuständigkeitsverteilung ergibt sich ein erheblicher Koordinationsbedarf, der zum Teil formell befriedigt wird, die informellen Wege indessen unentbehrlich macht. Beamte, die den Fuchsbau kennen, üben dann oft eine Macht aus, von der keine Geschäftsordnung etwas weiß.
Innerhalb des Ministeriums verfügen der Minister und sein Stellvertreter zunächst über einen ihnen persönlich zugeordneten *Arbeitsstab* sehr unterschiedlichen Umfanges, dem z. B. der persönliche Referent, der Pressereferent oder das Kabinettsreferat, zusammengefaßt als Ministerbüro oder als Leitungsstab, angehören. Meistens gibt es dann eine eigene Zentralabteilung, welche Personal- und Haushaltsangelegenheiten und die innere Organisation betreut. In der Hauptsache aber findet sich die Arbeit auf die Fachreferate verteilt, die zu Unterabteilungen zusammengefaßt sind, welche dann Abteilungen bilden (vgl. Quellen 6.2.1.). Im Bund fungieren als Abteilungsleiter Ministerialdirektoren, in Länderministerien gibt es oft nur einen einzigen solchen Direktor, der dann als leitender Beamter wirkt. Zwischen dem politischen Minister und den Beamten stehen die politischen Beamten, zu denen überall der beamtete Staatssekretär (vgl. *U. Echtler,* 1973) und meist auch der leitende Beamte zählen. Politische Beamte können im Gegensatz zu anderen Beamten vorzeitig in den Wartestand geschickt werden; bei ihrer Ernennung gelten die Laufbahnbestimmungen nur bedingt (vgl. *H. U. Derlien*, Einstweiliger Ruhestand politischer Beamter des Bundes 1949 bis 1983, in:

DÖV 1984, S. 689 ff.). In Bayern ist der Staatssekretär vollberechtigtes Regierungsmitglied und meist auch Abgeordneter. Die beamteten Staatssekretäre im Bund und in den anderen Ländern sollten sich politisch etwas zurückhalten. Im Bund gibt es noch das Rechtsinstitut des *Parlamentarischen Staatssekretärs*, von der Großen Koalition zunächst für die größeren, nach der Regierungsbildung von 1969 dann für alle Ministerien eingeführt (vgl. *H. Laufer*, 1969). Diese Staatssekretäre sollen den Minister vor allem in der politischen Außenvertretung, bevorzugt dem Parlament gegenüber, entlasten. 1983 benutzte H. Kohl die Parlamentarischen Staatssekretäre z. T. zur regionalen Ausbalancierung seines Kabinetts.

Innerhalb der Ministerien gilt es, wie in jeder formalen Organisation, die formellen und die informellen Wege zu unterscheiden. Formell handelt es sich um eine *hierarchische Struktur*, zugeschnitten auf den Minister als die Spitze der Hierarchie. Der Minister soll allein die Verantwortung tragen, über ihn soll alles kanalisiert sein, was vom Ministerium nach außen geht. Intern muß man infolgedessen abfiltern, um den Minister vor Informationsüberflutung und Entscheidungsüberbürdung zu bewahren. Was der in der Hauptsache Zuständige, also der Referent, tut, soll erst den Unterabteilungsleiter, den Abteilungsleiter und den Staatssekretär passieren. Der Schutz des Ministers kann allerdings auch seine Entmachtung bedeuten. Ein guter Minister weiß von den ihm aus seinem Hause formell, d. h. kanalisiert zufließenden Informationen, daß sie nur die miteingereichten Entscheidungsvorschläge unterstützen. Als Ergänzung bieten sich die informellen Wege der Meinungsbildung im Ministerium an. Sie haben zunächst die nämliche Funktion wie die zwischen den Ministerien. Man vermeidet auf ihnen z. B. als Referent den formellen Weg hinauf zum eigenen Abteilungsleiter, von diesem zum zweiten Abteilungsleiter und dann hinunter zum ständigen Referenten und gewinnt damit Zeit – das letztere oft so durchschlagend, daß man zunehmend auch formell ad-hoc-Arbeitsgruppen usw. einsetzt. Die wirklichen Kenner der informellen Informationsströme im Ministerium sind dabei wiederum unabhängig von ihrer rechtlichen Position einflußreich. Ein guter Minister wird sich auch diese informellen Wege zunutze machen, um zu erfahren, was man ihm gerne vorenthalten will. Daß Beamte und gerade höhere Ministerialbeamte dies immer wieder versuchen, wird – verbunden mit Loyalitätsbehauptungen – bestritten.

Ohne hier auf die Loyalitätsprobleme einzugehen, will ich nur festhalten, daß selbstverständlich häufig der Versuch gemacht wird, den Minister für die eigene Entscheidung zu gewinnen, indem man ihn einseitig oder unvollständig informiert. Die höhere Ministerialbürokratie betreibt Politikvorbereitung, also Politik. Der Referent, der ein Gesetz entwirft, will, daß es durchkommt. Er antizipiert deshalb Entscheidungen seiner Vorgesetzten, seines Ministers, des Kabinetts, der Mehrheitsfraktion (vgl. z. B. *B. Steinkemper*, 1974, und zu ihr kritisch *H. U. Derlien/G. Pippig*, 1984, im übrigen unten S. 390 f.). Er wird im eigenen Hause nicht verschweigen, daß er nicht nur gedanklich antizipiert, sondern auch auf anderem Wege. Er sichert also nach Möglichkeit die weitere Prozedur ab, damit sein Entwurf sie möglichst unverändert übersteht. Das ist verständlich und verzeihlich, führt aber dazu, daß nicht nur das Parlament Entwurfsbegründungen lediglich im Indikativ – es geht nur so und nicht anders – bekommt, sondern bereits der eigene Minister. Abgesehen von politisch brisanten Angelegenheiten übt die Ministerialbürokratie damit oft erhebliche Macht aus, eine Macht, die man gleichzeitig gern leugnet (vgl. *Th. Ellwein/R. Zoll*, 1973 a). Sich mit dieser Macht zu arrangieren, ohne sich ihr auszuliefern, ist eine der wesentlichen Voraussetzungen für eine erfolgreiche Ministerschaft. Wollte man erst das Ministerium reformieren, ist die Legislaturperiode schnell herum.

5.5.2. Ministerauswahl und Regierungsbildung

Während man Staatssekretär ohne Rücksicht auf die Vorbildung werden kann, diese Stellung aber meist früheren Beamten vorbehalten ist, führt der Weg ins *Ministeramt* fast ausnahmslos über das Abgeordnetenmandat und häufig über wichtige Fraktionsämter. Wird jemand ausnahmsweise als Nichtparlamentarier Minister, kandidiert er zumeist bei der nächsten Wahl auch für das Parlament. Nur bei den Kultusministern gibt es eine größere Zahl von Personen, die nicht vorher Abgeordnete waren. Für die Minister bestehen eigene Rechtsvorschriften. Die Verfassungen schreiben vor, daß sie „kein anderes besoldetes Amt, kein Gewerbe und keinen Beruf ausüben" dürfen. Dies betrifft nicht das Abgeordnetenmandat. Ob der Minister neben dem einfachen Abgeordnetenmandat noch eine zusätzliche Funktion im Parlament ausüben kann, ist umstritten, von der Natur der Sache her aber jedenfalls fragwürdig. Immerhin besteht die Neigung, vor allem in Koalitionsregierungen potentielle Fraktionsführer mit ins Kabinett zu nehmen. Daß jemand gleichzeitig Fraktionschef der Mehrheitspartei und Minister war, blieb mit Ludwig Huber bayerische Ausnahme; die Folgen für die Kontrollfunktion des Landtages liegen auf der Hand.

Die Verfassungsbestimmung über die *Unvereinbarkeit von Ministeramt und sonstiger Amts- und Berufsausübung* (z. B. Art. 66 GG) läßt sich vergleichsweise leicht einhalten. Schwierig wird es bei Ministern, die als Unternehmer die Beteiligung auf ihre Frau überschreiben oder die ein wichtiges Ehrenamt innehaben und bei denen es dann zur Pflichtenkollision kommt. Insgesamt gilt das jedoch als selten. Minister beziehen dagegen oft erhebliche Nebeneinkünfte aus Aufsichtsratssitzen. Von den politischen Einkünften her gesehen, ließe sich auch darauf verzichten. Die *Ministerbesoldung* ist mit der Beamtenbesoldung gekoppelt, sodaß sich eigene Besoldungsverhandlungen und -gesetze erübrigen, und erreicht den Spitzenbereich staatlicher Gehälter. Bei den meisten Ministern kommen die Abgeordneteneinkünfte hinzu. Auch die persönliche Amtsausstattung mit Büro, Arbeitsstab, Wagen und Fahrer, unbeschränkten Reisekosten, besonderen Repräsentationsmitteln und einem oft erheblichen Verfügungsfonds läßt sich im Bund wie in den Ländern als relativ *großzügig* bezeichnen, selbst wenn – wie man oft einwendet – in der Industrie höhere Gehälter bezahlt werden und in aller Regel die Beanspruchung eines Ministers das zumutbare Maß einfach überschreitet. Hinsichtlich der Versorgung hat man ähnlich wie bei den Abgeordneten die einschlägigen Bestimmungen allmählich verbessert (vgl. *Karl-Bräuer-Institut*, 1982). Ein Bundesminister erhielt 1986 nach dem Bundesministergesetz als Amtsbezüge DM 219 800,– (Parlamentarischer Staatssekretär DM 169 500,–) zzgl. DM 7 200,– (DM 5 400,–) Dienstaufwandsentschädigung. Dazu kam eine jährliche Sonderzuwendung, so daß sich mit der Beihilfe für den Bundespostminister und seinen Parlamentarischen Staatssekretär ein Aufwand von DM 462 000,– ergab. Anteile der Abgeordnetenbezüge kommen hinzu. Daß man dies der Höhe nach unterschiedlich bewerten kann, wurde gesagt. Unausgewogen erscheint es, wenn Landesminister ganz ähnlich eingestuft sind: 1986 bezog ein bayerischer Staatsminister alles in allem DM 239 000,–, ein Staatssekretär DM 214 000,–, wobei man ebenfalls den verbleibenden Anteil der Abgeordnetendiäten hinzuzählen muß (1/2 der steuerpflichtigen Grunddiäten = DM 3 701,– und 2/3 der steuerfreien Pauschale).

Von wenigen Ausnahmen abgesehen, sind die Minister *Berufspolitiker*. Ein Rücktritt kommt deshalb selten vor. Man bindet sein Schicksal an das des Regierungschefs. Dieser wiederum darf anders als in Großbritannien nur im Ausnahmefall eine Ministerrotation durchführen, weil die Vorstellung vom Minister als Fachmann zwar zum Immobilismus führen kann, vorderhand aber unausrottbar zu sein scheint. Auch zur Entlassung kommt es nur selten. Man kann sich also als Minister einarbeiten und in den Fristen einer Legislaturperiode denken. Das begünstigt den tatkräftigen Politiker wie den Schwächling und vermehrt die Gefahr des Ressortismus: Je weniger sich ein Minister als Fachmann für politische Führung versteht und je mehr er als Fachmann im Bereich der Teilpolitik auftritt, für die er ministeriell die Verantwortung trägt, desto mehr verwächst er mit seiner Bürokratie und geriert sich eher als Botschafter seines Ressorts und dessen Klientel im Kabinett denn als Abgesandter des Kabinetts im Ministerium. Eine gewisse *Verbandsfärbung* kann das unterstützen. So bestehen meist engere persönliche Beziehungen im Landwirtschaftsbereich, und es gibt für Lehrer und Professoren eine Präferenz im Kultusbereich. Arbeitsminister müssen dem DGB angehören. Ansonsten gibt es manche *Negativklauseln*: Man wird keinen ungedienten Politiker zum Verteidigungsminister, keinen Nichtjuristen zum Justizminister und keinen Junggesellen zum Minister für Gesundheit, Familie und Jugend berufen. Daß Frauen nur langsam vermehrte Chancen haben, hängt mit ihrem geringen Rekrutierungsanteil schon im Parlament zusammen. Die Bedeutung der Konfessionszugehörigkeit ist im Vergleich zu den fünfziger Jahren überall zurückgegangen. Insgesamt hat sich in der Bundesrepublik jedenfalls auch insofern der Parlamentarismus normalisiert, als die politische Karriere, die über Ämter in der kommunalen Selbstverwaltung, ein Parlamentsmandat und eine Führungsrolle in der Fraktion zum Ministeramt führt, immer selbstverständlicher wird. Sie ist in ihren angestrebten Auswirkungen allerdings durch ein spezifisches Fachmannsbewußtsein vorderhand noch eingeschränkt. Ein Regierungschef braucht aber in seinem Kabinett nicht Fachleute, sondern Politiker, die mit ihm Prioritätsentscheidungen treffen, Macht handhaben und sich der ihnen attachierten Fachleute bedienen können. Über Ausbildung und Berufe der Bundesminister unterrichtet Klaus Armingeon (in: *ZParl* 1986, S. 25 ff.).

Die Vorschriften der westdeutschen Verfassungen über die *Regierungsbildung* halten sich zunächst an die bewährten Muster. Im Grundgesetz ist dabei die Mitwirkung des Bundespräsidenten vorgesehen: „Der Bundeskanzler wird auf Vorschlag des Bundespräsidenten vom Bundestag ohne Aussprache gewählt." Für die Wahl sind die Stimmen der Mehrheit der Mitglieder nötig. Fallen diese für den vom Bundespräsidenten vorgeschlagenen Kandidaten nicht an, kann die Bundestagsmehrheit allein tätig werden und von sich aus einen Kandidaten benennen und wählen. Gelingt das binnen 14 Tagen nicht, findet ein neuer Wahlgang statt, nach dem gewählt ist, wer die meisten Stimmen erhält. Den vom Bundestag mit Mehrheit Gewählten muß der Bundespräsident ernennen; ist ein Kandidat nicht von der Mehrheit gewählt, kann ihn der Bundespräsident ernennen, er kann den Bundestag aber auch auflösen. Die Bundesminister werden ebenfalls vom Bundespräsidenten ernannt; das Vorschlagsrecht liegt ausschließlich beim Bundeskanzler. Dieser ernennt allein einen Minister zu seinem Stellvertreter (Art. 63 und 64 GG; vgl. *M. R. Lippert*, 1973).

Im Falle eines *Konfliktes zwischen Bundesregierung und Bundestag* sieht das Grundgesetz in den Artikeln 67 und 68 folgende Lösungsmöglichkeiten vor: Die glatteste Lösung ist, daß die Mehrheit des Bundestages von sich aus einen neuen Bundeskanzler wählt, woraufhin der Bundespräsident den alten entlassen und den neuen ernennen muß. Man spricht vom „konstruktiven Mißtrauensvotum", weil diese Regel verhindert, daß eine Mehrheit lediglich negativ wirkt, aber nicht bereit und fähig ist, auch positiv zusammenzuarbeiten, also eine Regierung zu bilden. Die zweite Möglichkeit liegt darin, daß der Bundeskanzler, wenn ihm das erbetene Vertrauen nicht ausgesprochen wird, den Bundespräsidenten bitten kann, binnen 21 Tagen den Bundestag aufzulösen.

Die Verfahren nach Art. 67 und Art. 68 sind zuerst 1972 angewandt worden. CDU und CSU brachten im Frühjahr ein Mißtrauensvotum gegen Brandt ein und schlugen R. Barzel als neuen Kanzler vor. Die Wahl kam aber nicht zustande, weil offenbar ein Fraktionskollege Barzel nicht wählen wollte. Später führte das zu einem Bestechungsvorwurf, der nicht wirklich be- und damit auch nicht wirklich widerlegt werden konnte. Im Herbst stellte W. Brandt angesichts des Patt im Bundestag die Vertrauensfrage nach Art. 68, vermied dabei den Begriff ‚Vertrauensfrage' (man sprach von ‚Verfahren nach Art. 68'), erhielt keine Mehrheit und konnte erfolgreich den Bundespräsidenten bitten, den Bundestag aufzulösen. Zehn Jahre später kam es während der Krise der sozialliberalen Koalition zu langen Erörterungen über die denkbaren Verfahren. Nach dem Schwenk der FDP wurde Bundeskanzler H. Schmidt nach Art. 67 gestürzt und H. Kohl zum Bundeskanzler gewählt. Kohl hatte mit der neuen Koalition aus CDU, CSU und FDP zu diesem Zeitpunkt Neuwahlen versprochen. Sie wären verfassungstechnisch am leichtesten gewesen, wenn man Schmidt bewogen (oder sein Angebot angenommen) hätte, die Vertrauensfrage zu stellen, um dann den Bundestag auflösen zu lassen. Kohl wollte aber wohl Schmidt den Kanzlerbonus im bevorstehenden Wahlkampf nicht lassen, praktizierte deshalb das Verfahren nach Art. 67, um nach wenigen Wochen das Verfahren nach Art. 68 in seinem Sinne erfolgreich durchzuführen. Der Bundespräsident löste am 7.1.1983 den Bundestag auf und beraumte Neuwahlen an.

Regierungssturz und Regierungswechsel haben eine verfassungsrechtliche, eine politische und eine moralische Komponente. Rechtlich war das Verfahren gegen H. Schmidt einwandfrei. Politisch war es nicht zu beanstanden, daß die FDP als selbständige Partei ihr Koalitionsengagement kritisch überprüfte. Daß es dennoch zu einer Vertrauenskrise kam, fällt in den moralischen Bereich. Die FDP hatte 1980 erfolgreich mit Berufung auf Schmidt Wahlkampf geführt und ihre Lösung von der SPD dann in einem langwierigen, schwer verständlichen und von den Mitgliedern, wie sich später zeigte, nur mit großen Bedenken hingenommenen publizistischen Prozeß vorbereitet, anstatt in offener Feldschlacht die neue Situation zu analysieren und aus ihr Konsequenzen zu ziehen. Die Auseinandersetzungen über die ‚Legitimität' des Frontenwechsels der FDP ging deshalb an der Realität vorbei. In ihr stand tatsächlich das Moralische im Vordergrund und mit ihm die Möglichkeit sehr unterschiedlicher Bewertung. In der Debatte am 1.10.1982 im Bundestag spielte das eine große Rolle. C. M. Mutter schrieb am Tag nach der Wahl Kohls unter der Überschrift „Vorrat an Unredlichkeit in Bonn" (Salzburger Nachrichten 2.10.1982) u. a., nicht „ein vollauf legaler Vorgang" verpeste das Klima, „sondern ein durchsichtiges Taktieren um die Macht." Dafür gebe es zwei exemplarische Kronzeugen. Der CDU-Abgeordnete Barzel sagte vor dem Bundestag, „daß die ‚neue Mehrheit' nun jenen Karren wieder flott machen müsse, den die ‚alte Mehrheit' in den Dreck gefahren habe. Die FDP also gestern Kopilot in den Straßengraben und heute umgepoltes Zugpferd aus dem Schlamassel? Und FDP-Chef Genscher wußte auf die Frage von Journalisten, welche Sachvereinbarungen innerhalb der ‚neuen Mehrheit' nicht mit der SPD durchzusetzen gewesen wären, nichts weltbewegenderes zu nennen als die Senkung des Kindergeldes für Besserverdienende". Das neue Koalitionspapier werfe Grundfragen auf. Zum einen schlage die CDU jetzt vor, was sie bisher abgelehnt habe. Zum anderen müsse man die Union fragen, „ob sie im Ernst nahezu 13 Jahre in der Opposition ihre Zeit damit vertrödelte, an einem programmatischen Papier für den Tag des Machtwechsels zu feilen, das dann schüchtern als ‚kleiner Schritt in Eile' (Stoltenberg) vorgestellt wird. Das ist ein beachtliches Paket an Unredlichkeit." Die SPD wiederum jammere über das Verhalten der FDP und verschweige, was sie selbst dazu

beigetragen habe, die Politik Schmidts zu erschweren. Tatsächlich muß man davon ausgehen, daß zumindest Genscher ein längerfristiges Konzept verfolgte, mit dem Regierungswechsel aber bis zu den Wahlen in Hessen und Bayern warten wollte, was ihm dann Schmidt durch seine Erklärung vom 9. September 1982 unmöglich machte (vgl. dazu das im übrigen wenig überzeugende Buch von *K. Bölling*, 1982). Die Dinge kamen jedenfalls zum Schluß so rasch ins Rollen, daß ein neues Regierungsprogramm nicht ernstlich vorbereitet war. Man mußte sich auf den zu verabschiedenden Haushalt 1983 und auf Einsparungen in ihm konzentrieren, um anschließend im Wahlkampf eine Atempause zu gewinnen.
Problematischer war die Anwendung des Art. 68, die H. Kohl mit dem Ziel in Gang brachte, daß sich seine Mehrheit ihm verweigere, um dann eine Bundestagsauflösung zu erreichen. Hier spricht die Verfassung von ‚Vertrauen'. Die Mehrheit, die wenige Wochen vorher Kohl wählte, mußte bekunden, daß sie ihm kein Vertrauen (mehr) schenke, um ihn sofort anschließend wieder als Kanzlerkandidaten eben dieser Mehrheit in den Wahlkampf zu schicken (Vertrauensfrage am 15.12.1982 und Abstimmung darüber am 17.12.1982). Die Entscheidung lag beim Bundespräsidenten. Er traf sie im Sinne H. Kohls, ließ sich aber zur eigenen Salvierung ein Hintertürchen offen, als er am 7.1.1983 zur Begründung seines Beschlusses erklärte, es sei dem Bundespräsidenten nicht möglich, festzustellen, „aus welchen Gründen der einzelne Abgeordnete dem Bundeskanzler die Zustimmung versagt hat. Ich halte mich an die öffentlich vorgetragenen Begründungen." Sie waren möglicherweise politisch zutreffend. Verfassungspolitisch bedeutete die Auflösung des Bundestages am 7.1.1983 aber nichts anderes, als mithilfe des Art. 68 zu erreichen, was der Grundgesetzgeber dem Bundestag im Gegensatz zu den meisten Länderparlamenten wohlbedacht versagt hat: Ein Selbstauflösungsrecht. Das Grundgesetz ‚will', daß sich Mehrheiten notfalls zusammenraufen, daß ‚regiert' wird und aktuelle Konstellationen hinter der unerläßlichen Kontinuität des staatlichen Handelns zurücktreten. Ob diese Grundkonzeption des Grundgesetzes allzusehr vom Blick auf Weimar geprägt ist, sei hier dahingestellt. 1982 wäre es jedenfalls u. E. im Sinne des gültigen Grundgesetzes gewesen, wenn nach dem Mißtrauensvotum gegen H. Schmidt die neue Mehrheit bis zum Ende der Legislaturperiode regiert hätte. Den Art. 67 anzuwenden, um nur 8 Wochen gemeinsam zu regieren: ein solches Verhalten wollten die Verfassungsgeber unter allen Umständen vermeiden. Die zweite Anwendung von Artikel 68 GG in der Geschichte der Bundesrepublik bedeutet damit nach unserer Überzeugung eine klare Verfassungsbeugung. Daß an ihr auch der Bundespräsident beteiligt werden mußte und später noch das Verfassungsgericht ins Spiel kam, gehört ebenso zum System des Grundgesetzes wie es aber auch dessen Manipulation sichtbar macht. Der Bundespräsident jedenfalls wußte sehr wohl, warum er seine Entscheidung öffentlich begründete und nahezu entschuldigte. Das Gericht wiederum mußte politisch entscheiden und im Februar 1983, kurz vor der anberaumten Wahl, sich der normativen Kraft des Faktischen beugen. Es beruhigte sich selbst, indem es die Abstimmung in Bonn umdeutete in eine „im Akt der Stimmabgabe förmlich bekundete gegenwärtige Zustimmung der Abgeordneten" (Leitsätze Ziff. 5), um im übrigen etwas wolkig an der bisherigen Verfassungsauslegung festzuhalten: „Eine Auslegung dahin, daß Art. 68 GG einem Bundeskanzler, dessen ausreichende Mehrheit im Bundestag außer Zweifel steht, gestattete, sich zum geeignet erscheinenden Zeitpunkt die Vertrauensfrage negativ beantworten zu lassen, mit dem Ziel, die Auflösung des Bundestages zu betreiben, würde dem Sinn des Art. 68 GG nicht gerecht" (Ziff. 7) – eine korrekte Beschreibung des von H. Kohl gewählten Verfahrens, angesichts dessen es schon einiger Windungen bedurfte, um es für rechtens zu erklären. Der Bundespräsident sprach daraufhin, wohl erleichtert, dem Gericht seinen Dank und insgesamt die Hoffnung aus, „daß die politische Diskussion über diese Frage nunmehr zum Abschluß kommt". Das soll aber hoffentlich nicht bedeuten, daß jemand, der nach reiflicher Prüfung etwas für eine Verfassungsbeugung hält, das nicht mehr sagen darf, wenn der Kanzler diese Beugung initiiert, der Präsident sie toleriert und das Gericht sie hinnimmt – mit dem ausdrücklichen Hinweis, ‚eigentlich' ginge das nicht. (Vgl. die Beiträge in *ZParl* 1983, S. 5 ff. und *K. Stern*, 1984 – Bd. I – § 22; a. A. *H. P. Schneider*, in: *E. Benda* u.a., 1984, der S. 272 von einem „Funktionsäquivalent" für das fehlende Selbstauflösungsrecht spricht.)

Das Grundgesetz oder die Verfassungsväter, ein inzwischen von Frauen gerügter Ausdruck, wollten unter allen Umständen die Stabilität des Regierens sichern. Sie räumten deshalb zwei wichtige Mängel der Weimarer Verfassung aus: Erstens ist die Ernennung des Bundeskanzlers nicht mehr Sache des Bundespräsidenten allein, und es kann nicht mehr geschehen, daß die von diesem ernannten Kanzler sofort vom Mißtrauensvotum bedroht sind. Zweitens kann das Mißtrauensvotum nur ausgesprochen werden, wenn die Mehrheit zur Zusammenarbeit mit einem anderen Kanzler bereit ist.[1] Zugleich ist die Auflösung des Bundestages sehr erschwert, so daß damit kein Mißbrauch getrieben werden kann. Faktisch hat sich eine Gewichtsverlagerung vom Präsidenten zum Kanzler vollzogen, die auch in der Rolle der Minister sichtbar wird.

Da mit diesen Regeln allgemeingültige Erfahrungen beantwortet sind, finden sie sich ähnlich in den Landesverfassungen. Im Gegensatz zum Grundgesetz fällt dabei das Staatsoberhaupt fort und ist zumeist der Regierungschef in der Auswahl seiner Minister weniger souverän. Es heißt z. B. in Artikel 46 der Verfassung von Baden-Württemberg:

1. Der Ministerpräsident wird vom Landtag mit der Mehrheit seiner Mitglieder ohne Aussprache in geheimer Abstimmung gewählt . . .
2. Der Ministerpräsident beruft und entläßt die Minister, Staatssekretäre und Staatsräte. Er bestellt seinen Stellvertreter.
3. Die Regierung bedarf zur Amtsübernahme der Bestätigung durch den Landtag. Der Beschluß muß mit mehr als der Hälfte der abgegebenen Stimmen gefaßt werden.
4. Die Berufung eines Mitgliedes der Regierung durch den Ministerpräsidenten nach der Bestätigung bedarf der Zustimmung des Landtages.

Die Verfassung beteiligt auf diese Weise den Landtag wenigstens formell an der Bestellung der Minister. Gelingt eine Regierungsbildung innerhalb von drei Monaten nach dem Zusammentritt des Landtages nicht, so gilt dieser automatisch als aufgelöst. Hinsichtlich einer Abberufung des Ministerpräsidenten gilt das konstruktive Mißtrauensvotum. Die Entlassung eines Ministers kann eine qualifizierte Mehrheit des Landtages erzwingen.

Weniger eindeutig formuliert ist die Verfassung Bayerns:

1 Dieser Satz und der folgende entstammen den früheren Auflagen. Nach den Vorgängen im September und Dezember 1982 sind sie nicht mehr haltbar. Eine Mehrheit, die ihr Vertrauen dem von ihr gewählten Kanzler nur für die eine Stunde der Abstimmung nach Art. 68 entzieht, offenbart die Schwäche der geschriebenen Verfassung im Verhältnis zur Politik, sobald diese nicht mehr uneingeschränkt ‚verfassungstreu' ist, sondern – im konkreten Fall – ‚das Gesetz so lange streichelt, bis es paßt'. Die Vorgänge um die Jahreswende 1982/1983 offenbarten noch eine weitere Schwäche im bisherigen Umgehen mit der Verfassung. 1949 hatte man im alten Art. 39 bestimmt, daß die Wahlperiode eines Bundestages vier Jahre nach seiner Wahl oder mit einer Auflösung ende. Für den Notfall hatte man gemäß Art. 45, der inzwischen aufgehoben ist, den Ständigen Ausschuß parat. 1976 änderte man Art. 39. Die Wahlperiode eines Bundestages endet nun mit dem Zusammentritt eines neuen Bundestages. Das gilt auch für aufgelöste Bundestage. Deshalb konnte im Januar 1983 der 9. Bundestag noch einmal zusammentreten, um den französischen Staatspräsidenten zu begrüßen, konnten die Abgeordneten ihre Diäten bis weit über den Wahltag hinaus beziehen und die Parlamentarischen Staatssekretäre, deren Amt an das Mandat gebunden ist, im Amt bleiben und vom Amt aus den Wahlkampf führen, obwohl dieser Bundestag sich für unfähig erklärt hatte, eine stabile Mehrheit zu bilden. Das alles sind Konsequenzen der Regelung von 1976, die vorwiegend den Parteien nutzen. Auch in solchen Kleinigkeiten wird sichtbar, welche Entwicklung sich seit 1949 vollzogen hat und warum sich die u. E. gerechtfertigte Interpretation der Bundesrepublik als eines übermäßigen Parteienstaates aufdrängt.

Artikel 44:

1. Der Ministerpräsident wird von dem neugewählten Landtag spätestens innerhalb einer Woche nach seinem Zusammentritt auf die Dauer von vier Jahren gewählt.

...

3. Der Ministerpräsident kann jederzeit von seinem Amt zurücktreten. Er muß zurücktreten, wenn die politischen Verhältnisse ein vertrauensvolles Zusammenarbeiten zwischen ihm und dem Landtag unmöglich machen. Der Rücktritt des Ministerpräsidenten hat den Rücktritt der Staatsregierung zur Folge. Bis zur Neuwahl eines Ministerpräsidenten geht die Vertretung Bayerns nach außen auf den Landtagspräsidenten über ...
4. Bei Rücktritt oder Tod des Ministerpräsidenten während seiner Amtsdauer wird in der nächsten Sitzung des Landtages ein neuer Ministerpräsident für den Rest der laufenden Amtsdauer gewählt.
5. Kommt die Neuwahl innerhalb von vier Wochen nicht zustande, muß der Landtagspräsident den Landtag auflösen.

Artikel 45:
Der Ministerpräsident beruft und entläßt mit Zustimmung des Landtages die Staatsminister und Staatssekretäre.

Zunächst kann also als *gemeinsames Verfassungsrecht* in Bund und Ländern gelten, daß das Parlament mit einfacher oder näher präzisierter Mehrheit ohne Aussprache den Regierungschef wählt, während dieser die Minister ernennt. Im Bund wird formell die Ernennung vom Bundespräsidenten vorgenommen, in den Ländern ist dafür die Zustimmung der Parlamentsmehrheit erforderlich. Faktisch sind so die Landesminister enger an das Parlament gebunden. Im Bund dagegen ist der Bundeskanzler allein dem Parlament voll verantwortlich. Soweit nicht Koalitionsrücksichten bestehen, kann der Bundeskanzler nach Belieben Minister entlassen oder behalten. Adenauer hat das mehrfach nachdrücklich praktiziert. Für die Wahlvorgänge sind in den Verfassungen Fristen gesetzt. Nach einer gewissen Zeit führt Erfolglosigkeit in der Regierungsbildung zur Auflösung des Parlaments. Eine nur von einer Minderheit gewählte Regierung ist unter bestimmten Voraussetzungen möglich (Niedersachsen 1976). Die Befugnisse des Parlaments, die Regierung abzuberufen, ist in der Regel von der Bereitschaft abhängig gemacht, zuvor oder sogleich danach einen neuen Regierungschef zu wählen. Maßnahmen gegen einzelne Minister sind nur in einigen Ländern möglich. Einige Landesverfassungen (Hamburg und Schleswig-Holstein) sehen keine ausdrückliche Neuwahl der Regierung vor. Insofern blieb 1982 und 1986 in Hamburg der Senat einfach im Amt, obgleich er die Mehrheit in der Bürgerschaft verloren hatte.

Von dieser Verfassungskonstruktion weichen die Verfassungen der drei *Stadtstaaten* in einem wesentlichen Punkt ab: In Berlin wird der Regierende Bürgermeister vom Abgeordnetenhaus gewählt. Dieses wählt auf Vorschlag des Regierenden Bürgermeisters auch die Senatoren und beschließt deren Zahl und Geschäftsbereiche. In Hamburg werden die Senatoren von der Bürgerschaft gewählt und wählen dann ihrerseits den Ersten und den Zweiten Bürgermeister. Sie verteilen auch die Geschäfte nach eigenem Ermessen. Ähnlich liegen die Dinge in Bremen.

Unbeschadet der Unterschiede zwischen Bund und Ländern läßt sich davon ausgehen, daß Regierungsbildungen nach den neuen Verfassungsbestimmungen seit 1946 ständig stattgefunden und die dafür gefundenen Formen auch gepaßt haben. Auslegungsstreitigkeiten hielten sich in Grenzen. Zu *Mißtrauensvoten* ist es nur vereinzelt gekommen. In der Regel erfolgte dann ein Regierungswechsel während der Legislaturperiode vor dem Hintergrund der Umorientierung von Fraktionen. Zur *Parlamentsauflösung* kam es z. B. in Niedersachsen, Hamburg und im Bund. Die Voraussetzungen für die Auflösung des Bundestages 1972 sind mit dem Veränderungsprozeß der Parteien in den fünfziger Jahren vergleichbar, weil sie mit dem Partei- und Fraktionswechsel von Abgeordneten in relativ großer Zahl zusammenhängen. Auch die Vorgänge von 1982 verweisen auf Entwicklung im Parteiensystem – in diesem Falle auf die Stärkung des Wirtschaftsflügels in der FDP. Das verdeutlicht, daß die Fragen der Regierungsbildung nur am Rande verfassungsrechtlicher Natur sind, während tatsächlich Programm, Struktur, Interessen, Führung und Personalangebot der Parteien im Vordergrund stehen. Längerhin konnte deshalb die Kulturpolitik in den Ländern die Koalitions- und die Regierungsbildung bestimmen; erst seit einigen Jahren wirkt sich die stärkere Polarisierung auch auf die Länder aus. In Bonn dagegen steht stärker die Person des Regierungschefs im Vordergrund. Dr. Adenauer konnte 1953 und 1957 unangefochten sein Kabinett bilden. 1961 war er auf die FDP angewiesen, die mit ihm schlechte Erfahrungen gemacht hatte und deshalb u. a. auf einer schriftlichen Koalitionsvereinbarung bestand, der Wissenschaftler vorwarfen, sie verstoße gegen die Richtlinienkompetenz des Kanzlers und gefährde die Gewissensfreiheit der Abgeordneten. Ähnliche Einwände wurden gegen den Koalitionsausschuß erhoben (vgl. *A. Schüle* und *G. F. Kafka,* Die verfassungsrechtliche Stellung der politischen Parteien . . ., in: VVDStRL 17).

Für *Koalitionsvereinbarungen* gilt zunächst, daß eine Koalition ohne vorausgehende Programmeinigung es den Ministern überläßt, sich im Kabinett zu verständigen. Entwickelt man dagegen inhaltliche Maßstäbe und bindet damit auch die Minister, grenzt man deren natürliche Kompromißbereitschaft ein, was die Koalition mit einem Schuß Unsicherheit belasten kann. Der *Koalitionsausschuß* mit der Funktion, schwebende Fragen zu klären, Gesetzesvorhaben vorzubesprechen und die gemeinsame Arbeit zu koordinieren, ist dagegen sicher verfassungsrechtlich unbedenklich, wohl aber politisch problematisch. In der bayerischen Viererkoalition nach 1954 war der Ausschuß z. B. unentbehrlich, weil das Kabinett allein die heterogenen Kräfte kaum hätte zusammenbinden können. In der Großen Koalition in Bonn von 1966 bis 1969 wurden dagegen die beiden Fraktionsvorsitzenden Rainer Barzel und Helmut Schmidt zu den beherrschenden Figuren. Alle Erfahrungen verweisen das Thema der Bemühungen um eine geregelte Fraktionszusammenarbeit in der Koalition auf den ihm zukommenden Platz: Die verbindende Koalitionsmitte muß zuletzt das Kabinett sein.

Nachdem inzwischen alle Formen der Regierungsbildung vorgekommen sind, die aufgrund eindeutigen Wählerauftrages, die aufgrund schwieriger Koalitionsverhandlungen, die aufgrund einer Umorientierung von Parlamentsfraktionen während der Mandatsperiode, die aufgrund einer Allparteien- oder einer Großen oder schließlich einer Kleinen Koalition, kann man wohl dies sagen: Zum ersten läßt sich im Wahlkampf der künftigen Regierungsbildung als Thema nicht mehr so ausweichen wie früher; die *Grundentscheidung über die Regierungsbildung* fällt deshalb mit der Wahl selbst oder kurz danach. Zum zweiten ist die Regierungsbildung, wie im Bund von Anfang an inzwischen auch in den Ländern in den Sog der starken Personalisierung während des Wahlkampfes geraten, was die Position des alten wie des neuen Regierungschefs stärkt. Zum dritten spielen trotz dieser Personalisierung seit einigen Jahren Programmfragen wieder eine größere Rolle; dies hat zur Folge, daß nicht mehr alle Koalitionen möglich sind. Das verweist uns aber auf das Thema Parteiensystem, weniger schon auf das des Verhältnisses zwischen Regierung und Parlament. Was dieses Verhältnis anbelangt, läßt sich wohl nur viertens sagen, daß unmittelbar nach der Wahl die Regierungsbildung stärker zu einer Funktion des Führungskreises der Parteien wird, welcher die Fraktion anhört, aber nicht ernstlich beteiligt.

5.5.3. Zur Rolle des Ministers

Die Regierung bildet nur bedingt eine Einheit. Das ergibt sich schon aus der *Struktur der Ministerien*. Neben den klassischen Ministerien stehen die Daseinsvorsorge- und ausgesprochene Spezialministerien. Sie haben ganz verschiedene Funktionen. Das Gesundheitsministerium ist z. B. seiner Funktion nach Beobachtungs-, Aufklärungs- und Gesetzgebungsministerium. Für alle einschlägigen Fragen besteht also eine beobachtende Behörde mit der Aufgabe, aus den Beobachtungen legislatorische Konsequenzen zu ziehen, wozu inzwischen auch Aufsichtsbefugnisse gekommen sind, die z. T. mit Hilfe des Bundesgesundheitsamtes wahrgenommen werden. Das Wirtschaftsministerium hat es dagegen auch mit der Gesetzgebung zu tun, zugleich wird von diesem Ministerium aber eine Fülle von Einzelentscheidungen erwartet; Entscheidungen, die wie Einfuhrverordnungen mehr grundsätzlicher Art oder die wie Kreditbewilligungen und andere unmittelbare Wirtschaftshilfen mehr singulärer Art sind. In dem einen Fall hat das Ministerium nur prinzipielle Aufgaben und nimmt insoweit an der politischen Planung und Führung teil, in dem anderen hat es auch Vollzugsaufgaben. Mit diesen wächst die Macht. Die Landesministerien sind homogener, weil sie alle Vollzugsaufgaben haben und weil sie fast alle einen mehr oder minder großen Vollzugsapparat dirigieren. In den Ländern gibt es keine bloßen Gesetzgebungsministerien wie sie der Bund haben muß, wenn auch derartigen Bundesministerien gelegentlich einige Vollzugsaufgaben übertragen sind. So vollzog das Familienministerium den Bundesjugendplan, das Wissenschaftsministerium vergibt Forschungsmittel, das Ministerium für innerdeutsche Beziehungen unterstützt Veranstaltungen verschiedenster Art. Diese Vollzugsfunktionen sind aber kaum vergleichbar mit der Vollzugsmacht des Verkehrsministeriums, das über die Straßenbaumittel verfügt, oder des Verteidigungsministeriums, dem nicht nur personell die gesamte Bundeswehr und ihre Verwaltung unterstehen, sondern das in Zusammenhang mit den Rüstungsausgaben auch der wichtigste wirtschaftliche Auftraggeber in der Bundesrepublik ist.

Unterscheiden wir nun mit Sternberger „zwischen denjenigen Organen, die die Politik bestimmen, und denjenigen, die sie ausführen" (Gewaltenteilung und parlamentarische Regierung, in: *PVS* 1960, S. 22 ff., abgedruckt mit anderen wichtigen Beiträgen bei *Th. Stammen,* 1976; weitere Definitionen vgl. *G. Kassimatis,* 1967), dann ergibt sich ein nächstes: Die *bestimmende Macht* wächst in dem Maße, in dem Ausführung nicht nur angeleitet, sondern auch kontrollierbar wird. Zu den mächtigsten Ministerien gehören so zweifellos die Kultusministerien, die an der Gesetzgebung beteiligt sind, die Schulverwaltung leiten und beaufsichtigen, die Schüler Bildungsplänen unterwerfen und deren Durchführung über die Personalpolitik innerhalb der Lehrerschaft und der Schulaufsicht mehr oder minder souverän kontrollieren. Nun ist Macht dabei eine zu unklare Kategorie, als daß sich von ihr aus allein eine Stufenfolge festlegen ließe, immerhin liegt auf der Hand, daß mit dem Anwachsen des Bereiches, in dem bestimmt werden kann, die Macht wächst. Ein Minister bestimmt zuerst durch seine Teilhabe an der allgemeinen Planung der Regierung, sodann durch seine besondere Zuständigkeit für die Gesetzgebung eines Bereiches, in dem ihm mindestens die Initiative nicht zu verwehren ist und in dem bei Initiative von anderer Seite sein Votum Gewicht hat, weiter durch seine allgemeine Weisungs- und Aufsichtsgewalt über die Gesetzesausführung und endlich durch seine Möglichkeit, Situationsentscheidungen zu treffen. In Zusammenhang mit den letzteren wird man dann noch unterscheiden müssen zwischen der gebundenen, d. h. durch das Gesetz mehr oder minder genau vorgeschriebenen Entscheidung und der freien Entscheidung, die sich nur im Rahmen der Gesetze bewegt.

Daraus folgt, daß die *Stellung des Ministers unter drei verschiedenen Aspekten zu sehen ist*, aus denen sich dann wiederum die Funktion der Regierung als solcher herausschälen läßt. Der *erste Aspekt* ist der *persönliche* und *politische*. In Deutschland Minister zu sein, heißt, an der überlieferten Autorität hoher staatlicher Ämter zu partizipieren, heißt, mit dem Stander auf dem Auto durchs Land fahren zu können und entsprechend behandelt zu werden. Daraus ergibt sich ein Kapital, das dem Minister persönlich keinen Nutzen bringen sollte, das aber jedenfalls seiner Partei zugute kommt. In der Regel bedeutet die Nominierung zum Ministeramt seitens der Partei einen Vertrauensbeweis; der Minister spielt also in der Partei eine wichtige Rolle. Er ist zugleich zumeist Abgeordneter und hat die Möglichkeit, seinen Einfluß im Parlament nicht nur von der Regierungsbank aus geltend zu machen. Die sich aus solchen Unwägbarkeiten ergebende Führungsrolle hängt im einzelnen natürlich von der Person des Betreffenden ab.

Der *zweite Aspekt* ergibt sich aus der *Zugehörigkeit zum Kabinett*. Die deutschen Regierungen sind Kabinettsregierungen; die Geschäftsordnungen schreiben für alle wesentlichen Entscheidungen Abstimmungen vor, in denen bei Stimmengleichheit die Stimme des Kabinettschefs den Ausschlag gibt. Der Bundesregierung sind, um ein Beispiel zu nennen, „zur Beratung und Beschlußfassung zu unterbreiten alle Angelegenheiten von allgemeiner innen- oder außenpolitischer, wirtschaftlicher, sozialer, finanzieller oder kultureller Bedeutung, insbesondere a) alle Gesetzentwürfe, b) sonstige Verordnungsentwürfe, wenn sie von besonderer politischer Bedeutung sind", außerdem Stellungnahmen des Bundesrates, Meinungsverschiedenheiten zwischen Bundesministern und alle wichtigen Personalangelegenheiten (GO BReg § 15). Da die Regierung im wesentlichen aus Ressortministern besteht, ergibt sich daraus, daß die Regierung als Ganzes einerseits *Beschlußorgan* und andererseits *Organ der Koordination* zwischen den verschiedenen Ressorts ist. Entscheidungen der Regierung verpflichten den Minister, auch wenn er anderer Meinung ist, d. h. er darf sich öffentlich nicht gegen diese Entscheidung aussprechen und kann gezwungen sein, im Parlament als Abgeordneter im Sinne des Regierungsbeschlusses abzustimmen, selbst wenn ihn das in Gegensatz zu seiner Fraktion bringt (GO BReg § 12). Regierungsdisziplin sollte bis zu einem gewissen Maße selbstverständlich sein; Verhaltensweisen, wie sie sich 1981/82 einbürgerten, signalisieren schon ein Ende. Vor der Entscheidung hat jeder Minister jedoch seinen vollen Anteil an der Willensbildung im Kollegium. Daß dies durch das Vorrecht des Regierungschefs, die Richtlinien der Politik zu bestimmen, wieder eingeschränkt wird, sei hier nur erwähnt; es wird darüber im folgenden Abschnitt zu sprechen sein. So oder so bedeutet Kabinettsrang Teilhabe an der Macht der engeren Führungsspitze und damit eine Stellung, die es ungeschickten Ministern z. B. ungestraft erlaubt, das Parlament zu brüskieren, während geschickte Minister sich eine feste Position nach allen Seiten sichern.

Der *dritte Aspekt* ergibt sich dann aus der zweiten Funktion des Ministeramtes, aus der *Leitung des Ministeriums*. Dies gilt unmittelbar: Der Minister hat die volle Organisationsgewalt in seinem Hause, d. h. er verteilt die Referate, erläßt die spezielle Geschäftsordnung und führt die Personalpolitik durch. Der Minister ist weiter allein verantwortlich, der Verwaltungsaufbau endet in seiner Person. Man kann sich z. B. nicht an den Regierungschef mit der Beschwerde über einen Minister wenden. Außer den parlamentarischen Möglichkeiten gegen einen Minister stehen nur noch die gerichtlichen offen. Das Ministerium wird sodann in mittelbarem Sinn geleitet, weil der Minister zuletzt zuständig für alles ist, was in die Zuständigkeit seines Ministeriums fällt. Erst hier werden dann die Unterschiede sichtbar, je nachdem, ob dem Ministerium eine größere, eine kleinere oder gar keine Verwaltung untersteht, je nachdem, ob viel oder wenig Geld zu verwalten, d. h. auszugeben ist, je nachdem, ob das Ministerium vorwiegend nur rechtsaufsichtlich tätig wird oder ob es freie Sachentscheidungen treffen kann, je nachdem vor allem, ob ein Ministerium für einen großen und wichtigen Bereich zuständig ist oder nur für einen spezielleren, durch den der Minister selbst nur in kleineren Fachkreisen bekannt wird, je nachdem auch, ob in dem betreffenden Bereich viel freie politische Planung möglich ist oder die gestaltenden Möglichkeiten enger begrenzt sind (vgl. *Th. Ellwein,* 1970, 1976, 1978).

Notwendigerweise hängt die Stellung eines Ministers im Kabinett – hier der zweite Aspekt – von den beiden anderen Aspekten ab, davon also, wie stark die politische Stellung eines Ministers ist und welche Bedeutung das von ihm vertretene Ministerium hat. Je größer ein Kabinett ist, desto eher kristallisiert sich eine *Führungsgruppe* heraus. Das geschieht von selbst. Die Notwendigkeit, daß etwa der Finanzminister fast zu jeder Kabinettsvorlage etwas zu sagen hat, schaltet ihn mehr in die Diskussion ein als den Familienminister. Von einigen Positionen aus ergibt sich also zwangsläufig Zugehörigkeit zur Führungsgruppe; von anderen Positionen aus entscheiden Temperament, Sachverstand und politische Resonanz. Da die Kabinettssitzungen aus gutem Grund der Geheimhaltung unterliegen, läßt sich kaum ein Bild davon gewinnen, wie es in einem Kabinett im einzelnen aussieht. Es bieten sich lediglich einige Schlüsse an: Man weiß etwa von Ministern, denen mehrfach Kabinettsvorlagen abgelehnt wurden. Es ist kaum anzunehmen, daß sie sich sonderlichen Gewichts im Kabinett erfreuen. Bundesratssitzungen stehen unter Leitung eines der Bundesratspräsidenten, dieser ist ein Ministerpräsident. Man wird zumeist annehmen können, daß seine Art zu präsidieren im Bundesrat und im Kabinett etwa ähnlich sein wird, so daß sich von Fall zu Fall wenigstens vermuten läßt, in dem einen Kabinett liege der Akzent mehr auf der Beratung, im anderen mehr auf dem Abarbeiten der Tagesordnung.

Im Unterschied zur Weimarer Reichsverfassung (Art. 56) ist die *Ministerverantwortlichkeit* im Grundgesetz nicht eindeutig geregelt. Daß nach Art. 65 jeder Bundesminister seinen Geschäftsbereich im Rahmen der Richtlinien „selbständig und unter eigener Verantwortung" leitet, läßt offen, wem die Verantwortung geschuldet wird. Im Staatsrecht wird verschiedentlich nur der Kanzler als Adressat gesehen; die ‚herrschende Lehre' geht allerdings von einer parlamentarischen Verantwortung aus, auch wenn der Bundestag keine direkte Möglichkeit hat, die Abberufung eines Bundesministers zu erzwingen, vielmehr allein der Kanzler dies veranlassen kann (Art. 64 GG). Der Bundestag hat dennoch in einer Reihe von Fällen die Ministerverantwortlichkeit geltend gemacht (vgl. *U. Wengst,* in: *ZParl* 1984, S. 539 ff.), wobei theoretisch verschiedene Möglichkeiten bestehen, die vor allem bewirken, daß das Parlament öffentlichkeitswirksam seine Meinung bekundet oder die Mehrheit gezwungen ist, einen Minister gegen die Argumente der Minderheit in Schutz zu nehmen. Klare Fälle sind aber selten – um gute Beispiele für das Übernehmen von Verantwortung sind die Berichterstatter in der Bundesrepublik verlegen. Mag auch vieles Stilfrage und damit umstritten sein, so hinterläßt es doch ein ungutes Gefühl, wenn z. B. Bundesminister Manfred Wörner einen seiner Fürsorgepflicht anheimgegebenen Soldaten öffentlich anprangert, danach mühsam selbst noch Verdachtsmomente sucht, um schließlich zögernd seinen Irrtum einzugestehen und mit den Anwälten des Gescholtenen einen Vergleich über die Formen eines ‚ehrenvollen Abschiedes' vereinbaren zu lassen (Fall Kießling 1983/84). Hier ist der Minister Falschmeldungen von Untergebenen aufgesessen und hat sich selbst um Belastungsmaterial bemüht. Er hätte – meinen wir – zurücktreten müssen.

In unserem Zusammenhang muß man die Ministerverantwortlichkeit weniger verfassungsrechtlich und auch nicht in erster Linie im Blick auf den politischen Stil in einem Lande sehen, sondern mehr unter dem Gesichtspunkt ihrer faktischen Möglichkeit. Faktisch kann kein Minister eine wirksame Kontrolle über den unterstellten Apparat ausüben. Er kann sich auch nicht für alle Teile seines Aufgabenbereiches in gleicher Weise interessieren. Es ist kaum ein Finanzminister denkbar, der ebenso Haushaltsminister wie Steuerminister ist, Haushaltskonsolidierung ebenso energisch wie Steuerreform und Steuervereinfachung betreibt. Auch den Verkehrsminister, der dem Straßenbau und der Bahn vergleichbar Aufmerksamkeit zuwendet, wird man suchen müssen. Politischer Erfolg setzt vielfach geradezu die Schwerpunktbildung und damit Aufmerksamkeitslenkung voraus, mit der immer Teile des Ministeriums und Politikbereiche in den Windschatten geraten. Führungstechnisch kann das durch den gezielten Einsatz der Parlamentarischen Staatssekretäre wettgemacht werden. Zumindest bietet sich hier ein Instrument an, um die notorische Überforderung des Ministers etwas auszugleichen. Zu ihr kommt es, wie immer wieder betont werden muß, weil der Minister nicht nur sein ‚Haus' zu führen, sondern entscheidend auch seine Kabinettsaufgaben zu erfüllen hat, die – ernst genommen – ihren Mann schon allein fordern und um deren Straffung man sich immer wieder bemüht (vgl. *Bulling-Kommission*, 1985).

Schwerpunkte dieser Tätigkeit bilden die Vorbereitung für und die Teilnahme an Kabinettssitzungen. Die ordentlichen *Kabinettssitzungen* finden sehr häufig, fast überall wöchentlich statt. Daneben gibt es das Umlaufverfahren, in dem die Zustimmung zu Vorlagen und Maßnahmen schriftlich eingeholt wird. Termin der Kabinettssitzung ist im Bund der Mittwochvormittag. Es gibt Tagesordnungen und Verfahrensvorschriften, die zumeist keine sonderliche Rolle spielen. Die Sitzungen werden protokolliert. Neben den Kabinettsmitgliedern nehmen im Bund der Staatssekretär im Bundeskanzleramt teil, der persönliche Referent des Kanzlers und der Bundespressechef. Der Chef des Bundespräsidialamtes kann teilnehmen. Beamte können hinzugezogen werden, dürfen dann aber nur an dem Teil der Sitzung anwesend sein, in dem sie benötigt werden. In den Ländern begnügt man sich häufig mit dem Schriftführer als ständigem Sitzungsteilnehmer, holt dafür aber öfters Beamte. Die Landeskabinette sind auch in mancher Hinsicht Verwaltungskollegien. Für die Sitzungsthemen scheint es eine deutliche Tabuzone zu geben: Man mischt sich im großen und ganzen nicht in die Personalpolitik eines Kollegen ein. Das gilt auch für die durch Geschäftsordnungen geregelte gegenseitige Stellvertretung der Minister. Sie bezieht sich wesentlich nur auf Maßnahmen außerhalb des Hauses, weil innerhalb des Hauses jeder Minister ohnehin seinen ständigen Vertreter hat; es ist kein Fall bekannt geworden, in dem die Stellvertretung benutzt worden ist, um etwas gegen die Intentionen des Kollegen zu tun (vgl. *R. Wahl*, 1971).

Die Struktur unserer Kabinette garantiert ein gewisses Übergewicht des Regierungschefs. Bei einiger Standfestigkeit hat ein Minister aber zureichende Möglichkeiten, seine

Meinung zur Geltung zu bringen. Das wird ihm durch persönliche politische Reputation erleichtert; auch läßt sich das Gewicht eines Ministeriums in die Waagschale werfen. Daß dem Finanz-, dem Justiz- und dem Innenminister Prärogativen zuerkannt sind, wurde schon erwähnt; daß der Verkehrs- oder der Verteidigungsminister auch Sprecher eines riesigen Personals und als Handhaber ebenso riesiger Etats nicht leicht zu umgehen sind, versteht sich von selbst. Da der Regierungschef schließlich keinen Beamten unter Umgehung von dessen Minister zu etwas veranlassen kann, kommt als Machtmittel die Möglichkeit hinzu, Kabinettsaufträge nur zögernd zu erfüllen. Dies alles und vieles mehr muß man neben Verfassung und Geschäftsordnung berücksichtigen, wenn man ein Bild von den Randbedingungen des Ministeramtes gewinnen will.

5.5.4. Die Sonderstellung des Bundeskanzlers

Ein rein kollegiales Kabinett, dessen Chef nur primus inter pares ist, erscheint im parlamentarischen System aus einer ganzen Reihe von Gründen nicht möglich. In den Verfassungen von Hamburg und Bremen findet sich zwar ein Versuch in dieser Richtung, aber auch dort läßt sich das Übergewicht des Senatspräsidenten nicht vermeiden, und die Wahl der Senatoren funktioniert nur über die Parteienstruktur. Ohne sie wäre die Wahl einer Personenmehrheit durch ein Parlament kaum denkbar. Die Verfassungen sind also realistisch, wenn sie lediglich die Wahl des Regierungschefs vorsehen und diesem die Kabinettsbildung formell überlassen – unbeschadet einer späteren Zustimmung des Parlaments wie in den Ländern. Sicher geht es aber nicht nur um die Wahl. Wie die Regierung zeigt, daß kein Gemeinwesen ohne Führung auskommt, zeigt die Sonderstellung des Regierungschefs, daß diese *Führung* einheitlich sein muß. Es kommt auch nicht von ungefähr, daß jene Sonderstellung im Bund stärker ausgeprägt ist als in den Ländern.

Der Bundeskanzler ist vom Parlament gewählt. Er stellt sich sein Kabinett zusammen, gegen dessen Mitglieder sich das Parlament kritisch wenden, deren Abberufung es aber nicht erzwingen kann. Das führt, wie wir gesehen haben, nicht zu vollständiger Abhängigkeit der Bundesminister vom Bundeskanzler. Verfassungsvorschriften entscheiden nicht über politisches Gewicht. Sie setzen nur einen Rahmen.

Dieser Rahmen ist formal in Bund und Ländern ziemlich vergleichbar. Wenn aber im Grundgesetz steht (Art. 65), der Bundeskanzler bestimme die *Richtlinien der Politik*, dann bedeutet das inhaltlich etwas anderes als in einer Landesverfassung. Bei aller Macht der Länder handelt es sich vorwiegend um Verwaltungsmacht und Mitwirkung im Bund. Die gestaltenden Möglichkeiten sind beschränkt. Man führt vielfach durch, was anderswo dem Grunde nach beschlossen wurde, was allerdings den Landesminister auch unabhängiger macht, da er dem Bundesminister nicht unterstellt, in der Durchführung von Bundesgesetzen aber auch seinem Regierungschef oder seinem Landtag nicht wirklich verantwortlich ist. Die Richtlinien des Bundeskanzlers wenden sich dagegen an Minister, die diesem Kanzler verantwortlich sind, und nur über ihn vermittelt dem Parlament. Und wenn auch der Kanzler vom Parlament nicht unabhängig, also auch und gerade in der Regierungsbildung nicht wirklich souverän ist, so entscheidet er doch zuletzt allein. Er kann vielleicht nicht alle seine Wünsche durchsetzen, aber er muß auch Wünsche anderer nicht erfüllen. Das gilt gegenüber den Koalitionsfraktionen und erst recht gegenüber dem Bundespräsidenten, der zur Ernennung der vorgeschlagenen Minister nahezu gezwungen ist (a. A. bei *E. Friesenhahn*, in: *Th. Stammen*, 1976).

Aus der Vorrangstellung des Bundeskanzlers, wie sie dann zuerst Konrad Adenauer interpretiert hat, erklärt sich, wie rasch sich der Begriff *Kanzlerdemokratie* durchsetzen konnte. Auch hier sollte man indessen vorsichtig sein. Die Kanzlerdemokratie ist kein deutsches Novum; jede Regierung bedarf der Führung. Daß Adenauer nicht nur in den ihn interessierenden Fragen das Parlament an die Wand gespielt, sondern auch dem Kabinett eine bescheidene Rolle zugewiesen hat, ergab sich aus der politischen und personellen Konstellation, nicht aus dem Grundgesetz. Daß später Ludwig Erhard im Kabinett einen weitaus kollegialeren Stil pflegte und damit scheiterte, ergab sich wiederum nicht aus dem Grundgesetz. Daß während der Großen Koalition engere Zirkel der CDU/CSU und der SPD das Heft in der Hand hielten und das Kabinett unter der geringen Sitzungsdauer wie unter der Redseligkeit seines Chefs Kiesinger litt, widerspricht nahezu dem Begriff der Kanzlerdemokratie. Daß Willy Brandt nach 1969 fast der Inbegriff seiner Regierung im öffentlichen Bewußtsein wurde, mag zwar wieder Kanzlerdemokratie bedeuten, seine auctoritas geriet aber nicht zu wirklicher Kabinettsführung, die dann H. Schmidt nach allgemeiner Überzeugung wieder umso leichter gelang. Dennoch zerbrach seine Koalition auch und gerade im Kabinett, was H. Kohl die Chance gab, seine spezifische Führungs- und Überlebensfähigkeit zu demonstrieren, wozu auch das Festhalten an skandalgeschwächten oder leistungsschwachen Ministern gehört – vom „Aussitzen" schwieriger Lagen ist nun die Rede (vgl. *E. Fraenkel*, 1964, u. a. S. 18, *A. Baring*, 1969 und 1982, *A. Grosser*, 1960 und 1970, *K. D. Bracher*, Die Kanzlerdemokratie, in: *R. Löwenthal/H. P. Schwarz*, 1974, und *I. Küpper*, 1985).

Der *verfassungsmäßige Rahmen*, in dem Kanzler so unterschiedlichen Temperaments und so ungleicher Führungsbegabung tätig wurden, fällt fast lapidar aus. Artikel 65 GG lautet: „Der Bundeskanzler bestimmt die Richtlinien der Politik und trägt dafür die Verantwortung. Innerhalb dieser Richtlinien leitet jeder Bundesminister seinen Geschäftsbereich selbständig und unter eigener Verantwortung. Über Meinungsverschiedenheiten zwischen den Bundesministern entscheidet die Bundesregierung. Der Bundeskanzler leitet ihre Geschäfte nach einer von der Bundesregierung beschlossenen und vom Bundespräsidenten genehmigten Geschäftsordnung." Die Verantwortung des Bundeskanzlers besteht dabei entsprechend Artikel 67 und 68 GG gegenüber dem Parlament. Die eigene Verantwortung des Ministers gilt gegenüber dem Gesetz und für sein Ministerium, ist aber nicht unmittelbar parlamentarisch wirksam. Die verfassungsrechtliche Selbständigkeit der Minister schränkt das Grundgesetz außerdem deutlich ein, da es dem Bundeskanzler das Recht zuspricht, jederzeit den Bundespräsidenten um Entlassung eines Bundesministers zu bitten und der Präsident diese Bitte erfüllen muß. Die eigene Verantwortung besteht weiterhin nur innerhalb der Richtlinien der Politik, deren jeweilige Interpretation letztlich wieder beim Kanzler selbst liegt. Insofern ist die Zuständigkeit der Bundesregierung bei Meinungsverschiedenheiten zwischen den Ministern begrenzt. Bei Meinungsverschiedenheiten über die Richtlinien entscheidet der Bundeskanzler allein (vgl. *C. J. Friedrich*, Die Verantwortung der Regierung . . ., in: *Th. Stammen*, 1976).

Dies alles ist in der Geschäftsordnung der Bundesregierung noch verdeutlicht. Die entscheidenden Paragraphen lauten:

§ 1 (1) Der Bundeskanzler bestimmt die Richtlinien der inneren und äußeren Politik. Diese sind für die Bundesminister verbindlich und von ihnen in ihrem Geschäftsbereich selbständig und unter eigener Verantwortung zu verwirklichen. In Zweifelsfällen ist die Entscheidung des Bundeskanzlers einzuholen.

(2) Der Bundeskanzler hat das Recht und die Pflicht, auf die Durchführung der Richtlinien zu achten.

§ 2 Neben der Bestimmung der Richtlinien der Politik hat der Bundeskanzler auch auf die Einheitlichkeit der Geschäftsführung in der Bundesregierung hinzuwirken.

§ 3 Der Bundeskanzler ist aus dem Geschäftsbereich der einzelnen Bundesminister über Maßnahmen und Vorhaben zu unterrichten, die für die Bestimmung der Richtlinien der Politik und die Leitung der Geschäfte der Bundesregierung von Bedeutung sind.

§ 12 Äußerungen eines Bundesministers, die in der Öffentlichkeit erfolgen oder für die Öffentlichkeit bestimmt sind, müssen mit den vom Bundeskanzler gegebenen Richtlinien der Politik in Einklang stehen.

Die Interpretation dieser Vorschriften hängt von der Definition des Begriffes Richtlinien ab. Sie kann nicht eindeutig sein. Da „reale Dispositionsmöglichkeit im Grundsätzlichen kaum noch besteht, hat sich die Vorschrift in der praktischen Handhabung zwangsläufig dahin gewendet, daß in die Zuständigkeit des Bundeskanzleramtes alle diejenigen Angelegenheiten fallen, die für die Gesamtpolitik der jeweiligen Bundesregierung bedeutsam sind" (*E. Forsthoff*, 1964, S. 204 f.; dagegen *W. Hennis*, Richtlinienkompetenz und Regierungstechnik, in: *ders.*, 1968; vgl. auch *E. U. Junker*, 1965, *W. R. Pfister*, 1974, *Regierungsprogramme* etc., 1973). Praktisch handelt es sich nicht um ein festes Programm, sondern um allgemeine Grundsätze, die jeweils spezialisiert werden können. Noch realer ist es freilich, wenn man einfach sagt, daß *Richtlinienkompetenz eben Führungsbefugnis bedeutet* und in allen Zweifelsfällen der Bundeskanzler seine Vorstellungen durchsetzen können muß. Er soll dabei nicht konkret in den Geschäftsbereich eines Ministers eingreifen, wohl aber kann er generelle Weisungen erteilen, durch sie Einzelmaßnahmen an bestimmte Grundsätze binden und deren Einhaltung überwachen. Dazu steht ihm das Bundeskanzleramt zur Verfügung, dazu gibt es die Informationspflicht der Ministerien und dazu wird mit der Unterstellung des Presse- und Informationsamtes und des Bundesnachrichtendienstes ein Informationsprimat des Bundeskanzlers begründet.

Die Sonderstellung des Bundeskanzlers macht auch ein Vergleich mit den Prinzipien einiger *Landesverfassungen* deutlich, in denen das kollegiale Element weit nachdrücklicher gesichert ist. Auch die Landesverfassungen weisen dem Regierungschef den Vorsitz im Kabinett zu und lassen ihn die Richtlinien der Politik bestimmen. Im übrigen ist vorwiegend von der Regierung die Rede, und die Minister führen zwar die Geschäfte ebenfalls gemäß den Richtlinien der Politik, aber – wie es in der Bayerischen Verfassung heißt – „unter eigener Verantwortung gegenüber dem Landtag" (Art. 50). Diese Verantwortung gegenüber dem Landtag gilt implizit auch in den anderen Landesverfassungen, sofern sie die Entlassung eines Ministers von der Zustimmung des Parlaments abhängig machen, also den Regierungschef hier weniger freistellen, als es das Grundgesetz tut. Die Frage bleibt offen, was nach den Grundsätzen der Landesverfassungen zu geschehen hat, wenn die Landesregierung Beschlüsse faßt, die nach Meinung des Regierungschefs nicht mit seinen Richtlinien übereinstimmen. In der Staatspraxis wird das von den Beteiligten abhängig sein, insgesamt ist die Situation des Ministerpräsidenten aber rechtlich schwächer.

Sie ist es auch deshalb, weil trotz des wachsenden Gewichts der Staatskanzleien (vgl. *F. W. Scharpf*, in: *Projektgruppe, A. Katz*, 1975, *Die Staatskanzlei*, 1967, *Bulling-Kommission*, 1985) keinem Ministerpräsidenten derartige faktische Mittel in die Hand gegeben sind wie dem Bundeskanzler. Dieser könnte seine Machtfülle nicht bewältigen, wenn er nicht das *Bundeskanzleramt* zur Seite hätte. Von ihm ist in der Verfassung nicht die Rede (anders als By.Vfg. Art. 52). Auch die Geschäftsordnung der Bundesregierung führt nur aus, daß der Staatssekretär des Bundeskanzleramtes zugleich die Geschäfte eines Staatssekretärs der Bundesregierung wahrnehme (§ 7). Allerdings bedarf es einer ausdrücklichen Verfassungsermächtigung schon deshalb nicht, weil der Kanzler nach der Verfassung auch hinsichtlich der Zahl und der Organisation der Ministerien freie Hand hat. Umstritten kann lediglich das dem Bundeskanzleramt zugeordnete Funktionsbündel sein (vgl. *G. Behrendt*, 1973), weil es die Macht des Kanzlers auf Kosten des Kabinettsprinzips stärken könnte. Wir kommen darauf zurück. Nach dem Vorwort zum Einzelplan 04 im Bundeshaushalt hat das Bundeskanzleramt den Kanzler „über die laufenden Fragen der allgemeinen Politik und die Arbeit in den Bundesministerien zu unterrichten. Es hat die Entscheidungen des Bundeskanzlers vorzubereiten und auf ihre Durchführung zu achten. Aufgabe des Bundeskanzleramtes ist es auch, die Arbeiten der Bundesministerien zu koordinieren". Das Amt nimmt weiter die Sekretariatsgeschäfte der Bundesregierung wahr, bereitet die Kabinettssitzungen vor und ist für die Durchführung von Kabinettsbeschlüssen sowie für die Gesamtplanung und Koordinierung der Landesverteidigung zuständig. Sein Chef vertritt die Bundesregierung im Ältestenrat des Bundestages.

Das Bundeskanzleramt ist mit weit mehr als 100 Mitarbeitern des höheren Dienstes größer als manches Ministerium. Es war bis 1982 in 5 Abteilungen gegliedert: I Recht und Verwaltung, II Auswärtiges und innerdeutsche Beziehungen, äußere Sicherheit, III Innere Angelegenheiten, IV Wirtschafts-, Finanz- und Sozialpolitik, V Planung. Die Planungsabteilung ist nach 1969 aus dem bis dahin aus wenigen Mitarbeitern bestehenden Planungsstab hervorgegangen. Die übrigen Abteilungen werden in der Hauptsache aus Referaten gebildet, welche jeweils die Tätigkeit eines Ministeriums oder mehrerer Ministerien und Bundesbehörden beobachten, was es dem Kanzler ermöglichen soll, aus seinem Recht auf Unterrichtung durch die Ressorts auch Konsequenzen zu ziehen. Da der Kanzler nicht unter Umgehung eines Ministers Weisungen in ein Ressort geben darf, sichert man durch die Amtskonstruktion weiter, daß infolge des regelmäßigen Kontakts auf Referentenebene zwischen Amt und Ressort ersterem ein gewisser Einfluß zukommt, ohne daß man Formvorschriften verletzen muß. Das Kanalisieren von Informationen gelang von Anfang an. Obgleich das Amt unter Adenauer sehr klein war, informierte es ihn vortrefflich. Später erst trat mehr die Notwendigkeit von Planung ins Bewußtsein. Als man daraus Konsequenzen zog, änderte sich in seiner Kernstruktur auch das Bundeskanzleramt (vgl. *S. Schöne,* 1968, *K. Carstens,* 1971, *H. Flohr,* Die Tätigkeit der Planungsabteilung im BKA, in: PVS-Sonderheft 4, 1972, und *R. Mayntz/ F. W. Scharpf,* 1973). H. Kohl gliederte im Oktober 1982 um, indem er die Planungsabteilung auflöste, einen Teil davon der Abt. III zuschlug und eine neue Abt. V Kommunikation und Dokumentation schuf.

Dem Bundeskanzleramt sind neben dem Bevollmächtigten in Berlin das *Presse- und Informationsamt der Bundesregierung* und der Bundesnachrichtendienst zugeordnet. Über die Geheimdienste fehlt u. E. eine angemessene Monographie, während ihre Querelen die Zeitungen ständig beschäftigen (vgl. z.B. DER SPIEGEL 1985/36 S. 19 ff. in Zusammenhang mit dem „Fall" Tiedge, dessen Lebenswandel auffällig genug war, um dienstaufsichtliche Maßnahmen einzuleiten, der aber ungestört im Amt für Verfassungsschutz weiterarbeitete, bis er in die DDR überwechselte, ohne daß die Verantwortlichkeit des zuständigen Ministers ernstlich geltend gemacht worden wäre). Wir klammern das Thema aus. Das Presseamt soll den Bundespräsidenten und die Regierung „auf dem gesamten Nachrichtensektor“ laufend unterrichten, die öffentliche Meinung als Unterlage für die Arbeit der Regierung erforschen und das deutsche Nachrichtenwesen fördern. Es vertritt die Politik der Regierung gegenüber den Organen des Nachrichtenwesens und unterrichtet die Bevölkerung über Ziele und Arbeit der Regierung. Schließlich obliegt ihm die Information des Auslandes. Das Presseamt kann die Nachrichtenpolitik koordinieren und damit den ministeriellen Pressereferenten gegenüber ähnliche Funktionen wahrnehmen wie das Bundeskanzleramt gegenüber den Ministern. In der Hauptsache wirkt es intern als Informationssammel- und Auswertungsstelle und extern als Werbebüro der Regierung: Die aktuelle Information der Öffentlichkeit würde den Apparat in seiner Größe (über 800 Mitarbeiter) und mit seinen Kosten nicht erfordern.

An dieser Stelle ergibt sich die eigentliche Problematik. Daß Regierungen Öffentlichkeitsarbeit treiben und damit werben, gilt allgemein als selbstverständlich. Daß dies sich in Wahlkämpfen mit der Werbung der Parteien überschneidet bzw. daß es die Werbung der Regierungsparteien verstärkt, läßt sich kaum vermeiden. Den unerquicklichen Rest bilden die Vorwürfe der jeweiligen Opposition über den Mißbrauch von Steuermitteln. Im Kern erscheint dieser Vorwurf immer berechtigt, gleichgültig ob er in Bonn, München oder Düsseldorf erhoben wird, zumal auch die einschlägigen Etats wachsen und die jeweilige Opposition geltend machen kann, sie habe, sofern sie einmal regiert hat, ungleich weniger ausgegeben. Tatsächlich bildet wohl der Werbeaufwand der Bundesregierung 1976 den bisher unumstrittenen Höhepunkt. Lt. Regierungssprecher Bölling gehörten dazu die Kosten einer Anzeigenserie in Höhe von 6 Mio Mark und der Gesamtansatz für Öffentlichkeitsarbeit der Bundesregierung in Höhe von 71,5 Mio Mark. Die Opposition nannte höhere Beträge. Unstrittig bleibt eine Öffentlichkeitspflicht z. B. in Zusammenhang mit der schwierigen Handhabung neuer Gesetze (Mietrecht usw.). Die Grenze zur Werbung läßt sich aber nicht genau festlegen. Deshalb wäre jede Regierung gut beraten, wenn sie auf Werbung verzichten würde. Der Kreislauf ist im Gang; sein Ende ist nicht abzusehen. (Zur grundsätzlichen Problematik v. a. *H. U. Jerschke*, 1971, sowie *O. E. Kempen*, 1975. Zum Presseamt findet sich alles Notwendige bei *H. O. Walker*, 1982).

5.5.5. Die drei Prinzipien des Artikels 65

Die Konstruktion des Artikels 65 erscheint widerspruchsvoll. Der Artikel überträgt im ersten Satz dem Kanzler die Richtlinienkompetenz und eröffnet damit die Möglichkeit, das Kanzlerprinzip voll zu entfalten. Im zweiten Satz wird festgelegt, daß jeder Minister im Rahmen der Richtlinien sein Ressort selbständig und unter eigener Verantwortung leitet, was die Möglichkeit eröffnet, das *Ressortprinzip* zu verwirklichen. Trotz der Richtlinienkompetenz des Kanzlers soll dann schließlich nach dem dritten Satz die Bundesregierung über Meinungsverschiedenheiten zwischen den Bundesministern entscheiden. Das entspräche dem *Kabinettsprinzip.* Diesem Prinzip entspricht auch der zentrale Paragraph 15 der Geschäftsordnung der Bundesregierung, der ihr eine umfassende Beratungs- und Beschlußfassungszuständigkeit – und damit auch Anspruch auf Information – zuspricht, während umgekehrt für den Bundeskanzler, von der Richtlinienkompetenz einmal abgesehen, in der Hauptsache nur die Vorsitzendenfunktionen festgelegt werden. Tatsächlich hat das Grundgesetz „hier eine interessante Kombination von Kollegialsystem und Einzelführung geschaffen. Durch diese Verbindung sollen die Mängel jedes Systems sich gegenseitig einschränken“, meint Th. Eschenburg und fährt fort: „Gleichgültig ob der Bundeskanzler die Richtlinien selbst bestimmt oder sie von anderen übernimmt, ob er sich dem Mehrheitsbeschluß des Kabinetts fügt oder diesen umstößt: Immer trägt er allein die Verantwortung. Wird der Bundeskanzler überstimmt, so muß er sich, symbolisch ausgedrückt, aus der Kabinettssitzung in sein Arbeitszimmer zurückziehen und noch einmal die Entscheidung für sich fällen, die dann die endgültige ist. ‚Einsame Entschlüsse' sind also nicht aus der Eigenheit Adenauers zu erklären, sondern werden durch den Artikel 65 geradezu verlangt; allerdings muß eine Beratung und Beschlußfassung der Bundesregierung vorangegangen sein" (1963, S. 735). Man könnte an dieser Stelle die *verfassungsrechtliche Problematik* des Nebeneinanders von drei Gestaltungsprinzipien in Artikel 65 ganz ausklammern und sich mit der Feststellung begnügen, daß es sich nur um einen weitgefaßten Rahmen handelt, der von Beteiligten je nach personeller und sachlicher Konstellation höchst unterschiedlich ausgefüllt werden kann, wenn nicht doch die Interpretation des Artikels darüber entschiede, was an zentralen Planungsinstrumentarien eingeführt und wem sie zugeordnet werden können. Legt man das Ressortprinzip stark aus, darf es im Bundeskanzleramt nur eine koordinierende Planungsabteilung geben, keine politikvorbereitende. Unter solchem Aspekt wäre die Anweisung von Bundesminister Ehmke verfassungsrechtlich angreifbar gewesen, derzufolge ein Schwerpunkt der Tätigkeit der Planungsabteilung „die Entwicklung und Verwirklichung der längerfristigen politischen Programme der Bundesregierung sein" sollte. „Durch Aufstellung mit den Ressorts abgestimmter Arbeits- und Zeitpläne soll eine langfristige Vorausschau auf allen Gebieten, das rechtzeitige Setzen von Prioritäten, eine Harmonisierung der Arbeit der Bundesregierung und die Durchführung einer permanenten Erfolgskontrolle, d. h. die Überwachung aller Vorhaben auf ihre Realisierung, aber auch auf ihre Realisierungsmöglichkeiten hin sichergestellt werden" (*H. Flohr*, a.a.O., S. 55). Das ergibt einen weitgespannten Rahmen, der übrigens auch in der Regierungspraxis ab 1970 nur relativ begrenzt ausgeschöpft wurde – u. a. wegen des Widerstandes der Ressorts, z. T. auch deshalb, weil die vom Leiter der Planungsabteilung erwünschte Kooperation mit den Ländern nicht zustande kam. Eine politische Gesamtplanung oder auch nur ein System der Aufgabenplanung könnte mithin, wenn eine institutionalisierte Planungsapparatur vorausgesetzt wird, am Ressortprinzip scheitern – nicht am Kabinettsprinzip, dem eine gemeinsame Planungsapparatur gerade entsprechen würde. Bisher bleiben solche Einreden akademisch, weil Eingriffe in die Ressorts durch die Planungsabteilung kaum möglich waren und das Personal dieser Abteilung zudem hinsichtlich des persönlichen Fortkommens weitgehend vom abordnenden Ministerium abhängig blieb. Sollte man in Bonn jedoch einmal zu einem stärker greifenden Planungssystem gelangen wollen, was vorderhand nicht anzunehmen ist, müßte man Einreden ausräumen, die sich aus Artikel 65 ableiten.

Was die bisherige Praxis anlangt, darf es nicht verwundern, daß in ihr *nur das Kanzler- und das Ressortprinzip zur Geltung kamen* oder ein größeres publizistisches Echo fanden. Das Kabinett hat zwar die Beschlußgewalt, aber nicht die Initiative. Deshalb wird der allgemeine politische Trend, soweit er erkennbar ist, dem Kanzler zugesprochen und die konkrete Initiative in den einzelnen Teilpolitiken den Ministern. Das entspricht sicher auch der Realität, selbst wenn sich diese nicht mit standardisierten Verfahren ermitteln und messen läßt. *Konrad Adenauer* verwirklichte die Kanzlerdemokratie. Er duldete faktisch keinen Stellvertreter, nutzte die Geschäftsordnung voll aus, umging sie aber auch, wenn sie ihm hinderlich war. Das gilt vor allem für den Paragraphen 10, demzufolge Abordnungen vom federführenden Fachminister und vom Kanzler nur in besonderen Fällen empfangen werden sollen. Der Empfang beim Kanzler bürgerte sich aber rasch ein. Wurden Wünsche nicht erfüllt, gingen die Vorsitzenden großer Verbände zum Kanzler. Da sie dort oft Erfolg hatten, galten viele Minister als überspielbar; Adenauer vermehrte so die eigene Autorität auf Kosten der Minister, die unter ihm schon deshalb leicht wie Untergebene wirkten, weil er auch die Personalunion von Kanzler und Parteivorsitzendem voll ausnutzte. Die Macht des Kanzlers hatte natürlich noch viele andere, vor allem zeitbedingte Voraussetzungen (z. B. lange Personalunion von Kanzler und Außenminister). Eine von ihnen ergab sich aus der Fähigkeit, sich nur auf wenige Grundsatzfragen zu konzentrieren, aus ihnen den eigenen Führungsanspruch zu bestreiten und die Mitarbeiter in den übrigen Bereichen doch relativ freizustellen. Je ferner ein Amt den Interessen des Kanzlers lag, desto mehr bestand dort die Chance, sich politisch zu entfalten. Das galt besonders für den Wirtschaftspolitiker Erhard. Daß man dabei das Bild vom „starken Kanzler" nicht überzeichnen darf, zeigen anschaulich Jost Küpper (1985), die seriösen Geschichtsdarstellungen (z. B. *H. P. Schwarz*, 1981 und 1983) und – aus der Fülle der Literatur herauszuheben – die „Adenauer-Studien" (*R. Morsey/K. Repgen*, 1971 ff.).

Ludwig Erhard wurde nach der „Kanzlerdemokratie in der Sterbestunde", von der man seit 1961 sprach, Kanzler. Er gab sich als Kabinettschef völlig anders als sein Vorgänger, teils dies selbst propagierend, teils so analysiert, wobei viele Analysen noch nachträglich die klare Führungstechnik Adenauers unterstreichen sollten, es mithin weniger mit Erhard selbst zu tun hatten. Fraglos ließ jedoch der Führungsanspruch der Zentrale nach, die Ressorts wurden selbständiger als unter Adenauer, ohne daß das Kabinett die ihm zugewiesene Aufgabe der Koordination erfüllen konnte. Zugleich fehlte Erhard die klare Unterstützung der Partei, und es stand ihm eine selbstbewußte FDP gegenüber. Eine Koalition aber, in der der kleinere Partner nicht willenlos dem größeren folgt, wertet das Parlament auf, und ein Finanzminister, der nicht der Partei des Kanzlers angehört, kann viel wirksamer die ihm eingeräumten Vorrechte praktizieren. Unter diesen Umständen geriet keine Kanzlerdemokratie, und Erhard erhielt den Ruf des wohlmeinenden, aber führungsschwachen Kanzlers, der dann später aus Mangel an Fortune scheitern mußte. Ohne dies auszuführen: Die relative Schwäche des Kanzlers wertete in der Regierungszeit Erhards nicht das Kabinett, wohl aber die Ressorts auf, die Minister wurden selbständiger. Unter der Kanzlerschaft *Kurt Georg Kiesingers* setzte sich das in anderer Weise fort. Die Große Koalition wurde im Parlament von Barzel und Schmidt geführt und im Kabinett von Schiller und Strauß. Der Kanzler koordinierte ohne großen Einfluß. Öffentlich sichtbare Eingriffe wurden nur gegenüber Außenminister Willy Brandt unternommen, der auf des Kanzlers politischem Stammgebiet mit ihm konkurrierte. In der Praxis ergab sich ein engerer Führungskern im Kabinett und in einem Rahmen, der weitaus mehr von der mittelfristigen Finanzplanung bestimmt wurde als von den Richtlinien der Politik, eine weitere Verselbständigung der Ressorts.

Die Regierungsbildung von 1969 wurde deshalb vielfach von der Erwartung begleitet, es werde eine stärkere Kabinettssolidarität und damit eine größere Kollegialität geben. Die Enttäuschung folgte auf dem Fuß. Querelen und Eifersüchteleien kennzeichneten auch das *Kabinett Brandt/Scheel*. Zum einen grenzten sich SPD und FDP deutlich ab, was nur wegen des guten persönlichen Verhältnisses zwischen Kanzler und Vizekanzler nicht hinderlich wurde. Zum anderen kam es zur Auseinandersetzung zwischen den ausgabefreudigen politischen Ministern und ihren konjunkturbeschützenden Kollegen, eine Auseinandersetzung, die vor allem mit Karl Schiller so ins Persönliche ging, daß dieser 1972 erst das Kabinett und dann seine Partei verließ. Institutionell wurde eher das *Kabinett aufgewertet*, da der Kanzler die Zügel nicht in die Hand nahm und mit

Kanzleramtsminister Ehmke sie nicht in die Hand nehmen konnte, weil sich das mit dessen Lust zur Aktion nicht vertrug. Diese Aufwertung, weil sie nicht auf größerer Kollegialität beruhte, machte jedoch nicht das Kabinett als solches stark; sie führte nur dazu, daß mehr Entscheidungen in der Institution Kabinett auch wirklich beraten und durch Abstimmung herbeigeführt wurden. Daß dabei interne Vorabsprachen eine immer größere Rolle spielten und Kleingruppen im Kabinett sich als geschickte Lobby etablierten, steht auf einem anderen Blatt. Im Ergebnis wurde eine weitere Variante praktischer Interpretation des Artikels 65 beigesteuert, innerhalb derer das Kabinett wohl so wenig einheitlich war wie noch nie – überdeckt freilich durch die allgemeine Polarisierung zwischen SPD/FDP und CDU/CSU, welche von außen als Klammer auch für das Kabinett wirkte, so daß es den relativ häufigen Rücktritt von Ministern und Staatssekretären einigermaßen glimpflich überstand, Im übrigen erwarb sich Brandt so viel persönliche Autorität, daß sein weitgehender Verzicht auf wirkliche Führung kaum ins öffentliche Bewußtsein trat. Sein Nachfolger *Helmut Schmidt* entsprach wieder mehr dem Typus des Kanzlers in der Kanzlerdemokratie. Unter ihm wurde es um das Bundeskanzleramt still; auch die Kabinettssitzungen kamen aus dem Gerede. Das änderte sich erst 1981, als sich ein Teil der FDP-Führung von der Koalition zu distanzieren begann, was zu Koalitionsquerelen und zu dem Vorwurf an die Adresse Schmidts führte, er lasse Führungsqualitäten in dieser Situation vermissen. Die Zeit ab 1983 bleibt hier ausgespart, weil es zwar viele Eindrücke gibt, das aber noch keine Bewertung erlaubt.

5.5.6. Regierungsfunktionen

Der oft merkwürdigen Entwicklung der politischen Theorie läßt sich zuschreiben, daß das Regieren entweder immer als selbstverständlich galt oder aber einfach nicht zureichend erfaßt wurde. So fehlt es weithin an einer inhaltlichen *Regierungslehre,* wie sie die ältere Staatslehre (vgl. *H. Maier,* 1966) immerhin noch bereitstellte, und an Versuchen, zwischen den allgemeinen Funktionen der Gesellschaft oder des Staates und den spezifischen Funktionen der Regierung so zu unterscheiden, daß die letzteren dargestellt und in einen theoretischen Bezugsrahmen eingebracht werden können. Aus ihm müßten sich dann die Kriterien ergeben, um zu beurteilen, was die Regierung im engeren Sinne leistet und was sie versäumt. In den 60er Jahren haben sich darum mit sehr unterschiedlichen Ansätzen Wilhelm Hennis und Emil Guilleaume (abgedruckt bei: *Th. Stammen*, 1967) sowie Thomas Ellwein bemüht (vgl. 1966, und *ders.*, Regierungslehre als praktische Wissenschaft, in: Wissenschaft und Praxis, 1967) und sich den Vorwurf eingehandelt, dieses Forschungsinteresse deute auf „eine autoritärtechnokratische Ausrichtung der Politikwissenschaft“ (*J. Hirsch*, Ansätze einer Regierungslehre, in: *G. Kress/D. Senghaas,* 1971, S. 242). Die relative Unklarheit darüber, was zum ‚Regieren‘ alles gehört und wie man praktisch ‚regiert‘, verhindert präzise Analysen über das Verhältnis von Parlament und Regierung – schon deshalb stoßen Behauptungen über den Funktionsverlust des Parlaments ins Leere – und erschwert es, ‚die politische Führung‘ in Griff zu bekommen. Die folgende Zusammenfassung soll die Lücke nicht füllen, sondern nur einiges veranschaulichen, was in der bisherigen, eher institutionellen Darstellung nur angedeutet werden konnte (vgl. dazu einführend *D. Bischoff* u. a., 1982, und *W. Hugger*, Verwaltung und öffentliche Aufgaben, in: *K. H. Mattern* (Hrsg.), 1985).

Den Ausgangspunkt unserer Zusammenfassung (vgl. dazu *Th. Ellwein*, 1976 und 1978, sowie den Beitrag in: *E. Benda*, u. a., 1983) muß der Bestand an früher einmal beschlossenen oder auf Herkommen und Gewohnheiten beruhenden *öffentlichen Aufgaben* bilden. Eine neue Regierung hat erst einmal verläßlich zu erledigen, was in diesem Sinne vorliegt. Schon deshalb vermehrt sich mit dem Wachstum der öffentlichen Aufgaben die Kontinuität des Regierungshandelns und vermindert sich der Spielraum für eine neue Regierung. Die theoretische Diskussion über die Autonomie des politischen Systems oder über die ‚Handlungsspielräume der Staatsadministration' (so der Titel von *P. Grottian/A. Murswieck*, 1974) setzt hier an, ohne allerdings auf jenen Bestand, der ja nicht einfach identisch ist mit ‚Verhältnissen' oder einem bestimmten Zustand der (z. B. spät- oder postkapitalistischen) Gesellschaft, zureichend einzugehen. Der Aufgabenbestand ist auf *Teilpolitiken* verteilt. Ihnen entsprechen Ministerien, Behördenzweige, Interessenverbände, zumeist auch Fachwissenschaften und eigene Teilöffentlichkeiten. In diesem Rahmen kommt es zur organisierten und damit segmentierten ‚Aufmerksamkeitslenkung'. Die Regierungs- und die Verwaltungsorganisation entsprechen immer auch einem bestimmten Aufgabenbestand. Was zu ihm gehört, wird bevorzugt, was nicht zu ihm gehört, eher vernachlässigt. ‚Regieren' heißt zuletzt, den Bestand mit Führungsimpulsen zu bedienen, den sich ständig ergebenden Leitungsbedarf zu befriedigen, und indem man dies tut, über den Bestand an Aufgaben hinauszublicken, auf Wandlungstendenzen zu reagieren, über den Abbau bestehender und über die Übernahme neuer Aufgaben nachzudenken. Die Gleichzeitigkeit von Regierung als Verwaltungsführung (Bestandspflege) und als politischer Führung (Zukunftssicherung) bildet das Kernproblem. Einer allzu visionären Regierung kann rasch die Verwaltung entgleiten, in der ohnehin starke Tendenzen zur Selbstführung spürbar sind, umgekehrt kann das allzu intensive Einlassen mit der Verwaltung und ihrem Führungsbedarf eben auch bedeuten, daß der Regierung die Zukunft aus dem Blick gerät und sie damit gleichzeitig die Distanz zum Aufgabenbestand und dem diesen Bestand bedienenden Apparat verliert.

Die einzelnen Regierungsfunktionen müssen in jener Gleichzeitigkeit wahrgenommen werden. Als erste Funktion ist, wenn man gedanklich einen Ablauf konstruiert, die der *Information* zu nennen. Die Regierung erhält einen großen Teil ihrer Informationen aus der Verwaltung. Nachgeordnete Behörden melden Erfolge und Schwierigkeiten bei der Aufgabenerledigung; es gibt ein nach Bereichen unterschiedlich intensives Berichtswesen oder eine einschlägige Statistik, aus der sich Veränderungstendenzen entnehmen lassen. Die staatliche Apparatur insgesamt läßt sich überhaupt als Informationssystem begreifen, so zwar, daß die Außenstellen des Systems an dessen Kern- und Führungsstellen ständig Informationen abgeben und umgekehrt. Unter dem Aspekt der Regierung muß man dabei berücksichtigen, daß man auch verwaltungsintern Informationen nicht nur nach den Grundsätzen vollständiger und wahrheitsgemäßer Berichterstattung abgibt. Nachgeordnete Behörden können versuchen, sich bei Gelegenheit der Information ins rechte Licht zu rücken oder Stellenanforderungen zu begründen; regionale Behörden können regionale Belange in Konkurrenz zu anderen Regionen überbetonen; im Verhältnis zwischen einem SPD-Oberstadtdirektor und einem CDU-Landesminister kann es Rivalitäten geben; Landesinteressen können die dem Bund weitergeleiteten Informationen bestimmen. Dies alles versteht sich von selbst, weshalb sich keine Regierung auf die internen Informationen allein verlassen, diese vielmehr mit den allgemein zugänglichen Informationen etwa aus der Verbands- oder Fachpresse und mit wissenschaftlich aufbereitetem Material konfrontieren wird. Das bewirkt Multiplizierung von Information; die Informationsfülle zu bewältigen, stellt sich als die eigentlich problematische Aufgabe dar (vgl. *R. Kuhlen*, 1984).

In dem von uns angenommenen Ablauf – in Wahrheit handelt es sich natürlich um einen ständig rückgekoppelten Prozess – steht am Anfang die *Informationsbeschaffung*. Sich hier nicht von der unmittelbaren Umgebung abhängig zu machen, ist ein uraltes Herrschaftsmittel, das z. B. jeder potente Verleger seiner Redaktion und jeder Minister seinem Ministerium gegenüber anwendet. Neben den förmlich geregelten Informationswegen behalten deshalb die informellen Wege ihre Bedeutung. Dennoch läßt sich sagen, daß unter den heutigen Bedingungen nicht die Informationsbeschaffung, sondern die *Informationsverarbeitung* zum eigentlichen Führungsproblem geworden ist. Eine auch technisch einigermaßen ausgestattete Regierung, deren Stäbe verfolgen, was Wissenschaft und Publizistik veröffentlichen, deren Datenbanken oder wenigstens DV-Anlagen regelmäßig gespeist werden, die über eine adäquate Statistik und über den Zugang zu allen wichtigen Informationsquellen verfügt, kann heute kaum am Mangel an Information scheitern. Anders liegt es hinsichtlich der *Informationsverarbeitungskapazität*, deren Schwierigkeiten nirgendwo mehr im technischen Bereich liegen, wohl aber darin, daß eine sinnvolle Informationsverarbeitung manches voraussetzt: zunächst eine gewisse *Programmklarheit*, aus der sich Auswahlkriterien ergeben, sodann ein funktionierendes *Abfiltern*, damit diejenigen, welche entscheiden, nicht mit Informationen überfüttert, ihnen aber auch keine wesentlichen Informationen vorenthalten werden. Ohne dies hier näher auszuführen und in einen theoretischen Kontext zu bringen, läßt sich davon ausgehen, daß sich die Regierung im engeren Sinne entweder auf einen einwandfreien institutionalisierten Informationsfluß verlassen können muß oder auf persönlich zugeordnete, vertrauenswürdige Stäbe, die dann – als Vorbild dafür gilt z. B. Präsident Kennedy (vgl. *A. M. Schlesinger*, 1967) – zu einem großen Teil die Informationsauswahl vornehmen. Der Informationsverarbeitung unterliegen die unterschiedlichsten Daten, Nachrichten, Meinungsäußerungen, Zusammenfassungen, Auswertungen usw. Sinnvolle Informationsverarbeitung setzt überschaubare Informationssysteme und klare Bewertungsschemata voraus.

Das vielerörterte Verhältnis zwischen *Politik und Wissenschaft* (vgl. z. B. *U. Lohmar*, 1967, *K. Lompe*, 1966 und 1971, *A. Morkel*, 1967, *H. Friedrich*, 1970, *M. Greiffenhagen/R. Prätorius*, 1979) läßt sich in der Hauptsache in diesem Zusammenhang ansiedeln, weil die bisherige Beratung der Politik durch die Wissenschaft häufig in Informationsaufbereitung ohne klar gewordene Bewertungsmaßstäbe bestand, so daß die auftragnehmende Wissenschaft beides tun mußte: Entscheidungsalternativen entwickeln, um aus ihnen Auswahlkriterien abzuleiten, und dann vorhandene Informationsmengen sinnvoll anhand jener Kriterien ordnen. Daß Wissenschaft vielfach eine Alibifunktion übernimmt, indem man sich ihres Votums bedient, um entweder Entscheidungen hinausschieben zu können, oder um Gründe für längst beschlossene Entscheidungen zu gewinnen oder aber auch um für Entscheidungen, die deutlich partiellen Interessen folgen, einen scheinbar objektiveren Bezugsrahmen zu finden, braucht hier nicht weiter ausgeführt zu werden (vgl. z. B. *H. Bonus*, Das wissenschaftliche Gutachten in der Politik ... Konstanz 1981, Diskussionsbeitrag B 19 der Fakultät für Wirtschaftswissenschaft, oder *N. Szyperski*, Gutachten und Gutachter, in: Die Betriebswirtschaft 1979, S. 659 ff.). Entartungsmöglichkeiten bedeuten nur bedingt einen Einwand gegen Institutionen, Verfahrensweisen oder Formen der Zusammenarbeit. Auch wenn Wissenschaft in Abhängigkeit geraten oder umgekehrt an die Stelle der politischen Entscheidung ein technokratischer Schein-Sachzwang aufgrund wissenschaftlicher Beratung treten kann, wird man aufeinander nicht verzichten wollen: Die Politik bedarf der Wissenschaft, um sich deren Erkenntnisse frühzeitig zu erschließen und Forschung in der Richtung der eigenen Probleme zu stimulieren; die Wissenschaft bedarf der Politik – abgesehen von der politisch verantworteten Ausstattung der Wissenschaft –, um näher am Objekt zu arbeiten, um ihrer eigenen gesellschaftlichen Verantwortung zu entsprechen und um sich der Kritik der Praxis zu stellen.

Mit der Informationsverarbeitung verbindet sich *Entscheidungsvorbereitung*. Begnügt man sich mit Deskription, verzichtet mithin auf eine theoretische Durchdringung, dann besteht Entscheidungsvorbereitung zunächst aus einem *technisch-praktischen Teil:* Auf das als wünschenswert gedachte Ziel werden Maßnahmen bezogen und daraufhin geprüft, ob sie dem Ziel entsprechen und sich durchführen lassen; zugleich muß von den mit ihnen verbundenen Folgen die Rede sein. Dieses Vorbereitungsgeschäft ist so schwierig und zeitraubend, daß der andere Teil, nämlich das zureichende Durchspielen von *Entscheidungsalternativen,* meist zu kurz kommt. Neben der Informationsverarbeitung drängt sich deshalb besonders die Frage nach dem Offenhalten von verschiedenen Entscheidungsmöglichkeiten in den Vordergrund, was sich beides natürlich eng miteinander verbindet: Wenn ein großer Teil der Informationen nach oben in Zusammenhang mit Entscheidungsvorschlägen abgegeben wird, verringert sich die Möglichkeit, verschiedene Entscheidungen ins Auge zu fassen. Nur deshalb läßt sich davon sprechen, daß sich der Bestand an öffentlichen Aufgaben fast selbsttätig und nahezu in Form von Jahresringen erweitert.

Zur Entscheidungsvorbereitung gehört weiter das mühsame Geschäft der *Koordination,* das innerhalb des jeweiligen Bereiches einer Teilpolitik ebenso stattfinden muß wie zwischen diesen Bereichen, also im Bereich der Gesamtzuständigkeit von Regierung als politischer Führung. Ministeriell-administrativ bedeutet Koordination primär Beteiligung (vgl. *Hochschule Speyer,* 1976). Der in der Hauptsache mit dem Vorbereiten einer Entscheidung Beauftragte beteiligt möglichst viele andere Referate, Abteilungen oder auch Ministerien, damit er später im eigentlichen Entscheidungsstadium nicht auf Widerstände stößt. Das gewährleistet eine gegenseitige Unterrichtung wenigstens in beschränktem Maße. Die deutlichen Grenzen des Verfahrens liegen dort, wo Entscheidungen in einem Teilbereich andere Teilbereiche berühren, was auch außerhalb des finanziellen Zusammenhangs angesichts der wachsenden Interdependenz der öffentlichen Aufgaben immer häufiger der Fall ist, ohne daß sich diese Bezüge auf den Plan bringen lassen oder man dies tut. Mangelnde Koordination führt dann örtlich dazu, daß eine Straße mehrmals hintereinander aufgerissen wird, weil Bau- und Verlegungsmaßnahmen der einzelnen Auftraggeber nicht koordiniert sind; überörtlich kann es sich um nicht aufeinander abgestimmte Entwicklungspläne handeln; im nationalen Bereich bietet die Landwirtschaftspolitik viele Beispiele mangelnder Koordination mit der allgemeinen Wirtschaftspolitik. Deshalb wird immer häufiger das Postulat eines Planungssystems erhoben, innerhalb dessen jedenfalls die Frühkoordination erfolgen kann. Unter ‚negativer Koordination' versteht man schließlich das Bemühen etwa eines Referenten, eine Angelegenheit so zurechtzustutzen, daß niemand mehr beteiligt werden muß – wieder ein Verhalten, mit dem sich die Verwaltungsführung auseinandersetzen mußte, um es zu unterbinden.

Erst im Anschluß an derartige Vorbereitungsstadien geht es um die *Entscheidung* selbst. Entscheidungen der Regierung beenden einen unklaren Zustand, verändern Gegebenheiten, beantworten offene Machtfragen, legen Interessenkonflikte bei, regeln bisher ungeregelte Bereiche, heben frühere Entscheidungen wieder auf, setzen Vereinbarungen in Kraft, wenden gegebene Regeln so oder so an, begünstigen oder benachteiligen – kurzum: Entscheidung entzieht sich einer allgemeinen Definition. Immerhin gibt es Hinweise nicht nur formalen Charakters. Wenn z. B. in der Geschäftsordnung der Bundesregierung Paragraph 15 festlegt, daß der Bundesregierung, also dem Kabinett, zur Beratung „und zur Beschlußfassung" zu unterbreiten sind „alle Angelegenheiten von allgemeiner inner- oder außenpolitischer, wirtschaftlicher, sozialer, finanzieller oder kultureller Bedeutung" und dies durch eine Aufzählung noch ergänzt wird, ergibt sich eine erste Vorstellung von dem, was Entscheidung bedeutet. Daß dazu die Gesetzesentwürfe und die Verordnungsentwürfe der Bundesregierung sowie die wichtigeren Verordnungsentwürfe der einzelnen Ministerien gehören, versteht sich von selbst. Daß dazu weiter die Entscheidungen gehören, welche das Grundgesetz von der Bundesregierung verlangt, bedarf ebenfalls keines Hinweises; die Bundesregierung selbst ist Organ; alle Entscheidungen des Organs müssen von diesem, dem Kabinett mithin, beschlossen werden. Zu dem erwähnten Entscheidungskatalog gehören aber auch die Meinungsverschiedenheiten zwischen den Ministerien, die Entwürfe zur Finanzplanung, des Haushaltsgesetzes und des Haushaltsplanes sowie alle wichtigeren Personalangelegenheiten.

An dieser Stelle bietet sich eine Unterscheidung an: Rein äußerlich sind *Regierungsentscheidungen unterschiedlich formalisiert.* Für das Zustandekommen eines Gesetzentwurfes gibt es strenge Vorschriften; das Gesetz selbst muß bestimmte legislatorische Anforderungen erfüllen. Personalentscheidungen müssen sich nach bestimmten Regeln richten; immerhin lassen sich hier Ausnahmen machen oder Tatbestände schmiegsam den Regeln anpassen. Finanzielle Entscheidungen bedürfen nur eines gewissen Rahmens; im Haushalt müssen z. B. Straßenbaumittel bereitgestellt sein, in ihrer Vergabe kann die Regierung frei oder auch durch einen mit dem Parlament abgestimmten Straßenbauplan gebunden sein. Ob aber formalisiert oder nicht: Hinsichtlich der Information wie der Vorbereitung gibt es einfache und schwierige Entscheidungen. Das einfachste Beispiel: Ministerialdirektor A geht zum Jahresende in Pension. Man muß einen Nachfolger bestimmen. Das Entscheidungsbedürfnis ergibt sich aus dem Kalender. Als nächstes muß man auswählen. Dazu braucht man Zeit und Personalkenntnis; geht es um solide Personalwirtschaft, steht entweder der Kandidat fest – langfristige Personalplanung – oder man trifft zunächst eine engere Auswahl und erst später die eigentliche Wahl. Zuletzt kommt es dann zur Ernennung. Erst zuletzt sind im Bund Kabinett und Bundespräsident beteiligt. Die Wahl selbst ist Sache des Ministers. Die Auswahl dagegen treffen diejenigen, welche das Vorbereitungsgeschäft in der Hand haben. Die eigentliche Entscheidung fällt deshalb nicht dort, wo sie formal fällt, sondern früher. Die Konsequenzen liegen auf der Hand. In der Abfolge: Erkennen des Notwendigen – Benennen der Möglichkeiten – Auswahl – Beschluß – sind die ersten drei Stufen wichtiger als die vierte. Wenn bei einem Gesetzentwurf diese drei Stufen ausschließlich durch die Ministerialbürokratie – trotz anderslautender Bekundungen aus dem Bayerischen Staatsministerium für Unterricht und Kultus handelt es sich dabei um einen unpolemischen Begriff der Umgangssprache und der Wissenschaft, die nur eine Bürokratietheorie, nicht eine Beamtentheorie kennt – bestimmt werden und Regierung und Parlament gar nicht erfahren, welche Entscheidungsmöglichkeiten es überhaupt gab, dann ist die Bürokratie der ‚eigentliche' Gesetzgeber. Vereinfacht: *Es regiert, wer die Entscheidungsmöglichkeiten kennt und unter ihnen auswählt.* Das aber bedeutet für die Regierung, daß sie sich nicht mit dem Entscheiden selbst begnügen kann, sondern den Prozeß der Information und der Entscheidungsvorbereitung in der Hand haben muß.

Gibt es die Entscheidung, muß man sie zum einen öffentlich vertreten und zum anderen vollziehen lassen. Auf das erstere kommen wir zurück. Hinsichtlich des *Vollzugs* ergeben sich drei Funktionen der Regierung. Zunächst geht es um *Leitung und Aufsicht.* Dem dienen die hierarchische Konstruktion und die Regeln für den Vollzug. Die Regierung erteilt die Weisung oder die politische Führung erläßt das Gesetz. Damit ist die Verwaltung in Pflicht genommen. Aufsicht soll gewährleisten, daß die Pflicht auch erfüllt wird. Neben ihr gibt es die (nachträgliche) *Kontrolle*, die Prüfung also, ob Vorschriften und Weisungen befolgt worden sind. Das eine wie das andere soll hier nur erwähnt sein; es verbindet sich mit der *Organisationsgewalt* der Regierung, da sich aus vielen Entscheidungen die Notwendigkeit ergibt, die institutionellen Voraussetzungen zu schaffen, damit sich Entscheidungsinhalte verwirklichen lassen. Verkürzt können wir sagen, daß im Anschluß an die (politische) Entscheidung, an das Regieren im Sinne des regere das Regieren als Verwaltungsführung zu betrachten ist. Zu ihr gehört auch das Beobachten dessen, wie sich die Dinge im Vollzug (Implementation) verändern. Hier sind wieder wissenschaftliche Methoden unentbehrlich; die Implementationsforschung hält in den Ministerien Einzug (vgl. *R. Mayntz*, 1980 und 1983, sowie *H. Wollmann*, 1980).

In der politischen Praxis geht es natürlich nicht um den idealtypischen Ablauf oder Prozeß mit den Stufen: Information – Problemerkennen – Problemlösungsvorschläge – Regierungsentscheidung – Vollzugsanleitung – Aufsicht und Kontrolle – Information über die Folgen der Entscheidung und des Vollzugs usw. samt Organisation des zu alldem gehörigen Apparates. In der Praxis erscheinen jene Stufen unentwirrbar miteinander vermengt, und es gibt selten den klaren Lauf einer Entscheidung durch verschiedene Stationen und Ebenen. Gravierender wäre es freilich aus einem anderen Grunde, wollte man sich mit einem derartigen Schema begnügen. Das Schema könnte *Politik auf Bestandspflege* verweisen. Die vorhandenen öffentlichen Aufgaben und ihre Verzahnung mit den verschiedenen Existenzbereichen der Bevölkerung bilden den Ausgangspunkt und damit zugleich den Bestimmungshorizont für die aktive Politik. Alternativ dazu steht eine *programmatische Politik*, welche sich nicht reaktiv, sondern aktiv zur Entwicklung verhält und in diese planend, korrigierend und steuernd eingreift, um einem Zustand wenigstens näherzukommen, der mit den Intentionen des eigenen Programms engere Berührung hat.

Eine solche Alternative bedeutet selbstverständlich eine Vereinfachung. Dennoch entspricht sie zumindest approximativ der Realität. Auch und gerade in der Bundesrepublik hat es eine längere Periode gegeben, in der man Politik eher als Bestandspflege auffaßte, also auf eine Zukunftsorientierung des eigenen Tuns verzichtete und sich dieses damit mehr oder weniger von den Verwaltungsnotwendigkeiten sowie den Notwendigkeiten des Mindestausgleichs und anderer palliativer Verfahren vorschreiben ließ. Diese Politik scheiterte nicht eindeutig, erwies sich indessen als unzureichend in dem Augenblick, in dem sich die Überzeugung durchsetzte, es sei besser, den der allgemeinen Lebensqualität drohenden Gefahren frühzeitig und vorbeugend zu begegnen, als sie nur

– wie bisher – in ihren Folgen zu bekämpfen. Das führte noch nicht zu einer eindeutig programmorientierten Politik, brachte ein solches Denken von Politik aber immerhin näher an die Zentren politischer Entscheidung heran. Vor allem bewirkte es, daß man die Notwendigkeit der *Zukunftsantizipation* stärker sah, was ganz allgemein die Qualität von Information und Planung ändert.

Politik, welche sich nicht darauf beschränkt, im Nachhinein die Voraussetzungen zu schaffen, welche die eigentlich zur wirtschaftlichen und sozialen Primärplanung Befähigten bei ihrem Tun unterstellen, Politik also, die sich die entscheidenden Planungsimpulse vorbehält und sich anheischig macht, im Rahmen des theoretisch und praktisch Möglichen auch die zukünftigen Folgen gegenwärtiger Entscheidungen zu berücksichtigen, bedarf zunächst einer *spezifischen Information*. Ihr geht es weniger um die bloße Datensammlung und -auswertung und mehr darum, in den beobachtbaren Entwicklungen die entwicklungsbestimmenden Faktoren und die zu erwartenden Trends festzustellen, um auf diese Weise aus Informationen über vergangene und gegenwärtige Situationen begründete Schlüsse auf zukünftige Situationen ziehen zu können. Daraus ergibt sich das Ziel eines Informationssystems, das sensibel für Veränderungen ist und es ermöglicht, frühzeitig Szenarien zukünftiger Entwicklungsmöglichkeiten zu erarbeiten, sie mit den eigenen Programmvorstellungen zu konfrontieren und daraus Entscheidungen für gegenwärtige Maßnahmen als Teil eines Gesamtkonzepts abzuleiten. Nimmt man so dic *Dimension der Zukunft* in praktische Politik hinein – und verbal zumindest gibt es darüber heute keinen Streit mehr –, stellt sich der Ertrag des jeweiligen Informationssystems nicht mehr als bloße Entscheidungsgrundlage dar, die sich vergessen läßt, wenn einmal entschieden ist. Das Informationssystem gibt vielmehr den Rahmen her, innerhalb dessen man die eigenen Entscheidungsmöglichkeiten und die mit ihnen verbundenen sicheren oder zu vermutenden Folgen durchspielt, um zugleich derartige Ergebnisse dann wieder ins Informationssystem einzugeben. Damit wird – ganz schlicht – alles schwieriger. An die Stelle mehr oder weniger klarer Folge-Überlegungen (weil etwas so ist, muß dies geschehen) tritt eine nicht mehr überschaubare Fülle von Wenn-Dann-Beziehungen. Theoretisch wie praktisch führt das zu einer immer engeren Beziehung zwischen Informationssystem und *Planung*.

Planung bedeutet zum einen zielorientierte Informationsauswahl zum Zwecke der Analyse des Entscheidungsfeldes und zum anderen Ablaufplanung für das, was nach der grundlegenden Entscheidung zu folgen hat. Im Sinne der Ablaufplanung hat es Planung immer gegeben; als Instrument der Entscheidungsfindung bedeutet sie etwas relativ Neues, das sich vielfach noch quer zu den eingespielten Organisationsformen der Entscheidungsvorbereitung in der Ministerialbürokratie und dem Entscheidungsvollzug durch Ministerien und Verwaltung stellt. Daß neben diesem instrumentellen Aspekt der materielle sein Gewicht hat und Planung in weitaus stärkerem Maße auf das Steuern und Lenken von Entwicklungen zielt, welche man sich früher selbst überließ, kann und braucht an dieser Stelle nicht entwickelt zu werden. Planung als Regierungsfunktion verweist jedenfalls auf ein höheres Maß an Zuständigkeit der legalen politischen Führung für die Weiterentwicklung der Gesellschaft. Damit beginnt der *Streit um die Planbarkeit der Entwicklung* wie auch um die dabei ggf. zu verfolgenden Ziele. Planende Politik, die sich auf Längerfristigkeit und Transparenz ihres Tuns festlegt, muß ihre Zielvorstellungen präziser mitteilen als die übliche Schuldzuweisungs- oder Verheißungspolitik.

Die Probleme politischer Planung spiegeln sich anschaulich im Verlauf der Planungsdiskussion in der Bundesrepublik wider. Aus ihr liegt eine umfangreiche, z. T. stark zeitbezogene Literatur vor (vgl. die Bibliographie von *M. Buse/D. v. Dewitz,* 1974). Sie weist auf, daß nach längerer Identifizierung von Planung mit Planwirtschaft oder sogar kommunistischem System etwa um die Mitte der 60er Jahre einerseits die Notwendigkeit der Planung plötzlich viel unbefangener diskutiert wurde und andererseits sich mit ihr und ihren Möglichkeiten wenigstens teilweise ganz übertriebene Hoffnungen verbanden. Die Hoffnungen erstreckten sich auf das Verfügbarmachen allen vorhandenen Wissens, auf die Chance, die verschiedenen denkbaren Zukünfte so zu vergegenwärtigen, daß aus ihnen eine Auswahl möglich wird, oder auch auf die Annahme, man könne die Planungsdiskussion losgelöst von den je gegenwärtigen Verhältnissen führen. Vereinfacht kann man in der gesamten Diskussion wohl vier Problemfelder unterscheiden. Im ersten geht es um die *Grenzen menschlicher Rationalität* sowohl im Planungsprozeß als auch im Vollzug von Planungen, im zweiten um die *Durchsetzbarkeit politischer Planungen,* d. h. in erster Linie um die Frage der Zielformulierung, des dafür erforderlichen Konsens und damit nach dem Widerstreit zwischen aktueller politischer Auseinandersetzung und langfristiger politischer Perspektive, im dritten um die (zweckmäßige) *Organisation und Methodik von Planung* und im vierten schließlich um die Frage, ob Planung naturnotwendig die *Exekutive auf Kosten der Legislative* stärkt. Vor allem im zweiten Problemfeld verläuft die Diskussion kontrovers: Die einen gehen von der Möglichkeit planender, die Entwicklung steuernder Politik und damit von einer relativ autonomen Politik (mit Handlungsspielräumen) aus, während die anderen autonome Handlungsmöglichkeiten des politischen Systems in der modernen Industriegesellschaft kapitalistischer oder spätkapitalistischer Provenienz bestreiten. Dabei können Klassenvorstellungen eine Rolle spielen (‚Übermacht des Kapitals'), aber auch Annahmen von der Art, daß angesichts des Fehlens einer Hierarchie, welche Staat und Gesellschaft umfaßt und der staatlichen Autorität einen Vorsprung sichert, die Koordinierung zahlreicher Einzelentscheidungen nur durch den Markt oder durch Austauschprozesse möglich sei (*R. A. Dahl/C. Lindblom,* 1953).

Am Beginn der Planungsdiskussion i. e. S. steht v. a. *J. H. Kaiser,* 1965, gefolgt von *Th. Ellwein,* 1968 b, und *C. Böhret,* 1970. Dem ersten der genannten Problemfelder wenden sich z. B. zu: *H. Klages,* 1971, *H. Lübbe,* 1971, *H. Lenk,* 1972, *K. Lompe,* 1971, *N. Luhmann,* 1971, oder *F. Tenbruck,* 1972. *C. Lau,* 1975, gibt einen Überblick über die Planungstheorien. Den ersten drei Problemfeldern lassen sich die Reader von *V. Ronge/G. Schmieg,* 1971, *F. Naschold/W. Väth,* 1973, *B. Schäfers,* 1973, und *P. Grottian/A. Murswieck,* 1974 zuordnen, der erste eher allgemein, der zweite mit Schwerpunkt auf der politischen Planung der wirtschaftlichen Entwicklung, der dritte und der vierte mit wichtigen Beiträgen zu einzelnen Planungsbereichen. In diesen Zusammenhang gehören auch die PVS-Sonderhefte 4 und 6, letzteres von *D. Narr,* 1975, herausgegeben. Nur dem zweiten Problemfeld sind *V. Ronge/G. Schmieg,* 1973 oder *J. Hirsch,* 1974, zugewandt, gegen dessen Ansatz sich *Th. Ellwein/E. Lippert/R. Zoll,* 1975, wenden. Diesem Problemfeld ist auch ein großer Teil der steuerungstheoretischen Literatur zuzurechnen (vgl. *F. Naschold,* 1969, *R. Mayntz,* 1978, und – einführend – *C. Böhret* u. a., 1979, und *D. Bischoff* u. a. 1982). Dem dritten Problemfeld gehören besonders *K. Lompe,* 1971, *C. Böhret,* 1975, oder – einer für mehrere, welche sich konkreten Planungsinstrumenten zuwenden – *H. Reinermann,* 1975, an. *H. Bebermeyer,* 1974, gehört ebenfalls in diesen Rahmen; *K. Lompe,* 1975, und *R. Waterkamp,* 1978, eignen sich nach wie vor besonders zur Einführung; die Planungsbegriffe hat das *Institut für Wohnen und Umwelt,* 1978, übersichtlich aufgearbeitet. Über den vierten Problembereich findet man alles Wesentliche bei *D. Frank,* 1976, *Th. Würtenberger,* 1979, *W. Graf Vitzthum,* 1978, und außerdem in den Studien, welche den Verlauf der Planungspraxis und deren frühzeitige Restriktion schildern: *R. Mayntz/F. W. Scharpf,* 1973, *F. W. Scharpf,* 1973, *P. Grottian,* 1974, *A. Murswieck,* 1975, *H. Mäding,* 1978, oder *W. Väth,* 1980.

1965 schrieb J. H. Kaiser (S. 7): „Planung ist der große Zug unserer Zeit. Planung ist ein gegenwärtig ins allgemeine Bewußtsein aufsteigender Schlüsselbegriff unserer Zukunft. Systematisierung, Rationalität, Wissenschaft gelten schon seit längerem als zeittypische Postulate der modernen Welt; . . . Systematik als die planvoll geordnete Totalität unseres jeweiligen Wissens, Rationalität und vor allem die Wissenschaft zählen darum zu den konstitutiven Faktoren jeder Art Planung. Planung ist der systematische Entwurf einer rationalen Ordnung auf der Grundlage alles verfügbaren einschlägigen

Wissens." 1981 veranstaltete die Friedrich-Naumann-Stiftung eine Tagung über die amerikanische Studie ‚Global 2000'. Politiker wurden befragt, wie sie das Instrumentarium für die Analyse und Planung der Zukunftsentwicklung in der Bundesrepublik einschätzten. „Die Antworten fielen dürftig aus. Bundesinnenminister Gerhard Baum verwies lediglich auf den Sachverständigenrat für Umweltfragen, der bereits 1978 dazu erklärt habe, das Denken in langfristigen Perspektiven sei hierzulande vor allem bei den politischen Instanzen unterentwickelt. Baum . . .: ‚Die Zukunft ist bisher kein Thema unserer Politik'." (*K. Dreher,* Planung ist passé, in: SZ 17.7.1981). 1982 löste der neue Bundeskanzler die Planungsabteilung im Bundeskanzleramt auf, die praktisch den sichtbaren Rest der umfangreichen Planungsbemühungen zu Beginn der sozialliberalen Koalition bildete – der Minister im Bundeskanzleramt Horst Ehmke war einmal die Schlüsselfigur für organisierte Regierungsplanung. Die Bemühungen scheiterten am zähen Widerstand der Ressorts, vermutlich auch an ihrer eigenen Überzogenheit, sicher aber an den Gegebenheiten einer bestandsorientierten Administration, welche nur behutsam verändert werden können. Die Entscheidung von 1982 bedeutet mithin keine Zäsur; die ‚Planungsphilosophie' der Mitarbeiter von Bundeskanzler Kohl und ihre Orientierung am ‚situativen Entscheidungsbedarf' bewirkt keinen grundlegenden Wandel in Bonn (vgl. *K. Dreher*, Weniger Zukunftsforschung ..., in: SZ 6.12.1982). Das wurde jedermann sichtbar, als nach der Wahl von 1987 der Streit um die Steuerreform ausgetragen wurde und es für die Reform zwar Denkmodelle, aber keine durchgearbeiteten Planungen gab.

Das relative Scheitern organisierter politischer Planung nach 1969 – die genannten Reader und der Band von R. Mayntz und F. W. Scharpf (1973) bringen die Gründe – darf jedoch nicht darüber hinwegtäuschen, daß die theoretischen Möglichkeiten von Planung und die praktischen Bedürfnisse, Entwicklungen möglichst frühzeitig zu verändern, die *Regierungsfunktion drastisch verändert* haben. Politik soll auf längere Fristen hin angelegt sein, ihre steuernden Wirkungen sind nicht mehr zu leugnen – Agrarpolitik, welche die Zahl der Bauernhöfe vermindert und die Produktion vermehrt, läßt sich mitsamt ihren Konsequenzen nicht mehr revidieren, Rentenpolitik muß in Gegebenheiten von mehreren Generationen verstanden werden. Das hebt die Unmittelbarkeit der Beziehung von Problem und Problemlösung mittels politischer Entscheidung immer häufiger auf. Immer mehr Entscheidungen haben erst nach längerer Zeit konkrete Wirkungen. Die bisher übliche Erfolgskontrolle versagt, Korrekturen aufgrund von Rückkoppelungen werden schwieriger. Damit erhalten diejenigen mehr Gewicht, die am Informations- und Planungssystem intellektuell wie in der Form des tatsächlichen Zugangs teilhaben, während die Bevölkerung im allgemeinen und vielfach auch die von ihr gewählten Allround-Repräsentanten mehr oder weniger ausgeschaltet werden (können). Der zunehmenden Rationalität von Politik vermöge rationaler Planungsverfahren entspricht eine zunehmende Komplexität, welche die vom System legitim zu erwartende Transparenz faktisch aufhebt. Insofern verändert funktionierende Planung in zweierlei Hinsicht das System qualitativ: *Sie behindert spontane Aktion* und damit auch eine bestimmte, früher als ausschlaggebend gedachte Form der Partizipation und sie *erweitert den Bereich aktiver Gestaltung* durch Politik und damit auch die damit verbundenen Gefahren der Fehl- oder Verplanung, der Beschränkung individueller Entfaltungsmöglichkeiten – was bislang ideologisch meist im Blick auf die kleine Gruppe derer diskutiert wird, welche die eigenen Entfaltungsmöglichkeiten voll nutzen und damit dann auch die der vielen anderen bestimmen kann.

Auch diese prinzipielle Problematik gehört nicht hierher. Unstrittig bildet Planung eine der Regierungsfunktionen, und zwar nicht nur in dem früheren Sinne einer vernünftigen Zeitplanung für die Legislaturperiode und einer Prioritätenplanung im Hinblick auf den jeweiligen Haushalt. Gemeint ist hier vielmehr diejenige Planung, die zumindest die Perspektive einer zukünftigen Gesellschaft und ihrer sozialen Ordnung voraussetzt und die gewährleistet, daß wenigstens die politisch zu verantwortenden Einzelmaßnahmen dieser Perspektive entsprechen oder ihr jedenfalls nicht widersprechen, Programme vernünftig gebündelt und etatmäßig abgesichert werden, Großprojekte in der ihnen gemäßen Weise administriert werden u. ä. m.

Eine funktionale Betrachtungsweise darf schließlich nicht dazu führen, daß man den *spezifischen Führungsauftrag* der Regierung übersieht. Hinsichtlich dieses Auftrages läßt sich zwischen der faktischen und der legalen politischen Führung unterscheiden. Die letztere steht ausschließlich Parlament und Regierung zu, wobei die Regierung mehr in den Blickpunkt rückt. Deshalb hat sie es in besonderer Weise mit der *Herrschaft* zu tun, welcher das Gemeinwesen bedarf. Grundsätzlich repräsentiert Herrschaft das Gemeinwesen nach außen und organisiert den nach außen nötigen Schutz. Sie stiftet nach innen Ordnung oder gewährleistet, daß Ordnung eingehalten wird. Sie übt die traditionell öffentlichen Funktionen der Streitschlichtung, des Schutzes der physisch Schwächeren und etwaiger Minoritäten aus. Sie bewirtschaftet die gemeinsamen Einrichtungen und schafft und leitet die zu alldem nötigen Apparaturen, innerhalb derer die einzelnen Funktionen dann in vielfältiger Weise delegiert werden. Indem die Herrschaft das alles tut und in der Art, wie sie es tut, leistet sie zugleich einen wesentlichen Beitrag zur *Integration* des Gemeinwesens, d. h. sie entwickelt und stärkt das Zusammengehörigkeitsgefühl, sie repräsentiert das im Gemeinwesen lebende Volk als eine überzeitliche Existenz, und sie orientiert durch ihre eigene Vorfindlichkeit an mehr oder weniger bestimmten Vorstellungen, Werten, Erwartungen. Die konkrete Herrschaft sichert damit Stabilität und Dauerhaftigkeit und verweist in der Gegenwart auf die Zukunft.

Herrschaft bedeutet auch *Führung*. Wer führt, setzt Ziele, bestimmt die Mittel und setzt sie ein. Zu einem symbolischen und praktischen Inbegriff dafür ist die Regierungserklärung geworden (vgl. *P. Pulte*, 1973), die die Programme, Schwerpunkte und Akzente der ‚neuen' Regierung zusammenfaßt – auch als Richtlinie für die Beteiligten. Die Erklärungen zeigen aber auch, wie sich der moderne Staat von früheren Gemeinwesen unterscheidet: Neben das mehr statische Element der Herrschaft tritt zunehmend das mehr aktive Element der politischen Führung, deren Notwendigkeit mit der sich erweiternden Zuständigkeit des Staates wächst. Die Ordnungsaufgaben vermehren sich, die Möglichkeiten gesellschaftlicher Selbstordnung vermindern sich, die Forderung nach sozialer Sicherung durch das Gemeinwesen intensiviert sich in dem Maße, in dem die Sicherungsmöglichkeiten des einzelnen geringer werden. An die Stelle der im Grunde mystischen Überlebenshoffnung tritt die reale Erwartung, die politische Führung müsse in der Gegenwart das Notwendige tun und zugleich den *Weg in die Zukunft* aufzeigen. Während Herrschaft früher vielfach nur präsent sein mußte, soll die Führung in diesem Sinne konkret artikulieren – was praktisch die Redenschreiber formulieren – und sich auch durch ihr Tun legitimieren. Grundlegender noch wirkt sich der Wandel in der Struktur des Gemeinwesens aus. Die Interdependenz der Lebensverhältnisse entlarvt jede Theorie der Trennung von Staat und Gesellschaft als Utopie; der Staat erscheint vielmehr als eine Integrationsform der Gesellschaft, und durch die politische Führung

geschieht diese Integration immer wieder neu. *Das Gemeinwesen wird nicht integriert, weil es eine Führung hat* (wie in der Monarchie), *sondern indem und wie es geführt wird.*
Dies bedarf der Ergänzung: Wer führt, gleicht nicht nur aus, er bestimmt auch, er wählt ein Ziel, er ergreift Partei. Das Staatsoberhaupt läßt sich zur Not auch heute noch als pouvoir neutre verstehen; die Regierung kann genau das nicht sein oder sie versagt. Der Kanzler über den Parteien, der Staatsmann anstatt des Parteiführers, versteht sich auf sein Geschäft nicht oder er macht sich selbst etwas vor, wenn er nicht einfach die anderen täuscht. Wer führt, kann es nicht allen recht machen. Ihm fordert man im konstitutionellen Gefüge auch nicht die Befriedigung aller Interessen ab; man verlangt nur, daß er sich allen stellen muß. Dennoch: auch der von vielen befehdete Regierungschef regiert und *repräsentiert* unbestritten sein Land. Führung im hier gemeinten Sinne bedarf also nicht der Zustimmung aller; sie ist vielmehr auf Gegenkräfte hin angelegt, welche sie daran hindern, zur Herrschaft zu werden. Auch die Regierung bildet nur einen von mehreren Integrationsfaktoren, freilich einen besonders greifbaren: die wachsende Kompliziertheit aller politischen Funktionen legt den personalen Ausweg nahe. Es wird dann die Person anstatt der Funktion gesehen und mangelndes Verständnis der Funktion entschärft die Kritik. Der Kanzlereffekt oder der Kanzlerbonus in der Wahl sind eine unmittelbare Folge; mittelbar geht es mehr um die Schwächung des rationalen Verhältnisses zwischen Mandanten und Mandataren in der Demokratie. Zusammengefaßt: Politische Führung im engeren Sinne soll sich durch Aktivität, einleuchtende Ziele und Erfolge legitimieren, kann sich diesem Postulat aber vermöge ihres publizistischen Übergewichts und mangels quantitativ zureichender rationaler Kritik vielfach entziehen, d. h. sich durch ihr einfaches Vorhandensein legitimieren. Dem kann man kaum durch die Verfassung vorbeugen – so wie das etwa im Präsidialsystem geschieht, wenn die Wiederwahl des Präsidenten nur einmal möglich ist –, sondern nur durch verbindliche Konventionen.

5.6. Der Bundespräsident

Die Verfassung gibt einen Rahmen. Die politisch Verantwortlichen wie die Bürger füllen ihn aus. Das kann heute anders geschehen als morgen. Eine gute Verfassung hält sich dafür flexibel, gibt unterschiedlichem persönlichem Temperament wie unterschiedlichen politischen Konstellationen Raum. Sie regelt auch nicht alles; eine gute Verfassung enthält gerade keine perfekte Ordnung – eben um so der Entwicklung Raum zu lassen und um auch das nicht beiseitezuschieben, was man zwar nicht regeln kann, was aber das Miteinanderumgehen von Menschen bestimmt und für dieses Miteinanderumgehen unentbehrlich ist. Amtsinhaber können mit der Amtsausstattung und im komplizierten Ämtergefüge die eigene Rolle bestimmen. Das sei am Beispiel des Bundespräsidenten noch einmal demonstriert.
Unter den obersten Organen der Bundesrepublik Deutschland findet sich das des Staatsoberhauptes in der schwächsten Position (vgl. außer den Verfassungskommentaren und *K. Stern*, Band II, *W. Kaltefleiter*, 1970). Das verwundert nicht, wenngleich sich darin weniger internationale Vergleichbarkeit und mehr eigene Erfahrung ausdrückt. Die Lage nach 1945 führte fast zwangsläufig dazu, daß die Liebe des Verfassungsgebers der Regierung, die Sorge aber dem Parlament und das große *Mißtrauen dem Staatsober-*

haupt gehörte. Deshalb behielt man dieses Organ zwar bei, reduzierte seine Funktion im gedachten System aber soweit es eben ging und verzichtete auch auf eine unmittelbare Volkswahl, um mit der etwas umständlichen Konstruktion der Bundesversammlung zu gewährleisten, daß sich aus der Wahl kein überparteilicher Führungsauftrag ableiten läßt. Weiter machte man die Bundesregierung vom Vertrauen des Bundespräsidenten unabhängig und räumte dem Präsidenten lediglich im Falle eines ausgeprägten Organzwistes gestaltende Möglichkeiten ein. Unsere Frage lautet: Was hat sich aus solcher Amtsausstattung entwickelt und was konnte sich entwickeln?

In Zusammenhang mit dieser Frage genügen einige wenige Hinweise auf die Rechtslage. Das *Grundgesetz* widmet seinen *Abschnitt V* dem Bundespräsidenten, ohne dort die Funktionen des Staatsoberhauptes vollständig darzulegen. Es regelt die Wahl des Präsidenten, klärt die Voraussetzungen der Wählbarkeit, nennt die Amtsdauer und bestimmt das Wahlverfahren der Bundesversammlung (Artikel 54). Anschließend erlegt es dem Bundespräsidenten ein allgemeines Berufsverbot auf (Artikel 55) und formuliert einen Amtseid (Artikel 56). Schließlich gehören zu dieser Gruppe von Verfassungsartikeln noch Artikel 57, der festlegt, daß der Bundespräsident vom Bundesratspräsidenten vertreten wird, und Artikel 58 mit der Gegenzeichnungsregel. Abgesehen von genau bezeichneten Akten (Ernennung und Entlassung des Bundeskanzlers, Auflösung des Bundestages gemäß Artikel 63 GG und Ersuchen gemäß Artikel 69 Abs. 3 GG) erhalten Anordnungen und Verfügungen des Präsidenten nur bei Gegenzeichnung durch den Bundeskanzler oder den zuständigen Ressortminister Gültigkeit – die letzteren übernehmen damit die parlamentarisch-politische Verantwortung, während der Präsident selbst keine unmittelbare Verantwortung trägt. Die Möglichkeit der Anklage nach Artikel 61 GG darf füglich als Regel für einen kaum denkbaren Ausnahmefall außer Betracht bleiben. Hinsichtlich konkreter Funktionen des Bundespräsidenten verweist damit Abschnitt V GG nur auf die „völkerrechtliche Vertretungsmacht", die in Absatz 1 des Artikels 59 in der klassischen Manier formuliert ist (Der Bundespräsident schließt Verträge ... empfängt und beglaubigt die Gesandten ... vertritt die BRD völkerrechtlich), während Absatz 2 sogleich die Parlamentarisierung hinzufügt, derzufolge für alle wichtigeren Verträge ein Bundesgesetz erforderlich ist. Im folgenden Artikel geht es noch um das Ernennungsrecht (Bundesrichter und -beamte, Offiziere und Unteroffiziere, soweit nicht gesetzlich anders bestimmt ist) und um das Begnadigungsrecht, beides Befugnisse, die übertragen werden können.

Minimale eigene Funktionen dieser Art werden ergänzt durch *Funktion in Sonderfällen:* Nach einer Bundestagswahl schlägt der Bundespräsident dem Bundestag einen *Bundeskanzler* vor und ernennt ihn im Falle der Wahl. Findet sich keine Mehrheit und kann sich der Bundestag nicht auf einen anderen Kandidaten einigen, dann ermöglicht Artikel 63 in Absatz 4 die Wahl nur durch die „meisten" Stimmen, wobei der Präsident dann entweder die Ernennung oder die Auflösung des Bundestages aussprechen kann. Auch bei der Regierungsbildung ist der Bundespräsident beteiligt, da er auf Vorschlag des Bundeskanzlers die Bundesminister ernennt und entläßt. Strikt gebunden ist wieder das Ernennungsrecht des Präsidenten im Falle der erfolgreichen Anwendung des konstruktiven Mißtrauensvotums: Wenn das Parlament mit Mehrheit einen Kanzler wählt, hat ihn der Präsident zu ernennen. Ein „kann"-Recht ergibt sich dagegen aus Artikel 68; bei verneinter Vertrauensfrage kann der Bundespräsident den Bundestag auf Vorschlag des Bundeskanzlers auflösen; ein Recht, das bei rechtzeitiger Wahl eines anderen Kanzlers wieder erlischt. Schließlich ist in diesem Zusammenhang noch das Ersuchen nach

Artikel 69 Abs. 3 GG zu erwähnen; der Präsident kann den Kanzler oder einen Minister ersuchen und damit verpflichten, die Geschäfte bis zur Ernennung eines Nachfolgers weiterzuführen. Neben solchen Rechten im Organbildungsprozeß geht es noch um die *Mitwirkung an der Gesetzgebung.* Hier regelt Artikel 82 GG den Normalfall: „Die nach den Vorschriften des Grundgesetzes zustande gekommenen Gesetze werden vom Bundespräsidenten nach Gegenzeichnung ausgefertigt und im Bundesgesetzblatt verkündet." Das eröffnet den Streit um das Prüfungsrecht des Bundespräsidenten, auf den wir zurückkommen. Zu erwähnen ist vorher noch die Beteiligung des Bundespräsidenten im Gesetzgebungsnotstand nach Artikel 81; der Bundespräsident braucht im Falle einer gescheiterten Vertrauensfrage nach Artikel 68 den Bundestag nicht unbedingt aufzulösen; damit sich weiterregieren läßt, kann er auf Antrag der Bundesregierung auch den Gesetzgebungsnotstand für eine Gesetzesvorlage erklären, wozu er allerdings der Zustimmung des Bundesrates bedarf, der wiederum dem Gesetz dann zur Gültigkeit verhilft.
Nimmt man alles zusammen (einschl. Art. 115a und 115 l GG), hat man es in der Hauptsache mit *prohibitiven Rechten zu tun,* die das Staatsoberhaupt in der Regel nur auf Vorschlag oder unter Mitwirkung anderer Organe – zumeist des Bundeskanzlers – wahrnehmen darf. Der Bundespräsident kann von sich aus nichts tun, keinen Vertrag schließen oder keinen Beamten ernennen; ob er dann aber tätig werden muß, bleibt vielfach offen. Er muß unzweifelhaft ein Gesetz ausfertigen, das nach den Vorschriften des Grundgesetzes zustande gekommen ist. Wieweit er dagegen berechtigt und verpflichtet ist, jene Verfassungsmäßigkeit zu überprüfen, ob es sich insbesondere nur um eine formale Prüfung (waren alle nach der Verfassung Vorgesehenen beteiligt?) oder auch um eine materielle handelt, die dann in Konkurrenz zur materiellen Verfassungsmäßigkeitsprüfung des Bundesverfassungsgerichtes stünde, bleibt unklar (a. A. *K. Stern,* Bd. II, 1980, S. 228 ff. mit der einschl. Literatur), ebenso wie es unklar bleibt, ob man den Präsidenten je belangen könnte, wenn er ein offenkundig verfassungswidriges Gesetz ausfertigt, das Parlament und Regierung mit den erforderlichen Mehrheiten ihm vorlegen. Unklar ist dagegen nicht, daß dem Präsidenten nichts passieren kann, wenn er im Einzelfall die Ernennung eines Beamten oder die Beglaubigung eines Gesandten ablehnt. Die Regierung muß den Konflikt vermeiden. Wenn Verfassungsbestimmungen unklar sind, dann besagt dies, daß der Bundespräsident keine starke, aber auch keine gänzlich schwache Stellung hat; man muß jedenfalls mit ihm reden und seine Zweifel beseitigen. Stärker ist die Stellung dann, wenn in der Verfassungspraxis Schwierigkeiten entstehen, d. h. in der Hauptsache, wenn es zum *Konflikt zwischen Parlament und Regierung* kommt, also die Grundvoraussetzung des parlamentarischen Systems, das Miteinander von Regierung und Parlamentsmehrheit, nicht mehr funktioniert. Alle diese Sonderrechte sind bislang jedoch noch nicht so angewendet worden, daß es dabei entscheidend auf das Verhalten des Präsidenten ankam, sofern man von der Auflösung des Bundestages 1983 absieht, mit der Bundespräsident Carstens u. E. sein Ermessen zugunsten von H. Kohl und zu Lasten der Verfassung ausgeübt hat. Die Vorstellungen vom Amt des Präsidenten werden deshalb aus anderen Quellen gespeist. Und damit sind wir beim Thema, das sich für uns im engeren Zusammenhang stellt.
Der Betrachter jenes Amtes muß fragen, wie die bisherigen Amtsinhaber das Amt verstanden und wahrgenommen haben. Den Ausschlag geben die ersten beiden Präsidenten, die jeweils zwei Amtsperioden tätig waren. So wenig man zunächst Theodor Heuss und Heinrich Lübke miteinander vergleichen kann: Gemeinsam haben sie aus der Not eine Tugend gemacht und das zugesprochene *Amt* mehr oder weniger ausschließlich

auf die eigene Person bezogen. Sie haben damit die Villa Hammerschmidt *entpolitisiert.* Eine solche Feststellung läßt sich begründen, wenn man etwa folgende Überlegungen anstellt:

Unabhängig von der konkreten Bestimmung eines politischen Amtes, wie sie sich aus rechtlichen Vorbedingungen, den Zuständigkeiten, der persönlichen und sachlichen Verfügungsmacht, dem Einbau in den Nachrichtenfluß, der Zahl der unmittelbaren Hilfskräfte, der eigenen Person und den Personen, die andere Ämter innehaben, sowie insgesamt aus der Beschaffenheit des politischen Kräftefeldes ergibt, ist abstrakt betrachtet jedes politische Amt oder Mandat zunächst ein mehr oder wenig abgenzbares Betätigungsfeld, auf dem es gilt, objektive Gegebenheiten durch Einsatz der eigenen Person anzunehmen, zu verändern, auszuweiten, um auf diese Weise den erteilten Auftrag, sei er mehr festgelegt oder sei er relativ offen, zunächst zu interpretieren und dann auszufüllen. Im Vergleich etwa zu der Position eines Beamten in hoher Stellung ist die *Interpretationschance des Politikers hinsichtlich seines eigenen Amtes* das eigentlich Entscheidende. Auch der Beamte entscheidet, in welchem Umfange er seine Energie, sein Machtstreben und die aus seinen persönlichen Vorstellungen ausfließende Motivation ins Amt einbringen soll. Auch ihm verbleibt dabei ein weiter Handlungsspielraum, in dem er überzeugen und überreden und die objektiven Organisationsbedingungen nutzen kann: Diese aber sind ihm vorgegeben. Der Amtsumriß ist relativ festgelegt; Tradition, Behördenstil, Dienstrecht, Geschäftsordnungen sind nicht einfach beiseitezuschieben. Und zentral ist schließlich: Der Beamte muß das, was er erreichen will, im Amt und unter seinen Bedingungen erreichen wollen – wenn wir den Sonderfall dessen außer acht lassen, der sich nebenbei politisch betätigt und durch politischen Einfluß Vorgesetzte und gegebene Strukturen überspielt.

Anders beim Politiker, dessen Amtsumriß weniger festgefügt ist, der unterschiedliche Rollenbezüge einsetzen kann und soll, der also seine Person stärker zur Geltung bringen darf. Ein Minister kann einflußreich sein, weil er hinter sich die Macht eines großen Ministeriums hat, weil er Ministerkollegen einfach überragt, weil ihn eine ganze Partei oder eine wichtige Parteigruppe unterstützt oder weil er mehr Zugang zur Öffentlichkeit hat als andere Kollegen oder weil er derlei verschieden kombiniert. Demzufolge ist – sehr konkret – die Position eines Abteilungsleiters im Bundesinnenministerium relativ personenunabhängig, die des Ministers ist es nicht. Heinemann, Lehr, Schröder, Höcherl, Lücke, Benda, Genscher, Maihofer, Baum und Zimmermann haben Akzente gesetzt und mußten das tun. Jedes Ministerium wird als Ganzes versuchen, dem neuen Minister den gewohnten Stil aufzuzwingen, jeder gute Minister – hier entfaltet sich seine politische Qualität – wird dieses Spiel durchschauen und es durchbrechen. Als das Grundgesetz in Kraft getreten war und die obersten Staatsorgane in Bonn gebildet waren, kam den ersten Inhabern die Chance zu, ihr Amt unter weitgehend offenen Bedingungen zu prägen. Ihre Nachfolger hatten es in dieser Hinsicht schon schwerer, relativ gesehen hat sich daran aber nichts geändert.

Der Politiker, so wollen wir das zusammenfassen, wird deshalb, übernimmt er ein Amt, den Versuch machen müssen, zugleich *amts- und personenbewußt zu handeln.* Er wird mithin Macht, Zuständigkeit, Einfluß des vorgegebenen Amtes wahren, wird sich darin aber nicht verlieren, sondern seine Person zur Geltung bringen. Er wird unterlassen, was er nicht kann, und betonen, was er kann. Er wird sich vor allem nicht dadurch abnutzen lassen, daß er sich in eine nicht mehr kontrollierbare Abhängigkeit bringt, wie sie meist dann entsteht, wenn etwa ein Minister ohne Verwaltungserfahrung verwaltungstechnisch von seiner Bürokratie an die Leine genommen wird oder wenn ein Minister ohne näheren Bezug zu der von ihm zu vertretenden Teilpolitik sich zum Wortführer seiner Berater machen läßt. Wie stark hier die Gestaltungsmöglichkeiten sind, wird besonders an den politischen Funktionen sichtbar, die relativ isoliert sind. Was Adenauer aus seinem Amt als Bundeskanzler gemacht hat, läßt sich kaum mit dem vergleichen, was später Erhard versuchte – und woran er scheiterte!

All dies gilt dann auch für das *Amt des Bundespräsidenten.* Seine spärliche Zuständigkeit ist grundgesetzlich festgelegt, welche Funktionen sich daraus ergeben, mußte personal interpretiert werden. Theodor Heuss hatte dabei die größere Chance als sein Nachfolger. Seine Persönlichkeit sicherte ihm einen Öffentlichkeitsanspruch, der jederzeit auch ins Amt hereinzuholen war, nachdem bald vergessen war, welche taktischen Überlegungen dazu geführt hatten, daß das Präsidialamt 1949 zunächst der FDP überlassen blieb. Da *Theodor Heuss* oft genug gewürdigt worden ist, braucht dem hier nichts hinzugefügt zu werden. Für unsere Erwägungen ist die Feststellung wichtig, daß er insgesamt relativ *wenig amtsbezogen* gehandelt hat. Dies in Kürze zureichend zu belegen, ist schwer. Ein Urteil über seine persönlichen Motive steht uns aufgrund der veröffentlichten Unterlagen nicht zu. Seine Amtstätigkeit ist kaum erforscht. Was übrig bleibt, sind vielfach Indiskretionen, Gerüchte, Mutmaßungen. Das mahnt zur Vorsicht. Indessen setzt jene Feststellung nicht die präzise Kenntnis eines bisher verschleierten Hintergrundes voraus, wir können uns vielmehr legitimerweise damit begnügen, die öffentliche Position des ersten Bundespräsidenten zu betrachten. Sie aber ergab sich einwandfrei vorwiegend aus Repräsentationshandlungen, aus dem persönlichen Auftreten, aus der Schlagfertigkeit und aus einigen wenigen Versuchen, gestaltenden Einfluß auszuüben, von denen die Einführung einer neuen Hymne gescheitert ist, während sich Heuss in der Frage des militärischen Schmuckes allmählich in eine Rückzugsposition begeben und mit der Einführung des Bundesverdienstkreuzes der Sache einen bis heute umstrittenen Dienst geleistet hat.

Wichtig ist an dieser Stelle das, was fehlt. Der Bundespräsident hat die Möglichkeit, zu den bestinformierten Männern in Bonn zu gehören. Er kann den Leiter seines Amtes zu jeder Kabinettssitzung schicken, er kann erwarten, regelmäßig vom Kanzler persönlich informiert zu werden, abgesehen von Festakten hält er regelmäßig eine Art republikanischen Hofes, empfängt unzählige Personen und vermag auf der Bonner Informationsklaviatur zu spielen. Von alldem hat auch Heuss Gebrauch gemacht. Er hat darüber aber die Öffentlichkeit nicht informiert, sein *Ort in der Politik* blieb weithin unbekannt. Seine unbestritten würdige Repräsentation der Bundesrepublik hatte kaum Einfluß auf den politischen Stil in Bonn, obgleich dieser leicht zu gewinnen war. Denken wir dabei nur an die miserable Behandlung der Opposition durch Adenauer. Wenn es schon der Bundeskanzler nicht fertigbrachte, hier in regelmäßigem Umgang mit dem Oppositionsführer dessen Funktion zu respektieren: Heuss hätte das auch tun können. Allein die regelmäßige Meldung, der Bundespräsident habe sich vom Bundeskanzler und anschließend vom Oppositionsführer unterrichten lassen, hätte Entscheidendes bewirkt.

Insgesamt mag man sagen, daß Heuss sein Amt – nicht seine persönliche Position – entscheidend durch Adenauer interpretieren ließ oder aber sich mehr und mehr als eine Art Gegenpol zu Adenauer, als Repräsentant einer anderen Form der Politik verstand (so die These von *E. Pikart,* 1976). Warum es dazu kam, ist schwer zu erklären. Es lag sicher nicht ursprünglich in der Absicht von Heuss, sich an den Rand der Politik drängen zu lassen, aber er nahm es dann hin – spätestens 1952 in Zusammenhang mit dem

Verfahren vor dem Bundesverfassungsgericht wegen des beabsichtigten Wehrbeitrages (vgl. *Institut für Staatslehre und Politik,* 1952). Was hier wirklich geschehen ist, wissen wir nicht. Die Vermutung liegt aber nahe, daß Heuss seinen damaligen Rückzug auf Drängen Adenauers einleitete und dann wenig Widerstand gegen die spätere Abschaffung des Gutachtenverfahrens vor dem Verfassungsgericht leistete, durch die seine Funktion als einer der „Hüter der Verfassung" empfindlich beschnitten wurde. Wir wissen, daß Heuss die Politik Adenauers weithin bejahte, ihr in vielen Fragen aber auch sehr kritisch gegenüberstand. Daß er sich hier zurückhaltend gezeigt hat, mag amtsbewußt gewesen sein, ein Stück Kampfesmüdigkeit ist aber auch feststellbar (vgl. *H. P. Schwarz,* 1981).

Noch einmal: In einer solchen Betrachtung geht es nicht um die unbestrittenen Verdienste Theodor Heuss', sondern um einen bestimmten Aspekt der Dinge. Unter ihm betrachtet erschien die Funktion des Amtes 1959 eng auf den Verfassungstext festgelegt, während die persönliche Position des ersten Präsidenten zwar unbestritten war, aber relativ *wenig Einfluß auf die Politik* gewährte. Als Adenauer mit dem Gedanken spielte, Nachfolger von Heuss zu werden, ging er – so ist sein Verhalten zu interpretieren – zunächst durchaus davon aus, daß er ein wesentlich politischerer Präsident sein würde, wurde dann aber bedenklich hinsichtlich der verfassungsmäßigen Möglichkeiten und beschwor damit die unwürdige Situation herauf, in der jeder künftige Bundespräsident einerseits an den Maßstäben gemessen werden muß, die Heuss gesetzt hat – und es waren dies ausschließlich persönliche Maßstäbe –, andererseits dem Eindruck ausgesetzt ist, den Adenauer vermittelt hat, daß es sich nämlich für einen Mann von Tatkraft nicht recht lohne, dieses Amt zu übernehmen. An beidem ist *Heinrich Lübke* gescheitert. Mit Heuss konnte er intellektuell nicht konkurrieren, Adenauer war er politisch nicht gewachsen. Wir dürfen vermuten, daß Lübke mit dem festen Vorsatz ins Amt gegangen ist, dieses politisch stärker zu akzentuieren und seine Rechte mehr auszuschöpfen – bis hin zu der Position, die er sich in der Bundestagswahl 1965 zusprach. Das alles ist aber rasch dahingeschwunden und was übrigblieb – die Plattform der Repräsentation und des persönlichen Auftretens –, vermochte Lübke nicht auszufüllen. Seine Reisefreudigkeit kann als Ersatz für die ursprünglichen Absichten verstanden werden. Indessen kam, was kommen mußte: Da das Amt ganz auf die Person abgestellt war und Lübke das nicht ändern konnte, mußte er einsetzen, was er einzusetzen hatte.

Das Vorstehende impliziert die Behauptung, nach 1949 wäre eine andere Entwicklung denkbar gewesen. Betrachten wir unter diesem Aspekt noch einmal das Amt des Bundespräsidenten als solches, dann ergibt sich rasch, daß nicht die grundgesetzlich geregelten Funktionen nach Artikel 59 und 60, 63 und 64, 67 und 68, 82 und nach den für den Verteidigungsfall und den Notstand hinzugekommenen Vorschriften im Mittelpunkt des Interesses stehen. Wichtiger ist die zentrale Frage nach dem *Sinn des Amtes.* Anders ausgedrückt: Warum hat man in der parlamentarischen Demokratie die Funktion des Staatsoberhauptes beibehalten, auch wenn dies auf die Ratifikation von Entscheidungen beschränkt ist und nur wenig eigene Verfügungsgewalt hat?

Der Präsident der Weimarer Verfassung war nach den Worten Theodor Eschenburgs Ersatzkaiser. Das republikanische Staatsoberhaupt ist insgesamt eine Art *Ersatzmonarch.* Es repräsentiert die Einheit des Staates und gewährleistet nach außen, daß etwaige Kompetenzstreitigkeiten zwischen den einzelnen Organen, vor allem zwischen Parlament und Regierung, nicht zu einer Rechtsunsicherheit führen. Und es verdeutlicht nach innen, daß personelle und materielle Entscheidungen, gleichgültig von welcher Mehrheit und von welcher Regierung sie getroffen worden sind, nunmehr für alle gelten. In dieser Art lassen sich noch viele Begründungen aneinanderreihen. Zwingend sind sie alle nicht. Niemand nimmt daran Anstoß, daß der amerikanische Präsident Chef der Exekutive und Staatsoberhaupt zugleich ist, obgleich die relativ strenge Gewaltentrennung zwischen Präsident und Kongreß ersteren leicht in die Rolle eines streitenden Organs bringen kann. Umgekehrt weiß jeder, daß die Verfahrensvollmachten der niederländischen oder der belgischen Monarchie weithin unwichtig sind, während den symbolischen Funktionen hohe Bedeutung zukommt. Ob Belgien eine Wendung zur Republik überleben würde, ist ungewiß. Die englische Monarchie ist demgegenüber keineswegs unersetzlich. Auf der Insel würden sich kaum zwei Staaten konstituieren, wenn man des Monarchen überdrüssig würde. Man wird es nur auf lange Sicht hin nicht, weil in England verbreitet Tradition auch dann akzeptiert wird, wenn man sie für überflüssig hält. Schwierig wird es innerhalb demokratischer Tradition erst, wenn Rollenunklarheit so wie bei Präsident de Gaulle auftritt, der unbedenklich für sich alle Privilegien des Oberhauptes in Anspruch nahm, zugleich aber die Regierung als seine Sache betrachtete. Diese Funktionszwielichtigkeit ist zwar teilweise durch die von de Gaulle veranlaßten Verfassungsänderungen legalisiert, ihre Legitimation bleibt dennoch fragwürdig: An solcher Problematik krankte ja auch die Weimarer Verfassung.

Betrachten wir nun die reine *Oberhauptsfunktion,* dann ist die Nähe zur monarchischen Tradition unverkennbar und sind es Bildungen in monarchischen Ländern, mit deren Hilfe noch am ehesten interpretiert zu werden vermag, was im Amt eingeschlossen sein kann. Als gutes Beispiel dafür ist der spezifische Regierungsstil der Coburger zu erwähnen, den vor allem Leopold I. von Belgien und Königin Victoria von Großbritannien ausgeprägt haben. Ihre rechtliche Machtfülle war theoretisch groß, praktisch gering. Ihre tatsächliche Macht war demgegenüber erheblich, weil sie Implikationen ihres Thrones entschlossen genutzt und eine eigentümliche Verbindung von Repräsentation, Privilegien und formellen Pflichten hergestellt haben. Hofhaltung, regelmäßige Gespräche mit wichtigen Politikern, Teilnahme an Kabinettssitzungen auch ohne direkte Entscheidung und zumindest das Privileg, bei der Erfüllung formeller Verbindlichkeiten ernstgenommen zu werden – was zum Beispiel den Botenweg ausschließt, führten dazu, daß der Monarch gut informiert war, vielfach Wünsche formulieren und zumindest einiges von dem verhindern konnte, was ihm direkt zuwider war. Sicher hat dabei die Rolle des Monarchen eine große Rolle gespielt, also ihm den Einfluß erleichtert. Dennoch läßt sich wenigstens zum Teil ein Bezug zum republikanischen Staatsoberhaupt herstellen. Die diesem gewährten finanziellen Mittel lassen durchaus einen Vergleich zu, wobei man natürlich berücksichtigen muß, daß sein Hofstaat voll aus öffentlichen Mitteln erhalten wird. Auch der Aufwand für seine Repräsentationspflichten ist in der Regel nicht geringer als in Monarchien. Was fehlt, ist der Glanz der Tradition, ist das reibungslose Hineinwachsen ins Amt und die dem vorausgehende Erziehung, ist schließlich das Bewußtsein der unbefristeten Amtsdauer. Das zu überspielen, ist Sache des persönlichen Einsatzes. Dabei hat der Präsident dem Monarchen voraus, daß er selbst aus der politischen Atmosphäre hervorgeht und damit über Intimkenntnisse verfügt, die ihm manches erleichtern.

Ohne einen solchen Vergleich überbewerten zu wollen, kann man jedenfalls sagen, daß aus den unmittelbaren Pflichten heraus die Notwendigkeit eines obersten Amtes ebensowenig zu begründen ist wie die von Monarchien in parlamentarischen Demokratien. Eher erscheint das *Amt wünschenswert,* weil die enge Verbindung zwischen

Kabinett und Parlament den Regierungschef stark auf die Mehrheit festlegt – und umgekehrt, es also durchaus erwägenswert ist, einige wichtige Formalien zuletzt weder dem Regierungschef noch dem Parlamentspräsidenten zu überlassen. Immer liegt es doch so, daß der Regierungschef zu parteiergreifender Aktivität gezwungen ist und sein Auftreten der Rechtfertigung seiner Politik dienen muß, während das aus der unmittelbaren politischen Aktivität herausgenommene Staatsoberhaupt eher allgemeinen Ansprüchen zu genügen vermag. Um ihretwillen, nicht um der Unterzeichnung von Gesetzen und Verträgen willen, rechtfertigt sich das Amt. Die Rechtfertigung liegt damit aber nicht in einer wenig sicht- und greifbaren Repräsentanz, nicht im ‚Darstellen' des Staates, sondern in der Präsenz eines der Politik zugehörigen, ihr in allen ihren wesentlichen Emanationen eng verbundenen Amtsinhabers, der in dieser Präsenz das Privileg hat, nicht selbst entscheiden und für seine Entscheidung einstehen, nicht auf seine Wiederwahl achten und in der Regel unmittelbare persönliche Kritik nicht scheuen zu müssen. In diesem Sinne sehen wir den Bundespräsidenten weder als unerhebliche Gallionsfigur, noch als bloßen Staatsnotar, sondern eher als einen *Moderator oder sogar Koordinator der Politik,* zur Sorge dafür bestimmt, daß diese Politik, die er nicht zu vertreten hat, nicht nur in verfassungsmäßigen Bahnen verläuft, was an sich selbstverständlich ist, sondern grundlegend durch humane Umgangsformen, durch einen sauberen *politischen Stil* und durch eine hierzulande vielfach fehlende Verständlichkeit ausgezeichnet ist. Der Bundespräsident ist weniger „Hüter der Verfassung" als das Bundesverfassungsgericht, weil er Entscheidungen nur verzögern, nicht aber selbst herbeiführen kann. Wohl aber sollte er der *Hüter der Politik* sein. Die Macht dazu hat er im gesellschaftlich-repräsentativen wie im formalen Bereich. Zu fragen ist, ob er die Autorität hat. Wie allenthalben gibt ihm das Amt die Macht – und wir halten es für korrekt, hier von Macht zu sprechen –, während er sich die Autorität selbst erwerben muß. Und dies kann nicht durch Einmischen und durch das Erteilen von unerbetenen Ratschlägen geschehen. Gefordert sind Präsenz, Mitdenken, die Bereitschaft, Streitende an einen Tisch zu bringen, in den Auseinandersetzungen immer wieder die menschliche Würde ins Spiel zu bringen – kurz: der Bundespräsident hat – oder: das Staatsoberhaupt hat in der mittelbaren Demokratie – keine gestaltende oder leitende, sondern eine *pflegende Aufgabe,* und er ist dann nicht überflüssig, wenn er sich als Pfleger eines gesitteten politischen Stils versteht.

Der Begriff ‚politischer Stil' wird mit all seiner mangelnden Präzision und mit dem ihm anhaftenden Mangel an jeweiliger Konkretisierbarkeit absichtlich benutzt (vgl. *H. Busshoff,* 1972). Würde es sich hier um etwas je und je Konkretisierbares handeln, gäbe es einschlägige Maßstäbe, bräuchte man niemanden, der ex officio diesem Bereich besonders eng verbunden ist. Und würden alle vergleichbaren Amtsinhaber stilpflegend wirken, wäre der eine überflüssig. So liegt es aber nicht, weil es sich um etwas Zerbrechliches, Wandelbares und abstrakt nicht Faßbares handelt, das immer wieder neu von Menschen erkannt, anerkannt und eingehalten werden muß. Ihnen soll das Staatsoberhaupt helfen. Das kann nicht in gouvernantenhaft belehrender Weise geschehen, sondern – in aller Vorsicht: – durch den ständigen Versuch, den politischen Alltag zu transzendieren, die strengen und anspruchsvollen Funktionsbezüge zu durchbrechen, um es so den Politikern zu ermöglichen, aus ihrer prägenden Einbindung in vorgegebene Organisationsbedingungen heraus zu menschlicher Begegnung fähig zu werden. Kein Staatsoberhaupt wird auf diesem Wege verhindern, daß Unrecht geschieht und Unanständiges vorkommt. Dennoch vermag er vieles, sofern er nicht in exaltierter Geschwätzigkeit zu allem und jedem etwas sagt, seinen persönlichen Geschmack allein obwalten läßt und seine politischen Ansichten in unangebrachter Weise verkündet. Das hat z. B. Bundespräsident Carstens mit seinem Brief an den Intendanten des NDR im Dezember 1982 wegen eines Kommentars getan – praktisch ein Eingriff in den Wahlkampf und in gefährlicher Nähe der Zensurattitüden mancher Staatskanzleien. Medienschelte dieser Art trägt kaum dazu bei, Unabhängigkeit von Parteipolitik zu bewähren und auctoritas zu mehren.

Freilich darf man die Maßstäbe nicht überdehnen. Die ‚pflegende Aufgabe' muß mit einigen wenigen Mitteln erfüllt werden: Mit öffentlichen Auftritten, mit den Möglichkeiten der Selbstdarstellung (Heinemann als ‚Bürgerpräsident' mit Konsequenzen für Empfänge in Bonn oder Carstens als ‚wandernder Präsident' mit der Chance, so im Lande herumzukommen und in den Medien Echo zu finden) und schließlich und vor allem mit den Reden. Mit seinen Reden hat Heuss etwas von dem ausgeglichen, was er dem Amt nicht verschafft hat: die unmittelbare Zugehörigkeit zur Politik. Mit ihren Reden haben auch einige seiner Nachfolger einen wichtigen Part übernommen – vielleicht Heinemann und Weizsäcker vornean. Das Instrument ist nicht ohne Tücken. Der Präsident ‚darf' selbstverständlich nicht gegen die Regierung reden – schon gar nicht im Ausland. Er ‚muß' aber in der Tradition von Heuss möglichst seine eigenen Reden halten, nicht die von Mitarbeitern. Er muß das in Grenzen entpolitisierte Amt individuell aufwerten. Das kann er vor allem, wenn er auf seine Weise Probleme artikuliert – manchmal eher visionär wie Heinemann und Scheel oder eher nüchtern klärend wie Weizsäcker, dessen Maxime Hermann Rudolph (Worte und Wirkung des Präsidenten, in: SZ 30.12.1986, S. 4) darin zu erkennen meint, „daß ein vernünftiger Umgang mit den schwierigen Bedingungen unserer politischen, gesellschaftlichen und, auch dies, historischen Existenz möglich ist, möglich sein muß. Und: daß er nur dann zu praktizieren ist, wenn die innere Polarisierung unserer Politik abgebaut wird." Wer ‚redet', gerät allerdings immer in eine Situation, in der man sich mit ihm auseinandersetzt. Dafür eine Form anzubieten, welche die entgegenstehenden Meinungen und damit die Angriffsflächen nicht verschleiert, die Auseinandersetzung also fruchtbar werden läßt, das setzt intellektuelles Vermögen und politische Erfahrung voraus.

Was bleibt, ist u. E. ein durch und durch politisches Amt mitsamt entsprechenden Anforderungen an den Amtsinhaber. Er bedarf jener politischen Erfahrung, muß gesellschaftlich gewandt, gebildet und bescheiden sein und muß den ihm anvertrauten Apparat leiten können. Er muß sich weiter auf beides verstehen: im stillen zu wirken und öffentlich aufzutreten, d. h. dann auch, in die unmittelbare Begegnung mit anderen hereinzuholen, was öffentlich an Glaubwürdigkeit erworben ist, und umgekehrt vor der Öffentlichkeit sinnvoll eine Politik zu repräsentieren, welcher der Präsident selbst zugehört. Vereinfacht: Der Bundespräsident erfüllt seine Amtspflichten, wenn es eine Ehre und zugleich ein Vergnügen ist, bei ihm zu Gast zu sein; wenn er selten, dann aber gut spricht; wenn er den Eindruck erweckt, es habe einen Sinn, an sein Amt zu schreiben, weil der Brief zumindest an die richtige Stelle weitergeleitet wird, und wenn man glauben kann, daß er liest, was er unterschreibt. Alle diese Anforderungen besagen auch, daß man das Amt mißachtet, wenn man immer wieder meint, ein zur aktiven Politik Berufener könne dieses – politisch gesehen – bescheidene Amt nicht übernehmen. Solche Vorstellungen beruhen auf einer einseitigen Reduzierung von Politik auf Entscheiden, Fortentwicklung, Gestalten, d. h. Machthandhaben. Zur Politik gehören auch die Pflege und die Kunst des Ausgleichs nicht nur von Interessen, auch nicht nur im Sinne des Aushandelns von Kompromissen, sondern durchaus im Sinne persönlicher Vermittlung zwischen Gruppen und Kräften, die sich gegenüberstehen. Das meint nicht konservierende Pflege einer Tradition, zumal in diesem Bereich Tradition vielfach erst entstehen muß. Es meint vielmehr eine Rolle, wie sie etwa der Speaker im englischen Unterhaus spielt, der keine konkreten Entscheidungen herbeiführt, aber dafür sorgt, daß Entscheidungen in bestimmten Formen zustande kommen. Merkmal solcher ‚Ämter' ist die Zugehörigkeit zur Politik auch ohne Entscheidungsmacht.

6. Kapitel
Verwaltung und Vollzug

6.1. Aufbau und Arbeitsweise der Verwaltung

Der öffentlichen Verwaltung kommt innerhalb einer Darstellung des Regierungssystems der Bundesrepublik Deutschland eine zentrale Bedeutung zu. Dabei geht es zunächst um strukturelle Fragen wie die Position der Verwaltung gegenüber Parlament und Regierung, dann um Fragen ihrer Rolle und Funktion, schließlich um Aspekte ihrer Leistungsfähigkeit, die nicht nur unter Effizienzgesichtspunkten, sondern auch mit Blick etwa auf die Arbeitgeberfunktion der öffentlichen Verwaltung von Bedeutung ist. Unsere Ausführungen nehmen hierauf Bezug. Sie umfassen zunächst Grundlagen des Verwaltungsaufbaus, suchen dann die Tätigkeit der öffentlichen Verwaltung näher zu skizzieren und verweisen schließlich auf die Rolle der Verwaltung als Organisation und Betrieb. Bei der Kennzeichnung des Verhältnisses zu Parlament und Regierung wird es dann darum gehen, spezifische Unterschiede und wechselseitige Beeinflussungen aufzuzeigen. So bedient sich das Parlament des Gesetzes als Führungsmittel, während die Verwaltung informiert, berichtet und vorschlägt. Im Unterschied zum Parlament hat die Regierung dabei unmittelbaren Zugriff auf die Verwaltung. Ihre „Macht" ergibt sich entscheidend aus dem Vorhandensein der Verwaltung und deren „Möglichkeiten". Umgekehrt wächst die „Macht" der Verwaltung in dem Maße, in dem die Regierung nicht mehr zureichend Verwaltungsführung leistet. Wie die Situation dabei einzuschätzen ist und ob sich hier Anlaß für Reformansätze ergibt, steht am Ende dieser Übersicht. Auf der Basis dieser Diskussion sollte es dann auch möglich sein, sich näher zum Gewicht und zur Bedeutung der Verwaltung innerhalb des Regierungssystems der Bundesrepublik zu äußern. Dabei wird wichtig sein, daß Gesetze und andere politische Entscheidungen für sich allein genommen noch wenig bedeuten, es vielmehr auch und gerade auf ihren Vollzug ankommt. Diesen Vollzug leistet die öffentliche Verwaltung, sie erledigt die Masse der öffentlichen Aufgaben und bestimmt entscheidend das Gesicht des Gemeinwesens, das deshalb gelegentlich auch als Verwaltungsstaat bezeichnet wird. Daran erscheint zumindest richtig, daß die täglich erlebte Abhängigkeit des Bürgers Abhängigkeit von der Verwaltung in Gemeinde, Land und Bund bedeutet und sich damit die Frage verbindet, unter welchen Bedingungen denn solche Abhängigkeit noch am ehesten erträglich und mit dem Leitgedanken bürgerschaftlicher Mitwirkung zu vereinbaren sei. Zugleich ist zu fragen, ob die öffentliche Verwaltung trotz ihrer unbestrittenen Notwendigkeit und offensichtlichen Vorzüge letztlich nicht auch zu einer tendenziellen Überlastung des Staates beiträgt. Die mit ihr verbundenen Kosten, die Ausgaben, welche sie durch ihr Tätigwerden verursacht, bestimmen ja zu weiten Teilen den staatlichen Anteil am Bruttosozialprodukt. Erscheint dieser als zu hoch oder nimmt – wie in den vergangenen Jahren deutlich geworden – die Staatsverschuldung in bedenklichem Maße zu, und

erwägt man in diesem Zusammenhang Eingriffe in die öffentlichen Leistungen, steht immer auch die Verwaltung zur Debatte. Für ihr Personal werden etwa 45 % der Steuereinnahmen verbraucht. Da dieses Personal in seinem Anstellungsverhältnis besonders geschützt ist, vermindert sich die Dispositionsfreiheit des Haushaltsgesetzgebers von vornherein um jenen Anteil. Durch den Bestand des öffentlichen Dienstes sind zudem die öffentlichen Aufgaben bis zu einem gewissen Maße abgesichert. Das System droht unhandlich zu werden.
Innerhalb unserer Darstellung[1] erhalten solche Aspekte unterschiedliches Gewicht. Probleme der Verwaltungsführung werden wir stärker betonen, die der Verwaltung als Arbeitgeber können zurücktreten. Auch der Effizienzaspekt braucht uns weniger zu beschäftigen, wenn die Verwaltung als Teil des Regierungssystems und damit vor allem auch in ihrem Einfluß auf die politische Willensbildung betrachtet werden soll. Die Überlastungsdiskussion berücksichtigen wir schließlich im Zusammenhang mit dem Thema der Verwaltungsreform und – eingeschränkt – bei der Diskussion um die Führbarkeit der öffentlichen Verwaltung.

6.1.1. Zum Verwaltungsaufbau

In den Medien erscheinen häufig alarmierende Zahlen über die Entwicklung des öffentlichen Dienstes und der für ihn und seine Tätigkeit notwendigen Kosten. Bei genauerem Zusehen zeigen sich allerdings erhebliche Unterschiede, ja Widersprüche. Das erklärt sich im wesentlichen daraus, daß zum einen die Verwaltung der öffentlichen Hand vielfältig aufgegliedert ist und zum anderen Wissenschaft und Praxis um eine Definition der Verwaltung verlegen sind. Sie läßt sich nach einem vielzitierten Wort von Ernst Forsthoff (1973, S. 1) nur beschreiben, nicht definieren. Die Beschreibung kann von dem Unterschied zwischen Gebietskörperschaften (Bund, Länder, Gemeinden und Gemeindeverbände) und den sonstigen Trägern öffentlicher Aufgaben ausgehen. Man wird dann bei den Gebietskörperschaften die wichtigsten öffentlichen Aufgabenbereiche verankert sehen und in diesem Zusammenhang auch den größeren Teil der öffentlichen Verwaltung. Es wäre aber falsch, die übrigen Aufgabenbereiche zu unterschätzen.
Das *Personal der Gebietskörperschaften* umfaßte am 3.6.1985 (lt. Statistischem Jahrbuch 1986) 3.466.212 Mitarbeiter, von denen 629.250 Teilzeitbeschäftigte waren. Von diesen Mitarbeitern entfielen auf den Bund 330.403, auf die Länder und die Stadtstaaten 1.914.787 und auf die Gemeinden 1.221.022. Das ergibt eine Relation von etwa

1 Das folgende Kapitel ist den Verwaltungswissenschaften zuzurechnen. Über sie informieren der noch vorwiegend rechtswissenschaftlich orientierte Reader von *H. Siedentopf*, 1976, und der eher politikwissenschaftlich orientierte Sammelband von *J. J. Hesse*, 1982. In das Thema führen ein: *F. Morstein Marx*, 1965, *Th. Ellwein*, 1966 und 1976, *W. Thieme*, 1967/1977, *U. Becker/W. Thieme*, 1974 ff., *M. J. Buse*, 1975, *K. König/H. J. v. Oertzen/F. Wagener*, 1981. Im zuletzt genannten Band und in dem von *J. J. Hesse* finden sich einführende Bibliographien. Der Verwaltungssoziologie wenden sich v. a. *R. Mayntz*, 1978, *H. U. Derlien*, Verwaltungssoziologie, in: *A. v. Mutius*, 1982, und *E. Pankoke/H. Nokielski*, 1977, zu. Die verwaltungswissenschaftliche Theoriebildung hat besonders *N. Luhmann*, 1966, und *ders.*, 1970/75/81, viel zu verdanken. Eine jährliche Bestandsaufnahme der staats- und verwaltungswissenschaftlichen Forschung streben wir mit dem „Jahrbuch zur Staats- und Verwaltungswissenschaft", hrsg. von *Th. Ellwein/J. J. Hesse/R. Mayntz/F. W. Scharpf*, an, dessen erster Band 1987 erschienen ist.

10:55:35 ohne Post und Bahn. Bei den Bruttoausgaben der drei Ebenen rechnet man dagegen mit einer Relation von 4:3,5:2,5. Der Staatsaufwand ist also zwischen Bund und Ländern etwa gleich verteilt und erheblich höher als die Ausgaben für die Gemeinden. Bund und Länder haben aber ganz verschiedene Teile des Staatsaufwandes zu tragen und zu verwalten. Beim Bund spielt die Umverteilung eine größere Rolle, bei den Ländern eher Bildung und Polizei. Länder und Gemeinden betreuen gemeinsam die beschäftigungsintensiven Aufgabenbereiche der öffentlichen Hand. Bei ihnen wird deshalb auch das Wachstum des öffentlichen Dienstes besonders gut sichtbar. 1960 gab es (vgl. Quelle 6.1.2.) etwa 1,48 Mio. Mitarbeiter im Bereich der Länder und Gemeinden. 1979 hatte sich diese Zahl ungefähr verdoppelt. Nach 1979 verlief das Wachstum aus den bekannten Gründen langsamer. 1980 wurden 2,94 Mio. Mitarbeiter gezählt, 1985 waren es 3,14 Mio. In den letzten Jahren vermehrte sich das Personal des Bundes nicht mehr nennenswert. In seinem Bereich fallen keine besonders vermehrungsträchtigen Aufgaben an. Außerdem zählen Post und Bahn in der Regel als eigener Bereich, während die Soldaten und die Angehörigen des (uniformierten) Bundesgrenzschutzes von der offiziellen Statistik überhaupt nicht einbezogen werden. Anhand solcher Zahlen wird der Aufbau der Verwaltung in einem engeren Sinne transparent:[2]

Der *Bund* ist für zwei große Dienstleistungsunternehmen und für die Bundeswehr zuständig, ohne daß man ihm deren Personal direkt zurechnet. Von dem auf ihn entfallenden Teil des Personals arbeitet der größte Teil (etwa 172.000 Mitarbeiter) in der Verteidigungsverwaltung. Daneben fallen nur noch die Finanz- und die Verkehrsverwaltung ins Gewicht. Der Bund arbeitet also weithin ohne Unterbau, d. h., er bedient sich der Verwaltung der Länder und Gemeinden. Nur das Auswärtige Amt verfügt mit dem auswärtigen Dienst über eine eigene Verwaltung, außerdem das Bundesministerium der Verteidigung und das Bundesministerium der Finanzen, das im Finanz- und Zollbereich neben den Ländern eigenes Personal beschäftigt. Das schließt nicht aus, daß der Bund eine große Zahl von Bundesoberbehörden oder zentralen Einrichtungen unterhält – als Beispiele seien das Bundeskriminalamt, das Statistische Bundesamt, die Bundeszentrale für politische Bildung, der Bundesnachrichtendienst, das Bundesamt für Verfassungsschutz, das Bundeskartellamt, die Bundesanstalt für Flugsicherung genannt. Solche Ämter nehmen aber in der Regel nur Spezialaufgaben wahr, sind also eher zusätzlich zu der Verwaltungsorganisation zu denken, welche Länder und Gemeinden bereitstellen, soweit sie nicht den Mangel an einem eigenen Unterbau ausgleichen sollen. Darauf deutet die große Zahl (etwa 100) solcher Behörden hin (vgl. *B. Becker*, 1978 sowie *R. Loeser*, 1986).

Bei den *Ländern und Stadtstaaten* ergibt sich der große Personalaufwand in der Hauptsache im Bereich von Unterricht und Wissenschaft, gefolgt von dem der Polizei. Die öffentliche Verwaltung, die wir hier betrachten, besteht mithin nur zu einem kleinen Teil aus Verwaltung im engeren Sinne; in der Hauptsache gehören zu ihr die großen öffentlichen Dienstleistungsbereiche. Sie finden sich alle auf der Landesebene; hier verfügt – anders als im Bund – praktisch jedes Ministerium über einen Unterbau, wo-

2 Für die Zahlenangaben verweisen wir generell auf die Arbeiten des Statistischen Bundesamtes, neben dem Statistischen Jahrbuch vor allem auf die einschlägigen Fachserien, zuletzt: Personal des öffentlichen Dienstes, Fachserie 14, Reihe 6, 1985, auf *Th. Ellwein/R. Zoll*, 1973a und b sowie auf *Bundesminister der Finanzen*, 1982.

bei im Regierungspräsidium die Fäden noch einmal zusammenlaufen sollen, damit man das Prinzip der Einheitlichkeit der Verwaltung wahrt. Dessen ungeachtet unterstehen dem Finanzminister die Oberfinanzdirektionen und die Finanzämter, dem Justizminister die (Verwaltung der) Gerichte, Staatsanwaltschaften und der Strafvollzug, dem Wissenschaftsminister die Universitäten und Hochschulen und dem Kultusminister die Schulen oder dem Landwirtschaftsminister die Landwirtschafts- und die Forstverwaltung. Auch in den Ländern gibt es außerdem eine Reihe von Sonderbehörden. Regional soll das Regierungspräsidium die Zentralbehörde sein und gleichzeitig die Aufsicht über die untere Verwaltungsebene führen, die von den kreisfreien Gemeinden, den Landratsämtern und den besonderen Verwaltungsbehörden z. B. für den Forst oder das Wasser gebildet wird. Ohne hier auf Einzelheiten einzugehen, läßt sich sagen, daß die derzeitige Landesverwaltung einen etwas mühsamen Kompromiß zwischen einem regionalen und einem funktionalen Gliederungsprinzip der öffentlichen Verwaltung darstellt, wobei die Idee der allgemeinen Verwaltung an Boden verlor, bis die Koordinationszwänge etwa in den Bereichen Raumordnung und Landesplanung sowie Umweltpolitik ein gewisses Umdenken nahelegten.

Die dritte Ebene bilden schließlich die *Gemeinden und Gemeindeverbände*. Bei ihnen kommt es deshalb zu einer starken personellen Belastung, weil die meisten öffentlichen Einrichtungen (Parkanlagen, Sportanlagen, Einrichtungen der Erwachsenenbildung, Theater, Museen und der gesamte Versorgungs- und Sozialbereich sowie der größte Teil des Gesundheitswesens) hier anfallen, außerdem große Teile des öffentlichen Verkehrs, der Bauverwaltung und der Wirtschaftsförderung. Den Kern bilden sicher die Gesundheits- und die Sozialverwaltung mit etwa einem Drittel des Gemeindepersonals.

Neben den drei Gebietskörperschaften und ihren personell unmittelbar mitzählenden rechtlich unselbständigen Wirtschaftsunternehmen ist auf *Körperschaften des öffentlichen Rechts* zu verweisen. Zu ihnen gehören in erster Linie die Bundesanstalt für Arbeit mit der gesamten Arbeitsverwaltung sowie die Einrichtungen der Sozialversicherung. Nicht zu ihnen zählen etwa die öffentlich-rechtlichen Rundfunkanstalten, wichtige Stiftungen (z. B. Stiftung für den preußischen Kulturbesitz) und die zahllosen Quangos (Quasi-Non-Governmental-Organisations), also im engeren Sinne privatrechtlich konstruierte Einheiten, die unmittelbar für den staatlichen Auftraggeber arbeiten und dabei öffentliche Aufgaben wahrnehmen – als Beispiel sei ein Verein genannt, der Bundesmittel an Einrichtungen von Städten verteilt, die man nicht auf dem Dienstwege über das zuständige Landesministerium leiten will – oder die in anderer Weise den Staat entlasten (zum Problembereich *W. Kirberger*, 1978, *G. F. Schuppert*, 1981, und *B. Becker*, Typische Eigenschaften der privatrechtlich organisierten Bundesverwaltung, in: Die Verwaltung 1979, S. 161 ff.). Daß man hier in einen schwer überschaubaren Grenzbereich stößt, braucht nicht näher erläutert zu werden. Das gilt ebenso für die Überlappungsbereiche, besonders für die Einrichtungen der Kirchen und der Wohlfahrtsverbände, die Leistungen erbringen, welche sich von denen ‚öffentlicher' Einrichtungen nicht unterscheiden und deren Finanzierung ggf. auf ganz ähnlichen Wegen erfolgt. Der Hinweis steht hier nur zur Verdeutlichung: Die Grenzen zwischen den öffentlichen und entsprechenden privaten Dienstleistungen müssen heute fließend sein.

Nimmt man den Bereich, der eindeutig der öffentlichen Hand zuzurechnen ist, dann ergeben sich für 1985 etwa 4,12 Mio. Vollbeschäftigte der öffentlichen Hand neben etwa 0,7 Mio. Teilzeitbeschäftigten und knapp 0,5 Mio. Soldaten. Die Vollbeschäftigten waren dabei unabhängig von der Zugehörigkeit zu Gebiets- oder anderen Körperschaften in folgenden Bereichen tätig:

Schulwesen	543 700	Sozialversicherungen	217 600
Politische Führung	480 300	Verteidigung	171 900
Post	439 800	Wohnungswesen	155 100
Wirtschaftsunternehmen	387 200	Rechtsschutz	137 200
Gesundheitswesen, Erholung	344 900	Sozialwesen	129 600
Wissenschaft und Kultur	328 600	Verkehrswesen	103 000
Sicherheit und Ordnung	299 400	Wirtschaftsförderung	48 200
Bahn	294 700	Kommunale Zweckverbände	35 400

Die Übersicht ist im einzelnen mit (den angedeuteten) Vorbehalten zu lesen. Die Reihung erschließt aber Realität. In ihr haben *alle Verwaltungszweige ein kräftiges Wachstum* zu verzeichnen, wobei die Sprünge in der Leistungsverwaltung besonders hoch waren. Zwei Schwerpunkte stehen für die vergangenen Jahre im Vordergrund: der Bildungsbereich und der Bereich Gesundheit und Soziales. Die Vermehrung insgesamt wird man u. a. dem ablaufenden *gesellschaftlichen und ökonomischen Strukturwandel* (Verschiebung zum tertiären Sektor) sowie der *Urbanisierung* zurechnen müssen. Die Gemeindegebietsreform, durch welche die Zahl der Gemeinden vermindert, ihre Leistungskraft aber vergrößert werden sollte, führte zu einer erheblichen Personalvermehrung im Kommunalbereich; bildungs- und sozialpolitische Grundentscheidungen haben den großen Schub im Landesbereich bewirkt. Die *Konsequenzen* der Personalausweitungen für die *Ausgabenentwicklungen* der Haushalte lassen sich grob vor Augen führen, wenn man das Durchschnittsgehalt eines öffentlichen Bediensteten mit jährlich rd. 45.000 DM ansetzt und berücksichtigt, daß in den letzten 15 Jahren Länder und Gemeinden jedes Jahr allein bei den Vollbeschäftigten rd. 37.000 Personen zusätzlich eingestellt haben. Diese zusätzlich eingestellten Personen ergeben eine Belastung von etwa 1,7 Mrd. DM im ersten Jahr der Einstellung, mit steigender Tendenz in den Folgejahren. Aus einer solchen Personalausweitung über drei Jahre resultiert eine zusätzliche Belastung von insgesamt rd. 10 Mrd. DM – selbst wenn man von den tariflichen Anpassungen absieht.

Im Blick auf den inzwischen allerdings deutlich reduzierten ‚Schub' in der Entwicklung des öffentlichen Dienstes kann man im übrigen von einer nivellierenden Tendenz sprechen. Früher waren die Unterschiede zwischen den einzelnen Ländern und Gemeinden erheblich. Nach der Gemeindegebietsreform und der Angleichung der Länderpolitik in den 70er Jahren ergab sich eine ‚Verwaltungsdichte' (Vollbeschäftigte je 1 000 Einwohnern) bei den Ländern in Höhe von 21,8, wobei Nordrhein-Westfalen mit 19,4 die untere Grenze und Hessen mit 23,5 die obere markierte und lediglich das Saarland mit 26,3 aus dem Rahmen fiel. Die Werte der Stadtstaaten beliefen sich auf 55,9 in Hamburg, 57,1 in Bremen und 75,1 in Berlin. Sie machten damit sichtbar, wie die Gemeinde- neben den Landesaufgaben ins Gewicht fallen und was Urbanisierung bewirkt, nämlich eine erhebliche Intensivierung der öffentlichen Dienste.

Zusammenfassend kann man festhalten: Die öffentliche Verwaltung ist in der Hauptsache Bund, Ländern und Gemeinden zugeordnet, findet aber auch in Einrichtungen statt, welche außerhalb der Gebietskörperschaften und in der Regel mit mehr oder weniger großer Selbstverwaltung ausgestattet existieren. Betrachtet man nur die Gebietskörperschaften, liegt die öffentliche Verwaltung in den Sektoren oberste Staatsorgane und auswärtige Angelegenheiten sowie Verteidigungs-, Finanz- und Steuerverwaltung im Schwerpunkt beim Bund; in den Sektoren öffentliche Sicherheit und Ordnung, Rechtsschutz und Bildungswesen bei den Ländern; in den Sektoren innere Verwaltung und allgemeine Staatsaufgaben, Soziales, Gesundheitswesen, Wirtschaftsförderung und Verkehr sowie öffentliche Einrichtungen bei den Gemeinden. Die Gebietskörperschaften haben es dabei mit einer jeweils eigenen Verwaltungsproblematik zu tun. Dennoch gibt es ein hohes Maß an Gemeinsamkeit ‚der' Verwaltung, weshalb man sie auch als ein eigenes System betrachten kann.

6.1.2. Zur Tätigkeit der Verwaltung

Verwaltung ist nach Max Weber Herrschaft im Alltag und zugleich Dienstleistung. Beides verweist auf unterschiedliche Bezüge, in denen die Verwaltenden stehen sowie auf die große Ausdifferenzierung des tatsächlichen Verwaltungshandelns. Dabei führen Begriffe wie Verwaltung oder Verwaltungspersonal leicht in die Irre. Tatsächlich umfassen die realen Tätigkeitsfelder der öffentlichen Verwaltung nur zu einem relativ geringen Teil Tätigkeiten im Büro. In der Hauptsache geht es um Aufgaben, welche ein fachlich geschultes Personal in den Schulen oder Hochschulen, in den Krankenhäusern oder Altersheimen, im Forstdienst, in Straßenbauämtern oder in der Flurbereinigung übernimmt. Dieses Fachpersonal vollzieht dabei nicht (nur) Gesetze, sondern wird tätig auch aufgrund von fachlich bestimmten Geboten, Usancen oder Entscheidungen. Das gilt vielfach auch für die Ordnungsverwaltung, weil ein nicht unerheblicher Teil des beschäftigten Personals im Außendienst tätig ist und dort Polizei- oder Sicherungsfunktionen übernimmt; nur ein geringerer Teil arbeitet büromäßig. Lediglich für einen insgesamt kleinen Teil des Personals der öffentlichen Verwaltung geht es um den unmittelbaren Vollzug von Gesetzen. Daß für alle der gesetzliche Rahmen gilt, bleibt davon unberührt. Die Tätigkeit der Verwaltung entbehrt mithin des gemeinsamen Nenners, wenn man von der Gemeinsamkeit des Dienstherrn für das Personal absieht. Das kommt auch darin zum Ausdruck, daß in der zweiten Hälfte des 20. Jahrhunderts nahezu alle relevanten Ausbildungsberufe Eingang in die öffentliche Verwaltung gefunden haben. Für die meisten Mitarbeiter dieser Verwaltung gibt es deshalb berufliche Bezugssysteme innerhalb wie außerhalb der Verwaltung. Will man aus solchen Gründen die Verwaltung nicht als einheitliches Gebilde betrachten, was dann entscheidend auch die Analyse der Verwaltungsführung bestimmt, muß man nach der verbleibenden Gemeinsamkeit fragen. In diesem Sinne läßt sich die öffentliche Verwaltung begreifen als Summe aller Einrichtungen und organisierter Wirkungszusammenhänge, die vom Staat, den Gemeinden und den von ihnen geschaffenen öffentlich-rechtlichen Körperschaften zur Erledigung öffentlicher Aufgaben unterhalten werden und für die es einen Rechtsrahmen gibt, der über das für alle Bürger geltende Recht hinausgeht. Dieser Rechtsrahmen schließt auch das Sonderrecht für die in den genannten Einrichtungen Tätigen ein. Damit gibt es für die öffentliche Verwaltung insgesamt in der Hauptsache drei gemeinsame Elemente: eine *Zweckbestimmung* durch die übertragenen öffentlichen Aufgaben; den *Bezug* auf die politische Verfassung des Gemeinwesens – alle Verwaltungseinrichtungen gehören nach deutscher Tradition zum politischen Organisationsbestand, der Ausweg, sich privatrechtlich organisierter Einrichtungen zu bedienen, erscheint insoweit als traditionswidrig; eine besondere *Organisation und Verfahrensweise*, weil die

Verwaltung nicht ausschließlich allgemeinen Organisations- und Verfahrensprinzipien folgt, sondern auch und gerade in dieser Hinsicht in die öffentliche Rechtsordnung eingebunden ist.

Eine insoweit noch als Einheit betrachtete Verwaltung kann man in ihrer *Wirksamkeit nach außen* aufgliedern, weil sie entweder dem Bürger gegenüber hoheitlich tätig ist und Gebote des öffentlichen Rechts vollzieht oder mit dem Bürger gemeinsam – die Machtlage ausgeklammert – unter dem privaten Recht steht. Im Blick auf diese Unterscheidungsmöglichkeit wollte man früher in Deutschland zwischen hoheitlicher und fiskalischer Verwaltung unterscheiden oder auch zwischen gebundener und freier Verwaltungstätigkeit. Die Unterscheidung beruhte letztlich aber nur auf dem besonderen deutschen Staatsdenken im 19. Jahrhundert. Heute entspricht sie der weitgehenden Vermischung von Staat und Gesellschaft nicht mehr, um deretwillen es auch keine klare Trennung zwischen öffentlichem und privatem Recht mehr gibt. Eher verhüllt eine solche Unterscheidung den faktischen Machtzuwachs bei den staatlichen Funktionen: Die Zuständigkeit der früheren Hoheitsverwaltung ist geringer angewachsen als die der früheren fiskalischen Verwaltung, und gerade in der fiskalischen Verwaltung erhielt der Staat zunehmend Möglichkeiten, Bürger und Gruppen von Bürgern so zu benachteiligen oder zu begünstigen, daß auch hier die Schutzbedürftigkeit des Bürgers evident wurde, die man früher nur gegenüber der Hoheitsverwaltung sehen wollte. Schon deshalb muß die gesamte Verwaltungstätigkeit verwaltungsgerichtlicher Überprüfung unterliegen. Das besagt: Gleichgültig in welcher Rechtsform die Verwaltung dem Bürger gegenübertritt, gilt sie in der Regel als der mächtigere Partner; aus dem System der Rechtsordnung ergibt sich keine Aufgliederung der Verwaltung mehr. Deshalb erscheint es erforderlich, eher funktional zu differenzieren, selbst wenn in der Verwaltung vielfach mehrere Funktionen gleichzeitig wahrgenommen werden. Funktional ergibt sich folgendes Bild:

a) Die *Ordnungsverwaltung* vollzieht Gesetze und vergleichbare Vorschriften und kontrolliert, ob solche Vorschriften von den Betroffenen eingehalten werden. Sie dient der bestehenden, also der ihr vorgegebenen Ordnung, indem sie für deren Bestand sorgt. Dabei kann der einzelne in der Ordnungsverwaltung Tätige einen mehr oder weniger großen Entscheidungsspielraum haben und unterschiedliche fachliche Voraussetzungen für seine Arbeit mitbringen; immer ist er primär an die Vorschriften und an deren Interpretation gebunden, solange diese von dazu legitimierten und ihm übergeordneten Instanzen vorgenommen wird.

b) Die *Dienstleistungsverwaltung* erbringt technische oder personale Dienstleistungen aufgrund von gesetzlichen Vorschriften und politischen Weisungen. Auch für sie gibt es ein Gefüge verbindlicher Vorschriften; sie steht aber gleichzeitig unter dem Gebot wissenschaftlicher oder fachlicher Anforderungen. Das bedeutet für viele der hier Tätigen einen Dualismus von rechtlichen und fachlichen Bezugssystemen, der zu Spannungen führen kann. Deshalb entscheidet hier immer auch das Maß der jeweiligen Verantwortlichkeit, auf das bezogen es Dienstleistungen gibt, die sich eng an Vorschriften binden lassen – technische Sicherheitsvorschriften als Beispiel –, während andere, wie etwa pädagogische Funktionen, die Freiheit des Tätigen voraussetzen. Gleichgültig, ob Dienstleistung unmittelbar personal erbracht wird oder in technischer Versorgung besteht: Ein Minimum an persönlicher Freiheit gegenüber den Vorschriften aufgrund eigener fachlicher Zuständigkeit wird man als Voraussetzung annehmen müssen – der Dienstleister steht fachlich zumindest in zwei Bezugssystemen.

c) Die *wirtschaftende Verwaltung* hat es mit dem Vermögen und den Einnahmen der öffentlichen Hand zu tun und in spezifischer Weise auch mit ihren Ausgaben. Sie arbeitet dabei einerseits in strenger Bindung an die geltenden Rechtsvorschriften, andererseits muß sie aber, dem Leitgedanken dieser Vorschriften zufolge, den wirtschaftlichen Kriterien der Zweckmäßigkeit, des Erfolges, des Ertrages genügen. Wieder ergibt sich entweder eine stärkere Orientierung allein an den Vorschriften oder eine größere persönliche Verantwortung dadurch, daß Vorschriften interpretierbar sind und nur den Rahmen für erfolgreiche Tätigkeit bilden.

d) Die *Organisationsverwaltung*, die Verwaltung der Verwaltung selbst, umfaßt diejenigen Verwaltungstätigkeiten, durch die erst die Einrichtungen der öffentlichen Verwaltung geschaffen werden und das Personal eingestellt, betreut und im Organisationssinne beaufsichtigt wird. Hierzu gehören innerhalb der Behörden die Personalabteilungen, die Registraturen, Fahrbereitschaften, Kanzleien usw. und an der jeweiligen Verwaltungsspitze diejenigen Einrichtungen, die für das Recht und die Besoldung des öffentlichen Dienstes im einzelnen und für andere grundlegende Arbeiten zuständig sind.

e) Als *politische Verwaltung* soll endlich derjenige Teil der Verwaltung bezeichnet werden, in dem Führungshilfe, Entscheidungsvorbereitung für die politische Spitze sowie Beobachtung und Planung samt den daraus sich ergebenden Führungstätigkeiten für die Verwaltung selbst erfolgen. Diese politische Verwaltung ist durch die Nähe der Politik definiert, also auch dadurch, daß in ihr politische Überlegungen angestellt werden müssen und Rücksichtnahme auf das geltende Recht hier keine größere Rolle spielt als für die politisch Verantwortlichen (vgl. *Th. Ellwein*, 1976, und andere Systematiken bei *H. P. Bull*, 1977, *W. Pippke*, 1975, und *G. F. Schuppert*, 1981; zum Begriff der politischen Verwaltung auch *R. R. Grauhan*, 1970).

Ordnungs-, Dienstleistungs- und wirtschaftende Verwaltung erledigen unmittelbar öffentliche Aufgaben; die Organisationsverwaltung sorgt – immer idealtypisch vereinfacht – für die Voraussetzungen der Aufgabenerledigung, während die politische Verwaltung an der näheren Bestimmung jener Aufgaben teilhat. In diesem Sinne bildet die politische Verwaltung einen Teil der politischen Führung, genießt wie sie relativ mehr Bewegungsfreiheit als die übrige Verwaltung und muß wie die politische Führung die relevanten politischen Faktoren berücksichtigen. Stärker rechtsgebunden arbeitet die Organisations-, voll rechtsgebunden sollte die Ordnungsverwaltung arbeiten. In der wirtschaftenden Verwaltung treten andere Gesichtspunkte hinzu. Die Dienstleistungsverwaltung, in der das Gros der öffentlichen Bediensteten arbeitet, läßt sich in ihrem Schwerpunkt kaum bestimmen. Immerhin erlaubt eine solche Zusammenstellung das Benennen von *Schwerpunkten* in einzelnen Tätigkeitsbereichen der Verwaltung und sie erlaubt es, die *Nähe der Politik* herauszuarbeiten. Mit ihr erscheint die politische Verwaltung bis zur Ununterscheidbarkeit verbunden, während die Ordnungsverwaltung am meisten von ihr entfernt ist – einmal zustande gekommene Grundsatzbeschlüsse können auch ohne solche Nähe zureichend im Vollzug kontrolliert werden. Auch die Dienstleistungsverwaltung arbeitet vergleichsweise weit von der Politik entfernt; Dienstleistungen werden aufgrund politischer Entscheidungen erbracht, diese wirken aber nur konstituierend und stimulierend, nicht im einzelnen handlungsbestimmend. Enger mit der Politik verbunden arbeitet dagegen wieder die wirtschaftende Verwaltung; wirtschaftspolitisch oder konjunkturell bedeutsame Entscheidungen sind allerdings der politischen Verwaltung zuzuordnen. Schon aufgrund der Existenz der politischen Verwaltung kann man dabei von einer Macht der Verwaltung sprechen.

6.1.3. Verwaltung als Organisation und Betrieb

Bevor wir uns den eher politischen Problemen der Verwaltungsführung zuwenden, erscheint noch ein kurzer Blick auf die öffentliche Verwaltung als Arbeitgeber geboten. Hierbei sollte man die allgemeinen Probleme des öffentlichen Dienstes vernachlässigen – sie ergeben sich vornehmlich aus der quantitativen Entwicklung, wenn etwa jeder fünfte Arbeitnehmer zum öffentlichen Dienst zählt – und sich im Rahmen dieser Darstellung ganz den Besonderheiten der öffentlichen Verwaltung im engeren Sinne zuwenden.

Verwaltung ist traditionell *hierarchisch* konstruiert und stellt gleichzeitig ein System strenger *Zuständigkeitsverteilung* dar. Das ergibt eine formale Organisation von eigener Stringenz, die sich zwar mit zahllosen anderen formalen Organisationen im industriellen Bereich oder in dem der Verbände vergleichen läßt, sich zugleich aber von ihnen – dann nur noch der katholischen Kirche als dem klassischen Hierarchie-Vorbild vergleichbar – unterscheidet, weil die formalen Prinzipien sich weithin aus heteronomer Setzung ergeben. Aufbau und Verfahrensweise der Behörde sind dieser vorgeschrieben. Nur in eng umgrenztem Raum bleibt die Möglichkeit der Selbstorganisation. Auch die dienstlichen Beziehungen zwischen den Stufen der Hierarchie folgen allgemeinen Regeln. Selbstverständlich läßt sich dies wie anderswo durch informale Gepflogenheiten ergänzen oder interpretieren; mit der Organisationsgewalt der Regierung und dem verwaltungsinternen System von Aufsicht und Kontrolle gewährleistet man jedoch, daß das informale Gefüge das formale nicht gefährdet (vgl. *N. Luhmann*, 1964). In der Tradition erscheint die Behörde als ein rechtlich geformtes Gebilde.

Seiner Herkunft nach hat es der hierarchische Bürokratietypus mit der lokalen oder regionalen Allzuständigkeit und dementsprechend auch mit der breiten Verwendbarkeit des Personals zu tun. Das verweist schon auf die Veränderungen, welche der Typus erfuhr und erfährt und von welchen sich dann auch das Personal – nun unter Arbeitsplatzaspekt – betroffen sieht. Nur zwei Trends seien hier angesprochen: Der eine ergibt sich aus der zunehmenden *Spezialisierung*. Sie will als umfassendes Phänomen verstanden sein, weil es sich sowohl um die Spezialisierung ganzer Behörden und Verwaltungszweige handelt als auch um die Spezialisierung des einzelnen Mitarbeiters sowie schließlich um die Notwendigkeit, den ausgesprochenen Spezialisten in den Verwaltungsdienst aufzunehmen. Im Blick auf die Behördenorganisation insgesamt gefährdet die Spezialisierung die frühere *Einheit der Verwaltung*. Das erscheint nicht als Problem, solange diese Einheit vorwiegend der örtlichen oder regionalen Repräsentanz von Herrschaft wegen als wünschenswert gilt. Problematisch wird die Auflösung der Verwaltungseinheit, wenn die übergreifenden Verwaltungszwecke darunter leiden und es überhaupt nicht mehr oder nur unter erheblichen Reibungsverlusten gelingt, Behörden der verschiedensten Art und ihre Mitarbeiter, die unterschiedlichsten Bezugs- und Loyalitätssystemen verhaftet sind, zur Kooperation zu bewegen. Davon aber abgesehen: Die Spezialisierung schon ganzer Behörden verstärkt die Spezialisierung in der Tätigkeit des einzelnen Mitarbeiters. Bei dem leitenden Beamten einer kleinen Stadtverwaltung „kommt noch alles vor“ und seine Mitarbeiter übersehen, was die Stadtverwaltung tut. In der größeren Stadt weiß man im Liegenschaftsamt kaum, was im Verkehrsamt geschieht, und man richtet sich nolens volens auf einen engeren Amtsumriß und Fachhorizont ein, innerhalb dessen dann für den einzelnen Mitarbeiter eine immer noch hochgradigere Spezialisierung gelingt (vgl. dazu allgemein *H. Strutz*, 1982).

Dies alles erscheint unvermeidlich. Wer erstens die dem Rechtsstaat entsprechende mehr oder weniger starre Zuständigkeitsverteilung in der öffentlichen Verwaltung will, die man analog dem Bedürfnis sehen kann, den gesetzlichen Richter zu sichern, darf sich nicht auf wechselnde Zuständigkeiten einlassen. In einer gegenüber früher quantitativ deutlich vermehrten und qualitativ weitaus umfangreicher zuständigen Verwaltung bedeutet das konsequent eben jene Spezialisierung innerhalb eines engen Amtsbereiches und eine konkrete Zuständigkeitszuweisung für einen Teil dieses Bereiches – etwa nach Buchstaben. Wer zweitens Verwaltungsarbeit rationalisieren will, muß ebenfalls der Spezialisierung das Wort reden. Man muß dann jedoch auch die Folgen sehen, gleichgültig, ob man an das Problem der Verantwortung oder an das der möglichen bürokratischen Erstarrung oder an das des Fehlens flexibler Reaktion auf unterschiedlichen Arbeitsanfall denkt. Das traditionelle Muster der durchgängig hierarchisch gegliederten Verwaltung mit fest zugewiesenem Kompetenzbereich für jeden Mitarbeiter birgt seine *Entartungsmöglichkeiten* in sich, wenn die Verwaltung zusammen mit den sich stellenden Aufgaben und mit der Notwendigkeit, deren Erledigung immer mehr zu differenzieren, wächst. Ein nicht unerheblicher Teil der Diskussion innerhalb der Verwaltungslehre als einer praxiszugewandten Wissenschaft kreist um die Frage, wie man solchen Entartungsmöglichkeiten begegnen kann, wie man Verantwortung zweckmäßig delegiert, wie man dezentralisiert und dekonzentriert, wie man durch ein Nebeneinander von Stab und Linie die erforderlichen Innovationsprozesse sichert oder ansonsten dazu beiträgt, daß nicht die Routine regiert, und wie man vor allem dem Problem des reinen Spezialisten gerecht wird, der bestimmte Funktionen vermöge seiner speziellen Ausbildung und Erfahrung wahrnimmt, ohne daß seine Vorgesetzten über gleiche Fähigkeiten verfügen und ihn entsprechend kontrollieren können. Die Verwaltung als Arbeitgeber muß sich mithin darum bemühen, ihre genuinen Arbeitsplatzprobleme zu erkennen und zu lösen.

Ein nächstes kommt hinzu. Die öffentliche Verwaltung ist nach dem Typus der *klassischen Bürokratietheorie* Max Webers (1964, u. a. S. 160 ff.) konstruiert. Nur deshalb war es eben auch möglich, Arbeitsplatzprobleme spezifisch bürokratisch zu umreißen. Die Masse der Mitarbeiter des öffentlichen Dienstes arbeitet aber nicht in einem bürokratischen Rahmen. Zumindest die gesamte Dienstleistungsverwaltung passt in dieses Schema nicht, auch wenn man eine Schule oder ein Krankenhaus als Anstalt konstruiert und Schüler oder Kranke einer Anstaltsordnung unterwirft. Ohne auf die rechtlichen Probleme, die sich damit verbinden, einzugehen, genügt der Hinweis auf die widersprüchliche Situation: Der Lehrer als Beamter erhält seinen Platz in einer Hierarchie zugewiesen. Er hat es wie ein Inspektor im Wasserwirtschaftsamt mit einem Dienstvorgesetzten zu tun und wird beurteilt mit Hilfe von Beurteilungsformularen, die schon beim Verwaltungsbeamten problematisch sein mögen, niemals aber zu erfassen imstande sind, was sich täglich im Umgang zwischen Lehrer und Schülern ereignet. Mit anderen Worten: Daß wir in dem gesamten Zusammenhang, der hier durchscheint, überhaupt von öffentlicher Verwaltung sprechen und ihr Altersheime, Krankenhäuser, Schwimmbäder, Schulen, also die gesamten öffentlichen Einrichtungen im weitesten Sinne zurechnen, wird für das dort tätige Personal spätestens dann zum Problem, wenn verwaltungstechnisch oder -rechtlich Gebotenes mit fachlich Gebotenem in Widerstreit gerät.

An dieser Stelle genügt der Aufweis des Problems. Wir brauchen nicht in die Erörterung von *Zweckmäßigkeitsfragen* einzutreten. Selbstverständlich bedeutet die Zugehörigkeit der Schule zum Organisationsbestand der Verwaltung nicht nur Traditionsballast; sie befriedigt auch eine ganze Reihe von Bedürfnissen. Was immer zur öffentlichen Verwaltung gehört, ist z. B. Rechtsansprüchen ausgesetzt und zugleich öffentlicher Kontrolle, es bleibt relativ transparent und weithin berechenbar – Eigenschaften, welche sich nicht beliebig auch bei anderer Organisation gewährleisten lassen. Das ändert nichts daran, daß der technisch oder pädagogisch vorgebildete Fachmann, um nur zwei große Beamtengruppen anzusprechen, mit seinem Eintritt in die öffentliche Verwaltung als Beamter in ein hoch formalisiertes Bezugssystem gelangt, in das er gleichzeitig und oft unter erheblichen Reibungen seine fachlichen Bezüge einbringen soll. Verwaltungsaspekte prägen damit eine große Fülle von Tätigkeiten; fragt man nach der Macht der Verwaltung und nach ihrer Führbarkeit, muß dieser Zusammenhang berücksichtigt werden – rechts- und verfassungstheoretisch ein sich daraus ergebender Zusammenhang, daß der Arbeitgeber oder Dienstherr des öffentlichen Dienstes der Staat ist, in der Demokratie also das Volk, von dem die Staatsgewalt ausgeht und zu dem auch die Angehörigen des öffentlichen Dienstes gehören. Diese Doppelstellung macht recht eigentlich das Problem aus, wie es etwa auch durch die Diskussion über ein wünschenswertes oder weiterhin zu verbietendes Streikrecht für die Angehörigen des öffentlichen Dienstes beleuchtet wird.

6.2. *Zur Position der Verwaltung im Regierungssystem*

6.2.1. Die Last der Tradition

Die öffentliche Verwaltung in der Bundesrepublik wurde nach 1945 ohne grundlegendes Konzept wiederaufgebaut (vgl. u. a. *Th. Ellwein*, 1968b, *Th. Eschenburg*, 1983, *H. Fenske*, 1985, *B. Wunder*, 1986, *K. G. A. Jeserich, H. Pohl, G. C. v. Unruh*, 1987, Bd. V). In Zeiten der Not denkt man selten an eine Reform, weil das, was der Tag fordert, zu sehr drängt. So hat es zwar umfangreiche personelle Veränderungen und eine weitere sprunghafte Ausweitung des öffentlichen Dienstes gegeben, kaum aber prinzipielle Neuerungen. Die erstaunliche *Kontinuität der deutschen Verwaltungsgeschichte* wurde selbst 1945 nicht durchbrochen – auch in der sowjetischen Besatzungszone kam es erst viel später zu grundlegenden Veränderungen. Daß man derart an die eigene Tradition anknüpfen konnte, erzwang natürlich nicht nur der Druck der Verhältnisse. Man konnte die Tradition auch deshalb bejahen, weil sie die einer guten Verwaltung war. Verwaltungstechnisch läßt sich die *Qualität der deutschen Verwaltung* in der jüngeren Zeit kaum bestreiten. Die im 19. Jahrhundert ausgebildete Apparatur war modern und damals fraglos zeitgemäß. Sieht man von den konstitutionellen Problemen und davon ab, daß man in dieser Hinsicht im 19. Jahrhundert die vom absolutistischen Wohlfahrtsstaat gebahnten Wege weiterging (*Th. Ellwein*, in: Jahrbuch zur Staats- und Verwaltungswissenschaft 1987, S. 13 ff.), gelang es jedenfalls, eine ursprünglich ganz auf den Monarchen bezogene Verwaltung in den sich ausbildenden Verfassungsstaat hineinzunehmen, ihr dort einen gesicherten Platz zu geben und sie durch eine Fülle von Regulierungsmaßnahmen den neuen Erfordernissen anzupassen (vgl. *H. Heffter*, 1950, *E. R. Huber*, 1957 ff.). Man betrieb im 18. wie im 19. Jahrhundert in Deutschland also erfolgreich Verwaltungspolitik. Unter dem Schutz einer Gewaltenteilungslehre, welche die bürgerliche Gesellschaft im Parlament wohl an der Legislative, nicht jedoch an der Exekutive beteiligt sah und diese ganz dem Monarchen und der von ihm bestellten Regierung überließ, konnte man die im 18. Jahrhundert entwickelten Prinzipien rationaler Verwaltung weiter entfalten. Es gab dabei wenig Führungsprobleme und gesellschaftliche Ansprüche. Der Bereich von *Regierung und Verwaltung* war und blieb autonom. Man konnte ihn ungehindert von äußeren Einflüssen zweckmäßig gestalten. So entstand in den größeren deutschen Ländern eine sinnvolle territoriale Verwaltungsorganisation. Gleichzeitig führte man das Ressortprinzip ein. Im Verlauf des 19. Jahrhunderts kam es darüber hinaus zur endgültigen Trennung von Justiz und Verwaltung und innerhalb der Verwaltung zur Aussonderung der Finanzverwaltung. Da man außerdem äußere und innere Verwaltung streng trennte, entstand ein recht übersichtliches Gebilde. Spätere Ausgliederungen bezogen sich auf isolierbare Bereiche technischer Natur (Post und Bahn) oder solche, die in sich sachlich kohärent waren (Kultur- und Schulverwaltung). Dieses Verwaltungsgebilde stellte mit allem, was es tat, den Staat dar und gilt noch heute als der Staat in Aktion (*H. Krüger*, 1964, S. 730ff.). Im klassischen Werk der neueren Verwaltungsrechtslehre schreibt Otto Mayer (1914) gleich eingangs, die Verwaltung sei *Tätigkeit des Staates zur Erfüllung seiner Zwecke*. Das Ganze der staatlichen Tätigkeit werde zwar durch Gesetzgebung, Justiz und Verwaltung dargestellt, die Justiz lasse sich aber ausklammern, während die Gesetzgebung auf die Verwaltung bezogen sei. Der Staat verwirkliche in diesem Sinne seine Zwecke „unter seiner Rechtsordnung". Über den drei Staatstätigkeiten gebe es noch so etwas wie die Regierung, sie beeinflusse aber nur die drei Arten der wirksamen Staatstätigkeit, ohne selbst eine davon zu sein. Deshalb komme sie in Zusammenhang mit der Verwaltung nicht „weiter in Betracht". Einer solchen Denkweise fiel es dann auch nicht schwer, aus der Staatsverwaltung ein Stück kommunaler Selbstverwaltung auszuklammern (vgl. *H. Heffter*, 1950). Nach dem entsprechenden bayerischen Edikt von 1818 waren die Gemeinden Teile des ganzen Staatskörpers und „den allgemeinen Staatszwecken untergeordnet". Sie standen unter der „besonderen Curatel und Aufsicht des Staates" und genossen die „Vorrechte der Minderjährigen". Als man später ihre Zuständigkeit und ihre Rechtsstellung erweiterte, beeinträchtigte das, wie wir gesehen haben, das staatliche Aufsichts- und Weisungsrecht nicht.

Eine solche Entwicklung läßt sich unter zwei Aspekten betrachten. Zunächst ergibt sich eine *konstitutionelle Problematik*, weil die von Montesquieu an englischen Verhältnissen entwickelte Gewaltenteilungslehre bei ihrer Übernahme auf die kontinentaleuropäische Situation gründlich umgedeutet werden mußte. Meinte Montesquieu, der englische König sei Exekutivspitze, dann traf das insoweit nicht zu, als das Parlament immer Verwaltungsentscheidungen treffen konnte und es nur Ansätze einer staatlichen Verwaltung gab. In Deutschland fand sich dagegen bei Annahme der Gewaltenteilungslehre der Verwaltungsstaat voll ausgebildet. So bedeutete die Beteiligung an der Gesetzgebung weniger als Montesquieu unterstellt hatte, während die exekutive Machtposition des Monarchen unangetastet blieb. Wollte die Volksvertretung Einfluß nehmen, mußte sie sich der Gesetzgebung bedienen. Das Gesetz veränderte sich damit von der generellen Norm, bezogen auf Freiheit und Eigentum des Bürgers, zu einem Führungsinstrument gegenüber der Verwaltung. Das stärkte die Stellung der Parlamente, ohne sie in eine wirkliche Führungsposition zu bringen. Die Verwaltung blieb ein eigener Bereich, in dem man den Dienst am Staat, nicht den an der Gesellschaft betonte, und der sich gegenüber der Gesellschaft isolierte. Diese Isolierung macht das eigentliche Ingredienz der obrigkeitsstaatlichen Tradition aus; sie allein erlaubt das aufdringliche Bekenntnis zur Neutralität der Regierung und damit der Verwaltung, eine „Lebenslüge des Obrigkeitsstaates" (*G. Radbruch*, in: *G. Anschütz/R. Thoma*, Band I, 1930, S. 289). Nach dem Verfassungswandel von 1918 führte das zu Orientierungsschwierigkeiten für viele Beamte.

Verwaltungstechnisch verbanden sich mit alldem unzweifelhaft Vorteile. Unterscheidet man ideologisch zwischen der am Allgemeinen orientierten Politik und derjenigen, welche dem Austrag von Interessengegensätzen dient, gerät die Verwaltung auf eine höhere Ebene. Der Beamte wird im Sinne Hegels zum Spezialisten für das Allgemeine. Sein Arbeitsbereich läßt sich ungehindert organisieren; was im vorigen Abschnitt verhandelt wurde, bildete sich im 19. Jahrhundert aus, als man z. B. Paul Laband (1902) folgend den Binnenbereich des Staates für die Öffentlichkeit unzugänglich machte und eigenen Regeln unterwarf (vgl. *H. H. Rupp*, 1965). Hierarchie und strikte Kompetenzverteilung sowie ein umfassendes System von Regulativen sorgten für einheitlichen Vollzug und für ein – nach früheren Maßstäben – rasches Arbeitstempo. Gleichzeitig baute man die internen Kontrollen aus und beschränkte die Außenkontrolle. Auch die Einrichtung besonderer Verwaltungsgerichte kam den Bedürfnissen der Verwaltung mehr entgegen als es je eine Zuständigkeit der ordentlichen Gerichte für den Schutz der Bürger gegenüber der Verwaltung hätte tun können (vgl. *A. Görlitz*, 1970). Mit Hilfe dieses Apparates konnte man dann die großen Aufgaben bewältigen, die der moderne Staat in Deutschland seit dem 17. Jahrhundert übernommen hatte und weiterhin übernahm. Aus dem alten Wohlfahrts- entstand allmählich der neue Sozialstaat (s. auch *B. Wunder*, 1986).

Wie *leistungsfähig* die das alles durchdringende Verwaltung war, zeigte sich im Ersten Weltkrieg. Aus der Ordnungs- und der in Ansätzen vorhandenen Leistungsverwaltung heraus entwickelte man übergangslos eine Kriegswirtschaftsverwaltung, die lange Zeit gut funktionierte. Auch die späteren Perioden der deutschen Geschichte sind zumeist solche großer Verwaltungsleistungen (vgl. *K. G. A. Jeserich, H. Pohl, G.-C. von Unruh* (Hrsg.), 1983 ff.), zeigen damit aber auch, daß man die Verwaltung eben nicht isoliert und außerhalb der konstitutionellen Zusammenhänge sehen und damit zum beliebig einsetzbaren Instrument machen darf. Deshalb ist hier die Rede von einer Last der Tradition. Wenn man in der Bundesrepublik nach 1945 mehr oder weniger unkritisch an die eigene Tradition anknüpfte, übernahm man dabei eben auch Prinzipien, die in einem völlig anderen Zusammenhang und unter dem Eindruck völlig anderer Zweckbestimmungen erdacht und der Organisation zugrunde gelegt worden sind. Sicher wäre es denkbar, daß dieser umfassende Rückgriff auf die Tradition rational erfolgte und auf der Annahme beruhte, die Tradition habe sich eben bewährt, und gegenüber ihren Entstehungsbedingungen habe sich nur wenig verändert. So einfach liegen die Dinge aber nicht – woran man nicht dachte, wird zum Problem: *Die Tradition steht vielfach quer zur Realität.*

Im 19. Jahrhundert kamen sich die Selbstdarstellung des *monarchischen Obrigkeitsstaates* und die in der bürgerlichen Gesellschaft verbreitete Ideologie weit entgegen. Beide gingen von dem Leitbild eines aufgabenbegrenzten Staates aus und unterschieden damit den Rechtsstaat des 19. vom Wohlfahrtsstaat des 18. Jahrhunderts. Sie unterstellten beide, daß staatliche Eingriffe in bürgerliche Freiheit und bürgerliches Eigentum einer gesetzlichen Grundlage bedürften. Was der Staat im übrigen tat, wurde merkwürdig selten zum Gegenstand der Diskussion. Der Staat als Unternehmer, der Staat als Garant der Infrastruktur des Landes, der Staat als Förderer der Wirtschaft, des Handwerks, der Landwirtschaft, der Staat als Patron der Musen und der Wissenschaften oder als Inhaber des Schulmonopols – dieser Staat stand kaum zur Debatte. Gesellschaftliche Ideologie und die entsprechende Staats- und Verwaltungslehre arbeiteten an einem kunstvollen Bild des im Prinzip auf die Ordnungs- und Eingriffsverwaltung beschränkten Staates. Er mußte allerdings im nebenhinein noch als Fiskus tätig sein, der neben dem Bürger vor dem Gericht keinen Vorrang genoß. Daß dieser Staat auch Außenpolitik betrieb, ließ sich weniger übersehen, dennoch im gedanklichen Schema nicht unterbringen. Man sprach deshalb von einer Domäne des Monarchen und seiner Minister.

Im 20. Jahrhundert geht es demgegenüber konstitutionell und sozial um die *Demokratie*. Es gibt keine klare Aufgabenteilung zwischen Staat und Gesellschaft mehr und auch keine relevante Begrenzung der öffentlichen Aufgaben – vom Schutz der hinsichtlich ihrer Unabhängigkeit fragwürdigen Privatsphäre einmal abgesehen. Die traditionellen Führungstechniken und -instrumente lassen sich nicht mehr ungeprüft benutzen; sie erweisen sich zu häufig als an statischen Verhältnissen orientiert. Die öffentliche Verwaltung muß sich also verändern, um den neuen Aufgaben zu entsprechen; die Ordnungsverwaltung verliert an Bedeutung, andere Verwaltungszweige rücken in den Vordergrund. Das beeinträchtigt auch die Wirksamkeit von früher als unumstößlich betrachteten Prinzipien. So hält man das Prinzip des Berufsbeamtentums nicht mehr durch, höhlt das hierarchische Prinzip aus und erleidet die strenge Zuständigkeitsverteilung oft mehr als sie zu praktizieren. Auch die Gesetzesbindung funktioniert nur noch als Rahmen. Die Unterscheidung zwischen Hoheits- und Fiskalverwaltung zwingt kein selbstbewußtes Parlament mehr in irgendwelche Schranken. Die überlieferten Kontrollen greifen zwar noch, haben aber nur wenig regulierende Wirkung – die Aufzählung ist damit nicht beendet. Dennoch: Man knüpfte 1945 an die damit umrissene Tradition an und muß das heute als Belastung empfinden. Man weiß, daß sich eine *Verwaltungsreform* nicht vermeiden läßt. Das kann aber sowohl bloße Anpassung als auch das Nachholen von Grundsatzentscheidungen bedeuten, die unmittelbar nach dem Krieg viel leichter zu fällen gewesen wären. Inzwischen ist die Verwaltung selbst wieder eine Macht, mit der man rechnen muß – ganz besonders natürlich in Zusammenhang mit einer Verwaltungsreform.

6.2.2. Die Macht der Verwaltung

In der politischen Auseinandersetzung wendet man sich gern gegen die Vorstellung von der Macht der Verwaltung, um ihre dienende Funktion zu betonen. So schafft man aber Probleme nicht aus der Welt. Bei diesem Problem geht es allerdings auch nicht um Loyalitätsfragen; daß Verwaltungsmitarbeiter in aller Regel tun, was man ihnen aufträgt, auch wenn der Weisungsgeber ein unbeliebter politischer Chef ist, sollte man ruhig unterstellen. Mit der Macht der Verwaltung sprechen wir etwas anderes an:

Wie ausgeführt, arbeitet nur ein geringer Teil des öffentlichen Dienstes in der Verwaltung in einem engeren Sinne, in *bürokratischen Funktionen* also. Solche Funktionen sind aufs erste ganz allgemein unbeliebt, weil man sie zumeist anonym wahrnimmt und weil sie unsichtbar sind. Das führt zu merkwürdig widersprüchlichen Vorurteilen: Der Verwaltung als Bürokratie wird sowohl Herrschsucht als auch Mangel an Entscheidungsfreudigkeit, sowohl ein ausgeprägter Formalismus als auch Versagen und Verschleppung, sowohl Korruption als auch mangelndes Verständnis für Sonderfälle vorgeworfen. Immer bildet die Wurzel solcher Mißverständnisse die Macht einer als solcher nicht greifbaren Verwaltung, mit der man dann aber doch die gesamte öffentliche Verwaltung, den gesamten öffentlichen Dienst, die Beamtenschaft usw. identifiziert. Wir müssen mithin fragen, wie es zu einer solchen pars-pro-toto-Funktion der bürokratischen Zelle kommt.

Um zu einer Antwort zu gelangen, sei das *Beispiel der Schulverwaltung* herangezogen. In der Schule sind zunächst Lehrer tätig. Mit ihnen haben es die Schüler und die Eltern zu tun. In gewissem Umfange geht es dabei auch um Macht, zumindest werden die Möglichkeiten der Lehrer oft unter solchem Aspekt gesehen. Mit der Schulverwaltung kommen dagegen nur ganz wenige in Berührung. Sie besteht aus den Personen, welche die Dienstaufsicht über die Lehrer ausüben, zum Beispiel aus den Schulräten, aus den zuständigen Personalabteilungen, aus den Behördenzweigen, die sich mit dem Schulbau beschäftigen und aus den Teilen des Kultusministeriums, welche die oberste Aufsicht über Schulen und Lehrer haben. Im Volksschulbereich kommt auf 100 bis 150 Lehrer nur ein Schulrat. Auch die Schulverwaltung im weiteren Sinne fällt zahlenmäßig kaum ins Gewicht. Sie findet darum auch wenig öffentliches Interesse. Dennoch: Die Schulpolitik, die sich in Lehrplänen, Richtlinien oder Erlassen niederschlägt, wird über die Schulverwaltung in die Schulen hinein verlängert. Ob sich die Lehrer an die Prinzipien halten, die man politisch festlegt, wird durch die Schulverwaltung überprüft, und die Verwaltung verfügt ggf. über genügend Machtmittel, um die Lehrer zur Räson zu bringen. Die Schulverwaltung stellt damit den Mechanismus dar, über den sich grundlegende Beschlüsse in die Praxis hinein auswirken. Dieser Mechanismus, einem Transmissionsriemen vergleichbar, sorgt dafür, daß Schulen kein eigenes Leben führen, sondern in ihrem Tun an das gebunden bleiben, was man zentral beschließt. Die Schulverwaltung wählt aus dem Angebot der Erziehungswissenschaft aus. Sie nimmt – unvermeidbar in der staatlich und damit in gewissem Sinne einheitlich organisierten Schule – Partei für die eine oder andere Richtung und setzt durch, wofür sie Partei ergriffen hat. Und weil die Schule im engeren Sinne erhebliches Gewicht besitzt, verfügt auch die Schulverwaltung als Nahtstelle zwischen politischer Führung und Schulpraxis darüber. Vergleichbar muß man sich die Rolle der Forst- oder Landwirtschaftsverwaltung, der Straßenbau- oder Gesundheitsämter und vor allem des größten Teils der Ministerialbürokratie denken, wobei es allerdings auf den Charakter der jeweiligen Fachverwaltung ankommt, auf ihre Fähigkeit, verbindliche Regeln zu entwickeln. Das bürokratische Element im engeren Sinne kommt hinzu: Im Einzelfall haben wir es in der Schule mit einem Lehrer zu tun. Grundsätzlich schafft aber die Schulverwaltung, indem sie Schulpolitik verwirklicht, die Voraussetzungen für das Tun dieses Lehrers. Dabei hat die Schulverwaltung Macht genug, um Elemente ihrer eigenen formalen Organisation auch in die Schule hineinzutragen. Lehrer müssen Formulare ausfüllen, Lehrinhalte werden festgelegt, es gibt ein ganzes Vorschriftengefüge – und damit die Möglichkeit des Lehrers, im Einzelfall zu behaupten, er sei unbeteiligt, da er anweisungsgetreu verfahre. *Schule*, zunächst eine pädagogische Veranstaltung, wird über die Notwendigkeit einer *Schulverwaltung* selbst zur *bürokratischen Organisation*, zumindest nimmt sie vieles davon an. Das hat Vorteile, weil nur so ein verläßliches Gleichmaß herzustellen oder sinnvoll zu planen ist; es hat aber auch Nachteile, weil man dadurch dem Lehrer einen Teil seiner persönlichen Verantwortung abnimmt und sie aufs Schulganze überträgt. Als Prinzip formaler Organisation, die sich auch von ihren jeweiligen Mitarbeitern unabhängig stellen muß,[1] ist dies ein notwendiges Prinzip der bürokratischen Verwaltung; in der Schule kann es dysfunktional wirken (vgl. dazu *Th. J. Landers*, 1981; sein Herausgeber *H. Reinermann* unterscheidet im Vorwort hilfreich zwischen Realhandlungen und Verwaltung).

Wegen der Funktion der *Verwaltung als Transmissionsriemen* zwischen grundsätzlichen Entscheidungen und deren Ausführung und wegen der Fähigkeit der Verwaltung, mittels dieser Funktion auch der eigentlichen Ausführung ein Verwaltungsgepräge – im Sinne von Merkmalen der formalen, bürokratisch gesteuerten Organisation (über den Unterschied zwischen Bürokratie und Organisation vgl. z. B. *R. Mayntz*, 1968) – zu geben, erscheint es nicht abwegig, wenn der verbreitete Sprachgebrauch die Verwaltung mit dem gleichsetzt, was sie verwaltet, und wenn sich die allgemeinen Vorurteile gegen ein unüberschaubares Gefüge von Vorschriften, Regeln und Verhaltensanforderungen gegen die Verwaltung richten. Wenden sich Verwaltungsangehörige dagegen und behaupten, Verwaltung vollziehe nur, was andernorts beschlossen ist, bleibt das umgekehrt bloße Schutzbehauptung, die wieder die Macht der Verwaltung beiseiteschiebt. Ein Transmissionsriemen kann einseitig Energie übertragen. Im sozialen Kontext gibt es das nicht. Schul- oder Forstpolitik geht nicht aus einsamen Beschlüssen der verantwortlichen Politiker hervor, sie wird vielmehr maßgeblich durch die jeweilige Verwaltung vorbereitet. Man sammelt dort praktische Erfahrungen, wertet sie aus, reichert sie durch eigene Überzeugungen an, behauptet Machbarkeit oder Durchführbarkeit und gibt das Ergebnis nach oben ab. Die Verwaltungsspitze bereitet daraufhin Gesetzentwürfe oder Richtlinien vor; erst dann kommt es zum politischen Beschluß. Er bedeutet oft nur noch ein formales Erfordernis. Vereinfacht: *Eine funktionierende Verwaltung bemüht sich stets darum, in einer ihr selbst genehmen Weise geführt zu werden.* Sofern sich die Verwaltungsspitze also nicht eine gewisse Unabhängigkeit bewahrt, kann das rasch in eine verwaltungseigene Führung ausarten. Dann wendet man Regeln an, für die man die politische Führung als verantwortlich erklärt – die Entlastungsfunktion der Spitze –, obgleich man sie selbst herbeiführt.

Die derart vorgestellte Macht der Verwaltung meint den *bürokratischen Kern der Gesamtorganisation*, wobei wir die Frage nach der möglichen begrifflichen Spezifizierung ausklammern, in welcher man Macht oder Einfluß des beamteten Lehrers, Arztes, Landwirtschaftsexperten, Forstmannes oder Flurbereinigers fassen will. Jene Macht hat verschiedene Ursachen: Sachzwänge, mit denen sich Verselbständigungstendenzen verbinden; allmählich abstumpfende Führungsinstrumente; eine quantitative Entwicklung, welche die Führbarkeit der Verwaltung erschwert – all das regt die theoretische Diskussion über die faktische Position der Verwaltung im Regierungssystem und diejenige,

1 *H. Krüger*, 1964, S. 255, bringt das auf die Formel: „Auch der moderne Staat glaubt, es nicht mehr allein auf die Persönlichkeit und ihre Natur ankommen lassen zu können. Auch er zieht die durchschnittliche, aber sichere und dauernde Leistung der Ungewißheit und Wandelbarkeit der Genialität vor. Um daher der Persönlichkeit nach ihren schlechten und guten Seiten entraten zu können, stellt sich die staatliche Gemeinschaft letztlich als ein System von Ämtern dar. Diese Ämter verdrängen nicht nur die Person im einzelnen, die das Verständnis des Staates als Institution grundsätzlich eliminiert hat. Sie sind vor allem dazu bestimmt, nach ihrem Bild den Menschen zum Amtsträger zu formen und dadurch die Idee der Repräsentation zu vollenden." Unter anderem Aspekt *N. Luhmann* (1964), S. 25: „Sozialsysteme bestehen nicht aus konkreten Personen mit Leib und Seele, sondern aus konkreten Handlungen." Vgl. auch *Th. Ellwein/R. Zoll*, 1973a S. 54ff.

welche sie an sich einnehmen sollte, lebhaft an. Im Ergebnis werden unterschiedlichste *Führungsmodelle* vorgetragen, die z. B. auf einer weitgehenden Einheit von Verwaltung und politischer Führung oder auf strikter Trennung beider beruhen und dann je nachdem technokratische oder konstitutionelle Erklärungen verwenden (vgl. z. B. *R. R. Grauhan*, Modelle politischer Verwaltungsführung, in: PVS 1969, S. 269 ff. und *Th. Ellwein*, 1970, S. 24 ff.). Empirisch scheint deutlich, daß die Chance demokratischer Führung und Kontrolle der Verwaltung sich angesichts wachsender Verwaltungsdichte und Verwaltungsaufgaben mindert, daß der Bürger damit ohnehin überfordert ist und sich auch der Politiker eher auf bestimmte Koordinierungsfunktionen beschränkt sieht, anstatt die entscheidenden Impulse zu geben. Je mehr Fachwissen sich in der Bürokratie anhäuft, desto schwieriger muß die Rolle derer sein, die an diesem Fachwissen keinen Anteil haben. Eine Verwaltungsspitze, die nicht im Sinne des hierarchischen Konstruktionsprinzips wenigstens in etwa übersieht, was die Verwaltung tut und wie sie es tut, nimmt womöglich nur noch repräsentative Funktionen wahr und mag zuletzt überflüssig sein, weil Verwaltung entweder dem Gesetz oder den Sachzwängen folgt.

Ohne die einschlägige Diskussion hier referieren zu können, läßt sich zusammenfassend sagen, daß praktisch wie theoretisch die Diskussion über das Verhältnis von Politik und Sachverstand nahezu mit der über das *Verhältnis von Politik und Verwaltung* identisch ist. Allerdings erscheint unter dem Aspekt der Möglichkeit von Demokratie das Verhältnis von Politik und Verwaltung von vornherein brisanter. Entsprechende Fragen stellen sich auch unmittelbarer, nämlich in der täglichen Praxis, während man die Beratung der Politik zwar praktiziert, das bislang aber vielfach eher zufällig tut und kaum in die denkbaren Problemfelder gerät, solange sich Regierung und Parteien die ihnen genehmen Berater aussuchen können. Dennoch macht die wissenschaftliche Diskussion jene Brisanz nur selten sichtbar; man begnügt sich meist entgegen jedem analytischen Befund mit der Rekapitulation des Grundmodells der repräsentativen Demokratie. Ihm zufolge verläuft ein Willensbildungsprozeß, an dem der auftraggebende Wähler über seine Repräsentanten mitwirkt und der zu Entscheidungen führt, die anschließend von der Verwaltung ohne Ansehen der Person verwirklicht werden. Wäre dies so, sähe sich die Verwaltung zum einen von unmittelbaren Einwirkungsmöglichkeiten des Bürgers oder von Gruppen, zum anderen aber auch von jeder politischen Verantwortlichkeit entlastet.

Im Rahmen dieses Denkmodells kann man unbefangen von einer durchgängigen Einheit der Exekutive oder von dem Gegenteil, nämlich einer klaren Unterscheidung zwischen der Sphäre der Politik und derjenigen der Verwaltung ausgehen. Weder das eine noch das andere öffnet den Blick für die reale Macht der Verwaltung. Eher tut das Niklas Luhmann, wenn er folgende Unterscheidung zwischen politischer Führung und Verwaltung trifft: „Unser heutiges politisches System trennt Politik und Verwaltung im Sinne einer funktionalen Differenzierung von Strukturen und Prozessen (was intensiven Kommunikationsaustausch nicht hindert, vielmehr geradezu erforderlich macht). Die Verwaltung kann damit von politischen Funktionen weitgehend entlastet werden und wird dafür politischer Beeinflussung ausgesetzt, dergegenüber sie ihre spezifische Funktion des sachlich-richtigen Entscheidens verteidigt" (Tradition und Mobilität, in: Recht und Politik 1968, S. 49; vgl. *ders.*, Das politische System, in: *N. Luhmann*, 1970, Bd. 1; *ders.*, 1981 und 1984). Man unterscheidet auf diese Weise funktional und bindet durch Kommunikation zusammen, verbleibt aber in einem nach außen geschlossenen System und erwartet von der Verwaltung nicht, daß sie sich übermäßig zum Bürger hin öffnet, weil damit der Bürger doch nur überfordert wäre und weil diesem das „liebgewordene Negativurteil über die Verwaltung" das Hinnehmen bindender Entscheidungen erleichtere, schließlich aber auch, weil sonst die Verwaltung in ein Dilemma geriete: „Entweder sucht sie durch Beteiligung, Darstellung usw. Konsens für ohnehin feststehende Entscheidungen; dann wird sie als unredlich und manipulierend verschrien, oder sie sucht in dem erreichbaren Konsens erst ihre Entscheidungsgrundlage; dann verstößt sie gegen Grundsätze der Gleichheit und der Rationalität und überlastet sich selbst mit unübersehbaren Informationsbedürfnissen. Angesichts dieser Lage dürfte es richtig sein, die Verwaltung von solchen Überforderungen an ihrer Grenze zum Publikum zu entlasten und dieses Problem soweit irgend möglich auf die Politik abzuwälzen. Dies wäre auch der einzige Grund, aus dem sich heute noch die Beibehaltung besonderer politischer Systeme auf der Ebene der Kommunalverwaltungen und der Länderverwaltungen rechtfertigen läßt" (ebenda S. 50).

Auch ohne das theoretisch zu explizieren: Die Unterscheidung zwischen politischer Sphäre und Sphäre der Verwaltung gelingt nicht, weil sich beide Sphären in großen Randzonen durchdringen und im bürokratischen Kern die politische Verwaltung steht. Die Macht der Verwaltung ergibt sich nicht aus ihrer Eigenständigkeit und Unterscheidbarkeit – gäbe es beides, ließen sich auch die Führungsprobleme zureichend lösen –, sondern eben aus der Kommunikation zwischen jenen beiden Sphären, aus ihrer gegenseitigen Überlagerung, wobei der *Verwaltung die größere Kontinuität und der politischen Führung das formale Übergewicht* zukommen. Was sich daraus ergibt, fällt unterschiedlich aus und hängt mit der Führungsbegabung des Ministers wie mit dem politischen Geschick der Spitzenbürokratie zusammen. Bei jeder längerfristigen Politik- und Entscheidungsvorbereitung droht aber das Gewicht der Verwaltung zu wachsen; im Planungsprozeß setzt sich in der Regel durch, wer das Geschäft kontinuierlich betreibt. Die Verwaltung – immer in jenem engeren Kern – interveniert heute nicht mehr fallweise; sie wird zur zentralen *Planungs- und Steuerungsinstanz*. Das aber wiederum führt nicht zum Entstehen einer mit großen Vollmachten ausgestatteten Befehls- und Planungszentrale; vielmehr plant das ganze System, jeder einzelne Bürgermeister mit seiner Stadtverwaltung und jeder Referent in einem Ministerium. In dem Maße, in dem der hier gemeinte Kern der Verwaltung nicht transparent arbeitet und seine Beziehungen zur politischen Führung nicht so weit offenliegen, daß Kontrolle gelingen kann, haben wir es also nicht nur mit Macht, sondern sogar mit einer weithin unkontrollierten Macht zu tun.

6.2.3. Verwaltungsreform

Was bisher kursorisch vorgetragen wurde, mündet in die Diskussion über die Reform der Verwaltung ein. Diese Diskussion geht von der Erfahrung aus, daß sich die im 19. Jahrhundert ausgebildete Verwaltung im 20. Jahrhundert ständig vergrößert und in ihrer Zuständigkeit erweitert hat, ohne daß ernstlich der Versuch unternommen worden ist, diesen Wachstumsprozeß zu begrenzen oder auch nur zu steuern. Der Wachstumsprozeß vollzog sich vielmehr im Rahmen einer wenig veränderten Grundstruktur. Das mußte zu Widersprüchen führen, die sich aus dem Wandel der Verfassungsordnung ebenso ergaben wie aus dem Wandel gesellschaftlicher Bedürfnisse wie auch aus der Unvereinbarkeit der tradierten Verwaltungsstruktur mit dem heutigen Umfang von Kompetenz, Organisation und Personal der Verwaltung. ‚Verwaltungsreform', ein Ausdruck, der sich in den 60er und 70er Jahren zunehmender Beliebtheit erfreute, steht damit für das politische Bemühen, ‚Verwaltungspolitik' (vgl. *Th. Ellwein*, 1968, *H. P. Bull*, 1979, *C. Böhret/H. Siedentopf*, 1983, *Th. Ellwein/J. J. Hesse*, 1985) zu betreiben, also mit politischen Zielsetzungen der Verwaltung insgesamt und ihren schleichenden Wachstums- und Veränderungsprozessen gegenüberzutreten. Da für die öffentliche Verwaltung in der Hauptsache die Länder zuständig sind, die ihre eigene Verwaltung organisieren und den Kreisen und Gemeinden in den Kreis- und Gemeindeordnungen entsprechende Vorschriften machen können, ist auch die Verwaltungsreform hauptsächlich eine Angelegenheit der Länder. Der Bund kommt nur mit der Reform des öffentlichen Dienstrechtes ins Spiel, weil er hier über eine eigene Kompetenz gemäß Art. 73 Ziff. 8 GG und eine die Länder übergreifende Kompetenz gemäß Art. 74a GG verfügt, welche die Rahmenkompetenz nach Art. 75 Ziff. 1 weithin erübrigt. Schon dieses Nebeneinander führt zu neuen Widersprüchen: Der Bund entscheidet über das Dienstrecht, obgleich die große Zahl der Verwaltungsmitarbeiter von Ländern und Gemeinden beschäftigt wird. Umgekehrt fallen Last und Notwendigkeit der Verwaltungsreform bei den Ländern an, obgleich der Bund ganz überwiegend Ausweitung und Intensivierung der öffentlichen Aufgaben verursacht. Das durch Föderalismus und Selbstverwaltung bedingte Auseinanderfallen von Aufgaben und Organisationszuständigkeit macht sich hier besonders bemerkbar. Es verstärkt sich in seinen Wirkungen, wenn man davon ausgeht, daß die Gemeindeordnungen zwar den Kommunen beengende Rahmenvorschriften für ihre Organisation machen und sich die Gemeinden bereitwillig auf übereinstimmende Organisationsprinzipien, entwickelt von der KGST (vgl. S. 70), einlassen, aber dennoch der Organisations- und Handlungsspielraum der Kommunen ständig wächst – zuletzt vielleicht, weil die bisherige Verwaltungsreform die Überregelung nicht bremsen konnte, was der in der Regel zuständigen Stelle, eben der Gemeinde, einen größeren Einfluß verschafft. Überregelung bedeutet zuletzt, daß nicht mehr alles vollzogen werden kann und damit der Vollzieher in eine Position gerät, in der er auswählt, was er vollziehen will. Die ‚Grenzen der Rationalität' der Verwaltung als System werden schneller sichtbar (*J. G. March/H. A. Simon*, 1958).

Die Bemühungen der Länder um eine *Verwaltungsreform* (s. auch *D. Schimanke*, in: *K. König*, Hrsg., 1986) vollzogen sich bisher in *vier Phasen*. In der ersten Phase ging es um die *Rechtsbereinigung*. Bayern machte den Anfang und legte 1957 in vier Bänden den Bestand an gültigen Gesetzen vor, wodurch die Gesetzes- und Verordnungsblätter der Zeit ab 1806 überflüssig wurden. Die anderen Länder folgten nach. Meist begnügte man sich mit einer punktuellen Bereinigung, welche dann sporadisch wiederholt werden müßte. In Nordrhein-Westfalen ging man einen Schritt darüber hinaus und verfügte, daß Erlasse und z. T. auch Verordnungen automatisch nach fünf Jahren außer Kraft treten, wenn nicht im Einzelfall Gegenteiliges beschlossen wird. Die nordrhein-westfälische Sammlung der Gesetze und Verordnungen, die es neben dem GVBl. gibt, enthält damit einen weithin aktualisierten Bestand. Ein solches Verfahren hat langfristig aber nur Sinn, wenn man in dem Bestand nicht zu viel ändert. Deshalb hat die in den 50er Jahren beginnende Rechtsbereinigung kaum etwas von der Kritik an Bürokratisierung, Überregelung, Verrechtlichung, Verunsicherung usw. abschwächen können, welche später die vierte Phase bestimmt hat.

In der zweiten Phase ging es um die *territoriale Verwaltungsreform*, nach dem Scheitern einer Länderneugliederung zumeist um eine das Gebiet der Gemeinden und Kreise betreffende Reform. Zum Teil wurden auch staatliche Einheiten (Regierungsbezirke) erfaßt (Niedersachsen, Nordrhein-Westfalen, Hessen und Rheinland-Pfalz). Die territorialen Neugliederungspläne wurden in den 60er Jahren diskutiert und führten vergleichweise rasch zu konkreten Vorschlägen, die man dann weitgehend konsequent verwirklichte. Die Unzahl der Gemeinden (vgl. Quelle 2.2.), die oft kleinen Kreiszuschnitte, die den früheren Verkehrsbedingungen entsprechenden Regierungsbezirke u.a.m. legten solche Reformen nahe. Die Ziele lagen auf der Hand.[2] Man wollte leistungsfähige Verwaltungseinheiten schaffen, die ein urbanes Mindestangebot an öffentlichen Dienstleistungen erbringen, ein genügend umfangreiches und damit zureichend spezialisiertes Personal beschäftigen und – in ihrer Selbstverwaltung – wenigstens bedingt selbständig sein können. Zugleich ergaben sich pragmatisch zwei Vorteile. Die Neugliederung kostete relativ wenig, und sie ließ sich als wirtschaftlich bezeichnen. Daß man sie vielfach mit der Behauptung verbunden hat, es werde damit auch Personal eingespart, bedeutet allerdings einen erheblichen Schönheitsfehler; das Gegenteil ist der Fall (nachgewiesen in *Th. Ellwein/R. Zoll*, 1973a und b). Man sparte nicht, setzte nur mehr Personal rationeller als bisher ein. Soweit die Neugliederung zur Auflösung der kleinen Gemeinden führte, ging dort das ehrenamtliche Element verloren, was die Verwaltung personell bislang noch immer etwas entlastete. Soweit größere Gemeinden entstanden, geschah das gerade, um ein Schwimmbad unterhalten, ein besseres Verkehrsangebot erbringen oder über die Mindestgröße für bestimmte kommunale Einrichtungen verfügen zu können. Die Auflösung der Kleinst- und der kleineren Gemeinden bewirkte einen Urbanisierungssprung mit erheblichen Kostenfolgen; sie auch zu wollen, wäre ein wichtiges Politikum der Neugliederung gewesen.

Insgesamt läßt sich aber sagen, daß die Gebietsreform unvermeidlich war und offenkundig Fortschritte erbrachte. Man muß jedoch hinzufügen, daß sie eindeutig unter einschränkenden Bedingungen erfolgte. Vor allem fehlte weitgehend die Bereitschaft, den nunmehr leistungsfähigeren unteren Verwaltungseinheiten auch mehr Selbständigkeit einzuräumen. Die Landesministerien reformierten eifrig, gaben aber von der eigenen Zuständigkeit nichts ab. Damit schrieb man den bestehenden Zustand der kommunalen Selbstverwaltung fest, obgleich die frühere Rechtfertigung entfiel, viele Kommunen seien gar nicht in der Lage, alle Möglichkeiten der Selbstverwaltung auszuschöpfen. Die in der dritten Phase zu erwartende *Funktionalreform*, zunächst vielfach als der eigentliche Grund für die territoriale Reform genannt und später als gleichsam Kompensation gesehen, blieb jedenfalls in größerem Umfange aus. Dabei gibt es selbstverständlich Unterschiede: Nordrhein-Westfalen, schon seit 1949 besonders kommunalfreundlich, hat um 1970 die radikalste Gebietsreform vollzogen, führte aber auch eine ziemlich konsequente Funktionalreform durch (vgl. *D. Thränhardt*, 1978, und *G. W. Wittkämper*, 1978). Die offiziellen Aufstellungen über die Zuständigkeiten der Kreise und erstinstanzlichen Zuständigkeiten der Regierungspräsidenten, welche die Landesregie-

2 Aus der umfangreichen Literatur zum Thema nennen wir die grundlegende Erörterung praktikabler Größen von Verwaltungseinheiten bei *F. Wagener*, 1969, die Arbeiten von *V. Wrage*, 1975, *D. Schimanke*, 1978, die große Veröffentlichungsreihe von *H. J. v. Oertzen/W. Thieme*, 1979ff. sowie *W. Thieme/G. C. v. Unruh/G. Scheuner*, 1981. Ergänzend zu Wagener sind zum wichtigen Aspekt von Verwaltung und Raum zu nennen *A. Benzing/G. Gaentsch* u. a., 1978, und *P. Friedrich*, 1976.

rung in Düsseldorf erarbeitet hat, gehören heute zu den wenigen einigermaßen vollständigen Erhebungen: Die Quantität der Zuständigkeiten hat ansonsten noch jeden Versuch einer Reform etwa der Ministerialebene oder der Mittelinstanz scheitern lassen. In anderen Ländern hielt man sich vorsichtig zurück. Was Bayern nach seiner Gebietsreform auf die Gemeinden verlagerte, ist kaum der Rede wert.

Die Funktionalreform in ihrer begrenzten Wirkung zeigt, daß es leichter ist, eine abhängige Organisation zu verändern – und die Gemeinden waren und sind eben abhängig – als im eigenen Bereich tätig zu werden. Zudem mag in der Zeit der kommunalen Gebietsreform, die für den Staat nicht zuletzt notwendig wurde, um den Planungsegoismus der kleineren Gemeinden zu überwinden, auch die Einsicht gekommen oder gewachsen sein, daß die neuen, sehr viel größeren Kommunen noch immer nicht groß genug seien, um bei der Regionalplanung die Konzepte der Landesplanung zu realisieren und dabei einen innerregionalen Ausgleich zwischen den unterschiedlichen Gegebenheiten und Bedürfnissen zu gewährleisten. Jedenfalls richtete man allenthalben Planungsorganisationen oberhalb der Kreise und kreisfreien Städte ein, komplizierte damit den Entscheidungsprozeß und brachte zum Ausdruck, daß die unteren Planungsinstanzen noch immer nicht groß genug seien, um überregional und überörtlich festgelegte Ziele realisieren zu können. Da inzwischen der Stellenwert der (Bundes-)Raumordnung, der Landesplanung und der Regionalplanung ersichtlich kleiner geworden ist (vgl. *D. Fürst/J. J. Hesse*, 1981), tritt dieser Gesichtspunkt wohl zukünftig zurück. Das Erstarken der Gemeinden als Folge einer Schwächung des Staates läßt sich prognostizieren. Das wird auch in Zusammenhang mit der Funktionalreform sichtbar: Die Reform sollte dezentrale Strukturen verstärken. Sie hätte dazu auch Impulse von der nächsthöheren Ebene benötigt. Über die Aufgabenteilung zwischen Bund und Ländern wurde aber nur diskutiert, sind auch z. B. durch die (im Ergebnis gescheiterte) Enquête-Kommission des Deutschen Bundestags Vorschläge gemacht, ist aber letztlich nie nachhaltig verhandelt worden. In ihrer Aufgabenstruktur ist die Bundesrepublik somit weithin zentral organisiert. Nur in der Vollzugsstruktur liegen die Dinge anders. Das bedeutet, wie schon ausgeführt, ein strukturelles Defizit an Landespolitik, welches man durch Betriebsamkeit auf Nebenkriegsschauplätzen nur notdürftig auszugleichen sucht. Auch ohne große Ergebnisse bei der Funktionalreform werden die Länder zwischen Gemeinden und Bund latent überflüssig oder doch auf Positionen reduziert, wie sie früher preußische Oberpräsidenten innehatten, solange man den Zentralismus der Aufgabenentwicklung nicht bekämpft und sich dem Sachzwang nicht entzieht, der sich scheinbar aus dem Gebot der „Wahrung der Einheitlichkeit der Lebensverhältnisse" (Art. 72 Abs. 3 GG) ergibt und der die Länder bisher stets zur bereitwilligen Abgabe von Kompetenzen bewogen hat, solange das nur durch ein Mehr an Verwaltungsmacht ausgeglichen wurde (vgl. dazu *Th. Ellwein*, Gesetzgebung, Regierung, Verwaltung, in: *E. Benda* u. a., 1983). Allerdings sind hier inzwischen beträchtliche Gegenbewegungen erkennbar, die – nicht zuletzt aufgrund der sehr unterschiedlichen Landesentwicklung – auf eigenständigere Landespolitiken verweisen.

Rechtsbereinigung, Gebietsreform und Funktionalreform haben wachsende Kritik an Staat und Bürokratie sowie an beider Anonymität und Intransparenz im Verhältnis zum Bürger nicht verhindert. Diese Kritik, von der Politik notgedrungen aufgenommen, bestimmt die vierte Phase, die etwa Mitte der 70er Jahre einsetzte und zunächst unter dem Stichwort *Bürgernähe und Bürgerfreundlichkeit* stand. Bald erhielt sie aber ihre entscheidenden Impulse von einer *Bürokratiekritik*, die sich in unterschiedlichsten thematischen und formalen Bezügen äußerte und auf *Verwaltungsvereinfachung* drängte. Die auch in anderen westlichen Industriestaaten erkennbare Diskussion führte dabei ab 1978 zunächst zur Bildung einer Reihe von Länderkommissionen, deren Titel („Kommission zur Gesetzes- und Verwaltungsvereinfachung" oder zur „Bürgernähe in der Verwaltung") den Schwerpunkt des jeweiligen Untersuchungsinteresses verdeutlichte; 1983 folgte der Bund mit der Einrichtung einer „Unabhängigen Kommission für Rechts- und Verwaltungsvereinfachung". Die damit gegebene Eingrenzung der sehr breiten Bürokratiediskussion ermöglichte einerseits eine Konkretisierung von Fragestellungen und Untersuchungskategorien (Bürgernähe, Verwaltungseffizienz, Gesetzesvereinfachung), begrenzte andererseits aber auch die Reichweite der angestrebten Empfehlungen. Dies nahmen einige Bundesländer, allen voran Baden-Württemberg zum Anlaß, die auf Verwaltungsvereinfachung zielenden Bemühungen schrittweise zu erweitern, wobei zunächst Fragen der Führungsorganisation, schließlich die Einführung neuer Informations- und Kommunikationstechniken in den Vordergrund des Interesses traten. Die zusammenfassend als *Modernisierung der öffentlichen Verwaltung* firmierenden Aktivitäten gewannen damit einen weit über die ursprünglichen Vorstellungen hinausgehenden Anspruch.

Nachdem nahezu alle Länderkommissionen ihre Berichte vorgelegt haben und auch die Vorstellungen des Bundes erkennbar sind[3], erscheint ein Blick auf den bisherigen

3 Bund: Zweiter Bericht zur Rechts- und Verwaltungsvereinfachung, hrsg. vom Bundesministerium des Innern, 1986.
Baden-Württemberg: Innenministerium Baden-Württemberg (Hrsg.), Kommission Land-Kommunen, Bericht über die Möglichkeiten einer Stärkung der kommunalen Selbstverwaltung, 1981; Staatsministerium Baden-Württemberg (Hrsg.), Bürgernähe in der Verwaltung, 1984; Kommission „Neue Führungsstruktur Baden-Württemberg", Neue Führungsstruktur Baden-Württemberg, Bericht der Kommission Bd. I, 1985.
Bayern: Bayerische Staatskanzlei (Hrsg.), Verwaltungsvereinfachung in Bayern, Dokumentation der Tätigkeit der Kommission für den Abbau von Staatsaufgaben und Verwaltungsvereinfachung, Bd. 3, 1984; Bayerischer Landtag, Vierter Bericht der Bayerischen Staatsregierung über Maßnahmen der Verwaltungsvereinfachung und Entstaatlichung bis zum Dezember 1984, Drs. 10/6807 vom 8.5.1985.
Berlin: Abgeordnetenhaus von Berlin, 2. Bericht (Schlußbericht) der Enquête-Kommission zur Verwaltungsreform vom 30. Mai 1984, Drs. 9/1829 vom 21.6.1984.
Hamburg: Senatsamt für den Verwaltungsdienst, Beitrag zur Bürgerfreundlichkeit in der Verwaltung. Bericht der Kommission „Bürgernähe in der Verwaltung", 1980; Freie und Hansestadt Hamburg, Bericht der Kommission zur Überprüfung von Verbesserungsmöglichkeiten in der Hamburger Verwaltung, 1981, mit 2 Anlagebänden; Bürgerschaft der Freien und Hansestadt Hamburg, Mitteilung des Senats an die Bürgerschaft, Effektivitätssteigerung der Verwaltung, Drs. 11/5887 vom 4.3.1986.
Hessen: Hessischer Minister des Innern, Bericht der Kommission Bürgernahe Verwaltung, 1982, mit 1 Anlageband; Hessischer Minister des Innern, Bericht über die Realisierung der Vorschläge der Kommission „Bürgernahe Verwaltung" vom April 1982 sowie über die Ergebnisse weiterer Bemühungen der Ressorts um Verwaltungsvereinfachung und Entbürokratisierung gemäß Kabinettsbeschluß vom 7. Juni 1982, 1984.
Niedersachsen: o. V., Entbürokratisierung in Niedersachsen, 1986.
Nordrhein-Westfalen: Kommission zur Gesetzes- und Verwaltungsvereinfachung, Gesetzes- und Verwaltungsvereinfachung in Nordrhein-Westfalen. Bericht und Vorschläge, 1983.
Rheinland-Pfalz: Landtag Rheinland-Pfalz, Bericht der Landesregierung betreffend „Mehr Chancen für den Bürger durch mehr Selbstverwaltung", Drucksache 10/1311 vom 4.3.1986.
Saarland: Bericht der „Arbeitsgruppe Selbstverwaltung", i. E.

Ertrag der Bemühungen angezeigt (s. auch *Th. Ellwein/J. J. Hesse*, 1985 sowie *W. Seibel*, in: Die Verwaltung 1986, S. 137 ff.). Dabei ergeben sich eine Reihe interessanter Erkenntnisse: So wird zunächst deutlich, daß die Arbeitsschwerpunkte der Kommissionen eindeutig im Bereich der formalen Rechtsbereinigung und Verwaltungsvereinfachung liegen. Während der Bund dabei schwergewichtig auf die Vereinfachung des geltenden Rechts, die kritische Überprüfung neuer Vorschriften sowie schließlich auf eine Verringerung der Regelungsdichte im EG-Bereich zielt, holen die Länder – ihrem Auftrag gemäß – zum Teil weiter aus. So wird hier gelegentlich der „bürgernahen Verwaltung" Priorität eingeräumt, treten verwaltungsorganisatorische und personenbezogene Empfehlungen hinzu, gewinnen Kategorien wie die eines „Abbaus von Staatsaufgaben", der „Stärkung der kommunalen Selbstverwaltung" oder auch der „Fortführung der Funktionalreform" ihren konkreten Gehalt. Noch deutlicher wird die Konzentration auf formale Rechtsbereinigung und Verwaltungsvereinfachung bei einem Blick auf die bisherige Umsetzung der Kommissionsempfehlungen. Dies spiegelt sich insbesondere in der Verabschiedung von Rechtsbereinigungsgesetzen, die zum Teil erheblichen Umfang annehmen, in ihrer ex-post-Orientierung aber häufig nur auf ohnehin entbehrliche und seit längerem obsolete Vorschriften abstellen. Die Prüfung neuer Vorschriften ist demgegenüber nur vereinzelt näher konkretisiert. Hier überwiegt der Entwurf von Prüfverfahren, die von der Verabschiedung sogenannter Prüflisten bis hin zur Forderung nach „Praxistests" einzelner Gesetze und Verwaltungsvorschriften reichen. Bei den anderen Schwerpunkten ist bislang eher auf Absichtserklärungen zu verweisen. Dies gilt insbesondere für die häufig angesprochene „Entzerrung" oder „Entflechtung" horizontal wie vertikal verflochtener Prozesse der Leistungserbringung, aber auch für die Vorstellungen zur Gewährleistung einer bürgernahen Verwaltung. Hier sind die Aktivitäten bis jetzt selten über eine Formularvereinfachung und Hinweise zur sprachlichen „Entbürokratisierung" hinausgegangen. Unter den geplanten Maßnahmen wird die bereits angesprochene Ausweitung des Selbstverständnisses von Rechts- und Verwaltungsvereinfachung erkennbar. So treten zur Fortsetzung der Rechtsbereinigung organisatorische Maßnahmen wie die Neuordnung von Zuständigkeiten, die Verselbständigung administrativer Teileinheiten und die Restrukturierung der Ministerialebene. Der verstärkte Einsatz von Informations- und Kommunikationstechniken schließlich wird meist als logisches Korrelat zur Verwaltungsvereinfachung begriffen, wobei allerdings unklar bleibt, ob hierin eine Chance zur „Entbürokratisierung" oder zur gleichsam funktionalen Bürokratieentwicklung gesehen wird.

Um diese eher pauschalen Kennzeichnungen von Arbeitsschwerpunkten, Umsetzungsstand und geplanten Maßnahmen im Bereich der Rechts- und Verwaltungsvereinfachung zu substantiieren, sei im folgenden die Situation (Januar 1987) auf Bundesebene sowie – gleichsam exemplarisch für den Diskussionsstand auf Länderebene – die Situation in Baden-Württemberg kurz skizziert.

Fortsetzung der Fußnote 3

Schleswig-Holstein: Innenminister des Landes Schleswig-Holstein, Abschlußbericht über die Tätigkeit der Kommission für Verwaltungsvereinfachung unter Einbeziehung der von den Ministerien in den Jahren 1979 bis 1982 getroffenen Maßnahmen zur Verwaltungsvereinfachung, 1983.

Die Bemühungen der Bundesregierung sind dabei schon deshalb von Interesse, weil dem Bund angesichts der den Ländern im Bereich der Rechtsbereinigung und Rechtsvereinfachung bundesrechtlich gesetzten Grenzen nicht nur eine gewisse Signalfunktion, sondern auch und gerade Komplementärfunktionen zukommen. Dabei ist allerdings zu bedenken, daß eine Änderung von Bundesrecht ungleich schwieriger und konsequenzreicher ist als die bürgerfreundliche Gestaltung etwa kommunaler Dienstleistungen, daß die vielfältigen politischen Erwartungen sich zudem eher auf neue Gesetze als auf den Abbau von Gesetzen richten. Berücksichtigt man darüber hinaus, daß die Veränderung geltenden Rechts immer auch heißt, ein Stück Rechtssicherheit aufzugeben, Kompromisse und Besitzstände in Frage zu stellen, Begehrlichkeiten zu wecken und schließlich Einnahme- wie Ausgabestrukturen öffentlicher Haushalte zu verändern, wird die Schwierigkeit der Aufgabe deutlich. Angesichts dieser Rahmenbedingungen verweist die Bundesregierung nicht zu unrecht auf einige Erfolge ihrer Bemühungen: So sei der Zweite Bericht zur Rechts- und Verwaltungsvereinfachung mit dem Ausweis von über 200 Vorhaben nicht nur Beleg für das ernstgemeinte Engagement, er kennzeichne vielmehr auch ein verändertes Klima, das es ermöglicht habe, die Rechts- und Verwaltungsvereinfachung — „wie etwa den Datenschutz und den Umweltschutz" — als Daueraufgabe zu installieren. Drei Tätigkeitsfelder stehen dabei im Vordergrund: die *Rechtsbereinigung*, die dem Abbau überholten Rechts dient, den Zugriff auf das Recht zu verbessern sucht und schließlich die Entwicklung von Verfahren zur laufenden Überprüfung des Rechtsbestandes zum Gegenstand hat; die *Rechtsvereinfachung*, die in Zusammenarbeit mit gesellschaftlichen Gruppen Vereinfachungsmöglichkeiten bis hin zur technischen Harmonisierung und Normung im EG-Bereich aufzuspüren sucht; schließlich die *Verbesserung des künftigen Rechts*, die an einem sehr frühen Zeitpunkt der Vorschriftenentwicklung einzusetzen hat und deshalb konsequent auch die Referentenebene in den Ministerien einbezieht, um — etwa über die „blauen Prüffragen" — die Notwendigkeit, Wirksamkeit und Verständlichkeit der Rechtsetzungsvorhaben des Bundes zu gewährleisten. Zur formalen Dimension der Rechts- und Verwaltungsvereinfachung treten dabei personale Aspekte; Aufgaben der Personalführung und eine die Entwicklung, Erprobung und Umsetzung von Vorschriften einbeziehende Aus- wie Fortbildung gewinnen an Gewicht.

Nimmt man Baden-Württemberg als Beispiel für fortgeschrittene Bemühungen auf Landesebene, so überrascht zunächst die hier beträchtliche Ausweitung des Selbstverständnisses von Rechts- und Verwaltungsvereinfachung. Während etwa die Kommission „Bürgernähe in der Verwaltung" sich auf die formelle und materielle Rechtsbereinigung und den Vorschriftenabbau konzentrierte und die „Kommission Land-Kommunen" eine nicht unbeträchtliche Zuständigkeitsverlagerung und Entflechtung der Aufgabenwahrnehmung zwischen den Gebietskörperschaften forderte, hat die Landesregierung jetzt mit einer Reihe von Kabinettsbeschlüssen die Beratungen über die Kommissionsvorschläge „zur neuen Führungsstruktur in der Landesverwaltung" abgeschlossen. Bei einer Durchsicht der Aktivitäten zur Ressortneugliederung, zur räumlichen Konzentration, zum Führungsbereich, zur inneren Struktur und zur Arbeitsweise der Ministerien, zur Einrichtung einer Schule für den Führungsnachwuchs, zur Personalsteuerung und zu den Führungsfunktionen auf Zeit, zur neuen Technik in der Verwaltung und zur Neuordnung der Wirtschaftsförderung fällt auf, wie nachhaltig Rechts- und Verwaltungsvereinfachung, Führungsstrukturen und Informationssysteme inzwischen als miteinander verzahnt gesehen werden, der Anspruch, eine umfassende „Modernisierung der öffentlichen Verwaltung" betreiben zu wollen, legitimiert wird. Zwar ist offensichtlich, daß die wirklich realisierten Modernisierungsvorstellungen zum Teil beträchtlich hinter die ursprünglich formulierten Zielvorstellungen zurückfallen, doch verweist selbst deren nur punktuelle Einlösung auf eine den Ländern meist kaum mehr zugetraute Innovationskraft. Da Baden-Württemberg die „Modernisierungskampagne" zudem mit einer Öffnung zur Wirtschaft, zur Wissenschaft und zum Ausland verbindet und das Aufspüren weiterer Rationalitätsreserven unter der Überschrift „Wirtschaftliches Handeln in der Verwaltung" ankündigt, darf aufgrund der erkennbaren Nachahmer-Effekte mit entsprechenden Aktivitäten auch jener Bundesländer gerechnet werden, deren Bemühungen bislang eher Ankündigungs- und z. T. sogar Alibicharakter angenommen haben.

Unterliegen Bundes- wie Länderaktivitäten vergleichsweise intensiver Diskussion, ist seitens der Kommunen und der vielfältigen Adressaten von Rechts- und Verwaltungsvereinfachung nur geringe Aufmerksamkeit erkennbar. Während die kommunalen Spitzenverbände das Vorhaben zwar generell begrüßen, mit Blick auf ihre Klientel sich aber schwergewichtig reaktiv äußern, stehen Stellungnahmen der Verbände nahezu gänzlich aus. Von einzelnen Äußerungen etwa im Zuge von Anhörungsverfahren und Befragungen abgesehen, wird der durchgängige und umstandslos auf nahezu alle öffentlichen Bereiche übertragene Bürokratievorbehalt meist nicht näher konkretisiert. Allerdings ist einzuräumen, daß ein entsprechendes Engagement wohl auch erst bei spezifischer Betroffenheit zu erwarten ist. Den für einzelne Vereinfachungstatbestände eingesetzten Arbeitsgruppen dürfte daher künftig eine wachsende Bedeutung zukommen.

Während die Vertreter von Politik und Verwaltung die bisherigen Ergebnisse der Vereinfachungsdiskussion verständlicherweise als Beleg für die Handlungsbereitschaft und die Innovationsfähigkeit staatlicher Institutionen sehen, verweisen kritische Beobachter auf ein gewisses Mißverhältnis zwischen Ankündigung und faktischem Ertrag und benennen schließlich beide Seiten Schwierigkeiten beim Vollzug der einzelnen Maßnahmen. Will man die dabei erkennbaren Probleme nun nicht pauschaliert der „Komplexität" institutioneller Modernisierung anlasten oder – ähnlich undifferenziert – von gleichsam systemimmanenten Schranken einer Verwaltungsreform ausgehen, lohnt sich ein Blick auf den „Alltag" der Rechts- und Verwaltungsvereinfachung. Hier wird erkennbar, daß der Vollzug von Verwaltungsvereinfachung bereits dadurch erschwert ist, daß einzelne Kommissionen Erwartungen geweckt haben, die einzulösen Schwierigkeiten bereitet. Dies gilt etwa für den Anspruch, mit der Rechts- und Verwaltungsvereinfachung jene „große" Verwaltungsreform befördern zu wollen, die Territorialpolitiken, Funktionalreformen und eine Dienstrechtsreform gleichsam in sich vereinigt, setzt sich fort bei Vorstellungen, die mit Vereinfachungsvorschlägen ein ganzes Bündel interventionsstaatlicher und/oder ordnungspolitischer Ziele zu realisieren versuchen und endet schließlich bei einem Selbstverständnis, das auf die „Modernisierung" der öffentlichen Verwaltung in einem Zug, als „großen Wurf" gewissermaßen, setzt. Die an solchen Vorstellungen notwendigen Abstriche erklären sich zum einen aus den offensichtlichen Schwierigkeiten, umfassenden, nahezu flächendeckenden Reformvorstellungen in einem sowohl hochfragmentierten wie gleichzeitig verflochtenen politisch-administrativen Institutionengefüge gerecht werden zu wollen, verweisen darüber hinaus auf den Zwang zu einer eher schrittweisen, Lernprozesse ermöglichenden Vorgehensweise und machen schließlich deutlich, daß punktuelle und kurzfristige politische Aufmerksamkeiten wie Unterstützungen nicht ausreichen dürften, um Rechts- und Verwaltungsvereinfachung als zentralen innen- oder besser verwaltungspolitischen Aufgabenbereich zu stabilisieren. Vollzugsprobleme ergeben sich darüber hinaus aus der Tatsache, daß die „Umsetzung" von Vereinfachungsempfehlungen meist nicht Gegenstand der Kommissionsüberlegungen war. Daher kann auch kaum verwundern, daß die Bemühungen um Rechts- und Verwaltungsvereinfachung sich in den meisten Bundesländern bislang auf einen eher einmaligen Akt konzentrierten und sich nach Abschluß der Kommissionsarbeiten primär auf die Verabschiedung von Rechtsbereinigungsgesetzen und einige Formalempfehlungen beschränkten. Die Forderung, Rechts- und Verwaltungsvereinfachung „als Daueraufgabe" zu begreifen, findet sich zwar in fast allen der Kommissionsberichte, ohne daß dem allerdings entsprechende institutionelle Vorkehrungen und der Ausweis spezifischer Träger folgten. Damit droht die Gefahr, daß sich Verwaltungsvereinfachung in eher punktuellen, zeitlich begrenzten politischen Reaktionen auf die öffentliche Bürokratiekritik erschöpft, eine längerfristige, auf Dauer angelegte Rechts- und Verwaltungsvereinfachung nur dort gewährleistet ist, wo die Notwendigkeit flankierender Maßnahmen gesehen, die Trägerfrage gelöst und das Selbstverständnis der Vereinfachungsaktivitäten in dem aufgezeigten Sinne erweitert wird.

Ein weiteres Vollzugsproblem stellt sich schließlich mit Blick auf die erkennbaren eher allgemeinen Veränderungen im Bereich der *staatlichen Steuerung*. Folgt man hier der aktuellen Diskussion, die von einer Umbruchsituation im Bereich der traditionellen staatlichen Steuerungsinstrumente ausgeht und regulativen Politiken eher prozedurale Regelungen, „reflexives" Recht oder mediale Steuerungsformen gegenüberzustellen sucht, erscheinen die skizzierten Ansätze zur Rechts- und Verwaltungsvereinfachung in ihrer Reichweite als begrenzt. Sie setzen bei Routineaufgaben an, schaffen im Gefolge des beabsichtigten Abbaus von Investitions-, Beschäftigungs- und Ausbildungshemmnissen Freiräume und zielen auf eine verantwortlichere und bürgerfreundlichere Verwaltung. Ohne die Notwendigkeit dieser Ansätze in Abrede zu stellen, geht eine Reihe von Beobachtern davon aus, daß damit aber nur ein vergleichsweise unwesentlicher Teil von Bürokratiedefiziten abgebaut werden kann, das Staatshandeln vielmehr in einer grundlegenderen Umorientierung steht. Den Maßnahmen zur Rechts- und Verwaltungsvereinfachung käme dabei eine nur eher marginale Bedeutung zu, wichtiger seien die erkennbaren qualitativen Veränderungen der Steuerungsinstrumente und hier insbesondere des Steuerungsmediums „Recht", denen die rechts- und verwaltungspolitischen Bemühungen der kommenden Jahre zu gelten hätten.

Und selbst da, wo ein erweitertes Verständnis von Aufgaben und Tätigkeitsbereichen der Rechts- und Verwaltungsvereinfachung erkennbar ist, bleibt zu berücksichtigen, daß deren Vollzug häufig überlagert wird von einer kontinuierlichen Vorschriftenproduktion, die im Gefolge veränderter Werthaltungen und Einstellungen regelungsbedürftige Tatbestände zu erfassen sucht. Ein aktuelles und die Vordergründigkeit manch überzogener Bürokratiekritik entlarvendes Beispiel ist dabei die Umweltpolitik. Hier zeigt sich, daß in schneller Folge nicht nur Novellierungen bestehender Rechtsgrundlagen notwendig werden (Wasserhaushaltsgesetz, Abwasserabgabengesetz, Chemikaliengesetz), die erhöhte gesellschaftliche Sensibilität für Umweltfragen vielmehr auch und gerade neuen Regelungsbedarf schafft (Strahlenschutzvorsorge, Gefahrstoff-Verordnungen, Sondermüllregelungen, Abfallgesetze). Daß die Ziele der Rechts-

und Verwaltungsvereinfachung damit von der Realität gleichsam überholt werden, ist offensichtlich, verdeutlicht aber auch die „Dynamik" von Regelungs- und Steuerungsprozessen, der mit zu einfachen Modellen einer „Entbürokratisierung" kaum zu begegnen sein dürfte (vgl. *J. J. Hesse*, in: DÖV 1987, S. 474 ff.).

Im übrigen sei grundlegend angemerkt, was im 5. Kapitel schon eine Rolle spielte: Zu erheblichen Vereinfachungen wird es in der Bundesrepublik wohl erst dann kommen, wenn man den Rechtsstaatsbegriff revidiert, den Gesetzgebungsprozeß reformiert und mit beidem verhindert, daß sich Parlament und Regierung zu einem anpassungsschnellen Änderungsdienst entwickeln. *Nicht der Zuwachs an öffentlichen Aufgaben ist das Problem der Gegenwart, sondern die Intensität der Aufgabenerledigung und die Dichte der jeweiligen Regelungen.* Sie erzwingen, weil sich die Lebensverhältnisse ständig verändern, eine Anpassung der Regeln wie der ihnen folgenden Aufgabenerledigung, die im Ergebnis oft absurd ist. Die Absurdität schlägt sich in der Häufigkeit von Gesetzesänderungen, damit in der Unübersichtlichkeit des Rechtsbestandes ebenso nieder wie in einer Tätigkeit von Parlament und Regierung, welche wegen des Vorranges des Änderungsdienstes mehr und mehr von gestaltender Politik wegführt – in den Landesparlamenten und -regierungen noch schneller als im Bund. Ernstliche Vereinfachung kann sich nicht aus der Bereinigung und Vereinfachung der früheren Gesetzgebung ergeben, sondern nur aus der Begrenzung der gegenwärtigen und der zukünftigen, nur daraus, daß man sich dem Änderungsdruck entzieht, für die Gesetzgebung wieder vernünftige Zeiträume und Geltungsfristen schafft und die der Politik nahe Ministerialbürokratie in der Möglichkeit einschränkt, das eigene Gewicht durch bürokratische Verhaltensweisen abzusichern. Nur so wird man auch den Bürger erreichen, der immer entscheidend an berechenbaren Verhältnissen interessiert ist, was sich nur erreichen läßt, wenn das, was gilt, länger gilt.

Gleichsam gescheitert und deshalb hier nicht unter die Phasen einer Verwaltungsreform eingereiht, ist die *Reform des öffentlichen Dienstrechtes*. Für sie ist, wie ausgeführt, der Bund zuständig. Er stand 1949 vor folgender Ausgangslage: Das überkommene Dienstrecht (vgl. *W. Wiese*, 1972, *Th. Ellwein/R. Zoll*, 1973 a, *Th. Ellwein*, 1980, *H. Hattenauer*, 1980) unterscheidet drei Gruppen, nämlich die Beamten in einem gesetzlich geregelten, öffentlich-rechtlichen Dienst- und Treueverhältnis und die Angestellten sowie die Arbeiter, beide in einem zwischen Dienstherren und Gewerkschaften ausgehandelten Vertragsverhältnis. 1949 legte der Verfassungsgeber in Artikel 33 die Gleichheit des Zugangs zu den öffentlichen Ämtern fest und behielt die hoheitsrechtlichen Aufgaben in der Regel den Beamten vor. Das Recht des öffentlichen Dienstes sollte im übrigen „unter Berücksichtigung der hergebrachten Grundsätze des Berufsbeamtentums zu regeln" sein. Das war von vorneherein widersprüchlich, weil zum einen die hoheitsrechtlichen Aufgaben an Umfang und Bedeutung längst hinter denen der leistenden Verwaltung zurückgetreten waren, und weil es zum anderen schon weitaus mehr Angestellte und Arbeiter als Beamte gab. Verfassungsrechtler und Beamtengesetzgeber mußten deshalb die Verfassung dynamisch interpretieren. Dennoch blieb der Zustand unbefriedigend. Zahllose Angestellte üben hoheitliche Funktionen aus, zahllose Beamte – z. B. alle Lehrer – tun etwas, was sich zwar auch in einem Rechtsrahmen bewegt, nichts aber mit einer Beamtenfunktion im früheren Sinne, also mit der Repräsentation des Staates gegenüber dem Bürger, gemein hat. In der Folge wollen die Angestellten an den sozialen Privilegien der Beamten teilhaben, während viele Beamte nach dem Sinn ihrer besonderen Abhängigkeit fragen, die sie in ihrem Streikrecht oder an beruflicher Mobilität hindert. Deshalb verständigte man sich verbal auf die Forderung nach einem einheitlichen Dienstrecht für alle Mitarbeiter des öffentlichen Dienstes; der Bundestag erteilte einen entsprechenden Auftrag; die Bundesregierung setzte eine Studienkommission (mit Verbände-repräsentanz) ein.

Die *Studienkommission für die Reform des öffentlichen Dienstrechts* legte termingerecht ihren Bericht vor. Dieser und 11 Gutachten-Bände wurden 1973 in Baden-Baden veröffentlicht. Im Ergebnis postulierte die Kommission einen einheitlichen öffentlichen Dienst, konnte sich aber nicht einigen, ob dieser gesetzlich oder tarifvertraglich geordnet werden sollte. Das erstere fand eine geringe Mehrheit, die durch die Zusammensetzung der Kommission vorprogrammiert war. Auch das Hinausschieben oder Scheitern einer etwaigen Reform war vorprogrammiert, solange man sich um eine Lösung aus einem Guß bemühte. Das aber taten 1972 sowohl die soziallberale Koalition als auch die Kommission und die in der Hauptsache beteiligten Verbände, die ÖTV, der DBB und bedingt auch die DAG. Diese mußten wie alle Verbände den status quo wahren – die Reform durfte also nur Verbesserungen bringen – und es ging zugleich um ihre Existenz: Die des Beamtenbundes wäre mit einer tarifrechtlichen Lösung gefährdet gewesen, die umgekehrt der ÖTV einen besseren Zugang zum gehobenen und höheren Dienst gebracht hätte. Geldmangel, Verbändewiderstand und wachsende öffentliche Kritik an den Privilegien des öffentlichen Dienstes, an den überproportionalen Zuwachsraten der Beförderungsstellen – beim Bund verdoppelten sich in den letzten 20 Jahren der gehobene und der höhere Dienst, und hier wie in den Gemeinden schrumpft der einfache Dienst auf null (‚Beförderungsinflation') – oder an der Zurückstellung des Leistungsprinzips erzwangen den Verzicht auf die ‚große Reform'. Der Bundesinnenminister trug dem Ende 1975 mit einem ‚Aktionsprogramm zur Dienstrechtsreform' Rechnung. Die ‚Politik der kleinen Schritte' dominierte hier bereits in der Planung. Änderungen erscheinen ausgeschlossen. In der SZ kommentierte das *H. Schuster* am 6.12.1975: „Die große Reformutopie ist tot, so tot wie die universale Abrüstung in der Welt. Es lebe die Politik der kleinen und kleinsten Schritte! In ihrem Jahresgutachten richten die ‚Fünf Weisen' unter dem Titel Revision der Staatstätigkeit unter anderem auch die Forderung an den Bürger, er solle ‚unvollkommenheitsbewußt' sein. Dieser Wunsch geht zwangsläufig in Erfüllung."

Bei der Reform des öffentlichen Dienstrechts läßt sich zwischen *Statusproblemen* und Fragen der *Arbeitsbedingungen* unterscheiden. Angestellte und Arbeiter befinden sich in einem ähnlichen Status wie ihre Kollegen in der freien Wirtschaft. Die Beamten dagegen verfügen über einen aus dem 19. Jahrhundert stammenden Sonderstatus, der sie früher ganz an den Staat band und ihnen in einem besonderen Gewaltverhältnis lebenslange Treue und Gehorsam abverlangte, was durch eine besondere Fürsorgepflicht des Dienstherrn, die sich auf Gehalt und Pension bezog, ausgeglichen wurde. Der Beamte konnte sich so als etwas Besonderes, der Sphäre des Staates Zugeordnetes, empfinden. Er war in einem Gesinnungsberuf tätig und diente, arbeitete also nicht; er erhielt eine Alimentation, keinen Lohn. Die sozialen Privilegien haben inzwischen an Gewicht verloren; deshalb wirken auch die Einschränkungen stärker – vor allem der Mobilitätsverzicht; der Beamte kann nur unter Gefährdung eines Teils seiner Altersversorgung aus dem öffentlichen Dienst ausscheiden. Soweit sich die Forderung nach einem einheitlichen Dienstrecht auf solche Statusfragen bezieht, steht man vor der Alternative, alle Angestellten zu Beamten oder alle Beamten zu Angestellten zu machen oder aber entsprechende Zwischenformen zu finden.

Wenngleich in Zusammenhang mit der Dienstrechtsform solche Statusfragen im Vordergrund stehen, dürften doch viele Probleme der Arbeitsbedingungen wichtiger sein; die ersteren wirken sich zwar voll auf die Rekrutierung des erforderlichen Personals aus, die letzteren bestimmen aber dessen Einsatz und damit die Nutzung der Arbeitskraft. Die Arbeitsbedingungen und ihre Veränderungen stellen ein innerdienstliches Phänomen dar; sie sind deshalb mit der sogleich zu erwähnenden inneren Verwaltungsform zum Teil deckungsgleich. Innerdienstlich gibt es in der Masse der Behörden, Ämter und Einrichtungen gegenüber den rechtlichen Statusunterschieden verbreitet völlige Gleichbehandlung. Zwar finden sich im Tätigkeitsfeld des öffentlichen Dienstes unterschiedliche Selbständigkeit, Ermessensspielräume und Verantwortlichkeit; man behandelt aber als Arbeitgeber alle gleich: den Lehrer wie den Inspektor im Landratsamt, den Förster wie den Krankenpfleger oder den Ingenieur. So bilden sich *besondere Gruppen* mit eigenem Zusammengehörigkeitsgefühl oder eigenem Fachmannstum, wobei eigene Vorstellungen von den Pflichten die allgemeine Dienst- und Treuepflicht überlagern. Vielfach findet auch eine Gruppenorientierung nach außen statt – der Regierungsbaumeister versteht sich dann mehr als Architekt denn als Beamter.

Im *Zusammenhang von Dienstrecht und Arbeitsbedingungen* scheint es auf der Hand zu liegen, daß der öffentliche Sektor als der weitaus größte aller denkbaren Arbeitgeber auf jede Einheitsideologie verzichten und dem Personal differenzierte Bedingungen anbieten können muß: Dem Inspektor im Katasteramt kann man z. B. nahezu jede politische Betätigung erlauben, beim Richter könnte man sich in dieser Hinsicht erhebliche Einschränkungen vorstellen; die Nebentätigkeiten eines Lehrers brauchen nicht sonderlich zu interessieren, die eines hohen Ministerialbeamten können sich störend auswirken. Ähnliches gilt für den Streik. Immer lassen sich in einem gemeinsamen Rahmen Besonderheiten festlegen und Einschränkungen der persönlichen Freiheit durch Statusregelungen ausgleichen. Davor scheut man bislang noch zurück; vor allem die Besoldungseinheit wird ängstlich gehütet, wiewohl sie sich offenkundig als untauglich erweist und von den Betroffenen durch die Beliebigkeit der anzustellenden Vergleiche ausgehöhlt wird. Von gerechter Besoldung läßt sich nur träumen; eine funktionsgerechtere läßt sich immerhin denken.

Dies und vieles andere befindet sich in der Diskussion, ohne daß Konsequenzen erkennbar sind. Dennoch muß die eigentliche Verwaltungsreform beim öffentlichen Dienst beginnen (vgl. *N. Luhmann*, 1971, S. 209). Wie die Verwaltung im Jahr 2000 aussehen wird, weiß man noch nicht. Das vorhandene und demnächst einzustellende Personal muß aber in ihr arbeiten. Deshalb müssen Ausbildung und Verwendung flexibel sein, bedarf es eines Mehr an Fortbildung und muß man Mobilität ermöglichen, worauf etwa die Einrichtung von Führungsakademien, die Vorstellungen zur Vergabe von Führungspositionen auf Zeit u. a. m. zielen. Wir brauchen in jeder Hinsicht bewegliche Mitarbeiter des öffentlichen Dienstes, zum Kummer derjenigen, die den Beruf zuerst als Gesinnungs-, nicht als Leistungsberuf betrachten (vgl. *H. W. Hoefert/C. Reichard*, 1980) und danach auch die Arbeitsbedingungen auszurichten suchen.

Faßt man die Überlegungen zur Verwaltungsreform[4] zusammen, so zeigt sich, daß die ersten Reformpolitiken weitgehend unter Effizienzaspekten erfolgten. Man be-

4 Während die Staats- und Verwaltungsforschung einerseits versuchte, den hier gekennzeichneten Reformschritten nachzufolgen, bemühte man sich andererseits um eine analytisch erweiterte Perspektive. Sie löste sich von punktuellen, problem- und bereichsspezifischen Fragestellungen und ging dazu über, die Prozesse des Verwaltungshandelns und deren Ergebnisse einer näheren Untersuchung zu unterziehen. Gewannen dabei Fragen des Vollzugs staatlicher und kommunaler Politiken angesichts zunehmender Ressourcenengpässe sowie steigender Akzeptanz- und Konsensprobleme an Bedeutung (Implementations- oder Vollzugsforschung, vgl. insbes. *R. Mayntz*, 1980 und 1983), wandte sich die Wirkungsforschung der Erfolgskontrolle, der Evaluation politisch-administrativen Handelns zu (*H.-U. Derlien*, 1976; *G. M. Hellstern/H. Wollmann*, 1984). Nach

zweifelte die Qualität der Organisation, die Rationalität des Personaleinsatzes und die Leistungsbereitschaft der Mitarbeiter. Verwaltung sollte „schlagkräftiger" und – aus der Sicht der politischen Führung – eindeutiger führbar werden. Diese Sicht der Dinge scheint heute nicht mehr adäquat. Zum einen ist deutlich geworden, daß der „Rationalität des Verwaltungshandelns" Grenzen gesetzt sind, zumal informelle Verhaltensweisen und qualitative Politiken erheblich an Bedeutung gewonnen haben (vgl. hierzu *J. J. Hesse*, in: Jahrbuch zur Staats- und Verwaltungswissenschaft, 1987). Darüber hinaus meldet sich der Bürger verstärkt zu Wort. Seine Rationalität muß nicht die der Verwaltung sein. Deren Zuschnitt und Selbstverständnis kann die Zielerreichung befördern, aber auch die Distanz zum Bürger mehren. Deshalb wird auch diskutiert, manche Modernisierung im Zuge der Güterabwägung zugunsten bürgernäherer Verfahren zu unterlassen. Vereinfacht: Mit ihrer Größe und ihrer Ausbildung zum eigenen System ist die Verwaltung dem Bürger tendenziell „entrückt". Sie ist zugleich aber auch der politischen Führung entglitten. Ihre Position im Regierungssystem muß deshalb unter zwei ganz verschiedenen Gesichtspunkten untersucht werden. Dabei stellt sich einmal die Frage, ob und inwieweit die Verwaltung für die Politik noch führbar ist oder inwieweit sich Elemente der Selbstführung durchsetzen, und zum anderen drängt sich die Überlegung auf, daß keinesfalls geklärt ist, welche Organisation und Verfahrensweise der Verwaltung für den einzelnen Bürger die optimalste ist und welche Bewertungskriterien dabei eine Rolle spielen könnten.

6.3. *Verwaltungsführung*

In den ersten beiden Abschnitten dieses Kapitels wurde das Verhältnis von Politik und Verwaltung nicht ausdrücklich thematisiert. Traditionell findet es sich meist in doppelter Weise durch das Gewaltenteilungsschema vorbestimmt. Zum einen geht es um das Gegenüber von Legislative und Exekutive und zum anderen um Spannungen zwischen Politik und Verwaltung innerhalb der Exekutive, die im übrigen als Einheit begriffen wird (zu solchen Spannungen vgl. z. B. *P. Weihnacht*, Referenten und Abteilungsleiter eines Kultusministeriums ..., in: *U. Bermbach*, 1978, S. 192 ff.). Dem Schema zufolge müßte man einen erheblichen Teil der angesprochenen Spannungen auch binnenadministrativ lösen. Das kann aber nur eingeschränkt gelingen. Die Ministerialbürokratie muß Politik vorbereiten, ist damit externen Einflüssen ausgesetzt, soll politische Reaktionen auch in der Legislative antizipieren. Sie wird mit all dem zwangsläufig zu einem erheblichen Teil ‚politisiert'. Ganz ähnlich liegt es in den größeren Städten (vgl. *R. R. Grauhan*, 1970, *J. J. Hesse*, 1972 und 1976). Hier wie dort entwickelt sich neben dem klassischen der ‚politische Bürokrat' (*B. Steinkemper*, 1974) oder der ‚Grenzgänger zwischen Politik und Verwaltung' (*G. Banner*, Zur politisch-administrativen Steuerung in der Kommune, in: *AfK* 1982, S. 26 ff., hier S. 37). Die empirische Analyse führt damit zu

Fortsetzung der Fußnote 4

ersten Ansätzen einer Aufgabenkritik in der Praxis bemüht man sich hier um eine quantitative und qualitative Analyse der Erfolgsbedingungen staatlicher Aktivität. Diese weitgehend durch amerikanische Untersuchungsansätze geprägte Forschungsrichtung steht dabei noch in ihren Anfängen. Die offensichtlichen Schwierigkeiten, „Erfolgskontrolle" innerhalb der öffentlichen Verwaltung zu betreiben, lassen auch nur begrenzte Rationalitätserwartungen zu. Zudem müßte der weitgehend ahistorische und eher theorieferne Charakter dieser Ansätze überwunden werden.

einem Ergebnis, das von den überlieferten Vorstellungen, etwa von der (herrschaftsorientierten) Bürokratietheorie Max Webers, weit abweicht. Nach der Überlieferung soll im Binnenbereich der Exekutive eine klare Aufgabenteilung zwischen der führenden und Impulse gebenden Politik und der vollziehenden und gehorchenden Verwaltung bestehen, verbunden mit einer ebenso klaren Rollenunterscheidung zwischen dem Politiker und dem Beamten, für die Weber deshalb auch zwei sich widersprechende ethische Leitbilder entwirft.

Geraten überlieferte Vorstellungen und empirische Analyse in Widerstreit, kann man an den ersteren festhalten oder aber sie kritisch überprüfen. Hält man an ihnen in unserem Falle fest, führt das zu der verbreiteten Frage, ob nicht eine dominierende Politik die Verwaltung übermäßig politisiert und sie damit ihrer spezifischen Fähigkeit beraubt, objektiv und unparteiisch, fachlich tüchtig, aber auch gehorsam zu entscheiden. Umgekehrt fragt man, ob nicht längst die Verwaltung dominiert und damit Politik mehr und mehr bürokratisiert. Weber, der in Zusammenhang mit der wachsenden Bürokratisierung den Verlust individueller Spielräume befürchtete und sich auch den Bereichen zuwandte, in denen Bürokratie nichts leisten kann, hat diesen kritischen Aspekt besonders betont. „Wie kann", meinte er, „angesichts der steigenden Unentbehrlichkeit und der dadurch bedingten steigenden Machtstellung des uns hier interessierenden staatlichen Beamtentums irgendwelche Gewähr dafür geboten werden, daß Mächte vorhanden sind, welche die ungeheure Übermacht dieser an Bedeutung stets wachsenden Schicht in Schranken halten und sie wirksam kontrollieren? Wie wird Demokratie auch nur in diesem beschränkten Sinne überhaupt möglich sein?" (*M. Weber*, 1964, S. 1061).

Der Rückgriff auf Weber (zu einer neueren und untypischen Interpretation vgl. *W. Hennis*, 1987) ist schon deshalb erforderlich, weil ihm die Verfassungssituation entspricht. Die Verfassung unterscheidet ganz traditionell zwischen der Politik, ihren Richtlinien, ihrem Führungsauftrag, der Verantwortlichkeit von Politikern und der vollziehenden Verwaltung. Man kann deshalb nicht einfach auf neue Leitbilder ausweichen, sondern kann allenfalls den Interpretationsrahmen etwas erweitern. Dies soll hier so geschehen: Die Funktionstrennung steht im Vordergrund der Verfassung; die Funktionsvermischung kennzeichnet die sogenannte Verfassungswirklichkeit. Allerdings erfolgt die Funktionsvermischung nicht vollständig. Politik und Verwaltung bleiben unterschiedlich strukturiert und stehen zueinander in einem Komplementärverhältnis (*H. D. Jarass*, 1975, S. 120). Beide stellen – einschließlich der Beziehungen zwischen ihnen – Organisationen dar, in denen kollektives Handeln strukturiert und durch Machtbeziehungen stabilisiert wird – Michael Crozier und Erhard Friedberg (1979) haben das eingehend und überzeugend entwickelt. Im Blick auf jenes Komplementärverhältnis erbringt Politik für die Verwaltung Leistungen, welche unentbehrlich sind und deshalb ggf. durch Ersatzleistungen (der Verwaltung) substituiert werden, so wie umgekehrt Verwaltung für die Politik unentbehrliche Leistungen erbringt, die notfalls ersatzweise von der Politik besorgt werden, indem sie z. B. private Vollzugseinrichtungen schafft oder auf Gremien außerhalb der Verwaltung ausweicht, um dieser ihren Willen aufzuzwingen. Dieses Komplementärverhältnis gilt es zu analysieren, um dann ermitteln und ggf. bewerten zu können, wieweit Bürokratie politisiert und/oder wieweit Politik bürokratisiert wird. Theoretisch – mithin nicht im Sinne eines Vorwurfs oder einer Verurteilung – bedeutet beides, daß systembedingte Handlungsrationalitäten von einem anderen System adaptiert werden und in ihm anders wirken als im Ursprungssystem. Die Unterscheidung zwischen Politik und Bürokratie setzt also unterschiedliche Handlungsrationalitäten und unterschiedliche Formen der Einschränkungen von jeweiliger Rationalität voraus (vgl. *M. Crozier/E. Friedberg*, 1979, S. 187 ff. und die Beiträge von *G. T. Allison* in: *H. Uthoff/W. Deetz*, 1980, sowie *J. G. March/J. P. Olsen*, 1976). Vereinfacht: Solange Politik und Bürokratie wenigstens bedingt unterschieden sind, kommt es in ihnen auch zu unterschiedlichen Prozessen der Güterabwägung.

6.3.1. Organisationsgewalt und Haushaltshoheit

Die öffentliche Verwaltung entwickelt wegen ihrer vertikalen und horizontalen Ausdifferenziertheit einen erheblichen Organisationsbedarf. Sie soll sich außerdem – ein wichtiger Grundsatz Max Webers – die erforderlichen Mittel nicht selbst beschaffen. Organisation und Haushalt der Verwaltung stellen sich damit als Führungsmittel dar. Beide bewegen sich im Rahmen einer mehrhundertjährigen Tradition, nachdem spätestens die absolute aufgeklärte Monarchie eine rationale Basis für die Etataufstellung und -bewirtschaftung und für die Organisation der Verwaltung schuf. Aus ihr ergab sich im 19. Jahrhundert das Institut der Organisationsgewalt (vgl. *E. W. Böckenförde*, 1964), die nach der 1837 veröffentlichten Ansicht R. Maurenbrechers das Recht beinhaltete: „1. die Staatsbehörden anzuordnen und die sonstigen notwendigen und nützlichen Einrichtungen im Staat zu treffen; 2. über deren Wirkungskreis Instruktionen zu erlassen, sowie 3. die Formen ihrer Geschäftsführung zu bestimmen" (S. 324). Während es hinsichtlich der Etatgestaltung vom 19. Jahrhundert an stets eine klare Mitwirkung des Parlaments gab, sprach man die Organisationsgewalt meist allein der Regierung zu. Einschränkungen dieser Gewalt ergaben sich teils aus der gesetzlichen Fundamentierung der kommunalen Selbstverwaltung, teils auch aus der föderalistischen Konstruktion. In der Hauptsache aber galt und gilt die Vorstellung: „Da durch die Organisation der Verwaltungsbehörden in den Rechtszustand der Untertanen nicht eingegriffen, sondern nur die Verteilung der Geschäfte unter die einzelnen Staatsorgane berührt wird, so sind Organisationsveränderungen grundsätzlich im Wege der Verordnung ... möglich" (*G. Meyer*, 1899, S. 516). Läßt man alles Beiwerk beiseite, bezieht sich der juristische Begriff der Organisationsgewalt damit auf eine Funktion, die sich als „Hilfstätigkeit der Gesetzesvollziehung" darstellt. Das verengt allerdings das Blickfeld und wird weder der fundamentalen, also der auch konstituierenden Bedeutung jener Gewalt gerecht, noch ihrer Anwendungsbreite. Wo immer es um die Erledigung öffentlicher Aufgaben geht, taucht Organisationsgewalt auf; sie macht sich aber auch im „ganzen Bereich der öffentlichen Organisierung von Berufsgruppen (Anwalts-, Ärztekammern usf.) und Sozialbereichen (öffentliche Versicherungsträger)" bemerkbar.

Für unseren Zusammenhang erscheint davon unmittelbar nur wichtig die Organisationsgewalt gegenüber der öffentlichen Verwaltung, welche in Grundzügen an parlamentarische Mitwirkung oder doch Mittelbewilligung gebunden sein mag, in der Hauptsache aber der Regierung als Verwaltungsführung obliegt. Hierbei läßt sich formal zwischen der äußeren und der inneren Verwaltungsorganisation unterscheiden. Zur ersteren gehört die Einrichtung oder Aufhebung einzelner Behörden oder ganzer Behördenzweige, die Aufgabenverteilung auf die verschiedenen Behörden und das daraus sich ergebende Recht, Zuständigkeitsstreitigkeiten zwischen Behörden zu schlichten (vgl. *E. Rasch*, 1967, S. 95 ff., *U. Thieme*, 1977). Nach innen geht es um die Festlegung der

Konstruktionsprinzipien, also der funktionalen Organisation, der Vertretungsregelung, des Zeichnungsrechtes, der Aufgabenverteilung usw., wobei dann jeweils zu fragen ist, in welchem Umfang der einzelne Behördenchef bis hin zum Minister an solche Strukturvorgaben allgemeiner Art gebunden und wieweit er ihnen gegenüber beweglich ist. Sachlich handelt es sich um ein äußerst vielschichtiges Aufgabengebiet, um die regionale Gliederung der gesamten Verwaltung, um das Nebeneinander von allgemeiner und besonderer Verwaltung, um die Frage nach den zweckmäßigen Größenordnungen einzelner Behörden, um die Rationalität der Aufsichtsstruktur – wie groß darf die zu beaufsichtigende Einheit sein, damit der Aufsichtsführende sie noch überblicken kann? –, um einen zumutbaren Einsatz des vorhandenen Personals, um berechenbare Zuständigkeitsverteilung hier und um bewegliche Reaktion auf unterschiedlichen Arbeitsanfall dort und damit zugleich um Arbeitsplatzanalyse (Dienstpostenbewertung, vgl. *O. Seewald*, 1973, *G. Brinkmann*, u.a., 1973, Bände 9 und 10 der *Studienkommission*) und anderes mehr. „In der Frage nach der Struktur und der Funktionsweise einer Organisation treffen sich die Interessen des Praktikers mit denen des Soziologen, auch wenn beide diese Frage nicht ganz in der gleichen Absicht stellen. Der Praktiker möchte Regeln für die zweckmäßige Organisationsgestaltung gewinnen. Der Soziologe möchte jene Zusammenhänge aufdecken, die zwischen der Zielverwirklichung einer Organisation und ihren übrigen Merkmalen bestehen. Aus den Gesetzmäßigkeiten, die der Soziologe dabei findet, könnte dann jedoch der Praktiker seine Regeln ableiten“ (*R. Mayntz*, 1963, S. 136).

Selbst wenn dies zu optimistisch hinsichtlich der Möglichkeiten wissenschaftlicher Erkenntnisse formuliert sein sollte, besteht kein Zweifel darüber, daß es Organisationsprinzipien gibt, die mit gewissen Erfahrungswerten verbunden sind. Ihnen zufolge werden Aufgaben verteilt, Organisationseinheiten für Weisungen und Informationen gesichert und wird funktional zwischen Leitung, Ausführung und Kontrolle unterschieden. Dennoch gelingt keine Organisation more geometrico. Immer bedarf es einer Zutat. Sie darf man vereinfachend in den Bereich der Politik verweisen, hier als Bereich verstanden, in dem man zwischen mehreren Zweckmäßigkeitsprinzipien eine Auswahl treffen muß. Mit diesem Nebeneinander der Anwendung von empirisch geprüften Regeln und Prinzipien und jener politischen Zutat spricht man ein schwieriges Thema an. Es reicht auf der einen Seite in die Entscheidungstheorie hinein (vgl. unter vielen *C. Böhret*, 1970, und *B. Becker*, Entscheidungen in der öffentlichen Verwaltung, in: *K. König* u.a. 1981) und auf der anderen in ein Gebiet kaum noch sortierbarer Vorurteile, etwa dem, es handele sich hier um das Gegenüber von rationaler, fachmännischer, sachgerechter usw. Entscheidung und Willkür oder parteipolitischer Präferenz. Tatsächlich lassen sich viele Entscheidungen nicht voll verrechnen. Es gibt Zielkonflikte, verschiedene, aber gleichgewichtige Maßstäbe und damit die Vorbedingung einer genuin politischen Entscheidung, welche immer Auswahl zwischen mehreren Lösungsmöglichkeiten bedeutet und den entschlossenen Verzicht auf die Vorteile, welche mit der nicht gewählten Lösung verbunden gewesen wären, um der Vorteile willen, welche die getroffene Wahl mit sich bringt.

Idealtypisch wird deshalb im Streit zwischen dem Verwaltungsmann und dem Politiker der erste so lange als möglich behaupten, es ginge um eine sachgebotene Entscheidung – also eigentlich nicht um eine Entscheidung, sondern um eine Konsequenz, die man ziehen muß, während sich der Politiker sein Handlungsfeld gerade so nicht einschränken lassen möchte. Vor diesem Hintergrund wird es notwendig, im Blick auf die

Organisationsprinzipien, wie sie Verwaltungs- und Betriebswirtschaftslehre (vgl. den Literaturüberblick von *M. Timmermann*, 1982), Organisationssoziologie, Verwaltungswissenschaft oder auch die Verwaltungspraxis selbst entwickeln, Maßstäbe dafür festzulegen, wann die politische Führung von solchen Prinzipien abweichen darf oder ihren eigenen Prinzipien folgen muß und welcher Bewegungsspielraum ihr dabei verbleibt. Diese Aufgabe stellt sich gegenüber einer Verwaltungsrealität, in der man sich oft für ein zweckrationales Konzept entscheidet und die dann erfolgende Beeinträchtigung des Konzepts auf das Konto einer Politik verbucht, welche angesichts vorhandener Widerstände oder aus wenig zweckrationalen Motiven eben nur bedingt dem folgt, was tatsächlich oder vermeintlich als objektiv vorgeschlagen wurde. Zweckmäßigkeitsfragen lassen sich aber in Zusammenhang mit sozialer Organisation kaum je eindeutig beantworten. Dennoch wird die Zweckmäßigkeitsbehauptung ständig vorgetragen. Deshalb gerät eine eher politikwissenschaftliche Betrachtungsweise in eine eigentümliche Beweissituation: Im Blick auf Führungsmethoden und auf die Arbeit an der Organisation handelt es sich stets um äußerst komplexe Sachverhalte, selten oder nie um eindeutige Maßstäbe und immer um das Problem, jeweils definieren zu müssen, was als politisch zu qualifizieren ist. Das wiederum kann nicht abstrakt geschehen; es muß die geschichtliche Situation berücksichtigt werden, wobei man, was leicht festzustellen ist, schnell ins vermeintlich Diffuse gerät, jedenfalls in Widerstreit mit der praxisfernen, aber theoretisch fundierten Organisationsanalyse der Soziologie. An Material fehlt es der Politikwissenschaft dagegen nicht. Zahllose Beispiele bietet allein die territoriale Verwaltungsreform. Kommt es bei ihr zu einer merkwürdigen Grenzziehung für neue Landkreise, nur um eine bestimmte Mehrheit zu erhalten oder herzustellen, dann handelt es sich sicher um unsachliche Politik. Berücksichtigt man dagegen in einer Region starke Widerstände in der Bevölkerung, kann das durchaus rational sein, selbst wenn an anderer Stelle nur deshalb etwas gegen den vorhandenen Widerstand der Bevölkerung geschieht, weil sich dieser Widerstand nicht laut genug äußert. Amtschef, Minister, Mehrheiten müssen um gewisse Toleranzen wissen, jenseits derer man beginnt, einen guten Zweck zu gefährden. Das gilt noch im Detail: Bemerkt ein neuer Minister, daß ein Abteilungsleiter seinen Intentionen spürbaren Widerstand entgegensetzt, dann kann er den Beamten in den einstweiligen Ruhestand schicken oder ihm eine weniger wichtige Abteilung geben oder mit einem anderen Minister einen Personalaustausch vereinbaren. Es gibt schlechterdings keine verbindlichen Maßstäbe dafür, wann man das eine und wann das andere tun soll. Niemand kann es aber einem Minister verwehren, das Ministerium intern umzuorganisieren, nur um einen derartigen Beamten zu neutralisieren, ohne ihn dabei zu entlassen. Geht es um die Organisation der gesamten Regierung, dann gibt es dafür ebenfalls eine Fülle von beherzigenswerten Zweckmäßigkeitserwägungen und umgekehrt die Notwendigkeit für den Bundeskanzler, auch personelle Gegebenheiten zu berücksichtigen. Im Ergebnis können dann Ministerien den Zuschnitt eines Politikers erhalten, was nach vier Jahren ihre Veränderung nahezu erzwingt. Das mag unerquicklich für manche sein und für andere unverständlich; niemand enthebt uns aber der Prüfung, ob es nicht jeweils zweckmäßig war.

Hinsichtlich der Organisation der gesamten Verwaltung hat man es mithin, so läßt sich zusammenfassen, mit dem vorhandenen Bestand und seinen Gepflogenheiten zu tun, mit Erfahrungsprinzipien und Zweckmäßigkeitsüberlegungen der verschiedensten Art, die sich keinesfalls alle auf vordergründige Verwaltungsrationalität zu beziehen brauchen – neben der Effektivität der Verwaltung muß z. B. immer auch ihr Integrationswert berücksichtigt werden (vgl. *F. Wagener*, 1969, der u. a. auf *R. Smend*, Die politische Gewalt usw., in: Festgabe für W. Kahl, Tübingen 1923, und *F. Ronneberger*, 1957, fußt). Läßt sich auf diese Weise deskriptiv ein Handlungsspielraum der Regierung erfassen, der noch anderen Erwägungen als denen fachrationaler Organisation Raum gibt, dann verweist das zugleich auf die mannigfachen Schwierigkeiten und Widerstände, denen sich die Organisationsgewalt ausgesetzt sieht, gleichgültig ob sich die Bevölkerung widersetzt oder das Verwaltungspersonal, in dessen Gewohnheiten jede Veränderung eingreift.

Zwischen der Organisationsgewalt gegenüber der gesamten Verwaltung und der Haushaltsgestaltung besteht ein enger Zusammenhang. Ahistorisch betrachtet, ließe sich sagen: Die Regierung organisiert sich ihren Vollzugsapparat und stattet ihn mit den erforderlichen Mitteln aus, so daß die grundlegende Organisation durch die in alle Einzelheiten gehende Mittelausstattung spezifiziert wird. Tatsächlich liegt es natürlich so, daß ein großer Teil realisierter Organisationsgewalt ausschließlich oder überwiegend von den Vorarbeiten der Verwaltung selbst abhängt und daß ganz ähnlich der tatsächlich zustandegekommene Haushalt allenfalls zum Teil ein Führungsinstrument ist – zu einem anderen Teil führt sich mit ihm die Verwaltung selbst. Wir können dabei in diesem Zusammenhang alle grundlegenden Haushaltsprobleme und auch das Zusammenspiel zwischen Kabinett und Parlament ausklammern, um nur dies zusammenzufassen (vgl. *J. Hirsch*, 1968, *A. Zunker*, 1972, auch *E.-H. Ritter*, in: Der Staat 1980, S. 413 ff.): Gegenüber der Verwaltung müßte der Haushalt als ein wesentliches Führungsmittel greifen, indem er für Verwaltungszweige die Personal- und die zugehörige Amtsausstattung ebenso festlegt wie die zur Zweckerfüllung gedachten Mittel. Wie die Regierung via Organisationsgewalt das Behördennebeneinander um Reibungsflächen vermindern kann, müßte sie mit Hilfe des Haushaltes ihre eigene Politik transparent machen, Schwerpunkte bilden und jeweils für bestimmte Fristen überschaubare Verhältnisse schaffen können. Dies alles leistet jedoch der Haushalt nur bedingt. Folgende Einschränkungen sind mitzudenken: Zum ersten wächst der Anteil solcher Ausgaben, für die entweder eine gesetzliche oder eine andere Verpflichtung besteht. Was derart festgeschrieben ist, muß fortgeschrieben werden; ein nicht unerheblicher Teil der sogenannten Haushaltspolitik besteht aus reiner Rechenarbeit, die sinnvollerweise in den Ministerien vorgenommen wird. Zum zweiten sind die öffentlichen Haushalte nicht nur ihrem Volumen nach, sondern auch als Planungsunterlage immer mehr in die Breite gegangen. Damit fehlt ihnen die Transparenz, die Haushaltsklarheit. Das gilt nicht für die kleinen und für die nachgeordneten Behörden, denen man in der Regel spitz errechnete Beträge zuweist und die man hinsichtlich jeder Nachbewilligung von ministerieller Mitwirkung abhängig macht. Die Spitzenbürokratie bewahrt sich dagegen einen erheblichen Spielraum – in den nach außen wirkenden Sachmittelansätzen (Fondsbewirtschaftung) wie in den nach innen wirkenden Ansätzen für die Amtsausstattung (z. B. für die Reisekosten, für die Gerätebeschaffung oder für Verfügungsstellen). Zwar wird niemand angesichts der konjunkturpolitischen Funktion des Haushaltes und angesichts der finanziellen Prioritätenfestlegung die Regierung für machtlos erklären. Die Instrumente der mittelfristigen Finanzplanung müßten sofort als Gegenbeweis gelten, insofern hier für das einzelne Ministerium eine klare Orientierung besteht und man nur aufgrund umständlicher politischer Verhandlungen vom Planrahmen abweichen kann, Verhandlungen, die zuletzt die Minister führen müssen. Dennoch bleibt innerhalb dieses Rahmens ein erheblicher Spielraum, den die politische Führung nicht durchdringt.

Dies läßt sich erklären: Eine vernünftige Organisation der Verwaltung und der einzelnen Behörde bedeutet *vorweggenommene Koordination*. Das gilt in anderer Weise auch für den Haushaltsplan. Als Instrument der vorweggenommenen oder zumindest der Frühkoordination müßte er dazu beitragen, daß Maßnahmen aufeinander abgestimmt und verfügbare Kapazitäten flexibel gehalten werden, damit man sich in Ruhe vorbereiten kann. Von einem gewissen Umfang an läßt sich eine solche Koordination aber nur noch durch eine zentrale Stelle, also durch den Finanzminister, leisten. Dies könnte rasch zu dessen Diktat führen. Deshalb bleibt manches offen – die Spitzenbürokratie behält Bewegungsspielraum. Ihn muß man akzeptieren, weil es zur Verwaltung, nicht zur Politik gehört, aus einem Verfügungstopf der einen Behörde noch zusätzliche Reisekosten zuzuweisen und der anderen nicht, hier eine überplanmäßige Ausgabe zu gestatten und dort nicht. Wollte man um einer Vorstellung von politischer Führung der Verwaltung willen diese so eng als möglich anbinden – an das Gesetz, an jede einzelne Haushaltsbestimmung –, müßte man den in jedem Fall erforderlichen Bewegungsspielraum politisch ausfüllen. Damit wäre der Minister überfordert, er bräuchte einen zweiten Stab und es entstünde so nur neue Verwaltung. Im Ergebnis bleibt eine erhebliche Gestaltungsmacht der Spitzenbürokratie in der Vorbereitung des Haushaltsplanes wie in seinem Vollzug. Die Politik kann im Haushaltsplan Prioritäten festlegen und man kann dies in einem allgemeineren Sinne als Anweisung an die Verwaltung betrachten; ein unmittelbar wirksames Führungsinstrument ergibt sich jedoch nur bedingt – der Haushalt läßt sich im kleinen wie im großen so flexibel handhaben, daß er nur in spezifischen Bezügen bindet, ansonsten aber als Rahmen wirkt. Das gilt auch angesichts der neueren Politik der Haushaltskürzungen. Durch sie ändert sich nur etwas an der Leistungs-, nichts aber an der Führungsstruktur. Es wird allerdings im Blick auf die Verwaltungsfolgen der Preis von Einsparungen deutlich. Streicht man Teile des Kindergeldes, um zu sparen, entsteht zusätzlicher Verwaltungsaufwand. Bislang wächst die Verwaltung auch dann, wenn die Politik einzusparen sucht.

Insgesamt bedeutet die Organisationsgewalt ein grundlegendes Führungsinstrument gegenüber der Verwaltung, das man aber nur sparsam einsetzen kann, weil alle Veränderungen Unruhe mit sich bringen. Die regelmäßige Arbeit an der Organisation muß dagegen verwaltungsintern erfolgen (vgl. *H. Klages/R. Schmidt*, 1978). Die Organisationsreferenten spielen, wenn sie tüchtig sind, das einschlägige Instrument, und sie spielen es meist so kunstvoll und langfristig, daß sich das politische Plazet ganz von selbst ergibt. Auch den Haushaltsplan sollte man ergänzend dazu eher als Handlungsrahmen verstehen und sich von den Haushaltsreferenten nicht zu einer anderen Betrachtungsweise bewegen lassen – gerade sie operieren amtsintern oft mit Schutzbehauptungen, um die eigene Macht je nach Bedarf im rechten Licht erscheinen zu lassen oder zu verhüllen. Im einen wie dem anderen Falle ergeben sich umfangreiche Vollzugsaufgaben – Organisationsgewalt und Bestimmung des Haushaltsrahmens dürfen aber als Möglichkeiten heteronomer Verwaltungsführung nicht überschätzt werden.

6.3.2. Aufsicht und Kontrolle

Nachdem von den eher grundlegenden, den kompetenz- und mittelzuweisenden Funktionen der Verwaltungsführung die Rede war, ist im Anschluß an den Überblick über die Regierungsfunktion ein Blick auf das tägliche Geschäft der Leitung eines großen

Apparates zu werfen. Die politische Führung muß, so wurde erörtert, gegenüber dem Apparat die eigene Information sichern, sie muß gewährleisten, daß ihre Intentionen neben den allgemeinen, früher durch Gesetz oder anders befohlenen Aufgaben verläßlich erfüllt werden. Die klassischen *bürokratischen Organisationsmuster* – das hierarchische Prinzip wie das Prinzip geregelter Kompetenzverteilung – dienten ausschließlich dazu, das alles zu erreichen; sie galten und gelten noch als die Vorbedingung der Ministerverantwortlichkeit: Nur wenn der Minister qua Organisation sicher sein kann, daß alles den Regeln entsprechend vor sich geht, kann er auch die Verantwortung früher gegenüber dem Monarchen, später gegenüber dem Parlament und heute in der Regel gegenüber dem Regierungschef tragen.

Es erscheint nun fast müßig festzustellen, daß beide grundlegenden Prinzipien nicht mehr im klassischen Verständnis greifen. Beim *hierarchischen Prinzip* läßt sich das schon quantitativ erklären: Die heute als klassisch geltende Ministerialorganisation des 19. Jahrhunderts kannte *einen* Direktor des Ministeriums (daher Ministerialdirektor) und eine kleinere Zahl von Vortragenden Räten (Referenten). Zur hierarchischen Position des Ministers – in den Behörden war dies ähnlich – gehörte es, daß er mit allen Zuständigen regelmäßig persönlich Kontakt hatte. Heute können Ministerien überkomplexe Gebilde sein. Dem Minister stehen bis zu 15 Abteilungsleiter gegenüber, die er zwar alle kennt, mit denen er aber nicht regelmäßig dienstlich zusammenkommen kann. Diese Ministerialdirektoren führen als Abteilungsleiter zum Teil die Aufsicht über mehrere Unterabteilungen und viele Referate. Das Grundprinzip der Hierarchie, nach dem der jeweilige Vorgesetzte die Tätigkeit der ihm unmittelbar Untergebenen übersehen kann, ist vielfach durchbrochen. Damit findet Aufsicht nicht mehr in der Form statt, in der man sie früher postulierte.

Auch hinsichtlich der *Zuständigkeitsverteilung* soll der quantitative Hinweis genügen. Je mehr Zuständigkeiten es gibt, desto mehr Querverbindungen entstehen und desto schwieriger wird eine klare Verteilung. Tatsächlich lassen sich in jedem Bundesministerium erhebliche Zuständigkeitsüberschneidungen und -unklarheiten feststellen, und nicht überall verfügt der Organisationsreferent über genügend Einfluß, um hier korrigierend einzugreifen.

Das eine wie das andere bewirkt, daß man in der Praxis sehr genau zwischen der *formalen, der halbformalen und der informalen Ministerial- und damit Führungsorganisation* unterscheiden muß. Formal bleibt es bei dem Dienstweg. Jeder Mitarbeiter hat einen direkten Vorgesetzten, jedermann kennt seine Stufe innerhalb der Hierarchie genau. Geht es formal zu, gibt man die Dinge auf dem Dienstweg nach oben und hält sich peinlich an die Regeln, wie sie die Gemeinsame Geschäftsordnung der Bundesministerien festlegt – einschließlich noch des Hinweises, welche Bleistiftfarbe zu welcher Hierarchiestufe gehört. Umgekehrt vollziehen sich die Dinge genauso; auch der Minister hält den Dienstweg ein.

Das alles ist umständlich und nicht immer effektiv. Deshalb entwickelt sich eine halbformale Struktur. Man weiß oder manche wissen, daß man als Hilfsreferent der Abteilung II mit einem Unterabteilungsleiter der Abteilung III ohne Einschaltung der beiderseitigen Abteilungsleiter kommunizieren kann, daß man die politische Leitung des Hauses auch direkt informieren darf, indem man sich an den persönlichen Referenten oder einen Mitarbeiter im Ministerbüro wendet, daß man durch Herstellung und Weitergabe einer Photokopie einen Vorgang beschleunigen kann und was der Dinge mehr sind. Der informalen Struktur schließlich sind überhaupt keine Grenzen gesetzt, weil sie nicht förmlich existiert, sondern nur mehr oder weniger erfolgreich praktiziert wird. Wer in einem großen Ministerium alle Strukturen samt ihren Schleichwegen und den an Schaltstellen zu berücksichtigenden Persönlichkeitsmerkmalen genau kennt, kann auch Einfluß ausüben, unabhängig von seiner formalen Position (dazu nach wie vor neben den neueren Verwaltungssoziologien unentbehrlich *N. Luhmann*, 1964, und *R. Mayntz*, 1968).

Das wiederum bedeutet für den *Minister*, daß er sein Haus in höchst unterschiedlicher Weise leiten oder führen kann. Formal sind seine Mittel eindeutig: Bestimmte Entscheidungen sind ihm vorbehalten und weitere kann er sich vorbehalten, so daß er als letzte Instanz im Hause selbst fungiert, außerdem kann er Weisungen erteilen, Wünsche äußern, Anregungen geben und er kann dies spontan tun oder nach entsprechenden Vorbereitungsgesprächen, er kann es schriftlich tun oder mündlich und schließlich auch generell oder auf den Einzelfall bezogen. Kurz: Wie in Zusammenhang mit dem Amt des Bundespräsidenten ausgeführt, findet sich ein Minister als Politiker in einem bestimmten Handlungsrahmen, innerhalb dessen er zwar einige formale Erfordernisse befriedigen muß, im übrigen aber seinen persönlichen Führungsstil entwickeln kann – beginnend in der Zusammenarbeit mit den Staatssekretären. Ob einsame Beschlüsse oder Entscheidungen in der Abteilungskonferenz, ob schriftliche Festlegungen oder mündliche Direktiven – immer stellt sich nur die Frage, ob die Führungsapparatur und ggf. auch das Gedächtnis des Ministers ausreichen, um hinterher festzustellen, ob man die Führungsinitiative auch befolgt. *Führung* in solchem Verständnis gehört zu den Regierungsfunktionen. Wegen des Rollenunterschiedes zwischen dem Politiker und dem Verwaltungsangehörigen, von dem wir hier ausgehen, können wir andere Funktionen des Ministers nicht der Verwaltung zuordnen. Indessen läßt sich differenzieren: Der Minister führt nicht in allem und jedem, vielmehr setzt er Akzente und persönliche Schwerpunkte. Auch die übrigen Aufgaben des Ministeriums müssen aber wahrgenommen werden: Dem Minister fällt die *Aufsichtspflicht* zu. Die Aufsicht erscheint damit unter zwei ganz verschiedenen Aspekten: zum einen geht es um die Aufsicht darüber, daß gemäß den eigenen Intentionen gehandelt wird, und zum anderen geht es um die allgemeine dienstliche, rechtliche und fachliche Aufsicht. Letztere beinhaltet, daß der Minister die Verantwortung für das verläßliche Funktionieren der ihm unterstellten Behörden trägt, wobei sein Haus weitgehend Aufsichtsfunktionen nach unten ausübt und er selbst sein Haus beaufsichtigen muß.

Wir brauchen hier auf Einzelheiten nicht einzugehen. Der Hinweis mag genügen, daß eine solide *Information* die Voraussetzung wirksamer Aufsicht ist: Wird z. B. jeder Eingang penibel registriert, läßt sich auch feststellen, wer die Erledigung vergessen oder verzögert hat. Benennt die Registratur in jedem Fall einen Zuständigen, kann man ihn greifen. Die *formale Ordnung* der Verwaltung dient fast in jeder Einzelheit auch der besseren Beaufsichtigung der Verwaltung, und man nimmt um ihretwillen die damit verbundenen Mängel in Kauf. Dies gilt wohl auch für den Bürger. Der Bürger muß an der Rechtsgebundenheit und Formalisierung des ihn betreffenden Teils der Verwaltungstätigkeit interessiert sein, weil nur das ihm die Chance erfolgreicher Beschwerde oder Abwehr eröffnet. Wenn er sich nicht betroffen zu fühlen braucht, interessiert er sich mehr für eine sachgemäße, preisgünstige, erfolgreiche Verwaltungstätigkeit und wird etwa öffentliche Wirtschaftsbetriebe nie der Verwaltung zurechnen. Eine andere Unterscheidung kann der Politiker treffen: Verwaltung wird um so interessanter, je weniger sie sich durch Gesetz und formale Vorschriften festlegen läßt. Da die Renten das

Gesetz festlegt, bildet die Modalität der Rentenauszahlung kaum mehr eine Machtfrage, stellt man dagegen im Haushalt Straßenbaumittel bereit, ohne diese im einzelnen zuzuteilen, wächst dem verantwortlichen Exekutanten Macht zu. Daraus ergeben sich auch Rückschlüsse auf die Verwaltung, auf den Unterschied zwischen „freier und gebundener Verwaltungstätigkeit" (vgl. dazu *E. Forsthoff*, 1973, und *H. H. Rupp*, 1965), auf Ermessensspielraum, auf die Probleme der Gesetzesanwendung und der Gesetzesinterpretation.

Die *Aufsichtspflicht des Ministers*, unterstützt durch eine entsprechende Amtsausstattung – der persönliche Stab z. B. dient auch der Aufsicht – *unterliegt einschränkenden Bedingungen*. Sie ergeben sich zum Teil aus dem institutionellen Gefüge. So endet die Macht des Bundesministers bereits vor der Landesverwaltung, deren Spitzen wiederum nur bedingt sich den Kommunalbereich erschließen können. Zwar bleiben gegenüber den Kommunen Aufsicht und Weisung, aber doch deutlich anders als innerhalb eines Amtsgefüges. Ähnliches gilt für die Aufsichtsrechte von Bundesministerien gegenüber den Ländern, zumal in der Regel die Länder Bundesgesetze als eigene Angelegenheiten ausführen. Aber auch was verbleibt, läßt sich nicht von einer Person samt Stab leisten. Die Qualität der formalen Ordnung sichert das Aufsichtsrecht des Ministers, ordnet aber auch sein Tun. Dadurch wird es berechen- und umgehbar. Die Umgehbarkeit ergibt sich allerdings nicht aus der institutionellen Struktur, sondern ist Folge der anfallenden Quantitäten. Angesichts solcher Überlegungen wird der Unterschied zwischen den Ministerien, in denen die politische Verwaltung dominiert, und normalen Behörden, in denen das gesamte Tun stärker unter Rechts- oder Fachgeboten steht, deutlich. *Politische Verwaltung* bedeutet Führungshilfe. Sie übt die Aufsicht über den nachgeordneten Bereich aus und entlastet insoweit den Minister, und sie bestimmt wie die Politik selbst das Handlungsfeld, wählt die Handlungsalternativen und die Handlungsmittel aus, prägt damit die Beziehungen zur jeweiligen Klientel, übt sich in der Auseinandersetzung um Haushaltsbestandteile und um Zeitbudgets (z. B. des Kabinetts und des Parlaments, wenn man es als Gesetzgeber benötigt) und entscheidet mit all dem über Erfolg oder Mißerfolg eines Ministers. Mit gutem Recht steht deshalb die *Ministerialbürokratie* im Mittelpunkt des wissenschaftlichen Interesses, gleichgültig ob Einstellungsmuster eruiert (vgl. z. B. *Th. Ellwein/R. Zoll*, 1973, *B. Steinkemper*, 1974, *R. Putnam*, 1975 und *ders.*, Die politischen Einstellungen von Ministerialbeamten in Westeuropa – Ein vorläufiger Bericht, in: PVS 1976, S. 25 ff.) oder Verhaltensweisen und Entscheidungsprozesse analysiert werden, in denen (je nachdem) die Bürokratie den Minister oder der Minister die Bürokratie dominiert (vgl. z. B. *G. Schmid/H. Treiber*, 1975, *P. Grottian/A. Murswieck*, 1974). Mit Nachdruck ist schließlich auch die Frage gestellt worden, ob nicht das relative Scheitern der nach 1969 angestrebten Reformen durch die weitgehende Inflexibilität der bürokratischen Strukturen und den in der Bürokratie verbreiteten Konservatismus bedingt gewesen sei – Hartmut Häußermann (1977) hält ihn für ‚strukturell', d. h. für unvermeidbar.

An und in der Ministerialbürokratie wird aber nur das Kernproblem der politischen Verwaltung sichtbar: Sie ist angesichts der riesigen Aufgabengebiete, für die der politische Führer ‚irgendwie' zuständig ist, nicht nur als Arbeitsstab unentbehrlich. Sie bestimmt auch die Art und Weise, wie das Aufgabengebiet wahrgenommen wird. Kein Minister kann sich ihrer Sichtweise entziehen. Er kann allenfalls Akzente setzen und sich zusätzliche Informationen verschaffen. Er kann sich auch mit einem zuverlässigen persönlichen Stab umgeben und damit seine eigene Arbeitskapazität entsprechend erweitern, um zu prüfen, ob man ihn ‚objektiv' unterrichtet, ihm ein ‚ungeschminktes' Bild der zu bewältigenden Wirklichkeit vermittelt, oder ob Gewohnheiten, Interessen, politische Präferenzen wie auch eigene Klientelbeziehungen der leitenden Verwaltungsmänner (zu sehr) das Bild prägen, welches seinen Entscheidungen zugrunde liegen muß. Viele der damit angedeuteten Probleme lassen sich durch einen souveränen Führungsstil vermindern. Große Teile der Aufgaben eines Ministeriums erfordern auch keine sonderliche politische Aufmerksamkeit. Jeder Minister muß sich auf einige Teilbereiche konzentrieren. Im Kern kann er aber der Situation nicht ausweichen, in der er Führungsverantwortung für die Tätigkeit eines großen Personals übernehmen soll, ohne diese Tätigkeit auch nur überblicksweise zu kennen. Die Aufsichts*rechte* stehen in keinem sinnvollen Verhältnis zu den Aufsichts*möglichkeiten*. Um so wichtiger wird einerseits das Vertrauensverhältnis zwischen dem politischen Leiter und seinen Mitarbeitern im Verwaltungsbereich. Wichtig bleiben aber auch die Kontrollmechanismen, welche wenigstens nachträglich verdeutlichen, ob weisungsgemäß und gemäß den Intentionen der Leitung gehandelt worden ist oder ob es nachweisbaren Ungehorsam oder wenigstens Abweichen von der festgelegten Linie gegeben hat.

Weil die Aufsichtsmöglichkeiten begrenzt sind, spielt neben der Aufsicht die *Kontrolle* eine herausragende Rolle. Vereinfacht kann man zwischen externer und interner Kontrolle unterscheiden. *Extern* tritt zunächst der *Bürger als Kontrolleur* auf. Dazu hat man etwa in Schweden eine weitgehende Offenlegung des Verwaltungshandelns eingeführt. Der Bürger hat dort an jeder Station des ihn betreffenden Verwaltungsaktes das Recht, diesen einzusehen. Gegenüber solchen Bestrebungen, zu denen etwa auch die Forderung nach Einführung eines Ombudsman gehört (vgl. *H. J. Wolff*, Band III, S. 353, und *D. C. Rowat*, Der parlamentarische Ombudsman, in: *G. Doeker*, 1971), macht sich in Deutschland das Gewicht einer autoritären Tradition bemerkbar. Akteneinsicht als Recht ist bislang jedenfalls nur dem Beamten hinsichtlich des eigenen Personalaktes gewährt. Wirksamer mögen die wirtschaftlichen Maßnahmen sein. Die Verwaltung muß Aufträge ausschreiben, was Öffentlichkeit herstellt. Viele Beispiele belegen allerdings, daß interessierte Kleingruppen das unterlaufen können. Wir führen dies nur an, um zu zeigen, daß die Kontrolle durch den Bürger kein „Allheilmittel" ist und daß natürlich viele Bürger sich mehr auf persönliche Beziehungen als auf ihre Rechte verlassen. Allerdings ist es für den Bürger außerordentlich schwer, sich gegen ein geschlossenes System zu wehren, als das ihm die Verwaltung gegenübertritt. Daß er sich wehrt, setzt die Rechtsordnung aber als Kontrollelement voraus.

Die Kontrollmöglichkeiten des Bürgers finden sich im wesentlichen durch die *Verwaltungsgerichtsordnung* geregelt (vgl. Quelle zu 3.2.). Sie bringt das alte Beschwerde- und Einspruchswesen zum Teil als Vorverfahren in den Verwaltungsrechtsweg ein. Ohne besondere Formvorschriften beachten zu müssen, soll der Bürger, der sich beschwert oder sonst von der Verwaltung nicht ordnungsgemäß behandelt fühlt, Widerspruch einlegen. Die Behörde kann selbst abhelfen, wenn sie den Widerspruch für begründet hält, andernfalls entscheidet die Dienstaufsicht. Wieweit von solchen Möglichkeiten Gebrauch gemacht wird, läßt sich kaum feststellen (vgl. *A. Görlitz*, 1970). Immerhin geht der Widerspruch dem Verwaltungsgerichtsverfahren voraus (von dem im nächsten Kapitel die Rede ist), so daß sich aus der Zahl der Verwaltungsrechtsfälle Schlüsse ziehen lassen. Die Verwaltungsgerichte bilden in jedem Fall einen erheblichen Kontrollfaktor. In dem Maße, in dem die Zahl der anhängigen Verfahren wächst, nimmt allerdings auch die Kritik zu. Eine andere Kontrollmöglichkeit ergibt sich aus dem Recht der formlosen

Beschwerde und der Dienstaufsichtsbeschwerde, für das es an klaren Regelungen zwar fehlt, das aber existiert (vgl. *H. J. Wolff*, Band III, S. 354 ff.). Mit der Dienstaufsichtsbeschwerde kann man sich über einen Beamten wegen dessen persönlichen Verhaltens beschweren, wobei das Verhalten auch etwa die Bearbeitungsfrist mit einschließt.

So wichtig dies alles sein mag — am wichtigsten davon fraglos die hier nicht erwähnte Kontrollfunktion der Massenmedien und die zahlreichen Bürgerinitiativen (vgl. Kap. 2 und 4) —, so wenig läßt sich bezweifeln, daß die *wirksame Verwaltungskontrolle sich intern abspielt.* Dabei steht im Vordergrund die Rechnungsprüfung (vgl. *Bundesrechnungshof*, 1964, *Th. Richter*, 1987). Sie entgleitet, wie dargestellt, dem Parlament als Kontrollinstrument, nicht aber der Verwaltung selbst. Zumindest die nachgeordneten Behörden werden zureichend erfaßt, soweit es sich eben um Mittelbewirtschaftung handelt. Dabei steht die Vorschrifteneinhaltung im Vordergrund; Wirtschaftlichkeits- und Zweckmäßigkeitsfragen sollen aber nicht unberücksichtigt bleiben. Daß derart in erster Linie Finanzielles geprüft wird, blickt auf eine lange deutsche Tradition zurück, innerhalb derer sich ständische und bürgerliche Beteiligung fast ausschließlich in Zusammenhang mit Geldfragen entwickelt hat und man es lange als politische Kunst ansah, den Staat „kurzzuhalten". Weitaus weniger effektiv ist der Natur der Sache nach das Berichtswesen, die Prüfung von Vollzugsmeldungen, die Auswertung von Amtsstatistiken usw. Die finanzielle Kontrolle findet keine gleichwertige Analogie in anderen Kontrollmaßnahmen; das Verwaltungssystem ruht stärker auf seinem Vorschriftengefüge und auf der Einbindung des einzelnen Mitarbeiters in das System. Die auf die Mitarbeiter bezogenen Gratifikationen und Sanktionen bilden das wohl entscheidende Steuerungsmittel. Aus dem Blickwinkel des Ministers läßt sich zusammenfassen, daß ihm zur verwaltungsinternen Kontrolle Zeit und Möglichkeiten fehlen; diese Kontrolle findet als Kontrolle der Spitzenbürokratie über die nachgeordneten Behörden statt. Anders liegt es mit der Aufsicht; auch diese Funktion wird überwiegend innerhalb der Verwaltungshierarchie selbst wahrgenommen, ein gewichtiger Teil entfällt jedoch auf den Minister. Ihn verstehen wir hier als Sachwalter der politischen Führung, zumal er auch Adressat der anfallenden Parlamentskontrolle ist. Da wir beschreiben, gelingt keine Zuordnung der Kontrolle durch Bürger und Verwaltungsrechtsprechung; außerdem gelingt keine Gewichtung der verschiedenen Arten von Kontrolle. Unstrittig bleibt jedoch: Angesichts der faktischen Verwaltungsmacht fällt nur wenig durchgreifende externe Kontrolle an, während die verwaltungsinterne nur bedingt zur Verfügung auch der politischen Führung steht. Damit hängt es dann auch zusammen, daß trotz der hochformalisierten Ordnung Verantwortlichkeit oft nicht greifbar wird — die des Ministers nicht, weil man ihn überfordern würde, und die des Zuständigen nicht, weil das System zwar hoch formalisiert, damit aber noch nicht transparent ist. Ein Beispiel: In § 35 der Gemeinsamen Geschäftsordnung heißt es: „Wer zeichnet, übernimmt damit die Verantwortung für den sachlichen Inhalt des Entwurfs. Die Mitzeichnenden sind für den sachlichen Inhalt nur soweit verantwortlich, wie es ihr Arbeitsgebiet berührt …". Das legt die formale Verantwortung des federführenden Referats fest, begründet aber auch Mitverantwortung, die der Referent je nach eigener Veranlagung eher umgehen oder eher umfassend suchen kann. Von einer gewissen Zahl der Beteiligten an ergibt sich eine unübersichtliche Situation und kommt die nächsthöhere Ebene ins Spiel. So versucht man, die Verantwortlichkeit zu klären, stößt damit praktisch aber ständig auf Schwierigkeiten. Sie vermehren sich, weil der Verantwortliche meist kein Zeichnungsrecht besitzt, Innen- und Außenverantwortung sich mithin unterscheiden.

Die Eigentümlichkeit dieser Einordnung von Verantwortung in die Hierarchie besteht darin, daß *im Innenverhältnis Verantwortung bloß Zuständigkeit* ist. Ein sachverständiger Referent kann als Zuständiger etwas vorschlagen, sein Vorgesetzter kann von diesem Vorschlag – ohne den gleichen Sachverstand – abweichen, der nächste Vorgesetzte kann wählen. Man wird zwar meist die Zuständigkeit des Referenten beachten, wenn es um eindeutig ihn angehende Angelegenheiten geht. An dieser Eindeutigkeit fehlt es aber oft aus den angegebenen Gründen. So ergibt sich insgesamt ein verwirrendes Bild, der informale Weg erlangt neben dem formalen Bedeutung, Persönlichkeitsmerkmale von Beamten verstärken das. Referenten mit der Neigung, sich abzusichern, können die Mitzuständigkeit zur Absurdität treiben; organisatorische finden sich durch persönliche Fehlleistungen ergänzt. Das erklärt dann auch die Vorwürfe gegen die Bürokratie: Man spricht nicht ohne Grund von der Anonymität und Langwierigkeit der Verfahren, gleichgültig ob sie systembedingt oder von Beamten verursacht sind, die Sand ins Getriebe streuen, um doch noch ihre Vorstellungen durchzusetzen. Feststellbar scheint auch, daß nach außen nicht zu vertretende Verantwortung in Wahrheit keine ist und daß das System den Beamten nicht sonderlich anhält, den Geschäftsgang zu beschleunigen. Von innen betrachtet gibt es mithin ein Zuviel an Kontrolle, eher ein Befördern von Subalternität und Absicherungshaltung. Das führt zu einem merkwürdigen Grundwiderspruch zwischen interner und externer Kontrolle. Er löst sich freilich rasch auf, wenn man ihn auf die Macht der Verwaltung hin interpretiert. Sie kann durchaus bewirken, daß die öffentliche Verwaltung – den Sonderfall der Kommunalverwaltung haben wir hier ausgeklammert – sich der von außen kommenden Kontrolle weitgehend entzieht, sich jedoch durch konsequente interne Kontrolle ihr Personal verfügbar hält. Wieweit sich dies aus der anstaltlichen Verwaltungstradition ergibt oder sich mit den Bedürfnissen einer formalen Organisation zwangsläufig verbindet, sei hier nicht entschieden.

Im Ergebnis ist der politischen Führung die Kontrolle wohl entglitten, während die Aufsichtsfunktion sich oft als unklar darstellt und nur selten mit einer entsprechenden Amtsausstattung verbunden ist. Stellt man sich Aufsicht hierarchisch gegliedert vor, fallen die meisten Aufsichtsvorgänge verwaltungsintern an. Die politische Führung müßte nur einen kleinen, allerdings gewichtigen Teil bewältigen. Daß sie dazu im Stande ist, erscheint zweifelhaft. Terminfahrpläne in Ministerbüros, nach denen abgefragt wird, ob Beauftragte Weisungen und Anregungen ausgeführt haben, sind schwer vorstellbar. Minister müssen hoffen, daß ihre Mitarbeiter loyal und pflichtgetreu sind. Die unmittelbare Abhängigkeit von den Mitarbeitern ist unverkennbar. Daran haben auch die neuen Bürotechniken bislang wenig verändert.

6.3.3. Personalführung

Das Recht, Mitarbeiter einzustellen, zu versetzen, ggf. zu entlassen und vor allem zu befördern, erweist sich nach allem Gesagten als das wichtigste Führungsmittel. Es begründet noch immer Abhängigkeit, auch wenn sich deren soziale Voraussetzungen angesichts zunehmender Nebentätigkeit von Beamten oder mitverdienender Ehefrauen aufzulösen beginnen. Bisher bedeutet jedoch die Beförderung etwas für den Beamten Grundlegendes. Von diesem Ansatz her lassen sich Überlegungen zum Ernennungs-

und Beförderungsrecht der politischen Führung und zu den Einschränkungen wie Ausweitungen dieses Rechtes entwickeln, die wir unter zwei Aspekten zusammenfassen.

Unter dem ersten Aspekt geht es hinsichtlich des öffentlichen Dienstes und besonders hinsichtlich der Beamten um die *Abhängigkeit*, in die das System Verwaltung seine Mitarbeiter setzt und in der es sie hält (vgl. *N. Luhmann*, 1964 und 1971, hier bes. S. 203 ff.; *Th. Ellwein/R. Zoll*, 1973 a). Unter diesem Aspekt bekommt die anstaltliche Binnenkonstruktion der Verwaltung ihren Stellenwert. Der Beamte tritt in ein besonderes Dienstverhältnis ein, das erst allmählich stärkerer Verrechtlichung unterliegt (vgl. *H. H. Rupp*, 1965). Aus dem Dienstverhältnis leiten sich eigene Vorschriften ab, welche Anweisungen für das Verhalten inner- und außerhalb des Dienstes geben (ausführliche Darstellungen in den Verwaltungsrechtslehrbüchern). Sie enthalten auch den Versuch, möglichst strenge Laufbahnvorschriften zu entwickeln, von denen man nur in genau geregeltem Ausnahmeverfahren abweichen kann, so daß der Beamte nur bei Vorliegen der geforderten Einstellungsvoraussetzungen Beamter und nur bei entsprechender Beurteilung (vgl. zu diesem komplexen Thema z. B. *E. Gaugler* u. a., 1979) befördert wird. Da Spitzenbürokratie und Minister über Ernennungen und Beförderungen ziemlich souverän entscheiden und das Mitwirkungsrecht des Kabinetts bei höheren Beamten sich lediglich als Formsache darstellt, erklärt sich auch, wie aus dem besonderen Dienst- eine Art von Gewaltverhältnis hervorgeht (vgl. *W. Pippke*, 1975). Es rückt die öffentliche Verwaltung in die Nähe der Privatwirtschaft und macht trotz der stärkeren Verrechtlichung des Dienstverhältnisses den Schutz und die Mitarbeit von *Personalräten* – analog den Betriebsräten, jedoch mit eingeschränkter Zuständigkeit – erforderlich (zur Entstehung des Personalvertretungsgesetzes vgl. *O. Stammer*, 1965, zur allgemeinen Problematik z. B. *W. Leisner*, 1970). Der Schutz betrifft aber vorwiegend Grenzsituationen, selten den täglichen Arbeitsablauf. Dessen Organisation zu bestimmen, die Geschäfte zu verteilen und den gesamten Geschäftsgang zu regeln, ist Sache des jeweiligen Fach- oder/und Dienstvorgesetzten als Vertreter des Dienstherren.

An diesen fühlt sich vor allem der Beamte um so mehr gebunden, je weniger er im Gegensatz zum Arbeitnehmer in der Wirtschaft seinen Arbeitsplatz wechseln kann. Ihm bleibt nur der Austritt, was jedoch die Schmälerung wohlerworbener Rechte bedeutet und vielfach nicht ernstlich erwogen werden kann, weil die öffentliche Hand für viele Berufssparten ein Arbeitgebermonopol besitzt. Unter der Tradition des Berufsbeamtentums gilt jener Austritt auch als so selten, daß die Dienstherren diese Abwehrmaßnahme Gewaltunterworfener nicht einzukalkulieren brauchten – Ausnahmen gibt es nur dort, wo der Staat wie bei den Steuerbeamten eine Ausbildung offeriert, die man auch außerhalb des öffentlichen Dienstes gut honoriert findet.

Der *Abhängigkeit* des Bediensteten entspricht eine verstärkte Macht dessen, der *Personalhoheit* ausübt. Bei der Einstellung wenig greifbar, sofern die Einstellungsbedingungen auf eine eindeutige Ausbildung als Voraussetzung verweisen, bestimmt diese Macht den Weg des Bediensteten, solange er auf Beförderung angewiesen ist, sie erwartet oder erhofft. Deshalb erscheint es für das Gesamtsystem des öffentlichen Dienstes wesentlich, daß es in Bund, Ländern und Gemeinden, in besonderen Körperschaften des öffentlichen Rechts und in Wirtschaftsunternehmen mit eigener Rechtspersönlichkeit *unterschiedliche Dienstherren* gibt. Ungebrochen durch solche Besonderheiten des Institutionengefüges wirkt sich aber das der Abhängigkeit entsprechende Mißtrauen aus. Die Formulare, auf denen Reisekosten abgerechnet werden, die bis ins letzte Detail gehende Bestimmungen immer dann, wenn es um persönliche Erstattung für Auslagen der Beamten geht, das ängstliche Vermeiden dessen, daß ein normaler Beamter mit Bargeld umgeht, bezeugen ebenso wie viele Dienstvorschriften, daß die Vorgesetzten den Beamten nicht in Versuchung bringen wollen und ihm oft wenig gesunden Menschenverstand zutrauen.

Im übrigen ergeben sich aus der Systemzugehörigkeit die Verschwiegenheitspflicht, die Zurückhaltung in der Kritik an Vorgesetzten und ihren Maßnahmen, die Beratungspflicht und die Gehorsamspflicht, soweit der Beamte nicht ausdrücklich nur an das Gesetz gebunden ist. Weisungen können nur auf dem Dienstweg ergehen und nicht zu Straftaten auffordern. Bedenken gegen die Rechtmäßigkeit von Anordnungen muß der Beamte aussprechen; reagiert der unmittelbar Vorgesetzte darauf nicht, werden sie dem nächsthöheren Vorgesetzten mitgeteilt: Bestätigt dieser die Anordnung, muß der Beamte sie vollziehen und ist insoweit von eigener Verantwortlichkeit freigestellt – Straftaten immer ausgenommen. Persönliche Verantwortung „für die Rechtmäßigkeit seiner dienstlichen Handlungen" trägt der Beamte nur nach innen; der Staat, der nach außen die Haftung übernimmt, kann den Beamten bei Vorsatz oder grober Fahrlässigkeit in Regreß nehmen.

Die Abhängigkeit des Beamten findet sich traditionell durch ein *System von Gratifikationen* erträglich gemacht. Es zeichnete sich früher durch ein hohes Sozialprestige, eine fast beispiellose soziale Sicherung und ein relativ geringes Einkommen aus. Im Rahmen allgemeiner gesellschaftlicher Veränderungen minderte sich jedoch das Sozialprestige des Beamten und wuchs das Einkommen bis hin zur vollen Vergleichbarkeit. Der Gratifikationswert sozialer Sicherung nahm angesichts des allgemeinen Sicherungssystems zwar etwas ab, gewinnt aber bei zunehmender Arbeitslosigkeit neue Bedeutung. Auch davon unabhängig bleiben jedoch bis heute vielfältige Besonderheiten – vor allem hinsichtlich der Versorgung im Krankheits- oder im Invaliditätsfall und der Versorgung der Witwen und Waisen, von der Höhe der Pension selbst ganz abgesehen –, um den öffentlichen Dienst relevanter Nachwuchssorgen zu entheben. Nur einen bestimmten Bewerbertyp schrecken das Laufbahnrecht, die Beförderungsmodalitäten und das durch beides mitbestimmte Betriebsklima der Verwaltung ab. Tatsächlich ist die Beförderungskrankheit weit verbreitet – gewerkschaftliche Errungenschaften wie das Einrichten einer Unzahl früher unbekannter Beförderungsstellen und die Regelbeförderung nach Anciennität konnten diese Krankheit kaum abschwächen, wenngleich zu fragen bleibt, ob ihre Ursachen und Folgen in der Wirtschaft weniger ausgeprägt in Erscheinung treten und ob es dort, auch für den Regelfall, einwandfreie und gültige Kriterien der Leistungsbewertung gibt.

Die *Abhängigkeit einzuschränken*, stehen den Mitarbeitern des öffentlichen Dienstes zwei Wege offen. Der eine führt zur Gründung von *Gewerkschaften* (vgl. *Th. Ellwein*, 1980, *B. Keller*, 1982). Hier stehen sich in der Hauptsache die im Deutschen Beamtenbund (DBB) zusammengeschlossenen Beamtenvereinigungen und die dem DGB angehörenden Einzelgewerkschaften, voran die Gewerkschaft Öffentliche Dienste, Transport und Verkehr (ÖTV), gegenüber, die ersteren Sachwalter des Berufsbeamtentums (vgl. z. B. *A. Krause*, 1987), die letzteren erklärte Anhänger eines einheitlichen Dienstrechtes. Den Gewerkschaften geht es, abgesehen von solchen Strukturfragen, zu denen in erster Linie auch das Streikrecht gehört, um Besoldungsverbesserungen, um Erleichterungen der Beförderung, um bessere Arbeitsbedingungen, vereinfacht: um Verminderung der sich aus dem Abhängigkeitsverhältnis ergebenden Folgen.

Unter einem zweiten Aspekt geht es um die *Unabhängigkeit des Öffentlichen Dienstes*. Die hier nur gerafft geschilderte Abhängigkeit, wobei wir auf psychologische Kategorien tunlichst verzichtet haben, hat selbstverständlich auch eine Kehrseite. Die Einbindung erfolgt nicht einseitig; sie erfaßt auch den Vorgesetzten, also das gesamte System; sie erfolgt nicht willkürlich, sondern im Rahmen einer vielleicht nicht mehr transparenten, jedenfalls aber bedingt rationalen Ordnung. Das bedeutet: Trotz aller auch persönlicher Abhängigkeiten von geschäftszuweisenden und beurteilenden Vorgesetzten, handelt es sich um ein berechenbares System. In ihm läßt sich manövrieren. Man kann den Verhaltenserwartungen entsprechen, ohne sich wirklich so zu verhalten. Das System unterdrückt zudem wegen seines hohen Formalisierungsgrades womöglich Selbständigkeit und Initiative: es verzichtet aber auch auf überhöhte Anforderungen; man kann, wenn man will, in ihm bequem leben. Der Leistungsdruck fällt geringer aus als oft außerhalb des öffentlichen Dienstes; auch das kann zu Unabhängigkeit führen, wenn jedenfalls der einzelne Mitarbeiter diese Lage zu nutzen weiß.
Von Unabhängigkeit soll hier jedoch in anderer Weise die Rede sein: Die öffentliche Verwaltung als ein formales System muß sich ihr Personal abhängig halten, wenn sie als Ganzes unabhängig sein will. Je stärker die Einbindung des Personals, desto geringer die unkontrollierbaren Einflüsse von außen; je stärker die Formalisierung der Verhaltenserwartung und damit auch des Verhaltens, desto größer die Berechenbarkeit, also Führbarkeit des Systems. Angesichts der historischen Entwicklung kann man davon ausgehen, daß ursprünglich genau diese Absonderung gewollt wurde, ideologisch verwurzelt im Nebeneinander von Staat und Gesellschaft und in der eindeutigen Zuordnung der Verwaltung wie des öffentlichen Dienstes zum Staat. Insofern trat neben das System von Abhängigkeit und sie ausgleichende Gratifikation von vorneherein noch ein besonderes Element, eine eigene Dienstgesinnung, ein eigener Beamtenethos, eine besondere Inpflichtnahme, das eigentümliche Dienst- und Treueverhältnis.
Unter den politisch-sozialen Bedingungen des späten 19. Jahrhunderts entstanden, verstärkte sich der Charakter des Berufsbeamtentums als Gesinnungsberuf, als nach 1918 die sozialen Besonderheiten allmählich entfielen und man sich nicht den neuen politischen und sozialen Bedingungen, der Verfassung und ihren Grundwerten zuwandte, sondern einer Idee und damit der Möglichkeit, über die eigene Bindung frei zu entscheiden. In den zwanziger Jahren interpretierten die Wortführer einer Mehrheit der Beamten – dazu legitimiert oder nicht – die besondere Staatsorientierung nicht mehr wie früher durch den persönlichen Bezug auf den Monarchen, sondern mit Hilfe eines doppelten Politikbegriffes: Politik als Wahrnehmung des Allgemeinwohles und Politik als Interessendurchsetzung, um Beamtentum und Verwaltung dem ersteren, Parteien und Interessenverbände dem letzteren zuzuordnen. ,,Wer das Allgemeinwohl den Interessen einzelner voranstellen soll, muß von jeder Partei, Klasse oder Kaste unabhängig sein. Die Unabhängigkeit der deutschen Beamten, die allein Gewähr für rein sachliche Erfüllung der Dienstpflichten bietet, erfordert die Erhaltung des Berufsbeamtentums auf öffentlich-rechtlicher Grundlage ..." (*Bundesleitung des DBB*, 1968, S. II/99 f.). Auch nach 1945 setzte sich eine solche Denkweise wieder durch, obgleich sich nun neben den politisch-sozialen Rahmenbedingungen auch die Besonderheiten des öffentlichen Dienstes veränderten, es vor allem inzwischen viel mehr Arbeitnehmer als Beamte (= Dienstnehmer) gab und es immer schwerer wurde, die den Beamten nach Artikel 33 (4) GG vorbehaltene Ausübung von Hoheitsrechten angesichts tausendfach gleichartiger Tätigkeiten von Angestellten zu rechtfertigen oder zu begründen, welche hoheitlichen

Funktionen Lehrer, Ärzte, Gefängnispfarrer usw. wahrnehmen, für die man ganz selbstverständlich den Beamtenstatus bereithält (vgl. *Studienkommission*, 1973).
Empirische Untersuchungen ergeben, daß heute zwischen Beamten und Angestellten kaum mehr ein Unterschied hinsichtlich der allgemeinen Verhaltensweisen, Einstellungen, Persönlichkeitsvariablen und des spezifischen Bereichs politischer Einstellungen besteht. Eine Ausnahme bildet ein Teil der höheren Beamtenschaft, vor allem in der Ministerialbürokratie (eine Zusammenfassung dieser Untersuchungen bei *G. Schmid/ H. Treiber*, 1975, S. 189ff., eine neuere Zusammenstellung bei *W. Bruder*, 1981). Diesem Teil kommt im Blick auf die Weiterentwicklung des Dienstrechtes seit Jahren besondere Macht zu. So erklärt es sich, daß das Berufsbeamtentum der hergebrachten Grundsätze bislang das Feld beherrscht, obgleich eben diese hergebrachten Grundsätze ihrer Herkunft nach in Widerspruch zum gegenwärtigen politischen System stehen. Dies wurde an anderer Stelle belegt und wie folgt zusammengefaßt:

Unsere eingangs vorgetragene Annahme lautete: Das im Grundgesetz verankerte Berufsbeamtentum wird überwiegend ideologisch gerechtfertigt. Diese Annahme darf im Blick auf die Interpreten des Dienstrechtes als bestätigt gelten. Das gilt jedenfalls insoweit, als materiell die Notwendigkeit einer sozialen Besonderung entfallen ist und man ideell entscheidend die Treuepflicht betont, dies aber nur auch auf Verfassung und Gesetz, im übrigen vorwiegend auf den Dienstherren bezieht und tatsächlich in erster Linie die Hinnahme eines besonderen Gewaltverhältnisses oder doch seiner Nachwirkungen meint, um so durch die Staatsorientierung der Beamten einerseits und das Beibehalten einer Staatssphäre andererseits sich den Konsequenzen der Demokratie zu entziehen. Aus all dem ergibt sich für uns eine kritische Position gegenüber dem geltenden deutschen Beamtenrecht und seinen Voraussetzungen. Sie läßt sich rechtsdogmatisch schon auf Otto von Gierke zurückführen, der dem deutschen Rechtspositivismus die Negation der genossenschaftlichen Implikationen zugunsten einer Veranstaltlichung des Staates vorgeworfen hat. Gemeint war und ist das in den gängigen Konstruktionen erkennbare Bemühen, trotz der geltenden Verfassungsordnung den Vertreter des Souveräns, das Parlament also, aus einer engeren Staatssphäre herauszuhalten, um diese nicht rechtlich, wohl aber eigengesetzlich erhalten und der Gesellschaft gegenüberstellen zu können. Der Beamte soll Diener des ganzen Volkes und deshalb einer möglichst parlamentsunabhängigen, jedenfalls aber von Parteieinflüssen freien und unbedingt einer gegenüber der Bevölkerung abgeschotteten Verwaltung eingeordnet sein. Das ist der Kern des Widerspruchs schon in der Theorie, der sich in der Praxis noch verstärkt, weil sich das Konzept nicht durchhalten läßt und es zu einem harten Aufeinanderprallen von autoritativ gewolltem Selbstverständnis des öffentlichen Dienstes, tatsächlichem Interesse und Denken des Personals und täglicher Verwaltungsrealität kommt. Nicht das Berufsbeamtentum, sicher aber das Berufsbeamtentum der hergebrachten Grundsätze kann sich bestenfalls neutral zur demokratischen Ordnung verstehen, sofern zur Demokratie eine vielschichtige Verzahnung zwischen Staat und Gesellschaft und nicht ihre völlige Unterscheidung gehört. Im Sinne der hergebrachten Grundsätze muß sich das Berufsbeamtentum staatsorientiert verstehen und seine Verpflichtung gegenüber der Gesellschaft nur vermittelt durch den Staat empfangen. Damit erhält es eine Unabhängigkeit, die sich mit dem genossenschaftlichen Charakter des Gemeinwesens nicht vereinbaren läßt; eine Unabhängigkeit, welche den Beruf des Beamten zu einem Gesinnungsberuf ganz eigener Art macht, weil die Konsequenzen seiner Gesinnung zuletzt jeder Beamte selbst interpretieren müßte. In Wahrheit wird er so von einer kleinen Gruppe von Interpreten abhängig, denen es im Zweifel an der demokratischen Legitimation fehlt. Der demokratische Rechtsstaat erfordert demgegenüber Verrechtlichung oder zumindest Transparenz auch im sogenannten Innenverhältnis – zugunsten des Souveräns wie zugunsten jedes Mitarbeiters (vgl. *Th. Ellwein/R. Zoll*, 1973, S. 92ff.).

Nun sollte man nicht ohne Not über Bord werfen, was einmal seinem Zweck entsprach. Die besondere anstaltliche Konstruktion der Verwaltung und ihr entsprechend ein Beamten- als besonderes Gewaltverhältnis mögen zu rechtfertigen sein. Der herangezogene Text verneint nur die Rechtfertigung aus der Tradition, geht mithin davon aus, daß gerade die hergebrachten Grundsätze nicht mehr taugen, um in der Demokratie verläßliche Verwaltung und verläßliche Dienstleistung zu sichern und deshalb Entscheidungen auf das heutige politisch-soziale System und den heutigen öffentlichen Dienst bezogen sein müssen. In unserem Zusammenhang steht nur die ideologische Rechtfertigung zur Debatte, wonach dieses Berufsbeamtentum in dieser Verwaltung in besonderem Maße das Allgemeinwohl sichere. Damit steht zugleich zur Diskussion, daß ein nicht unerheblicher Teil der höheren Ministerialbürokratie, der solcher Denkweise anhängt, Politik betreibt, ohne das zu wissen oder zu wollen, also sein eigenes Tun für sachlich, richtig und vor allem für frei von politischen Einflüssen hält und daraus das Recht ableitet, sich gegen solche Einflüsse zu wehren. Die *Unabhängigkeit der Verwaltung* als System wird maßgeblich von einer verwaltungsinternen Führungsgruppe interpretiert und kann damit immer auch eine Wendung gegen die Politik erhalten.

Das angesprochene Denken verfehlt häufig die Realität. Es verfehlt sie ganz ähnlich wie eine zu starke Konzentration auf den jeweiligen Zuständigkeitsbereich. Beides wird neben anderen in der Bürokratie verbreiteten Einstellungsmustern zum Problem der politischen Führung. Sie muß immer wieder sicherstellen, daß sie die Breite des tatsächlichen Entscheidungsfeldes übersieht, auch die in der Bürokratie unterdrückten Alternativen berücksichtigt und die Folgen einer Entscheidung bedenkt. In der Hauptsache muß sich politische Führung aber damit auseinandersetzen, daß bürokratisches Denken und Entscheiden oft in einer Tradition angesiedelt ist, zu welcher der Glaube an die einzig richtige Entscheidung gehört, die es im sozialen Feld aber kaum gibt. Oft handelt es sich allerdings nur um Trägheit, wenn eine einzige Lösung präferiert und dem schmerzlichen Vorgang ausgewichen wird, unter verschiedenen Lösungen eine Wahl zu treffen, mit der sich möglichst viele Vor- und möglichst wenig Nachteile verbinden. Idealtypisch muß sich jedenfalls ‚gute' Politik die Entscheidungsalternativen möglichst lange offen halten, während Verwaltung auf Entscheidung drängt und der bürokratische Prozeß häufig eine frühzeitig gefällte Entscheidung nur absichert.

Im Wechselspiel zwischen den *Rollen der politischen Führung und den Rollen der politikberatenden und politikvorbereitenden*, damit zwangsläufig auch politisch denkenden *Ministerialbürokratie* wird man damit nicht auf präzise Rollenkonsequenzen und brauchbare Typologien stoßen. Viele Beamte antizipieren das Verhalten politischer Rollenträger so geschickt, daß man nicht mehr nachprüfen kann, ob es sich um Politik dieser Beamten oder um die der zustimmenden Politiker gehandelt hat. Andere Beamte verhalten sich knorrig und intransingent, weichen vom einmal eingenommenen Standpunkt nicht mehr ab und werden ggf. wegen ihrer ‚aufrechten Gesinnung' ebenso geschätzt wie allmählich aus dem Arbeitsprozeß eliminiert, weil ihr Verhalten eben doch stört. Wieder andere kommen schon deshalb mit dem Minister gut aus, weil dieser viele bürokratische Attitüden hat und mit seiner Denkweise dem von ihm geführten Hause sehr nahe steht. Die vorhandenen empirischen Untersuchungen würden wohl eine erste und sehr vorläufige Typologie der verschiedenen Rollenausprägungen und Verhaltensweisen erlauben. Konstitutionell ist aber vor allem bedeutsam, daß seit vielen Jahrzehnten die meisten politischen Gremien ihrer Größe nach eingefroren sind, während man der Bürokratie das erforderliche Wachstum gewährt. Damit wird rein zahlenmäßig die Bürokratie immer größer, ihr Übergewicht immer deutlicher; Abschwächungen dieses Prozesses sind meist nur „konjunkturell" bedingt.

Das bildet den Hintergrund, vor dem sich das Phänomen der *Ämterpatronage* entwikkelt hat – hier also verstanden als der Versuch der politischen Führung und der sie tragenden Führungsgruppen (Einflußeliten), das vorhandene und verfassungsmäßig gewollte Führungsinstrumentarium gegenüber der Verwaltung auf dem Wege einer Durchdringung der Verwaltung mit Gesinnungsfreunden oder -genossen zu ergänzen (Literaturangaben bei *von Arnim*, 1980, zuletzt bei *M. Wichmann*, 1986). Anders ausgedrückt: Angesichts der Erfahrung, daß Verwaltung eine erhebliche Unabhängigkeit gegenüber der Politik hat oder doch haben kann, und angesichts einer deutlichen Schwäche der traditionellen Führungsinstrumente bedeutet Ämterpatronage den Ausweg, Verwaltung nicht mehr oder nur noch eingeschränkt wirklich zu führen, sie sich vielmehr verfügbar zu halten. Die Patronage tritt allerdings in vielen Erscheinungsformen auf. Zu einem Teil dient sie der Belohnung etwa von verdienten Parteifreunden. Eine Partei, welche Posten zu vergeben hat, kann damit Anhänger gewinnen, anderen ihre Stärke zeigen. Solche *Wohltätigkeitspatronage* findet meistens in unteren Rängen statt. Ihr entspricht auf andere Weise die *Abwehrpatronage*: Ein Assessor wird nicht endgültig in den Schuldienst übernommen, weil er, obwohl Katholik, evangelisch getraut ist; ein Inspektor wird nicht befördert, weil er der Partei angehört, welche sich in dem betreffenden Bereich in der Minderheit befindet. Wohltätigkeitspatronage verweist auf Stärke der Wohltäter. Abwehrpatronage tut das auf ihre Weise auch, zugleich sichert sie politische Herrschaft über die Verwaltung oder nutzt die Verwaltung, um Herrschaft im sozialen Umfeld auszuüben. Dies alles ist weder neu noch schön, noch mit den Intentionen des Grundgesetzes zu vereinbaren. Es ist auch für viele Betroffene eine unerträgliche Zumutung. Dennoch verändert es nicht nennenswert das Verhältnis von Politik und Verwaltung.

Zum ernstlichen Problem wird dagegen die wirkliche *Herrschaftspatronage*. Sie bedeutet von der Verwaltung her gesehen ein Unterlaufen der für die Verwaltung gültigen Regeln, von den Patronen her gesehen meist ein Mißtrauen gegenüber der Verwaltung oder das schlichte Bedürfnis, im Arbeitsalltag gelegentlich auf das unkonventionelle Zusammensein mit Gleichgesinnten ausweichen zu können. Vielfach beweist sie aber auch nur, daß die Grenzziehung zwischen Politik und Verwaltung nicht gelingt. Herrschaftspatronage üben i.w.S. Verbände und Parteien aus, indem sie ihren Einfluß dazu benutzen, an entsprechenden Stellen Leute der eigenen Couleur unterzubringen, damit sie dort in doppelter Richtung informieren und Einfluß im Sinne des Patrons ausüben. Die Partei kann sich auch zum Patron machen, um dem eigenen Minister mit Hilfe von Patronagebeamten ein Korsett einzuziehen oder ihn unter Kontrolle zu halten. Der Minister wiederum kann Beamte mit der gleichen Parteizugehörigkeit bevorzugen, weil er ganz einfach weiß, daß sich bei ihnen eine Gemeinsamkeit des Denkens und ein Übereinstimmen mit der politischen Linie voraussetzen sowie im Verwaltungsalltag umsetzen läßt – was in der Folge ganz legitim, aber auch höchst illegitim sein mag. Der (neue) Minister kann sich auch in der Lage sehen, wenigstens ein paar Vertraute ernennen zu müssen, weil das Ministerium in toto eine etwas einseitige Ausrichtung zeigt, also erst führbar gemacht werden muß.

Solche unterschiedlichen Patronagemotive umreißen die Schwierigkeit und die Unerquicklichkeit des Themas. Herrschaftspatronage ist unerfreulich. Daß ein der SPD angehörender Ministerialrat in Bonn bis 1966 keine nennenswerten Beförderungschancen hatte – und deshalb damals kaum ein Ministerialrat in der SPD war – oder daß es umgekehrt einem CSU-Mitglied im höheren Dienst der Stadt München lange ebenso ging, läßt sich weder hinwegdiskutieren noch gar rechtfertigen. Daß die Wohltätigkeitspatronage bei der SPD im allgemeinen ungenierter ausfällt als bei der CDU, brauchen wir nicht auszuführen. Die SPD mißt meist an der Parteizugehörigkeit allein, während es bei der

CDU auch die Konfessionszugehörigkeit, die zu einem gutbürgerlichen Verband oder die Mitgliedschaft in einer studentischen Verbindung sein können, welche das sentire cum gewährleisten. Daß es weiter z. B. Minister gibt, die sich etwas darauf zugute halten, keine eigene Personalpolitik zu betreiben, und damit trotz des Mehrheitswechsels das Geschäft ihres Vorgängers (Personalplanung) weiterführen, ist ebenfalls bekannt – wie wenig die Opposition dem damaligen Verteidigungsminister Schmidt (1970) ein solches Verhalten honorierte, kann man nachlesen. Zum Schluß bleibt wohl nur die deutliche Differenzierung: Wer Gehilfe der politischen Führung ist, muß sich entweder nach dem Vorbild des britischen civil service jeglicher eigenen politischen Tätigkeit enthalten oder man muß ihn – in leitender Position – selbst ‚politisieren', also ggf. auch kündbar halten. Dazu bietet sich das Institut des *politischen Beamten* an (im Bund vor allem Staatssekretäre und Ministerialdirektoren), der ohne Angabe von Gründen in den einstweiligen Ruhestand geschickt werden kann – in Bonn hat man davon nach 1969 und 1982 sehr großzügig Gebrauch gemacht. Verzichtet man auf solche Regelungen, bleibt es bei der stillen Politisierung. Für sie finden sich viele bedrückende Beispiele im Universitätsbereich, in dem oft Berufungsgremien und Wissenschaftsministerien im Wettstreit versucht haben, ihre jeweilige politische Sichtweise durchzusetzen.

Der zunehmenden Herrschaftspatronage könnte eine neue Form der Abhängigkeit der Verwaltung von der Politik folgen, eine allerdings wenig wahrscheinliche Annahme. Jenes System ist so groß, daß es sich auch den Außenseiter adaptiert. Viele Beamte, welche auf politischen Umwegen ins Amt, meist ins Ministerium, gekommen sind, versuchen alles, um hier als gleichberechtigt ‚angenommen' zu werden. Die *bürokratischen Sozialisierungsmechanismen* wirken oft stärker als die politischen. Auch für den politisch eingeschleusten partiellen Ignoranten findet man, wenn er sich einfügt, meist einen Platz. Die (systemtheoretisch betrachtet) ‚Selbstheilungskräfte' der öffentlichen Verwaltung überwinden damit die von außen wirkenden Einflußfaktoren. Das gilt wohl auch in den Grenzfällen extrem langer und extrem konsequenter Herrschaft einer Partei, etwa in Bayern oder in Nordrhein-Westfalen. Hier wird die politikberatende Bürokratie zwar noch stärker als anderswo den Willen der politischen Führung antizipieren; sie trägt aber zugleich dafür Sorge, daß ihre Verhaltensmuster unangetastet bleiben. Die politische Herrschaftspatronage hätte, wenn unsere Vermutung zutrifft, zwar erhebliche Wirkungen; als politisches Führungsinstrument müßte man sie aber recht niedrig einordnen (ähnlich *U. Lohmar*, 1978; a. A. *W. Leisner*, 1979).

6.3.4. Verwaltung und politische Führung

Die Lebensfähigkeit des Gemeinwesens hängt entscheidend davon ab, von wem und auf welche Weise die öffentlichen Aufgaben beschlossen und dann durchgeführt werden. Diese Durchführung stellt aber keinen voll determinierten, in jeder Hinsicht vom Leitungswillen abhängigen Vorgang dar; mit ihr verbindet sich Macht (vgl. *M. Crozier/E. Friedberg*, 1979). Solche Macht wächst im konstitutionellen Gefüge eher der Regierung zu, was diejenigen, die von einem immer gleichen Quantum Macht und nur von unterschiedlicher Verteilung ausgehen, veranlaßt, von einem Machtgewinn der Exekutive auf Kosten des Parlaments zu sprechen. Die Realität erweist sich indessen als viel differenzierter. Sie läßt angesichts des Wechsels, welcher der Ebene politischer Führung, und angesichts der Kontinuität, welche der Ebene der Verwaltung eigentümlich ist, vor allem die Vermutung zu, der große und immer noch wachsende Apparat der Verwaltung sei durchaus in der Lage, sich selbst zu führen, Politik also überflüssig zu machen oder doch zumindest zu unterlaufen. Eine derartige Vermutung sieht sich bestärkt, wenn behauptet wird, die Entwicklung des politisch-sozialen Systems unterliege Sachzwängen, angesichts derer Politik selbst zum bloßen Vollzug sachverständiger Erkenntnis und allenfalls zum Lückenbüßer bei etwaigen Pannen werde.

Vor einem solchen Problemhorizont geht es zunächst darum, ob die unstrittig vorhandene *Macht der Verwaltung genügend gebändigt* erscheint und damit die zu Beginn dieses Abschnittes (6.3.) angesprochene funktionale Unterscheidung von Politik und Verwaltung wirksam wird. Zu dieser Bändigung trägt das politische System zunächst durch seine eigene Aufteilung bei. Die Verwaltung bildet nur funktional eine Einheit, als anzuleitende Großorganisation stellt sie dagegen ein polyzentrisches Gebilde dar, in dem verschiedene Machtpotenzen miteinander konkurrieren. Ein solches Gebilde entsteht, indem sich Organisationsgewalt und Personalhoheit auf Bund, Länder, Gemeinden und Gemeindeverbände sowie eine Fülle öffentlicher Körperschaften verteilen und damit die einzelnen Verwaltungschefs in ganz unterschiedlichen parlamentarisch-politischen Bezügen stehen. Zum anderen wurde ausgeführt, daß Verwaltung auch unabhängig von dieser Organisation und den durch sie bedingten rivalisierenden und sich oft ausgleichenden Einflüssen nichts weniger als einheitlich ist. Nur ein kleiner Teil von ihr rechnet im engeren unpolemischen Sinne zur Bürokratie, den größeren bildet die dienstleistende und wirtschaftende Verwaltung, deren Mitarbeiter zwar bürokratisch-hierarchisch angeleitet, mehr aber den Sachanforderungen spezieller Fachgebiete ausgesetzt sind, woraus sich unterschiedliche Beziehungen zur politischen Führung und auch zum Bürger ergeben. Dieser zählt vermutlich kein öffentliches Krankenhaus zur Verwaltung, empfindet nur das ihm dort begegnende bürokratische Element eben als bürokratisch.

Die Ausdifferenzierung der Verwaltungsfunktionen verändert zwangsläufig die Qualität der Verwaltungsführung. Tradierte Instrumente der Ministerverantwortlichkeit, der Gesetzesbindung, der Rechtskontrolle, der hierarchischen Struktur oder der strengen Kompetenzzuweisung verlieren schon im engeren Verwaltungsbereich an Wirkung, wenn es nicht nur auf den Vollzug von – früher: sehr wenigen – Entscheidungen, sondern oft mehr auf deren Entstehen in der Verwaltung selbst ankommt. Auch wo es sich lediglich um Vollzug handelt, wächst Selbständigkeit, weil sich die komplexeren Funktionen nicht mehr so wie früher formelhaft erfassen und in Weisungen einbinden lassen (s. auch *R. Mayntz*, 1983). In dem einen Fall sieht sich die der politischen Sphäre zugeordnete Verwaltungsführung auf Mitarbeit angewiesen, im anderen steht sie einem größeren Maße von Selbständigkeit gegenüber. Den dritten Fall bildet der Dienstleistungsbereich, in dem sich Führung weitgehend auf das Schaffen von Voraussetzungen beschränkt sieht, damit anschließend sachgemäß gearbeitet werden kann. Mit den zu schaffenden Voraussetzungen verbindet sich zwar ein erhebliches Moment politischer Gestaltung – man denke nur an die Schulpolitik –, aber es geht eben um die Voraussetzungen und nicht um den Vollzug, um eine qualifizierte Organisation der Lehrerausbildung, nicht um die Kontrolle des Lehrers, die mit den klassischen Methoden kaum gelingen kann. Da das für immer weitere Bereiche gilt, werden übrigens auch Aus-, Fort- und Weiterbildung zu einem drängenden Problem.

Als man sich weniger differenzierten Verwaltungsfunktionen konfrontiert sah, konnte man sich hinsichtlich der Bändigung der Verwaltungsmacht, zu verstehen als Einbindung der Verwaltung in das verfassungsmäßige System, damit begnügen, die Autonomie der nur an den Monarchen gebundenen Verwaltung durch die *Gesetzesbindung* aufzuheben und anschließend die Gesetzesbindung durch die parlamentarische Ministerverantwortlichkeit und die bürgerliche Rechtskontrolle zu sichern. Verwaltung erschien mithin gebändigt, soweit sie etwa im Sinne des Artikels 20 (3) GG an „Recht und Gesetz gebunden" war. Eine solche Gesetzesbindung schließt Rechtsverstöße nicht aus, bezieht aber deren Korrektur ins System ein. Soweit in diesem Sinne Rechtmäßigkeit (vgl. *C.H. Ule*, in: *M. Morstein Marx*, 1965) als Kriterium greift, kann man wohl unbedenklich feststellen, daß die deutsche Verwaltung zumeist rechtmäßig arbeitet. Die notwendigen Einschränkungen ergeben sich nicht aus der großen Zahl der Verwaltungsgerichtsprozesse. In vielen von ihnen wird die Verwaltung zwar verurteilt, eine Entscheidung aufzuheben, weil sie rechtliche Fehler enthält. Darin kommt aber nur zum Ausdruck, daß sich zum einen mit der Zahl der Verwaltungsakte objektiv auch die der fehlerhaften vergrößert und daß zum anderen immer häufiger Auslegungsschwierigkeiten auftreten. Sehr wohl drängen sich dagegen *Zweifel an der Rechtmäßigkeit* auf, wenn man an den Umfang des Gesetz- und Verordnungswesens, an die geringe Bestandswirkung von Gesetzen und Verordnungen und an die zahllosen Verweisungen innerhalb des gesamten Rechtes denkt (vgl. Quellen 7.1.), was alles von der Verwaltung zum größten Teil nur mit erheblichen zeitlichen Verzögerungen und zu einem (hoffentlich) geringen Teil überhaupt nicht nachvollzogen werden kann. Räumt man sich in der Verwaltung aber einmal Spielraum ein, ‚vergißt' also, was rechtlich geboten ist, verschwimmen rasch die Grenzen. Daß man ‚vergißt', läßt sich nicht widerlegen, wenngleich auch nicht zu belegen ist, wieviel vergessen wird. Im Maße der Unfähigkeit der Verwaltung, dem sich rasch ändernden Gesetzesbestand zu entsprechen, und im Maße der Notwendigkeit, Vorschriften ggf. auch beiseitezuschieben – z. B. immer dann, wenn ‚unbürokratisch' gehandelt werden soll –, muß es zu Zweifeln an der (durchgängigen) Rechtmäßigkeit der Verwaltung kommen. Das Gesetz als politisches Führungsinstrument taugt offenbar nur noch bedingt.

Die Veränderungshäufigkeit im Rechtsbestand bringt allerdings auf ihre Weise auch zum Ausdruck, daß *das Prinzip der Rechtmäßigkeit der Verwaltung überhaupt nur eingeschränkt gelten* kann. Man kann sich jedenfalls heute kaum noch der Einsicht verschließen, „daß der Durchnormierung der Verwaltung natürliche Grenzen gesetzt sind, daß die Verwaltung, um ihre Aufgaben erfüllen zu können, eines Spielraums bedarf, daß sie kein bloßer Subsumtionsapparat sein kann, daß eine unvermeidliche Spannung, ja eine Art ‚Antagonie zwischen Recht und Verwaltung' herrscht (*W. Mallmann*, Schranken nicht-hoheitlicher Verwaltung, in: VVDStRL Heft 19, S. 179). Jene Einsicht betrifft die planende und gestaltende Verwaltung – die politische Verwaltung – und Teile der Ordnungsverwaltung, vor allem aber die Dienstleistungsverwaltung, der das Gesetz allenfalls einen Rahmen gibt. Hier stellen sich dann die eigentlich schwierigen Fragen. Man muß aber auch auf die verfassungstheoretisch bedenkliche Entwicklung hinweisen, daß die öffentliche Hand das Prinzip der Rechtmäßigkeit außer Kraft setzt, wenn sie immer häufiger in den Bereich der Organisationsnormen des privaten Rechts ausweicht und öffentliche Funktionen von Aktiengesellschaften im Besitz der öffentlichen Hand wahrnehmen läßt, was u. a. bedeutet, sie der öffentlichen Kontrolle zu entziehen. Auch gibt es bedenkliche Entwicklungen insofern, als man versucht, für den Staat als Fiskus vergleichbare Rechte zu beanspruchen wie für eine Privatperson. Dem Artikel 20 GG entspricht man nur, wenn die gesamte vollziehende Gewalt an Recht und Gesetz gebunden ist.

Obgleich das Prinzip der Rechtmäßigkeit alles andere als gering einzuschätzen ist und sich aus ihm grundlegende Konstruktionselemente der Verwaltung ergeben, soll für unseren Zusammenhang das Kriterium der *Zweckmäßigkeit* in den Vordergrund rücken und mit seiner Hilfe Verwaltung – im Anschluß an den vorangehenden Abschnitt – unter dem Aspekt ihrer *Führbarkeit* betrachtet werden. Wir bedienen uns dazu der Frage: Ist nach dem relativen Bedeutungsverlust der klassischen Führungsinstrumente des Gesetzes, der Ministerverantwortlichkeit, der Mittelzuweisung und der Rechtskontrolle die Verwaltung noch führbar in dem Sinne, daß die Führungsfunktion unstrittig aus der politischen Sphäre heraus wahrgenommen wird und werden kann?

Eine solche Frage könnte auf die Führungstechniken im engeren Sinne abzielen. Das ist hier nicht beabsichtigt. Selbstverständlich nimmt die öffentliche Verwaltung an der allgemeinen technischen Entwicklung teil oder setzt sich mit den neuen Kommunikationstechniken auseinander, diskutiert damit verbundene Management-Probleme, bezieht das auf die Erfordernisse des Apparates wie der demokratischen Struktur, in die man auch die Verwaltung einbezogen findet, und führt im Hinblick auf viele Besonderheiten der öffentlichen Verwaltung innerhalb der allgemeinen Modernisierungsdiskussion eine eigene Teildebatte, in der es gelegentlich recht eruptiv zugeht. Für unseren Zusammenhang soll das als Spezialfrage gelten, welche angesichts des bisherigen Übergewichts der juristischen Sichtweise die Verwaltungswissenschaft zur stärkeren Anwendung empirischer Verfahren veranlaßt hat, was künftig auch erfahrungsgesättigtere Aussagen erlauben wird. Im übrigen aber beziehen wir unsere eigene Frage ausschließlich auf das Verhältnis zwischen der – absichtlich unbestimmten – Funktion der Politik und jener der Verwaltung.

Läßt man im Rahmen dieser Einschränkungen zunächst noch die Implikation der Frage – das Postulat einer Verwaltungsführung durch die Politik nämlich – unerörtert, gilt es zunächst festzuhalten, *daß sich Verwaltung selbstverständlich selbst führen*, das heißt ihren Programmbedarf befriedigen kann. Die Verwaltung bildet auch ein selbstgenügsames System und erledigt als solches die zunächst zugewiesenen Aufgaben, sammelt und verarbeitet dabei Erfahrungen, revidiert nach ihnen den Aufgabenvollzug, erweitert vorsichtig den abgesteckten Aufgabenkreis, greift aber auch weit über ihn hinaus, indem sie Vorschläge für neue Aufgaben macht, auf die ministerielle Führung einwirkt, Gesetzesentwürfe erarbeitet, sie mit den relevanten Akteuren der Willensbildung verhandelt und so ihren Entscheidungen den Weg bahnt oder zumindest die nominellen Verwaltungschefs dazu bringt, so zu führen, wie es die verwaltungseigene Führung gern haben möchte. Dies alles läßt sich kaum kritisieren. Man kann nicht von der Ministerialbürokratie Überlegungen zu künftigen Maßnahmen verlangen und ihr gleichzeitig verbieten, sich dabei selbst zu engagieren. Man kann einer Straßenbaubehörde nicht einen Planungsauftrag erteilen und sich dann wundern, wenn sie für ihren Plan kämpft. Die Funktionen der politischen, insbesondere der vorbereitenden, planenden und gestaltenden Verwaltung geben der gesamten Verwaltung politisches Gewicht, so zwar, daß im Interessenkonflikt die Verwaltung eigene Interessen einbringt, obgleich sie neutral sein möchte – nicht alle Interessen müssen aber ökonomischer Art sein.

Unterscheidet man nun zwischen den verschiedenen Arten der Verwaltung, läßt sich einwenden, daß gemessen am Verwaltungsganzen lediglich eine kleine Kerngruppe innerhalb der Verwaltung derart mit der politischen Führung um Führungsaufgaben konkurriert. Der Einwand trifft zu. Es bleibt jedoch zu bedenken, in welchem Maße jener Kern Verwaltungsinformationen und -erfahrungen auf sich zieht, sich so für jedes Geschäft des Weiterentwickelns, des Verbesserns, der Erneuerung, modern: der Innovation unentbehrlich macht und selbstverständlich auch die Kommunikationsbahnen zwischen Vollzug und Vollzugserfahrung hier und Auswertung und Weiterentwicklung dort, zwischen Programmerfüllung und Programmaufstellung besetzt. In dieser Selbstverständlichkeit liegt das Problem. Absichtlich unbestimmt angesprochen: Im Prozeß der politischen Willensbildung gibt es eine Linie, die man nicht überschreiten sollte. Diesseits der Linie bleibt die Verwaltung vermöge der Funktionen politischer Verwaltung und des eigenen Führungskerns ein mitbestimmender Faktor im Prozeß der politischen Willensbildung, mittels dessen Verwaltungserfahrung und -hilfe den Entscheidungsinstanzen verfügbar werden. Jenseits der Linie gibt die Verwaltung vermöge ihres Führungskerns selbst den Ausschlag und lenkt den Prozeß der politischen Willensbildung, befindet vor allem darüber, was möglich ist und was nicht. Diesseits der Linie erhalten Verwaltungserfahrungen ihren angemessenen Platz und gilt Verwaltung als Subsystem, das man im Bedarfsfall mit verändern kann. Jenseits der Linie herrscht das gegebene Verwaltungssystem, läßt sich nicht in Frage stellen und setzt insoweit aus sich selbst, was zukünftig zu geschehen hat. Diesseits der Linie findet sich der moderne Staat mit seinen unzähligen Verwaltungsaufgaben, um deretwillen eine große Verwaltung unter einer starken *politischen Führung* notwendig ist. Jenseits der Linie wird der moderne Staat zum *Verwaltungsstaat*, in dem die gegebene Verwaltung das Gesetz des Handelns bestimmt und sich Verwaltung im wesentlichen selbst führt. Dieses Gesetz des Handelns wird aber – was auch seine positive Seite hat – eher an der Erhaltung des Vorhandenen orientiert sein als an seiner Veränderung. Die Verwaltung als eigenständiger, selbstzwecksetzender Machtfaktor wird sich des eigenen Entscheidungsstiles bedienen, der sich aus ihrem Ordnungsdenken ergibt und die langfristigen Regelungen bevorzugt, unter die sich die Einzelfälle subsumieren lassen, wobei Regelung etwas anderes bedeutet als Planung.

Selbstverständlich geht Politik nicht in Verwaltung auf. Ob die Politik die Beziehungen zu einem anderen Land verbessert und damit wirtschaftliche Möglichkeiten eröffnet, ob sie auf die Bundesbank Einfluß nimmt, die zwar unabhängig, aber auch beratbar ist, wenn es um Diskontsenkungen geht, ob sie in einem Schnellverfahren Investitionen steuerlich begünstigt oder einem notleidenden Unternehmen mit Krediten unter die Arme greift – es gibt zahllose politische Entscheidungen, bei denen die Verantwortlichen von ihren Beamten beraten werden, für die aber die Existenz der Verwaltung nicht weiter wichtig ist. Das heute vielbeklagte Bürokratieproblem besteht nicht in der Ubiquität der Bürokratie, sondern in dem *wachsenden Umfang der Bereiche, in denen öffentliche Aufgaben durch politischen Bescheid einmal beschlossen und dann administrativ verfestigt sind.* Wo sich dies ereignet, steht man vor einer qualitativ neuen Situation. Beschließt der Gesetzgeber die Einführung des Kindergeldes und bestimmt Behörden, welche die Berechtigung zum Kindergeldempfang zu ermitteln und dann das jeweilige Kindergeld auszuzahlen haben, ist etwas in Gang gesetzt, was seine eigene Gewährleistung in sich trägt. Der Gesetzgeber legt sich fest. Er kann das Kindergeld erhöhen oder linear senken, weil das den Verwaltungsvorgang nicht weiter berührt. Sobald er prinzipiell etwas ändert, ändert er das Verwaltungsverfahren, verursacht Kosten und übersieht nur bedingt die Folgen. Vereinfacht: Je mehr öffentliche Aufgaben und Leistungen administrativ erzeugt und von der Gesamtorganisation öffentliche Verwaltung adaptiert worden sind, desto größer wird auch die durch die Apparatisierung und Bürokratisierung verursachte Gewährleistungsgarantie für sie, desto geringer wird der Spielraum für neue, andere, aufgabenerweiternde, aufgabenverändernde oder gar aufgabenabbauende Politik.

Im Nebeneinander von politischer und administrativer Strukturiertheit der öffentlichen Hand darf man sich deshalb nicht nur auf die Rollenunterschiede und auf die jeweiligen Handlungsbedingungen konzentrieren. Beide Strukturen verfestigen, wenn auch in ganz unterschiedlicher Intensität, Verhältnisse. Nicht die Herrschsucht der Verwaltung wird zum Problem, sondern in einer ganz schlichten Weise ihre Existenz. Mit ihrer Existenz begrenzt sie den Handlungsraum der Politik, weil nur außerhalb der vorhandenen Verwaltung leicht etwas zu erreichen ist. In diesem Sinne erweist sich z. B. die *Existenz der Verwaltung als die wichtigste Voraussetzung dafür, daß Politik bereitwillig ihre Aufgabengebiete erweitert*, ganz abgesehen davon, daß eben verwaltete meist auch politisch entschiedene Bereiche sind. Zugleich ergibt sich aus jener Existenz ein ständiger Führungsbedarf, der entweder die Politik übermäßig in Anspruch nimmt oder der von der Verwaltung auf die ihr eigene Weise befriedigt wird. Läßt man Verwaltung hier gewähren, finden sich die für den Fortgang der Dinge nötigen Ideen im Gegebenen, setzen sich die eigenen Prinzipien durch, wächst die Distanz zur Bevölkerung usw. *Viele der beklagten Bürokratisierungsphänomene sind Phänomene einer sich selbst überlassenen Bürokratie*. In der Hauptsache wird aber die nicht geführte Verwaltung in Versuchung geraten, selbst zum Zweck zu werden – wie übrigens jede formale Organisation, die man daran nicht hindert, was in unserem Fall als Aufgabe der sich nicht voll mit der Verwaltung identifizierenden politischen Führung zu gelten hat.

Politische Führung muß deshalb die Verwaltung vor einer Isolierung im politisch-sozialen System bewahren, ihr zugleich Impulse geben, ihre Reform anregen, den Wechsel in der Führungsspitze fruchtbar machen. Vor allem aber müßte sie über Existenz und Umfang der Verwaltung reflektieren. Ähnlich wie die politische Verwaltung die übrige Verwaltung eng mit der politischen Sphäre verbindet, in der das Verwaltungsprogramm entsteht oder weiterentwickelt wird, sollte die politische Führung der Verwaltung diese mit dem gesamten politischen System und mit den in ihm wirksamen Kommunikationskreisläufen verbinden. Geschieht das nicht, wächst Verwaltung weiter und wird selbst zum politischen System. Anders als etwa zu Beginn des vorigen Jahrhunderts gehen wir aber davon aus, daß das Beamtentum keineswegs die alleinige Modernisierungselite bilden kann. Zunehmende Bürokratisierung muß deshalb als Gefahr gelten. Beides wird an der Ämterpatronage deutlich. Wer de facto führt, sichert sich Information und Einfluß. Die Herrschaftspatronage kann Mißtrauen gegenüber der Verwaltung wie gegenüber den eigenen Führungsfähigkeiten bedeuten.

Auch das will noch einmal differenziert sein: Die politische Führung steht der Verwaltung als einer aufgabenerledigenden Organisation gegenüber. Die Organisation bedarf der verschiedenen Lenkungs- und Kontrollfunktionen, damit sie ihren Auftrag verläßlich erledigt, damit Weisungen sachgemäß ausgeführt und latente Funktionen wahrgenommen werden und es zu einer vernünftigen Programmauslegung im Einzelfall kommt. Lenkung und Kontrolle funktionieren um so besser, je beständiger und übersichtlicher das Gefüge der Weisungen ist. Einzelanweisungen können sich widersprechen, verdichten sich nicht zu Gewohnheiten, überfordern oft Gebende wie Nehmende. Deshalb muß sich mit der Größe des Apparates die Stabilität des Weisungsgefüges vermehren. Die bürgerliche Demokratie ging sogar von der Vorstellung aus, auf Einzelweisungen lasse sich weitgehend verzichten.

Niklas Luhmann (1971, S. 75 f.) meint: „Je schärfer der Prozeß der Reduktion von Komplexität nach Politik und Verwaltung getrennt und unter verschiedene Selektionskriterien gesetzt wird, desto wichtiger werden die Rollen und Prozesse der Übersetzung von einer Sphäre in die andere. Diese Transmission erfolgt überall dort, wo Politiker Stellen des Verwaltungssystems besetzen, in denen über das Symbol ‚verbindliche Entscheidung' verfügt werden kann, also namentlich in Parlamenten und in höheren Regierungsämtern. Sie geschieht durch politische Planung und Programmierung der Verwaltung. Pläne und Programme sind der ‚output' der politischen Prozesse und der ‚input' des Verwaltungssystems von seiten der Politik. Für die Aufrechterhaltung der Innendifferenzierung des politischen Systems, der Trennung von Politik und Verwaltung, ist es wesentlich, daß die Kommunikation zwischen beiden Bereichen in ihrem Schwerpunkt auf dieser Ebene der Generalisierung liegt und nicht konkreter wird, daß, mit anderen Worten, nicht zu viele Einzelfälle ein Politikum werden ... Die Politik setzt in ihrer Beziehung zur Verwaltung Entscheidungsprämissen. Sie entscheidet, wenn sie plant und programmiert, über Entscheidungen, aber sie trifft diese Entscheidung nicht".

Steht die politische Führung nun außerhalb dieses Apparates, muß sie dennoch dessen Konstruktionsprinzipien berücksichtigen: Das traditionelle Verhältnis zwischen Verwaltung und politischer Leitung richtet sich am langfristigen Richtunggeben aus. Da das nicht genügt, läßt sich erklären, wenn sich die politische Führung den Apparat auch noch anders verfügbar hält, sein Eigengewicht begrenzt und ihn zum Denken und Übereinstimmen mit der politischen Führung anhält. Personalpolitik und Kommunikation erhalten dann einen besonderen Stellenwert. Man besetzt die Führungspositionen in der Verwaltung mit verläßlichen Interpreten des eigenen Programms und vermeidet so an den kommunikativen Nahtstellen zwischen Verwaltung und politischer Führung Übersetzungsschwierigkeiten, Zeitsperren oder dysfunktionale Beziehungen zwischen der Kommunikation von oben nach unten und der Information von unten nach oben (vgl. *F. Naschold*, 1969, und *K. W. Deutsch*, 1970). Dies kann eine so enge Beziehung zwischen Verwaltung und Führung ergeben, daß sich beide schon aus sprachlichen Gründen von der Umwelt abschließen. Damit wirken solche Führungsmethoden unter demokratischem Aspekt aufs Ganze hin dysfunktional. Auch hier erweist sich eine Grenze als erforderlich und zeigt sich, daß ein politischer Chef, der sich zu sehr seiner Verwaltung attachiert, auf diese Weise zur Entfremdung gegenüber der Politik beitragen, Politik und das Geschäft des Entscheidens ins bürokratisch Anonyme verschieben kann, aus dem es idealtypisch die Konstruktion der politischen Willensbildung heraushalten will (vgl. *Th. Ellwein*, Politische Führung im Bundesland, in: DÖV 1987, S. 464 ff.).

Ist die Verwaltung (noch) für die Politik führbar? Stellt sich die Regierung in Wahrheit schon als Funktion der Verwaltung dar, so zwar, daß aus der Verwaltung und orientiert an ihren Möglichkeiten – und ggf. Bedürfnissen – das politische Programm erwächst? Optimieren beide Teile ihre Strukturen oder gleichen sie sich nur an? Solche Fragen zu stellen, heißt nicht, sie zu beantworten. Sie dienen zunächst methodischen Zwecken. Immerhin: Problematisiert man das Verhältnis zwischen politischer Führung und Verwaltung, zeigt sich, wie unterschiedlich die Doppelfunktion des Ministers als Mitglied des politischen Führungskerns und bei der Verwaltungsführung akzentuiert werden kann. Insofern gibt es zwangsläufig Konkurrenz: Die verwaltungsinterne Führungsgruppe wird sich gegen entschiedene politische Führung vielleicht nicht sträuben, aber sie wird in jedem Fall erst einmal versuchen, sich das verantwortliche Mitglied der politischen Führung zu integrieren. Dieses Mitglied wiederum verfügt über einen großen Katalog von förmlich zugestandenen und informell möglichen Führungsmitteln; eine unzweifelhafte, sich von selbst verstehende Position nimmt es nicht ein, weil niemand weiß, wieweit man als Chef auf Zeit gehen darf und was man hinnehmen muß.

Tatsächlich definieren Verfassung und Recht die Position des politischen Verwaltungschefs nicht zureichend. So verbleibt ein Spielraum, den die Verwaltung zu nützen vermag. Das einleitend angesprochene Komplementaritätsverhältnis variiert schon deshalb, weil nirgendwo die politische Leitung allein den Programmbedarf befriedigen und nirgendwo die verwaltungsinterne Führung die erforderliche Koordination leisten kann. In diesem Verhältnis verfügt allerdings die verwaltungsinterne Führung heute langfristig über die bessere Position. Nur besonders qualifizierte Minister können das neutralisieren, müssen das jedoch zumeist intern tun. Zwei Folgen kennzeichnen damit das politisch-soziale System und den in ihm stattfindenden Prozeß politischer Willensbildung: Die dem Vollzug und damit dem Bestehenden verbundenen Initiativen haben, von Umbruchzeiten einmal abgesehen, größere Erfolgsaussichten; die mehr als unbedingt erforderliche Einbindung der politischen Initiativen und Programmanstöße in die Verwaltung erschwert ihre öffentliche Diskussion, so daß im Ergebnis eine etwaige Weiterentwicklung des politisch-sozialen Systems weniger als möglich und wünschenswert von den Betroffenen und mehr als unvermeidlich von den professionell Beteiligten ausgeht. Eine dritte Folge, die sich aus den beiden anderen ergibt, sei nur noch einmal erwähnt: Verwaltungsinteressen kommen auf diese Weise immer zur Geltung; die Verwaltung, so wie sie ist, wird zu einer entscheidenden Rahmenbedingung für die Politik. Damit aber nimmt sie eine andere Position ein als die instrumentelle, die ihr das politisch-soziale System in der Verfassungsordnung zuweist.

6.4. Die Bundeswehr

Für Max Weber stellt sich der moderne Staat als ein „anstaltsmäßiger Herrschaftsverband" dar, welcher innerhalb des Staatsgebietes die „legitime physische Gewalt" erfolgreich monopolisiert und in dem die „wirkliche Herrschaft, welche sich ja weder in parlamentarischen Reden noch in Enunziationen von Monarchen, sondern in der Handhabung von Verwaltung im Alltagsleben auswirkt, notwendig und unvermeidlich in den Händen des Beamtentums, des militärischen wie des zivilen", liegt. Auch der moderne höhere Offizier „leitet vom ‚Büro' aus die Schlachten ... Auch das moderne Massenheer ist ein bürokratisches Heer, der Offizier eine Sonderkategorie der Beamten ..." (1964, S. 1046 f.). Unter diesem Aspekt, der Verwaltungs- und Militärsoziologie einander annähert, läßt sich die Bundeswehr in Zusammenhang mit der Verwaltung behandeln, zumal politisch-systematisch die Streitkräfte zur „Exekutive" gehören, der politischen Führung unmittelbar unterstehen und mit ihren zivilen Mitarbeitern wie mit den längerdienenden Soldaten einen relevanten Anteil des öffentlichen Dienstes ausmachen. Wir klammern damit im Blick auf das Regierungssystem die welt- und die militärpolitische Situation hier aus (vgl. 1.2. und die dort angeführte Literatur), um uns der Bundeswehr als einem Teil der Exekutive zuzuwenden und nach ihrem politischen Gewicht wie nach ihrer Führbarkeit und Kontrollierbarkeit zu fragen (vgl. allgemein die Bibliographie von *P. Klein* u. a., 1975 und 1978 sowie das Lexikon von *R. Zoll/E. Lippert/T. Rössler*, 1977).

6.4.1. Zum Aufbau in der Bundeswehr

Walter Rüegg bezeichnet es (o. J., S. 1) als soziologisches Grundaxiom, daß „die wesentlichen Strukturen einer Institution durch deren Gründungsgeschichte bestimmt sind und nur in ihren sekundären Ausprägungen verändert werden können". Schon aus diesem Grund genügt es nicht, nur den gegenwärtigen Aufbau der Bundeswehr in Kürze vorzustellen; man muß sich auch der Entstehungsgeschichte zuwenden, ohne dabei einer isolierten Betrachtungsweise zu verfallen; viele Probleme der Bundeswehr sind allgemeine Probleme der Streitkräfte in modernen Industrienationen.

Die Gründungsgeschichte der Bundeswehr gab dieser einige folgenschwere Widersprüche mit auf den Weg: Zum ersten wollte man nach 1950 eine wirkliche Neugründung. Damit stellte man sich unter Demokratie-Erfordernisse, die man im Gründungsverfahren aber weitgehend verleugnete. Als es zu einer uneingeschränkten Diskussion und zu öffentlichen Entscheidungen kam, war alles Wesentliche geschehen. Adenauer als Gründer der Bundeswehr setzte sein Werk ins Zwielicht; er nahm an einem diplomatischen Spiel teil, das einer offenen Diskussion kaum Möglichkeiten ließ; daß er sogar sein Kabinett umging, unterstreicht das nur (vgl. u. a. *A. Baring*, 1969, und *K. v. Schubert*, 1970 sowie die umfassende Dokumentation in *K. v. Schubert*, 1978/79. Zum Führungsstil Adenauers u.a. *D. Schössler,* 1973). Zum zweiten erteilte man mit dem Versuch einer Neugründung der deutschen Militärtradition eine klare Absage und wandte sich sowohl gegen den Militarismus als gesellschaftliches Phänomen der Zeit vor 1914 als auch gegen die Sonderrolle der Reichswehr als Staat im Staat vor 1933. Über Beteiligung oder Nichtbeteiligung des Militärs an den Kriegsverbrechen schwieg man sich dagegen eher aus. Für den Neubeginn benötigte man Soldaten, welche in der Reichswehr ihr Metier gelernt und es im Krieg ausgeübt hatten. Man lehnte mithin die Tradition ab, gründete aber die Bundeswehr mit den Trägern eben dieser Tradition und stellte außerdem in der Mitte der fünfziger Jahre vielfach solche Soldaten ein, die es in der Zeit zwischen 1945 und 1956 besonders schwer hatten (vgl. dazu die Beiträge von *H. Herzfeld* und *K. Frh. v. Schenck zu Schweinsberg,* in: *G. Picht,* 1965, Band 1, zu Beginn der Diskussion und Beiträge von 1981 in: *Bundeszentrale für Politische Bildung* – hier auch den Traditionserlaß von 1965). Damit handelte man sich eine ständige Traditionsdebatte ein und regelte – recht deutsch – Tradition durch Erlaß. Zum dritten schließlich erklärte man bis zum Überdruß, die Bundeswehr sei ausschließlich und nur Verteidigungsinstrument, ohne zugleich glaubhaft machen zu können, daß ein Schutz des Bundesgebietes möglich sei. Tatsächlich überlagerte das von Anbeginn vorgestellte Feindbild des „expansiven Bolschewismus" (*Dienststelle Blank*, S. 9) die politisch und militärisch denkbaren Verteidigungstheorien. Zum vierten schließlich begab man sich in eine widersprüchliche Grundsituation, indem man weit überhöhte Verpflichtungen einging und sich damit selbst zu personellen, finanziellen und technischen Improvisationen mit allen ihren Folgen zwang, obgleich man sich anheischig machte, einen neuen Typus von Armee zu begründen.

Solche Widersprüche in der Gründungsgeschichte selbst blieben für die Zeit nach der offiziellen Errichtung der Bundeswehr im Jahre 1956 bestimmend: Man fand sich von vorneherein in die NATO integriert, was zur vorbehaltlosen Annahme und Handhabung dieses Bündnisses beigetragen haben mag, umgekehrt aber sicher auch die sogenannte Territorialverteidigung in ein Schattendasein führte. Man rüstete überstürzt auf, was sicher zu einer politisch wünschenswerten internationalen Kooperation führte, umgekehrt

aber auch schwerwiegende Fehlplanungen mit sich brachte. Man bekannte sich eindeutig zu einem Einbau der Armee in die Demokratie und verhinderte so einen naiven Rückgriff auf die Tradition, bewirkte aber auch eine Überforderung vieler Soldaten und machte demokratische Unterrichtung und Unterweisung zur oft ungeliebten und damit recht sinnlosen Pflicht. Man bemühte sich von vorneherein um eine weitgehende Integration der Bundeswehr in die Gesellschaft (vgl. aus der älteren Literatur *C. G. v. Ilsemann*, 1971, und *G. Schmückle*, 1971, und aus der jüngeren *R. Zoll*, 1979, oder *U. Simon*, 1981) und versperrte so den Weg in die Selbstisolierung, befrachtete aber auch das Verhältnis zwischen Bundeswehr und Gesellschaft mit Ansprüchen, die sich nur schwer einlösen ließen und Orientierungsschwierigkeiten zur Folge haben mußten. Wie übersteigert manche dieser Ansprüche waren, verdeutlicht eine der ersten offiziellen Vorstellungen der Inneren Führung: „Das Innere Gefüge einer Armee ist nichts anderes als ihre sittliche Gesamtverfassung. Es wird deutlich in Haltung und Auftreten jedes einzelnen Soldaten und militärischen Verbandes, im Geist der Truppe und in ihrem mitbürgerlichen Verhalten" (*Dienststelle Blank*, S. 21). So schrieb und warb man 1955. Man darf sich deshalb auch nicht wundern, wenn Offiziere der Nachkriegsgeneration, wie die Hauptleute von Unna, 15 Jahre später ihre Enttäuschung zum Ausdruck brachten – gemessen an jenem Anspruch mußte die Bundeswehr enttäuschen.
Über solche widersprüchlichen Gründungsbedingungen kann man sich in einer umfassenden Literatur gut informieren (vgl. z.B. die Literaturberichte von *W. Frh. v. Bredow*, in: PVS 1969, S. 414 ff. und 1972, S. 39 ff. sowie in *R. Zoll*, 1979, S. 234 ff. und prinzipiell in der ‚Vierteljahresschrift für Sicherheit und Frieden'). Sie belegt, daß das Neue, daß die Innere Führung von den Gründungsgremien nicht übereinstimmend gewollt wurde und deshalb vieles nicht geschah, was zur Verwirklichung solcher Reformvorstellungen erforderlich gewesen wäre. Allerdings verbleibt diese Literatur auch im Rahmen der Tradition des übermäßigen Beschäftigens mit sich selbst, das man der Bundeswehr nachsagt. Tatsächlich konnte man 1956 Streitkräfte vielleicht ohne direkten Bezug zur deutschen Tradition errichten; man konnte sich jedoch nicht den strukturellen Problemen entziehen, denen sich jede Industrienation ausgesetzt sah. Zwei von ihnen seien auch hier erwähnt: Das erste ergibt sich aus dem Gegenüber von *Wehrpflicht und Technisierung*. Eine Wehrpflichtarmee mit starker Präsenz – das entspricht dem NATO-Auftrag an die Bundeswehr – muß die Wehrpflichtzeit angemessen auf Ausbildung und Stehzeit verteilen. Die Technisierung verändert und verlängert die Ausbildung, verteuert sie damit auch. Daraus ergibt sich dann die vereinfachte Alternative, daß man entweder aus der Armee eine Ausbildungsarmee macht und sich im Verteidigungsfall auf die Einsatzbereitschaft der Reservisten verläßt oder aber den Wehrpflichtigen die interessanten Ausbildungsgänge mehr und mehr vorenthält und sie für die längerdienenden Soldaten reserviert. Das wiederum beschwört Führungsprobleme herauf und mindert das Angebot an den Wehrpflichtigen, soweit es in einer verwertbaren Ausbildung bestehen kann. In der Bundesrepublik errichtete man 1956 eindeutig eine Wehrpflichtarmee; nur etwa die Hälfte der benötigten Soldaten wird auf Lebenszeit oder auf begrenzte Verpflichtungszeiten eingestellt. Das bedeutete auch die Entscheidung für ein doppeltes Ausbildungssystem, das eine relativ kurze Ausbildung für den Pflichtigen und eine längere für freiwillig Längerdienende bereithält, ohne bei den letzteren ein in jedem Fall sinnvolles Verhältnis zwischen Ausbildung und Verwendungszeit gewährleisten zu können. In der Folge ergaben sich unvermeidliche Rekrutierungs- und Ausbildungsschwierigkeiten – wie in nahezu jeder vergleichbaren anderen Armee auch.

Das zweite Problem bilden die Widersprüche in der *Personalstruktur* der technisierten Armee. Diese bedarf der Bürobeamten und vor allem der Techniker; Büro und Werkstatt bestimmen entscheidend ihr Gesicht. Gleichzeitig bedarf sie der militärischen Führung, die in erster Linie über die Gruppen- und Zugführer, die Kompaniechefs und Bataillonskommandeure vermittelt wird. Damit stehen sich zunächst Techniker und Führungspersonal gegenüber. Da das letztere eher das Image der Armee bestimmt und deshalb in der Werbung und in der Diskussion über das Berufsbild eine größere Rolle spielt, müßte man annehmen, daß die Führungspositionen, auf die es besonders ankommt, auch entsprechend gut ausgestattet und die wichtigsten Laufbahnen auf sie ausgerichtet werden. Das Gegenteil tritt jedoch ein. Die Armee übernimmt zum einen stärker noch als die Industrie alle Attitüden der Gesellschaft mit Jugendkultur; der Führer muß also jung sein. Zum anderen hält man an einem Karrierebild fest, welches den Weg von unten nach oben präzise vorschreibt. In der Folge nehmen die Führer als Führer reine Durchgangspositionen ein. Beim Offizier führt das dazu, daß er Zugführer in der Hauptsache wird, um für sich selbst Erfahrungen sammeln zu können, daß die besonders wichtige Position des Einheitschefs Station für oft lediglich drei Jahre ist und man auch nur relativ kurz Bataillonskommandeur bleibt. Man bildet mithin einen Offizier ziemlich lange für die Chefposition (Hauptmann) aus. Erreicht er sie, beläßt man ihr dort solange, bis er über eigene Erfahrungen verfügt. Diese kommen dann aber nicht mehr zur Geltung: In einer Zeit allgemeiner Autoritätsprobleme und Disziplinschwierigkeiten verhindert es die Armee, dort, wo es besonders um den Umgang mit Menschen, um das Praktizieren von Befehl und Gehorsam geht, Erfahrungen einzubringen. Und da jene entscheidenden Stationen auf so kurze Zeit angelegt sind, gibt es in jeder Armee eine wachsende Zahl von älteren Offizieren und Unteroffizieren, die man eigentlich nicht mehr benötigt — es droht die Gefahr der Überalterung, der ‚Verwendungsstau' wird zum Dauerproblem. Nur für einen kleinen Teil jener Gruppe hält man in der Bundesrepublik noch die Generalstabsausbildung und damit eine besondere Karrierechance bereit, sachlich orientiert an allgemeinen Management- und Führungskenntnissen und -fähigkeiten, die sich in Wahrheit allerdings nicht in der Ausbildung aneignen lassen und überhaupt nur bedingt intersubjektiv kommunizierbar sind. Es gibt aber die ‚Gruppe' der Generalstäbler und sie hilft sich, was die ‚Troupiers' erbost und das vielbesprochene Klima in der Bundeswehr belastet.

Betroffen sind von all dem auch die *Techniker* als die andere Gruppe. Auch sie wollen Karriere machen, sollen sich aber angemessen spezialisieren. Dem ersteren entspricht die Beförderung, dem letzteren der Verbleib auf dem Dienstposten mit seiner Spezialisierung. Hier ergeben sich die deutlichsten Analogien zur öffentlichen Verwaltung und die üblichen Fragen an ein Besoldungssystem, welches im 19. Jahrhundert entstanden sich bis heute auf ‚allgemeine' Fähigkeiten bezieht, nicht auf solche des Spezialisten. Bis heute sieht man denn auch keinen Weg, auf dem man einen besonders guten Lehrer als solchen qualifizieren kann, man befördert ihn vielmehr zum Schulrat, ohne zureichend zu ermitteln, ob er diesem Amt vergleichbar gut genügt. Ähnlich nimmt man dem besonders guten Kompaniechef seine Einheit und versetzt ihn in eine Stabsfunktion, damit man ihn befördern kann, oder erkennt man die Leistungen eines Spezialisten in der Technik durch eine Beförderung an, die dann die Verwendung im erlernten Spezialgebiet verbietet. In der Konsequenz paßt das Karrieremuster für beide Gruppen nicht; ein spezifisches Laufbahn- und Aufstiegsdenken führt vielmehr entschlossen von den für die Armee besonders wichtigen Funktionen am Ort des täglichen Geschehens weg in die ohnehin überfüllten Stäbe.

Die Streitkräfte in der Bundesrepublik Deutschland, von deren Gründungsgeschichte soeben andeutend die Rede war, fanden sich von vorneherein weitgehend in die NATO integriert. Das *Bündnis* verpflichtete zur Aufstellung von etwa 500 000 Mann. Als F. J. Strauß im Oktober 1956 das Verteidigungsministerium übernahm, wies man eine Stärke von 60 000 Soldaten aus und reduzierte das Planungsziel; 1962 erreichte man die Zahl von 390 000, mit der die NATO jedoch nicht einverstanden war. So galt das alte Ziel weiterhin; die Haushaltskürzungen von 1967 erschwerten jedoch den Weg neuerdings. Erst im Spätherbst 1972 erreichte man die für 1960 gedachten ca. 460 000 Mann – zu einem Teil deshalb, weil die Verkürzung der Wehrpflicht von 18 auf 15 Monate es ermöglichte, mehr taugliche Wehrpflichtige als bisher einzuziehen. Wegen der Wehrpflicht und der unterschiedlichen Einstellungstermine gab und gibt es jedoch eine ständige Fluktuation. 1976 legte man sich dann auf ein *Soll* (Personalstrukturmodell) *von 495 000 Soldaten* fest. Davon sollen beim Heer 51,5 % Wehrpflichtige, 38,1 % Soldaten auf Zeit und 10,4 % Berufssoldaten sein, bei der Luftwaffe rechnet man mit 17,1 % Berufssoldaten und bei der Marine mit 20,8 %.

Die *Soldaten bilden vier Gruppen*: die Wehrpflichtigen (1987/88 ca. 230 000), die auf zwei Jahre verpflichteten Zeitsoldaten, die längerverpflichteten Zeitsoldaten und die Berufssoldaten. Läßt man die werbenden Maßnahmen unberücksichtigt, kann man allerdings ihrer Interessenlage nach die Wehrpflichtigen und die für (nur) zwei Jahre verpflichteten Zeitsoldaten weitgehend als eine Gruppe betrachten. Faktisch gibt es in der Bundesrepublik demnach die aufgrund des Gesetzes Pflichtigen, freiwillig Längerdienende, die z.T. der Arbeitslosigkeit entgehen wollen und für welche die Dienstzeit vielfach nur eine Übergangsphase darstellt, sowie wirklich Längerdienende und schließlich die Berufssoldaten. Diese drei Gruppen haben notwendig *unterschiedliche Interessen*. Ein erheblicher Teil der inneren Spannungen der Streitkräfte ergibt sich daraus, daß es nicht zureichend gelingt, diese Interessen auszugleichen. Auch stellt sich für ein verbreitetes militärisches Denken doch nur der Berufssoldat als erwünschter Prototyp dar.

Während, wie noch anzusprechen, der frühere ‚Militarismus', der zu einer militärischen Überlagerung der Gesellschaft bis in deren Attitüden hinein führte, nach 1949 angesichts eines eindeutigen zivilen Primats (vgl. *D. Schössler*, 1973) keine Chance hatte und ihm jede gesellschaftliche Voraussetzung fehlte, gibt es selbstverständlich spezifische Gruppenphänomene, vereinfacht als militärische Verhaltensweisen zu bezeichnen, die den engen Zusammenhalt der Soldaten, praktisch also meist der Berufssoldaten, gewährleisten und die teils durch Methoden der Sozialisation (z. B. in der oft aufwendigen Geselligkeitspflege) bewußt herbeigeführt, teils durch spezifische Kommunikationsprobleme der Angehörigen eines Berufes, in dem man zu ständiger Mobilität gehalten ist, nahezu erzwungen sind. ‚Unter sich' ist man – bei aller betonten Kameradschaftlichkeit gegenüber dem übenden Reserveoffizier oder dem Zeitsoldaten – zuletzt aber nur im engeren Berufszirkel. Für ihn bedeutet der zivile Bereich ‚Außenwelt'. Gleichzeitig macht man sich zum Sprecher aller Soldaten, was dann die Probleme der ‚anderen' Teilgruppen oft verdrängt erscheinen läßt. Der Berufsoffizier bildet dabei noch eine Besonderheit innerhalb der Gruppe der Berufssoldaten, weil hier unabhängig von der Ausbildungs- und Verwendungsrealität der Typ des ‚Generalisten' überwiegt. Dieser Typus bildet die Voraussetzung, um etwa im Verteidigungsministerium den Führungsstab der Streitkräfte möglichst frei von Zivilisten zu halten und alle nur denkbaren Funktionen von Offizieren wahrnehmen zu lassen. Der Primat des Zivilen und der politischen Führung bedeutet deshalb praktisch auch, daß es an Kollegialität im Gesamtbereich mangelt: die Spannungen zwischen Soldaten und Zivilisten im Verteidigungsministerium, die mißtrauische Mitwirkungstendenz – ‚unser Mann' muß immer dabei sein – und das Bestreben, den ‚militärischen Strang' bis zum letzten Soldaten wirken zu lassen, gehen meist von Berufsoffizieren aus und belegen Mängel hinsichtlich der ‚Integration' der Soldaten in die Gesellschaft. Militarismus belegen sie aber nicht. Das oft krampfhafte ‚unter sich sein wollen' bedeutet eher Rückzug aus als Überlagerung der Gesellschaft. Den angedeuteten Phänomen widmet sich vor allem die Militärsoziologie (vgl. den einführenden Beitrag von *L. v. Friedeburg*, in: *R. Zoll/E. Lippert* u. a., 1977).

Neben den Soldaten beschäftigt die Bundeswehr (1987) etwa 170 000 *zivile Mitarbeiter*, davon gut die Hälfte als Arbeiter, etwa 53 000 als Angestellte und etwa 31 000 als Beamte. Rund 144 000 sind bei der Bundeswehrverwaltung tätig, etwa 19 000 im Bundesamt für Wehrtechnik und Beschaffung und ca. 3500 arbeiten im Verteidigungsministerium.

Die Soldaten und das unmittelbar im militärischen Bereich tätige zivile Personal verteilen sich auf die *Teilstreitkräfte* Heer, Luftwaffe und Marine sowie auf den Bereich des Sanitäts- und Gesundheitswesens. Dem Personalumfang nach bildet das Heer die größte Teilstreitkraft und zugleich diejenige mit dem größten Anteil von Wehrpflichtigen. Luftwaffe und Marine sind voll ins Bündnis integriert. Beim Heer ist zwischen Feldheer und Territorialheer zu unterscheiden. Das erstere besteht in der Hauptsache aus drei Korps (Münster, Koblenz und Ulm), denen zwölf Divisionen mit 36 Brigaden, die sich dann im wesentlichen in Bataillone gliedern, unterstehen. Außerdem gibt es besondere Korps- und Divisionstruppen. „Das Heer hat im Zusammenwirken mit Luftwaffe, Marine und den verbündeten Streitkräften das Hoheitsgebiet der BRD gegen Angriffe grenznah zu verteidigen und Aufgaben der Territorialverteidigung zu erfüllen" (Jahresbericht der *Bundesregierung* 1971, S. 575, Einzelheiten z. B. in *Weißbuch* 1985). Dabei soll das Territorialheer die rückwärtigen Verbindungen sichern. Es untersteht den beiden Territorialkommandos Nord (Mönchengladbach) und Süd (Heidelberg) sowie dem Territorialkommando Schleswig-Holstein, das mit dem Wehrbereich I praktisch eine Einheit bildet. Den Territorialkommandos unterstehen die 5 Wehrbereichskommandos, diesen die Verteidigungsbezirks- und die Verteidigungskommandos. Außerdem gehören zum Territorialheer einige Verfügungstruppen und Jägerbataillone. Die Luftwaffe soll „die angreifenden Land- und Luftstreitkräfte je nach Lage grenznah und in der Tiefe des gegnerischen Raumes... bekämpfen" (Weißbuch 1985, S. 202). Sie gliedert sich im wesentlichen in vier Luftwaffendivisionen, denen die taktischen und die Luftverteidigungsverbände unterstehen. Dazu kommen die Luftwaffenunterstützungsgruppen Nord und Süd. Aus dem taktischen Bereich herausgenommen sind einige besondere Einrichtungen wie die Ausbildungsverbände der Luftwaffe, das Lufttransportkommando oder der Flugsicherheitsdienst. Wie jede Teilstreitkraft untersteht die Marine insgesamt ihrem Inspekteur. Unter ihm faßt das Flottenkommando alle taktischen Verbände zusammen. Als taktische Verbände sind vor allem die Zerstörerflottille, die Schnellbootflottille, U-Bootflottille, die Flottille der Minenstreitkräfte und die Marinefliegerdivision zu erwähnen; zur Marinedivision Nordsee gehören Unterstützungsverbände und die Versorgungs- und die Reserveflottille sowie die Amphibische Transportgruppe; zur Marinedivision Ostsee gehören nur Unterstützungsverbände. Dem Marineamt unterstehen die Schulen und Ausbildungseinrichtungen, das Materialamt oder die Stammdienststelle der Marine. Die streikräftegemeinsame Verwaltung besorgt das Bundeswehramt. Die regionale Bundeswehrverwaltung gliedert sich in sechs Wehrbereiche.

Die Kosten der Bundeswehr ergeben gemeinsam mit den Aufwendungen für das Bündnis die direkten *Verteidigungsausgaben*. Sie bezifferten sich 1962 auf etwa 15,7 Mrd. DM, 1967 auf etwa 20 Mrd. DM, 1974 auf über 27 Mrd. DM und haben inzwischen (1987) die 50 Mrd. DM überschritten. Zu den Kosten des Verteidigungshaushaltes im engeren Sinne kommen noch Beiträge zur NATO, die Ausgaben für Stationierungsstreitkräfte, die Militärruhegehälter usw. (vgl. *L. Köllner*, 1981). Vom engeren Verteidigungshaushalt (Einzelplan 14 des Bundeshaushaltes) entfällt ein immer größerer Teil auf die Betriebsausgaben (1987: 65,6 % oder 21,7 Mrd. DM Personalkosten und knapp 12 Mrd. DM sonstige Betriebsausgaben) vor allem auf die Personalkosten, während der Anteil der ‚verteidigungsintensiven' Ausgaben sinkt. Die ständig steigenden Personalkosten werden auch zum Problem des Verteidigungshaushaltes, zumal komplementär die Unterhaltungs- und Instandsetzungskosten mitwachsen. Dabei gehört es zu den Eigentümlichkeiten der Politik in der Wiederaufrüstungsphase, daß man zivilen Auftragnehmern Zusagen machte und später Gewohnheiten entstehen ließ, welche die Bundeswehr hindern, ihre eigenen Instandsetzungseinrichtungen konsequent zu nutzen. Auch das Beschaffungswesen kann kaum als sparsam gelten, wenn man die jährlichen Beanstandungen des Bundesrechnungshofes aufmerksam liest. Das verändert jedoch nicht die Größenordnungen, sie schreiben den Verteidigungshaushalt mit immer größeren Anteilen für Personal- und Instandsetzungskosten usw. fest, erschweren also Reformen, Umrüstungen, Modernisierungen. Eine langfristige Übersicht von 1956–1983, die auch die Verteidigungsnebenkosten einbezieht, bringen *O. Kern* und *L. Köllner* (1984).

6.4.2. Zur Einordnung der Bundeswehr in das politische System

Zu den Besonderheiten der Gründungsgeschichte der Bundeswehr gehört, daß man angesichts der Erfahrungen vor 1945 alles getan hat, um die Streitkräfte unter politischer Kontrolle zu halten und eine Verselbständigung der militärischen Führung zu verhindern (vgl. z. B. *B. Fleckenstein*, 1971). Dazu diente von Anfang an die Hereinnahme in das Verfassungsrecht und die Beschränkung der Organisationsgewalt. Artikel 87 a (1) GG: „Der Bund stellt Streitkräfte zur Verteidigung auf. Ihre zahlenmäßige Stärke und die Grundzüge ihrer Organisation müssen sich aus dem Haushaltsplan ergeben". Demzufolge legt die Verfassung den Auftrag der Streitkräfte fest und sichert dem Parlament ein entscheidendes Mitspracherecht hinsichtlich des Umfanges und der Organisation der Streitkräfte; beides ist denn auch transparenter als je zuvor. Hinsichtlich des Auftrages heißt es im Weißbuch 1970, die Bundeswehr müsse gemeinsam mit den Truppen der Bündnispartner „im Frieden durch ihre Existenz und ihre Einsatzbereitschaft einen möglichen Gegner von der Androhung oder Anwendung militärischer Gewalt abhalten. In der Krise und im Spannungsfeld stellt sie eine Plattform dar, von der aus die politische Führung handeln und verhandeln kann, ohne befürchten zu müssen, daß ihr ein fremder politischer Wille aufgezwungen wird" (*Weißbuch* 1970, S. 38). An dieser Stelle ist das nicht unter militärischen und strategischen Aspekten zu diskutieren; innenpolitisch gab es jedenfalls eine so unbedingte Zuordnung von Streitkräften zur politischen Führung bislang noch nie. So bleibt nur zu fragen, ob sie auch in der Praxis gelingt. Im übrigen darf hier der Hinweis nicht fehlen, daß die im Grundgesetz erfolgte Einbindung der Streitkräfte umgekehrt auch eine Verpflichtung von Parlament und Regierung bedeutet. Institutionell galt es, aus der Grundvorschrift des Artikels 87a (1) GG vor allem andere als die früheren Regelungen für den Oberbefehl zu entwickeln. Dazu mußte man dessen Einheit auflösen. Demzufolge erhielt der Bundesminister der Verteidigung die Befehls- und Kommandogewalt über die Streitkräfte (Art. 65a GG), die mit der Verkündigung des Verteidigungsfalles auf den Bundeskanzler übergeht (Art. 115b GG). Der Bundespräsident ernennt, entläßt und befördert die Soldaten, verfügt die Dienstgradbezeichnungen, bestimmt die Uniformen und stiftet Orden (Art. 60 GG). Die Gerichtsbarkeit über Soldaten liegt in Händen unabhängiger Richter. Es gibt kein besonderes Militärverordnungsrecht mehr; Rechtsverordnungen werden im Verteidigungsbereich ebenso behandelt wie in den übrigen Ressorts. Grundlegend ist jedoch nur der *Verzicht auf eine verfassungsrechtliche Sonderstellung der Streitkräfte,* wie es sie früher mit der unmittelbaren Zuordnung zum Staatsoberhaupt gab. Die Befehls- und Kommandogewalt des Verteidigungsministers bewirkt eine klare Unterstellung der Streitkräfte auch unter die Richtlinienkompetenz des Bundeskanzlers und ermöglicht eine gemeinsame Konzeption der Verteidigungspolitik, für die in Bonn in erster Linie als Kabinettsausschuß der Bundessicherheitsrat zuständig ist. Die Befehls- und Kommandogewalt des Ministers findet sich durch die Zuständigkeit für die Wehrverwaltung ergänzt; auch hier verzichtet man auf die frühere Trennung von Kommando und Verwaltung.

Das Parlament, dessen Kontrolle sichergestellt werden sollte, hat es so *nur mit einem verantwortlichen Minister* zu tun. Es hat sich selbst außerdem durch einen besonderen Verteidigungsausschuß, dem die Rechte eines Untersuchungsausschusses zustehen, und durch die Einsetzung eines Wehrbeauftragten instand gesetzt, seine Kontrolle zu intensivieren. Der *Wehrbeauftragte* als parlamentarisches Hilfsorgan übernimmt gemäß Artikel 45b GG und dem dort angekündigten Gesetz einen generellen Auftrag „zum Schutze der Grundrechte" der Soldaten und ergänzend dazu den Schutz der Grundsätze der Inneren Führung. Mit der Zuordnung eines solchen Hilfsorgans macht sich das Parlament anheischig, nicht zwar selbst zu führen, wohl aber Inhalt und Innehaltung von Führungsgrundsätzen zu kontrollieren. Dies steht verfassungssystematisch in Zusammenhang mit den *Grundrechten der Soldaten,* vor allem des Wehrpflichtigen; auch die Rechte des Soldaten erscheinen deshalb in der einschlägigen Gesetzgebung, besonders im Soldatengesetz, klarer formuliert als in früheren Zeiten.

Die beiden Instrumentarien des Parlaments lassen sich hier weder zureichend beschreiben noch rational kritisch würdigen – das letztere scheitert daran, daß über grundlegende Beurteilungskriterien kein Konsens besteht. Wir merken deshalb nur an: Der Wehrbeauftragte hat es zunächst mit den Grundrechten der Soldaten zu tun. Ihre Gewährleistung gehört zu den wichtigsten Errungenschaften der Bundeswehr, mit der sich freilich zahlreiche Probleme verbinden (vgl. *C. Grimm*, 1982). Die jährlichen Berichte des Wehrbeauftragten, welche der Deutsche Bundestag in seiner Schriftenreihe ‚Zur Sache' veröffentlicht, haben deshalb stets einen Schwerpunkt im ‚Schutz der Grundrechte'. Den anderen und umfassenderen bilden Probleme der Inneren Führung, wobei im Berichtsjahr 1985 zum ersten Bereich 260 und zum zweiten 7467 Eingaben zu verzeichnen waren, was u.a. belegt, wie undefiniert die ‚Innere Führung' ist. Das Institut des Wehrbeauftragten mußte lange um sein Prestige kämpfen (vgl. *W. v. Bredow*, 1969). Erst F. R. Schultz gelang der Durchbruch in der Armee; dem Bundestag warf er mangelndes Interesse vor. Ihm folgten dann K. W. Berkhan, vorher lange Zeit Parlamentarischer Staatssekretär im Bundesministerium der Verteidigung, und W. Weißkirch. Ihre Berichte stießen auf größeres Interesse in Armee, Parlament und Öffentlichkeit. Das Kontrollamt erscheint gesichert.

Ungleich mehr Probleme ergeben sich mit dem Verteidigungsausschuß (vgl. *H. Schatz*, 1970, und *H. J. Berg*, 1982), der ohne nennenswerten eigenen Apparat dem riesigen Stab des Verteidigungsministeriums und den diesem zugeordneten Experten und Lobbyisten (nicht nur der Rüstungsindustrie) gegenübersteht und dessen Mitglieder sich immer wieder fragen (müssen), ob sie nicht sachlich und zeitlich überfordert sind. Jedenfalls stellen sich die Fragen der ‚civil control' besonders in diesem Zusammenhang. Die Konzentration der militärischen Kommandogewalt bei einem Politiker gibt für sich noch keine Gewähr dafür, daß die politischen Institutionen ihrer Kontrollfunktion auch wirklich nachkommen können.

Vor diesem Hintergrund seien drei Konsequenzen der stärkeren Einbindung der Wehrverfassung in die politische Verfassung kurz angesprochen:
Zum ersten gibt es eine früher unvorstellbare *Öffentlichkeit dieses Bereiches.* Abgesehen von der militär-werbenden Literatur, einschließlich der das Bedürfnis nach Selbstdarstellung befriedigenden Bildbände über Teilstreitkräfte, Waffengattungen oder Truppenteile, die an Bedeutung und Öffentlichkeitswirkung im Vergleich zu früher verloren haben, besteht so etwas wie ein Publizitätsdrang. Während es in den Anfangsphasen des Verteidigungsministeriums noch als schwierig galt, auch nur die genaue Gliederung dieses Ministeriums zu erhalten, veröffentlicht man heute vergleichsweise großzügig: die Weißbücher sind in diesem Sinne Fundgruben; die seit 1970 in besonderem Maße üblich gewordenen Kommissionsberichte mit ihren zum Teil weitreichenden Folgerungen sind allesamt sogleich veröffentlicht und entsprechend diskutiert worden – so der Bericht ‚Neuordnung der Ausbildung und Bildung in der Bundeswehr' (1971), der über ‚Die Personalstruktur der Streitkräfte' (1971), der über die ‚Neuordnung des Rüstungsbereiches' (1971) usw. Die Bibliographie über die Diskussion der Ausbildungsreform von 1970/71, die E. Lippert 1977 vorgelegt hat, umfaßt knapp 1000 Titel. Verschiedentlich kann man im Verteidigungsbereich eher von Überinformation sprechen, dem nach innen zahlreiche publizistische Integrationsbemühungen entsprechen, wobei man sich der Wandzeitung, der Informationsbroschüren verschiedenster Art, einiger Schriftenreihen und natürlich auch der offenen oder stillen Zusammenarbeit mit Verlegern bedient. Überinformation führt dann allerdings auch dazu, daß besonderes Interesse gewinnt, was nicht öffentlich vorliegt.
Zum zweiten gelang jahrelang eine Schwerpunktbildung der Diskussion in Zusammenhang mit der *Inneren Führung*. Deren Geschichte läßt sich hier nicht nachzeichnen. Dagegen wurde angedeutet, worum es geht – vielfach stellt sich das Unternehmen Innere Führung als der Versuch dar, sich ständig um „Grundsätze zeitgemäßer Menschenführung" zu bemühen und ihnen Eingang in den Truppenalltag zu verschaffen. In welchem Umfange das gelungen ist, läßt sich hier nicht erörtern. Jene Thematisierung bedeutet aber jedenfalls, daß – vermittelt durch das Parlament und seine mitwirkenden Funktionen – ein öffentliches Interesse an dem inneren Dienstbetrieb, am Umgang zwischen Untergebenen und Vorgesetzten besteht und auch daran, was die Armee dem Soldaten, vor allem dem Wehrpflichtigen, jenseits des bloß Waffentechnischen und Handwerklichen beibringt. Das erzwingt einen Prozeß der Reflexion soldatischer Führung und so etwas wie öffentliche Rechtfertigung; es bewirkte dennoch lange nicht, was in diesem Zusammenhang als selbstverständlich gelten muß, einen soliden Anteil der pädagogischen, psychologischen und soziologischen Voraussetzungen jener Inneren Führung schon während der Ausbildung. Tatsächlich kam es in dieser Hinsicht immer wieder zu Behelfen, was den Zweifel nährte, ob man es wirklich mit der zeitgemäßen Menschenführung oder der Inneren Führung so ernst nähme und ob man in der Bundeswehr nicht eher bereit sei, deren Grundsätze durch Prinzipien der Psychologischen Kriegsführung, durch die Orientierung am kommunistischen Feindbild oder durch ein besonderes soldatisches Berufsbild zu ersetzen. Daß die Amtsausstattung des entsprechenden Bereiches schon in den Anfangszeiten der Bundeswehr kein sonderliches Engagement in Sachen Innerer Führung bewies, hat Dieter Genschel (1972) belegt, mit der späteren Entwicklung haben sich mehr oder weniger kritisch oder auch apologetisch z. B. W. v. Bredow (1973), B. Fleckenstein (1971), S. Grimm (1970), R. Hamann (1972), C. G. v. Ilsemann (1971), G. Schmückle (1971) und H. H. Thielen (1970) oder, mit einer ande-

ren Fragestellung, P. Balke (1970) auseinandergesetzt, meist Autoren, die beruflich der Bundeswehr nahestehen. Den besten neueren Überblick findet man bei U. Simon (1981); eine völlige Ablehnung bei H. Preuß (1985).

In der militärischen Praxis wird die Innere Führung vor allem gegenüber den *Wehrpflichtigen* bedeutsam. Ihnen muß man, wie erwähnt, die interessanteren Tätigkeitsfelder in der Bundeswehr meist vorenthalten; sie sind von dem Nebeneinander von ausbildungs- und einsatzbereiter Armee besonders betroffen; in ihren Reihen entstehen eigene Formen der Subkultur, entwickeln sich „Brutalitäten als Parodien der offiziellen militärischen Hierarchie" (*C. Potyka*, in: SZ 6.9.1980), die meist von Wehrpflichtigen, deren Dienstzeit zu Ende geht, gegenüber neu eingetretenen Pflichtigen ausgeübt werden. Die eher unbefriedigende Situation der Wehrpflichtigen führt zu dem merkwürdigen Sozialisationseffekt, daß die Pflichtigen wenig in die Bundeswehr integriert und keinesfalls ihren sonstigen sozialen Bezügen entfremdet werden, daß vermutlich sogar ihr demokratisches Bewußtsein wächst, es dagegen der Bundeswehr kaum gelingt, Sinn und Zweck des Wehrdienstes wirklich zu vermitteln (vgl. *E. Lippert/P. Schneider/R. Zoll*, 1976, und Bericht des Wehrbeauftragten, 1986). In solchen Entwicklungen spiegelt sich der uninteressante tägliche Dienstbetrieb mitsamt seinen Leerzeiten und ermüdenden Wiederholungen aber auch antiquierten und oft sinnlosen ‚militärischen' Erziehungsmethoden wider, gegenüber dem sich viele Tätigkeitsfelder der *Kriegsdienstverweigerer* eher positiv abheben. Niemand wird beweisen können, wieweit solche Überlegungen die Entscheidungen junger Menschen bestimmen. Sicher ist nur, daß die bisherigen Regelungen für das Verfahren zur Anerkennung als Kriegsdienstverweigerer und für den Zivildienst, die entgegen Art. 4 (3) und Art. 12a (2) GG durchaus eine Gewissensentscheidung deutlich erschweren, die Zahl der Zivildienstleistenden nicht vermindern konnten.

Zum dritten ergibt sich aus der stärkeren Einschaltung des Parlaments und der dadurch bewirkten Transparenz gerade von Führungsproblemen eine größere *Nähe zur Politik* als früher. Betont man heute politische Neutralität (der Bundeswehr), ist deshalb auch etwas anderes gemeint als in den Zeiten eines reservierten Verhältnisses der Armee zur demokratischen Republik, denen der bereitwillige Schritt der Armeeführung in das Dritte Reich folgte – General Ludwig Beck dafür als Symbolfigur (vgl. *M. Messerschmidt,* 1969, *K. J. Müller,* 1979 und 1980). Heute weiß sich zumindest das Offizierskorps auf die (jeweilige) politische Führung angewiesen. Es mag zwar politisch eher konservative Präferenzen haben, Folge auch von Rekrutierungsvorgängen und Ausbildungsprozessen (vgl. aus der umfangreichen Literatur *D. Bald,* 1982, und die Studie von *E. Lippert/R. Zabel,* 1977), wird sich aber einem SPD-Minister gegenüber nicht sperrig verhalten und in seinem Verhältnis zu den Unteroffizieren, bei denen man etwas mehr Präferenzen für die SPD feststellen kann, durch solche Unterschiede nicht belastet sein. Rechtsradikale Neigungen bei Berufssoldaten, wie sie für 1965 H. Schatz (in: *R. Wildenmann,* 1969) festgestellt hat, spielen dagegen kaum eine größere Rolle als in anderen Gruppen (vgl. z. B. *B. K. Puzicha* u. a., 1970). Im übrigen gibt es viele Soldaten als örtliche Mandatsträger politischer Parteien, gehören Bundestagsabgeordnete zu den regelmäßigen Besuchern in den Standorten und wächst offenkundig die politische Sensibilität und Empfindlichkeit des militärischen Bereichs, was den Vorrang der politischen Führung eher unterstreicht. Der Primat der Politik erscheint nicht gefährdet, jedenfalls nicht durch einen militärischen Korpsgeist, aus dem heraus man Politik zu überspielen versucht. Wie man im Offizierkorps die politische Affäre um General

Kießling – ein schlimmer Fall von Vorverurteilung und ministerieller Unfähigkeit, Fehler einzugestehen – hingenommen hat, belegt das mehr als anderes. Daß man aus anderen Gründen an der Wirksamkeit jenes Primats zweifeln kann, zeigen Diskussionen vor allem über folgende Themen:

Der *Bundesminister der Verteidigung erscheint überfordert.* Ihm untersteht ein riesiger Apparat mit einem kaum überschaubaren Führungsbedarf, den er zuletzt allein, unterstützt nur von einem kleinen persönlichen Stab, befriedigen soll. Wie andere Minister auch kann er sich dabei nicht auf unbedingte Loyalitäten seines ‚Hauses' verlassen. Militärische wie zivile Abteilungen und Positionsinhaber werden vielmehr energisch versuchen, ihre Auffassung beim Minister durchzusetzen. Mit der Größe des Apparates wächst so die Abhängigkeit des Ministers vom Apparat. Umgekehrt löst sich ein seine Kompetenzen voll nutzender Verteidigungsminister, der allein umfassend über die Informationen aus seinem Bereich verfügt, leicht von der Richtlinienkompetenz des Kanzlers und der parlamentarischen Mitwirkung und Kontrolle dem Grunde nach. Zwar wird es kaum ein Verteidigungsminister auf Loyalitätskonflikte mit Kanzler, Kabinett, Fraktion und Verteidigungsausschuß ankommen lassen. Er wird sich aber von ihnen auch nicht die erforderliche Rückendeckung für das tägliche Führungsgeschäft beschaffen können. Größe und Art des Geschäftes isolieren. Die Führbarkeit des Verteidigungsministeriums durch seinen Minister und die Führbarkeit des Verteidigungsbereiches durch ‚die Politik' müssen immer wieder bezweifelt werden.

Solche Zweifel lösen auch die Konsequenzen *der Eingliederung in die NATO* aus. Das Verteidigungsbündnis ist ein politisches Bündnis. Seine Spitzengremien werden mit Ministern beschickt. Ihnen obliegt die Anbindung an die jeweiligen Kabinette. Die Entscheidungsvorbereitung erfolgt jedoch im (vorwiegend) militärischen Apparat. Sie ist komplex, ungemein informationshaltig, also nur mit erheblichem Zeitaufwand nachvollziehbar. Die innerstaatliche Überwälzung einer ungeheuerlichen Entscheidungslast auf einen einzigen Minister, der damit fast gezwungen wird, sich mit seinem Bereich voll zu identifizieren, ereignet sich auf der Bündnisebene noch einmal. National und international kommt es zu so komplizierten Entscheidungsprozessen, daß die Scheu, sie zu revidieren, auch auf diejenigen übergreift, die parlamentarische Kontrolle ausüben.

Eine Folge der Führungsüberlastung ist die besondere Form der *Bürokratisierung der Bundeswehr*. Soweit strukturell bedingt, geht sie auch auf das von Adenauer intendierte Nebeneinander von zivilen und militärischen Komponenten im Verteidigungsministerium zurück, das sich flächendeckend bis in die Standorte (Kommandantur/Verwaltung) fortsetzt. Das Nebeneinander hat weithin nicht zu einer funktionierenden und entlastenden Arbeitsteilung geführt, sondern zu einem Mischsystem mit erheblichen Reibungsverlusten und einer oft dezidierten Unterscheidung von Militär und Zivilisten, mithin zum Gegenteil von Arbeitsteilung. Schon im ministeriellen Bereich hat man es deshalb häufig mit einer unnötigen Vermehrung bürokratischer Abläufe zu tun. Da die Teilstreitkräfte mit ihren Führungsstäben voll in den ministeriellen Bereich eingebunden sind, müssen sie notwendigerweise selbst im engsten militärischen Bereich Kontroll- und Einflußmechanismen übernehmen, die typisch für die Bürokratie, keineswegs aber kennzeichnend für die militärische Hierarchie sind. Mit Recht bemängelte z. B. die ‚De-Maizière-Kommission', die sich mit der „Stärkung der Führungsfähigkeit und Entscheidungsverantwortung in der Bundeswehr" beschäftigen sollte, die 25 Inspizienten allein des Heeres, welche 1978 über 850 kontrollierende Truppenbesuche machten. Als eine der Ursachen nannte sie die *Kluft zwischen Auftrag und Mitteln der Bundes-*

wehr. Militärische Präsenz einerseits und umfassender Ausbildungsauftrag andererseits lassen sich nur mühsam vereinen.
Als Ausweg bietet sich eine immer deutlichere Spezialisierung an, die den Koordinationsbedarf erhöht. Zivil besetzte Stellen dürfen in die militärische Hierarchie nicht hineinregieren. Die Spezialisten verfügen häufig nur über untergeordnete Positionen in der Hierarchie. Beide umgehen deshalb zwangsläufig den Weg des direkten Befehls. Sie setzen auf bürokratische Verfahren, innerhalb derer sie ihre jeweilige Legitimation und ihre tatsächlichen oder vermeintlichen Sanktionsmittel von einer nächsthöheren Autorität ableiten – in vielen Fällen vom Minister unmittelbar, dem Einzelentscheidungen aufgrund von widersprechenden Vorlagen angesonnen werden, die sich ein Minister anderswo wohl kaum gefallen lassen würde. Die ‚höchste Ebene' ist das erste Opfer der durch widersprüchliche Konstruktion und Spezialisierung verstärkten Bürokatisierung. Der Einheitsführer vor Ort ist wohl das zweite. Ihm wird im Zuge einer diesen Prozeß begleitenden Zentralisierung viel von seiner unmittelbaren Verantwortung abgenommen, jenem wird zuviel an Verantwortung aufgebürdet. Die De-Maizière-Kommission hat hier eine im ganzen einleuchtende Theorie entwickelt, in der als Folge von Bürokratisierung und Spezialisierung die Quantifizierung als Folge des Rationalisierungsdruckes und die Reglementierung eine große Rolle spielen. Sie hat daraus allerdings Konsequenzen gezogen, die praktisch auf eine weitgehende Delegation von Befugnissen nach unten hinauslaufen. Der örtliche Kommandeur, stärker wieder als ‚Kämpfer' zu sehen, soll aufgrund dieser Befugnisse die Anonymität der Bundeswehr vermindern und als Mensch einen Mittelpunkt bilden. Welche Kontrollen es ihm gegenüber geben kann, wird nicht weiter ausgeführt. Zu den Grunderfahrungen der Bundeswehr gehört aber, daß es immer wieder zu persönlichem, dienstlichem und politischem Fehlverhalten auch von Kommandeuren kommt. Das schlichte Gegenbild, mit welchem die genannte Kommission der Bundeswehrrealität gegenübertritt, erweist sich spätestens hier als ungeeignet. Der ‚Kämpfer' mag in der Bundeswehr zu kurz kommen. Mit ihm als Leitfigur wird man der genannten Probleme aber nicht Herr.
Probleme in Zusammenhang mit dem *Primat der Politik* werden schließlich und vor allem auch im *Bereich der Rüstung,* der einschlägigen militärischen und zivilen Planung, der industriellen Auftragsentgegennahme, Waffenentwicklung und Produktablieferung sichtbar. Wir können auf diesen Komplex nicht näher eingehen. Die Waffenplanung hängt zu eng mit der Strategiediskussion zusammen, die Waffenentwicklung ist zu sehr ein kompliziertes Managementproblem und sie vollzieht sich bei größeren Projekten in personellen und finanziellen Dimensionen, die kaum überschaubar sind – Mitte der 70er Jahre waren am MRCA-Projekt (Tornado) etwa 500 Firmen mit etwa 70 000 Mitarbeitern beteiligt und konnten, wie Bruno Köppl nachgewiesen hat (vgl. den Bericht von *C. Potyka* in der SZ 18.4.1980), einzelne Firmen praktisch zur Nötigung greifen, weil sie das Gesamtprojekt empfindlich zu stören imstande waren. Militärisches Wunschdenken gegenüber neuen Waffensystemen, Abhängigkeit der Rüstungsindustrie von entsprechenden Aufträgen, eine problematische öffentliche Diskussion, in der den Experten des militärischen und des industriellen Bereichs keine Gegengutachter gegenüberstehen, und vieles anderes mehr bilden einzelne Problemfelder, denen niemand in einem kurzen Abriß gerecht werden kann (ein Versuch stammt von *L. Köllner*, in: *R. Zoll/E. Lippert/ T. Rössler*, 1977). Wer sich hierfür näher interessiert, stößt auf eine merkwürdige und teure Rüstungswerbung des Verteidigungsministeriums, auf erstaunliche Detailinformationen über einzelne Waffensysteme (vgl. z. B. *W. J. Spielberger*, 1978) oder auf den penibeln

Tornadobericht, mit dem Alfred Mechtersheimer (1978) publizistisch Karriere gemacht und in dem er in bezug auf den auftraggebenden Staatsapparat von „einem Konglomerat von sehr lose verbundenen Teilapparaten von tendenziell chaotischer Struktur" gesprochen hat. Wer sich informiert, stößt weiter auf ständig neue Schreckensmeldungen über drastische Planungsfehler, enorme Preiserhöhungen, Miß-Management vor allem bei Großprojekten und unwirksame politische Kontrolle. Als Verteidigungsminister Hans Apel 1981 wegen der Tornado-Finanzierung angegriffen wurde, hatte er Mühe, die Informationsabläufe in seinem Hause dem untersuchenden Verteidigungsausschuß verständlich zu machen. Daß die grundlegenden Entscheidungen lange vor seiner Zeit gefallen und praktisch nichts mehr zu revidieren war, wurde zu diesem Zeitpunkt kaum diskutiert (materialreich aber einseitig zu diesem Thema *I. Huffschmid*, 1981).

Der Rüstungsbereich, ein Teil des Komplexes ‚Bundeswehr als Wirtschaftsfaktor', aus dem sich auch die Unterstützung der betroffenen Wirtschaft ergibt, bildet den Kern des ‚militärisch-industriellen Komplexes', der sich der politischen Kontrolle nach den bisherigen Erfahrungen weithin entziehen kann. Der Primat der Politik mag so immer wieder auch als Schutzschild für Akteure dienen, die sich der rationalen Auseinandersetzung über ihr Tun entziehen. Die Konzentration der Führung und Kontrolle eines riesigen Apparates auf einen Minister und einen ihm zugeordneten Parlamentsausschuß, viele Probleme der Binnenkonstruktion mit bürokratieverstärkender Wirkung und – vereinfacht – spezifische Managementschwierigkeiten im Rüstungsbereich nähren die Zweifel an der Wirksamkeit jenes Primats.

6.4.3. Bundeswehr und Gesellschaft

Die Wehrverfassung der Bundesrepublik sieht sich nicht durch eindeutige Gegner gefährdet. Kritische Erörterungen ziehen nur in Zweifel, ob sie funktioniert und funktionieren kann. Diese Zweifel ergeben sich auch aus dem widersprüchlichen Verhältnis der Bundeswehr zur Gesellschaft. Die Soldaten bleiben unzweifelhaft in die Gesellschaft integriert. Sie bilden eine eigene, in sich differenzierte Gruppe, unterscheiden sich darin aber nicht grundsätzlich von anderen Gruppen. Jene Integration sei hier einfach behauptet; sie läßt sich sozialwissenschaftlich auch belegen (vgl. *R. Zoll*, 1979), soweit sie sich auf die Soldaten und in gewissem Umfange auf die Bundeswehr als Institution bezieht. Dagegen ist der ‚Auftrag' der Bundeswehr kaum akzeptiert. In der Bundesrepublik findet öffentlich keine nennenswerte strategische Diskussion statt; die Wissenschaft hält sich zurück (*R. Mutz*, 1978), Alternativen zur offiziellen Verteidigungsdoktrin sind selten (vgl. *Studiengruppe*, 1984, *K. v. Schubert*, 1983). Nur wenige Spezialisten kennen sich in den Abkürzungen und Chiffren aus, wissen wie Potentialvergleiche zustandekommen und wo ihre Grenzen liegen, haben Einblick in die Wirksamkeit von Waffensystemen: Trotz relativer Öffentlichkeit des Themas Krieg und Frieden bleibt dieses Thema eher an einer Oberfläche, auf der Emotionen und Verkürzungen den Ausschlag geben. Die Bundeswehr ist integriert in dem Maße, in dem man sich mit ihrem Zweck nur am Rande beschäftigt.

Die These muß in einem Überblick über die Diskussion des Verhältnisses von Bundeswehr und Gesellschaft allerdings etwas ausdifferenziert werden. In der Diskussion überwiegen zwei konträre *Grundmuster*. Dem einen, eher in soziologischen Kategorien entwickelten zufolge verhandelt man die Frage nach dem Verhältnis von Militär und

Gesellschaft auf einer Ebene von *Vergleichbarkeit und Unvergleichbarkeit der Strukturen und Funktionen*, gleichgültig ob es sich um das hierarchische Prinzip, die Ausbildung, unterschiedliche Verwendungen oder um Führungsstile handelt (vgl. *M. Janowitz/R. W. Little*, 1965). Wer eher von Vergleichbarkeit ausgeht, wendet sich gegen die Besonderung des Militärs; wer eher von Unvergleichbarkeit ausgeht, kann damit sowohl den Soldatenberuf als einen „Beruf sui generis" retten als auch die Gesellschaft vor ihrer Militarisierung bewahren wollen. Das *zweite Grundmuster* präsentiert sich vorwiegend in politischen Kategorien und läßt sich kaum zu einer griffigen Alternative zusammenfassen. Eher könnte man von einer *Skala* sprechen, auf der sich die absolute Ablehnung jeder bewaffneten Macht, die Ablehnung nur der bewaffneten Macht „spätkapitalistischer Systeme" die Ablehnung von Streitkräften im geteilten Deutschland und die Ablehnung dieser konkreten Bundeswehr ebenso finden wie unterschiedlichste Formen von bedingter und unbedingter Bejahung.

Der gesamten Diskussion ist zunächst eigentümlich, daß es sie überhaupt gibt, Streitkräfte mithin weder überhaupt noch gar in ihrer konkreten Form als selbstverständlich gelten. Damit geraten sie in eine Lage, aus der heraus sie sich rechtfertigen, Öffentlichkeitsarbeit und Parlamentslobbyismus betreiben müssen. Zugleich sehen sie sich auf den ihnen besonders verbundenen Teil der politischen Führung angewiesen. Diesem wiederum fällt es nicht nur zu, die Beschlüsse über die erforderlichen Mittel und über die Gesetze herbeizuführen, er muß vielmehr für die Bundeswehr auch immer wieder öffentlich eintreten. Wir haben es insofern mit einer *diskutierenden und diskutierten Armee* zu tun, die sich vielen Fragen ausgesetzt sieht und antworten muß. Hierin liegt so etwas wie ein völliger Bruch mit der Tradition der unbefragten Armee. Seine Folgen lassen sich, sofern man Vereinfachungen nicht scheut, in der Hauptsache so zusammenfassen:

Die diskutierende Armee nimmt an der öffentlichen Diskussion teil und ist zugleich von ihr betroffen: Jeder Zweifel am Nutzen eben dieser Armee, an der Möglichkeit von Friedenssicherung mit Hilfe des Instruments Armee, bezieht sich auf eigene Aufgaben und Zwecke und kann zur Folge haben, daß Mittel gekürzt werden oder die Zahl der Wehrdienstverweigerer wie die der (bloß) wehrunwilligen Wehrpflichtigen steigt. Auch wenn innenpolitisch die Existenz der Bundeswehr nicht ernstlich zur Debatte und keine internationale Konstellation in Aussicht steht, die mehr als ein höchst vorsichtiges und langfristiges Programm gleichzeitiger und gleichmäßiger Abrüstung erlaubt, obgleich demgemäß die Bundeswehr gesichert erscheint, bildet sie kein unantastbares Gebilde und hat der in ihr versammelte militärische Sachverstand nur bedingt Einfluß darauf, wie dieses Gebilde angesichts der Lage, auf die sich der eigene Auftrag bezieht, beschaffen ist und sein soll. Das macht noch einmal die volle Einbindung in die Politik deutlich: es gibt kaum einen militärischen Innenraum, dem nicht ein Mindestmaß an Öffentlichkeit eignet. Umgekehrt kann sich die öffentliche Diskussion in einer gewissen Beliebigkeit jedem Thema zuwenden und damit ggf. Einfluß nehmen; auch in dieser Hinsicht erscheint die Armee verfügbarer als etwa die öffentliche Verwaltung. Vor solchem Hintergrund mag es dann als Besonderheit gelten, daß es hierzulande, wie erwähnt, *kaum eine militärstrategische und damit militärpolitische Diskussion gibt*. Die eben angesprochene Diskussion ergreift das Objekt Bundeswehr deshalb so unmittelbar, weil dieses Objekt selten in seiner weltpolitischen Bedingtheit oder in seiner Einbindung etwa in das Bündnissystem gesehen wird. Soweit die Diskussion also Anregung und Kritik einbringt, erweist sie sich vielleicht als sensibel für die Bundeswehr als eine gesellschaftlich relevante Größe, nicht jedoch für die Funktionen der Bundeswehr. Das zeigt sich besonders bei solchen Gegnern der Bundeswehr, welche sie einfach abschaffen wollen, ohne auch nur den Aufriß einer politischen Situation zu entwerfen, in der das einmal möglich sein könnte. Es gilt aber auch für viele Anhänger der Bundeswehr, welche gern von einem Mehr an Rüstung und einer stärkeren gesellschaftlichen Unterstützung – die dann Disziplin in der Truppe mehren soll – sprechen, ohne ihrerseits das strategische Tableau vorzustellen, auf dem sich die gemeinte Rüstung als angemessen erweist. Das Beschwören einer Bedrohung und der Hinweis auf die größere Zahl von Soldaten im Ostblock ersetzt kein Tableau dieser Art und keine rationalen Kriterien für ein Marine-, Luftrüstungs- oder Panzerkonzept. Tatsächlich ist unendlich viel vom Auftrag der Streitkräfte die Rede, konkret gelingen jedoch meist nur die Leerformeln „Verteidigung" oder „Produktion von Sicherheit" oder „Beitragsleistung im Bündnissystem", auf die man damit die strategische Diskussion abwälzt.

In der Hauptsache nimmt die Diskussion eine einseitige Wendung. Damit kann sie die Gesellschaft vielleicht gegen eine Entwicklung absichern, wie sie nach 1918 zustande kam, weil sie den Binnenraum der Bundeswehr, seinerseits funktional auf verschiedene Außensysteme bezogen, öffentlich und so auftragswidrige Vorbereitungen unmöglich macht. Auf solche Weise grenzt man ein, ob man so auch initiiert, bleibt fraglich. Das große öffentliche Interesse an der Inneren Führung, die Existenz einer eigenen Schule oder einer Schriftenreihe dafür, die Tätigkeit eines besonderen Beirates und unzählige Bekenntnisse zu ihr konnten nicht verhindern, daß ihre Geschichte die „eines allgemeinen Unbehagens" ist. „Keine andere Frage der Bundeswehr steht sowohl in der Gesellschaft als auch in den Streitkräften nach wie vor so sehr im Mittelpunkt der Diskussion, wie gerade die Grundsätze der Inneren Führung (*B. Fleckenstein,* 1971, S. 55). Die Gründe dafür liegen nicht auf der Hand: Die Erklärung, daß eine zeitgemäße Innere Führung von vielen Soldaten, welche 1956 ihren Beruf wieder aufgenommen haben, nicht gewollt werde, behält nur neben der Erklärung, das Konzept sei nicht widerspruchsfrei und in einem vordergründigen Sinne nicht praktikabel, Bedeutung. Offenbart jedoch umgekehrt die öffentliche Diskussion einen entschlossenen Willen, die Bundeswehr zu einer dem früheren Konzept entsprechenden Inneren Führung anzuhalten, was die Fürsorge des Dienstherren ebenso einschließt wie die rechtliche Grundlegung des Verhältnisses zwischen Vorgesetzten und Untergebenen, die Gewährleistung der Einsatzbereitschaft ebenso wie das Vermeiden vermeidbarer Härten? Hier gilt zweifellos, daß Interesse eben nicht gleich Interesse ist – die Gegner der Bundeswehr, welche sie überhaupt abschaffen und diejenigen, die sie in einer voll militarisierten Gesellschaft führen wollen, sind in gleicher Weise an der Inneren Führung uninteressiert. Das versetzt die interessierte Öffentlichkeit zwangsläufig in eine Situation, noch immer etwas propagieren zu müssen, anstatt es durch kritische Auseinandersetzung weiterzutreiben. Mit Öffentlichkeit allein ist es also noch nicht getan.

Die Innere Führung darf als Problemfeld nicht überbetont werden. Sie behält aber Bedeutung, weil es nun einmal ein „widerspruchsvolles Verhältnis der Konstitutionsprinzipien militärischer Gewalt und bürgerlicher Demokratie" gibt (*L. v. Friedeburg,* in: *G. Picht* II, S. 46), das man mittels dieses Konzeptes ausgleichen wollte, um zugleich das Konzept entschieden gegen ein traditionalistisches Bild vom Soldaten zu stellen (vgl. *G. Schmückle,* 1971, S. 12). Der ‚Staatsbürger in Uniform' (vgl. *W. Graf Baudissin,* 1969) war auch gegen die Traditionalisten und ihr Kriegsbild gerichtet. Er trug allerdings ebenfalls deutlich militärzentrierte Züge, zielte auf eine besondere ethische Begründung des Soldatenberufes (Kriegsverhinderung). Demgegenüber stellt sich zum Ende der 80er Jahre die Frage nach der Integration der Bundeswehr in die Gesellschaft aus mehreren Gründen viel pragmatischer als früher und keinesfalls mehr in dem Sinne relativer Isolierung. Heute kommt alles auf den ständigen Austausch zwischen Gesellschaft und Bundeswehr an, weil anders diese das Problem der geburtenschwachen Jahrgänge nicht lösen kann. Austausch vollzieht sich in erster Linie auf der Ebene von ‚Tätigkeiten'. Zu klären ist, wieweit sich Tätigkeiten in der Bundeswehr und solche in der Gesellschaft vergleichen lassen, wieweit man sie demgemäß in der Ausbildung erfassen und auf diese Weise elastisch Personalprobleme der Bundeswehr lösen kann. Da diese vor allem auf Zeitsoldaten angewiesen ist, bleibt für sie existentiell, was später mit den Zeitsoldaten geschieht, was sie mit ihrer militärischen Ausbildung anfangen können[1]. Andere Angleichungsprozesse werden durch technische Entwicklungen bestimmt, und noch in den Management-Konzepten vollzieht man in der Bundeswehr Entwicklungen nach, die in der Industrie eingeleitet und vielfach längst schon wieder beendet worden sind. Angesichts des Gewichtes solcher Tatsachen und des mit ihm sich verbindenen Verdachtes einer einseitigen technokratischen Wendung in der Bundeswehr (vgl. z. B. *W. v. Bredow*, 1973), stellt sich die Frage nach den verbleibenden Besonderheiten möglicherweise um so dringlicher; der Militärsoziologie bleibt viel zu tun. Daß dies der Kriegs-, Konflikt- und Friedensforschung und einer ernstzunehmenden strategischen Diskussion als Voraussetzung bedarf, muß man allerdings hinzufügen. Die Bundeswehr kann als eigene und auf sich gestellte Organisation in der Hauptsache Veränderungen im Ausbildungssystem und in dem der Verwendungen herbeiführen; ein funktionierendes Integrationsmodell für Berufs-, Zeit- und wehrpflichtige Soldaten läßt sich dagegen nur schwer formulieren und per Anweisung realisieren oder aber undiskutiert der Organisation zugrunde legen. Die Organisation Bundeswehr bedarf schon wegen der Wehrpflichtigen der Integration auch durch die Gesellschaft (tendenziell anders *D. Schössler*, 1973 und *W. v. Bredow*, 1969 und 1973). Aus solchen Gründen muß die Diskussion über sie anhalten.

1 Einen Versuch in dieser Richtung bedeutete das mit dem Namen Ellwein verknüpfte Konzept, das der Reform von ‚Bildung und Ausbildung' in der Bundeswehr 1971 und 1972 zugrunde lag. Das Konzept wurde in dem bereits erwähnten Bericht einer Kommission 1971 vorgestellt und sollte bewirken, daß Ausbildungsgänge in der Bundeswehr soweit als eben möglich den entsprechenden zivilen Ausbildungsgängen angenähert werden, um ggf. zu zivilen Prüfungen, Qualifikationen usw. zu führen. Im Heer wurden auf diesem Wege über 100 eigene Ausbildungsgänge für längerdienende Mannschaften und Unteroffiziere entwickelt. Ziel des Konzeptes war es in der Hauptsache, die Bundeswehr für längerdienende Zeitsoldaten attraktiv zu machen, indem man ihnen die Rückkehr ins zivile Berufsleben erleichterte. Gleichzeitig sollte durch eine bessere Ausbildung aber auch erreicht werden, daß Führung in der Bundeswehr verbessert und den Grundsätzen der Inneren Führung angenähert wird. – Über die Ausbildungsreform gibt es eine umfangreiche Literatur, in der (von *E. Lippert*, 1977, zusammengestellt) eindeutig die Veränderungen in der Offiziersausbildung im Mittelpunkt stehen. Hier ging es darum, den ständigen Beförderungsstau durch eine drastische Vermehrung der für 12 Dienstjahre verpflichteten Offiziere abzubauen. Auch diesen Offizieren mußte die Rückkehr in das zivile Berufsleben erleichtert werden; deshalb wurde ihnen während der Ausbildung in der Bundeswehr ein normales Studium mit einem von den Trägern der Kulturhoheit anerkannten Abschluß angeboten. Ellweins Vorstellungen dazu sind z. B. in dem Titelbeitrag zu dem Sammelbändchen von *F. Henrich*, 1971, und in der Dokumentation zur Errichtung der Hochschule der Bundeswehr in Hamburg – *Th. Ellwein/A. v. Müller/H. Plander*, 1974 – vorgetragen. Mit der Entwicklung der Hochschulen der Bundeswehr setzen sich z. B. *W. Liebau*, 1976, und *M. Kutz*, 1982, auseinander. Letzterer faßt die Entwicklung der Reform zusammen; er trägt auch den Technokratievorwurf gegen Ellwein vor.

Allerdings gibt es gute Gründe für die Annahme, daß sich im Laufe der nächsten Jahre die Diskussion anderen Schwerpunktthemen zuwenden wird: Zum einen treffen die Wirtschaftsentwicklung und in ihrem Gefolge die erwartbare Entwicklung der Staatsfinanzen ab 1988 die Bundeswehr besonders hart. Zum anderen muß die Bundeswehr während dieses Sparprozesses sich auf einen grundlegenden Veränderungsprozeß einlassen, da in wenigen Jahren die Zahl der Wehrpflichtigen nicht mehr ausreichen wird, um die Bündnisverpflichtungen zu erfüllen, und man in größerem Umfange auf Reservisten kaum zurückgreifen kann, weil diese zu teuer sind. Damit wird man vor vielen neuen Fragen stehen, vor allem vor der, ob man die Wehrpflicht auch auf die Frauen ausdehnt oder ob man sich in anderer Weise behilft, z. B. die logistischen Funktionen i. w. S. stärker von den kämpfenden unterscheidet. Nach dem derzeitigen Stand der Diskussion muß man annehmen, daß die ‚Traditionalisten' eher die Frauenwehrpflicht befürworten werden, weil das zwar viele Schwierigkeiten mit sich bringt, die Bundeswehr im Grunde aber nicht wesentlich ändert, während andere Gruppen eher die Funktionsunterscheidung vornehmen wollen, mit der sich zwangsläufig eine neue Öffnung zur Gesellschaft hin verbindet. Schließlich sei noch angemerkt, daß tradition und Reform nur einen Aspekt verdeutlichen. Der andere wird durch das Gegensatzpaar: Kämpfer oder Techniker sichtbar und durch den Vorwurd, die letzteren bewirkten durch das einseitige Festhalten an der kriegstechnologischen Entwicklung eine Verengung der Strategiediskussion, welche praktisch die Möglichkeit eines begrenzten Krieges in herkömmlicher Form immer mehr ausschließe (vgl. *F. Uhle-Wettler*, 1980). Dies alles verweist auf höchst unterschiedliche Problemfelder, aus denen sich ähnlich unterschiedliche Entwicklungen im Verhältnis zwischen Bundeswehr und Gesellschaft ergeben können, während umgekehrt in der Gesellschaft die Friedensbewegung an Boden gewinnt und angesichts des notwendigen Abbaues von Sozialleistungen die Kosten der Bundeswehr und die der Rüstung vermutlich immer stärker in die politische Diskussion geraten. Unsere These von einer deutlichen Integration der Bundeswehr in die Gesellschaft bedarf deshalb der Einschränkung: Die bisherige Integration bedeutet, daß die Bundeswehr weitgehend hingenommen und auch akzeptiert wird. Sie bedeutet nicht, daß ihre Probleme als integrale Probleme der Gesellschaft gelten. Schwierigkeiten der gesellschaftlichen Entwicklungen werden sich deshalb eher verstärkt auf die Bundeswehr auswirken. Das in den 70er Jahren trotz der Demonstrationen gegen feierliche Gelöbnisse insgesamt entspannte Verhältnis zwischen Bundeswehr und Gesellschaft kann sich in den späten 80er Jahren wieder größeren Spannungen ausgesetzt sehen. Sie werden durch demotivierte Wehrpflichtige in die Kasernen getragen, wenn drohende Arbeitslosigkeit als Stimulans für Wehrbereitschaft entfällt, wenn ‚der Bund' noch sichtbarer Opfer verlangt – die anderen verdienen ja gut – und dieses Opfer auf prinzipielles Unverständnis stößt: Nicht die Bundeswehr wird von den Wehrpflichtigen abgelehnt, obgleich auch das für etwa ein Drittel von ihnen gibt, wohl aber der Einsatz von Atomwaffen (knapp 70 %) und damit die bislang gültige NATO-Doktrin.

7. Kapitel
Recht und Rechtsprechung

Weil sich das ‚Regierungssystem' eines Landes nicht konkret fassen, sondern nur mittels wissenschaftlicher Methoden als Gegenstand näher bestimmen läßt, muß auch geklärt werden, in welchem Umfange Recht und Rechtsprechung in eine Darstellung des Regierungssystems gehören. Zunächst bedeuten Rechtsetzung und Rechtsanwendung immer auch Herrschaftsausübung. Dabei soll die Justiz eine dienende Funktion wahrnehmen: Sie findet das Recht vor, welches sie anzuwenden und durchzusetzen hat, vollzieht also den Willen anderer. Der Richter als Diener des Rechts dient der Herrschaft, soweit diese Recht setzt. Recht findet sich aber auch durch Richter selbständig weiterentwickelt (Richterrecht); Aufklärung, Liberalismus und Demokratie haben um den ‚unabhängigen' Richter gekämpft, der nicht selbst Recht setzen, wohl aber in der Anwendung des Rechtes weisungsunabhängig und selbständig sein soll. Insofern muß die Schilderung eines Regierungssystems von einer ambivalenten Stellung der ‚dritten Gewalt' im Verfassungsgefüge ausgehen. Da diese Stellung nicht nur von der Funktionszuweisung durch die Verfassung abhängt, vielmehr entscheidend von der Materie bestimmt wird, mit der die dritte Gewalt umgehen soll, muß wenigstens andeutend auch von jener Materie, vom Recht und von seiner Handhabung, die Rede sein.

7.1. Probleme der Rechtsordnung

7.1.1. Positives und überpositives Recht

Im modernen Staat findet sich ‚Recht' in aller Regel als gesetztes Recht vor. *Satzungsrecht* und Vereinbarungen bestimmen das Bild. Das Gewohnheitsrecht tritt nur ergänzend hinzu. Sein meist örtlicher Einfluß schwindet, während sich das Satzungsrecht erweitert. Am geltenden Recht wird ständig gearbeitet. Das hängt mit der zunehmenden Komplizierung der rechtlich geordneten Lebensbereiche und damit zusammen, daß viele politische und gestaltende Entscheidungen der Form des Gesetzes bedürfen, formal mithin zur Rechtsordnung gehören und ihren Regeln (der Auslegung, der Streitschlichtung usw.) unterliegen. Erst damit gewinnt das *Gewaltenteilungsschema* seinen Sinn: Parlament und Regierung sollen die Rechtsordnung weiterentwickeln, die Verwaltung soll den Gesetzesbefehl verwirklichen und die Gerichte sollen gewährleisten, daß sich alle Beteiligten an das geltende Recht halten. Das Schema entspricht den Gegebenheiten nur bedingt, weil die Verwaltung nicht bloß Gesetze vollzieht und die politische Führung nicht nur an der Rechtsordnung arbeitet. Der Hinweis auf einen solchen Widerspruch macht sichtbar, daß man das staatliche Handeln nicht ausschließlich im Zusammenhang mit der Rechtsordnung ‚verorten' kann. Noch weniger kann man diese Rechtsordnung als statisches Gebilde betrachten. Das Recht ist der Politik vor- und aufgegeben: Politik muß – alle Rechtsphilosophie und -soziologie ausgeklammert – das herrschende oder doch vorhandene Rechtsbewußtsein respektieren, sie muß aber zugleich die Rechtsordnung weiterentwickeln.

Wer ein *differenziertes* Bild von der Rechtsordnung gewinnen will, steht wieder vor der Schwierigkeit, daß viele überlieferte Begriffe nur wenig dazu beitragen, die Wirklichkeit zugänglich zu machen (vgl. zum folgenden: *J. Baumann,* 1974, *R. Wiethölter,* 1968, *R. Zippelius,* 1974). Das hängt mit der tatsächlichen wie mit der wissenschaftlichen Entwicklung zusammen. Wissenschaftlich gibt es bis zum 18. Jahrhundert eine klare Unterscheidung. Zur ‚Politik' gehören alle Staatswissenschaften einschließlich des späteren öffentlichen Rechtes, während die Jurisprudenz sich v. a. dem Privat-, dem Straf- und dem Prozeßrecht zuwendet (vgl. *H. Maier,* 1966). Mit der Durchsetzung der *Rechtsstaatsidee* ändert sich das. Dieser Idee zufolge bedeutet Freiheit, nicht Personen, sondern nur Gesetzen gehorchen zu müssen. Deshalb entwickelt sich der Rechts- und Gesetzesstaat mit der Konsequenz, daß man um der eigenen Freiheit willen an der Gesetzgebung beteiligt und daß alles staatliche Tun auf das Gesetz bezogen und damit justiziabel sein muß. Erst unter der Ägide dieses Rechtsstaates setzt sich der Jurist als der zunächst am besten für den Staatsdienst Ausgebildete durch. Gleichzeitig löst sich zugunsten eines ‚positivistischen Trennungsdenkens' die alte Einheit der Staatswissenschaften auf. Das öffentliche Recht gerät in die Obhut der Rechtswissenschaft. Damit geht die ältere Trennung von Recht und Politik verloren. Man gewöhnt sich daran, die Politik primär unter dem Aspekt der vorhandenen oder zu schaffenden Rechtsnormen zu sehen, was die Unterscheidung zwischen der aktiven, dynamischen Politik und der Rechtsordnung als statischer Ordnung, bestehend aus Entscheidungen, die man hinter sich gebracht hat, nahelegt. In welchem Maße das *Recht Funktion der Politik* und damit auch verfügbar ist, gerät eher in Vergessenheit. Zusammen mit der (älteren) Politik als Lehre treten gleichzeitig philosophische und ethische Aspekte in den Hintergrund. Die Einzeldisziplinen öffnen sich dem Positivismus, wobei der Rechtspositivismus vor allem die Behandlung des öffentlichen Rechts (vgl. *Th. Ellwein,* 1954) prägt. Das erbringt eine klärende Ordnung aufgrund plausibler Systematiken, begrenzt freilich auch das Recht auf das, was im Gesetz steht, läßt also die Frage nach den Maßstäben und so auch diese selbst verkümmern, wiewohl man ohne solche Maßstäbe nicht auf die Dauer dem geltenden Recht gegenübertreten kann.

Abgesehen von der möglichen Pervertierung solcher Denkweise, die sich jedem Gesetz gegenüber unkritisch verhalten und auch dann Gesetzesgläubigkeit bedeuten kann, wenn der Gesetzgeber zum Beispiel Hitler heißt, erwies sich diese Entwicklung als äußerst folgenreich. Das Postulat des *Gesetzesstaates* wurde, wie erwähnt, in einer Zeit erhoben, in der man sich die Tätigkeit des Gemeinwesens prinzipiell als begrenzt dachte. Nur deshalb sprach man sich in Deutschland – die angelsächsische Tradition verläuft anders und ungleich weniger begrifflich-systematisch faßbar – für einen Gesetzesbegriff aus, demzufolge das Gesetz generell und dann notwendig sein solle, wenn es um Eingriffe in Freiheit und Eigentum des Bürgers ginge (dazu programmatisch *C. Schmitt,* 1928; allgemein vgl. *H. Krüger,* 1964). Diesem Programm stand allerdings schon die erste industrielle Revolution im Wege; die sozialen und technischen Wandlungsvorgänge nach 1880 vermehrten die Staatstätigkeit erst recht. Konnte man vorher die rechtsetzende Tätigkeit vorwiegend im Bereich des privaten, des Wirtschafts- und des Strafrechts sehen, außerdem in der Steuer-, in der Wehr- und in der Haushaltsgesetzgebung, so machen später diese Gesetze nur noch einen kleinen Teil der gesamten legislativen

Tätigkeit aus (vgl. Quelle 7.1.1.). Heute trifft deshalb weder die Freiheits- und Eigentumsformel zu, noch gilt grundsätzlich der generelle Charakter. Zwar gibt es noch immer zahlreiche Gesetze, welche einen bestimmten Lebensbereich grundlegend ordnen. Zahlenmäßig haben aber die meisten Gesetze die Aufgabe, Konkretes zu bewirken, politische Programme umzusetzen. E. Forsthoff spricht deshalb von den *Maßnahmegesetzen* als actio im Gegensatz zum klassischen Gesetz als constitutio. Nach wie vor gehört aber jedes Gesetz wie auch jede Rechtsverordnung in den Bereich des geltenden Rechts, ist also Teil der *Rechtsordnung*. Diese, bestehend zu einem kleineren Teil aus dem privaten, dem Straf- und Prozeßrecht und zu einem weit größeren aus dem sogenannten öffentlichen Recht, ist *unüberschaubar* geworden und schon deswegen für den Bürger kaum mehr mit Recht zu identifizieren, sofern im Bürger überhaupt ein Rechtsinn entwickelt ist. Man hat oft genug gesagt, daß dem die mit der Rezeption des römischen Rechts verbundene Entfremdung des Rechts vom Volke entgegenstehe, was auch als besondere Erschwernis einer Erziehung zum Recht in Deutschland anzusehen sei (vgl. *Th. Ellwein*, Rechtswissenschaft und Erziehung, in: *ders./H. H. Groothoff* u.a., Band III/1). Das zuerst genannte Problem besteht jedoch überall, wo Recht sich weniger in der Überlieferung und mehr im Gesetz manifestiert und dieses Gesetz vorwiegend die Form ist, in der grundlegende Beschlüsse gefaßt werden.

Es ist nun eine allgemeingültige Erfahrung, daß Recht zwar in eine bestimmte Form gebracht und mit der Macht verbunden werden muß, daß dies aber allein nicht genügt, ihm *Anerkennung* im tieferen Sinne zu verschaffen. Auch der deutsche Rechtspositivismus hat nicht auf eine metajuristische Basis verzichtet. Seine eigentümliche Denkweise war nur möglich, weil es in jenen Zeiten eine ausgeprägte Staatsmetaphysik gab, die das ausschließlich an den Staat gebundene Recht überhöhte. Die führenden Vertreter des Rechtspositivismus glaubten nicht an Entartungsmöglichkeiten des Staates. Sie sahen daher auch keine prinzipielle Notwendigkeit, dem einzelnen unverletzbare Rechte zuzusprechen. Es hieß: „Der Grundsatz der Unverletzlichkeit gilt nur für Privatrechte, insbesondere Vermögensrechte, und auch hier nur als gesetzgeberisches Prinzip, nicht als formelle Schranke der staatlichen Tätigkeit. Öffentliche Rechte dagegen unterliegen unbedingt der Aufhebung und Umgestaltung im Wege der Gesetzgebung; . . ." (*G. Meyer*, 1899, S. 32). Mit den Erfahrungen unserer Generation wäre das nicht mehr zu vereinbaren. „Für die in der Bundesrepublik geltende Rechtsordnung ist davon auszugehen, daß die Rechtsnorm den Bewertungsmaßstab für den durch sie geordneten Lebensbereich stets der im Gewissen des abendländischen Menschen lebendigen Gerechtigkeitsidee entnimmt. Dabei darf allerdings nicht jede isolierte Einzelvorschrift als Rechtsnorm verstanden werden. Die Rechtsnorm erschließt sich vielmehr erst aus der Betrachtung zusammengehöriger Bestimmungen des materiellen und des Verfahrensrechts, also einem Inbegriff von Sollenssätzen, die in ihrer Gesamtheit einen Lebensbereich ordnen" (*C. F. Menger*, 1957, S. 5). Die im individuellen Gewissen verwurzelte *Gerechtigkeitsidee* verweist auf ein Vorstaatliches, das durch das Grundgesetz z. B. mit dem Begriff freiheitlich-demokratische Grundordnung angesprochen wird, insofern dieser Ordnung – so das Bundesverfassungsgericht – die Vorstellung zugrunde liegt, „daß der Mensch in der Schöpfungsordnung einen selbständigen Wert besitzt und Freiheit und Gleichheit dauernde Grundwerte der staatlichen Einheit sind. Daher ist die Grundordnung eine wertgebundene Ordnung. Sie ist das Gegenteil des totalen Staates, der als ausschließliche Herrschaftsmacht Menschenwürde, Freiheit und Gleichheit ablehnt" (BVerfGE 2/12). Dementsprechend kann dann auch in einer Untersuchung der Rechtsprechung in der Bundesrepublik behauptet werden, sie habe „ein klares und grundsätzlich kompromißloses Bekenntnis zu einem unmittelbar geltenden und verpflichtenden Recht überpositiver Natur“ abgelegt (*A. Langner,* 1959, S. 213).

Wir stoßen damit auf einen Problemkomplex, der an dieser Stelle nicht erschöpfend behandelt, ja nicht einmal zureichend eingegrenzt werden kann. Rechtstheorie und Rechtsphilosophie müssen ausgeklammert bleiben; nur diese Verkürzung erscheint hier unentbehrlich: Vernünftigerweise muß jede Rechtsordnung zwei Kriterien entsprechen, dem der *Gerechtigkeit* und dem der *Rechtssicherheit.* Beide Kriterien lassen sich dem Streit nicht entziehen und können sich auch zueinander widerstreitend verhalten. In diesem Sinne stellt sich jede historisch-konkrete Rechtsordnung einerseits als ein Vorläufiges dar (verbesserungsbedürftig nach Maßgabe größerer Gerechtigkeit), andererseits als etwas Stabiles, was in sich genügend Bestandsgarantien enthält, um Rechtssicherheit auch dann noch zu gewähren, wenn Recht geändert wird. Idealtypisch läßt sich nun unterscheiden zwischen dem überpositiven Recht, das Gerechtigkeitsvorstellungen entspricht, und dem positiven Recht, das in aller Vorläufigkeit, Widersprüchlichkeit und Ungerechtigkeit wenigstens ein Mindestmaß an Ordnung und Rechtssicherheit gewährleistet.

Unterscheidet man so, was dem empirischen Befund sicher nicht entspricht, dann überläßt man es zuletzt dem einzelnen, ob er das ihn betreffende konkrete Recht als zumutbar empfindet oder nicht. Im letzteren Falle müßte er Widerstand leisten. Die Stärkung der *Naturrechtsidee* nach 1945 bezieht sich konkret auf solchen Widerstand, was natürlich voraussetzt, daß nur in extremen Ausnahmelagen konkretes Recht als unzumutbar erscheinen darf. Lebenspraktisch wirkt sich jene idealtypische Unterscheidung so aus, daß jedermann der konkreten Rechtsordnung mit seinen Vorstellungen vom Recht gegenübertreten kann: Die Rechtsordnung unterliegt einer Kritik, welche den Pluralismus der Wertvorstellungen widerspiegelt. Dieser Pluralismus ist zwar in aller Munde, wird aber nur ungern ertragen. Gerade diejenigen, die in besonderer Weise von einem konkret greifbaren Naturrecht ausgehen, wollen sich des positiven Rechts bemächtigen, mithin den nahezu zwangsläufigen Widerstreit zwischen überpositivem und positivem Recht aufheben und ihr eigenes Gewissen zum Herrn über andere machen. Jene Unterscheidung verdeutlicht deshalb, daß und in welchem Maße es die Rechtsordnung mit der Macht zu tun hat, daß sie dieser Macht bedarf, um wirken zu können, aber gleichzeitig die Macht stabilisiert, und daß die konkrete Arbeit an der Rechtsordnung immer auch von der jeweiligen Machtstruktur abhängt.

Aus ganz anderen Gründen muß man fragen, ob man vom ‚Recht‘ ausschließlich in bezug auf das staatliche, also positive Recht oder in bezug auf das überpositive Recht und die Rechtsidee sprechen soll, ob es mithin nicht auch eine *gesellschaftliche Rechtsordnung* gibt (vgl. *R. König,* Das Recht im Zusammenhang der sozialen Normensysteme, in: *E. E. Hirsch/M. Rehbinder,* 1967), welche die „in der Gesellschaft lebendigen Vorstellungen rechtlicher Gebote und Inhalte“ umfaßt. „Unter Rechtsordnung wird man dann – ohne daß hier ein erschöpfender Begriff gebildet werden soll – die das Zusammenleben im Gemeinwesen grundlegend regelnden Vorstellungen zu begreifen haben, die als staatliche Rechtsordnung staatlich gesetzt oder doch von den Gerichten und anderen Staatsorganen praktiziert werden, als gesellschaftliche Rechtsordnung dagegen ganz allgemein oder doch weithin im Bewußtsein der Gesellschaft lebendig sind“ (*E. Schmidhäuser,* 1964, S. 12). Eine solche Unterscheidung erlaubt auch einen eher empirischen Zugriff: „Je unmittelbarer der einzelne betroffen ist und je mehr es um das

Verhältnis von einzelnem zu einzelnem in seiner täglich erlebten Anschaulichkeit geht, desto schärfer werden die Umrisse dieser Ordnung selbst schon in der Gesellschaft erlebt, desto stärker werden die in Frage stehenden Pflichten empfunden. Je mehr es dagegen um das Verhältnis des einzelnen zur Gesellschaft im ganzen und zum Staate geht, desto offener bleibt die vom einzelnen erlebbare Pflicht: eine vernünftige Staatsführung zu unterstützen, den angemessenen Teil zum allgemeinen Wohle beizutragen, vernünftig bemessene Steuern zu entrichten usw.“ (ebenda, S. 13). Rechtssoziologisch läßt sich das dahingehend weiterführen, daß sich die staatliche Rechtsordnung in erster Linie an die Staatsorgane wendet und nur ein Teil von ihr, der insoweit die gesellschaftliche Rechtsordnung überlagert, auch unmittelbar den Bürger anspricht und von diesem wahrgenommen wird (vgl. Quelle 7.1.2.).

Das verweist dann schon auf einige Kernprobleme moderner Rechtsgestaltung, die es mit dem Verhältnis von staatlichem, d. h. gesetztem Recht und den übrigen Normen und Konventionen, welche in der Gesellschaft verbreitet sind, zu tun haben und etwa zu folgenden Fragen führen: Was kann der Gesetzgeber mit Aussicht auf Erfolg als Recht setzen, wenn er sich nicht ausschließlich auf die staatliche Macht zur Durchsetzung des Rechts verläßt? Auf welchen Gebieten und in welcher Weise dringen gesellschaftliche Vorstellungen in den Gesetzgebungsprozeß ein. Welche Macht ist dem Staat zuzubilligen, damit er das von ihm gesetzte Recht auch dann durchsetzen kann, wenn es entweder den verbreiteten Vorstellungen widerspricht (Beispiel: Einführung der Gleichberechtigung oder der Gleichberechtigung des unehelichen Kindes) oder aber in keinem Zusammenhang mit diesen Vorstellungen steht (Beispiel: die langsame Gewöhnung an das Umweltschutzrecht), also gesellschaftlich einfach hingenommen wird oder überhaupt unbekannt bleibt?

Die konkrete Rechtsordnung, so läßt sich dies zusammenfassen, muß im Vergleich zu den übrigen gesellschaftlichen Konventionen zumutbar sein, weil sie in der Regel nur nach Maßgabe gesellschaftlicher Unterstützung durchsetzbar ist und von ihrer Durchsetzbarkeit wiederum die Rechtssicherheit abhängt. Tatsächlich wendet sich aber nur ein kleiner Teil der staatlichen Rechtsordnung wirklich an alle Bürger. Damit gibt es ein Nebeneinander von greifbarem und anonymem, von erlebtem, weil selbst zu handhabendem und willkürlich wirkendem Recht, welches nur von Spezialisten durchschaut und dann oft trickreich genutzt wird. Daß man ‚sein‘ Recht in der Regel nur mit Hilfe eines Rechtskundigen erlangen kann und es ähnlich wie bei den Ärzten bessere und schlechtere Rechtskundige gibt, zugleich auch die Rechtsprechung nicht (mehr) berechenbar ist, stellt sich als das eigentlich praktische Problem dar, das nur mit einiger Verzerrung das Nebeneinander von überpositivem und positivem Recht widerspiegelt. Hält man an der Unterscheidung von staatlicher und gesellschaftlicher Rechtsordnung fest, kann man wohl nur folgern, daß ‚gute Politik‘ in der staatlichen Rechtsordnung nach Möglichkeit die in der Gesellschaft verankerten Rechtsvorstellungen berücksichtigen oder diese Vorstellungen verbessern soll. Gesetzgebung folgt demnach, wenn sie Rücksicht auf die lebendige Rechtsordnung nimmt, kaum absoluten Prinzipien. Sie relativiert vieles. Die ‚Rechtsidee‘ schimmert bestenfalls durch.

R. Wiethölter (1968, S. 60) meinte dazu: Die Hoffnung auf ein – auch theologiefreies – Naturrecht „trügt gefährlich und machtvoll. Sie zeugt den Schein einer höheren Verankerung von Rechtsgeschehen, die unüberbrückbare Maßstäbe enthält. Sie lenkt den Blick von der Verantwortlichkeit des Menschen für ‚sein‘ Recht ab und wendet ihn auf eine Verantwortlichkeit des Menschen vor ‚dem‘ Recht. Indessen, dieses ‚Recht‘ gibt es nicht. Daran zu glauben, schwächt in Wahrheit die menschliche Verantwortlichkeit für Recht und bietet zugleich trügerische Alibis für Nichtverantwortlichkeit". Die entgegengesetzte Position findet sich unter dem Stichwort „Naturrecht" im *Staatslexikon* Band 5. Dort Sp. 929: „Unter N. wird nicht nur die Verwurzelung der Rechtssphäre in vorrechtlichen Sphären (ethischer, religiöser oder soziologischer Art) und ihre Normierung von daher verstanden, sondern im strengen Sinn meint N. eine verbindlich-geltende, wirkliche Ordnung des menschlichen Zusammenlebens, deren Dasein und Gültigkeit nicht von einer menschlichen Autorität und der Setzung durch sie abhängt, sondern aus der Struktur menschlichen Daseins als Miteinanderdasein hervorgehend, mit diesem immer schon wirklich und wirksam ist."

Rechtspolitisch werden solche unterschiedlichen Auffassungen vor allem im Bereich von Ehe, Familie, Geburt und dem sogenannten Elternrecht – ‚sogenannt', weil es oft für die Eltern erkämpft wird, um es dann für Gruppen in Anspruch zu nehmen (vgl. im übrigen *F. Ossenbühl*, 1981) – virulent, wobei sich zeigt, daß es an einem inhaltlich wirklich tragenden Konsens über die ‚Grundwerte' (s.o. S. 118) fehlt. In der Gesetzgebungspraxis kam das neben den verschiedenen Veränderungen des Scheidungsrechtes vor allem im Zusammenhang mit dem § 218 StGB zum Ausdruck (vgl. die Dokumentation in *Zur Sache* 6/1972). Die bis dahin verbotene *Abtreibung* wurde in großem Umfang praktiziert, so daß es viele Gründe gab, diesen Bereich wenigstens in begrenztem Umfange zu entkriminalisieren, wenn man nicht zu einer wirklich großzügigen sozialen Lösung greifen, die ledigen Mütter also ganz weithin entlasten wollte. Für eine solche Lösung fehlten die Voraussetzungen. Deshalb kam man an der Debatte über das ‚Leben', das ‚ungeborene Leben', den Schutz des Lebens und die Stellung der Mutter, immer alles zugleich eine Debatte über die Aufgabe des Staates, seines Berufes, die gesellschaftlichen Konventionen zu hüten und im Zweifel zu entscheiden, welche dieser sich ggf. widersprechenden Konventionen schutzwürdig seien, nicht vorbei. In der Debatte standen sich nicht so sehr die unterschiedlichen Auffassungen über das ‚ungeborene Leben', sondern die über die Aufgabe des Staates unversöhnlich gegenüber. Die eine Seite wollte die Frage eher als eine solche des individuellen Gewissens ansehen, während die andere das Kollektiv ins Spiel brachte und es für unzumutbar erklärte, in einem Staat leben zu müssen, in dem eine Abtreibung legal erfolgen könne. Debattiert man einmal so, gelingt keine nüchterne rechtspolitische Argumentation mehr. Die kämpferischen Gegner jeder Form der Legalisierung von Abtreibung warfen ihren Kontrahenten vor, sie wollten Familie und Staat verändern. Die Anhänger einer gesetzlichen Neuregelung verwiesen nicht ohne tausendfachen Nachweis darauf, daß das geltende Recht im Widerspruch zur gelebten Praxis der Gesellschaft stünde und das staatliche Recht seine Glaubwürdigkeit verliere, wenn es nicht auch durchsetzbar sei.

Im Randgebiet der Diskussion übte man sich in der üblichen Polemik; namhafte CSU-Politiker sprachen im Zusammenhang mit Abtreibung von Mord und wurden darin von Kardinal Höffner unterstützt (vgl. z. B. SZ 18.8.79, S. 4). Den ‚Rechtsfrieden' sollte wieder einmal das Bundesverfassungsgericht herstellen, das 1975 die Bestimmungen des 5. Strafrechtsreformgesetzes mit einer reinen Fristenregelung (Nichtstrafbarkeit in den ersten 12 Wochen) aufhob. Dabei sprach die Mehrheit der Richter dem Staat eine weitgehende Gestaltungspflicht zu: „Die Schutzpflicht des Staates ist umfassend. . . . Ein Ausgleich, der sowohl den Lebensschutz des nasciturus gewährleistet als auch der Schwangeren die Freiheit des Schwangerschaftsabbruches beläßt, ist nicht möglich, da Schwangerschaftsabbruch immer Vernichtung des ungeborenen Lebens bedeutet." Die Minderheit der Richter äußerte dagegen stärkste Bedenken, „daß erstmals in der verfassungsgerichtlichen Rechtsprechung eine Grundrechtsnorm dazu dienen soll, dem Gesetzgeber eine Pflicht zum Strafen aufzuerlegen. Die Grundrechte können dadurch unter der Hand aus einem Hort der Freiheitssicherung zur Grundlage einer Fülle von freiheitsbeschränkenden Reglementierungen werden. . . . Angesichts des Versagens der Strafsanktion, die sich u. a. in den enormen Dunkelziffern zeigt, hat der Gesetzgeber die geeigneten Mittel zur ‚Eindämmung der Abtreibungsseuche' im sozialen und gesellschaftlichen Bereich suchen dürfen. Unterbleiben wirksame sozial- und gesellschaftspolitische Förderungsmaßnahmen, so ist das Strafrecht nichts anderes als ein Alibi für das Defizit wirksamer Hilfen." Das Urteil der Mehrheit veranlaßte den Bundesgesetzgeber zu einer neuen Formulierung des § 218, die rechtlich Bestand hatte, aber u. a. dazu führte, daß Krankenhausträger (Kreistage in Bayern und Baden-Württemberg) dem Gesetz widerstrebende Anweisungen gaben. Der ‚Rechtsfriede' blieb so oder so bedroht. Er wäre allerdings in viel höherem Maße gefährdet gewesen, wenn die Debatte um den § 218 und um die Grundwerte wirklich Resonanz gefunden hätte. Dieses Defizit verweist wohl auf das eigentliche Problem. Daß man den Konsens der Grundwerte beschwört, zugleich aber bereit ist, sein eigenes Gewissen zum Herren über andere zu machen, gehört dagegen zum politischen Alltag (vgl. etwa *A. Schwan,* 1978, und *H. B. Streithofen,* 1979).

Die Unterscheidung zwischen staatlicher und gesellschaftlicher Rechtsordnung ist trotz ihrer Ungenauigkeit – man stellt etwas präzise Definierbares neben etwas nur schwer und nur näherungsweise zu Ermittelndes, nachdem immer umstritten bleibt, was ‚das' Rechtsbewußtsein eigentlich besagt – auch deshalb hilfreich, weil sie davor bewahrt, das *Gesetz* nur in seiner Eigenschaft als Teil der Rechtsordnung zu sehen. Es ist zugleich ein *Instrument politischer Führung.* Nur durch Bundesgesetz kann die Länderverwaltung in Anspruch genommen werden, nur mittels Gesetz kann man die kommunale Selbstverwaltung in das staatliche Handeln integrieren, nur Gesetze können das Verhalten von Gruppen regeln und Ge- oder Verbote gegenüber Unternehmen oder Bürgern aussprechen. Das (staatlich gesetzte) Recht erschöpft sich nicht (mehr) in den althergebrachten Funktionen der Sicherung von Frieden und Ordnung. Seine sozialen Funktionen lassen sich mit Manfred Rehbinder (Rechtssoziologie, Berlin 1977, Kap. 5: Die gesellschaftlichen Funktionen des Rechts) so beschreiben: „Recht festigt den sozialen Zusammenhang der Rechtsgemeinschaft 1. durch Bereinigen von Konflikten (Reaktionsfunktion), 2. durch Verhaltenssteuerung (Ordnungsfunktion), 3. durch Legitimierung und Organisation sozialer Herrschaft (Verfassungsfunktion), 4. durch Gestaltung der Lebensbedingungen (Planungsfunktion) und 5. durch Rechtspflege (Überwachungsfunktion)" (vgl. auch *A. Görlitz,* 1976). Erst vor diesem umfassenden Hintergrund, der andere Schwerpunkte der Tätigkeit des Gesetzgebers als nur Ordnung und Frieden erkennen läßt, wird die gegenwärtige Diskussion über die Leistungsfähigkeit des Gesetzes als Führungs- und Steuerungsinstrument verständlich. Sie läuft im Ergebnis auf die Frage hinaus, ob angesichts der sogenannten Gesetzesflut und der mit ihr verbundenen rechtstechnischen Probleme nicht von einer übermäßigen Nutzung des Instrumentes gesprochen werden muß, die dann zu Abnutzungserscheinungen führt (die Literatur dazu findet sich z. B. in *Kommission für Gesetzes- und Verwaltungsvereinfachung,* 1983). Abnutzungserscheinungen lassen sich in drei Richtungen feststellen:

Dem Gesetzesbefehl fehlt die Auftreffgenauigkeit in der Verwaltung, in der immer mehr gesetzliche Anweisungen entweder versickern oder nur mit großen Verzögerungen befolgt werden; die Rechtsordnung wird immer unübersichtlicher, weil sie in eine Unzahl von Spezialgebieten zerfallen muß, zwischen denen oft nur mühsam und rechtstechnisch jedenfalls problematisch die erforderlichen Bezüge herzustellen sind (die Unübersichtlichkeit wird gut an der von *J. Kölble,* o. J. besorgten Dokumentation des Bundesrechts exemplifiziert; zu den rechtstechnischen Problemen vgl. Quellen 7.1.3.); die Beziehungen zwischen der Rechtspflege und den Gesetzesanwendern werden wegen der Ausdifferenzierung der Rechtsordnung immer problematischer und führen zu einem Kreislauf, in dem die Ausdifferenzierung zu vermehrter Rechtsprechung und die vermehrte Rechtsprechung zu neuer Ausdifferenzierung führt. Wie durch ein Brennglas werden diese Probleme an einem einzigen Sachverhalt sichtbar, dem nämlich, daß seit einigen Jahren die Gesetzesflut längst nicht mehr durch die Ausweitung der Staatstätigkeit bedingt ist, sondern durch die *geringe Bestandswirkung von Gesetzen.* Die schon fast absurde Häufigkeit von Gesetzesänderungen ergibt sich aus rechtsstaatlichen und auch aus Geboten, die sich auf die Ziele Gerechtigkeit und Rechtssicherheit zurückführen lassen. Sie mindert aber die Rechtssicherheit in einem Maße, das bisher u. E. zu wenig diskutiert wird. Anders ausgedrückt: Die übermäßige Nutzung der Funktionen des staatlich gesetzten Rechtes für die Ordnung und Regulierung der Gesellschaft gefährdet sowohl das Gesetz als Regulierungsinstrument als auch als Bestandteil der Rechtsordnung. ‚Ordnung' ist ohne ein bestimmtes Maß an Beständigkeit nicht erfahrbar. Angesichts der Unbeständigkeit von Gesetzen, wie sie in den Quellen 7.1.3. belegt ist, muß etwa die Überlegung von Helmut Schelsky über das praktische Ordnungsprinzip des Rechts entweder naiv anmuten oder aber als harte Kritik am Tun des Gesetzgebers der Bundesrepublik Deutschland in Bund und Ländern und ohne Unterschied zwischen den Parteien. Schelsky (1981) in seiner Auseinandersetzung mit der Soziologie und besonders mit der Rechtssoziologie, welche das Recht „einseitig institutionalistisch als Mechanismus der sozialen Einordnung und Steuerung, Kontrolle oder Konfliktlösung" verstehe:

„Doch der geistige Ertrag dieser institutionell ‚zufälligen' Einflüsse auf meine wissenschaftliche Arbeit bestand in einer unter Soziologen wohl recht seltenen Aufwertung des Rechts als Grundlage unseres Gemeinwesens ‚Bundesrepublik'. In der von mir immer wieder thematisierten Spannung zwischen freiheitlicher Selbstbestimmung des Subjekts und institutionell gesetzten gesellschaftlichen Zwängen ist mir das praktische Ordnungsprinzip des Rechts, wie es bereits Kant und die Aufklärung verstanden, zur letzten zu vertretenden geistigen Position geworden. Recht verbindet nicht nur ererbte Stabilität mit dauerndem sozialen Wandel, nicht nur die persönlichen Freiheitsrechte mit den Bindungen an gesellschaftlich auferlegte Pflichten, sondern es ist in dieser institutionellen Spannung zwischen subjektiver Freiheit und sozialem Sachzwang der einzige politische Mechanismus, der zwischen unaufhebbarer Fremdbestimmung und immer erstrebter Selbstbestimmung der einzelnen Person politisch und sozial vermitteln kann. Indem ich dem Recht gehorche, anerkenne ich den Willen der älteren und vergangenen Generation; indem ich es neu gestalte, bestimme ich die zukünftigen Verhaltensweisen der Nachkommenden, die sich wiederum damit als verbindlichen Bestand ihrer Vergangenheit auseinandersetzen müssen. Rechtsetzung als Gegenwartsaufgabe schafft die – der biologischen Kontinuität gleichenden – überzeitliche Fortdauer des subjektiven und sozialen Lebenswillens der Generationen."

7.1.2. Zur Struktur der Rechtsordnung

Die Rechtsordnung, praktisch unübersehbar und nach Inhalten wie jeweiliger Gewichtigkeit höchst differenziert, bildet theoretisch eine Einheit. Der Rechtspositivismus hat dies sogar zum Denkgesetz erhoben: „. . . von jedem Normensystem wird gefordert, daß es auf jedwede gestellte Frage eine und nur eine Antwort in Bereitschaft hält. Das gilt auch dann, wenn ein Normensystem Rechtsquellen verschiedener Art umschließt. Solange die einzelnen Rechtsquellen nicht die gleichen Tatbestände erfassen, wird das Einheitspostulat der Gesamtrechtsordnung überhaupt nicht berührt; anders, wenn zwei Rechtsnormen miteinander kollidieren: das zur Rechtsanwendung berufene Staatsorgan kann nur eine Norm seiner Entscheidung zugrunde legen; es muß wissen, welcher Norm es im Kollisionsfall den Vorzug zu geben hat, welcher normative Befehl den höheren Rang beanspruchen darf. Diese Frage zu lösen ist Aufgabe der Lehre von der *Rangordnung der* Rechtsquellen" (*A. Hensel,* Die Rangordnung der Rechtsquellen, in: *G. Anschütz/R. Thoma*, Bd. II, S. 313).

Hier gibt es traditionell wenig Probleme, sofern ranggleiches Recht miteinander kollidiert. Man greift dann auf bewährte Grundsätze zurück, denenzufolge etwa die jüngere Norm vor der älteren rangiert oder die speziellere vor der allgemeinen. „Kollisionen von Normen verschiedener Rechtsquellengruppen werden nach dem allgemeinen Satz entschieden: Lex superior derogat legi inferiori" (ebenda, S. 314). Diesen Satz anzuwenden, erlaubt das einheitsstaatliche Rechtssystem stets ohne Schwierigkeiten. Auch die Rangordnung: Verfassung, Gesetz, Verordnung muß unstrittig sein. Im Bundesstaat mit dem Grundsatz: Bundesrecht bricht Landesrecht, und der verfassungsmäßigen Realität des Nebeneinander von Bundes- und Landesrecht fällt die Festlegung der Rangordnung erheblich schwerer. Da wir hier jedoch nicht der juristischen Rechtsquellenlehre folgen, sondern einer politischen Betrachtungsweise, können wir einen einzigen Aspekt besonders hervorheben, den der Hemmnisse, welche gestaltenden oder ändernden Eingriffen in die Rechtsordnung durch diese selbst oder durch die ihr zugrunde liegenden Prinzipien bereitet werden. Für die Bundesrepublik ergibt das eine vergleichsweise deutliche Rangfolge.

An der Spitze stehen die *prinzipiell unveränderlichen Grundrechte und solche Verfassungssätze,* die ebenfalls jeglicher Änderung entzogen sind. Artikel 79 GG schließt in Abs. 3 eine Änderung des Grundgesetzes aus, „durch welche die Gliederung des Bundes in Länder, die grundsätzliche Mitwirkung der Länder bei der Gesetzgebung oder die in den Artikeln 1 und 20 niedergelegten Grundsätze berührt werden". Durch den Hinweis auf Artikel 1 sind die Grundrechte als Gesamtheit einbezogen (vgl. die Verfassungskommentare und *P. Häberle,* 1962, S. 180 f.), durch den Hinweis auf Artikel 20 gilt die Bundesrepublik unabdingbar als demokratischer und sozialer Bundesstaat, in dem die Staatsgewalt vom Volke ausgeht, von besonderen Organen der Gesetzgebung, der vollziehenden Gewalt und der Rechtsprechung ausgeübt wird und in dem diese Organe an Verfassung, Gesetz und Recht gebunden sind.

Die Grundrechte sind dem Zugriff und der Interpretation des Gesetzgebers weitgehend entzogen, indem sich die Verfassung zu unveräußerlichen Grundrechten bekennt und sie so an den Anfang stellt, daß Artikel 1 GG eine eindeutige Aufgabenbestimmung des Gemeinwesens enthält. Es hat die Würde des Menschen zu achten und zu schützen, weshalb „die nachfolgenden Grundrechte . . . Gesetzgebung, vollziehende Gewalt und Rechtsprechung als unmittelbar geltendes Recht" binden. Was sich anschließend konkretisiert findet, spiegelt verschiedene historische Erfahrungen wider, wenngleich das Anknüpfen an die Menschenrechte des Frühliberalismus unverkennbar ist. Von daher läßt sich z. B. zwischen den *Abwehrrechten* (negativen Statusrechten), welche die private Sphäre gegen staatliche Eingriffe schützen, den *Teilnahmerechten* (aktiven Statusrechten), welche die politische Teilnahme gewährleisten, und den *Anspruchsrechten* (positiven Statusrechten) unterscheiden, welche Ansprüche etwa im Sinne des Sozialstaates begründen können – die letzteren finden sich im Gegensatz zu den ersteren allerdings wenig konkretisiert (vgl. dazu *K. Hesse* und *E. Benda* in: *E. Benda* u. a. (Hrsg.), 1984, S. 79 ff. und S. 477 ff.).

Eine systematische Betrachtung der Grundrechte kann sich weiter an der Unterscheidung zwischen (allgemeinen) *Menschenrechten* und den *Bürgerrechten* orientieren oder auch daran, daß manche Grundrechte von vorneherein gelten – z. B. die Glaubensfreiheit –, während andere eine Weisung an den Gesetzgeber enthalten, die diesen entweder an etwas hindern soll (z. B. Gewährleistung des Eigentums) oder zu etwas verpflichtet (Schutz der Familie). Theodor Maunz (1965, S. 79) bringt folgende Auflistung: „Rechte, die jeder beliebigen Beschränkung durch staatliches Gesetz unterworfen werden, . . . Rechte, bei denen der staatliche Eingriff an erschwerende Voraussetzungen inhaltlicher Natur geknüpft ist, . . . Rechte, die im Rahmen der verfassungsmäßigen Ordnung oder unter ausdrücklicher Bindung an die Verfassung ausgeübt werden dürfen, . . . Rechte, die frei von jeder Einwirkbarkeit durch Verfassung, Bundesgesetz oder Landesgesetz sind, z. B. die Gleichheit vor dem Gesetz . . . oder die Freiheit des Glaubens oder des Gewissens . . ." Das bedeutet konkret, daß entsprechend Artikel 79 (3) GG nur Artikel 1 GG ausdrücklich geschützt ist und mit ihm die Unantastbarkeit der Würde des Menschen, während im übrigen die Grundrechte durchaus durch den Gesetzgeber interpretiert und ggf. korrigiert werden dürfen – allerdings unter erschwerten Bedingungen und unter Innehaltung eines unbestimmten Rechtsbegriffes, den Artikel 19 GG einführt, indem er festlegt, durch ein Gesetz – und damit auch durch ein verfassungsänderndes Gesetz – dürfe in keinem Falle ein Grundrecht „in seinem Wesensgehalt" angetastet werden.

Die Grundrechte prägen stärker als das Pendant in der Weimarer Verfassung die politische Realität. Sie haben nicht die Bedeutung und die Klarheit, die man ihnen manchmal zusprechen will, aber sie haben – nicht zuletzt dank der *Grundrechtsprechung* des Bundesverfassungsgerichtes und dessen großzügiger Auslegung etwa des Gleichheitsgrundsatzes – ihren festen Platz in der Verfassungsordnung. Das schließt grundlegende Streitfragen nicht aus, wie wir ihnen etwa im Zusammenhang mit dem behaupteten Verfassungsauftrag des Grundgesetzes schon begegnet oder wie sie im Nebeneinander von Artikel 14 und 15 GG ohnehin deutlich sind, wenngleich man hier wohl sagen kann, daß der Verfassungsgeber einen Rahmen gezogen hat, innerhalb dessen beides möglich ist: ein unbedingt privatwirtschaftliches System und ein Wirtschaftssystem, in dem „Grund und Boden, Naturschätze und Produktionsmittel" vergesellschaftet sind, ohne daß die dafür gezahlte Entschädigung wieder zum Erwerb anderer Produktionsmittel usw. verwendet werden kann. Mit den Grundrechten verbindet sich also keine volle Klarheit; sie verweisen aber eindeutig auf in die Verfassungsordnung einbezogene Wertvorstellungen.

Das *Grundgesetz* erkennt damit eine über- und außerstaatliche *Wertordnung* an, ohne daß der Verfassungstext klärt, welche konkrete, weltanschaulich bestimmte Wertordnung das sein soll. 1949 gab es daher auch erhebliche Vorbehalte der katholischen Kirche. Aus jener Anerkennung ergibt sich der Zusammenhang mit dem überpositiven Recht und der (ungeschriebenen) gesellschaftlichen Rechtsordnung: Der Bezug zwischen der positiven staatlichen Rechtsordnung und der überpositiven Rechtsidee muß, wie ausgeführt, durch die in der Gesellschaft vorhandenen Vorstellungen von Recht und Sittlichkeit hergestellt werden. Je weniger einheitlich solche Vorstellungen sind, desto schwieriger wird der Auftrag des Gesetzgebers, wenn er mit seinen Entscheidungen Fragen von weltanschaulichem Charakter berührt. Er wird deshalb schwierig, weil an dieser Stelle das Recht der Mehrheit beschränkt sein muß, es allerdings auch kein weltanschaulich fundiertes Gestaltungsrecht der Minderheit geben kann. Die Grundrechte beenden deshalb auch den Streit um die Verbindlichkeit der eigenen Ordnung nicht; an ihnen läßt es sich aber verdeutlichen, daß es uns zugemutet sein kann, in einer staatlichen Ordnung mitsamt ihren Normen zu leben, die nur zu einem Teil den Normvorstellungen genügen, unter denen wir zu leben wünschen. Wo immer Regelungsbedürftiges weltanschaulich umstritten ist, findet sich der Gesetzgeber gut beraten, wenn er sich mit dem Minimalkonsens begnügt, anstatt das Gewissen der einen über das der anderen zu stellen. Aus dieser Notwendigkeit soll man sich auch nicht durch den Hinweis auf die christliche Tradition herausmogeln: In unserer Überlieferung muß man Freiheit und Würde des Menschen wie auch seine Bestimmung und Bindung sicher überwiegend im Sinne des Christentums als Geschichtsgestalt – zu unterscheiden also vom christlichen Glauben – interpretieren. Dennoch enthält das Grundgesetz gerade diese Interpretationen nicht; es bekennt sich allenfalls zu „objektiven Prinzipien" (*K. Hesse* a.a.O., S. 93 ff.), dies aber in einer Form, die für jedermann zumutbar bleibt. (Diese Position findet sich näher ausgeführt in: *H. Stachowiak,* Band 1, 1982).

Formal steht dann das übrige *Verfassungsrecht* des Bundes an zweiter Stelle in der obigen Rangfolge, da man es nur unter einigen, genau festgelegten Voraussetzungen ändern kann. Das verweist wieder auf ein umfangreiches Problem. Jede geschriebene Verfassung ist daraufhin zu befragen, ob sie sich als unabänderlich versteht und deshalb möglicherweise der Entwicklung in den Weg stellt, ob sie Änderungen nur unter Einhalten eines komplizierten Weges erlaubt oder ob sie vergleichsweise einfach verändert werden kann. Dabei muß zwischen der geregelten Verfassungsänderung und dem ständigen (allmählichen) Verfassungswandel unterschieden werden (vgl. *H. Heller,* 1934, S. 249 ff., und *H. Krüger,* 1964, S. 150 ff. und S. 483 ff.).

In Deutschland beschreitet das Grundgesetz gegenüber den früheren Verfassungen den Weg, auf dem *Verfassungsänderungen* möglich, aber nicht ohne weiteres durchführbar sind. Artikel 79 verlangt zwar keine besonderen Formalitäten, wohl aber die Zustimmung von zwei Dritteln der Mitglieder des Bundestages und zwei Dritteln der Stimmen des Bundesrates. Dies bedeutet politisch, daß entweder die Mehrheit sehr groß oder die Minderheit, wenn sie über mehr als ein Drittel der Mandate verfügt, beteiligt sein muß. In der Bundesrepublik war das erstere von 1953 an so lange der Fall, bis die wichtigsten Grundgesetzänderungen im Zusammenhang mit der Wiederaufrüstung durchgeführt waren, in der Zeit seit 1957 ist für Änderungen die Zustimmung der Opposition erforderlich. Die Länderverfassungen sind z. T. schwieriger zu ändern. In Bayern ist nach Artikel 75 der dortigen Verfassung eine Zweidrittelmehrheit im Landtag erforderlich, außerdem muß ein Volksentscheid erfolgen. Verfassungsänderungen finden deshalb auch nur selten statt; auch die vergleichbaren Bestimmungen der hessischen Verfassung sind nur 1950 einmal praktisch erprobt worden. Einen anderen Weg beschreitet die Verfassung von Nordrhein-Westfalen, nach deren Artikel 69 eine Zweidrittelmehrheit der Landtagsmitglieder die Verfassung ändern darf, Landtagsmehrheit oder Regierung aber einen Volksentscheid herbeiführen können, wenn jene qualifizierte Mehrheit im Landtag nicht vorhanden ist. Insgesamt kam es zu Verfassungsänderungen in den Ländern nur in wenigen Fällen, während man das Grundgesetz vielfach änderte und ergänzte.

Zum Verfassungsrecht zählt auch das *Landesverfassungsrecht.* Es rangiert in unserer Rangordnung jedoch erst an dritter Stelle, weil es in einigen Bereichen durch den Artikel 31 GG „Bundesrecht bricht Landesrecht" unwirksam geworden ist oder sich zumindest nach den Prinzipien des Grundgesetzes richten muß. Alle übrigen Teile der staatlichen Rechtsordnung erscheinen im Vergleich zu den ersten drei Normengruppen als zur Disposition des Gesetzgebers stehend. Der Schein trügt aber. Als vierte Gruppe ist das weitgehend dieser Disposition entzogene *internationale Recht* zu nennen, soweit es durch die Transformationsklausel des Grundgesetzes oder durch eigene Gesetze innerstaatliches Recht geworden ist. Sobald dieser Zustand erreicht ist, lassen sich Abänderungen nur noch gemeinsam mit den Gesetzgebern anderer Länder vornehmen. Das auf internationalen Verträgen beruhende innerstaatliche Recht ist so gesehen für den nationalen Gesetzgeber u. U. weniger verfügbar als das Verfassungsrecht. Die föderative Struktur der Bundesrepublik bedingt dann eine fünfte Gruppe von Normen innerhalb der gesamten Rechtsordnung. Sie besteht aus den *zustimmungspflichtigen Gesetzen,* die als Bundesgesetz nur zustande kommen und dementsprechend auch nur geändert werden können, wenn der Bundesrat seine Zustimmung erteilt. Die sechste Gruppe wird durch die *nichtzustimmungspflichtigen Bundesgesetze* gebildet, die gemäß der Kompetenzverteilung häufig einen Vorrang vor den Landesgesetzen haben, und von jenen Landesgesetzen, in denen die Länder uneingeschränkt zuständig sind. Die siebte Gruppe besteht aus *Verträgen und Abkommen* zwischen den Ländern oder zwischen Ländern und Bund oder auch zwischen verschiedenen Staatsorganen. Formal gesehen können wir noch von einer achten Gruppe sprechen, nämlich von solchen Landesgesetzen, die durch Bundesgesetze eingeschränkt oder aufgehoben werden können. Die neunte Gruppe würde dann endlich von den *Rechtsverordnungen* gebildet, zu deren Erlaß die Regierungen im Gesetz ermächtigt werden, wobei die Ermächtigung sich auch auf etwa notwendige Veränderungen bezieht. Schließlich wäre das *Gewohnheitsrecht* zu erwähnen, das nirgendwo kodifiziert ist, dennoch aber Bedeutung hat. Zum Gewohnheitsrecht gehören nicht nur die rechtliche Übung, wie sie etwa in der Wegenutzung oder im gemeinsamen Grundstücksgebrauch vorkommt, sondern in gewissem Umfange auch das Richterrecht, die Verwaltungspraxis und die Behördenübung, die alle neben dem gesetzten Recht eine Rolle spielen. Notwendigerweise entzieht sich im übrigen das Gewohnheitsrecht einer derartig abgestuften Einteilung, da es u. U. sogar nur sehr schwer geändert werden kann.

Das Gesetzesrecht *im engeren Sinne,* das die oben genannten Gruppen 5, 6 und 8 umfaßt, versucht man vorwiegend zu systematisieren, indem man zwischen öffentlichem und privatem Recht unterscheidet. Unterscheidungsmerkmal ist dabei, daß es sich bei privatem Recht um die Regelung von Rechtsbeziehungen zwischen Gleichberechtigten handelt, während im öffentlichen Recht hoheitliche Gesichtspunkte oder doch solche der Über- und Unterordnung obwalten. Dieser Unterscheidung entziehen sich die ungemein rasch anwachsenden Bereiche des Wirtschafts-, Sozial- und Arbeitsrechtes. Auch andere Unterscheidungen, so z. B. im öffentlichen Recht die zwischen *Staats- und Verwaltungsrecht,* sind durch die Entwicklung begrifflich problematisch geworden. Man muß deshalb manchmal auf *derartige Distinktionen verzichten* und sich hilfsweise damit begnügen, die Rechtsnormen, welche einigermaßen deutlich gesonderte Lebensbereiche ordnen, für sich zu betrachten. Demgemäß gibt es z.B. ein allgemeines Strafrecht und das besondere Verkehrs- oder Wirtschaftsstrafrecht. Wesentliche der Ordnung bedürftige Lebensgebiete sind – jeweils im engeren Sinne – das private Recht, das Handelsrecht, das Arbeitsrecht, das Recht der sozialen Sicherung, das Wirtschaftsrecht, das Staatskirchenrecht und der im einzelnen nicht mehr sinnvoll aufzugliedernde Bereich dessen, was man früher zum Verwaltungsrecht und zum Staatsrecht zählte. In diesem Bereich gibt es größere Gebiete, wie z. B. das Steuerrecht, und eine Fülle von Einzelregelungen, wie z. B. das Presserecht oder das Recht der öffentlichen Sparkassen. Es wurde bereits im Zusammenhang mit der Gesetzgebung ausgeführt, daß von Fall zu Fall gefragt werden muß, ob ein solcher Bereich in besonderem Maße politischen Einflüssen unterliegt oder von Gruppeninteressen beeinflußt wird.

An dieser Stelle wird wieder deutlich, daß jene Rangordnung nur einen ersten Zugang zur Realität öffnet. Formal sind alle Gesetze gleich. Praktisch gibt es große Unterschiede zwischen ihnen und damit auch ganz unterschiedliche Formen der parlamentarischen Beratung, die auch von der Stärke der Gruppeneinflüsse abhängig sind.

Wie im übrigen das internationale Recht das nationale mehr und mehr überlagert und durchdringt, muß besonderes Augenmerk auf die *untergesetzlichen Normen* und ihr Zustandekommen gerichtet werden. Traditionell bestehen sie in der Hauptsache aus Verwaltungsvorschriften, die im Rechtsstaat zunächst wenig interessieren, weil sie nur verwaltungsintern gelten, also den Bürger nicht unmittelbar betreffen. In neuerer Zeit sieht man die Dinge aber anders. Verwaltungsvorschriften umfassen (so z. B. *H. Maurer* 1982, S. 459 f.) a) die Organisations- und Dienstvorschriften, b) gesetzesauslegende, c) ermessenslenkende und d) – rechtsstaatlich unerwünscht – gesetzesvertretende Anordnungen innerhalb der Verwaltung, die alle auch nach außen wirken, wenn z. B. durch die Dienstvorschriften für die Gewerbeaufsicht die Häufigkeit oder die Art besonderer Anlässe von Betriebsrevisionen festgelegt oder der im Gesetz eingeräumte Ermessensspielraum eingeschränkt wird. Neben den Verwaltungsvorschriften i. e. S. muß man außerdem die vielen Normen sehen, die in der Verwaltung ‚wie' Vorschriften wirken und von denen viele von der Verwaltung in ihrem Außenverhältnis angewandt oder doch berücksichtigt werden. Als Beispiel seien DIN-Normen oder Technische Regeln genannt, die vielfach – nicht immer! – über Rechts- oder Verwaltungsverordnungen in das staatliche Vorschriftengefüge transportiert werden, vielfach es aber einfach ergänzen, ohne daß zureichend geklärt ist, wie solche Normen zustandekommen – im technischen Bereich sind dann oft Fach- oder Interessenverbände zuständig oder es werden Ausschüsse gebildet, an denen der Staat beteiligt ist, auf deren Zusammensetzung er aber keinen Einfluß hat.

Die Rechtsordnung, von deren Abnutzungserscheinungen eben (S. 420) die Rede war, umfaßt damit zu einem Teil auch Normen, an deren Zustandekommen der Gesetzgeber nicht beteiligt ist. Darauf sei hier nur hingewiesen. Dagegen muß das Problem angesprochen werden, das sich aus der Fülle der unterrechtlichen Vorschriften ergibt. Die ‚Fülle' kann man sich daran vergegenwärtigen, daß für die Gewerbeaufsicht in Nordrhein-Westfalen etwa 1500 Vorschriften ermittelt wurden, von denen 46 Gesetze und 143 Verordnungen waren (mit den entsprechenden Verkündigungsformen), während es z. B. 216 Runderlasse und 179 Anlagen zu Runderlassen oder 138 Technische Regeln gibt (*Th. Ellwein/P. Wollscheid*, Die Vorschriften der Gewerbeaufsicht, in: Zeitschrift für Gesetzgebung 1986, S. 315 ff.). Oder: Auf eine Zeile des Einkommensteuergesetzes entfallen zwischen 40 und 70 Zeilen unterrechtliche Vorschriften und von der Verwaltung zu berücksichtigende Gerichtsurteile. Diese Vorschriftenmenge kann dazu dienen, sehr kritisch ‚das Recht zu betrachten, das Mängel aufweisen muß, wenn sein Vollzug derartig umfangreiche Regelungen erforderlich macht. Kritik kann dann rechtstechnischer Natur sein (mangelhafte Gesetzgebung), sie kann prinzipiell ausfallen (Übermaß an Einzelfallgerechtigkeit und Berücksichtigung von Gruppenwünschen zu Lasten klarer und Rechtssicherheit gewährleistender Regeln), sie kann sich den Bedürfnissen der rechtsanwendenden Berufe zuwenden (Juristen brauchen weniger an Rechtsvereinfachung interessiert zu sein als andere oder Steuerberater tragen notorisch zur Komplizierung des Steuerrechts bei) und sie kann schließlich und vor allem die Vollzugspraxis ins Auge fassen.

Rechtsstaat und Rechtsordnung existieren auch in dem Maße, in dem im *Verwaltungsalltag* Vorschriften ‚gelten'. Je mehr Vorschriften es sind, desto mehr von ihnen sind in ihrer Geltung bedroht. Der dies bewirkende soziale Vorgang ist denkbar einfach zu erklären: In einem konkreten Verwaltungsgeschäft ist eine Fülle von Vorschriften zu beachten. Da dies zeitraubend ist, wird das Maß der Vorschriftenbeachtung zum einen durch die Arbeitsnormen festgelegt (z. B.: eine bestimmte Zahl von Einkommensteuererklärungen in einer bestimmten Zeit bearbeiten) und zum anderen durch die das gesamte Vorschriftengefüge ordnende Hierarchie. Sie entspricht aber keinesfalls der oben geschilderten Hierarchie der Rechtsordnung. Am Arbeitsplatz gelten vielmehr auch andere Kriterien (unangenehme Erfahrungen mit Verwaltungskunden, Häufigkeit gerichtlicher Nachprüfung, beschleunigte Erledigung durch routinemäßiges Vereinfachen usw.). Damit entwickelt sich im Verwaltungsalltag ein eigener Standard der Rechtsanwendung, den man wohl vollzugspraktisch in vieler Hinsicht als ‚Leistung' ansehen muß. Die Verwaltung macht etwas möglich, was der Vorschriftengeber zwar will, aber eigentlich verhindert. Die wachsende Kompliziertheit des Vorschriftengefüges geht mit einem sich vergrößernden Spielraum der Verwaltung in der Vorschriftenhandhabung einher – dies unsere These, die an anderer Stelle näher begründet und empirisch erhärtet wird.

7.1.3. Zum Notstandsrecht

Rechtsordnung soll unverbrüchlich sein, steht aber immer zur Disposition. Dieser Widerspruch löst sich nur auf, wenn man die Rechtsordnung in engem Zusammenhang mit Gesetzgebung und Rechtsprechung betrachtet und so den ständigen Prozeß der Weiterentwicklung jener Ordnung im Auge behält. Seit alters gibt es aber auch das Problem, daß die Rechtsordnung nicht nur weiterentwickelt oder einfach manipuliert wird, sondern daß man sie als etwas Lästiges beiseiteschiebt, wenn sie stört. Negativ spricht das den Diktator oder Usurpator an, positiv möchte man gern vom geregelten ius eminens, vom Ausnahmefall sprechen, in dem dann die Exekutive rechtlich und im Organzusammenspiel ungehindert(er) arbeiten können soll. Dabei ist nach einer berühmten Formel von Carl Schmitt „souverän, wer über den Ausnahmezustand entscheidet" (1922, S. 11). Solche Souveränität zu fürchten, gab es nach 1945 allen Anlaß; sie prinzipiell zu beschränken, gibt es immer Anlaß (vgl. dazu *H. Oberreuter,* 1978).
In Deutschland ist das Problem eines ius eminens der Regierung schon wegen der Erfahrungen mit der Weimarer Verfassung einer nüchternen Diskussion entzogen. Mit den Sondervollmachten dieser Verfassung konnte zwar 1923 der Reichspräsident einen Bürgerkrieg und eine Inflation beenden, eben diese Vollmachten haben aber auch nach 1930, unterstützt durch eine in der Deutung sehr weitgehende Staatsrechtslehre, zum allmählichen Abbau der Rechte des Parlaments und zur Machtergreifung Hitlers geführt, ohne daß man dafür die Verfassungskonstruktion allein verantwortlich machen kann. Jedenfalls konnte der Reichspräsident nach Artikel 48 Abs. 2 der Verfassung von 1919 bei gestörter oder gefährdeter öffentlicher Sicherheit und Ordnung die zu deren Wiederherstellung erforderlichen „Maßnahmen" treffen, dabei notfalls die bewaffnete Macht heranziehen und wesentliche Grundrechte vorübergehend außer Kraft setzen. Bei dem Verfahren war der Reichstag zu beteiligen, allerdings nur in der passiven Weise, daß einmal getroffene Maßnahmen auf sein Verlangen wieder eingestellt werden muß-

ten. Das wurde nach 1930 mit Hilfe des Rechts, den Reichstag aufzulösen, vom Reichspräsidenten überspielt (vgl. z. B. *F. K. Fromme,* 1960, und zeitgenössisch *G. Anschütz/ R. Thoma,* II., S. 274 ff.). Nach 1945 gab es zunächst nur *Landesverfassungsgeber.* Sie haben vor allem in der amerikanischen und französischen Besatzungszone durchformulierte Verfassungen geschaffen und in ihnen auch den Notstandsfall berücksichtigt. Trotz mangelnder Souveränität war dies also möglich. Dabei ist etwa in der hessischen Verfassung (Art. 125) das Recht, um der Gefährdung des verfassungsmäßigen Zustandes willen einige Grundrechte vorübergehend aufzuheben oder einzuschränken, ausschließlich dem Landtag zugesprochen. In Bayern (Art. 48) oder Rheinland-Pfalz (Art. 112) wird dagegen analog den Bestimmungen des Artikels 48 der Weimarer Verfassung verfahren, wobei die Regierung aber eindeutig an das Votum des Landtages gebunden ist, in Bayern schon dadurch, daß die von der Regierung getroffenen Verfügungen nur eine Woche gültig sind und erst der Landtag sie verlängern kann. Auch in den Vorberatungen des Grundgesetzes standen ausgesprochene Notstandsregeln zur Debatte (vgl. Art. 111 des Herrenchiemseer Entwurfs).

Der *Parlamentarische Rat* hat sich dann um andere Wege bemüht. In das Grundgesetz sind vor allem vorbeugende Maßnahmen aufgenommen worden: Artikel 9 gewährleistet die Vereinigungsfreiheit, verbietet aber Vereinigungen, die sich gegen das Strafgesetz oder gegen die „verfassungsmäßige Ordnung" richten. Artikel 18 postuliert die streitbare Demokratie. Wer Grundrechte mißbraucht, um gegen die Grundordnung zu kämpfen, verwirkt seine Rechte. Darüber zu urteilen, ist Sache des Bundesverfassungsgerichtes. Dieses entscheidet auch – nach Artikel 21 – über die Verfassungswidrigkeit von solchen Parteien, die die Grundordnung beeinträchtigen oder beseitigen wollen. Das alles folgt dem Rezept, daß es jedenfalls zu einem inneren Notstand nicht kommen kann, wenn den Anfängen gewehrt ist. Außerdem bleiben denkbar der unüberbrückbare Streit zwischen Parlament und Regierung, für den es eigene Regeln gibt, und der äußere Notstand oder Verteidigungsfall, dessen Verkündung man zunächst durch Artikel 59a des Grundgesetzes regelte. Schließlich trifft Artikel 91 Vorsorge für den Fall, daß es in einem Land zu Schwierigkeiten kommt, die den Einsatz größerer Polizeikräfte erforderlich machen. Erweist sich die Landesregierung zu dem in solchen Fällen notwendigen Vorgehen zu schwach oder nicht bereit, treten Bundesrechte in Kraft. Auch für den unpolitischen Katastrophenfall gibt es ausreichende Möglichkeiten. Die hier in Frage kommenden Grundrechte unterliegen dem Gesetzesvorbehalt – es können also auch neue Gesetze erlassen werden –, und daneben gibt es ein wohlfundiertes Polizeirecht, dessen Gültigkeit unbestritten ist, und starke Schutzbestimmungen im Strafrecht.

Wie es bereits im Parlamentarischen Rat eine Minderheit gab, welche die dann beschlossenen Regeln für Notstandsfälle als ungenügend ansah, setzte sogleich nach Verabschiedung des Grundgesetzes eine *Notstandsdebatte* ein. Sie erhielt formal dadurch Auftrieb, daß die Verträge von 1952, die vorläufig die völkerrechtliche Stellung der Bundesrepublik festlegten, und später der Deutschlandvertrag eine Notstandsklausel zugunsten der drei ehemaligen Besatzungsmächte enthielten. Die Debatte wurde belastet durch Erfahrungen aus der Weimarer Zeit, durch die Argumente der Anhänger einer Notstandsgesetzgebung, die häufig mit autoritären staatsrechtlichen Distinktionen arbeiteten, und politisch vor allem dadurch, daß die in dieser Frage wortführende CDU nicht viele Möglichkeiten hatte zu präzisieren, gegen welche Gefahren sie vorbeugen wolle. Da das Grundgesetz ausreichen muß, um den Anfängen zu wehren – das bewiesen die gegen die Kommunistische und die Sozialistische Reichs-Partei ergangenen Ur-

teile des Bundesverfassungsgerichtes und die Polizeimaßnahmen gegen jenen Parteien nahestehende Verbände –, kam es zu dem Verdacht, das Notstandsrecht sei auch dazu bestimmt, notfalls gegen die Gewerkschaften oder die legale politische Opposition angewandt zu werden. Ungeschickte Äußerungen einzelner Politiker und das merkwürdige Taktieren der Bundesregierung vor der Wahl 1961 vermehrten diesen Verdacht. Nach den Wahlen bemühte man sich deshalb seitens der Regierung und der CDU/CSU, die Notstandsentwicklung auf eine breitere Basis zu stellen und sie von dem Verdacht zu befreien, daß sie auch gegen die SPD als Opposition gewendet sei. Freilich beugte man sich damit nur der Einsicht, daß inzwischen die SPD mehr als ein Drittel der Bundesmandate innehatte und für eine Verfassungsänderung unentbehrlich war.
Die *Notstandsdiskussion zu Beginn der sechziger Jahre* (vgl. z. B. *A. Arndt/M. Freund,* 1962) nahm einen eigentümlichen Verlauf. Die Notstandsmanager trafen ungemein eifrig Vorbereitungsmaßnahmen (Sicherstellungsgesetze) und wurden von Bundesregierung und CDU/CSU zwar unterstützt, publizistisch aber allein gelassen. Die SPD geriet in die Schwierigkeit, in den eigenen Reihen eine große Zahl von dezidierten Notstandsgegnern zu haben, in Bonn aber an der Weiterentwicklung des Konzepts zu arbeiten. Zugleich bereitete sich eine außerparlamentarische Opposition vor, das erste Bündnis auch zwischen Gewerkschaften, vor allem der IG Metall, und vielen Wissenschaftlern. Frucht dieses Bündnisses ist u. a. eine reichhaltige Notstandsliteratur (vgl. z. B. *E. Kogon,* 1965, *J. Seifert,* 1965). Die Spiegel-Affäre des Jahres 1962 diente dann nachdrücklich als Diskreditierung des gesamten Vorhabens; Bundesinnenminister Höcherl, dessen Notstandsentwurf von 1962 der Öffentlichkeit bekanntgeworden war, wurde zum – in der Sache unschuldigen – Opfer der Affäre. Man zog sich deshalb in Bonn aus der Öffentlichkeit zurück; erst im März 1965 kam es zu einer neuen Vorlage des Rechtsausschusses, die eingeschränkter war als die früheren Gesetzesvorlagen. Auch von diesem Entwurf distanzierte sich die SPD – nicht zuletzt unter dem Druck der Öffentlichkeit – im Mai 1965. Man unterwarf sich also neuerdings der Zäsur einer Bundestagswahl, die dann zunächst ein schwaches Kabinett Erhard hervorbrachte und anschließend die Große Koalition zwischen CDU/CSU und SPD. Diese verabschiedete schließlich nach neuen zahlreichen Veränderungen, nach dem Durchstehen einer öffentlichen Diskussion in bis dahin unbekannten Formen – die Verabschiedung der so bezeichneten Notstandsverfassung verband sich u. a. mit dem Höhepunkt der Studentenrebellion – und nach der Hereinnahme der Diskussion in das Parlament durch das Hearing im Herbst 1967 das siebzehnte Gesetz zur Änderung des Grundgesetzes vom 24.6.1968 und beendete damit vorläufig den Streit.
Betrachtet man das Ergebnis jener *Verfassungsänderung,* kann man sich nicht des Eindrucks erwehren, als ob die Notstandsverfassung allmählich zu einer lästigen Nebenfrage geworden sei, welche man seitens der Partner in der Großen Koalition irgendwie vom Tisch bringen wollte. Das konnte weder die Wünsche der früheren Notstandsanhänger befriedigen, noch die Befürchtungen der Notstandsgegner beschwichtigen, die sich allerdings – so Heinrich Oberreuter – auf eine ernstliche Diskussion kaum einließen, sondern nur ihre von Anfang an bestehenden Vorurteile reproduzierten. Tatsächlich hat aber die lange und erbitterte Diskussion bis 1968 wohl erreicht, daß die reale Verfassungsänderung weniger als die früheren Regierungsvorlagen den Verdacht nährt, Notstandsregelungen seien primär dazu bestimmt, den innenpolitischen Status quo zu wahren. Diesem Verdacht war ganz und gar nur vorzubeugen durch den weitgehenden Verzicht auf innere Notstandsregelungen und durch klare Erfüllung aller Rechtsstaats-

erfordernisse (z. B. konkret spezifizierte Ermächtigung, eindeutige Befristung, Ausschaltung der legitimen Organe nur für kurze Zeit, geringe Grundrechtsbeschränkungen, kein weitergehendes Verhaftungsrecht usw.). Solche Postulate sind leider nur zum Teil erfüllt.

Da es sich hier nicht um einen Verfassungskommentar handelt, genügt als Beleg dieser Behauptung eine Reihe von Hinweisen. Sie beziehen sich ausschließlich auf die Verfassung selbst, nicht auf die schon seit längerem verabschiedeten Sicherstellungsgesetze, deren Notwendigkeit man unter Hinweis auf den Zusammenhang zwischen bewaffneter Macht, Verteidigungsbereitschaft und wirtschaftlichen Voraussetzungen dieser Bereitschaft rechtfertigt. Im Grundgesetz brachte das 17. Änderungsgesetz zunächst *Grundrechtsänderungen.* In Artikel 9 (3) fügte man einen dritten Satz an, der klarstellen soll, daß Maßnahmen im Notstandsfall sich nicht gegen Arbeitskämpfe richten dürfen, die zur Wahrung und Förderung der Arbeits- und Wirtschaftsbedingungen geführt werden. Gewichtiger wirkt die Änderung des Artikels 10. Er gewährleistete früher lapidar das Brief- und das Post- und Fernmeldegeheimnis, sah allerdings Beschränkungen aufgrund eines Gesetzes vor. Mit der Änderung teilte man den Artikel auf. Absatz 1 enthält die frühere Garantie. Absatz 2 lautet nunmehr: „Beschränkungen dürfen nur aufgrund eines Gesetzes angeordnet werden. Dient die Beschränkung dem Schutz der freiheitlichen demokratischen Grundordnung oder des Bestandes oder der Sicherung des Bundes oder eines Landes, so kann das Gesetz bestimmen, daß sie dem Betroffenen nicht mitgeteilt wird und daß an dieser Stelle des Rechtsweges die Nachprüfung durch von der Volksvertretung bestellte Organe und Hilfsorgane tritt.“ Mit dieser Verfassungsbestimmung wollte man das *Abhörrecht* der Alliierten ablösen, begab sich damit aber auf einen höchst problematischen Weg. Um seinetwillen bedurfte auch Artikel 19 (4) einer Erweiterung. Die in diesem Absatz niedergelegte Rechtsweggarantie schließt den Artikel 10 (2) nicht ein.

Ebenfalls grundlegend sind die Änderungen in den Artikeln 11 und 12. Im ersteren legt man fest, daß die *Freizügigkeit* auch zur „Abwehr einer drohenden Gefahr für den Bestand oder die freiheitlich-demokratische Grundordnung des Bundes oder eines Landes“ sowie für die „Bekämpfung von . . . Naturkatastrophen oder besonders schweren Unglücksfällen“ eingeschränkt werden darf, womit ebenso wie im Artikel 10 ausdrücklich auch der innere Notstand angesprochen ist. Artikel 12, nach der Wiederbewaffnung verändert, wurde durch das 17. Änderungsgesetz weithin wieder in seine ursprüngliche Fassung gebracht. Ergänzend fügte man nun den Artikel 12a hinzu, der sehr ausführlich die *Wehrpflicht* und die anderen *Dienstverpflichtungen* regelt. Hierbei bezieht sich die allgemeine Dienstpflicht auf die Streitkräfte, den Bundesgrenzschutz oder einen Zivilschutzverband (1), während hinsichtlich des Ersatzdienstes dessen Dauer und der Gewissensschutz erwähnt, die übrigen Vorschriften aber auf ein inzwischen verabschiedetes Gesetz verwiesen werden (2). Anschließend geht es um den Einsatz von Wehrpflichtigen, die nicht eingezogen werden, im Verteidigungsfall (3) und darum, daß in diesem Fall ggf. auch Frauen dienstverpflichtet werden können (4). Die beiden folgenden Absätze befassen sich mit der Zeit vor dem Verteidigungsfall im Sinne des Artikels 80a und legitimieren Eingriffe in die Berufs- und Arbeitsplatzwahl. Zu erwähnen ist dann noch die Änderung in Artikel 20, der durch einen vierten Absatz ergänzt wurde, mit dem man das Widerstandsrecht legalisieren wollte – eine ebenso überflüssige wie problematische Bestimmung. In Zusammenhang mit dem Grundrechtsteil der Verfassung gehört endlich noch der Artikel 115c (2), demzufolge im Verteidigungsfall bei Enteignung die *Entschädigung* nach Artikel 14 GG vereinfacht geregelt und bei *Freiheitsentziehungen* „eine von Artikel 104 Abs. 2 Satz 3 und Absatz 3 Satz 1 abweichende Frist, höchstens jedoch eine solche von vier Tagen, für den Fall festgesetzt werden kann", daß ein Richter nicht tätig zu werden vermag.

Neben den *Änderungen* im Grundrechtsteil der Verfassung stehen die in den *Organ- und Funktionsabschnitten.* Zunächst ist Artikel 35 erweitert, der ursprünglich nur die Rechts- und Amtshilfe zwischen Bund und Ländern vorsah (jetzt Absatz 1). Nach der Neufassung können Länder die Polizeikräfte anderer Länder, „Kräfte und Einrichtungen anderer Verwaltungen sowie des Bundesgrenzschutzes und der Streitkräfte" anfordern. Voraussetzung dafür sind eine Naturkatastrophe oder ein besonders schwerer Unglücksfall. In beiden Fällen kann auch die Bundesregierung tätig werden, wenn das Gebiet mehrerer Länder betroffen ist. Solange man Naturkatastrophe und Unglücksfall restriktiv interpretiert, legalisiert damit Artikel 35 in der neuen Fassung etwa das, was während der Flutkatastrophe in Hamburg ohne Legitimation geschah. Ins Organgefüge gehört weiter der *Gemeinsame Ausschuß* hinein, dem man im Grundgesetz einen besonderen Abschnitt (IVa) und einen eigenen Artikel (53a) gewidmet hat. Von diesem Ausschuß war bereits die Rede. Aufgehoben wurden die 1956 eingefügten Artikel 59a und Absatz 2 des Artikels 65a, der jetzt nur noch beinhaltet, daß der Bundesminister der Verteidigung die Befehls- und Kommandogewalt über die Streitkräfte hat, sowie Artikel 142a. Eingefügt wurde in Artikel 73 Ziff. 1 die Bundeszuständigkeit für die Verteidigung und der gesamte Artikel 80a, der die Anwendung von Rechtsvorschriften im Spannungsfall regelt. Diesen muß der Bundestag mit einer Zweidrittelmehrheit feststellen; er kann stattdessen auch der Anwendung des Artikel 12a Abs. 5 Satz 1 und Abs. 6 Satz 2 zustimmen. Statt des Bundestages kann innerhalb eines Bündnisvertrages mit Zustimmung der Bundesregierung beschlossen werden; entsprechende Maßnahmen sind jedoch aufgrund eines Mehrheitsbeschlusses des Bundestages (Mehrheit der Mitglieder) aufzuheben. Schließlich geht es noch um den Artikel 87a, ebenfalls 1956 eingefügt und 1968 geändert. Ihmzufolge stellt der Bund „Streitkräfte zur Verteidigung" auf, deren zahlenmäßige Stärke und Organisationsstruktur sich aus dem Haushaltsplan ergeben müssen. Außer der Verteidigung dürfen diese Streitkräfte nur eingesetzt werden, soweit das Grundgesetz es ausdrücklich zuläßt (2). Im Spannungs- und Verteidigungsfall können die Streitkräfte zivile Objekte schützen und Aufgaben der Verkehrsregelung übernehmen; beim Schutz ziviler Objekte kann es sich auch um die „Unterstützung polizeilicher Maßnahmen" handeln. Und schließlich Absatz 4: „Zur Abwehr einer drohenden Gefahr für den Bestand der freiheitlich demokratischen Grundordnung des Bundes oder eines Landes kann die Bundesregierung, wenn die Voraussetzungen des Artikels 91 Abs. 2 vorliegen und die Polizeistreitkräfte sowie der Bundesgrenzschutz nicht ausreichen, Streitkräfte zur Unterstützung der Polizei und des Bundesgrenzschutzes beim Schutz von zivilen Objekten und bei der Bekämpfung organisierter und militärisch bewaffneter Aufständischer einsetzen. Der Einsatz von Streitkräften ist einzustellen, wenn der Bundestag oder der Bundesrat es verlangen." Ergänzend dazu muß man Artikel 91 in der Fassung des 17. Änderungsgesetzes lesen, wonach ein Land zur Gefahrenabwendung Polizeikräfte anderer Länder „sowie Kräfte und Einrichtungen anderer Verwaltungen und des Bundesgrenzschutzes anfordern" kann, nicht also Streitkräfte. Tut das Land nicht das Erforderliche, kann die Bundesregierung eingreifen. In Zusammenhang mit diesen Änderungen in 87a und 91 entfiel der 1956 eingefügte Artikel 143.

Ergänzend zu diesen allgemeinen Grundgesetzänderungen kommt die Erweiterung des GG durch einen Abschnitt Xa *Verteidigungsfall.* Der Abschnitt umfaßt 11 Artikel: 115a definiert Begriff und Feststellung des Verteidigungsfalles (Bundestag mit Zustimmung des Bundesrates oder Gemeinsamer Ausschuß oder bewaffneter Angriff auf das Bundesgebiet); Artikel 115b überträgt die Befehls- und Kommandogewalt über die Streitkräfte im Verteidigungsfall auf den Bundeskanzler; Artikel 115c erweitert im Verteidigungsfall die Gesetzgebungskompetenzen des Bundes und erlaubt Grundgesetzabweichungen (Art. 14, Art. 104, Abschnitt VIIIa und X des GG); Artikel 115d ermöglicht ein abgekürztes Gesetzgebungsverfahren; Artikel 115e ermöglicht es dem Gemeinsamen Ausschuß festzustellen, daß der Bundestag nicht zusammentreten kann oder nicht beschlußfähig ist, und damit an die Stelle des Bundestages zu treten; Artikel 115f überträgt der Bundesregierung außerordentliche Befugnisse, nämlich den bundesweiten Einsatz des Bundesgrenzschutzes und die Weisungsgewalt gegenüber Landesregierungen; Artikel 115g soll die Stellung des Bundesverfassungsgerichts sichern; Artikel 115h verlängert die Wahlperioden bis in die Zeit nach Beendigung des Verteidigungsfalls – im Notfall kann der Gemeinsame Ausschuß auf Vorschlag des Bundespräsidenten einen neuen Bundeskanzler wählen; Artikel 115i überträgt die außerordentlichen Befugnisse der Bundesregierung hinsichtlich des Einsatzes des Bundesgrenzschutzes im Falle der Handlungsunfähigkeit der Bundesregierung auf die Landesregierungen; Artikel 115k sichert den Vorrang von Gesetzen, die während des Verteidigungsfalles zustande kommen, gegenüber (früherem) entgegenstehendem Recht und befristet ihre Dauer; Artikel 115l bringt schließlich die Vorschriften über die Aufhebung des Verteidigungsfalles.

Unbeschadet ihrer legislatorischen Qualität braucht man die *Sondervorschriften für den Verteidigungsfall* nicht grundsätzlich zu diskutieren. Hier kam es zur Grundentscheidung in Zusammenhang mit der Wiederbewaffnung. Unterhält man Streitkräfte, benötigt man auch die erforderlichen Rechtsregelungen für den Verteidigungsfall. Angesichts eines schwachen Rechtsbewußtseins müssen sie wohl auch umständlich sein. Im übrigen droht hier innenpolitisch nichts. Setzt man den Verteidigungsfall in Kraft, richtet sich dieser Akt vom Range einer Kriegserklärung nach außen. Ob danach die Verfassung so oder so noch gilt, kann dahingestellt bleiben. Problematisch auch nach innen ist dagegen der unklare *Spannungsfall* nach Artikel 80a, weil in seinem Schutz, entsprechende Mehrheitsverhältnisse, die zur Verkündigung dieses Falles führen, einmal vorausgesetzt, innenpolitische Disziplinierungsmaßnahmen zumindest denkbar sind. Höchst problematisch für die Streitkräfte wie für die innere Ordnung ist dagegen Artikel 87 (4), in dem der *innere Notstand* beschrieben wird, ohne daß sich an anderer Stelle der Versuch findet zu definieren, was das ist. Interessanterweise hat im Falle der Anwendung des Absatzes 4 von Artikel 87a auch die Bundesregierung die alleinige Initiative; Bundesrat und Bundestag können erst nachträglich verlangen, daß der Einsatz der Streitkräfte eingestellt wird. Dies erscheint uns neben der drastischen Grundrechtseinschränkung vor allem im Artikel 10 der problematischste Teil der gesamten Notstandsnovelle, die zwar, was einen Fortschritt bedeuten mag, den Verteidigungsfall und innere Situationen genauer unterscheidet, als dies in früheren Entwürfen geschah, indessen nur den ersteren zureichend erfaßt. So bleibt es bei der Merkwürdigkeit, daß eine besonders stark rechtsstaats- und grundrechtsorientierte Verfassung die Möglichkeit ihrer eigenen legalen Gefährdung gleich mitliefert, ohne daß sich die Motive der Promotoren einer zweiten, einer Notstandsverfassung bis heute zureichend ergründen lassen – eine autoritär-etatistische Grundhaltung allein genügt dafür wohl nicht.

7.2. Die Rechtsprechung

7.2.1. Organisation und allgemeine Probleme

Im Vergleich zu anderen Ländern erscheint die deutsche Justiz sehr spezialisiert und organisatorisch zersplittert. Man ordnete zwar auch in Deutschland nach der Trennung von Justiz und Verwaltung im 19. Jahrhundert ersterer die gesamte Gerichtsbarkeit zu. Das betraf aber nur die Zivil- und Strafrechtsprechung. Als sich später das Bedürfnis nach gerichtlicher Nachprüfbarkeit auch des staatlichen Tuns ergab, richtete man eine eigene Verwaltungsgerichtsbarkeit ein (vgl. zum Vorgang noch immer unübertroffen *H. Heffter,* 1950) und unterstellte sie nicht dem Justiz-, sondern dem Innenministerium. Dieser Ausgliederung folgte die der Finanz-, Arbeits- und Sozialgerichte und die der für die Beamten zuständigen Disziplinargerichte. Nach 1945 stellte man noch die Verfassungsgerichtsbarkeit auf eigene Füße (vgl. *E. R. Huber,* 1957 ff.).
Die im Gewaltenteilungsschema als ‚dritte Gewalt' genannte Rechtsprechung entbehrt mithin einer gemeinsamen Organisation. Die Verfassungen enthalten nur einige grundlegende Vorschriften. Im übrigen kennt die Praxis unterschiedliche, nicht immer deutlich gegeneinander abgrenzbare Zuständigkeitsbereiche und eine Mehrzahl von prozessualen Vorschriften. Das Bundesverfassungsgericht und der Bundesgerichtshof in Karlsruhe, das Bundesarbeits- und das Bundessozialgericht in Kassel, das Bundesverwaltungsgericht in Berlin und der Bundesfinanzhof in München bilden die Spitzen verschiedener Gerichtszweige, neben denen es noch die Disziplinargerichte, die Truppendienstgerichte, das Bundespatentgericht oder das Oberste Rückerstattungsgericht gibt (vgl. z. B. *J. Baumann,* 1974, *R. Wiethölter,* 1968).
Am Ort steht die *ordentliche Gerichtsbarkeit* im Vordergrund. Ihre Basis bilden die Amtsgerichte, deren Gerichtssprengel ursprünglich meist mit dem untersten staatlichen Verwaltungsbezirk übereinstimmten, weshalb es bis heute riesige Amtsgerichte in Großstädten und kleine auf dem Lande samt der Notwendigkeit gibt, die Verwaltungsgebietsreform durch eine vergleichbare Reform der Gerichtsorganisation zu ergänzen. Als zweite Instanz über den Amtsgerichten und als erste Instanz für einen großen Teil der Zivil- und Strafrechtsfälle fungieren die Landgerichte. Zwischen ihnen und dem Bundesgerichtshof stehen die 19 Oberlandesgerichte und das Bayerische Oberste Landesgericht. Die *besonderen Gerichtszweige* sind weniger umfassend ausgebaut, haben aber meistens drei Instanzen. So gibt es 96 Arbeits- und 11 Landesarbeitsgerichte, 49 Sozial- und 10 Landessozialgerichte, 31 Verwaltungs- und 10 Oberverwaltungsgerichte. Lediglich die Finanzgerichtsbarkeit verfügt nur über zwei Instanzen. Die anderen Sonderfälle sind hier ohne Interesse.
In den genannten Gerichten sind über 17 000 *Richter* hauptamtlich tätig (vgl. Quelle 7.2.1.). Die meisten von ihnen arbeiten in der ordentlichen Gerichtsbarkeit, die kleinste Gruppe bilden die Richter an den Finanzgerichten – von der Verfassungsgerichtsbarkeit abgesehen, die in den Ländern keine hauptamtlichen Richter benötigt. In den Vereinigten Staaten kommt man mit einem Drittel der hauptamtlichen Richter aus, obgleich die Bevölkerung um mehr als das Dreifache größer ist. Das hängt damit zusammen, daß in Deutschland das Institut des nebenamtlichen und meist nur streitschlichtenden Friedensrichters weithin unbekannt ist und die Amtsgerichte auch mit Aufgaben belastet sind, die nicht eigentlich zur Rechtsprechung gehören (Führung des Grundbuches). Außerdem beteiligt man zwar in der Strafgerichtsbarkeit ehrenamtliche

Richter – in den Schöffen- und in den Schwurgerichten – und die Arbeits- sowie die Sozialgerichte haben prinzipiell Laienbeisitzer, in der Hauptsache aber bestimmen die hauptamtlichen, juristisch vorgebildeten Richter das Bild. Auf der Ebene des Amtsgerichtes judizieren sie allein oder als der einzige Jurist im kleinen Schöffengericht, überall sonst handelt es sich um Kammern oder Senate und dementsprechend um einen großen Personalverbrauch (vgl. Quelle 7.2.2.). Allein in den obersten Gerichten sind über 200 Richter tätig. Bis vor kurzem war dies mit einer kunstvollen Titelhierarchie verbunden, und es wird noch seine Zeit dauern, bis der Titel „Richter" zu Ehren kommt. Natürlich muß man, wenn man über die Vielzahl der Gerichte und der Richter spricht, an das in Deutschland eingebürgerte eigentümliche Rechtsdenken erinnern (ein Versuch dazu: Th. Ellwein, Rechtswissenschaft und Erziehung, in: *ders./H. H. Groothoff,* Band III). Es erstreckt sich auch auf Bagatellsachen und kompliziert den Instanzenweg wie die Verfahren.

Der *Instanzenweg* gehört geschichtlich zur ordentlichen Gerichtsbarkeit. In ihr kann man mittels Berufung eine rechtliche oder tatsächliche Nachprüfung eines Urteils bei der zweiten Instanz herbeiführen, und mittels der Revision behauptete formelle oder materielle Mängel eines Urteils von einer höheren Instanz überprüfen lassen. Die Berufung ist nur beim Landgericht gegen Urteile des Amtsgerichts möglich und führt bei Strafsachen ggf. zu einer neuen Verhandlung vor dem Landgericht; Ziel der Revision ist die Aufhebung des Urteils und damit ein neues Verfahren. Das System findet sich auf die anderen Gerichtsbarkeiten übertragen, weil man es als Merkmal des Rechtsstaates ansieht, daß gegen ein Urteil möglichst noch ein Rechtsmittel zur Verfügung steht. Die sich daraus ergebenden oft sehr langen Fristen nimmt man in gewissen Grenzen in Kauf.

Organisation und Verfahrensweise der deutschen Justiz wurzeln weithin im 19. Jahrhundert. Das erfordert zum einen ständige *Anpassungsbemühungen*; zum anderen unterliegt auch die Justiz gewichtiger, oft fundamentaler Kritik. Beides bewirkt, daß die deutsche Justiz wohl nicht ganz mit dem Vertrauen rechnen kann, wie man es in der Regel der britischen entgegenbringt. Davon kann jedoch nicht ausführlicher die Rede sein. Unser Problem bildet die Position der Justiz im Regierungssystem. Aus der Reformdiskussion sei nur Weniges herausgehoben. Daß es an der Kraft zur Reform nicht fehlt, belegt das seit dem 1. Januar 1975 geltende reformierte Strafrecht – zweifellos ein „Jahrhundertwerk", von dem schon zum Zeitpunkt seines Inkrafttretens kaum mehr die Rede war, obgleich man selten um ein Gesetzeswerk so lange ringt wie um dieses.

Organisatorisch und verfahrenstechnisch diskutiert man zum einen die Zersplitterung. Sie könnte schon in der Verwaltung der Justiz vermindert werden, wenn man ein *Rechtspflegeministerium* einführt. Das stößt allerdings auf den Widerstand der Ministerien, die gerne in ‚ihre' Gerichtsbarkeit erfahrene Ministerialbeamte detachieren und dabei die Notwendigkeit besonderer Erfahrungen ins Feld führen (vgl. *A. Görlitz,* 1970). Weiter geht es um das einheitliche Gericht, in dem man allenfalls spezialisierte Kammern einrichten kann – so wie heute etwa die Kammern für Handelssachen beim Landgericht. Dem einheitlichen Gericht steht die Tradition entgegen. Dennoch muß die Zersplitterung der Justiz als schädlich gelten. Sie tut dem Rechtsgedanken mindestens ebenso Abbruch wie ein Prozeßrecht, das den Rechtsunkundigen weithin auf juristischen Beistand verweist – vom Landgericht an besteht Anwaltszwang. Eine Vereinheitlichung und Vereinfachung des Prozeßrechtes bildet deshalb ein drittes Thema. In seinem Mittelpunkt stehen Fragen der Verfahrensführung – einige von ihnen sind im Stammheimer Prozeß gegen A. Baader, G. Ensslin und U. Meinhof aufgetaucht und teils durch oberstgerichtliche Entscheidungen, teils durch Entscheidungen des Gesetzgebers inzwischen beantwortet. Hinsichtlich des *Rechtsweges* stellt sich die Frage, wie lange man dem Rechtsuchenden weitere und zusätzliche Möglichkeiten einräumen soll. Die Besorgnis gegenüber Polizei- und Verwaltungsstrafen und das Streben nach möglichst vielen Korrekturchancen führen zu der vielbeklagten *Überlastung* der Justiz und damit zur oft unerträglichen Dauer von (auch einfachen) Prozessen. Die Reformpraxis zielt darauf ab, vor allem die Zivilverfahren zu beschleunigen, wozu man die Zuständigkeit der Amtsgerichte erweitern (höherer Streitwert) und die Revisionsmöglichkeiten einschränken muß (vgl. Quellen 7.2.3.). Damit entgeht man dem Vorwurf, die Bundesrepublik sei ein „Rechtsmittelstaat", gibt aber dem anderen Vorwurf Nahrung, der Rechtsweg sei in diesem Lande „plutokratisiert", weil Fälle mit höherem Streitwert größere Revisionschancen haben – unabhängig von der Bedeutung der jeweiligen Summe für den jeweilig Betroffenen. In jüngerer Zeit wird allerdings sichtbar, daß vor allem die Verwaltungsgerichtsbarkeit überfordert ist – hier verdoppelten sich z. B. in Nordrhein-Westfalen von 1976 bis 1980 die Neueingänge in der ersten Instanz, wobei die ZVS- und die Asylantenverfahren eine besondere Rolle spielen.

Besondere Mängel hat *der Strafprozeß*. Für den Befund des Regierungssystems ist das insofern bedeutsam, als über den Strafprozeß wesentliche Vorstellungen vom Gerichtswesen in die Öffentlichkeit dringen. Hierbei erscheint vor allem das Verfahren bei schweren Straftaten fragwürdig. Bei einem kleinen Diebstahl kann der Verurteilte ggf. Berufung und Revision einlegen. Im Falle der Anklage wegen eines schweren Verbrechens gibt es nur eine Tatsacheninstanz, gegen deren Urteil eine Revision nur mit der Behauptung beantragt werden kann, „daß das Urteil auf einer Verletzung des Gesetzes beruhe. Das Gesetz ist verletzt, wenn eine Rechtsnorm nicht oder nicht richtig angewendet worden ist" (§ 337 StPO). Gegenüber unzureichenden Tatsachenfeststellungen bietet das aber wenig Schutz, was sich mit mancherlei Justizskandalen belegen läßt. Außerdem bevorzugt der Strafprozeß erst die Polizei und dann den Staatsanwalt im Vorverfahren, bei äußerst schwacher Stellung des Verteidigers. Staatsanwälte lassen sich aber ggf. politisch beeinflussen. Im Hauptverfahren erscheint sodann die Stellung des Gerichtsvorsitzenden unklar. Während nach angelsächsischem Recht Staats- und Rechtsanwalt das Verfahren gestalten und der Richter nur dessen Regeln gewährleistet, führt der deutsche vorsitzende Richter den Prozeß, muß bereits im Eröffnungsabschluß „hinreichenden" Verdacht äußern und später maßgeblich das Urteil bestimmen und begründen. Die mit der kleinen Strafprozeßreform von 1965 eingetretenen Veränderungen bringen Verbesserungen, weil die Rechte des Beschuldigten und seines Verteidigers erweitert und die Möglichkeit, Untersuchungshaft zu verhängen, eingeschränkt worden sind, vor allem der Grundsatz der Verhältnismäßigkeit gilt. Grundlegend wirkt sich das indessen nicht aus; die große Strafprozeßreform fehlt noch. Bis dahin bleibt das Erbe der obrigkeitsstaatlichen Tradition im Strafprozeß sichtbar, vor allem in der zu engen Verknüpfung von Staatsanwaltschaft und Gericht.

An den Widerständen gegen die Reform des Strafvollzugs, an den Schwierigkeiten der sozialen Wiedereingliederung Vorbestrafter, an der nervösen und vielfach emotional bestimmten Diskussion über die angebliche Zunahme oder gar das Überhandnehmen von Kriminalität (während gleichzeitig die schwer zu bekämpfende Wirtschaftskriminalität ungleich weniger Aufmerksamkeit erregt) wie umgekehrt an der nur zögernden Hinwendung der Rechtswissenschaft zur Rechtssoziologie und zur Rechtstatsachenforschung, lassen sich unschwer weitere Problemfelder ausmachen, die wohl mit der obrigkeitsstaatlichen Überlieferung und mit erheblicher Unsicherheit gegenüber der Rechtsordnung und ihrer Handhabung zusammenhängen. Das wirkt sich auch auf die Tätigkeit der Richter aus. Angesichts ihrer Rekrutierung überwiegend aus der Mittel- und Oberschicht fehlt es ihnen oft an Verständnis für die Welt des Angeklagten. Der Vorwurf der Klassenjustiz erscheint nicht ganz unberechtigt, wenngleich sich hier allmähliche Verschiebungen ergeben, Justizminister es zunehmend auch mit aufmüpfigen Richtern zu tun haben, der Wertewandel auch hier eine größere Rolle spielt und die Unabhängigkeit zunehmend konsequent eingefordert wird (räumliche Immobilität vieler jüngerer Richter). Die Durchsetzung der Justiz mit vielen belasteten Richtern in der Anfangszeit der Bundesrepublik bildete lange Zeit ein Sonderproblem. Schichtenspezifische Probleme zeigen sich häufiger in der immer wieder beanstandeten Verhandlungsführung einiger Richter oder dort, wo der weltanschauliche Bezug etwa im Strafrecht eine größere Rolle spielt, weil der Gesetzgeber nicht darauf verzichtet hat, in einer pluralistischen Gesellschaft die moralischen Prinzipien einzelner Gruppen besonders zu favorisieren. Auch die politische Strafjustiz wäre in diesem Zusammenhang zu nennen. Sie muß problematisch sein, weil man die Rechtsgüter, welche man schützt, selten genau definieren kann, was ggf. beliebige Auslegungen zuläßt, und weil stärker als sonst Opportunitätsgesichtspunkte gelten, was Justiz unberechenbar machen kann. Staatsschutz mit Hilfe des gesetzlich fixierten Straftatbestandes bleibt dennoch ebenso unvermeidlich wie unerquicklich. Wer selbstsicher ist, wird deshalb zurückhaltend operieren. Die Bundesrepublik, dieses Urteil muß erlaubt sein, erwies sich und erweist sich nicht als besonders selbstsicher – die gerichtliche Ahndung von Kommunisten und die Diskussion im Bundestag über Änderungen im Strafprozeß im Zusammenhang mit Gewalt- und Bandenverbrechen (Frühjahr 1976) dafür als Beispiel. Daß umgekehrt auch demjenigen, der Verbrechertum und Politik verwechselt, der volle Schutz der rechtlichen Ordnung – vielfach gegen erhebliche öffentliche Kritik und verbreitetes Unverständnis – gewährt wird, sollten die Kritiker des Systems, soweit sie ernst genommen sein wollen, nicht bestreiten.

7.2.2. Zur Position der Rechtsprechung im Regierungssystem

Nach Artikel 92 des Grundgesetzes ist die rechtsprechende Gewalt den Richtern anvertraut. In Zusammenhang mit Artikel 20 (2) GG stellt sich dies als Fundamentalsatz der Verfassung dar, welcher jeder Verfassungsänderung entzogen sein sollte und den Anspruch des Bürgers begründet, daß ein für ihn verbindlicher Wahrspruch nur durch den ordnungsgemäß bestellten Richter erfolgt. Damit geht das Grundgesetz in seinem neunten Abschnitt „Die Rechtsprechung" erheblich über die Weimarer Verfassung hinaus und versucht, „die Organisation der gesamten Gerichtsbarkeit in den Grundzügen verfassungsrechtlich zu bestimmen und gleichzeitig in einigen grundrechtsartigen Normen das Verhältnis des einzelnen zur rechtsprechenden Gewalt zu regeln. In der Literatur heißt es mit Bezug auf diese Entwicklung, das Grundgesetz erhebe die Gerichtsverfassung in organisatorischer Hinsicht wie überhaupt den sachlichen Bereich der rechtsprechenden Gewalt in die Verfassungsrechtssphäre und gewähre so zugleich die Einheit und Einheitlichkeit der Rechtspflege". (*H. v. Mangoldt*, 1953, S. 491). Im Vordergrund der Bemühungen des Verfassungsgebers steht dabei – den geschichtlichen Erfahrungen entsprechend – die *Unabhängigkeit der Justiz.* Sie wird durch die klare Kompetenzzuweisung des Artikels 92 GG und durch die in Artikel 97 gewährleistete Unabhängigkeit der Richter begründet (vgl. *D. Simon,* 1975). Das Bemühen von 1949 brachte später Erfolg. Trotz vieler Einwände gegen die Justiz in der Bundesrepublik läßt sich ihre Unabhängigkeit nicht bezweifeln. Man hat auch nur selten ernstlich versucht, sie anzutasten. Die Unabhängigkeit bezieht sich auf die Justiz als Institution, auf die Rechtspflege als umfassende und die Rechtsprechung als jeweils konkrete Aufgabe. Die letztere bedeutet „Gesetzesanwendung zur Entscheidung eines Rechtsstreites, d.h. eines Streites um geltend gemachtes und bestrittenes Recht oder einer Strafsache in einem gesetzlich geregelten Verfahren durch ein am Streit unbeteiligtes und unabhängiges Staatsorgan" *(H. v. Mangoldt,* 1953, S. 492). In die Unabhängigkeit schließt Artikel 92 GG alle Gerichte ein. Niemand kann mehr wie früher die Verwaltungsgerichtsbarkeit als Teil der Verwaltung betrachten. Anders liegt es mit den nichtstaatlichen Standes- oder Ehrengerichten. Sie zählen trotz funktionaler Verwandtschaft keinesfalls zur rechtsprechenden Gewalt.

Das Grundgesetz unterstreicht die Position der Rechtsprechung dadurch, daß gleich nach der grundlegenden Kompetenzzuweisung im Artikel 93 von den Zuständigkeiten des Bundesverfassungsgerichtes und im Artikel 94 von dessen Organisation die Rede ist. Artikel 95 sah ursprünglich ein Oberstes Bundesgericht vor; später kam es durch Verfassungsänderung zur Anerkennung des tatsächlichen Zustandes. Man deklarierte Bundesgerichtshof, Bundesverwaltungsgericht usw. als „oberste Gerichtshöfe" und plante zur Wahrung der Einheitlichkeit der Rechtsprechung nur noch einen Gemeinsamen Senat jener Gerichte. Diese Verfassungsänderung war rechtspolitisch sicher sinnvoll; formal bewies sie, wie leicht auch in grundlegenden Fragen vom ursprünglichen Willen des Verfassungsgebers abgewichen werden kann. Das gilt auch für Artikel 96, der gemeinsam mit Artikel 95 redigiert worden ist. Unverändert blieb der grundlegende Artikel 97 GG. Ihm zufolge sind Richter nur an das Gesetz gebunden und können nur mit ihrem Einverständnis versetzt und nur bei Einhaltung eines komplizierten Verfahrens amtsenthoben werden. Diese Vorschrift findet sich in Artikel 98 GG noch ergänzt, der außerdem dem Bund das Recht der Rahmengesetzgebung auch für die Richter gibt (Art. 98/3 mit späterer Einfügung des Hinweises auf Art. 74a/4 GG). Den allgemeinen Artikeln folgen zwei konkrete Kompetenzzuweisungen. Artikel 99 GG ermöglicht es den Ländern, den obersten Bundesgerichten landesrechtliche Funktionen zu übertragen. Artikel 100 GG beauftragt das Bundesverfassungsgericht, auf Anrufen eines Gerichtes die Vereinbarkeit eines Gesetzes mit dem Grundgesetz zu prüfen. Schließlich enthält das Grundgesetz an dieser Stelle noch vier Artikel mit grundrechtsähnlichen Vorschriften: Nach Artikel 101 sind Ausnahmegerichte unzulässig; nach Artikel 102 ist die Todesstrafe abgeschafft; nach Artikel 103 hat vor Gericht jedermann Anspruch auf rechtliches Gehör, und niemand kann wegen einer Tat zweimal oder aufgrund eines Strafgesetzes bestraft werden, das erst nach der Tat erlassen worden ist. Artikel 104 bringt schließlich die Rechtsgarantien bei Freiheitsentziehung, womit diesem Artikel wieder besondere Bedeutung zukommt. Er legt fest, daß Verhaftungen nur aufgrund eines Gesetzes und einer richterlichen Entscheidung erfolgen und die Polizei eine Festnahme nur befristet durchführen darf, wobei der Festgenommene spätestens am nächsten Tag dem Richter vorgeführt werden muß.

In den Artikeln 92–104 GG, denen Bestimmungen in den Landesverfassungen entsprechen, kommt zum Ausdruck, daß man die *Gewaltenteilung* jedenfalls institutionell anstrebt. Die rechtsprechende Gewalt ist allein den Richtern anvertraut. Einige wenige von ihnen, die am Bundesverfassungsgericht, rücken dabei zwangsläufig in das durch die Beziehungen der obersten Staatsorgane gegebene Spannungsfeld ein. Das bringt mehr als anderes zum Ausdruck, daß die dritte Gewalt eigenständig sein soll, aber auch politische Funktionen wahrnimmt. Sie ergeben sich letztlich daraus, daß der Rechtsstaat eine ständig sich vermehrende richterliche Tätigkeit erforderlich macht.

Das Problemfeld, um das es sich hier handelt, läßt sich in Kürze so umreißen: Die überkommene Auffassung vom Rechtsstaat führte zum *Gesetzgebungsstaat.* Man glaubte im 19. Jahrhundert, mit Hilfe eines einschränkend formulierten Gesetzesbegriffes die Ordnung des Gemeinwesens so ausgestalten zu können, daß die individuelle Freiheit bewahrt bleibt und dennoch die notwendigen, als begrenzt verstandenen, gemeinsamen Aufgaben erfüllt werden. Die Verwaltung sollte dabei auf den Gesetzesvollzug beschränkt sein. Die oberste politische Führung klammerte man in solchem Denken aus. Verbunden mit dem allgemeinen sozialen und technischen Wandel veränderte sich dann später der Charakter des Staates. Man hielt zwar daran fest, ihn als Gesetzesstaat zu denken, geriet damit aber in die Zwangslage, entweder dem Gesetzgeber immer Entscheidungen auch sehr konkreter Art vorzubehalten oder aber trotz der Gesetzesbindung der Verwaltung einen immer größeren Spielraum zu geben. Die ‚Gesetzesflut' und die ‚Flucht in die Generalklauseln' bezeichnen Auswege aus dieser Zwangslage. Schon 1952 klagte Hans Peters, jedem Verwaltungsfachmann sei bewußt, „daß die Überzahl der Gesetze den Gesetzgeber zur Oberflächlichkeit, den Rechtsanwender zu ständigen Konflikten mit dem gesetzten Recht und den Bürger zu Mißachtung der Gesetze" führe (in: *Laforet-Festschrift*, S. 33). Daß sich der einschlägige Erfahrungshorizont erweitert, die zugrundeliegende Problemlage aber nicht verändert hat, macht der von Volkmar Götz u. a. herausgegebene Diskussionsband (1985) deutlich.

Einen weiteren Ausweg aus jener Zwangslage scheint der *Justizstaat* zu bieten, also der Versuch, der ‚Verrechtlichung' die ‚Justizialisierung' (vgl. dazu *R. Voigt* 1980, 1983, 1986 und *A. Görlitz/R. Voigt* 1985) folgen zu lassen. Die Justiz soll – neben dem Parlament – die Verwaltung kontrollieren; über die Justiz wird dem Bürger die Möglichkeit gegeben, Verwaltungshandeln überprüfen zu lassen. Kontrolle äußert sich aber nicht nur darin, daß im konkreten Fall entschieden wird, die Verwaltung habe Recht nicht zutreffend angewandt. Häufig geht das Gericht einen Schritt weiter und legt fest, wie die ‚richtige' Rechtsanwendung auszusehen hätte. Das wirkt dann wie eine Verwaltungsvorschrift; im Falle des Steuerrechts ist sogar ausdrücklich festgelegt, daß im Bundessteuerblatt veröffentlichte Entscheidungen des Bundesfinanzhofes von der Steuerverwaltung zu berücksichtigen seien. Sieht man von der Länge der Prozeßdauer einmal ab, handelt es sich hier um ein besonders schnelles Verfahren des Zustandekommens von Vorschriften – die übrigen Steuervorschriften bedürfen des Gesetzes oder der Abstimmung zwischen Bund und Ländern, die in der Beteiligung des Bundesrates nach Art. 108 gipfelt, was gemeinhin viel Zeit erfordert. Auf diese Weise demonstrieren vor allem die Verwaltungs- und Finanzgerichtsbarkeit den Machtzuwachs der Justiz. Sie kontrolliert Rechtssetzung und -anwendung; ihre Urteile werden von der Verwaltung antizipiert und wirken in vielen Fällen unmittelbar wie Vorschriften (vgl. *C. Gusy*, 1985).

Der Machtzuwachs resultiert aus einer politischen Entwicklung, innerhalb derer längerhin dem Parlament der unmittelbare Zugriff auf die Verwaltung vorenthalten blieb. Für den Bürger bedeutete es einen gewissen Ausgleich, daß er ,sein Recht' vor unabhängigen Gerichten suchen konnte. Praktisch bezog sich das im 19. Jahrhundert auf Akte der Eingriffsverwaltung. Man behielt die Justizkontrolle aber bei, als zunehmend neben die Eingriffe die Leistungen des Staates an den Bürger traten und damit soziale Ansprüche ebenso einklagbar wurden wie Maßnahmen im Leistungs- etwa im Schulbereich unter richterliche Kontrolle gerieten. Die Verwaltungsgerichtsbarkeit entscheidet über den Streit beim Zustandekommen wie beim Vollzug von Bebauungsplänen, aber auch über die Zulassung zum städtischen Kindergarten oder über das Zustandekommen einer Schulnote, die für die Versetzung wichtig ist. Den Umfang der richterlichen Zuständigkeit macht z. B. die Geschäftsverteilung im Bundesverwaltungsgericht sichtbar (Quelle 7.3.3.). Die Justiz ist auf diese Weise inzwischen an nahezu allen öffentlichen Großprojekten beteiligt, an den Flughafenbauten in Frankfurt oder München, an der AKW-Entwicklung, an größeren Straßenbauvorhaben, in zahlreichen Fragen des Umweltschutzes u.v.a.m. Die Justiz hat allerdings auch die ,Wesentlichkeitstheorie' hervorgebracht und damit die Beteiligung des Parlaments bei grundlegenden Entscheidungen eingefordert, die man früher als reine Exekutiventscheidungen betrachtet hat.

Kann man deshalb mit guten Gründen von einem Machtzuwachs der Justiz sprechen, muß man dies aus den eben genannten Gründen dahin ergänzen, daß die Justiz zwar mit ihrer Kontrollfunktion gegenüber der Verwaltung zum Teil an die Stelle des Parlaments getreten ist, diese Kontrollfunktion aber einen neuen Zwiespalt heraufbeschwört und die Verwaltung nur zum Teil greift. Der neue Zwiespalt wurde schon angesprochen: Auch wenn alles prinzipielle Handeln staatlicher Organe in die Rechtsordnung einbezogen sein muß, und deshalb z.B. eine Reifeprüfungsordnung als Rechtsverordnung ergeht, läßt sich doch nicht sinnvoll jeder konkrete Verwaltungsakt einer rechtlichen Prüfung unterziehen. In vielen Urteilen wird man deshalb auf Kriterien zurückgreifen, die aus dem betreffenden Lebensbereich, nicht aus der Rechtsordnung, stammen. Diese Kriterien erhalten dann der Verwaltung gegenüber Gewicht – neben die formalen Bestandteile der Rechtsordnung wie Verfassung, Gesetz oder Verordnung treten zunehmend auch Gerichtsurteile, die nicht nur der Interpretation des normierten Rechts dienen, sondern es auch ergänzen. Vereinfacht: Der Machtzuwachs der Justiz erfordert eine Ausdehnung der richterlichen Zuständigkeit, welche diese selbst unglaubwürdig machen kann.

Umgekehrt muß man sehen, daß die *richterliche Kontrolle* eben nur einen Teil uneingeschränkt erfaßt, vorwiegend dasjenige Verwaltungshandeln, das sich zum Schluß in einem konkret individuellen Verwaltungsakt nach außen wendet und dort einen bestimmten Bürger betrifft. Dieser erhält die Aktivlegitimation zur Klage. Die Masse der Verwaltungstätigkeit bleibt von richterlicher Überprüfung frei. Auf solche Weise vermehrt die Justiziabilität des staatlichen Tuns die Chance, sich individuell gegen den Staat und seine Organe zu wehren, ohne unbedingt eine Kontrolle der Staatsorgane zu erbringen, die den Kontrollverlust beim Parlament auszugleichen vermag. Allerdings vollzieht sich hier allmählich ein Wandel – sichtbar vor allem im Planungsrecht –, der vom eher individualistischen Ansatz zu einer auch abstrakten Planungen gegenüber wirkenden Rechtsprechung und zur Beteiligung neuer Kategorien von Betroffenen führt (vgl. z.B. *W. Brohm*, Verwaltungsgerichtsbarkeit im modernen Sozialstaat, in: DÖV, Januar 1982, S. 1 ff.).

7.3. Das Bundesverfassungsgericht

7.3.1. Entstehungsgeschichte und Auftrag

Daß es einen *Machtzuwachs der dritten Gewalt* zwar gibt, er indessen mit einer Reihe von Folgeproblemen verbunden ist, macht mehr noch als die allgemeine Zuständigkeitsausweitung der Justiz das Politikum der Verfassungsgerichtsbarkeit deutlich (vgl. neben den Verfassungskommentaren *G. Leibholz*, Der Status des Bundesverfassungsgerichtes, in: JÖR 1957, S. 109 ff., *Bundesverfassungsgericht*, 1971 und 1976, *H. Laufer*, 1968, *H. Spanner*, 1972, *Ch. Stark*, 1976, und *H. Simon* in: *E. Benda* u. a. 1984). Auch die oberen Gerichte der ordentlichen Gerichtsbarkeit oder der Verwaltungsgerichtsbarkeit haben seit 1949 nicht nur das geltende Recht interpretiert und damit Präzedenzien für die weitere Rechtsanwendung geschaffen, sondern sie sind in vielen Fällen deutlich über das geltende Recht hinausgegangen und haben unter Hinweis auf oberste Rechtsgrundsätze legislative Tätigkeit vorweggenommen. Das gilt z. B. für die Erschwerung der Ehescheidung oder den Ausbau des sogenannten Persönlichkeitsschutzes durch den Bundesgerichtshof. Derartige Entwicklungen zeigen, daß der Rechtspositivismus überwunden wird und übergeordnete Rechtssätze mehr und mehr als unmittelbar anwendbares Recht gelten. Gleichzeitig bezeugen sie auch ein wachsendes Selbstbewußtsein der Justiz. Existenz und Funktionsweise des Bundesverfassungsgerichtes überhöhen jedoch jene Entwicklung noch einmal und problematisieren sie damit zugleich unter dem anderen Aspekt, unter dem nämlich der Konkurrenz zwischen Legislative und Judikative.

Das *Bundesverfassungsgericht* soll nach Verfassung und Gesetz überall dort streitschlichtend eingreifen, wo es zum Dissens anderer Organe kommt und sich diese auf den Rechtsweg begeben. Erst damit erscheint es möglich, wirklich von einer *dritten Gewalt* zu sprechen. Eine organisatorische Trennung der Justiz von den anderen Staatsorganen hebt diese ja noch nicht auf eine Ebene, auf der gestaltende Macht ausgeübt wird. Man hat deshalb auch den ausschließlichen Dienst am Recht, wie ihn die Justiz leisten soll, stets als Korrektiv der Macht und nicht selbst als Macht angesehen. Das Bundesverfassungsgericht hat jedoch Macht. Auch wenn es seine Entscheidungen nicht selbst durchzusetzen vermag, kann es sich im funktionierenden Zusammenspiel der obersten Organe des Gemeinwesens darauf verlassen, daß sie durchgesetzt und bei künftigen Maßnahmen von vorneherein berücksichtigt werden. Jene Macht ist zwar wie bei jedem anderen Gericht daran gebunden, daß konkrete politische Sachverhalte und Maßnahmen in bezug zu den Prinzipien des Grundgesetzes zu setzen sind und sich dann die Entscheidungen „am Maßstab einer auslegungsfähigen Norm ausrichten“. Angesichts der Zuständigkeit des Bundesverfassungsgerichtes läßt sich das aber nicht vergleichen mit der urteilenden Macht des Richters, der einen überführten Dieb nach den Vorschriften des Strafgesetzbuches bestraft. Gegen Urteile des Bundesverfassungsgerichtes gibt es keine Einspruchsmöglichkeit mehr, was die formale Position des Gerichts bestimmt, und in den Verfahren vor diesem Gericht – und das meint dann inhaltlich die Macht – stehen sich nur selten Tatbestand und Recht voll abgrenzbar gegenüber.

Für die *Verfassungsgerichtsbarkeit* lassen sich unterschiedliche Formen denken. Es kann höchst wirksam sein, wenn man, wie in den USA, den Gerichten nur einräumt, ein als verfassungswidrig betrachtetes Gesetz nicht anwenden zu müssen. Das setzt aber eine einheitliche Gerichtsbarkeit voraus. Da es sie in Deutschland nicht gibt, mußte man hier eine eigene Verfassungsgerichtsbarkeit institutionalisieren. Sie dient „der rechtsstaatlichen Kontrolle der inneren Staatswillensbildung, nicht, wie die Verwaltungsgerichtsbarkeit, der Kontrolle der Handhabung der Staatsgewalt gegen Außenstehende (*R. Thoma,* zit. nach *H. v. Mangoldt,* 1953, S. 504).

1871 sah man eine solche Notwendigkeit noch nicht. Sie wäre mit dem implizierten monarchischen Prinzip auch schwer zu vereinbaren gewesen. Die Weimarer Reichsverfassung ordnete im Artikel 108 ein 1921 erlassenes Gesetz an, demzufolge der Staatsgerichtshof „beim Reichsgericht" bestand und überwiegend für Anklagen zuständig sein sollte, die durch den Reichstag gegen den Reichspräsidenten, den Reichskanzler oder einen Reichsminister erhoben würden. Die Richter sollten jeweils gewählt werden. Der Staatsgerichtshof in dieser Form erlangte wenig Bedeutung. Nach 1945 bestand – auch deshalb – Konsens darüber, daß man die Verfassungsgerichtsbarkeit in der Verfassung verankern und vor Eingriffen durch einfache Gesetze bewahren müsse. In diesem Sinne bauten zunächst die *Landesverfassungsgeber* unter verschiedenen Bezeichnungen Staatsgerichtshöfe in die Verfassung ein, übertrugen ihnen die Kontrolle der „inneren Staatswillensbildung" und regelten grundsätzlich die Zusammensetzung des Gerichtes (vgl. z.B. By. Vfg. Art. 60 ff., Niedersächs. Vfg. Art. 42, Vfg. f. Baden-Württemberg Art. 68). Der Zuständigkeitskatalog kann in der Regel noch erweitert werden. Entscheidungen über Verfassungsstreitigkeiten genießen der Sache nach Gesetzesrang, was in einigen Verfassungen ausdrücklich gesagt wird.

Der den Verhandlungen des Parlamentarischen Rates vorausgehende *Herrenchiemseer Entwurf* für das Grundgesetz widmete dem Bundesverfassungsgericht einen eigenen Abschnitt und führte ihn mit dem Passus ein: „Bundesverfassungsgericht ist das Oberste Bundesgericht oder eines der obersten Bundesgerichte. Es ist zuständig für Fragen des Bundesstaatsrechts." Dazu erläuterte man, das Gericht müsse eine klare und im Vergleich zur Weimarer Zeit erweiterte Zuständigkeit haben, während man nicht entschied, ob es selbständig sein müsse oder von Fall zu Fall gebildet werden könne. Auch im Parlamentarischen Rat wurde diese Frage erst nach längerem Hin und Her beantwortet, wobei z.T. der Gesichtspunkt auftauchte, man wolle die Autorität des Obersten Bundesgerichtes, das man später nicht errichtete, nicht mit den ins Politische hineinreichenden Entscheidungen belasten. Die hier obwaltende Unsicherheit führte dann wohl dazu, daß man die Regelung entscheidender Fragen dem Bundesgesetzgeber überließ (vgl. *H. Simon* a.a.O. S. 1261 ff.).

Im *Grundgesetz* findet sich das Bundesverfassungsgericht durch Artikel 92 eingeführt. Hier wird das Gericht als erstes der Gerichte genannt, welche die rechtsprechende Gewalt ausüben. Artikel 93 bestimmt die Kompetenzen des Gerichtes und verweist auf Bundesgesetze, die weitere Kompetenzen begründen können. Primär sind vier Kompetenzbereiche aufgeführt. Im Bereich der *Organstreitigkeiten* hat das Gericht über die Grundgesetzauslegung zu urteilen, wenn „Rechte und Pflichten eines obersten Bundesorgans oder anderer Beteiligter, die durch dieses Grundgesetz oder in der Geschäftsordnung eines obersten Bundesorgans mit eigenen Rechten ausgestattet sind", strittig werden. Durch den letzten Halbsatz wird der Kreis der Antragsberechtigten sehr groß, wenngleich es sich hier immer um Organe, z.B. um eine Fraktion, einen Ausschuß oder den Parlamentspräsidenten, handeln muß. Im Bereich der *abstrakten Normenkontrolle* entscheidet das Gericht auf Antrag, ob Landes- oder Bundesrecht mit dem Grundgesetz, oder Landesrecht mit sonstigem Bundesrecht vereinbar ist. Als Antragsteller sind genannt die Bundesregierung, eine Landesregierung oder ein Drittel der Mitglieder des

Bundestages. Nachprüfbar ist jede Norm, nicht nur ein Gesetz, die beschlossen und insofern rechtsförmig ist. Hinzuzudenken ist in diesem Zusammenhang die Normenkontrolle des Artikels 100, nach dem ein Gericht ein Gesetz, „auf dessen Gültigkeit es bei der Entscheidung ankommt" und an dessen Verfassungsmäßigkeit es zweifelt, dem Bundesverfassungsgericht vorlegen muß (konkrete Normenkontrolle). Hierunter fallen nur förmliche Gesetze, die nach Beschluß des Grundgesetzes verabschiedet worden sind. Die vor 1949 gültigen Gesetze muß jedes Gericht selbst auf ihre Vereinbarkeit mit dem Grundgesetz überprüfen, ebenso wie jedes Gericht in der Regel die Vereinbarkeit von Rechtsverordnungen mit den Gesetzen prüfen kann. Den dritten Entscheidungsbereich des Bundesverfassungsgerichtes bilden die *Meinungsverschiedenheiten über die Rechte und Pflichten des Bundes und der Länder.* Dieser Bereich wird etwas pauschal ergänzt im Blick auf andere „öffentlich-rechtliche Streitigkeiten zwischen dem Bund und den Ländern, zwischen verschiedenen Ländern oder innerhalb eines Landes, soweit nicht ein anderer Rechtsweg gegeben ist". Endlich wird im Artikel 93 auf Zuständigkeiten des Bundesverfassungsgerichtes hingewiesen, die durch andere Grundgesetzartikel (u.a. Art. 18, 21, 41, 61, 84, 98, 99, 100, 126) und durch Gesetze begründet sind. Nachträglich ist die Verfassungsbeschwerde eingeführt.

Über *Organisation und Verfahren des Gerichtes* bestimmt das Grundgesetz wenig. Artikel 94 begnügt sich mit dem Hinweis, daß die Richter am Bundesverfassungsgericht je zur Hälfte vom Bundestag und vom Bundesrat gewählt werden und dabei zum Teil vorher Bundesrichter sein sollen. Im übrigen wird in Artikel 94 (2) auf ein Bundesgesetz verwiesen. Als man den vorausgehenden Artikel hinsichtlich der Verfassungsbeschwerde ergänzte, fügte man in Artikel 94 (2) den Passus ein, bei Verfassungsbeschwerden dürfe im Gesetz die Erschöpfung des Rechtsweges zur Voraussetzung gemacht und ein besonderes Annahmeverfahren eingeführt werden. Das entsprach der Erfahrung mit den zahllosen Verfassungsbeschwerden. Das *Bundesverfassungsgerichtsgesetz* kam 1951 zustande, wurde dann mehrmals geändert und gilt zur Zeit in der Fassung vom 12.12.1985 (vgl. Quelle 7.3.1.). Dem Gesetz zufolge besteht das Gericht aus zwei Senaten mit je acht Richtern, von denen je drei wenigstens drei Jahre an einem anderen obersten Gerichtshof des Bundes tätig gewesen sein müssen. Die Richter am Bundesverfassungsgericht werden für zwölf Jahre gewählt; Wiederwahl ist unzulässig; alle Nebentätigkeiten sind mit der Ausnahme einer Rechtslehrertätigkeit an Hochschulen verboten. Die erforderliche Wahl muß im Bundesrat mit Zweidrittelmehrheit erfolgen. Im Bundestag findet eine indirekte Wahl statt; zwölf im Höchstzahlverfahren gewählte Bundestagsabgeordnete bilden einen Wahlmännerausschuß; innerhalb des Ausschusses sind acht Stimmen für eine Wahl erforderlich. In beiden Wahlgremien muß man sich mithin arrangieren. Gelingt das nicht, sieht § 7a des Gesetzes ein Vorschlagsrecht des Bundesverfassungsgerichtes vor. Im übrigen gibt es Vorschläge nicht; das Bundesjustizministerium führt aber zwei Listen, welche alle Bundesrichter, die gewählt werden können, und andere Personen enthalten, die von einer Fraktion oder von der Regierung benannt sind. Den Präsidenten des Gerichtes und seinen Stellvertreter wählen Bundestag und Bundesrat im Wechsel.

Im Gesetz bringen § 13 eine umfassende Zuständigkeitsbeschreibung und § 14 eine Aufgabenverteilung zwischen den beiden Senaten. Hierbei ergaben sich wiederholt Änderungsnotwendigkeiten, weil man zunächst den Arbeitsanfall falsch einschätzte. § 15 regelt den Vorsitz in den Senaten und die Beschlußfähigkeit sowie besondere Mehrheitsanforderungen. Teil II des Gesetzes enthält die allgemeinen, Teil III die besonderen Verfahrensvorschriften. Abgesehen von einem Hinweis auf das Gerichtsverfassungsgesetz in § 17 geht man offenkundig von der Notwendigkeit aus, das Verfahren vor dem Bundesverfassungsgericht eigens zu regeln, was – so im III. Teil – unterschiedliche Regelungen für einzelne Rechtsmaterien ermöglicht. Das gilt vor allem für die *Verfassungsbeschwerde.* Gemäß § 90 kann jedermann „mit der Behauptung, durch die öffentliche Gewalt in einem seiner Grundrechte oder in einem seiner in Artikel 20 Abs. 4, Artikel 33, 38, 101, 103 und 104 des Grundgesetzes enthaltenen Rechte verletzt zu sein, die Verfassungsbeschwerde zum Bundesverfassungsgericht erheben", sofern – so Absatz 2 des Paragraphen – der Rechtsweg erschöpft ist, es ihn also gibt, oder das Gericht eine begründete Ausnahme macht. Wegen der großen Zahl dieses Rechtsmittels schaltet dann § 93a des Gesetzes einen Richterausschuß mit drei Mitgliedern zur Vorprüfung vor. Der Ausschuß kann einstimmig die Annahme einer Verfassungsbeschwerde ablehnen, „wenn sie unzulässig ist oder aus anderen Gründen keine hinreichende Aussicht auf Erfolg hat". Das Verfahren führt mehr und mehr zur Kritik; vor allem wird eine Begründung gefordert.

7.3.2. Zwischen Recht und Politik

§ 1 des Bundesverfassungsgerichtsgesetzes verdeutlicht das Grundgesetz: „(1) Das Bundesverfassungsgericht ist ein allen übrigen Verfassungsorganen gegenüber selbständiger unabhängiger Gerichtshof des Bundes." *Selbständigkeit* bedeutet nicht materielle Unabhängigkeit. Das Bundesverfassungsgericht, zunächst bei Bundesregierung und Bundestagsmehrheit alles andere als beliebt, mußte lange Zeit unter äußerst ungünstigen Bedingungen arbeiten. Erst nach geraumer Zeit konnte es einen angemessenen Neubau beziehen, damit seine hervorragende Bibliothek erschließen und die Zahl der zugeteilten juristisch vorgebildeten Hilfskräfte einigermaßen erhöhen. Jene Unbeliebtheit läßt sich verstehen und erklären. Kaum war das Gericht zusammengetreten und hatte seine Arbeit aufgenommen, sprach man vom roten und vom schwarzen Senat und versuchte, aus der bisherigen Tätigkeit der Richter und aus der Herkunft der Personalvorschläge Schlüsse zu ziehen. Tatsächlich ergab sich aber rasch die Normalsituation: Regierung und Mehrheit sehen sich durch das Gericht in ihrer Machtausübung gehindert, während sich der Opposition mit der Möglichkeit, das Gericht anzurufen, eine zusätzliche Chance eröffnet. Verliert die Opposition einen Prozeß, bedeutet das nur eine Fortsetzung der parlamentarischen Niederlage. Verliert dagegen die Mehrheit, handelt es sich um eine nachträgliche Umwandlung des parlamentarischen Sieges.

In solcher Normallage kommt es darauf an, dem Gericht überparteiliche Autorität zu verschaffen. Dazu bedarf es richterlicher Zurückhaltung (judicial self-restraint). Diesem Gebot will sich das Bundesverfassungsgericht auch selbst beugen, verletzt es aber möglicherweise schon dadurch, daß es den Paragraphen 31 des Bundesverfassungsgerichtsgesetzes, demzufolge Entscheidungen des Gerichts in bestimmten Fällen Gesetzeskraft haben, unnötigerweise auch auf die Entscheidungsgründe ausdehnt. Auch die Gewohnheit, oft weitschweifig auf frühere Entscheidungen zurückzugreifen und diesen dadurch neue Geltung zu geben, läßt wenig von jener Zurückhaltung spüren. Umgekehrt fällt der Nachweis nicht schwer, daß das Bundesverfassungsgericht seine Beurteilungskriterien überprüft und verändert (judicial activism) (vgl. z.B. *W. Billing,* Bundesverfassungsgericht und Außenpolitik, in: *H.P. Schwarz,* 1975, S. 157).

Seine Autorität schafft sich das Gericht durch solide und im Zweifel zurückhaltende Urteile und Urteilsbegründungen. Ob es dazu personell fähig ist, bestimmen die Politiker, welche die Richter ins Amt bringen. Daß es dabei nicht ohne politisches Kalkül zugeht, versteht sich von selbst. Dennoch gelang es längerhin, das Gericht hervorragend zu besetzen und ihm Präsidenten zu geben, die seine Autorität zu wahren und zu mehren verstanden. Das Bundesverfassungsgericht hat seit seinem Bestehen weit über *40 000 Entscheidungen* gefällt, die meisten davon durch Verfassungsbeschwerden veranlaßt, und von 1951 bis 1986 etwa 370 Normen des Bundes- oder Landesrechts für verfassungswidrig erklärt.

Eine solche umfangreiche Tätigkeit bewirkt eine Bestandsgarantie für das Gericht, welche neben die der Verfassung tritt. Insofern scheint das Gericht „ungefährdet", auch wenn sich immer wieder Gruppen quälerisch versucht fühlen, entweder ihren Einfluß auf das Gericht zu vermehren oder aber den Einfluß des Gerichtes zu vermindern.

Daß das Gericht in diesem Sinne nicht in seinem Bestand, wohl aber in seiner Position gefährdet ist, verweist auf die *grundsätzliche Problematik* von Verfassungsrechtsprechung. In Kürze: Die deutschen Verfassungsgerichte sollen die Verfassung schützen. Sie sollen „durch Richterspruch mit letzter Verbindlichkeit einerseits die Verfassungsordnung auslegen, entfalten und bewahren, andererseits die Existenzgrundlagen der freiheitlichen demokratischen Grundordnung verteidigen". Ihr Material ist das Verfassungsrecht und damit politisches Recht. Im Verfassungsrecht wird das Politische selbst unmittelbar normiert: Es wird die staatliche Macht unter den obersten Trägern verteilt und begrenzt und die Grundentscheidung darüber getroffen, nach welchen letztmaßgeblichen Wertgesichtspunkten und Ordnungsprinzipien sich das Gemeinschaftsleben gestalten sollte" (*J. Wintrich* – als Präsident des Gerichtes – in: *Nawiasky-Festschrift*, 1956, S. 200 f.). Dem *Hüter der Verfassung* stellt man die Aufgabe, verfassungswidrige Parteien zu verbieten. Als Hüter der Verfassung hat das Bundesverfassungsgericht Konrad Adenauer daran gehindert, eine regierungseigene Fernsehanstalt einzurichten. Als Hüter der Verfassung hat das Gericht den lange schwelenden Konkordatsstreit in Niedersachsen, gerichtlich dann ein Streit zwischen der Bundesregierung und dem Land Niedersachsen, entschieden. Als Hüter der Verfassung hat das Gericht 1973 festgestellt, daß zwar die Gruppenrepräsentation in den Organen der Hochschule erlaubt sei, die Professoren aber in Fragen der Forschung und der Berufungen eine herausgehobene Stellung haben müßten. Wenige Tage später ging es um den Grundvertrag, den abzuschließen das Gericht als mit dem Grundgesetz für vereinbar erklärte, dessen spätere Interpretation es aber in seine Entscheidungsgründe mit aufnahm. 1975 erregte Aufsehen die schon erwähnte Entscheidung über die Neufassung des Paragraphen 218 in der Strafgesetzgebung, welche den Schwangerschaftsabbruch in den ersten zwölf Wochen freigab. Das Gericht sah hierin einen Verstoß gegen den Schutz des Lebens, ordnete für eine Übergangszeit aber an, daß in bestimmten Ausnahmefällen ein solcher Schwangerschaftsabbruch möglich sein soll. Später ging es um die Mitbestimmung, die Kriegsdienstverweigerung, die Gültigkeit des Radikalenerlasses, aber auch um die Pflichten der Bundesregierung nach der Entführung von Hanns-Martin Schleyer. Daß mit solchen Entscheidungen nicht nur Grenzen gezogen werden, welche die politischen Organe bei ihren Entscheidungen zu beachten haben, sondern es um unmittelbare Gestaltung, also um Macht geht, kann kaum zweifelhaft sein. Am Beispiel Schleyer, so schrieb Hans Schueler (DIE ZEIT 24.2.1978) „offenbarte sich wie kaum an einem anderen Macht und Ohnmacht einer beinahe allzuständigen Verfassungsgerichtsbarkeit. Er zeigte das Willkürhafte einer Rechtsfindung, die aus den Grundnormen der Verfassung Handlungsanweisungen oder Richtsätze für den Einzelfall ableiten soll. Und noch etwas anderes wurde daran deutlich: Auch die in jüngster Zeit geforderte richterliche Zurückhaltung gegenüber dem Ermessensspielraum der Regierung oder des Gesetzgebers, der judicial self-restraint, wie ihn die Karlsruher Richter hier geradezu vorbildlich geübt haben, entlastet die Verfassungsjustiz nicht immer von ihrer Mitverantwortung für das, was im politischen Raum geschieht.“

Angesichts dieser Macht erweist sich die Frage danach, ob das Gericht im *Bereich der Rechtsauslegung oder in dem politischer Gestaltung* tätig sei, fast als Scheinfrage. Schon zu Beginn des vorigen Jahrhunderts äußerte Hegel die Befürchtung, daß die Rechtspflege aus ihrer Natur tritt, „wenn Staatsgewalt ihr Gegenstand werden soll, weil hiermit sie, die wesentlich nur ein Teil des Staates ist, über das Ganze gesetzt würde“. Otwin Massing beruft sich darauf mit seiner Frage, ob das Recht in der Verfassungsrechtsprechung nicht zum Korrelat der Macht würde, ob es sich nicht doch „um die Artikulation eines im Rahmen des Grundgesetzes zwar operierenden, in der Konsequenz aber möglicherweise darüber hinausdrängenden, dezidierten politischen Gestaltungswillens, der sich justizförmiger Verfahren nur als Vorwand bedient“, handle (Recht als Korrelat der Macht, in *G. Schäfer/C. Nedelmann,* 1967, S. 211). Auch das Gericht selbst stellt diese Frage immer wieder, beantworte sie aber – wir erinnern nur an G. Leibholz oder J. Wintrich – eindeutig. Man will lediglich Recht sprechen (so *G. Leibholz* – oben S. 440 – und 1967). H. Laufer wendet sich im Kern gegen die gesamte Fragestellung, die, wie er meint, zum einen aus der „Traumwelt des Rechtspositivismus“ entstamme, in der man zwischen politischer und Rechtssphäre unterscheiden will, zum anderen aber mit einer spezifischen Demokratieideologie verknüpft sei, aufgrund derer man das Bundesverfassungsgericht ablehne, weil es unkontrollierte Macht, „Macht ohne Opposition“ also, ausübe (Entscheidungsrecht ohne Opposition?, in: *W. Steffani,* 1971, S. 216 ff.).

Tatsächlich ist die Unterscheidung zwischen Streitigkeiten, die nach dem Recht entschieden werden, und solchen, in denen es um das Recht selbst geht, nie präzise zu vollziehen und ist zu allen Zeiten das Recht auch durch die Richter fortgebildet worden, ohne daß man deshalb in der Demokratie ein Ausschalten des Souveräns befürchten muß. Deshalb hat es wenig Sinn, die Tätigkeit des Bundesverfassungsgerichtes an einer Dichotomie von Recht und Politik zu orientieren. Weder handelt es sich bei diesem Gericht um eine Körperschaft, „die Recht und nur Recht sprechen“ kann *(G. Leibholz)* – zu politischen Überlegungen ist sie vielmehr geradezu angehalten, noch geht es nur um politische Entscheidungen im Gewande der Rechtsprechung. Das Bundesverfassungsgericht ist nach den Worten A. Grossers auch deshalb „die originellste und interessanteste Instanz“ in der Bundesrepublik Deutschland (1960, S. 115), weil man das Gericht bewußt stärker in einer sicher nie präzise zu bestimmenden *Mitte zwischen Rechtsprechung und Rechtsetzung* ansiedelte und ihm es damit auch abverlangte, die Konsequenzen des eigenen Eingriffes in die Rechtsordnung vorauszudenken. Es kommt nämlich zu einer „verfassungsjuristische(n) Überlagerung des politischen Prozesses (*I. Ebsen* 1985, S. 11). Sie kann zu Vorwirkungen auf Entscheidungen des Gesetzgebers führen, welche von einem möglichen oder erwartbaren verfassungsgerichtlichen Prozeß ausgehen – Christine Landfried untersucht das am Beispiel des Mitbestimmungsgesetzes, des Rechtes auf Kriegsdienstverweigerung und des Pro-

blems der Extremisten im öffentlichen Dienst (1984). Im übrigen läßt sich an vielen Beispielen verdeutlichen, daß das Gericht judiziert, dabei aber ‚politisch' gedacht hat: Im Konkordatsprozeß, in dem man der Bundesregierung die Peinlichkeit ersparte, das Reichskonkordat von 1933 für ungültig zu erklären, dennoch aber aufgrund der veränderten Verfassungslage das Land Niedersachsen gegenüber dem Konkordat freistellte; im Prozeß um die Wahlkreiseinteilung, in dem man darauf verzichtete, eine Bundestagswahl rückwirkend für verfassungswidrig zu erklären, aber den Gesetzgeber zwang, für die nächste Wahl die Wahlkreiseinteilung, welche die Mehrheit begünstigte, zu ändern; im kaum verständlichen Verbot der Parteienfinanzierung, bei dem das Gericht selbst die Hintertür der Wahlkampffinanzierung öffnete, oder schließlich gleich zu Beginn der Tätigkeit im „Kampf um den Wehrbeitrag" (so der Titel einer von *F.A. v.d. Heydte* herausgegebenen Dokumentation), als man durch den Beschluß, ein Gutachten für den Bundespräsidenten binde beide Senate, die Bundesregierung daran hinderte, ihre Vorlagen so abzufassen, daß sie zum wehrfreudigeren Senat gelangten. Politische Entscheidungen können immer auch parteinehmende Entscheidungen sein. In der zweiten Hälfte der 70er Jahre überwog der Eindruck, die Mehrheit der Richter nehme gegen die sozial-liberale Koalition Stellung. H. Schueler (a.a.O. S. 11) meinte, das bis in die Sprache hinein verfolgen zu können: „Das Gericht ist an dem Verdacht nicht unschuldig, es sei seit dem Regierungsantritt der sozial-liberalen Koalition wesentlich oppositionsfreundlicher geworden als je während der zwei Regierungsjahrzehnte von CDU-Kanzlern. Zwar rechtfertigt sich der Verdacht nicht allein aus der vergleichsweise großen Zahl der gegen die sozial-liberalen Regierungen ergangenen Entscheidungen; auch lassen sich diese Entscheidungen nicht alle für falsch oder doch schlecht begründet erklären. Sie sind jedoch insgesamt durch eine eifernde, bisweilen gegenüber dem Unterlegenen beinahe feindselig wirkende Argumentation gekennzeichnet. Zu Zeiten Adenauers, der dem Gericht wiederholt seine Mißachtung, ja Verachtung bekundet hatte, war der Karlsruher Umgangston mit den Bonner Verfassungsorganen zurückhaltender."
So erscheint unstrittig nur dies: Das Bundesverfassungsgericht kann die Gesetzgebung behindern und zugleich anregen. Niemand wird leugnen, daß das letztere vor allem in Zusammenhang mit der Rechtsprechung in Grundrechtsfragen stattfand, mit der das Gericht mehr als der Gesetzgeber die Konsequenzen aus Artikel 1 (3) GG gezogen hat. Niemand wird auch behaupten, daß sich alle gesetzesaufhebenden Beschlüsse des Gerichtes stringent aus dem Grundgesetz ableiten lassen; es bleibt ein Interpretationsspielraum und damit die Möglichkeit begründeter wie unbegründeter Urteilsschelte – vermehrt noch durch die erst später eingeführte Regelung, daß die Minderheit des urteilenden Senats dem Urteil abweichende Voten beifügen kann. Es erscheint aber auch sicher, daß sich das Gericht dem juristischen wie dem praktischen Diskurs nicht entzieht, dabei eine „Tendenz zur Bevorzugung mittlerer Linien" entwickelt, zum Konsens beiträgt und die Verfassung „offen" hält. Am klarsten findet sich ein empirischer Nachweis dazu bei Ingwer Ebsen (1985).

Nach alldem erscheint es für das Regierungssystem nicht bedeutsam, ob die Urteile des Bundesverfassungsgerichtes systematisch wie empirisch der Rechtsprechung oder der (gestaltenden) Gesetzgebung zuzuordnen sind, sondern ob das Gericht, was richterliche Qualitäten wie politisches Verständnis und politischen Takt voraussetzt, in der Regel einen mittleren Weg zwischen Recht und Politik findet. Bedeutsam ist damit, ob die Autorität des Gerichtes stark genug ist, um Verfassungsstreitigkeiten zwischen Verfassungsorganen streitbeendend zu entscheiden. Die Existenz des Gerichtes soll gewährleisten, daß Verfassungsunklarheiten ausgeräumt werden, auch ohne daß sich immer eine verfassungsändernde Mehrheit findet. Autorität läßt sich aber nicht durch Position in der Verfassungsordnung und Amtsausstattung zusprechen, sie will erworben sein. Das Gericht ist herausgefordert. Offenkundig erwirbt es mehr Autorität, wenn es sich mit der Interpretation des Grundgesetzes begnügt, als dort, wo es allzu selbstbewußt an die Stelle des Gesetzgebers (der Mehrheit) tritt.

7.4. Die Bundesrepublik als Rechtsstaat

Das Grundgesetz enthielt ursprünglich zwei Hinweise auf die ‚freiheitliche demokratische Grundordnung'. In Artikel 18 und 21 schuf man Abwehrmöglichkeiten gegen den Mißbrauch des Parteienprivilegs oder der Grundrechte. Die Grundordnung tritt uns damit als Begriff dafür entgegen, was nach dem Grundgesetz im Sinne der ‚streitbaren Demokratie' geschützt sein soll (vgl. *E. Denninger* in: *E. Benda* u. a. 1984). Genauer gibt das Grundgesetz in den Artikeln 20 und 28 Auskunft, welche Art Staat die Grundordnung schaffen will. Die Bundesrepublik ist demzufolge „ein demokratischer und sozialer Bundesstaat", in dem auch die Länder an die Grundsätze „des republikanischen, demokratischen und sozialen Rechtsstaates im Sinne dieses Grundgesetzes" gebunden sind. ‚Rechtsstaat und Sozialstaat' (vgl. *E. Forsthoff*, 1968) bezeichnen programmatische Elemente, die sich zwar ergänzen sollen, ihrem Entstehungsgrund nach aber in deutlichem Widerstreit zueinander stehen. Rechtsstaat meint ursprünglich den aufgaben-, zuletzt auf die Verwirklichung des Rechts begrenzten Staat, in dem sich die Beziehungen zwischen staatlicher Gewalt und Bürger nach der Weise des Rechts regeln lassen. Im Sozialstaat soll dagegen der Staat mehr oder weniger bestimmte Wertvorstellungen aktiv verwirklichen. Der Staat findet sich hier nicht begrenzt, sondern umfassend beauftragt. Dementsprechend unterscheiden sich auch die Grundrechte. Als Abwehr- oder Ausgrenzungsnormen sollten sie das „Feld des gesellschaftlichen Individualverhaltens" rechts- und damit staatsfrei halten. Erhalten sie dagegen programmatischen Charakter und will man sie ‚anwendbar', muß man sie als ‚Werte' verstehen. „Ihr Vollzug wird sich (dann) in Wertungen darstellen müssen. Er wird sich daher nicht in logisch nachvollziehbaren Prozeduren der Rechtsanwendung abspielen, sondern in Wertungen, welche nur aus der Mentalität der Werter begreiflich sind. Damit wird die Rechtsprechung zum eigentlichen Herren einer nicht mehr freien, sondern wertgebundenen oder besser wertungsgebundenen Gesellschaft" (*E. Forsthoff*, 1964, S. 221).
Im Blick auf die Möglichkeit und Realität des ‚Rechtstaates' haben wir es mithin zum einen mit praktischen Problemen – etwa der Gesetzesflut, der Unklarheit vieler Gesetze, der unzureichenden Gerichtsorganisation, der den Laien benachteiligenden Prozeßordnungen usw. – zu tun. Zum anderen drängen sich Auslegungsprobleme auf. 'Rechtsstaat' ist, wie im Kapitel 3 ausgeführt, ein historischer Begriff. Damit ist ihm ein Bedeutungsgehalt zugewachsen, der heute nicht mehr unbedingt gültig zu sein braucht. Das Grundgesetz postuliert auch nicht den Rechtsstaat schlechthin, sondern einen sozialen Rechtsstaat. Es will also einen Ausgleich – genauer: der Verfassunggeber von 1949 sah keinen unaufhebbaren Widerspruch zwischen den auf Staatsbegrenzung und Rechtssicherheit drängenden rechtsstaatlichen Elementen (der bürgerlichen Gesellschaft) und den zu Wertungen und Aktion führenden Elementen des Sozialstaates. Daß es später zu anderen Verfassungsauslegungen gekommen ist, steht auf einem anderen Blatt.

Ein Grundbegriff der Verfassung mit historischer ‚Ladung' muß in seiner Entwicklung verstanden werden. Der Rechtsstaat gehört zur deutschen politischen Sprache. Der Begriff läßt sich in andere Sprachen kaum übersetzen, in andere politische Kulturen nicht übernehmen (so *H. Ridder*, Die soziale Ordnung des Grundgesetzes, in: *J. Mück*, Band 5, S. 223 ff.). Das hängt sprachlich mit dem Nebeneinander von Recht und Gesetz – interpretatorisch auch mit der Höherrangigkeit von Recht! – und historisch damit zusammen, daß zu Beginn des 19. Jahrhunderts der Rechtsstaat gegen den aufgeklärten Wohlfahrtsstaat gestellt worden ist. Der Wohlfahrts- war Verwaltungsstaat, in der Sprache jener Zeit also ‚Polizeistaat'. Ihn sollte – etwa im Verständnis Robert von Mohls (1832) – der Rechtsstaat ablösen (vgl. *E. Angermann*, 1962). Material meinte man damit verbreitet, den Staat auf wenige Zuständigkeiten reduzieren zu können, realistischer erscheint die von Mohl vorgenommene enge Bindung des Staates an das Subsidiaritätsprinzip. Formal ging es um Verfahrensweisen des Staates, um die gesicherte Mitwirkung des Bürgers, um das Verständnis von Freiheit, nach dem man frei ist, wenn man nur Gesetzen gehorcht, an deren Zustandekommen man beteiligt ist. Daß material wie formal noch als Spezifikum der deutschen Aufklärung eine Vorstellung von einem dem Staat überzuordnenden Recht hinzukam, erklärt, warum später die Formalisierung des Rechtsstaatsbegriffes (als Rechtsstaat läßt der Staat das von ihm gesetzte Recht gegen sich gelten) vielfach als Rückschritt, als Vorbereitung eines maßstablosen Positivismus verstanden worden ist. Fraglos überwog aber auch noch in dieser Periode der Formalisierung (einhergehend mit einiger Ernüchterung hinsichtlich des ‚Rechtes') der Abwehrgedanke: Der Rechtsstaatsbegriff sagt etwas darüber aus, daß Liberalismus und Bürgertum sich in Deutschland nie des Staates bemächtigt, keine parlamentarische Mehrheitsherrschaft etabliert, sondern sich mit ihm arrangiert und Staat und Gesellschaft voneinander abgegrenzt haben. Daß sich das in der Demokratie nicht nachvollziehen läßt, wurde gleich einführend gesagt (vgl. *Th. Ellwein*, 1954).
Bei dem ‚sozialen Rechtsstaat' des Grundgesetzes ist das rechtsstaatliche Element im GG selbst hinreichend, die soziale Komponente hingegen weniger eindeutig konkretisiert. Man spricht deshalb gelegentlich vom ‚Verfassungsauftrag' und verlangt eine weitergehende Konkretisierung des Sozialstaates. Daß man sich auch hinsichtlich des rechtsstaatlichen Elementes mit dem Grundgesetz selbst nicht begnügt, wurde schon angesprochen: Der verbreitete Bezug auf ein mehr oder weniger greifbares Natur- oder überpositives Recht, beides zuletzt nur im individuellen Gewissen anzusprechen, kann aber zu einer Moralisierung der Verfassungsdiskussion führen und so den Rechtsstaat gefährden. Beschwört man zu häufig das überpositive Recht, mag das die Rechtsprechung aufwerten, den Gesetzgeber wertet es mit Sicherheit ab, sein auf den Minimalkonsens zielendes Kompromißbemühen wird von ethischen Maximalisten verteufelt. Die Spannung zwischen Gerechtigkeitsidee und den pluralistisch unterschiedlichen Zugängen zu ihr auf der einen Seite und einer funktionierenden Rechtswirklichkeit auf der anderen muß jedoch in jedem Rechtsstaat ertragen werden. Dazu gehört auch die Bereitschaft zum Verzicht darauf, sein Gewissen zum Herren über andere zu machen. Vor diesem Hintergrund läßt sich nur mit großer Vorsicht explizieren, was über die formale Ordnung hinaus einen Rechtsstaat ausmacht (vgl. dazu *K. Hesse*, 1974, S. 76 ff.) und dann beurteilen, ob dem die Rechtswirklichkeit in der Bundesrepublik genügt. Daß Verstöße gegen das Recht, sowie sie erkannt und geahndet werden, oder Versuche der Mächtigen, das Recht zu unterlaufen oder es in ihrem Sinne zu ändern, zur täglichen Realität gehören, versteht sich dabei von selbst. Der Rechtsstaat bewährt sich, solange die Diskussion darüber möglich und nicht fruchtlos ist.

In solchem inhaltlichen Sinne soll der Rechtsstaat *erstens* Staat ‚unter dem Recht' sein. Er sollte „zugleich im Recht (stehen) und durch das Recht legitimiert" werden, weil sich die „politische Gemeinschaft, die im Staat sich organisiert, zu einer echten Rechtsgemeinschaft erweitert hat. Eine solche Kongruenz von Staats- und Rechtsgemeinschaft setzt voraus, daß Eigenständigkeit und Eigenwert des Rechtes von der politischen Gemeinschaft respektiert werden" (*G. Leibholz*, 1967, S. 168). Nun ist ‚Recht' keine ein für allemal bestehende, jedermann faßbare Größe. Es ereignet sich vielmehr immer wieder neu, muß erkannt, formuliert und verwirklicht werden. Dies alles soll aber auf die Rechtsgemeinschaft bezogen sein, es genügt nicht, wenn Experten ihre Kenntnisse als Rechtsätze formulieren. Lebt die Bevölkerung der Bundesrepublik in diesem Sinne in einer Rechtsgemeinschaft? Unsere Frage läßt sich nicht beantworten. Die erste, hier zu nennende Kategorie erweist sich als zu unbestimmt, um angesichts der Staatspraxis zu helfen. Das Grundgesetz selbst gibt nur eine programmatische Antwort, indem es in Artikel 1 betont, der Staat sei um des Menschen willen da. Damit ist das Recht zunächst bezogen auf die unveräußerlichen Menschenrechte, die sich ihrerseits aus der Würde des Menschen ableiten. In der Würde und damit zugleich in der freien Entfaltung der Persönlichkeit, also der individuellen Freiheit im Rahmen des Zusammenlebens der Menschen, liegen die Anknüpfungspunkte an das überpositive Recht. Sie lassen sich zum Teil aus den formulierten Grundrechten ablesen, ohne dort inhaltlich präzisiert zu sein. Jede Präzision ist, wie ausgeführt, zugleich Interpretation; jede Interpretation ist zwangsläufig einseitig.

Wir stimmen hier mit *H. Ridder* (a.a.O., S. 231 f.) und seiner dort gegen das BVerfG gerichteten Polemik überein, daß das Gericht leider seine Aufgabe, gemäß Art. 1 GG die Würde des Menschen zu schützen, mit der Aufgabe vertauscht und verwechselt habe, „das ‚Menschenbild des Grundgesetzes' zu wahren. Doch das Grundgesetz enthält kein ‚Menschenbild'. Ein vorgefaßtes Menschenbild ist eine Vergewaltigung des Menschen. Ein Menschenbild hatten die Nazis (einschließlich des komplementären Bildes vom ‚Untermenschen'). Alles, was das Grundgesetz regelt, soll nach dem Grundgesetz dazu dienen, daß ‚die Würde des Menschen' geachtet und geschützt wird. Deshalb müssen diese Regelungen eingehalten werden; das ist der Sinn der Verbindung des am Anfang des Grundgesetzes stehenden Art. 1 Abs. 1, der selbst keine Norm ist, mit einer höchstrangig normativen therapeutisch-demokratischen Verfassung. Befolgt werden können diese Regelungen nur, wenn sie erkannt werden. Erkannt werden sie nur, wenn gesehen wird, was sie regeln. Was sie regeln, regeln sie für die Menschen und nicht für ein fiktives ‚Menschenbild'. ‚Das Menschenbild des Grundgesetzes' des Bundesverfassungsgerichts ist ein Menschenbild des Bundesverfassungsgerichts selbst, das aus dem Meta-Recht der ‚materialen Rechtsstaatlichkeit' geschnitzt worden ist. ... Wer einem (d. h. seinem) Menschenbild dient, kann nicht den Menschen dienen und sie frei machen. Wer den Menschen dienen und sie frei machen will, muß den nie abgeschlossenen geschichtlichen Weg ihrer Befreiung, ihre konkrete Befindlichkeit und seinen eigenen Standort kennen ...."

Wenn die obersten Gerichte in Entscheidungen das überpositive Recht heranziehen, setzen sie sich der Kritik seitens anderer Auffassungen und Richtungen aus. Das muß man in Kauf nehmen, auch wenn es in unterschiedlicher Weise der jeweiligen Machtlage folgt; nur im dialektischen Fortschreiten des Gesprächs ist der Weg zur Wahrheit begehbar. In den Bemühungen z.B. um das Prinzip der Gleichheit wird das besonders deutlich. Diese Gleichheit meinte ursprünglich die Gleichheit vor dem Gesetz. Heute gehören zu ihr auch die demokratische Gleichheit der politischen Mitbestimmung, selbst wenn sie letztlich nur im Wahlrecht konstituiert ist, und die sozialstaatliche Gleichheit im Sinne der Gerechtigkeit für alle, die zwar weit weniger bestimmbar, aber dennoch kategorial hilfreich ist.

Zweitens gehört inhaltlich zum Rechtsstaat die Kontrollierbarkeit des staatlichen Tuns. Wo mit Erfolg für eine politische Entscheidung rechtliche Legitimität beansprucht wird, ohne daß es zureichende Kontrollmöglichkeiten gibt, existiert kein Rechtsstaat. Die Konsequenzen aus dieser Einsicht bestimmen wesentlich die formalen Strukturelemente des Rechtsstaates. Mindestens diese Konsequenz gehört aber auch zum inhaltlichen Rechtsstaatsprogramm: Das Tun der politischen Führung kann nur kontrolliert werden, wo Öffentlichkeit und Rationalität dieses Tuns gegeben sind. Über die Öffentlichkeit ist das Notwendige gesagt. Hinsichtlich der geforderten Rationalität gilt, daß zwar niemand das Irrationale aus der Politik ausschalten kann und will, dennoch aber immer wieder das Postulat nach rationaler Begründung – im Gegensatz etwa zur Berufung auf das Gewissen – erhoben werden muß, weil nur diese rationale Begründung für andere nachvollziehbar ist und die Nachvollziehbarkeit am Beginn einer sinnvollen Kontrolle liegt. Zur Rationalität tragen auch bestimmte Anforderungen an den Gesetzgeber bei. Gesetze sollen z.B. bestimmt und eindeutig sein, weil sonst die Rechtssicherheit gefährdet ist und der Anwender einen zu großen Spielraum erhält. Gesetze sollen weiter nicht in die Vergangenheit zurückwirken, der Verordnungsgeber soll präzise ermächtigt werden, die Verhältnismäßigkeit der Mittel ist zu beachten (vgl. *E. Stein*, 1986, S. 156 ff.).
Anhand dieses Maßstabes läßt sich bewertend folgendes ausführen: Trotz aller Versuche, die Öffentlichkeit des politischen Tuns einzuschränken, ist diese Öffentlichkeit in der Bundesrepublik prinzipiell gegeben. Auch ist zumeist das Bemühen um rationale Begründung jedenfalls der grundlegenden politischen Entscheidungen vorhanden; Versuchen, undiskutierbare Gewissensprinzipien zum eigentlichen Motiv für die Gesetzgebung zu machen, läßt sich begegnen. Im übrigen ist an dieser Stelle keine prinzipielle Bewertung möglich, man muß Einzelfälle untersuchen.
Zum *dritten* ist der Rechtsstaat inhaltlich auf die Idee der Gerechtigkeit bezogen. Diese ist Idee. Mit ihr kann eine Richtung bezeichnet werden, in die sich die Politik jeweils bewegen soll, jedoch kein erreichbares Ziel. Das gilt theoretisch, weil Ideale eben als Bilder der Realität gegenüberstehen, und es gilt praktisch, weil man sich hinsichtlich der Ausformulierung solcher Ideale nicht einigen kann, es vielmehr auch hier eine Pluralität der Sichtweisen gibt. Dennoch gehören die Forderungen, der Staat solle unter dem Recht stehen und zugleich der Gerechtigkeit dienen, eng zusammen. Verstehen wir diese Gerechtigkeit vor dem Hintergrund der gleichfalls geforderten Rationalität, dann erhält sie zwangsläufig eine stärkere begriffliche Präzisierung.
Staat unter dem Recht, Öffentlichkeit und Rationalität des staatlichen Handelns, Gerechtigkeit als Aufgabe –, das bleibt je für sich blaß, hat in seinem Bezug zueinander jedoch greifbare Wirkungen. Natürlich ergeben sich solche Wirkungen erst, wo Politik motiviert und mit Hilfe jener Kategorien oder aufgrund der mit ihnen verbundenen Voraussetzungen kontrolliert wird. In diesem Sinne ist, wieder mit aller Vorsicht, die Bundesrepublik ganz sicher Rechtsstaat, obgleich in ihr noch immer die deutsche Tradition wesentlich ist, derzufolge der inhaltliche Rechtsstaatsbegriff eng mit der liberalen Überlieferung und mit dem Schutz der individuellen Freiheit verbunden ist. Deshalb tritt der abwehrende Charakter dieses Begriffes immer wieder hervor und steht oft in einem gewissen Widerstreit mit dem Sozialstaatsprogramm.
Ungleich eindeutiger scheint es zunächst mit der Frage danach zu stehen, ob der *Rechtsstaat der Form nach verwirklicht* ist. Zu den formalen Anforderungen an den Rechtsstaat gehört wohl zuerst die nach *Rechtssicherheit* im Sinne von Rechtsgewiß-

heit. Rechtssicherheit ist ein äußerliches, nicht ein inhaltliches Merkmal des Rechtsstaates, weil sie Form und Gültigkeit des Rechts meint und dabei durchaus im Widerstreit mit der gedachten materialen Gerechtigkeit stehen kann. Rechtssicherheit besteht, wenn jedermann wissen kann, was als Recht gilt und wer befugt ist, neues Recht zu setzen. Das letztere regeln Grundgesetz und Landesverfassungen eindeutig. Das erstere gewährleisten einerseits die Öffentlichkeit der Gesetzgebung und Gesetzesverkündung, andererseits Instanzen, die in Zweifelsfällen entscheiden – bis hin zu dem Zweifel darüber, ob ein beschlossenes Gesetz mit der Verfassung vereinbar ist. Die Rechtssicherheit ist außerdem durch einen wirksamen Rechtsschutz ergänzt, so daß die Rechtshandhabung am geltenden Recht gemessen und bei Fehlern korrigiert werden kann. Man wird sagen, daß die Rechtssicherheit insofern gewährleistet ist, als die formale Qualität der Rechtsordnung außer Zweifel steht. Es fehlt ein unübersichtliches Gewohnheitsrecht, und die Vollmachten zu gesetzesergänzender Tätigkeit werden jedenfalls nicht für wesentliche Aufgaben erteilt. Auf die Grenzen der Rechtssicherheit wurde bereits verwiesen. Sie bestehen vor allem in der Gesetzesmenge, also in der Anonymität des Rechts, in der dazugehörigen Vorschriftenmenge, die auch die Vorschriften der nichtstaatlichen und oft unkontrollierten Vorschriftengeber einschließt, oder auch in konkreten Mängeln, zu denen hier vor allem die Zersplitterung der Justiz gehört, weil sie zu sehr verschieden spezialisierten und insgesamt kaum überschaubaren oberstrichterlichen Entscheidungen führt.

Noch kritischer muß vermerkt werden, daß angesichts der Fülle staatlicher Aufgaben deren faktische Rechtsbindung oft nur durch sehr weitreichende Deutungen möglich wird. Das setzt ein erhebliches Vertrauen in die innere Schlüssigkeit des geltenden Rechts voraus, wenn anders nicht neben die eindeutigen Rechtsregeln eine Fülle möglicherweise widersprüchlicher Deutungsversuche treten soll. Nun kann selbstverständlich die umfangreiche öffentliche Tätigkeit oft an das Recht nur gebunden werden, indem man auf dessen Grundprinzipien zurückgreift; sicher wird so aber auch Rechtssicherheit gefährdet. Dem läßt sich wiederum nur durch großzügigen Rechtsschutz begegnen. Wenn aber insgesamt die durch Rechtsprinzipien zu ordnenden Lebensgebiete zunehmen, muß auch die Rechtsfremdheit der Bevölkerung wachsen. Rechtssicherheit und großzügiger Rechtsschutz sind dann für weite Kreise keinesfalls erlebte Praxis. Der Anteil des Rechts am erfahrenen sozialen Normengefüge geht zurück. Schon deshalb bleiben die Rechtsbereinigung, die Rechtsvereinfachung, das einheitliche Prozeßrecht oder die sprachliche Überprüfung der Gesetze eine wichtige Aufgabe, selbst wenn sie durchschlagend am Übel der Anonymität des Rechtes nichts zu ändern vermögen.

In der Hauptsache verwirklichen sodann die in Artikel 20 GG genannten *Organisationsprinzipien* den Rechtsstaat. Nach ihnen geht die Staatsgewalt vom Volke aus und wird in Wahlen und Abstimmungen und durch besondere Organe der Gesetzgebung, der vollziehenden Gewalt und der Rechtsprechung ausgeübt. In diesem Zusammenhang kommt es auf die Einbindung der Organe an: Die Gesetzgebung muß sich an die Verfassung halten, Exekutive und Justiz sind an Gesetz und Recht gebunden. Diese Bindung muß erzwingbar sein, wobei es in der Hauptsache darum geht, ob eine von Legislative und Exekutive unabhängige Justiz deren Tun auf die Übereinstimmung mit Verfassung, Recht und Gesetz überprüfen kann und ob sich ein negativer Urteilsspruch auch durchsetzen läßt. Damit geht es im Rechtsstaatsprogramm nicht um die *Gewaltenteilung*, und die zahlreichen Nachweise, daß es in Wahrheit keine Gewaltenteilung gebe, stoßen ins Leere. Nicht auf die formale Gewaltenteilung, sondern auf die *Funktionsunterschei-*

dung und auf die unterschiedliche Bindung der jeweiligen Funktion kommt es an (vgl. *H. Krüger,* 1964, *K. Hesse,* 1974, *E. Stein,* 1986, *E. Benda* u.a., 1984). Erscheint das gewährleistet, genügt dies auch dem ursprünglichen formalen Ansatz des Rechtsstaates. Eine Einschränkung ergibt sich allerdings daraus, daß Artikel 20 GG zwar die Volkssouveränität verankert, es aber außerhalb der Wahl kaum legale plebiszitäre Mitwirkungsmöglichkeiten des Volkes gibt, vielmehr ein Monopol der Parteien besteht. Der Parteienstaat kann den Rechtsstaat bedrohen. Das setzt allerdings die schrankenlose Macht einer Partei und die Denaturierung der Justiz voraus, Voraussetzungen, die in der Bundesrepublik partiell drohen mögen, die aber noch nicht gegeben sind.

Auch eine andere Gefahr, durch die innere Dialektik von Volkssouveränität und Rechtsstaat bedingt, droht in der Bundesrepublik kaum, weil die Volkssouveränität im Grundgesetz und im Verfassungsleben nicht unmittelbar oder plebiszitär zum Ausdruck kommt. Volkssouveränität reduziert sich auf das Recht der Parlamentsmehrheit, repräsentativ für das Ganze die eigenen Auffassungen als Recht zu setzen. Soweit der Rechtsstaat formal über die Gewaltenunterscheidung eine unterschiedliche Bindung der staatlichen Funktionen erreichen will, die Machtbalance und Machtkontrolle bewirkt, ist also das rechtsstaatliche Programm des Grundgesetzes erfüllt. Die Bindung wirkt: Der Gesetzgeber kann z. B. im Rahmen der Verfassung souverän Gesetze beschließen; wird er hingegen beim Haushaltsbeschluß exekutiv tätig, gelten ihm gegenüber die nämlichen rechtlichen Bindungen wie gegenüber der Exekutive: Gegen bestehende Rechte kann der Haushaltsbeschluß nicht verstoßen. Nur in einer Hinsicht war auf eine Einschränkung hinzuweisen: Der rechtsstaatlichen Bindung der Staatstätigkeit sind dort Grenzen gesetzt, wo für einen Teil des Verwaltungshandelns keine unmittelbare Rechtsbindung besteht und eine andere Legitimationsbasis etwa über neue Verantwortlichkeits- und Aufsichtsregeln noch nicht besteht. Das verweist schließlich aber nur darauf, daß der Rechtsstaat nicht nur durch die Versuchung bedroht ist, Macht zu mißbrauchen, sondern auch durch die Erweiterung der Staatsaufgaben und durch die in ihrem Gefolge sich ergebende zunehmende Komplexität, die sich immer wieder dem Öffentlichkeits- und vor allem auch dem Rationalitätsgebot entzieht. –

Jede prinzipielle Erörterung des Rechtsstaates zielt auf eine Praxis, in welcher dieser Rechtsstaat stets gefährdet erscheint. Die Prinzipien bewähren sich, wenn sich mit ihr Praxis analysieren und bewerten läßt, selbst wenn dabei nur selten Konsens zu erzielen ist. In die Beurteilung von Praxis gehen immer auch positions- und auffassungsbedingte Elemente ein. Wer sich in der stärkeren Position befindet, hat mehr Chancen, seine Sicht rechtsstaatlicher Erfordernisse einzubringen. Deshalb wächst die Bedrohung des Rechtsstaates in dem Maße, in dem die Prinzipien der Demokratie die des Rechtsstaates nicht mehr zu schützen imstande sind, Macht nicht zureichend kontrolliert wird. Das kann z. B. der Fall sein, wenn eine Partei keinen politischen Wechsel mehr ins Auge fassen muß und dann das von ihr regierte Land zum Parteibesitz wird. Näherungsweise mag Bayern auf diesem Wege sein, wo deshalb vielleicht besonders häufig das Übermaßverbot verletzt wird, gleichgültig ob man dabei an die schlimmen Vorfälle um das Nürnberger Jugendzentrum KOMM im Jahre 1983, an übertriebene Polizeieinsätze in Wackersdorf oder an das Praktizieren des Radikalenerlasses denkt, mit dem man die Möglichkeiten des Rechtsweges ebenso überzog wie das viele Querulanten tun und mit dem sich Hans Maier als langjähriger Kultusminister den Ruf einhandelte, doch so etwas wie einen nicht-erklärten Krieg gegen Andersdenkende zu führen (vgl. *M. Buschbeck*, Bastion gegen den Geist der Zeit, in: SZ 3.11.1986, S. 10). Aber es müssen nicht nur die besonderen politischen Bedingungen Bayerns vorliegen: Auch in Hamburg kam es zum ‚Polizeikessel' und zur Geiselnahme durch die Polizei (8.6.1986) und in Baden-Württemberg wird an einem ‚Landessystemkonzept' gebastelt, ohne daß die mit ihm und seinem möglichen Übermaß an Kontrolle verbundenen Gefahren ernstlich diskutiert werden dürfen. Einen der Versuche, die Diskussion zu unterbinden, stellt das Verhalten der Landesregierung gegenüber der Datenschutzbeauftragten dar, was dann ergänzt wird durch die geplante Einordnung dieser Schutzinstitution (für den Bürger) in den Staatsorganismus.

Der Rechtsstaat ist also bedroht – hier durch Rechtsverletzungen durch Mächtige und dort durch übermäßiges und illiberales Nutzen von rechtlich (noch) zulässigen Möglichkeiten. Er ist in völlig anderer Weise durch Terroristen und Extremisten bedroht. Dabei bilden unter den Extremisten diejenigen eine besonders bedrohliche Gruppe, die Lust an der Gewaltanwendung haben und z. B. gern friedliche Demonstrationen umfunktionieren. Die Bedrohung hängt hier entscheidend davon ab, wieweit das erklärte Ziel solcher Gruppen – viele haben keine Ziele, sondern wollen nur das Chaos –, darin besteht, den Rechtsstaat ‚vorzuführen', ihn zu schwächen, indem die Gewaltpotentiale des Staates in den Vordergrund treten (müssen) und der mühselige und zeitraubende Weg des Rechtsstaates auch und gerade in der Verbrechensbekämpfung diskreditiert wird. Umgekehrt bewährt sich der Rechtsstaat, wenn in ihm die Grenze zwischen Terrorismus und anderen Formen des politischen Protestes klar erkennbar bleibt, also der Terrorismus z. B. nicht genutzt wird, um Andersdenkende zu denunzieren. Illiberalität verbreitet sich immer wieder rasch. Man lebt aber so lange in einem Rechtsstaat, solange man sich mit ihr auseinandersetzen kann und nicht zu ihrem Opfer wird. Neben der Verantwortung der Mächtigen besteht deshalb auch die derer, deren einzige Macht darin besteht, anderen zur Macht zu verhelfen und es sagen zu können, wenn diese ihre Macht mißbrauchen.

Schlußbemerkung

Eine Darstellung führt nicht zu einem Ende oder gar zu einem Ergebnis, sondern bestenfalls zu einem facettenreichen und mehr oder weniger deutlichen Bild des Wirklichkeitsausschnittes, den es zu betrachten gilt. Auch die analytischen Bemühungen, die eingestreuten Thesen oder Annahmen dienen nur zur Klärung des jeweiligen Zusammenhangs. Sie stehen nicht im Dienst einer Gesamtschau. Wir wollen zum Schluß noch einmal betonen, daß wir eine solche bewertende oder erklärende Gesamtschau nicht versucht haben und auch nicht für möglich halten, es sei denn, man geht von einer festumrissenen dogmatischen Position aus. Will oder kann man dies nicht und sieht sich deshalb auf die üblichen Möglichkeiten einer deskriptiven, normativen oder präskriptiven wissenschaftlichen Vorgehensweise angewiesen, dann erscheint das Thema als viel zu umfassend, um anders als in der Hauptsache deskriptiv behandelt zu werden. Das schließt eine analytische Aufbereitung und gelegentliche normative Einschübe nicht aus und braucht die Beschreibenden auch nicht daran zu hindern, sich hie und da ins Präskriptive zu wagen oder persönliche Wertungen vorzutragen. Allerdings ändert das nichts an den Grenzen, die unserer Darstellung gezogen sind. Eine solche Aussage ist nicht nur Ausdruck von Selbstbescheidung. Man muß ganz generell die Möglichkeiten der Wissenschaft relativ eng sehen, wenn es um die Analyse des gegenwärtigen und zukünftigen Verhaltens einer großen Zahl von Menschen und Gruppierungen oder der Entwicklung von Institutionen geht. Wissenschaftler wissen nicht, ‚wohin die Bundesrepublik treibt'. Sie erkennen allenfalls einige Entwicklungstendenzen und mit ihnen verbundene Anforderungen und Gefahren, die mit plausiblen Argumenten zu erörtern sind. Von solchen Tendenzen soll hier nicht als Zusammenfassung, sondern eher als Pointierung von früher Ausgeführtem noch kurz die Rede sein.

I. Das Regierungssystem der Bundesrepublik Deutschland befindet sich in einer Situation des *qualitativen Umbruchs*, der sich aus relativ grundlegenden Veränderungen der Rahmenbedingungen ergibt. Zu ihnen gehören einerseits diejenigen Veränderungen im internationalen Bereich, die zu einer weiteren Internationalisierung der zu lösenden Probleme von Krieg, Friedlosigkeit, Umweltzerstörung, Unterentwicklung und Hunger führen, und andererseits längerfristige Entwicklungsprozesse, welche sehr eindeutig Voraussetzungen und Aufgaben der Politik betreffen. Solche Prozesse finden in Zusammenhang mit der Bevölkerungsentwicklung statt, sie bewirken einen ökonomischen und sozialen Strukturwandel, durch sie verändern sich Werthaltungen, Einstellungen und Verhaltensweisen und man kann ihnen auch das schockartige Bewußtwerden von ‚Endlichkeiten' (Tschernobyl) zurechnen. Mit all dem verbinden sich vielfach beschworene und kommentierte ‚Ängste' und vor allem erkennbare Unsicherheiten. Zugleich ergeben sich Anforderungen an die Politik, die anders als in den vergangenen Jahrzehnten nicht einfach auf ‚Wachstum' setzen und mit ihm ‚Hoffnung' verbinden kann und die sich zugleich mit Veränderungen der traditionellen Steuerungsinstrumentarien auseinandersetzen muß. Dabei kommt es u. E. weder zu einem ‚Staats-

versagen' noch auch nur zu einer ,Entzauberung des Staates', wohl aber zu anderen Formen politischer Führung und zu vermehrter Kooperation zwischen dem Staat und den von seiner jeweiligen Funktionserfüllung besonders Betroffenen. Was im ,kooperativen Staat' an Führung unentbehrlich bleibt und wo der ,Überschätzung des Staates' vorgebeugt werden muß, ist deshalb vordringlich zu definieren; wie Kooperation sinnvoll genutzt werden kann, ohne daß — demokratiewidrig und systemgefährdend — größere Gruppen von ihr ausgeschlossen bleiben, ist dabei zu klären und ggf. experimentell weiterzuentwickeln.
Zum qualitativen Umbruch gehören inhaltlich Modernisierungstendenzen, die auf ein weitergehendes ordnungspolitisches Verständnis vom Staat, mit dem Einbezug der ökologischen Dimension auf eine konzeptionelle Neuorientierung und schließlich wohl auch auf ein neues Verständnis staatlicher Interventionsimperative zielen. Dies verbindet sich mit nur vermeintlich ,technischen' Modernisierungsansätzen: Der Rechts- und Verwaltungsvereinfachung, dem Bemühen um neue Führungsstrukturen, der Einführung von neuen Informations- und Kommunikationstechniken und ähnlichem mehr, was alles auch notwendig wird, weil der Staat immer seltener autoritativ-regelnd eingreifen soll und kann und deshalb immer häufiger als Initiator, Moderator, Förderer — kurz: als in neuen Formen Beteiligter gefragt ist. Was bisher gern als ,Grauzone' zwischen öffentlicher und privater Bedürfnisbefriedigung und Aufgabenerledigung angesehen wird, weitet sich dementsprechend aus; das staatliche Instrumentarium muß angepaßt werden.

II. Vor diesem Hintergrund sind die *Institutionen des politischen Systems* daraufhin zu befragen, ob sie die Informations-, Lern- und Handlungsfähigkeit dieses Systems gewährleisten, ob also Probleme frühzeitig genug erkannt und in die vorhandenen Handlungsstrukturen eingebracht werden, um so den Handlungsanteil zu sichern, der von Staat und Politik zu erbringen ist. Dazu gehören dann einerseits Offenheit und andererseits — mit der Entscheidungsfähigkeit — so etwas wie Entschiedenheit. Zugleich muß ,Demokratie' möglich bleiben, müssen also Herrschaftsbestellung, Herrschaftswechsel und Herrschaftsbegrenzung funktionsfähig sein. Von den besonderen Aufgaben der Parteien abgesehen dienen dem vor allem die Mechanismen der Gewaltenteilung. Funktionieren in diesem Sinne der Föderalismus und die kommunale Selbstverwaltung, sind die Gerichte unabhängig, ist die Meinungsfreiheit gesichert (nicht: ungefährdet, weil sich Gefahren von selbst verstehen)? Solche Fragen sind notwendig, aber aus den genannten Gründen nur begrenzt beantwortbar. Im Text war von Gefährdungstendenzen die Rede: von der Selbstaufgabe des Föderalismus zugunsten stärkerer Beteiligung in Bonn, was dort mit dem Bundesrat ein demokratisch unzureichend legitimiertes Organ ins Spiel bringt; von der Gefährdung kommunaler Selbstverwaltung durch die Perfektionierung von Verbundsystemen; von einer gelegentlichen „Vorreiter"-Rolle und problematischen Personalisierungsprozessen im Bereich des Bundesverfassungsgerichtes; von einer Schwächung des Parlaments insofern, als in ihm die Beteiligung am Regierungsgeschäft das Erkennen von Entwicklungen und neuen Problemlagen dominiert; schließlich von einem unvermeidlichen Übergewicht der Ministerialbürokratie zu Lasten der politischen Führung und mit der Folge eines Übergewichts eher beharrender Politiken.
Gewaltenteilung und Notwendigkeit politischer Führung stehen in einem gewollten Spannungsverhältnis: Demokratische Gesellschaften werden nicht von einer Zentrale aus gesteuert, Führung ereignet sich vielmehr in einem vielschichtigen und verflochte-

nen Prozeß, an dem viele Institutionen und in ihnen handelnde Personen beteiligt sind und der seiner Natur nach kaum zu eindeutigen Entscheidungen und entsprechenden Vollzugsprozessen führen kann und soll. Dem ,Neuen' stehen vielmehr Barrieren entgegen. Lernfähigkeit erweist sich darin, daß diese Barrieren auch abgetragen und aus neuen Einsichten Konsequenzen gezogen werden können. Dieser Abbau von Barrieren gelingt hierzulande oft nur schwer – die Diskussionen über das Tempolimit, die Erhaltung der Nordsee als Naturraum (und nicht als Mülldeponie), die Risiken des Einsatzes von Chemikalien in Wirtschaft und Landwirtschaft oder auch über die Notwendigkeit, das System der Altersversorgung der sich wandelnden Bevölkerungsstruktur anzupassen, beweisen das täglich. Hier wird die Stärke des Beharrungsvermögens sichtbar.
In den Institutionen des politischen Systems, in Parlament und Regierung vornean, muß sich entscheiden, wie das System auf gegenwärtige und zukünftige Gefahren und Möglichkeiten reagiert. Je stärker in den Institutionen die ,Vordringlichkeit des Befristeten' (N. Luhmann) dominiert, je mehr das Denken durch die jeweils nächste Wahl und die Rücksichtnahme auf die unterschiedlichen Interessengruppen beherrscht wird, desto schwerer wird es, neuen Erkenntnissen und Überlegungen Bahn zu brechen und sich der immer drängenderen Frage zu stellen, ob Menschen etwas verantworten können, dessen Folgen sich nicht oder nicht wirklich übersehen lassen.

III. Das Institutionengefüge der Bundesrepublik darf dennoch insgesamt als ,bewährt' gelten. Zumindest war es bisher flexibel genug, um sich sehr unterschiedlichen Entwicklungen anzupassen. Wenn sich die Frage stellt, ob rasch und entschieden genug auf neue Erkenntnisse reagiert wird und aus Erfahrungen auch Konsequenzen gezogen werden, richtet sich diese Frage zuletzt auch nicht an die Institutionen, sondern an die in ihnen Handelnden. Ihr Handeln ist gewiß institutionell bedingt. Wird etwa der Bundestag mit zu vielen Gesetzentwürfen beschäftigt, bleibt die Zeit zur Analyse, zur Herstellung des jeweiligen Zusammenhanges, zur Diskussion und zur Auseinandersetzung begrenzt. Institutionelle Rahmenbedingungen gilt es also zu sehen. Sie sind aber veränderbar, wenn man ihnen genügend Aufmerksamkeit schenkt. Das haben die Akteure zu tun. Sie werden zu einem erheblichen Teil von den *Parteien* bestimmt und ausgewählt. Ihnen gilt daher ein besonderes Interesse, weil vor allem hier die Umbruchsituation deutlich wird, weil Wähler reagieren.
Die Parteien in der Bundesrepublik wirken heute (1987) ,verunsichert'. Die im letzten Bundestagswahlergebnis zutage tretende Desillusionierung weiter Bevölkerungskreise gegenüber den ,Großparteien' (zumindest hinsichtlich ihres Grundgesetz-Auftrages) ist sicher noch nicht abgeschlossen. Die gleichzeitig erstarkten ,kleinen' Parteien profitieren dabei offenkundig von der Schwäche der ,Etablierten' und der durch sie repräsentierten Politik; glaubwürdige neue Politikmuster sind noch kaum erkennbar. Die Schwäche der Großparteien trägt im übrigen auch zu den vielfach diagnostizierten Autoritäts-, Souveränitäts- und Legitimationseinbußen des Staates und seiner Institutionen bei. Diese Schwäche wiederum ergibt sich daraus, daß große Parteien vor dem Dilemma stehen, entweder um ihrer Schlagkraft willen zentralistisch-bürokratische Potentiale voll zu entwickeln und sich damit zugleich von ihrem engeren sozialen Umfeld mehr und mehr abzuheben, oder aber auf innerparteiliche Demokratie zu setzen, damit aber an Wirksamkeit zu verlieren. Die Wahl fällt meist eher auf die erste Verhaltensweise, was dann merkwürdige Abkoppelungen von der Realität ebenso zur Folge haben kann wie das Verfallen an die ,Arroganz der Macht'. Sie läßt sich – die

Wertung sei erlaubt – besonders gut in Bayern, das seit 30 Jahren keinen Regierungswechsel kennt und in dem er nicht mehr möglich zu sein scheint, beobachten. „Noch ist Bayern", schreibt Kurt Sontheimer an Staatsminister Stoiber in Zusammenhang mit dem Neubau der Bayerischen Staatskanzlei (SZ vom 2.4.1987), „so möchte ich hoffen, keine demokratisch verbrämte autoritäre Monarchie, in der man die Staatsdiener und Bürger mit der Androhung von ‚weiterreichenden Folgen' gefügig machen kann". Anderenorts ist demokratische Kontrolle zwar besser möglich und kommt der demokratische Wechsel auch vor: Die Mittel, ihn zu verhindern und die eigene Macht zu sichern, werden aber überall bereitwillig angewandt und zugleich erweitert. Das wendet sich zunächst gegen den politischen Gegner, es kann aber auch den Dialog mit dem Bürger beschweren, der oft abgefertigt wird, wenn er nicht ‚Schutztruppen' ins Feld führt. Die Gefährdung der Parteien dadurch, daß sie Staatsämter ‚besitzen' und über staatliche Ressourcen verfügen, ist unverkennbar. Unverkennbar bleibt aber auch, daß die besondere Art des Parteienkampfes die aufgeklärte Diskussion behindert. Wer nicht vernünftig und offen Fragen stellen darf, sondern für sich in Anspruch nimmt, immer schon eine Antwort zu haben, die überdies besser ist als die des politischen Gegners, der muß darauf dringen, daß noch unentscheidbare Probleme aus der Diskussion ausgeblendet werden, oder er muß erreichen, daß die Existenz von Problemen ganz einfach negiert wird. Das alles läßt sich zeitweise tun. Auf die Dauer macht es unglaubwürdig. Die Parteien sind gefährdet, wenn an ihrer Glaubwürdigkeit gezweifelt wird. Dafür gibt es aber Gründe. Die politische und administrative Reaktion auf Tschernobyl ist einer davon. Parteien können nicht umhin, über Möglichkeiten *und* Grenzen der Politik nachzudenken. Immer nur Erfolge für sich in Anspruch zu nehmen und für das, was nicht erreicht wird, andere haftbar zu machen, ist auf Dauer nicht möglich. Es kann sogar inhuman wirken – dies gilt etwa für Diskussionen über Arbeitslosigkeit, wenn in ihnen die Gewöhnung durchklingt.

IV. Deshalb wird es notwendig sein, nicht nur schwergewichtig über Form und Verfahren, sondern insbesondere auch über die *Inhalte* und den *Stil* politischer Prozesse miteinander zu reden. So ist in den vergangenen Jahren ja deutlich geworden, daß die vermeintlichen oder realen Effizienz-, Transparenz- und Legitimationsdefizite der „traditionellen Politik" nicht nur auf formale und instrumentelle Reaktionsmuster drängen, sich in ihnen vielmehr auch ein erneut veränderndes Verhältnis von Staat und Gesellschaft widerspiegelt. Hier ist deutlich geworden, daß die klassischen staatlichen Steuerungsmittel, die über Rahmenplanungen, Ge- und Verbote sowie über die Zuweisung von Kompetenzen und Ressourcen gesellschaftliche Probleme zu bewältigen suchten, an Wirkung verloren haben. Heute ist der Prozeß der Politikformulierung durch eine Vielzahl neuer Interessenträger und veränderte Formen der politischen Willensbildung geprägt, gewinnen im Verlauf des Politikvollzugs die hieran horizontal wie vertikal Beteiligten sowie schließlich die Politikadressaten erheblich an Gewicht. Zu den eher quantitativ ausgerichteten Steuerungsformen treten dabei qualitative Politiken; Motivation, Kommunikation, Akzeptanz und Dialogfähigkeit werden zu Schlüsselbegriffen einer Diskussion, die eine Ausweitung oder zumindest Ergänzung des traditionellen Politikverständnisses nahelegt. Dabei ist offensichtlich, daß konzeptionelle Umorientierungen auch von kommunikativen Leistungen begleitet sein müssen, dem Einwerben von Kooperationsbereitschaft bei Beteiligten und Betroffenen erhebliche Bedeutung zukommt. Dies zu berücksichtigen, sollte selbstverständlich werden, zumal die Erfahrungen der letzten Jahre gezeigt haben, daß politisches Handeln ausschließlich auf der Basis gefestigten Wissens nicht mehr möglich ist, die Adressaten von Politik aber gleichwohl erwarten, rechtzeitiger und frühzeitiger als bisher informiert, orientiert und auf Handlungsmöglichkeiten verwiesen zu werden. In diesem Sinne Führungsfunktionen wahrzunehmen und sie angesichts beträchtlich veränderter Rahmenbedingungen „sensibel" einzusetzen, würde nicht nur zur Wiederherstellung von Vertrauen in die politischen Institutionen der Bundesrepublik beitragen, die Funktionsfähigkeit des Regierungssystems insgesamt könnte davon profitieren.

Literaturverzeichnis

Vorbemerkung: Nachfolgend werden alle selbständigen Veröffentlichungen aufgeführt, die im Text und in den Anmerkungen erwähnt sind. Die dort benutzte Kurzbezeichnung – in der Regel der Autorenname – ist nachfolgend vorangestellt. Buchbeiträge und Zeitschriftenaufsätze sind in den Anmerkungen relativ ausführlich aufgenommen.

Abelein, M. (Hrsg.); Deutsche Kulturpolitik. Dokumente. Düsseldorf 1970.

Abendroth, W.; Das Grundgesetz. Eine Einführung in seine Probleme. Pfullingen 1966.

Abendroth, W., Lenk, K. (Hrsg.); Einführung in die politische Wissenschaft. Bern 1968 (Sammlung Dalp 102).

Achterberg, N.; Die parlamentarische Verhandlung. Berlin 1979.

– Parlamentsrecht. Tübingen 1984.

Adrian, W.; Demokratie als Partizipation. Versuch einer Wert- und Einstellungsanalyse. Meisenheim 1977.

AFK = Archiv für Kommunalwissenschaften. Stuttgart (Halbjahresbände).

Agnoli, J., Brückner, P.; Die Transformation der Demokratie. Berlin 1967.

Akademie für Raumforschung und Landesplanung (Hrsg.); Ballung und öffentliche Finanzen. Hannover 1980.

Albrecht, U., Deppe, F., Huffschmid, J. (Hrsg.); Beiträge zu einer Geschichte der Bundesrepublik. Köln 1979.

Albrow, M.; Bürokratie. München 1972.

Alemann, U. v.; Parteiensysteme im Parlamentarismus. Einführung und Kritik von Parlamentarismustheorien. Düsseldorf 1973.

– (Hrsg.); Partizipation – Demokratisierung – Mitbestimmung. Problemstand und Literatur in Politik, Wirtschaft, Bildung und Wissenschaft. Eine Einführung. Opladen 1975.

Alemann, U. v., Forndran, E.; Methodik der Politikwissenschaft. Stuttgart 1974.

– (Hrsg.); Interessenvermittlung und Politik. Interesse als Grundbegriff sozialwissenschaftlicher Lehre und Analyse. Opladen 1983.

Alemann, U. v., Heinze, R. G. (Hrsg.); Verbände und Staat. Vom Pluralismus zum Korporatismus. Analysen, Positionen, Dokumente. Opladen 1979.

Almond, G., Verba, S.; The Civil Culture. Political Attitudes and Democracy in Five Nations. Boston 1965.

Altmann, R.; Das Erbe Adenauers. Stuttgart, 3. Auflage 1960.

Amtliches Handbuch des Europäischen Parlaments. Luxemburg 1985.

Andersen, U., Woyke, W.; Wahl '87. Zur Bundestagswahl 1987. Opladen 1986.

Andriessen, F.; Perspektiven für die Gemeinschaft, in: EG-Magazin 3/1987, S. 7 ff.

Angermann, E.; Robert von Mohl. 1799–1875. Leben und Werk eines altliberalen Staatsgelehrten. Neuwied 1962.

anno 86. Jahrbuch. C. Bertelsmann. München, Gütersloh 1986.

Anschütz, G., Thoma, R. (Hrsg.); Handbuch des Deutschen Staatsrechts (HdbDStR). Tübingen, 2 Bände, 1930 und 1932.

AöR = Archiv des öffentliches Rechts.

Apel, H.; Der deutsche Parlamentarismus. Unreflektierte Bejahung der Demokratie? Reinbek 1968.

– Bonn, den ... Tagebuch eines Bundestagsabgeordneten. Köln 1972.

Appelhans, H., Plitt, W., Wehrmeyer, G.; Die KPD – keine Alternative für Demokraten. Bonn 1975.

Arbeitsgruppe am Max-Planck-Institut für Bildungsforschung (Hrsg.); Das Bildungswesen in der Bundesrepublik Deutschland. Reinbek 1979.

ARD-Jahrbuch = Arbeitsgemeinschaft der öffentlich-rechtlichen Rundfunkanstalten der BRD (Hrsg.); ARD-Jahrbuch 1969 ff.

Aretin, K. O. v.; Heiliges Römisches Reich 1776–1806. Reichsverfassung und Staatssouveränität. Teil 1, Wiesbaden 1967.

Arndt, A., Freund, M.; Notstandsgesetz – aber wie? Köln 1962.

Arndt, H.; Wirtschaftliche Macht. Tatsachen und Theorien. München, 2. Auflage 1977.

Arndt, K. F.; Parlamentarische Geschäftsordnungsautonomie und autonomes Parlamentsrecht. Berlin 1966.

Arnim, H. H. v.; Abgeordnetenentschädigung und GG. Wiesbaden 1975.

– Ämterpatronage durch politische Parteien. Wiesbaden 1980. Schriftenreihe des Karl-Bräuer-Instituts, Heft 44.

– Parteienfinanzierung. Eine verfassungsrechtliche Untersuchung. Wiesbaden 1982, Schriftenreihe des Karl-Bräuer-Instituts, Heft 52.

– Staatslehre der Bundesrepublik Deutschland. München 1984.

Arnim, H. H. v., Klages, H. (Hrsg.); Probleme der staatlichen Steuerung und Fehlsteuerung in der Bundesrepublik Deutschland. Berlin 1986.

Asendorf, M., Kopitzsch, F. u.a. (Hrsg.); Geschichte der Hamburgischen Bürgerschaft. 125 Jahre gewähltes Parlament. Berlin 1984.

Aus PuZ = Aus Politik und Zeitgeschichte. Beilage zur Wochenzeitung Das Parlament. Bonn.

Auswärtiges Amt (Hrsg.); Die Auswärtige Politik der Bundesrepublik Deutschland. Köln 1972.

Baade, H. W.; Das Verhältnis von Parlament und Regierung im Bereich der Auswärtigen Gewalt der Bundesrepublik Deutschland. Studien über den Einfluß der auswärtigen Beziehungen auf die innerstaatliche Verfassungsentwicklung. Hamburg 1962.

Badura, B.; Bedürfnisstruktur und politisches System. Stuttgart 1972.

Badura, B., Reese, J.; Jungparlamentarier in Bonn – ihre Sozialisation im Deutschen Bundestag. Stuttgart 1976.

Bärsch, C. E.; Der Staatsbegriff in der neueren deutschen Staatslehre und seine theoretischen Implikationen. Berlin 1975.

– Die Gleichheit der Ungleichen. Zur Bedeutung von Gleichheit, Selbstbestimmung und Geschichte im Streit um die konstitutionelle Demokratie. München 1979.

Bagehot, W.; The English Constitution. 2. Ausgabe. London 1872.

Bahrdt, H. P.; Wege zur Soziologie. München, 2. Auflage 1966.

Baier, H.; Medizin im Sozialstaat. Stuttgart 1978.

Bald, D.; Der deutsche Offizier. Sozial- und Bildungsgeschichte des deutschen Offizierskorps im 20. Jahrhundert. München 1982.

Balfour, M.; Viermächtekontrolle in Deutschland 1945–1946. Dt. Ausgabe. Düsseldorf 1959.

Balke, P.; Politische Erziehung in der Bundeswehr. Anmaßung oder Chance. Boppard 1970.

Bamberg, H. D.; Die „Deutschland-Stiftung e.V.", und ihre „Adenauer-Preise". Meisenheim 1976.

Baring, A.; Außenpolitik in Adenauers Kanzlerdemokratie. Bonns Beitrag zur Europäischen Verteidigungsgemeinschaft. München 1969.

– Machtwechsel. Die Ära Brandt-Scheel. Stuttgart 1982.

Baudissin, W. Graf; Soldat für den Frieden. Entwürfe für eine zeitgemäße Bundeswehr. München 1969.

Bauer, F.; Die neue Gewalt. Die Notwendigkeit der Einführung eines Kontrollorgans in der Bundesrepublik Deutschland. München 1964 (Verl. der Zeitschrift Ruf und Echo).

Baumann, J.; Einführung in die Rechtswissenschaft. München, 4. Auflage 1974.

Bebermeyer, H.; Regieren ohne Management? Planung als Führungsinstrument moderner Regierungsarbeit. Stuttgart 1974.

Becker, B.; Zentrale nichtministerielle Organisationseinheiten der unmittelbaren Bundesverwaltung, in: Verwaltungsarchiv 1978, S. 149 ff.

Becker, U.; Und sie bewegt sich doch. Unordentliche Gedanken über die Verwaltung. Hamburger Universitätsreden, Heft 38, 1982.

Becker U., Thieme, W. (Hrsg.); Handbuch der Verwaltung. Köln 1974 ff.

Becker, W.; Freiheit, die wir meinen. Entscheidung für eine liberale Demokratie. München 1982.

Behrend, G.; Das Bundeskanzleramt. Bonn 1973.

Behrmann, G. C. (Hrsg.); Politische Sozialisation in entwickelten Industriegesellschaften. Schriftenreihe der Bundeszentrale für politische Bildung, Bd. 132. Bonn 1979.
Beloff, M.; Neue Dimensionen der Außenpolitik. Köln 1961.
Benda, E., Maihofer, W., Vogel, H. J. (Hrsg.); Handbuch des Verfassungsrechts. Berlin 1983. Studienausgabe 1984.
Bender, P.; Neue Ostpolitik. Vom Mauerbau bis zum Moskauer Vertrag. München 1986.
Bentele, K.; Kartellbildung in der allgemeinen Forschungsförderung. Politikverflechtung III. Königstein/Ts. 1979.
Benz, A.; Föderalismus als dynamisches System. Zentralisierung und Dezentralisierung im föderativen Staat. Opladen 1985.
Benzing, A., Gaentzsch, G., Mäding, E., Tesdorpf, J.; Verwaltungsgeographie. Köln 1978.
Berg, C.; Die Okkupation der Schule. Heidelberg 1973.
Berg, H. J.; Der Verteidigungsausschuß des Deutschen Bundestages. Kontrollorgan zwischen Macht und Ohnmacht. München 1982.
Bergsdorf, W. (Hrsg.); Wörter als Waffen. Sprache als Mittel der Politik. Bonn 1979.
Berg-Schlosser, D., Müller-Rommel, F. (Hrsg.); Vergleichende Politikwissenschaft. Opladen 1987.
Bermbach, U. (Hrsg.); Theorie und Praxis der direkten Demokratie. Opladen 1973.
Bernschneider, W.; Staat, Gewerkschaft und Arbeitsprozeß. Zur „Politisierung" und zum Legitimationspotential staatlichen Handelns. Opladen 1986.
Bertram, J.; Staatspolitik und Kommunalpolitik. Stuttgart u.a. 1967.
Besson, W.; Die Außenpolitik der Bundesrepublik. Erfahrungen und Maßstäbe. München 1970.
Bettermann, K. A. u.a. (Hrsg.); Die Grundrechte. Handbuch der Theorie und Praxis der Grundrechte. Berlin 1958 ff.
Beutler, B.; Das Staatsbild in den Länderverfassungen nach 1945. Berlin 1973.
Beyer, H.; Der Niedersächsische Landtag. Die Volksvertretung des Landes Niedersachsen im Leineschloß kennt doch jeder – oder? Hannover o.J.
Beyme, K. v.; Interessengruppen in der Demokratie. München 1969, 5. Aufl. 1980.
– Die parlamentarischen Regierungssysteme in Europa. München 1970, 3. Aufl. 1973.
– Die politische Elite in der BRD. München 1971, 2. Aufl. 1974.
– Das politische System der Bundesrepublik Deutschland. München 1979, 3. Aufl. 1981, 4. Aufl. 1985.
– Parteien in westlichen Demokratien. München 1982, 2. Aufl. 1984.
– (Hrsg.); Politikwissenschaft in der Bundesrepublik Deutschland. Entwicklungsprobleme einer Disziplin. Opladen 1986.
Bischoff, E., Müller, E., Saager, U.; Verwaltung und Politik. Köln 1982.
Bittorf, W. (Hrsg.); Nachrüstung. Der Atomkrieg rückt näher. Reinbek 1981.
Blanke, Th., Jürgens, U., Kastendiek, H.; Kritik der politischen Wissenschaft. Analysen von Politik und Ökonomie in der bürgerlichen Gesellschaft. Zwei Bände. Frankfurt, New York 1975.
Blankenburg, E. (Hrsg.); Empirische Rechtssoziologie. München 1975.
Blümel, W.; Gemeinden und Kreise vor den öffentlichen Aufgaben der Gegenwart, in: VVDStRL 1978, Bd. 36.
– (Hrsg.); Frühzeitige Bürgerbeteiligung bei Planungen. Berlin 1982.
Bocklet, R. (Hrsg.); Das Regierungssystem des Freistaates Bayern. 2 Bände. München 1977 und 1979.
Böckenförde, E. W.; Gesetz und gesetzgebende Gewalt. Von den Anfängen der deutschen Staatsrechtslehre bis zur Höhe des staatsrechtlichen Positivismus. Berlin 1958.
– Die Organisationsgewalt im Bereich der Regierung. Berlin 1964.
Böhret, C.; Entscheidungshilfen für die Regierung. Modelle – Instrumente – Probleme. Opladen 1970.
– Grundriß der Planungspraxis. Opladen 1975.
– (Hrsg.); Verwaltungsreformen und politische Wissenschaft. Baden-Baden 1978.
Böhret, C., Jann, W., Junkers, M. Th., Kronenwett, E.; Innenpolitik und politische Theorie. Opladen 1979.
Böhret, C., Siedentopf, H. (Hrsg.); Verwaltung und Verwaltungspolitik. Berlin 1983.
Böll, H. u.a. (Hrsg.); Anstoß und Ermutigung. Gustav W. Heinemann als Bundespräsident. Frankfurt 1974.
Bölling, K.; Die zweite Republik. 15 Jahre Politik in Deutschland. Köln 1963.
– Die letzten 30 Tage des Kanzlers Helmut Schmidt. Ein Tagebuch. Reinbek 1982.

Bollmann, J.; Die Hamburger Bürgerschaft in alter und neuer Zeit. Hamburg 1959.
Bombach, G. u.a. (Hrsg.); Probleme des Strukturwandels und der Strukturpolitik. Tübingen 1977.
Bonner Kommentar = Kommentar zum Bonner Grundgesetz. Hamburg 1950 ff., bearb. v. B. Dennewitz u.a.
Boogmann, J. C., Plaat, G. N. v. d. (Hrsg.); Federalism. History and current significance of a form of government. Den Haag 1980.
Borell, R.; Mischfinanzierungen. Darstellung. Kritik, Reformüberlegungen. Schriften des Karl-Bräuer-Instituts des Bundes der Steuerzahler, Heft 50. Wiesbaden 1981.
Bosl, K.; Die Geschichte der Repräsentation in Bayern. München 1974.
Bracher, K. D.; Die Auflösung der Weimarer Republik. Eine Studie zum Problem des Machtzerfalls in der Demokratie. Villingen, 4. Aufl. 1964.
– (Hrsg.); Nach 25 Jahren. Eine Deutschland-Bilanz. München 1970.
Bracher, K. D. u.a. (Hrsg.); Geschichte der Bundesrepublik Deutschland. 5 Bde. Wiesbaden 1981 ff.
Bracher, K. D., Jacobsen, H. J. (Hrsg.); Bibliographie zur Politik in Theorie und Praxis. Düsseldorf 1970.
Bracher, K. D., Sauer, W., Schultz, G.; Die nationalsozialistische Machtergreifung. Studien zur Errichtung des totalitären Herrschaftssystems in Deutschland 1933/34. Opladen, 2. Aufl. 1962.
Brand, K. W. (Hrsg.); Neue soziale Bewegungen in Westeuropa und den USA. Ein internationaler Vergleich. Frankfurt usw. 1985.
Brandt, W.; Freiheit oder Sozialismus. Bonn 1976 (Veröffentlichung der SPD).
Braun, G.; Politische Ökonomie für den Sozialkundeunterricht. Hamburg 1975.
Braunthal, G.; The West German Legislative Process. A Case Study of Two Transportation Bills. Ithaca, London 1972.
Bredow, W. v.; Der Primat militärischen Denkens. Die Bundeswehr und das Problem der okkupierten Öffentlichkeit. Köln 1969.
– Die unbewältigte Bundeswehr. Zur Perfektion eines Anachronismus. Frankfurt 1973.
Bredthauer, R.; Das Wahlsystem als Objekt von Politik und Wissenschaft. Die Wahlsystemdiskussion in der BRD 1967/68... Meisenheim 1973.
Breitling, R.; Die Verbände in der BRD. Ihre Arten und ihre politische Wirkungsweise. Meisenheim 1955.
Breme, K., D'hein, W. P.; Parteien, Wähler, Parlamente. Ein Politlexikon für die Bundesrepublik. Hamburg 1980.
Bremme, G.; Die politische Rolle der Frau in Deutschland. Eine Untersuchung über den Einfluß der Frauen bei Wahlen und ihre Teilnahme in Partei und Parlament. Göttingen 1956.
Brenner-Festschrift = Festschrift für Otto Brenner zum 60. Geburtstag, hrsg. von *P. v. Oertzen.* Frankfurt 1967.
Brinkmann, G., Pippke, W., Rippe, W.; Die Tätigkeitsfelder des höheren Verwaltungsdienstes. Arbeitsansprüche, Ausbildungserfordernisse, Personalbedarf. Opladen 1973.
Bruder, W.; Sozialwissenschaften und Politikberatung. Zur Nutzung sozialwissenschaftlicher Informationen in der Ministerialorganisation. Opladen 1980.
– Empirische Verwaltungsforschung in der Bundesrepublik Deutschland. Opladen 1981.
Bruder, W., Ellwein, Th. (Hrsg.); Raumordnung und staatliche Steuerungsfähigkeit. PVS-Sonderheft 10/1979. Opladen 1980.
Brünneck, A. v.; Politische Justiz gegen Kommunisten in der Bundesrepublik Deutschland 1949–1968. Frankfurt 1978.
Brune, H. G.; Organisation von Verbraucherinteressen. Frankfurt 1981.
Brunner, G.; Vergleichende Regierungslehre. Bd. 1. Paderborn 1979.
Brunner, G., Kimminich, O. u.a.; Politische Systeme in Deutschland. Studien zur Deutschlandfrage. Hrsg. vom Göttinger Arbeitskreis. Bd. 4. Berlin 1980.
Brunner, O.; Land und Herrschaft. Darmstadt, 5. Aufl. 1959.
Bruns, W.; Deutsch-deutsche Beziehungen. Prämissen – Probleme – Perspektiven. Opladen 1981.
Buchheim, H.; Theorie der Politik. München 1981.
Bull, H. P.; Die Staatsaufgaben nach dem Grundgesetz. Kronberg/Ts., 2. Aufl. 1977.
– Wandel und Wachsen der Verwaltungsaufgaben, in: *U. Becker, W. Thieme,* Heft 2.1.
– (Hrsg.); Verwaltungspolitik. Neuwied 1979.

Bulling-Kommission = Kommission Neue Führungsstruktur Baden-Württemberg; Leitbilder, Vorschläge, Erläuterungen. Juli 1985. Hrsg. v. d. Kommission i. A. d. Staatsministeriums Baden-Württemberg (3 Bde.; hier Band II).
Bund der Steuerzahler (Hrsg.); Grenzen für den Steuerstaat. Deutscher Steuerzahlerkongreß 1981. Referate und Protokolle. Wiesbaden 1981.
Bundesleitung des DBB (Hrsg.); Deutscher Beamtenbund. Ursprung – Weg – Ziel. Bad Godesberg 1968.
Bundesminister der Finanzen; Die Finanzbeziehungen zwischen Bund, Ländern, Gemeinden. Bonn 1982 (Vervielfältigung des Ministeriums).
Bundesminister für Arbeit und Sozialordnung; Sozialbericht 1986. Bonn 1986.
Bundesministerium der Finanzen (Hrsg.); Haushaltsrecht des Bundes. Bonn 1963.
Bundesrat (Hrsg.); Der Bundesrat als Verfassungsorgan und als politische Kraft. Darmstadt 1974.
– (Sekretaritat des Bundesrates); Protokolle des Vermittlungsausschusses ... 1.–6. Wahlperiode (1949–1972). München 1983.
Bundesrechnungshof (Hrsg.); 250 Jahre Rechnungsprüfung. Zur 250jährigen Wiederkehr der Errichtung der Preußischen Generalrechenkammer. Frankfurt 1964.
Bundesverfassungsgericht (Hrsg.); Das Bundesverfassungsgericht. Karlsruhe, 2. Aufl. 1971.
Bundeszentrale für politische Bildung (Hrsg.); Soldat und Gesellschaft. Protokoll der Diskussion des BM der Verteidigung mit Soldaten und Vertretern gesellschaftlicher Gruppen. Schriftenreihe der Bundeszentrale, Bd. 172. Bonn 1981.
Burhenne, W. (Bearbeiter); GG der Bundesrepublik Deutschland mit den Verfassungen der Länder ... Textsammlung mit synoptischem Sachregister. Bielefeld, laufend. Sonderausgabe aus:
– (Hrsg.); Recht und Organisation der Parlamente. Loseblattausgabe, 4 Bände. Bielefeld, laufend. Hrsg. im Auftrage der Interparlamentarischen Arbeitsgemeinschaft Bonn.
Burmeister, J.; Verfassungstheoretische Neukonzeption der kommunalen Selbstverwaltungsgarantie. München 1977.
Buse, M. J.; Einführung in die politische Verwaltung. Stuttgart 1975.
Buse, M., Dewitz, D. v.; Bibliographie zur politischen Planung. Baden-Baden 1974.
Bußhoff, H.; Zu einer Theorie des politischen Stils. Meisenheim 1972.
BVerfGE = Entscheidungen des Bundesverfassungsgerichts. Tübingen ab 1952.

Carstens, K.; Das Recht des Europarats. Berlin 1956.
– Politische Führung. Erfahrungen im Dienst der Bundesregierung. Stuttgart 1971.
CDU (Hrsg.); Politisches Jahrbuch der CDU und CSU. Recklinghausen 1969.
Claessens, D., Klönne, A., Tschoepe, A.; Sozialkunde der Bundesrepublik Deutschland. Düsseldorf, 10. Auflage 1981.
Conradt, D. P.; The German Polity. New York 1978.
Cornides, W.; Die Weltmächte und Deutschland. Geschichte der jüngsten Vergangenheit 1945–1955. Tübingen, Stuttgart 1957.
Croon, H., Hoffmann, W., Unruh, G. v.; Kommunale Selbstverwaltung im Zeitalter der Industrialisierung. Stuttgart usw. 1971.
Crozier, M.; La Société bloquée, Paris 1970.
Crozier, M., Friedberg, E.; Macht und Organisation. Die Zwänge kollektiven Handelns. Deutsche Ausgabe. Königstein/Ts. 1979.
Czempiel, E. O. (Hrsg.); Anachronistische Souveränität. PVS-Sonderheft 1, 1969.
– Amerikanische Außenpolitik. Gesellschaftliche Anforderungen und politische Entscheidungen. Stuttgart 1979.

Dahl, R. A. (Hrsg.); Political Opposition in Western Democracies. New Haven, London 1966.
Dahrendorf, R.; Gesellschaft und Demokratie in Deutschland. München 1965.
DDR-Handbuch; hrsg. vom Bundesministerium für Innerdeutsche Beziehungen, wiss. Leitung P. C. Ludz, Köln 2. Auflage 1979, 3. Auflage 1985.
Derlien, U.; Die Erfolgskontrolle staatlicher Planung. Baden-Baden 1976.
Derlien, H. U., Pippig, G.; Externe Rekrutierung von Spitzenbeamten des Bundes 1970–1972. Eine Überprüfung empirischer Untersuchungen. Bamberg 1984 (Verwaltungswiss. Beiträge 17. Unipaper).

Deuerlein, E.; Deutsche Geschichte der neuesten Zeit ... 3. Teil 1945 bis 1955. Konstanz 1965 (Hdb. d. dt. Geschichte IV/3).
– Föderalismus. Die historischen und philosophischen Grundfragen des föderativen Prinzips. Bonn 1972 (Schriftenreihe der Bundeszentrale für politische Bildung. Heft 49).
Deutsch, K. W.; Politische Kybernetik. Modelle und Perspektiven. Dt. Ausgabe. Freiburg, 2. Aufl. 1970.
Deutsche Bundesbank; Internationale Organisationen und Abkommen im Bereich von Währung und Wirtschaft. Frankfurt, 3. Aufl. 1986.
Deutsche Shell AG (Hrsg.); Die Einstellung der jungen Generation zur Arbeitswelt und Wirtschaftsordnung. Hamburg 1980.
– (Hrsg.); Jugend 81. Hamburg 1981.
Deutscher Bundestag (Hrsg.); Deutscher Bundestag 8. Wahlperiode 1976–1980. Chronik: Gesetz-Statistik-Dokumentation. Bonn 1981.
Deutsches Institut für Urbanistik (Hrsg.); Die Gemeindeordnungen und die Kreisordnungen in der Bundesrepublik Deutschland. Stuttgart seit 1975 (in mehreren Lieferungen).
Deutsches Presse- und Rundfunkrecht; hrsg. von *W.-D. Ring*. Loseblattsammlung, München 1976 ff.
Dexheimer, W. F.; Koalitionsverhandlungen in Bonn 1961, 1965, 1969. Zur Willensbildung in Partei und Fraktion. Eichholz 1973.
Diederich, N.; Empirische Wahlforschung. Konzeptionen und Methoden im internationalen Vergleich. Opladen 1965.
Dienel, P. C.; Die Planungszelle. Der Bürger plant seine Umwelt. Eine Alternative zur Establishment-Demokratie. Opladen 1978.
– (als Leiter der Forschungsstelle Bürgerbeteiligung und Planungsverfahren); Bürgergutachten: Rathaus-Gürzenich, Köln. Manuskript Köln 1980.
Dienststelle Blank (Hrsg.); Vom künftigen deutschen Soldaten. Gedanken und Planung der Dienststelle Blank. Bonn 1955.
Dierkes, M., Pettermann, Th., v. Thienen, V. (Hrsg.); Technik und Parlament. Technikfolgenabschätzung: Konzepte, Erfahrungen, Chancen. Berlin 1986.
Dierl, B., Dierl, R., Höffken, W. H.; Der Landtag von Nordrhein-Westfalen. Bochum 1982.
Dillkofer, H.; Die Organisation der Innenministerien. Eine sozialwissenschaftliche Analyse. Bericht 11 des Sozialwissenschaftlichen Instituts der Bundeswehr. München 1977.
Dinkel, R.; Der Zusammenhang zwischen der ökonomischen und politischen Entwicklung in einer Demokratie. Berlin 1977.
Doeker, G. (Hrsg.); Vergleichende Analyse politischer Systeme. Comparative Politics. Freiburg 1971.
Dogan, M. (Hrsg.); The Mandarins of Western Europe. New York 1975.
Domes, J.; Bundesregierung und Mehrheitsfraktion. Aspekte des Verhältnisses der Fraktion der CDU/CSU im zweiten und dritten Bundestag zum Kabinett Adenauer. Opladen 1964.
Donsbach, W.; Legitimationsprobleme des Journalismus. München 1982.
Dreitzel, H. P. (Hrsg.); Sozialer Wandel, Zivilisation und Fortschritt als Kategorien der soziologischen Theorie. Neuwied, 2. Aufl. 1972.
Drimmel, H.; Oktober 48. Die Wiener Revolution. Wien 1978.
Dübber, U.; Parteifinanzierung in Deutschland. Opladen 1962.
– Geld und Politik. Die Finanzwirtschaft der Parteien. Freudenstadt 1970.

Easton, D.; The Political System. Chicago 1953.
Ebsen, J.; Das Bundesverfassungsgericht als Element gesellschaftlicher Selbstregulierung. Berlin 1985.
Echtler, U.; Einfluß und Macht in der Politik. Der beamtete Staatssekretär. München 1973.
Eisele, S.; Minimalkonsens und freiheitliche Demokratie. Eine Studie zur Akzeptanz der Grundlagen demokratischer Ordnung in der BRD. Paderborn 1986.
Ellwein, Th.; Das Erbe der Monarchie in der deutschen Staatskrise. Zur Geschichte des deutschen Verfassungsstaates. München 1954.
– Klerikalismus in der deutschen Politik. München 1955, 2. Aufl. 1956.
– Einführung in die Regierungs- und Verwaltungslehre. Stuttgart 1966.
– Politik und Planung. Stuttgart 1968.
– Verwaltungspolitik in den 70er Jahren. Bad Godesberg 1968.

– Regierung als politische Führung. Stuttgart 1970.
– Politische Verhaltenslehre. Stuttgart, 3. Aufl. 1972.
– Regieren und Verwalten. Eine kritische Einführung. Opladen 1976.
– Über politische Verantwortung. Konstanz 1978.
– Gewerkschaften und öffentlicher Dienst. Zur Entwicklung der Beamtenpolitik des DGB. Opladen 1980.
– Die deutsche Universität vom Mittelalter bis zur Gegenwart. Königstein 1985.
– Politische Praxis. Beiträge zur Gestaltung des politischen und sozialen Wandels. Opladen 1987.
– (Hrsg.); Politikfeld-Analysen 1979. Opladen 1980.
Ellwein, Th., Görlitz, A.; Parlament und Verwaltung. Band 1: Gesetzgebung und politische Kontrolle. Stuttgart 1968.
Ellwein, Th., Groothoff, H. H. u.a. (Hrsg.); Erziehungswissenschaftliches Handbuch. Berlin 1969 ff.
Ellwein, Th., Hesse, J. J. (Hrsg.); Verwaltungsvereinfachung und Verwaltungspolitik. Baden-Baden 1985.
Ellwein, Th., Lippert, E., Zoll, R.; Politische Beteiligung in der Bundesrepublik Deutschland. Göttingen 1975.
Ellwein, Th., Müller, A., Plander, H. (Hrsg.); Hochschule der Bundeswehr zwischen Ausbildungs- und Hochschulreform. Opladen 1974.
Ellwein, Th., Zoll, R.; Berufsbeamtentum – Anspruch und Wirklichkeit. Zur Entwicklung und Problematik des öffentlichen Dienstes. Düsseldorf 1973.
– Zur Entwicklung der öffentlichen Aufgaben in der Bundesrepublik Deutschland, in: Studienkommission für die Reform des öffentlichen Dienstrechtes, Band 8. Baden-Baden 1973.
– Wertheim. München 1982 (s. auch ‚Politisches Verhalten').
Elsenhans, H.; Nord-Süd-Beziehungen. Geschichte – Politik – Wirtschaft. Stuttgart 1984.
Elsner, H., Schüler, M.; Das Gemeindefinanzreformgesetz. Hannover 1970.
Engeli, C.; Neuanfänge der Selbstverwaltung nach 1945, in: Handbuch der kommunalen Wissenschaft und Praxis Bd. 1. Berlin u.a. 1981, S. 114 ff.
Engeli, C., Haus, W. (Hrsg.); Quellen zum modernen Gemeindeverfassungsrecht in Deutschland. Stuttgart 1975 ff.
Enquete-Kommission Verfassungsreform des Deutschen Bundestages; Schlußbericht. Teil 1: Parlament und Regierung; Teil 2: Bund und Länder, in: Zur Sache (hrsg. vom Presse- und Informationszentrum des Deutschen Bundestages) 3/1976 und 2/1977.
Eschenburg, Th.; Herrschaft der Verbände? Stuttgart, 2. Aufl. 1956.
– Staat und Gesellschaft in Deutschland. München, 2. Aufl. 1963.
– Jahre der Besatzung 1945–1949. Geschichte der Bundesrepublik Deutschland Bd. 2. Stuttgart, Wiesbaden 1983. (siehe *Bracher, K. D.* u.a.).
Essener Gespräche zum Thema Staat und Kirche. Hrsg. v. *Marré, H., Stüting, J.*, Münster 1969 ff.
Esser, J.; Gewerkschaften in der Krise. Frankfurt 1982.
Das Europäische Parlament. Baden-Baden, 2. Aufl. 1982.
Evers, H. U.; Die Befugnis des Staates zur Festlegung von Erziehungszielen in der Pluralistischen Gesellschaft. Berlin 1979.

Falter, J., Fenner, Ch., Greven, M.; Politische Willensbildung und Interessenvermittlung. Opladen 1984.
Feist, U., Krieger, H.; Alte und neue Scheidelinien des politischen Verhaltens. Eine Analyse der Bundestagswahl, in: Aus PuZ 1987, H. 12, S. 33 ff.
Fenner, C.; Demokratischer Sozialismus und Sozialdemokratie. Realität und Rhetorik der Sozialismusdiskussion in Deutschland. Frankfurt/M. 1977.
Fenner, C., Heyder, W., Strasser, J. (Hrsg.); Unfähig zur Reform? Eine Bilanz der inneren Reformen seit 1969. Köln 1978.
Fenske, H.; Bürokratie – Deutschtum. Vom späten Konsensus bis zur Gegenwart. Berlin 1985.
Festgabe für W. Blischke; Plenarsitzungen des Deutschen Bundestages. Berlin 1982.
Festschrift für Ernst Forsthoff zum 70. Geburtstag; München 1972.
Fetscher, I.; Terrorismus und Reaktion. Köln 1977.
Fetscher, I., Grebing, H. u.a.; Rechtsradikalismus. Frankfurt 1967.

Fischer, A., Fuchs, W., Zinnecker, J.; Jugendliche und Erwachsene '85. Generationen im Vergleich. (Hrsg. vom Jugendwerk der Deutschen Shell) 5 Bände, Opladen 1985.
Fisher, S. F.; The Minor Parties of the Federal Republic of Germany. Den Haag 1974.
Flechtheim, O. K.; Dokumente zur parteipolitischen Entwicklung in Deutschland. 8 Bände. Berlin 1962 ff.
– (Hrsg.); Die Parteien der Bundesrepublik Deutschland. Hamburg 1973.
Fleckenstein, B. (Hrsg.); Bundeswehr und Industriegesellschaft. Boppard 1971.
Flohr, H.; Die Rolle von Parteiprogrammen in der Demokratie. Göttingen 1968.
Flohr, H., Lompe, K., Neumann, L. F.; Freiheitlicher Sozialismus. Beiträge zu seinem heutigen Selbstverständnis. Bonn-Bad Godesberg 1973.
Forsthoff, E.; Die öffentliche Körperschaft im Bundesstaat. Tübingen 1931.
– Die Krise der Gemeindeverwaltung im heutigen Staat. Berlin 1932.
– Rechtsstaat im Wandel. Stuttgart 1964.
– Lehrbuch des Verwaltungsrechts. 1. Band, Allgemeiner Teil. München, 10. Aufl. 1973.
– (Hrsg.); Rechtsstaatlichkeit und Sozialstaatlichkeit. Darmstadt 1968.
Fraenkel, E.; Das amerikanische Regierungssystem. Eine politologische Analyse. Opladen 1960, 3. Aufl. 1976.
– Deutschland und die westlichen Demokratien. Stuttgart 1964, 5. Aufl. 1973.
Fraenkel, E., Bracher, K.D. (Hrsg.); Staat und Politik. Frankfurt, Neuausgabe 1970 (Fischer-Lexikon 2).
Frank, D.; Politische Planung im Spannungsverhältnis zwischen Regierung und Parlament. Meisenheim 1976.
Frey, B. S.; Moderne politische Ökonomie. München 1977.
Friedrich, C. J.; Der Verfassungsstaat der Neuzeit. Dt. Ausgabe Berlin 1953.
Friedrich, M.; Opposition ohne Alternative. Düsseldorf 1962.
– Landesparlamente in der Bundesrepublik. Opladen 1975.
– Der Landtag als Berufsparlament? Gutachten hrsg. vom Karl-Bräuer-Institut des Bundes der Steuerzahler. Heft 38. Wiesbaden 1977.
– (Hrsg.); Verfassung. Beiträge zur Verfassungstheorie. Darmstadt 1978.
Friedrich, P.; Standorttheorie für öffentliche Verwaltungen. Baden-Baden 1976.
Fritz, G.; Teilung von Bundesgesetzen. Berlin 1982.
Fröchling, H.; Der Bundesrat in der Koordinierungspraxis von Bund und Ländern. Freiburg 1972.
Froese, L. (Hrsg.); Was soll aus Deutschland werden? München 1968.
Fromme, F. K.; Von der Weimarer Verfassung zum Bonner Grundgesetz. Die verfassungspolitischen Folgerungen des Parlamentarischen Rates aus Weimarer Republik und nationalsozialistischer Diktatur. Tübingen 1960.
– Der Parlamentarier. Ein freier Beruf? Zürich 1978.
– Gesetzgebung im Widerstreit. Wer beherrscht den Bundestag? Die Kontroverse seit 1969. Stuttgart, 2. Auflage 1979.
Frowein, J. A., Herzog, R.; Rechtsgutachten zu der Vereinbarkeit der Verhältniswahl in kleinen Wahlkreisen (Dreier-Wahlsystem) mit dem Grundgesetz. Bonn o.J. (Veröffentlichung des BMI).
Fuchs, G.; Die Bundesrepublik Deutschland. Stuttgart, 3. Auflage 1980.
Fülles, M.; Frauen in der Partei und im Parlament. Köln 1969.
Fürst, D.; Förderalismusentwicklung. Finanzausgleichsprobleme und ihre wissenschaftliche Abbildung in den USA. Manuskript Universität Konstanz 1980.
Fürst, D., Hesse, J. J.; Landesplanung. Düsseldorf 1981.
Fürst, D., Hesse, J. J., Richter, H.; Stadt und Staat. Verdichtungsräume im Prozeß der föderalstaatlichen Problemverarbeitung. Baden-Baden 1984.

Gabriel, O. W. (Hrsg.); Grundkurs politische Theorie. Köln 1978.
Gantzel, K.J. (Hrsg.); Internationale Beziehungen als System. PVS-Sonderheft 5/1973.
Garlichs, D.; Grenzen staatlicher Infrastrukturpolitik. Bund-Länder-Kooperation in der Fernstraßenplanung. Politikverflechtung IV. Königstein/Ts. 1980.
Gaugler, E., Lay, G., Schilling, W.; Einführung und Auswertung von Leistungsbeurteilungssystemen. Baden-Baden 1979.

Gehrig, N.; Parlament – Regierung – Opposition. Dualismus als Voraussetzung für eine parlamentarische Kontrolle der Regierung. München 1969.
Genschel, D.; Wehrreform und Reaktion. Die Vorbereitung der Inneren Führung 1951–1956. Hamburg 1972.
Gerlich, P.; Parlamentarische Kontrolle im politischen System. Wien, New York 1973.
Geschichtliche Grundbegriffe; Historisches Lexikon zur politisch-sozialen Sprache in Deutschland. Hrsg. v. *O. Brunner, W. Conze, R. Koselleck.* Stuttgart 1972 ff.
Giese, F., Heydte, A., Frhr. v. d. (Hrsg.); Der Konkordatsprozeß. 4 Bände, München 1957 ff.
Gleitmann, S.; Der Bayerische Landtag. Eine Funktionsanalyse unter besonderer Berücksichtigung der Gesetzgebung in der 7. Wahlperiode (1970–1974). Konstanzer Dissertation 1980.
Glotz, P.; Der Weg der Sozialdemokratie. Der historische Auftrag des Reformismus. Wien 1975.
– Die Innenausstattung der Macht. Politisches Tagebuch 1976–1978. München 1979.
– Die Beweglichkeit des Tankers. Die Sozialdemokratie zwischen Staat und neuen sozialen Bewegungen. München 1982.
– Kampagne in Deutschland. Politisches Tagebuch 1981–1983. Hamburg 1985.
Glum, F.; Die parlamentarischen Regierungssysteme in Deutschland, Großbritannien und Frankreich. München, 2. Auflage 1965.
Göhler, G. (Hrsg.); Politische Theorie. Begründungszusammenhänge der Politikwissenschaft. Stuttgart 1978.
Görlitz, A.; Verwaltungsgerichtsbarkeit in Deutschland. Neuwied 1970.
– Politische Funktionen des Rechts. Wiesbaden 1976.
– Politikwissenschaftliche Theorien. Stuttgart 1980.
Görlitz, A., Voigt, R.; Rechtspolitologie. Opladen 1985.
Görtemaker, M.; Die unheilige Allianz. Die Geschichte der Entspannungspolitik 1943–1979. München 1979.
Gorschenek, G. (Hrsg.); Katholiken und ihre Kirche in der Bundesrepublik Deutschland. München, 2. Auflage 1977.
– (Hrsg.); Grundwerte in Staat und Gesellschaft. München 1977.
Graml, H.; Die Alliierten und die Teilung Deutschlands. Konflikte und Entscheidungen 1941–1948. Frankfurt 1985.
Grauhan, R. R.; Politische Verwaltung. Auswahl und Stellung der Oberbürgermeister als Verwaltungschefs deutscher Großstädte. Freiburg 1970.
Grauhan, R. R., Linder, W.; Politik der Verstädterung. Frankfurt 1974.
Greiffenhagen, M. (Hrsg.); Der neue Konservatismus der 70er Jahre. Reinbek 1970.
– (Hrsg.); Demokratisierung in Staat und Gesellschaft. München 1973.
– (Hrsg.); Kampf um Wörter? Politische Begriffe im Meinungsstreit. München 1980.
Greiffenhagen, M. u. *S.;* Ein schwieriges Vaterland. Zur politischen Kultur Deutschlands. München 1979.
Greiffenhagen, M., Prätorius, R. (Hrsg.); Ein mühsamer Dialog. Beiträge zum Verhältnis von Politik und Wissenschaft. Frankfurt 1979.
Greven, M. Th.; Parteien und politische Herrschaft. Zur Interdependenz von innerparteilicher Ordnung und Demokratie in der Bundesrepublik. Meisenheim 1977.
Greven, M. Th., Guggenberger, B., Strasser, J.; Krise des Staates? Neuwied 1975.
Greven, M., Prätorius, R., Schiller, Th.; Sozialstaat und Sozialpolitik. Krise und Perspektiven. Neuwied 1980.
Griffith, W. E.; Die Ostpolitik der Bundesrepublik Deutschland. Deutsche Ausgabe. Stuttgart 1981.
Grimm, C.; Allgemeine Wehrpflicht und Menschenwürde. Berlin 1982.
Grimm, K.; Theorien der Unterentwicklung und Entwicklungsstrategien. Eine Einführung. Opladen 1979.
Grimm, S.; ... der Bundesrepublik treu zu dienen. Die geistige Rüstung der Bundeswehr. Düsseldorf 1970.
Grosser, A.; Die Bonner Demokratie. Dt. Ausgabe. Düsseldorf 1960.
– Die Bundesrepublik Deutschland. Bilanz einer Entwicklung. Tübingen 1967.
– Deutschlandbilanz. Geschichte Deutschlands seit 1945. Dt. Ausgabe. München 1970.
– Das Deutschland im Westen. Eine Bilanz nach 40 Jahren. München 1985.

Groth, O.; Die Zeitung. 4 Bände, Mannheim 1928 ff.

Grottian, P.; Strukturprobleme staatlicher Planung. Eine empirische Studie zum Planungsbewußtsein der Bonner Ministerialbürokratie und zur staatlichen Planung der Unternehmenskonzentration und des Wettbewerbs (GWB). Hamburg 1974.

– (Hrsg.); Folgen reduzierten Wachstums für Politikfelder. Opladen 1980 (PVS-Sonderheft 11/1980).

Grottian, P., Murswieck, A.; Handlungsspielräume der Staatsadministration. Beiträge zur politisch-soziologischen Verwaltungsforschung. Hamburg 1974.

Grundmann, W.; Die Rathausparteien. Göttingen 1960.

Günther, G.; Innenpolitik. Eine Einführung. Stuttgart 1975.

Guggenberger, B.; Wem nützt der Staat. Kritik der marxistischen Staatstheorie. Stuttgart usw. 1974.

– Bürgerinitiativen in der Parteiendemokratie. Stuttgart 1980.

Guggenberger, B., Kempf, W. (Hrsg.); Bürgerinitiativen und repräsentatives System. Opladen, 2. Auflage 1984.

Guggenberger, B., Offe, C. (Hrsg.); An den Grenzen der Mehrheitsdemokratie. Politik und Soziologie der Mehrheitsregel. Opladen 1984.

Gusy, Ch.; Richterliches Prüfungsrecht. Eine verfassungsgeschichtliche Untersuchung. Schriften zur Verfassungsgeschichte. Band 37. Berlin, München 1985.

Habermas, J.; Strukturwandel der Öffentlichkeit. Untersuchungen zu einer Kategorie der bürgerlichen Gesellschaft. Neuwied, 2. Aufl. 1965.

– (Hrsg.); Stichworte zur „Geistigen Situation der Zeit". Bd. 1: Nation und Republik. Frankfurt 1979.

Häberle, P.; Die Wesensgehaltgarantie des Art. 19 Abs. 2 GG. Karlsruhe 1962.

Haenel, A.; Das Gesetz im formalen und materiellen Sinne. Leipzig 1888, Neuausgabe Darmstadt 1968.

Hättich, M.; Demokratie als Herrschaftsordnung. Opladen 1967.

– Lehrbuch der Politikwissenschaft. Bd. 1: Grundlegung und Systematik; Bd. 2: Theorie der politischen Ordnung. Mainz 1967 und 1969.

Häußermann, H.; Die Politik der Bürokratie. Einführung in die Soziologie der staatlichen Verwaltung. Frankfurt 1977.

Haftendorn, H.; Abrüstung und Entspannungspolitik zwischen Sicherheitsbefriedigung und Friedenssicherung. Zur Außenpolitik der Bundesrepublik Deutschland 1955–1973. Düsseldorf 1974.

– Sicherheit und Entspannung. Zur Außenpolitik der Bundesrepublik Deutschland 1955–1982. Baden-Baden 1983.

– Sicherheit und Stabilität. Außenbeziehungen der Bundesrepublik zwischen Ölkrise und NATO-Doppelbeschluß. München 1986.

Haftendorn, H., Karl, W. D., Krause, J., Wilker, L. (Hrsg.); Verwaltete Außenpolitik. Sicherheits- und entspannungspolitische Entscheidungsprozesse in Bonn. Köln 1978.

Haftendorn, H., Wilker, L., Wörmann, C.; Die Außenpolitik der Bundesrepublik Deutschland. Berlin 1982.

Hahn, G. (Hrsg.); Bibliographie zur Geschichte von CDU und CSU 1945–1980. Stuttgart 1982.

Hamann, R.; Armee im Abseits? Hamburg 1972.

Hamburger Bibliographie zum parlamentarischen System der Bundesrepublik Deutschland 1945–1970, hrsg. v. *U. Bermbach.* Opladen 1973. Forts. bis 1979–1980, ebenda 1982.

Hamer, E.; Privatisierung als Rationalisierungschance. Eine theoretische und empirische Untersuchung im Mittelstandsinstitut Niedersachsen. Minden 1981.

Hamm-Brücher, H.; Der Politiker und sein Gewissen. München 1983.

Hammerschmidt, H. (Hrsg.); Zwanzig Jahre danach. Eine deutsche Bilanz 1945–1965. München 1965.

Handbuch = vgl. *K. Sontheimer, H.H. Röhring.*

Handl, J., Mayer, J. U., Müller, W.; Klassenlagen und Sozialstruktur. Frankfurt 1977.

Handlexikon = *A. Görlitz* (Hrsg.); Handlexikon zur Politikwissenschaft. München 1970.

Hanrieder, W.; Comparative Foreign Policy. New York 1971.

Hansmeyer, K.-H. (Hrsg.); Kommunale Finanzpolitik in der Weimarer Republik. Stuttgart usw. 1973.

Hartkopf, G., Bohne, E.; Umweltpolitik. Bd. 1: Grundlagen, Analysen und Perspektiven. Opladen 1983.

Hartmann, J.; Verbände in der westlichen Industriegesellschaft. Ein international vergleichendes Handbuch. Frankfurt 1985.
Hartmann, V.; Repräsentation in der politischen Theorie und Staatslehre in Deutschland. Berlin 1979.
Hartwich, H.-H.; Sozialstaatspostulat und gesellschaftlicher Status quo. Opladen 1970.
– (Hrsg.); Policy-Forschung in der Bundesrepublik Deutschland. Ihr Selbstverständnis und ihr Verhältnis zu den Grundfragen der Politikwissenschaft. Opladen 1985.
Hartwieg, O.; Rechtstatsachenforschung im Übergang. Bestandsaufnahme zur empirischen Rechtssoziologie in der Bundesrepublik Deutschland. Göttingen 1975.
Hasselsweiler, E.; Der Vermittlungsausschuß. Verfassungsgrundlagen und Staatspraxis. Berlin 1981.
Hattenauer, H.; Geschichte des Beamtentums. Köln 1980. Bd. 1 des Handbuchs des öffentlichen Dienstes, hrsg. von *W. Wiese.*
Hauenschild, W. D.; Wesen und Rechtsnatur der parlamentarischen Fraktionen. Berlin 1968.
Haungs, P.; Parteiendemokratie in der Bundesrepublik Deutschland. Berlin 1980.
Hayek, F. A. v.; Die Theorie komplexer Phänomene. Tübingen 1972.
HdSW = Handwörterbuch der Sozialwissenschaften. Stuttgart 1956 ff.
Heffter, H.; Die deutsche Selbstverwaltung im 19. Jahrhundert. Stuttgart 1950, 2. überarb. Aufl. 1969.
Heidorn, J.; Legitimität und Regierbarkeit. Studien zu den Legitimitätstheorien von Max Weber, Niklas Luhmann, Jürgen Habermas und der Unregierbarkeitsforschung. Berlin 1982.
Heinze, R. G.; Verbändepolitik und „Neokorporatismus". Zur politischen Soziologie organisierter Interessen. Opladen 1981.
Helfritz, H.; Allgemeines Staatsrecht. O. O. 1949.
Heller, H.; Staatslehre. Leiden 1934.
Hellstern, G. M., Wollmann, H.; Evaluierungsforschung. Ansätze und Methoden – dargestellt am Beispiel des Städtebaus. Basel, Stuttgart 1983.
Hempfer, K. W., Schwan, A. (Hrsg.); Grundlagen der politischen Kultur des Westens. Berlin, New York 1987.
Henke, W.; Das Recht der politischen Parteien. Göttingen, 2. Aufl. 1972.
Hennis, W.; Politik als praktische Wissenschaft. Aufsätze zur politischen Theorie und Regierungslehre. München 1968.
– Große Koalition ohne Ende? Die Zukunft des parlamentarischen Regierungssystems und die Hinauszögerung der Wahlrechtsreform. München 1968.
– Die mißverstandene Demokratie. Freiburg 1973.
– Organisierter Sozialismus. Zum „strategischen" Staats- und Politikverständnis der Sozialdemokratie. Stuttgart 1977.
– Max Webers Fragestellung. Studien zur Biographie des Werks. Tübingen 1987.
Hennis, W., Kielmansegg, P. Graf, Matz, W. (Hrsg.); Regierbarkeit. Studien zu ihrer Problematisierung. 2 Bände. Stuttgart 1977 und 1979.
Henrich, F. (Hrsg.); Der Soldat zwischen Verteidigungs- und Friedensauftrag. München 1971.
Hentig, H. v.; Die entmutigte Republik. Politische Aufsätze. München 1980.
Herder-Dorneich, P.; Konkurrenzdemokratie – Verhandlungsdemokratie. Politische Strategien der Gegenwart. Stuttgart, 2. Auflage 1980.
Herder-Dorneich, P., Grosser, M.; Ökonomische Theorie des politischen Wettbewerbs. Göttingen 1977.
Hereth, M.; Die parlamentarische Opposition in der Bundesrepublik Deutschland. München 1969.
– Die Reform des Deutschen Bundestages. Opladen 1971.
Hergt, S. (Hrsg.); Parteiprogramme. Opladen, 7. Aufl. 1975.
Herman, V., Mindel, F.; Parliaments of the World. A reference compendium. Berlin 1976.
Hermens, F. A.; Verfassungslehre. Dt. Ausgabe. Frankfurt 1964.
– Demokratie oder Anarchie? Untersuchungen über die Verhältniswahl. Opladen, 2. Aufl. 1968.
Herz, J., Carter, G. M.; Regierungsformen des 20. Jahrhunderts. Dt. Ausgabe. Stuttgart 1962.
Herzfeld, H.; Demokratie und Selbstverwaltung in der Weimarer Epoche. Stuttgart 1957.
Herzog, D.; Politische Karrieren. Selektion und Professionalisierung politischer Führungsgruppen. Opladen 1975.
– Politische Führungsgruppen. Darmstadt 1982.

Hesse, G.; Staatsaufgaben. Zur Theorie der Legitimation und Identifikation staatlicher Aufgaben. Baden-Baden 1979.
Hesse, J. J.; Stadtentwicklungsplanung: Zielfindungsprozesse und Zielvorstellungen. Stuttgart usw. 1972.
– Organisation kommunaler Entwicklungsplanung. Stuttgart 1976.
– Stadt und Staat – Veränderungen der Stellung und Funktion der Gemeinden im Bundesstaat? Das Beispiel Bundesrepublik Deutschland. In: *Hesse, J. J.*, u.a. (Hrsg.); Staat und Gemeinden zwischen Konflikt und Kooperation. Baden-Baden 1983.
– (Hrsg.); Politikverflechtung im föderativen Staat. Studien zum Planungs- und Finanzierungsverbund zwischen Bund, Ländern und Gemeinden. Baden-Baden 1978.
– (Hrsg.); Politikwissenschaft und Verwaltungswissenschaft. Opladen 1982. PVS-Sonderheft 13.
– (Hrsg.); Erneuerung der Politik ‚von unten'? Stadtpolitik und Kommunalverwaltung im Umbruch. Opladen 1986.
Hesse, J. J., Benz, A.; Die Selbstverwaltungsaufgaben der Kreise. Speyer 1987.
Hesse, J. J., Zöpel, Ch. (Hrsg.); Forum Zukunft. Zukunft und staatliche Verantwortung. Baden-Baden 1987.
Hesse, K.; Der unitarische Bundesstaat. Karlsruhe 1962.
– Grundzüge des Verfassungsrechts der Bundesrepublik Deutschland. Karlsruhe, 14. Aufl. 1984.
Hessler, H. W. (Hrsg.); Protestanten und ihre Kirche in der Bundesrepublik Deutschland. München 1976.
– (Hrsg.); Kirche in der Gesellschaft. Der evangelische Beitrag. München 1978.
Heyde, W.; Die Rechtspflege in der Bundesrepublik Deutschland. Köln, 2. Aufl. 1970.
Hill, H.; Einführung in die Gesetzgebungslehre. Heidelberg 1982.
Hillmann, G.; Der Regierungspräsident und seine Behörde. Die allgemeine staatliche Mittelinstanz in der Verwaltungsreform. Göttinger jur. Diss. 1969.
Hillmann, K.-H.; Umweltkrise und Wertwandel. Die Umwertung der Werte als Strategie des Überlebens. Würzburg, 2. Auflage 1986.
– Wertwandel. Zur Frage soziokultureller Voraussetzungen alternativer Lebensformen. Darmstadt 1986.
Hilterscheid, H.; Industrie und Gemeinde. Die Beziehungen zwischen der Stadt Wolfsburg und dem VW-Werk und ihre Auswirkungen auf die kommunale Selbstverwaltung. Berlin 1970.
Hinnendahl, J.; Die Steuerverteilung zwischen Bund und Ländern in der Bundesrepublik Deutschland. Baden-Baden 1974.
Hirsch, E. E., Rehbinder, M. (Hrsg.); Studien und Materialien zur Rechtssoziologie. Sonderheft 11/1967 der Kölner Zeitschrift für Soziologie und Sozialpsychologie.
Hirsch, J.; Die öffentlichen Funktionen der Gewerkschaften. Eine Untersuchung zur Autonomie sozialer Verbände in der modernen Verfassungsordnung. Stuttgart 1966.
– Parlament und Verwaltung. Band 2: Haushaltsplanung und Haushaltskontrolle. Stuttgart 1968.
– Wissenschaftlich-technischer Fortschritt und politisches System. Frankfurt 1970.
– Staatsapparat und Reproduktion des Kapitals. Frankfurt 1974.
– Der Sicherheitsstaat. Das Modell Deutschland, seine Krise und die neuen sozialen Bewegungen. Frankfurt 1980.
Hirsch-Weber, W.; Gewerkschaften in der Politik. Von der Massenstreikdebatte zum Kampf um das Mitbestimmungsrecht. Köln 1959.
Hirsch-Weber, W., Schütz, K.; Wähler und Gewählte. Eine Untersuchung der Bundestagswahlen 1953. Berlin 1957.
Hochschule Speyer (Hrsg.); Demokratie und Verwaltung. 25 Jahre Hochschule für Verwaltungswissenschaften Speyer. Berlin 1972.
– Politikverflechtung zwischen Bund, Ländern und Gemeinden. Berlin 1975.
– Regierungspolitik und Koordination. Berlin 1976.
Hoefert, H. W., Reichard, C. (Hrsg.); Leistungsprinzip und Leistungsverhalten im öffentlichen Dienst. Stuttgart 1980.
Hoffmann, R.; Haushaltsvollzug und Parlament. Tübingen 1972.
Hoffmann, S.; Die Kontrolle der Regierung durch parlamentarische Rechnungsprüfung im Deutschen Bundestag. Göttingen 1970.

Hoffmann, W.; Die Finanzen der Parteien. München 1973.
Hofmann, H.H. (Hrsg.); Die Entstehung des modernen souveränen Staates. Köln 1967.
Hondrich, K.O.; Die Ideologien von Interessenverbänden. Eine strukturell-funktionale Analyse öffentlicher Äußerungen des BDI, der BDA und des DGB. Berlin 1963.
Hornung, K.; Staat und Armee. Studien zur Befehls- und Kommandogewalt und zum politisch-militärischen Verhältnis in der Bundesrepublik Deutschland. Mainz 1975.
Hotter, J.; Einführung in die internationale Politik. Stuttgart 1976.
Hrbek, R., Thaysen, U. (Hrsg.); Die Deutschen Länder und die Europäischen Gemeinschaften. Baden-Baden 1986.
Huber, E.R.; Verfassungsrecht des Großdeutschen Reiches. Hamburg, 2. Aufl. 1939.
– Deutsche Verfassungsgeschichte seit 1789. Stuttgart 1957 ff.
Huber, J.; Wer soll das alles ändern. Die Alternativen der Alternativbewegung. Berlin 1981.
Hübner, E.; Wahlsysteme und ihre möglichen Wirkungen unter spezieller Berücksichtigung der Bundesrepublik Deutschland. München, 4. Auflage 1976.
– Die Beziehungen zwischen Bundestag und Bundesregierung im Selbstverständnis der Abgeordneten des 5. Deutschen Bundestages. München 1980.
Hübner, E., Oberreuter, H.; Parlament und Regierung. Ein Vergleich dreier Regierungssysteme. München 1977.
Hübner, E., Oberreuter, H., Rausch, H. (Hrsg.); Der Bundestag von innen gesehen. 24 Beiträge. München 1969.
Hübsch, H.; Alternative Öffentlichkeit. Freiräume der Information und Kommunikation. Frankfurt 1980. (fischer-alternativ 4042).
Huffschmid, J. (Hrsg.); Rüstungs- oder Sozialstaat? Zur wirtschaftlichen und sozialen Notwendigkeit von Abrüstung in der Bundesrepublik. Ein Handbuch. Köln 1981.

Ilsemann, C.B. v.; Die Bundeswehr in der Demokratie. Zeit der inneren Führung. Hamburg 1971.
Imboden, M.; Staatsbild und Verwaltungsrechtsprechung. Berlin 1963.
Inglehardt, R.; Die stille Revolution. Vom Wandel der Werte. Deutsche Ausgabe. Königstein/Ts. 1979.
Institut der Deutschen Wirtschaft (Hrsg.); Beiträge zur Wirtschafts- und Sozialpolitik 6/1981, Köln.
Institut für Demoskopie (Hrsg.); Wählermeinung – nicht geheim. Eine Dokumentation des ZDF. Allensbach 1969.
Institut für Staatslehre und Politik (Hrsg.); Der Kampf um den Wehrbeitrag. 3 Bände. München 1952 ff.
Institut für Wohnen und Umwelt (Hrsg.); Planungsbegriffe. Opladen 1978.
Institut für Zeitgeschichte; Westdeutschlands Weg zur Bundesrepublik 1945–1949. München 1976.
Ipsen, H.P.; Über das Grundgesetz. Hamburg 1950.

Jäger, W. (Hrsg.); Partei und System. Eine kritische Einführung in die Parteienforschung. Stuttgart 1973.
Jaeggi, U.; Macht und Herrschaft in der Bundesrepublik. Frankfurt 1969.
Jänicke, M. (Hrsg.); Umweltpolitik. Opladen 1978.
– Wie das Industriesystem von seinen Mißständen profitiert. Kosten und Nutzen technokratischer Symptombekämpfung. Umweltschutz, Gesundheitswesen, Innere Sicherheit. Opladen 1979.
– Staatsversagen. Die Ohnmacht der Politik in der Industriegesellschaft. München 1986.
Jahreswirtschaftsübersicht 1985/86, in: Europäische Wirtschaft 26/1985.
Jahrbuch zur Staats- und Verwaltungswissenschaft. Bd. 1. Hrsg. v. *Ellwein, Th., Hesse, J.J., Mayntz, R., Scharpf, F.W.* Baden-Baden 1987.
Jaide, W.; Achtzehnjährige zwischen Revolution und Rebellion. Opladen 1978.
Jank, K.P.; Die Rundfunkanstalten der Länder und des Bundes. Eine systematische Darstellung ihrer organisatorischen Grundlagen. Berlin 1967.
Jann, W.; Die Helfer des Kongresses. Eine Bestandsaufnahme der personellen und analytischen Ressourcen von Senat und Repräsentantenhaus. Speyer 1985 (Speyerer Arbeitshefte 66).
Janowitz, M., Little, R.W.; Militär und Gesellschaft. Boppard 1965.
Jansen, B., Klönne, A. (Hrsg.); Imperium Springer. Macht und Manipulation. Köln 1968.

Jarchow, K., Klugmann, N.; Heumarkt. Versuche anderen Lebens zwischen Stadt und Land. Berlin 1981.

Jarras, H. D.; Politik und Bürokratie als Elemente der Gewaltenteilung. München 1975.

Jellinek, G.; Allgemeine Staatslehre. Berlin, 2. Aufl. 1905.

Jellinek-Festschrift = Forschungen und Berichte aus dem öffentlichen Recht. Gedächtnisschrift für Walter Jellinek. Hrsg. von *O. Bachof* u.a., München 1965.

Jenkner, S.; Die Schule in der freiheitlichen demokratischen Grundordnung der Bundesrepublik. Hannover 1980.

Jerschke, H. J.; Öffentlichkeitspflicht der Exekutive und Informationsrecht der Presse. Berlin 1971.

Jesch, D.; Gesetz und Verwaltung. Tübingen 1961.

Jeserich, K. G. A., Pohl, H., Unruh, G. C. v. (Hrsg.); Deutsche Verwaltungsgeschichte. Stuttgart 1983 ff.

Jesse, E.; Die Demokratie der Bundesrepublik Deutschland. Eine Einführung in das politische System. Berlin 1978, 7. Aufl. 1986.

– Streitbare Demokratie. Berlin 1980.

– (Hrsg.); Bundesrepublik Deutschland und Deutsche Demokratische Republik. Die beiden deutschen Staaten im Vergleich. Berlin 1981.

Jeuner, B.; Kandidatenaufstellung zur Bundestagswahl 1965. Den Haag 1970.

JöR = Jahrbuch des öffentlichen Rechts. Tübingen, N. F. 1952 ff.

Joosten, P., Kaldenkerken, K. H. v. (Hrsg.); Organisation und Effizienz der Verwaltung. Köln, Eindhoven 1976.

Jouvenel, B. de; Reine Theorie der Politik. Dt. Ausgabe, Neuwied 1967.

Jüttner, A.; Die europäische Einigung. Entwicklung und Stand. München 1966 (Geschichte und Staat, Band 120).

– Wahlen und Wahlrechtsprobleme. München 1970 (Geschichte und Staat, Band 137).

Junker, E. U.; Die Richtlinienkompetenz des Bundeskanzlers. Tübingen 1965.

Just, D., Röhrig, P. (Hrsg.) Entscheidung ohne Klarheit. Anmerkungen und Materialien zur Bundestagswahl 1976. Bonn 1978. Schriftenreihe der Bundeszentrale für Politische Bildung.

Just, D., Romain, L. (Hrsg.); Auf der Suche nach dem mündigen Wähler. Die Wahlentscheidung 1972 und ihre Konsequenzen. Schriftenreihe der Bundeszentrale für politische Bildung. Heft 101.

Kaack, H.; Wahlkreisgeographie und Kandidatenauslese. Opladen 1969.

– Geschichte und Struktur des deutschen Parteiensystems. Ein Handbuch. Opladen 1971.

– Der unbewältigte Machtwechsel. Die erste sozial-liberale Koalition in Bonn und ihre Rückwirkung auf das Parteiensystem. Meisenheim 1974.

– Die Bundestagswahl als politischer Prozeß. Eine vergleichende Analyse unter besonderer Berücksichtigung der Bundestagswahl 1972. Meisenheim 1976.

Kaack, H., Roth, R. (Hrsg.); Handbuch des deutschen Parteiensystems. Struktur und Politik in der Bundesrepublik Deutschland. Bd. 1: Parteienstrukturen und Legitimation des Parteiensystems. Bd. 2: Programmatik und politische Alternativen der Bundestagsparteien. Opladen 1980.

Kaase, M. (Hrsg.); Wahlsoziologie heute. Analysen aus Anlaß der Bundestagswahl 1976. Opladen 1977 (= PVS 1977 Heft 2/3).

Kaase, M., Klingemann, H. D. (Hrsg.); Wahlen und politisches System. Analysen aus Anlaß der Bundestagswahl 1980. Opladen 1983.

– (Hrsg.); Wahlen und politischer Prozeß. Analysen aus Anlaß der Bundestagswahl 1983. Opladen 1986.

Kadelbach, G. (Hrsg.); Wissenschaft und Gesellschaft. Einführung in das Studium von Politikwissenschaft – Neuerer Geschichte usw. Funk-Kolleg, Band 1 (Fischer-Bücherei), Frankfurt 1967.

Kaiser, J. H.; Die Repräsentation organisierter Interessen. Berlin 1956, 2. Aufl. 1978.

– Presseplanung. Frankfurt 1972.

– (Hrsg.); Planung I ff. Recht und Politik der Planung in Wirtschaft und Gesellschaft. Baden-Baden 1965 ff.

Kaltefleiter, W.; Funktion und Verantwortung in den europäischen Organisationen. Frankfurt 1964.

– Wirtschaft und Politik in Deutschland. Konjunktur als Bestimmungsfaktor des Parteiensystems. Opladen 1966.

– Die Funktionen des Staatsoberhauptes in der parlamentarischen Demokratie. Opladen 1970.

– Zwischen Konsens und Krise. Eine Analyse der Bundestagswahl 1972. Köln 1973.

Kaltefleiter, W., Arend, P. u.a.; Im Wechselspiel der Koalitionen. Eine Analyse der Bundestagswahl 1969. Köln 1970.

Kaltefleiter, W., Nissen, P.; Empirische Wahlforschung. Eine Einführung in Theorie und Technik. Paderborn 1980.

Kantel, W.; Gemeindeverfassung und Gemeindeverwaltung. Göttingen 1956

Karst, H.; Das Bild des Soldaten. Boppard, 3. Aufl. 1969.

Kassimatis, G.; Der Bereich der Regierung. Berlin 1967.

Katz, H.; Politische Verwaltungsführung in den Bundesländern. Dargestellt am Beispiel der Landesregierung Baden-Württemberg. Berlin 1975.

Kaufmann, K., Kohl, H., Molt, P.; Kandidaturen zum Bundestag. Die Auswahl der Bundestagsabgeordneten 1957 in zwei Bundesländern. Köln 1961.

Kaupen, W., Rasehorn, Th.; Die Justiz zwischen Obrigkeitsstaat und Demokratie. Neuwied 1971.

Keller, B.; Das System der Arbeitsbeziehungen im öffentlichen Dienst. Königstein/Ts. 1982.

Kempen, O. E.; Grundgesetz, amtliche Öffentlichkeitsarbeit und politische Willensbildung. Berlin 1975.

Kempf, U., Uppendahl, H. (Hrsg.); Ein deutscher Ombudsmann. Der Bürgerbeauftragte in Rheinland-Pfalz. Leverkusen 1986.

Kern, L. (Hrsg.); Probleme der postindustriellen Gesellschaft. Königstein/Ts., 2. Auflage 1984.

Kern, U., Köllner, L.; Zur langfristigen Entwicklung des Verteidigungshaushaltes der BRD 1955–1983 und einiger ausgewählter Kapitel, in: Bericht 36 des sozialwiss. Instituts der Bundeswehr. München 1984.

Kielmansegg, P. Graf; Legimität als analytische Kategorie, in: PVS 1971, S. 367 ff.

– (Hrsg.); Legitimationsprobleme politischer Systeme. PVS-Sonderheft 7. Opladen 1976.

Kipke, R.; Die Untersuchungsausschüsse des Deutschen Bundestages. Praxis und Reform der parlamentarischen Enquête. Berlin 1985.

Kirberger, W.; Staatsentlastung durch private Verbände. Baden-Baden 1978.

Kirchheimer, O.; Politik und Verfassung. Frankfurt 1964.

– Politische Justiz, Verwendung juristischer Verfahrensmöglichkeiten zu politischen Zwecken. Dt. Ausgabe. Neuwied 1965.

– Politische Herrschaft. Fünf Beiträge zur Lehre vom Staat. Frankfurt 1967.

Kisker, G.; Kooperation im Bundesstaat. Eine Untersuchung zum kooperativen Föderalismus in der Bundesrepublik Deutschland. Tübingen 1971.

Kitzinger, U.; Wahlkampf in Westdeutschland. Eine Analyse der Bundestagswahl 1957. Dt. Ausgabe. Göttingen 1960.

Klages, H.; Planungspolitik. Probleme und Perspektiven der umfassenden Zukunftsgestaltung. Stuttgart 1971.

– Wertorientierungen im Wandel. Rückblick, Gegenwartsanalyse, Prognosen. Frankfurt 1984.

Klages, H., Herbert, W.; Staatssympathie. Eine Pilotstudie zur Dynamik politischer Grundeinstellungen in der Bundesrepublik Deutschland. Speyerer Forschungsberichte 8/1981.

Klages, H., Kmieciak, P. (Hrsg.); Wertwandel und gesellschaftlicher Wandel. Frankfurt 1979.

Klages, H., Schmidt, R. W.; Methodik der Organisationsänderung. Baden-Baden 1978.

Klatt, H.; Reform und Perspektiven des Föderalismus in der Bundesrepublik Deutschland, in: Aus PuZ 1986, H. 28, S. 3 ff.

Klein, H.; Die öffentliche Aufgabe der Presse. Eine verfassungsrechtliche und rechtspolitische Untersuchung der Presse in der Demokratie. Düsseldorf 1972.

Klein, H. H.; Bundesverfassungsgericht und Staatsraison. Frankfurt 1968.

Klein, P., Lippert, E., Rössler, T.; Bibliographie Bundeswehr und Gesellschaft 1960–1973. Sozialwissenschaftliches Institut der Bundeswehr. Berichte – Heft 5. München 1975, Ergänzung in Heft 12, 1978.

Kleinsteuber, H. J.; Rundfunkpolitik in der Bundesrepublik. Opladen 1982.

Klemmer, P.; Regionalpolitik auf dem Prüfstand. Köln 1986.

Kluxen, K. (Hrsg.); Parlamentarismus. Köln, 2. Aufl. 1969.

Kmieciak, P.; Wertstrukturen und Wertwandel in der Bundesrepublik Deutschland. Göttingen 1976.

Knorr, H.; Der parlamentarische Entscheidungsprozeß während der Großen Koalition 1966–1969. Struktur und Einfluß der Koalitionsfraktionen und ihr Verhältnis zur Regierung der Großen Koalition. Meisenheim 1975.

Kobe, G.; Der Wind kam von Westen. Ein fast schon historischer Bericht. Würzburg 1974.

Köllner, L.; Militärausgaben und finanzielle Abrüstung. München 1981.

König, K. (Hrsg.); Öffentliche Verwaltung und Entwicklungspolitik. Baden-Baden 1986.

König, K., Oertzen, H. J. v., Wagener, F. (Hrsg.); Öffentliche Verwaltung in der Bundesrepublik Deutschland. Baden-Baden 1981.

Köpp. K.; Wahlkreiseinteilung durch Richterspruch? Die reapportionment Rechtsprechung in den USA. Berlin 1978.

Köppl, B.; Rüstungsmanagement und Verteidigungsfähigkeit der NATO. Straubing 1979.

Köstering, H.; Gemeinde- und Kreisaufgaben im kreisangehörigen Raum, in: Handbuch der kommunalen Wissenschaft und Praxis Bd. 3. Berlin, Heidelberg 1983.

Kogon, E.; Der totale Notstand. Frankfurt am Main 1965.

Kommission für die Finanzreform; Gutachten über die Finanzreform in der Bundesrepublik Deutschland. Stuttgart 1966.

Kommission zur Gesetzes- und Verwaltungsvereinfachung; Gesetzes- und Verwaltungsvereinfachung in Nordrhein-Westfalen. Bericht und Vorschläge. Köln 1983.

Kopper, G. G.; Zeitungsideologie und Zeitungsgewerbe in der Region. Eine Fallstudie zu den politischen Voraussetzungen und Strukturbedingungen der Konzentration in Schleswig-Holstein 1945–1970. Düsseldorf 1972.

Korff, F. W. (Hrsg.); Redliches Denken. Festschrift für Gerd-Günther Grau zum 60. Geburtstag. Stuttgart, Bad Cannstadt 1981.

Koselleck, R.; Preußen zwischen Reform und Revolution. Allgemeines Landrecht, Verwaltung und soziale Bewegung von 1791 bis 1848. Stuttgart 1967.

Koslowski, P., Kreuzer, P., Löw, R. (Hrsg.); Chancen und Grenzen des Sozialstaats. Staatstheorie – Politische Ökonomie – Politik. Tübingen 1983.

Koszyk, K., Pruys, K. H.; Handbuch der Massenkommunikation. München 1981.

Krauch, H., Kunz, W., Rittel, H. (Hrsg.); Forschungsplanung. Eine Studie über Ziele und Strukturen amerikanischer Forschungsinstitute. München 1966.

Krause, A.; Staat – Beamter – Gesellschaft. Ausgewählte Reden und Beiträge der Jahre 1959–1987. Köln usw. 1987.

Krebs, W.; Kontrolle in staatlichen Entscheidungsprozessen. Heidelberg 1984.

Kremer, H. A. (Hrsg.); Das Selbstverständnis des Landesparlamentarismus. München o.J. (1987).

Kremer K. (Hrsg.); Parlamentsauflösung. Köln 1974.

– Der Weg ins Parlament. Kandidatur zum Bundestag. Heidelberg, 2. Auflage 1984.

Kress, G., Senghaas, D. (Hrsg.); Politikwissenschaft. Eine Einführung in ihre Probleme. Frankfurt 1969.

Krockow, Chr. Graf v.; Reform als politisches Prinzip. München 1976.

– (Hrsg.); Brauchen wir ein neues Parteiensystem? Frankfurt 1983.

Krockow, Chr. Graf v., Lösche, P.; Parteien in der Krise. München 1986.

Kröger, K.; Die Ministerverantwortlichkeit in der Verfassungsordnung der Bundesrepublik Deutschland. Frankfurt 1972.

Kronawitter, G.; Mit allen Kniffen und Listen. Wien 1979.

Krüger, H.; Allgemeine Staatslehre. Stuttgart 1964, 2. Aufl. 1966.

Krüger-Spitta, W., Bronck, H.; Einführung in das Haushaltsrecht und die Haushaltspolitik. Darmstadt 1973.

Kubicek, H.; Kabel im Haus – Satellit überm Dach. Hamburg 1984.

Kuby, E.; Das ist des Deutschen Vaterland. 70 Millionen in zwei Wartesälen. Stuttgart 1957.

Küffner, H., Pollmann, H. G.; Das Presse- und Informationsamt der Bundesregierung. Bonn, 2. Aufl. 1972.

Küpper, I.; Die Kanzlerdemokratie. Voraussetzungen, Strukturen und Änderungen des Regierungsstiles in der Ära Adenauer. Frankfurt a.M. 1985.

Kuhlen, R. (Hrsg.); Koordination von Informationen. Die Bedeutung von Informations- und Kommunikationstechnologien in privaten und öffentlichen Verwaltungen. Berlin 1984.

Kühnl, R. (Hrsg.); Der bürgerliche Staat der Gegenwart. Formen bürgerlicher Herrschaft II. Reinbek b. Hamburg 1972.
Kultusministerkonferenz (Hrsg.); Handbuch für die Kultusministerkonferenz 1969–1970. Bonn 1969.
Kunz, R., Maier, H., Stammen, Th. (Hrsg.); Programme der politischen Parteien in der Bundesrepublik. München 1975.
Kunze, R.; Kooperativer Föderalismus in der Bundesrepublik. Zur Staatspraxis der Koordinierung von Bund und Ländern. Stuttgart 1968.
Kurz, H.; Volkssouveränität und Volksrepräsentation. Köln 1965.
Kutz, M.; Reform und Restauration der Offiziersausbildung der Bundeswehr. Baden-Baden 1982.

Laband, P.; Das Staatsrecht des Deutschen Reiches. Tübingen, 4. Aufl. 1902
Laforet-Festschrift = Verfassung und Verwaltung in Theorie und Wirklichkeit. Festschrift für Wilhelm Laforet. München 1952.
Lage der Nation = Bericht der Bundesregierung und Materialien zur Lage der Nation 1971 bzw. 1972 und 1974 o. O., hrsg. vom Bundesminister für innerdeutsche Beziehungen.
Landauer, C.; Die Sozialdemokratie. Geschichtsabriß und Standortbestimmung. Hamburg 1972.
Landers, Th. J.; Management und Verwaltung. Theorie und Praxis. Deutsche Bearbeitung von H. Reinermann. Baden-Baden 1981.
Landeszentrale für politische Bildung Baden-Württemberg (Hrsg.); Baden-Württemberg. Eine politische Landeskunde. Stuttgart 1979.
Lange, E. H. M.; Wahlrecht und Innenpolitik. Entstehungsgeschichte und Analyse der Wahlgesetzgebung ... 1945–1956. Meisenheim 1975.
Lange, H.-J.; Parlament und Technik. Zur Strategie einer informationstechnischen Reform des Deutschen Bundestages. Hagen 1987 (polis 6/1987 – Arbeitspapiere aus der Fernuniversität Hagen).
Lange, M. G., Schulz, G., Schütz, K., u.a.; Parteien in der Bundesrepublik. Studien zur Entwicklung der deutschen Parteien bis zur Bundestagswahl 1953. Stuttgart 1955.
Langner, A.; Der Gedanke des Naturrechts seit Weimar und in der Rechtsprechung der Bundesrepublik. Bonn 1959.
La Roche, W. v., Maaßen, L.; Massenmedien. Heidelberg 1983.
Larsen, O. N.; Handbook of Modern Sociology. Chicago 1966.
Lau, C.; Theorien gesellschaftlicher Planung. Eine Einführung. Stuttgart 1975.
Laufer, H.; Verfassungsgerichtsbarkeit und politischer Prozeß. Studien zum Bundesverfassungsgericht der Bundesrepublik Deutschland. Tübingen 1968.
– Der parlamentarische Staatssekretär. Eine Studie über ein neues Amt in der Bundesregierung. München 1969.
– Der Bundesrat. Untersuchungen über Zusammensetzung, Arbeitsweise, politische Rolle und Reformprobleme. Bonn 1972 (Schriftenreihe der Bundeszentrale für politische Bildung).
– (Hrsg.); Verfassungsreform in der Bundesrepublik Deutschland. München 1979.
– Das föderative System der Bundesrepublik Deutschland. München, 4. Auflage 1981.
Laufer, H., Pilz, F. (Hrsg.); Föderalismus. München 1973.
Laufer, H., Wirth, J.; Die Landesvertretungen in der Bundesrepublik Deutschland. München 1974.
Lauk, K. J.; Die nuklearen Optionen der Bundesrepublik Deutschland. Berlin 1979.
Lazarsfeld, P. F., Berelson, B., Gaudet, H.; The people's choice. New York 1948.
Lechner, H., Hülshoff, K. (Hrsg.); Parlament und Regierung. München, 3. Aufl. 1971.
Lehmbruch, G.; Einführung in die Politikwissenschaft. Stuttgart 1967, 4. Aufl. 1976.
– Proporzdemokratie. Politisches System und politische Kultur in der Schweiz und in Österreich. Tübingen 1967.
– Parteienwettbewerb im Bundesstaat. Stuttgart 1976.
Lehmbruch, G., Schmitter, Ph. (Hrsg.); Patterns of corporatist policy-making. London, Beverly Hills 1982.
Lehner, F.; Grenzen des Regierens. Eine Studie zur Regierungsproblematik hochindustrialisierter Demokratien. Königstein/Ts. 1979.
Leibholz, G.; Strukturprobleme der modernen Demokratie. Karlsruhe, 3. Aufl. 1967.
Leicht, R.; Grundgesetz und politische Praxis. Parlamentarismus in der Bundesrepublik. München 1974.

Leisner, W.; Die Unvereinbarkeit von öffentlichem Amt und Parlamentsmandat unter besonderer Berücksichtigung der Verhältnisse in Rheinland-Pfalz. Wiesbaden 1967.
– Mitbestimmung im öffentlichen Dienst. Stuttgart 1970.
– Demokratie. Selbstzerstörung einer Staatsform? Berlin 1979.
– Die demokratische Anarchie. Verlust der Ordnung als Staatsprinzip? Berlin 1982.
Leist, J. C.; Lehrbuch des Deutschen Staatsrechts. Göttingen 1803.
Lenk, H.; Erklärung – Prognose – Planung. Skizzen zu Brennpunktproblemen der Wissenschaftstheorie. Freiburg 1972.
Lenk, K., Neumann, F. (Hrsg.); Theorie und Soziologie der politischen Parteien. Neuwied 1968.
Lenz, F.; Wesen und Werden der öffentlichen Meinung. München 1956.
Lenz, W. (Hrsg.); Mensch und Staat in NW. 25 Jahre Landtag Nordrhein-Westfalen. Berlin 1971.
Leonhard, M.; Umweltverbände. Zur Organisation von Umweltschutzinteressen in der Bundesrepublik Deutschland. Opladen 1986.
Lepsius, M. R.; Extremer Nationalismus. Strukturbedingungen vor der nationalsozialistischen Machtergreifung. Stuttgart usw. 1966.
Lersch, P. (Hrsg.); Die verkannte Gefahr. Rechtsradikalismus in der Bundesrepublik. Reinbek 1981.
Lexikon zur Soziologie; Hrsg. von *W. Fuchs* u.a., Opladen 1973.
Liebau, W. E.; Akademiker in Uniform. Hochschulreform in Militär und Gesellschaft. Heidelberg 1976.
Liepelt, K., Mitscherlich, A.; Thesen zur Wählerfluktuation. Frankfurt 1968.
Liesegang, H.C.F. (Hrsg.); Parlamentsreform in der Bundesrepublik Deutschland. Dokumente zur Reform von Aufgabe und Arbeit der Parlamente und seiner Abgeordneten im parlamentarischen Regierungssystem. Berlin, New York 1974.
Liesegang, H.C.F. (Bearbeiter); Gewerkschaften in der Bundesrepublik Deutschland. Dokumente zur Stellung und Aufgabe ... Berlin 1975.
Lindblom, C. E.; The Intelligence of Democracy. Decision Making through Mutual Adjustment. New York 1965.
– Inkrementalismus: Die Lehre vom „Sich-Durchwursteln“, in: *W.D. Narr, C. Offe,* 1975.
Link, W.; Der Ost-West-Konflikt. Die Organisation der internationalen Beziehungen im 20. Jahrhundert. Stuttgart 1980.
Linz, M.; Privatwirtschaftliches und öffentliches Interesse im Rundfunk, in: Rundfunk und Fernsehen 1970, S. 1 ff.
Lippert, E.; Die Neuordnung der Ausbildung und Bildung in der Bundeswehr. Eine Bibliographie 1970–1976, in: Sozialwiss. Institut der Bundeswehr, München, Berichte 3/1977.
Lippert, E., Schneider, P., Zoll, R.; Sozialisation in der Bundeswehr. Der Einfluß des Wehrdienstes auf soziale und politische Einstellungen der Wehrpflichtigen, in: Sozialwiss. Institut der Bundeswehr, München, Berichte 2/1976.
Lippert, E., Zabel, R.; Bildungsreform im Offizierskorps. München 1977.
Lippert, M. R.; Bestellung und Abberufung des Regierungschefs und ihre funktionelle Bedeutung für das parlamentarische Regierungssystem. Entwickelt am Beispiel des deutschen Bundeskanzlers und des britischen Premierministers. Berlin 1973.
Lipset, S. M.; Political Man. The Social Bases of Politics. New York 1960.
Lipset, S. M., Rokkan, St. (Hrsg.); Party Systems and Voter Alignments: Cross-National Perspectives. New York 1967.
Löffler, M.; Der Verfassungsauftrag der Presse. Modellfall SPIEGEL. Karlsruhe 1963.
– Presserecht. 2 Bde. München, 2. Aufl. 1968/69.
Löffler, M., Richter, R.; Handbuch des Presserechts. München 1978.
Löser, R.; Die Bundesverwaltung in der Bundesrepublik Deutschland. Bestand, Rechtsformen und System der Aufbauorganisation. Speyer 1986.
Loewenberg, G.; Parlamentarismus im politischen System der Bundesrepublik Deutschland. Mit einer Bibliographie des Schrifttums zum Deutschen Bundestag, zusammengestellt von H. Matthes und P. Schindler. Dt. Ausgabe, Tübingen 1969.
Loewenstein, K.; Verfassungslehre. Dt. Ausgabe. Tübingen, 2. Aufl. 1969.
Löwenthal, R., Schwarz, H.P. (Hrsg.); Die zweite Republik. 25 Jahre Bundesrepublik Deutschland. Stuttgart 1974.

Lohmar, U.; Innerparteiliche Demokratie. Eine Untersuchung der Verfassungswirklichkeit politischer Parteien in der Bundesrepublik Deutschland. Stuttgart 1963.

– Wissenschaftsförderung und Politikberatung. Kooperationsfelder von Politik und Wissenschaft in der BRD. Gütersloh 1967.

– Das Hohe Haus. Der Bundestag und die Verfassungswirklichkeit. Stuttgart 1975.

– Staatsbürokratie. München 1978.

Lompe, K.; Wissenschaftliche Beratung der Politik. Ein Beitrag zur Theorie anwendender Sozialwissenschaften. Göttingen 1966.

– Gesellschaftspolitik und Planung. Probleme politischer Planung in der sozialstaatlichen Demokratie. Freiburg 1971.

– Möglichkeiten und Grenzen politischer Planungen in parlamentarischen Demokratien mit marktwirtschaftlicher Ordnung. Hannover 1975.

Longolius, C. (Hrsg.); Fernsehen in Deutschland. Bd. I: Gesellschaftspolitische Aufgaben eines Mediums. Mainz 1967; Bd. II: Die Bundestagswahl 1969 als journalistische Aufgabe. Mainz 1969; Bd. III: Macht und Ohnmacht der Autoren. Mainz 1973.

Lorenz, H. F.; Verwaltung in der Demokratie. Eine Einführung in die moderne Verwaltungswissenschaft. München 1972.

Loschelder, W.; Die Gemeindeordnungen in den westdeutschen Ländern und die Verfassungen von Berlin, Hamburg, Bremen. Stuttgart, 3. Aufl. 1970.

Luckmann, B.; Politik in einer deutschen Kleinstadt. Stuttgart 1970.

Lübbe, H.; Politische Philosophie in Deutschland. Studien zu ihrer Geschichte. Basel 1963.

– Theorie und Entscheidung. Studien zum Primat der praktischen Vernunft. Freiburg 1971.

Luhmann, N.; Funktionen und Folgen formaler Organisation. Berlin 1964.

– Theorie der Verwaltungswissenschaft. Köln, Berlin 1966.

– Verwaltungswissenschaft in Deutschland. Recht und Politik, in: Vierteljahreshefte für Rechts- und Verwaltungspolitik 1967, S. 123 ff.

– Soziologische Aufklärung. Aufsätze zur Theorie sozialer Systeme. 3 Bände. Opladen 1970 ff.

– Politische Planung. Aufsätze zur Soziologie von Politik und Verwaltung. Opladen 1971.

– Politische Theorie im Wohlfahrtsstaat. München, Wien 1981.

– Soziale Systeme. Grundriß einer allgemeinen Theorie. Frankfurt 1984.

Lutterbeck, B.; Parlament und Information. Eine informationstheoretische und verfassungsrechtliche Untersuchung. München 1977.

Mäding, H.; Infrastrukturplanung im Verkehrs- und Bildungssektor. Baden-Baden 1978.

Magiera, S.; Die Europäische Gemeinschaft auf dem Wege zu einem Europa der Bürger, in: Die Öffentliche Verwaltung 1987, S. 221 ff.

Maier, H.; Die ältere deutsche Staats- und Verwaltungslehre (Polizeiwissenschaft). Ein Beitrag zur Geschichte der politischen Wissenschaft in Deutschland. Neuwied 1966.

– Politische Wissenschaft in Deutschland. Aufsätze zur Lehrtradition und Bildungspraxis. München 1969.

Maier, H. u.a. (Hrsg.); Klassiker politischen Denkens. 2 Bde. München 1968.

Maier, H., Rausch, H. u.a.; Zum Parlamentsverständnis des fünften Deutschen Bundestages. Die Möglichkeit von Zielkonflikten bei einer Parlamentsreform. Bonn 1969 (Bundesdruckerei).

Maletzke, E., Volquartz, K.; Der Schleswig-Holsteinische Landtag. Zehn Wahlperioden im Haus an der Förde. Rendsburg 1984.

Malz, H., Heilemann, J. (Hrsg.); Lexikon des öffentlichen Dienstes. Köln 1964.

Mampel, S.; Die sozialistische Verfassung der Deutschen Demokratischen Republik. Frankfurt/M. 1972.

Management-Enzyklopädie = Das Managementwissen unserer Zeit in 6 Bänden. München 1969 ff.

Mandelartz, H.; Das Zusammenwirken von Parlament und Regierung beim Haushaltsvollzug. Frankfurt 1980.

Mangoldt, H. v.; Das Bonner Grundgesetz. Berlin 1953.

Mangoldt, H. v., Klein, F.; Das Bonner Grundgesetz. 2 Bände, Berlin 1966.

Mann, S.; Das Bundesministerium der Verteidigung. Bonn 1971.

March, J. G., Simon, H. A.; Organizations. New York 1958.

March, J. G., Olsen, J. P.; Ambiguity and Choice in Organizations. Bergen 1976.
Markovits, A.; The Politics of the West German trade unions. Strategies and interest representation in growth and crisis. Cambridge usw. 1986.
Marnitz, S.; Die Gemeinschaftsaufgaben nach Artikel 91 a GG als Versuch einer verfassungsrechtlichen Institutionalisierung der bundesstaatlichen Kooperation. Berlin 1974.
Mattern, K. H. (Hrsg.); Allgemeine Verwaltungslehre. Regensburg, 2. Auflage 1985.
Matthée, U.; Elitenbildung in der kommunalen Politik. Eine Untersuchung über die Zirkulation der politischen Führungseliten am Beispiel des Kreises Segeberg. Kiel (Phil. Diss.) 1967.
Matzerath, H.; Nationalsozialismus und kommunale Selbstverwaltung. Stuttgart 1970.
Maunz, Th.; Deutsches Staatsrecht. München, 20. Aufl. 1975.
Maunz, Th., Dürig, G.; Grundgesetz. Kommentar. Loseblattausgabe in 4 Bänden. München, 6. Aufl. 1985.
Maurenbecher, R.; Grundsätze des heutigen deutschen Staatsrechts. Frankfurt 1837.
Maurer, H.; Allgemeines Verwaltungsrecht. München, 3. Aufl. 1983.
Mayer, O.; Deutsches Verwaltungsrecht. 2 Bde. München, 2. Aufl. 1914/17.
Mayer-Tasch, P. C.; Die Bürgerinitiativbewegung. Der aktive Bürger als rechts- und politikwissenschaftliches Problem. Neuausgabe. Reinbek 1981.
Mayntz, R.; Soziale Schichtung und sozialer Wandel in einer Industriegemeinde. Stuttgart 1958.
– Soziologie der Organisation. Reinbek b. Hamburg 1963.
– (Hrsg.); Bürokratische Organisation. Köln 1968.
– Soziologie der öffentlichen Verwaltung. Heidelberg, Karlsruhe 1978.
– (Hrsg.); Implementation politischer Programme I. Empirische Forschungsberichte. Königstein/Ts. 1980.
– (Hrsg.); Implementation politischer Programme II. Ansätze zur Theoriebildung. Opladen 1983.
Mayntz, R., Scharpf, F.; Planungsorganisation. Die Diskussion um die Reform von Regierung und Verwaltung des Bundes. München 1973.
Mechtersheimer, A.; MRCA Tornado. Rüstung und Politik in der Bundesrepublik. Bad Honnef 1978.
– (Hrsg.); Nachrüsten? Dokumente und Positionen zum NATO-Doppelbeschluß. Reinbek 1981.
Media Perspektiven. Daten zur Mediensituation in der Bundesrepublik. Basisdaten 1985. Frankfurt 1985.
Menger, C. F., Wehrhan, H.; Das Gesetz als Norm und Maßnahme, in: VVDStRL 15, Berlin 1957.
Menke-Glückert, P.; Bürgeranwälte – Beamte von morgen. Stuttgart 1975.
Merkl, P. H.; Die Entstehung der Bundesrepublik Deutschland. Dt. Ausg. Stuttgart 1965.
Messerschmidt, M.; Die Wehrmacht im NS-Staat. Zeit der Indoktrination. Hamburg 1969.
Meyer, G.; Lehrbuch des deutschen Staatsrechts. Leipzig, 5. Aufl. 1899.
Meyer, H.; Die Finanzverfassung der Gemeinden. Ein Beitrag zur Stellung der Gemeinden in der Finanzverfassung des Bundes. Stuttgart 1969.
Meyer, H.; Wahlsystem und Verfassungsordnung. Frankfurt 1973.
Meyer, Th. (Hrsg.); Demokratischer Sozialismus. Geistige Grundlagen und Wege in die Zukunft. München 1980.
Meyn, H.; Massenmedien in der Bundesrepublik Deutschland. Berlin, 2. Aufl. 1970, überarb. Neuaufl. 1985.
Meyn, K. U.; Kontrolle als Verfassungsprinzip. Baden-Baden 1982.
Michels, R.; Zur Soziologie des Parteiwesens in der modernen Demokratie. Untersuchungen über die oligarchischen Tendenzen des Gruppenlebens. Neuausgabe, Stuttgart 1957.
Mielke, S.; Länderparlamentarismus. Bonn 1971 (Schriftenreihe der Bundeszentrale für politische Bildung. Heft 83).
Milbrath, L. W.; Political Participation. Chicago, 2. Auflage 1976.
Miliband, R.; Der Staat in der kapitalistischen Gesellschaft. Frankfurt 1972.
Mintzel, A.; Die CSU. Anatomie einer konservativen Partei. Opladen 1975.
– Geschichte der CSU. Ein Überblick. Opladen 1977.
– Die Volkspartei: Typen und Wirklichkeit; ein Lehrbuch. Opladen 1984.
Mittelstraß, J.; Wissenschaft als Lebensform. Reden über philosophische Orientierungen in Wissenschaft und Universität. Frankfurt/M. 1982.

Möller, A., Böckenförde, C. u.a.; Gesetz zur Förderung der Stabilität und des Wachstums der Wirtschaft und Artikel 109 GG. Kommentar unter besonderer Berücksichtigung der Entstehungsgeschichte. Hannover 1968.
Moeser, E.; Die Beteiligung des Bundestages an der staatlichen Haushaltsgewalt. Berlin 1978.
Mohl, R. v.; Die Polizeiwissenschaft nach den Grundsätzen des Rechtsstaates. 1. Bd. Tübingen 1832.
Mommsen, W.; Föderalismus und Unitarismus. Laupheim 1954.
Morkel, A.; Politik und Wissenschaft. Möglichkeiten und Grenzen wissenschaftlicher Beratung in der Politik. Hamburg 1967.
Morrison, H.; Regierung und Parlament in England. München 1956, Studienausgabe 1966.
Morscher, S.; Die parlamentarische Interpellation. Berlin 1973.
Morsey, R., Repgen, K. (Hrsg.); Adenauer-Studien I–V. Mainz 1971 ff.
Morstein Marx, M.; Einführung in die Bürokratie. Neuwied 1959.
– (Hrsg.); Verwaltung. Eine einführende Darstellung. Berlin 1965.
Moser, S., Ropohl, G., Zimmerli, W. C. (Hrsg.); Die ‚wahren' Bedürfnisse – oder: wissen wir, was wir brauchen? Basel 1978.
Mück, J. (Hrsg.); Die Wirtschaftsgesellschaft. Bad Wildunger Beiträge zur Gemeinschaftskunde Bd. 1; Wiesbaden (Hess. Landeszentrale f. pol. Bildung) o.J.
– (Hrsg.); Internationale Politik. Grundlagen – Auswirkungen – Verläufe. Ebd. Bd. 4.
– (Hrsg.); Verfassungsrecht. Ebd. Bd. 5.
Müller, C.; Das imperative und das freie Mandat. Leiden 1966.
Müller, H. D.; Der Springer-Konzern. Eine kritische Studie. München 1968.
Müller, J., Hochreiter, R.; Stand, Entwicklung und Konsequenzen der Unternehmenskonzentration in der Bundesrepublik. Göttingen 1976.
Müller K. J.; Armee, Politik und Gesellschaft in Deutschland 1933–1945. Paderborn 1979.
– General Ludwig Beck. Studien und Dokumente zur politisch-militärischen Vorstellungswelt des Generalstabschefs des deutschen Heeres 1933–1938. Boppard 1980.
Müller, M.; Fraktionswechsel im Parteienstaat. Parlamentsreform und politische Kultur in der Bundesrepublik Deutschland. Opladen 1974.
Müller, U.; Die demokratische Willensbildung in den politischen Parteien. Mainz 1967.
Münch, H. v. (Hrsg.); Dokumente des geteilten Deutschlands. Stuttgart, Bd. 1 1968, Bd. 2 1974.
Münch, R.; Legitimität und politische Macht. Opladen 1976.
Murswieck, A.; Regierungsreform durch Planungsorganisation. Eine empirische Untersuchung im Bereich der Bundesregierung. Opladen 1975.
– (Hrsg.); Staatliche Politik im Sozialsektor. München 1976.
Mutius, A. v. (Hrsg.); Handbuch für die öffentliche Verwaltung. Bd. 1, Neuwied 1982.
Mutz, R.; Sicherheitspolitik und demokratische Öffentlichkeit in der BRD. Probleme der Analyse, Kritik und Kontrolle militärischer Macht. München 1978.

Narr, W. D.; CDU–SPD. Programm und Praxis seit 1945. Stuttgart 1967.
– (Hrsg.); Politik und Ökonomie. Autonome Handlungsmöglichkeiten des politischen Systems. PVS-Sonderheft 6, 1975.
Narr, W. D., Naschold, F.; Theorie der Demokratie. Stuttgart 1971.
Narr, W. D., Offe, C. (Hrsg.); Wohlfahrsstaat und Massenloyalität. Köln 1975.
Narr, W. D., Scheer, H., Spöri, D.; SPD – Staatspartei oder Reformpartei. München 1976.
Narr, W. D., Thränhardt, D. (Hrsg.); Die Bundesrepublik Deutschland. Entstehung, Entwicklung, Struktur. Königstein/Ts. 1979.
Naschold, F.; Kassenärzte und Krankenversicherungsreform. Zu einer Theorie der Statuspolitik. Freiburg 1967.
– Organisation und Demokratie. Untersuchung zum Demokratisierungspotential in komplexen Organisationen. Stuttgart 1969, 2. Aufl. 1971.
– Systemsteuerung. Stuttgart 1969.
– Politische Wissenschaft. Entstehung, Begründung und gesellschaftliche Einwirkung. Freiburg 1970.
– Wahlprognosen und Wählerverhalten in der Bundesrepublik Deutschland. Stuttgart 1971.
Naschold, F., Väth, W. (Hrsg.); Politische Planungssysteme. Opladen 1973.

Nauber, H.; Das Berliner Parlament. Struktur und Arbeitsweise des Abgeordnetenhauses von Berlin. Berlin, 2. Auflage 1979.
Nawiasky-Festschrift = Vom Bonner Grundgesetz zur gesamtdeutschen Verfassung. Festschrift zum 75. Geburtstag von Hans Nawiasky. München 1956.
Nawiasky, H.; Allgemeine Staatslehre. 4 Bände, Einsiedeln 1945 ff.
Nelles, W., Beywl, W.; Selbstorganisation. Alternativen für Verbraucher. Frankfurt, New York 1984.
Nemitz, M. (Hrsg.); Machtwechsel in Bonn. Gütersloh 1970.
Netzer, H. J.; Adenauer und die Folgen. 17 Folgen über Probleme unseres Staates. München 1965.
Neumann, S., Bracher, K. D.; Die Parteien der Weimarer Republik. Neuausgabe (ursprünglich 1932) mit einer Einführung von K. D. Bracher. Stuttgart 1965.
Neunreither, K.; Der Bundesrat zwischen Politik und Verwaltung. Heidelberg 1959.
Neusüss-Hunkel, E.; Parteien und Wahlen in Marburg nach 1945. Meisenheim 1973.
Niclauß, K.; Demokratiegründung in Westdeutschland. Die Entstehung der Bundesrepublik von 1945–1949. München 1974.
Niedermayer, O.; Transnationale Parteiföderationen und Europäische Integration. Mannheim 1981 (Manuskript IVS-Papers Nr. 3).
– Zur parteiinternen Verankerung der bestehenden Koalitionsstruktur im Parteiensystem der Bundesrepublik Deutschland. Mannheim 1982 (Manuskript IVS-Papers Nr. 2).
Niethammer, L.; Angepaßter Faschismus. Politische Praxis der NPD. Frankfurt 1969.
Nipperdey, Th.; Der Föderalismus in der deutschen Geschichte, in: *Boogmann, J. C., Plaat, G. N. v. d.* (Hrsg.); Federalism. History and current significance of a form of government. Den Haag 1980.
Noack, P.; Ist die Demokratie noch regierbar? München 1980.
Noelle-Neumann, E.; Öffentliche Meinung und soziale Kontrolle. Tübingen 1966.
– Die Politiker und die Demoskopie. Allensbach 1968.
– Die Schweigespirale. Öffentliche Meinung – unsere soziale Haut. München, Zürich 1980. Frankfurt 1982.
Noelle-Neumann, E., Ring, E.; Das Extremismus-Potential unter jungen Leuten in der Bundesrepublik Deutschland 1984. Bonn 1984 (hrsg. vom Bundesminister des Innern).
Nohlen, D.; Wahlsysteme der Welt. Daten und Analysen. München 1978.
– Wahlrecht und Parteiensystem. Opladen 1986.
– (Hrsg.); Pipers Wörterbuch der Politik. München 6 Bde. 1983 ff. (Bd. 1: Politikwissenschaft. Theorien – Methoden – Begriffe; Bd. 2: Westliche Industriegesellschaften. Wirtschaft – Gesellschaft – Politik; Bd. 3: Europäische Gemeinschaft. Problemfelder – Institutionen – Politik; Bd. 4: Sozialistische Systeme. Politik – Wirtschaft – Gesellschaft; Bd. 5: Internationale Beziehungen. Theorien – Organisationen – Konflikte; Bd. 6: Dritte Welt. Gesellschaft – Kultur – Entwicklung.)
Nohlen, D., Nuscheler, F.; Handbuch der Dritten Welt. Bd. 1–8. Hamburg. 2. Aufl. 1982–83.
Nuscheler, F. (Hrsg.); Dritte-Welt-Forschung. Entwicklungstheorie und Entwicklungspolitik. Opladen 1985 (PVS-Sonderheft 16).
Nuscheler, F., Stefani, W. (Hrsg.); Pluralismus. Konzeptionen und Kontroversen. München 1972.
Nymann, O.; Der westdeutsche Föderalismus. Studie zum Bonner Grundgesetz. Stockholm 1960.

Obermann, E.; Alter und Konstanz von Fraktionen. Meisenheim 1956.
– (Hrsg.); Verteidigung. Idee – Gesellschaft – Weltstrategie – Bundeswehr. Ein Handbuch. Neuausgabe, Stuttgart 1970.
Oberndörfer, D. (Hrsg.); Wissenschaftliche Politik. Eine Einführung in Grundfragen ihrer Tradition und Theorie. Freiburg 1962, 2. Aufl. 1966.
– (Hrsg.); Wählerverhalten in der Bundesrepublik Deutschland. Studien zu ausgewählten Problemen der Wahlforschung aus Anlaß der Bundestagswahl 1976. Berlin 1978.
Oberndörfer, D., Hanf, Th.; Entwicklungspolitik. Stuttgart 1986.
Oberreuter, H.; Die Öffentlichkeit des Bayerischen Landtags, in: Aus PuZ 1970, H. 21.
– Kann der Parlamentarismus überleben? Bund, Länder, Europa. Zürich 1977.
– Notstand und Demokratie. Vom monarchischen Obrigkeits- zum demokratischen Rechtsstaat. München 1978.
– Parteien – zwischen Nestwärme und Funktionskälte. Zürich 1983.
– (Hrsg.); Parlamentarische Opposition. Ein internationaler Vergleich. Hamburg 1975.

– (Hrsg.); Parlamentsreform. Probleme und Perspektiven in westlichen Demokratien. Passau 1981.
– (Hrsg.); Wahrheit statt Mehrheit? An den Grenzen der parlamentarischen Demokratie. München 1986.
Odewald, J.; Der parlamentarische Hilfsdienst in den Vereinigten Staaten von Nordamerika und in der Bundesrepublik Deutschland. Berlin 1967.
Oertzen, H. J. v., Thieme, W. (Hrsg.); Die kommunale Gebietsreform. Baden-Baden 1979 ff.
Offe, C.; Strukturprobleme des kapitalistischen Staates. Frankfurt, 2. Auflage 1973.
Ortlieb, H. D.; Wirtschaftsordnung und Wirtschaftspolitik ohne Dogma. Hamburg 1954.
– Das Ende des Wirtschaftswunders. Unsere Wirtschafts- und Gesellschaftsordnung in der Wandlung. Wiesbaden 1962.
– Die verantwortungslose Gesellschaft oder wie man die Demokratie verspielt. München 1971.
Ossenbühl, F.; Das elterliche Erziehungsrecht im Sinne des Grundgesetzes. Berlin 1981.
Ossorio-Capella, C.; Der Zeitungsmarkt in der Bundesrepublik Deutschland. Frankfurt 1972.
Otto, V.; Das Staatsverständnis des Parlamentarischen Rates. Ein Beitrag zur Entstehungsgeschichte des GG für die Bundesrepublik Deutschland. Düsseldorf 1971.
Overesch, M.; Deutschland 1945–1949. Vorgeschichte und Gründung der Bundesrepublik. Ein Leitfaden in Darstellung und Dokumenten. Königstein/Ts. 1979

Pankoke, E., Nokielski, H.; Verwaltungssoziologie. Einführung in die Probleme öffentlicher Verwaltung. Stuttgart 1977.
Pappi, F. U.; Wahlverhalten und politische Kultur. Meisenheim 1970.
Parlamentsspiegel; Dokumentation über die Arbeit des Europa-Parlaments, der Beratenden Versammlung des Europarates, der Versammlung der Westeuropäischen Union, der Bundes- und Landesparlamente der BRD und über die Gesetz- und Verordnungsblätter der Europäischen Gemeinschaft, der BRD und der Länder. Düsseldorf, Selbstvlg. des Landtags Nordrhein-Westfalen, jährlich seit 1959.
Parsons, T.; Zur Theorie sozialer Systeme. Hrsg. von Stefan Jensen. Opladen 1976.
Parteienrechtskommission; Bericht der vom Bundesminister des Innern eingesetzten Parteienrechtskommission. Rechtliche Ordnung des Parteienwesens. Frankfurt, 2. Aufl. 1958.
Partizipation; Aspekte politischer Kultur. Geistige und strukturelle Bedingungen – Gestaltungsbereiche – Modelle und Partizipationsformen. Opladen 1970 (Offene Welt 101).
Pelinka, A.; Dynamische Demokratie. Zur konkreten Utopie gesellschaftlicher Gleichheit. Stuttgart 1974.
Pelny, S. E.; Die legislative Finanzkontrolle in der Bundesrepublik Deutschland und den USA. Berlin 1971.
Peters, H. (Hrsg.); Handbuch der kommunalen Wissenschaft und Praxis. 3 Bände, Berlin 1956 ff. (vgl. *G. Püttner*).
Petsch, A.; Bibliographie zur Raumforschung und Raumordnung. Landes- und Stadtplanung seit 1968, in: Raumforschung und Raumordnung.
Pfetsch, F. R.; Die Außenpolitik der Bundesrepublik 1949–1980. München 1981.
– Einführung in die Außenpolitik der Bundesrepublik Deutschland. Opladen 1981.
Pfister, W. R.; Regierungsprogramm und Richtlinien der Politik. Bern, Frankfurt 1974.
Picht, G. (Hrsg.); Studien zur politischen und gesellschaftlichen Situation der Bundeswehr. 3 Bände. Witten 1965 f.
Pietzner, R.; Petitionsausschuß und Plenum. Zur Delegation von Plenarzuständigkeiten. Berlin 1974.
Pikart, E.; Theodor Heuss und Konrad Adenauer. Die Rolle des Bundespräsidenten in der Kanzlerdemokratie. Stuttgart 1976.
Pilz, F.; Einführung in das politische System der Bundesrepublik Deutschland. Staatliche, wirtschaftliche und soziale Strukturen und Prozesse. München 1977.
Pippke, W.; Arbeitsfeld öffentliche Verwaltung. Frankfurt 1975.
– Karrieredeterminanten in der öffentlichen Verwaltung. Hierarchiebedingte Arbeitsanforderungen und Beförderungspraxis im höheren Dienst. Baden-Baden 1975.
Pirker, Th.; Rechnungshöfe als Gegenstand zeitgeschichtlicher Forschung. Entwicklung und Bedeutung der Rechnungshöfe im 20. Jahrhundert. Berlin 1987.

Plasser, F., Ulram, P. A., Welan, M. (Hrsg.): Demokratierituale. Zur politischen Kultur in der Informationsgesellschaft. Wien, Köln, Graz 1985.

PLOETZ; Die Bundesrepublik Deutschland. Daten – Fakten – Analysen. Hrsg. v. *Th. Ellwein* u. *W. Bruder*. Freiburg, 2. Auflage 1985.

Politisches Verhalten = Politisches Verhalten. Untersuchungen u. Materialien zu den Bedingungen und Formen politischer Teilnahme, hrsg. von *Th. Ellwein* und *R. Zoll*; 12 Bände, davon:

1 Zimpel, G. (Hrsg.); Der beschäftigte Mensch. Beiträge zur sozialen und politischen Partizipation. 1970.

2 Fischer, A. (Hrsg.); Die Entfremdung des Menschen in einer heilen Gesellschaft. Materialien zur Adaption und Denunziation eines Begriffes. 1970.

4 Zoll, R., Hennig, E.; Massenmedien und Meinungsbildung. Angebot, Reichweite, Nutzung und Inhalt der Medien in der BRD. 1970.

5 Raschke, P.; Vereine und Verbände in der BRD. 1977.

6 Fischer, A., Koko, H. U.; Politisches Verhalten und empirische Sozialforschung. 1980.

9 Ellwein, Th., Zoll, R.; Wertheim. Politik und Machtstruktur einer deutschen Stadt. 1982 (zugleich 2. Auflage von Band 8 und 10).

Pressefreiheit; Entwurf eines Gesetzes zum Schutze freier Meinungsbildung und Dokumentation des Arbeitskreises Pressefreiheit. Neuwied 1970.

Presse- und Informationsamt der Bundesregierung (Hrsg.); Deutschland heute. Bonn, 5. Auflage 1959.

– (Hrsg.); Zehn Jahre deutsche Politik 1949–1959. Bonn 1960.

– (Hrsg.); 1949–1969. Zeittafel (und Literaturverzeichnis). Bonn 1969.

Preuß, H.; Die Entwicklung des deutschen Städtewesens Bd. 1. Leipzig 1906.

Preuß, H.; Bundeswehr und innere Führung. Vom Glanz und Elend einer Ideologie. Siegburg (Selbstverlag) 1985.

Preuß, V. K.; Zum staatsrechtlichen Begriff des Öffentlichen. Stuttgart 1969.

Prior, H.; Die interministeriellen Ausschüsse der Bundesministerien. Eine Untersuchung zum Problem der Koordinierung heutiger Regierungsarbeit. Stuttgart 1968.

Projektgruppe = Erster Bericht zur Reform der Struktur von Bundesregierung und Bundesverwaltung. Vorgelegt von der ... Projektgruppe für Regierungs- und Verwaltungsreform im August 1969 (vervielfältigt).

Projektgruppe Bildungsbericht (am Max-Planck-Institut für Bildungsforschung) (Hrsg.); Bildung in der Bundesrepublik Deutschland. Daten und Analysen. 2 Bände. Stuttgart, Reinbek 1980.

Prokop, D. (Hrsg.); Massenkommunikationsforschung. 2 Bände. Frankfurt 1972/73.

Pross, H. (Hrsg.); Deutsche Presse seit 1945. Bern 1965.

Pünder, T.; Das bizonale Interregnum. Geschichte der Verwaltung des Vereinigten Wirtschaftsgebietes. O. O. 1966.

Püttner, G. (Hrsg.); Handbuch der kommunalen Wissenschaft und Praxis. 6 Bände. Berlin, Heidelberg 1981 ff.

Pütz, H.; Die Christlich-Demokratische Union. Bonn 1971 (Ämter und Organisationen der BRD, Bd. 30).

Pulte, P. (Bearbeiter); Regierungserklärungen 1949–1973. Berlin 1973.

Punneth, R. M.; Front-Bench Opposition. The Role of the Leader of the Opposition, the Shadow Cabinet and Shadow Government in British Politics. London 1973.

Putnam, R. D.; The Political Attitudes of Senior Civil Servants in Britain, Germany and Italy, in: *M. Dogan.* 1975.

Puzicha, K., Fooken, I., Feser, H.; Soldat und Politik – eine Neuorientierung? Sozialpsychologische Analyse von politischen Einstellungen und politischem Verhalten bei Soldaten. Bonn o. J. (1970/71).

PVS = Politische Vierteljahresschrift. Opladen seit 1960.

Radbruch, G.; Rechtsphilosophie. Leipzig. 3. Aufl. 1932; später Neuausgabe.

Radunski, P.; Wahlkampf in den achtziger Jahren, in: Aus PuZ 1986, H. 11, S. 34 ff.

Rasch, E.; Die staatliche Verwaltungsorganisation. Allgemeines – rechtliche Grundlagen – Aufbau. Köln 1967.

Raschke, J.; Wie wählen wir morgen? Verhältnis- oder Mehrheitswahl in der Bundesrepublik. Berlin 1967, erg. Neuaufl. 1969.
– Der Bundestag im parlamentarischen Regierungssystem. Darstellung und Dokumentation. Berlin 1968.
– Innerparteiliche Opposition. Die Linke in der Berliner SPD. Hamburg 1974.
– Organisierter Konflikt in westeuropäischen Parteien. Eine vergleichende Analyse parteiinterner Oppositionsgruppen. Opladen 1977.
– (Hrsg.); Bürger und Parteien. Ansichten und Analysen einer schwierigen Beziehung. Opladen 1982.
– Soziale Bewegungen. Ein historisch-systematischer Grundriß. Frankfurt usw. 1985.
Raseborn, Th.; Recht und Klassen. Zur Klassenjustiz in der Bundesrepublik. Neuwied 1974.
Raumordnungsbericht = Raumordnungsbericht 1968 der Bundesregierung, dem Bundestag am 12.3. 1969 vorgelegt; ebenso RB 1970 (4.11.1972), RB 1972 (19.9.1974) usw. (jeweils Bundestagsdrucksache).
Rausch, H. (Hrsg.); Zur Theorie und Geschichte der Repräsentativverfassung. Darmstadt 1968.
– Bundestag und Bundesregierung. Eine Institutionenkunde. München 1976.
– (Hrsg.); Die geschichtlichen Grundlagen der modernen Volksvertretung. 2 Bände. Darmstadt 1974 und 1980.
Rausch, H., Stammen, Th. (Hrsg.); DDR – Das politische, wirtschaftliche und soziale System. München 1974.
Rauschning, D. (Bearbeiter); Die Gesamtverfassung Deutschlands. Nationale und internationale Texte zur Rechtslage Deutschlands. Frankfurt 1962.
– (Hrsg.); Rechtsstellung Deutschlands. Völkerrechtliche Verträge und andere rechtsgestaltende Akte. München 1985.
Recktenwald, H.; Unwirtschaftlichkeit im Staatssektor. Elemente einer Theorie des Staatsversagens, in: Hamburger Jahrbuch für Wirtschafts- und Gesellschaftspolitik. Tübingen 1978.
Redaktion Deutschland Archiv (Hrsg.); Umweltprobleme und Umweltbewußtsein in der DDR. Köln 1985.
Redaktionsarchiv; 9. Ausgabe. Berlin u.a. 1981.
Regierungsprogramme und Regierungspläne; hrsg. von der Hochschule Speyer, Berlin 1973.
Rehbinder, M.; Einführung in die Rechtssoziologie. Frankfurt 1971.
Reichel, P.; Bundestagsabgeordnete in europäischen Parlamenten. Zur Soziologie des europäischen Parlamentariers. Opladen 1974.
– Politische Kultur der Bundesrepublik. Opladen 1981.
Reinermann, H.; Programmbudgets in Regierung und Verwaltung. Baden-Baden 1975.
Reinert, H.; Die Demokratie schützt sich. Parteiverbote in der Bundesrepublik. Berlin 1960.
Reinisch, L. (Hrsg.); Werden wir richtig informiert? Massenmedien und Publikum. München o.J.
Renger, A.; Abgeordneter als Hauptberuf? Stuttgart 1979.
– Fasziniert von Politik. Beiträge zur Zeit. Stuttgart 1981.
Reschke, H.; Kann die öffentliche Verwaltung öffentlich verwalten? in: Archiv für Kommunalwissenschaften 1971.
Rheinheimer, H. P.; Rechtliche Aspekte der Pressekonzentration. Mainz (jur. Diss.) 1969.
Ribhegge, W.; Die Systemfunktion der Gemeinden. Zur deutschen Kommunalgeschichte seit 1918, in: *Frey, P.* (Hrsg.); Kommunale Demokratie. Bonn-Bad Godesberg 1973, S. 28 ff.
Richert, E.; Das Zweite Deutschland. Ein Staat, der nicht sein darf. Gütersloh 1964.
Rill, H. P.; Gliedstaatsverträge. Eine Untersuchung nach österreichischem und deutschem Recht. Wien 1973.
Ritter, E. H.; Der koorperative Staat. Bemerkungen zum Verhältnis von Staat und Wirtschaft, in: AöR, 1979, S. 389 ff.
Ritter, J. (Hrsg.); Historisches Wörterbuch der Philosophie. Basel bzw. Darmstadt 1970 ff.
Ritzel, H. G.; Einer von 518. Hannover, 2. Aufl. 1967.
Röhrich, W. (Hrsg.); Neuere politische Theorie. Systemtheoretische Modellvorstellungen. Darmstadt 1975.
– Politische Soziologie. Stuttgart 1977.
– Die repräsentative Demokratie. Ideen und Interessen. Opladen 1981.

Römer, P.; Schrifttum über den Bundesrat der Bundesrepublik Deutschland und seine unmittelbaren Vorläufer. Hrsg. vom Direktor des Bundesrates. Bonn 1982.
Rohrmoser, G.; Zeitzeichen. Bilanz einer Ära. Stuttgart 1978.
Ronge, V., Schmieg, G. (Hrsg.); Politische Planung in Theorie und Praxis. München 1971.
– Restriktionen politischer Planung. Frankfurt 1973.
– Von hüben nach drüben. DDR-Bürger im Westen. Wuppertal 1985.
Ronneberger, F.; Verwaltung im Ruhrgebiet als Integrationsfaktor. Stuttgart 1957.
– Kommunikationspolitik. Bd. I: Institutionen, Prozesse, Ziele. Mainz 1978; Bd. II: Kommunikationspolitik als Gesellschaftspolitik. Mainz 1980.
Ronneberger, F., Rödel, U., Walchshöfer, J.; Beamte im gesellschaftlichen Wandlungsprozeß. Bonn 1971.
ROP = Recht und Organisation der Parlamente.
Roters, W.; Kommunale Mitwirkung an höherstufigen Entscheidungsprozessen. Köln 1975.
Roth, M.; Zwei Staaten in Deutschland. Die sozialliberale Deutschlandpolitik und ihre Auswirkungen 1969–1978. Opladen 1981.
Rothweiler, C.; Ein sozialer Rechtsstaat? Frankfurt 1972.
Rovan, J.; Geschichte der deutschen Sozialdemokratie. Deutsche Ausgabe, Frankfurt/M. 1980.
Rowold, M.; Im Schatten der Macht. Zur Oppositionsrolle der nicht-etablierten Parteien in der Bundesrepublik. Düsseldorf 1974.
Rüegg, W.; Die studentische Revolte gegen die bürgerliche Gesellschaft. Erlenbach b. Zürich o.J.
Rudzio, W.; Das politische System der Bundesrepublik Deutschland. Opladen 1983.
Rürup, B., Hansmeyer, K.-H.; Staatswirtschaftliche Planungsinstrumente. Düsseldorf, 3. neubearb. Aufl. 1984.
Rüthers, B.; Gesellschaftlicher Wandel – Anpassung oder Widerstand des Rechts? Königstein/Ts. 1981.
Rupp, H. H.; Grundfragen der heutigen Verwaltungsrechtslehre. Tübingen 1965.
Rupp, H. K.; Politische Geschichte der Bundesrepublik Deutschland. Stuttgart, 2. Auflage 1982.
Ruß-Mohl, S.; Reformkonjunkturen und politisches Krisenmanagement. Opladen 1981.

Sänger, G.; Funktion amtlicher Pressestellen in der demokratischen Staatsordnung. Frankfurt 1966.
Sahner, H.; Politische Tradition. Sozialstruktur und Parteiensystem in Schleswig-Holstein. Meisenheim 1972.
Saipa, A.; Politischer Prozeß und Lobbyismus in der Bundesrepublik und in den USA. Eine rechtsvergleichende und verfassungspolitische Untersuchung. Göttinger Dissertation 1971.
Sammann, H. (Hrsg.); Leitbilder und Zielsysteme der Sozialpolitik. Berlin 1973.
Sattler, H.; Gemeindliche Finanzverfassung. Bedeutung gemeindlicher Finanzhoheit für die Selbstverwaltung, in: Handbuch der kommunalen Wissenschaft und Praxis, Bd. III. Berlin u.a. 1959.
See, H.; Volkspartei im Klassenstaat oder Das Dilemma der innerparteilichen Demokratie. Reinbek 1972.
Seemann, K.; Das Verhältnis von Aufgabenplanung und Finanzplanung in einer Planungskonzeption für Regierung und Verwaltung. Bonn 1973.
Seewald, O.; Bisherige Erfahrungen mit der „analytischen" Dienstpostenbewertung in der Bundesrepublik Deutschland. Köln 1973.
Seifert, J.; Gefahr im Verzuge. Zur Problematik der Notstandsgesetzgebung. Frankfurt, 3. Aufl. 1965.
– (Hrsg.); Die Spiegel-Affäre. Bd. I: J. Seifert (mit einer Einführung von A. Grosser), Die Staatsmacht und ihre Kontrolle. Bd. II: M. Liebel, J. Negt (mit einer Einführung von Th. Ellwein), Die Reaktion der Öffentlichkeit. Olten 1966.
– Grundgesetz und Restauration. Verfassungsgeschichtliche Analyse und synoptische Darstellung des GG vom 25.5.1949 mit sämtlichen Änderungen. Darmstadt 1975.
Seifert, K. H.; Das Bundeswahlgesetz. Bundeswahlordnung und wahlrechtliche Nebengesetze. Berlin 1957, 2. neubearb. Aufl. 1965.
– Die politischen Parteien im Recht der Bundesrepublik Deutschland. Köln 1975.
Sell, F. C.; Die Tragödie des deutschen Liberalismus. Stuttgart 1953.
Shell, K.; Liberal-demokratische Systeme. Eine politisch-soziologische Analyse. Stuttgart 1981.

Siedentopf, H.; Die Kreise vor einem neuen Leistungs- und Gestaltungsauftrag? in: Deutsches Verwaltungsblatt 1975, S. 13 ff.

– (Hrsg.); Verwaltungswissenschaft. Darmstadt 1976.

Silbermann, A.; Handbuch zur empirischen Massenkommunikationsforschung. Eine kommentierte Bibliographie. 2 Bde. Frankfurt 1986.

Simon, D.; Die Unabhängigkeit des Richters. Darmstadt 1975.

Simon, U.; Die Integration der Bundeswehr in die Gesellschaft. Heidelberg, Hamburg 1981.

Skriver, A.; Schreiben und schreiben lassen. Neue Pressefreiheit – Redaktionsstatute. Karlsruhe 1970.

Smend, R.; Die politische Gewalt im Verfassungsstaat und das Problem der Staatsform, in: Festgabe für W. Kahl. Tübingen 1923.

– Verfassung und Verfassungsrecht. München 1928.

Soergel, W.; Konsensus und Interessen. Eine Studie zur Entstehung des Grundgesetzes für die BRD. Stuttgart 1969.

Sontheimer, K.; Politische Wissenschaft und Staatsrechtslehre. Freiburg 1963.

– Grundzüge des politischen Systems der Bundesrepublik Deutschland. München 1971.

– Die verunsicherte Republik. Die Bundesrepublik nach 30 Jahren. München 1979.

– Zeitenwende? Die Bundesrepublik zwischen alter und alternativer Politik. Hamburg 1983.

– (Hrsg.); Möglichkeiten und Grenzen liberaler Politik. Düsseldorf 1975.

Sontheimer, K. u.a.; Der Überdruß an der Demokratie. Neue Linke und alte Rechte – Unterschiede und Gemeinsamkeiten. Köln 1970.

Sontheimer, K., Bleeck, W.; Die DDR. Politik – Gesellschaft – Wirtschaft. Hamburg, 2. Aufl. 1972.

Sontheimer, K., Röhring, H.H. (Hrsg.); Handbuch des politischen Systems der Bundesrepublik Deutschland. München 1977.

Sozialbericht 1986. Unterrichtung durch die Bundesregierung. Dt. Bundestag Drucksache 10/5810.

Spanner, H.; Das Bundesverfassungsgericht. Einrichtung, Verfahren, Aufgaben ... München 1972.

Speer, H.; Herrschaft und Legitimität. Zeitgebundene Aspekte in Max Webers Herrschaftssoziologie. Berlin 1978.

Spielberger, W.J.; Von der Zugmaschine zum Leopard 2. München 1978.

Süsterhenn, A. (Hrsg.); Föderalistische Ordnung. Ansprachen und Referate der vom Bund Deutscher Föderalisten usw. 1961 in Mainz veranstalteten ... Arbeitstagung. Koblenz o.J.

Schäfer, F.; Der Bundestag. Eine Darstellung seiner Aufgaben und seiner Arbeitsweise, verbunden mit Vorschlägen zur Parlamentsreform. Opladen 1967, 4. Aufl. 1982.

– (Hrsg.); Verfassung und Verfassungswirklichkeit. Jahrbuch 1974: Schwerpunkte im Kräftefeld von Bund und Ländern. Köln 1975.

Schäfer, G., Nedelmann, C.; Der CDU-Staat. Analysen zur Verfassungswirklichkeit der Bundesrepublik. Frankfurt, 2. Aufl. 1969. (edition suhrkamp 370/1).

Schäfers, B. (Hrsg.); Gesellschaftliche Planung. Materialien zur Plandungsdiskussion in der BRD. Stuttgart 1973.

– Sozialstruktur und Wandel der Bundesrepublik Deutschland. Stuttgart, 2. Aufl. 1979.

Scharpf, F.; Die politischen Kosten des Rechtsstaats. Eine vergleichende Studie der deutschen und amerikanischen Verwaltungskontrollen. Tübingen 1970.

Scharpf, F. W.; Planung als politischer Prozeß. Aufsätze zu Theorie der planenden Demokratie. Frankfurt 1973.

– Die Rolle des Staates im westlichen Wirtschaftssystem: Zwischen Krise und Neuorientierung, in: Staat und Wirtschaft. Schriften des Vereins für Sozialpolitik. Neue Folge Bd. 102. Berlin 1979.

Scharpf, F. W., Reissert, B., Schnabel, F.; Politikverflechtung. Theorie und Empirie des kooperativen Föderalismus in der Bundesrepublik. Kronberg/Ts. 1976.

– Politikverflechtung II. Kronberg/Ts. 1977.

Schatz, H.; Der parlamentarische Entscheidungsprozeß. Bedingungen der verteidigungspolitischen Willensbildung im Deutschen Bundestag. Meisenheim 1970.

– Verbraucherinteressen im politischen Entscheidungsprozeß. Frankfurt, New York 1984.

Schatz, H., Lange, K. (Hrsg.); Massenkommunikation und Politik. Frankfurt 1982.

Schatz-Bergfeld, M.; Massenkommunikation und Herrschaft. Zur Rolle von Massenkommunikation als Steuerungselement moderner demokratischer Gesellschaften. Meisenheim 1974.

Scheer, H.; Parteien kontra Bürger? Die Zukunft der Parteiendemokratie. München 1979.
– Mittendrin. Bericht zur Lage von Sozialdemokratie und Republik. Köln 1982.
Schelsky, H.; Anpassung oder Widerstand? Soziologische Bedenken zur Schulreform. Heidelberg 1961.
– Rückblicke eines „Anti-Soziologen". Opladen 1981.
– Politik und Publizität. Stuttgart 1983.
Scheuch, E. K. (Hrsg.); Die Wiedertäufer der Wohlstandsgesellschaft. Eine kritische Untersuchung der „Neuen Linken" und ihrer Dogmen. Köln 1968.
Scheuch, E. K., Wildenmann, R. (Hrsg.); Zur Soziologie der Wahl. Sonderheft 9 der Kölner Zeitschrift für Soziologie. 1965.
Scheuer, G.; Die Rechtslage des geteilten Deutschlands. Frankfurt 1960.
Scheuner, U.; Der Bereich der Regierung, in: Festschrift für R. Smend. Göttingen 1952.
– Staatstheorie und Staatsrecht. Hrsg. von *J. Listl* und *W. Rüfner.* Berlin 1978.
Schimanke, D.; Verwaltungsreform Baden-Württemberg. Verwaltungsinnovation als politisch-administrativer Prozeß. Berlin 1978.
Schindler, P. (Bearbeiter); 30 Jahre Deutscher Bundestag. Dokumentation, Statistik, Daten. Hrsg. vom Deutschen Bundestag – Presse- und Informationszentrum. Bonn 1979.
– Datenhandbuch zur Geschichte des Deutschen Bundestages 1949 bis 1982. Baden-Baden 1983.
– Datenhandbuch zur Geschichte des Deutschen Bundestages 1980 bis 1984 (Fortschreibungsband). Baden-Baden 1986.
Schlagenhauf, K.; Sportvereine in der Bundesrepublik Deutschland. Teil I: Strukturelemente und Verhaltensdeterminanten im organisierten Freizeitbereich. Schorndorf 1977 (vgl. auch *W. Timm*).
Schlangen, W.; Demokratie und bürgerliche Gesellschaft. Stuttgart 1973.
– Theorie der Politik. Einführung in Geschichte und Grundprobleme der Politikwissenschaft. Stuttgart 1974.
Schlesinger, A. M.; Die tausend Tage Kennedys. Dt. Ausgabe, Bern, 3. Aufl. 1967.
Schleth, U.; Parteifinanzen. Eine Studie über Kosten und Finanzierung der Parteitätigkeit ... Meisenheim 1973.
Schmid, G.; Entscheidung in Bonn. Die Entstehung der Ost- und Deutschlandpolitik 1969/70. Köln 1980.
Schmid, G., Treiber, H.; Bürokratie und Politik. Zur Struktur und Funktion der Ministerialbürokratie in Deutschland. München 1975.
Schmidhäuser, E.; Von den zwei Rechtsordnungen im staatlichen Gemeinwesen. Berlin 1964.
Schmidt, H.; Strategie des Gleichgewichts. Deutsche Friedenspolitik und die Weltmächte. Stuttgart, 5. Aufl. 1970.
Schmidt, M. G.; CDU und SPD an der Regierung. Ein Vergleich ihrer Politik in den Ländern. Frankfurt 1980.
Schmidt, R. H. (Hrsg.); Methoden der Politologie. Darmstadt 1967.
Schmidt-Eichstaedt, G.; Einführung, in: Die Gemeindeordnungen und die Kreisordnungen in der Bundesrepublik Deutschland. Stuttgart usw. 1981 ff.
Schmidtchen, G.; Die befragte Nation. Über den Einfluß der Meinungsforschung auf die Politik. Freiburg 1959.
Schmitt, C.; Politische Theologie. Vier Kapitel zur Lehre von der Souveränität. München 1922, 2. Aufl. 1934.
– Die geistesgeschichtliche Lage des heutigen Parlamentarismus. München 1923.
– Verfassungslehre. Berlin 1928, Neudruck 1954.
– Legalität und Legitimität. München 1932.
Schmitt, H.; Entstehung und Wandlung der Zielsetzung, der Struktur und der Wirkungen der Berufsverbände. Berlin 1966.
Schmitter, Ph., Lehmbruch, G.; Trends towards corporatist intermediation. London, Beverly Hills.
Schmölders, G.; Das Selbstbild der Verbände. Empirische Erhebungen über die Verhaltensweisen der Verbände in ihrer Bedeutung für die wirtschaftspolitische Willensbildung in der BRD. Berlin 1965.
Schmückle, G.; Kommiß a. D. Kritische Gänge durch die Kasernen. Stuttgart 1971.
Schneider, D., Kuda, R. F.; Mitbestimmung – Weg zur industriellen Demokratie? München 1969.

Schneider, F.; Pressefreiheit und politische Öffentlichkeit. Studien zur politischen Geschichte Deutschlands bis 1848. Neuwied 1966.

Schneider, H.; Die Interessenverbände. München 1965 (Geschichte und Staat).

Schneider, H. (Hrsg.); Aufgabe und Selbstverständnis der politischen Wissenschaft. Darmstadt 1967.

Schneider, H.; Länderparlamentarismus in der Bundesrepublik. Opladen 1979.

Schneider, H.; Gesetzgebung. Ein Lehrbuch. Heidelberg 1982.

Schneider, H. P.; Die parlamentarische Opposition im Verfassungsgefüge der Bundesrepublik Deutschland. Band 1, Frankfurt 1974.

Schnur, R.; Strategie und Taktik bei Verwaltungsreformen. Baden-Baden 1966.

Schoenbaum, D.; Ein Abgrund von Landesverrat. Die Affäre um den Spiegel. Dt. Ausgabe. Wien 1968.

Schönbohm, W., Braun, G. E. (Hrsg.); CDU-Programmatik: Grundlagen und Herausforderung. München 1981.

Schöne, S.; Von der Reichskanzlei zum Bundeskanzleramt. Eine Untersuchung zum Problem der Führung und Koordination in der jüngeren deutschen Geschichte. Berlin 1968.

Schönfelder, H.; Führung oder Gruppenkonfusion – Überprüfung einer Kritik am Harzburger Modell. Bad Harzburg 1972.

Schoeps, H.J., Dannemann, C. (Hrsg.); Die rebellischen Studenten. Elite der Demokratie oder Versuch eines linken Faschismus? München 1968.

Schössler, D.; Der Primat des Zivilen. Konflikt und Konsens der Militärelite im politischen System der Bundesrepublik. Meisenheim 1973.

Schramm, W. (Hrsg.); Grundfragen der Kommunikationsforschung. München 1964.

Schramm, W., Carter, R. R.; Effectiveness of a Political Telethon, in: Public Opinion Quarterly 1959 (23), S. 121 ff.

Schreiber, J.; Pflichten und Rechte des Soldaten der Bundeswehr. Frankfurt 1970.

Schreiber, W.; Handbuch des Wahlrechts. Bonn, München, 3. überarb. Aufl. 1986.

Schrode, K.; Beamtenabgeordnete in Landtagen der Bundesrepublik Deutschland. Heidelberg 1977.

Schubert, K. v.; Wiederbewaffnung und Westintegration. Die innere Auseinandersetzung um die militärische und außenpolitische Orientierung der Bundesrepublik 1950–1952. Stuttgart 1970.

– (Hrsg.); Sicherheitspolitik der Bundesrepublik Deutschland. Dokumentation 1945–1977. 2 Teile. Köln 1978 und 1979.

– (Hrsg.); Heidelberger Friedensmemorandum. Reinbek b. Hamburg 1983.

Schüle, A.; Koalitionsvereinbarungen im Lichte des Verfassungsrechts. Tübingen 1965.

Schütt, E.; Wahlsystemdiskussion und parlamentarische Demokratie. Hamburg 1973.

Schütt-Wetschky, E.; Grundtypen parlamentarischer Demokratie. Klassisch-altliberaler Typ und Gruppentyp. Freiburg 1984.

Schulenberg, W. (Hrsg.); Reform in der Demokratie. Hamburg 1976.

Schultz, J.J. (Hrsg.); Politik für Nichtpolitiker. Ein Abc zur aktuellen Diskussion. Stuttgart 1969, dtv-Ausgabe 1972.

Schulze-Fielitz, H.; Der informale Verfassungsstaat. Aktuelle Beobachtungen des Verfassungslebens der BRD im Lichte der Verfassungstheorie. Berlin 1984.

Schumann, H.G.; Die politischen Parteien in Deutschland nach 1945. Ein bibliographisch-systematischer Versuch. Frankfurt 1967.

– (Hrsg.); Konservatismus. Köln 1974.

Schuon, Th.; Wirtschafts- und Sozialgeschichte der Bundesrepublik Deutschland. Stuttgart 1979.

Schuppert, G.F.; Die Erfüllung öffentlicher Aufgaben durch verselbständigte Verwaltungseinheiten. Göttingen 1981.

Schuster, R.; Deutschlands staatliche Existenz im Widerstreit politischer und rechtlicher Gesichtspunkte 1945–1953. München 1963.

Schwan, A.; Grundwerte der Demokratie. Orientierungsversuche im Pluralismus. München 1978.

Schwan, G.; Sozialismus in der Demokratie? Theorie einer konsequent sozialdemokratischen Politik. Stuttgart 1979.

Schwarz, H.P.; Vom Reich zur Bundesrepublik. Deutschland im Widerstreit der außenpolitischen Konzeptionen in den Jahren der Besatzungsherrschaft 1945–1949. Neuwied 1966, 2. Aufl. 1980.

– (Hrsg.); Handbuch der deutschen Außenpolitik. München 1975.

– Die Ära Adenauer. Gründerjahre der Republik 1949–1957 (Geschichte der BRD, Bd. 2). Stuttgart, Wiesbaden 1981.
– Die Ära Adenauer. Epochenwechsel 1957–1963 (Geschichte der BRD, Bd. 3). Stuttgart, Wiesbaden 1983.
– Adenauer. Der Aufstieg 1876–1952. Stuttgart 1986.
Schweitzer, C. C.; Der Abgeordnete im parlamentarischen Regierungssystem der Bundesrepublik. Opladen 1979.
Staatsbürger-Taschenbuch. München, 22. Aufl. 1985.
Staatskanzlei = Die Staatskanzlei. Aufgaben, Organisation und Arbeitsweise auf vergleichender Grundlage. Vorträge usw. der verwaltungswissenschaftlichen Arbeitstagung der Hochschule für Verwaltungswissenschaften Speyer 1966. Berlin 1967.
Staatslexikon; Recht – Wirtschaft – Gesellschaft. Hrsg. von der Görres-Gesellschaft. Freiburg, 6. Aufl. 1957 ff.
Stachowiak, H.; Allgemeine Modelltheorie. Wien, New York 1973.
– (Hrsg.); Bedürfnisse, Werte und Normen im Wandel. Bd. 1. Paderborn 1982.
Stadler, P.M.; Die parlamentarische Kontrolle der Bundesregierung. Opladen 1984.
Stahl, K.H. (Hrsg.); Teilhabe, Kommunikation und Partizipation in unserer Gesellschaft. Ein Tagungsbericht. Freiburg 1970.
Stammen, Th.; Regierungssysteme der Gegenwart. Stuttgart, 2. Aufl. 1972.
– (Hrsg.); Strukturwandel der modernen Regierung. Darmstadt 1967.
– (Hrsg.); Vergleichende Regierungslehre. Darmstadt 1976.
– Parteien in Europa. Nationale Parteiensysteme, transnationale Parteienbeziehungen, Konturen eines europäischen Parteiensystems. München 1979.
Stammer, O. u.a., Verbände und Gesetzgebung. Die Einflußnahme der Verbände auf die Gestaltung des Personalvertretungsgesetzes. Opladen 1965.
Stammer, O.; Politische Soziologie und Demokratieforschung. Berlin 1965.
– (Hrsg.); Parteiensysteme, Parteiorganisation und die neuen politischen Bewegungen. Beiträge zur 3. Internationalen Konferenz über vergleichende politische Soziologie (Januar 1968). Berlin 1968.
Stammer, O., Weingart, P.; Politische Soziologie. München 1972.
Statistisches Jahrbuch = Statistisches Bundesamt. Statistisches Jahrbuch für die Bundesrepublik Deutschland. Stuttgart-Mainz, jährlich.
Stefen, R.; Die Bundesprüfstelle. Rechtsgrundlagen, Aufgaben, Organisation und Verfahren. Bonn 1970.
Steffani, W. (Hrsg.); Parlamentarismus ohne Transparenz. Opladen 1971 (Kritik III).
– Parlamentarische und präsidentielle Demokratie. Strukturelle Aspekte westlicher Demokratien. Opladen 1979.
Steiger, H.; Organisatorische Grundlagen der parlamentarischen Regierungssysteme. Eine Untersuchung zur rechtlichen Stellung des Deutschen Bundestages. Berlin 1973.
Stein, E. (Hrsg.); 30 Jahre Hessische Verfassung 1946–1976. Wiesbaden 1976.
Stein, E.; Staatsrecht. Tübingen 1978, 10. Aufl. 1986.
Stein-Festschrift = Freiheit und Verantwortung in Gesellschaft und Erziehung. Festschrift für Erwin Stein, hrsg. von *J. P. Ruppert.* Bad Homburg 1969.
Steinberg, R. (Hrsg.); Staat und Verbände. Darmstadt 1985.
Steiner, J.; Bürger und Politik. Meisenheim 1969. Bd. 4 der Reihe: Politik und Wähler.
Steinkemper, B.; Klassische und politische Bürokraten in der Ministerialverwaltung der BRD. Köln 1974.
Stern, K.; Bonner Kommentar, Art. 28 GG. Zweitbearbeitung, 1964.
– Das Staatsrecht der Bundesrepublik Deutschland. Bd. 1: Grundbegriffe und Grundlagen des Staatsrechts, Strukturprinzipien der Verfassung. München 1977; Bd. 2: Staatsorgane, Staatsfunkionen, Finanz- und Haushaltsverfassung, Notstandsverfassung. München 1980.
Sternberger, D.; Ekel an der Freiheit? und fünfzig andere Leitartikel. München 1964.
Stöss, R. u.a. (Hrsg.); Parteien-Handbuch. 2 Bände. Opladen 1983, 1984.
Storbeck, A. C.; Die Regierungen des Bundes und der Länder seit 1945. München 1970 und 1973 (Fortsetzung bearbeitet von J. Jekewitz).
Strecker, G.; Der Hessische Landtag. Beispiel des deutschen Nachkriegsparlamentarismus. Bad Homburg 1966.

Streithofen, H. B.; Macht und Moral. Die Grundwerte in der Politik. Stuttgart 1979.

Strutz, H. (Hrsg.); Handwörterbuch der Verwaltung und Organisation (HdVO) für Praxis und Ausbildung in der Öffentlichen Verwaltung. Köln 1982.

Studiengruppe Alternative Sicherheitspolitik (Hrsg.); Strukturwandel der Verteidigung. Entwürfe für eine konsequente Defensive. Opladen 1984.

Studienkommission für die Reform des öffentlichen Dienstrechts; Bericht der Kommission. Baden-Baden 1973 und 11 Gutachtenbände.

Tenbruck, F.; Zur Kritik der planenden Vernunft. Freiburg 1972.

Thaysen, U.; Parlamentsreform in Theorie und Praxis. Zur institutionellen Lernfähigkeit des parlamentarischen Regierungssystems. Eine empirische Analyse der Parlamentsreform im 5. Dt. Bundestag. Opladen 1972.

Thiele, W.; Pressefreiheit – Theorie und Wirklichkeit. Berlin 1964.

Thielen, H.H.; Der Verfall der Inneren Führung. Politische Bewußtseinsbildung in der Bundeswehr. Frankfurt 1970.

Thieme, W.; Verwaltungslehre. Köln 1967.

– Föderalismus im Wandel. Analyse und Prognose des Verhältnisses von Bund und Land Nordrhein-Westfalen von 1949 bis 1975. Köln o.J.

– Verwaltungslehre. Köln, 3. Aufl. 1977.

Thieme, W., Unruh, G.C. v., Scheuner, U.; Die Grundlagen der kommunalen Gebietsreform. Baden-Baden 1981.

Thomas, R.; Modell DDR. Die kalkulierte Emanzipation. München 1972.

Thränhardt, D.; Die Bundesrepublik Deutschland. Verfassung und politisches System. München, 2. Auflage 1974.

– Funktionalreform: Zielperspektiven und Probleme einer Verwaltungsreform. Meisenheim 1978.

– Bibliographie Bundesrepublik Deutschland. Göttingen 1980.

– Geschichte der Bundesrepublik Deutschland. Frankfurt 1986.

Tiemann, S.; Die staatsrechtliche Stellung der Finanzkontrolle des Bundes. Berlin 1974.

Timm, W.; Sportvereine in der Bundesrepublik Deutschland. Teil II: Organisations-, Angebots- und Finanzstruktur. Schorndorf 1979 (vgl. auch *K. Schlagenhauf*).

Timmermann, M.; Betriebswirtschaftslehre der öffentlichen Verwaltung. Eine kritische Analyse ausgewählter Literatur, in: Schweiz. Zentralblatt für Staats- und Gemeindeverwaltung 11/1982, S. 473 ff.

– Das Gesetz der zunehmenden Bürokratisierung, in: Beiträge und Berichte der Forschungsstelle für Politikwissenschaft der Hochschule St. Gallen, Nr. 85/August 1982.

Tjaden, K.H. (Hrsg.); Soziale Systeme. Neuwied 1971.

Transfer 1: Gleiche Chancen im Sozialstaat? Opladen 1975.

Transfer 2: Wahlforschung. Sonden im politischen Markt. Opladen 1976.

Traugott, E.; Die Herrschaft der Meinung. Düsseldorf 1970.

Trossmann, H.; Parlamentsrecht des Deutschen Bundestages. Kommentar zur GO ... München 1977.

Tudyka, K.; Verbände – Pressure groups. Geschichte – Theorie – Funktion. Frankfurt 1973.

Türke, J.; Demokratischer Zentralismus und kommunale Selbstverwaltung in der sowjetischen Besatzungszone Deutschlands. Göttingen 1960.

Uebe, W.; Industriestruktur und Standort. Regionale Wachstumsunterschiede der Industriebeschäftigung in der BRD 1950–1962. Stuttgart 1967.

Uhle-Wettler, F.; Gefechtsfeld Mitteleuropa. München 1980.

Ule, C.H. (Hrsg.); Die Entwicklung des öffentlichen Dienstes. Köln 1961.

Universitätsbibliothek Erlangen-Nürnberg (Hrsg.); Energie, Umwelt, Gesellschaft. Erlangen 1981.

Uthoff, H., Deetz, W. (Hrsg.); Bürokratische Politik. Stuttgart 1980.

Väth, W.; Raumplanung. Probleme der räumlichen Entwicklung und Raumordnungspolitik in der Bundesrepublik Deutschland. Königstein/Ts. 1980.

Varain, H. J.; Parteien und Verbände. Eine Studie über ihren Aufbau, ihre Verflechtung und ihr Wirken in Schleswig-Holstein 1945–1958. Opladen 1964.

– (Hrsg.); Interessenverbände in Deutschland. Köln 1973.
Veen, H.J.; Die CDU/CSU-Opposition im parlamentarischen Entscheidungsprozeß. München 1973.
Verba, S., Nie, N.H.; Participation in America. Political Democracy and Social Equality. New York 1972.
Versteyl. L.A.; Der Einfluß der Verbände auf die Gesetzgebung. Berlin 1972.
Vilmar, F.; Rüstung und Abrüstung im Spätkapitalismus. Eine sozioökonomische Analyse des Militarismus in unserer Gesellschaft. Frankfurt, 4. Aufl. 1969.
– Strategien der Demokratisierung. 2 Bände, Darmstadt 1973.
Viztum, W. Graf; Parlament und Planung. Baden-Baden 1978.
Vogel, B., Haungs, P.; Wahlkampf und Wählertradition. Eine Studie zur Bundestagswahl von 1961. Opladen 1965.
Vogel, B., Noblen, D., Schultze, R.O.; Wahlen in Deutschland. Berlin 1971.
Vogel, K.; Die Verfassungsentscheidung des GG für eine internationale Zusammenarbeit. Tübingen 1964.
Vogel, W.; Westdeutschland 1945–1950. Der Aufbau von Verfassungs- und Verwaltungseinrichtungen über den Ländern der drei westlichen Besatzungszonen. Teil 1. Koblenz 1956.
Vogelsang, Th.; Das geteilte Deutschland. Bd. 11 der dtv-Weltgeschichte des 20. Jh. München 1966.
Voigt, R. (Hrsg.); Verrechtlichung. Analysen der Funktion und Wirkung von Parlamentarisierung, Bürokratisierung und Justizialisierung sozialer und politischer Prozesse. Königstein/Ts. 1980.
– Gegentendenzen zur Verrechtlichung. Opladen 1983.
– (Hrsg.); Recht als Instrument der Politik. Opladen 1986.
Vonderbeck, H.J.; Der Bundesrat. Ein Teil des Parlaments der Bundesrepublik Deutschland. Meisenheim 1964.
Vorländer, H.; Verfassung und Konsens. Der Streit um die Verfassung in der Grundlagen- und Grundgesetzdiskussion der Bundesrepublik Deutschland. Berlin 1981.
Vring, Th. v. d.; Reform oder Manipulation? Zur Diskussion eines neuen Wahlrechts. Frankfurt 1968.
VVDStRL = Veröffentlichungen der Vereinigung deutscher Staatsrechtslehrer. Berlin, jährlich.

Wagener, F.; Neubau der Verwaltung. Gliederung der öffentlichen Aufgaben und ihrer Träger nach Effektivität und Integrationswert. Berlin 1969.
– (Hrsg.); Verselbständigung von Verwaltungsträgern. Bonn 1976.
Wahlrechtsbeirat; Zur Neugestaltung des Bundestagswahlrechts. Bericht des vom Bundesminister des Innern eingesetzten Beirats für Fragen der Wahlrechtsreform. Bonn 1968.
Wahlrechtskommission; Grundlagen eines deutschen Wahlrechts. Bonn 1955.
Wanderleb, H. (Hrsg.); Recht, Staat, Wirtschaft. Bd. 3. Düsseldorf 1951.
Wahl, R.; Stellvertretung im Verfassungsrecht. Berlin 1971.
Walper, K.H.; Föderalismus. Berlin 1966.
Wasser, H.; Parlamentarismuskritik vom Kaiserreich zur Bundesrepublik. Analyse und Dokumentation. Stuttgart 1974.
Waterkamp, R.; Handbuch Politische Planung. Opladen 1978.
Weber, H.; Das Prinzip Links. Eine Dokumentation. Beiträge zur Diskussion des demokratischen Sozialismus in Deutschland 1848–1973. O.O. 1973.
– DDR. Grundriß der Geschichte 1945–1981. Hannover 1982.
Weber, J.; Die Interessengruppen im politischen System der Bundesrepublik Deutschland. Stuttgart usw. 1977.
Weber, M.; Wirtschaft und Gesellschaft. Grundriß der verstehenden Soziologie. Studienausgabe hrsg. von *J. Winckelmann.* 2 Bände. Tübingen 1956 und Köln 1964.
Weber, W.; Spannungen und Kräfte im westdeutschen Verfassungssystem. Stuttgart, Neuausgabe 1970.
Wegener, R.; Staat und Verbände im Sachbereich Wohlfahrtspflege. Berlin 1978.
Wehler, H.U. (Hrsg.); Moderne deutsche Sozialgeschichte. Köln 1966.
Wehling, H.G. (Hrsg.); Zuviel Staat? Die Grenzen der Staatstätigkeit. Stuttgart 1982.
– (Red.); Westeuropas Parteiensystem im Wandel. Stuttgart usw. 1983.

Wehrbeauftragter; Die Bundeswehr in Staat und Gesellschaft. Jahresbericht 1970 des Wehrbeauftragten des Deutschen Bundestages. Veröffentlicht: Heft 1/71: Zur Sache, hrsg. v. Presse- und Informationsamt des Dt. Bundestages. Dort 2/72 Jahresbericht 1971 usw.
Weidenfeld, W., Wessels, W. (Hrsg.); Jahrbuch der Europäischen Integration 1980. Bonn 1981.
– (Hrsg.); Wege zur Europäischen Union. Vom Vertrag zur Verfassung? Bonn 1986.
Weißbuch 1970; Zur Sicherheit der Bundesrepublik und zur Lage der Bundeswehr. Im Auftrag der Bundesregierung hrsg. vom Bundesminister der Verteidigung. Bonn 1970. Ebenso Weißbuch 1971/72 usw.
Weizsäcker, C.F.v. (Hrsg.); Kriegsfolgen und Kriegsverhütung. München 1971.
– Der bedrohte Friede. München 1981.
Welz, J.; Parlamentarische Finanzkontrolle in den Bundesländern, dargestellt am Beispiel Baden-Württembergs. Berlin 1982.
Wende, F. (Hrsg.); Lexikon zur Geschichte der Parteien in Europa. Stuttgart 1981.
Wender-Luetjohann, A.; Entscheidungsspiele in der Ministerialverwaltung des Bundes. Opladen 1983.
Wey, K.G.; Umweltpolitik in Deutschland. Kurze Geschichte des Umweltschutzes in Deutschland seit 1900. Opladen 1982.
White, Th.H.; Der Präsident wird gemacht. Dt. Ausgabe, Köln 1963.
wib = Parlamentskorrespondenz, woche im bundestag, hrsg. vom Presse- und Informationszentrum des Dt. Bundestages.
Wichard, R.; Parteien in der Demokratie. Eine Einführung in die allgemeine Parteienlehre. Hildesheim 1977.
Wichmann, H. (Hrsg.); Kirch in der Gesellschaft. Der katholische Beitrag. München 1978.
Wichmann, M.; Parteipolitische Patronage. Frankfurt, Bern 1986.
Wiese, W.; Der Staatsdienst in der Bundesrepublik Deutschland. Grundlagen, Probleme, Neuordnung. Neuwied 1972.
Wiesendahl, E.; Moderne Demokratietheorie. Eine Einführung in ihre Grundlagen, Spielarten und Kontroversen. Frankfurt/M. 1981.
Wiethölter, R.; Rechtswissenschaft. Funkkolleg usw. Bd. 4. Frankfurt 1968.
Wildenmann, R.; Partei und Fraktion. Meisenheim 1956.
– Macht und Konsens als Problem der Innen- und Außenpolitik. Frankfurt 1963.
– (Hrsg.); Sozialwissenschaftliches Jahrbuch für Politik. Bd. 1, München, Wien 1969.
Wilke, M.; Die Funktionäre. Apparat und Demokratie im DGB. München 1979.
Willke, H.; Entzauberung des Staates. Überlegungen zu einer gesellschaftlichen Steuerungstheorie. Königstein/Ts. 1982.
Windhoff-Héretier, A.; Policy-Analyse. Eine Einführung. Frankfurt 1987.
Winkler, H.A. (Hrsg.); Politische Weichenstellungen im Nachkriegsdeutschland 1945–1953. Göttingen 1979.
Winkler, H.J.; Der Bundespräsident. Repräsentant oder Politiker? Eine Modellanalyse. Opladen 1967.
Wissenschaft und Praxis; Festschrift zum zwanzigjährigen Bestehen des Westdeutschen Verlages. Opladen 1967.
Wissenschaftsrat; Empfehlungen zur Struktur und zum Ausbau des Bildungswesens im Hochschulbereich nach 1970. 3 Bände, Bonn 1970.
Witte-Wegmann, G.; Recht und Kontrollfunktion der Großen, Kleinen und Mündlichen Anfragen im Deutschen Bundestag. Berlin 1972.
Wittkämper, G. W.; Grundgesetz und Interessenverbände. Die verfassungsrechtliche Stellung der Interessenverbände nach dem Grundgesetz. Opladen 1963.
– Funktionale Verwaltungsreform: eine systematische Darstellung von Hauptproblemen mit Dokumenten ... Bonn 1978.
Wolff, H.J. u.a.; Verwaltungsrecht. Ein Studienbuch. Bände I–III, München 1956 ff.
Wolfrum, R. (Hrsg.); Recht auf Information – Schutz vor Information. Berlin 1986.
Wollmann, H.; Die Stellung der Parlamentsminderheiten in England, der BRD und Italien. Den Haag 1970.
– (Hrsg.); Politik im Dickicht der Bürokratie. Opladen 1980.
Wrage, V.; Erfolg der Territorialreform. Berlin 1975.
Würtenberger, Th.; Staatsrechtliche Probleme politischer Planung. Berlin 1979.
Wunder, B.; Geschichte der Bürokratie in Deutschland. Frankfurt 1986.

Yearbook of Labour Statistics. Hrsg. v. International Labour Office. Genf 1936 ff.

Zapf, W.; Wandlungen der deutschen Elite. Ein Zirkulationsmodell deutscher Führungsgruppen 1919–1961. München 1965.

– (Hrsg.); Soziale Indikatoren. Konzepte und Forschungsansätze II. Frankfurt/M. 1974.

– (Hrsg.); Lebensbedingungen in der Bundesrepublik. Sozialer Wandel und Wohlfahrtsentwicklung. Frankfurt/M., 2. Auflage 1978.

– (Hrsg.): Theorien des sozialen Wandels. Königstein/Ts., 4. Auflage 1979.

ZDF = Fernsehen in den siebziger Jahren. Analysen – Prognosen – Ziele. Schriftenreihe des ZDF, Heft 9, Mainz 1971.

ZDF-Jahrbuch = Jahrbuch des Zweiten Deutschen Fernsehens. Mainz 1964 ff.

Zeh, W.; Parlamentarismus. Historische Wurzeln, moderne Entfaltung. Heidelberg 1978.

Zeiß, M.; Bewußtsein von Tageszeitungsredakteuren. Berlin 1981.

Zellentin, G.; Bibliographie zur Europäischen Integration. Köln, 2. Aufl. 1965.

– Europa 1985. Gesellschaftliche und politische Entwicklungen in Gesamteuropa. Bonn 1972.

Zeuner, B.; Kandidatenaufstellung zur Bundestagswahl 1965. Den Haag 1970.

ZfP = Zeitschrift für Politik.

Ziebill, O.; Politische Parteien und kommunale Selbstverwaltung. Stuttgart, 2. Aufl. 1972.

Ziebura, G. (Hrsg.); Beiträge zur allgemeinen Parteienlehre. Zur Theorie, Typologie und Vergleichung politischer Parteien. Darmstadt 1969.

Ziller, G.; Der Bundesrat. Düsseldorf, 7 Aufl. 1984.

Zimmermann, B., Borowsky, P.; Das Bundespräsidialamt. Düsseldorf, 2. Aufl. 1973 (Ämter und Organisationen der BRD, Bd. 20).

Zippelius, R.; Das Wesen des Rechts. Eine Einführung in die Rechtsphilosophie. München, 3. Aufl. 1974.

– Einführung in das Recht. München 1974.

Zoll, R.; Interesse – Einfluß – Konflikt/Interessenverbände. Schwalbach b. Frankfurt 1970.

– (Hrsg.); Manipulation der Meinungsbildung. Zum Problem hergestellter Öffentlichkeit. Opladen 1971 (Kritik Bd. 4).

– (Hrsg.); Wie integriert ist die Bundeswehr? Zum Verhältnis von Militär und Gesellschaft in der Bundesrepublik. München 1979.

Zoll, R., Lippert, E., Rössler, T. (Hrsg.); Bundeswehr und Gesellschaft. Ein Wörterbuch. Opladen 1977.

ZParl = Zeitschrift für Parlamentsfragen. Opladen seit 1970.

Zuleeg, M.; Das Recht der europäischen Gemeinschaften im innerstaatlichen Bereich. Köln 1969.

Zunker, A.; Finanzplanung und Bundeshaushalt. Zur Koordinierung und Kontrolle durch den Bundesfinanzminister. Frankfurt 1972.

Register für die Artikel des Grundgesetzes

(Siehe „Zur Sonderausgabe des Textteils", S. XIII.)

Das Grundgesetz für die Bundesrepublik Deutschland vom 23. Mai 1949 (BGBl. S. 1) ist zuletzt durch das Fünfunddreißigste Gesetz zur Änderung des Grundgesetzes vom 21.12.1983 (BGBl. I 1481) geändert worden. Zur Entlastung des Sachregisters und zur Ergänzung des Überblicks auf S. 565 ff. werden nachfolgend diejenigen Grundgesetzartikel aufgeführt, die im Text oder in den Quellen erwähnt werden. Ein * vor einem Artikel weist darauf hin, daß er durch verfassungsänderndes Gesetz eingeführt, geändert oder aufgehoben wurde. Vgl. auch „Grundgesetz" im Sachregister.

I. Die Grundrechte

II. Der Bund und die Länder

III. Der Bundestag

IV. Der Bundesrat

IVa. Gemeinsamer Ausschuß

V. Der Bundespräsident

VI. Die Bundesregierung

VII. Die Gesetzgebung des Bundes

VIII. Die Ausführung der Bundesgesetze und die Bundesverwaltung

VIIIa. Gemeinschaftsaufgaben

IX. Die Rechtsprechung

X. Das Finanzwesen

Xa. Verteidigungsfall

XI. Übergangs- und Schlußbestimmungen

Personen- und Autorenregister

(Siehe „Zur Sonderausgabe des Textteils", S. XIII.)

C

D

E

F

G

H

I

J

K

R

S

SCH

St

T

Z

Sachregister

(Siehe „Zur Sonderausgabe des Textteils", S. XIII.)

A

E

H

L

N

O

P

Q

R

Sch

St

Thomas Ellwein · Joachim Jens Hesse
Das Regierungssystem der Bundesrepublik Deutschland

Sonderausgabe des Textteils

Sonderausgabe für Landeszentralen und die Bundeszentrale für politische Bildung